WANDER **GARCIA**, ANA PAULA **DOMPIERI**,
BRUNO **ZAMPIER** E RENAN **FLUMIAN**
COORDENADORES

20
24
SÉTIMA
EDIÇÃO

CONCURSOS POLICIAIS

1.500
QUESTÕES COMENTADAS

1.588 QUESTÕES IMPRESSAS

DISCIPLINAS

Direito **Penal** • Direito **Processual Penal**
Legislação **Extravagante** • **Criminologia**
Direito **Constitucional** • Direitos **Humanos**
Direito da **Criança e do Adolescente**
Direito **Administrativo**
Direito **Civil** • Medicina **Legal**
Ética na **Administração Pública**
Língua **Portuguesa**
Matemática e **Raciocínio Lógico**
Informática • **Arquivologia**
Física • Regimento **Interno e Legislação Local**
Biologia • **Química**
História da **PRF**
Geopolítica **Brasileira**

COMO PASSAR

• GABARITO AO
FINAL DE CADA QUESTÃO,
FACILITANDO O MANUSEIO
DO LIVRO

• QUESTÕES COMENTADAS
E ALTAMENTE CLASSIFICADAS
POR AUTORES ESPECIALISTAS
EM APROVAÇÃO

EDITORA FOCO

2024 © Editora Foco

Coordenadores: Wander Garcia, Ana Paula Dompieri, Renan Flumian e Bruno Zampier

Autores: Adolfo Mamoru Nishiyama, André Nascimento, Arthur Trigueiros, Eduardo Dompieri, Elson Garcia, Enildo Garcia , Fábio Tavares Sobreira, Filipe Venturini, Flávia Barros, Flávia Campos, Gabriela Rodrigues, Helder Satin, Henrique Subi, Leni Mouzinho Soares, Licínia Rossi, Neusa Bittar, Paula Morishita, Renan Flumian, Roberta Densa, Robinson Barreirinhas, Rodrigo Bordalo, Rodrigo Santamaria Saber, Sávio Chalita, Sebastião Edilson Gomes, Tatiana Subi, Tony Chalita, Vanessa Tonolli Trigueiros e Vivian Calderoni

Diretor Acadêmico: Leonardo Pereira

Editor: Roberta Densa

Assistente Editorial: Paula Morishita

Revisora Sênior: Georgia Renata Dias

Capa Criação: Leonardo Hermano

Diagramação: Ladislau Lima

Impressão miolo e capa: META BRASIL

Dados Internacionais de Catalogação na Publicação (CIP) de acordo com ISBD

C735

Como passar em concursos policiais / Adolfo Mamoru Nishiyama ... [et al.] ; coordenado por Wander Garcia ... [et al.]. - 6. ed. - Indaiatuba, SP : Editora Foco, 2024.

512 p. ; 17cm x 24cm.

ISBN: 978-65-6120-027-1

1. Metodologia de estudo. 2. Concursos públicos. 3. Polícia. I. Nishiyama, Adolfo Mamoru. II. Nascimento, André. III. Trigueiros, Arthur. IV. Dompieri, Eduardo. V. Garcia, Elson. VI. Garcia, Enildo. VII. Sobreira, Fábio Tavares. VIII. Venturini, Filipe. IX. Barros, Flávia. X. Campos, Flávia. XI. Rodrigues, Gabriela. XII. Satin, Helder. XIII. Subi, Henrique. XIV. Soares, Leni Mouzinho. XV. Rossi, Licínia. XVI. Bittar, Neusa. XVII. Morishita, Paula. XVIII. Flumian, Renan. XIX. Densa, Roberta. XX. Barreirinhas, Robinson. XXI. Bordalo, Rodrigo. XXII. Saber, Rodrigo Santamaria. XXIII. Chalita, Sávio. XXIV. Gomes, Sebastião Edilson. XXV. Subi, Tatiana. XXVI. Chalita, Tony. XXVII. Trigueiros, Vanessa Tonolli. XXVIII. Calderoni, Vivian. XXIX. Garcia, Wander. XXX. Dompieri, Ana Paula. XXXI. Zampier, Bruno. XXXII. Título.

2024-109 | CDD 001.4 | CDU 001.8

Elaborado por Odilio Hilario Moreira Junior - CRB-8/9949

Índices para Catálogo Sistemático:

1. Metodologia de estudo 001.4   2. Metodologia de estudo 001.8

DIREITOS AUTORAIS: É proibida a reprodução parcial ou total desta publicação, por qualquer forma ou meio, sem a prévia autorização da Editora FOCO, com exceção do teor das questões de concursos públicos que, por serem atos oficiais, não são protegidas como Direitos Autorais, na forma do Artigo 8º, IV, da Lei 9.610/1998. Referida vedação se estende às características gráficas da obra e sua editoração. A punição para a violação dos Direitos Autorais é crime previsto no Artigo 184 do Código Penal e as sanções civis às violações dos Direitos Autorais estão previstas nos Artigos 101 a 110 da Lei 9.610/1998. Os comentários das questões são de responsabilidade dos autores.

NOTAS DA EDITORA:

Atualizações e erratas: A presente obra é vendida como está, atualizada até a data do seu fechamento, informação que consta na página II do livro. Havendo a publicação de legislação de suma relevância, a editora, de forma discricionária, se empenhará em disponibilizar atualização futura.

Bônus ou Capítulo On-line: Excepcionalmente, algumas obras da editora trazem conteúdo no *on-line*, que é parte integrante do livro, cujo acesso será disponibilizado durante a vigência da edição da obra.

Erratas: A Editora se compromete a disponibilizar no site www.editorafoco.com.br, na seção Atualizações, eventuais erratas por razões de erros técnicos ou de conteúdo. Solicitamos, outrossim, que o leitor faça a gentileza de colaborar com a perfeição da obra, comunicando eventual erro encontrado por meio de mensagem para contato@editorafoco.com.br. O acesso será disponibilizado durante a vigência da edição da obra.

Impresso no Brasil (1.2024) – Data de Fechamento (12.2023)

2024

Todos os direitos reservados à
Editora Foco Jurídico Ltda.
Rua Antonio Brunetti, 593 – Jd. Morada do Sol
CEP 13348-533 – Indaiatuba – SP

E-mail: contato@editorafoco.com.br
www.editorafoco.com.br

Acesse JÁ os conteúdos ON-LINE

SHORT VIDEOS
Vídeos de curta duração com dicas de
DISCIPLINAS SELECIONADAS

Acesse o link:
www.editorafoco.com.br/short-videos

ATUALIZAÇÃO em PDF e VÍDEO
para complementar seus estudos*

Acesse o link:
www.editorafoco.com.br/atualizacao

* As atualizações em PDF e Vídeo serão disponibilizadas sempre que houver necessidade, em caso de nova lei ou decisão jurisprudencial relevante.
* Acesso disponível durante a vigência desta edição.

COORDENADORES E AUTORES

SOBRE OS COORDENADORES

Wander Garcia – @wander_garcia

É Doutor, Mestre e Graduado em Direito pela PUC/SP. É professor universitário e de cursos preparatórios para Concursos e Exame de Ordem, tendo atuado nos cursos LFG e DAMASIO. Neste, foi Diretor Geral de todos os cursos preparatórios e da Faculdade de Direito. Foi diretor da Escola Superior de Direito Público Municipal de São Paulo. É um dos fundadores da Editora Foco, especializada em livros jurídicos e para concursos e exames. É autor *best seller* com mais de 50 livros publicados na qualidade de autor, coautor ou organizador, nas áreas jurídica e de preparação para concursos e exame de ordem. Já vendeu mais de 1,5 milhão de livros, dentre os quais se destacam "Como Passar na OAB", "Como Passar em Concursos Jurídicos", "Exame de Ordem Mapamentalizado" e "Concursos: O Guia Definitivo". É também advogado desde o ano de 2000 e foi procurador do município de São Paulo por mais de 15 anos. É *Coach* Certificado, com sólida formação em *Coaching* pelo IBC e pela *International Association of Coaching*.

Ana Paula Dompieri

Procuradora do Estado de São Paulo, Pós-graduada em Direito, Professora do IEDI, Escrevente do Tribunal de Justiça por mais de 10 anos e Assistente Jurídico do Tribunal de Justiça. Autora de diversos livros para OAB e concursos

Bruno Zampier

Delegado de Polícia Federal. Mestre e Doutorando em Direito Privado pela PUC Minas. Professor de Direito Civil. Coordenador do SupremoTV.

Renan Flumian

Mestre em Filosofia do Direito pela Universidad de Alicante. Cursou a Session Annuelle D'enseignement do Institut International des Droits de L'Homme, a Escola de Governo da USP e a Escola de Formação da Sociedade Brasileira de Direito Público. Professor e Coordenador Acadêmico do IEDI. Autor e coordenador de diversas obras de preparação para Concursos Públicos e o Exame de Ordem. Advogado.

SOBRE OS AUTORES

Adolfo Mamoru Nishiyama

Advogado. Possui graduaçãoem Ciências Jurídicas pela Universidade Presbiteriana Mackenzie (1991) e mestrado em Direito do Estado pela Pontifícia Universidade Católica de São Paulo (1997). Doutorado em Direito do Estado pela Pontifícia Universidade Católica de São Paulo (2016). Atualmente é professor titular da Universidade Paulista

André Nascimento

Advogado e Especialista em Regulação na Agência Nacional do Petróleo, Gás Natural e Biocombustíveis.Coautor de diversas obras voltadas à preparação para Exames Oficiais e Concursos Públicos. Coautor de livros e artigos acadêmicos. Instrutor de cursos, tendo recebido menção elogiosa pela destacada participação e dedicação na ANP. Graduado em Direito pela Universidade Presbiteriana Mackenzie/SP. Graduando em Geografia pela Universidade de São Paulo. Frequentou diversos cursos de extensão nas áreas de Direito, Regulação, Petróleo e Gás Natural e Administração Pública.

Arthur Trigueiros

Pós-graduado em Direito. Procurador do Estado de São Paulo. Professor da Rede LFG e do IEDI. Autor de diversas obras de preparação para Concursos Públicos e Exame de Ordem.

Eduardo Dompieri

Pós-graduado em Direito. Professor do IEDI. Autor de diversas obras de preparação para Concursos Públicos e Exame de Ordem.

Elson Garcia

Professor e Engenheiro graduado pela Universidade Federal do Rio de Janeiro – UFRJ.

Enildo Garcia

Especialista em Matemática pura e aplicada (UFSJ). Professor tutor de Pós-graduação em Matemática (UFJS – UAB). Analista de sistemas (PUCRJ).

Fábio Tavares Sobreira – @fabiotavares

Advogado atuante nas áreas de Direito Público. Professor Exclusivo de Direito Constitucional, Educacional e da Saúde da Rede de Ensino LFG, do Grupo Anhanguera Educacional Participações S.A. e do Atualidades do Direito. Pós-Graduado em Direito Público. Especialista em Direito Constitucional, Administrativo, Penal e Processual Civil. Palestrante e Conferencista. Autor de obras jurídicas.

Filipe Venturini Signorelli

Mestrado em Direito Administrativo pela Pontifícia Universidade Católica de São Paulo. Pós-graduado em Governança, Gestão Pública e Direito Administrativo. Pós-graduado em Direito Público. Pós-graduado em Ciências criminais e docência superior. Linha de pesquisa na área de Autorregulação e Controle na administração pública. Conselheiro no IPMA Brasil – International Project Management Associate. Gestor Jurídico e Acadêmico. Professor. Advogado e Consultor Jurídico no Bordalo Densa & Venturini Advogados.

Flávia Barros

Procuradora do Município de São Paulo. Doutora em Direito do Estado pela Universidade de São Paulo. Mestre em Direito Administrativo pela PUC-SP. Especialista em Direito Administrativo pela PUC-SP/COGEAE. Especialista em Direitos Difusos e Coletivos pela ESMPSP. Coach de Alta Performance pela FEBRACIS. Practioneer e Master em Programação Neurolinguística - PNL. Analista de Perfil Comportamental - DISC Assessment. Professora de Direito Administrativo

Flávia Campos

Consultora Legislativa da Assembleia Legislativa de Minas Gerais. Professora de Direito Administrativo, Urbanístico e Prática Cível e Administrativa no SupremoTV e na Escola Superior de Advocacia da OAB/MG. Coordenadora das turmas preparatórias para o Exame de Ordem do SupremoTV.

Gabriela Rodrigues

Pós-Graduada em Direito Civil e Processual Civil pela Escola Paulista de Direito. Professora Universitária e do IEDI Cursos On-line e preparatórios para concursos públicos exame de ordem. Autora de diversas obras jurídicas para concursos públicos e exame de ordem. Advogada.

Helder Satin

Graduado em Ciências da Computação, com MBA em Gestão de TI. Professor do IEDI. Professor de Cursos de Pós-graduação. Desenvolvedor de sistemas Web e gerente de projetos.

Henrique Subi – @henriquesubi

Agente da Fiscalização Financeira do Tribunal de Contas do Estado de São Paulo. Mestrando em Direito Político e Econômico pela Universidade Presbiteriana Mackenzie. Especialista em Direito Empresarial pela Fundação Getúlio Vargas e em Direito Tributário pela UNISUL. Professor de cursos preparatórios para concursos desde 2006. Coautor de mais de 20 obras voltadas para concursos, todas pela Editora Foco.

Leni Mouzinho Soares

Assistente Jurídico do Tribunal de Justiça do Estado de São Paulo.

Licínia Rossi – @liciniarossi

Mestre em Direito Constitucional pela PUC/SP. Especialista em Direito Constitucional pela Escola Superior de Direito Constitucional. Professora exclusiva de Direito Administrativo e Constitucional na Rede Luiz Flávio Gomes de Ensino. Professora de Direito na UNICAMP. Advogada.

Neusa Bittar

Médica, formada em 1973 pela Faculdade de Ciências Médicas de Santos – UNILUS – CRM 20291. Advogada, formada em 2001 pela Faculdade de Direito da Universidade Católica de Santos – UNISANTOS – OAB/SP 196.522. Mestre em Medicina pela Pós-Graduação stricto sensu em Cirurgia de Cabeça e Pescoço do HOSPHEL – Hospital Heliópolis/

SP. Especialista em Cirurgia Geral, Coloproctologia e Medicina do Trabalho. Foi professora de Medicina Legal da Faculdade de Direito da Universidade Católica de Santos – UNISANTOS. Foi coordenadora e Professora da Pós-graduação lato sensu em Direito Penal, Direito Processual Penal e Criminologia da Universidade Católica de Santos – UNISANTOS. Professora de Medicina Legal e de Criminologia da Faculdade de Direito da Universidade Metropolitana de Santos – UNIMES – desde 2014. Professora de Medicina Legal e/ou de Criminologia em cursos preparatórios para carreiras jurídicas desde 2007. Preceptora da Liga de Medicina Legal da Faculdade de Medicina da UNIMES.

Paula Morishita

Editorial jurídico, autora e organizadora de diversas obras na Editora Foco. Bacharel em Direito pela Pontifícia Universidade Católica de Campinas. Especialista em Direito Previdenciário. Advogada."

Roberta Densa

Doutora em Direitos Difusos e Coletivos. Professora universitária e em cursos preparatórios para concursos públicos e OAB. Autora da obra "Direito do Consumidor", 9ª edição publicada pela Editora Atlas.

Robinson Barreirinhas

Secretário Municipal dos Negócios Jurídicos da Prefeitura de São Paulo. Professor do IEDI. Procurador do Município de São Paulo. Autor e coautor de mais de 20 obras de preparação para concursos e OAB. Ex-Assessor de Ministro do STJ.

Rodrigo Bordalo

Doutor e Mestre em Direito do Estado pela Pontifícia Universidade Católica de São Paulo (PUC-SP). Professor de Direito Público da Universidade Presbiteriana Mackenzie (pós-graduação). Professor de Direito Administrativo e Ambiental do Centro Preparatório Jurídico (CPJUR) e da Escola Brasileira de Direito (EBRADI), entre outros. Procurador do Município de São Paulo, atualmente lotado na Coordenadoria Geral do Consultivo da Procuradoria Geral do Município. Advogado. Palestrante.

Rodrigo Santamaria Saber

Defensor Público do Estado de Santa Catarina. Professor de Cursos Preparatórios para Concursos Públicos. Graduado em Direito pela PUC de São Paulo e Especialista em Direito Processual Civil pela UNESP de Franca. Coautor de livros publicados pela Editora Foco.

Savio Chalita

Advogado. Mestre em Direitos Sociais, Difusos e Coletivos. Professor do CPJUR (Centro Preparatório Jurídico), Autor de obras para Exame de Ordem e Concursos Públicos. Professor Universitário. Editor do blog www.comopassarnaoab.com.

Sebastião Edilson Gomes

Mestre em Direito Público. Especialista em Direito Civil. Professor Universitário das disciplinas de Direito Administrativo e Direito Civil. Coautor do Livro Lei de Responsabilidade Fiscal comentada e anotada.

Tatiana Subi

Bacharel em Direito pela Pontifícia Universidade Católica de Campinas. Professora de Cursos Preparatórios para Concursos Públicos. Autora de diversas obras de Preparação para Concursos Públicos

Tony Chalita

Advogado. Mestrando em Direito. Professor Assistente PUC/SP. Autor da Editora Foco

Vanessa Tonolli Trigueiros

Analista de Promotoria. Assistente Jurídico do Ministério Público do Estado de São Paulo. Graduação em Direto pela PUC-Campinas. Pós-graduada em Direito Processual Civil pela UNISUL. Pós-graduada em Direito Processual Civil e Civil pela UCDB.

Vivian Calderoni

Mestre em Direito Penal e Criminologia pela USP. Autora de artigos e livros. Palestrante e professora de cursos preparatórios para concursos jurídicos. Atualmente trabalha como advogada na ONG "Conectas Direitos Humanos", onde atua em temas relacionados ao sistema prisional e ao sistema de justiça.

Sumário

COORDENADORES E AUTORES	V

COMO USAR O LIVRO?	XV

1. DIREITO PENAL — 1

1. CONCEITO, FONTES E PRINCÍPIOS 1
2. APLICAÇÃO DA LEI NO TEMPO 2
3. APLICAÇÃO DA LEI NO ESPAÇO 4
4. CONCEITO, CLASSIFICAÇÃO DOS CRIMES E SUJEITOS DO CRIME 6
5. FATO TÍPICO E TIPO PENAL 8
6. CRIMES DOLOSOS, CULPOSOS E PRETERDOLOSOS 9
7. ERRO DE TIPO, DE PROIBIÇÃO E DEMAIS ERROS 11
8. TENTATIVA, CONSUMAÇÃO, DESISTÊNCIA VOLUNTÁRIA, ARREPENDIMENTO EFICAZ E CRIME IMPOSSÍVEL 11
9. ANTIJURIDICIDADE E CAUSAS EXCLUDENTES 13
10. CONCURSO DE PESSOAS 16
11. CULPABILIDADE E CAUSAS EXCLUDENTES 18
12. PENA E MEDIDA DE SEGURANÇA 23
13. EXTINÇÃO DA PUNIBILIDADE 25
14. CRIMES CONTRA A PESSOA 26
15. CRIMES CONTRA O PATRIMÔNIO 35
16. CRIMES CONTRA A DIGNIDADE SEXUAL 44
17. CRIMES CONTRA A FÉ PÚBLICA 48
18. CRIMES CONTRA A ADMINISTRAÇÃO PÚBLICA 48
19. LEGISLAÇÃO PENAL EXTRAVAGANTE 54
20. TEMAS COMBINADOS DE DIREITO PENAL 54

2. DIREITO PROCESSUAL PENAL — 57

1. FONTES, PRINCÍPIOS GERAIS, INTERPRETAÇÃO E APLICAÇÃO DA LEI PROCESSUAL PENAL 57
2. INQUÉRITO POLICIAL E OUTRAS FORMAS DE INVESTIGAÇÃO CRIMINAL 60
3. AÇÃO PENAL, SUSPENSÃO CONDICIONAL DO PROCESSO E AÇÃO CIVIL 73
4. JURISDIÇÃO E COMPETÊNCIA; CONEXÃO E CONTINÊNCIA 80
5. QUESTÕES E PROCESSOS INCIDENTES 82

COMO PASSAR EM CONCURSOS POLICIAIS

6. PROVA 83

7. PRISÃO, MEDIDAS CAUTELARES E LIBERDADE PROVISÓRIA 96

8. SUJEITOS PROCESSUAIS, CITAÇÃO, INTIMAÇÃO, PRAZO E PROCEDIMENTO.........................109

9. RECURSOS, *HABEAS CORPUS*, MANDADO DE SEGURANÇA E REVISÃO CRIMINAL.................112

10. EXECUÇÃO PENAL..114

11. ORGANIZAÇÃO CRIMINOSA 114

12. JUIZADOS ESPECIAIS 114

13. VIOLÊNCIA DOMÉSTICA..116

14. QUESTÕES DE CONTEÚDO VARIADO...116

3. LEGISLAÇÃO EXTRAVAGANTE — 117

1. TRÁFICO DE DROGAS...117

2. TORTURA...119

3. CRIMES HEDIONDOS 122

4. ESTATUTO DA CRIANÇA E DO ADOLESCENTE 123

5. CRIMES CONTRA O SISTEMA FINANCEIRO 124

6. CRIMES CONTRA A ORDEM TRIBUTÁRIA E AS RELAÇÕES DE CONSUMO...............................124

7. ESTATUTO DO DESARMAMENTO 125

8. CRIMES AMBIENTAIS...126

9. RACISMO 128

10. ABUSO DE AUTORIDADE 128

11. INTERCEPTAÇÃO TELEFÔNICA..129

12. CÓDIGO DE TRÂNSITO BRASILEIRO 130

13. LEI MARIA DA PENHA...133

14. LAVAGEM DE DINHEIRO...137

15. LEI DE EXECUÇÃO PENAL 137

16. ESTATUTO DA PESSOA IDOSA 139

17. CRIME ORGANIZADO..140

18. SEGURANÇA DE ESTABELECIMENTOS FINANCEIROS...142

19. QUESTÕES COMBINADAS E OUTROS TEMAS..143

4. CRIMINOLOGIA — 147

5. DIREITO CONSTITUCIONAL — 161

1. PODER CONSTITUINTE 161

2. TEORIA DA CONSTITUIÇÃO E PRINCÍPIOS FUNDAMENTAIS..161

3. HERMENÊUTICA CONSTITUCIONAL E EFICÁCIA DAS NORMAS CONSTITUCIONAIS 164

4. CONTROLE DE CONSTITUCIONALIDADE..165

SUMÁRIO XI

5. DIREITOS E DEVERES INDIVIDUAIS E COLETIVOS 166

6. DIREITOS SOCIAIS 179

7. NACIONALIDADE 181

8. DIREITOS POLÍTICOS 182

9. ORGANIZAÇÃO DO ESTADO 184

10. PODER LEGISLATIVO 191

11. PODER EXECUTIVO 196

12. PODER JUDICIÁRIO 199

13. FUNÇÕES ESSENCIAIS À JUSTIÇA 201

14. DEFESA DO ESTADO 204

15. ORDEM SOCIAL 209

16. TEMAS COMBINADOS 211

6. DIREITOS HUMANOS — 215

1. TEORIA GERAL E DOCUMENTOS HISTÓRICOS 215

2. GERAÇÕES OU GESTAÇÕES DE DIREITOS HUMANOS 218

3. CLASSIFICAÇÃO DOS DIREITOS HUMANOS 219

4. SISTEMA GLOBAL DE PROTEÇÃO GERAL DOS DIREITOS HUMANOS 220

5. SISTEMA GLOBAL DE PROTEÇÃO ESPECÍFICA DOS DIREITOS HUMANOS 224

6. SISTEMA REGIONAL DE PROTEÇÃO DOS DIREITOS HUMANOS – SISTEMA INTERAMERICANO 226

7. DIREITOS HUMANOS NO BRASIL 227

7. DIREITO DA CRIANÇA E DO ADOLESCENTE — 235

1. CONCEITO E APLICAÇÃO DO ECA 235

2. MEDIDAS DE PROTEÇÃO 235

3. PRÁTICA DE ATO INFRACIONAL 236

4. MEDIDA SOCIOEDUCATIVA 236

5. CRIMES 237

6. TEMAS COMBINADOS 237

7. PESSOA COM DEFICIÊNCIA 238

8. DIREITO ADMINISTRATIVO — 239

1. REGIME JURÍDICO ADMINISTRATIVO E PRINCÍPIOS DE DIREITO ADMINISTRATIVO 239

2. PODERES ADMINISTRATIVOS 245

3. ATO ADMINISTRATIVO 252

4. ORGANIZAÇÃO DA ADMINISTRAÇÃO PÚBLICA 261

5. SERVIDORES PÚBLICOS 273

6. LEI 8.112/1990 – ESTATUTO DOS SERVIDORES PÚBLICOS 288

COMO PASSAR EM CONCURSOS POLICIAIS

7. IMPROBIDADE ADMINISTRATIVA 289

8. BENS PÚBLICOS 292

9. RESPONSABILIDADE DO ESTADO 293

10. LICITAÇÕES E CONTRATOS 298

11. SERVIÇO PÚBLICO, CONCESSÃO E PPP 301

12. CONTROLE DA ADMINISTRAÇÃO 306

13. INTERVENÇÃO DO ESTADO NA PROPRIEDADE 309

14. TEMAS GERAIS COMBINADOS 309

9. DIREITO CIVIL — 311

1. LINDB 311

2. PARTE GERAL 311

3. RESPONSABILIDADE CIVIL 312

10. MEDICINA LEGAL — 313

1. PERÍCIAS E PERITOS 313

2. DOCUMENTOS MÉDICO LEGAIS 313

3. ANTROPOLOGIA (IDENTIDADE / IDENTIFICAÇÃO) 315

4. TANATOLOGIA 316

5. TRAUMATOLOGIA 318

6. ASFIXIAS 322

7. SEXOLOGIA 324

8. TOXICOLOGIA 325

9. CRIMINALÍSTICA (LOCAL DE CRIME) 326

11. ÉTICA NA ADMINISTRAÇÃO PÚBLICA — 329

12. LÍNGUA PORTUGUESA — 333

1. INTERPRETAÇÃO DE TEXTOS E REDAÇÃO 333

2. SEMÂNTICA / ORTOGRAFIA / ACENTUAÇÃO GRÁFICA 347

3. MORFOLOGIA 354

4. PRONOME E COLOCAÇÃO PRONOMINAL 358

5. VERBO 363

6. REGÊNCIA 366

7. OCORRÊNCIA DA CRASE 367

8. CONJUNÇÃO 368

9. ORAÇÃO SUBORDINADA 374

10. CONCORDÂNCIA VERBAL E CONCORDÂNCIA NOMINAL 374

11. ANÁLISE SINTÁTICA 379

12.	PONTUAÇÃO	388
13.	LITERATURA E FIGURAS	393
14.	QUESTÕES COMBINADAS E OUTROS TEMAS	394

13. MATEMÁTICA E RACIOCÍNIO LÓGICO — 403

14. INFORMÁTICA — 431

1.	APRESENTAÇÕES	431
2.	BANCOS DE DADOS	432
3.	EDITORES DE TEXTO	434
4.	FERRAMENTAS DE CORREIO ELETRÔNICO	437
5.	HARDWARE	437
6.	PLANILHAS ELETRÔNICAS	438
7.	REDE E INTERNET	440
8.	SISTEMAS OPERACIONAIS	446
9.	SEGURANÇA DA INFORMAÇÃO	449
10.	LINGUAGENS DE PROGRAMAÇÃO	451
11.	TEORIA GERAL DE SISTEMAS	452

15. ARQUIVOLOGIA — 455

16. FÍSICA — 459

17. REGIMENTO INTERNO E LEGISLAÇÃO LOCAL — 465

1.	POLÍCIA CIVIL DO ESPÍRITO SANTO	465
2.	POLÍCIA CIVIL DE MINAS GERAIS	468
3.	POLÍCIA CIVIL DO PARANÁ	468
4.	POLÍCIA CIVIL DO CEARÁ	469
5.	POLÍCIA CIVIL DE PERNAMBUCO	470
6.	POLÍCIA CIVIL DE GOIÁS	471
7.	POLÍCIA CIVIL DO DISTRITO FEDERAL	473

18. BIOLOGIA — 475

19. QUÍMICA — 479

20. HISTÓRIA DA PRF — 483

21. GEOPOLÍTICA BRASILEIRA — 485

22. NOÇÕES ADMINISTRAÇÃO — 487

COMO USAR O LIVRO?

Para que você consiga um ótimo aproveitamento deste livro, atente para as seguintes orientações:

1º Tenha em mãos um *vademecum* ou **um computador** no qual você possa acessar os textos de lei citados.

Neste ponto, recomendamos o **Vade Mecum de Legislação FOCO** – confira em www.editorafoco.com.br.

2º Se você estiver estudando a teoria (fazendo um curso preparatório ou lendo resumos, livros ou apostilas), faça as questões correspondentes deste livro na medida em que for avançando no estudo da parte teórica.

3º Se você já avançou bem no estudo da teoria, leia cada capítulo deste livro até o final, e só passe para o novo capítulo quando acabar o anterior; vai mais uma dica: alterne capítulos de acordo com suas preferências; leia um capítulo de uma disciplina que você gosta e, depois, de uma que você não gosta ou não sabe muito, e assim sucessivamente.

4º Iniciada a resolução das questões, tome o cuidado de ler cada uma delas **sem olhar para o gabarito e para os comentários**; se a curiosidade for muito grande e você não conseguir controlar os olhos, tampe os comentários e os gabaritos com uma régua ou um papel; na primeira tentativa, é fundamental que resolva a questão sozinho; só assim você vai identificar suas deficiências e "pegar o jeito" de resolver as questões; marque com um lápis a resposta que entender correta, e só depois olhe o gabarito e os comentários.

5º **Leia com muita atenção o enunciado das questões**. Ele deve ser lido, no mínimo, duas vezes. Da segunda leitura em diante, começam a aparecer os detalhes, os pontos que não percebemos na primeira leitura.

6º <u>Grife</u> **as palavras-chave, as afirmações e a pergunta formulada.** Ao grifar as palavras importantes e as afirmações você fixará mais os pontos-chave e não se perderá no enunciado como um todo. Tenha atenção especial com as palavras "correto", "incorreto", "certo", "errado", "prescindível" e "imprescindível".

7º Leia os comentários e **leia também cada dispositivo legal** neles mencionados; não tenha preguiça; abra o *vademecum* e leia os textos de leis citados, tanto os que explicam as alternativas corretas, como os que explicam o porquê de ser incorreta dada alternativa; você tem que conhecer bem a letra da lei, já que mais de 90% das respostas estão nela; mesmo que você já tenha entendido determinada questão, reforce sua memória e leia o texto legal indicado nos comentários.

8º Leia também os **textos legais que estão em volta** do dispositivo; por exemplo, se aparecer, em Direito Penal, uma questão cujo comentário remete ao dispositivo que trata de falsidade ideológica, aproveite para ler também os dispositivos que tratam dos outros crimes de falsidade; outro exemplo: se aparecer uma questão, em Direito Constitucional, que trate da composição do Conselho Nacional de Justiça, leia também as outras regras que regulamentam esse conselho.

9º Depois de resolver sozinho a questão e de ler cada comentário, você deve fazer uma **anotação ao lado da questão**, deixando claro o motivo de eventual erro que você tenha cometido; conheça os motivos mais comuns de erros na resolução das questões:

DL – "desconhecimento da lei"; quando a questão puder ser resolvida apenas com o conhecimento do texto de lei;

DD – "desconhecimento da doutrina"; quando a questão só puder ser resolvida com o conhecimento da doutrina;

DJ – "desconhecimento da jurisprudência"; quando a questão só puder ser resolvida com o conhecimento da jurisprudência;

FA – "falta de atenção"; quando você tiver errado a questão por não ter lido com cuidado o enunciado e as alternativas;

NUT - "não uso das técnicas"; quando você tiver se esquecido de usar as técnicas de resolução de questões objetivas, tais como as da **repetição de elementos** ("quanto mais elementos repetidos existirem, maior a chance de a alternativa ser correta"), das **afirmações generalizantes** ("afirmações generalizantes tendem a ser incorretas" - reconhece-se afirmações generalizantes pelas palavras *sempre, nunca, qualquer, absolutamente, apenas, só, somente exclusivamente* etc.), dos **conceitos compridos** ("os conceitos de maior extensão tendem a ser corretos"), entre outras.

obs: se você tiver interesse em fazer um Curso de "Técnicas de Resolução de Questões Objetivas", recomendamos o curso criado a esse respeito pelo IEDI Cursos On-line: www.iedi.com.br.

10º Confie no **bom-senso**. Normalmente, a resposta correta é a que tem mais a ver com o bom-senso e com a ética. Não ache que todas as perguntas contêm uma pegadinha. Se aparecer um instituto que você não conhece, repare bem no seu nome e tente imaginar o seu significado.

11º Faça um levantamento do **percentual de acertos de cada disciplina** e dos **principais motivos que levaram aos erros cometidos**; de posse da primeira informação, verifique quais disciplinas merecem um reforço no estudo; e de posse da segunda informação, fique atento aos erros que você mais comete, para que eles não se repitam.

12º Uma semana antes da prova, faça uma **leitura dinâmica** de todas as anotações que você fez e leia de novo os dispositivos legais (e seu entorno) das questões em que você marcar "DL", ou seja, desconhecimento da lei.

13º Para que você consiga ler o livro inteiro, faça um bom **planejamento**. Por exemplo, se você tiver 30 dias para ler a obra, divida o número de páginas do livro pelo número de dias que você tem, e cumpra, diariamente, o número de páginas necessárias para chegar até o fim. Se tiver sono ou preguiça, levante um pouco, beba água, masque chiclete ou leia em voz alta por algum tempo.

14º Desejo a você, também, muita **energia**, **disposição**, **foco**, **organização**, **disciplina**, **perseverança**, **amor** e **ética**!

Wander Garcia, Ana Paula Dompieri, Renan Flumian e Bruno Zampier

Coordenadores

1. Direito Penal

Arthur Trigueiros e Eduardo Dompieri

1. CONCEITO, FONTES E PRINCÍPIOS

(Policial Rodoviário Federal – CESPE – 2019) O art. 1.º do Código Penal brasileiro dispõe que "não há crime sem lei anterior que o defina. Não há pena sem prévia cominação legal".

Considerando esse dispositivo legal, bem como os princípios e as repercussões jurídicas dele decorrentes, julgue os itens que se seguem.

(1) A norma penal deve ser instituída por lei em sentido estrito, razão por que é proibida, em caráter absoluto, a analogia no direito penal, seja para criar tipo penal incriminador, seja para fundamentar ou alterar a pena.

(2) O presidente da República, em caso de extrema relevância e urgência, pode editar medida provisória para agravar a pena de determinado crime, desde que a aplicação da pena agravada ocorra somente após a aprovação da medida pelo Congresso Nacional.

1: incorreta. Não procede a afirmação segundo a qual a analogia não é admitida, em caráter absoluto, em direito penal. Isso porque tal terá lugar se favorável ao réu. É a chamada analogia "in bonam partem". O que se veda é a sua aplicação em prejuízo do agente, em obediência ao princípio da legalidade; **2:** incorreta. Segundo enuncia o princípio da *legalidade, estrita legalidade* ou *reserva legal* (arts. 1º do CP e 5º, XXXIX, da CF), os tipos penais só podem ser concebidos por lei em sentido estrito, ficando afastada, assim, a possibilidade de a lei penal ser criada por outras formas que não a lei em sentido formal. É por essa razão que é excluída a possibilidade de a lei penal ser criada por meio de *medida provisória* (art. 62, § 1º, I, *b*, da CF). **ED**
Gabarito: 1E, 2E

(Escrivão – PC/ES – Instituto AOCP – 2019) O art. 1º do Código Penal afirma que não há crime sem lei anterior que o defina e que não há pena sem prévia cominação legal. O mencionado dispositivo corresponde a qual princípio de direito penal?

(A) Princípio da legalidade

(B) Princípio da proibição de pena indigna.

(C) Princípio da proporcionalidade.

(D) Princípio da igualdade.

(E) Princípio da austeridade.

O princípio da legalidade, previsto nos arts. 1º do CP e 5º, XXXIX, da CF, enuncia que não há *crime sem lei anterior que o defina, nem pena sem prévia cominação legal*. **ED**
Gabarito "A".

(Agente – Pernambuco – CESPE – 2016) Acerca dos princípios básicos do direito penal brasileiro, assinale a opção correta.

(A) O princípio da fragmentariedade ou o caráter fragmentário do direito penal quer dizer que a pessoa cometerá o crime se sua conduta coincidir com qualquer verbo da descrição desse crime, ou seja, com qualquer fragmento de seu tipo penal.

(B) O princípio da anterioridade, no direito penal, informa que ninguém será punido sem lei anterior que defina a conduta como crime e que a pena também deve ser prevista previamente, ou seja, a lei nunca poderá retroagir.

(C) É possível que uma lei penal mais benigna alcance condutas anteriores à sua vigência, seja para possibilitar a aplicação de pena menos severa, seja para contemplar situação em que a conduta tipificada passe a não mais ser crime.

(D) O princípio da insignificância no direito penal dispõe que nenhuma vida humana será considerada insignificante, sendo que todas deverão ser protegidas.

(E) O princípio da *ultima ratio* ou da intervenção mínima do direito penal significa que a pessoa só cometerá um crime se a pessoa a ser prejudicada por esse crime o permitir.

A: incorreta, já que o conceito contido na assertiva não corresponde, nem de longe, ao que se deve entender por *princípio da fragmentariedade*. Enuncia tal postulado que o Direito Penal deve sempre ser visto como a *ultima ratio*, isto é, somente deve ocupar-se das condutas mais graves. Representa, por isso, um *fragmento*, uma pequena parcela do ordenamento jurídico; **B:** incorreta. O erro da assertiva está no seu trecho final. A primeira parte, em que se afirma que o princípio da anterioridade informa que ninguém será punido sem lei *anterior* que defina a conduta como criminosa e que a pena cominada deve ser *anterior* à prática criminosa está correta. É errado afirmar, no entanto, que a lei nunca retroagirá. Como bem sabemos, a lei penal, em regra, não opera seus efeitos para o passado. Sucede que, em se tratando de lei penal posterior mais favorável ao agente, a retroação é de rigor, tal como estabelecem os arts. 1º do CP e 5º, XXXIX, da CF; **C:** correta. De fato, a lei posterior mais benéfica, seja porque estabelece pena menos severa (art. 2º, parágrafo único, do CP), seja porque deixa de considerar determinada conduta como criminosa (*abolitio criminis* – art. 2º, *caput*, do CP), deverá retroagir e disciplinar fatos ocorridos anteriormente à sua vigência; **D:** incorreta. O princípio da insignificância não se refere à importância que deve ser conferida à vida, enquanto bem jurídico tutelado pela norma penal, tal como afirmado acima. Diz respeito, isto sim, à atipicidade (material) que deve ser reconhecida em relação a condutas cuja lesão ao bem jurídico tutelado pela lei penal é tão irrisória (insignificante) que a punição não se justifica. É importante que se diga que este postulado, embora seja amplamente reconhecido pela doutrina e aplicável pelos Tribunais, não está contemplado de forma expressa pelo ordenamento jurídico. Cuida-se, pois, de princípio implícito; **E:** incorreta. O postulado da intervenção mínima, como o nome sugere, estabelece que o Direito Penal, por ser o instrumento de pacificação mais traumático, deve intervir o mínimo possível. É dizer, somente se recorrerá ao Direito Penal para a tutela de bens jurídicos mais relevantes, de forma que somente será legítima a intervenção penal quando se vislumbrar a sua indispensabilidade para a proteção de determinados bens ou interesses (*ultima ratio*). **ED**
Gabarito "C".

(Agente Penitenciário/MA – 2013 – FGV) Com relação ao *princípio da legalidade*, assinale a afirmativa **incorreta**.

(A) Tal princípio se aplica às contravenções e medida de segurança.

(B) Tal princípio impede a criação de crimes por meio de medida provisória.

(C) Tal princípio impede incriminação genérica por meio de tipos imprecisos.

(D) Tal princípio impede a aplicação de analogia de qualquer forma no Direito Penal.

(E) Tal princípio está previsto no texto constitucional vigente.

A: assertiva correta. Realmente, o princípio da legalidade alcança não somente os crimes e as penas, mas, sim, todas as infrações penais (crimes ou contravenções) e respectivas sanções (penas e medidas de segurança); **B:** assertiva correta. Não se admite a criação de um crime por medida provisória, seja porque esta espécie normativa não pode ser considerada lei em sentido estrito (visto tratar-se de ato do Chefe do Poder Executivo), seja em virtude da expressa previsão que proíbe sua edição em matéria penal (art. 62, § 1º, I, "b", CF); **C:** assertiva correta. Decorre do princípio da legalidade a denominada "taxatividade da lei penal", que não pode ter um conteúdo impreciso. Ao contrário, as leis penais devem ser claras, certas, precisas, a fim de não permitirem dúvidas sobre a incriminação de comportamentos; **D:** assertiva incorreta, devendo ser assinalada. O princípio da legalidade impede a criação de crimes por analogia, visto que eles devem ser veiculados por lei. Contudo, em matéria penal, admite-se o emprego da analogia *in bonam partem*, ou seja, benéfica ao réu, podendo ser aplicada para os tipos penais não incriminadores; **E:** correta, nos termos do art. 5º, XXXIX, CF. Gabarito "D".

(Investigador de Polícia/SP – 2013 – VUNESP) No que diz respeito ao conceito do crime, é correto afirmar que

(A) é considerada como causa do crime a ação ou omissão sem a qual o resultado não teria ocorrido, sendo que a superveniência de causa relativamente independente exclui a imputação do crime quando, por si só, produziu o resultado.

(B) ao agente que tenha por lei obrigação de cuidado, proteção ou vigilância, não será imputado o crime se apenas omitiu-se, ainda que pudesse agir para evitar o resultado.

(C) se considera o crime tentado quando iniciada a preparação; este não se consuma por circunstâncias alheias à vontade do agente.

(D) para a caracterização da omissão penalmente relevante é suficiente que o agente tivesse o poder de agir para evitar o resultado do crime.

(E) se pune a tentativa se, por ineficácia absoluta do meio ou por absoluta impropriedade do objeto, é impossível consumar-se o crime.

A: correta. De fato, considera-se causa toda ação ou omissão sem a qual o resultado não teria ocorrido (art. 13, *caput*, segunda parte, do CP). Havendo a superveniência de uma causa relativamente independente que, por si só, produza o resultado, este não será imputado ao agente (art. 13, § 1º, do CP); **B:** incorreta, pois ao agente que puder agir para evitar o resultado, quando a lei lhe trouxer o dever de cuidado, proteção ou vigilância da vítima, responderá pela omissão caso deixe de agir, desde que pudesse fazê-lo (art. 13, § 2º, do CP). É a chamada omissão penalmente relevante (em síntese: responderá pelo resultado o agente que, tendo o dever jurídico de agir – e podendo agir – para evitá-lo, nada fizer); **C:** incorreta, pois se fala em tentativa quando, iniciada a *execução* (e não preparação!) do crime, este não se consumar por circunstâncias alheias à vontade do agente (art. 14, II, do CP); **D:** incorreta, pois, como visto nos comentários à alternativa "B", a omissão é penalmente relevante quando o agente, além de poder agir, tenha o dever de agir para evitar o resultado (art. 13, § 2º, do CP); **E:** incorreta.

Não se pune a tentativa quando, por ineficácia absoluta do meio, ou absoluta impropriedade do objeto, for impossível consumar-se o crime (art. 17 do CP). Estamos, aqui, diante do crime impossível. Gabarito "A".

2. APLICAÇÃO DA LEI NO TEMPO

(Perito – PC/ES – Instituto AOCP – 2019) De acordo com o Código Penal, assinale a alternativa correta.

(A) Ninguém pode ser punido por fato que lei posterior deixa de considerar crime, cessando em virtude dela a execução, mas não os efeitos penais da sentença condenatória.

(B) A lei posterior, que de qualquer modo favorecer o agente, aplica-se aos fatos anteriores, exceto se decididos por sentença condenatória transitada em julgado.

(C) Para os efeitos penais, consideram-se como extensão do território nacional as embarcações e aeronaves brasileiras, de natureza pública ou a serviço do governo brasileiro onde quer que se encontrem, bem como as aeronaves e as embarcações brasileiras, mercantes ou de propriedade privada, que se achem, respectivamente, no espaço aéreo correspondente ou em alto-mar.

(D) Considera-se praticado o crime no momento em que o agente atinge o resultado pretendido.

(E) Em nenhuma situação, a lei brasileira pode ser aplicada aos crimes praticados a bordo de aeronaves ou embarcações estrangeiras de propriedade privada.

A: incorreta. A assertiva descreve o fenômeno da *abolitio criminis* (art. 2º, *caput*, do CP), que corresponde à situação em que uma lei nova deixa de considerar crime determinado fato até então criminoso. É, por força do que dispõe o art. 107, III, do CP, causa de extinção da punibilidade, que pode ser arguida e reconhecida a qualquer tempo, mesmo no curso da execução da pena. Ao contrário do afirmado na alternativa, tem o condão de fazer cessar a execução e os efeitos penais da sentença condenatória. Os efeitos extrapenais, no entanto, subsistem; **B:** incorreta. Isso porque a lei posterior mais favorável ao agente será aplicada aos fatos anteriores, mesmo que decididos por sentença condenatória definitiva (com trânsito em julgado), tal como estabelece o art. 2º, parágrafo único, CP; **C:** correta, uma vez que corresponde ao teor do art. 5º, § 1º, do CP; **D:** incorreta. À luz do princípio da atividade, consagrado no art. 4º do CP, considera-se praticado o crime no momento da conduta (ação ou omissão), ainda que o resultado tenha sido produzido em momento posterior; **E:** incorreta, já que não reflete o disposto no art. 5º, § 2º, do CP, que assim dispõe: *é também aplicável a lei brasileira aos crimes praticados a bordo de aeronaves ou embarcações estrangeiras de propriedade privada, achando-se aquelas em pouso no território nacional ou em voo no espaço aéreo correspondente, e estas em porto ou mar territorial do Brasil.* ED Gabarito "C".

(Escrivão – PC/ES – Instituto AOCP – 2019) A impossibilidade da lei penal nova mais gravosa ser aplicada em caso ocorrido anteriormente à sua vigência é chamada de

(A) princípio da ultra-atividade da lei nova.

(B) princípio da legalidade.

(C) princípio da irretroatividade.

(D) princípio da normalidade.

(E) princípio da adequação.

Regra geral, aplica-se a lei vigente à época em que se deram os fatos (*tempus regit actum*). A exceção a tal regra fica por conta da *extratividade*, que é o fenômeno pelo qual a lei é aplicada a fatos ocorridos fora do seu período de vigência. No universo do direito penal, a *extratividade* da lei é possível em duas situações: *retroatividade*: que nada mais é do que a incidência de uma lei penal nova e benéfica a um fato ocorrido antes do seu período de vigência, ou seja, ao tempo em que a lei entrou em vigor, o fato já se consumara. Neste caso, dado que a lei nova é mais favorável ao agente, ela projetará seus efeitos para o passado e regerá o fato ocorrido antes do seu período de vigência; *ultratividade*: é a aplicação de uma lei penal benéfica, já revogada, a um fato verificado depois do período de sua vigência. Perceba, portanto, que a regra é a da irretroatividade da lei penal, é dizer, aplica-se a lei em vigor à época em que os fatos se deram. A exceção fica por conta da hipótese em que a lei nova, que entrou em vigor após o fato consumar-se, é mais benéfica ao agente. Neste caso, ela retroagirá e será aplicada ao fato praticado anteriormente à sua entrada em vigor. Na hipótese do enunciado, a lei nova é mais prejudicial ao agente, razão pela qual ela não poderá retroagir. Aplica-se, aqui, a regra geral, ou seja, a irretroatividade. **ED**
Gabarito "C".

(Escrivão – PC/ES – Instituto AOCP – 2019) O Direito Penal brasileiro considera como momento do cometimento do crime

(A) desde o seu planejamento.

(B) quando atingido o resultado pretendido.

(C) o momento da ação ou omissão, ainda que outro seja o momento do resultado.

(D) quando chega ao conhecimento das autoridades competentes.

(E) o momento do cometimento do crime é irrelevante para o Direito Penal.

No que diz respeito ao momento do cometimento do crime (*tempo do crime*), reputa-se praticada a infração penal no momento da ação ou omissão, ainda que outro seja o do resultado. É a chamada *teoria da ação* ou *atividade*, presente no art. 4º do CP. **ED**
Gabarito "C".

(Escrivão – AESP/CE – VUNESP – 2017) O indivíduo B provocou aborto com o consentimento da gestante, em 01 de fevereiro de 2010, e foi condenado, em 20 de fevereiro de 2013, pela prática de tal crime à pena de oito anos de reclusão. A condenação já transitou em julgado. Na hipótese do crime de aborto, com o consentimento da gestante, deixar de ser considerado crime por força de uma lei que passe a vigorar a partir de 02 de fevereiro de 2015, assinale a alternativa correta no tocante à consequência dessa nova lei à condenação imposta ao indivíduo B.

(A) A nova lei só irá gerar algum efeito sobre a condenação do indivíduo B se prever expressamente que se aplica a fatos anteriores.

(B) A nova lei será aplicada para os fatos praticados pelo indivíduo B, contudo só fará cessar a execução persistindo os efeitos penais da sentença condenatória, tendo em vista que esta já havia transitado em julgado.

(C) Não haverá consequência à condenação imposta ao indivíduo B visto que já houve o trânsito em julgado da condenação.

(D) A nova lei só seria aplicada para os fatos praticados pelo indivíduo B se a sua entrada em vigência ocorresse antes de 01 de fevereiro de 2015.

(E) A nova lei será aplicada para os fatos praticados pelo indivíduo B, cessando em virtude dela a execução e os efeitos penais da sentença condenatória.

O enunciado retrata típica hipótese de *abolitio criminis* (art. 2º, "*caput*", do CP), que ocorre sempre que uma lei nova deixa de considerar infração penal determinado fato até então criminoso. Foi exatamente o que se deu no caso narrado no enunciado. Com efeito, o delito pelo qual "B" foi acusado e, ao final, condenado em sentença que passou em julgado deixou de ser considerado crime, o que ocorreu em razão do advento de lei nova que assim estabeleceu. A *abolitio criminis* é, por força do que dispõe o art. 107, III, do CP, causa de extinção da punibilidade, que pode ser arguida e reconhecida a qualquer tempo, mesmo no curso da execução da pena. Além disso, tem o condão de fazer cessar a execução e os efeitos penais da sentença condenatória. Os efeitos extrapenais, no entanto, subsistem (art. 2º, "*caput*", do CP). No mais, em consonância com entendimento esposado na Súmula 611 do STF, competirá ao juízo das execuções, depois do trânsito em julgado da sentença condenatória, a aplicação da lei mais benigna, aqui incluída, por óbvio, a *abolitio criminis*. **ED**
Gabarito "E".

(Escrivão – AESP/CE – VUNESP – 2017) No que diz respeito à contagem de prazo no Código Penal, assinale a alternativa correta.

(A) O dia do começo é irrelevante no cômputo do prazo.

(B) O dia do começo inclui-se no cômputo do prazo.

(C) O dia do começo exclui-se no cômputo do prazo.

(D) Inicia-se o cômputo do prazo dois dias após o dia do começo.

(E) O dia do começo exclui-se no cômputo do prazo nas hipóteses de crime contra a vida.

O prazo penal será contado nos moldes do art. 10 do CP, que estabelece que, no seu cômputo, será incluído o dia do começo e desprezado o do vencimento. É o caso dos prazos que têm nítido conteúdo material (penal), tais como os prescricionais, decadenciais e aqueles que se referem à duração das penas. Importante que se diga que, no que toca aos prazos processuais, a disciplina é diferente. Por força do que dispõe o art. 798, § 1º, do CPP, na contagem dessa modalidade de prazo, não se inclui o dia do começo, mas, sim, o do vencimento. **ED**
Gabarito "B".

(Escrivão – Pernambuco – CESPE – 2016) Um crime de extorsão mediante sequestro perdura há meses e, nesse período, nova lei penal entrou em vigor, prevendo causa de aumento de pena que se enquadra perfeitamente no caso em apreço.

Nessa situação hipotética,

(A) a lei penal mais grave não poderá ser aplicada: o ordenamento jurídico não admite a novatio legis in pejus.

(B) a lei penal menos grave deverá ser aplicada, já que o crime teve início durante a sua vigência e a legislação, em relação ao tempo do crime, aplica a teoria da atividade.

(C) a lei penal mais grave deverá ser aplicada, pois a atividade delitiva prolongou-se até a entrada em vigor da nova legislação, antes da cessação da permanência do crime.

(D) a aplicação da pena deverá ocorrer na forma prevista pela nova lei, dada a incidência do princípio da ultratividade da lei penal.

(E) a aplicação da pena ocorrerá na forma prevista pela lei anterior, mais branda, em virtude da incidência do princípio da irretroatividade da lei penal.

Por se tratar de crime permanente, em que a consumação se prolonga no tempo por vontade do agente, a sucessão de leis penais no tempo enseja a aplicação da lei vigente enquanto não cessado o comportamento ilícito, ainda que se trate de lei mais gravosa. É esse o entendimento firmado na Súmula n. 711 do STF: "A lei penal mais grave aplica-se ao crime continuado ou ao crime permanente, se a sua vigência é anterior à cessação da continuidade ou permanência". Aplica-se, portanto, no caso narrado no enunciado, a lei mais grave. ED

Gabarito "C".

João, que acabara de completar dezessete anos de idade, levou sua namorada Rafaela, de doze anos e onze meses de idade, até sua casa. Considerando ser muito jovem para namorar, a garota aproveitou a oportunidade e terminou o relacionamento com João. Inconformado, João prendeu Rafaela na casa, ocultou sua localização e forçou-a a ter relações sexuais com ele durante o primeiro de treze meses em que a manteve em cativeiro. Após várias tentativas frustradas de fuga, um dia antes de completar quatorze anos de idade, Rafaela, em um momento de deslize de João, conseguiu pegar uma faca e lutou com o rapaz para, mais uma vez, tentar fugir. Na luta, João tomou a faca de Rafaela e, após afirmar que, se ela não queria ficar com ele, não ficaria com mais ninguém, desferiu-lhe um golpe de faca. Rafaela fingiu estar morta e, mesmo ferida, conseguiu escapar e denunciar João, que fugiu após o crime, mas logo foi encontrado e detido pela polícia. Rafaela, apesar de ter sido devidamente socorrida, entrou em coma e faleceu após três meses.

(Agente-Escrivão – PC/GO – CESPE – 2016) Nessa situação hipotética, João:

(A) responderá pelo crime de tentativa de homicídio.

(B) responderá por crime de estupro de incapaz, previsto no CP.

(C) não responderá pelo crime de estupro segundo a lei penal, de acordo com a teoria adotada pelo CP em relação ao tempo do crime.

(D) não poderá ser submetido à lei penal pelo cometimento de crime de cárcere privado, pois, à época do crime, ele era menor de idade.

(E) responderá pelo crime de homicídio, sem aumento de pena por ter cometido crime contra pessoa menor de quatorze anos de idade, uma vez que Rafaela, à época da morte, já havia completado quatorze anos de idade.

Durante o primeiro mês em que Rafaela permaneceu em poder de João, este contava com 17 anos, que acabara de completar, e ela, com 12 anos e 11 meses. Nesse período, segundo consta do enunciado, Rafaela foi obrigada a manter relações sexuais com João. Se este fosse maior, seria responsabilizado pelo crime de estupro de vulnerável (art. 217-A do CP). Sucede que a violência sexual a que foi submetida Rafaela ocorreu enquanto João ainda era adolescente. Bem por isso, deverá responder segundo as regras do ECA (cometeu ato infracional correspondente ao crime de estupro de vulnerável e estará sujeito, por isso, a medidas socioeducativas, entre as quais a internação). No que toca ao crime de sequestro e cárcere privado, João deverá ser responsabilizado como imputável, já que, por se tratar de crime permanente, sua consumação

perdurou até ele atingir a maioridade (Súmula 711, STF). Quando do cometimento do homicídio, João, no momento da conduta, já contava com 18 anos, e Rafaela ainda era menor de 14 (um dia antes de completar 14 anos). Por este crime, João deverá responder, portanto, de acordo com o Código Penal, uma vez que já era imputável. Como Rafaela ainda era menor de 14 anos, incidirá a causa de aumento de pena (da ordem de um terço) prevista no art. 121, § 4º, parte final, do CP. ED

Gabarito "C".

(Escrivão de Polícia/MA – 2013 – FGV) Com relação à aplicação da lei penal, assinale a afirmativa **incorreta**.

(A) A lei mais favorável é de aplicação imediata, inclusive no período de *vacatio*.

(B) Havendo decisão transitada em julgado, cabe ao juiz da execução aplicar a lei mais favorável.

(C) Reconhecida a *abolitio criminis,* causa de extinção da punibilidade, os efeitos penais se apagam, permanecendo os efeitos civis.

(D) A lei intermediária é extrativa.

(E) Normas penais em branco são aquelas em que há necessidade de complementação por outra norma de mesma fonte legislativa.

A: correta, de acordo com a banca examinadora. Não há dúvidas de que a lei penal mais favorável tem aplicação imediata, atingindo até mesmo fatos pretéritos (retroatividade da lei benéfica – art. 5º, XL, da CF e art. 2º, parágrafo único, do CP). Porém, a afirmação de que a lei mais benigna será aplicada, inclusive no período de *vacatio*, encontra oposição no seguinte argumento: mesmo promulgada e publicada, uma lei, em seu período de vacância, ainda não produz efeitos, podendo, inclusive, ser revogada por outra lei antes mesmo de entrar em vigor. Portanto, para uma prova objetiva (na forma de testes), não consideramos adequado ter como correta a alternativa em comento; **B:** correta (art. 66, I, da Lei 7.210/1984 e Súmula 611 do STF); **C:** correta. De fato, se lei posterior deixar de considerar o fato como criminoso (*abolitio criminis*), será extinta a punibilidade, nos termos do art. 107, III, do CP, afastando-se todos os efeitos penais da condenação. No entanto, remanescerão os efeitos civis decorrentes da prática do fato; **D:** correta, de acordo com a banca examinadora. Apenas ressalvamos que a lei intermediária somente terá eficácia extrativa (retroatividade ou ultra-atividade) se, de qualquer modo, puder beneficiar o agente, nos termos do art. 5º, XL, da CF e art. 2º, parágrafo único, do CP; **E:** incorreta. As normas penais em branco são, de fato, aquelas cujo preceito primário (descrição da conduta criminosa) é incompleto, exigindo uma complementação, que poderá advir de norma de mesma hierarquia (lei sendo complementada por lei) ou de hierarquia diversa (lei sendo complementada por ato infralegal). É o que se verifica, por exemplo, na definição do crime de tráfico de drogas (art. 33 da Lei 11.343/2006). O que se deve entender por droga será extraído da Portaria SVS/MS 344/1998, que, sendo ato administrativo, é complemento de hierarquia diversa à da norma complementada.

Gabarito "E".

3. APLICAÇÃO DA LEI NO ESPAÇO

(Perito – PC/ES – Instituto AOCP – 2019) Segundo dispõe o artigo 7º, inciso I, do Código Penal, fica sujeito à lei brasileira, embora cometido no estrangeiro, o crime

(A) de genocídio, ainda que o agente seja estrangeiro e não resida no Brasil.

(B) contra o patrimônio do Presidente da República.

(C) contra a liberdade de Ministro das Relações Exteriores.

(D) contra o patrimônio de fundação instituída pelo Poder Público.

1. DIREITO PENAL

(E) contra a vida de empregado de Sociedade de Economia Mista.

A: incorreta, pois em desacordo com o que estabelece o art. 7º, I, *d*, do CP; **B:** incorreta, pois em desacordo com o que estabelece o art. 7º, I, *a*, do CP (o patrimônio do presidente da República não foi contemplado); **C:** incorreta, já que tal hipótese não foi contemplada no art. 7º do CP; **D:** correta, pois em conformidade com o que estabelece o art. 7º, I, *b*, do CP; **E:** incorreta. Hipótese não prevista no art. 7º do CP. `ED`

Gabarito "D".

(Escrivão – PC/ES – Instituto AOCP – 2019) No Direito Penal brasileiro, é considerado o lugar do crime, tanto o lugar em que ocorreu a ação ou omissão, no todo ou em parte, bem como onde se produziu ou deveria produzir-se o resultado (art. 6º do Código Penal). A junção dessas hipóteses é chamada de teoria da

(A) ubiquidade.

(B) territorialidade.

(C) extraterritorialidade.

(D) causalidade.

(E) funcionalidade.

Em matéria de lugar do crime, o legislador adotou, no CP, em seu art. 6º, a chamada teoria mista ou da ubiquidade, segundo a qual se considera praticado o crime no lugar onde ocorreu a ação ou omissão, no todo ou em parte, bem como onde se produziu ou deveria produzir-se o resultado. `ED`

Gabarito "A".

(Agente – Pernambuco – CESPE – 2016) Considere que tenha sido cometido um homicídio a bordo de um navio petroleiro de uma empresa privada hondurenha ancorado no porto de Recife – PE. Nessa situação hipotética,

(A) o comandante do navio deverá ser compelido a tirar, imediatamente, o navio da área territorial brasileira e o crime será julgado em Honduras.

(B) o crime será apurado diretamente pelo Ministério Público brasileiro, dispensando-se o inquérito policial, em função da eventual repercussão nas relações diplomáticas entre os países envolvidos.

(C) a investigação e a punição do fato dependerão de representação do comandante do navio.

(D) nada poderá fazer a autoridade policial brasileira: navios e aeronaves são extensões do território do país de origem, não estando sujeitos às leis brasileiras.

(E) caberá à autoridade policial brasileira instaurar, de ofício, o inquérito policial para investigar a materialidade e a autoria do delito, que será punido conforme as leis brasileiras.

Em face do que estabelece o art. 5º, § 2º, do CP, aos crimes praticados a bordo de embarcações estrangeiras que se achem em porto ou mar territorial do Brasil, desde que natureza privada, será aplicada a lei brasileira; se pública fosse a embarcação, por ser considerada extensão do território do país de origem, deveria incidir a legislação deste (art. 5º, § 1º, do CP). `ED`

Gabarito "E".

(Escrivão de Polícia/DF – 2013 – CESPE) Julgue os itens seguintes, relativos à teoria da norma penal, sua aplicação temporal e espacial, ao conflito aparente de normas e à pena cumprida no estrangeiro.

(1) A lei penal que, de qualquer modo, beneficia o agente tem, em regra, efeito extra-ativo, ou seja, pode retroagir ou avançar no tempo e, assim, aplicar-se ao fato praticado antes de sua entrada em vigor, como também seguir regulando, embora revogada, o fato praticado no período em que ainda estava vigente. A única exceção a essa regra é a lei penal excepcional ou temporária que, sendo favorável ao acusado, terá somente efeito retroativo.

(2) Considere a seguinte situação hipotética. Jurandir, cidadão brasileiro, foi processado e condenado no exterior por ter praticado tráfico internacional de drogas, e ali cumpriu seis anos de pena privativa de liberdade. Pelo mesmo crime, também foi condenado, no Brasil, a pena privativa de liberdade igual a dez anos e dois meses. Nessa situação hipotética, de acordo com o Código Penal, a pena privativa de liberdade a ser cumprida por Jurandir, no Brasil, não poderá ser maior que quatro anos e dois meses.

(3) Na definição de lugar do crime, para os efeitos de aplicação da lei penal brasileira, a expressão "onde se produziu ou deveria produzir-se o resultado" diz respeito, respectivamente, à consumação e à tentativa.

(4) Considere a seguinte situação hipotética. A bordo de um avião da Força Aérea Brasileira, em sobrevoo pelo território argentino, Andrés, cidadão guatemalteco, disparou dois tiros contra Daniel, cidadão uruguaio, no decorrer de uma discussão. Contudo, em virtude da inabilidade de Andrés no manejo da arma, os tiros atingiram Hernando, cidadão venezuelano que também estava a bordo. Nessa situação, em decorrência do princípio da territorialidade, aplicar-se-á a lei penal brasileira.

1: errada. De fato, a lei penal que de qualquer modo puder favorecer o agente terá efeito extra-ativo, tendo natureza retroativa (abrangendo, portanto, fatos anteriores ao início de sua vigência) ou ultra-ativa (aplicando-se mesmo após sua revogação, regulando fatos praticados durante sua vigência). No tocante às leis excepcionais e temporárias, espécies do gênero "leis de vigência temporária", marcadas pela transitoriedade, os fatos praticados durante sua vigência serão por elas alcançados, mesmo após sua autorrevogação. São, portanto, leis ultrativas; **2:** errada. Tratando-se de hipótese de extraterritorialidade condicionada da lei penal brasileira, haja vista que o crime foi praticado, no estrangeiro, por cidadão brasileiro (art. 7º, II, "b", CP), tendo ele cumprido pena no exterior, não irá, novamente, cumprir pena no Brasil (art. 7º, II, § 2º, "d", CP). Afinal, é condição, nesse caso, para a aplicação da lei penal brasileira, que o agente, pelo crime cometido no estrangeiro, não tenha aí cumprido pena. Se Jurandir cumprir seis anos de pena privativa de liberdade no exterior, não está satisfeita uma das condições para a aplicação da lei brasileira; **3:** correta. O lugar do crime, de acordo com o art. 6º, CP, para fins de aplicação da lei penal brasileira, será tanto o local em que ocorreu a ação ou omissão, bem como onde se produziu (leia-se: consumou) ou deveria produzir-se (leia-se: onde o crime deveria consumar-se) o resultado. Assim, a expressão "onde se produziu ou deveria produzir-se o resultado" abrange, respectivamente, consumação e tentativa do crime; **4:** correta. O avião da Força Aérea Brasileira, por ser aeronave de natureza pública, é considerado, para efeitos penais, território brasileiro ficto ou por extensão (art. 5º, § 1º, CP). Portanto, crimes praticados a bordo de referida aeronave seguem o regime jurídico da legislação brasileira, que deverá incidir no caso concreto relatado na assertiva.

Gabarito 1E, 2E, 3C, 4C

4. CONCEITO, CLASSIFICAÇÃO DOS CRIMES E SUJEITOS DO CRIME

(Escrivão – PC/GO – AOCP – 2023) São exemplos de delitos uniofensivo e pluriofensivo, respectivamente:

(A) ameaça e homicídio.

(B) roubo e aborto.

(C) homicídio e instigação ao suicídio.

(D) aborto e ameaça.

(E) furto e roubo.

Uniofensivo é o crime que atinge tão somente um bem jurídico. Por outro lado, diz-se pluriofensivo dos crimes que atingem, a um só tempo, dois ou mais bens jurídicos. Dito isso, passemos à análise das alternativas, uma a uma. **A:** incorreta. No crime de ameaça, definido no art. 147 do CP, o bem jurídico tutelado é a liberdade psíquica e tranquilidade do ofendido; já no do homicídio (art. 121, CP), é a vida humana. Como se pode ver, trata-se de crimes uniofensivos; **B:** incorreta. No roubo, os bens jurídicos tutelados pela norma do art. 157 do CP são, além do patrimônio, a integridade física e a liberdade da vítima (pluriofensivo). No caso do aborto, o bem objeto de tutela jurídica é a vida humana em formação (art. 124, CP) e, no caso do art. 125 do CP, também a integridade física da mulher; **C:** incorreta. O bem jurídico sob tutela no crime de homicídio é a vida humana (uniofensivo), o mesmo ocorrendo em relação ao crime de participação em suicídio (art. 123, CP); **D:** incorreta. Aborto: vida humana em formação; ameaça: liberdade psíquica e tranquilidade do ofendido; **E:** correta. Isso porque o furto (art. 155, CP) protege o patrimônio (uniofensivo), ao passo que, no roubo, a tutela recai sobre o patrimônio, a integridade física e a liberdade da vítima (pluriofensivo). **ED**

Gabarito "E".

(Escrivão – PC/GO – AOCP – 2023) Assinale a alternativa que apresenta o delito e sua respectiva classificação quanto ao sujeito ativo.

(A) Infanticídio: delito comum.

(B) Falso testemunho ou falsa perícia: delito de mão própria.

(C) Peculato: delito especial impróprio.

(D) Rixa: delito especial próprio.

(E) Ameaça: delito de concurso necessário.

Quanto ao sujeito ativo, os crimes assim se classificam: i) comum: é o delito que pode ser praticado por qualquer pessoa. Em outras palavras, não se exige do sujeito ativo nenhuma qualidade especial; ii) próprio: é o que impõe uma característica especial ao sujeito ativo; e iii) de mão própria: é o que exige uma atuação pessoal do agente. Dito isso, passemos à análise das alternativas. **A:** incorreta. Isso porque o infanticídio, crime contra a vida capitulado no art. 123 do CP, é considerado próprio, uma vez que somente pode ser praticado pela mãe em estado puerperal; **B:** correta, pois, tal como afirmado, o delito de falso testemunho ou falsa perícia, descrito no art. 342 do CP, impõe uma atuação pessoal do sujeito ativo; **C:** incorreta. O peculato (art. 312, CP) é classificado pela doutrina como delito próprio, já que exige do sujeito ativo uma característica especial, qual seja, a de ser funcionário público; **D:** incorreta. Cuida-se de crime comum; **E:** incorreta. O crime de ameaça (art. 147, CP) é classificado, quanto à necessidade ou não de mais de um sujeito ativo para a sua configuração, em monossubjetivo ou de concurso eventual, já que pode ser praticado por um só agente. O delito de concurso necessário ou plurissubjetivo é o que impõe a presença de mais de uma agente, como é o caso da associação criminosa (art. 288, CP). **ED**

Gabarito "B".

(Escrivão – PC/GO – AOCP – 2023) Quanto aos atos que compõem a fase de execução criminosa, assinale a alternativa que apresenta um delito unissubsistente contra a fé pública e um delito unissubsistente contra a administração pública, respectivamente.

(A) Emissão de título ao portador sem permissão legal e concussão.

(B) Falsa identidade e tráfico de influência.

(C) Supressão de documento e condescendência criminosa.

(D) Petrechos para falsificação de moeda e advocacia administrativa.

(E) Falsidade ideológica e prevaricação.

Antes de mais nada, é importante que se diga que delito unissubsistente é aquele cuja conduta é constituída de um único ato. Não admite a tentativa, posto que a conduta não pode ser fracionada. Plurissubsistente, por sua vez, é o crime cuja conduta é composta por vários atos. Dito isso, passemos à análise das alternativas, uma a uma. **A:** incorreta. Embora o crime de emissão de título ao portador sem permissão legal (art. 292 do CP) seja classificado como delito unissubsistente contra a fé pública, o crime de concussão, conquanto catalogado entre os delitos contra a administração pública, não pode ser classificado como unissubsistente, já que a conduta descrita no tipo penal é composta de vários atos; **B:** incorreta. A falsa identidade (art. 307 do CP) é crime plurissubsistente contra a fé pública (sua conduta é composta de vários atos). O tráfico de influência (art. 332, CP), por sua vez, constitui crime contra a administração pública que pode ser, a depender do caso, unissubsistente ou plurissubsistente; **C:** incorreta. A supressão de documento (art. 305, CP) é crime contra a fé pública que pode, a depender do caso, ser unissubsistente ou plurissubsistente. A condescendência criminosa (art. 320, CP) é crime unissubsistente contra a administração pública; **D:** incorreta. O crime de petrechos para falsificação de moeda, definido no art. 291 do CP, é plurissubsistente contra a fé pública. Advocacia administrativa é delito plurissubsistente contra a administração pública (art. 321, CP); **E:** correta, já que contempla, respectivamente, crime unissubsistente contra a fé pública e crime unissubsistente contra a administração pública. Cuidado, tanto um quanto o outro, a depender do caso concreto, podem ser considerados plurissubsistentes. **ED**

Gabarito "E".

(Delegado – PC/RS – FUNDATEC – 2018) Analise as assertivas a seguir, de acordo com a classificação doutrinária dos crimes:

I. Os crimes formais também podem ser definidos como crimes de resultado cortado.

II. O crime de furto é classificado como crime instantâneo, porém há a possibilidade de um crime de furto ser considerado, eventualmente, crime permanente.

III. O crime de lesão corporal grave em decorrência da incapacidade para as ocupações habituais por mais de 30 dias é classificado, em relação ao momento consumativo, como um crime a prazo.

IV. Pode-se dizer que o crime de tráfico de drogas, previsto no artigo 33, caput, da Lei nº 11.343/2006, é um exemplo de crime de perigo abstrato e unissubjetivo.

Quais estão corretas?

(A) Apenas I.

(B) Apenas II.

(C) Apenas III e IV.

(D) Apenas I, II e III.

(E) I, II, III e IV.

1. DIREITO PENAL

I: correta. *Formais* são os crimes em que o resultado, embora previsto no tipo penal, não é imprescindível à consumação do delito. São também chamados, bem por isso, de crimes de resultado cortado ou consumação antecipada. Exemplo sempre lembrado pela doutrina é o crime de *extorsão mediante sequestro* (art. 159 do CP), cujo momento consumativo é atingido com a privação de liberdade da vítima. A obtenção do resgate, resultado previsto no tipo penal, se ocorrer, constituirá mero exaurimento do delito (desdobramento típico). Os crimes, quanto ao momento consumativo, classificam-se ainda em *materiais* e *de mera conduta*. Nestes, a consumação se opera no exato instante em que a conduta é praticada. A lei, neste caso, não faz qualquer menção a resultado naturalístico. *Materiais*, por sua vez, são os delitos em que o tipo penal, como condição à sua consumação, impõe a realização do resultado naturalístico nele previsto. A não produção do resultado naturalístico configura, nos crimes materiais, desde que haja início de execução, mera *tentativa*; **II:** correta. O crime de furto, na grande maioria das vezes, é instantâneo, já que o seu resultado ocorre em momento certo, instantâneo; entretanto, fala-se em furto permanente na hipótese do art. 155, § 3º, do CP (furto de energia). Neste caso, a consumação se prolonga no tempo por vontade do agente; **III:** correta. Crime a prazo é aquele cuja configuração exige o escoamento de determinado prazo, sob pena de atipicidade. Outro exemplo, além da lesão corporal grave de que resulta incapacidade para as ocupações habituais por mais de 30 dias (art. 129, § 1º, I, CP), é a apropriação de coisa achada (art. 169, II, do CP), em que a consumação somente é alcançada na hipótese de o agente deixar de restituir a coisa achada ao dono ou possuidor legítimo, ou à autoridade competente, depois de escoado o interregno de quinze dias. Antes disso, não há crime; **IV:** correta. Diz-se que o crime de tráfico de drogas (art. 33 da Lei 11.343/2016) é de perigo abstrato na medida em que não depende de efetiva lesão ao bem jurídico tutelado; ademais, é unissubjetivo (ou monossubjetivo) porque pode ser praticado por uma única pessoa, diferente do delito plurissubjetivo (ou de concurso necessário), em que o tipo penal exige um número mínimo de agentes à configuração de delito. São exemplos: rixa, associação criminosa; associação para o tráfico. ⬛ Gabarito "E".

(Agente-Escrivão – Acre – IBADE – 2017) O delito de sequestro ou cárcere privado é classificado como crime:

(A) continuado e de perigo.

(B) permanente e de dano.

(C) permanente e de perigo.

(D) continuado e de dano.

(E) habitual e de perigo.

O crime de sequestro ou cárcere privado, previsto no art. 148 do CP, é típico exemplo de delito permanente, em que a consumação se prolonga no tempo por vontade do agente, não cessando enquanto a vítima permanecer em poder o sequestrador. É, ademais, crime de dano, já que a sua prática pressupõe uma efetiva lesão ao bem jurídico tutelado, que, neste caso, é a liberdade de ir e vir. ⬛ Gabarito "B".

(Investigador-Escrivão-Papiloscopista – Pará – Funcab – 2016) O homicídio é doutrinariamente classificado como crime:

(A) vago, permanente e multitudinário.

(B) de concurso necessário, comum e de forma livre.

(C) de dano, material e instantâneo de efeitos permanentes.

(D) próprio, de perigo individual e consumação antecipada.

(E) de mão própria, habitual e de forma vinculada.

A: incorreta. *Crime vago* é aquele cujo sujeito passivo é uma coletividade desprovida de personalidade jurídica. É exemplo o delito de associação

criminosa (art. 288 do CP), cujo sujeito passivo é a coletividade, ente desprovido de personalidade jurídica. Não é este o caso do homicídio, que tem como titular do direito à vida o ser humano; *crime permanente* é aquele cuja consumação se protrai no tempo por vontade do agente, não sendo este o caso do homicídio, em que a consumação ocorre em momento certo e determinado (é delito instantâneo). Dado que o resultado morte é irreversível, há quem o classifique como *instantâneo de efeitos permanentes*; *multitudinário*, como o próprio nome sugere, é o crime praticado sob a influência de multidão. Exemplo clássico é aquele em que vários torcedores, num jogo de futebol, invadem o campo para agredir o árbitro. Não é o caso do homicídio; **B:** incorreta. Os crimes podem ser classificados em *monossubjetivos* (de concurso eventual) e *plurissubjetivos* (de concurso necessário). Os primeiros (monossubjetivos) são aqueles que podem ser praticados por uma só pessoa. É este o caso da grande maioria das infrações penais. É o caso do homicídio, do roubo, do furto, entre tantos outros. Nesses crimes, o agente pode agir sozinho ou em concurso com outras pessoas (concurso eventual). De uma forma ou de outra, o delito estará configurado. Já os chamados *crimes plurissubjetivos* (ou de concurso necessário) somente estarão configurados quando praticados por mais de uma pessoa. O próprio tipo penal exige a concorrência de duas ou mais pessoas. São exemplos: rixa (art. 137, "*caput*", CP), associação criminosa (art. 288, "*caput*", CP) e associação para o tráfico de drogas (art. 35 da Lei 11.343/2006). São crimes de concurso necessário. Se não houver o número mínimo de agentes exigido por lei, não há crime; *comum* é o crime que pode ser praticado por qualquer pessoa, isto é, o tipo penal não impõe nenhuma qualidade especial ao sujeito ativo. O homicídio é crime comum. Considera-se de *forma livre* o delito que pode ser praticado por qualquer meio eleito pelo agente, sendo este o caso do homicídio; **C:** correta. Diz-se que o homicídio é *crime de dano* porquanto a sua consumação somente é alcançada com a efetiva lesão ao bem jurídico tutelado, que, neste caso, é a vida; é *instantâneo de efeitos permanentes* porque, a despeito de a consumação ocorrer em momento certo, seus efeitos permanecem no tempo, sendo, assim, irreversíveis; **D:** incorreta. Não se trata de *crime próprio*, e sim de *delito comum*, na medida em que pode ser praticado por qualquer pessoa. De igual modo, não se trata de *crime de perigo*, e sim de *delito de dano*, conforme já ponderado. É *crime material*, já que a sua consumação está condicionada à produção de resultado naturalístico (a morte). *Crime de consumação antecipada*, também chamado de *delito formal* ou de *resultado cortado*, é aquele que contempla, no tipo penal, uma conduta e um resultado, cuja ocorrência não é indispensável à consumação do delito; **E:** incorreta. *Crime de mão própria* é aquele que exige uma atuação pessoal do agente. Típico exemplo é o falso testemunho (art. 342, CP). Não é o caso do homicídio, que é considerado delito comum; *habitual* é o crime cuja configuração condiciona-se à prática reiterada da conduta descrita no tipo. Não é o caso do homicídio; *delito de ação vinculada* é aquele cujo tipo penal especifica o meio a ser empregado na sua execução. Como já dissemos, o homicídio é *crime de ação livre.* ⬛ Gabarito "C".

(Investigador/SP – 2014 – VUNESP) Com relação ao crime e à contravenção, assinale a alternativa correta.

(A) A contravenção penal somente pode ser apenada com detenção.

(B) O crime é infração penal menos grave do que a contravenção.

(C) A contravenção poderá ser dolosa ou culposa.

(D) A contravenção penal poderá ser apenada com prisão simples.

(E) O crime é doloso e a contravenção, culposa.

A: incorreta. A contravenção penal, nos termos do art. 1º da Lei de Introdução ao Código Penal, é a infração penal a que a lei comina as penas de prisão simples ou de multa. Não pode a contravenção penal ser apenada com detenção, que é espécie de pena privativa de liberdade, ao lado da reclusão, passível de ser imposta apenas a autor de crime; **B:** incorreta. Doutrinariamente, diz-se que a contravenção penal é um "crime anão", haja vista que, embora se trate de infração penal, tanto quanto o crime, é punida com menor rigor. Aos crimes são cominadas, em regra, as penas privativas de liberdade de reclusão ou de detenção, ao passo que às contravenções penais, a única pena privativa de liberdade possível é a prisão simples, que sequer admite fixação de regime inicial fechado (art. 6º da LCP – Decreto-lei 3.688/1941); **C:** incorreta. Nos termos do art. 3º da LCP, para a existência da contravenção, basta a ação ou omissão voluntária. Deve-se, todavia, ter em conta o dolo ou a culpa, se a lei faz depender, de um ou de outra, qualquer efeito jurídico; **D:** correta, nos termos do precitado art. 6º da LCP; **E:** incorreta. Primeiramente, crimes podem ser dolosos ou culposos (estes últimos, desde que haja expressa previsão legal – art. 18, parágrafo único, CP). Já para as contravenções penais, conforme enuncia o já referido art. 3º da LCP, basta a ação ou omissão voluntária. Deve-se, todavia, ter em conta o dolo ou a culpa, se a lei faz depender, de um ou de outra, qualquer efeito jurídico.

Gabarito "D".

(Agente Penitenciário/MA – 2013 – FGV) Com relação ao *sujeito ativo* do crime, assinale a afirmativa **incorreta**.

(A) Crime comum é aquele que pode ser praticado por qualquer pessoa.

(B) Crime próprio é aquele que exige do sujeito ativo uma qualidade especial.

(C) Crime de mão própria é aquele que só pode ser praticado diretamente pelo sujeito ativo, não admitindo sequer a coautoria ou a participação.

(D) Pessoa jurídica pode, excepcionalmente, ser sujeito ativo de um crime.

(E) Menor de 18 anos é penalmente inimputável, ficando sujeito às normas estabelecidas na legislação especial.

A: assertiva correta. De fato, diz-se comum o crime que, no tocante ao sujeito ativo (autor), pode ser praticado por qualquer pessoa, não se exigindo qualquer qualidade ou condição especial; **B:** assertiva correta. Chama-se de crime próprio, como o nome sugere, aquele que somente pode ser cometido por pessoa que ostente determinada condição ou qualidade especial (ex.: peculato – art. 312, CP – exige a condição de "funcionário público"); **C:** assertiva incorreta, devendo ser assinalada. Muito embora seja considerado crime de mão própria aquele que somente pode ser praticado por determinado sujeito ativo (crime de atuação personalíssima ou de conduta infungível), a doutrina, no tocante ao concurso de pessoas, admite a participação, mas, não, coautoria; **D:** assertiva correta. Os crimes ambientais, nos termos do art. 3º da Lei 9.605/1998, podem ser imputados a pessoas jurídicas; **E:** correta, nos termos do art. 27 do CP e art. 103 do ECA. Os menores de dezoito anos são penalmente inimputáveis, não podendo, pois, sofrer punição criminal. Contudo, cometem ato infracional (atos equiparados a crimes ou contravenções), sujeitando-se a medidas socioeducativas (apenas os adolescentes – de 12 anos completos a 18 incompletos) ou medidas protetivas (as crianças – menores de 12 anos).

Gabarito "C".

5. FATO TÍPICO E TIPO PENAL

(Escrivão – PC/MG – FUMARC – 2018) A respeito da teoria jurídica do delito, em especial da tipicidade, atribua V (verdadeiro) ou F (falso) às afirmativas a seguir.

( ) Pela adequação típica mediata ou indireta, haverá subsunção da conduta ao tipo penal por meio de uma outra norma, de caráter extensivo.

( ) A tipicidade, como elemento integrador do conceito de delito, expressa a contrariedade do fato com todo o ordenamento jurídico.

( ) De acordo com a teoria indiciária da tipicidade, também chamada de ratio cognoscendi, a tipicidade possui uma finalidade unicamente descritiva, nada indicando a respeito da ilicitude.

( ) Pelo caráter excepcional do delito culposo, salvo os casos expressos em lei, ninguém pode ser punido por fato previsto como crime, senão quando o pratica dolosamente.

( ) No chamado dolo eventual, o agente prevê o resultado danoso como possível, mas não o deseja diretamente e ainda tem a convicção de que não ocorrerá.

Assinale a alternativa que contém, de cima para baixo, a sequência correta.

(A) V, V, F, F, F.

(B) V, F, V, V, F.

(C) V, F, F, V, F.

(D) F, V, F, F, V.

(E) F, F, V, V, V.

1ª assertiva: verdadeira. De fato, fala-se em adequação típica mediata (ou indireta) sempre que, para que o fato se subsuma ao tipo legal, for necessário o uso de uma *norma de extensão*. Exemplo sempre lembrado pela doutrina é o do crime tentado, cuja tipicidade é viabilizada pela incidência da norma de extensão prevista no art. 14, II, do CP, sem a qual o fato, em princípio, seria atípico; **2ª assertiva:** falsa. Isso porque cabe à ilicitude (antijuridicidade) estabelecer uma relação de contrariedade (antagonismo) entre o fato típico e o ordenamento legal. A tipicidade, por sua vez, é o enquadramento da conduta levada a efeito pelo agente na norma penal descrita em abstrato; **3ª assertiva:** falsa. Para a teoria indiciária não há mais que se falar em neutralidade da tipicidade em relação à antijuridicidade, dado que há vínculo entre elas. Entende-se, por esta teoria, que o fato típico é também antijurídico, salvo se existir uma causa que exclua a ilicitude (presunção relativa – *iuris tantum*, e não *juris et de jure* – absoluta); **4ª assertiva:** verdadeira. O art. 18, parágrafo único, do CP estabelece a chamada *excepcionalidade do crime culposo*, o que significa dizer que a existência dessa modalidade de crime depende de expressa previsão legal; **5ª assertiva:** falsa. Esta proposição refere-se à culpa consciente, hipótese em que, apesar de o resultado (previsível objetivamente) ser previsto pelo agente, este acredita, sinceramente, em sua inocorrência. Ele crê piamente que o resultado não ocorrerá. Já no dolo eventual a situação é bem diferente. Neste caso, a vontade do agente não está dirigida à obtenção do resultado lesivo. Ele, em verdade, deseja outra coisa, mas, prevendo a possibilidade de o resultado ocorrer, revela-se indiferente e dá sequência à sua empreitada, assumindo o risco de causá-lo. Ele não o deseja, mas se acontecer, aconteceu. A atitude do agente, no dolo eventual, traduz menosprezo pela vida alheia. **ED**

Gabarito "C".

(Agente de Polícia Civil/RO – 2014 – FUNCAB) É correto afirmar que a coação física irresistível exclui:

(A) o fato típico.

(B) o potencial de consciência da ilicitude.

(C) a imputabilidade.

(D) a culpabilidade.

(E) a ilicitude.

A: correta. De fato, a coação física irresistível afeta – e afasta, portanto – o fato típico. É que seu primeiro elemento é a conduta, assim considerada todo comportamento consciente e voluntário. A coação física irresistível afasta a voluntariedade da conduta, eliminando, assim, o fato

típico; **B:** incorreta. A potencial consciência da ilicitude, que é elemento da culpabilidade, será afastada pelo erro de proibição invencível (art. 21, CP); **C:** incorreta, pois a coação física irresistível não exclui a imputabilidade (elemento da culpabilidade). No CP, esta será excluída pela doença mental ou pelo desenvolvimento mental incompleto ou retardado, na forma do art. 26, *caput*, do CP, bem como pela menoridade (art. 27, CP) e pela embriaguez completa e involuntária (art. 28, § 1º, CP); **D:** incorreta, pois, como visto, a coação física irresistível afasta o fato típico, e não a culpabilidade. Não deve o candidato apressar-se na leitura do enunciado! É que a culpabilidade é afastada, dentre outras hipóteses, pela coação moral irresistível (art. 22, CP). Moral, e não física!; **E:** incorreta. As causas excludentes da ilicitude, embora de forma não taxativa, estão principalmente previstas no art. 23 do CP, nelas não se incluindo a coação física irresistível.
Gabarito "A".

(Escrivão de Polícia/MA – 2013 – FGV) Para que haja relevância penal a conduta típica deve ser exteriorizada seja de ordem comissiva seja de ordem omissiva. Com outras palavras, faz-se o que é proibido ou não se faz o que era devido.

Com relação ao tema, indique a afirmativa correta.

(A) O movimento reflexo, a hipnose e o sonambulismo não afastam a conduta.

(B) Os crimes omissivos não admitem a forma tentada.

(C) Os crimes omissivos exigem para a sua consumação resultado naturalístico.

(D) O Art. 13, § 2º, do Código Penal ostenta a natureza de norma de extensão.

(E) O crime omissivo impróprio não admite participação ou coautoria, sendo caso de autoria colateral quando ambos os envolvidos tinham o dever de agir.

A: incorreta. Considerando o conceito de conduta como todo comportamento humano, positivo ou negativo (ação ou omissão), *consciente e voluntário*, temos que o movimento reflexo, a hipnose e o sonambulismo afastam a própria conduta, que é elemento essencial do fato típico. Portanto, quem, por exemplo, em estado de sonambulismo, pratica lesões corporais contra alguém, não responderá criminalmente por ausência de conduta (lembre-se: a conduta penalmente relevante deve ser consciente e voluntária); **B:** incorreta. Importante registrar que apenas os crimes *omissivos próprios* (ou puros) não admitem a tentativa, já os omissivos impróprios (ou impuros, ou crimes comissivos por omissão) admitem, sim, a forma tentada. A omissão imprópria é aquela que se caracteriza por aquele que, tendo o dever jurídico de agir – desde que possa agir – para impedir determinado resultado, nada faz (art. 13, § 2º, do CP); **C:** incorreta. Não é verdade que os crimes omissivos exijam resultado naturalístico para a sua consumação. Com relação aos crimes omissivos próprios, bastará a omissão (independentemente de qualquer resultado) para que sejam reputados consumados. Já na omissão imprópria, se o resultado não ocorrer por circunstâncias alheias à vontade do agente, será reconhecida a tentativa; **D:** correta. De acordo com a doutrina, o art. 13, § 2º, do CP, que trata da omissão imprópria, é considerado uma norma de extensão causal. Em outras palavras, a imputação de determinado crime praticado por omissão imprópria exigirá a combinação do tipo penal com o referido dispositivo legal. Portanto, haverá uma tipicidade indireta (ou mediata). É o caso da mãe, que mata o filho por não alimentá-lo. A tipicidade, aqui, exigirá a combinação do art. 121 com o art. 13, § 2º, ambos do CP; **E:** incorreta. De acordo com a doutrina majoritária, a coautoria é inviável nos crimes omissivos impróprios, pois somente os pratica aquele que detém o dever jurídico de agir para impedir determinado resultado (*garante* ou *garantidor*). Porém, admissível a participação em referidas espécies de crimes, bastando que terceiro, mesmo sem

o dever jurídico de agir, induza, instigue ou auxilie aquele que ostentar a condição de *garante* a deixar de evitar certo resultado.
Gabarito "D".

6. CRIMES DOLOSOS, CULPOSOS E PRETERDOLOSOS

(Perito – PC/ES – Instituto AOCP – 2019) Assinale a alternativa que apresenta crimes que admitem a forma culposa.

(A) Homicídio, lesão corporal e emprego irregular de verbas ou rendas públicas.

(B) Concussão, injúria e dano.

(C) Prevaricação, homicídio e omissão de socorro.

(D) Homicídio, lesão corporal e peculato.

(E) Advocacia administrativa, dano e lesão corporal.

Dos crimes acima referidos, somente admitem a modalidade culposa: o homicídio (art. 121, § 3º, do CP; art. 302 do CTB); a lesão corporal (art. 121, § 6º, do CP; art. 303 do CTB); e o peculato (art. 312, § 2º, CP). **ED**
Gabarito "D".

(Escrivão – PC/ES – Instituto AOCP – 2019) Considera-se crime culposo quando

(A) o agente atinge o resultado delitivo requerido.

(B) o agente impede que resultado delitivo se conclua.

(C) o agente não quer o resultado delitivo, mas assume o risco de se realizar.

(D) o agente pratica a conduta por imperícia, imprudência ou negligência.

(E) o delito se agrava por resultado diverso do pretendido.

A resposta a esta questão deve ser extraída do art. 18, II, do CP, que contempla as modalidades de culpa. Por crime culposo devemos entender o comportamento do agente que não deseja tampouco assume o risco de produzir certo resultado, mas, por conta de uma conduta descuidada, acaba por produzi-lo. Que fique bem claro: o resultado, embora previsível, não foi por ele perseguido, querido. **ED**
Gabarito "D".

(Escrivão – AESP/CE – VUNESP – 2017) O indivíduo B, com a finalidade de comemorar a vitória de seu time de futebol, passou a disparar "fogos de artifício" de sua residência, que se situa ao lado de um edifício residencial. Ao ser alertado por um de seus amigos sobre o risco de que as explosões poderiam atingir as residências do edifício e que havia algumas janelas abertas, B respondeu que não havia problema porque naquele prédio só moravam torcedores do time rival. Um dos dispositivos disparados explodiu dentro de uma das residências desse edifício e feriu uma criança de 5 anos de idade que ali se encontrava. Com relação à conduta do indivíduo B, é correto afirmar que

(A) o indivíduo B poderá ser responsabilizado pelo crime de lesão corporal dolosa.

(B) o indivíduo B não poderá ser responsabilizado pelo crime de lesão corporal, tendo em vista que o pai da criança lesionada percebeu que as explosões estavam ocorrendo próximo às janelas e não as fechou.

(C) o indivíduo B poderá ser responsabilizado pelo crime de lesão corporal culposa, em virtude de ter agido com negligência.

(D) o indivíduo B poderá ser responsabilizado pelo crime de lesão corporal culposa, em virtude de ter agido com imperícia.

(E) o indivíduo B poderá ser responsabilizado pelo crime de lesão corporal culposa, em virtude de ter agido com imprudência.

Pela narrativa, é possível afastar, de pronto, a ocorrência do *dolo direto*. É que restou claro que a intenção de "B" não era a de provocar a lesão corporal na criança, que, por sinal, ele nem conhecia. Pois bem. Assim, restam o *dolo eventual* e a *culpa consciente e inconsciente*. No *dolo eventual*, a postura do agente em relação ao resultado é de indiferença. É verdade que, nesta modalidade de dolo, a sua vontade não é dirigida ao resultado (lesão corporal, neste caso), mas, prevendo a possibilidade de ele (resultado) ocorrer, revela-se indiferente e dá sequência à sua empreitada, assumindo o risco de causá-lo. Em outras palavras, ele não o deseja, mas se acontecer, aconteceu. E foi exatamente isso que se deu na hipótese descrita no enunciado. Depois de ser alertado por um de seus amigos acerca do risco de as explosões atingirem as residências do edifício, já que havia algumas janelas abertas, "B" respondeu que não havia problema porque naquele prédio só moravam torcedores do time rival, o que, à evidência, denota por parte dele total indiferença e pouco caso com a vida/integridade física/patrimônio alheio. Assim sendo, forçoso reconhecer que "B", ao assim agir, assumiu o risco de produzir o resultado, devendo, portanto, ser responsabilizado por lesão corporal *dolosa*, e não *culposa*. **ED**
Gabarito "A".

(Investigador-Escrivão-Papiloscopista – Pará – Funcab – 2016) Sobre o crime culposo, é correto afirmar que:

(A) é dispensável a verificação do nexo de causalidade entre conduta e resultado.

(B) há culpa quando o sujeito ativo, voluntariamente, descumpre um dever de cuidado, provocando resultado criminoso por ele não desejado.

(C) encontra seu fundamento legal no artigo 18, I, do Código Penal.

(D) sua caracterização independe da previsibilidade objetiva do resultado.

(E) se alguém ateia fogo a um navio para receber o valor de contrato de seguro, embora saiba que com isso provocará a morte dos tripulantes, essas mortes serão reputadas culposas.

A: incorreta, uma vez que o *nexo de causalidade* (conexão entre a conduta e o resultado) constitui um dos requisitos do crime culposo, assim como a conduta inicial voluntária; o resultado involuntário (não desejado); a tipicidade; a previsibilidade objetiva do resultado; e a ausência de previsão (apenas na culpa inconsciente); **B:** correta. Vide comentário anterior; **C:** incorreta. O crime culposo encontra seu fundamento no art. 18, II, do CP, e não no 18, I, do CP, que se refere ao crime doloso; **D:** incorreta. A previsibilidade objetiva, que é a possibilidade de se antever o resultado de acordo com o critério mediano de prudência e discernimento, constitui um dos elementos do crime culposo; **E:** incorreta. A assertiva retrata hipótese de *dolo direto de segundo grau, indireto* ou *mediato*, que se refere às consequências secundárias, decorrentes dos meios escolhidos pelo autor para a prática da conduta, ao passo que *dolo direto de primeiro grau* ou *imediato* é aquele que diz respeito ao objetivo principal almejado pelo agente. No dolo direto de segundo grau, o agente não busca a produção dos efeitos colaterais (morte dos tripulantes), mas tem por certa a sua ocorrência. Exemplo sempre lembrado pela doutrina é o do terrorista que, com o propósito de matar chefe de Estado que se encontra em viagem em determinado avião, acaba por produzir a morte dos tripulantes e demais passageiros do voo. **ED**
Gabarito "B".

(Investigador/SP – 2014 – VUNESP) Durante as festividades de Natal de 2013, o motorista "A" dirigia o seu veículo pela Rodovia Presidente Dutra na velocidade de 90 km/h, num trecho em que a velocidade máxima permitida era de 110 km/h. Ao transitar por uma curva, veio a perder o controle de seu veículo, atropelando "B" e "C" que se encontravam num ponto de ônibus no acesso à cidade de Arujá. "B" faleceu no local e "C" foi socorrido em estado grave, permanecendo internado no hospital da cidade. Apenas com base nas informações contidas no caso descrito, há possibilidade de "A" ser responsabilizado, penalmente,

(A) por crime culposo consumado.

(B) por crime doloso consumado e tentado.

(C) por um crime doloso consumado e por outro crime culposo tentado.

(D) somente por crime tentado.

(E) por uma contravenção penal.

A: correta. Nada obstante o enunciado seja omisso a respeito das razões pelas quais o motorista perdeu o controle da direção de seu veículo automotor ao ingressar numa curva da Rodovia Presidente Dutra, pelo fato de haver atropelado e matado "B" e lesionado "C", poderá ser responsabilizado por crime culposo consumado (no caso, homicídio culposo – art. 302, CTB e lesão corporal culposa – art. 303, CTB); **B:** incorreta. O enunciado não deixa transparecer, em momento algum, que o motorista tenha causado dolosamente (seja dolo direto, seja eventual) os resultados lesivos; **C:** incorreta. Tal como dito anteriormente, não se vislumbra tenha o motorista agido com dolo na morte de "B". Também, inadmissível a responsabilização de alguém por crime culposo tentado. É que os crimes culposos não admitem tentativa, compatível apenas com as formas dolosas dos delitos (exceto com a culpa imprópria – art. 20, § 1°, CP); **D:** incorreta. Não se pode cogitar de tentativa no caso da morte da vítima "B". Se o resultado lesivo se verificou, não se fala em tentativa; **E:** incorreta. Os resultados praticados pelo motorista decorrem da prática de crimes culposos de trânsito, e não contravenções penais.
Gabarito "A".

(Agente de Polícia Civil/RO – 2014 – FUNCAB) Qual dos crimes abaixo admite a forma culposa?

(A) Estupro

(B) Dano

(C) Apropriação indébita

(D) Receptação

(E) Estelionato

Em matéria penal, a regra é a de que os crimes são dolosos. Somente se admite a punição do agente pela forma culposa se houver expressa previsão legal (art. 18, parágrafo único, CP – princípio da excepcionalidade do crime culposo). Assim, dos crimes previstos nas alternativas da questão, apenas a receptação (art. 180, § 3°, CP) admite a modalidade culposa, não prevista para os demais (estupro – art. 213, CP; dano – art. 163, CP; apropriação indébita – art. 168, CP; estelionato – art. 171, CP).
Gabarito "D".

(Escrivão de Polícia/GO – 2013 – UEG) João, que nunca usou uma arma de fogo, manuseia uma e acaba por dispar
á-la, matando José, que a tudo assistia ao seu lado. Ao fazer isso, pratica uma conduta culposa

(A) imprudente

(B) negligente

(C) imperita

(D) inconsciente

A: correta. Comete conduta imprudente aquele que pratica determinado comportamento perigoso (comportamento positivo, um "agir perigosamente"); **B:** incorreta, pois a negligência traduz-se em um comportamento negativo, ou seja, um "deixar de fazer o que devia"; **C:** incorreta, pois a imperícia é modalidade de culpa que se traduz por uma inaptidão técnica do agente referente ao exercício de um ofício, arte ou profissão; **D:** incorreta, pois inconsciente é considerada espécie de culpa que pressupõe que o agente, não tendo previsto determinado resultado, a ele dê causa por imprudência, negligência ou imperícia. É, também, chamada, de culpa sem previsão, contrapondo-se à culpa consciente, na qual o agente, embora prevendo o resultado, acredita sinceramente em sua inocorrência.
Gabarito "A".

(Investigador de Polícia/SP – 2013 – VUNESP) Em relação aos crimes dolosos e culposos, é correto afirmar:

(A) a culpa estará caracterizada se o agente previu o resultado e assumiu o risco de produzi-lo.

(B) o dolo estará caracterizado quando o agente quis o resultado ou assumiu o risco de produzi-lo.

(C) a culpa consciente estará caracterizada quando o agente assumiu o risco de produzir o resultado do crime.

(D) o dolo estará caracterizado se o agente previu o resultado, mas não assumiu o risco de produzi-lo.

(E) com fundamento na parte geral do Código Penal, o agente será responsabilizado pela prática de crime culposo se praticar uma conduta prevista na lei como crime doloso, mas tenha agido com imprudência, imperícia ou negligência, independentemente da previsão legal do crime na modalidade culposa.

A: incorreta, pois a previsão do resultado, aliada à assunção do risco de produzi-lo, indica a existência de dolo eventual (art. 18, II, do CP); **B:** correta. De fato, o CP prevê duas espécies de dolo, quais sejam, o *direto* (diz-se o crime doloso quando o agente quis o resultado – art. 18, I, primeira parte, do CP) e o *eventual* (diz-se o crime doloso quando o agente assumiu o risco de produzir o resultado – art. 18, I, segunda parte, do CP); **C:** incorreta, pois, como visto, quando o agente quer o resultado ou assume o risco de produzi-lo, terá agido, respectivamente, com dolo direto e eventual. Na culpa consciente, o agente, embora preveja o resultado, acredita sinceramente que não ocorrerá, não assumindo, assim, o risco de produzi-lo; **D:** incorreta. A mera previsibilidade do resultado não é suficiente para a caracterização do dolo, que, como visto, somente estará presente se o agente houver assumido o risco de produzi-lo (dolo eventual) ou se tiver agido querendo-o (dolo direto); **E:** incorreta. O art. 18, parágrafo único, do CP é bastante claro ao preconizar que o crime culposo somente existirá se houver expressa previsão legal (é a denominada *excepcionalidade do crime culposo*). Portanto, não bastará que o agente tenha agido com imprudência, negligência ou imperícia, que são modalidades de culpa, para que seja punido pelo crime culposo. Será indispensável que referido crime esteja expressamente previsto em lei.
Gabarito "B".

7. ERRO DE TIPO, DE PROIBIÇÃO E DEMAIS ERROS

(Escrivão de Polícia/GO – 2013 – UEG) João, ao sair do mercado, pega uma bicicleta idêntica à sua, que havia estacionado do lado de fora do estabelecimento, e deixa o local conduzindo-a. Ao fazer isso, incide em erro

(A) de direito

(B) na execução

(C) de tipo

(D) de proibição

A situação relatada no enunciado amolda-se ao erro de tipo, que se caracteriza pelo fato de o agente, por falsa percepção da realidade, incidir em um erro sobre um elemento constitutivo do tipo legal de crime (art. 20, *caput*, do CP). Neste caso, o agente terá o dolo excluído de sua conduta, tendo em vista que, no caso apresentado, ainda que tenha havido subtração de coisa alheia móvel (bicicleta de terceiro), desconhecia João tal situação.
Gabarito "C".

8. TENTATIVA, CONSUMAÇÃO, DESISTÊNCIA VOLUNTÁRIA, ARREPENDIMENTO EFICAZ E CRIME IMPOSSÍVEL

(Escrivão – PC/ES – Instituto AOCP – 2019) Suponha que dois policiais civis abordem um indivíduo em atitude suspeita e que portava ferramentas aparentemente destinadas ao crime de furto. Durante a abordagem, o indivíduo, de livre e espontânea vontade, confessa aos policiais que o seu objetivo era utilizar as ferramentas para realizar furto a residências. Tendo em vista a situação hipotética, assinale a alternativa correta.

(A) O indivíduo deverá ser preso em flagrante delito pela tentativa de furto à residência, haja vista portar as ferramentas necessárias, bem como haver confessado de livre e espontânea vontade.

(B) Neste caso, haverá o flagrante pela tentativa de furto, pois o agente estava prestes a cometer a infração, não tendo a consumação se efetivado por circunstâncias alheias à sua vontade.

(C) Não haverá flagrante capaz de ensejar a prisão, uma vez que, no caso apresentado, o agente não atingiu os atos de execução do delito, não havendo se falar em flagrante pelos atos preparatórios.

(D) O agente estaria em flagrante delito devido às ferramentas a serem utilizadas no delito, independentemente da sua confissão.

(E) A confissão obtida sem o contraditório e a ampla defesa impossibilitariam o flagrante.

Ainda que o indivíduo, de livre e espontânea vontade, no ato de sua abordagem, confesse aos policiais que o seu objetivo era utilizar as ferramentas para realizar furto a residências, não lhe poderá ser imputada a prática deste delito na modalidade tentada, na medida em que sequer ele deu início à execução deste crime. Vale aqui lembrar que a tentativa tem como pressupostos a falta de consumação por circunstâncias alheias a vontade do agente e a realização de ato executivo. No caso do furto, temos que a sua execução tem início com a concretização da ação nuclear contida no tipo penal. Em outras palavras, tem início a execução deste delito com a *subtração* do objeto material, o que, no caso narrado no enunciado, ainda estava longe de acontecer, pois, quando abordado, o agente sequer havia ingressado na residência que pretendia furtar. O fato de portar ferramentas destinadas ao cometimento de crime de furto constitui o que a doutrina convencionou chamar de ato preparatório, que nada mais é do que a primeira fase externa do *iter criminis* que corresponde à tomada de providências, pelo agente, para o fim de concretizar (tornar possível) seu intento criminoso. Ou seja, são as providências adotadas pelo sujeito que antecedem a execução do delito. Em regra, os atos preparatórios são impuníveis. Pois bem. Na hipótese acima narrada, não há que se falar em prisão em flagrante pela prática do crime de furto, cuja execução, como já dissemos, sequer teve início. Pouco importa, aqui, se o agente estava na iminência de cometer o crime contra o patrimônio. Seja como for, ele não deu início, no ato da abordagem, à execução do delito. Ademais, a confissão é irrelevante. Por fim, registre-se que as contravenções penais capituladas nos arts. 24 e 25 da LCP, cuja constitucionalidade é bastante questionável, não têm incidência no caso narrado acima. **ED**

Gabarito "C".

(Escrivão – PC/ES – Instituto AOCP – 2019) Classifica-se como crime tentado quando, iniciada a execução, não se consuma

(A) por circunstâncias alheias à vontade do agente.

(B) por inabilidade do agente.

(C) por desistência do agente.

(D) pela deterioração do objeto.

(E) em razão da atipicidade da conduta.

Nos termos do art. 14, II, do CP, configura tentativa a execução *já iniciada* de um delito, que não atinge sua consumação por *circunstâncias alheias à vontade do agente*. É indispensável, portanto, à caracterização da tentativa, que haja *início de execução* e que o crime não tenha alcançado a sua consumação por circunstâncias alheias à vontade do agente. Se o agente, no curso da execução do crime e antes de alcançar o resultado, desiste de prosseguir no seu intento, não há que se falar em tentativa, mas em desistência voluntária ou, se realizados todos os atos de execução, em arrependimento eficaz (art. 15, CP). **ED**

Gabarito "A".

(Delegado – PC/RS – FUNDATEC – 2018) Em relação à teoria geral do crime, assinale a alternativa INCORRETA.

(A) A diferença entre autoria indireta intelectual e autoria indireta mediata é que naquela, há o planejamento pelo autor indireto e a execução do crime por um terceiro. Nesta, o autor se vale de um instrumento, alguém que esteja sob coação moral irresistível, por exemplo, para a prática do crime. Na autoria indireta mediata, não haverá concurso de pessoas.

(B) De acordo com o entendimento que prevalece, atualmente, na doutrina, há a possibilidade de reconhecimento de tentativa no dolo eventual, entretanto, esse mesmo entendimento, majoritário doutrinariamente, não admite o reconhecimento da tentativa naqueles crimes identificados como crimes de ímpeto.

(C) O Código Penal adota a teoria da atividade, no que diz respeito ao tempo do crime. Já com relação ao lugar do crime, o Código Penal adota a teoria da ubiquidade, também chamada de teoria eclética.

(D) De acordo com a doutrina, prevalece o entendimento de que em um crime praticado em concurso de agentes, a aplicação da denominada "ponte de prata", prevista no artigo 16 do Código Penal, quando reconhecida para um, estende-se aos seus comparsas.

(E) O que a doutrina denomina crime oco, nada mais é do que o crime impossível, também conhecido como quase crime, reconhecido pelo artigo 17 do Código Penal.

A: correta. De fato, ao autor indireto intelectual cabe o planejamento da infração penal, sendo a sua execução de responsabilidade de terceiros; já na autoria mediata, temos que o agente (autor mediato) se vale de alguém (autor imediato), que pode ser um inimputável ou alguém que aja sem dolo, para a execução de determinado crime; **B:** incorreta, dado que o denominado crime de ímpeto é perfeitamente compatível com o *conatus*. Devemos entender por crime de ímpeto aquele cometido sem premeditação, repentino, não planejado. Típico exemplo é o homicídio cometido no calor de uma discussão de trânsito; **C:** correta.

De fato, no que toca ao tempo do crime, o CP adotou, em seu art. 4º, a teoria da atividade, segundo a qual considera-se praticado o crime no momento da conduta (ação ou omissão), ainda que o resultado tenha se operado em outro momento; no que concerne ao lugar do delito, a teoria adotada foi a da ubiquidade (art. 6º do CP), para a qual lugar do crime será o lugar da ação ou omissão, bem como o lugar em que se verificar o resultado; **D:** correta. Tal como afirmado, o arrependimento posterior, que traduz a chamada ponte de prata, já que suaviza a pena que seria aplicada, comunica-se, no concurso de pessoas, aos agentes que não promoveram a restituição/reparação; **E:** correta (art. 17, CP). **ED**

Gabarito "B".

(Escrivão – AESP/CE – VUNESP – 2017) Com relação à consumação e tentativa do crime, nos termos previstos no Código Penal, é correto afirmar que:

(A) salvo disposição em contrário, pune-se a tentativa com a pena correspondente ao crime consumado, diminuída de um a dois terços.

(B) diz-se o crime consumado, quando nele se reúnem dois terços dos elementos de sua definição legal.

(C) diz-se o crime consumado, quando nele se reúnem a maioria dos elementos de sua definição legal.

(D) diz-se o crime tentado quando não se exaure por circunstâncias alheias à vontade do agente.

(E) diz-se o crime tentado quando, iniciada a cogitação, não se consuma por circunstâncias alheias à vontade do agente.

A: correta, pois retrata o teor do art. 14, parágrafo único, do CP, que assim dispõe: *Salvo disposição em contrário, pune-se a tentativa com a pena correspondente ao crime consumado, diminuída de um a dois terços*; **B:** incorreta. O crime restará consumado quando nele estiverem reunidos *todos* os elementos de sua definição legal, tal como estabelece o art. 14, I, CP; **C:** incorreta. Vide comentário anterior; **D:** incorreta, uma vez que o *exaurimento* constitui etapa posterior à consumação do crime. Trata-se, portanto, de um desdobramento típico ocorrido depois da concretização do tipo penal. No que concerne à tentativa, esta ocorre quando, uma vez iniciada a execução, o crime não se consuma por circunstâncias alheias à vontade do agente. A tentativa, como se pode ver, é incompatível com o exaurimento, que só se dá, conforme já ponderado, depois de o delito se consumar. Se houve consumação, não há que se falar, pois, em tentativa; **E:** incorreta. A cogitação constitui fase anterior à execução do crime. Trata-se de etapa, portanto, não punível. **ED**

Gabarito "A".

(Escrivão – Pernambuco – CESPE – 2016) No que se refere a crime consumado e a crime tentado, assinale a opção correta.

(A) No *iter criminis*, a aquisição de uma corda a ser utilizada para amarrar a vítima que se pretende sequestrar é ato executório do crime de sequestro.

(B) Os atos preparatórios de um crime de homicídio, a ser executado com o emprego de arma de fogo que possui a numeração raspada, não caracterizam a tentativa e não podem constituir crime autônomo.

(C) Situação hipotética: Policiais surpreenderam João portando uma chave-mestra enquanto circulava próximo a uma loja no interior de um *shopping center* em atitude suspeita. Assertiva: Nesse caso, João responderá por tentativa de furto, pois, devido ao porte da chave-mestra, os policiais puderam inferir que ele pretendia furtar um veículo no estacionamento.

(D) Situação hipotética: José deu seis tiros em seu desafeto, que foi socorrido e sobreviveu, por circunstâncias alheias à vontade de José. Assertiva: Nesse caso, está configurada a tentativa imperfeita.

(E) Situação hipotética: Maria entrou em uma loja de cosméticos e furtou um frasco de creme hidratante, em um momento de descuido da vendedora. Assertiva: Nesse caso, a consumação do crime ocorreu com a mera detenção do bem subtraído.

A: incorreta. A aquisição de uma corda a ser utilizada para o cometimento de um crime de sequestro não constitui ato de execução, mas, sim, mero ato preparatório, que, em regra, não é punível. Em outras palavras, o agente que compra uma corda para tal finalidade não comete crime, salvo, é óbvio, na hipótese de o delito já ter ingressado na etapa de execução; **B:** incorreta. A aquisição/posse/porte de arma de fogo com numeração raspada, que constitui ato preparatório de um crime de homicídio, embora não represente início de execução, configura, sim, crime autônomo previsto no Estatuto do Desarmamento (Lei 10.826/2003); **C:** incorreta. A mera posse da chave-mestra, nas circunstâncias acima descritas, não configura início de execução do crime de furto; **D:** incorreta. Se considerarmos que José esgotou os meios de que dispunha para alcançar seu intento, que era a morte de seu desafeto, caracterizada estará a chamada tentativa *perfeita* (ou acabada ou crime falho), em que o agente pratica todos os atos necessários à execução do crime e, ainda assim, não consegue consumá-lo. Difere, portanto, da tentativa *imperfeita*, também chamada *inacabada*, em que o agente não chega a praticar todos os atos executórios. O processo de execução, pois, é interrompido; **E:** correta. Ainda que Maria não tenha tido a posse mansa e pacífica do objeto material do crime, operou-se, ainda assim, a sua consumação. Isso porque a jurisprudência do STF e do STJ dispensa, para a consumação do furto, o critério da saída da coisa da *esfera de vigilância da vítima* e se contenta com a constatação de que, cessada a clandestinidade ou a violência, o agente tenha tido a posse da *res*, mesmo que retomada, em seguida, pela perseguição imediata: STF, HC 92450-DF, 1ª T., Rel. Min. Ricardo Lewandowski, 16.9.08; STJ, REsp 1059171-RS, 5ª T., Rel. Min. Felix Fischer, j. 2.12.08. Vide Súmula 582, do STJ. `ED`

Gabarito "E".

9. ANTIJURIDICIDADE E CAUSAS EXCLUDENTES

(Escrivão – PC/RO – CEBRASPE – 2022) Francisco estava em uma festa, e foi agredido injustamente por outro convidado, o qual praticava artes marciais. Imediatamente, a fim de repelir as agressões, Francisco arremessou uma cadeira na cabeça de seu agressor, que desmaiou.

Na situação hipotética apresentada, a conduta de Francisco

(A) caracteriza estado de necessidade, causa excludente de culpabilidade.

(B) é atípica.

(C) configura legítima defesa, o que exclui a culpabilidade.

(D) configura legítima defesa, causa excludente de ilicitude.

(E) é exercício regular de direito, o que exclui a antijuridicidade.

Pelo que consta do enunciado, Francisco, logo em seguida à agressão de que fora vítima, imbuído do propósito de repeli-la, lança em direção ao seu agressor uma cadeira, que, ao atingi-lo na região da cabeça, provoca o seu desmaio. Presentes, em princípio, os requisitos necessários ao reconhecimento da legítima defesa, tendo como natureza jurídica causa excludente da ilicitude. Presente no art. 25 do CP, tem como requisitos:

agressão injusta (o que está mencionado no enunciado); atual ou iminente; direito próprio ou alheio; reação fazendo uso dos meios necessários; e uso moderado dos meios necessários. `ED`

Gabarito "D".

(Perito – PC/ES – Instituto AOCP – 2019) O agente que pratica o fato para salvar de perigo atual, que não provocou por sua vontade, nem podia de outro modo evitar, direito próprio ou alheio, cujo sacrifício, nas circunstâncias, não era razoável exigir-se, age amparado por qual causa excludente de ilicitude?

(A) Legítima defesa.

(B) Estado de necessidade.

(C) Estrito cumprimento de dever legal.

(D) Exercício regular de direito.

(E) Consentimento do ofendido.

O enunciado contempla a transcrição do instituto do *estado de necessidade*, hipótese de excludente de ilicitude prevista no art. 24 do CP. *Grosso modo*, corresponde à situação em que o agente, com vistas a preservar um bem jurídico próprio ou de terceiro, sacrifica outro bem jurídico. São seus requisitos: existência de um perigo atual (há divergência se o perigo iminente está abrangido pela norma excludente); o perigo deve representar uma ameaça a direito próprio ou de terceiro; a situação de perigo não pode ter sido gerada voluntariamente pelo agente; inexistência do dever imposto por lei de enfrentar o perigo. `ED`

Gabarito "B".

(Escrivão – PC/ES – Instituto AOCP – 2019) No Direito Penal brasileiro, o chamado estado de necessidade é

(A) causa de agravamento da pena.

(B) causa de exclusão de ilicitude.

(C) quando o agente pratica o delito para satisfazer uma necessidade pessoal.

(D) causa de perdão judicial.

(E) quando o agente atua em legítima defesa.

O estado de necessidade, por força do que dispõe o art. 23, I, do CP, constitui, ao lado da legítima defesa, do estrito cumprimento do dever legal e do exercício regular de direito, causa de exclusão da ilicitude. `ED`

Gabarito "B".

(Escrivão – PC/MG – FUMARC – 2018) A respeito das causas excludentes de ilicitude, assinale a alternativa correta.

(A) Age sob a causa justificante do estrito cumprimento do dever legal, aquele que cumpre uma ordem de superior hierárquico, independentemente de sua eventual legalidade.

(B) Conforme o Código Penal, quanto ao estado de necessidade, embora seja razoável exigir-se o sacrifício do direito ameaçado, a pena poderá ser reduzida de um a dois terços.

(C) Considera-se em estado de necessidade quem pratica o fato para salvar de perigo, atual ou próximo, direito próprio ou alheio, cujo sacrifício, nas circunstâncias, não era razoável exigir-se.

(D) O Código Penal prevê um rol taxativo, portanto exaustivo, das causas excludentes de ilicitude.

(E) Para o reconhecimento da legítima defesa, a agressão injusta deve ser atual, pois o agente não pode ser beneficiado pela excludente se a agressão ainda não se iniciou.

A: incorreta, uma vez que, no estrito cumprimento do dever legal, como o próprio nome sugere, a ação deve ser praticada em cumprimento de um dever imposto por lei; **B:** correta (art. 24, § 2°, CP); **C:** incorreta, já que o art. 24, *caput*, do CP, que contém os requisitos do estado de necessidade, não contempla, a despeito de haver divergência doutrinária, o perigo próximo (iminente); **D:** incorreta, já que há excludentes de ilicitude previstas tanto na parte geral e parte especial do CP quanto em leis especiais e também as chamada causas supralegais de exclusão da antijuridicidade (ex.: consentimento do ofendido), admitidas pela doutrina e jurisprudência; **E:** incorreta, uma vez que, na legítima defesa, a agressão pode ser iminente, tal como consta do art. 25 do CP. **ED**
Gabarito "B".

(Escrivão – AESP/CE – VUNESP – 2017) Segundo o previsto no Código Penal, incorrerá na excludente de ilicitude denominada estado de necessidade aquele que:

(A) pratica o fato usando moderadamente dos meios necessários, para repelir injusta agressão, atual ou iminente, a direito seu ou de outrem.

(B) atua ou se omite sem a consciência da ilicitude do fato, quando não lhe era possível, nas circunstâncias, ter ou atingir essa consciência.

(C) tendo o dever legal de enfrentar o perigo, pratica o fato para salvar de perigo atual, que não provocou por sua vontade, nem podia de outro modo evitar, direito próprio ou alheio, cujo sacrifício, nas circunstâncias, não era razoável se exigir.

(D) pratica o fato para salvar de perigo atual, que não provocou por sua vontade, nem podia de outro modo evitar, direito próprio ou alheio, cujo sacrifício, nas circunstâncias, era razoável exigir-se.

(E) pratica o fato para salvar de perigo atual, que não provocou por sua vontade, nem podia de outro modo evitar, direito próprio ou alheio, cujo sacrifício, nas circunstâncias, não era razoável exigir-se.

Está correta a assertiva "E", uma vez que corresponde à redação do art. 24, "caput", do CP, que contém os requisitos do estado de necessidade, que constitui, ao lado da legítima defesa, do exercício regular de direito e do estrito cumprimento de dever legal, causa de exclusão da ilicitude. **ED**
Gabarito "E".

(Investigador/SP – 2014 – VUNESP) Nos termos do Código Penal, "entende-se em _____. quem, usando moderadamente dos meios necessários, repele injusta agressão, atual ou iminente, a direito seu ou de outrem".

Assinale a alternativa que completa corretamente a afirmação.

(A) estado de necessidade
(B) estrito cumprimento de dever legal
(C) legítima defesa
(D) exercício regular de direito
(E) coação irresistível

A: incorreta. Considera-se em estado de necessidade, nos termos do art. 24, CP, quem pratica o fato para salvar de perigo atual, que não provocou por sua vontade, nem podia de outro modo evitar, direito próprio ou alheio, cujo sacrifício, nas circunstâncias, não era razoável exigir-se; **B:** incorreta. O estrito cumprimento de dever legal, causa excludente da ilicitude (art. 23, III, CP), configura-se quando o agente, em virtude de imposição legal, venha a praticar determinado comportamento típico, porém, lícito. Tal se vê, por exemplo, quando um Investigador de polícia, no momento de prender em flagrante delito quem assim se

encontre (art. 301, CPP), desde que sem exageros, utilize-se da força para conter e prender o agente; **C:** correta. De fato, nos termos do art. 25, CP, entende-se em legítima defesa quem, usando moderadamente dos meios necessários, repele injusta agressão, atual ou iminente, a direito seu ou de outrem; **D:** incorreta. O exercício regular de direito, causa excludente da ilicitude (art. 23, III, CP), não se caracteriza quando alguém pratica um fato típico para repelir injusta agressão, mas, sim, para fazer valer, como o nome sugere, um direito que o ordenamento jurídico lhe confere; **E:** incorreta. A coação irresistível nada tem que ver com causas de exclusão da ilicitude. Se se tratar de coação física irresistível, afastado estará o fato típico, visto que a conduta, que é seu elemento, deve ser consciente e voluntária (a voluntariedade ficará prejudicada pela coação física irresistível). Já se se tratar de coação moral irresistível, será excluída a culpabilidade (art. 22, CP).
Gabarito "C".

(Agente Penitenciário/MA – 2013 – FGV) Assinale a alternativa que apresenta causas de *excludente da ilicitude*.

(A) O estado de necessidade e a ausência de dolo.

(B) A legítima defesa e o exercício regular de direito.

(C) A obediência hierárquica e o estrito cumprimento do dever legal.

(D) A coação moral irresistível e a obediência hierárquica.

(E) O consentimento do ofendido quando o dissenso da vítima faz parte do tipo, estado de necessidade e a legítima defesa.

A: incorreta, pois, nada obstante o estado de necessidade seja causa excludente da ilicitude, nos termos dos arts. 23, I, e 24, ambos do CP, o dolo diz respeito ao fato típico. Assim, a ausência de dolo não conduz à exclusão da ilicitude, mas, sim, do próprio fato típico; **B:** correta. De fato, a legítima defesa (arts. 23, II, e 25, ambos do CP) e o exercício regular de direito (art. 23, III, CP) são causas de exclusão da ilicitude; **C:** incorreta. A obediência hierárquica (art. 22, CP) é causa de exclusão da culpabilidade, gerando a isenção de pena do agente. Já o estrito cumprimento do dever legal, realmente, é causa excludente da ilicitude (art. 23, III, CP); **D:** incorreta. A coação moral irresistível e a obediência hierárquica, previstas no mesmo dispositivo legal (art. 22, CP), são causas de exclusão da culpabilidade; **E:** incorreta. O consentimento do ofendido, quando integrante do tipo penal, não é causa excludente da ilicitude (nem mesmo supralegal), mas, sim, da própria tipicidade. Somente será causa (supralegal, ou seja, não prevista em lei) de exclusão da ilicitude quando não integrar a própria figura típica. Já o estado de necessidade e a legítima defesa são, de fato, causas excludentes da ilicitude.
Gabarito "B".

(Escrivão de Polícia/MA – 2013 – FGV) Com relação às causas de exclusão de ilicitude, assinale a afirmativa correta.

(A) O inimputável por não ter consciência de seu agir, não pode alegar legítima defesa.

(B) Aquele que anteriormente provocou o agressor, não pode alegar legítima defesa.

(C) O agente que culposamente criou a situação de perigo, não pode alegar ter atuado em estado de necessidade para se livrar daquela situação perigosa.

(D) Aplicada a teoria da tipicidade conglobante, houve o esvaziamento de todas as causas de exclusão de ilicitude.

(E) Aquele que mata um cachorro que o atacava por ordem de terceira pessoa, pode alegar a presença da excludente da legítima defesa.

A: incorreta. O só fato de o agente ser inimputável não é capaz de gerar a afirmação de que não poderá agir em legítima defesa. É que, necessa-

1. DIREITO PENAL

riamente, para ser reconhecida, exige-se que o agente tenha consciência de que age amparado por referida causa excludente da ilicitude (é o chamado elemento subjetivo da legítima defesa). A inimputabilidade se caracteriza pelo fato de o agente agir sem entender o caráter ilícito do fato que comete ou determinar-se de acordo com esse entendimento (conforme disposto no art. 26, *caput*, do CP). Porém, isso não significa que um inimputável não terá condições de entender que um bem jurídico seu ou de terceiro esteja sendo alvo de injusta agressão, passível de reação. Desde que possível a compreensão de que age em legítima defesa (reação a uma injusta agressão), será perfeitamente possível que haja a exclusão da ilicitude de determinada conduta típica praticada por inimputável. Essa é a posição, por exemplo, de Damásio de Jesus: *"Doente mental pode agir em legítima defesa" (Código Penal Anotado, p. 152, 21ª ed., Saraiva: 2012)*; **B:** incorreta. Para o reconhecimento da legítima defesa, não basta a provocação, sendo necessária uma "injusta agressão". Assim, se a provocação não constituir "agressão", poderá o provocador inicial agir em legítima defesa caso o provocado pratique uma agressão injusta; **C:** incorreta. Muito embora não possa alegar estado de necessidade a pessoa que tenha criado a situação de perigo (art. 24, *caput*, do CP), é certo que, majoritariamente, sustenta-se que somente o perigo provocado dolosamente é que impede a invocação da excludente de ilicitude em comento. Afinal, o referido art. 24 do CP dispõe: "... *não provocou por sua vontade"*. Assim, não pode alegar estado de necessidade quem se encontrar diante de situação de perigo *provocada por sua vontade*. Aqui, deve-se entender por "vontade" o dolo, seja direto, seja eventual. É a posição da doutrina majoritária; **D:** incorreta. Pela teoria da tipicidade conglobante, a conduta do agente, para ser considerada típica, deve passar, previamente, pela análise de todo o ordenamento jurídico, somente sendo assim considerada se não tiver agido amparado por alguma causa excludente da ilicitude. Portanto, ainda que, para referida teoria, a tipicidade exija uma prévia análise de todo o ordenamento jurídico, as causas que excluam a ilicitude do fato são, sim, necessárias. Afinal, são elas que dizem que determinado comportamento não afronta a ordem jurídica. Logo, não estão esvaziadas referidas normas, como quer a assertiva; **E:** correta. De fato, a legítima defesa tem como pressuposto uma "agressão injusta", decorrente de um comportamento humano (só o homem pode praticar agressões). É certo que o ataque de um animal, incitado por alguém, constitui verdadeira "agressão" (utilização do cão como instrumento de ataque, tal qual uma faca ou revólver), motivo pelo qual é possível que a vítima reaja sob o manto da legítima defesa.
Gabarito "E".

(Escrivão de Polícia/GO – 2013 – UEG) O oficial de justiça que, acompanhando o cumprimento de uma ordem judicial de busca e apreensão pela polícia, diante da recusa do morador em facultar a entrada na residência, determina o arrombamento da porta pelos agentes policiais, atua em

(A) estado de necessidade

(B) obediência hierárquica

(C) exercício regular de um direito

(D) estrito cumprimento do dever legal

A: incorreta, pois o estado de necessidade pressupõe que o agente pratique determinado comportamento lesivo a bem jurídico alheio para salvaguardar bem jurídico próprio ou de terceiro, desde que existente uma situação de perigo atual ou iminente (art. 24 do CP). Lembramos ao candidato que o estado de necessidade é causa excludente da ilicitude; **B:** incorreta, pois a obediência hierárquica, por evidente, pressupõe a existência de uma ordem emitida por superior hierárquico a subordinado. Ainda, se referida ordem for não manifestamente ilegal e o subordinado cumpri-la, ainda que venha a cometer crime, ficará isento de pena, nos termos do art. 22 do CP (causa excludente da culpabilidade); **C:** incorreta, pois o exercício regular de direito é causa de exclusão da ilicitude (art. 23, III, do CP), que pressupõe que o agente pratique determinado fato, ainda que típico, mas desde que o

ordenamento jurídico não o proíba ou o permita a praticá-lo; **D:** correta. De fato, age em estrito cumprimento do dever legal o oficial de justiça que, de posse de mandado de busca e apreensão, em caso de recusa do morador em franquear a sua entrada e a de policiais, determine o arrombamento da porta, providência esta admitida pela lei (art. 245, § 2º, do CPP). Lembre-se de que é dever do oficial de justiça cumprir as ordens judiciais (art. 154, III, do NCPC) e, para tanto, poderá, inclusive, efetuar ou determinar arrombamento.
Gabarito "D".

(Investigador de Polícia/SP – 2013 – VUNESP) Assinale a alternativa correta a respeito das excludentes de antijuridicidade previstas no Código Penal.

(A) Ao agir em estrito cumprimento de dever legal, o agente não responderá pelo excesso culposo, e, sim, apenas pelo excesso doloso.

(B) Considera-se em estado de necessidade quem pratica o fato para salvar de perigo atual, que provocou por sua vontade e podia de outro modo evitar, direito próprio ou alheio, cujo sacrifício, nas circunstâncias, não era razoável exigir-se.

(C) A alegação do estado de necessidade independe do fato de o agente ter o dever legal de enfrentar o perigo.

(D) Em qualquer das hipóteses de excludente de antijuridicidade, previstas na Parte Geral do Código Penal, o agente responderá pelo excesso doloso ou culposo.

(E) Para a caracterização da legítima defesa, basta que o agente demonstre ter repelido uma injusta agressão, atual ou iminente, a direito seu ou de outrem.

A: incorreta, pois, qualquer que seja a causa excludente da ilicitude (estado de necessidade, legítima defesa, estrito cumprimento de dever legal e exercício regular de direito) prevista na Parte Geral do CP, responderá o agente pelos excessos que cometer, a título de dolo ou culpa (art. 23, parágrafo único, do CP); **B:** incorreta, pois somente pode invocar estado de necessidade o agente que, para salvar-se de perigo atual, *que não provocou por sua vontade e nem podia de outro modo evitar*, pratica fato lesivo a direito de outrem, a fim de salvaguardar direito próprio ou alheio, cujo sacrifício, nas circunstâncias, não era razoável exigir-se (art. 24 do CP); **C:** incorreta, pois não pode alegar estado de necessidade o agente que tenha o dever legal de enfrentar o perigo (art. 24, § 1º, do CP); **D:** correta. De fato, o excesso doloso ou culposo em qualquer das causas excludentes da ilicitude previstas na Parte Geral do CP gerará a punição do agente (art. 23, parágrafo único, do CP); **E:** incorreta. A legítima defesa, além de exigir que o agente tenha repelido uma agressão injusta, atual ou iminente, a direito seu ou de outrem, pressupõe que referida reação tenha sido *moderada*, com o *uso dos meios necessários* para tanto (art. 25 do CP). A propósito, a Lei 13.964/2019, conhecida como Pacote Anticrime, dentre outras modificações implementadas no campo penal e processual penal, promoveu a inclusão do parágrafo único no art. 25 do CP. Como bem sabemos, este dispositivo contém os requisitos da legítima defesa, causa de exclusão da ilicitude. Este novo dispositivo (parágrafo único) estabelece que também se considera em legítima defesa o agente de segurança pública que rechaça agressão ou risco de agressão a vítima mantida refém durante a prática de crimes. Em verdade, ao inserir este dispositivo no art. 25 do CP, nada mais fez o legislador do que explicitar e reforçar hipótese configuradora de legítima defesa já consolidada há muito em sede de jurisprudência. Tem efeito, portanto, a nosso ver, mais simbólico do que prático. Em outras palavras, o parágrafo único do art. 25 do CP, incluído pela Lei 13.964/2019, descreve situação que já era, de forma pacífica, considerada típica de legítima defesa. Afinal, como é sabido, o policial que repele injusta agressão à vida de terceiro atua em legítima defesa. Exemplo típico é o do atirador de elite, que acaba por abater o sequestrador que ameaçava tirar a vida da vítima.
Gabarito "D".

10. CONCURSO DE PESSOAS

(Papiloscopista – PC/RR – VUNESP – 2022) A respeito do concurso de pessoas, assinale a alternativa correta.

(A) São comunicáveis entre os agentes as circunstâncias de caráter pessoal, se elementares do crime.

(B) O ajuste não é punível se o crime não chega a ser tentado. Contudo, a instigação sim.

(C) Todos os agentes que, em conjunto, praticaram o crime serão punidos de forma idêntica, com exceção da participação de menor importância.

(D) O partícipe sempre será punido de forma mais branda que o autor.

(E) O agente que quis participar de crime menos grave será punido com a pena deste, sendo aplicada, no entanto, em dobro, na hipótese de o resultado mais grave ser previsível.

A: correta. De acordo com o art. 30 do CP, não se comunicam as circunstâncias e as condições de caráter pessoal, *salvo quando elementares do crime*; **B:** incorreta. Se o crime não ingressar na esfera da tentativa, não são puníveis o ajuste, a determinação ou instigação e o auxílio (art. 31, CP); **C:** incorreta. Isso porque, por força da regra presente no art. 29 do CP, os agentes que, em conjunto, praticarem o crime serão, quer na condição de coautor, quer na de partícipe, responsabilizados na medida de sua culpabilidade. Isso significa que as penas, no concurso de pessoas, devem ser individualizadas, levando-se em conta a intensidade com a qual cada um tomou parte na empreitada criminosa; **D:** incorreta. Não é verdadeira a ideia de que o partícipe deverá sempre ser punido de forma mais branda que o autor ou coautor. Há casos em que o partícipe deve ser punido de forma mais severa que o autor/coautor. Exemplo disso é o autor intelectual (partícipe), personagem que em regra merece reprimenda maior do que o autor do crime (executor), já que sem aquele o delito não teria sido cometido; **E:** incorreta. Embora adotada a teoria monista, segundo a qual todos os agentes respondem pelo mesmo crime, nada obsta que o sujeito que quis participar de crime menos grave por ele seja responsabilizado, e não pelo delito que, mais grave, foi de fato praticado. É a chamada *cooperação dolosamente distinta*, cuja previsão está no art. 29, § 2º, do CP; agora, se o resultado mais grave era previsível, a pena do crime em que quis incorrer o agente será aumentada de metade (e não dobrada). **ED**
Gabarito "A".

(Perito – PC/ES – Instituto AOCP – 2019) Considerando as disposições do Código Penal em relação ao concurso de pessoas, assinale a alternativa INCORRETA.

(A) Quem, de qualquer modo, concorre para o crime incide nas penas a este cominadas, na medida de sua culpabilidade.

(B) Se a participação for de menor importância, a pena pode ser diminuída de um sexto a um terço.

(C) Se algum dos concorrentes quis participar de crime menos grave, ser-lhe-á aplicada a pena deste; essa pena será aumentada até metade, na hipótese de ter sido previsível o resultado mais grave.

(D) Não se comunicam as circunstâncias e as condições de caráter pessoal, ainda que elementares do crime.

(E) O ajuste, a determinação ou instigação e o auxílio, salvo disposição expressa em contrário, não são puníveis, se o crime não chega, pelo menos, a ser tentado.

A: correta, uma vez que corresponde à redação do art. 29, *caput*, do CP; **B:** correta, pois corresponde à redação do art. 29, § 1º, do CP; **C:** correta,

pois reflete o disposto no art. 29, § 2º, do CP (cooperação dolosamente distinta); **D:** incorreta, pois em desconformidade com o disposto no art. 30 do CP, que assim dispõe: *não se comunicam as circunstâncias e as condições de caráter pessoal, salvo quando elementares do crime*; **E:** correta, pois corresponde à redação do art. 31 do CP. **ED**
Gabarito "D".

(Escrivão – PC/ES – Instituto AOCP – 2019) Em relação ao concurso de agentes estabelecido no Código Penal, é correto afirmar que

(A) todos respondem igualmente para o delito, independente da conduta realizada.

(B) as circunstâncias de caráter pessoal, como a menor idade, serão comunicadas a todos os integrantes da atividade delitiva.

(C) se a participação for de menor importância, a pena pode ser diminuída de um sexto a um terço.

(D) não há distinção entre partícipe e coautoria.

(E) o coautor que primeiro confessar o delito está isento de pena, independente do delito praticado.

A: incorreta, uma vez que a responsabilização de cada agente, no concurso de pessoas, será aferida em razão da culpabilidade de cada qual. Ou seja, a reprovação de cada sujeito ativo, no concurso de agentes, deverá ser sopesada de forma individualizada, considerando em que circunstâncias se deu a participação de cada um. É o que se extrai do art. 29, *caput*, do CP; **B:** incorreta, na medida em que as chamadas circunstâncias/condições de caráter pessoal não se comunicam aos demais agentes, salvo quando elementares do crime (art. 30, CP); **C:** correta, pois retrata a regra prevista no art. 29, § 1º, do CP; **D:** incorreta. A doutrina majoritária acolheu a teoria restritiva de autor, segundo a qual assim será considerado aquele que praticar a ação nuclear do tipo penal incriminador, restando ao partícipe a prática de atos acessórios, mas colaboradores da empreitada criminosa (induzimento, instigação ou auxílio); **E:** incorreta (previsão não contemplada em lei). **ED**
Gabarito "C".

(Agente-Escrivão – Acre – IBADE – 2017) São elementos caracterizadores do concurso de pessoas (coautoria e participação em sentido estrito), entre outros:

(A) acordo de vontades entre os agentes e relevância causal das condutas.

(B) pluralidade de agentes e acordo de vontades entre os agentes.

(C) liame subjetivo e pluralidade de infrações penais.

(D) pluralidade de agentes e pluralidade de infrações penais.

(E) liame subjetivo e relevância causal das condutas.

São requisitos para a existência do *concurso de pessoas*: pluralidade de condutas; relevância causal de cada conduta; vínculo subjetivo (*liame subjetivo*); infração única para todos (identidade de crime). É suficiente, à caracterização do concurso de pessoas, a unidade de desígnios, isto é, que uma vontade adira à outra, sendo desnecessário, dessa forma, um acordo de vontades entre os agentes. **ED**
Gabarito "E".

Texto CE1A04AAA

Roberto, Pedro e Lucas planejaram furtar uma relojoaria. Para a consecução desse objetivo, eles passaram a vigiar a movimentação da loja durante algumas noites. Quando perceberam que o lugar era habitado pela proprietária, uma senhora de setenta anos de idade, que dormia, quase todos os dias, em um quarto nos fundos do estabeleci-

1. DIREITO PENAL   17

mento, eles desistiram de seu plano. Certa noite depois dessa desistência, sem a ajuda de Roberto, quando passavam pela frente da loja, Pedro e Lucas perceberam que a proprietária não estava presente e decidiram, naquele momento, realizar o furto. Pedro ficou apenas vigiando de longe as imediações, e Lucas entrou na relojoaria com uma sacola, quebrou a máquina registradora, pegou o dinheiro ali depositado e alguns relógios, saiu em seguida, encontrou-se com Pedro e deu-lhe 10% dos valores que conseguiu subtrair da loja.

(Agente – Pernambuco – CESPE – 2016) Na situação hipotética descrita no texto CE1A04AAA,

(A) Pedro e Lucas serão responsabilizados pelo mesmo tipo penal e terão necessariamente a mesma pena.

(B) o direito penal brasileiro não distingue autor e partícipe.

(C) Pedro, partícipe, terá pena mais grave que a de Lucas, autor do crime.

(D) Roberto será considerado partícipe e, por isso, poderá ser punido em concurso de pessoas pelo crime praticado.

(E) se a atuação de Pedro for tipificada como participação de menor importância, a pena dele poderá ser diminuída.

A: incorreta. Pedro e Lucas praticaram, contra a relojoaria, crime de furto qualificado em razão do concurso de duas ou mais pessoas (art. 155, § 4º, IV, do CP). É fato, pois, que devem, ambos, responder por esse mesmo crime, o que, a propósito, é requisito do concurso de pessoas. Pedro, que permaneceu do lado de fora vigiando as imediações, deve ser considerado partícipe do crime, já que não executou o verbo nuclear contido no tipo penal, que é representado pela ação subtrair; já Lucas, que ingressou no estabelecimento comercial e de lá subtraiu dinheiro e alguns relógios, é considerado autor do delito. A atuação deles, como se pode ver, foi diferente, devendo cada qual responder de acordo com a sua culpabilidade (art. 29, "caput", do CP). Ou seja, a responsabilidade criminal de cada um deve levar em conta a sua participação (em sentido lato). Se teve uma participação mais intensa e relevante, deverá assim ser responsabilizado; se, ao revés, sua participação for de importância menor, será assim responsabilizado. Cuidado: o fato de um dos agentes ter atuado como partícipe na empreitada criminosa não quer dizer que a sua reprimenda deva necessariamente ser menor do que a do coautor; **B:** incorreta, já que o Direito Penal acolheu a chamada *teoria formal-objetiva* (ou restritiva), segundo a qual *autor* é o que executa o comportamento contido no tipo (realiza a ação/omissão representada pelo verbo-núcleo); todos aqueles que, de alguma forma, contribuem para o crime sem realizar a conduta típica devem ser considerados, para esta teoria, *partícipe*. O Direito Penal, portanto, faz distinção, sim, entre coautor e partícipe; **C:** incorreta. Normalmente, o autor recebe pena maior do que o partícipe, mormente quando a participação for de menor importância. Agora, como já ponderado acima, nada impede que o partícipe seja apenado de forma mais severa do que o autor; **D:** incorreta. A atuação de Roberto se restringiu à prática de atos preparatórios (vigilância da loja por alguns dias); ele desistiu de concretizar o crime antes de Pedro e Lucas darem início à execução do delito. Roberto, portanto, não será responsabilizado pelo crime que foi praticado por Pedro e Lucas; **E:** correta, pois em conformidade com o art. 29, § 1º, do CP. **ED**
Gabarito "E".

(Investigador-Escrivão-Papiloscopista – Pará – Funcab – 2016) Sobre a participação em sentido estrito, é correto afirmar que:

(A) adota-se, no Brasil, a teoria da acessoriedade máxima.

(B) não há participação culposa em crime doloso.

(C) assume a condição de partícipe aquele que executa o crime, salvo quando adotada a teoria subjetiva.

(D) na teoria do domínio do fato, partícipe é a figura central do acontecer típico.

(E) o auxílio material é ato de participação em sentido estrito, ao passo em que a instigação é conduta de autor.

A: incorreta. No Brasil, vige a teoria da *acessoriedade limitada*, segundo a qual, para punir o partícipe, é suficiente que o autor tenha praticado um fato típico e antijurídico. Além dessa, há outras teorias, a saber: para a teoria da *acessoriedade mínima*, basta que o autor tenha praticado um fato típico; já para a *hiperacessoriedade*, é necessário, para punir o partícipe, que o fato principal seja típico, antijurídico, culpável e punível; há, por fim, a *acessoriedade máxima*, em que o fato principal precisa ser típico, antijurídico e culpável; **B:** correta. De fato, não há que se falar em participação culposa em crime doloso por falta de *liame subjetivo*, ou seja, o partícipe deve ter ciência da sua colaboração; **C:** incorreta. Aquele que executa a ação nuclear representada pelo verbo contido no tipo penal é considerado autor/coautor; **D:** incorreta. Para a chamada *teoria do domínio do fato*, concebida, na década de 1930, por Hans Welzel e, depois disso, desenvolvida e aperfeiçoada por Claus Roxin, autor é quem realiza o verbo contido no tipo penal. Mas não é só. É também autor quem tem o domínio organizacional da ação típica (quem, embora não tenha realizado o núcleo do tipo, planeja, organiza etc.). Além disso, é considerado autor aquele que domina a vontade de outras pessoas ou ainda participa funcionalmente da execução do crime. Em outras palavras, o autor, para esta teoria, detém o controle final sobre o fato criminoso, exercendo, sobre ele, um poder de decisão. Perceba que o conceito de autor, para esta teoria, é mais amplo do que na teoria formal-objetiva (restritiva), adotada pelo CP, segundo a qual autor é tão somente aquele que executa o verbo-núcleo do tipo penal. Embora o Código Penal não tenha adotado tal teoria (mas, sim, a teoria restritiva), é fato que tanto o STF quanto o STJ têm recorrido a ela em vários casos, sendo o mais emblemático no caso do julgamento do "Mensalão" (AP 470/STF); **E:** incorreta. A participação pode ser *material*, em que o agente presta auxílio para o cometimento do crime, e *moral*, que, por sua vez, pode ser feita por *induzimento* ou *instigação*. Dessa forma, é considerado partícipe tanto aquele que presta auxílio material quanto o que induz ou instiga o agente a praticar o delito. **ED**
Gabarito "B".

(Escrivão de Polícia/MA – 2013 – FGV) Com relação ao concurso de pessoas, assinale a afirmativa **incorreta.**

(A) Para a teoria da acessoriedade mínima para que haja participação punível basta que o autor tenha praticado uma conduta típica; para a da acessoriedade temperada, adotada pela maioria da doutrina, basta que a conduta do autor seja típica e ilícita; para a da acessoriedade máxima se exige que a conduta do autor seja típica, ilícita e culpável.

(B) Para a doutrina majoritária, se o executor desiste voluntariamente da consumação do crime ou impede que o resultado se produza, responderá apenas pelos atos já praticados, beneficiando-se dessa circunstância os vários partícipes, nos termos dos artigos 15 e 29 do Código Penal.

(C) São requisitos para o concurso de pessoas: pluralidade de agentes e de condutas; relevância causal de cada conduta; liame subjetivo entre os agentes e identidade de infração penal.

(D) É possível a participação em delitos de mão própria.

(E) Demonstrado que um dos concorrentes quis participar de crime menos grave, ser-lhe-á aplicada a pena deste com o aumento de metade, se previsível o resultado mais grave.

A: correta. De fato, com relação à participação (modalidade de concurso de pessoas), no Brasil houve a adoção da teoria da acessoriedade limitada, segundo a qual a punição do partícipe somente será possível se houver concorrido para que o autor tenha cometido um fato típico e ilícito, diversamente da teoria da acessoriedade mínima, pela qual a participação será punível diante do cometimento, pelo autor, apenas de um fato típico. Já para a teoria da acessoriedade máxima, será punível o partícipe se houver induzido, instigado ou auxiliado o autor a cometer uma conduta típica, ilícita e culpável; **B:** correta, pois, realmente, a desistência voluntária, nos termos do art. 15 do CP, imporá ao agente que desistir de prosseguir, voluntariamente, na execução do crime, a punição apenas pelos atos já praticados (e não pela tentativa). Com relação aos demais concorrentes do crime inicialmente executado, do qual houve desistência voluntária, todos irão beneficiar-se. Afinal, reconhecido referido instituto, todos os partícipes serão beneficiados, ou seja, também não responderão pelos atos executórios típicos perpetrados pelo agente; **C:** correta. De fato, de acordo com a doutrina, o concurso de pessoas tem, exatamente, os requisitos descritos na assertiva; **D:** correta, pois, realmente, os crimes de mão própria, assim considerados aqueles que exigem uma qualidade especial do sujeito ativo, sendo inviável a divisão de tarefas para o cometimento do delito, considerado de atuação personalíssima, não se poderá reconhecer a coautoria. No entanto, perfeitamente possível a participação, que pressupõe que o agente induza, instigue ou auxilie o autor a determinada conduta penalmente relevante, ainda que considerada personalíssima (ex.: autoaborto – art. 124, *caput*, primeira parte, do CP. Somente a gestante pode provocar o aborto em si mesma, tratando-se de crime de mão própria. Inviável a coautoria, mas possível a participação); **E:** incorreta. De fato, se um dos concorrentes quis participar de crime menos grave, ser-lhe-á aplicada a pena deste. Contudo, se previsível o resultado mais grave, a pena (do crime menos grave) será aumentada até metade (e não de metade, como consta na alternativa). Daí ser incorreta a alternativa, por não espelhar a literalidade do art. 29, § 2º, do CP.
Gabarito "E".

11. CULPABILIDADE E CAUSAS EXCLUDENTES

(Escrivão – PC/GO – AOCP – 2023) Preencha a lacuna e assinale a alternativa correta. É _____ o agente que, por doença mental ou desenvolvimento mental incompleto ou retardado, era, ao tempo da ação ou da omissão, inteiramente incapaz de entender o caráter ilícito do fato ou de determinar-se de acordo com esse entendimento.

(A) justificável

(B) semi-imputável

(C) atípico

(D) isento de pena

(E) indultável

De acordo com o art. 26, *caput*, do CP, será considerado inimputável (isento de pena) o agente que, por doença mental ou desenvolvimento mental incompleto ou retardado era, ao tempo da ação ou omissão, inteiramente *incapaz* de entender o caráter ilícito do fato ou de determinar-se de acordo com esse entendimento. ED
Gabarito "D".

(Escrivão – PC/GO – AOCP – 2023) Alcebíades é servidor lotado na Delegacia de Polícia de Valparaíso de Goiás e, sabendo que houve uma apreensão de celulares em uma operação policial e que tais objetos estão guardados no cofre da repartição pública, decide subtrair um deles, o de maior valor, para posteriormente vendê-lo. Porém, acovardado para agir ilicitamente, decide fumar seguidamente vários cigarros de *Cannabis sativa* (maconha) para relaxar antes

de praticar o peculato. Caso Alcebíades seja flagrado praticando o delito, é correto afirmar que

(A) a embriaguez de Alcebíades é típico caso fortuito de recreação não consentida pelo agente e, portanto, isenta o praticante de pena.

(B) a embriaguez de Alcebíades é culposa e exclui a culpabilidade do agente.

(C) somente a embriaguez por força maior poderia tornar Alcebíades inimputável, tal como se ele fosse coagido a usufruir do entorpecente.

(D) a embriaguez de Alcebíades, embora dolosa, pode excluir sua culpabilidade se restar comprovada a extrapolação dos efeitos não planejados pelo agente.

(E) Alcebíades não poderá alegar inimputabilidade por fumo de entorpecente, pois a embriaguez, voluntária ou culposa, pelo álcool ou substância de efeitos análogos, não exclui a imputabilidade.

O enunciado retrata típica hipótese de embriaguez *voluntária*, que não constitui causa excludente da imputabilidade penal, nos termos do art. 28, II, do CP. Vale lembrar que, em matéria de embriaguez, o CP adotou a chamada teoria da *actio libera in causa*, segundo a qual quem livremente (por dolo ou culpa) ingerir álcool ou substância de efeitos análogos responderá pelo resultado lesivo que venha, nessa condição, a causar. Somente tem o condão de isentar o agente de pena a embriaguez completa involuntária (acidental, decorrente de caso fortuito ou força maior), nos termos do art. 28, § 1º, do CP, desde que lhe retire por completo a capacidade de entender o caráter ilícito do fato ou de determinar-se de acordo com esse entendimento. ED
Gabarito "E".

(Papiloscopista – PC/RR – VUNESP – 2022) À luz do CP, são inimputáveis as pessoas que, ao tempo da ação ou omissão, eram inteiramente incapazes de entender o caráter ilícito do fato, em virtude de

(A) paixão e doença mental.

(B) paixão e embriaguez completa.

(C) emoção e embriaguez completa.

(D) doença mental e embriaguez culposa completa.

(E) desenvolvimento mental retardado e desenvolvimento mental incompleto.

A solução desta questão deve ser extraída do art. 26, *caput*, do CP, que isenta de pena *o agente que, por doença mental ou desenvolvimento mental incompleto ou retardado, era, ao tempo da ação ou da omissão, inteiramente incapaz de entender o caráter ilícito do fato ou de determinar-se de acordo com esse entendimento*. Vale lembrar que a emoção e a paixão não afastam a imputabilidade penal (art. 28, I CP). No mais, a única embriaguez que exclui a culpabilidade do agente, diante da inimputabilidade, é a completa e involuntária ou acidental (caso fortuito ou força maior), em que há a supressão total de uma das capacidades mentais (capacidade de entendimento e de autodeterminação), hipótese em que há a isenção da pena (art. 28, § 1º, do CP). Já na embriaguez incompleta e involuntária, que reduz uma das capacidades mentais, há a diminuição da pena (art. 28, § 2º, do CP). ED
Gabarito "E".

(Escrivão – PC/RO – CEBRASPE – 2022) João, com 20 anos de idade e imputável, ingeriu bebida alcoólica durante uma festa e, embora não tivesse a intenção de se embebedar ou de praticar crimes, ficou completamente embriagado e desferiu socos em um desafeto, causando-lhe lesões corporais gravíssimas.

1. DIREITO PENAL

Na situação hipotética apresentada, a embriaguez foi completa e

(A) culposa, mas não exclui a imputabilidade penal.

(B) fortuita, excluindo a imputabilidade penal.

(C) culposa, excluindo a imputabilidade penal.

(D) involuntária, excluindo a imputabilidade penal.

(E) patológica, com a agravante da embriaguez preordenada.

O enunciado retrata típica hipótese de embriaguez *culposa*, situação em que o agente deseja somente beber, sem, entretanto, embriagar-se. Não constitui causa excludente da imputabilidade penal, nos termos do art. 28, II, do CP. Vale lembrar que, em matéria de embriaguez, o CP adotou a chamada teoria da *actio libera in causa*, segundo a qual quem livremente (por dolo ou culpa) ingerir álcool ou substância de efeitos análogos responderá pelo resultado lesivo que venha, nessa condição, a causar. Somente tem o condão de isentar o agente de pena a embriaguez completa involuntária (acidental, decorrente de caso fortuito ou força maior), nos termos do art. 28, § 1º, do CP, desde que lhe retire por completo a capacidade de entender o caráter ilícito do fato ou de determinar-se de acordo com esse entendimento. ED
Gabarito "A".

(Escrivão – PC/MG – FUMARC – 2018) A respeito da culpabilidade, assinale a alternativa correta.

(A) Ao definir a menoridade penal como causa de inimputabilidade, o Código Penal brasileiro adotou o critério biopsicológico, pois, além da menoridade propriamente dita, deverá ficar comprovado que, no momento do fato, o agente não tinha condições de entender o caráter ilícito de sua própria conduta.

(B) Conforme previsão do Código Penal brasileiro, a coação moral irresistível é causa de inimputabilidade penal, ficando o agente isento de pena.

(C) É isento de pena o agente que, em virtude de perturbação de saúde mental ou por desenvolvimento mental incompleto ou retardado, não era inteiramente capaz de entender o caráter ilícito do fato ou de determinar-se de acordo com esse entendimento.

(D) É isento de pena o agente que, por embriaguez completa, proveniente de caso fortuito ou força maior, era, ao tempo da ação ou da omissão, inteiramente incapaz de entender o caráter ilícito do fato ou de determinar-se de acordo com esse entendimento.

(E) Sobre a imputabilidade penal, o Código Penal brasileiro adotou o sistema denominado psicológico, o qual considera as condições psicológicas do agente no momento do fato, independentemente da existência de doença mental.

A: incorreta, dado que o art. 27 do CP, ao tratar da inimputabilidade por menoridade, adotou o chamado critério *biológico (e não o biopsicológico, tal como constou da assertiva)*, segundo o qual se levará em conta tão somente o desenvolvimento mental da pessoa (considerado, no caso do menor de 18 anos, incompleto). De outro lado, em matéria de inimputabilidade por doença mental ou por desenvolvimento mental incompleto ou retardado, adotou-se, como regra, o denominado *critério biopsicológico (art. 26, caput, do CP)*. Neste caso, somente será considerado inimputável aquele que, em virtude de problemas mentais (desenvolvimento mental incompleto ou retardado – fator biológico), for, ao tempo da ação ou omissão, inteiramente incapaz de entender o caráter ilícito do fato ou de determinar-se de acordo com esse entendimento (fator psicológico). Assim, somente será considerada inimputável aquela pessoa que, em razão de *fatores biológicos*, tiver

afetada, por completo, sua *capacidade psicológica* (discernimento ou autocontrole). Daí o nome: *critério biopsicológico, que nada mais é, pois, do que a conjugação dos critérios biológico e psicológico;* **B:** incorreta. A *coação moral irresistível*, uma vez reconhecida, leva à exclusão da culpabilidade por *inexigibilidade de conduta diversa* (art. 22, CP); **C:** incorreta, já que a proposição se refere à situação de semi-imputabilidade descrita no art. 26, parágrafo único, do CP, que, se reconhecida, dá azo à redução da pena da ordem de um a dois terços. Ou seja, não há, nesta situação, isenção de pena, dado que o agente estava, ao tempo da conduta, apenas parcialmente privado de sua capacidade de entender o caráter ilícito do fato e de determinar-se de acordo com tal entendimento; **D:** correta, pois reflete o disposto no art. 28, § 1º, do CP; **E:** incorreta. Conforme já ponderado no comentário à assertiva "A", em matéria de inimputabilidade por doença mental ou por desenvolvimento mental incompleto ou retardado, adotou-se, como regra, o denominado *critério biopsicológico (art. 26, caput, do CP)*, e não o *psicológico*. ED
Gabarito "D".

(Investigador – PC/ES – Instituto AOCP – 2019) Assinale a alternativa correta.

(A) O desconhecimento da lei é inescusável. O erro sobre a ilicitude do fato, se inevitável, isenta de pena; se evitável, poderá diminuí-la de um sexto a um terço.

(B) Se o fato é cometido sob coação resistível, só é punível o autor da coação.

(C) Se o fato é cometido em estrita obediência à ordem, ainda que manifestamente ilegal, de superior hierárquico, só é punível o autor da ordem.

(D) O erro quanto à pessoa contra a qual o crime é praticado isenta de pena.

(E) O erro sobre elemento constitutivo do tipo legal de crime exclui o dolo e não permite a punição por crime culposo, ainda que previsto em lei.

A: correta, pois reflete o disposto no art. 21, *caput*, do CP, que trata do erro sobre a ilicitude do fato (erro de proibição); **B:** incorreta. Se a coação é *resistível* (vencível), respondem tanto o coator quanto o coato. Neste caso, porém, restará configurara a circunstância atenuante genérica do art. 65, III, "c", do CP. Somente tem o condão de afastar a culpabilidade (por inexigibilidade de conduta diversa àquela praticada pelo agente) a coação moral *irresistível*; **C:** incorreta. Estabelece o art. 22 do CP que, sendo a ordem *não* manifestamente ilegal, a responsabilidade recairá sobre o *superior hierárquico*; o *subordinado*, neste caso, ficará isento de pena (sua culpabilidade ficará excluída). Agora, se a ordem for *manifestamente ilegal* (hipótese da assertiva), a responsabilidade recairá sobre ambos, superior hierárquico e subordinado. Importante que se diga que o reconhecimento desta causa de exclusão da culpabilidade está condicionado à coexistência dos seguintes requisitos: presença de uma ordem não manifestamente ilegal, conforme acima mencionamos; a ordem deve ser emanada de autoridade que detém atribuição para tanto; existência, em princípio, de três envolvidos: superior hierárquico, subordinado e vítima; vínculo hierárquico de direito público entre o superior de quem emanou a ordem e o subordinado que a executou. Ou seja, não há que se falar nesta causa de exclusão da culpabilidade no contexto das relações de natureza privada; **D:** incorreta, já que, por expressa disposição do art. 20, § 3º, do CP, o erro quanto à pessoa contra a qual o crime é praticado não isenta de pena o agente; **E:** incorreta, na medida em que o erro de tipo (art. 20, *caput*, do CP) exclui o dolo, mas permite a punição por crime culposo, desde que haja previsão nesse sentido. ED
Gabarito "A".

(Escrivão – AESP/CE – VUNESP – 2017) No tocante às disposições do Código Penal relativas à culpabilidade e imputabilidade, é correto afirmar que:

(A) a pena pode ser reduzida de um a dois terços se o agente, por doença mental ou desenvolvimento mental incompleto ou retardado era, ao tempo da ação ou da omissão, inteiramente incapaz de entender o caráter ilícito do fato ou de determinar-se de acordo com esse entendimento.

(B) a embriaguez culposa pelo álcool ou substância de efeitos análogos exclui a imputabilidade penal.

(C) se o fato é cometido sob coação irresistível ou em estrita obediência à ordem, manifestamente ilegal, de superior hierárquico, só é punível o autor da coação ou da ordem.

(D) a pena pode ser reduzida de um a dois terços se o agente, em virtude de perturbação de saúde mental ou por desenvolvimento mental incompleto ou retardado, não era inteiramente capaz de entender o caráter ilícito do fato ou de determinar-se de acordo com esse entendimento.

(E) a embriaguez voluntária pelo álcool ou substância de efeitos análogos exclui a imputabilidade penal.

A: incorreta. A assertiva refere-se à situação de inimputabilidade decorrente de doença mental ou desenvolvimento mental incompleto ou retardado que retira, por completo, a capacidade de entendimento do agente (art. 26, "caput", do CP). Nesse caso, o réu, se restar reconhecido que assim se encontrava no momento da conduta, ficará isento de pena, mas contra ele é aplicada uma medida de segurança, na forma estatuída no art. 386, III, do CPP. Somente será agraciado com a redução da pena de um a dois terços o agente que, ao tempo da ação ou omissão, encontrar-se na situação do art. 26, parágrafo único, do CP. Trata-se, aqui, de perturbação da saúde mental que, embora reduza a capacidade de compreensão do agente, não lhe retira por completo sua capacidade de entender o caráter ilícito do fato e de determinar-se de acordo com esse entendimento; **B:** incorreta. A única forma de embriaguez que tem o condão de excluir a imputabilidade é a descrita no art. 28, § 1º, do CP, em que se exige que o agente, estando completamente embriagado, o que se deu em decorrência de caso fortuito ou força maior, seja, no momento da conduta, inteiramente incapaz de entender o caráter ilícito do fato ou ainda de determinar-se com tal entendimento. A embriaguez culposa e com muito mais razão a intencional (voluntária) não são aptas, por expressa previsão do art. 28, II, do CP, a afastar a imputabilidade; **C:** incorreta. Se a ordem for *manifestamente ilegal*, a responsabilidade recairá sobre ambos, superior hierárquico e subordinado; agora, se se tratar de ordem *não* manifestamente ilegal, somente o *superior hierárquico* responderá pelo resultado, nos moldes do art. 22 do CP; o *subordinado*, neste caso, ficará isento de pena (sua culpabilidade ficará excluída). De outro lado, se o fato é cometido sob coação irresistível, somente se pune, de fato, o autor da coação, tal como estabelece o art. 22 do CP. Cuidado: a coação a que se refere este dispositivo é a *moral*. Se física for a coação, restará excluída, neste caso, a conduta, e não a culpabilidade, como se dá na coação moral irresistível; **D:** incorreta, uma vez que corresponde à redação do art. 26, parágrafo único, do CP; **E:** incorreta, pois não reflete o disposto no art. 28, II, do CP, segundo qual a embriaguez voluntária (e também a culposa) não exclui a imputabilidade. Mais uma vez: somente excluirá a imputabilidade a embriaguez a que se refere o art. 28, § 1º, do CP. **ED**

Gabarito "D".

(Escrivão – Pernambuco – CESPE – 2016) Em relação à imputabilidade penal, assinale a opção correta.

(A) Situação hipotética: João, namorado de Maria e por ela apaixonado, não aceitou a proposta dela de romper o compromisso afetivo porque ela iria estudar fora do país, e resolveu mantê-la em cárcere privado. Assertiva: Nessa situação, a atitude de João enseja o reconhecimento da inimputabilidade, já que o seu estado psíquico foi abalado pela paixão.

(B) Na situação em que o agente, com o fim precípuo de cometer um roubo, embriaga-se para ter coragem suficiente para a execução do ato, não se aplica a teoria da *actio libera in causa* ou da ação livre na causa.

(C) Situação hipotética: Elizeu ingeriu, sem saber, bebida alcoólica, pensando tratar-se de medicamento que costumava guardar em uma garrafa, e perdeu totalmente sua capacidade de entendimento e de autodeterminação. Em seguida, entrou em uma farmácia e praticou um furto. Assertiva: Nesse caso, Elizeu será isento de pena, por estar configurada a sua inimputabilidade.

(D) Situação hipotética: Paulo foi obrigado a ingerir álcool por coação física e moral irresistível, o que afetou parcialmente o controle sobre suas ações e o levou a esfaquear um antigo desafeto. Assertiva: Nesse caso, a retirada parcial da capacidade de entendimento e de autodeterminação de Paulo não enseja a redução da sua pena no caso de eventual condenação.

(E) Situação hipotética: Em uma festa de aniversário, Elias, no intuito de perder a inibição e conquistar Maria, se embriagou e, devido ao seu estado, provocado pela imprudência na ingestão da bebida, agrediu fisicamente o aniversariante. Assertiva: Nessa situação, Elias não será punido pelo crime de lesões corporais por ausência total de sua capacidade de entendimento e de autodeterminação.

A: incorreta, na medida em que, por expressa disposição contida no art. 28, I, do CP, a paixão (e também a emoção) não exclui a imputabilidade; **B:** incorreta, já que se trata de típica hipótese de incidência da teoria da *actio libera in causa* (ação livre na causa), segundo a qual a imputabilidade do agente deve ser analisada no momento em que este, antes da prática da infração penal, faz uso de álcool ou de substância de efeitos análogos. O que se dá, a rigor, é o deslocamento do momento de aferição da imputabilidade do momento da ação ou omissão para o instante em que o agente se coloca em estado de inimputabilidade, o que ocorre com a ingestão de álcool ou substância de efeitos análogos; **C:** correta. Se considerarmos que Elizeu não agiu com culpa ao ingerir a bebida alcoólica no lugar do remédio, deve ser afastada a sua imputabilidade, já que é o caso de reconhecer a ocorrência de caso fortuito (art. 28, § 1º, do CP); **D:** incorreta. Pelo que consta da assertiva, a ingestão de álcool decorreu de força maior, uma vez que Paulo foi coagido, forçado a tanto. Tendo em conta que o controle sobre suas ações foi afetado de forma parcial, do que decorreu a agressão contra um antigo desafeto, é de rigor a incidência da causa de diminuição de pena prevista no art. 28, § 2º, do CP; **E:** incorreta. Perceba que a embriaguez de Elias foi voluntária, ou seja, ele bebeu porque quis. Nesse caso, Elias, que, em decorrência de seu estado de embriaguez, causou lesões corporais no aniversariante, deverá por isso ser responsabilizado criminalmente (art. 28, II, CP). **ED**

Gabarito "C".

(Escrivão – Pernambuco – CESPE – 2016) Em relação aos crimes contra a pessoa e à imputabilidade penal, assinale a opção correta.

(A) Situação hipotética: João, em estado de embriaguez voluntária, motivado por ciúme de sua ex-mulher, matou Paulo. Assertiva: Nessa situação, o fato de

1. DIREITO PENAL   21

João estar embriagado afasta o reconhecimento da motivação fútil, haja vista que a embriaguez reduziu a capacidade de entender o caráter ilícito de sua conduta.

(B) Comete o crime de infanticídio a gestante que, não estando sob influência do estado puerperal, mata o nascituro.

(C) O perdão judicial será concedido ao autor que tenha cometido crime de homicídio doloso se as consequências da infração atingirem o próprio agente de forma tão grave que a sanção penal se torne desnecessária.

(D) De acordo com o Código Penal, no crime de homicídio qualificado pelo feminicídio, a pena é aumentada de um terço até a metade se o crime for praticado na presença de descendente ou de ascendente da vítima.

(E) A qualificadora de feminicídio no crime de homicídio fica caracterizada se o delito for praticado contra a mulher por razões de sua convicção religiosa.

A: incorreta. Ante o disposto no art. 28, II, do CP, a embriaguez voluntária não exclui a imputabilidade penal. Assim, não restarão afastados nem o homicídio nem a qualificadora por motivo fútil. Embora haja divergência doutrinária, vale aqui lembrar que o *ciúme* não pode ser considerado motivo *fútil* tampouco *torpe*. Também diverge a doutrina sobre a compatibilidade da *embriaguez* com a motivação *fútil*. No sentido de reconhecer-se tal compatibilidade: "Pela adoção da teoria da *actio libera in causa* (embriaguez preordenada), somente nas hipóteses de ebriez decorrente de "caso fortuito" ou "forma maior" é que haverá a possibilidade de redução da responsabilidade penal do agente (culpabilidade), nos termos dos §§ 1º e 2º do art. 28 do Código Penal. 2. Em que pese o estado de embriaguez possa, em tese, reduzir ou eliminar a capacidade do autor de entender o caráter ilícito ou determinar-se de acordo com esse entendimento, tal circunstância não afasta o reconhecimento da eventual futilidade de sua conduta" (REsp 908.396/MG, Rel. Min. Arnaldo Esteves Lima, Quinta Turma, j. 03.03.2009, *DJe* 30.03.2009); **B:** incorreta. Sendo elementar do crime de infanticídio (art. 123, CP), o estado puerperal é indispensável à sua configuração; **C:** incorreta. O perdão judicial (art. 121, § 5º, do CP) somente tem incidência no homicídio *culposo* (não se aplica ao doloso!), quando as consequências da infração atingirem o próprio agente de forma tão grave e intensa que a pena que seria a ele aplicada se mostra desnecessária. Clássico exemplo é o do pai que, em acidente de trânsito, mata, culposamente, o próprio filho. Não há dúvida da desnecessidade da reprimenda, já que o resultado da conduta do pai já lhe serviu de pena, aliás bem severa; **D:** correta (art. 121, § 7º, III, do CP, cuja redação foi alterada por força da Lei 13.771/2018); **E:** incorreta. Qualificadora não prevista em lei. 🔲
Gabarito "D".

(Agente-Escrivão – PC/GO – CESPE – 2016) A respeito da aplicação da lei penal e dos elementos e das causas de exclusão de culpabilidade, assinale a opção correta.

(A) O princípio da legalidade pode ser desdobrado em três: princípio da reserva legal, princípio da taxatividade e princípio da retroatividade como regra, a fim de garantir justiça na aplicação de qualquer norma.

(B) São excludentes de culpabilidade: inimputabilidade, coação física irresistível e obediência hierárquica de ordem não manifestamente ilegal.

(C) Se ordem não manifestamente ilegal for cumprida por subordinado e resultar em crime, apenas o superior responderá como autor mediato, ficando o subordinado isento por inexigibilidade de conduta diversa.

(D) Emoção e paixão são causas excludentes de culpabilidade.

(E) Em razão do princípio da legalidade, a analogia não pode ser usada em matéria penal.

A: incorreta. O princípio da retroatividade não constitui a regra na aplicação da lei penal. É dizer, o fato ocorrido anteriormente à entrada em vigor da lei não poderá ser por esta regido, isto é, a lei não poderá retroagir e abarcar situações ocorridas antes de ela entrar em vigor. A regra, portanto, é a da irretroatividade da lei penal. A exceção a esta regra fica por conta da chamada retroatividade benéfica, que corresponde à situação em que a lei nova, posterior ao fato, revele-se mais vantajosa quando comparada à lei em vigor (e já revogada) ao tempo em que o fato ocorreu. Nesta hipótese, impõe-se a retroatividade da lei mais benéfica (art. 5º, XL, da CF: *a lei penal não retroagirá, salvo para beneficiar o réu*). Exemplo clássico é a *abolitio criminis*, em que a lei nova, por excelência mais favorável ao réu, já que passou a considerar sua conduta, até então criminosa, atípica, retroagirá e alcançará fatos ocorridos antes de ela entrar em vigor (art. 2º, *caput*, do CP); **B:** incorreta. A inimputabilidade e a obediência hierárquica de ordem não manifestamente ilegal constituem, de fato, hipótese de causa excludente de culpabilidade, o que também ocorre em relação à coação *moral* irresistível. A questão está incorreta porque faz referência à coação *física* irresistível, que constitui hipótese de exclusão da conduta. Não há, neste caso, fato típico e, por conseguinte, crime; **C:** correta (art. 22 do CP); **D:** incorreta. Tanto a emoção quanto a paixão não têm o condão de excluir a imputabilidade, que constitui um dos elementos da culpabilidade (art. 28, I, do CP); **E:** incorreta. A analogia em matéria penal só é admitida em benefício do réu (*in bonam partem*). 🔲
Gabarito "C".

(Agente – Pernambuco – CESPE – 2016) Acerca das questões de tipicidade, ilicitude (ou antijuridicidade) e culpabilidade, bem como de suas respectivas excludentes, assinale a opção correta.

(A) A inexigibilidade de conduta diversa e a inimputabilidade são causas excludentes de ilicitude.

(B) O erro de proibição é causa excludente de ilicitude.

(C) Há excludente de ilicitude em casos de estado de necessidade, legítima defesa, em estrito cumprimento do dever legal ou no exercício regular do direito.

(D) Há excludente de tipicidade em casos de estado de necessidade, legítima defesa, exercício regular do direito e estrito cumprimento do dever legal.

(E) A inexigibilidade de conduta diversa e a inimputabilidade são causas excludentes de tipicidade.

A: incorreta. Tanto a inexigibilidade de conduta diversa quanto a inimputabilidade constituem causa de exclusão de *culpabilidade*, e não de *ilicitude*; **B:** incorreta. O erro de proibição (erro sobre a ilicitude do fato – art. 21 do CP) constitui causa excludente da culpabilidade; **C:** correta. Trata-se, de fato, de causas que excluem a ilicitude (art. 23, CP); **D:** incorreta. Reporto-me ao comentário anterior; **E:** incorreta. Reporto-me ao comentário à assertiva "A". 🔲
Gabarito "C".

(Investigador-Escrivão-Papiloscopista – Pará – Funcab – 2016) A fim de produzir prova em processo penal, o Juiz de Direito de determinada comarca encaminha requisição à Delegacia de Polícia local, ordenando que seja realizada busca domiciliar noturna na casa de um réu. O Delegado de Polícia designa, assim, uma equipe de agentes para o cumprimento da medida, sendo certo que um dos agentes questiona a legalidade do ato, dado o horário de seu cumprimento. O Delegado confirma a ilegalidade. No entanto, sustenta que a diligência deve ser realizada, uma vez que há imposição judicial para seu cumprimento. Com base apenas nas informações constantes do enunciado, caso os agentes efetivem a busca domiciliar noturna:

(A) não agirão criminosamente, uma vez que atuam no estrito cumprimento do dever legal.

(B) não agirão criminosamente, já que há mera obediência hierárquica.

(C) não agirão criminosamente, em virtude de coação moral irresistível.

(D) agirão criminosamente.

(E) não agirão criminosamente, pois amparados pelo estado de necessidade.

Se assim agirem a autoridade policial e seus agentes, ingressando em domicílio alheio, durante a noite, para dar cumprimento a ordem judicial de busca e apreensão, serão responsabilizados criminalmente, na medida em que a determinação emanada do magistrado é flagrantemente *ilegal*. A obediência hierárquica, que pressupõe, como o próprio nome sugere, uma relação de subordinação hierárquica, somente se configura se a ordem emanada da autoridade competente for *não manifestamente ilegal*. Por óbvio, a ordem do juiz dirigida à autoridade policial, na hipótese narrada no enunciado, é *flagrantemente ilegal*, na medida em que, a teor do art. 5º, XI, da CF e do art. 245, "caput", do CPP, a casa é asilo inviolável do indivíduo, e o seu ingresso, à revelia do morador, para dar cumprimento a ordem judicial, quer de busca e apreensão, quer de prisão, somente pode dar-se durante o dia. Durante a noite, nem por ordem judicial. De ver-se, ademais, que a Lei 13.869/2019 (Abuso de Autoridade), que revogou, na íntegra, a Lei 4.898/1965, estabelece, em seu art. 22, § 1º, III, ser crime a conduta do agente que cumpre mandado de busca e apreensão domiciliar após as 21 h ou antes das 5h. **ED**
Gabarito "D".

(Investigador-Escrivão-Papiloscopista – Pará – Funcab – 2016) Cremílson foi denunciado pelo Ministério Público por ter praticado lesão corporal de natureza grave. No curso de ação penal, resta comprovado ser ele portador de enfermidade mental, o que determinou sua absolvição imprópria. Isso significa que Cremílson:

(A) não era, ao tempo da sentença, inteiramente capaz de compreender o caráter ilícito do fato ou de determinar-se de acordo com este entendimento.

(B) não era, ao tempo da sentença, inteiramente capaz de compreender o caráter ilícito do fato, embora possuísse pela autodeterminação.

(C) era, ao tempo da ação, inteiramente incapaz de compreender o caráter ilícito do fato ou de determinar-se de acordo com este entendimento.

(D) não era, ao tempo da ação, inteiramente capaz de compreender o caráter ilícito do fato ou de determinar-se de acordo com este entendimento.

(E) era, ao tempo da sentença, inteiramente incapaz de compreender o caráter ilícito do fato ou de determinar-se de acordo com este entendimento.

Denílson, segundo consta do enunciado, teria sido denunciado porque cometeu o crime de lesão corporal de natureza grave. Ao término da instrução processual, ao longo da qual foi constatado que o réu era portador de enfermidade mental, o magistrado proferiu sentença de absolvição imprópria. Pois bem. O fato de o juiz haver prolatado sentença de absolvição imprópria significa que se reconheceu, por meio de perícia médica a que foi submetido o acusado, que este era, ao tempo da conduta a ele imputada (no momento da sentença), inteiramente incapaz de entender o caráter ilícito do fato ou de determinar-se com tal entendimento, tal como disposto no art. 26, "caput", do CP. Há de se reconhecer, assim, a sua inimputabilidade, devendo, em razão disso,

ser submetido a tratamento (medida de segurança). Embora a sentença, aqui, tenha natureza absolutória (art. 386, VI, CPP), o agente há de ser submetido a tratamento. Daí falar-se em absolvição *imprópria*. **ED**
Gabarito "C".

(Agente de Polícia Civil/RO – 2014 – FUNCAB) Assinale a alternativa correta. É causa que exclui a culpabilidade do crime:

(A) Inimputabilidade do agente.

(B) Legítima defesa.

(C) Estado de necessidade.

(D) Exercício regular de um direito.

(E) Estrito cumprimento de um dever legal.

A: correta. A inimputabilidade do agente, de fato, é causa excludente da culpabilidade, visto que a imputabilidade é seu elemento integrante. No CP, são causas que excluem a imputabilidade a doença mental e o desenvolvimento mental incompleto ou retardado (art. 26, *caput*, CP), a menoridade (art. 27, CP) e a embriaguez completa e involuntária (art. 28, § 1º, CP), sem prejuízo de outras causas previstas na legislação especial; **B:** incorreta, pois a legítima defesa é causa excludente da ilicitude (art. 23, II e 25, ambos do CP); **C:** incorreta, haja vista que o estado de necessidade exclui a ilicitude (art. 23, I e 24, ambos do CP); **D:** incorreta, eis que o exercício regular de um direito exclui a ilicitude do comportamento do agente (art. 23, III, CP); **E:** incorreta. O estrito cumprimento de um dever legal é causa excludente da antijuridicidade – ou ilicitude (art. 23, III, CP).
Gabarito "A".

(Agente de Polícia/PI – 2012) Sobre imputabilidade penal, assinale a alternativa correta.

(A) A embriaguez involuntária, decorrente de caso fortuito ou força maior, necessariamente exclui a imputabilidade penal.

(B) A embriaguez voluntária é causa de aumento de até um terço da pena.

(C) A perturbação da saúde mental necessariamente exclui a imputabilidade penal.

(D) Somente aquele que seja interditado por sentença judicial é que se faz isento de pena, no âmbito da responsabilidade criminal.

(E) Nem sempre a perturbação da saúde mental é causa de exclusão da imputabilidade penal.

A: incorreta, pois a embriaguez involuntária, decorrente de caso fortuito ou força maior, somente excluirá a imputabilidade penal se for *completa* (art. 28, § 1º, do CP); **B:** incorreta, pois a embriaguez voluntária é considerada circunstância agravante (art. 61, II, "I", do CP), e não causa de aumento de pena. É a chamada embriaguez preordenada; **C:** incorreta. A perturbação da saúde mental (doença mental ou desenvolvimento mental incompleto ou retardado) somente é causa de exclusão da imputabilidade penal se, em razão dela, o agente for inteiramente incapaz de entender o caráter ilícito do fato ou de determinar-se de acordo com esse entendimento (art. 26, *caput*, do CP); **D:** incorreta, pois o déficit mental capaz de gerar a inimputabilidade penal (art. 26, *caput*, do CP) não depende de prévia interdição do agente por sentença judicial. A inimputabilidade penal será reconhecida durante a persecução penal (art. 149 e seguintes do CPP); **E:** correta. Como visto no comentário à alternativa "C", a perturbação da saúde mental somente excluirá a imputabilidade penal se, em razão dela, o agente for inteiramente incapaz de entender o caráter ilícito do fato ou de determinar-se de acordo com esse entendimento (art. 26, *caput*, do CP). Caso a perturbação não retire, por completo, a capacidade de entendimento ou de autodeterminação do agente, haverá o reconhecimento da semi-imputabilidade, que é causa de redução da pena (art. 26, parágrafo único, do CP).
Gabarito "E".

1. DIREITO PENAL

12. PENA E MEDIDA DE SEGURANÇA

(Escrivão – PC/GO – AOCP – 2023) Preencha as lacunas e assinale a alternativa correta.

Transitada em julgado a sentença condenatória, a multa será executada perante o juiz _____ penal e será considerada _____, aplicáveis as normas relativas à dívida ativa da Fazenda Pública, inclusive no que concerne às causas interruptivas e suspensivas da prescrição.

(A) da cognição / débito
(B) da execução / dívida de valor
(C) da cognição / dívida de valor
(D) da execução / crédito
(E) do processo / dívida ativa

Está correta a assertiva "B", pois em consonância com o disposto no art. 51 do CP. No que concerne à pena de multa, ante alteração legislativa, valem alguns esclarecimentos, em especial no que se refere à legitimidade para promover a sua cobrança, tema, até então, objeto de divergência na doutrina e jurisprudência. Até o advento da Lei 9.268/1996, era possível a conversão da pena de multa não adimplida em pena privativa de liberdade. Ou seja, o não pagamento da pena de multa imposta ao condenado poderia ensejar a sua prisão. Com a entrada em vigor desta Lei, modificou-se o procedimento de cobrança da pena de multa, que passou a ser considerada dívida de valor, com incidência das normas relativas à dívida da Fazenda Pública. Com isso, deixou de ser possível – e esse era o objetivo a ser alcançado – a conversão da pena de multa em prisão. A partir de então, surgiu a discussão acerca da atribuição para cobrança da pena de multa: deveria ela se dar na Vara da Fazenda Pública ou na Vara de Execução Penal? A jurisprudência, durante muito tempo, consagrou o entendimento no sentido de que a pena pecuniária, sendo dívida de valor, possui caráter extrapenal e, portanto, a sua execução deve se dar pela Procuradoria da Fazenda Pública. Tal entendimento, até então pacífico, sofreu um revés em 2018, quando o STF, ao julgar a ADI 3150, conferiu nova interpretação ao art. 51 do CP e passou a considerar que a cobrança da multa, que constitui, é importante que se diga, espécie de sanção penal, cabe ao Ministério Público, que o fará perante o juízo da execução penal. Ficou ainda decidido que, caso o MP não promova a cobrança dentro do prazo de noventa dias, aí sim poderá a Procuradoria da Fazenda Pública fazê-lo. A atuação da Fazenda Pública passou a ser, portanto, subsidiária em relação ao MP. Pois bem. A Lei 13.964/2019, ao conferir nova redação ao art. 51 do CP, consolidou o entendimento adotado pelo STF, no sentido de que a execução da pena de multa ocorrerá perante o juiz da execução penal. A cobrança, portanto, cabe ao MP. De se ver que a atribuição subsidiária conferida à Fazenda Pública (pelo STF) não constou da nova redação do art. 51 do CP. **ED**
Gabarito "B".

(Papiloscopista – PC/RR – VUNESP – 2022) O instituto de aplicação de pena que soluciona problemas concretos em que a regra de aplicação do concurso formal é mais prejudicial ao agente que o concurso material se denomina:

(A) ne bis in idem.
(B) crime continuado.
(C) concurso material benéfico.
(D) concurso formal imperfeito.
(E) concurso formal impróprio.

Na hipótese de a pena decorrente de concurso formal, resultante da exasperação das penas, ser superior àquela apurada em *concurso material*, que obedece ao sistema da cumulação, deve prevalecer o concurso material, porquanto mais favorável ao acusado. Temos então um concurso formal em que a pena deverá ser aplicada em consonância

com a regra do concurso material, que estabelece a aplicação do sistema do acúmulo material. É o que impõe o art. 70, parágrafo único, do CP (concurso material benéfico ou favorável). **ED**
Gabarito "C".

(Escrivão – PC/ES – Instituto AOCP – 2019) Em relação às espécies de penas aplicadas pelo Direito Penal, tem-se

(A) privativa de liberdades; restritivas de direitos e de multa.
(B) privativa de liberdades e de multa.
(C) privativa de liberdade; restritiva de direitos; cesta básica e de multa.
(D) privativa de liberdade; trabalho forçado e de cesta básica.
(E) privativa de liberdade e restritivas de direito.

O Código Penal, em seu art. 32, previu três espécies de pena, a saber: *privativas de liberdade*, que podem ser de reclusão ou de detenção; *restritivas de direitos*, que incluem: prestação de serviços à comunidade ou a entidades públicas, interdição temporária de direitos, limitação de fim de semana, prestação pecuniária e perda de bens e valores; e *pena de multa.* **ED**
Gabarito "A".

(Escrivão – PC/ES – Instituto AOCP – 2019) Levando-se em conta o instituto da Medida de Segurança, assinale a alternativa correta.

(A) Tendo em vista as suas especificidades, a medida de segurança poderá durar perpetuamente.
(B) Havendo recurso apenas por parte da acusação, fica vedado ao Tribunal de Justiça aplicar a Medida de Segurança.
(C) A duração da medida de segurança está limitada ao quantum mínimo de pena privativa de liberdade cominada ao delito praticado.
(D) Havendo recurso apenas por parte da defesa, fica vedado ao Tribunal de Justiça aplicar a Medida de Segurança.
(E) O período de reavaliação da medida de segurança é de no mínimo 2 e no máximo 5 anos.

A: incorreta. Muito embora não haja previsão legal de prazo máximo, a medida de segurança não pode constituir uma sanção de caráter perpétuo, ainda que tenha por finalidade a recuperação do agente e o seu tratamento curativo. Daí haver divergência na doutrina e jurisprudência a respeito. O próprio STF, em diversas decisões, entendeu que o limite máximo é o de 30 anos (STF, HC 97621/RS, 2ª Turma, Rel. Ministro Cezar Peluso, j. 02.06.2009). Por sua vez, o STJ decidiu que a duração da medida de segurança não pode ultrapassar o limite máximo da pena privativa de liberdade cominada abstratamente ao delito praticado pelo agente (STJ, HC 147.343/MG, Rel. Ministra Laurita Vaz, 5ª Turma, j. 05.04.2011, Inf. 468). Consolidando tal entendimento, editou a Súmula 527, segundo a qual "o tempo de duração da medida de segurança não deve ultrapassar o limite máximo da pena abstratamente cominada ao delito praticado"; **B:** incorreta (Súmula 525, STF); **C:** incorreta. Tal como ponderado acima, no comentário à assertiva "A", o STJ, por meio da Súmula 527, consolidou o entendimento segundo a qual "o tempo de duração da medida de segurança não deve ultrapassar o limite máximo da pena abstratamente cominada ao delito praticado"; **D:** correta, pois em consonância com o entendimento firmado por meio da Súmula 525, do STF; **E:** incorreta. A medida de segurança não possui um prazo certo de duração, persistindo até que haja necessidade do tratamento destinado à cura ou à saúde mental do inimputável. A medida de segurança apenas possui um prazo mínimo de 1 a 3 anos de internação ou tratamento ambulatorial, o qual se destina à realização do exame de cessação de periculosidade (art. 97, § 1º, do CP). A reavaliação será feita ao final do prazo mínimo estabelecido pelo juiz (de 1 a 3 anos) e deverá ser repetida anualmente ou a qualquer tempo, a critério do juízo da execução (art. 97, § 2º, do CP). **ED**

Gabarito "D".

(Escrivão – PC/ES – Instituto AOCP – 2019) Quando um sujeito dispara um projétil de arma de fogo contra um indivíduo, mas acaba ferindo mortalmente apenas o sujeito que se encontrava ao lado, ele responderá por

(A) homicídio consumado e por tentativa de homicídio.

(B) duplo homicídio.

(C) homicídio culposo.

(D) homicídio por dolo eventual.

(E) homicídio como se tivesse acertado o destinatário pretendido.

O enunciado retrata típico exemplo de homicídio doloso praticado com erro na execução (*aberratio ictus*), tendo o agente, que tencionava matar determinada vítima, acabado, por erro na execução, por atingir outra. Neste caso, o sujeito ativo responderá como se houvesse atingido a pessoa pretendida, levando-se, inclusive, em conta as características dela e não da vítima efetiva (art. 73 do CP). **ED**

Gabarito "E".

(Escrivão – PC/ES – Instituto AOCP – 2019) Para efeitos de reincidência em conformidade com o disposto no Código Penal, considera-se reincidente o sujeito que tenha cometido novo crime

(A) depois de transitar em julgado a sentença que, no País ou no estrangeiro, o tenha condenado por crime anterior, cujo período entre o cumprimento ou a extinção da pena não exceda a 5 anos em relação ao novo delito.

(B) depois de transitar em julgado a sentença que, no País ou no estrangeiro, o tenha condenado por crime anterior, cujo período entre o cumprimento ou a extinção da pena não exceda a 10 anos em relação ao novo delito.

(C) antes de transitar em julgado a sentença que, no País ou no estrangeiro, o tenha condenado por crime anterior, cujo período entre o cumprimento ou a extinção da pena não exceda a 5 anos em relação ao novo delito.

(D) depois de transitar em julgado a sentença que, no País ou no estrangeiro, o tenha condenado por crime anterior, cujo período entre o cumprimento ou a extinção da pena não exceda a 3 anos em relação ao novo delito.

(E) depois de transitar em julgado a sentença que, no País ou no estrangeiro, o tenha condenado por crime anterior, independentemente do tempo que tenha ocorrido entre o cumprimento ou a extinção da pena em relação ao novo delito.

A solução para esta questão deve ser extraída dos arts. 63 e 64 do CP. **ED**

Gabarito "A".

(Delegado – PC/RS – FUNDATEC – 2018) Vitalina quer matar o marido Aderbal, envenenado. Coloca veneno no café com leite que acabou de preparar para ele. Enquanto aguardava o marido chegar na cozinha, para tomar a bebida, distraiu-se e não percebeu que a filha Ritinha entrou no local e tomou a bebida, preparada para o pai. Ritinha, socorrida pela mãe, morre a caminho do hospital. Nessa hipótese, considerando o Código Penal e a doutrina, assinale a alternativa correta.

(A) Vitalina deverá responder por homicídio culposo, já que não teve a intenção de matar a filha.

(B) Na hipótese de Vitalina vir a ser condenada, o juiz sentenciante poderá aplicar a ela o perdão judicial.

(C) Vitalina deverá responder por homicídio doloso, restando configurada situação denominada de aberratio ictus por acidente.

(D) Vitalina não responderá por homicídio, em razão de ter havido aberratio ictus.

(E) Vitalina responderá por homicídio doloso, restando configurada situação de aberratio ictus por erro no uso dos meios de execução.

O enunciado retrata típico exemplo de *aberratio ictus* (erro na execução), que, nos termos do art. 73 do CP, impõe ao agente que responda como se tivesse praticado o crime contra aquela vítima inicialmente visada. Dessa forma, Vitalina, que queria matar Aderbal mas acabou por tirar a vida da própria filha, que ingeriu o veneno destinado àquele, será responsabilizada como se tivesse matado o marido (vítima desejada), e não a filha (vítima efetiva). **ED**

Gabarito "C".

(Agente-Escrivão – Acre – IBADE – 2017) Terêncio, em razão da condição de sexo feminino, efetua disparo de arma de fogo contra sua esposa Efigênia, perceptivelmente grávida, todavia atingindo, por falta de habilidade no manejo da arma, Nereu, um vizinho, que morre imediatamente. Desconsiderando os tipos penais previstos no Estatuto do Desarmamento e levando em conta apenas as informações contidas no enunciado, é correto afirmar que Terêncio praticou crime(s) de:

(A) feminicídio majorado.

(B) aborto, na forma tentada, e homicídio.

(C) homicídio culposo, feminicídio majorado, na forma tentada, e aborto, na forma tentada.

(D) aborto, na forma tentada, e feminicídio majorado.

(E) homicídio culposo e aborto, na forma tentada.

O enunciado retrata típico exemplo de *aberratio ictus* (erro na execução). Senão vejamos: segundo é possível inferir do enunciado, Terêncio, ao atirar contra sua esposa, que se achava visivelmente grávida, desejava a morte desta e também do produto da concepção (ao menos assumiu o risco de provocar o abortamento). Pois bem. Temos que Terêncio, por erro no uso dos meios de execução (faltou-lhe habilidade no manejo da arma), no lugar de atingir a pessoa que pretendia, neste caso Efigênia, sua esposa, atinge pessoa diversa, ou seja, seu vizinho Nereu. Neste caso, dado o que estabelece o art. 73 do CP, *serão levadas em consideração as características da pessoa contra a qual o agente queria investir, mas não conseguiu*. Tratando-se de erro meramente acidental, responderá o agente como se houvesse matado a vítima pretendida (sua esposa). É por essa razão que Terêncio deverá ser responsabilizado como se de fato tivesse matado sua esposa, incidindo, dessa forma, na modalidade qualificada do homicídio em razão da condição do sexo feminino (art. 121, § 2º, VI, do CP). Sem prejuízo, responderá também pelo crime de tentativa de aborto, que não se consumou por circunstâncias alheias à vontade de Terêncio (falta de habilidade no manejo da arma). **ED**

Gabarito "D".

(Escrivão – AESP/CE – VUNESP – 2017) Sobre o concurso material de crimes, o Código Penal estabelece que

(A) quando o agente, mediante uma só omissão, pratica dois ou mais crimes, idênticos ou não, aplicam-se

1. DIREITO PENAL   25

cumulativamente as penas privativas de liberdade em que haja incorrido.

(B) quando o agente, mediante uma só ação, pratica dois ou mais crimes, idênticos ou não, aplicam-se cumulativamente as penas privativas de liberdade em que haja incorrido.

(C) quando o agente, mediante mais de uma ação ou omissão, pratica dois ou mais crimes, idênticos ou não, aplicam-se cumulativamente as penas privativas de liberdade em que haja incorrido.

(D) quando o agente, mediante mais de uma ação ou omissão, pratica dois ou mais crimes, idênticos ou não, aplica-se a mais grave das penas cabíveis ou, se iguais, somente uma delas, mas aumentada, em qualquer caso, de um sexto até metade.

(E) quando o agente, mediante mais de uma ação ou omissão, pratica dois ou mais crimes, idênticos ou não, aplica-se a mais grave das penas cabíveis ou, se iguais, somente uma delas, mas aumentada, em qualquer caso, de um sexto até dois terços.

A teor do art. 69, "caput", do CP, ocorre o chamado *concurso material de crimes* quando o agente, por meio de mais de uma conduta (ação ou omissão), pratica dois ou mais crimes, que podem ou não ser idênticos, aplicando-se, de forma cumulativa, as penas privativas de liberdade correspondente a cada delito. A fixação da pena, no concurso material, portanto, obedece ao sistema do *cúmulo material* ou da *cumulatividade das penas, segundo o qual estas serão, como o próprio nome sugere, cumuladas, somadas.* ED
Gabarito "C".

13. EXTINÇÃO DA PUNIBILIDADE

(Perito – PC/ES – Instituto AOCP – 2019) Nos termos do artigo 107 do Código Penal, extingue-se a punibilidade

(A) pela anistia, mas não pela graça ou indulto.

(B) pelo perdão aceito, nos crimes de ação penal pública.

(C) pela prescrição e decadência, mas não pela peremp-ção.

(D) pela retroatividade de lei que não mais considera o fato criminoso.

(E) pela retratação do agente, em qualquer delito contra o patrimônio.

A: incorreta, já que a extinção da punibilidade, em conformidade com o art. 107, II, do CP, é alcançada tanto pela anistia, quanto pela graça e pelo indulto; B: incorreta, uma vez que a extinção da punibilidade, conforme reza o art. 107, V, CP, se opera com o perdão aceito, nos crimes de ação penal *privada* (e não *pública*, tal como constou na assertiva). Vale lembrar que o perdão constitui instituto com aplicação exclusiva no contexto da ação penal privada; C: incorreta. Em consonância com o que estabelece o art. 107, IV, do CP, operar-se-á a extinção da punibilidade tanto pela prescrição e decadência, quanto pela peremção; D: correta, pois reflete o disposto no art. 107, III, do CP; E: incorreta, na medida em que a retratação do agente somente tem o condão de levar à extinção da punibilidade nos casos admitidos em lei (art. 107, IX, CP). ED
Gabarito "D".

(Escrivão – AESP/CE – VUNESP – 2017) No tocante às disposições previstas no Código Penal relativas à prescrição penal, causa de extinção da punibilidade, é correto afirmar que

(A) nos crimes conexos, a extinção da punibilidade de um deles impede, quanto aos outros, a agravação da pena resultante da conexão.

(B) antes de transitar em julgado a sentença final, a pres-crição começa a correr do oferecimento da denúncia.

(C) depois da sentença condenatória com trânsito em julgado para a acusação ou depois de improvido seu recurso, a prescrição regula-se pela pena aplicada, não podendo, em nenhuma hipótese, ter por termo inicial data anterior à da denúncia ou queixa.

(D) depois da sentença condenatória com trânsito em julgado para a acusação ou depois de improvido seu recurso, a prescrição regula-se pelo máximo da pena privativa de liberdade cominada ao crime.

(E) no caso de evadir-se o condenado ou de revogar-se o livramento condicional, a prescrição é regulada pelo tempo total da pena.

A: incorreta, uma vez que, a teor do art. 108 do CP, nos crimes conexos, a extinção da punibilidade de um deles não impede, quanto aos outros, a agravação da pena resultante da conexão; B: incorreta, na medida em que não reflete o disposto no art. 111 do CP, que fixa o termo inicial da prescrição antes de transitar em julgado a sentença final; C: correta, já que corresponde à redação do art. 110, § 1º, do CP; D: incorreta, pois em desconformidade com o art. 110, § 1º, do CP; E: incorreta (art. 113, CP). ED
Gabarito "C".

(Agente de Polícia Civil/RO – 2014 – FUNCAB) De acordo com o Código Penal, qual alternativa corresponde à causa de extinção da punibilidade?

(A) A renúncia do direito de queixa ou perdão aceito, nos crimes de ação penal pública.

(B) A retratação do agente, nos casos em que a lei a admite.

(C) A pronúncia.

(D) O recebimento da denúncia.

(E) A rejeição da denúncia.

A: incorreta. A renúncia do direito de queixa ou o perdão aceito são causas de extinção da punibilidade nos crimes de ação penal privada (art. 107, V; arts. 104 a 106, todos do CP); B: correta, nos exatos termos do art. 107, VI, CP; C: incorreta. A pronúncia é causa interruptiva da prescrição penal (art. 117, II, CP); D: incorreta, pois o recebimento da denúncia é causa interruptiva da prescrição penal (art. 117, I, CP); E: incorreta. A rejeição da denúncia não é causa extintiva da punibilidade, não constando no art. 107 do CP. Também não é causa interruptiva da prescrição, não se confundindo com o recebimento da denúncia, esta sim, causa capaz de influir no prazo prescricional.
Gabarito "B".

(Agente de Polícia Civil/RO – 2014 – FUNCAB) Pode-se afirmar corretamente que a prescrição, antes de transitar em julgado a sentença final, começa a correr:

(A) nos crimes contra a vida de crianças e adolescentes, previstos no Código Penal, da data em que a vítima completar 18 (dezoito) anos, salvo se a esse tempo já houver sido proposta a ação penal.

(B) do dia em que o crime se tornou conhecido.

(C) nos crimes permanentes, do dia em que iniciou a permanência.

(D) nos de bigamia e nos de falsificação ou alteração de assentamento do registro civil, da data em que o fato se tornou conhecido.

(E) no caso de tentativa, do dia em que houve a prática do primeiro ato criminoso.

A: incorreta, aplicando-se a regra geral contida no art. 111, I, CP (data da consumação do crime). Não se confunde com os crimes contra a dignidade sexual de crianças e adolescentes, cuja prescrição somente começará a fluir a partir da data em que a vítima complete a maioridade, salvo se a esse tempo a ação já tiver sido proposta (art. 111, V, CP); **B:** incorreta. A prescrição, em regra, começa a correr a partir do momento em que o crime se consumou, e não quando se tornou conhecido. Assim, por exemplo, se um homicídio foi praticado em 10.01.2015, ainda que o fato tenha sido descoberto em 30.01.2015, a prescrição terá começado a fluir a partir da primeira data; **C:** incorreta. Nos crimes permanentes, assim considerados aqueles cuja consumação de protrai (prolonga) no tempo, a prescrição começará a correr a partir da cessação da permanência (art. 111, III, CP). Assim, por exemplo, no crime de extorsão mediante sequestro (art. 159, CP), a prescrição se iniciará não na data em que a vítima for sequestrada, mas, sim, quando de sua libertação (cessação da permanência); **D:** correta, nos exatos termos do art. 111, IV, CP; **E:** incorreta. Em caso de tentativa, a prescrição terá início quando da cessação da atividade criminosa (art. 111, II, CP). Gabarito "D".

(Escrivão de Polícia/MA – 2013 – FGV) Com relação à causa de extinção da punibilidade pela prescrição, assinale a afirmativa correta.

(A) Oferecida a denúncia ou a queixa, o prazo prescricional é interrompido.

(B) A reincidência aumenta em 1/3 o prazo da prescrição.

(C) A publicação da sentença condenatória interrompe o prazo da prescrição para todos os acusados, inclusive para aqueles que foram absolvidos e o Ministério Público apelou.

(D) Estando o acusado preso preventivamente, não há que se falar em prescrição da pretensão punitiva.

(E) Segundo o entendimento majoritário dos Tribunais Superiores, com o advento da Lei n. 10.741/03 (Estatuto do Idoso), incide a regra do Art. 115 do Código Penal (redução do prazo prescricional de metade) quando o acusado possui 60 anos quando da sentença.

A: incorreta. O que interrompe a prescrição é o recebimento da denúncia ou queixa, e não seu oferecimento (art. 117, I, do CP); **B:** incorreta, pois a reincidência somente aumentará em 1/3 (um terço) o prazo da prescrição da pretensão executória (art. 110, *caput*, do CP), e não, genericamente, a "prescrição", tal como considerado na assertiva; **C:** correta, pois, de fato, a sentença condenatória é causa interruptiva da prescrição (art. 117, IV, do CP). Ainda, nos termos do art. 117, § 1º, do CP, excetuados os casos dos incisos V e VI deste artigo (início ou continuação do cumprimento da pena e a reincidência), a interrupção da prescrição produz efeitos relativamente a todos os autores do crime; **D:** incorreta. Não é causa suspensiva ou impeditiva da prescrição a prisão preventiva do acusado (vide art. 116 do CP); **E:** incorreta. O conceito de "idoso" trazido pela Lei 10.741/2003 não alterou a regra do art. 115 do CP (o prazo prescricional será reduzido de metade caso o agente conte com mais de setenta anos de idade à época da sentença). Veja que referido dispositivo legal não diz que a prescrição será reduzida de metade se a sentença condenatória for proferida contra *idoso* (caso em que se extrairia o conceito de *idoso* da Lei 10.741/2003), mas, sim, contra maior de 70 (setenta) anos. Gabarito "C".

14. CRIMES CONTRA A PESSOA

(Escrivão – PC/GO – AOCP – 2023) Débora é escrivã de polícia civil na Delegacia de Hidrolândia-GO e precisa colher depoimento de uma vítima que contraiu sífilis após praticar relações sexuais com outra pessoa positivada. O inquérito se funda na hipótese de crime por periclitação da vida e da saúde. Sobre esse tema, é correto afirmar que

(A) o agente vetor não comete qualquer crime em hipótese, pois as relações sexuais são abonadas pela justificante do estado de necessidade.

(B) se o agente vetor sabia que estava infectado, mas praticou relações sexuais sem o fim de infectar a vítima, então ele incorrerá no crime de perigo de contágio de moléstia grave.

(C) se o agente vetor sabia que estava infectado e praticou relações sexuais com o fim de infectar a vítima, então ele incorrerá no crime de perigo de contágio venéreo.

(D) se o agente vetor não sabia que estava infectado, ainda assim deverá responder por perigo para a vida ou saúde de outrem.

(E) o crime hipotético do agente vetor é o de maus-tratos, pois ele expôs a perigo a vida ou a saúde de pessoa sob sua autoridade, guarda ou vigilância.

Na hipótese de o agente estar infectado, ter disso conhecimento e desejar transmitir, por meio de relações sexuais, moléstia venérea, deverá ser responsabilizado pelo crime do art. 130, § 1º, do CP, sujeitando-se a uma pena de reclusão de 1 a 4 anos e multa. Perceba que, quanto ao elemento subjetivo, o delito do art. 130 do CP (perigo de contágio venéreo) apresenta as seguintes possibilidades: o agente tem conhecimento de que está contaminado e, ainda assim, mantém relação sexual com a vítima, expondo-a a uma situação de perigo (dolo de perigo); a expressão "deve saber", contida no *caput* do art. 130, corresponde ao chamado dolo eventual, em que o agente portador de enfermidade venérea, tendo noção dessa condição, revela-se indiferente e mantém relação sexual com a vítima, assumindo o risco de contaminá-la. Inexiste a modalidade culposa, na medida em que o tipo penal não a previu. **ED** Gabarito "C".

(Escrivão – PC/GO – AOCP – 2023) Dois vereadores chamados Mauro e Nilson discutem no estacionamento do prédio da Câmara Municipal de Aparecida de Goiânia-GO, quando Mauro chama o outro de receptador. Nilson, por sua vez, replica dizendo que Mauro é conhecido por perturbar a tranquilidade do bairro em que reside promovendo algazarras em sua casa. Considerando que ambos estão excluídos da imunidade parlamentar por não estarem em ofício no plenário da Casa Legislativa, é correto afirmar que Mauro e Nilson cometeram, respectivamente:

(A) calúnia e calúnia.

(B) injúria e difamação.

(C) difamação e calúnia.

(D) injúria e injúria.

(E) injúria e calúnia.

As condutas descritas no enunciado correspondem, respectivamente, aos crimes de *injúria* e *difamação*. A injúria, delito contra a honra previsto no art. 140 do CP, consiste na atribuição de qualidade ofensiva, pejorativa. É o xingamento. Atinge-se, aqui, a honra subjetiva. *Difamar* alguém (art. 139, CP), por sua vez, significa divulgar fatos infamantes à sua honra objetiva. Por fim, consiste a *calúnia* (art. 138 do CP) em atribuir *falsamente* a alguém fato capitulado como crime. A honra atingida, neste caso, é a objetiva (conceito que o sujeito tem diante do grupo no qual está inserido). Perceba que a calúnia e a difamação têm em comum a atribuição de um fato determinado e individualizado, criminoso, no caso da calúnia, e desonroso, no caso da difamação. Na injúria é diferente. O que temos é a atribuição de qualidade de conotação negativa. São esses os três crimes contra a honra. **ED** Gabarito "B".

(Escrivão – PC/GO – AOCP – 2023) Em relação aos crimes contra a pessoa, assinale a alternativa INCORRETA.

(A) A pena do crime de induzimento, instigação ou auxílio a suicídio ou a automutilação é duplicada se o crime é praticado por motivo egoístico, torpe ou fútil.

(B) A pena do crime de induzimento, instigação ou auxílio a suicídio ou a automutilação é duplicada se a conduta é realizada por meio da rede de computadores, de rede social ou transmitida em tempo real.

(C) A pena do crime de induzimento, instigação ou auxílio a suicídio ou a automutilação é duplicada se a vítima é menor ou tem diminuída, por qualquer causa, a capacidade de resistência.

(D) Responderá por homicídio quem instigar o suicídio de pessoa menor de 14 (catorze) anos e o ato se consumar com a morte.

(E) É qualificado o crime de induzimento, instigação ou auxílio a suicídio ou a automutilação se o suicídio se consuma ou se da automutilação resulta morte.

A Lei 13.968/2019 promoveu profundas alterações no crime de participação em suicídio. A seguir, falaremos sobre tais mudanças. No dia 26 de dezembro de 2019, quando todos ainda estavam atônitos com a publicação do Pacote Anticrime, ocorrida em 24 de dezembro de 2019, surge no Diário Oficial a Lei 13.968, que conferiu nova redação ao art. 122 do CP, ali incluindo, além do delito que já existia (mas em outras bases), também o crime de induzimento, instigação ou auxílio à automutilação. Com isso, passamos a ter o seguinte *nomem juris*: induzimento, instigação ou auxílio a suicídio ou a automutilação. Antes de mais nada, não podemos deixar de registrar uma crítica ao legislador, que inseriu no catálogo *dos crimes contra a vida* delito que deveria ter sido incluído no capítulo *das lesões corporais*. Refiro-me ao induzimento, instigação ou auxílio à automutilação, que, à evidência, não constitui, nem de longe, crime contra a vida. Além da inserção deste novo crime (induzimento, instigação ou auxílio à automutilação), tratou o legislador de alterar o delito contra a vida já existente de *participação em suicídio*, conferindo nova redação ao tipo penal e inserindo qualificadoras e majorantes. Enfim, o art. 122, que até então contava com um parágrafo único, contém, agora, sete parágrafos. A primeira e mais significativa conclusão a que se chega por meio de uma breve leitura do *caput* deste artigo é que o crime do art. 122 do CP, que era, até então, *material*, passa a ser *formal*. Antes, conforme é sabido, o delito de participação em suicídio somente alcançava a consumação com a produção de resultado naturalístico, ora representado pela morte, ora pela lesão corporal de natureza grave. Ou seja, o crime comportava dois momentos consumativos possíveis. A tentativa não era admitida. Doravante, dada a nova redação conferida ao art. 122, *caput*, do CP, a consumação será alcançada com o mero ato de induzir, instigar ou auxiliar a vítima a suicidar-se ou a automutilar-se. A morte, se ocorrer, configurará a forma qualificada prevista no art. 122, § 2º; se sobrevier, da tentativa de suicídio ou da automutilação, lesão grave ou gravíssima, restará configurada a forma qualificada do art. 122, § 1º. Perceba que a morte e a lesão grave, na redação anterior, constituíam pressuposto à consumação da participação em suicídio; hoje, trata-se de circunstâncias que qualificam o crime de induzimento, instigação ou auxílio a suicídio ou a automutilação. O § 3º do dispositivo em análise estabelece causas de aumento de pena. Reza que a pena será duplicada: se o crime é praticado por motivo egoístico, torpe ou fútil; e se a vítima é menor ou tem diminuída, por qualquer causa, a capacidade de resistência. O § 4º, por sua vez, impõe um aumento de pena de até o dobro se a conduta é realizada por meio da internet ou rede social ou ainda transmitida em tempo real. Se o sujeito ativo for líder ou coordenador de grupo ou de rede virtual, sua pena será aumentada em metade (§ 5º). O § 6º trata da hipótese em que o crime do § 1º deste artigo resulta em lesão corporal de natureza gravíssima e é cometido contra menor de

14 anos ou contra vítima que, por enfermidade ou deficiência mental, não tem o necessário discernimento para a prática do ato, ou que, por qualquer outra causa, está impedido de oferecer resistência, caso em que o agente responderá pelo delito do art. 129, § 2º, do CP; agora, se contra essas mesmas vítimas for cometido o crime do art. 122, § 2º, do CP (suicídio consumado ou morte decorrente da automutilação), o crime em que incorrerá o agente será o de homicídio (art. 121, CP). É o que estabelece o art. 122, § 7º, CP. Dito isso, passemos à análise das assertivas. **A:** correta, pois em conformidade com o que dispõe o art. 122, § 3º, I, do CP; **B:** incorreta (a ser assinalada), já que, de acordo com o que estabelece o § 4º do art. 122 do CP, a pena será aumentada até o dobro se a conduta é realizada por meio da internet ou rede social ou ainda transmitida em tempo real; **C:** correta, pois em conformidade com o que dispõe o art. 122, § 3º, II, do CP; **D:** correta (art. 122, § 7º, CP); **E:** correta (art. 122, § 2º, CP). **ED**
Gabarito "B".

(Papiloscopista – PC/RR – VUNESP – 2022) Com relação ao crime de lesão corporal, previsto no art. 129 do Código Penal, é correto afirmar:

(A) na lesão corporal culposa não se aplica o perdão judicial.

(B) será de natureza grave, se resultar incapacidade para as ocupações habituais, por mais de 15 dias.

(C) é possível o juiz substituir a pena privativa de liberdade pela multa, se a lesão, ainda que grave, for praticada em seguida à injusta provocação da vítima.

(D) na lesão oriunda de violência doméstica, incidirá causa de aumento, se a vítima é portadora de deficiência.

(E) é isento de pena o agente que comete o crime sob o domínio de violenta emoção, desde que não se trate de lesão de natureza grave.

A: incorreta, já que, por força do que dispõe o art. 129, § 8º, do CP, o perdão judicial previsto para o homicídio culposo (art. 121, § 5º, CP) também se aplica às hipóteses de lesão corporal culposa; **B:** incorreta. Somente será considerada grave a lesão corporal se a incapacidade para as ocupações habituais dela decorrente durar mais de 30 dias (art. 129, § 1º, I, CP); **C:** incorreta. A substituição somente poderá ser implementada se as lesões experimentadas pela vítima não forem graves (art. 129, § 5º, CP); **D:** correta, pois corresponde o que estabelece o art. 129, § 11, CP; **E:** incorreta, já que se trata de causa de diminuição de pena (art. 129, § 4º, CP). **ED**
Gabarito "D".

(Papiloscopista – PC/RR – VUNESP – 2022) Na seara dos crimes contra a honra, aquele que imputa fato ofensivo e não criminoso à reputação alheia

(A) comete injúria.

(B) comete difamação.

(C) comete calúnia.

(D) comete injúria qualificada.

(E) não pratica fato típico.

Aquele que atribui fato ofensivo, porém não criminoso, à reputação alheia incorre no delito de difamação (art. 139, CP). Porquanto, se criminoso for o fato imputado, o crime cometido será o de calúnia. A injúria, delito contra a honra previsto no art. 140 do CP, consiste na atribuição de qualidade ofensiva, pejorativa. É o xingamento. Atinge-se, aqui, a honra subjetiva. Perceba que a calúnia e a difamação têm em comum a atribuição de um fato determinado e individualizado, criminoso, no caso da calúnia, e desonroso, no caso da difamação. Na injúria é diferente. O que temos é a atribuição de qualidade de conotação negativa. São esses os três crimes contra a honra. **ED**
Gabarito "B".

(Policial Rodoviário Federal – CESPE – 2019) Abordado determinado veículo em região de fronteira internacional, os policiais rodoviários federais suspeitaram da conduta do motorista: ele conduzia duas adolescentes com as quais não tinha nenhum grau de parentesco. Ao ser questionado, o condutor do veículo confessou que fora pago para conduzi-las a um país vizinho, onde seriam exploradas sexualmente. As adolescentes informaram que estavam sendo transportadas sob grave ameaça e que não haviam consentido com a realização da viagem e muito menos com seus propósitos finais.

Considerando a situação hipotética apresentada, julgue o item a seguir.

(1) A conduta do motorista do veículo se amolda ao tipo penal do tráfico de pessoas, em sua forma consumada, incidindo, nesse caso, causa de aumento de pena, em razão de as vítimas serem adolescentes.

1: correta. De fato, o motorista deverá ser responsabilizado pelo cometimento do crime definido no art. 149-A, *caput*, do CP, com a incidência da causa de aumento de pena prevista no inciso II do § 1º do mesmo dispositivo. Cuida-se de delito formal, em que a consumação se opera com a prática da conduta consistente em *transportar*, pouco aqui importando se disso resulta a produção de resultado naturalístico. Importante registrar, ademais, que se trata de tipo misto alternativo, em que a prática de uma ou mais das condutas, dentre aquelas previstas no tipo penal, gera somente um delito. **ED**

Gabarito "1C".

(Escrivão – PC/ES – Instituto AOCP – 2019) No tocante aos crimes contra a vida, é circunstância qualificadora do crime

(A) a reincidência.

(B) ser contra mulher por razões da condição de sexo feminino.

(C) o abuso de poder ou violação de dever inerente a cargo, ofício, ministério ou profissão.

(D) ser contra ascendente, descendente, irmão ou cônjuge.

(E) o estado de embriaguez preordenada.

Cuida-se do chamado *feminicídio*, modalidade de homicídio qualificado introduzida pela Lei 13.104/2015 no Código Penal – art. 121, § 2º, VI. É delito doloso contra a vida e, como tal, deverá ser julgado pelo Tribunal do Júri. **ED**

Gabarito "B".

(Delegado – PC/RS – FUNDATEC – 2018) Amâncio planejava matar a companheira Inocência, porque não aceitava a separação do casal proposta por ela, e acreditava estar sendo traído. No dia do crime, esperou Inocência na saída do trabalho e, quando essa apareceu na via pública, fazendo-se acompanhar por Bravus, seu colega, efetuou um disparo de arma de fogo contra ela, com intenção de matá-la, atingindo-a fatalmente. Bravus também acabou sendo atingido, de raspão, pelo disparo, e restou lesionado levemente, em um dos braços. Nessa situação hipotética, analise as seguintes assertivas:

I. Será pertinente o reconhecimento da qualificadora do feminicídio.

II. Em relação à pluralidade de crimes, será reconhecido um concurso formal próprio heterogêneo.

III. Supondo que Amâncio seja condenado por homicídio qualificado e lesão corporal leve, à pena de 12 anos de reclusão para o homicídio e 3 meses de detenção para

---

a lesão corporal, o juiz somará as penas, aplicando a regra do cúmulo material benéfico.

IV. Caso, na mesma situação fática, ao invés de Bravus, Inocência estivesse acompanhada da filha do casal, a pena seria aumentada de 1/3 até a 1/2, por ter sido o crime praticado na presença de descendente.

Quais estão corretas?

(A) Apenas I.

(B) Apenas IV.

(C) Apenas III e IV.

(D) Apenas I, II e III.

(E) I, II, III e IV.

I: correta (art. 121, § 2º, VI, do CP); **II:** correta. O enunciado retrata típica hipótese de *aberratio ictus* com unidade complexa (ou com duplo resultado), em que deverá ser aplicada a regra do concurso formal próprio, vale dizer, aplicar-se-á a pena do crime mais grave, aumentada de 1/6 (um sexto) até 1/2 (metade), conforme preconiza o art. 74, 2ª parte, do CP; **III:** correta. Nos termos do art. 70, parágrafo único, do CP, a pena não poderá exceder a que seria cabível pela regra do concurso material. Assim, quando o sistema da exasperação afigurar-se prejudicial ao agente, deverá ser adotado o do cúmulo material, razão por que tal situação é denominada de cúmulo material benéfico; **IV:** correta, pois reflete o disposto no art. 121, § 7º, III, do CP, com redação dada pela Lei 13.771/2018. **ED**

Gabarito "E".

(Escrivão – PC/MG – FUMARC – 2018) A policial Michele Putin, na noite de 14 de março de 2018, quando retornava para sua casa, após liderar uma exitosa operação contra o tráfico de entorpecentes na comunidade de "Miracema do Norte", foi abordada por dois homens armados e friamente assassinada. Num fenomenal trabalho investigatório, a Polícia Civil logrou êxito em identificar os assassinos como sendo os irmãos Jorge e Ernesto Petralha, apurando que tal homicídio se deu em represália pelas prisões ocorridas quando da citada operação policial.

Diante desse quadro, podemos asseverar que os assassinos responderão por:

(A) Feminicídio, conduta tipificada no art. 121, § 2º, VI CP.

(B) Homicídio funcional, conduta tipificada no art. 121, § 2º, VII CP.

(C) Homicídio qualificado por motivo fútil, conduta tipificada no art. 121, § 2º, II CP.

(D) Homicídio qualificado por motivo torpe, conduta tipificada no art. 121, § 2º, II CP.

Trata-se de modalidade qualificada de homicídio introduzida no Código Penal (art. 121, § 2º, VII) pela Lei 13.142/2015. Dentro do tema homicídio qualificado, é importante que se diga que o Congresso Nacional, ao apreciar os vetos impostos pelo Presidente da República ao PL 6341/2019 (que deu origem à Lei 13.964/2019), rejeitou (derrubou) vários deles (16 dos 24). Um dos vetos rejeitados é o que extraia do projeto de lei o inciso VIII do § 2º do art. 121 do CP, que criava nova figura qualificada do delito de homicídio, a saber: cometido com o emprego de arma de fogo de uso restrito ou proibido. Com a derrubada do veto, os homicídios praticados com arma de fogo de uso restrito ou proibido passam a ser qualificados. Segundo justificativa apresentada pelo Palácio do Planalto para a imposição de veto, *a propositura legislativa, ao prever como qualificadora do crime de homicídio o emprego de arma de fogo de uso restrito ou proibido, sem qualquer ressalva, viola o princípio da proporcionalidade entre o tipo penal descrito e a pena cominada, além de gerar insegurança jurídica, notadamente aos*

1. DIREITO PENAL

agentes de segurança pública, tendo em vista que esses servidores poderão ser severamente processados ou condenados criminalmente por utilizarem suas armas, que são de uso restrito, no exercício de suas funções para defesa pessoal ou de terceiros ou, ainda, em situações extremas para a garantia da ordem pública, a exemplo de conflito armado contra facções criminosas. `ED`

Gabarito "B".

(Escrivão – PC/MG – FUMARC – 2018) Acerca dos crimes contra a vida, assinale a alternativa correta.

(A) A pena do delito de induzimento, instigação ou auxílio a suicídio será aumentada se o crime for praticado por motivo egoístico ou se a vítima for menor ou tiver diminuída, por qualquer causa, a capacidade de resistência.

(B) Aquele que pratica homicídio mediante premeditação responde por crime de homicídio qualificado, por envolver justamente o planejamento prévio do delito contra a vida.

(C) Não se pune o aborto praticado por médico se não há outro meio de salvar a vida da gestante, desde que a conduta do médico seja precedida de consentimento da gestante ou, quando incapaz, de seu representante legal.

(D) No crime de homicídio, caberá a concessão do chamado perdão judicial se o agente praticou o delito impelido por motivo de relevante valor social ou moral, ou sob o domínio de violenta emoção, logo em seguida à injusta provocação da vítima.

(E) O agente que pratica o delito de homicídio contra a mulher responde pelo crime de homicídio qualificado pelo feminicídio, independentemente da motivação do crime e de possível relação afetiva entre o autor e a vítima.

A: correta, pois reflete o disposto no art. 122, parágrafo único, I e II, do CP, que estabelece que a pena prevista para o crime de participação em suicídio será duplicada quando praticado por motivo egoístico ou se a vítima for menor ou tiver diminuída, por qualquer outra causa, sua capacidade de resistência. Este comentário, como não poderia deixar de ser, leva em conta a redação do art. 122 anterior ao advento da Lei 13.968/2019, que promoveu profundas alterações no crime de participação em suicídio. A seguir, falaremos sobre tais mudanças. No dia 26 de dezembro de 2019, quando todos ainda estavam atônitos com a publicação do Pacote Anticrime, ocorrida em 24 de dezembro de 2019, surge no Diário Oficial a Lei 13.968, que conferiu nova redação ao art. 122 do CP, ali incluindo, além do delito que já existia (mas em outras bases), também o crime de induzimento, instigação ou auxílio à automutilação. Com isso, passamos a ter o seguinte *nomen juris*: induzimento, instigação ou auxílio a suicídio ou a automutilação. Antes de mais nada, não podemos deixar de registrar uma crítica ao legislador, que inseriu no catálogo *dos crimes contra a vida* delito que deveria ter sido incluído no capítulo *das lesões corporais*. Refiro-me ao induzimento, instigação ou auxílio à automutilação, que, à evidência, não constitui, nem de longe, crime contra a vida. Além da inserção deste novo crime (induzimento, instigação ou auxílio à automutilação), tratou o legislador de alterar o delito contra a vida já existente de *participação em suicídio*, conferindo nova redação ao tipo penal e inserindo qualificadoras e majorantes. Enfim, o art. 122, que até então contava com um parágrafo único, contém, agora, sete parágrafos. A primeira e mais significativa conclusão a que se chega por meio de uma breve leitura do *caput* deste artigo é que o crime do art. 122 do CP, que era, até então, *material*, passa a ser *formal*. Antes, conforme é sabido, o delito de participação em suicídio somente alcançava a consumação com a produção de resultado naturalístico, ora representado pela morte, ora

pela lesão corporal de natureza grave. Ou seja, o crime comportava dois momentos consumativos possíveis. A tentativa não era admitida. Doravante, dada a nova redação conferida ao art. 122, *caput*, do CP, a consumação será alcançada com o mero ato de induzir, instigar ou auxiliar a vítima a suicidar-se ou a automutilar-se. A morte, se ocorrer, configurará a forma qualificada prevista no art. 122, § 2º; se sobrevier, da tentativa de suicídio ou da automutilação, lesão grave ou gravíssima, restará configurada a forma qualificada do art. 122, § 1º. Perceba que a morte e a lesão grave, na redação anterior, constituíam pressuposto à consumação da participação em suicídio; hoje, trata-se de circunstâncias que qualificam o crime de induzimento, instigação ou auxílio a suicídio ou a automutilação. O § 3º do dispositivo em análise estabelece causas de aumento de pena. Reza que a pena será duplicada: se o crime é praticado por motivo egoístico, torpe ou fútil; e se a vítima é menor ou tem diminuída, por qualquer causa, a capacidade de resistência. O § 4º, por sua vez, impõe um aumento de pena de até o dobro se a conduta é realizada por meio da internet ou rede social ou ainda transmitida em tempo real. Se o sujeito ativo for líder ou coordenador de grupo ou de rede virtual, sua pena será aumentada em metade (§ 5). O § 6º trata da hipótese em que o crime do § 1º deste artigo resulta em lesão corporal de natureza gravíssima e é cometido contra menor de 14 anos ou contra vítima que, por enfermidade ou deficiência mental, não tem o necessário discernimento para a prática do ato, ou que, por qualquer outra causa, está impedido de oferecer resistência, caso em que o agente responderá pelo delito do art. 129, § 2º, do CP; agora, se contra essas mesmas vítimas for cometido o crime do art. 122, § 2º, do CP (suicídio consumado ou morte decorrente da automutilação), o crime em que que incorrerá o agente será o de homicídio (art. 121, CP). É o que estabelece o art. 122, § 7º, CP; **B:** incorreta. Não há no rol do art. 121, § 2º, do CP a *premeditação* como qualificadora do homicídio; **C:** incorreta, na medida em que, no chamado aborto necessário ou terapêutico, previsto no art. 128, I, do CP, é prescindível o consentimento da gestante ou, quando o caso, de sua representante legal. Cuidado: já no aborto humanitário ou piedoso, que é aquele em que a gravidez é resultante de estupro, exige-se o consentimento da gestante ou, sendo esta incapaz, de sua representante legal, na forma estatuída no art. 128, II, do CP; **D:** incorreta, já que a assertiva contém a descrição do chamado *homicídio emocional*, que corresponde a uma causa de diminuição de pena do homicídio doloso (art. 121, § 1º, CP), a verificar-se quando o agente comete o crime impelido por motivo de relevante valor social ou moral, ou sob o domínio de violenta emoção, logo em seguida a injusta provocação da vítima, hipótese em que o juiz reduzirá a pena de um sexto a um terço. Não é o caso, portanto, de concessão de perdão judicial, que somente tem incidência no contexto do homicídio culposo (art. 121, § 5º, do CP); **E:** incorreta, pois não basta, à configuração do feminicídio, que o crime seja praticado por homem contra a mulher. É mister que tal se dê nas condições descritas no art. 121, § 2º, VI, CP (por razões da condição de sexo feminino). Segundo o art. 121, § 2º-A, do CP, considera-se que há razões de condição de sexo feminino quando o crime envolve: violência doméstica e familiar; menosprezo ou discriminação à condição de mulher. Para que não restem dúvidas, valho-me de um exemplo: se um homem, numa discussão de trânsito, mata uma mulher, ele não responderá por feminicídio, já que o crime nenhuma relação tem com a condição de sexo feminino da vítima. `ED`

Gabarito "A".

(Investigador – PC/ES – Instituto AOCP – 2019) Assinale, dentre as alternativas a seguir, a única que NÃO majora de 1/3 até a metade a pena para o autor do delito de feminicídio.

(A) Praticar o crime nos 5 meses posteriores ao parto.

(B) Praticar o crime contra pessoa menor de 14 anos.

(C) Praticar o crime contra pessoa com deficiência.

(D) Praticar o crime na presença física ou virtual de descendente ou de ascendente da vítima.

(E) Praticar o crime contra pessoa maior de 60 anos.

Antes de darmos início aos comentários, é importante que se diga que o art. 121, § 7º, do CP, que trata das causas de aumento de pena incidentes ao feminicídio, foi alterado por meio da Lei 13.771/2018. Dito isso, passemos à análise de cada alternativa, considerando as modificações implementadas pela referida lei. **A:** não constitui causa de aumento, já que o art. 121, § 7º, I, do CP (único não modificado pela Lei 13.771/2018) estabelece que o aumento somente incidirá se o feminicídio for praticado *durante a gestação ou nos 3 (três) meses posteriores ao parto*; **B:** corresponde à causa de aumento prevista no art. 121, § 7º, II, 1º parte, do CP; **C:** corresponde à causa de aumento prevista no art. 121, § 7º, II, 2º parte, do CP; **D:** corresponde à causa de aumento prevista no art. 121, § 7º, III, do CP; **E:** corresponde à causa de aumento prevista no art. 121, § 7º, II, 2º parte, do CP. 🔲

Gabarito "A".

(Investigador – PC/ES – Instituto AOCP – 2019) Em relação aos crimes contra a pessoa, assinale a alternativa correta.

(A) Pratica o crime de lesão corporal de natureza grave, a pessoa que ofender a integridade corporal de outrem, causando-lhe incapacidade para as ocupações habituais, por dez dias.

(B) Não constitui injúria, difamação ou calúnia punível, a ofensa irrogada em juízo, na discussão da causa, pela parte ou por seu procurador.

(C) No homicídio doloso, a pena é aumentada de um terço se o crime resulta de inobservância de regra técnica de profissão, arte ou ofício, ou se o agente deixa de prestar imediato socorro à vítima, não procura diminuir as consequências do seu ato, ou foge para evitar prisão em flagrante.

(D) No delito de induzimento, instigação ou auxílio a suicídio, a pena é duplicada se o crime é praticado por motivo egoístico.

(E) Deve ser punido o aborto praticado por médico, ainda que não exista outro meio de salvar a vida da gestante.

A: incorreta, na medida em que somente restará configurada a lesão corporal de natureza grave prevista no art. 129, § 1º, I, do CP quando a incapacidade para as ocupações habituais perdurar por período superior a 30 dias (e não 10, tal como constou na assertiva); **B:** incorreta. É que a hipótese de exclusão da ilicitude do art. 142, I, não alcança o delito de *calúnia*, mas somente a *injúria* e *difamação*; **C:** incorreta. Esta causa de aumento de pena refere-se ao homicídio *culposo* (art. 121, § 4º, CP), e não à modalidade dolosa deste delito. Numa leitura açodada, o candidato desatento por certo não perceberia tal "detalhe". É a famigerada "pegadinha"; **D:** correta. De fato, tal como previsto no art. 122, parágrafo único, I, do CP, sendo o crime de participação em suicídio praticado por motivo egoístico, a pena será duplicada. Este comentário, como não poderia deixar de ser, leva em conta a redação do art. 122 anterior ao advento da Lei 13.968/2019, que promoveu profundas alterações no crime de participação em suicídio. A seguir, falaremos sobre tais mudanças. No dia 26 de dezembro de 2019, foi publicada e entrou em vigor a Lei 13.968, que conferiu nova redação ao art. 122 do CP, ali incluindo, além do delito que já existia (mas em outras bases), também o crime de induzimento, instigação ou auxílio à automutilação. Com isso, passamos a ter o seguinte *nomen juris*: induzimento, instigação ou auxílio a suicídio ou a automutilação. Antes de mais nada, não podemos deixar de registrar uma crítica ao legislador, que inseriu no catálogo *dos crimes contra a vida* delito que deveria ter sido incluído no capítulo *das lesões corporais*. Refiro-me ao induzimento, instigação ou auxílio à automutilação, que, à evidência, não constitui, nem de longe, crime contra a vida. Além da inserção deste novo crime (induzimento, instigação ou auxílio à automutilação), tratou o legislador de alterar o delito contra a vida já existente de *participação em suicídio*, conferindo nova redação ao tipo penal e inserindo quali-

ficadoras e majorantes. Enfim, o art. 122, que até então contava com um parágrafo único, contém, agora, sete parágrafos. A primeira e mais significativa conclusão a que se chega por meio de uma breve leitura do *caput* deste artigo é que o crime do art. 122 do CP, que era, até então, *material*, passa a ser *formal*. Antes, conforme é sabido, o delito de participação em suicídio somente alcançava a consumação com a produção de resultado naturalístico, ora representado pela morte, ora pela lesão corporal de natureza grave. Ou seja, o crime comportava dois momentos consumativos possíveis. A tentativa não era admitida. Doravante, dada a nova redação conferida ao art. 122, *caput*, do CP, a consumação será alcançada com o mero ato de induzir, instigar ou auxiliar a vítima a suicidar-se ou a automutilar-se. A morte, se ocorrer, configurará a forma qualificada prevista no art. 122, § 2º; se sobrevier, da tentativa de suicídio ou da automutilação, lesão grave ou gravíssima, restará configurada a forma qualificada do art. 122, § 1º. Perceba que a morte e a lesão grave, na redação anterior, constituíam pressuposto à consumação da participação em suicídio; hoje, trata-se de circunstâncias que qualificam o crime de induzimento, instigação ou auxílio a suicídio ou a automutilação. O § 3º do dispositivo em análise estabelece causas de aumento de pena. Reza que a pena será duplicada: se o crime é praticado por motivo egoístico, torpe ou fútil; e se a vítima é menor ou tem diminuída, por qualquer causa, a capacidade de resistência. O § 4º, por sua vez, impõe um aumento de pena de até o dobro se a conduta é realizada por meio da internet ou rede social ou ainda transmitida em tempo real. Se o sujeito ativo for líder ou coordenador de grupo ou de rede virtual, sua pena será aumentada em metade (§ 5). O § 6º trata da hipótese em que o crime do § 1º deste artigo resulta em lesão corporal de natureza gravíssima e é cometido contra menor de 14 anos ou contra vítima que, por enfermidade ou deficiência mental, não tem o necessário discernimento para a prática do ato, ou que, por qualquer outra causa, está impedido de oferecer resistência, caso em que o agente responderá pelo delito do art. 129, § 2º, do CP; agora, se contra essas mesmas vítimas for cometido o crime do art. 122, § 2º, do CP (suicídio consumado ou morte decorrente da automutilação), o crime em que incorrerá o agente será o de homicídio(art. 121, CP). É o que estabelece o art. 122, § 7º, CP; **E:** incorreta. O chamado aborto *necessário* ou *terapêutico* (art. 128, I, CP), que é a modalidade de aborto legal, realizada por médico, em que a interrupção da gravidez se revela a única forma de salvar a vida da gestante, está previsto no art. 128, I, do CP. Cuida-se, portanto, de hipótese de excludente de ilicitude, não havendo punição ao médico que assim agir. 🔲

Gabarito "D".

(Escrivão – AESP/CE – VUNESP – 2017) Assinale a alternativa correta no que diz respeito aos crimes contra a vida previstos no Código Penal.

(A) O crime de aborto provocado pela gestante ou com seu consentimento equipara-se e possui a mesma pena que o aborto provocado por terceiro.

(B) Não se pune o aborto praticado por médico se não há outro meio de salvar a vida da gestante.

(C) No crime de induzimento, instigação ou auxílio a suicídio, a prática da conduta criminosa por motivo egoístico é circunstância que qualifica o crime.

(D) No crime de homicídio simples, se o agente comete o crime impelido por motivo de relevante valor social ou moral, ou sob o domínio de violenta emoção, logo em seguida a injusta provocação da vítima, o juiz deve conceder o perdão judicial.

(E) No crime de homicídio, a prática deste mediante paga ou promessa de recompensa, ou por outro motivo torpe são circunstâncias que, apesar de não qualificar o crime, caracterizam-se como causas de aumento de pena.

A: incorreta. Isso porque o aborto praticado pela gestante (autoaborto) ou com o consentimento desta será apenado de forma diferente (mais branda) daquele realizado por terceiro. As condutas consistentes em provocar aborto em si mesma e consentir que outro o faça configuram o crime próprio do art. 124 do CP. Por ser próprio, por ele somente responderá a gestante. Trata-se da forma menos grave de aborto, já que o legislador estabeleceu a pena de detenção de 1 a 3 anos. Agora, a conduta do terceiro que provoca na gestante a interrupção de sua gravidez pode dar azo a duas tipificações diversas, a depender da existência de consentimento da gestante. Se esta consentir que terceiro nela realize o aborto, este estará incurso no crime do art. 126 do CP, cuja pena cominada é de reclusão de 1 a 4 anos, superior, portanto, à pena prevista para o aborto praticado pela própria gestante ou quando ela consente que outrem o faça. Se o terceiro, de outro lado, realizar o aborto sem o consentimento válido da gestante, será ele responsabilizado pela modalidade mais grave deste crime, prevista no art. 125 do CP, que estabelece a pena de 3 a 10 anos de reclusão. Portanto, é diferente o tratamento que a lei confere ao aborto realizado pela própria gestante ou com o seu consentimento daquele levado a efeito por terceiro, com ou sem o consentimento da gestante. Perceba que, embora o fato seja o mesmo, os agentes envolvidos responderão por crimes diversos, o que representa exceção à *teoria monista*; **B:** correta. As hipóteses de aborto legal, que constituem causas especiais de exclusão da ilicitude, estão contidas no art. 128 do CP. Trata-se do aborto necessário (inciso I), que é aquele praticado por médico com o objetivo de salvar a vida da gestante, ao qual se refere a assertiva; e o aborto sentimental (inciso II), que é a interrupção da gravidez, também realizada por médico, resultante de estupro; **C:** incorreta. O motivo egoístico constitui causa de aumento de pena (e não qualificadora!) do crime de participação em suicídio (art. 122, parágrafo único, I, do CP). A Lei 13.968/2019, posterior, portanto, à elaboração desta questão, alterou sobremaneira o art. 122 do CP, que agora abriga o crime de induzimento, instigação ou auxílio a suicídio ou a automutilação; **D:** incorreta. A assertiva contém as hipóteses de homicídio privilegiado (art. 121, § 1º, do CP), que acarreta uma redução da pena da ordem de 1/6 a 1/3. O perdão judicial (art. 121, § 5º, do CP) somente tem incidência no homicídio culposo, quando as consequências da infração atingirem o próprio agente de forma tão grave e intensa que a pena que seria a ele aplicada se mostra desnecessária. Clássico exemplo é o do pai que, em acidente de trânsito, mata, culposamente, o próprio filho. Não há dúvida da desnecessidade da repreenda, já que o resultado da conduta do pai já lhe serviu de pena, aliás bem severa; **E:** incorreta. Cuida-se de qualificadoras do crime de homicídio, uma vez que o legislador estabeleceu novos patamares para a pena cominada (art. 121, § 2º, CP). 🅔🅓

Gabarito "B".

(Agente-Escrivão – Acre – IBADE – 2017) Encaminhar uma mensagem de texto a um policial civil que se encontra em outro município, xingando-o de ladrão, configura crime de:

(A) injúria.

(B) difamação.

(C) desacato.

(D) denunciação caluniosa.

(E) calúnia.

A conduta descrita no enunciado corresponde ao crime de *injúria*, delito contra a honra previsto no art. 140 do CP, que consiste na atribuição de qualidade ofensiva, pejorativa. É o xingamento. Atinge-se, aqui, a honra subjetiva. Consiste a *calúnia* (art. 138 do CP) em atribuir *falsamente* a alguém fato capitulado como crime. A honra atingida, neste caso, é a objetiva (conceito que o sujeito tem diante do grupo no qual está inserido). *Difamar* alguém (art. 139, CP), por sua vez, significa divulgar fatos infamantes à sua honra objetiva. Perceba que a calúnia e a difamação têm em comum a atribuição de um fato determinado e individualizado, criminoso, no caso da calúnia, e desonroso, no caso da difamação. Na injúria é diferente. O que temos é a atribuição de qualidade de conotação negativa. São esses os três crimes contra a honra, que não devem ser confundidos com o crime de *denunciação caluniosa*,

delito contra a Administração da Justiça, previsto no art. 339 do CP (cuja redação foi alterada pela Lei 14.110/2020), que pressupõe que o agente *dê causa*, provoque a instauração de inquérito policial, de procedimento investigatório criminal, de processo judicial, de processo administrativo disciplinar, de inquérito civil ou de ação de improbidade administrativa contra alguém (pessoa determinada), atribuindo-lhe crime, infração ético-disciplinar ou ato ímprobo de que o sabe inocente. O delito de *comunicação falsa de crime ou de contravenção*, que também ofende a Administração da Justiça, está capitulado no art. 340 do CP. Neste caso, não há imputação a pessoa determinada. Por fim, temos o crime de desacato (art. 331, CP), que corresponde à conduta do particular que desrespeita, ofende, trata com desdém o funcionário público no exercício da função ou em razão dela. São exemplos: rasgar mandado entregue pelo oficial de Justiça e, após, jogá-lo no chão; xingar o fiscal que esteja multando; dirigir ao funcionário sinais ofensivos e provocativos, entre outros. Atenção: dentro do tema crimes contra a honra, vale o registro de que o Projeto de Lei 6.341/2019, que deu origem ao pacote anticrime, previa a inclusão de nova causa de aumento de pena aos crimes contra a honra (calúnia, difamação e injúria), na hipótese de eles serem cometidos ou divulgados em redes sociais ou na rede mundial de computadores, o que foi feito por meio da inserção do § 2º ao art. 141 do CP. O texto original estabelecia que a pena, nesta hipótese, seria triplicada. Ao apreciar o PL, o presidente da República vetou o dispositivo. Posteriormente, o Congresso Nacional derrubou esse veto, de forma que o dispositivo (art. 141, § 2º) que, no projeto original, previa que a pena fosse triplicada nos crimes contra a honra praticados ou divulgados em redes sociais ou na rede mundial de computadores, foi reincorporado ao pacote anticrime, nos seguintes termos: *se o crime é cometido ou divulgado em quaisquer modalidades das redes sociais da rede mundial de computadores, aplica-se em triplo a pena.* O presidente da República, ao vetar este dispositivo, ponderou que *a propositura legislativa, ao promover o incremento da pena no triplo quando o crime for cometido ou divulgado em quaisquer modalidades das redes da rede mundial de computadores, viola o princípio da proporcionalidade entre o tipo penal descrito e a pena cominada, notadamente se considerarmos a existência de legislação atual que já tutela suficientemente os interesses protegidos pelo Projeto, ao permitir o agravamento da pena em um terço na hipótese de qualquer dos crimes contra a honra ser cometido por meio que facilite a sua divulgação. Ademais, a substituição da lavratura de termo circunstanciado nesses crimes, em razão da pena máxima ser superior a dois anos, pela necessária abertura de inquérito policial, ensejaria, por conseguinte, superlotação das delegacias e, com isso, redução do tempo e da força de trabalho para se dedicar ao combate de crimes graves, tais como homicídio e latrocínio.* 🅔🅓

Gabarito "A".

(Agente-Escrivão – Acre – IBADE – 2017) Abigail, depois de iniciado parto caseiro, mas antes de completá-lo, sob influência do estado puerperal, mata o próprio filho. Abigail praticou crime de:

(A) homicídio qualificado.

(B) consentimento para o aborto.

(C) homicídio.

(D) autoaborto.

(E) infanticídio.

Abigail, que, durante o próprio parto, matou, sob a influência do estado puerperal, seu próprio filho, deverá ser responsabilizada pelo crime de infanticídio, previsto no art. 123 do CP, que nada mais é do que uma modalidade privilegiada do crime de homicídio em que a mãe, dadas as suas condições especiais e particulares decorrentes do puerpério, elimina a vida do nascente ou recém-nascido. Neste caso, o legislador achou por bem estabelecer pena bem inferior àquela prevista para o homicídio do art. 121 do CP. 🅔🅓

Gabarito "E".

(Agente – Pernambuco – CESPE – 2016) Acerca dos crimes contra a pessoa, assinale a opção correta.

(A) Quando o homicídio for praticado por motivo fútil, haverá causa de diminuição de pena.

(B) Sempre que um agente mata uma vítima mulher, tem-se um caso de feminicídio.

(C) O homicídio e o aborto são os únicos tipos penais constantes no capítulo que trata de crimes contra a vida.

(D) O aborto provocado é considerado crime pelo direito brasileiro, não existindo hipóteses de exclusão da ilicitude.

(E) O aborto provocado será permitido quando for praticado para salvar a vida da gestante ou quando se tratar de gravidez decorrente de estupro.

A: incorreta. A futilidade é circunstância que qualifica o homicídio, e não que determina a diminuição da pena (art. 121, § 2º, II, do CP); **B:** incorreta. Somente restará configurado o *feminicídio*, forma qualificada de homicídio prevista no art. 121, § 2º, VI, do CP, quando o crime envolver: I – violência doméstica contra a mulher; II – menosprezo ou discriminação à condição de mulher (art. 121, § 2º-A, do CP); **C:** incorreta, na medida em que o capítulo correspondente aos crimes contra a vida (Capítulo I do Título I) contempla, além dos crimes de homicídio e aborto, também o infanticídio (art. 123, CP) e a participação em suicídio ou automutilação (art. 122, CP); **D:** incorreta. O aborto provocado comporta, ao contrário do que acima se afirma, duas hipóteses de exclusão da ilicitude, a saber: I – quando não houver outro meio de salvar a vida da gestante (aborto necessário – art. 128, I, do CP); e II – quando a gravidez é resultante de estupro e o aborto é precedido de consentimento da gestante ou de seu representante legal (aborto sentimental – art. 128, II, do CP). Há outra hipótese, esta reconhecida pela doutrina e jurisprudência, em que o aborto não será punido: no julgamento da ADPF 54, o STF declarou a inconstitucionalidade de qualquer interpretação segundo a qual a interrupção da gravidez de feto anencefálico constitua crime previsto no CP; **E:** correta. Vide comentário anterior. **ED**

Gabarito "E".

(Investigador-Escrivão-Papiloscopista – Pará – Funcab – 2016) O crime de ameaça:

(A) pressupõe injustiça do mal prometido.

(B) é de ação penal privada.

(C) não admite transação penal.

(D) não pode ser praticado por meios simbólicos.

(E) quando usado como meio executório de um roubo, coexiste com este em concurso de crimes.

A: correta. Tal se infere da descrição típica contida no art. 147 do CP, que define o crime de ameaça: *ameaçar alguém, por palavra, escrita ou gesto, ou qualquer outro meio simbólico, de causar-lhe mal injusto e grave* (GN); **B:** incorreta. Por expressa disposição contida no parágrafo único do art. 147 do CP, a ação penal, no delito de ameaça, é pública condicionada a representação, o que significa dizer que o Ministério Público, embora seja o titular da ação penal, depende, para ajuizá-la, da manifestação de vontade da vítima ou de quem a represente; **C:** incorreta. Dado que a pena máxima cominada ao crime de ameaça corresponde a *seis* meses de detenção, tem incidência, sim, a transação penal, prevista no art. 76 da Lei 9.099/1995, que é aplicável, como bem sabemos, às infrações penais de menor potencial ofensivo, assim consideradas as contravenções penais e os crimes para os quais a lei preveja pena máxima cominada não superior a dois anos (art. 61, Lei 9.099/1995); **D:** incorreta. Pode, sim, ser praticado por meios simbólicos, tal como consta, de forma expressa, da descrição típica deste delito, a saber: *ameaçar alguém, por palavra, escrita ou gesto,*

ou qualquer outro meio simbólico, de causar-lhe mal injusto e grave (GN); **E:** incorreta. A ameaça (grave), como um dos meios empregados para o cometimento do crime de roubo, é por este absorvida, não havendo que se falar em concurso de crimes. Dentro do tema *crimes contra a liberdade pessoal*, capítulo no qual está inserido o crime de ameaça, importante que se diga que a Lei 14.132/2021 introduziu no art. 147-A o chamado crime de *perseguição*, mundialmente conhecido como *stalking*. O núcleo do tipo, representado pelo verbo *perseguir*, encerra a ideia de uma conduta que revela, por parte do agente, um comportamento obsessivo e insistente dirigido a pessoa determinada. O dispositivo exige que a perseguição se dê de forma reiterada, isto é, constante e habitual; do contrário, não há que se falar na configuração deste delito. Disso se infere que o agente que, numa única oportunidade, aborda a vítima de forma inconveniente não poderá ser responsabilizado, já que, como dito, o tipo penal pressupõe habitualidade na sua execução. É o caso do homem que, inconformado com a rejeição da mulher que conhecera em uma festa, passa a persegui-la de forma insistente e reiterada, quer enviando-lhe mensagens de texto por meio de aplicativos, quer abordando a vítima no trabalho, na sua residência ou em via pública. Trata-se, como se pode ver, de uma intromissão reiterada e indesejada na vida privada da vítima, que se sente acuada e abalada psicologicamente. Também é típico exemplo de *stalking* a conduta do ex-namorado/ex-marido que, diante da recusa da vítima em manter o relacionamento, passa a ameaçá-la de morte, restringir sua liberdade de locomoção, com abordagens indesejadas e inconvenientes, ou, de qualquer outra forma (este crime é de forma livre), perturbar sua esfera de liberdade. Nos dois exemplos acima, colocamos, como sujeito passivo do crime, a mulher. Embora isso seja bem mais comum, certo é que como tal pode figurar tanto esta quanto o homem. Quanto ao sujeito ativo não é diferente: pode ser tanto o homem quanto a mulher (é crime comum). O § 1º do dispositivo contempla causas de aumento de pena, a incidir nas hipóteses em que o crime é praticado: I – contra criança, adolescente ou idoso; II – contra mulher por razões da condição de sexo feminino, nos termos do § 2º-A do art. 121 deste Código; III – mediante concurso de 2 (duas) ou mais pessoas ou com o emprego de arma. Estabelece o § 2º deste art. 147-A que as penas serão aplicadas sem prejuízo das correspondentes à violência. Por fim, registre-se que a ação penal, tal como na ameaça, é pública condicionada à representação da vítima (art. 147-A, § 3º, CP). **ED**

Gabarito "A".

(Investigador-Escrivão-Papiloscopista – Pará – Funcab – 2016) Leia as alternativas a seguir e assinale a correta.

(A) A pessoa jurídica pode figurar como sujeito ativo de crime contra a administração pública previsto no Código Penal.

(B) A pessoa jurídica pode ser sujeito passivo em crime de difamação.

(C) Os inimputáveis não podem ser vítimas de crimes contra a honra.

(D) A pessoa jurídica só pode ser sujeito passivo em crimes patrimoniais.

(E) O inimputável por embriaguez proveniente de caso fortuito não pode figurar como sujeito passivo.

A: incorreta. Atualmente, a punição da pessoa jurídica somente é admissível em relação aos crimes praticados contra o meio ambiente, em virtude de expressa previsão infraconstitucional (Lei 9.605/1998), em regulamentação ao art. 225, § 3º, da CF. Com relação aos crimes praticados contra a ordem econômica e financeira, a despeito da regra contida no art. 173, § 5º, da CF, inexiste lei infraconstitucional que, atualmente, atribua responsabilidade penal à pessoa jurídica por atos praticados contra a ordem econômica e financeira e contra a economia popular; **B:** correta. Embora não haja consenso na doutrina, prevalece o entendimento segundo o qual a pessoa jurídica, porque possui reputa-

1. DIREITO PENAL   33

ção e um nome a zelar, pode ser sujeito passivo do crime de difamação (art. 139, CP). O que não se admite é que seja a pessoa jurídica vítima do delito de injúria (art. 140, CP), uma vez que não tem honra subjetiva a preservar. No que toca ao delito de calúnia, a única hipótese em que é possível cogitar que a pessoa jurídica seja vítima desse crime é a falsa imputação de um fato definido como crime contra o meio ambiente; **C:** incorreta, na medida em que os inimputáveis (menores de idade e doentes mentais) podem, sim, figurar como vítimas nos crimes contra a honra (calúnia, difamação e injúria); **D:** incorreta. Vide comentário à alternativa "A"; **E:** incorreta. Tal como os menores e os doentes mentais, os inimputáveis na forma do art. 28, § 1°, do CP podem, sim, figurar como sujeito passivo de crimes. `ED`
Gabarito "B".

(Investigador-Escrivão-Papiloscopista – Pará – Funcab – 2016) Considerando apenas as informações existentes nas alternativas, assinale aquela que caracteriza crime de lesão corporal gravíssima (art. 129, § 2°, do CP).

(A) Provocar dolosamente a perda de audição em um dos ouvidos da vítima.

(B) Queimar culposamente significativa parte do corpo da vítima, de modo a causar-lhe deformidade permanente.

(C) Agredir a vítima com intenção de interromper sua gravidez mediante aborto, o que efetivamente ocorre.

(D) Transmitir a vítima, intencionalmente, enfermidade grave, mas curável.

(E) Lesionar a vítima dolosamente, causando-lhe por culpa incapacidade permanente para o trabalho.

Antes de analisarmos, uma a uma, as alternativas, vale fazer alguns esclarecimentos. As modalidades de lesão corporal de natureza grave estão contempladas no art. 129, §§ 1° e 2°, do CP. A denominação *lesão corporal gravíssima* foi criada pela doutrina para se referir às hipóteses elencadas no § 2°, que são mais graves, dado o caráter permanente do dano ou mesmo a sua irreparabilidade, do que aquelas contidas no § 1° (chamadas pela doutrina de *lesão corporal grave*). Dito isso, passemos às assertivas. **A:** incorreta. Isso porque a perda de audição de um dos ouvidos não implica a perda do sentido *audição*, da mesma forma que a perda de um olho não leva à perda da visão. O que há, de fato, nos dois casos, é a debilidade (redução) de um dos sentidos (audição, no caso narrado na assertiva, e visão, no exemplo que demos), o que configura hipótese de lesão corporal de natureza grave (art. 129, § 1°, III, CP: *debilidade permanente de membro, sentido ou função*); **B:** incorreta. No Código Penal, a classificação das lesões corporais em leve, grave e gravíssima somente tem incidência no contexto da lesão dolosa; não se aplica, portanto, na hipótese de a lesão ser culposa; **C:** incorreta. Se a intenção do agente, ao agredir a vítima, é provocar-lhe o aborto, o crime em que incorrerá será o do art. 125 do CP, que corresponde ao delito de aborto provocado por terceiro sem o consentimento da gestante. É que o *aborto* a que se refere o art. 129, § 2°, V, do CP, que constitui modalidade de lesão corporal gravíssima, pressupõe que o agente, em relação à interrupção da gravidez, tenha agido de forma culposa. É típico exemplo de crime *preterdoloso*, em que há dolo no antecedente (neste caso, a lesão corporal) e culpa no consequente (neste caso, o aborto). Neste caso, é imprescindível, sob pena de configurar responsabilidade objetiva, que o agente tenha conhecimento de que a vítima está grávida; **D:** incorreta, na medida em que a hipótese de lesão gravíssima presente no art. 129, § 2°, II, do CP pressupõe que a enfermidade transmitida seja *incurável*. Aqui se enquadra a AIDS, patologia não letal para a qual ainda não há cura (HC 160982/DF – 5ª Turma do STJ); **E:** correta, pois se trata da hipótese de lesão corporal gravíssima prevista no art. 129, § 2°, I, do CP. `ED`
Gabarito "E".

(Papiloscopista – PCDF – Universa – 2016) Logo após saber que seu filho fora vítima de agressão, Ernane saiu ao encalço do agressor, tendo disparado vários tiros em direção a este, que veio a falecer em virtude da conduta de Ernane.

Nesse caso hipotético,

(A) configura-se, em tese, homicídio privilegiado, que é causa excludente da ilicitude.

(B) Ernane responderá, consoante a mais recente posição do STJ, por crime de homicídio qualificado por motivo torpe.

(C) Ernane responderá pelo crime de homicídio simples, não havendo previsão legal, em relação à sua conduta, que possa de alguma forma influenciar em sua pena.

(D) configura-se, em tese, homicídio privilegiado, que é causa de diminuição da pena.

(E) configura-se, em tese, homicídio privilegiado, que é causa excludente da culpabilidade.

Pela narrativa que consta do enunciado, pode-se afirmar que a conduta de Ernane, que matou o agressor do filho, configura hipótese de homicídio privilegiado em razão de haver agido movido por relevante valor moral, o que implicará, por força do que dispõe o art. 121, § 1°, do CP, uma diminuição de pena da ordem de 1/6 a 1/3. Além do relevante valor moral, também constitui hipótese de homicídio privilegiado o fato de o agente cometer o crime movido por relevante valor social e também sob o domínio de violenta emoção, logo em seguida a injusta provocação da vítima. Este último é o chamado homicídio emocional, que tem como requisitos: existência de uma emoção absorvente; provocação injusta da vítima; e imediatidade da reação. `ED`
Gabarito "D".

(Agente de Polícia Civil/RO – 2014 – FUNCAB) Borges, pessoa má, que não gosta de crianças, com dolo *necandi*, matou Simoninha, com 5 anos deidade. Borges cometeu o crime de:

(A) aborto.

(B) lesão corporal.

(C) infanticídio.

(D) homicídio culposo.

(E) homicídio doloso.

Borges, ao matar Simoninha, agindo com *animus necandi* (dolo homicida), praticou o crime de homicídio doloso. Perceba o candidato que a questão é facílima! Ainda que não soubesse o conceito de "dolo *necandi*", bastaria prestar atenção ao enunciado. Se Borges agiu com "dolo", jamais a resposta poderia ser homicídio culposo (alternativa D). Também não poderia ser lesão corporal (alternativa B), pois o agente matou – e não apenas lesionou – a vítima. Igualmente, o crime não poderia ser o de aborto, visto que este pressupõe vida humana intrauterina (anterior ao parto). Se Simoninha já contava com 5 anos de idade, obviamente não se pode cogitar de aborto. Por fim, infanticídio jamais poderia ter sido o crime, seja pelo fato de Borges não ser o sujeito ativo que exige a lei (art. 123, CP – a mãe), seja pelo fato de a vítima de referido crime ser o nascente ou o neonato. Quem tem 5 anos não está nascendo, nem é recém-nascido!
Gabarito "E".

(Escrivão/SP – 2014 – VUNESP) A conduta de induzir, instigar ou auxiliar outra pessoa a suicidar- se, que tem como resultado lesão corporal de natureza leve,

(A) tem pena duplicada se cometida por motivo egoístico.

(B) tem pena agravada se a vítima tem diminuída, por qualquer causa, a capacidade de resistência.

(C) não é prevista como crime.

(D) tem pena aumentada se a vítima for menor de idade.

(E) é punida com pena de 1 (um) a 3 (três) anos.

O crime de induzimento, instigação ou auxílio ao suicídio (art. 122 do CP) é doutrinariamente considerado um crime de resultado, somente se caracterizando se houver lesão corporal de natureza grave ou morte da vítima. Tal decorre da própria leitura do tipo penal (*caput* e preceito secundário). Caso a vítima induzida sofra apenas lesão corporal de natureza leve, ou se nenhuma lesão sofrer, o fato de o agente tê-la induzido, instigado ou auxiliado a eliminar a própria vida será considerado atípico. Este comentário, tal como foi lançado, refere-se à legislação em vigor ao tempo em que esta questão foi elaborada, isto é, não foi levada em conta a alteração promovida pela Lei 13.968/2019, que conferiu nova redação ao art. 122 do CP, ali incluindo, além do delito que já existia (mas em outras bases), também o crime de induzimento, instigação ou auxílio à automutilação. Com isso, passamos a ter o seguinte *nomem juris*: induzimento, instigação ou auxílio a suicídio ou a automutilação. Antes de mais nada, não podemos deixar de registrar uma crítica ao legislador, que inseriu no catálogo *dos crimes contra a vida* delito que deveria ter sido incluído no capítulo *das lesões corporais*. Refiro-me ao induzimento, instigação ou auxílio à automutilação, que, à evidência, não constitui, nem de longe, crime contra a vida. Além da inserção deste novo crime (induzimento, instigação ou auxílio à automutilação), tratou o legislador de alterar o delito contra a vida já existente de *participação em suicídio*, conferindo nova redação ao tipo penal e inserindo qualificadoras e majorantes. Enfim, o art. 122, que até então contava com um parágrafo único, contém, agora, sete parágrafos. A primeira e mais significativa conclusão a que se chega por meio de uma breve leitura do *caput* deste artigo é que o crime do art. 122 do CP, que era, até então, *material*, passa a ser *formal*. Antes, conforme é sabido, o delito de participação em suicídio somente alcançava a consumação com a produção de resultado naturalístico, ora representado pela morte, ora pela lesão corporal de natureza grave. Ou seja, o crime comportava dois momentos consumativos possíveis. A tentativa não era admitida. Doravante, dada a nova redação conferida ao art. 122, *caput*, do CP, a consumação será alcançada com o mero ato de induzir, instigar ou auxiliar a vítima a suicidar-se ou a automutilar-se. A morte, se ocorrer, configurará a forma qualificada prevista no art. 122, § 2º; se sobrevier, da tentativa de suicídio ou da automutilação, lesão grave ou gravíssima, restará configurada a forma qualificada do art. 122, § 1º. Perceba que a morte e a lesão grave, na redação anterior, constituíam pressuposto à consumação da participação em suicídio; hoje, trata-se de circunstâncias que qualificam o crime de induzimento, instigação ou auxílio a suicídio ou a automutilação. O § 3º do dispositivo em análise estabelece causas de aumento de pena. Reza que a pena será duplicada: se o crime é praticado por motivo egoístico, torpe ou fútil; e se a vítima é menor ou tem diminuída, por qualquer causa, a capacidade de resistência. O § 4º, por sua vez, impõe um aumento de pena de até o dobro se a conduta é realizada por meio da internet ou rede social ou ainda transmitida em tempo real. Se o sujeito ativo for líder ou coordenador de grupo ou de rede virtual, sua pena será aumentada em metade (§ 5). O § 6º trata da hipótese em que o crime do § 1º deste artigo resulta em lesão corporal de natureza gravíssima e é cometido contra menor de 14 anos ou contra vítima que, por enfermidade ou deficiência mental, não tem o necessário discernimento para a prática do ato, ou que, por qualquer outra causa, está impedido de oferecer resistência, caso em que o agente responderá pelo delito do art. 129, § 2º, do CP; agora, se contra essas mesmas vítimas for cometido o crime do art. 122, § 2º, do CP (suicídio consumado ou morte decorrente da automutilação), o crime em que incorrerá o agente será o de homicídio(art. 121, CP). É o que estabelece o art. 122, § 7º, CP.

Gabarito "C".

(Escrivão/SP – 2014 – VUNESP) Considere que João e José se agrediram mutuamente e que as lesões recíprocas não são graves. Nesta hipótese, o art. 129, § 5.º do CP prescreve que ambos podem

(A) ser beneficiados com a exclusão da ilicitude.

(B) ser beneficiados com o perdão judicial.

(C) ter as penas de reclusão substituídas por prisão simples.

(D) ser beneficiados com a exclusão da culpabilidade.

(E) ter as penas de detenção substituídas por multa.

Em caso de lesões corporais recíprocas, e desde que não sejam graves, o juiz poderá substituir a pena de detenção por multa, nos termos do art. 129, § 5º, II, do CP.

Gabarito "E".

(Escrivão de Polícia/BA – 2013 – CESPE) Julgue os itens subsecutivos, acerca de crimes contra a pessoa.

(1) Nos crimes contra a honra — calúnia, difamação e injúria —, o Código Penal admite a retratação como causa extintiva de punibilidade, desde que ocorra antes da sentença penal, seja cabal e abarque tudo o que o agente imputou à vítima.

(2) Considere que Jonas encarcere seu filho adolescente, usuário de drogas, em um dos cômodos da casa da família, durante três dias, para evitar que ele volte a se drogar. Nesse caso, Jonas pratica o crime de cárcere privado.

(3) Considere a seguinte situação hipotética. Lúcia, maior, capaz, no final do expediente, ao abrir o carro no estacionamento do local onde trabalhava, percebeu que esquecera seu filho de seis meses de idade na cadeirinha de bebê do banco traseiro do automóvel, que permanecera fechado durante todo o turno de trabalho, fato que causou o falecimento do bebê. Nessa situação, Lúcia praticou o crime de abandono de incapaz, na forma culposa, qualificado pelo resultado morte.

1: errada. A retratação como causa extintiva da punibilidade, no tocante aos crimes contra honra, somente é admissível no tocante à calúnia e difamação (art. 143, CP), que são crimes que atentam contra a honra objetiva da vítima (vale dizer, aquilo que terceiros pensam dela). Inviável a retratação com relação ao crime de injúria (art. 140, CP), que ofende a honra subjetiva da vítima, ou seja, aquilo que ela pensa de si própria (autoestima); **2:** errada. Não haveria o dolo na conduta de Jonas, vale dizer, a vontade livre e consciente de privar a liberdade de seu filho, inviabilizando sua liberdade de locomoção. O fim último na conduta do pai foi o de impedir que o adolescente utilizasse drogas; **3:** errada. Lúcia, ao esquecer seu filho no banco de trás de seu carro, ocasionando, daí, a morte do infante, praticou o crime de homicídio culposo (art. 121, § 3º, CP). O crime de abandono de incapaz (art. 133, CP) é doloso, exigindo que o agente, voluntária e conscientemente, abandone pessoa que esteja sob os seus cuidados, sem que esta possa se defender dos riscos do abandono.

Gabarito 1E, 2E, 3E

(Escrivão de Polícia/MA – 2013 – FGV) Após, com *animus necandi,* esfaquear por diversas vezes seu vizinho somente pelo fato dele ter vibrado com o gol do seu time de coração, Juliano se arrepende e leva a vítima para o hospital sendo a mesma salva por força do atendimento médico realizado. Todavia, em razão das lesões causadas, a vítima ficou impossibilitada de exercer suas ocupações habituais por 40 dias, o que foi reconhecido por laudo médico complementar.

Diante deste quadro, Juliano deverá:

(A) responder por tentativa de homicídio simples;

1. DIREITO PENAL

(B) responder por tentativa de homicídio qualificado pelo motivo fútil;

(C) responder por lesão corporal de natureza grave;

(D) responder por lesão corporal simples;

(E) ser absolvido, por ter desistido de prosseguir no crime.

A, B e E: incorretas. Considerando que Juliano, após esfaquear a vítima com *animus necandi* (ânimo homicida ou intenção de matar), arrependeu-se e a socorreu, levando-ao hospital, não poderá responder por tentativa, tendo em vista que deverá ser beneficiado pelo arrependimento eficaz (art. 15, segunda parte, do CP). Não deverá o agente, nesse caso, responder pela tentativa do crime inicialmente executado, mas, sim, pelos atos já praticados. Também não será caso de absolvição, mas, como visto, de punição pelos atos efetivamente praticados; **C:** correta. Tendo a vítima, em razão das lesões sofridas, ficado impossibilitada de exercer suas ocupações habituais por 40 (quarenta) dias, devidamente reconhecido por laudo pericial, caracterizado está o crime do art. 129, § 1º, I, do CP (lesão corporal de natureza grave); **D:** incorreta, pois, como visto nos comentários à alternativa C, as lesões corporais sofridas pela vítima não se subsumem ao art. 129, *caput*, do CP (lesão corporal simples ou leve), mas, sim, qualificada (art. 129, § 1º, I, do CP).

Gabarito "C".

(Escrivão de Polícia/GO – 2013 – UEG) Sobre o crime de lesão corporal, verifica-se o seguinte:

(A) por tratar-se de crime material, a consumação ocorrerá quando a ofensa incidir apenas sobre a saúde física da vítima.

(B) será gravíssima a lesão se dela resultar o abortamento, desde que este tenha sido o resultado visado.

(C) será reconhecida a qualificadora da deformidade permanente quando a ofensa ocorrer no rosto da vítima.

(D) a diferença entre a contravenção penal de vias de fato e a lesão corporal está na inexistência de dano à incolumidade física da vítima.

A: incorreta, pois a lesão corporal, de fato, crime material, pressupõe que a conduta do agente ofenda a *integridade física* ou a *saúde* da vítima, e não somente a saúde, como refere a assertiva (art. 129, *caput*, do CP); **B:** incorreta, pois a lesão corporal da qual resulta o abortamento (art. 129, § 2º, V, do CP) é considerada um *crime preterdoloso*, ou seja, o agente age com *dolo* no comportamento que produz a lesão corporal, mas com *culpa* com relação ao abortamento (resultado agravador não querido, nem visado); **C:** incorreta, pois a qualificadora da deformidade permanente (art. 129, § 2º, IV, do CP) é aquela que se caracteriza pelo dano estético perene, capaz de gerar constrangimento à vítima e a quem a cerca. Não precisará a deformidade permanente ser causada no rosto da vítima, visto que a lei nada fala a respeito; **D:** correta. De fato, nas lesões corporais (crime do art. 129 do CP), o comportamento do agente deverá ser capaz de causar efetiva ofensa à saúde ou à integridade física da vítima, ao passo que nas vias de fato (contravenção do art. 21 da LCP), inexistirá dano à incolumidade física da vítima. Temos como exemplos: i) empurrão ou puxão de cabelo = vias de fato; ii) soco no rosto com sangramento nasal = lesão corporal.

Gabarito "D".

(Escrivão de Polícia/GO – 2013 – UEG) No que respeita ao crime de injúria, verifica-se que

(A) a consumação ocorre quando a emissão do conceito negativo chega ao conhecimento da vítima.

(B) a retorsão imediata é causa de diminuição de pena, de observância obrigatória pelo magistrado quando da prolação da sentença.

(C) é admitida a exceção da verdade, quando ocorrer ofensa à dignidade e ao decoro da vítima.

(D) a pessoa jurídica pode ser vítima do crime de injúria, tendo em conta gozar de reputação perante o mercado.

A: correta. De fato, de acordo com a doutrina, o crime de injúria se consuma no exato momento em que a vítima toma conhecimento da ofensa à sua dignidade ou decoro, ainda que tal tenha ocorrido em sua ausência. Por exemplo, se o agente ofendeu a dignidade da vítima em uma segunda-feira, mediante publicação de frases injuriosas na página pessoal de rede social, mas somente na quarta-feira a ofensa foi conhecida pela vítima, a consumação terá ocorrido apenas nesta data; **B:** incorreta, pois a retorsão imediata, no caso da injúria, é hipótese em que o juiz poderá deixar de aplicar a pena (art. 140, § 1º, II, do CP), e não causa de diminuição de pena; **C:** incorreta, pois a exceção da verdade é admissível, apenas, para o crime de calúnia (art. 138, § 3º, do CP) e difamação cometida contra funcionário público, desde que a ofensa seja relativa ao exercício de suas funções (art. 139, parágrafo único, do CP). Tanto calúnia, quanto difamação são crimes que ofendem a honra objetiva da vítima (aquilo que terceiros pensam dela), diferentemente da injúria, que é crime ofensivo à honra subjetiva (aquilo que a vítima pensa de si própria; autoestima); **D:** incorreta. Predomina o entendimento de que a pessoa jurídica jamais poderá ser vítima de injúria, que é crime que ofende a honra subjetiva (dignidade e decoro – atributos físicos, morais e intelectuais da pessoa). Se tanto, admite-se que uma pessoa jurídica seja vítima de calúnia, e desde que a falsa imputação a ela dirigida seja de um fato definido como crime ambiental. Lembre-se de que, pela atual legislação, a pessoa jurídica somente pode ser criminalmente processada por danos ambientais (art. 225, § 3º, da CF e Lei 9.605/1998). Assim, uma falsa imputação de um crime ambiental a uma pessoa jurídica pode, pois, caracterizar calúnia, pois ela ficaria com sua honra objetiva (aquilo que terceiros pensam dela; reputação) maculada.

Gabarito "A".

15. CRIMES CONTRA O PATRIMÔNIO

(Escrivão – PC/GO – AOCP – 2023) Nivaldo é um policial civil em campana no entorno de um cativeiro onde dois sequestradores exigem pagamento de valores para liberarem uma criança raptada. Por estratégia, ele opta por uma ação controlada e retarda a intervenção policial no local. O agente quer que a família realize o pagamento da libertação para que o delito de extorsão mediante sequestro finalmente se consume e a prisão em flagrante possa ser feita por crime hediondo. Sobre o tema, assinale a alternativa correta.

(A) Nivaldo está equivocado, pois o crime de extorsão mediante sequestro é delito de resultado cortado e já se consumou antes do pagamento.

(B) O retardamento da intervenção policial é necessário, pois o crime de extorsão mediante sequestro é crime material.

(C) Nivaldo está equivocado, pois o crime de extorsão mediante sequestro é delito formal e se consuma independentemente da requisição de vantagem pecuniária.

(D) O eventual pagamento da extorsão é mero exaurimento da conduta do crime de extorsão mediante sequestro, delito classificado como crime de perigo concreto.

(E) Nivaldo está equivocado, pois o crime de extorsão mediante sequestro é delito de mera atividade, bastando a restrição à liberdade individual para que se consume.

O crime de extorsão mediante sequestro, tipificado no art. 159 do CP, consuma-se no exato momento em que a vítima é arrebatada do seu meio normal de circulação, tendo sua liberdade privada. O fato de ter havido a solicitação de resgate, como condição para a libertação da vítima, demonstra a real intenção do agente, qual seja, a de auferir ganho patrimonial. Ressalte-se que o fato de haver o recebimento de resgate, pelo sequestrador, é considerado mero exaurimento do crime, consumado, repita-se, com a privação da liberdade da vítima. O crime em questão é considerado formal ou de resultado cortado. Dito isso, forçoso concluir que Nivaldo está equivocado, na medida em que, sendo formal o delito de extorsão mediante sequestro, a prisão em flagrante pode ser feita independente do pagamento do valor do resgate. **ED**

Gabarito "A".

(Escrivão – PC/GO – AOCP – 2023) São considerados crimes contra o patrimônio de consumação instantânea as seguintes condutas, EXCETO

(A) sequestrar pessoa com o fim de obter, para si ou para outrem, qualquer vantagem, como condição ou preço do resgate.

(B) subtrair coisa móvel alheia, para si ou para outrem, mediante grave ameaça ou violência a pessoa, ou depois de havê-la, por qualquer meio, reduzido à impossibilidade de resistência.

(C) subtrair o condômino, coerdeiro ou sócio, para si ou para outrem, a quem legitimamente a detém, a coisa comum.

(D) obter, para si ou para outrem, vantagem ilícita, em prejuízo alheio, induzindo ou mantendo alguém em erro, mediante artifício, ardil, ou qualquer outro meio fraudulento.

(E) tomar refeição em restaurante, alojar-se em hotel ou utilizar-se de meio de transporte sem dispor de recursos para efetuar o pagamento.

A: correta. A assertiva corresponde ao crime de extorsão mediante sequestro, capitulado no art. 159 do CP, cuja consumação se protrai no tempo por vontade do agente (crime permanente). Em outras palavras, enquanto a liberdade da vítima permanecer privada, a consumação estará em curso; **B:** incorreta. O roubo, crime ao qual se refere a assertiva, é instantâneo, já que o resultado se dá de maneira instantânea, sem se prolongar no tempo; **C:** incorreta. Trata-se do delito definido no art. 156 do CP, cuja consumação ocorre em momento certo e determinado, não se prolongando no tempo; **D:** incorreta. A consumação do crime de estelionato (art. 171, CP) é alcançada com a obtenção, pelo agente, de vantagem ilícita em detrimento da vítima, o que ocorre de forma instantânea; **E:** incorreta. Trata-se do crime do art. 176 do CP, cuja consumação ocorre no exato instante em que a vítima sofre diminuição no seu patrimônio. **ED**

Gabarito "A".

(Papiloscopista – PC/RR – VUNESP – 2022) Nos termos do art. 181 a 183 do CP, é correto afirmar que a apropriação indébita, se praticada em desfavor de vítima de 55 anos, tio do agente, com quem este coabita,

(A) fica isenta de pena.

(B) somente se procede mediante representação.

(C) somente se procede mediante queixa.

(D) é crime de ação pública incondicionada.

(E) é qualificada.

A resposta a esta questão deve ser extraída do art. 182, III, do CP. **ED**

Gabarito "B".

(Escrivão – PC/ES – Instituto AOCP – 2019) O crime de porte de arma de fogo é absorvido pelo crime de roubo quando estiver caracterizada a dependência ou subordinação entre as duas condutas. Para essa absorção, ainda, é necessário que os delitos sejam praticados no mesmo contexto fático. O enunciado refere-se ao

(A) concurso formal de crimes.

(B) crime continuado.

(C) concurso material de crimes.

(D) crime de mãos próprias.

(E) princípio da consunção.

O princípio da consunção funciona como um mecanismo de solução do conflito aparente de normas a ser aplicado quando um fato definido por uma norma incriminadora constitui meio necessário ou fase normal de preparação ou execução de outro crime. No que concerne ao roubo majorado pelo emprego de arma, oportuno tecer algumas considerações, tendo em vista recentes modificações legislativas. Com o advento da Lei 13.654/2018, o art. 157, § 2º, I, do CP, que impunha aumento de pena no caso de a violência ou ameaça, no crime de roubo, ser exercida com emprego de *arma*, foi revogado. Em relação à incidência desta causa de aumento, a jurisprudência havia consolidado o entendimento segundo o qual o termo *arma* tinha acepção ampla, ou seja, estavam inseridas no seu conceito tanto as armas *próprias*, como, por excelência, a de fogo, quanto as *impróprias* (faca, punhal, foice etc.). Além de revogar o dispositivo acima, a Lei 13.654/2018 promoveu a inclusão da mesma causa de aumento de pena (emprego de arma) no § 2º-A, I, do CP. Até aí, nenhum problema. Como bem sabemos, o deslocamento de determinado comportamento típico de um para outro dispositivo, por força da regra da continuidade típico-normativa, não tem o condão de descriminalizar a conduta. Sucede que a Lei 13.654/2018, ao deslocar esta causa de aumento do art. 157, § 2º, I, do CP para o art. 157, § 2º-A, I, também do CP, limitou o alcance do termo *arma*, já que passou a referir-se tão somente à arma de *fogo*, do que se conclui que somente incorrerá nesta causa de aumento o agente que se valer, para a prática do roubo, de arma de fogo (revólver, pistola, fuzil etc.); a partir da entrada em vigor desta lei, portanto, se o agente utilizar, para o cometimento deste delito, arma branca, o roubo será simples, já que, repita-se, a nova redação do dispositivo especificou que tipo de arma é apta a configurar o aumento: arma de fogo. Outro detalhe: pela redação anterior, o agente que fizesse uso de arma (de fogo ou branca) estaria sujeito a um aumento de pena da ordem de um terço até metade; a partir de agora, se utilizar arma (necessariamente de fogo), sujeitar-se-á a um incremento da ordem de dois terços. Desnecessário dizer que tal inovação não poderá retroagir e atingir fatos ocorridos antes da entrada em vigor desta lei, já que constitui *lex gravior*. De outro lado, essa mesma norma que excluiu a arma que não seja de fogo deverá retroagir para beneficiar o agente (*novatio legis in mellius*) que praticou o crime de roubo com emprego de arma branca antes de ela entrar em vigor. Nesse quadro, que acima explicitamos, perdurou até o dia 23 de janeiro de 2020, data em que entrou em vigor a Lei 13.964/2019 (pacote anticrime). Duas modificações foram promovidas por esta lei nas majorantes do crime de roubo. Em primeiro lugar, foi reinserida a causa de aumento na hipótese de o agente se valer, para a prática do crime de roubo, de arma branca (inserção do inciso VII no § 2º do art. 157 do CP). Lembremos que, com a edição da Lei 13.654/2018, o emprego de arma branca, no roubo, deixou de configurar causa de aumento. Pois bem. Além disso, a Lei 13.964/2019 introduziu no art. 157 do CP o § 2º-B, que estabelece nova causa de aumento de pena para o roubo, quando a violência ou grave ameaça for exercida com emprego de arma de fogo de uso restrito ou proibido. Neste caso, a pena prevista no *caput* será aplicada em dobro. Em resumo, com a entrada em vigor da Lei Anticrime, passaremos a ter o seguinte quadro: violência/grave ameaça exercida com emprego de arma branca (art. 157, § 2º, VII, CP): aumento de pena da ordem de um terço até metade; violência/grave ameaça exercida com emprego de arma de fogo, desde

1. DIREITO PENAL

que não seja de uso restrito ou proibido (art. 157, § 2º-A, I, CP): a pena será aumentada de dois terços; violência/grave ameaça exercida com emprego de arma de fogo de uso restrito ou proibido (art. 157, § 2º-B, CP): a pena será aplicada em dobro.. **ED**
Gabarito "E".

(Escrivão – PC/ES – Instituto AOCP – 2019) Especificamente aos crimes cometidos contra o patrimônio, estabelecidos no Título II do Código Penal, é isento de pena quem comete

(A) o crime de roubo em prejuízo a qualquer parente consanguíneo.

(B) o crime de furto simples contra ascendente maior de 60 anos.

(C) o crime de extorsão contra irmão, legítimo ou ilegítimo.

(D) o crime de roubo contra irmão, legítimo ou ilegítimo.

(E) o crime de furto em prejuízo do cônjuge, na constância da sociedade conjugal.

A: incorreta. Isso porque a imunidade referida no art. 181 do CP não alcança os crimes de roubo e extorsão, na forma estatuída no art. 183, I, do CP; **B:** incorreta. É que, tendo a vítima do crime patrimonial 60 anos ou mais, o agente que incorrer em uma das hipóteses do art. 182 do CP não fará jus à escusa absolutória (isenção de pena), tal como estabelece o art. 183, III, CP; **C:** incorreta. Se o crime patrimonial for praticado contra irmão, seja legítimo ou ilegítimo, o agente fará jus à isenção de pena, nos termos do prescrito no art. 182, II, do CP. Ocorre que o art. 183 do CP estabeleceu algumas exceções à incidência do art. 182, entre as quais a hipótese de o crime patrimonial (inciso I) ser de extorsão. Ou seja, neste caso, não cabe a escusa absolutória, de forma que o irmão que praticar extorsão contra o outro responderá normalmente; **D:** incorreta. Reporto-me ao comentário à alternativa anterior. O roubo, tal como a extorsão, impede o reconhecimento da escusa absolutória (art. 183, I, CP). Não só o roubo e a extorsão, mas qualquer crime patrimonial em que o meio empregado seja a grave ameaça ou a violência à pessoa; **E:** correta. É hipótese de isenção de pena (art. 181, I, do CP). **ED**
Gabarito "E".

(Escrivão – PC/ES – Instituto AOCP – 2019) O sujeito que obtém para si ou para outrem, vantagem ilícita, em prejuízo alheio, induzindo ou mantendo alguém em erro, mediante artifício, ardil, ou qualquer outro meio fraudulento, incorre no delito de

(A) furto qualificado.

(B) furto de coisa comum.

(C) extorsão.

(D) dano.

(E) estelionato.

O enunciado contém a descrição típica do crime de estelionato, previsto no art. 171, *caput*, do CP. Atenção: a ação penal, no estelionato, sempre foi, via de regra, pública incondicionada. As exceções ficavam por conta das hipóteses elencadas no art. 182 do CP (imunidade relativa), que impunha que a vítima manifestasse seu desejo, por meio de representação, no sentido de ver processado o ofensor, legitimando o Ministério Público, dessa forma, a agir. Com o advento da Lei 13.964/2019, o que era exceção, no crime de estelionato, virou regra. Ou seja, o crime capitulado no art. 171 do CP passa a ser de ação penal pública condicionada à representação do ofendido, conforme impõe o art. 171, § 5º, do CP. Este mesmo dispositivo, no entanto, estabelece exceções (hipóteses em que a ação penal será pública incondicionada), a saber: quando a vítima for: a Administração Pública, direta ou indireta; criança ou adolescente; pessoa com deficiência mental; ou maior de 70 anos ou incapaz. **ED**
Gabarito "E".

(Delegado – PC/RS – FUNDATEC – 2018) A respeito dos crimes contra o patrimônio, previstos no Código Penal, analise as assertivas a seguir:

I. O silêncio pode ser meio de execução do crime de estelionato, que pode se configurar, portanto, através de uma conduta omissiva.

II. Asdrubal, possuindo fotografias íntimas da ex-namorada Miguelina, chantageia a moça, exigindo dela indevida vantagem econômica, sob pena de divulgar tais fotos em redes sociais. Assim agindo, pratica o crime de extorsão.

III. Não incide aumento de pena previsto para o crime de dano quando o objeto material do crime envolver bens do patrimônio da Caixa Econômica Federal, por ausência de expressa previsão legal, sob pena de analogia in malam partem.

IV. O posicionamento dominante no Supremo Tribunal Federal é pelo não cabimento da continuidade delitiva entre roubo e latrocínio.

Quais estão corretas?

(A) Apenas I.

(B) Apenas II e IV.

(C) Apenas III e IV.

(D) Apenas I, II e IV.

(E) I, II, III e IV.

I: correta. *Qualquer outro meio fraudulento,* a que faz referência o tipo penal do estelionato, inclui todo e qualquer engodo de que pode se valer o agente para ludibriar a vítima e, assim, dela obter vantagem, o que pode ocorrer por meio do silêncio; **II:** correta. Asdrubal cometeu o crime do art. 158 do CP (extorsão). Atenção: no que toca a este tema, é importante o registro de que a Lei 13.718/2018 incluiu no CP o art. 218-C, que se refere ao delito de *divulgação de cena de estupro ou de cena de estupro de vulnerável, de cena de sexo ou de pornografia.* O objetivo do legislador, com a tipificação desta conduta, foi o de coibir um fenômeno que, infelizmente, tem sido cada vez mais comum, que é a violação da intimidade com a exposição sexual não autorizada. Inclui-se, aqui, a chamada *pornografia da vingança,* em que fotografias e vídeos de conteúdo íntimo de alguém (normalmente mulher) são divulgados na internet pelo ex-esposo ou ex-namorado como forma de vingança. A partir daí, o conteúdo é disseminado, nas redes sociais e em grupos de *WhatsApp,* de forma exponencial. O art. 218-C contempla uma causa de aumento de pena, a configurar-se quando o crime é praticado por agente que mantém ou tenha mantido relação íntima de afeto com a vítima ou com o fim de vingança ou humilhação; **III:** incorreta. O art. 163, parágrafo único, do CP trata de hipóteses de qualificadores, e não de causa de aumento de pena. No mais, a CEF foi incluída no rol; **IV:** correta. De fato, tanto o STF quanto o STJ são pela inadmissibilidade da continuidade delitiva entre os crimes de latrocínio e roubo. **ED**
Gabarito "D".

(Delegado – PC/RS – FUNDATEC – 2018) Analise a situação hipotética a seguir:

Crakeison, imputável, sem mais dinheiro para custear o vício em drogas, planejou assaltar transeuntes, em via pública. Pondo em prática seu plano criminoso, abordou as vítimas Suzineide, 21 anos, grávida de 08 meses, e Romualdo, marido dela, assim que saíram de um estabelecimento comercial. Apontando para as vítimas um revólver calibre 38, Crakeison ordenou que Romualdo lhe entregasse um aparelho celular, que levava em uma das mãos. Suzineide, assustada, gritou. Diante disso, Crakeison efetuou um disparo contra Suzineide, atingindo o abdômen da grávida. Em um ato contínuo, Romualdo conseguiu imobilizar o criminoso, retirando a arma de fogo das mãos dele. Imobilizado, Crakeison foi preso em seguida, não logrando êxito, portanto, na subtração do aparelho celular pretendido. Suzineide foi socorrida, porém, em decorrência das lesões sofridas, ela e o bebê morreram antes de chegarem ao hospital da cidade.

Assinale a alternativa que melhor ilustra o enquadramento legal a ser conferido a Crakeison pelo Delegado de Polícia com atribuição para a apreciação do caso, com base no entendimento consolidado pelo Supremo Tribunal Federal.

(A) Latrocínio consumado, agravado pelo fato de ter sido praticado contra mulher grávida.

(B) Latrocínio tentado, agravado pelo fato de ter sido praticado contra mulher grávida.

(C) Latrocínio consumado, majorado pelo emprego de arma e agravado pelo fato de ter sido praticado contra mulher grávida.

(D) Homicídio doloso contra Suzineide, qualificado por motivo torpe, bem como homicídio culposo contra o feto e roubo tentado contra Romualdo, majorado pelo emprego de arma.

(E) Homicídio doloso contra Suzineide, qualificado por motivo torpe, agravado pelo fato de ter sido praticado contra mulher grávida, homicídio doloso contra o feto e roubo majorado por emprego de arma contra Romualdo.

A questão que aqui se coloca é saber se o roubo seguido de morte (latrocínio), no caso narrado acima, se consumara ou não, já que, embora tenha havido morte, a subtração não ocorreu. Em consonância com a jurisprudência do STJ (e também do STF), o crime de latrocínio (art. 157, § 3º, II, do CP) se consuma com a morte da vítima, ainda que o agente não consiga dela subtrair coisa alheia móvel. É o teor da Súmula 610, do STF. No STJ: "(...) 3. O latrocínio (CP, art. 157, § 3º, *in fine*) é crime complexo, formado pela união dos crimes de roubo e homicídio, pressupõe em conexão consequencial ou teleológica e com *animus necandi*. Estes crimes perdem a autonomia quando compõem o crime complexo de latrocínio, cuja consumação exige a execução da totalidade do tipo. Nesse diapasão, em tese, para haver a consumação do crime complexo, necessitar-se-ia da consumação da subtração e da morte, contudo os bens jurídicos patrimônio e vida não possuem igual valoração, havendo prevalência deste último, conquanto o latrocínio seja classificado como crime patrimonial. Por conseguinte, nos termos da Súmula 610 do STF, o fator determinante para a consumação do latrocínio é a ocorrência do resultado morte, sendo despicienda a efetiva inversão da posse do bem (...)" (HC 226.359/DF, Rel. Min. Ribeiro Dantas, Quinta Turma, j. 02.08.2016, *DJe* 12.08.2016). ED
Gabarito "A".

(Delegado – PC/RS – FUNDATEC – 2018) Analise a seguinte situação hipoteticamente descrita:

Ratão e Cara Riscada, foragidos do sistema prisional gaúcho, dirigiram-se a uma pacata cidade no interior do Estado. Lá chegando, por volta das 11 horas, invadiram uma residência, aleatoriamente, e anunciaram o assalto à Mindinha, faxineira, que estava sozinha na casa. Amarraram a vítima, trancando-a em um dos quartos do imóvel. Os dois permaneceram por aproximadamente 45 minutos no local, buscando objetos e valores. Quando já estavam saindo, carregando um cofre, ouviram um barulho, que identificaram como sendo uma sirene de viatura policial. Temendo serem presos, empreenderam fuga, sem nada levar. Assim que percebeu o silêncio na

casa, Mindinha tentou se desamarrar, porém, acabou se lesionando gravemente, ao tentar fazer uso de uma faca, para soltar a corda que a prendia. Socorrida a vítima e acionada a Polícia Civil, restou esclarecido que a sirene supostamente ouvida pelos assaltantes era a sineta de encerramento de aula de uma escola situada ao lado da residência. Os autores do crime foram descobertos em seguida, já que não conheciam a cidade e acabaram chamando a atenção dos moradores.

Assinale a alternativa que corresponde à melhor tipificação a ser atribuída a Ratão e Cara Riscada.

(A) Roubo tentado qualificado pela lesão corporal grave sofrida pela vítima.

(B) Roubo tentado qualificado pela lesão corporal grave e majorado pelo concurso de agentes e restrição da liberdade da vítima.

(C) Roubo tentado majorado por concurso de agentes e restrição da liberdade da vítima.

(D) Ambos não responderão pelo crime de roubo, pois ocorreu aquilo que a doutrina compreende como sendo uma desistência voluntária pelos agentes.

(E) De acordo com a doutrina, pode-se dizer que, diante da ocorrência de um obstáculo erroneamente suposto, ambos respondem por tentativa abandonada ou qualificada.

Segundo pensamos, o crime praticado pelos agentes, na hipótese narrada no enunciado, alcançou a consumação, segundo entendimento hoje sedimentado nos tribunais superiores, inclusive com a edição de súmula pelo STJ. Com efeito, em regressão garantista, os tribunais superiores consolidaram o entendimento segundo o qual o crime de roubo se consuma com a mera inversão da posse do bem mediante emprego de violência ou grave ameaça, independente da posse pacífica e desvigiada da coisa pelo agente. *Vide*, nesse sentido: STF, HC 96.696, Rel. Min. Ricardo Lewandowski. Confirmando esse entendimento, o STJ editou a Súmula 582: "Consuma-se o crime de roubo com a inversão da posse do bem mediante emprego de violência ou grave ameaça, ainda que por breve tempo e em seguida à perseguição imediata ao agente e recuperação da coisa roubada, sendo prescindível a posse mansa e pacífica ou desvigiada". De outro lado, a lesão experimentada por Mindinha, que se cortou ao tentar se desamarrar da corda que lhe foi colocada para imobilizá-la, não pode ser atribuída aos roubadores. É que o roubo qualificado pela lesão corporal grave (art. 157, § 3º, I, do CP) tem como pressuposto o fato de este resultado qualificador resultar da violência empregada. Cuida-se de roubo (a nosso ver consumado) majorado pelo concurso de pessoas e pela restrição da liberdade da vítima (art. 157, § 2º, II e V, do CP). ED
Gabarito "C".

(Delegado – PC/RS – FUNDATEC – 2018) Em relação aos crimes contra o patrimônio, assinale a alternativa correta, de acordo com entendimento majoritário na doutrina e jurisprudência dos tribunais superiores.

(A) Tadeuzinho, menor, subtraiu uma bicicleta de alto valor comercial. Após pintá-la, vendeu-a para Espertinhus, contando a respeito da origem ilícita do objeto. Nessa hipótese, não está configurada a receptação, porque o tipo penal exige que a coisa adquirida seja produto de crime anterior e não de ato infracional, como é o caso.

(B) Astolfo, proprietário de um açougue clandestino, adquiriu, para vender em seu estabelecimento comercial, diversos bois abatidos, que deveria saber serem produto de subtração. Carneiro Ticiani, agro-

1. DIREITO PENAL

pecuarista, nesta condição, adquiriu uma carga de gado nelore, que deveria saber ser produto de furto. Este responderá pelo crime de receptação de animal semovente de produção, com pena de reclusão de 02 a 05 anos e multa. Aquele responderá pelo crime de receptação qualificada, com pena de reclusão de 03 a 08 anos e multa.

(C) Ligeirinhus subtraiu a bolsa de Maria Sussa, enquanto ela dormia, em um ônibus interurbano. Assim agindo, praticou o crime de roubo mediante violência imprópria, porque se aproveitou de situação na qual a vítima não possuía qualquer capacidade de resistência.

(D) Folgadus, imputável, subtraiu o talão de cheques de seu pai, 59 anos, preencheu uma cártula, assinou-a e efetuou vultosas compras em estabelecimento comercial. Folgadus não responde, em tese, por nenhum crime, em função da regra de imunidade absoluta, prevista no artigo 181 do Código Penal.

(E) Santina, 60 anos, conheceu Larapius pela internet, passando a manter com ele relacionamento amoroso. Alegando dificuldades financeiras, Larapius pediu que Santina depositasse para ele elevada quantia em dinheiro, para que pudesse ir até ela. Após o depósito, o perfil da rede social foi desativado e Santina descobriu que tinha sido vítima de um scam amoroso. A conduta de Larapius se amolda ao crime de estelionato majorado, por ter sido praticado contra idosa.

A: incorreta. Ainda que o fato anterior seja praticado por um menor (ato infracional), mesmo assim restará configurado o crime de receptação (art. 180, § 4º, CP). O importante é que o ato infracional seja equiparado a crime; se for equiparado a contravenção, não haverá a receptação; **B:** incorreta, na medida em que ambos, à luz do princípio da especialidade, deverão ser responsabilizados pelo cometimento do crime definido no art. 180-A do CP (receptação de animal); **C:** incorreta. Ligeirinhus, que se aproveitou do fato de a vítima estar dormindo para subtrair-lhe a bolsa, deverá responder por crime de furto, e não de roubo com violência impróprio (art. 157, *caput, in fine*, CP), que pressupõe que o agente se valha de expediente, que não a violência ou grave ameaça, para vencer a capacidade de resistência da vítima. É o que ocorre, por exemplo, quando o sujeito coloca sonífero na bebida da vítima para subtrair seus pertences enquanto ela está inconsciente. Não foi isso que aconteceu no caso narrado na alternativa. O agente se valeu do fato de a vítima estar dormindo. Nada fez para vencer a sua capacidade de resistência; **D:** incorreta. Isso porque, embora Folgadus tenha cometido crime contra o seu pai, ele não será, por força do art. 181, II, do CP, responsabilizado por tal fato (o fato não é punível). Em outras palavras, o fato, embora típico, antijurídico e culpável, não é punível, dada a existência da escusa absolutória do art. 181, II, do CP; **E:** correta (art. 171, § 4º, do CP). 🔲
Gabarito "E".

(Escrivão – PC/MG – FUMARC – 2018) Ao anoitecer de 28 de abril de 2017, o funcionário público municipal Mário Pança, ao sair da prefeitura de Passárgada, onde trabalha, encontra um pacote contendo cerca de R$ 20.000,00 (vinte mil reais) em notas de R$ 100,00. Feliz com a possibilidade de saldar todas as suas dívidas, leva tal numerário para casa e, no dia seguinte, procura seus credores, saldando um a um. Marta Rochedo, que havia perdido tal numerário, procura a Delegacia de Polícia local pedindo providências a respeito. Os policiais civis realizam investigações, conseguindo apurar que Mário Pança havia encontrado tal numerário, dando cabo de suas dívidas com o mesmo. Diante de tal enunciado, a opção em que se enquadra a conduta praticada por Mário Pança é:

(A) Apropriação indébita de coisa alheia achada.

(B) Furto privilegiado.

(C) Furto simples.

(D) Peculato apropriação.

Mário Pança, por não haver restituído determinado valor em espécie que foi por ele encontrado, deverá ser responsabilizado pelo delito do art. 169, parágrafo único, II, do CP. É típico exemplo do que a doutrina convencionou chamar de *crime a prazo*, que é aquele cuja consumação está condicionada ao transcurso de um interregno. O legislador, aqui, introduziu um elemento temporal, necessário ao aperfeiçoamento do crime. Dessa forma, o agente que encontrar coisa perdida dispõe do prazo de quinze dias para devolvê-la ao proprietário ou possuidor, ou ainda para entregá-la à autoridade; não o fazendo neste prazo, estará consumado o crime. 🔲
Gabarito "A".

(Escrivão – PC/MG – FUMARC – 2018) A respeito dos crimes contra o patrimônio, considere as afirmativas a seguir.

I. O delito de furto pressupõe o dissenso da vítima, devendo ainda ser praticado na ausência desta, pois, do contrário, será crime de roubo.

II. O agente que, durante a prática do crime de furto, ao ser surpreendido pela vítima, logo depois de subtraída a coisa, empregar grave ameaça, a fim de assegurar a detenção da coisa para si, responderá pelo crime de furto e também pelo crime de ameaça.

III. O agente que, simulando ser manobrista de estacionamento, recebe o veículo do cliente para estacioná-lo e, ao invés disso, vende o carro para terceira pessoa, comete o delito de estelionato.

IV. Se o agente é primário e é de pequeno valor a coisa furtada, haverá o chamado furto privilegiado e, neste caso, o juiz pode substituir a pena de reclusão pela de detenção, diminuí-la de um a dois terços, ou aplicar somente a pena de multa.

Assinale a alternativa correta.

(A) Somente as afirmativas I e II são corretas.

(B) Somente as afirmativas I e IV são corretas.

(C) Somente as afirmativas III e IV são corretas.

(D) Somente as afirmativas I, II e III são corretas.

(E) Somente as afirmativas II, III e IV são corretas.

I: incorreta. Para configuração do crime de furto, pouco importa se a vítima se faz presente ou está ausente ao ato onde se deu a subtração. Imaginemos a situação em que o ofendido tem a sua carteira, que portava, subtraída de seu bolso. Ademais, o que diferencia, *grosso modo*, o furto do roubo é o meio empregado no cometimento do delito. No caso do roubo, como bem sabemos, o agente, para atingir a consumação, se vale de violência ou grave ameaça, o que não ocorre no furto; **II:** incorreta, uma vez que a assertiva contém a descrição típica do crime de roubo *impróprio* (e não de furto ou mesmo de roubo próprio), em que o agente, logo em seguida à subtração da coisa, é levado, para assegurar a sua impunidade ou a detenção da *res*, a empregar violência ou grave ameaça (art. 157, § 1º, do CP); o roubo próprio, que é a modalidade mais comum desse crime, se dá quando a violência ou grave ameaça é empregada com o fim de retirar os bens da vítima. Em outras palavras, a violência ou a grave ameaça, no roubo próprio, constitui meio para o agente chegar ao seu objetivo, que é o de efetuar a subtração. O roubo impróprio se consuma com o emprego da violência ou grave ameaça; já o roubo próprio alcança a sua consumação com a inversão da posse do bem mediante violência ou grave ameaça (Súmula 582, STJ); **III:** correta. A questão exige que o candidato saiba a distinção entre os crimes de estelionato, apropriação indébita e furto, que, a depender do caso concreto, é bastante tênue. No crime capitulado no art. 171 do CP (estelionato), a vítima, ludibriada, induzida em erro pelo agente, a este entrega o objeto material do delito. É exatamente este o caso narrado na proposição. O proprietário entrega seu veículo a pessoa que acredita ser o manobrista do estacionamento e, depois, vem a saber que se tratava de um larápio. Neste caso, a vítima somente entregou seu veículo porque foi induzida a erro pelo agente, que se passou por manobrista do estacionamento. Perceba que, no estelionato, o dolo é anterior à entrega do bem. Já no crime de apropriação indébita – art. 168, CP a situação é bem outra. Neste caso, diferentemente do estelionato, o dolo é subsequente à posse; no estelionato, como já dissemos, é antecedente. Em outras palavras, o agente, na apropriação indébita, tem, sempre de forma legítima, a posse ou a detenção da *res* e, em determinado momento, inverte essa posse e passa a portar-se como se dono fosse, negando-se a restitui-la a quem de direito. Já o crime de furto pressupõe que haja subtração, o que não ocorreu no caso em questão; **IV:** correta, pois retrata o disposto no art. 155, § 2º, do CP. ED

Gabarito "C".

(Investigador – PC/ES – Instituto AOCP – 2019) Em relação ao crime de furto, é correto afirmar que

(A) a pena é aumentada de um terço se a subtração for de semovente domesticável de produção, ainda que abatido ou dividido em partes no local da subtração.

(B) se o criminoso é primário e é de pequeno valor a coisa furtada, o juiz pode isentar o agente de pena.

(C) não se equipara à coisa móvel a energia elétrica.

(D) o furto é qualificado se o crime for cometido com destruição ou rompimento de obstáculo à subtração da coisa.

(E) a pena é aumentada de três quintos se a subtração for de veículo automotor que venha a ser transportado para outro Estado ou para o exterior.

A: incorreta, já que se trata de hipótese de qualificadora (a pena cominada é elevada para 2 a 5 anos de reclusão), e não causa de aumento de pena. É o que estabelece o art. 155, § 6º, CP; **B:** incorreta. Se o criminoso é primário e a coisa furtada é de pequeno valor, poderá o juiz substituir a pena de reclusão por detenção; diminui-la de um a dois terços; ou aplicar somente a pena de multa (art. 155, § 2º, CP). É-lhe vedado, portanto, por falta de amparo legal, isentar o agente de pena; **C:** incorreta, na medida em que a energia elétrica, por expressa disposição do art. 155, § 3, CP, equipara-se à coisa móvel; **D:** correta (art. 155, § 4º, I, CP); **E:** incorreta. Neste caso, a pena cominada é de reclusão de 3 a 8 anos (art. 155, § 5º, CP). É hipótese, portanto, de qualificadora, e não de causa de aumento de pena. ED

Gabarito "D".

(Investigador – PC/ES – Instituto AOCP – 2019) Considerando o que dispõe o Código Penal, o crime de dano é qualificado se cometido

(A) durante o repouso noturno.

(B) mediante concurso de duas ou mais pessoas.

(C) com destreza.

(D) com escalada.

(E) por motivo egoístico.

Dentre as qualificadoras do delito de dano, está aquela em o delito é praticado por motivo egoístico (art. 163, parágrafo único, IV, CP). O repouso noturno, a que faz referência a alternativa "A", constitui causa de aumento de pena do crime de furto (art. 155, § 1º, CP); as demais alternativas contemplam hipóteses de qualificadora do crime de furto (art. 155, § 4º, CP). ED

Gabarito "E".

(Investigador – PC/ES – Instituto AOCP – 2019) Em relação aos crimes contra o patrimônio, assinale a alternativa correta.

(A) É isento de pena o agente que pratica o crime de roubo contra seu cônjuge, na constância da sociedade conjugal.

(B) É isento de pena o agente que pratica o crime de furto em prejuízo de seu cônjuge, que possui 50 anos de idade, na constância da sociedade conjugal.

(C) A pena do delito de receptação é reduzida de um a dois terços se o crime for praticado contra descendente, seja o parentesco legítimo ou ilegítimo.

(D) A pena do delito de furto é aumentada de um terço se o crime for praticado em prejuízo do cônjuge, na constância da sociedade conjugal.

(E) É isento de pena quem pratica o crime de extorsão em prejuízo do cônjuge judicialmente separado.

A: incorreta. A isenção de pena referente aos crimes patrimoniais não alcança o roubo (art. 183, I, CP). Assim, o cônjuge que, na constância do casamento, praticar roubo contra o outro será responsabilizado normalmente; **B:** correta. Neste caso, o cônjuge fará jus à escusa absolutória do art. 181, I, do CP, já que o crime patrimonial em que incorreu (furto) é desprovido de grave ameaça ou violência contra a pessoa (art. 183, I, CP) e a vítima ainda não atingiu 60 anos (art. 183, III, CP), circunstâncias que excluiriam a incidência da escusa absolutória do art. 181, I, do CP; **C:** incorreta. Sendo o crime de receptação praticado contra descendente (ou ascendente), o agente estará isento de pena, nos termos do art. 181, II, do CP; **D:** incorreta. Se o crime de furto, que é desprovido de violência (contra pessoa) ou grave ameaça, for praticado pelo cônjuge contra o outro, na constância da sociedade conjugal, o autor do delito estará isento de pena (art. 181, I, CP); **E:** incorreta, uma vez que o crime de extorsão foi excepcionado pelo art. 183, I, do CP, de forma que, em relação a ele, não terá incidência os arts. 181 e 182 do CP. Tal restrição também ocorre em relação ao roubo e aos crimes praticados com grave ameaça ou violência contra a pessoa. ED

Gabarito "B".

(Investigador – PC/ES – Instituto AOCP – 2019) Assinale a alternativa INCORRETA.

(A) A pena do delito de roubo é aumentada de dois terços se há destruição ou rompimento de obstáculo mediante o emprego de explosivo ou de artefato análogo que cause perigo comum.

(B) A pena do delito de roubo é aumentada de um terço até a metade, se há o concurso de duas ou mais pessoas.

(C) A pena do delito de furto é aumentada de um terço se houver emprego de explosivo ou de artefato análogo que cause perigo comum.

(D) Se o delito de extorsão é cometido por duas ou mais pessoas, ou com emprego de arma, é aumentada a pena de um terço até a metade.

(E) A pena do delito de apropriação indébita é aumentada de um terço quando o agente recebeu a coisa em depósito necessário.

A: correta. Trata-se de inovação promovida por meio da Lei 13.654/2018, que, entre outras modificações, introduziu no art. 157 do CP o § 2º-A, que contempla duas causas de aumento de pena: emprego de arma de fogo (antes prevista no § 2º, I); e destruição ou rompimento de obstáculo mediante o emprego de explosivo ou de artefato análogo que cause perigo comum (hipótese da alternativa); **B:** correta (causa de aumento prevista no art. 157, § 2º, II, CP); **C:** incorreta. Trata-se de modalidade qualificada, e não de causa de aumento de pena, tal

1. DIREITO PENAL

como se dá no crime de roubo. No furto, o emprego de explosivo ou de artefato análogo que cause perigo comum elevará os patamares da pena cominada de 1 a 4 anos (modalidade simples) para 4 a 10 anos (art. 155, § 4-A, CP). Tal qualificadora foi também introduzida pela Lei 13.654/2018. Por força da Lei 13.964/2019 (Pacote Anticrime), esta forma qualificada do crime de furto ganhou o rótulo de hediondo (art. 1º, IX, Lei 8.072/1990); **D:** correta (art. 158, § 1º, CP); **E:** correta, pois corresponde à causa de aumento de pena prevista no art. 168, § 1º, I, do CP. `ED`
Gabarito "C".

(Agente-Escrivão – Acre – IBADE – 2017) Sobre o crime de receptação, é correto afirmar que:

(A) aquele que encomenda a prática de crime patrimonial prévio não responde por receptação ao receber para si o produto do crime.

(B) não é possível a receptação que tenha como crime prévio uma outra receptação.

(C) cuida-se de crime subsidiário ao delito de favorecimento real.

(D) a receptação qualificada admite a modalidade culposa.

(E) majoritariamente, entende-se que, se a infração penal prévia for um ato infracional, não há receptação, pois esta tem como objeto material o produto de um crime.

A: correta. Aquele que encomenda o cometimento de um crime patrimonial, furto ou roubo, por exemplo, será considerado partícipe neste, e não receptador do produto do crime contra o patrimônio. Ensina Guilherme de Souza Nucci *que o sujeito que foi coautor ou partícipe do delito antecedente, por meio do qual obteve a coisa, não reponde por receptação, mas somente pelo que anteriormente cometeu* (*Código Penal Comentado*, 13. ed., p. 902); **B:** incorreta. É perfeitamente possível que o crime anterior, do qual depende a configuração da receptação, seja outra receptação. O que a lei exige é que a coisa seja produto de crime, aqui incluída, por óbvio, a receptação; **C:** incorreta, já que não há que se falar em relação de subsidiariedade entre os crimes de receptação e favorecimento real. O favorecimento real (art. 349, CP), que é crime contra a Administração da Justiça, pressupõe por parte do sujeito ativo a prática de uma conduta voltada a beneficiar somente o criminoso. Na receptação (art. 180, CP), que é crime contra o patrimônio, a conduta do agente é voltada à obtenção de vantagem em benefício deste ou de terceiro, e não do criminoso; **D:** incorreta. A receptação qualificada (art. 180, § 1º, do CP) não admite a modalidade culposa, prevista no art. 180, § 3º, do CP; **E:** incorreta. É tranquilo o entendimento segundo o qual a receptação se configura na hipótese de o fato anterior ser representado por um ato infracional. `ED`
Gabarito "A".

(Agente-Escrivão – Acre – IBADE – 2017) Desejando roubar um estabelecimento comercial, Celidônio rouba primeiramente um carro, deixando-o ligado em frente ao estabelecimento para a facilitação de sua fuga. Quando Celidônio se afasta, Arlindo casualmente passa pelo local e, vendo o veículo ligado, opta por subtraí-lo, dirigindo ininterruptamente até ingressar em outro Estado da Federação. Nesse contexto, é correto falar que Arlindo cometeu crime de:

(A) furto.
(B) roubo.
(C) receptação.
(D) roubo majorado.
(E) furto qualificado.

O fato de Arlindo ter subtraído veículo que, antes disso, fora roubado não elide a configuração do delito de furto. Sucede que, ao subtrair o veículo, Arlindo dirige até alcançar outro Estado da Federação, incorrendo, assim, na modalidade qualificada deste crime, prevista no art. 155, § 5º, do CP, que assim dispõe: *A pena é de reclusão de 3 (três) a 8 (oito) anos, se a subtração for de veículo automotor que venha a ser transportado para outro Estado ou para o exterior.* `ED`
Gabarito "E".

(Escrivão – AESP/CE – VUNESP – 2017) No crime de furto, caracteriza-se como causa de aumento de pena, mas não qualificadora do crime:

(A) a prática do crime com destruição ou rompimento de obstáculo à subtração da coisa.

(B) a prática do crime com abuso de confiança, ou mediante fraude, escalada ou destreza.

(C) a prática do crime com emprego de chave falsa.

(D) a prática do crime mediante concurso de duas ou mais pessoas.

(E) a prática do crime durante o repouso noturno.

A única alternativa que contempla hipótese de causa de aumento de pena do crime de furto é a "E", que corresponde ao chamado *furto noturno* (art. 155, § 1º, do CP). Neste caso, a pena será aumentada de um terço. As demais assertivas se referem às qualificadoras do delito de furto (art. 155, § 4º, do CP). `ED`
Gabarito "E".

(Investigador-Escrivão-Papiloscopista – Pará – Funcab – 2016) A fim de subtrair pertences de Bartolomeu, Marinalda coloca barbitúricos em sua bebida, fazendo-o desfalecer. Em seguida, a mulher efetiva a subtração e deixa o local, sendo certo que o lesado somente vem a acordar algumas horas depois. Nesse contexto, é correto afirmar que Marinalda praticou crime de:

(A) estelionato.
(B) extorsão.
(C) roubo.
(D) apropriação indébita.
(E) furto qualificado.

Além da violência e da grave ameaça, também constitui meio para o cometimento do crime de roubo o emprego de qualquer outro expediente apto a reduzir a vítima à impossibilidade de resistência (art. 157, "caput", parte final: (...) *ou depois de havê-la, por qualquer meio, reduzido à impossibilidade de resistência*). É bem esse o caso narrado no enunciado, em que o agente, desejando subtrair pertences da vítima, coloca em sua bebida substância, normalmente um sonífero, capaz de vencer a sua resistência e, assim, viabilizar a subtração de bens. A doutrina se refere a este meio de execução do delito de roubo como *violência imprópria*. `ED`
Gabarito "C".

(Escrivão – Pernambuco – CESPE – 2016) Acerca de crimes contra a pessoa e contra o patrimônio, assinale a opção correta.

(A) O juiz poderá deixar de aplicar a pena ao autor que tenha cometido crime de roubo contra ascendente por razões de política criminal, concedendo-lhe o perdão judicial.

(B) Situação hipotética: João sequestrou Sandra e exigiu de sua família o pagamento do resgate. Após manter a vítima em cárcere privado por uma semana, João a libertou, embora não tenha recebido a quantia exigida como pagamento. Assertiva: Nessa situação, está configurado o crime de extorsão mediante sequestro qualificado.

(C) Situação hipotética: Maria, Lúcia e Paula furtaram medicamentos em uma farmácia, sem que o vendedor percebesse, tendo sido, contudo, flagradas pelas câmeras de segurança. Assertiva: Nessa situação, Maria, Lúcia e Paula responderão pelo crime de furto simples.

(D) Situação hipotética: Alexandre adquiriu mercadorias em um supermercado e pagou as compras com um cheque subtraído de terceiro. No caixa, Alexandre apresentou-se como titular da conta corrente, preencheu e falsificou a assinatura na cártula. Assertiva: Nessa situação, Alexandre responderá pelo crime de furto mediante fraude.

(E) Situação hipotética: Na tentativa de subtrair o veículo de Paulo, José desferiu uma facada em Paulo e saiu correndo do local, sem levar o veículo, após gritos de socorro da vítima e da recusa desta em entregar-lhe as chaves do carro. Paulo faleceu em decorrência do ferimento. Assertiva: Nessa situação, José responderá pelo crime de homicídio doloso qualificado pelo motivo fútil.

A: incorreta. Isso porque a imunidade (escusa absolutória) referida no art. 181, II, do CP não alcança os crimes de roubo e extorsão, na forma estatuída no art. 183, I, do CP. Por isso, o agente que cometer crime de roubo contra ascendente por ele responderá normalmente; se, de outro lado, o delito de que foi vítima o ascendente for, por exemplo, o de furto ou apropriação indébita, fará jus o agente à escusa absolutória contemplada no art. 181, II, do CP, isto é, embora se trate de fato típico, antijurídico e culpável, por razões de política criminal, o agente por ele não será punido; **B:** correta. Cuida-se de crime formal, razão pela qual a sua consumação é alcançada no exato instante em que a vítima é privada de sua liberdade pelo agente, ou seja, no momento em que é capturada. O pagamento do resgate, se vier a acontecer, é irrelevante para o fim de aperfeiçoar a conduta descrita no tipo penal. Constitui, assim, mero exaurimento, que nada mais é do que o desdobramento típico posterior à consumação do delito. Pois bem. Fica claro, pela narrativa contida na assertiva, que o delito de que foi vítima Sandra se consumou (ela foi arrebatada e permaneceu em poder do sequestrador por uma semana). Além disso, por conta do período em que ela permaneceu em cativeiro (uma semana), João incidirá na qualificadora do crime de extorsão mediante sequestro (art. 159, § 1°, do CP), que estabelece que a pena cominada será de 12 a 20 anos de reclusão na hipótese, entre outras, de o sequestro durar mais de vinte e quatro horas; **C:** incorreta. Em princípio, Maria, Lúcia e Paula deverão ser responsabilizadas pelo cometimento do crime de furto qualificado pelo concurso de duas ou mais pessoas (art. 155, § 4°, IV, do CP). Reputo oportuno que façamos algumas considerações sobre o chamado *furto sob vigilância, que* pode, em determinadas situações, a depender do caso concreto, caracterizar *crime impossível* pela *ineficácia absoluta do meio* (art. 17 do CP). É o caso, por exemplo, do agente que, desde o momento em que ingressa no supermercado, passa a ser permanentemente vigiado por sistema de câmeras e também por seguranças, que ficam o tempo todo no seu encalço. Não há, neste caso, a menor possibilidade de o crime consumar-se. Isso não quer dizer que a existência, por si só, de sistema de segurança por câmeras elimine a possibilidade de o crime chegar à sua consumação. É perfeitamente plausível que o agente se aproveite de determinado ângulo de monitoramento em que a subtração não é visualizada pelo sistema de câmeras. Dessa forma, a ineficácia do meio deve ser avaliada caso a caso. Nesse sentido: STF, HC 110.975-RS, 1ª T., rel. Min. Carmen Lúcia, 22.05.2012. Consagrando esse entendimento, o STJ editou a Súmula 567: "Sistema de vigilância realizado por monitoramento eletrônico ou por existência de segurança

no interior de estabelecimento comercial, por si só, não torna impossível a configuração do crime de furto". Pelos dados fornecidos na assertiva, não é possível afirmar se o sistema de câmeras da farmácia seria ou não apto a impossibilitar o crime de furto ali perpetrado; **D:** incorreta. Deve-se afastar, de pronto, a prática do crime de furto na medida em que não houve subtração das mercadorias do supermercado. No *furto mediante fraude* (art. 155, § 4°, II, do CP), a fraude é aplicada com o propósito de iludir a vigilância da vítima, para, assim, viabilizar a subtração da *res*. O ofendido, em verdade, nem percebe que a coisa lhe foi subtraída. Este crime é comumente confundido com o *estelionato*, este previsto no art. 171, "*caput*", do CP. Neste, a situação é bem outra. A vítima, ludibriada, enganada, entrega ao agente a coisa. A fraude é anterior ao apossamento e inexiste subtração. Foi, pois, o que se deu com Alexandre, que, utilizando-se dos dados de outra pessoa (engodo), obteve, em seu benefício, vantagem indevida (mercadorias) em prejuízo de outrem. Incorreu, assim, no crime do art. 171, "caput", do CP; **E:** incorreta. Devemos, aqui, atentar para o fato de a morte de Paulo haver resultado da violência contra ele empregada por José, cujo propósito era subtrair o veículo da vítima. Ou seja: a intenção original de José não era a de matar ou ainda ferir Paulo, mas de subtrair o veículo deste. A morte, repita-se, decorreu da violência empregada para o fim de subtrair. Assim, o crime por ele praticado não é o de homicídio, mas sim o de latrocínio (roubo seguido de morte – art. 157, § 3°, II, do CP), que é delito contra o patrimônio, a despeito da morte da vítima. A segunda questão que se coloca é saber se o latrocínio, a despeito de a subtração não ter sido concluída, se consumou ou não. Resposta: o crime se consumou, sim. Vejamos. No roubo, temos que, se ocorrer morte e a subtração consumar-se, há latrocínio consumado; se ocorrer morte e subtração tentados, há latrocínio tentado. Até aqui, não há divergência na doutrina nem na jurisprudência. No entanto, na hipótese de haver morte, mas a subtração não se consumar (é o caso aqui tratado), há diversas correntes doutrinárias. No STF, o entendimento é no sentido de que tal hipótese configura latrocínio consumado, conforme Súmula 610, a seguir transcrita: "Há crime de latrocínio, quando o homicídio se consuma, ainda que não realize o agente a subtração de bens da vítima". **ED**

Gabarito "B".

(Investigador/SP – 2014 – VUNESP) Nos termos do Código Penal, assinale a alternativa que contenha apenas crimes contra o patrimônio.

(A) Homicídio; estelionato; extorsão.

(B) Estelionato; furto; roubo.

(C) Dano; estupro; homicídio.

(D) Furto; roubo; lesão corporal.

(E) Extorsão; lesão corporal; dano.

A: incorreta. O homicídio (art. 121, CP) é crime contra a pessoa (Título I da Parte Especial do Código Penal); **B:** correta. De fato, estelionato (art. 171, CP), furto (art. 155, CP) e roubo (art. 157, CP) estão inseridos no Título II da Parte Especial do Código Penal, que trata dos crimes patrimoniais; **C:** incorreta, pois o estupro (at. 213, CP) é crime contra a dignidade sexual (Título VI da Parte Especial do Código Penal) e o homicídio (art. 121, CP) é crime contra a pessoa (Título I da Parte Especial do Código Penal). Já o dano (art. 163, CP), de fato, é crime patrimonial; **D:** incorreta. Embora furto (art. 155, CP) e roubo (art. 157, CP) sejam crimes contra o patrimônio, a lesão corporal (art. 129, CP) é crime contra a pessoa; **E:** incorreta. Extorsão (art. 158, CP) e dano (art. 163, CP) são crimes patrimoniais. Porém, a lesão corporal (art. 129, CP) é crime contra a pessoa.

Gabarito "B".

(Escrivão/SP – 2014 – VUNESP) Qualifica o crime de furto, nos termos do art. 155, § 4.° do CP, ser o fato praticado

(A) em local ermo ou de difícil acesso.

(B) contra ascendente ou descendente.

(C) durante o repouso noturno.

(D) com abuso de confiança.

(E) mediante emprego de arma de fogo.

O furto será considerado qualificado, com pena de reclusão de dois a oito anos, e multa, nos termos do art. 155, § 4º, do CP, quando praticado: I – com destruição ou rompimento de obstáculo à subtração da coisa; II – com abuso de confiança, ou mediante fraude, escalada ou destreza; III – com emprego de chave falsa; IV – mediante concurso de duas ou mais pessoas. Também será qualificado referido crime quando se tratar de subtração de veículo automotor que venha a ser transportado para outro Estado ou para o exterior (art. 155, § 5º, CP – pena de reclusão de três a oito anos). Portanto, incorretas as alternativas A, B e E. Destaque-se que se o furto for praticado durante o repouso noturno (alternativa C), não estaremos diante de figura qualificada, mas, sim, com pena majorada (causa de aumento de um terço – art. 155, § 1º, CP). Vale o registro de que a Lei 13.330/2016 introduziu no art. 155 do CP o § 6º e estabeleceu nova modalidade de furto qualificado, que restará caracterizado na hipótese de a subtração for de semovente domesticável de produção, ainda que abatido ou dividido em partes no local da subtração. Mais recentemente, a Lei 13.654/2018 inseriu no art. 155 do CP os §§ 4º-A e 7º, que estabeleceram duas novas modalidades de qualificadoras incidentes ao delito de furto: i) se, no cometimento deste delito, for empregado explosivo ou artefato análogo que gere perigo comum (§ 4º-A); ii) se o objeto material do delito de furto for substância explosiva ou acessório que, conjunta ou isoladamente, possibilite sua fabricação, montagem ou emprego (§ 7º).
Gabarito "D".

(Agente de Polícia Civil/RO – 2014 – FUNCAB) Assinale a alternativa correta. O crime de latrocínio está disposto no Código Penal no título dos crimes contra:

(A) a propriedade imaterial.

(B) a periclitação da vida.

(C) a pessoa.

(D) o patrimônio.

(E) a vida.

O latrocínio, previsto no art. 157, § 3º, II, do CP, está disposto no título dos crimes contra o patrimônio (Título II, Capítulo II, da Parte Especial do Código Penal). A "pegadinha", visto que o latrocínio é também conhecido como "roubo seguido de morte", é o candidato ser levado a assinalar a alternativa E. O latrocínio é considerado um crime pluriofensivo, ou seja, a um só tempo ofende dois bens jurídicos (patrimônio e vida).
Gabarito "D".

(Escrivão de Polícia/BA – 2013 – CESPE) No que se refere a crimes contra o patrimônio, julgue os itens subsequentes.

(1) Para a configuração do crime de roubo mediante restrição da liberdade da vítima e do crime de extorsão com restrição da liberdade da vítima, nominado de sequestro relâmpago, é imprescindível a colaboração da vítima para que o agente se apodere do bem ou obtenha a vantagem econômica visada.

(2) Considere a seguinte situação hipotética. Heloísa, maior, capaz, em conluio com três amigos, também maiores e capazes, forjou o próprio sequestro, de modo a obter vantagem financeira indevida de seus familiares. Nessa situação, todos os agentes responderão pelo crime de extorsão simples.

(3) O reconhecimento do furto privilegiado é condicionado ao valor da coisa furtada, que deve ser pequeno, e à primariedade do agente, sendo o privilégio um direito subjetivo do réu.

1: errada. No crime de roubo majorado pela restrição da liberdade da vítima (art. 157, § 2º, V, CP), o comportamento ou colaboração da vítima é absolutamente dispensável para que o agente consiga alcançar seu intento, qual seja, o de subtrair coisa alheia móvel, diversamente do que ocorre na extorsão (art. 158, CP), que, de fato, exige que a vítima, após ser constrangida pelo agente, mediante grave ameaça ou violência, pratique determinado comportamento, sem o qual a obtenção da vantagem não poderá ser alcançada pelo extorsionário (ex.: digitação ou fornecimento de senha para saque de valores em caixa de banco); **2:** correta. A conduta de Heloísa e de seus três amigos se subsume ao crime de extorsão simples (art. 158, *caput*, CP), não se cogitando de extorsão mediante sequestro (art. 159, CP). Afinal, não houve efetivo sequestro (privação de liberdade da vítima, cuja libertação estaria condicionada ao pagamento de resgate); **3:** correta. O furto privilegiado, previsto no art. 155, § 2º, CP, exige a combinação dos seguintes requisitos: i) primariedade do agente; ii) coisa furtada de pequeno valor. Preenchidos referidos requisitos, caberá ao magistrado reconhecer a figura privilegiada do crime, que, de acordo com doutrina e jurisprudência, é direito subjetivo do réu, ou seja, não pode ser pura e simplesmente recusada sua concessão por ato discricionário do julgador.
Gabarito 1E, 2C, 3C

(Escrivão de Polícia/MA – 2013 – FGV) O advogado Juarez, que se encontrava suspenso pela OAB em razão de diversas reclamações de clientes, contrata novo serviço profissional para dar início à ação cível respectiva, recebendo certa importância em dinheiro como honorários e para pagar as despesas processuais respectivas. Depois de vários meses sem dar qualquer notícia ao cliente, este descobre que o profissional nunca deu início à ação respectiva, tendo ficado com a quantia que se recusa a devolver.

Efetuado o registro próprio, Juarez deve responder:

(A) pelo crime de apropriação indébita (Art. 168 CP), tendo em tese direito à suspensão do processo;

(B) pelo crime de estelionato (Art. 171 CP), tendo em tese direito à suspensão do processo;

(C) pelo crime de apropriação indébita majorada (Art. 168, § 1º CP), com direito à suspensão do processo;

(D) pelo crime de apropriação indébita majorada (artigo 168 § 1º CP), sem direito à suspensão do processo;

(E) pelo crime de estelionato (Art. 171 CP), sem direito à suspensão do processo.

A, C e D: incorretas, pois, como se verá a seguir, o crime cometido por Juarez foi o de estelionato (art. 171 do CP), e não apropriação indébita (art. 168 do CP); **B:** correta. Considerando que o advogado Juarez encontrava-se suspenso do exercício profissional pela OAB, e, portanto, impossibilitado de praticar atividades privativas de advocacia (art. 1º da Lei 8.906/1994 – Estatuto da OAB), o fato de ter sido contratado por novo cliente, inclusive recebendo honorários e valores para pagamento de despesas processuais, constitui crime de estelionato. Afinal, não podendo intentar qualquer medida judicial, tendo em vista, repita-se, que se encontrava suspenso pela OAB, agiu com dolo desde o início (dolo antecedente ou dolo *ab initio*), obtendo vantagem ilícita em prejuízo alheio (art. 171 do CP). Situação diversa seria se, em pleno gozo de seu exercício profissional, sem qualquer restrição imposta pela OAB, tivesse recebido os valores para intentar a ação e, depois, decidisse por nada fazer. Nesse caso, poder-se-ia falar em apropriação indébita (art. 168 do CP), cujo dolo é denominado "subsequente" (a intenção de se apropriar do dinheiro do cliente ocorreu depois do recebimento, sem, contudo, a respectiva contraprestação, qual seja, o ajuizamento da ação para a qual foi contratado). Dado que o estelionato tem pena mínima de 1 (um) ano, será cabível a suspensão condicional do processo, nos

44 ARTHUR TRIGUEIROS E EDUARDO DOMPIERI

termos do art. 89 da Lei 9.099/1995; **E:** incorreta, pelas razões trazidas na parte final da alternativa anterior.

Gabarito "B".

(Escrivão de Polícia/GO – 2013 – UEG) Sobre os crimes contra o patrimônio, verifica-se que

(A) para o aperfeiçoamento do crime de receptação, necessária se faz a existência de anterior crime contra o patrimônio.

(B) no roubo próprio, a violência ou grave ameaça deve ser empregada depois da efetiva subtração do objeto.

(C) a simples relação de emprego ou hospitalidade não é bastante para configurar a majorante do abuso de confiança no crime de furto.

(D) no delito de apropriação indébita a reparação do dano antes do oferecimento da denúncia é causa de extinção da punibilidade.

A: incorreta. De fato, o crime de receptação é dito acessório, pois sua existência depende do cometimento de um crime anterior (basta ler o art. 180, *caput*, do CP – *Adquirir, receber, transportar, conduzir ou ocultar, em proveito próprio ou alheio, coisa que sabe ser produto de crime...*). No entanto, o tipo penal não exige que o "crime antecedente" seja, necessariamente, contra o patrimônio. Assim, exemplificando, cometerá receptação não somente o agente que adquirir, dolosamente, um computador furtado de uma loja (crime anterior patrimonial), mas, também, aquele que adquirir um computador que tenha sido apropriado indevidamente por um funcionário público que detinha a posse do bem em razão do cargo (crime anterior contra a administração pública); **B:** incorreta, pois, no roubo próprio, a violência ou grave ameaça deve ser empregada antes ou durante a subtração do bem, diferentemente do que ocorre no roubo impróprio, no qual referidos meios executórios serão empregados depois da subtração (art. 157, § 1º, do CP); **C:** correta. De acordo com a doutrina e jurisprudência, a qualificadora do "abuso de confiança" (art. 155, § 4º, II, do CP) pressupõe, de fato, que o agente e a vítima tenham uma ligação (amizade, parentesco, relações profissionais). Porém, a mera relação de emprego ou de hospitalidade entre ambos não bastará ao reconhecimento da qualificadora referida. Veja que a "confiança" exige mais do que simples vínculo empregatício (nem todo patrão confia piamente em seu empregado) ou hospitalidade (nem toda visita, ainda que durma em sua casa, é digna de plena confiança). Porém, é claro, haverá o reconhecimento do abuso de confiança no furto cometido por empregada doméstica que trabalha na mesma casa há 30 (trinta) anos, a qual tenha as chaves do imóvel cedidas pela patroa para que ingresse em sua ausência e durante viagens. Aqui, é certo, haverá depósito de confiança da vítima no agente, que a "trairá", subtraindo seus pertences; **D:** incorreta. A reparação do dano na apropriação indébita (art. 168 do CP), desde que antes do recebimento da denúncia, é causa de diminuição de pena (arrependimento posterior – art. 16 do CP). Situação diversa ocorreria no crime de peculato culposo (a reparação do dano, se precede a sentença irrecorrível, é causa de extinção da punibilidade, nos termos do art. 312, § 3º, do CP).

Gabarito "C".

(Investigador de Polícia/SP – 2013 – VUNESP) No que diz respeito aos crimes contra o patrimônio previstos no Código Penal, é correto afirmar que

(A) subtrair coisa móvel alheia, para si ou para outrem, mediante grave ameaça ou violência a pessoa, e mantendo a vítima em seu poder, restringindo sua liberdade, caracteriza o crime de extorsão mediante sequestro.

(B) o crime de furto é qualificado se praticado com destruição ou rompimento de obstáculo à subtração da coisa.

(C) sequestrar pessoa com o fim de obter, para si ou para outrem, qualquer vantagem, como condição ou preço do resgate, caracterizará o crime de roubo mediante sequestro se este durar menos do que 24 (vinte e quatro) horas.

(D) o crime de furto é qualificado se praticado durante o repouso noturno.

(E) quem acha coisa alheia perdida e dela se apropria, deixando de restituí-la ao dono ou legítimo possuidor ou de entregá-la à autoridade competente, dentro do prazo de 15 (quinze) dias, não comete crime se desconhece a identidade do proprietário do objeto.

A: incorreta, pois a conduta descrita na alternativa caracteriza o crime de roubo majorado pela restrição da liberdade da vítima (art. 157, § 2º, V, do CP); **B:** correta. De fato, se o furto for praticado mediante rompimento ou destruição de obstáculo à subtração da coisa, estaremos diante de furto qualificado (art. 155, § 4º, I, do CP); **C:** incorreta. Sequestrar alguém, com o fim de obter, para si ou para outrem, qualquer vantagem, como condição ou preço do resgate, caracteriza o crime de extorsão mediante sequestro (art. 159, *caput*, do CP), que será qualificado se a privação da liberdade da vítima durar mais de 24 (vinte e quatro) horas (art. 159, § 1º, do CP); **D:** incorreta. Se o furto for praticado durante o repouso noturno, a pena será aumentada em 1/3 (um terço), nos termos do art. 155, § 1º, do CP. Trata-se de causa de aumento de pena e não de qualificadora (as qualificadoras do furto vêm previstas no art. 155, § 4º, do CP); **E:** incorreta, pois a descrição fática contida na alternativa se amolda ao crime do art. 169, II, do CP (apropriação indébita de coisa achada).

Gabarito "B".

16. CRIMES CONTRA A DIGNIDADE SEXUAL

(Papiloscopista – PC/RR – VUNESP – 2022) Nos estritos termos do art. 215 do CP, o crime de violação sexual mediante fraude é punido mais severamente se

(A) for praticado contra mulher.

(B) resultar em lesão corporal grave.

(C) houver multiplicidade de agentes.

(D) for cometido com o fim de obter vantagem econômica.

(E) for praticado mediante restrição da liberdade da vítima.

O crime de violação sexual mediante fraude, definido no art. 215 do CP, pressupõe que o agente, utilizando-se de ardil, tenha conjunção carnal ou outro ato libidinoso com a vítima. Perceba que, neste delito, o resultado pretendido pelo agente (conjunção carnal/ato libidinoso diverso) é alcançado por meio de uma fraude. Segundo dispõe o art. 215, parágrafo único, do CP, *se o crime é cometido com o fim de obter vantagem econômica, aplica-se também a multa.* **ED**

Gabarito "D".

(Escrivão – PC/ES – Instituto AOCP – 2019) Em relação ao crime de estupro de vulnerável, é questão pacificada no Direito Penal

(A) a irrelevância do consentimento da vítima para a prática do ato, bem como sua experiência sexual anterior ou existência de relacionamento amoroso com o agente.

(B) o critério exclusivo de vulnerabilidade pela idade da vítima, menor de 14 anos.

(C) que a vítima do sexo masculino não pode ser sujeito passivo do delito em análise.

1. DIREITO PENAL

(D) que o desconhecimento da lei exclui a tipicidade delitiva.

(E) que a pena é duplicada se o agente exercer autoridade sobre a vítima.

A: correta. No que concerne ao estupro de vulnerável, previsto no art. 217-A do CP, a Lei 13.718/2018, ao inserir o § 5º nesse dispositivo legal, consagra o entendimento adotado pela Súmula 593, do STJ, no sentido de que o consentimento e a experiência sexual anterior são irrelevantes à configuração desse crime; **B:** incorreta. Isso porque o conceito de vulnerabilidade, para o fim de configurar o crime do art. 217-A do CP (estupro de vulnerável), pode decorrer tanto da idade da vítima (pessoa que não alcançou 14 anos) quanto de sua incapacidade de se opor ao ato sexual, quer em razão de enfermidade ou deficiência mental, quer por qualquer outra razão que a impeça de oferecer resistência (art. 217-A, § 1º, do CP); **C:** incorreta. O sujeito passivo do crime do art. 217-A deve ser pessoa vulnerável, homem ou mulher; **D:** incorreta. A teor do art. 21 do CP, o desconhecimento da lei é inescusável; **E:** incorreta, dado que, neste caso, a pena será aumentada de *metade* (art. 226, II, do CP). 🅰
Gabarito "A".

(Escrivão – PC/ES – Instituto AOCP – 2019) Dos seguintes crimes relacionados, qual se procede por representação do ofendido?

(A) Furto.

(B) Estupro de vulnerável.

(C) Apropriação indébita.

(D) Dano.

(E) Disposição de coisa alheia como própria.

A: incorreta. O crime de furto, capitulado no art. 155 do CP, é de ação penal pública incondicionada; **B:** incorreta. Atualmente, a ação penal, nos crimes sexuais, é, em qualquer caso, pública incondicionada (art. 225, CP). Quanto a este tema (ação penal nos crimes sexuais), reputo importante fazer algumas ponderações, tendo em conta as mudanças legislativas promovidas ao longo do tempo. A ação penal, nos delitos sexuais, era, em regra, de iniciativa privada. Era o que estabelecia a norma contida no *caput* do art. 225 do Código Penal. As exceções ficavam por conta do § 1º do dispositivo. Com o advento da Lei 12.015/2009, que introduziu uma série de modificações nos crimes sexuais, agora chamados *crimes contra a dignidade sexual*, nomenclatura, a nosso ver, mais adequada aos tempos atuais, a ação penal deixou de ser privativa do ofendido para ser pública condicionada à representação, exceção feita às hipóteses em que a vítima era menor de 18 anos ou pessoa vulnerável, caso em que a ação era pública incondicionada (art. 225, parágrafo único, do CP). Pois bem. Recentemente, entrou em vigor a Lei 13.718/2018, que, dentre várias inovações implementadas nos crimes contra a dignidade sexual, mudou, uma vez mais, a natureza da ação penal nesses delitos. Com isso, a ação penal, nos crimes sexuais, passa a ser pública incondicionada. Vale lembrar que, antes do advento desta Lei, a ação era, em regra, pública condicionada, salvo nas situações em que a vítima era vulnerável ou menor de 18 anos. Fazendo um breve histórico, temos o seguinte quadro: a ação penal, nos crimes sexuais, era, em regra, privativa do ofendido, a este cabendo a propositura da ação penal; posteriormente, a partir do advento da Lei 12.015/2009, a ação penal, nesses crimes, deixou de ser privativa do ofendido para ser pública condicionada a representação, em regra; agora, com a entrada em vigor da Lei 13.718/2018, a ação penal, nos crimes contra a dignidade sexual, que antes era pública condicionada, passa a ser pública incondicionada. Com isso, o titular da ação penal, que é o MP, prescinde de manifestação de vontade da vítima para promover a ação penal; **C:** incorreta. A ação penal, no crime de apropriação indébita (art. 168, CP), é pública incondicionada; **D:** correta, mas a nosso ver incorreta, dado que a ação penal, no crime de dano simples e do dano qualificado pelo motivo egoístico ou com prejuízo considerável para a vítima, conforme art. 167 do CP, é privativa do ofendido; nos demais

casos, é pública incondicionada; **E:** incorreta. Neste crime (art. 171, § 2º, I, CP), a ação penal é pública incondicionada. Com o advento da Lei 13.964/2019 (posterior à elaboração desta questão), que promoveu a inserção do § 5º ao art. 171 do CP, a ação penal, no estelionato, que até então era pública incondicionada, passa a ser, em regra, pública condicionada a representação do ofendido. 🅳
Gabarito "D".

(Delegado – PC/RS – FUNDATEC – 2018) Analise as seguintes situações hipotéticas, e assinale a alternativa correta.

(A) Viriato amordaça Gezilda, para que ela não grite por socorro. Em seguida, pratica conjunção carnal com ela, sem perceber que a vítima está se engasgando devido à mordaça utilizada por ele. Gezilda, que é maior de idade e capaz, morre sufocada. Viriato deverá responder por estupro e homicídio culposo, em concurso material.

(B) Zezão aborda a vítima Vitinha, maior de idade e capaz, em via pública, arrasta-a para um terreno abandonado. Ao perceber que será estuprada, Vitinha entra em luta corporal com Zezão e acaba sendo morta, porque Zezão efetuou um disparo, empregando uma arma de fogo que levava consigo. Em seguida, Zezão realiza atos sexuais com Vitinha. Nessa hipótese, Zezão responderá tão somente pelos crimes de estupro e homicídio qualificado, em concurso material.

(C) Beraldo aborda a vítima Zequinha, 11 anos de idade, em via pública, levando-o para um edifício em construção, oferecendo a ele dinheiro e doces, para que fizesse sexo oral em Beraldo. Após o ato, com medo de ser identificado, Beraldo mata Zequinha com uma pedrada na cabeça. Beraldo deverá responder pelo crime de estupro de vulnerável, qualificado pela morte de Zequinha.

(D) Tiburcio, imputável, tio de Adalgisa, 09 anos de idade, em uma ocasião em que foi visitar a irmã, mãe da menor, aproveitou-se de um momento em que esteve sozinho com Adalgisa, tirou a roupa da menina, pedindo que fizesse poses sensuais, fotografando-a em tal condição. No mesmo dia, porém, mais tarde, oferecendo a ela doces, fez com que praticasse sexo oral nele. Tibúrcio responderá pela prática de estupro de vulnerável, em concurso material com o crime previsto no artigo 240 do Estatuto da Criança e do Adolescente, ambos os delitos em suas formas majoradas pela condição de ser tio da menor.

(E) Tyrapele, cirurgião plástico, anestesiou a paciente Suzi, 25 anos e, em seguida, praticou ato libidinoso diverso da conjunção carnal com ela, aproveitando-se de que Suzi estava inconsciente e sem condições de oferecer resistência. Nesse caso, praticou o crime denominado violação sexual mediante fraude.

A: incorreta. Pela narrativa, infere-se que a morte da vítima decorreu de culpa por parte do agente, que se excedeu na violência empregada no cometimento do crime sexual. Temos, dessa forma, *dolo* na conduta antecedente (estupro) e *culpa* na consequente (morte), o que configura o chamado delito *preterdoloso*, modalidade prevista no art. 213, § 2º, do CP. É importante que se diga que as qualificadoras relativas à lesão corporal grave e morte constituem figuras preterdolosas, segundo doutrina e jurisprudência majoritárias. Por tudo que foi dito, é incorreto, portanto, afirmar que Viriato deverá responder por estupro e homicídio culposo em concurso formal; deverá, sim, ser responsabilizado por estupro qualificado pela morte (figura preterdolosa); **B:** incorreta. Não há que se falar na prática de crime de estupro, já que, ao tempo em que Zezão realizou atos sexuais contra Vitinha, esta já se encontrava sem vida. Deverá ser responsabilizado, portanto, pelo homicídio doloso (art. 121, CP) e por vilipêndio a cadáver (art. 212, CP); **C:** incorreta. Conforme já dissemos, o crime de estupro de vulnerável qualificado pela morte (art. 217-A, § 4º, CP) é *preterdoloso*, isto é, exige-se que a morte tenha ocorrido a título de culpa; assim, se o agente, após cometer o delito de estupro de vulnerável, vier a matar a vítima (porque quis ou porque assumiu o risco), deverá ser responsabilizado pelo crime sexual em concurso material com o crime contra a vida (homicídio doloso); **D:** correta. Tibúrcio deverá ser responsabilizado pelos crimes dos arts. 240, § 2º, III, do ECA e 217-A do CP, este último com o aumento do art. 226, II, do CP; **E:** incorreta. Tyrapele cometeu o crime definido no art. 217-A, § 1º, *in fine*, do CP (estupro de vulnerável), já que gerou (anestesiou) e se aproveitou do fato de a vítima estar impossibilitada de oferecer resistência para estuprá-la. Perceba que a vulnerabilidade, neste caso, decorre, não da idade nem de enfermidade ou doença mental, mas de situação transitória que impede que a vítima resista à investida do agente. Aqui, pouco importa se o fator impossibilitante da defesa da vítima foi criado pelo agente (como no caso da alternativa) ou causado por ela própria (embriaguez voluntária). 🔲

Gabarito "D".

(Agente-Escrivão – Acre – IBADE – 2017) O crime de estupro de vulnerável (art. 217-A do CP):

(A) pode ser praticado mediante conjunção carnal ou ato libidinoso diverso.

(B) pressupõe violência ou grave ameaça como meios executórios.

(C) exige que a vítima seja mulher.

(D) é subsidiário ao estupro (art. 213 do CP).

(E) é uma hipótese de lenocínio.

A: correta. Art. 217-A, CP: *Ter conjunção carnal ou praticar outro ato libidinoso com menor de 14 (catorze) anos*; **B:** incorreta. Vide transcrição acima; **C:** incorreta. O sujeito passivo, no crime de estupro de vulnerável (art. 217-A, CP), pode ser tanto a mulher quanto o homem, desde que em situação de vulnerabilidade, quer em razão da idade, quer em razão da falta de discernimento para compreensão do ato sexual; **D:** incorreta. Não há relação de subsidiariedade entre o crime de estupro, do art. 213 do CP, e o de estupro de vulnerável, do art. 217-A do CP; **E:** as hipóteses de lenocínio encontram-se em capítulo diverso (Capítulo V) daquele ao qual pertence o estupro de vulnerável (Capítulo II). 🔲

Gabarito "A".

(Escrivão – AESP/CE – VUNESP – 2017) Assinale a alternativa correta no que diz respeito aos crimes contra a dignidade sexual.

(A) Induzir alguém menor de 18 (dezoito) anos a satisfazer a lascívia de outrem tipifica o crime de corrupção de menores.

(B) Ter conjunção carnal ou praticar outro ato libidinoso com menor de 18 (dezoito) anos tipifica o crime de estupro de vulnerável.

(C) Constranger alguém, mediante fraude, a ter conjunção carnal ou a praticar ou permitir que com ele se pratique outro ato libidinoso, tipifica crime de estupro.

(D) Atrair à prostituição alguém menor de 18 (dezoito) anos tipifica o crime de favorecimento da prostituição, ou de outra forma de exploração sexual de criança ou adolescente ou de vulnerável.

(E) Praticar, na presença de alguém menor de 18 (dezoito) anos, conjunção carnal ou outro ato libidinoso, a fim de satisfazer lascívia própria ou de outrem, tipifica o

crime de satisfação de lascívia mediante presença de criança ou adolescente.

A: incorreta. O crime do art. 218 do CP pressupõe que a vítima seja menor de 14 anos; **B:** incorreta. O delito de estupro de vulnerável, quanto à idade da vítima, somente se configura se ela for menor de 14 anos (art. 217-A, "caput", do CP); **C:** incorreta. O crime de estupro (art. 213 do CP) pressupõe que o constrangimento impingido à vítima se dê pelo emprego de violência ou grave ameaça. O constrangimento, que corresponde à conduta de forçar, coagir, é incompatível com o emprego de fraude. A propósito, se o agente lograr ter conjunção carnal ou qualquer outro ato libidinoso diverso com a vítima por meio de fraude, configurado estará o delito de violação sexual mediante fraude (art. 215, CP); **D:** correta. Conduta prevista no art. 218-B do CP; **E:** incorreta, uma vez que o delito de satisfação de lascívia mediante presença de criança ou adolescente (art. 218-A, CP) tem como sujeito passivo o menor de 14 anos (e não de 18!). 🔲

Gabarito "D".

Maura e Sílvio, que foram casados por dez anos, se separaram há um ano e compartilham a guarda de filho menor. Sílvio buscava o filho na escola e o levava para a casa que era do casal, agora habitada somente pela mãe e pela criança, que fica aos cuidados da babá. A convivência entre ambos era pacífica até que ele soube de novo relacionamento de Maura. Sentindo-se ainda apaixonado por Maura, ele elaborou um plano para tentar reconquistá-la. Em uma ocasião, ao levar o filho para casa como fazia cotidianamente, Sílvio, sem que ninguém percebesse, pegou a chave da casa e fez dela uma cópia. Em determinado dia, ele comprou um anel e flores, preparou um jantar e, à noite, entrou na casa para surpreender a ex-esposa — nem Maura nem a criança estavam presentes. Maura havia deixado a criança com a avó e saíra com o namorado. Ao chegar à casa, bastante embriagada, Maura dormiu sem perceber que Sílvio estava na residência. Sílvio tentou acordá-la, mas, não tendo conseguido, despiu-a, tocou-lhe as partes íntimas e tentou praticar conjunção carnal com ela. Como Maura permanecia desacordada, Sílvio foi embora sem consumar o último ato.

(Agente-Escrivão – PC/GO – CESPE – 2016) Nessa situação hipotética, Sílvio

(A) cometeu o crime de tentativa de estupro.

(B) não cometeu crime algum porque já foi casado com Maura e tinha franco acesso à casa.

(C) não cometeu crime de estupro, porque não houve violência ou grave ameaça.

(D) cometeu crime contra a dignidade sexual, pois Maura, na situação em que se encontrava, não poderia oferecer resistência.

(E) cometeu apenas o crime de invasão de domicílio.

Embora Sílvio não tenha concretizado a conjunção carnal, o crime de estupro de vulnerável se consumou no exato instante em que Sílvio, após despir Maura, tocou-lhe as partes íntimas. Vale aqui lembrar que o estupro, com a nova conformação jurídica que lhe deu a Lei 12.015/2009, pode ser praticado tanto por meio de conjunção carnal quanto pela prática de qualquer outro ato libidinoso, como é a carícia nas partes íntimas da vítima. Embora Sílvio não tenha empregado violência ou grave ameaça, é certo que ele se valeu do fato de Maura, em razão do estado de embriaguez em que se encontrava, não haver oferecido resistência. Assim, Sílvio cometeu o crime capitulado no art. 217-A, § 1º, parte final, do CP. 🔲

Gabarito "D".

1. DIREITO PENAL

(Escrivão – Pernambuco – CESPE – 2016) Em relação aos crimes contra a dignidade sexual e contra a família, assinale a opção correta.

(A) Situação hipotética: Mário, aliciador de garotas de programa, induziu Bruna, de quinze anos de idade, a manter relações sexuais com várias pessoas, com a promessa de uma vida luxuosa. Bruna decidiu não se prostituir e voltou a estudar. Assertiva: Nessa situação, é atípica a conduta de Mário.

(B) Considere que em uma casa de prostituição, uma garota de dezessete anos de idade tenha sido explorada sexualmente. Nesse caso, o cliente que praticar conjunção carnal com essa garota responderá pelo crime de favorecimento à prostituição ou outra forma de exploração sexual de vulnerável.

(C) Situação hipotética: Em uma boate, João, segurança do local, sorrateiramente colocou entorpecente na bebida de Maria, o que a levou a perder os sentidos. Aproveitando-se da situação, João levou Maria até seu veículo, onde praticou sexo com ela, sem qualquer resistência, dada a condição da vítima. Assertiva: Nessa situação, João responderá pelo crime de violação sexual mediante fraude.

(D) Indivíduo que mantiver conjunção carnal com menor de quinze anos de idade responderá pelo crime de estupro de vulnerável, ainda que tenha cometido o ato sem o emprego de violência e com o consentimento da menor.

(E) No caso de crime de violação sexual mediante fraude, o fato de o ofensor ser o filho mais velho do tio da vítima fará incidir a causa especial de aumento de pena por exercer relação de autoridade sobre a vítima, de acordo com o Código Penal.

A: incorreta. O crime em que incorreu Mário (art. 218-B do CP – *favorecimento da prostituição ou de outra forma de exploração sexual de criança ou adolescente ou de vulnerável*) atinge a sua consumação com a prática de um dos verbos contidos no tipo penal. No caso aqui narrado, basta, à consumação deste delito, o ato consistente em *induzir*, pouco importando que a vítima exerça, de fato, a prostituição. O crime, portanto, consumou-se, sendo a conduta de Mário típica. Vale o registro de que há autores, entre os quais Guilherme de Souza Nucci, que entendem que se trata de crime material, em que se exige, à sua consumação, a produção de resultado naturalístico consistente na efetiva prática da prostituição ou de outra forma de exploração sexual; **B:** correta. De fato, o cliente que mantiver conjunção carnal ou outro ato libidinoso com pessoa menor de 18 anos e maior de 14, nas condições descritas no art. 218-B, "caput", do CP, será responsabilizado pelo crime do art. 218-B, § 2º, I, do CP; **C:** incorreta. O crime de violação sexual mediante fraude (art. 215, CP) pressupõe, como o próprio nome sugere, o emprego de fraude ou outro meio que impeça ou dificulte a livre manifestação de vontade do ofendido. Este último meio de execução do crime deve, necessariamente, ter certa similitude com a fraude. O agente que faz uso de substância com o fim de eliminar ou reduzir a capacidade de resistência da vítima para, assim, com ela praticar conjunção carnal ou outro ato libidinoso comete o delito de estupro de vulnerável, previsto no art. 217-A, § 1º, parte final, do CP; **D:** incorreta. No crime de estupro de vulnerável somente pode figurar como vítima, em razão da idade, a pessoa menor de 14 anos, por expressa previsão do art. 217-A (a alternativa se refere a pessoa com 15 anos). Vale dizer que a pessoa com 14 anos ou mais pode figurar como sujeito passivo do crime de estupro de vulnerável, não por conta da idade, mas, sim, quando caracterizada uma das situações presentes no art. 217-A, § 1º, do CP; **E:** incorreta. Hipótese que não se enquadra no art. 226, II, do CP. **ED**

Gabarito "B".

(Investigador-Escrivão-Papiloscopista – Pará – Funcab – 2016) Configura estupro de vulnerável a(o):

(A) prática de sexo anal consentido com adolescente de 14 anos de idade que esteja submetido à prostituição.

(B) constrangimento, mediante violência, de pessoa portadora de enfermidade mental à prática de conjunção carnal, ainda que a vítima tenha o necessário discernimento para a prática do ato sexual.

(C) manutenção de relações sexuais com pessoa desacordada em virtude de severa embriaguez, ainda que a vítima, depois de concluída a conduta e ao recuperar sua consciência, passe a consentir para com o ato libidinoso.

(D) indução de menor de 14 anos a presenciar a prática de atos libidinosos, a fim de satisfazer a lascívia de outrem.

(E) assédio, no ambiente de trabalho de adolescente aprendiz, que conte com 16 anos de idade, visando a obter favorecimento de natureza sexual.

A: incorreta. Para que se configure o crime de estupro de vulnerável em razão da idade da vítima (art. 217-A, "caput", do CP), é necessário que esta conte, ao tempo da conduta, com menos de 14 anos. A ofendida, na hipótese contida na assertiva, já conta com 14 anos; **B:** incorreta. Se a vítima, ainda que portadora de doença mental, tiver o necessário discernimento para consentir na prática do ato sexual, não há que se falar em estupro de vulnerável (art. 217-A, § 1º, do CP). De ver-se que, no caso narrado na alternativa, a conjunção carnal foi obtida por meio de violência, o que configura o crime de estupro do art. 213, "caput", do CP; **C:** correta, já que configura o crime do art. 217-A, § 1º, do CP; **D:** incorreta. Cuida-se do crime definido no art. 218-A do CP (satisfação de lascívia mediante presença de criança ou adolescente); **E:** incorreta. Cuida-se do crime de assédio sexual com a incidência da causa de aumento de pena do parágrafo único (art. 216-A do CP). **ED**

Gabarito "C".

(Investigador/SP – 2014 – VUNESP) Nos termos do Código Penal, assinale a alternativa que contenha apenas crimes contra a dignidade sexual.

(A) Perigo de contágio venéreo; atentado ao pudor mediante fraude; assédio sexual.

(B) Assédio sexual; perigo de contágio venéreo; corrupção de menores.

(C) Estupro; atentado violento ao pudor; prostituição.

(D) Atentado violento ao pudor; sedução; estupro.

(E) Estupro; corrupção de menores; assédio sexual.

A: incorreta. O perigo de contágio venéreo (art. 130, CP) é crime contra a pessoa (Título I da Parte Especial do CP). O atentado ao pudor mediante fraude, previsto originariamente no art. 216 do CP, então inserido no Título VI da Parte Especial, denominado de crimes contra os costumes, foi revogado pela Lei 12.015/2009, que alterou referido título para tratar dos crimes contra a dignidade sexual. Por fim, o assédio sexual (art. 216-A, CP), de fato, está inserido no Título dos crimes contra a dignidade sexual; **B:** incorreta, pois o crime de perigo de contágio venéreo, tal como visto na assertiva A, não é crime contra a dignidade sexual, ao passo que os demais (assédio sexual – art. 216-A; corrupção de menores – art. 218, CP) o são; **C:** incorreta. Estupro (art. 213, CP) é crime contra a dignidade sexual. Já o atentado violento ao pudor, até o advento da Lei 12.015/2009, que o tipificava crime sexual (art. 214, CP), deixou de ser delito autônomo, migrando para o art. 213 do CP, que empreendeu verdadeira fusão de tipos penais (o "antigo" estupro e o "antigo" atentado violento ao pudor). Por fim, prostituição sequer é considerado crime, não se confundindo com favorecimento da prostituição de criança, adolescente ou vulnerável (art. 218-B, CP) ou do favorecimento da prostituição ou qualquer outra forma de exploração sexual (art. 228, CP), este sim considerados crimes contra a dignidade sexual; **D**: incorreta. Atentado violento ao pudor, como visto no comentário antecedente, deixou de ser crime autônomo contra a dignidade sexual. A sedução (art. 217, CP), outrora considerada crime contra os costumes, foi expressamente revogada do CP pela Lei 11.106/2005, operando-se *abolitio criminis*. Já o estupro (art. 213, CP) é crime contra a dignidade sexual; **E**: correta. Estupro (art. 213, CP), corrupção de menores (art. 218, CP) e assédio sexual (art. 216-A, CP) são crimes contra a dignidade sexual, previstos no Título VI da Parte Especial do CP.

Gabarito "E".

17. CRIMES CONTRA A FÉ PÚBLICA

(Escrivão/SP – 2014 – VUNESP) Imagine que Pedro, ilicitamente, guarda consigo tintas, papéis e um aparelho capaz de fabricar moeda falsa. Tal conduta

(A) configura o crime de *petrechos para falsificação de moeda* (CP, art. 291).

(B) configura *crime assimilado ao de moeda falsa* (CP, art. 290).

(C) configura o crime de *moeda falsa* (CP, art. 289).

(D) não configura crime algum, por ausência de previsão legal.

(E) não configura crime algum, por se tratar de mero ato preparatório.

Constitui o crime previsto no art. 291 do CP o fato de alguém fabricar, adquirir, fornecer, a título oneroso ou gratuito, possuir ou guardar maquinismo, aparelho, instrumento ou qualquer objeto especialmente destinado à falsificação de moeda. Assim, se Pedro, ilicitamente, guarda consigo tintas, papéis e aparelho capaz de fabricar moeda falsa, comete, sem sombra de dúvida, o delito de petrechos para falsificação de moeda.

Gabarito "A".

(Escrivão de Polícia/BA – 2013 – CESPE) Julgue os próximos itens, relativos a crimes contra a fé pública.

(1) Considere que Silas, maior, capaz, ao examinar os autos do inquérito policial no qual figure como investigado pela prática de estelionato, encontre os documentos originais colhidos pela autoridade, nos quais seja demonstrada a materialidade do delito investigado, e os destrua. Nessa situação, em razão desse ato, Silas responderá pelo crime de supressão de documento.

(2) A consumação do crime de atestar ou certificar falsamente, em razão de função pública, fato ou circunstância que habilite alguém a obter cargo público, isenção de ônus ou de serviço de caráter público, ou qualquer outra vantagem ocorre no instante em que o documento falso é criado, independentemente da sua efetiva utilização pelo beneficiário.

(3) Considere a seguinte situação hipotética. Celso, maior, capaz, quando trafegava com seu veículo em via pública, foi abordado por policiais militares, que lhe exigiram a apresentação dos documentos do veículo e da carteira de habilitação. Celso, então, apresentou habilitação falsa. Nessa situação, a conduta de Celso é considerada atípica, visto que a apresentação do documento falso decorreu de circunstância alheia à sua vontade.

1: correta. Pratica o crime de supressão de documento, tipificado no art. 305 do CP, aquele que destruir, suprimir ou ocultar, em benefício próprio ou de outrem, ou em prejuízo alheio, documento público ou particular verdadeiro, de que não podia dispor. Silas, ao destruir os documentos originais encartados no bojo do inquérito policial, a fim de, com isso, eliminar a materialidade delitiva, praticou o crime em comento; **2**: correta. Realmente, comete o crime de certidão ou atestado ideologicamente falso (art. 301, CP) aquele que atestar ou certificar falsamente, em razão de função pública, fato ou circunstância que habilite alguém a obter cargo público, isenção de ônus ou de serviço de caráter público, ou qualquer outra vantagem. Trata-se de crime formal (ou de consumação antecipada), que não exige, para sua configuração, que o beneficiário da certidão ou atestado ideologicamente falso efetivamente o utilize, bastando que o agente elabore o documento falso; **3**: errada. A CNH, como sabido e ressabido, é documento de porte obrigatório para aquele que conduz veículo automotor, especialmente em via pública. Assim, ainda que os policiais militares tenham determinado a Celso que apresentasse os documentos do veículo e, repita-se, a CNH, ao optar por apresentar este documento falso, incorreu nas penas do art. 304 do CP. Não se pode admitir o entendimento segundo o qual a exigência na exibição do documento por autoridades públicas torna atípica a conduta do agente. Poderia ele preferir não exibir o documento. Contudo, ao fazê-lo, deverá responder por aludido crime.

Gabarito 1C, 2C, 3E

18. CRIMES CONTRA A ADMINISTRAÇÃO PÚBLICA

(Papiloscopista – PC/RR – VUNESP – 2022) Considere as alternativas seguintes e assinale a correta.

(A) O crime de tráfico de influência é próprio de funcionário público.

(B) É crime de peculato receber, em razão de função pública de que é investido, vantagem indevida.

(C) É crime de concussão exigir do contribuinte, na qualidade de agente fiscal, tributo devido.

(D) É crime de resistência opor-se à execução de ato de funcionário público competente para executá-lo.

(E) Dar às verbas públicas aplicação diversa da estabelecida em lei é crime, independentemente de implicar prejuízo à Administração Pública.

A: incorreta. Tráfico de influência, crime praticado por particular contra a administração em geral, corresponde à conduta do agente que solicita, exige, cobra ou obtém, para si ou para outrem, vantagem ou promessa de vantagem, alegando gozar de prestígio junto à Administração para influir no comportamento de servidor público (art. 332 do CP). Como se pode ver, cuida-se de delito comum, já que o tipo penal não impôs nenhuma qualidade ao sujeito ativo; **B**: incorreta. A conduta do funcionário público consistente em receber, em razão de função pública de que é investido, vantagem indevida corresponde ao crime de corrupção passiva, definido no art. 317 do CP. *Grosso modo*, o delito de peculato consiste na conduta do *intraneus* que, valendo-se de tal qualidade, torna seu bem pertencente à Administração que está sob os cuidados desta (art. 312, CP); **C**: incorreta. O ato de exigir do contribuinte, na qualidade de agente fiscal, tributo devido, utilizando-se, para tanto, de meio vexatório ou gravoso, corresponde ao crime de excesso de exação (art. 316, § 1º, do CP), que também restará configurado na hipótese de o agente exigir tributo que sabe ou deveria saber indevido; **D**: incorreta. Incorrerá no crime de resistência, previsto no art. 329 do CP, o agente que, <u>mediante violência ou ameaça</u>, se opuser ao cumprimento de ato funcional; **E**: correta. O crime do art. 315 do CP se consuma com a efetiva aplicação das verbas em finalidade diversa da prevista em lei, independentemente de implicar prejuízo à Administração Pública. **ED**

Gabarito "E".

1. DIREITO PENAL

(Escrivão – PC/RO – CEBRASPE – 2022) Para justificar os gastos exorbitantes no cartão de crédito e a noite que passou fora de casa com sua amante, Gustavo foi a uma delegacia de polícia e registrou ocorrência policial falsa, relatando que teria sido vítima de sequestro e cárcere privado.

Na situação hipotética apresentada, a conduta de Gustavo configura crime de

(A) calúnia.

(B) denunciação caluniosa.

(C) comunicação falsa de crime.

(D) falso testemunho.

(E) fraude processual.

A conduta narrada no enunciado se amolda à descrição típica do art. 340 do CP, que corresponde ao crime de *comunicação falsa de crime ou de contravenção*, em que o agente leva ao conhecimento da autoridade fato criminoso ou contravencional que sabe não ter ocorrido, deflagrando, com isso, uma apuração desnecessária. Perceba que, neste crime, a comunicação que deflagra a ação da autoridade não recai sobre pessoa certa, determinada. Na *denunciação caluniosa*, diferentemente, o agente atribui a autoria da infração penal por ele levada ao conhecimento da autoridade a pessoa determinada, fornecendo dados à sua identificação. Difere, também, do tipo prefigurado no art. 138 do CP – *calúnia*, na medida em que, neste delito, atribui-se falsamente a alguém fato definido como crime. Sua consumação se opera no momento em que o fato chega ao conhecimento de terceiro (a honra atingida é a objetiva). Aqui, o agente não dá causa à instauração de investigação ou processo. [ED]

„Gabarito "C".

(Perito – PC/ES – Instituto AOCP – 2019) Em relação aos crimes contra a Administração Pública, é correto afirmar que

(A) não se equipara a funcionário público, para os efeitos penais, quem exerce emprego em entidade paraestatal.

(B) o funcionário público que deixa de praticar, indevidamente, ato de ofício, para satisfazer sentimento pessoal, pratica o crime de condescendência criminosa.

(C) no crime de corrupção passiva, a pena é aumentada de um terço, se, em consequência da vantagem ou promessa, o funcionário retarda ou deixa de praticar qualquer ato de ofício ou o pratica infringindo dever funcional.

(D) pratica o delito de prevaricação o funcionário público que deixar, por indulgência, de responsabilizar subordinado que cometeu infração no exercício do cargo ou, quando lhe falte competência, não levar o fato ao conhecimento da autoridade competente.

(E) não constitui crime contra a Administração Pública abandonar cargo público, fora dos casos permitidos em lei.

A: incorreta. Ao contrário do afirmado, equipara-se a funcionário público, para os efeitos penais, aquele que exerce emprego em entidade paraestatal. É o que estabelece o art. 327, § 1º, do CP; **B:** incorreta, na medida em que o funcionário que assim agir estará incurso nas penas do crime de *prevaricação*, definido no art. 319 do CP; **C:** correta, pois reflete o disposto no art. 317, § 1º, do CP; **D:** incorreta, uma vez que o funcionário que incorrer na conduta descrita na assertiva deverá ser responsabilizado pelo delito de *condescendência criminosa*, definido no art. 320 do CP; **E:** incorreta. A conduta consistente em abandonar cargo público constitui crime contra a Administração Pública previsto no art. 323 do CP. [ED]

„Gabarito "C".

(Perito – PC/ES – Instituto AOCP – 2019) Um servidor público estadual apropriou- se de um computador, do qual tinha a posse em razão de seu cargo, a fim de entregá-lo como presente para sua esposa. Qual foi o delito praticado por esse servidor?

(A) Furto.

(B) Concussão.

(C) Peculato.

(D) Prevaricação.

(E) Corrupção passiva.

A conduta descrita no enunciado se amolda, à perfeição, ao tipo penal do delito de peculato (art. 312, *caput*, CP), na sua modalidade *apropriação*, em que o servidor público, valendo-se de facilidade proporcionada pelo cargo por ele desempenhado (tem a posse do bem), se apropria de dinheiro, valor ou qualquer outro bem móvel, que pode ser público ou particular, isto é, passa a agir como se dono fosse (deu de presente para sua esposa). [ED]

„Gabarito "C".

(Escrivão – PC/ES – Instituto AOCP – 2019) O funcionário público que se apropria de dinheiro, valor ou qualquer outro bem móvel, público ou particular, de que tem a posse em razão do cargo, ou que desviá-lo, em proveito próprio ou alheio, responderá pelo delito de

(A) emprego irregular de verbas ou rendas públicas.

(B) peculato.

(C) apropriação indébita.

(D) prevaricação.

(E) corrupção passiva.

O enunciado corresponde às modalidades de peculato doloso contempladas no *caput* do art. 312 do CP, a saber: *peculato-apropriação*, que restará caracterizado quando o agente, funcionário público, apropriar-se de dinheiro, valor ou bem móvel público ou particular de que tenha a posse em razão do cargo; e *peculato-desvio*, modalidade que pressupõe que o agente desencaminhe o bem de que tem a posse, alterando o seu destino. Há também outra modalidade de peculato doloso: *peculato-furto* ou *peculato impróprio* (art. 312, § 1º, do CP), em que o agente, embora não tendo a posse do objeto material, o subtrai ou concorre para que seja subtraído, valendo-se, para tanto, de facilidade proporcionada pelo fato de ser funcionário. Por sua vez, o art. 312, em seu § 2º, prevê a forma culposa de peculato, cuja conduta consiste em o funcionário público concorrer, de forma culposa, para o delito de terceiro, que pode ou não ser funcionário público e age sempre de forma dolosa, praticando crimes como, por exemplo, furto, peculato, apropriação indébita etc. [ED]

„Gabarito "B".

(Escrivão – PC/ES – Instituto AOCP – 2019) O funcionário público que retardar ou deixar de praticar, indevidamente, ato de ofício, ou praticá-lo contra disposição expressa de lei, para satisfazer interesse ou sentimento pessoal, incorrerá no delito de

(A) prevaricação.

(B) condescendência criminosa.

(C) concussão.

(D) corrupção passiva.

(E) corrupção ativa.

O enunciado contém a descrição típica do crime de prevaricação, previsto no art. 319 do CP. Neste delito, como é possível inferir da leitura do tipo penal, não basta que o agente deixe de cumprir obrigações inerentes ao dever de ofício, ou, ainda, que execute o ato a que está obrigado contra disposição expressa de lei. É imprescindível que aja, para que fique caracterizado o crime, com o intuito de satisfazer *interesse* ou *sentimento pessoal* (elemento subjetivo especial do tipo). Dessa forma, se tal circunstância não restar comprovada ao cabo da instrução, a absolvição é de rigor. [ED]

Gabarito "A".

(Escrivão – PC/ES – Instituto AOCP – 2019) São crimes cometidos por funcionário público contra a administração em geral, EXCETO

(A) peculato.

(B) concussão.

(C) facilitação de contrabando ou descaminho.

(D) tráfico de influência.

(E) advocacia administrativa.

Dos crimes acima elencados, somente não é considerado funcional (praticado por funcionário público contra a administração em geral) o tráfico de influência (art. 332, CP). Comete este crime o agente que obtém vantagem, alegando gozar de prestígio junto à Administração para influir no comportamento de servidor público. Este delito muito se assemelha ao estelionato, ou melhor, constitui uma modalidade específica de estelionato, em que o sujeito ativo vende a falsa ideia de que fará uso de sua influência para obter, em favor da vítima, benefício junto à Administração. Levada a engano pelo ardil aplicado pelo sujeito, o ofendido, ludibriado, entrega-lhe a vantagem perseguida. É crime de ação múltipla ou de conteúdo variado, uma vez que o tipo penal contempla várias condutas (solicitar, exigir, cobrar e obter). Este crime não deve ser confundido com o delito do art. 357 do CP (exploração de prestígio). Neste, as pessoas em relação às quais o agente alega gozar de prestígio estão especificadas no tipo penal: juiz, jurado, órgão do MP, funcionário de justiça etc. É crime contra a administração da Justiça, ao passo que o tráfico de influência é delito contra a administração pública em geral. [ED]

Gabarito "D".

(Escrivão – PC/ES – Instituto AOCP – 2019) O sujeito que inova artificiosamente, na pendência de processo civil ou administrativo, o estado de lugar, de coisa ou de pessoa, com o fim de induzir a erro o juiz ou o perito, ou, ainda, se a inovação se destina a produzir efeito em processo penal, ainda que não iniciado, responderá pelo crime de

(A) favorecimento pessoal.

(B) fraude processual.

(C) favorecimento real.

(D) coação no curso do processo.

(E) patrocínio infiel.

O enunciado contempla a descrição típica do crime de fraude processual (art. 347 do CP). [ED]

Gabarito "B".

(Delegado – PC/RS – FUNDATEC – 2018) Em atenção aos crimes praticados contra a Administração Pública, assinale a alternativa correta.

(A) Prefeito Municipal que é flagrado usando, indevidamente, o veículo oficial da prefeitura para passear com familiares, não responde, na esfera criminal, por faltar a sua conduta, o ânimo de assenhoramento definitivo, indispensável para a configuração do crime de peculato.

(B) Recente entendimento do Superior Tribunal de Justiça fixou o entendimento de que é aplicável o princípio da insignificância aos crimes contra a Administração

Pública, o que muda o entendimento da jurisprudência em relação ao crime de descaminho

(C) Médico de hospital privado, conveniado ao Sistema Único de Saúde, que constrange filho do paciente a entregar-lhe determinada quantia em dinheiro, sob pena de não realizar cirurgia, não pratica o crime de concussão.

(D) No crime de peculato culposo, previsto no artigo 312, parágrafo 3º do Código Penal, o arrependimento posterior não pode dar causa à extinção da punibilidade do agente.

(E) Não pratica o crime de prevaricação o Delegado de Polícia que, por ocasião da elaboração do relatório final do Inquérito Policial, deixa de indiciar alguém, com base no entendimento de que a conduta praticada e posta sob sua análise é atípica materialmente.

A: incorreta, já que o prefeito será responsabilizado pelo crime de peculato de uso, definido no art. 1º, II, do Decreto-Lei 201/1967; **B:** incorreta, uma vez que não houve mudança de entendimento em relação à inaplicabilidade do princípio da insignificância aos crimes contra a Administração Pública. Segundo a Súmula 599, do STJ: *o princípio da insignificância é inaplicável aos crimes contra a Administração Pública*. É importante que se diga que o STF tem precedentes no sentido de reconhecer a incidência de tal princípio aos crimes contra a Administração Pública. No que concerne ao delito de descaminho, as duas Cortes entendem pela aplicabilidade do mencionado postulado, desde que o tributo sonegado não ultrapasse R$ 20.000,00. Cuidado: a insignificância, embora se aplique ao descaminho, não tem incidência no crime de contrabando; **C:** incorreta. O médico conveniado do SUS é considerado, para os fins penais, funcionário público. Dessa forma, se ele, médico, exigir dinheiro (pagamento indevido) para realizar cirurgia, cometerá o crime de concussão (art. 316 do CP), delito próprio do *intraneus*. Outra inovação promovida pela Lei 13.964/2019 é a alteração da pena máxima cominada ao crime de concussão. Com isso, a pena para este delito, que era de 2 a 8 anos de reclusão, e multa, passa para 2 a 12 anos de reclusão, e multa. Corrige-se, dessa forma, a distorção que até então havia entre a pena máxima cominada ao crime de concussão e aquelas previstas para os delitos de corrupção passiva (317, CP) e corrupção ativa (art. 333, CP). Doravante, a pena, para estes três crimes, vai de 2 a 12 anos de reclusão, sem prejuízo da multa. Mesmo porque o crime de concussão denota, no seu cometimento, maior gravidade do que o delito de corrupção passiva. No primeiro caso, o agente exige, que tem o sentido de impor, obrigar, sempre se valendo do cargo que ocupa para intimidar a vítima e, dessa forma, alcançar a colimada vantagem indevida; no caso da corrupção passiva, o *intraneus*, no lugar de exigir, solicita, recebe ou aceita promessa de receber tal vantagem; **D:** incorreta. No peculato culposo, se o agente reparar o dano até a sentença irrecorrível, fará jus à extinção de sua punibilidade, nos termos do art. 312, § 3º, do CP; se a reparação, entretanto, se der após o trânsito em julgado, o agente verá sua pena reduzida de metade; **E:** correta. Se, ao cabo das investigações, a autoridade policial presidente do inquérito policial, mediante análise técnico-jurídica, chegar à conclusão de que o fato é atípico e, por isso, deixar de proceder ao indiciamento do investigado, nenhuma irregularidade terá cometido (art. 2º, § 6º, da Lei 12.830/2013). Vale aqui lembrar que o crime de prevaricação, definido no art. 319 do CP, tem como pressuposto que o agente deixe de agir para satisfazer interesse ou sentimento pessoal. [ED]

Gabarito "E".

(Escrivão – PC/MG – FUMARC – 2018) A respeito dos crimes contra a administração pública e contra o patrimônio, assinale a alternativa cor-reta.

(A) No crime de falso testemunho ou falsa perícia, o agente terá direito à redução da pena de um sexto a dois terços, se porventura se retratar ou declarar a verdade antes da sentença no processo em que ocorreu o ilícito.

(B) O agente policial que, valendo-se de facilidade propiciada pelo cargo público, concorre para que terceira pessoa subtraia diversos computadores do distrito policial responderá pelo crime de furto qualificado pelo concurso de duas ou mais pessoas.

(C) O agente que pratica delito patrimonial contra o próprio irmão, tio ou sobrinho ficará isento de pena, desde que o crime tenha sido cometido sem violência ou grave ameaça à pessoa, que a vítima não tenha idade igual ou superior a 60 anos e que o autor e a vítima do delito coabitem a mesma residência.

(D) Dar causa à instauração de investigação policial, comunicando à autoridade a ocorrência de crime ou de contravenção que sabe não se ter verificado, sem contudo imputar o fato a uma pessoa determinada, constitui delito de denunciação caluniosa.

(E) É possível o agente cometer crime de corrupção passiva mesmo antes de assumir a função pública, desde que a solicitação ou o recebimento da vantagem indevida tenha ocorrido em razão da referida função.

A: incorreta, já que a retratação do agente, no contexto do crime de falso testemunho ou falsa perícia, quando efetivada até a sentença, é causa extintiva da punibilidade (o fato deixa de ser punível), tal como estabelece o art. 342, § 2º, do CP; **B:** incorreta, uma vez que, neste caso, o agente será responsabilizado pelo crime descrito no art. 312, § 1º, do CP. É o chamado *peculato-furto* ou *peculato impróprio*, em que o agente, embora não tendo a posse do objeto material, o subtrai ou concorre para que seja subtraído, valendo-se, para tanto, de facilidade proporcionada pelo fato de ser funcionário; **C:** incorreta. A prática de crime patrimonial desprovido de violência ou grave ameaça contra irmão, tio ou sobrinho não constitui hipótese de isenção de pena; trata-se, isto sim, de imunidade relativa, isto é, exige-se, para a instauração da ação penal (e do inquérito policial), que a vítima, por meio de representação, manifeste sua vontade nesse sentido (art. 182, II e III, CP); **D:** incorreta. O crime de *denunciação caluniosa*, capitulado no art. 339, *caput*, do CP (cuja redação foi alterada pela Lei 14.110/2020), pressupõe que o agente provoque a instauração de inquérito policial ou outro procedimento investigatório criminal contra alguém determinado, individualizado, sabendo-o inocente do crime que levou ao conhecimento da autoridade. Este crime não deve ser confundido com o do art. 340 do CP, *comunicação falsa de crime ou de contravenção*, em que a comunicação que deflagra a ação da autoridade não recai sobre pessoa certa, determinada. Na *denunciação caluniosa*, como já dito, o agente atribui a autoria da infração penal por ele levada ao conhecimento da autoridade a pessoa determinada, fornecendo dados à sua identificação. Difere, também, do tipo prefigurado no art. 138 do CP – *calúnia*, na medida em que, neste delito, atribui-se falsamente a alguém fato definido como crime. Sua consumação se opera no momento em que o fato chega ao conhecimento de terceiro (a honra atingida é a objetiva). Aqui, o agente não dá causa à instauração de investigação ou processo. O erro da assertiva, portanto, está em afirmar que a configuração do crime de denunciação caluniosa prescinde da imputação do fato a pessoa determinada; **E:** correta, pois de acordo com a descrição típica do art. 317, *caput*, do CP. 🔲
Gabarito "E".

(Escrivão – AESP/CE – VUNESP – 2017) Com relação aos crimes contra a Administração Pública, previstos no Código Penal, é correto afirmar que:

(A) aquele que exclui indevidamente dados corretos nos sistemas informatizados ou bancos de dados da Administração Pública, com o fim de obter vantagem indevida para outrem, pratica o crime de inserção de dados falsos em sistemas de informações.

(B) o funcionário que modifica ou altera sistema de informações ou programa de informática sem autorização ou solicitação de autoridade competente pratica o crime de inserção de dados falsos em sistemas de informações.

(C) opor-se à execução de ato legal, ainda que sem violência ou ameaça a funcionário competente para executá-lo ou a quem lhe esteja prestando auxílio, tipifica o crime de resistência.

(D) receber, solicitar ou exigir para si ou para outrem, direta ou indiretamente, ainda que fora da função ou antes de assumi-la, mas em razão dela, vantagem indevida, tipifica o crime de concussão.

(E) abandonar cargo público, fora dos casos permitidos em lei, só tipificará o crime de abandono de função se resultar prejuízo público.

A: correta (art. 313-A do CP – inserção de dados falsos em sistema de informações); **B:** incorreta. O funcionário que assim agir será responsabilizado pelo cometimento do crime do art. 313-B do CP: modificação ou alteração não autorizada de sistema de informações; **C:** incorreta, na medida em que a configuração do crime de resistência, capitulado no art. 329 do CP, pressupõe que a oposição à execução do ato legal se faça por meio de violência ou ameaça a funcionário com atribuição para a execução do ato ou ainda a quem lhe esteja prestando auxílio; **D:** incorreta. A conduta típica, no crime de concussão (art. 316 do CP), é representada pelo verbo *exigir*, que tem o sentido de ordenar, impor; se o funcionário público *solicita* ou *recebe* (ou mesmo aceita promessa), para si ou para outrem, direta ou indiretamente, ainda que fora da função ou antes de assumi-la, mas em razão dela, vantagem indevida, incorrerá no crime de corrupção passiva (art. 317, CP); **E:** incorreta. Sendo delito formal, o abandono de função (art. 323 do CP) dispensa, à sua configuração, resultado naturalístico, consistente no efetivo prejuízo para a Administração Pública. 🔲
Gabarito "A".

(Agente – Pernambuco – CESPE – 2016) Assinale a opção correta com relação a crimes contra a administração pública.

(A) Policial que exigir propina para liberar a passagem de pessoas por uma estrada cometerá corrupção passiva.

(B) O agente penitenciário que não recolher aparelhos celulares de pessoas em privação de liberdade cometerá crime de condescendência criminosa.

(C) Um governador que ordenar a aquisição de viaturas policiais e o pagamento destas com recurso legalmente destinado à educação infantil cometerá o crime de peculato.

(D) Se forem ocupantes de cargos em comissão ou de função de direção ou assessoramento de órgão da administração direta, sociedade de economia mista, empresa pública ou fundação instituída pelo poder público, os autores de crimes contra a administração pública terão direito a redução de suas penas.

(E) A circunstância de funcionário público é comunicável a particular que cometa o crime sabendo dessa condição especial do funcionário.

A: incorreta. O policial que assim agir terá cometido o crime de concussão (art. 316, CP), cuja conduta é representada pelo verbo *exigir*. Cometeria corrupção passiva se houvesse, no lugar de exigir, *solicitado* a propina (art. 317, CP); **B:** incorreta. A conduta do agente penitenciário se enquadra na descrição típica do art. 319-A do CP; **C:** incorreta. Trata-se do crime definido no art. 315 do CP (emprego irregular de verbas ou rendas públicas); **D:** incorreta. A assertiva descreve hipótese em que a pena será aumentada da terça parte (art. 327, § 2º, do CP), e não diminuída, como consta a assertiva; **E:** correta. Embora seja correto afirmar-se que os crimes contra a Administração Pública praticados por funcionário público sejam classificados como delito *próprio*, já que impõem ao sujeito ativo uma qualidade especial, neste caso a de ser funcionário público, é admitido, nesses crimes, o concurso de pessoas. Com efeito, é perfeitamente possível, nos crimes funcionais em geral, que o particular, seja na condição de coautor, seja na de partícipe, tome parte na empreitada criminosa, respondendo pelo delito funcional em concurso de pessoas com o *intraneus*. Isso porque a condição de funcionário público, por ser elementar do crime de peculato, se comunica aos demais agentes que hajam concorrido com o funcionário para o cometimento do delito, à luz do que dispõe o art. 30 do CP. No mais, vale dizer que a responsabilização pela prática do delito funcional somente recairá sobre o particular se este tiver conhecimento de tal circunstância. **ED**

Gabarito "E".

(Escrivão – Pernambuco – CESPE – 2016) Em relação aos crimes contra a administração pública, assinale a opção correta.

(A) Embora o crime de peculato admita a forma dolosa, ele não pune a conduta culposa, que consiste na ação do agente público em concorrer, por imperícia, imprudência ou negligência, para que outrem se aproprie, desvie ou subtraia dinheiro, bem ou valores pertencentes à administração pública.

(B) A inserção, alteração ou exclusão de dados nos sistemas informatizados ou nos bancos de dados da administração pública é crime material, de modo que a consumação só ocorre quando há prejuízo para a administração pública e(ou) ao administrado, em benefício próprio ou de outrem.

(C) É material o crime de peculato-desvio, uma vez que se consuma no exato momento do efetivo desvio do bem que o agente público detém ou possui em razão de seu cargo, com a necessidade da ocorrência de dano para a administração pública.

(D) O crime de peculato-furto ocorre quando o funcionário público, embora não tendo a posse do dinheiro, do valor ou do bem, o subtrai, ou concorre para que seja subtraído, em proveito próprio ou alheio, valendo-se da facilidade que lhe proporciona a qualidade de funcionário.

(E) O crime de denunciação caluniosa consiste em dar causa à instauração de inquérito civil ou de ação de improbidade administrativa contra alguém, imputando-se a esse alguém infração administrativa de que o sabe inocente.

A: incorreta. Além das formas dolosas, o peculato admite, sim, a modalidade *culposa*, prevista no art. 312, § 2º, do CP, que pressupõe que o funcionário público concorra, de forma culposa (imperícia, imprudência ou negligência), para o delito de terceiro, que pode ou não ser funcionário público e age sempre de forma dolosa, praticando crimes como, por exemplo, furto, peculato, apropriação indébita etc. No peculato culposo – art. 312, § 2º, primeira parte, do CP, a reparação do dano, quando anterior à sentença irrecorrível, extingue a punibilidade; se, no entanto, lhe é posterior, reduz de metade a pena imposta, conforme prescreve o art. 312, § 3º, segunda parte, do CP; **B:** incorreta. Cuida-se de crime *formal*, e não *material*. Assim, basta, à consumação do delito previsto no art. 313-A do CP, a prática de qualquer das condutas contidas no tipo penal, independentemente

de o funcionário (ou terceiro) alcançar o fim colimado; **C:** incorreta. A consumação do peculato-desvio, capitulado no art. 312, "caput", 2ª parte, do CP, é atingida no exato momento em que o funcionário dá destinação diversa ao objeto material do delito, sendo prescindível que o agente alcance o fim perseguido. Importante anotar que, quanto ao momento consumativo deste crime, há divergência doutrinária e jurisprudencial; **D:** correta (art. 312, § 1º, CP); **E:** incorreta, uma vez que o delito de denunciação caluniosa pressupõe que o agente, dando causa à instauração de investigação administrativa ou processo judicial, atribua ao ofendido o cometimento de *crime, infração ético-disciplinar ou ato ímprobo* (art. 339, "caput", do CP, conforme redação conferida pela Lei 14.110/2020) ou *contravenção penal* (art. 339, § 2º, do CP). **ED**

Gabarito "D".

(Papiloscopista – PCDF – Universa – 2016) Pedro, delegado de polícia, desviou, em proveito alheio, um aparelho celular cujo dono não fora encontrado e cuja posse detivera, como produto de furto, em investigação sob seu comando.

Com base nessa situação hipotética, assinale a alternativa correta.

(A) Pedro deverá responder pela prática de crime de prevaricação.

(B) Trata-se de crime de furto.

(C) Trata-se de conduta atípica.

(D) Pedro praticou concussão.

(E) A conduta de Pedro caracteriza-se como peculato.

Pedro, porque se valeu do cargo que ocupa para desviar, em proveito alheio (poderia ser próprio), bem particular (poderia ser público), consistente em um aparelho de telefone celular, de que tinha a posse em razão de constituir produto de furto cuja investigação está sob os seus cuidados, deverá ser responsabilizado pelo crime de peculato na modalidade *desvio*, que tem previsão no art. 312, "caput", 2ª parte, do CP. Há, no Código Penal, quatro modalidades de peculato, a saber: *peculato-apropriação* (art. 312, "caput", 1ª parte, do CP); *peculato-desvio*, modalidade em que, como já dissemos, incorreu Pedro (art. 312, "caput", 2ª parte, do CP); *peculato-furto* (art. 312, § 1º, do CP); e *peculato culposo* (art. 312, § 2º, CP). **ED**

Gabarito "E".

(Investigador/SP – 2014 – VUNESP) Considerando os crimes contra a Administração Pública, previstos no Código Penal e praticados por funcionário público, é correto afirmar que a conduta de "solicitar ou receber, para si ou para outrem, direta ou indiretamente, ainda que fora da função ou antes de assumi-la, mas em razão dela, vantagem indevida, ou aceitar promessa de tal vantagem", tipificará o crime de

(A) emprego irregular de verbas.

(B) corrupção passiva.

(C) concussão.

(D) excesso de exação.

(E) peculato.

A: incorreta. O emprego irregular de verbas caracteriza-se pelo fato de o agente dar às verbas ou rendas públicas aplicação diversa da estabelecida em lei (art. 315, CP); **B:** correta. De fato, a corrupção passiva verificar-se-á quando o agente solicitar ou receber, para si ou para outrem, direta ou indiretamente, ainda que fora da função ou antes de assumi-la, mas em razão dela, vantagem indevida, ou aceitar promessa de tal vantagem (art. 317, CP); **C:** incorreta. Comete concussão o funcionário público que exigir, para si ou para outrem, direta ou indiretamente, ainda que fora da função ou antes de assumi-la, mas em razão dela, vantagem indevida (art. 316, CP); **D:** incorreta. O excesso de exação, que é modalidade de concussão,

1. DIREITO PENAL

operar-se-á quando o agente, funcionário público, exigir tributo ou contribuição social que sabe ou deveria saber indevido, ou, quando devido, empregar na cobrança meio vexatório ou gravoso, que a lei não autoriza (art. 316, § 1º, CP); **E:** incorreta. Caracteriza-se o peculato pelo fato de o agente, funcionário público, apropriar-se de dinheiro, valor ou qualquer outro bem móvel, público ou particular, de que tem a posse em razão do cargo, ou desviá-lo, em proveito próprio ou alheio (art. 312, *caput*, CP), ou embora não tendo a posse do dinheiro, valor ou bem, o subtrair, ou concorrer para que seja subtraído, em proveito próprio ou alheio, valendo-se de facilidade que lhe proporciona a qualidade de funcionário (art. 312, § 1º, CP).

Gabarito "B".

(Escrivão/SP – 2014 – VUNESP) Imagine que um policial, em abordagem de rotina, identifique e efetue a detenção de um indivíduo procurado pela Justiça. Assim que isso ocorre e antes de apresentar o indivíduo à autoridade de Polícia Judiciária (Delegado de Polícia), o policial recebe verbalmente, do detido, a seguinte proposta: soltar o indivíduo para que ele vá até o caixa eletrônico e busque R$ 500,00, a serem entregues ao policial em troca de sua liberdade. O policial aceita a proposta e solta o detido, que não retorna e não cumpre com a promessa de pagamento.

Diante dessa hipótese, o policial

(A) cometeu crime de prevaricação (CP, art. 319).

(B) cometeu crime de corrupção passiva (CP, art. 317).

(C) cometeu o crime de condescendência criminosa (CP, art. 320).

(D) cometeu o crime de concussão (CP, art. 316).

(E) não cometeu crime algum, pois não chegou a receber o dinheiro.

A: incorreta. Comete prevaricação o funcionário público que retardar, deixar de praticar, ou praticar ato de ofício, com infração a dever funcional, para satisfazer interesse ou sentimento pessoal (art. 319, CP). Se o fato envolver solicitação, recebimento ou aceitação de promessa de vantagem, tendo como objetivo que o funcionário retarde, deixe de praticar ou pratique ato de ofício com infração a dever funcional, o crime será, como dito, o de corrupção passiva; **B:** correta. A conduta de um policial (funcionário público, portanto – art. 327, CP) de aceitar a promessa de pagamento de R$ 500,00 de indivíduo procurado pela Justiça, a fim de que não o prenda, configura, sem sombra de dúvidas, crime de corrupção passiva (art. 317, CP). Para sua prática, basta que o funcionário público solicite, receba ou aceite promessa de vantagem, desde que o faça ainda que fora da função, ou antes de assumi-la, mas, sempre, em razão dela. O crime em questão não exige, para sua consumação e configuração, que o agente receba, efetivamente, a vantagem indevida, aperfeiçoando-se, também, quando houver mera solicitação ou aceitação de promessa de referida vantagem; **C:** incorreta. Na condescendência criminosa (art. 320, CP), o funcionário público deixará, por indulgência, de responsabilizar subordinado que tenha cometido infração no exercício do cargo, ou deixar, quando lhe faltar competência, de comunicar o fato à autoridade competente; **D:** incorreta. Embora concussão (art. 316, CP) e corrupção (art. 317, CP) sejam crimes que se assemelham, naquela, o funcionário público, em razão de sua função, exige (impõe como dever, como obrigação) da vítima uma vantagem indevida, ao passo que nesta, solicita (e não exige!), recebe ou aceita promessa de vantagem; **E:** incorreta. Comete crime o funcionário público que simplesmente solicitar ou aceitar a promessa de vantagem indevida, ainda que não a receba. Aqui, o crime de corrupção passiva (art. 317, CP) é considerado formal, consumando--se independentemente do recebimento da vantagem.

Gabarito "B".

(Escrivão/SP – 2014 – VUNESP) A esposa que comprovadamente ludibria autoridade policial e auxilia marido, autor de crime de roubo, a subtrair-se à ação da autoridade pública

(A) deve cumprir pena por exercício arbitrário das próprias razões (CP, art. 345).

(B) deve cumprir pena por favorecimento real (CP, art. 349).

(C) fica isenta de pena.

(D) deve cumprir pena por crime de favorecimento pessoal (CP, art. 348).

(E) deve cumprir pena por fuga de pessoa presa (CP, art. 351).

Comete crime de favorecimento pessoal aquele que auxilia a subtrair-se à ação de autoridade pública o autor de crime (art. 348, CP). Todavia, se se tratar o agente de ascendente, descendente, cônjuge ou irmão, praticando comportamento destinado a auxiliar o criminoso, ficará isento de pena (art. 348, § 2º, CP). Trata-se daquilo que se denomina de escusa absolutória.

Gabarito "C".

(Escrivão de Polícia/BA – 2013 – CESPE) No que concerne aos crimes contra a administração pública, julgue os itens que se seguem.

(1) Incorrem na prática de condescendência criminosa tanto o servidor público hierarquicamente superior que deixe, por indulgência, de responsabilizar subordinado que tenha cometido infração no exercício do cargo quanto os funcionários públicos de mesma hierarquia que não levem o fato ao conhecimento da autoridade competente para sancionar o agente faltoso.

(2) O crime de concussão é delito próprio e consiste na exigência do agente, direta ou indireta, em obter da vítima vantagem indevida, para si ou para outrem, e consuma-se com a mera exigência, sendo o recebimento da vantagem considerado como exaurimento do crime.

(3) A consumação do crime de corrupção passiva ocorre quando o agente deixa efetivamente de praticar ou retarda ato de ofício, com infração de dever funcional, cedendo a pedido ou influência de outrem, em troca de vantagem indevida anteriormente percebida.

1: correta. Comete o crime de condescendência criminosa (art. 320, CP) aquele funcionário que deixar, por indulgência, de responsabilizar subordinado que cometeu infração no exercício do cargo ou, quando lhe falte competência (ex.: colegas de mesma hierarquia funcional), não levar o fato ao conhecimento da autoridade competente; **2:** correta. A concussão (art. 316, CP) é crime funcional, ou seja, cometido por funcionário público (crime próprio) contra a Administração em geral. Consiste no fato de o agente – repita-se, funcionário público – exigir, para si ou para outrem, direta ou indiretamente, ainda que fora da função ou antes de assumi-la, mas em razão dela, vantagem indevida. Considera--se crime formal (ou de consumação antecipada), não se exigindo, para sua configuração e consumação, efetivo recebimento, pelo funcionário público, da vantagem indevida exigida, o que, se ocorrer, caracterizará mero exaurimento do delito; **3:** errada. A corrupção passiva (art. 317, CP) é crime que se consuma com a mera solicitação ou aceitação de promessa de vantagem indevida, ou mesmo com o recebimento desta, não sendo imprescindível, para sua configuração, que o funcionário público retarde, deixe de praticar ou pratique ato de ofício com infração a dever funcional. Apenas a corrupção passiva privilegiada (art. 317, §

2º, CP), que se verifica quando o agente pratica, deixa de praticar ou retarda ato de ofício, com infração a dever funcional, cedendo a pedido ou influência de outrem, depende, para sua consumação, que o agente, tal como exige o tipo penal, pratique, deixe de praticar ou retarde ato de ofício. O efetivo recebimento da vantagem, também, não é necessário para a consumação do delito.

Gabarito 1C, 2C, 3E

(Investigador de Polícia/SP – 2013 – VUNESP) No que tange aos crimes praticados contra a Administração Pública, é correto afirmar que

(A) aceitar promessa de vantagem indevida ainda que fora da função pública ou antes de assumi-la, mas em razão dela, será caracterizado como corrupção passiva tentada se o agente não receber a vantagem.

(B) apropriar-se o funcionário público de dinheiro, valor ou qualquer outro bem móvel, público ou particular, de que tem a posse em razão de circunstâncias alheias ao cargo, caracteriza o crime de peculato.

(C) praticar ato de ofício contra disposição expressa de lei, para satisfazer interesse ou sentimento pessoal, caracteriza- se como crime de prevaricação.

(D) facilitar, por culpa, a revelação de fato de que tem ciência em razão do cargo e que deva permanecer em segredo caracteriza o crime de violação de sigilo funcional.

(E) solicitar, para si ou para outrem, direta ou indiretamente, ainda que fora da função ou antes de assumi-la, mas em razão dela, vantagem indevida, caracteriza o crime de concussão.

A: incorreta, pois o crime de corrupção passiva (art. 317 do CP) restará caracterizado – e consumado – quando o agente, ainda que fora da função ou antes de assumi-la, mas em razão dela, solicitar, receber ou aceitar promessa de vantagem indevida. Trata-se de crime formal, ou seja, que se consuma independentemente de o agente praticar, deixar de praticar ou retardar qualquer ato de ofício. Bastará, para a consumação, que solicite, receba ou aceite a promessa de vantagem indevida; **B:** incorreta. O peculato é crime que pressupõe que o agente se aproprie de dinheiro, valor ou bem móvel público ou particular de que *tenha a posse em razão do cargo* (art. 312, *caput*, do CP); **C:** correta (art. 319 do CP); **D:** incorreta, pois o crime de violação de sigilo funcional (art. 325 do CP) é doloso. Assim, caso um funcionário público, por culpa (imprudência, negligência ou imperícia), facilite a revelação de fato de que tem ciência em razão do cargo e que deva permanecer em segredo, não cometerá o crime em tela, visto que não há previsão da modalidade culposa. Lembre-se de que um crime somente poderá ser imputado a título de culpa ao agente se houver expressa previsão legal (art. 18, parágrafo único, do CP); **E:** incorreta, pois a solicitação de vantagem indevida por funcionário público, ainda que fora da função ou antes de assumi-la, mas em razão dela, seja de forma direta ou indireta, caracteriza corrupção passiva (art. 317 do CP). A concussão, definida no art. 316 do CP, pressupõe que o agente faça uma *exigência* (e não mera solicitação!) de vantagem indevida à vítima.

Gabarito "C"

19. LEGISLAÇÃO PENAL EXTRAVAGANTE

(Investigador – PC/ES – Instituto AOCP – 2019) A conduta de deixar de recolher, no prazo legal, valor de tributo ou de contribuição social, descontado ou cobrado, na qualidade de sujeito passivo de obrigação e que deveria recolher aos cofres públicos, configura

(A) crime de abuso de autoridade, previsto na Lei nº 4.898/1965.

(B) crime contra a administração pública, previsto no Código Penal.

(C) crime contra a ordem tributária, previsto na Lei nº 8.137/1990.

(D) crime previsto na Lei nº 11.343/2006 (Lei Antidrogas).

(E) crime hediondo, previsto na Lei nº 8.072/1990.

Crime previsto no art. 2º, II, da Lei 8.137/1990 (Crimes contra a Ordem Tributária). Vale a observação de que a Lei 4.898/1965, referida na alternativa "A", foi revogada pela Lei 13.869/2019, que atualmente contém os crimes de abuso de autoridade. **ED**

Gabarito "C".

(Agente-Escrivão – PC/GO – CESPE – 2016) Pedro, maior e capaz, compareceu a uma delegacia de polícia para ser ouvido como testemunha em IP. Todavia, quando Pedro apresentou sua carteira de identidade, a autoridade policial a reteve e, sem justo motivo nem ordem judicial, permaneceu com tal documento durante quinze dias.

Nessa situação hipotética, a atitude da autoridade policial constituiu:

(A) crime punível com multa.

(B) fato atípico, pois sua conduta não pode ser considerada crime ou contravenção penal.

(C) contravenção penal punível com prisão simples.

(D) crime punível com detenção.

(E) crime punível com reclusão.

A conduta da autoridade policial se enquadra na descrição típica contida no art. 3º da Lei 5.553/1968, que corresponde a uma contravenção penal em que a lei comina pena de prisão simples de 1 a 3 meses ou multa. **ED**

Gabarito "C".

20. TEMAS COMBINADOS DE DIREITO PENAL

(Delegado – PC/RS – FUNDATEC – 2018) De acordo com a lei, a doutrina e a jurisprudência dos Tribunais Superiores, analise as situações hipotéticas a seguir:

I. Larapius foi preso em flagrante pela prática de um crime de roubo. Ao ser apresentado na Delegacia de Polícia para ser autuado, atribui-se identidade falsa. Nessa hipótese, de acordo com o entendimento do Superior Tribunal de Justiça, estará cometendo o crime de falsa identidade.

II. Isolda, ao chegar no edifício aonde reside, chamou de "Matusalém" o porteiro Agostinho, 72 anos de idade, porque ele demorou para abrir o portão. Isolda praticou o crime de injúria qualificada, art. 140, parágrafo 3º do Código Penal e agravada pelo fato de ter sido praticada contra idoso.

III. Padarício, visando obter vantagem econômica para si, adulterou a balança de pesagem de produtos de sua padaria. Alguns meses depois, fiscais estiveram no estabelecimento comercial e constataram a fraude. Nesse caso, o Delegado de Polícia deverá indiciar Padarício pelo crime de estelionato.

IV. Na farmácia de Malaquias, durante fiscalização, foi constatado que havia medicamentos em depósito,

1. DIREITO PENAL

para venda, de procedência ignorada. Nesse caso, Malaquias poderia ser enquadrado em crime contra a saúde pública, porém de acordo com o Superior Tribunal de Justiça, a pena prevista para esse crime, reclusão de dez a quinze anos e multa, seria desproporcional e, portanto, não poderia ser aplicada.

Quais estão corretas?

(A) Apenas I.

(B) Apenas II.

(C) Apenas I e IV.

(D) Apenas I, II e III.

(E) I, II, III e IV.

I: correta. Parte da doutrina sustenta que não comete o crime do art. 307 do CP o agente que atribui a si falsa identidade com o propósito de escapar de ação policial e, dessa forma, evitar sua prisão. O indivíduo estaria, segundo essa corrente, procurando preservar sua liberdade. Sucede que, atualmente, este posicionamento não mais prevalece. Segundo STF e STJ, aquele que atribui a si identidade falsa com o escopo de furtar-se à responsabilidade criminal deve, sim, responder pelo crime de falsa identidade (art. 307, CP). A propósito, o STJ, consolidando tal entendimento, editou a Súmula 522: "A conduta de atribuir-se falsa identidade perante autoridade policial é típica, ainda que em situação de alegada autodefesa". Também nesse sentido, o STF: "Direito penal. Agravo regimental em recurso extraordinário com agravo. Crime de falsa identidade. Art. 307 do Código Penal. Alegação de autodefesa. Impossibilidade. Tipicidade configurada. 1. O Plenário Virtual do Supremo Tribunal Federal, no julgamento do RE 640.139, Rel. Min. Dias Toffoli, decidiu que o princípio constitucional da autodefesa não alcança aquele que atribui falsa identidade perante autoridade policial com o intuito de ocultar maus antecedentes. Na ocasião, reconheceu-se a existência de repercussão geral da questão constitucional suscitada e, no mérito, reafirmou a jurisprudência dominante sobre a matéria. 2. Agravo regimental a que se nega provimento." (ARE 870572 AgR, 1ª T., Rel. Min. Roberto Barroso, j. 23.06.2015, *DJe* 05.08.2015, publ. 06.08.2015); **II:** incorreta. Isolda, ao chamar o porteiro Agostinho de Matusalém, cometeu a modalidade de injúria qualificada do art. 140, § 3º, do CP, não podendo incidir, sob pena de configurar *bis in idem*, a circunstância agravante do art. 61, II, *h*, do CP; **III:** incorreta. Trata--se de crime contra a economia popular definido no art. 2º, XI, da Lei 1.521/1951; **IV:** correta. De fato, dada a desproporcionalidade entre as condutas descritas no art. 273, § 1º-B, do CP e as penas a elas cominadas, o STJ declarou inconstitucional a pena deste dispositivo legal, passando a adotar a pena do tráfico de drogas em seu lugar (AI no HC 239.363, Corte Especial, rel. Sebastião Reis Júnior, 26.02.2015). 🄴🄳

Gabarito "C".

(Papiloscopista – PF – CESPE – 2018) Na tentativa de entrar em território brasileiro com drogas ilícitas a bordo de um veículo, um traficante disparou um tiro contra agente policial federal que estava em missão em unidade fronteiriça. Após troca de tiros, outros agentes prenderam o traficante em flagrante, conduziram-no à autoridade policial local e levaram o colega ferido ao hospital da região.

Nessa situação hipotética,

(1) para definir o lugar do crime praticado pelo traficante, o Código Penal brasileiro adota o princípio da ubiquidade.

(2) se o policial ferido não falecer em decorrência do tiro disparado pelo traficante, estar-se-á diante de homicídio tentado, que, no caso, terá como elementos caracterizadores: a conduta dolosa do traficante; o ingresso do traficante nos atos preparatórios; e a impossibilidade de se chegar à consumação do crime por circunstâncias alheias à vontade do traficante.

(3) ao tomar conhecimento do homicídio, cuja ação penal é pública incondicionada, a autoridade policial terá de instaurar o inquérito de ofício, o qual terá como peça inaugural uma portaria que conterá o objeto de investigação, as circunstâncias conhecidas e as diligências iniciais que serão cumpridas.

(4) caso o traficante tenha se identificado com carteira nacional de habilitação rasurada, sua identificação criminal deverá ser feita pelo processo datiloscópico.

1: correta. O Código Penal adotou, em seu art. 6º, no que concerne ao lugar do crime, a *teoria mista ou da ubiquidade*, já que é considerado lugar do delito tanto o da conduta quanto o do resultado (dispositivo com incidência nos chamados crimes a distância ou do espaço máximo); **2:** errada. O crime tentado tem como requisitos: que a consumação não tenha se operado por circunstanciais alheias à vontade do agente (presente no caso narrado no enunciado); e que a execução do crime já tenha se iniciado (presente no caso narrado no enunciado). O erro está em afirmar que o ingresso do traficante nos atos preparatórios constitui elemento caracterizador do crime tentado. Como já dissemos acima, é necessário, para configurar a tentativa, ir além dos atos preparatórios e ingressar na fase de execução do delito; **3:** correta. Assim que for comunicada do crime (consumado ou tentado), a autoridade policial deverá proceder a inquérito de ofício, baixando a respectiva portaria, desde que se trate de delito de ação penal pública incondicionada, como é o caso do homicídio (art. 5º, I, CPP); **4:** correta (art. 3º, I, Lei 12.037/2009). 🄴🄳

Gabarito: 1C, 2E, 3C, 4C

2. DIREITO PROCESSUAL PENAL

Arthur Trigueiros, Eduardo Dompieri e Savio Chalita

1. FONTES, PRINCÍPIOS GERAIS, INTERPRETAÇÃO E APLICAÇÃO DA LEI PROCESSUAL PENAL

(Delegado – PC/RS – FUNDATEC – 2018) Considerando a disciplina da aplicação de lei processual penal e os tratados e convenções internacionais, assinale a alternativa correta.

(A) A lei processual penal aplica-se desde logo, conformando um complexo de princípios e regras processuais penais próprios, vedada a suplementação pelos princípios gerais de direito.

(B) A superveniência de lei processual penal que modifique determinado procedimento determina a renovação dos atos já praticados.

(C) A lei processual penal não admite interpretação extensiva, ainda que admita aplicação analógica.

(D) Toda pessoa detida ou retida deve ser conduzida, sem demora, à presença de um juiz ou outra autoridade autorizada pela lei a exercer funções judiciais e tem direito a ser julgada dentro de um prazo razoável ou a ser posta em liberdade, sem prejuízo de que prossiga o processo.

(E) Em caso de superveniência de leis processuais penais híbridas, prevalece o aspecto instrumental da norma.

A: incorreta. A lei processual penal será aplicada desde logo (*princípio da aplicação imediata ou da imediatidade*), sem prejuízo dos atos realizados sob o império da lei anterior. É o que estabelece o art. 2º do CPP. Até aqui a assertiva está correta. Sua incorreção está em afirmar que a lei processual penal não comporta o suplemento dos princípios gerais de direito (art. 3º, CPP); **B:** incorreta. A superveniência de lei processual penal que modifique determinado procedimento será aplicada desde logo (imediatidade), sem prejuízo dos atos que até então foram praticados. Em outras palavras, os atos anteriores à lei processual nova serão preservados, não havendo, assim, a necessidade de renovação (art. 2º, CPP); **C:** incorreta. A lei processual penal admite tanto a interpretação extensiva quanto a aplicação analógica (art. 3º, CPP); **D:** correta. Embora não contemplada, de forma expressa, na CF/1988, a Convenção Americana sobre Direitos Humanos (Pacto de San José da Costa Rica), incorporada ao ordenamento jurídico brasileiro, em seu art. 7º (5), assim estabelece: "Toda pessoa presa, detida ou retida deve ser conduzida, sem demora, à presença de um juiz ou outra autoridade autorizada por lei a exercer funções judiciais (...)". O Conselho Nacional de Justiça, em parceria com o Tribunal de Justiça de São Paulo e também com o Ministério da Justiça, lançou e implementou o projeto "audiência de custódia", cujo propósito é assegurar ao preso o direito de ser apresentado, de forma rápida, a um juiz de direito, ao qual caberá analisar, entre outros aspectos, a legalidade da prisão em flagrante e também a necessidade de a mesma ser convertida em prisão preventiva. Para tanto, o CNJ editou a Resolução 213/2015, cujo art. 1º assim estabelece: *Determinar que toda pessoa presa em flagrante delito, independentemente da motivação ou natureza do ato, seja obrigatoriamente apresentada, em até 24 horas da comunicação do flagrante, à autoridade judicial competente, e ouvida sobre as circunstâncias em que se realizou sua prisão ou apreensão*. Mais

recentemente, a Lei 13.964/2019, conhecida como Pacote Anticrime, contemplou a audiência de custódia, inserindo-a no art. 310 do CPP. Pela primeira vez, portanto, a audiência de custódia, objeto de tantos debates na comunidade jurídica, tem previsão legal. Como dissemos acima, até então esta matéria estava prevista tão somente na Resolução CNJ 213/2015. Segundo estabelece a nova redação do *caput* do art. 310 do CPP, "após receber o auto de prisão em flagrante, no prazo máximo de 24 (vinte e quatro) horas após a realização da prisão, o juiz deverá promover audiência de custódia com a presença do acusado, seu advogado constituído ou membro da Defensoria Pública e o membro do Ministério Público, e, nessa audiência, o juiz deverá, fundamentadamente: (...)". O § 4º deste dispositivo, também inserido pela Lei 13.964/2019 e cuja eficácia está suspensa por decisão cautelar do STF (ADI 6305), impõe a liberalização da prisão do autuado em flagrante em razão da não realização da audiência de custódia no prazo de 24 horas. Ademais, entendemos que não há que se falar em revogação da Resolução 213/2015 pela novel legislação, dado o maior detalhamento que esta promove em face da nova lei. Posteriormente a isso, o Congresso Nacional, ao apreciar os vetos impostos pelo presidente da República ao PL 6.341/2019 (que deu origem à Lei 13.964/2019), rejeitou (derrubou) vários deles (na verdade, 16 dos 24 vetos). No que toca à audiência de custódia, com a rejeição ao veto imposto pelo PR ao art. 3º-B, § 1º, do CPP (contido no PL 6341/2019), fica vedada a possibilidade de se proceder à audiência de custódia por meio de sistema de videoconferência (ressalvados o período de pandemia e situações de urgência). Doravante, pois, as audiências de custódia deverão, em regra, ser realizadas presencialmente. O art. 3º-B, § 1º, do CPP conta com a seguinte redação (agora restabelecida com a derrubada do veto): *O preso em flagrante ou por força de mandado de prisão provisória será encaminhado à presença do juiz de garantias no prazo de 24 (vinte e quatro) horas, momento em que se realizará audiência com a presença do Ministério Público e da Defensoria Pública ou de advogado constituído, vedado o emprego de videoconferência*. Ponderou o presidente da República, por ocasião de seu veto, que *suprimir a possibilidade da realização da audiência por videoconferência gera insegurança jurídica*. Além disso, segundo também justificou, *o dispositivo pode acarretar em aumento de despesa, notadamente nos casos de juiz em vara única, com apenas um magistrado, seja pela necessidade de pagamento de diárias e passagens a outros magistrados para a realização de uma única audiência, seja pela necessidade premente de realização de concurso para a contratação de novos magistrados*; **E:** incorreta. Em regra, a norma processual penal começa a ser aplicada tão logo entre em vigor, passando a disciplinar os processos em curso, não afetando, como dissemos acima, os atos até ali realizados. Não tem, portanto, ao menos em regra, efeito retroativo. Sucede que há normas processuais penais que possuem natureza mista, híbrida, isto é, são dotadas de natureza processual (instrumental) e material (penal) ao mesmo tempo, como as normas processuais que disciplinam a natureza da ação penal. Nesse caso, deverá prevalecer, em detrimento do regramento estabelecido no art. 2º do CPP, a norma contida no art. 2º, parágrafo único, do Código Penal (art. 5º, XL, da CF). Em se tratando de norma mais favorável ao réu, deverá retroagir em seu benefício; se prejudicial a lei nova, aplica-se a lei já revogada. Conferir: "*In casu*, o constrangimento é flagrante, tendo em vista que, diante de norma processual penal material, a disciplinar aspecto sensivelmente ligado ao *jus puniendi* – natureza da ação penal – pretendeu-se aplicar o primado *tempus regit actum*, art. 2.º do Código de Processo Penal, a quebrantar a garantia inserta no Código Penal, de que a *lex gravior* somente incide para fatos posteriores à sua edição.

Como, indevidamente, o *Parquet* ofereceu denúncia, em caso em que cabível queixa, e, transposto o prazo decadencial de seis meses para o ajuizamento desta, tem-se como fulminada a persecução penal. 3. Ordem não conhecida, expedido *habeas corpus* de ofício para trancar a Ação Penal n. 2009.001.245923-5, em trâmite perante a 28.ª Vara Criminal da Comarca da Capital/RJ" (STJ, 6ª T., HC 201001533527, Maria Thereza De Assis Moura, *DJ* de 29.11.2012) [ED]
Gabarito "D".

(Escrivão – AESP/CE – VUNESP – 2017) No que diz respeito às disposições constitucionais aplicáveis ao processo penal, é correto afirmar que:

(A) ninguém será considerado culpado até a publicação de sentença penal condenatória.

(B) o preso tem direito à identificação dos responsáveis por sua prisão ou por seu interrogatório policial, salvo as hipóteses em que a identificação colocar em risco a atividade policial.

(C) a lei só poderá restringir a publicidade dos atos processuais quando a defesa da intimidade ou o interesse social o exigirem.

(D) não será admitida ação privada nos crimes de ação penal pública.

(E) ninguém será preso senão em flagrante delito ou por ordem escrita e fundamentada de autoridade judiciária competente, salvo nos casos de transgressão militar ou crime impropriamente militar, definidos em lei.

A: incorreta, uma vez que não corresponde ao teor do art. 5º, LVII, da CF, que assim dispõe: *Ninguém será considerado culpado até o trânsito em julgado de sentença penal condenatória*; **B:** incorreta, uma vez que não corresponde ao teor do art. 5º, LXIV, da CF, que assim dispõe: *O preso tem direito à identificação dos responsáveis por sua prisão ou por seu interrogatório policial*. O dispositivo constitucional, como se pode ver, não faz ressalva alguma. A propósito disso, a nova Lei de Abuso de Autoridade (Lei 13.869/2019), em seu art. 16, considera como criminosa a conduta consistente em *deixar de identificar-se ou identificar-se falsamente ao preso por ocasião de sua captura ou quando deva fazê-lo durante sua detenção ou prisão*. Incorrerá na mesma pena, segundo o parágrafo único deste dispositivo, o agente que, *como responsável por interrogatório em sede de procedimento investigatório de infração penal, deixa de identificar-se ao preso ou atribui a si mesmo falsa identidade, cargo ou função*; **C:** correta, pois em conformidade com o disposto no art. 5º, LX, da CF, que assim dispõe: *A lei só poderá restringir a publicidade dos atos processuais quando a defesa da intimidade ou o interesse social o exigirem*; **D:** incorreta, uma vez que não corresponde ao teor do art. 5º, LIX, da CF, que assim dispõe: *Será admitida ação privada nos crimes de ação pública, se esta não for intentada no prazo legal*. É a chamada ação penal privada subsidiária da pública; **E:** incorreta, uma vez que não corresponde ao teor do art. 5º, LXI, da CF, que assim dispõe: *Ninguém será preso senão em flagrante delito ou por ordem escrita e fundamentada de autoridade judiciária competente, salvo nos casos de transgressão militar ou crime propriamente militar, definidos em lei*, e não *impropriamente* militar. [ED]
Gabarito "C".

(Escrivão de Polícia/BA – 2013 – CESPE) Julgue os itens seguintes, considerando os dispositivos constitucionais e o processo penal.

(1) O direito ao silêncio consiste na garantia de o indiciado permanecer calado e de tal conduta não ser considerada confissão, cabendo ao delegado informá-lo desse direito durante sua oitiva no inquérito policial.

(2) De acordo com a CF, a inviolabilidade do sigilo de correspondência e comunicações telefônicas poderá ser quebrada por ordem judicial para fins de investigação criminal ou instrução processual penal.

(3) A presunção de inocência da pessoa presa em flagrante delito, ainda que pela prática de crime inafiançável e hediondo, é razão, em regra, para que ela permaneça em liberdade.

(4) A assistência de advogado durante a prisão é requisito de validade do flagrante; por essa razão, se o autuado não nomear um profissional de sua confiança, o delegado deverá indicar um defensor dativo para acompanhar o ato.

(5) Tanto o acompanhamento do inquérito policial por advogado quanto seus requerimentos ao delegado caracterizam a observância do direito ao contraditório e à ampla defesa, obrigatórios na fase inquisitorial e durante a ação penal.

1: correta. Deve-se aplicar, neste caso, o art. 186, parágrafo único, do CPP, que incide, por força do disposto no art. 6º, V, do CPP, tanto no âmbito do inquérito policial quanto no da instrução processual, que estabelece que "o silêncio, que não importará em confissão, não poderá ser interpretado em prejuízo da defesa". Também tem incidência no interrogatório policial o disposto no art. 186, *caput*, do CPP, segundo o qual cabe ao juiz (neste caso o delegado), antes de dar início ao interrogatório e depois de qualificar o acusado (neste caso o investigado), cientificá-lo de seu direito de permanecer calado e de não responder às perguntas a ele formuladas. Configura crime de abuso de autoridade a conduta do agente que procede ao interrogatório de pessoa que tenha decidido exercer o direito ao silêncio (art. 15, parágrafo único, I, da Lei 13.869/2019); **2:** incorreta. É que o dispositivo constitucional que rege a matéria (art. 5º, XII) somente excepcionou, como sigilo passível de violação, o das comunicações telefônicas, o que deverá se dar nos moldes da Lei 9.296/1996, que traz o regramento dessa modalidade de interceptação; **3:** correta. A decretação ou manutenção da custódia cautelar (aqui incluída a prisão em flagrante), assim entendida aquela que antecede a condenação definitiva, deve sempre estar condicionada à demonstração de sua imperiosa necessidade, pouco importando a natureza do crime imputado ao agente (hediondo; não hediondo; afiançável; não afiançável). Bem por isso, deve o magistrado apontar as razões, no seu entender, que a tornam indispensável (art. 312 do CPP). Colocado de outra forma, a prisão provisória ou cautelar (prisão preventiva, temporária e em flagrante) somente se justifica dentro do ordenamento jurídico quando necessária ao processo. Deve ser vista, portanto, como um instrumento do processo a ser utilizado em situações excepcionais. É por essa razão que a prisão decorrente de sentença penal condenatória recorrível deixou de constituir modalidade de prisão cautelar. Era uma prisão automática, já que, com a prolação da sentença condenatória, o réu era recolhido ao cárcere (independente de a prisão ser necessária). Nesse contexto, o acusado era considerado presumidamente culpado. Com as modificações introduzidas pela Lei 11.719/2008 e também em razão da atuação dos tribunais, esta modalidade de prisão cautelar deixou de existir, consagrando, assim, o postulado da presunção de inocência. Em vista dessa nova realidade, se o acusado permanecer preso durante toda a instrução, a manutenção dessa prisão somente terá lugar se indispensável for ao processo, pouco importando se, uma vez condenado em definitivo, permanecerá ou não preso. A prisão desnecessária decretada ou mantida antes de a sentença passar em julgado constitui antecipação da pena que porventura seria aplicada em caso de condenação, o que representa patente violação ao princípio da presunção de inocência, postulado esse de índole constitucional – art. 5º, LVII. De se ver ainda que, tendo em conta as mudanças implementadas pela Lei 12.403/2011, que instituiu as medidas cautelares alternativas à prisão provisória, esta somente terá lugar diante da impossibilidade de se recorrer às medidas cautelares. Dessa forma, a prisão, como medida excepcional que é, deve também ser vista como instrumento subsidiário, supletivo. Pois

2. DIREITO PROCESSUAL PENAL

bem. Essa tônica (de somente dar-se início ao cumprimento da pena depois do trânsito em julgado da sentença penal condenatória) sofreu um revés. Explico. O STF, em julgamento histórico realizado em 17 de fevereiro de 2016, mudou, à revelia de grande parte da comunidade jurídica, seu entendimento acerca da possibilidade de prisão antes do trânsito em julgado da sentença penal condenatória. A Corte, ao julgar o HC n. 126.292, passou a admitir a execução da pena após decisão condenatória proferida em segunda instância. Com isso, passou a ser desnecessário, para dar início ao cumprimento da pena, aguardar o trânsito em julgado da decisão condenatória. Flexibilizou-se, pois, o postulado da presunção de inocência. Naquela ocasião, votaram pela mudança de paradigma sete ministros, enquanto quatro mantiveram o entendimento até então prevalente. Cuidava-se, é bem verdade, de uma decisão tomada em processo subjetivo, sem eficácia vinculante, portanto. Tal decisão, conquanto tomada em processo subjetivo, passou a ser vista como uma mudança de entendimento acerca de tema que há vários anos havia se sedimentado. Mais recentemente, nossa Suprema Corte foi chamada a se manifestar, em ações declaratórias de constitucionalidade impetradas pelo Conselho Federal da OAB e pelo Partido Ecológico Nacional, sobre a constitucionalidade do art. 283 do CPP. Existia a expectativa de que algum ou alguns dos ministros mudassem o posicionamento adotado no julgamento realizado em fevereiro de 2016. Afinal, a decisão, agora, teria uma repercussão muito maior, na medida em que tomada em ADC. Pois bem. Depois de muita especulação e grande expectativa, o STF, em julgamento realizado em 5 de outubro do mesmo ano, desta vez por maioria mais apertada (6 a 5), já que houve mudança de posicionamento do ministro Dias Toffoli, indeferiu as medidas cautelares pleiteadas nessas ADCs (43 e 44), mantendo, assim, o posicionamento que autoriza a prisão depois de decisão condenatória confirmada em segunda instância. O julgamento do mérito dessas ações permaneceu pendente até 7 de novembro de 2019, quando, finalmente, depois de muita expectativa, o STF, em novo julgamento histórico, referente às ADCs 43,44 e 54, mudou o entendimento adotado em 2016, até então em vigor, que permitia a execução (provisória) da pena de prisão após condenação em segunda instância. Reconheceu-se a constitucionalidade do art. 283 do CPP, com a redação que lhe foi dada pela Lei 12.403/2011. Por 6 x 5, ficou decidido que é vedada a execução provisória da pena. Cumprimento de pena, a partir de agora, portanto, somente quando esgotados todos os recursos. Atualmente, essa discussão acerca da possibilidade de prisão em segunda instância, que suscitou debates tão acalorados, chegando, inclusive, a ganhar as ruas, saiu do STF, onde até então se encontrava, e passou para o Parlamento. Hoje se discute qual o melhor caminho para inserir, no nosso ordenamento jurídico, a prisão após condenação em segunda instância. Aguardemos. Nesse sentido, a Lei 13.964/2019 inseriu no art. 313 do CPP o § 2º, conferindo-lhe a seguinte redação: "Não será admitida a decretação da prisão preventiva com a finalidade de antecipação de cumprimento de pena ou como decorrência imediata de investigação criminal ou da apresentação ou recebimento da denúncia"; 4: incorreta. Não constitui requisito de validade do flagrante a assistência de advogado; é suficiente que a autoridade policial assegure ao autuado a possibilidade de ser assistido por seu patrono. Nesse sentido a jurisprudência do STF: "(...) O Estado não tem o dever de manter advogados nas repartições policiais para assistir interrogatórios de presos; a Constituição assegura, apenas, o direito de o preso ser assistido por advogado na fase policial" (HC 73898, Maurício Corrêa). No mesmo sentido, o STJ: "(...) Eventual nulidade no auto de prisão em flagrante por ausência de assistência por advogado somente se verificaria caso não tivesse sido oportunizado ao conduzido o direito de ser assistido por advogado, não sendo a ausência de causídico por ocasião da condução do flagrado à Delegacia de Polícia para oitiva pela Autoridade Policial, por si só, causa de nulidade do auto de prisão em flagrante (RHC n. 61.959/ES, Rel. Min. MARIA THEREZA DE ASSIS MOURA, Sexta Turma, Dje 4/12/2015). Isso porque a documentação do flagrante prescinde da presença do defensor técnico do conduzido, sendo suficiente a lembrança, pela autoridade policial, dos direitos constitucionais do preso de ser assistido. 3. No caso, o Tribunal de origem não se manifestou quanto à oportunização ao flagrante de assistência por advogado, o que obsta seu exame direto por supressão de instância. Precedentes. 4. De acordo com as instâncias ordinárias, as cópias do auto de prisão em flagrante foram devidamente remetidas ao Juiz de primeiro grau e à Defensoria Pública, não havendo, assim, nenhuma ilegalidade a ser examinada ou reconhecida por este Tribunal, visto que observadas as disposições do artigo 306, § 1º, do Código de Processo Penal. Conclusão em sentido contrário demanda reexame dos autos, providência inadmissível na via estreita do habeas corpus" (HC 442.334/RS, Rel. Ministro REYNALDO SOARES DA FONSECA, QUINTA TURMA, julgado em 21.06.2018, DJe 29.06.2018). Tal entendimento consta, inclusive, da edição n. 120 da ferramenta *Jurisprudência em Teses*, do STJ, que trata de temas atinentes à prisão em flagrante; 5: incorreta. O inquérito policial tem caráter *inquisitivo*, o que significa dizer que nele não vigoram *contraditório* e *ampla defesa*, aplicáveis, como garantia de índole constitucional, a partir do início da ação penal. Atenção: o art. 14-A, inserido no CPP pela Lei 13.964/2019 (Pacote Anticrime), assegura aos servidores vinculados às instituições elencadas nos arts. 142 (Forças Armadas) e 144 (Segurança Pública) da CF que figurarem como investigados em inquéritos policiais, inquéritos policiais militares e demais procedimentos extrajudiciais, cujo objeto for a investigação de fatos relacionados ao uso da força letal praticados no exercício profissional ou em missões para Garantia da Lei e da Ordem (GLO), o direito de constituir defensor para o fim de acompanhar as investigações. Até aqui, nenhuma novidade. Isso porque, como bem sabemos, é direito de qualquer investigado constituir defensor. O § 1º deste art. 14-A, de forma inédita, estabelece que o servidor, verificada a situação descrita no *caput*, será citado. Isso mesmo: será citado da instauração do procedimento investigatório, podendo constituir defensor no prazo de até 48 horas a contar do recebimento da citação. Melhor seria se o legislador houvesse empregado o termo *notificado* em vez de *citado*. Seja como for, uma vez citado e esgotado o prazo de 48 horas sem nomeação de defensor, a autoridade responsável pela investigação deverá intimar a instituição à qual estava vinculado o investigado à época dos fatos para que indique, no prazo de 48 horas, defensor para a representação do investigado (§ 2º). Mais recentemente, quando já em vigor as alterações implementadas pelo pacote anticrime, o Congresso Nacional, ao apreciar os vetos impostos pelo presidente da República ao PL 6341/2019 (que deu origem à Lei 13.964/2019), rejeitou (derrubou) vários deles (na verdade, 16 dos 24 vetos). No que toca ao art. 14-A do CPP, introduzido pelo pacote anticrime, o presidente da República, ao analisá-lo, achou por bem vetar os §§ 3º, 4º e 5º, os quais, em razão da derrubada do veto presidencial pelo parlamento, foram reincorporados ao pacote anticrime. Segundo o § 3º, reintroduzido na Lei 13.964/2019, *havendo necessidade de indicação de defensor nos termos do § 2º deste artigo, a defesa caberá preferencialmente à Defensoria Pública, e, nos locais em que ela não estiver instalada, a União ou a Unidade da Federação correspondente à respectiva competência territorial do procedimento instaurado deverá disponibilizar profissional para acompanhamento e realização de todos os atos relacionados à defesa administrativa do investigado.* Também reincorporado à Lei 13.964/2019, o § 4º assim dispõe: *a indicação do profissional a que se refere o § 3º deste artigo deverá ser precedida de manifestação de que não existe defensor público lotado na área territorial onde tramita o inquérito e com atribuição para nele atuar, hipótese em que poderá ser indicado profissional que não integre os quadros próprios da Administração.* Já o § 5º estabelece que *na hipótese de não atuação da Defensoria Pública, os custos com o patrocínio dos interesses dos investigados nos procedimentos de que trata este artigo correrão por conta do orçamento próprio da instituição a que este esteja vinculado à época da ocorrência dos fatos investigados.* Disso se conclui que, ante a falta de nomeação de defensor pelo investigado (§ 2º), o patrocínio da defesa do servidor da área de segurança pública investigado em razão do uso da força letal praticado no exercício profissional caberá, preferencialmente, à Defensoria Pública; não havendo defensor público no local em que tramita o inquérito, poderá ser constituído um advogado particular, cujos honorários serão suportados pela instituição à qual o agente estava vinculado à época dos fatos. O presidente da República, ao vetar esses dispositivos, ponderou que *a Constituição já prevê a competência da Advocacia-Geral da União e das Procuradorias dos estados e do Distrito Federal para representar judicialmente seus agentes públicos.* **ED**

Gabarito 1C, 2E, 3C, 4E, 5E

(Agente de Polícia Civil/RO – 2014 – FUNCAB) O sistema processual brasileiro tem como características, dentre outras:

(A) Fase preparatória com inquérito conduzido, coordenadamente, pelo MP e pela Polícia, iniciando-se a ação penal, sempre pública, após essa etapa.

(B) Iniciativa privativa do Ministério Público para a propositura da ação penal pública e, como exceção, pelo ofendido ou seu representante no caso de ação penal privada subsidiária da pública; necessidade de justa causa para a deflagração da ação penal; procedimento preliminar através de inquérito policial ou peças de informação; juiz natural; distinção das figuras do órgão acusador, julgador, a defesa e o órgão responsável pela coleta da prova no procedimento preliminar.

(C) Começa com o procedimento preparatório dirigido pelo MP, sendo essencialmente secreto: fase intermediária, que se desenvolve para aquilatar a existência de base fática para a demanda; última fase, a aceitação da acusação pelo tribunal, iniciando-se o procedimento principal, com a distinção entre acusador, réu e seu defensor e juiz, com oralidade e publicidade.

(D) Persecução a partir da investigação inicial pela polícia judiciária, sob a coordenação do MP, passando pelo exercício da ação penal e instauração da fase de instrução, até chegar ao juízo propriamente dito, sendo este último oral, público e contraditório.

(E) Concentração de todas as funções em uma só pessoa; sigilação; ausência de contraditório; procedimento escrito; juízes permanentes e irrecusáveis; provas apreciadas por regras mais aritméticas que processuais; confissão como elemento suficiente para a condenação; admite-se a apelação contra a sentença.

A: incorreta, dado que a presidência e, por conseguinte, a coordenação do inquérito policial cabe privativamente ao delegado de polícia, ao passo que ao MP compete o acompanhamento, por meio de controle externo, da atividade policial (art. 2º, § 1º, Lei 12.830/2013). Nada impede, é importante que se diga, que o membro do MP instaure e presida procedimento investigatório (inquérito *criminal*, e não *policial*) com vistas a apurar o cometimento de infração penal. De ver-se, ainda, que a apuração realizada por meio de inquérito policial pode dar azo tanto à instauração de ação penal pública quanto privativa do ofendido, a quem caberá, neste último caso, o ajuizamento da queixa-crime; **B:** correta. A iniciativa para a propositura da ação penal pública cabe, de fato, ao MP (art. 24, CPP), que, se se omitir nesse mister, propiciará ao ofendido a oportunidade de, ele próprio, ajuizar a ação penal por meio de queixa-crime (ação penal privada subsidiária da pública – art. 29, CPP). Também é certo que, para a propositura da ação penal, tanto a pública quanto a privada, é indispensável a existência de indícios de autoria e materialidade. O último trecho da assertiva contempla as características do sistema processual acusatório, por nós adotado. Ao tempo em que foi elabora esta questão, não havia previsão expressa sobre o sistema acusatório no nosso ordenamento jurídico. A opção pelo sistema acusatório foi explicitada quando da inserção do art. 3º-A no Código de Processo Penal pela Lei 13.964/2019 (Pacote Anticrime). Segundo este dispositivo, "o processo penal terá estrutura acusatória, vedadas a iniciativa do juiz na fase de investigação e a substituição

da atuação probatória do órgão de acusação". Até então, o sistema acusatório, embora amplamente acolhido pela comunidade jurídica, não era contemplado em lei; **C:** incorreta, visto que a fase preparatória é representada, em regra, pelo inquérito policial, conduzido por delegado de polícia (art. 2º, § 1º, Lei 12.830/2013), após o que, havendo prova da existência do crime e indícios de autoria, será ajuizada a ação penal, mediante denúncia do MP, se pública a ação penal, ou por meio de queixa-crime, se privativa do ofendido for. De resto, a assertiva está correta, pois traz algumas das características do sistema acusatório: funções de acusar, defender e julgar acometidas a pessoas diferentes; oralidade; e publicidade (art. 3º-A, CPP); **D:** incorreta. A fase investigatória, que constitui a primeira etapa da persecução penal, é feita, em regra, por meio de inquérito policial, a ser conduzido (e coordenado) por delegado de polícia; **E:** incorreta, na medida em que a assertiva contempla as características do sistema *inquisitivo*, que representa uma antítese do sistema que adotamos, o *acusatório.* **ED**

Gabarito "B".

2. INQUÉRITO POLICIAL E OUTRAS FORMAS DE INVESTIGAÇÃO CRIMINAL

(Escrivão – PC/GO – AOCP – 2023) A respeito do inquérito policial, assinale a alternativa INCORRETA.

(A) Nos atestados de antecedentes que lhe forem solicitados, a autoridade policial não poderá mencionar quaisquer anotações referentes à instauração de inquérito contra os requerentes.

(B) Arquivado o inquérito policial, por despacho do juiz, a requerimento do promotor de justiça natural, pode a ação penal ser iniciada sem novas provas caso o promotor de justiça substituto opine diversa e posteriormente.

(C) Na hipótese de crimes relacionados ao tráfico de pessoas com autorização de captação de sinais de posicionamento da estação de cobertura, setorização e intensidade de radiofrequência, o inquérito policial deverá ser instaurado no prazo máximo de 72 (setenta e duas) horas, contado do registro da respectiva ocorrência policial.

(D) Ao fazer a remessa dos autos do inquérito ao juiz competente, a autoridade policial oficiará ao Instituto de Identificação e Estatística, ou repartição congênere, mencionando o juízo a que tiverem sido distribuídos, e os dados relativos à infração penal e à pessoa do indiciado.

(E) Qualquer pessoa do povo que tiver conhecimento da existência de infração penal em que caiba ação pública poderá, verbalmente ou por escrito, comunicá-la à autoridade policial, e esta, verificada a procedência das informações, mandará instaurar inquérito.

A: correta, pois reflete a regra presente no art. 20, parágrafo único, do CPP; **B:** incorreta. Uma vez ordenado o arquivamento do inquérito policial, por falta de base para a denúncia, nada obsta que a autoridade policial proceda a novas pesquisas, desde que de outras provas tenha conhecimento – art. 18 do CPP. Isso porque a decisão que determina o arquivamento do inquérito policial não gera, em regra, coisa julgada material. Registre-se, no entanto, que as "outras provas" a que faz alusão o art. 18 do CPP devem ser entendidas como *provas substancialmente novas*, ou seja, aquelas que até então não eram de conhecimento das autoridades. Veja, a propósito, o teor da Súmula 524 do STF: "Arquivado o inquérito policial, por despacho do juiz, a requerimento do Promotor de Justiça, não pode a ação penal ser iniciada, sem novas

2. DIREITO PROCESSUAL PENAL

provas". Agora, se o arquivamento do inquérito se der por ausência de tipicidade, a decisão, neste caso, tem efeito preclusivo, é dizer, produz coisa julgada material, impedindo, dessa forma, o desarquivamento do inquérito; **C:** correta, já que em consonância com o que dispõe o art. 13-B, § 3º, do CPP; **D:** correta (art. 23, CPP); **E:** correta (art. 5º, § 3º, CPP). ᴇᴅ
Gabarito "B".

(Escrivão – PC/RO – CEBRASPE – 2022) Para a instauração do inquérito policial pelo delegado, em regra, será necessária a manifestação da vítima nos crimes de

(A) bigamia e furto.

(B) ameaça e estelionato.

(C) calúnia e falsidade ideológica.

(D) injúria e estupro.

(E) difamação e aborto.

O crime de ameaça, capitulado no art. 147 do CP, é, por força do parágrafo único deste dispositivo, de ação penal pública condicionada a representação. Isso quer dizer que o Ministério Público, para dar início à ação penal, depende da manifestação de vontade da vítima, que deve exteriorizar seu desejo em ver processado seu ofensor. Quanto ao crime de estelionato, a natureza da ação penal, que até então era pública incondicionada, foi alterada pela Lei 13.964/2019, passando a ser pública condicionada à representação do ofendido, conforme impõe o art. 171, § 5º, do CP (inserido pelo pacote anticrime). Este mesmo dispositivo, no entanto, estabelece exceções (hipóteses em que a ação penal será pública incondicionada), a saber: quando a vítima for: a Administração Pública, direta ou indireta; criança ou adolescente; pessoa com deficiência mental; ou maior de 70 anos ou incapaz. Os crimes de bigamia (art. 235, CP), furto (art. 155, CP), falsidade ideológica (art. 299, CP) e estupro (art. 213, CP) são de ação penal pública incondicionada. Já os delitos de injúria, calúnia e difamação são, em regra, de ação penal privada. ᴇᴅ
Gabarito "B".

(Escrivão – PC/RO – CEBRASPE – 2022) No que se refere ao inquérito policial, assinale a opção correta.

(A) O inquérito policial é nulo se não observar os princípios do contraditório e da ampla defesa.

(B) A característica pública das investigações auxilia na apuração dos fatos e na identificação dos culpados.

(C) O delegado pode arquivar o inquérito quando verificar que o fato criminoso não ocorreu.

(D) O inquérito policial é um processo administrativo com valor probatório pleno.

(E) O inquérito é procedimento dispensável quando o titular da ação penal tiver informações suficientes para propor a ação.

A: incorreta. Por se tratar de procedimento administrativo, não vigoram nas investigações criminais, conforme doutrina e jurisprudência amplamente majoritárias, o contraditório e ampla defesa; **B:** incorreta. Trata-se de procedimento *sigiloso* (art. 20, CPP). De outra forma não poderia ser. É que a publicidade por certo acarretaria prejuízo ao bom andamento do inquérito, cujo propósito é reunir provas acerca da infração penal. É bom lembrar que o sigilo do inquérito não pode ser considerado absoluto, uma vez que não será oponível ao advogado, constituído ou não, do investigado, que terá amplo acesso ao acervo investigatório (art. 7º, XIV, da Lei 8.906/1994 – Estatuto da Advocacia); **C:** incorreta, pois, pela disciplina estabelecida no art. 17 do CPP, é defeso ao delegado de polícia, em qualquer hipótese, arquivar autos de inquérito policial; **D:** incorreta, na medida em que inquérito policial é um procedimento (não é processo) administrativo com valor probatório relativo (e não pleno); **E:** correta. Isso porque o inquérito policial, segundo doutrina e

jurisprudência unânimes, não constitui fase obrigatória e imprescindível da persecução penal. Pode o membro do MP, pois, dele abrir mão e ajuizar, de forma direta, a ação penal, desde que, é claro, disponha de elementos de informação suficientes ao seu exercício (da ação penal). É o que se infere do art. 12 do CPP. ᴇᴅ
Gabarito "E".

(Perito – PC/ES – Instituto AOCP – 2019) Acerca do inquérito policial brasileiro, assinale a alternativa correta.

(A) A presidência da investigação de natureza criminal é privativa da polícia judiciária.

(B) É permitido ao Ministério Público conduzir o inquérito policial como autoridade máxima.

(C) A autoridade policial pode contrariar a moralidade ou a ordem pública na reprodução simulada de fatos concernentes a crimes contra a dignidade sexual.

(D) A competência de apuração das infrações penais e da sua autoria não excluirá a de outras autoridades administrativas que não a polícia judiciária, a quem, por lei, seja cometida a mesma função.

(E) Do despacho que indeferir o requerimento de abertura de inquérito, caberá recurso para o Tribunal Regional Federal.

A: incorreta. A investigação de natureza criminal não constitui atribuição exclusiva da polícia judiciária (art. 4º, parágrafo único, CPP). Cabe à autoridade policial, isto sim, a presidência do inquérito *policial*, embora o representante do *parquet*, que detém o controle externo da Polícia Judiciária, possa acompanhar as diligências realizadas. Além do inquérito policial (presidido por delegado de polícia), há outras formas de investigação criminal. É o que se dá, por exemplo, quando um juiz é investigado. Se, no curso de investigação, surgir indício de crime praticado por magistrado, os autos devem ser encaminhados ao Tribunal, sendo designado um desembargador relator para presidir a investigação. O próprio MP, a propósito, segundo jurisprudência sedimentada, porque os órgãos policiais não detêm, no sistema jurídico brasileiro, o monopólio da atividade investigativa criminal, pode, de forma direta, investigar (STF, HC 94.173-BA, 2ª T., rel. Min. Celso de Mello, j. 14.05.2015); **B:** incorreta. Não poderá o representante do *parquet*, ainda que seja o *dominus litis*, assumir a presidência do inquérito policial, atribuição exclusiva do delegado de polícia (art. 2º, § 1º, Lei 12.830/2013); poderá, isto sim, presidir apuração de fato criminoso por meio de inquérito *criminal*, mas não *policial*; **C:** incorreta. É vedado à autoridade policial, ao proceder à reprodução simulada dos fatos, contrariar a moralidade ou a ordem pública (art. 7º, CPP); **D:** correta (art. 4º, parágrafo único, CPP); **E:** incorreta. Nos termos do art. 5º, § 2º, do CPP, do despacho da autoridade policial que indeferir o requerimento de abertura de inquérito formulado pela vítima, caberá recurso ao chefe de Polícia, que é o delegado-geral da Polícia Civil dos Estados, autoridade máxima dentro da hierarquia da polícia judiciária com atuação nos Estados. Para parte da doutrina, todavia, tal recurso deve ser dirigido ao secretário de Segurança Pública. De uma forma ou de outra, trata-se de recurso administrativo. ᴇᴅ
Gabarito "D".

(Perito – PC/ES – Instituto AOCP – 2019) Sobre os prazos e demais disposições comuns sobre o inquérito policial brasileiro, é correto afirmar que

(A) o inquérito deverá terminar no prazo de 10 dias, se o indiciado tiver sido preso em flagrante, ou estiver preso preventivamente, contado o prazo, nesta hipótese, a partir do dia em que se executar a ordem de prisão.

(B) os prazos de término do inquérito policial são disciplinados unicamente pelo Código de Processo Penal.

(C) os prazos comuns do inquérito policial devem findar rigorosamente em 15 dias úteis.

(D) o inquérito deverá terminar no prazo de 90 dias, quando o indiciado estiver solto, mediante fiança ou sem ela.

(E) os prazos do inquérito policial contar-se-ão em dias úteis, contado o prazo do dia inicial e descontado o prazo do dia derradeiro.

A: correta, pois reflete o disposto no art. 10, *caput*, do CPP; **B:** incorreta. Embora seja tema em relação ao qual não haja consenso na doutrina, por se tratar prazo que repercute no direito à liberdade do indivíduo, o seu cômputo dever ser feito nos moldes do art. 10 do Código Penal, incluindo-se o primeiro dia (da prisão) e excluindo-se o derradeiro; **C:** incorreta. O art. 10, *caput*, do CPP estabelece o prazo geral de 30 dias para conclusão do inquérito, quando o indiciado não estiver preso; se se tratar de indiciado preso, o inquérito deve terminar em 10 dias. Na Justiça Federal, se o indicado estiver preso, o prazo para conclusão do inquérito é de quinze dias, podendo haver uma prorrogação por igual período, conforme dispõe o art. 66 da Lei 5.010/1966; se solto, o inquérito deve ser concluído em 30 dias, em consonância com o disposto no art. 10, *caput*, do CPP. Seja como for, a contagem será feita em dias corridos, e não em dias úteis; **D:** incorreta. O CPP, em seu art. 10, *caput*, estabelece o prazo geral de 30 dias para conclusão do inquérito policial na hipótese de o investigado estar solto; **E:** incorreta. O prazo será contado em dias corridos. Atenção: o art. 3º-B, VIII, do CPP, introduzido pela Lei 13.964/2019, estabelece ser uma das atribuições do juiz das garantias a prorrogação do prazo do inquérito policial, estando o investigado preso, desde que em face de representação formulada pela autoridade policial. O art. 3º-B, § 2º, do CPP, por sua vez, reza que tal prorrogação do prazo do IP, em que o investigado esteja preso, pode se dar por até 15 dias. **ED**
Gabarito "A".

(Escrivão – PC/ES – Instituto AOCP – 2019) A respeito do prazo para o término do inquérito policial, assinale a alternativa correta.

(A) 10 dias em caso de indiciado preso em flagrante; 30 dias em caso de indiciado solto ou preso preventivamente.

(B) 30 dias em caso de indiciado preso em flagrante ou preventivamente; 10 dias em caso de indiciado solto, com ou sem fiança.

(C) 15 dias em caso de indiciado preso em flagrante ou preventivamente; 60 dias em caso de indiciado solto, com ou sem fiança.

(D) 10 dias em caso de indiciado preso em flagrante ou preventivamente; 30 dias em caso de indiciado solto, com ou sem fiança.

(E) 15 dias em caso de indiciado preso em flagrante; 60 dias em caso de indiciado solto ou preso preventivamente.

O art. 10, *caput*, do CPP estabelece o prazo geral de 30 dias para a conclusão do inquérito, quando o indiciado estiver solto; se se tratar de indiciado preso (em flagrante ou por força de preventiva), o inquérito deve terminar em 10 dias. Na Justiça Federal, se o indiciado estiver preso, o prazo para conclusão do inquérito é de quinze dias, podendo haver uma prorrogação por igual período, conforme dispõe o art. 66 da Lei 5.010/1966; se solto, o inquérito deve ser concluído em 30 dias, em consonância com o disposto no art. 10, *caput*, do CPP. Há outras leis especiais, além desta, que estabelecem prazos diferenciados para a ultimação das investigações, como a Lei de Drogas. Atenção: o art. 3º-B, VIII, do CPP, introduzido pela Lei 13.964/2019, estabelece ser uma das atribuições do juiz das garantias a prorrogação do prazo do inquérito policial, estando o investigado preso, desde que em face de representação formulada pela autoridade policial. O art. 3º-B, § 2º, do CPP, por sua vez, reza que tal prorrogação do prazo do IP, em que o investigado esteja preso, pode se dar por até 15 dias. **ED**
Gabarito "D".

(Escrivão – PC/ES – Instituto AOCP – 2019) Uma vez a autoridade judicial determinando o arquivamento do inquérito policial por não haver base para a denúncia, é possível que a autoridade policial proceda a novas pesquisas com relação aos mesmos fatos?

(A) Sim, a qualquer momento desde que fundamente a decisão.

(B) Não, pois, com o arquivamento do inquérito policial, o Estado tacitamente renuncia ao *ius puniendi*.

(C) Sim, caso tenha notícia de outras provas.

(D) Não, uma vez que a decisão de arquivamento do inquérito policial faz coisa julgada material.

(E) Sim, desde que haja autorização judicial fundamentada.

Uma vez ordenado o arquivamento do inquérito policial pelo juiz de direito, por falta de base para a denúncia, nada obsta que a autoridade policial proceda a novas pesquisas, desde que de outras provas tenha conhecimento – art. 18 do CPP. Isso porque a decisão que determina o arquivamento do inquérito policial não gera, em regra, coisa julgada material. Registre-se, no entanto, que as "outras provas" a que faz alusão o art. 18 do CPP devem ser entendidas como *provas substancialmente novas*, ou seja, aquelas que até então não eram de conhecimento das autoridades. Veja, a propósito, o teor da Súmula 524 do STF: "Arquivado o inquérito policial, por despacho do juiz, a requerimento do Promotor de Justiça, não pode a ação penal ser iniciada, sem novas provas". Agora, se o arquivamento do inquérito se der por ausência de tipicidade, a decisão, neste caso, tem efeito preclusivo, é dizer, produz coisa julgada material, impedindo, dessa forma, o desarquivamento do inquérito. A esse respeito, *Informativo STF 375*. Imbuído do propósito de restringir a ingerência do juiz na fase que antecede a ação penal, a Lei 13.964/2019 (posterior à elaboração desta questão e do respectivo comentário), entre tantas outras alterações implementadas, conferiu nova redação ao art. 28 do CPP, alterando todo o procedimento de arquivamento do inquérito policial. Com isso, o representante do *parquet* deixa de requerer o arquivamento e passa a, ele mesmo, determiná-lo, sem qualquer interferência do magistrado, cuja atuação, nesta etapa, em homenagem ao sistema acusatório, deixa de existir. No entanto, ao determinar o arquivamento do IP, o membro do MP deverá submeter sua decisão, segundo a nova redação conferida ao art. 28, *caput*, do CPP, à instância revisora dentro do próprio Ministério Público, para fins de homologação. Sem prejuízo disso, caberá ao promotor que determinou o arquivamento comunicar a sua decisão ao investigado, à autoridade policial e à vítima. Esta última, por sua vez, ou quem a represente, poderá, se assim entender, dentro do prazo de 30 dias a contar da comunicação de arquivamento, submeter a matéria à revisão da instância superior do órgão ministerial (art. 28, § 1º, CPP). Por fim, o § 2º deste art. 28, com a redação que lhe deu a Lei 13.964/2019, estabelece que, nas ações relativas a crimes praticados em detrimento da União, Estados e Municípios, a revisão do arquivamento do IP poderá ser provocada pela chefia do órgão a quem couber a sua representação judicial. A eficácia deste novo art. 28 do CPP, que, como dissemos, alterou todo o procedimento que rege o arquivamento do IP, permaneceu suspensa, por força de decisão cautelar proferida pelo STF. O ministro Luiz Fux, relator, ponderou, em sua decisão, tomada na ADI 6.305, de 22.01.2020, que, embora se trate de inovação louvável, a sua implementação, no prazo de 30 dias (*vacatio legis*), revela-se inviável, dada a dimensão dos impactos sistêmicos e financeiros que por certo ensejarão a adoção do novo procedimento de arquivamento

2. DIREITO PROCESSUAL PENAL

do inquérito policial. Mais recentemente, ao finalmente julgar as ADIs 6.298, 6.299, 6.300 e 6.305, o Plenário do STF, por maioria, conferiu interpretação conforme ao *caput* do art. 28 do CPP para assentar que, ao se manifestar pelo arquivamento do inquérito policial ou de quaisquer elementos informativos da mesma natureza, o órgão do Ministério Público submeterá sua manifestação ao juiz competente e comunicará à vítima, ao investigado e à autoridade policial, podendo encaminhar os autos para o procurador-geral ou para a instância de revisão ministerial, quando houver, para fins de homologação, na forma da lei. No mesmo julgamento, ao apreciar a constitucionalidade do § 1º do art. 28 do CPP, conferiu-lhe interpretação conforme para assentar que, além da vítima ou de seu representante legal, a autoridade judicial competente também poderá submeter a matéria à revisão da instância competente do órgão ministerial, caso verifique patente ilegalidade ou teratologia no ato de arquivamento. Como se pode ver, o controle judicial sobre o arquivamento do inquérito policial, que havia sido afastado com a modificação operada pela Lei 13.964/2019 no art. 28, *caput*, do CPP, foi retomado com a interpretação atribuída a este dispositivo pelo STF, o que, para significativa parcela da doutrina, representa verdadeiro retrocesso, já que viola o sistema acusatório. **ED**

Gabarito "C".

(Escrivão – PC/ES – Instituto AOCP – 2019) De acordo com o Código de Processo Penal, assinale a alternativa correta em relação ao inquérito policial.

(A) O inquérito policial não poderá ser iniciado de ofício.

(B) A incomunicabilidade do indiciado é vedada.

(C) As diligências requeridas pelo ofendido, seu representante legal e o indiciado serão realizadas sob o crivo do contraditório e da ampla defesa.

(D) Nos crimes em que a ação penal pública depender de representação, sem ela não poderá o inquérito ser iniciado.

(E) Após a apuração dos fatos, a autoridade policial fará minucioso relatório da apuração e o enviará ao Ministério Público, para que este ofereça ou não a denúncia.

A: incorreta, dado que uma das formas de instauração de inquérito policial é *de ofício*, nas ações penais públicas, tal como estabelece o art. 5º, I, do CPP; **B:** incorreta, para a organizadora. Correta, a nosso ver. Se analisarmos a assertiva sob a ótica da ordem constitucional vigente, será forçoso concluir que a incomunicabilidade do indiciado, prevista no art. 21 do CPP, não foi recepcionada pela CF/88. Embora não haja consenso acerca deste tema, parte significativa da comunidade jurídica sustenta a incompatibilidade deste dispositivo com a CF/88 (Guilherme de Souza Nucci, Damásio E. de Jesus, Vicente Greco Filho, entre outros), ao argumento de que, se a incomunicabilidade do preso não pode ser decretada durante o Estado de Defesa – art. 136, § 3º, IV, da CF, que constitui um *período de anormalidade*, com muito mais razão não poderá ser decretada em pleno período de normalidade. Percebe-se que a organizadora baseou-se tão somente na letra da lei, sem atentar para eventual incompatibilidade do dispositivo com a CF/88; **C:** incorreta. As diligências realizadas a requerimento do ofendido (ou seu representante legal) e do indiciado, no curso do inquérito policial, não se sujeitam ao contraditório e ampla defesa; **D:** correta. Nos crimes de ação penal pública condicionada a representação, a instauração de IP está condicionada ao seu oferecimento por parte do ofendido. Ou seja, enquanto a vítima não manifestar, de forma inequívoca, seu desejo em ver processado seu ofensor, é vedado à autoridade policial promover a instauração do inquérito policial (art. 5º, § 4º, CPP); **E:** incorreta. Segundo o art. 10, § 1º, do CPP, os autos de inquérito policial, quando concluídos, serão encaminhados, com o relatório, ao juiz competente. **ED**

Gabarito "D".

(Delegado – PC/RS – FUNDATEC – 2018) Na madrugada de 25 de outubro de 2017, determinado suspeito, conduzido até a delegacia de polícia para a lavratura do auto de prisão em flagrante pelo cometimento de feminicídio, apresentou carteira de identidade contendo rasura. Diante disso, o delegado de polícia:

(A) Deve conferir credibilidade à qualificação pessoal fornecida pelo autor do crime durante o interrogatório, em complemento aos dados existentes no documento rasurado, considerando que eventual informação inverídica acarretará a imputação pelo crime de falsa identidade.

(B) Determinará a coleta de amostra de sangue do autuado para remessa à perícia e averiguação da identidade, independente de consentimento, resguardada a privacidade na realização do ato.

(C) Dispensará a identificação criminal do suspeito em razão de que a carteira de identidade, ainda que contenha rasuras, é documento idôneo à identificação civil, conforme expressa disposição legal.

(D) Determinará identificação criminal do suspeito, que incluirá o processo datiloscópico e o fotográfico a ser juntado aos autos da comunicação da prisão em flagrante.

(E) Deverá aguardar o prazo de até 24h para que defensor ou familiar do autuado apresente outro documento idôneo de identificação civil, tendo em vista que é assegurada ao preso a assistência da família e de advogado pela Constituição Federal.

Regra geral, o civilmente identificado não será submetido a identificação criminal (art. 5º, LVIII, CF; art. 1º da Lei 12.037/2009). Há situações, no entanto, que, mesmo tendo sido apresentado documento de identificação, a autoridade poderá proceder à identificação criminal. Estas situações, que constituem exceção, estão elencadas no art. 3º da Lei 12.037/2009, entre as quais está a hipótese em que o documento contém rasura ou indício de falsificação. Neste caso, a autoridade determinará a identificação criminal, aqui incluídos os processos datiloscópico e o fotográfico (art. 5º, *caput*, Lei 12.037/2009). **ED**

Gabarito "D".

(Delegado – PC/RS – FUNDATEC – 2018) De acordo com o Código de Processo Penal, estando em pleno curso o delito de sequestro e cárcere privado, compete à autoridade policial:

(A) Requisitar, de quaisquer órgãos do poder público ou de empresas da iniciativa privada, dados e informações cadastrais da vítima ou de suspeitos.

(B) Requisitar, de quaisquer órgãos do poder público ou de empresas da iniciativa privada, dados, informações cadastrais e a interceptação das comunicações telefônicas da vítima e de suspeitos, que deverá ser efetivada no prazo máximo de 24 horas.

(C) Representar judicialmente por mandado de busca e apreensão para legitimar o ingresso no domicílio em que se encontre a vítima, nos termos do Art. 5º, XI da Constituição Federal.

(D) Requisitar, de quaisquer órgãos do poder público, dados e informações cadastrais da vítima ou de suspeitos e, mediante ordem judicial, obtê-los de empresas da iniciativa privada.

(E) Requisitar, de quaisquer empresas da iniciativa privada e, mediante ordem judicial, requerer dados e informações cadastrais da vítima ou de suspeitos perante quaisquer órgãos de poder público.

A solução desta questão deve ser extraída do art. 13-A do CPP, introduzido pela Lei 13.344/2016, que autoriza o membro do MP ou a autoridade policial a requisitar, de quaisquer órgãos do poder público ou de empresas da iniciativa privada, dados e informações cadastrais da vítima ou de suspeitos dos crimes elencados no dispositivo, entre os quais está o sequestro e cárcere privado (art. 148, CP). **ED**

Gabarito "A".

(Delegado – PC/RS – FUNDATEC – 2018) Ronaldo é morador de um bairro violento na cidade de Rondinha, dominado pela disputa pelo tráfico de drogas. Dirigiu-se até a Delegacia de Polícia para oferecer detalhes como o nome, endereço e telefone do maior traficante do local. Foram anotadas todas as informações e, ao final, Ronaldo preferiu não revelar a sua identidade por receio de retaliações. Diante disso, é correto afirmar que:

(A) A Constituição Federal prestigia a liberdade de expressão e veda o anonimato, razão pela qual o delegado de polícia deve requerer à autoridade judiciária o arquivamento das informações prestadas, mediante prévia manifestação do Ministério Público.

(B) Trata-se de *notitia criminis* inqualificada, que torna obrigatória a imediata instauração de inquérito policial e a representação por medidas cautelares necessárias à obtenção da materialidade do delito imputado.

(C) Segundo o entendimento mais recente do Supremo Tribunal Federal, as notícias anônimas, por si só, não autorizam o emprego de métodos invasivos de investigação, constituindo fonte de informação e de provas.

(D) Poderá o delegado de polícia representar pela interceptação telefônica, havendo indícios razoáveis da autoria ou participação fornecidos pela notícia anônima.

(E) Segundo o entendimento mais recente do Supremo Tribunal Federal, as notícias anônimas autorizam o deferimento de medida cautelar de busca e apreensão, mas não permitem, de imediato, a autorização de interceptação telefônica, dado o caráter subsidiário desse meio de obtenção de prova.

A denúncia anônima (também chamada de *apócrifa* ou *inqualificada*), segundo tem entendido a jurisprudência, não é apta, por si só, a autorizar a instauração de inquérito policial, dando início à persecução penal. Antes disso, a autoridade policial deverá fazer uma averiguação prévia a fim de verificar a procedência da denúncia apócrifa, para, depois disso, determinar, se for o caso, a instauração de inquérito. Nesse sentido: "(...) *a autoridade policial, ao receber uma denúncia anônima, deve antes realizar diligências preliminares para averiguar se os fatos narrados nessa 'denúncia' são materialmente verdadeiros, para, só então, iniciar as investigações*" (STF, HC 95.244, 1ª T., rel. Min. Dias Toffoli, DJE de 29.04.2010). No mesmo sentido: "*1. Elementos dos autos que evidenciam não ter havido investigação preliminar para corroborar o que exposto em denúncia anônima. O Supremo Tribunal Federal assentou ser possível a deflagração da persecução penal pela chamada denúncia anônima, desde que esta seja seguida de diligências realizadas para averiguar os fatos nela noticiados antes da instauração do inquérito policial. Precedente. 2. A interceptação telefônica é subsidiária e excepcional, só podendo ser determinada quando não houver outro meio para se apurar os fatos tidos por criminosos, nos termos do art. 2º, inc. II, da Lei n. 9.296/1996. Precedente. 3. Ordem concedida*

para se declarar a ilicitude das provas produzidas pelas interceptações telefônicas, em razão da ilegalidade das autorizações, e a nulidade das decisões judiciais que as decretaram amparadas apenas na denúncia anônima, sem investigação preliminar" (HC 108147, Relator(a): Min. Cármen Lúcia, Segunda Turma, julgado em 11.12.2012, Processo Eletrônico *DJe*-022 Divulg 31.01.2013 Public 01.02.2013). **ED**

Gabarito "C".

(Escrivão – PC/MG – FUMARC – 2018) Considerando que o Inquérito Policial é um procedimento de natureza administrativa em que não se pode falar em partes *stricto sensu*, já que não existe uma estrutura processual dialética, sob a garantia do contraditório e da ampla defesa, com fulcro no enunciado retro, é CORRETO afirmar:

(A) É facultada ao advogado do investigado a participação irrestrita a todos os atos do inquérito policial, sob pena de nulidade que maculará a posterior ação penal.

(B) No inquérito policial, temos necessariamente duas partes *stricto sensu*, em razão de sua estrutura processual dialética, sob a garantia do contraditório e da ampla defesa.

(C) Nos crimes de ação pública, o inquérito policial será iniciado de ofício ou mediante requisição da autoridade judiciária ou do Ministério Público, ou a requerimento do ofendido ou de quem tiver qualidade para representá-lo.

(D) Por sua própria natureza, o procedimento do inquérito policial deve ser inflexível, em obediência a uma ordem pré-determinada e rígida que norteia tal procedimento.

A: incorreta. O sigilo, que é imanente ao inquérito policial (art. 20 do CPP), não pode, ao menos em regra, ser oposto ao advogado do investigado. Com efeito, por força do que estabelece o art. 7º, XIV, da Lei 8.906/1994 (Estatuto da Advocacia), constitui direito do advogado, entre outros: "examinar, em qualquer instituição responsável por conduzir investigação, mesmo sem procuração, autos de flagrante e de investigações de qualquer natureza, findos ou em andamento, ainda que conclusos à autoridade, podendo copiar peças e tomar apontamentos, em meio físico ou digital" (redação determinada pela Lei 13.245/2016). Sobre este tema, a propósito, o STF editou a Súmula Vinculante 14, a seguir transcrita: "É direito do defensor, no interesse do representado, ter acesso amplo aos elementos de prova que, já documentados em procedimento investigatório realizado por órgão com competência de polícia judiciária, digam respeito ao exercício do direito de defesa". Registre-se, todavia, que determinados procedimentos de investigação, geralmente realizados em autos apartados, como a interceptação telefônica e a infiltração, somente serão acessados pelo patrono do investigado depois de concluídos e inseridos nos autos do inquérito. Ou seja, tais procedimentos permanecerão em sigilo, neste caso absoluto, enquanto não forem encerrados. Nesse sentido já se manifestou o STJ: "1. Ao inquérito policial não se aplica o princípio do contraditório, porquanto é fase investigatória, preparatória da acusação, destinada a subsidiar a atuação do órgão ministerial na persecução penal. 2. Deve-se conciliar os interesses da investigação com o direito de informação do investigado e, consequentemente, de seu advogado, de ter acesso aos autos, a fim de salvaguardar suas garantias constitucionais. 3. Acolhendo a orientação jurisprudencial do Supremo Tribunal Federal, o Superior Tribunal de Justiça decidiu ser possível o acesso de advogado constituído aos autos de inquérito policial em observância ao direito de informação do indiciado e ao Estatuto da Advocacia, ressalvando os documentos relativos a terceiras pessoas, os procedimentos investigatórios em curso e os que, por sua própria natureza, não dispensam o sigilo, sob pena de ineficácia da diligência investigatória. 4. *Habeas corpus* denegado" (HC 65.303/

2. DIREITO PROCESSUAL PENAL

PR, Rel. Ministro Arnaldo Esteves Lima, Quinta Turma, julgado em 20.05.2008, *DJe* 23.06.2008). Tal regra também está contemplada no art. 23 da Lei 12.850/2013 (Organização Criminosa). Dessa forma, é incorreto afirmar que ao advogado do investigado é facultada a participação irrestrita a todos os atos do inquérito policial. Não é, pelas razões que acima explicitamos; **B**: incorreta, dado que no inquérito policial não vigoram a ampla defesa e o contraditório (IP é inquisitivo); **C**: correta, pois reflete o disposto no art. 5º, I e II, do CPP; **D**: incorreta. No inquérito policial, ao contrário do que ocorre no processo, não há um procedimento rígido e formal a ser seguido pela autoridade policial. Isto é, inexiste uma ordem pré-estabelecida que deva ser seguida na condução das investigações. Pelo contrário. O delegado presidente do inquérito goza de discricionariedade para adotar as medidas que, no seu entender, mostram-se mais adequadas e eficientes para alcançar o sucesso das investigações. 🔲
Gabarito "C".

(Escrivão – PC/MG – FUMARC – 2018) Quanto ao inquérito policial, assinale a alternativa correta.

(A) Em virtude do sistema inquisitivo que orienta o inquérito policial e do poder discricionário da autoridade policial, do despacho que indeferir o requerimento de abertura de inquérito policial não caberá recurso.

(B) Nos casos de crime de ação penal de iniciativa privada, para instaurar o inquérito policial, a autoridade policial dependerá de requerimento de quem tenha qualidade para intentá-la, o qual consistirá na chamada queixa-crime, que deverá ser apresentada por advogado munido de procuração com poderes especiais.

(C) *Notitia criminis* de cognição indireta ou mediata ocorre quando a autoridade policial toma conhecimento de um fato aparentemente delituoso por meio de suas atividades habituais, como, por exemplo, pela imprensa ou em uma determinada investigação.

(D) Uma das formas de se iniciar o inquérito policial é pela requisição do ofendido ou de quem tiver qualidade para representá-lo, constituindo uma hipótese do que se denomina *notitia criminis* de cognição indireta ou mediata.

(E) Conforme determina o Código de Processo Penal, logo que tiver conhecimento da prática da infração penal, a autoridade policial deverá dirigir-se ao local, providenciando para que não se alterem o estado e a conservação das coisas, até a chegada dos peritos criminais.

A: incorreta. Nos termos do art. 5º, § 2º, do CPP, do despacho da autoridade policial que indeferir o requerimento de abertura de inquérito formulado pela vítima caberá, sim, recurso ao chefe de Polícia, que é o delegado-geral da Polícia Civil dos Estados, autoridade máxima dentro da hierarquia da polícia judiciária com atuação nos Estados. Para parte da doutrina, todavia, tal recurso deve ser dirigido ao secretário de Segurança Pública. Seja como for, trata-se de recurso administrativo; **B:** incorreta. A queixa-crime é a peça inaugural da ação penal de iniciativa privada, a ser ofertada, portanto, quando do ajuizamento da ação; para que a vítima, na ação penal privada, possa autorizar a autoridade policial a proceder a inquérito, basta que apresente um requerimento nesse sentido (art. 5º, § 5º, CPP); **C:** incorreta, na medida em que a alternativa contém o conceito da chamada *notitia criminis* espontânea (de cognição direta ou imediata); diferentemente, na *notitia criminis* de cognição indireta ou mediata (referida nesta assertiva), a autoridade policial é provocada pela vítima para o fim de instauração de inquérito policial. Ou seja, o delegado toma conhecimento da infração penal por meio de provocação do ofendido; **D:** incorreta. O erro da assertiva está

no emprego do termo *requisição*, que tem o sentido de determinação, ordem. Ora, se assim fosse, a autoridade policial não poderia indeferir tal pleito, já que se trataria de uma ordem. Na verdade, se trata de um requerimento, uma solicitação, que, poderá, por isso, ser indeferida; **E:** correta. O art. 6º do CPP elenca as providências que devem ser adotadas pela autoridade policial quando chega ao seu conhecimento a prática de infração penal, entre as quais está a de dirigir-se ao local onde se deram os fatos, providenciando para que não se alterem o estado e conservação das coisas, até a chegada dos peritos criminais (inciso I). 🔲
Gabarito "E".

(Agente-Escrivão – Acre – IBADE – 2017) Sobre as características do inquérito pode se dizer que ele é:

(A) inquisitório e informativo.

(B) inquisitivo e público.

(C) sigiloso e acusatório.

(D) sigiloso e contraditório.

(E) acusatório e informativo.

O inquérito policial tem caráter *inquisitivo* (ou *inquisitório*), o que significa dizer que nele não vigoram *contraditório* e *ampla defesa*, aplicáveis, como garantia de índole constitucional, a partir do início da ação penal. De igual modo, não se aplica, ao inquérito policial, a *publicidade*, imanente ao processo. Cuida-se, isto sim, de procedimento *sigiloso* (art. 20, CPP). De outra forma não poderia ser. É que a publicidade por certo acarretaria prejuízo ao bom andamento do inquérito, cujo propósito é reunir provas acerca da infração penal. É bom lembrar que o sigilo do inquérito não pode ser considerado absoluto, uma vez que não será oponível ao advogado, constituído ou não, do investigado, que terá acesso ao acervo investigatório (art. 7º, XIV, da Lei 8.906/1994 – Estatuto da Advocacia). Ademais, *acusatório* é o sistema processual por nós adotado (não se aplica, portanto, ao inquérito), que apresenta as seguintes características: nítida separação nas funções de acusar, julgar e defender, o que torna imprescindível que essas funções sejam desempenhadas por pessoas distintas; o processo é público e contraditório; há imparcialidade do órgão julgador, que detém a gestão da prova (na qualidade de juiz-espectador), e a ampla defesa é assegurada. A opção pelo sistema de perfil acusatório foi explicitada com a inserção do art. 3º-A no Código de Processo Penal pela Lei 13.964/2019 (Pacote Anticrime). Segundo este dispositivo, "o processo penal terá estrutura acusatória, vedadas a iniciativa do juiz na fase de investigação e a substituição da atuação probatória do órgão de acusação". Até então, o sistema acusatório, embora amplamente acolhido pela comunidade jurídica, não era contemplado em lei. 🔲
Gabarito "A".

(Escrivão – AESP/CE – VUNESP – 2017) Com relação às previsões relativas ao Inquérito Policial no Código de Processo Penal, é correto afirmar que:

(A) qualquer pessoa do povo que tiver conhecimento da existência de infração penal em que caiba ação pública poderá, por escrito, comunicá-la à autoridade policial, sendo vedada a comunicação verbal.

(B) todas as peças do inquérito policial serão, num só processado, reduzidas a escrito ou datilografadas e, nesse caso, rubricadas pela autoridade.

(C) o inquérito, nos crimes em que a ação pública depender de representação, poderá, sem ela, ser iniciado, mas seu encerramento dependerá da juntada desta.

(D) nos crimes em que não couber ação pública, os autos do inquérito permanecerão em poder da autoridade policial até a formalização da iniciativa do ofendido ou de seu representante legal, condição esta obrigatória para a remessa dos autos ao juízo competente.

(E) durante a instrução do Inquérito Policial, são vedados os requerimentos de diligências pelo ofendido, ou seu representante legal; e pelo indiciado, em virtude da sua natureza inquisitorial.

A: incorreta. A chamada *delatio criminis, que* é a denúncia, formulada por qualquer pessoa do povo e dirigida à autoridade policial, dando conta da prática de infração penal, comporta, a teor do art. 5°, § 3°, do CPP, as formas *verbal* e *escrita*; **B:** correta, pois corresponde à redação do art. 9° do CPP; **C:** incorreta. O inquérito, sendo a ação pública condicionada a representação, não poderá sem esta ser iniciado (art. 5°, § 4°, CPP); **D:** incorreta. Estabelece o art. 19 do CPP que, sendo a ação penal de iniciativa privativa do ofendido, os autos do inquérito policial serão encaminhados ao juiz competente, onde aguardarão a iniciativa do ofendido ou de seu representante legal, ou serão entregues ao requerente, se este assim requerer, mediante traslado; **E:** incorreta. Isso porque, segundo estabelece o art. 14 do CPP, poderão o indiciado, o ofendido ou o seu representante legal formular à autoridade policial pedido para realização de *qualquer* diligência. 🔲

Gabarito "B".

(Escrivão – AESP/CE – VUNESP – 2017) Assinale a alternativa correta no que tange ao arquivamento do Inquérito Policial, segundo o disposto no Código de Processo Penal.

(A) Depois de ordenado o arquivamento do inquérito pela autoridade judiciária, por falta de base para a denúncia, a autoridade policial não poderá proceder a novas pesquisas se de outras provas tiver notícia.

(B) A autoridade policial poderá mandar arquivar autos de inquérito somente nos casos em que for constatada atipicidade da conduta.

(C) Depois de ordenado o arquivamento do inquérito pela autoridade judiciária, por falta de base para a denúncia, a autoridade policial poderá proceder a novas pesquisas se de outras provas tiver notícia.

(D) A autoridade policial poderá mandar arquivar autos de inquérito.

(E) Depois de ordenado o arquivamento do inquérito pela autoridade judiciária, por falta de base para a denúncia, a autoridade policial somente poderá proceder a novas pesquisas com autorização da autoridade judiciária que determinou o arquivamento.

A: incorreta. Uma vez ordenado o arquivamento do inquérito policial pelo juiz de direito, por falta de lastro para a denúncia, nada obsta que a autoridade policial proceda a novas pesquisas, desde que de outras provas tenha conhecimento – art. 18 do CPP. Isso porque a decisão que determina o arquivamento do inquérito policial não gera, em regra, coisa julgada material. Vale lembrar que, com o advento da Lei 13.964/2019, que conferiu nova redação ao art. 28 do CPP, o juiz deixa de atuar no arquivamento do inquérito policial. Tal incumbência cabe, agora, ao membro do MP, que determinará o arquivamento do IP e submeterá sua decisão à instância de revisão dentro do próprio Ministério Público; **B:** incorreta, na medida em que é defeso à autoridade policial mandar arquivar autos de inquérito policial, ainda que chegue à conclusão de que o fato apurado é atípico. É o que estabelece o art. 17 do CPP; **C:** correta. Vide comentário à assertiva "A"; **D:** incorreta. O arquivamento do IP somente poderá ser determinado pelo magistrado, em razão de pedido formulado pelo MP (era a regra em vigor ao tempo em que esta prova foi aplicada). O art. 28 do CPP, com a redação que lhe conferiu a Lei 13.964/2019, estabelece que o arquivamento constitui providência a ser determinada pelo MP, sem ingerência do Poder Judiciário. Mais recentemente, ao finalmente julgar as ADIs 6.298, 6.299, 6.300 e 6.305, o Plenário do STF, por maioria, conferiu *interpretação conforme ao caput* do art. 28 do CPP para assentar que, ao se manifestar pelo arquivamento

do inquérito policial ou de quaisquer elementos informativos da mesma natureza, o órgão do Ministério Público submeterá sua manifestação ao juiz competente e comunicará à vítima, ao investigado e à autoridade policial, podendo encaminhar os autos para o procurador-geral ou para a instância de revisão ministerial, quando houver, para fins de homologação, na forma da lei. No mesmo julgamento, ao apreciar a constitucionalidade do § 1° do art. 28 do CPP, conferiu-lhe interpretação conforme para assentar que, além da vítima ou de seu representante legal, a autoridade judicial competente também poderá submeter a matéria à revisão da instância competente do órgão ministerial, caso verifique patente ilegalidade ou teratologia no ato do arquivamento. Como se pode ver, o controle judicial sobre o arquivamento do inquérito policial, que havia sido afastado com a modificação operada pela Lei 13.964/2019 no art. 28, *caput*, do CPP, foi retomado com a interpretação atribuída a este dispositivo pelo STF, o que, para significativa parcela da doutrina, representa verdadeiro retrocesso, já que viola o sistema acusatório; **E:** incorreta. Determinado o arquivamento do IP, se, após isso, surgirem provas novas, a autoridade policial está credenciada a promover novas pesquisas, sem que para tanto precise de autorização do juiz que determinou o arquivamento do feito. 🔲

Gabarito "C".

(Agente-Escrivão – PC/GO – CESPE – 2016) A respeito do IP, assinale a opção correta.

(A) O delegado de polícia, se estiver convencido da ausência de elementos suficientes para imputar autoria a determinada pessoa, deverá mandar arquivar o IP, podendo desarquivá-lo se surgir prova nova.

(B) O IP é presidido pelo delegado de polícia sob a supervisão direta do MP, que poderá intervir a qualquer tempo para determinar a realização de perícias ou diligências.

(C) A atividade investigatória de crimes não é exclusiva da polícia judiciária, podendo ser eventualmente presidida por outras autoridades, conforme dispuser a lei especial.

(D) O IP é indispensável para o oferecimento da denúncia; o promotor de justiça não poderá denunciar o réu sem esse procedimento investigatório prévio.

(E) O IP é peça indispensável à propositura da ação penal pública incondicionada, sob pena de nulidade, e deve assegurar as garantias constitucionais da ampla defesa e do contraditório.

A: incorreta, uma vez que tal iniciativa (promoção de arquivamento de IP) incumbe com exclusividade ao representante do MP, titular que é da ação penal pública. Assim, é vedado ao delegado de polícia, ao concluir as investigações de inquérito policial, promover o seu arquivamento (art. 17, CPP), ainda que convencido da ausência de elementos suficientes para a imputação dos fatos ao investigado; deverá, isto sim, fazê-lo chegar ao MP, a quem incumbirá, se o caso, promover o arquivamento do feito (art. 28, CPP); **B:** incorreta. Cuidado: embora não possa promover o arquivamento dos autos de inquérito, é lícito à autoridade policial proceder ao seu desarquivamento, desde que de outras provas tenha conhecimento (art. 18, CPP); **C:** correta. A presidência do inquérito policial, é fato, constitui atribuição exclusiva da autoridade policial (art. 2°, § 1°, da Lei 12.830/2013); outras autoridades, entretanto, entre elas o representante do Ministério Público, podem conduzir investigação criminal, desde que tal função investigatória esteja prevista em lei; **D:** incorreta. O inquérito policial não é indispensável – art. 12 do CPP. A *denúncia* ou *queixa* pode ser ofertada com base em outras peças de informação, desde que o titular da ação penal disponha de elementos suficientes para tanto (indícios de autoria e prova da materialidade). Em outras palavras, o inquérito não constitui o único sustentáculo à ação penal; **E:** incorreta. Condicionada ou incondicionada a ação penal

2. DIREITO PROCESSUAL PENAL

pública, o inquérito policial, de uma forma ou de outra, e também quando a ação for privativa do ofendido, não constitui fase obrigatória da persecução criminal. Pode o titular da ação penal, assim, seja ele o MP, na ação penal pública, seja o particular, na ação penal privada, se valer de outros elementos de informação, que não o inquérito policial, para subsidiar a ação penal. **ED**

Gabarito "C".

(Agente-Escrivão – PC/GO – CESPE – 2016) A respeito do IP e da instrução criminal, assinale a opção correta.

(A) O juiz é livre para apreciar as provas e, de acordo com sua convicção íntima, poderá basear a condenação do réu exclusivamente nos elementos informativos colhidos no IP.

(B) Como a perícia é considerada a prova mais importante, o juiz não proferirá sentença que contrarie conclusões da perícia, devendo a prova técnica prevalecer sobre os outros meios probatórios.

(C) Uma vez arquivado o IP por decisão judicial, a autoridade policial poderá proceder a novas pesquisas, se tiver notícia de uma nova prova.

(D) O ofendido e o indiciado não poderão requerer diligências no curso do IP.

(E) O IP, peça informativa do processo, oferece o suporte probatório mínimo para a denúncia e, por isso, é indispensável à propositura da ação penal.

A: incorreta. A despeito de o magistrado ser livre para apreciar a prova produzida em contraditório, é-lhe vedado lastrear a condenação do réu exclusivamente nos elementos de informação colhidos na fase pré-processual (fase investigativa), em que não vigem o contraditório e ampla defesa (art. 155, "caput", CPP). No mais, no que concerne aos sistemas de valoração da prova, adotamos, como regra, o sistema da persuasão racional ou livre convencimento motivado, em que o magistrado decidirá com base no seu livre convencimento, devendo, todavia, fundamentar sua decisão (art. 93, IX, da CF/1988). No chamado sistema do livre convencimento (ou íntima convicção), o juiz, ao apreciar a prova de forma livre e de acordo com a sua convicção, não está obrigado a fundamentar a sua decisão. É o sistema que vige no Tribunal do Júri, em que o jurado não motiva o seu voto. Nem poderia. Há, por fim, o sistema da prova legal, no qual o juiz fica adstrito ao valor atribuído à prova pelo legislador; **B:** incorreta. Não há, no processo penal, hierarquia entre provas; bem por isso, a prova pericial não deve ser considerada, em princípio, mais importante do que as demais, tal como a testemunhal. Ademais, o juiz, fazendo uso da prerrogativa que lhe confere o art. 182 do CPP, poderá aceitar ou rejeitar o laudo, no todo ou em parte, isto é, o magistrado não ficará vinculado ao resultado do exame pericial; **C:** correta, tendo em conta que, uma vez ordenado o arquivamento do inquérito policial, por falta de base para a denúncia, nada obsta que a autoridade policial proceda a novas pesquisas, desde que de outras provas tenha conhecimento, independente de autorização judicial – art. 18 do CPP. Isso porque a decisão que determina o arquivamento do inquérito policial não gera, em regra, coisa julgada material. Registre-se que as "outras provas" a que faz alusão o art. 18 do CPP devem ser entendidas como provas substancialmente novas, ou seja, aquelas que até então não eram de conhecimento das autoridades. Conferir, nesse sentido, a Súmula 524 do STF: "Arquivado o inquérito policial, por despacho do juiz, a requerimento do Promotor de Justiça, não pode a ação penal ser iniciada, sem novas provas". Agora, se o arquivamento do inquérito se der por ausência de tipicidade a decisão, neste caso, tem efeito preclusivo, é dizer, produz coisa julgada material, impedindo, dessa forma, o desarquivamento do inquérito. A esse respeito, ver Informativo STF 375 (HC 84.156/MT, rel. Min. Celso de Mello, 2.ª T., j. 26.10.2004, *DJ* 11.02.2005); **D:** incorreta, na medida em que tanto o ofendido quanto o indiciado têm a prerrogativa de requerer à autoridade policial que

preside o inquérito a realização de qualquer diligência (art. 14, CPP); **E:** incorreta. O inquérito policial não é indispensável ao oferecimento da queixa nem da denúncia (art. 12 do CPP); se o titular da ação penal dispuser de elementos suficientes, poderá, diretamente, propô-la. **ED**

Gabarito "C".

(Agente – Pernambuco – CESPE – 2016) Um policial encontrou, no interior de um prédio abandonado, um cadáver que apresentava sinais aparentes de violência, com afundamento do crânio, o que indicava provável ação de instrumento contundente.

Nesse caso, cabe à autoridade policial,

(A) providenciar a imediata remoção do cadáver e o seu encaminhamento ao necrotério e aguardar o eventual reconhecimento por parentes.

(B) comunicar o fato à autoridade judiciária se o local estiver fora da circunscrição da delegacia onde esteja lotado, devendo-se manter afastado e não podendo impedir o fluxo de pessoas.

(C) promover a realização de perícia somente depois de autorizado pelo Ministério Público ou pelo juiz de direito.

(D) comunicar o fato imediatamente ao Ministério Público, que determinará as providências a serem adotadas.

(E) providenciar para que não se alterem o estado e o local até a chegada dos peritos criminais e ordenar a realização das perícias necessárias à identificação do cadáver e à determinação da causa da morte.

Assim que tomar conhecimento da prática de crime, cumpre ao delegado de polícia proceder de acordo com o disposto no art. 6º do CPP, que contempla um rol de providências que a autoridade policial deve adotar, entre as quais dirigir-se ao local em que ocorreu o delito e providenciar para que não sejam alterados o estado e conservação das coisas até a chegada dos peritos, requisitando a realização das perícias que se fizerem necessárias, em especial o exame necroscópico no cadáver, a fim de se estabelecer a causa da morte. A propósito deste tema, importante tecer alguns comentários acerca da chamada "cadeia de custódia", inovação introduzida no CPP (arts. 158-A a 158-F) pela Lei 13.964/2019 (Pacote Anticrime), que consiste na sistematização de todos os procedimentos que se prestam a preservar a autenticidade da prova coletada em locais ou em vítimas de crimes. *Grosso modo*, estabelece regras que devem ser seguidas no manejo das provas, desde o primeiro momento desta cadeia, que se dá com o procedimento de preservação do local de crime ou a verificação da existência de vestígio, até o seu descarte. Também são estabelecidas normas concernentes ao armazenamento de vestígios e a sua preservação. Tal regramento se justifica na medida em que a prova pericial, ao contrário da grande maioria das provas, não é passível de ser reproduzida em juízo sob o crivo do contraditório, de sorte que a sua produção, em regra ainda na fase investigativa, tem caráter definitivo, embora possa, em juízo, ser contrariada (contraditório diferido). **ED**

Gabarito "E".

(Escrivão – Pernambuco – CESPE – 2016) O inquérito policial

(A) não pode ser iniciado se a representação não tiver sido oferecida e a ação penal dela depender.

(B) é válido somente se, em seu curso, tiver sido assegurado o contraditório ao indiciado.

(C) será instaurado de ofício pelo juiz se tratar-se de crime de ação penal pública incondicionada.

(D) será requisitado pelo ofendido ou pelo Ministério Público se tratar-se de crime de ação penal privada.

(E) é peça prévia e indispensável para a instauração de ação penal pública incondicionada.

A: correta. Segundo estabelece o art. 5º, § 4º, do CPP, é indispensável, para que o inquérito possa ser instaurado nos crimes de ação penal pública condicionada, o oferecimento de *representação* por parte do ofendido ou de seu representante legal; **B:** incorreta. Por ser *inquisitivo*, o inquérito policial, que é um procedimento administrativo, não se submete ao *contraditório* tampouco à *ampla defesa*, aplicados, aí sim, no âmbito do processo; **C:** incorreta. Em hipótese alguma pode o juiz promover a instauração de inquérito policial, atribuição exclusiva da autoridade policial; poderá o magistrado tão somente dirigir requisição ao delegado de polícia para que este proceda à instauração do inquérito (art. 5º, II, CPP); **D:** incorreta. Sendo a ação penal privada, o inquérito somente será instaurado a *requerimento* (e não *requisição*!) do ofendido ou de seu representante legal (art. 5º, § 5º, do CPP); **E:** incorreta. O inquérito policial não constitui etapa indispensável da persecução criminal. Se o titular da ação penal, desse modo, dispuser de elementos suficientes (prova da existência do crime e indícios suficientes de autoria) a sustentar a acusação em juízo, poderá abrir mão do inquérito. **ED**

Gabarito "A".

(Escrivão – Pernambuco – CESPE – 2016) No que se refere ao arquivamento do inquérito policial, assinale a opção correta.

(A) Membro do Ministério Público ordenará o arquivamento do inquérito policial se verificar que o fato investigado é atípico.

(B) Cabe à autoridade policial ordenar o arquivamento quando a requisição de instauração recebida não fornecer o mínimo indispensável para se proceder à investigação.

(C) Sendo o crime de ação penal privada, o arquivamento do inquérito policial depende de decisão do juiz, após pedido do Ministério Público.

(D) O inquérito pode ser arquivado pela autoridade policial se ela verificar ter havido a extinção da punibilidade do indiciado.

(E) Sendo o arquivamento ordenado em razão da ausência de elementos para basear a denúncia, a autoridade policial poderá empreender novas investigações se receber notícia de novas provas.

A: incorreta. Somente ao juiz é dado ordenar o arquivamento do inquérito policial, e o fará a requerimento do Ministério Público (art. 18, CPP). Perceba que a assertiva estaria correta se levássemos em conta a atual redação do art. 28 do CPP, introduzida pela Lei 13.964/2019, que estabelece que cabe ao membro do MP ordenar o arquivamento do IP, seja por que motivo for. Mais recentemente, ao finalmente julgar as ADIs 6.298, 6.299, 6.300 e 6.305, o Plenário do STF, por maioria, conferiu interpretação conforme ao *caput* do art. 28 do CPP para assentar que, ao se manifestar pelo arquivamento do inquérito policial ou de quaisquer elementos informativos da mesma natureza, o órgão do Ministério Público submeterá sua manifestação ao juiz competente e comunicará à vítima, ao investigado e à autoridade policial, podendo encaminhar os autos para o procurador-geral ou para a instância de revisão ministerial, quando houver, para fins de homologação, na forma da lei. No mesmo julgamento, ao apreciar a constitucionalidade do § 1º do art. 28 do CPP, conferiu-lhe interpretação conforme para assentar que, além da vítima ou de seu representante legal, a autoridade judicial competente também poderá submeter a matéria à revisão da instância competente do órgão ministerial, caso verifique patente ilegalidade ou teratologia no ato do arquivamento. Como se pode ver, o controle judicial sobre o arquivamento do inquérito policial, que havia sido afastado com a modificação operada pela Lei 13.964/2019 no art. 28, *caput*, do CPP,

foi retomado com a interpretação atribuída a este dispositivo pelo STF, o que, para significativa parcela da doutrina, representa verdadeiro retrocesso, já que viola o sistema acusatório; **B:** incorreta. É vedado à autoridade policial, a qualquer pretexto, promover o arquivamento dos autos de inquérito policial (art. 17, CPP); **C:** incorreta. Por força do que dispõe o art. 19 do CPP, sendo a ação penal privada, os autos do inquérito policial serão encaminhados ao juiz competente, onde aguardarão a iniciativa do ofendido ou de seu representante legal, ou serão entregues ao requerente, se este assim requerer, mediante traslado; **D:** incorreta. Ainda que a autoridade policial constate ter havido, em relação ao delito apurado, a extinção da punibilidade, é-lhe vedado proceder ao arquivamento do inquérito (arts. 17 e 18 do CPP); **E:** correta. Uma vez ordenado o arquivamento do inquérito policial, por falta de base para a denúncia, nada obsta que a autoridade policial proceda a novas pesquisas, desde que de outras provas tenha conhecimento – art. 18 do CPP. **ED**

Gabarito "E".

(Investigador-Escrivão-Papiloscopista – Pará – Funcab – 2016) O inquérito policial consiste no conjunto de diligências efetuadas pela polícia judiciária para a apuração de uma infração penal e de sua autoria. Trata-se de procedimento investigatório de caráter administrativo instaurado pela autoridade policial. De acordo com o Código de Processo Penal brasileiro:

(A) do despacho que indeferir o requerimento do ofendido para a instauração do inquérito policial, não cabe recurso.

(B) nos crimes de ação penal pública, o inquérito policial poderá ser iniciado por requerimento da Autoridade Judiciária ou do Ministério Público.

(C) inquérito deverá terminar no prazo de 5 dias úteis, se o indiciado tiver sido preso em flagrante, ou estiver preso preventivamente, contado o prazo, nesta hipótese, a partir do dia em que se executar a ordem de prisão, ou no prazo de 15 dias, quando estiver solto, mediante fiança ou sem ela.

(D) nos crimes de ação penal privada, o inquérito policial poderá ser iniciado de ofício pela Autoridade Policial.

(E) o inquérito policial, nos crimes em que ação pública depender de representação, não poderá sem ela ser iniciado.

A: incorreta, uma vez que, neste caso, caberá recurso ao chefe de Polícia, na forma estatuída no art. 5º, §2º, do CPP; **B:** incorreta. Se pública a ação penal, o inquérito policial poderá ser instaurado mediante *requisição* (e não *requerimento*) da autoridade judiciária ou do Ministério Público, tal como estabelece o art. 5º, II, do CPP; **C:** incorreta, pois em desconformidade com o teor do art. 10, "caput", do CPP, segundo o qual o inquérito policial, estando o investigado preso, deve ser concluído dentro no prazo de 10 dias corridos (e não úteis), a contar da execução da prisão; se se tratar de investigado solto, o prazo de conclusão do inquérito corresponde a 30 dias. *Vide* art. 3º-B, VIII e § 2º, do CPP, introduzido pela Lei 13.964/2019; **D:** incorreta. Tratando-se de crime de ação penal privada, a instauração do inquérito policial está condicionada ao requerimento do ofendido ou de seu representante legal, sem o que o delegado de polícia não poderá determinar o início das investigações por meio de inquérito policial (art. 5º, §5º, CPP); a autoridade policial somente atuará de ofício, na instauração de inquérito, quando se tratar de infração cuja ação penal seja pública incondicionada; **E:** correta. De fato, nos crimes em que a ação penal é pública condicionada a representação, não poderá o inquérito policial ser instaurado sem ela (representação), nos termos do art. 5º, §4º, CPP. **ED**

Gabarito "E".

2. DIREITO PROCESSUAL PENAL

(Investigador-Escrivão-Papiloscopista – Pará – Funcab – 2016) Sabendo que o inquérito policial é um procedimento administrativo para angariar provas sobre a materialidade e a autoria de uma infração penal, e que quando concluído será encaminhado para os seus destinatários imediato e mediato, é correto afirmar que:

(A) depois de ordenado o arquivamento do inquérito pela autoridade competente, por falta de base para a denúncia, a autoridade policial não poderá proceder a novas pesquisas, se de outras provas tiver notícia.

(B) o ofendido, ou seu representante legal, e o indiciado não poderão requerer qualquer diligência durante a fase de inquérito policial.

(C) nos crimes de ação pública, os autos do inquérito serão remetidos ao juízo competente, onde aguardarão a iniciativa do ofendido ou de seu representante legal, ou serão entregues ao requerente, se o pedir, mediante traslado.

(D) a autoridade policial poderá mandar arquivar autos de inquérito policial.

(E) o Ministério Púbico não poderá requerer a devolução do inquérito à autoridade policial, senão para novas diligências, imprescindíveis ao oferecimento da denúncia.

A: incorreta. Em regra, a decisão que manda arquivar autos de inquérito policial não gera coisa julgada material; gera, sim, coisa julgada formal. As investigações, assim, desde que surja prova nova, podem ser reiniciadas a qualquer tempo (art. 18, CPP). Situação bem diversa, vale dizer, é aquela em que o arquivamento do inquérito policial se dá por atipicidade da conduta. Neste caso, a decisão que determina o arquivamento é definitiva, gerando coisa julgada material; **B:** incorreta. É dado tanto ao indiciado quanto ao ofendido, ou ao representante legal deste, requerer, ao delegado de polícia, a realização de diligências, que poderão, no entanto, ser indeferidas a juízo da autoridade; **C:** incorreta, na medida em que a providência em questão somente se aplica na hipótese de a ação penal ser privativa do ofendido (art. 19, CPP); **D:** incorreta. Isso porque é vedado à autoridade policial mandar arquivar autos de inquérito (art. 17, CPP); **E:** correta (art. 16, CPP). 🔲
Gabarito "E"

(Papiloscopista – PCDF – Universa – 2016) Assinale a alternativa correta acerca do inquérito policial e do indiciamento segundo o CPP e a doutrina.

(A) Cabe ao promotor ou ao juiz, mediante requisição, determinar o indiciamento de alguém pela autoridade policial.

(B) Veda-se à vítima requerer ao delegado realização de diligências na fase do inquérito policial.

(C) Cabe à autoridade policial decretar a prisão preventiva do indiciado.

(D) O indiciamento é um ato discricionário da autoridade policial.

(E) Quando a autoridade policial tiver conhecimento da prática da infração penal, deverá averiguar a vida pregressa do indiciado, sob o ponto de vista individual, familiar e social, sua condição econômica, sua atitude e seu estado de ânimo antes e depois do crime e durante ele, além de quaisquer outros elementos que contribuírem para a apreciação do seu temperamento e do seu caráter.

A: incorreta. O indiciamento constitui providência privativa da autoridade policial, não cabendo ao promotor ou mesmo ao juiz determinar que o delegado assim proceda. É o que estabelece o art. 2º, § 6º, da

Lei 12.830/2013, que contempla regras sobre a investigação criminal conduzida pelo delegado de polícia. Quanto a isso, conferir o magistério de Guilherme de Souza Nucci: "Requisição de indiciamento: cuida-se de procedimento equivocado, pois indiciamento é ato exclusivo da autoridade policial, que forma o seu convencimento sobre a autoria do crime, elegendo, formalmente, o suspeito de sua prática. Assim, não cabe ao promotor ou ao juiz exigir, através de requisição, que alguém seja indiciado pela autoridade policial, porque seria o mesmo que demandar à força que o presidente do inquérito conclua ser aquele o autor do delito (...)" (*Código de Processo Penal Comentado*, 12ª ed., p. 101); **B:** incorreta, já que o art. 14 do CPP confere à vítima (e também ao investigado) a prerrogativa de formular requerimento à autoridade policial com vistas à realização de diligência que entender pertinente, que poderá, a juízo da autoridade, ser ou não deferida; **C:** incorreta. Somente a autoridade judiciária competente (juiz de direito) está credenciada a decretar a prisão preventiva (e também a temporária), tal como dispõem os arts. 5º, LXI, da CF e 283, "caput", do CPP. Assim, é defeso à autoridade policial e ao membro do MP decretar a custódia preventiva; **D:** incorreta. Não se trata de ato discricionário do delegado de polícia, que deverá proceder ao indiciamento sempre mediante ato fundamentado, por meio da análise técnico-jurídica do fato, que indicará a autoria, materialidade e suas circunstâncias (art. 2º, § 6º, da Lei 12.830/2013); **E:** correta. Providência prevista no art. 6º, IX, do CPP. 🔲
Gabarito "E".

(Papiloscopista – PCDF – Universa – 2016) No que se refere ao inquérito policial e ao seu arquivamento, assinale a alternativa correta.

(A) Como o inquérito policial não constitui fase da ação penal, não é necessário o seu arquivamento, bastando que não se ofereça a respectiva denúncia ou queixa.

(B) Em não havendo ação penal, o arquivamento do inquérito policial é ato complexo que envolve ato do delegado e do promotor, não sendo necessária decisão judicial de arquivamento.

(C) Mesmo depois de ordenado pela autoridade judiciária, em caso de arquivamento do inquérito por falta de base para a denúncia, a autoridade policial poderá, se de outras provas tiver notícia, proceder a novas pesquisas.

(D) Caso se convença de que o autor do crime agiu em legítima defesa, o delegado de polícia poderá mandar arquivar os autos do inquérito policial.

(E) Sendo o inquérito policial destinado a embasar a *opinio delicti* do titular da ação penal, não pode o juiz discordar de pedido de arquivamento formulado por promotor.

A: incorreta. É verdade que o inquérito policial não constitui fase da ação penal, que somente tem início depois de concluídas as investigações e oferecida a denúncia/queixa; agora, não é por isso que não se deva promover o seu arquivamento na hipótese de as investigações serem inconclusivas; **B:** incorreta. Concluídas as investigações e remetido, pela autoridade policial, o inquérito ao membro do Ministério Público, caberá a este, se entender que não há elementos suficientes ao ajuizamento da ação penal, promover o arquivamento do feito (art. 28, CPP); **C:** correta. De fato, tal como prevê o art. 18 do CPP, uma vez arquivado o inquérito policial, nada obsta que a autoridade policial, desde que de outras provas tenha conhecimento, proceda a nova pesquisa, reiniciando as investigações; **D:** incorreta. Por imposição do art. 17 do CPP, é vedado ao delegado de polícia, seja a que pretexto for, mandar arquivar autos de inquérito; **E:** incorreta. Quando da elaboração desta questão, era dado ao juiz, sim, discordar do pleito de arquivamento formulado pelo MP. Em casos assim, o magistrado deveria, ante o que estabelecia a redação anterior do art. 28 do CPP, fazer a remessa dos autos ao procurador-geral, que é quem tinha atribuição para proceder a nova análise do pedido de arquivamento feito pelo membro do *parquet*. Com o advento da Lei 13.964/2019, que conferiu nova redação ao art. 28 do CPP, operou-se profunda mudança no procedimento de arquivamento do IP. Agora, o juiz não mais tem participação neste processo. Se o MP, que é o titular da ação penal, entender que é caso de arquivamento, ele mesmo o determinará; deverá, entretanto, submeter sua decisão à instância superior do próprio MP. Em outras palavras, o Poder Judiciário, reforçando o perfil acusatório do processo penal, deixa de decidir em que casos a acusação deve ou não prosperar. Mais recentemente, em nova reviravolta, ao finalmente julgar as ADIs 6.298, 6.299, 6.300 e 6.305, o Plenário do STF, por maioria, conferiu interpretação conforme ao *caput* do art. 28 do CPP para assentar que, ao se manifestar pelo arquivamento do inquérito policial ou de quaisquer elementos informativos da mesma natureza, o órgão do Ministério Público submeterá sua manifestação ao juiz competente e comunicará à vítima, ao investigado e à autoridade policial, podendo encaminhar os autos para o procurador-geral ou para a instância de revisão ministerial, quando houver, para fins de homologação, na forma da lei. No mesmo julgamento, ao apreciar a constitucionalidade do § 1º do art. 28 do CPP, conferiu-lhe interpretação conforme para assentar que, além da vítima ou do seu representante legal, a autoridade judicial competente também poderá submeter a matéria à revisão da instância competente do órgão ministerial, caso verifique patente ilegalidade ou teratologia no ato do arquivamento. Como se pode ver, o controle judicial sobre o arquivamento do inquérito policial, que havia sido afastado com a modificação operada pela Lei 13.964/2019 no art. 28, *caput*, do CPP, foi retomado com a interpretação atribuída a este dispositivo pelo STF, o que, para significativa parcela da doutrina, representa verdadeiro retrocesso, já que viola o sistema acusatório. [ED]

Gabarito "C".

(Escrivão de Polícia Federal – 2013 – CESPE) Acerca do inquérito policial, julgue os itens seguintes.

(1) O valor probatório do inquérito policial, como regra, é considerado relativo, entretanto, nada obsta que o juiz absolva o réu por decisão fundamentada exclusivamente em elementos informativos colhidos na investigação.

(2) O princípio que rege a atividade da polícia judiciária impõe a obrigatoriedade de investigar o fato e a sua autoria, o que resulta na imperatividade da autoridade policial de instaurar inquérito policial em todos os casos em que receber comunicação da prática de infrações penais. A ausência de instauração do procedimento investigativo policial enseja a responsabilidade da autoridade e dos demais agentes envolvidos, nos termos da legislação de regência, vez que resultará em arquivamento indireto de peça informativa.

(3) A conclusão do inquérito policial é precedida de relatório final, no qual é descrito todo o procedimento adotado no curso da investigação para esclarecer a autoria e a materialidade. A ausência desse relatório e de indiciamento formal do investigado não resulta em prejuízos para persecução penal, não podendo o juiz ou órgão do Ministério Público determinar o retorno da investigação à autoridade para concretizá--los, já que constitui mera irregularidade funcional a ser apurada na esfera disciplinar.

1: correta. De fato, o inquérito policial, segundo doutrina e jurisprudência pacíficas, tem valor probatório *relativo*, na medida em que os elementos de informação nele reunidos não são colhidos sob a égide do contraditório e ampla defesa. Cuida-se, pois, de peça meramente informativa. Tanto é assim que as nulidades porventura ocorridas no curso do inquérito não contaminam a ação penal respectiva. Também é correto afirmar-se que

ao juiz é dado, diante das informações colhidas no bojo do inquérito policial, absolver, sempre de forma fundamentada, o investigado. O que não se admite, é importante que se diga, é que as provas coligidas no inquérito policial sirvam, de forma exclusiva, de suporte para fundamentar uma sentença penal condenatória. Em outras palavras, é vedado ao magistrado fundamentar sua decisão exclusivamente nos elementos informativos produzidos na investigação. É o que estabelece o art. 155, *caput*, do CPP. Nesse sentido, conferir: "*Habeas corpus*. Penal. Paciente condenado pela prática de atentado violento ao pudor. Alegação de nulidade da condenação por estar baseada exclusivamente em provas colhidas no inquérito policial. Ocorrência. Decisão fundada essencialmente em depoimentos prestados na fase pré-judical. Nulidade. Precedentes. Ordem concedi da. I – Os depoimentos retratados perante a autoridade judiciária foram decisivos para a condenação, não se indicando nenhuma prova conclusiva que pudesse levar à responsabilidade penal do paciente. II – A tese de que há outras provas que passaram pelo crivo do contraditório, o que afastaria a presente nulidade, não prospera, pois estas nada provam e são apenas indícios. III – O acervo probatório que efetivamente serviu para condenação do paciente foi aquele obtido no inquérito policial. Segundo entendimento pacífico desta Corte não podem subsistir condenações penais fundadas unicamente em prova produzida na fase do inquérito policial, sob pena de grave afronta às garantias constitucionais do contraditório e da plenitude de defesa. Precedentes. IV – Ordem concedida para cassar o acórdão condenatório proferido pelo Tribunal de Justiça do Estado de São Paulo e restabelecer a sentença absolutória de primeiro grau" (STF, HC 103660, Ricardo Lewandowski); **2:** incorreta. A autoridade policial somente estará obrigada a proceder a inquérito, de ofício, nos casos em que a infração penal cuja prática lhe é comunicada for de ação penal pública *incondicionada* (art. 5º, I, do CPP). Nos demais casos (ação pública condicionada e privativa do ofendido), o delegado somente instaurará inquérito diante de representação (ou requisição, conforme o caso) do ofendido ou requerimento por este formulado, respectivamente (art. 5º, §§ 4º e 5º, do CPP); **3:** correta. Por se tratar de peça meramente informativa e dispensável, a ausência de relatório final ou mesmo do formal indiciamento do investigado, no inquérito policial, não obsta que o acusador promova a respectiva ação penal, oferecendo, em juízo, denúncia ou queixa-crime. Também por isso não é dado ao titular da ação penal e também ao magistrado promover a devolução dos autos de inquérito à Polícia Judiciária para que o delegado adote tais providências. Na jurisprudência do STJ: "Direito processual penal. Indiciamento como atribuição exclusiva da autoridade policial. O magistrado não pode requisitar o indiciamento em investigação criminal. Isso porque o indiciamento constitui atribuição exclusiva da autoridade policial. De fato, é por meio do indiciamento que a autoridade policial aponta determinada pessoa como a autora do ilícito em apuração. Por se tratar de medida ínsita à fase investigatória, por meio da qual o delegado de polícia externa o seu convencimento sobre a autoria dos fatos apurados, não se admite que seja requerida ou determinada pelo magistrado, já que tal procedimento obrigaria o presidente do inquérito à conclusão de que determinado indivíduo seria o responsável pela prática criminosa, em nítida violação ao sistema acusatório adotado pelo ordenamento jurídico pátrio. Nesse mesmo sentido, é a inteligência do art. 2º, § 6º, da Lei 12.830/2013, o qual consigna que o indiciamento é ato inserto na esfera de atribuições da polícia judiciária. Precedente citado do STF: HC 115.015-SP, Segunda Turma, *DJe* 11.09.2013" (RHC 47.984-SP, rel. Min. Jorge Mussi, julgado em 04.11.2014 – Inform. STJ 552). [ED]

Gabarito 1C, 2E, 3C.

(Agente de Polícia/DF – 2013 – CESPE) Considerando, por hipótese, que, devido ao fato de estar sendo investigado pela prática de latrocínio, José tenha contratado um advogado para acompanhar as investigações, julgue os itens a seguir.

(1) Se surgirem indícios contra José, ele deverá ser indiciado e identificado pelo processo datiloscópico, pois, na hipótese em apreço, o referido crime é hediondo, fato que torna obrigatória a identificação criminal.

2. DIREITO PROCESSUAL PENAL

(2) Caso seja imprescindível para as investigações, a prisão temporária de José poderá ser decretada de ofício pelo juiz, visto que o crime de latrocínio admite essa modalidade de prisão.

(3) Embora o inquérito policial seja um procedimento sigiloso, será assegurado ao advogado de José o acesso aos autos.

1: incorreta. Esta matéria é regida, atualmente, pela Lei 12.037/2009, que estabelece em que casos cabe a identificação datiloscópica do civilmente identificado, que constitui – é bom que se diga – exceção à regra contida no art. 5º, LVIII, da CF ("O civilmente identificado não será submetido a identificação criminal, salvo nas hipóteses previstas em lei"). Entre tais hipóteses, que, como dito, estão previstas na Lei 12.037/2009, não está aquela em que o crime sob investigação é hediondo. A propósito, a obrigatoriedade de identificação datiloscópica, atualmente, leva em conta o estado do documento de identificação (documento rasurado, com indício de falsificação, estado de conservação, entre outros), e não a natureza da infração penal imputada ao investigado/indiciado; **2: incorreta.** Embora caiba a prisão temporária no curso de inquérito policial instaurado para apurar a prática do crime de latrocínio (art. 1º, III, *c*, da Lei 7.960/1989), não poderá o juiz decretá-la de ofício, na medida em que tal iniciativa cabe à autoridade policial, por meio de representação, e ao Ministério Público, por meio de requerimento (art. 2º, *caput*, da Lei 7.960/1989); **3: correta.** É certo que o inquérito policial é, em vista do que dispõe o art. 20 do CPP, *sigiloso*. Ocorre que, a teor do art. 7º, XIV, da Lei 8.906/1994 (Estatuto da Advocacia), constitui direito do advogado, entre outros: "examinar, em qualquer instituição responsável por conduzir investigação, mesmo sem procuração, autos de flagrante e de investigações de qualquer natureza, findos ou em andamento, ainda que conclusos à autoridade, podendo copiar peças e tomar apontamentos, em meio físico ou digital". Sobre este tema, a propósito, o STF editou a Súmula Vinculante 14, a seguir transcrita: "É direito do defensor, no interesse do representado, ter acesso amplo aos elementos de prova que, já documentados em procedimento investigatório realizado por órgão com competência de polícia judiciária, digam respeito ao exercício do direito de defesa". 🔟
Gabarito 1E, 2E, 3C

(Escrivão de Polícia/DF – 2013 – CESPE) Julgue os itens seguintes, a respeito do inquérito policial (IP) e das provas.

(1) Considere a seguinte situação hipotética. Instaurado o IP por crime de ação penal pública, a autoridade policial determinou a realização de perícia, da qual foi lavrado laudo pericial firmado por dois peritos não oficiais, ambos bacharéis, que prestaram compromisso de bem e fielmente proceder à perícia na arma de fogo apreendida em poder do acusado. Nessa situação hipotética, houve flagrante nulidade, pois a presença de perito oficial é requisito indispensável para a realização da perícia.

(2) Nos crimes de ação pública condicionada, o IP somente poderá ser instaurado se houver representação do ofendido ou de seu representante legal; nos crimes de iniciativa privada, se houver requerimento de quem tenha qualidade para oferecer queixa.

(3) A autoridade policial tem o dever jurídico de atender à requisição do Ministério Público pela instauração de IP, podendo, entretanto, se recusar a fazê-lo na hipótese em que a requisição não contenha nenhum dado ou elemento que permita a abertura das investigações.

(4) Se o IP for arquivado pelo juiz, a requerimento do promotor de justiça, sob o argumento de que o fato é atípico, a decisão que determinar o arquivamento

do IP impedirá a instauração de processo penal pelo mesmo fato, ainda que tenha sido tomada por juiz absolutamente incompetente.

1: incorreta. É do art. 159 do CPP que, na falta de perito oficial, o exame será realizado por duas pessoas idôneas (peritos não oficiais), portadoras de diploma de curso superior, que prestarão o compromisso de bem e fielmente desempenhar o encargo a elas confiado. Não há por que falar-se, portanto, em nulidade, já que a legislação autoriza que, em casos assim (falta de perito oficial), a perícia seja feita por dois peritos não oficiais; **2: incorreta,** segundo a banca, mas, a nosso ver, a assertiva não contém erro. Com efeito, nos crimes em que a ação penal é pública condicionada, o inquérito somente será instaurado se o ofendido ou aquele que o represente manifestar, por meio de representação, sua vontade nesse sentido (art. 5º, § 4º, do CPP). Da mesma forma, nos crimes cuja ação penal é privativa do ofendido, a instauração de inquérito condiciona-se ao requerimento formulado por quem detém legitimidade para o ajuizamento da ação penal (art. 5º, § 5º, do CPP). Talvez o examinador tenha considerado que, na ação penal condicionada, a representação do ofendido (ou de seu representante) não seja a única forma de autorizar a instauração de inquérito, o que também é possível diante da requisição do Ministro da Justiça; **3: incorreta,** segundo a banca, mas, a nosso ver, correta. Conferir, a esse respeito, o magistério de Guilherme de Souza Nucci, com o qual concordamos: "Negativa em cumprir a requisição: cremos admissível que a autoridade policial refute a instauração de inquérito requisitado por membro do Ministério Público ou por juiz de direito, desde que se trate de exigência manifestamente ilegal. A requisição deve lastrear-se na lei; não tendo, pois, supedâneo legal, não deve o delegado agir, pois, se o fizesse, estaria cumprindo um desejo pessoal de outra autoridade, o que não se coaduna com a sistemática processual penal". Ainda segundo Nucci, "requisições dirigidas à autoridade policial, exigindo a instauração de inquérito contra determinada pessoa, ainda que apontem o crime, em tese, necessitam conter dados suficientes que possibilitem ao delegado tomar providências e ter um rumo a seguir (ver o disposto no § 1º deste artigo). Não é cabível um ofício genérico, requisitando a instauração de inquérito contra Fulano, pela prática de estelionato, por exemplo. Afinal, o que fez fulano exatamente? Quando e onde? Enfim, a requisição deve sustentar-se em fatos, ainda que possa ser desprovida de documentos comprobatórios (...)" (*Código de Processo Penal Comentado*, 12ª ed., p. 93-94); **4: correta.** Uma vez ordenado o arquivamento do inquérito policial, por falta de base para a denúncia, nada obsta que a autoridade policial proceda a novas pesquisas, desde que de outras provas tenha conhecimento – art. 18 do CPP. Isso porque a decisão que determina o arquivamento do inquérito policial não gera, em regra, coisa julgada material. Agora, se o arquivamento do inquérito se der por ausência de tipicidade (é o caso narrado na proposição), a decisão, neste caso, ainda que tomada por juízo incompetente, tem efeito preclusivo, é dizer, produz coisa julgada material, impedindo, dessa forma, o desarquivamento do inquérito. A esse respeito, conferir: "*Habeas corpus*: cabimento. É da jurisprudência do Tribunal que não impedem a impetração de *habeas corpus* a admissibilidade de recurso ordinário ou extraordinário da decisão impugnada, nem a efetiva interposição deles. II – Inquérito policial: arquivamento com base na atipicidade do fato: eficácia de coisa julgada material. A decisão que determina o arquivamento do inquérito policial, quando fundado no pedido do Ministério Público em que o fato nele apurado não constitui crime, mais que preclusão, produz coisa julgada material, que – ainda quando emanada a decisão de juiz absolutamente incompetente –, impede a instauração de processo que tenha por objeto o mesmo episódio. Precedentes: HC 80.560, 1ª T., 20.02.2001, Pertence, RTJ 179/755; Inq 1538, Pl., 08.08.01, Pertence, RTJ 178/1090; Inq-QO 2044, Pl., 29.09.2004, Pertence, *DJ* 28.10.2004; HC 75.907, 1ª T., 11.11.1997, Pertence, *DJ* 09.04.1999; HC 80.263, Pl., 20.02.2003, Galvão, RTJ 186/1040" (HC 83346, Sepúlveda Pertence, STF). 🔟
Gabarito 1E, 2E, 3E, 4C

(Escrivão de Polícia/GO – 2013 – UEG) O inquérito policial

(A) deve ser submetido ao contraditório, nos casos em que o investigado estiver preso.

(B) é sigiloso, não podendo o defensor, no interesse de seu representado, ter acesso aos elementos de informação produzidos.

(C) poderá ser arquivado por determinação da autoridade policial.

(D) é procedimento inquisitório e preparatório, presidido pela autoridade policial.

A: incorreta, pois é sabido e ressabido que o inquérito policial, por não ser um processo administrativo (ou, também, judicial), mas apenas uma etapa da persecução penal em que são colhidos elementos para futura e eventual ação penal, não admite o exercício do contraditório e ampla defesa (art. 5º, LV, da CF), esteja o investigado preso ou não. Porém, isso não significa que o indiciado não possa se fazer representar por advogado, que, inclusive, terá direito de acesso aos autos do inquérito policial (art. 7º, XIV, do Estatuto da OAB e Súmula Vinculante 14 do STF); **B:** incorreta. Como visto na alternativa anterior, o fato de o inquérito policial ser sigiloso não constitui obstáculo para que o defensor do investigado tenha acesso aos elementos de informação colhidos (art. 7º, XIV, do Estatuto da OAB e Súmula vinculante 14 do STF); **C:** incorreta, pois a autoridade policial não poderá mandar arquivar autos de inquérito policial (art. 17 do CPP); **D:** correta. De fato, o inquérito policial é procedimento inquisitório, no qual não são garantidos ao investigado o contraditório e ampla defesa. Ainda, é um procedimento preliminar, ou seja, preparatório para futura ação penal. O objetivo maior do inquérito é a apuração da autoria e materialidade delitivas, imprescindíveis ao oferecimento de denúncia ou queixa. Por fim, compete à autoridade policial presidir o *inquérito policial* (art. 144 da CF), muito embora a *investigação criminal* não seja privativa da polícia judiciária, visto que outras autoridades podem presidir investigações (lembre-se dos chamados inquéritos extrapoliciais – ex.: CPI´s).

Gabarito "D".

(Agente Penitenciário/MA – 2013 – FGV) Com relação ao *inquérito*, assinale a afirmativa **incorreta**.

(A) O inquérito é um procedimento investigatório prévio, no qual diversas diligências são realizadas na busca da obtenção de indícios que permitam o titular da ação propô-la contra o autor da infração penal.

(B) inquérito policial é inquisitivo, não vigorando o princípio do contraditório pleno, apesar de a autoridade que o presidir ter a obrigação de agir dentro dos termos da lei.

(C) Apesar de o inquérito ser sigiloso, é direito do defensor, no interesse do representado, ter aceso amplo aos elementos de prova que, já documentados, digam respeito ao exercício do direito de defesa.

(D) O inquérito, que é obrigatório, pode ser iniciado de ofício, por requisição da autoridade judiciária ou do Ministério Público, ou a requerimento do ofendido ou de quem tiver qualidade para representá-lo.

(E) O inquérito, nos crimes em que a ação pública depende de representação, não poderá ser iniciado sem ela.

A: assertiva correta. Contém o conceito de inquérito policial, que nada mais é do que o procedimento administrativo, pré-processual e preparatório, destinado a reunir provas acerca de uma infração penal, fornecendo ao titular da ação penal subsídios (indícios de autoria e materialidade) para o seu exercício em juízo; **B:** assertiva correta. De fato, diz-se que o inquérito policial é inquisitivo porquanto nele não

vigoram o contraditório e ampla defesa. Embora o delegado de polícia disponha de certa discricionariedade na condução do inquérito policial, decidindo, da maneira que lhe aprouver, os rumos da investigação, deve sempre agir em conformidade com a lei; **C:** assertiva correta, uma vez que reproduz o teor da Súmula Vinculante nº 14, a seguir transcrita: "É direito do defensor, no interesse do representado, ter acesso amplo aos elementos de prova que, já documentados em procedimento investigatório realizado por órgão com competência de polícia judiciária, digam respeito ao exercício do direito de defesa"; **D:** incorreta, devendo ser assinalada. Isso porque o inquérito policial não é obrigatório; é, ao contrário, dispensável, prescindível, na medida em que o titular da ação penal poderá dele abrir mão, se entender que já dispõe de elementos de autoria e materialidade suficientes para exercer a ação penal em juízo; **E:** correta, pois em conformidade com o disposto no art. 5º, § 4º, do CPP. ED

Gabarito "D".

(Agente de Polícia/PI – 2012) Acerca do Inquérito Policial, assinale a alternativa incorreta.

(A) Nos crimes de ação penal pública incondicionada, o inquérito policial não pode ser instaurado de ofício pela autoridade policial.

(B) Nos crimes de ação penal privada, o inquérito policial não pode ser instaurado por requisição do Ministério Público.

(C) Nos crimes de ação penal privada, o inquérito policial somente pode ser instaurado mediante requerimento da parte legitimada para ajuizar a ação penal.

(D) Nos crimes de ação penal pública condicionada, o inquérito policial não pode ser instaurado de ofício pela autoridade policial.

(E) Nos crimes de ação pública incondicionada, cabe à autoridade policial instaurá-lo de ofício ou mediante requisição da autoridade judiciária ou do Ministério Público, ou diante de requerimento do ofendido ou de seu representante.

A: incorreta. Nos crimes de ação penal pública incondicionada, a instauração do inquérito policial poderá – e deverá – ser realizada de ofício, vale dizer, independentemente de qualquer provocação (art. 5º, I, do CPP); **B:** correta. Nos crimes de ação penal privada, o inquérito policial será instaurado mediante requerimento da pessoa que tiver qualidade para intentá-la (art. 5º, § 5º, do CPP). O Ministério Público poderá requisitar a instauração de inquérito policial por crime de ação penal pública incondicionada; **C:** correta, pois, como dito, nos crimes de ação penal privada, o inquérito policial somente poderá ser instaurado mediante requerimento da pessoa que tiver qualidade para intentar futura queixa-crime (art. 5º, § 5º, do CPP); **D:** correta. Se o crime cometido for de ação penal pública condicionada (seja à representação, ou à requisição do Ministro da Justiça), a autoridade policial somente poderá instaurar o inquérito se atendida a condição de procedibilidade; **E:** correta, nos moldes preconizados pelo art. 5º, II, do CPP.

Gabarito "A".

(Investigador/SP – 2014 – VUNESP) O inquérito policial

(A) somente será instaurado por determinação do juiz competente.

(B) pode ser arquivado por determinação da Autoridade Policial.

(C) estando o indiciado solto, deverá ser concluído no máximo em 10 dias.

(D) nos crimes de ação pública poderá ser iniciado de ofício.

2. DIREITO PROCESSUAL PENAL

(E) não poderá ser iniciado por requisição do Ministério Público.

A: incorreta. É certo que o inquérito policial pode ser instaurado por *requisição* do juiz de direito (art. 5º, II, do CPP). Mas há, além desta, outras formas de instauração do inquérito, a saber: de *ofício*, pela autoridade policial (art. 5º, I), nas ações penais públicas; por *requisição* do membro do MP (art. 5º, II); por meio de *requerimento* do ofendido ou de seu representante legal (art. 5º, II); mediante *provocação* por qualquer pessoa do povo (art. 5º, § 3º); pela prisão em flagrante; a *requerimento* do ofendido, nos crimes de ação penal privada; por *representação* do ofendido ou requisição do ministro da Justiça, nos crimes em que a ação penal é pública condicionada; **B:** incorreta, uma vez que não é dado à autoridade policial, em hipótese alguma e sob qualquer pretexto, mandar arquivar autos de inquérito (art. 17, CPP); **C:** incorreta. O art. 10, *caput*, do CPP estabelece o prazo *geral* de 30 dias para conclusão do inquérito, quando o indiciado não estiver preso; se preso estiver, o inquérito deve terminar em 10 dias. Na Justiça Federal, se o indicado estiver preso, o prazo para conclusão do inquérito é de 15 dias, podendo haver uma prorrogação por igual período, conforme dispõe o art. 66 da Lei 5.010/1966; se solto, o inquérito deve ser concluído em 30 dias, em consonância com o disposto no art. 10, *caput*, do CPP. Há outras leis especiais, além desta, que estabelecem prazos diferenciados para a ultimação das investigações; **D:** correta. *Vide* comentário à alternativa "A"; **E:** incorreta. *Vide* comentário à alternativa "A". ED

Gabarito "D".

(Agente de Polícia Civil/RO – 2014 – FUNCAB) Segundo a Lei n. 12.830/2013 (Dispõe sobre a investigação criminal conduzida pelo delegado de polícia), é INCORRETO afirmar:

(A) As funções de polícia judiciária e a apuração de infrações penais exercidas pelo delegado de polícia são de natureza jurídica, essenciais e exclusivas de Estado.

(B) O inquérito policial ou outro procedimento previsto em lei em curso somente poderá ser avocado ou redistribuído por superior hierárquico, mediante despacho fundamentado, por motivo de interesse público ou nas hipóteses de inobservância dos procedimentos previstos em regulamento da corporação que prejudique a eficácia da investigação.

(C) Durante a investigação criminal, cabe ao delegado de polícia a requisição de perícia, informações, documentos e dados que interessem à apuração dos fatos.

(D) O indiciamento, ato do delegado de polícia concorrente com o Ministério Público, dar-se-á por ato fundamentado, mediante análise técnico-jurídica do fato, que deverá indicar a autoria, materialidade e suas circunstâncias.

(E) O cargo de delegado de polícia é privativo de bacharel em Direito, devendo-lhe ser dispensado o mesmo tratamento protocolar que recebem os magistrados, os membros da Defensoria Pública e do Ministério Público e os advogados.

A: assertiva correta (art. 2º, *caput*, Lei 12.830/2013); **B:** assertiva correta (art. 2º, § 4º, Lei 12.830/2013); **C:** assertiva correta (art. 2º, § 2º, Lei 12.830/2013); **D:** assertiva incorreta, devendo ser assinalada, pois não reflete o disposto no art. 2º, § 6º, Lei 12.830/2013, segundo o qual o indiciamento constitui ato privativo do delegado de polícia, sem a concorrência do MP, ao qual cabe exercer o controle externo da Polícia Judiciária; **E:** assertiva correta (art. 3º, Lei 12.830/2013). ED

Gabarito "D".

---

3. AÇÃO PENAL, SUSPENSÃO CONDICIONAL DO PROCESSO E AÇÃO CIVIL

(Escrivão – PC/GO – AOCP – 2023) Preencha as lacunas e assinale a alternativa correta.

É _____ a legitimidade do ofendido, mediante queixa, e do Ministério Público, condicionada à _____ do ofendido, para a ação penal por crime contra a honra de servidor público em razão do exercício de suas funções.

(A) subsidiária / habilitação

(B) privativa / habilitação

(C) concorrente / representação

(D) privativa / inércia

(E) concorrente / inércia

Nos termos do disposto no art. 145, parágrafo único, do CP, se se tratar de crime perpetrado contra a honra de funcionário público em razão de suas funções, a ação penal será *pública condicionada à representação do ofendido*. Ocorre, no entanto, que o STF, por meio da Súmula 714, firmou entendimento no sentido de que, nesses casos, a legitimidade é concorrente entre o ofendido (mediante queixa) e o Ministério Público (ação pública condicionada à representação do ofendido). ED

Gabarito "C".

(Escrivão – PC/GO – AOCP – 2023) Em relação ao acordo de não persecução penal, assinale a alternativa INCORRETA.

(A) Será eventualmente cabível oferecimento de acordo de não persecução penal àquele investigado reincidente por insignificantes infrações penais pretéritas.

(B) Para aferição da pena mínima cominada ao delito imputado ao investigado, serão consideradas as menores frações de causas de aumento e maiores frações de causas de diminuição aplicáveis ao caso concreto.

(C) Não se aplica acordo de não persecução penal se o investigado fizer jus à suspensão condicional do processo.

(D) É vedado estabelecer prestação de serviço à comunidade ou a entidades públicas por período igual à pena mínima cominada ao delito.

(E) O pagamento de prestação pecuniária como condicionante da celebração do acordo será preferencialmente direcionado a entidade pública ou de interesse social que tenha como função proteger bens jurídicos iguais ou semelhantes aos aparentemente lesados pelo delito.

Antes de analisar, uma a uma, as assertivas, importante que façamos algumas ponderações sobre o chamado acordo de não persecução penal. Pois bem. A Lei 13.964/2019 introduziu, no art. 28-A do CPP, o chamado acordo de não persecução penal, que consiste, em linhas gerais, no ajuste obrigacional firmado entre o Ministério Público e o investigado, em que este admite sua responsabilidade pela prática criminosa e aceita se submeter a determinadas condições menos severas do que a pena que porventura ser-lhe-ia aplicada em caso de condenação. Este instrumento de justiça penal consensual não é novidade no ordenamento jurídico brasileiro, uma vez que já contava com previsão na Resolução 181/2017, editada pelo CNMP, posteriormente modificada pela Resolução 183/2018. O art. 28-A do CPP impõe os seguintes requisitos à celebração do acordo de não persecução penal: a) que não seja caso de arquivamento da investigação; b) crime praticado sem violência ou grave ameaça à pessoa; c) crime punido com pena mínima inferior a 4 anos; d) confissão formal e circunstanciada; e) que o acordo se mostre necessário e suficiente para reprovação e

prevenção do crime; f) não ser o investigado reincidente; g) não haver elementos probatórios que indiquem conduta criminosa habitual, reiterada ou profissional; h) não ter o agente sido agraciado com outro acordo de não persecução, transação penal ou suspensão condicional do processo nos 5 anos anteriores ao cometimento do crime; i) não se tratar de crimes praticados no âmbito de violência doméstica ou familiar ou praticados contra a mulher por razões da condição de sexo feminino, em favor do agressor. Por fim, importante que se diga que o STF, ao julgar as ADIs 6.298, 6.299, 6.300 e 6.305, que questionavam algumas das alterações promovidas pelo pacote anticrime, considerou constitucional o dispositivo que introduziu o ANPP. Feitas essas considerações, passemos ao comentário das proposições. **A:** correta, já que reflete o disposto no art. 28-A, § 2º, II, do CPP; **B:** correta. De fato, para se saber se o investigado faz jus ao ANPP quando o crime tiver causa de aumento ou de diminuição variável, deve-se levar em consideração, na causa de aumento, a fração que menos aumentar a pena; e na causa de diminuição, aquela que mais diminuir; **C:** incorreta, já que este requisito não está contemplado em lei; **D:** correta (art. 28-A, III, do CPP); **E:** correta (art. 28-A, IV, do CPP). **ED**
Gabarito "C".

(Perito – PC/ES – Instituto AOCP – 2019) No que se refere à Ação Penal e suas espécies, assinale a alternativa correta.

(A) A ação penal privada é exercida pelo ofendido, mediante denúncia do Ministério Público.

(B) A ação penal pública condicionada é exercida pelo ofendido e independe de denúncia do Ministério Público.

(C) A ação penal privada é exercida pelo ofendido, mediante requisição do Ministro da Justiça.

(D) A ação penal pública incondicionada será promovida por denúncia do Ministério Público, mas dependerá, quando a lei exigir, de requisição do Ministro da Justiça, ou de representação do ofendido ou de quem tiver qualidade para representá-lo.

(E) A ação penal pública incondicionada será promovida por denúncia do Ministério Público.

A: incorreta. A ação penal privada é exercida pelo próprio ofendido (e não pelo MP), por meio de *queixa* (ou queixa-crime). *Denúncia* é a peça acusatória da ação penal pública, esta sim ajuizada pelo MP na ação penal pública (condicionada ou incondicionada); **B:** incorreta. A ação penal pública condicionada (à representação do ofendido ou à requisição do ministro da Justiça) é exercida, em juízo, como o próprio nome sugere, pelo Ministério Público, que é seu titular, e dependerá, conforme o caso, de representação do ofendido ou de requisição do ministro da Justiça (art. 24, *caput*, do CPP); **C:** incorreta. A requisição do ministro da Justiça é condição de procedibilidade que somente tem cabimento na ação penal pública a ela condicionada. A ação penal privada é exercida pelo ofendido (ou por seu representante legal) de acordo com a sua conveniência; **D:** incorreta. A ação penal pública incondicionada, como a própria nomenclatura sugere, não depende de representação da vítima ou ainda de requisição do ministro da Justiça, que somente têm cabimento na ação penal pública condicionada. De qualquer forma, seja a ação penal pública condicionada ou incondicionada, o seu titular será sempre o Ministério Público; **E:** correta. *Denúncia* é a peça inaugural da ação penal pública incondicionada (e também da condicionada). *Vide* art. 24 do CPP. **ED**
Gabarito "E".

(Perito – PC/ES – Instituto AOCP – 2019) Nos crimes de ação penal pública,

(A) o inquérito policial será iniciado a requerimento do ofendido ou de seu procurador, excluídos os seus descendentes.

(B) o requerimento do ofendido deverá conter imprescindivelmente a narração do fato, com todas as circunstâncias.

(C) o inquérito policial será iniciado mediante requisição da autoridade judiciária ou do Ministério Público.

(D) o inquérito policial poderá ser iniciado ainda que a ação pública dependa de representação, estando ela inicialmente ausente.

(E) o inquérito policial não poderá extrapolar o prazo de 30 dias corridos quando se tratar de indiciados soltos, ainda que a autoridade policial requeira dilação.

A: incorreta, dado que o art. 5º, II, do CPP não excluiu os descendentes do ofendido; **B:** incorreta, uma vez que os requisitos do requerimento, elencados no art. 5º, § 1º, do CPP, devem se fazer presentes, *sempre que possível*; **C:** correta. Trata-se de uma das formas de instauração de inquérito policial para apuração de crimes de ação penal pública (art. 5º, II, CPP); **D:** incorreta. Segundo estabelece o art. 5º, § 4º, do CPP, *o inquérito, nos crimes em que a ação pública depender de representação, não poderá sem ela ser iniciado*; **E:** incorreta. Estando o investigado solto e sendo o fato de difícil elucidação, pode a autoridade policial requerer ao juiz dilação do prazo de 30 dias para conclusão do inquérito policial (art. 10, § 3º, CPP). **ED**
Gabarito "C".

(Perito – PC/ES – Instituto AOCP – 2019) O direito de ação penal é o direito público subjetivo de se pedir ao Estado-Juiz a aplicação do direito penal objetivo a um caso concreto. Sobre a ação penal, assinale a alternativa correta.

(A) A representação é retratável até o recebimento da denúncia pelo Juízo.

(B) A ação penal, nas contravenções, só será iniciada com o auto de prisão em flagrante.

(C) Ao ofendido ou a quem tenha qualidade para representá-lo, caberá intentar a ação pública subsidiária da pública.

(D) Qualquer pessoa do povo poderá provocar a iniciativa do Ministério Público, nos casos em que caiba a ação pública, fornecendo-lhe, por escrito, informações sobre o fato e a autoria e indicando o tempo, o lugar e os elementos de convicção.

(E) As fundações, associações ou sociedades legalmente constituídas não poderão exercer a ação penal.

A: incorreta. Em conformidade com o que estabelece o art. 25 do CPP, a representação é retratável até o *oferecimento* da denúncia, e não até o seu *recebimento*. Cuidado: no contexto da Lei Maria da Penha, a ofendida poderá, desde que em audiência especialmente designada para esse fim, renunciar à representação formulada até o *recebimento* da denúncia (art. 16 da Lei 11.340/2006); **B:** incorreta. O art. 26 do CPP, que estabelece que a ação penal, nas contravenções, só será iniciada com o auto de prisão em flagrante (ou por meio de portaria expedida pela autoridade judiciária ou policial), foi revogado pela Constituição Federal de 1988; **C:** incorreta. A ação penal subsidiária da pública somente terá lugar, nos crimes de ação penal pública, quando o MP deixar de promover a ação penal dentro do prazo estabelecido em lei. Tem como pressuposto, portanto, a desídia do órgão acusatório, que deixa de ajuizar a ação penal, não requer o arquivamento do inquérito tampouco requisita diligências suplementares indispensáveis ao ajuizamento da denúncia; **D:** correta, pois reflete o disposto no art. 27 do CPP (*delatio criminis*); **E:** incorreta, pois contraria o disposto no art. 37 do CPP. **ED**
Gabarito "D".

2. DIREITO PROCESSUAL PENAL

(Perito – PC/ES – Instituto AOCP – 2019) Sobre o direito de queixa e representação condicionantes da ação penal, vigora no Código de Processo Penal qual das seguintes regras?

(A) O direito de representação poderá ser exercido, pessoalmente ou por procurador com poderes especiais, mediante declaração, escrita ou oral, feita ao juiz, ao órgão do Ministério Público, ou à autoridade policial.

(B) O órgão do Ministério Público não poderá dispensar o inquérito, ainda que, com a representação, forem oferecidos elementos que o habilitem a promover a ação penal.

(C) O Ministério Público poderá desistir da ação penal pública condicionada já recebida pelo Juízo.

(D) A queixa, quando a ação penal for privativa do ofendido, jamais poderá ser aditada pelo Ministério Público.

(E) Não existe perempção na ação penal privada.

A: correta, pois corresponde à redação do art. 39, *caput*, do CPP; **B:** incorreta, na medida em que o IP é dispensável ao exercício da ação penal; quer-se com isso dizer que, se o titular da ação penal dispuser de elementos suficientes à sua propositura, nada impede que o faça sem recorrer ao inquérito policial. A propósito, a *dispensabilidade* é uma das características do IP (art. 12 do CPP); **C:** incorreta. Não é dado ao MP, por força do princípio da indisponibilidade, presente no art. 42 do CPP, desistir da ação penal pública que haja proposto, seja ela condicionada ou incondicionada; **D:** incorreta. Por força do que dispõe o art. 45 do CPP, pode o MP, na ação penal privativa do ofendido, aditar a queixa oferecida; **E:** incorreta. Ao contrário, a perempção, cujas hipóteses de cabimento estão no art. 60 do CPP, somente tem incidência na ação penal privada. **ED**
Gabarito "A".

(Escrivão – PC/ES – Instituto AOCP – 2019) Em se tratando de ação penal pública condicionada, assinale a alternativa correta em relação à representação do ofendido.

(A) A representação é retratável até a sentença de primeiro grau.

(B) Oferecida a denúncia, a representação torna-se irretratável.

(C) A representação é retratável em qualquer fase do processo.

(D) Uma vez efetivada a representação, não há que se falar em retratação.

(E) Recebida a denúncia, a representação torna-se irretratável.

A representação, depois de *oferecida* a denúncia, tornar-se-á irretratável (art. 25, CPP). Vale o registro de que o art. 16 da Lei Maria da Penha contempla regra diferenciada. Neste caso, a ofendida poderá, desde que em audiência especialmente designada para esse fim, renunciar à representação formulada até o *recebimento* da denúncia (art. 16 da Lei 11.340/2006). **ED**
Gabarito "B".

(Escrivão – PC/ES – Instituto AOCP – 2019) Supondo que um acusado preencha os requisitos legais autorizadores para a suspensão condicional do processo, todavia o Promotor de Justiça recusa-se a propor o *sursis* processual e o Juiz dissinta do entendimento ministerial, qual será o procedimento adequado?

(A) O juiz deverá aplicar o art. 28 do Código de Processo Penal por analogia, para que a questão seja levada ao Procurador-Geral.

(B) O acusado deverá interpor Recurso em Sentido Estrito.

(C) O processo continuará o seu trâmite até a sentença, haja vista que a oferta da suspensão condicional do processo é uma faculdade do Promotor de Justiça, independentemente do preenchimento dos requisitos do art. 89 da Lei n° 9.099/1995.

(D) O acusado deverá interpor recurso de Apelação.

(E) O juiz deverá abrir nova vista ao Promotor para que este avalie a hipótese novamente.

Se o membro do MP se recusar a propor a suspensão condicional do processo, cabe ao magistrado, se discordar, aplicar, por analogia, o comando contido no art. 28 do CPP, remetendo a questão para apreciação do Procurador-Geral de Justiça. É esse o entendimento firmado por meio da Súmula 696, STF: "Reunidos os pressupostos legais permissivos da suspensão condicional do processo, mas se recusando o Promotor de Justiça a propô-la, o juiz, dissentindo, remeterá a questão ao Procurador-Geral, aplicando-se por analogia o art. 28 do Código de Processo Penal". **ED**
Gabarito "A".

(Escrivão – PC/ES – Instituto AOCP – 2019) São requisitos para a proposta de suspensão condicional do processo, EXCETO

(A) pena cominada igual ou inferior a 1 ano.

(B) não estar sendo processado.

(C) não haver condenação por outro crime.

(D) preenchimento dos requisitos que autorizam a suspensão condicional da pena.

(E) reparação do dano.

A *reparação do dano* (art. 89, § 1°, I, Lei 9.099/1995), no contexto da suspensão condicional do processo (*sursis* processual), constitui uma das condições que podem ser impostas pelo juiz ao acusado que preenche os requisitos contidos no *caput* do art. 89 da Lei 9.099/1995, estes sim elencados nas alternativas. Perceba que a alternativa "A" padece de incorreção, na medida em que o *sursis* processual somente poderá ser concedido em relação aos crimes cuja pena *mínima* cominada for igual ou inferior a um ano (art. 89, *caput*, Lei 9.099/1995). A assertiva deixou de especificar se o requisito para concessão do *sursis* processual se referia à pena mínima ou máxima. **ED**
Gabarito "E".

(Escrivão – PC/MG – FUMARC – 2018) Acerca da ação penal e do inquérito policial, considere as afirmativas a seguir.

I. Será admitida ação privada nos crimes de ação pública, se esta não for intentada no prazo legal, cabendo ao Ministério Público aditar a queixa, repudiá-la e oferecer denúncia substitutiva, intervir em todos os termos do processo, fornecer elementos de prova, interpor recurso e, a todo tempo, no caso de negligência do querelante, retomar a ação como parte principal.

II. Salvo disposição em contrário, o ofendido, ou seu representante legal, decairá no direito de queixa ou de representação, se não o exercer dentro do prazo de 6 meses, contado do dia da ocorrência do delito.

III. Com o oferecimento da representação criminal ao órgão do Ministério Público, por se tratar de uma hipótese de ação penal pública condicionada, o inquérito policial não poderá ser dispensado.

IV. O perdão concedido a um dos querelados aproveitará a todos, sem que produza, todavia, efeito em relação ao que o recusar.

Assinale a alternativa correta.

(A) Somente as afirmativas I e II são corretas.

(B) Somente as afirmativas I e IV são corretas.

(C) Somente as afirmativas III e IV são corretas.

(D) Somente as afirmativas I, II e III são corretas.

(E) Somente as afirmativas II, III e IV são corretas.

I: correta, uma vez que corresponde à redação do art. 29 do CPP, que trata da chamada *ação penal privada subsidiária da pública*, instrumento de índole constitucional colocado à disposição do ofendido (art. 5º, LIX, CP). O que considero mais importante, porque recorrente em provas de concursos públicos, é o pressuposto ao ajuizamento da ação privada subsidiária, que consiste na indispensável ocorrência de inércia por parte do membro do MP, que deixa de se manifestar no prazo legal, isto é, o promotor, dentro do interregno que lhe confere a lei: i) não denuncia; ii) não promove o arquivamento do IP; iii) não requer a devolução do IP à autoridade policial para a realização de diligências suplementares indispensáveis ao exercício da ação penal; **II:** incorreta. O termo inicial, neste caso, é representado pelo dia em que o ofendido vem a saber quem é o seu ofensor (art. 38, *caput*, do CPP); **III:** incorreta. Seja a ação penal pública condicionada ou incondicionada, se o órgão acusatório dispuser de elementos suficientes ao seu ajuizamento, o inquérito policial será dispensável (art. 12, CPP). A propósito, a dispensabilidade é uma das características do IP; **IV:** correta. O *perdão* constitui ato por meio do qual o querelante desiste de prosseguir na ação penal privada. Ao contrário da *renúncia*, somente produzirá efeitos, com a extinção da punibilidade, em relação ao querelado que o aceitar. Trata-se, portanto, de ato bilateral, na forma estatuída no art. 51 do CPP. `ED`

Gabarito "B".

(Agente-Escrivão – Acre – IBADE – 2017) Sobre o tema "ação penal", assinale a alternativa que, embora não esgote toda a classificação, apresenta classificações corretas das ações penais quanto ao exercício.

(A) Ação penal privada personalíssima, comum e subsidiária da pública.

(B) Ação penal pública, condicionada à requisição e condicionada à reclamação.

(C) Ação penal privada incondicionada e ação pena pública condicionada.

(D) Ação penal pública condicionada a representação e à reclamação.

(E) Ação penal pública personalíssima e ação penal pública subsidiária da ação privada.

Em apertada síntese, a ação penal, no que tange à iniciativa para o seu desencadeamento, pode ser classificada em *pública*, cujo titular é o Ministério Público, e *privada*, que é titularizada pelo próprio ofendido. A *pública*, por seu turno, comporta duas modalidades: *incondicionada* (o MP não depende da manifestação de vontade da vítima para dar início à ação penal) e *condicionada* (o MP depende de autorização da vítima, materializada por meio de representação, ou de requisição do ministro da Justiça para deflagrar a ação penal). Já a ação penal privada, que tem como titular o ofendido, pode ser: *exclusiva* (comum); *personalíssima*; e *subsidiária da pública*. A assertiva correta, portanto, é a "A", que contempla a ação penal privada comum (exclusiva), personalíssima e subsidiária da pública. `ED`

Gabarito "A".

(Agente-Escrivão – Acre – IBADE – 2017) Considerando a regência legal e a orientação jurisprudencial no que tange à ação penal, assinale a alternativa correta.

(A) Na ação penal pública incondicionada o delegado de polícia para instaurar inquérito necessita da representação da vítima ou ofendido.

(B) Após o recebimento da denúncia a representação torna-se irretratável.

(C) A representação é uma condição específica de procedibilidade.

(D) Na ação penal privada subsidiária da pública, a desídia do querelante não autoriza a retomada da ação pelo Ministério Público.

(E) No crime de lesão corporal leve no âmbito da violência doméstica contra mulher a ação penal é pública condicionada à representação.

A: incorreta. A representação do ofendido somente se faz necessária à instauração de inquérito no caso de o crime apurado ser de ação penal pública condicionada (art. 5º, § 4º, CPP); sendo incondicionada a ação pública, o delegado procederá a inquérito de ofício (sem provocação/autorização do ofendido); **B:** incorreta, na medida em que a representação se torna irretratável depois do *oferecimento* (e não do *recebimento*!) da denúncia (art. 25, CPP); **C:** correta. Na ação penal pública condicionada, tanto a *representação* do ofendido quanto a *requisição* do ministro da Justiça têm como natureza jurídica *condição de procedibilidade*; **D:** incorreta. Diante da desídia do querelante, poderá o MP, no curso da ação penal privada subsidiária da pública, recobrar, a qualquer momento, a sua titularidade. Não há que se falar, assim, em perempção no âmbito dessa modalidade de ação privada, que, na sua essência, é pública; **E:** incorreta, visto que o STF, ao julgar procedente a ADIN 4.424, de 09.02.2012, entendeu ser incondicionada a ação penal em caso de crime de lesão corporal praticado contra a mulher no ambiente doméstico. A atuação do MP, por essa razão, prescinde de anuência da vítima. Consagrando tal entendimento, o STJ editou a Súmula 542: "A ação penal relativa ao crime de lesão corporal resultante de violência doméstica contra a mulher é pública incondicionada". `ED`

Gabarito "C".

(Agente – Pernambuco – CESPE – 2016) Considerando os dispositivos legais a respeito da ação penal, assinale a opção correta.

(A) Havendo vários ofensores querelados, qualquer um deles poderá pedir perdão ao querelante. Nesse caso, sendo o perdão extensível a todos os querelados, extingue-se a punibilidade, independentemente da aceitação do querelante.

(B) Em face do princípio da obrigatoriedade da ação penal, o Ministério Público não poderá pedir o arquivamento do inquérito policial: deverá sempre requisitar novas diligências à autoridade policial.

(C) Tratando-se de crime de ação privada, a titularidade da acusação é da própria vítima ofendida; sendo vários os ofensores, caberá à vítima escolher contra quem proporá a queixa.

(D) A própria vítima poderá assumir a titularidade da ação pública incondicionada, se o Ministério Público ficar inerte dentro dos prazos prescritos na lei processual.

(E) Em se tratando de ação penal privada subsidiária, se houver inércia do Ministério Público e a vítima, tendo assumido a titularidade da ação, deixar de praticar ato que lhe competia para dar prosseguimento ao processo, incorrerá em perempção, o que enseja a extinção do processo.

A: incorreta. Diferentemente da renúncia, que prescinde da anuência do ofensor para produzir efeitos (é ato unilateral), o perdão, que alcança todos os querelados, somente surtirá o efeito de extinguir a punibilidade em relação àquele que o aceitar. Assim, se há vários querelados e somente um aceita o perdão concedido pelo querelante, somente

2. DIREITO PROCESSUAL PENAL

em relação a ele e a punibilidade será extinta; em relação aos demais, o processo seguirá sua marcha normalmente. É o que estabelece o art. 51 do CPP; **B:** incorreta. O princípio da obrigatoriedade não impede que o membro do MP promova o arquivamento dos autos de inquérito policial; se o promotor de Justiça entender que inexiste suporte probatório suficiente a sustentar uma acusação e que todas as diligências necessárias já foram realizadas, não há outro caminho senão o arquivamento das investigações. Pelo postulado da obrigatoriedade, o MP tem o dever, desde que presente o necessário lastro probatório (prova da existência do crime e indícios suficientes de autoria), de promover a ação penal, denunciando o indiciado; **C:** incorreta. É verdade que, sendo a ação penal privada, caberá ao ofendido ou ao seu representante legal, se assim julgar conveniente (princípio da conveniência ou oportunidade), promover a ação penal em face dos ofensores. Agora, se optar por processá-los, deverá fazê-lo contra todos. É dizer: não é dado ao ofendido escolher contra quem a ação será ajuizada. Ou ele processa todos ou não processa ninguém. Estamos aqui a falar do princípio da indivisibilidade da ação penal privativa do ofendido, consagrado, de forma expressa, no art. 48 do CPP; **D:** correta. Trata-se, aqui, da chamada *ação penal privada subsidiária da pública*, que será intentada pelo ofendido ou seu representante legal na hipótese de o membro do Ministério Público revelar-se desidioso, omisso, deixando de cumprir o prazo fixado em lei para a propositura da ação penal pública (art. 29 do CPP); **E:** incorreta. Diante da negligência do querelante, poderá o MP, no curso da ação penal privada subsidiária da pública, recobrar, a qualquer momento, a sua titularidade. Não há que se falar, assim, em peremção no âmbito dessa modalidade de ação privada, que, na sua essência, é pública. **ED**

Gabarito "D".

(Escrivão – Pernambuco – CESPE – 2016) A ação penal pública incondicionada é regida pelos princípios da:

(A) disponibilidade e da indivisibilidade.

(B) indisponibilidade e da oportunidade.

(C) divisibilidade e da obrigatoriedade.

(D) indivisibilidade e da transcendência.

(E) oficialidade e da intranscendência.

Segundo enuncia o princípio da *obrigatoriedade*, que somente tem lugar na ação penal pública (condicionada ou incondicionada), o Ministério Público, seu titular, está obrigado a promover, por meio de denúncia, a instauração da ação penal. Este princípio não tem incidência no âmbito da ação penal privada, na qual vigora o princípio da *conveniência ou oportunidade*, pelo qual cabe ao ofendido (ou ao seu representante legal) analisar a conveniência de dar início à ação penal. É dizer: somente o fará se quiser. Já o princípio da *intranscendência*, que impõe a obrigação de a demanda ser proposta tão somente em face de quem o crime é imputado, tem incidência tanto na ação pública quanto na privativa do ofendido. O *princípio da indivisibilidade* da ação penal privada está consagrado no art. 48 do CPP. Embora não haja disposição expressa de lei, tal *postulado, segundo pensamos*, é também aplicável à ação penal pública. Não nos parece razoável que o Ministério Público possa escolher contra quem a demanda será promovida. Entretanto, o STF não compartilha desse entendimento. Para a nossa Corte Suprema, a indivisibilidade não tem incidência no âmbito da ação penal pública (somente na ação privada). Sustenta o STF que a divisibilidade da ação penal pública reside no fato de o Ministério Público ter a liberdade de não ofertar a denúncia contra alguns autores de crime contra os quais ainda não haja elementos suficientes; assim que reunidos esses elementos, a denúncia será aditada. Assim, a ação deixa de ser indivisível pelo simples fato de a denúncia comportar aditamento posterior. Com a devida vênia, a indivisibilidade, a nosso ver, consiste na impossibilidade de o membro do Ministério Público escolher contra quem a denúncia será oferecida. Se houver elementos, a ação deverá ser promovida contra todos. A *ação penal privada*, ao contrário da pública, é regida pelo *princípio da disponibilidade*, na medida em que pode o seu titular

desistir de prosseguir na demanda por ele ajuizada bem assim do recurso que houver interposto. O *princípio da indisponibilidade* – art. 42, CPP – é exclusivo da ação penal pública. No mais, a ação penal pública (condicionada ou incondicionada) é informada pelo *princípio da oficialidade*, uma vez que será exercida, em juízo, por órgão oficial integrante dos quadros do Estado, que é o Ministério Público. De tudo quanto acima foi dito, a única alternativa que contempla princípios da ação penal pública é a "E": oficialidade e intranscendência, sendo este último também aplicável à ação privada. É importante que se diga que, se adotarmos o entendimento do STF quanto à divisibilidade da ação penal pública, a alternativa "C" também pode ser considerada como correta. **ED**

Gabarito "E".

(Investigador-Escrivão-Papiloscopista – Pará – Funcab – 2016) A ação penal pode ser classificada como Pública ou Privada, levando-se em consideração o responsável pelo seu ajuizamento. A perempção, o perdão, a decadência e a renúncia são institutos relacionados ao prosseguimento da ação penal. Sendo assim, é possível afirmar que:

(A) nos casos em que somente se procede mediante queixa, considerar-se-á perempta a ação penal quando, falecendo o querelante, ou sobrevindo sua incapacidade, não comparecer em juízo, para prosseguir no processo, dentro do prazo de 30 (trinta) dias, qualquer das pessoas a quem couber fazê-lo.

(B) a renúncia ao exercício do direito de queixa, em relação a um dos autores do crime, não se estenderá aos demais.

(C) quando, iniciada a ação penal privada, o querelante deixar de promover o andamento do processo durante 30 dias seguidos, ocorrerá a decadência.

(D) concedido o perdão pelo querelante, mediante declaração expressa nos autos, o Juiz julgará extinta a punibilidade, independentemente da aceitação do perdão pelo querelado.

(E) o perdão concedido a um dos querelados aproveitará a todos, sem que produza, todavia, efeito em relação ao que o recusar.

A: incorreta, uma vez que o prazo estabelecido para o comparecimento daquele a quem cabe dar prosseguimento ao feito é de 60 dias (e não 30), a teor do art. 60, II, CPP; **B:** incorreta. Tal como estabelece o art. 49 do CPP, *a renúncia ao exercício do direito de queixa, em relação a um dos autores do crime, a todos se estenderá*; **C:** incorreta. É hipótese e perempção (art. 60, I, CPP), e não de decadência; **D:** incorreta, na medida em que o perdão, ao contrário da renúncia, somente produzirá efeitos em relação aos querelados que o aceitarem (arts. 51 e 58, CPP); **E:** correta (art. 51, CPP). **ED**

Gabarito "E".

(Investigador-Escrivão-Papiloscopista – Pará – Funcab – 2016) Nas palavras de Fernando Capez, "ação penal é o direito de pedir ao Estado-Juiz a aplicação do direito penal objetivo a um caso concreto...". De acordo com o Código de Processo Penal:

(A) salvo disposição em contrário, o ofendido, ou seu representante legal, decairá no direito de queixa ou de representação, se não o exercer dentro do prazo de seis meses, contado do dia em que o crime se consumou.

(B) ao ofendido ou a quem tenha qualidade para representá-lo caberá intentar a ação privada. No caso de morte do ofendido ou quando declarado ausente por decisão judicial, o direito de oferecer queixa ou prosseguir na ação passará ao Ministério Público.

(C) será admitida ação privada nos crimes de ação pública, se esta não for intentada no prazo legal, perdendo o Ministério Público a sua titularidade, não podendo o Parquet aditar a queixa, repudiá-la ou oferecer denúncia substitutiva, deixando de intervir em todos os termos do processo.

(D) seja qual for o crime, quando pratica em detrimento do patrimônio ou interesse da União, Estado e Município, a ação penal será pública.

(E) no caso de ação penal pública condicionada, caberá a retratação da representação até o recebimento da denúncia.

A: incorreta, uma vez que o termo inicial do prazo de que dispõe o ofendido para oferecer a representação ou ajuizar a queixa é representado pelo dia em que ele tem conhecimento da identidade do ofensor (art. 38, "caput", CPP), e não da data em que o delito atingiu a sua consumação; **B:** incorreta. É verdade que ao ofendido ou a quem tenha qualidade para representá-lo caberá intentar a ação privada (art. 30, CPP); agora, se falecer o ofendido, ou ainda for declarado ausente por decisão judicial, o direito de oferecer queixa ou prosseguir na ação passará ao cônjuge, ascendente, descendente ou irmão, nesta ordem (art. 31, CPP). O MP não tem legitimidade para tanto; **C:** incorreta. Uma vez caracterizada a desídia do MP, que deixou de oferecer a denúncia no prazo estabelecido em lei, poderá o ofendido se valer da ação penal privada subsidiária da pública, oferecendo, ele mesmo, queixa-crime. Neste caso, por expressa previsão do art. 29 do CPP, é dado ao MP *aditar a queixa, repudiá-la e oferecer denúncia substitutiva, intervir em todos os termos do processo, fornecer elementos de prova, interpor recurso e, a todo tempo, no caso de negligência do querelante, retomar a ação como parte principal;* **D:** correta (art. 24, § 2º, CPP); **E:** incorreta. A retratação da representação deve se dar até o *oferecimento* da denúncia, e não até o seu *recebimento* (art. 25 do CPP). **ED**

Gabarito "D".

(Escrivão de Polícia/MA – 2013 – FGV) A persecução penal em juízo pode ter início com o oferecimento de denúncia ou queixa. Sobre tais instrumentos e seus requisitos essenciais, assinale a afirmativa correta.

(A) A justa causa é comumente definida pela doutrina brasileira como lastro probatório mínimo a justificar o oferecimento da denúncia ou queixa.

(B) A falta de justa causa está prevista no Código de Processo Penal como apta a justificar a absolvição sumária.

(C) A denúncia ou queixa deverá conter necessariamente a qualificação completa do acusado, não podendo ser suprida pela indicação de características ou esclarecimentos pelos quais se possa identificá-lo.

(D) Nas ações penais públicas condicionadas à representação, exige-se declaração formal escrita por parte do ofendido ou seu procurador com poderes especiais.

(E) Caberá retratação da representação até o momento do recebimento da denúncia.

A: correta. De fato, de acordo com a doutrina, *"justa causa é o lastro probatório mínimo que embasa a acusação. Não se pode receber a denúncia ou queixa se não estiver presente este mínimo de provas"* (*CPP para Concursos*, Nestor Távora e Fábio Roque Araújo, Ed. Juspodivm, p. 483); **B:** incorreta, pois a falta de justa causa é hipótese de rejeição da denúncia ou queixa (art. 395, III, do CPP), e não de absolvição sumária, cujas hipóteses estão previstas no art. 397 do CPP; **C:** incorreta, pois, de

acordo com o art. 41 do CPP, *"a denúncia ou queixa conterá a exposição do fato criminoso, com todas as suas circunstâncias, a qualificação do acusado ou esclarecimentos pelos quais se possa identificá-lo, a classificação do crime e, quando necessário, o rol das testemunhas";* **D:** incorreta, pois doutrina e jurisprudência aceitam que a representação (condição de procedibilidade na ação penal pública condicionada) do ofendido ou de seu representante legal seja feita sem a exigência de formalidades, bastando que resulte inequívoca a vontade de ver o agente delituoso processado criminalmente; **E:** incorreta, pois a representação será retratável até o oferecimento da denúncia (art. 25 do CPP). Portanto, uma vez recebida a denúncia, a representação será irretratável. Frise-se, porém, que a Lei Maria da Penha (Lei 11.340/2006) prevê que a retratação da representação será possível até o recebimento da denúncia (art. 16). **ED**

Gabarito "A".

(Polícia Rodoviária Federal – 2013 – CESPE) No que concerne às disposições preliminares do Código de Processo Penal (CPP), ao inquérito policial e a ação penal, julgue os próximos itens.

(1) Tratando-se de lei processual penal, não se admite, salvo para beneficiar o réu, a aplicação analógica.

(2) Após regular instrução processual, mesmo que se convença da falta de prova de autoria do crime que inicialmente atribuir ao acusado, não poderá o Ministério Publico desistir da ação penal.

(3) O Ministério Público pode oferecer a denúncia ainda que não disponha do inquérito relatado pela autoridade policial.

(4) É condicionada à representação da vítima a ação penal por crime de dano praticado contra ônibus de transporte coletivo pertencente a empresa concessionária de serviço público.

1: incorreta, dado que a lei processual penal comporta, sim, *aplicação analógica*, conforme preceitua o art. 3º do CPP. Conferir: "É possível haver condenação em honorários advocatícios em ação penal privada. Conclusão que se extrai da incidência dos princípios da sucumbência e da causalidade, o que permite a aplicação analógica do art. 20 do Código de Processo Civil, conforme previsão constante no art. 3º do Código de Processo Penal" (STJ, 6ª T., AGRESP 1218726, rel. Min. Sebastião Reis Júnior, *DJ* 22.02.2013); **2:** correta. É verdade que é vedado ao MP, a partir do oferecimento da denúncia, desistir da ação penal proposta (art. 42, CPP). Agora, nada obsta que o órgão acusatório, se entender, ao cabo da instrução processual, que as provas produzidas são insuficientes para autorizar um decreto condenatório, peça a absolvição do acusado, que poderá, no entanto, ser condenado (art. 385, CPP); **3:** correta. Isso porque o inquérito policial, como bem sabemos, é *dispensável, prescindível* ao exercício da ação penal (art. 12, CPP). Assim sendo, o titular da ação penal, neste caso o promotor, poderá, com muito mais razão, se entender que o inquérito reúne elementos informativos suficientes, ajuizar a ação penal, ainda que as investigações, a juízo da autoridade policial, não tenham sido concluídas; **4:** incorreta, na medida em que a ação penal, neste caso, é pública *incondicionada*, não dependendo do MP, por conta disso, de qualquer manifestação de vontade da vítima. É o que se extrai dos arts. 163, parágrafo único, III, 167, do CP e 24, § 2º, do CPP. **ED**

Gabarito 1E, 2C, 3C, 4E

(Escrivão de Polícia/BA – 2013 – CESPE) Em relação ao processo penal e à legislação pertinente, julgue os itens que se seguem.

(1) Na hipótese de o Ministério Público (MP) perder o prazo legal para oferecer denúncia pelo crime de roubo, a vítima poderá propor queixa-crime em juízo e mover ação penal privada subsidiária da pública no

2. DIREITO PROCESSUAL PENAL

prazo de seis meses, tornando-se o ofendido titular da ação; o membro do MP reassumirá a ação somente em caso de negligência.

(2) A intervenção do ofendido é admitida na ação penal pública ou privada, podendo ele habilitar-se como assistente de acusação desde o inquérito policial e, se for o caso, acompanhar a execução da pena.

(3) A vítima que representa perante a autoridade policial queixa de crime de ação penal pública condicionada pode retratar-se até a prolação da sentença condenatória pelo juiz.

(4) A prisão temporária é medida excepcional, cautelar e provisória, cabível apenas durante o inquérito policial e por prazo determinado, de modo que, esgotado o lapso temporal previsto em lei, o preso deve ser posto imediatamente em liberdade.

1: correta. No âmbito da ação penal privada subsidiária, que terá lugar na hipótese em que restar configurada a inércia do MP, o ofendido (neste caso, a vítima do crime de roubo) ou seu represente legal dispõe do prazo decadencial de seis meses para oferecer a queixa-crime, a contar do dia em que tem fim o prazo para o oferecimento da denúncia pelo MP (art. 38, parte final, do CPP), ao qual – é importante que se diga – não se submete o órgão acusatório, que poderá, diante da negligência do querelante e a qualquer tempo, desde que antes da prescrição, recobrar a ação e oferecer a denúncia; **2:** incorreta. Não há que se falar em assistência no curso do inquérito policial, procedimento inquisitivo em que não há sequer acusação. A admissão do assistente somente poderá se dar na ação penal pública (não cabe na privada – art. 268 do CPP), a partir do recebimento da denúncia e enquanto não passar em julgado a sentença (art. 269, CPP); **3:** incorreta, uma vez que, por expressa previsão do art. 25 do CPP, a representação, na ação penal pública a ela condicionada, poderá ser retratada até o *oferecimento* da denúncia; é irretratável, portanto, a partir do recebimento até a prolação da sentença condenatória; **4:** correta. Não é por outra razão que se diz que a ordem de prisão temporária contém o chamado "comando implícito de soltura". É que, passados os 5 dias de custódia, o investigado deverá ser imediatamente posto em liberdade pela autoridade policial, sem a necessidade de alvará de soltura a ser expedido pelo juiz que decretou a prisão. Evidente que permanecerá custodiado o investigado que contra si for prorrogada a prisão temporária ou mesmo expedido mandado de prisão preventiva. É o que estabelece o art. 2º, § 7º, da Lei 7.960/1989, cuja redação foi modificada pela Lei 13.869/2019 (nova Lei de Abuso de Autoridade): *decorrido o prazo contido no mandado de prisão, a autoridade responsável pela custódia deverá, independentemente de nova ordem da autoridade judicial, pôr imediatamente o preso em liberdade, salvo se já tiver sido comunicada da prorrogação da prisão temporária ou da decretação da prisão preventiva.* ⊞ Gabarito 1C, 2E, 3E, 4C

(Escrivão de Polícia/GO – 2013 – UEG) Segundo o Código de Processo Penal, a denúncia será rejeitada se

(A) faltar justa causa para o exercício da ação penal.

(B) houver classificação jurídica incorreta quanto ao crime descrito na peça acusatória.

(C) o promotor de justiça arrolar testemunhas em número superior ao previsto em lei.

(D) o promotor de justiça deixar de pedir a citação do acusado.

A: correta (art. 395, III, do CPP); **B:** incorreta, pois a errônea classificação jurídica quanto ao crime descrito na peça acusatória (denúncia ou queixa) não é causa de rejeição contida no art. 395 do CPP. Caberá ao juiz, contudo, ao prolatar a sentença, proceder na forma do art. 383 do CPP (*emendatio libelli*), ou seja, corrigir a indevida classificação dada

pelo acusador (Ministério Público ou querelante) aos fatos imputados ao réu; **C:** incorreta, pois o fato de o promotor arrolar mais testemunhas do que o número previsto em lei não é causa de rejeição da denúncia (art. 395 do CPP). Se tanto, poderia o juiz indeferir a oitiva de todas as testemunhas, ou, se entendesse o caso, ouvir a testemunhas extranumerárias (além do número legal) como testemunhas do juízo; **D:** incorreta, pois a falta de pedido de citação não constitui causa de rejeição da denúncia (art. 395 do CPP), tratando-se de mera irregularidade. Gabarito "A"

(Agente Penitenciário/MA – 2013 – FGV) Com relação ao tema *ação penal*, assinale a afirmativa **incorreta**.

(A) Na ação penal pública vigoram os princípios da indisponibilidade e da oficialidade.

(B) Na ação penal privada a iniciativa incumbe à vítima ou a seu representante legal.

(C) Na ação penal pública condicionada, a representação da vítima e a requisição do Ministro da Justiça têm a natureza jurídica de condição de procedibilidade.

(D) Legitimidade de parte, interesse de agir e possibilidade jurídica do pedido são condições para a propositura de toda ação penal, seja de natureza pública ou privada.

(E) O princípio da indivisibilidade da ação penal não se aplica na ação privada.

A: assertiva correta. Pelo princípio da *indisponibilidade* (art. 42, CPP), que é exclusivo da ação penal pública, é vedado ao MP desistir da ação penal por ele proposta; a *ação penal privada*, ao contrário, é regida pelo *princípio da disponibilidade*, na medida em que pode o seu titular desistir de prosseguir na demanda por ele ajuizada. A *oficialidade*, aplicável tanto no âmbito da ação penal pública quanto no da privada, reside no fato de os órgãos aos quais incumbe a persecução penal serem oficiais, públicos; **B:** assertiva correta. De fato, a iniciativa, na ação penal privada, cabe à vítima ou a quem a represente (art. 30, CPP); **C:** assertiva correta. De fato, a ação penal pública condicionada, para ser exercida, depende de *representação* do ofendido ou, conforme o caso, de *requisição* do ministro da Justiça. São as chamadas condições de procedibilidade; **D:** assertiva correta. A alternativa faz menção às chamadas condições gerais de todas as ações penais (pública e privada), que nada mais são do que os requisitos necessários ao seu exercício em juízo; além delas, há, no âmbito das ações penais, as chamadas condições específicas da ação (de procedibilidade), como, por exemplo, a representação do ofendido na ação penal condicionada; **E:** assertiva incorreta, devendo ser assinalada. O princípio da indivisibilidade tem incidência, sim, por expressa disposição do art. 48 do CPP, na ação penal privada. Embora não haja disposição expressa de lei, o *postulado da indivisibilidade* é também aplicável à ação penal pública. No que se refere a esta modalidade de ação, seria inconcebível imaginar que o MP pudesse escolher contra quem iria propor a ação penal. É nesse sentido que incorporamos o postulado da indivisibilidade no âmbito da ação penal pública. Mas o STF não compartilha dessa lógica. Para a nossa Corte Suprema, a indivisibilidade não se aplica à ação penal pública (somente à ação privada). Sustenta o STF que a divisibilidade da ação penal pública reside no fato de o MP ter a liberdade de não ofertar a denúncia contra alguns autores de crime contra os quais ainda não há elementos suficientes e, assim que esses elementos forem reunidos, aditar a denúncia. Assim, a ação deixa de ser indivisível pelo simples fato de a denúncia comportar aditamento posterior (HC 96.700, Rel. Min. Eros Grau, julgamento em 17-3-2009, Segunda Turma, *DJE* de 14-8-2009; no mesmo sentido: HC 93.524, Rel. Min. Cármen Lúcia, julgamento em 19.08.2008, Primeira Turma, *DJE* de 31.10.2008). Com a devida vênia, a indivisibilidade, a nosso ver, consiste na impossibilidade de o membro do MP escolher contra quem a denúncia será oferecida. Se houver elementos, a ação deverá ser promovida contra todos. ⊞ Gabarito "E"

4. JURISDIÇÃO E COMPETÊNCIA; CONEXÃO E CONTINÊNCIA

(Escrivão – PC/GO – AOCP – 2023) Sobre regras de competência, assinale a alternativa INCORRETA.

(A) A precedência da distribuição fixará a competência quando, na mesma circunscrição judiciária, houver mais de um juiz igualmente competente.

(B) Se, iniciado o processo perante um juiz, houver desclassificação para infração da competência de outro, a este será remetido o processo, salvo se mais graduada for a jurisdição do primeiro, que, em tal caso, terá sua competência prorrogada.

(C) Nos casos de exclusiva ação privada, o querelante poderá preferir o foro de domicílio ou da residência do réu, ainda quando conhecido o lugar da infração.

(D) A competência do Tribunal de Justiça para julgar prefeitos não se restringe aos crimes de competência da Justiça comum estadual.

(E) Aos juízes federais compete processar e julgar os crimes contra a organização do trabalho.

A: correta, pois corresponde à redação do art. 75, *caput*, do CPP; **B:** correta, pois corresponde à redação do art. 74, § 2º, do CPP; **C:** correta. De fato, nos termos do art. 73 do CPP, nos casos de exclusiva ação de iniciativa privada, o querelante poderá preferir o foro de domicílio ou da residência do réu, ainda que conhecido o lugar da infração; **D:** incorreta. De acordo com a Súmula 702 do STF, "a competência do Tribunal de Justiça para julgar Prefeitos restringe-se aos crimes de competência da Justiça comum estadual; nos demais casos, a competência originária caberá ao respectivo tribunal de segundo grau". Desse modo, por exemplo, se o crime praticado por prefeito municipal for eleitoral, a competência para julgá-lo será do Tribunal Regional Eleitoral do respectivo Estado; **E:** correta (art. 109, VI, da CF). [ED]
Gabarito "D".

(Escrivão – PC/GO – AOCP – 2023) Preencha a lacuna e assinale a alternativa correta. Não viola as garantias do juiz natural, da ampla defesa e do devido processo legal a atração por _____ do processo do corréu ao foro por prerrogativa de função de um dos denunciados.

(A) continência ou conexão
(B) distribuição e conexão
(C) continência ou prevenção
(D) conexão ou prevenção
(E) distribuição e prevenção

A solução desta questão deve ser extraída da Súmula 704, do STF: "Não viola as garantias do juiz natural, da ampla defesa e do devido processo legal a atração por continência ou conexão do processo do corréu ao foro por prerrogativa de função de um dos denunciados". [ED]
Gabarito "A".

(Perito – PC/ES – Instituto AOCP – 2019) Sobre jurisdição e competência, assinale a alternativa integralmente de acordo com o que prescreve o Código de Processo Penal.

(A) A distribuição dos autos jamais será determinante para a fixação da competência jurisdicional.

(B) A competência será, de regra, determinada pela natureza da infração, ou, no caso de tentativa, pelo lugar em que for praticado o último ato de execução.

(C) Compete ao Tribunal do Júri o julgamento de todos os crimes contra a vida previstos no Código Penal, consumados ou tentados.

(D) Não sendo conhecido o lugar da infração, a competência regular-se-á pela prerrogativa de função.

(E) Tratando-se de infração continuada ou permanente, praticada em território de duas ou mais jurisdições, a competência firmar-se-á pela prevenção.

A: incorreta. Em conformidade com o art. 69, IV, do CPP, a distribuição constitui, sim, critério de fixação de competência, nos casos em que houver mais de um juiz na comarca, igualmente competente para apreciar matéria criminal; **B:** incorreta. A competência, de regra, será determinada pelo lugar em que se deu a consumação do delito; no caso de o crime ser tentado, será utilizado, para se determinar a competência, o local no qual ocorreu o último ato de execução (art. 70, *caput*, CPP); **C:** incorreta. Por imposição de índole constitucional (art. 5º, XXXVIII, *d*, da CF), compete ao Tribunal do Júri o julgamento dos crimes *dolosos* contra a vida, consumados ou tentados. Vide art. 74, § 1º, CPP; **D:** incorreta. Não conhecido o lugar da infração, a competência será regulada pelo domicílio ou residência do réu (art. 72, CPP); **E:** correta (art. 71, CPP). [ED]
Gabarito "E".

(Escrivão – PC/ES – Instituto AOCP – 2019) À luz do Código de Processo Penal, assinale a alternativa que NÃO determinará a competência jurisdicional.

(A) A natureza da infração.
(B) O lugar da infração.
(C) A prevenção.
(D) O domicílio ou residência do ofendido.
(E) A prerrogativa de função.

Dos critérios acima elencados, somente o indicado na alternativa "D" não determinará a competência jurisdicional. Perceba que, embora o domicílio ou residência do *ofendido* não seja critério de fixação de competência, tal não ocorre com o domicílio ou residência do *réu*, que, a teor do art. 69, II, CPP, constitui critério de fixação de competência. [ED]
Gabarito "D".

(Delegado – PC/RS – FUNDATEC – 2018) Acerca do entendimento jurisprudencial dos Tribunais Superiores, assinale a alternativa correta.

(A) A competência para processar e julgar o crime de uso de documento falso é firmada em razão da qualificação do órgão expedidor, não importando a entidade ou órgão ao qual foi apresentado o documento público.

(B) Compete à Justiça Comum Federal processar e julgar crime de estelionato praticado mediante falsificação das guias de recolhimento das contribuições previdenciárias, independente de lesão à autarquia federal.

(C) Só é lícito o uso de algemas em caso de fundado receio de fuga ou de perigo à integridade física própria ou alheia, por parte do preso ou de terceiros, justificada a excepcionalidade por escrito, sob pena de responsabilidade disciplinar, civil e penal do agente ou da autoridade e de nulidade a prisão ou do ato processual a que se refere, sem prejuízo da responsabilidade civil do Estado.

(D) É subsidiária a legitimidade do ofendido, mediante queixa, e do Ministério Público, mediante representação do ofendido, para a ação penal por crime contra a honra de servidor público em razão do exercício de suas funções.

(E) Compete à Justiça Federal processar e julgar os crimes consistentes em disponibilizar ou adquirir material pornográfico envolvendo criança ou adolescente (Arts. 241, 241-A e 241-B do EC(A), quando praticados por meio da rede mundial de computadores.

A: incorreta. A solução desta assertiva deve ser extraída da Súmula 546, do STJ: "A competência para processar e julgar o crime de uso de documento falso é firmada em razão da entidade ou órgão ao qual foi apresentado o documento público, não importando a qualificação do órgão expedidor". Ou seja, pouco importa, aqui, o fato de o órgão expedidor do documento falso ser estadual ou federal, por exemplo. O critério a ser utilizado para o fim de determinar a Justiça competente é o da entidade ou órgão ao qual o documento foi apresentado; **B:** incorreta, pois contraria o entendimento firmado por meio da Súmula 107, do STJ; **C:** incorreta, pois em desconformidade com a Súmula Vinculante 11; **D:** incorreta. O STF, por meio da Súmula 714, firmou entendimento no sentido de que, nesses casos, a legitimidade é concorrente (e não subsidiária) entre o ofendido (mediante queixa) e o Ministério Público (ação pública condicionada à representação do ofendido); **E:** correta. Conferir: "*O Plenário da Corte, apreciando o tema 393 da repercussão geral, fixou tese nos seguintes termos: "Compete à Justiça Federal processar e julgar os crimes consistentes em disponibilizar ou adquirir material pornográfico envolvendo criança ou adolescente (arts. 241, 241-A e 241-B da Lei nº 8.069/1990) quando praticados por meio da rede mundial de computadores"* (RE 612030 AgR-ED, Relator(a): Min. Dias Toffoli, Segunda Turma, julgado em 28.08.2018, Processo Eletrônico DJe-224 Divulg 19.10.2018 Public 22.10.2018). **ED**
Gabarito "E".

(Escrivão – PC/MG – FUMARC – 2018) A respeito da competência no processo penal, assinale a alternativa correta.

(A) Via de regra, a competência será determinada pelo lugar em que foi praticada a conduta delituosa, ainda que outro seja o local do resultado, ou, no caso de tentativa, pelo lugar em que for praticado o último ato de execução.

(B) Quando duas ou mais infrações penais houverem sido praticadas, ao mesmo tempo, por várias pessoas reunidas, a competência será determinada pela continência.

(C) Para a determinação da competência por conexão ou continência, no concurso entre a competência do júri e a de outro órgão da jurisdição comum, haverá separação de processos.

(D) Nos casos de ação penal exclusivamente privada, o querelante poderá preferir o foro de domicílio ou da residência do réu, ainda quando conhecido o lugar da infração.

(E) Conforme previsto no Código de Processo Penal, a competência criminal será determinada pela conexão quando duas ou mais pessoas forem acusadas pela mesma infração.

A: incorreta, já que, em regra, o critério a ser adotado para determinar a competência, no processo penal, é o do local em que se deu a consumação da infração, e não o lugar em que ocorreu a conduta (ação ou omissão). É o que estabelece o art. 70, *caput*, do CPP, que também prevê, quanto à tentativa, que a competência será fixada em razão do local em que foi praticado o derradeiro ato executório (esta parte da assertiva está correta); **B:** incorreta. Trata-se de hipótese de conexão, que pressupõe a prática de mais de uma infração penal (art. 76, I, CPP); a continência, diferentemente, corresponde ao vínculo que liga vários infratores a uma única infração penal ou a reunião em razão do concurso formal (art. 77, CPP); **C:** incorreta. É que, neste caso, prevalecerá a

competência do júri (art. 78, I, CPP); **D:** correta. Ainda que conhecido o lugar da infração, o querelante, na ação penal privada exclusiva, poderá preferir o foro de domicílio ou da residência do réu – art. 73 do CPP; **E:** incorreta, já que se trata de hipótese de continência (art. 77, I, CPP), e não de conexão, que, como já dito, pressupõe o cometimento de mais de uma infração penal. **ED**
Gabarito "D".

(Agente-Escrivão – Acre – IBADE – 2017) A competência será determinada pela conexão:

(A) quando duas ou mais pessoas foram acusadas pela mesma infração.

(B) se, ocorrendo duas ou mais infrações, houverem sido praticadas, ao mesmo tempo, por várias pessoas reunidas, ou por várias pessoas em concurso, embora diverso o tempo e o lugar, ou por várias pessoas, umas contra as outras.

(C) nos casos de concurso formal.

(D) nos casos de infração cometida em erro de execução ou resultado diverso do pretendido.

A: incorreta. Trata-se de hipótese de continência (art. 77, I, CPP); **B:** correta: hipótese de conexão prevista no art. 76, I, CPP; **C:** incorreta. Trata-se de hipótese de continência (art. 77, II, CPP); **D:** incorreta. Trata-se de hipótese de continência (art. 77, II, CPP). **ED**
Gabarito "B".

(Investigador-Escrivão-Papiloscopista – Pará – Funcab – 2016) No que tange à competência, o Direito Processual Penal brasileiro adotou, como regra, a teoria da(o):

(A) atividade.

(B) resultado.

(C) equivalência dos antecedentes causais.

(D) ubiquidade.

(E) alternatividade.

Como regra, o CPP adotou, em seu art. 70, no que toca à competência territorial, a teoria do *resultado*, tendo em vista que é competente o foro do local em que se deu a consumação do crime. **ED**
Gabarito "B".

(Escrivão – Pernambuco – CESPE – 2016) No que se refere ao lugar da infração, a competência será determinada:

(A) pelo domicílio do réu, no caso de infração permanente praticada no território de duas ou mais jurisdições conhecidas.

(B) pela prevenção, no caso de infração continuada praticada em território de duas ou mais jurisdições conhecidas.

(C) de regra, pelo local onde tiver sido iniciada a execução da infração, ainda que a consumação tenha ocorrido em outro local.

(D) pelo local onde tiver começado o *iter criminis*, no caso de tentativa.

(E) pelo lugar em que tiver sido iniciada a execução no Brasil, se a infração se consumar fora do território nacional.

A: incorreta, pois, neste caso, a competência, a teor do art. 71 do CPP, será determinada pela *prevenção* (e não em razão do lugar de residência do acusado); **B:** correta. Obedece à mesma regra aplicável à infração permanente (art. 71, CPP); **C:** incorreta, dado que, em regra, a competência será determinada pelo lugar em que o delito se consumou, ou, se se tratar de tentativa, pelo local em que se deu o derradeiro ato de execução (art. 70, "caput", CPP); **D:** incorreta, uma vez que, na hipótese de tentativa, a competência firmar-se-á em razão do local onde foi praticado o último ato executório (art. 70, "caput", CPP); **E:** incorreta. Neste caso, a competência será determinada pelo local em que tiver sido praticado, em território nacional, o último ato de execução (art. 70, § 1º, CPP). ED

Gabarito "B".

(Escrivão de Polícia/MA – 2013 – FGV) A competência pode ser definida como o conjunto de regras que asseguram a eficácia da garantia da jurisdição e, especialmente, do juiz natural. Sobre os temas destacam-se as regras previstas no texto constitucional e no Código de Processo Penal. De acordo com esses diplomas, bem como com a posição da jurisprudência do Superior Tribunal de Justiça, assinale a afirmativa correta.

(A) A competência será determinada pela conexão quando duas ou mais pessoas forem acusadas pela mesma infração.

(B) A competência do Júri prevalece sobre o foro por prerrogativa de função fixado exclusivamente na Constituição Estadual.

(C) A competência será determinada, via de regra, pelo lugar em que for iniciada a prática da infração penal. No caso de tentativa, relevante será o lugar em que for praticado o último ato de execução.

(D) Não sendo conhecido o local da infração, a competência será determinada pelo domicílio ou residência do ofendido.

(E) Havendo conexão entre um crime de competência da Justiça Federal e outro de competência da Justiça Estadual, deverá ocorrer a cisão dos processos.

A: incorreta. Se duas ou mais pessoas forem acusadas pela mesma infração, a competência será determinada pela continência (art. 77, I, do CPP); **B:** correta. De acordo com a Súmula 721 do STF, cujo teor foi reproduzido na Súmula Vinculante 45, *a competência constitucional do Tribunal do Júri prevalece sobre o foro por prerrogativa de função estabelecido exclusivamente por Constituição Estadual*. Cabem algumas observações a respeito do foro por prerrogativa de função, considerando mudança de entendimento acerca deste tema no STF. No dia 3 de maio de 2018, o Plenário do STF, por maioria de votos, decidiu que o foro por prerrogativa de função de que gozam parlamentares federais (senadores e deputados) se aplica tão somente a infrações penais cometidas no exercício do cargo e em razão das funções a ele relacionadas. Tal decisão foi tomada no julgamento de questão de ordem da ação penal 937, cujo relator é o ministro Luís Roberto Barroso. Com isso, se o crime imputado a senador ou deputado federal é cometido antes da diplomação, o julgamento caberá ao juízo de primeira instância; se for cometido no curso do mandado mas nenhuma relação tiver com o seu exercício, o julgamento também caberá ao juiz de primeira instância (por exemplo: homicídio; roubo; embriaguez ao volante); agora, sendo o delito cometido durante o mandato e havendo relação entre ele e o desempenho da função parlamentar (corrupção passiva, por exemplo), o julgamento deverá realizar-se perante o STF. Uma das primeiras questões que surgiu, entre tantas outras, é se este entendimento que restringe o foro por prerrogativa de função se aplica para outras hipóteses de foro privilegiado ou apenas para os deputados federais e senadores. Segundo o STF, em decisão tomada no julgamento do Inq 4703 QO/DF, ocorrido em 12/06/2018 e da relatoria do ministro Luiz Fux, tal restrição imposta ao foro privilegiado vale também para ministros de Estado. O STJ, por sua vez, ao enfrentar a questão, tendo por base a decisão do STF na AP 937, decidiu que a restrição do foro deve alcançar governadores e conselheiros dos Tribunais de Contas estaduais (AP 866 e AP 857). Lembremos que o art. 105, I, "a", da CF/88 estabelece que compete ao STJ julgar os crimes praticados por governadores de Estado e por conselheiros dos Tribunais de Contas dos Estados. No que concerne aos prefeitos, ainda não há consenso. Há tribunais que, em face da nova interpretação conferida pelo STF ao foro por prerrogativa de função, remeteram os processos contra o chefe do executivo municipal para julgamento pela 1ª instância. O STJ, por meio de seu Pleno, ao julgar, em 21/11/2018, a QO na AP 878, fixou a tese de que o entendimento firmado no STF a respeito da restrição imposta ao foro por prerrogativa de função não se aplica a desembargador, que, ainda que o crime praticado nenhuma relação tenha com o exercício do cargo, deverá ser julgado pelo STJ, ou seja, o precedente do STF não se aplica a todos os casos de foro por prerrogativa de função; **C:** incorreta. Nos termos do art. 70, *caput*, do CPP, "*a competência será, de regra, determinada pelo lugar em que se consumar a infração, ou, no caso de tentativa, pelo lugar em que for praticado o último ato de execução*"; **D:** incorreta, pois, nos termos do art. 72 do CPP, "*não sendo conhecido o lugar da infração, a competência regular-se-á pelo domicílio ou residência do réu*" (e não do ofendido, como afirmado na alternativa); **E:** incorreta. Prevê a Súmula 122 do STJ que "*compete à Justiça Federal o processo e julgamento unificado dos crimes conexos de competência federal e estadual, não se aplicando a regra do art. 78, II, "a", do CPP*". ED

Gabarito "B".

5. QUESTÕES E PROCESSOS INCIDENTES

(Escrivão – PC/ES – Instituto AOCP – 2019) A respeito das exceções disciplinadas pelo Código de Processo Penal, assinale a alternativa correta.

(A) Não concordando o juiz com a oposição da suspeição, deverá aplicar o art. 28 do Código de Processo Penal por analogia.

(B) Para que a parte recuse o juiz, é necessário que ela própria assine a petição ou que seu procurador possua poderes especiais para tanto.

(C) A exceção de incompetência do juízo deverá ser feita apenas por escrito e no prazo de defesa.

(D) Caso a parte se oponha a mais de uma exceção, deverá apresentá-las em separado e apensadas ao processo principal.

(E) Em regra, as exceções suspendem o andamento da ação penal.

A: incorreta. Se não concordar com a suspeição que lhe foi oposta, o juiz procederá na forma do art. 100 do CPP, mandando autuar em apartado a petição, dando sua resposta, instruindo o expediente, se o caso, e, ao final, determinado sejam os autos remetidos ao juiz ou tribunal a quem competir o julgamento; **B:** correta, pois em conformidade com o art. 98 do CPP; **C:** incorreta, dado que a exceção de incompetência do juízo poderá ser feita de forma verbal ou por escrito, dentro do prazo de defesa (art. 108, *caput*, CPP); **D:** incorreta, pois não reflete o disposto no art. 110, § 1º, do CPP, que determina que, neste caso, deverá a parte apresentar as exceções em petição única; **E:** incorreta. Pelo contrário, as exceções, em regra, não suspenderão o andamento da ação penal (art. 111, CPP). ED

Gabarito "B".

(Escrivão – PC/ES – Instituto AOCP – 2019) À luz do Código de Processo Penal, assinale a alternativa que contemple a exceção cuja arguição precederá a qualquer outra.

(A) Coisa julgada.

(B) Suspeição.

(C) Incompetência do juízo.

(D) Litispendência.

(E) Ilegitimidade de parte.

2. DIREITO PROCESSUAL PENAL

Assim dispõe o art. 96 do CPP: *A arguição de suspeição precederá a qualquer outra, salvo quando fundada em motivo superveniente.* ED
Gabarito "B".

(Agente de Polícia Civil/RO – 2014 – FUNCAB) Quanto aos incidentes (sanidade e falsidade), de acordo com o Código de Processo Penal, é correto afirmar:

(A) Se for verificado que a doença mental sobreveio à infração, o processo continuará em curso, mas com a presença de curador.

(B) Para o efeito do exame de insanidade mental, o acusado, se estiver preso, será internado em clínica psiquiátrica pública ou privada, onde houver, ou, se estiver solto, e o requererem os peritos, em estabelecimento similar, não podendo o exame durar mais de cinquenta dias.

(C) O juiz nomeará curador ao acusado, quando determinar o exame de insanidade mental, não se suspendendo o processo, se já iniciada a ação penal.

(D) Arguida, por escrito, a falsidade de documento constante dos autos, o juiz mandará autuar em apartado a impugnação, e em seguida ouvirá a parte contrária, que, no prazo de 48 horas, oferecerá resposta; assinará o prazo de 3 dias, sucessivamente, a cada uma das partes, para prova de suas alegações; conclusos os autos, poderá ordenar as diligências que entender necessárias; se reconhecida a falsidade por decisão irrecorrível, mandará desentranhar o documento e remetê-lo, com os autos do processo incidente, ao Ministério Público.

(E) Quando houver dúvida sobre a integridade mental do acusado, o juiz ordenará que seja submetido a exame médico-legal, não podendo ser realizado na fase do inquérito.

A: incorreta. Se o surgimento da doença mental for posterior à prática criminosa, o processo permanecerá suspenso até o restabelecimento do acusado (art. 152, *caput*, do CPP); **B:** incorreta, já que não reflete o disposto no art. 150 do CPP; **C:** incorreta (art. 149, § 2º, do CPP); **D:** correta (art. 145, CPP); **E:** incorreta, na medida em que, havendo dúvida quanto à higidez mental do investigado, o exame médico-legal poderá ser realizado, mediante representação da autoridade policial, no curso do inquérito (art. 149, § 1º, do CPP). ED
Gabarito "D".

6. PROVA

(Papiloscopista – PC/RR – VUNESP – 2022) Os peritos elaborarão o laudo pericial, no qual descreverão minuciosamente o que examinarem, e responderão aos quesitos formulados. O laudo pericial será elaborado no prazo

(A) de até 10 (dez) dias antes da audiência de instrução e julgamento.

(B) máximo de 10 (dez) dias, podendo este prazo ser prorrogado, em casos excepcionais, a requerimento dos peritos.

(C) máximo de 30 (trinta) dias, improrrogáveis.

(D) assinalado pelo juiz, que deve determiná-lo prudentemente, considerando a complexidade de cada caso concreto.

(E) determinado pelas circunstâncias de complexidade e conveniência, o que é feito pelo Diretor do Instituto de Criminalística.

A solução desta questão deve ser extraída do art. 160, parágrafo único, do CPP, segundo o qual *o laudo pericial será elaborado no prazo máximo de 10 (dez) dias, podendo este prazo ser prorrogado, em casos excepcionais, a requerimento dos peritos.* ED
Gabarito "B".

(Papiloscopista – PC/RR – VUNESP – 2022) O ato de instrução pelo qual se busca dirimir divergência entre depoimento de acusados ou entre acusado e testemunha ou entre testemunhas ou entre acusado ou testemunha e a pessoa ofendida, ou entre as pessoas ofendidas denomina-se

(A) interrogatório.

(B) reconstituição.

(C) acareação.

(D) indiciamento.

(E) reconhecimento formal.

Conforme dispõe o art. 229 do CPP, será admitida a acareação *entre acusados*, entre acusado e testemunha, entre testemunhas, entre acusado ou testemunha e a pessoa ofendida, e entre as pessoas ofendidas, sempre que divergirem, em suas declarações, sobre fatos ou circunstâncias relevantes. ED
Gabarito "C".

(Papiloscopista – PC/RR – VUNESP – 2022) Assinale a afirmativa correta no que concerne estritamente ao regramento que o CPP dá à prova documental em seus arts. 231 a 238.

(A) Salvo os casos expressos em lei, as partes poderão apresentar documentos em qualquer fase do processo.

(B) Consideram-se documentos quaisquer escritos, instrumentos ou papéis públicos, excluídos os particulares.

(C) As cartas particulares, mesmo que interceptadas ou obtidas por meios criminosos, serão admitidas em juízo.

(D) Somente se houver consentimento do signatário as cartas poderão ser exibidas em juízo pelo respectivo destinatário, para a defesa de seu direito.

(E) Os documentos em língua estrangeira não podem ser juntados de imediato, devendo ser previamente traduzidos por tradutor público.

A: correta, pois reflete o disposto no art. 231 do CPP; **B:** incorreta, uma vez que não corresponde ao que estabelece o art. 232, *caput*, do CPP, segundo o qual devem ser considerados documentos quaisquer escritos, instrumentos ou papéis, sejam públicos ou <u>particulares</u>; **C:** incorreta, na medida em que, ao contrário do que consta da assertiva, as cartas particulares, interceptadas ou obtidas por meios criminosos, <u>não</u> serão admitidas em juízo. É o que estabelece o art. 233, *caput*, do CPP; **D:** incorreta, pois contraria o disposto no art. 233, parágrafo único, do CPP, que dispensa, nesta hipótese, o consentimento do signatário; **E:** incorreta, uma vez que não reflete o disposto no art. 236 do CPP, que estabelece a juntada imediata de tais documentos. ED
Gabarito "A".

(Papiloscopista – PC/RR – VUNESP – 2022) A respeito do interrogatório do acusado, é correto afirmar que

(A) o silêncio do acusado não importará em confissão, mas poderá ser utilizado para fundamentar decreto condenatório.

(B) o Juiz não pode fazer perguntas ao acusado, seja sobre os fatos, seja sobre sua pessoa, uma vez que se trata de meio de defesa.

(C) havendo mais de um réu, o interrogatório de ambas dar-se-á no mesmo ato, em conjunto.

(D) o réu preso será interrogado exclusivamente por videoconferência ou outro recurso tecnológico de transmissão de sons e imagens em tempo real.

(E) o juiz poderá proceder a novo interrogatório do acusado, de ofício ou a pedido fundamentado de qualquer das partes.

A: incorreta, na medida em que não corresponde ao que dispõe o art. 186, parágrafo único, do CPP: *o silêncio, que não importará em confissão, não poderá ser interpretado em prejuízo da defesa*. Logo, não poderá ser utilizado para fundamentar decreto condenatório; **B:** incorreta. No interrogatório, que constitui ato privativo do juiz, este perguntará ao acusado sobre sua qualificação e aspectos que dizem respeito à sua vida, assim como sobre os fatos que lhe são imputados pela acusação (art. 185, CPP); **C:** incorreta. Na hipótese de haver mais de um acusado, o interrogatório será realizado em separado (art. 191, CPP); **D:** incorreta. O interrogatório por sistema de videoconferência constitui exceção, somente podendo ser realizado nas hipóteses listadas no art. 185, § 2º, do CPP. A regra, portanto, é que o interrogatório seja realizado no estabelecimento em que o réu estiver preso; não sendo isso possível, por falta de estrutura do presídio, o interrogatório realizar-se-á no fórum, com requisição, pelo juiz, do acusado (art. 185, § 7º, do CPP); **E:** correta, pois de acordo com o disposto no art. 196 do CPP. **ED**
Gabarito "E".

(Escrivão – PC/RO – CEBRASPE – 2022) Considere-se que, ao tomar conhecimento de que a arma de um crime estaria na residência de Júlia, o delegado dirigiu-se imediatamente até o local para realizar a busca e apreensão do objeto.

Na situação hipotética apresentada,

(A) se Júlia não permitir a entrada do delegado em sua casa, ele poderá usar a força e arrombar a porta.

(B) sendo dia ou noite, o delegado só poderá entrar na residência de Júlia se ela consentir.

(C) sendo dia, eventual mandado judicial é prescindível, visto que o delegado realizará a diligência pessoalmente.

(D) sendo noite, a entrada do delegado na residência de Júlia configura abuso de autoridade, com cominação de pena em dobro.

(E) se houver flagrante, o delegado poderá ingressar na casa de Júlia, mas, se a arma do crime estiver com o advogado dela, o objeto não poderá ser apreendido.

Não sendo o caso de flagrante delito e não contando com ordem de busca domiciliar, a autoridade policial somente poderia ingressar na residência de Júlia com o consentimento desta, de dia ou à noite. **ED**
Gabarito "B".

(Escrivão – PC/RO – CEBRASPE – 2022) Com relação às testemunhas e às disposições do Código de Processo Penal, assinale a opção correta.

(A) Os profissionais com dever de sigilo em razão da profissão não podem depor como testemunhas, ainda que a parte interessada os desobrigue.

(B) Os menores de 14 anos não podem ser testemunhas em processo criminal.

(C) O irmão e o ex-cônjuge do acusado não podem se recusar a serem testemunhas.

(D) A testemunha que faltar à sua oitiva injustificadamente, após regular intimação, pagará multa e as custas da diligência, sem prejuízo do processo penal por falso testemunho.

(E) Os doentes e pessoas com deficiência mental podem ser ouvidos na condição de testemunha e não prestam compromisso.

A: incorreta, já que, uma vez desobrigada pela pessoa em favor de quem o segredo é guardado, a testemunha poderá prestar seu depoimento, firmando, neste caso, compromisso de dizer a verdade (art. 207, CPP); **B:** incorreta. Por força do que estabelece o art. 202 do CPP, toda pessoa poderá ser testemunha, aqui incluídos os menores de 14 anos, aos quais, no entanto, não se deferirá o compromisso de dizer a verdade (art. 208, CPP); **C:** incorreta, já que tanto um quanto o outro podem se recusar a prestar depoimento (art. 206, CPP); **D:** incorreta. A testemunha faltosa está sujeita ao pagamento de multa, das custas de diligência e ainda poderá responder a processo por crime de desobediência (art. 219, CPP), não havendo que se falar no cometimento do delito de falso testemunho (art. 342, CP), que somente será atribuído à testemunha que mentir, omitir ou fizer afirmação falsa em depoimento prestado na polícia ou em juízo; **E:** correta (art. 208, CPP). **ED**
Gabarito "E".

(Perito – PC/ES – Instituto AOCP – 2019) Quando a infração deixar vestígios, será indispensável o exame de corpo de delito, direto ou indireto. No que se refere ao exame de corpo de delito, com fundamento no que dispõe o Código de Processo Penal Brasileiro, assinale a alternativa correta.

(A) O exame de corpo de delito será feito em qualquer dia, sempre em horário diurno.

(B) Não é necessário que o exame de corpo de delito seja realizado por perito oficial portador de diploma de curso superior, bastando que se trate de pessoa com ampla expertise e experiência na área.

(C) A realização de exame de corpo de delito terá prioridade de realização quando se tratar de crime que envolva violência doméstica e familiar.

(D) O juiz ou a autoridade policial negará o exame de corpo de delito requerido pelas partes, quando não for necessário ao esclarecimento da verdade.

(E) O exame de corpo de delito poderá ser suprido com a confissão do acusado.

A: incorreta, uma vez que, por expressa disposição do art. 161 do CPP, o exame de corpo de delito será realizado *em qualquer dia e a qualquer hora*; **B:** incorreta. Impõe o art. 159, *caput*, do CPP que o exame de corpo de delito e outras perícias sejam realizados por perito oficial portador de diploma de curso superior; **C:** correta. Trata-se de inovação legislativa introduzida pela Lei 13.721/2018 no art. 158, parágrafo único, I, do CPP; **D:** incorreta. Se a perícia não for necessária ao esclarecimento da verdade, pode o juiz ou a autoridade policial negar a sua realização, salvo quando se tratar de exame de corpo de delito (art. 184, CPP); **E:** incorreta. É exame de corpo de delito, nas infrações que deixam vestígios, é indispensável – art. 158 do CPP. Agora, se estes vestígios, por qualquer razão, se perderem, nosso ordenamento jurídico admite que a prova testemunhal supra essa ausência – art. 167 do CPP. A confissão, no entanto, por expressa disposição do art. 158 do CPP, não poderá ser utilizada para esse fim. **ED**
Gabarito "C".

(Policial Rodoviário Federal – CESPE – 2019) Com relação aos meios de prova e os procedimentos inerentes a sua colheita, no âmbito da investigação criminal, julgue o próximo item.

(1) A entrada forçada em determinado domicílio é lícita, mesmo sem mandado judicial e ainda que durante a noite, caso esteja ocorrendo, dentro da casa, situação de flagrante delito nas modalidades próprio, impróprio ou ficto.

2. DIREITO PROCESSUAL PENAL

Não há ilegalidade no ingresso à força em domicílio, ainda que à noite, para efetuar prisão em flagrante, ainda que se trate de flagrante impróprio ou ficto. Conferir: "RECURSO ORDINÁRIO EM HABEAS CORPUS. FURTO QUALIFICADO. FORMAÇÃO DE QUADRILHA. INÉPCIA DA DENÚNCIA. AUSÊNCIA DE PREJUÍZO. BUSCA E APREENSÃO SEM MANDADO. OCORRÊNCIA DE FLAGRANTE PRESUMIDO. POSSIBILIDADE. NEGADO PROVIMENTO 1- Não gera a inépcia da denúncia a ausência de indicação exata do tempo de ocorrência do crime, sobretudo quando é determinado o intervalo de tempo e não se evidencia qualquer prejuízo à defesa. 2- A inviolabilidade do domicílio é excepcionada pela ocorrência de flagrante delito, conforme artigo 5º, XI, da Constituição Federal. 3- É válido o flagrante presumido quando o objeto furtado é encontrado, após a prática do crime, na residência do acusado. 4- Negado provimento ao recurso" (RHC 21.326/PR, Rel. Ministra JANE SILVA (DESEMBARGADORA CONVOCADA DO TJ/MG), QUINTA TURMA, julgado em 25/10/2007, DJ 19/11/2007, p. 247). Importante que se diga que não é este o entendimento de Guilherme de Souza Nucci, para quem somente o flagrante próprio autoriza o ingresso da polícia, durante a noite, em domicílio alheio para efetivar a prisão em flagrante. ED
Gabarito 1C

(Escrivão – PC/ES – Instituto AOCP – 2019) Em relação às provas no Processo Penal, assinale a alternativa correta.

(A) Em hipótese alguma, o juiz poderá fundamentar sua convicção em elementos informativos colhidos na investigação.

(B) Caso o contraditório e a ampla defesa tenham sido garantidos no inquérito policial, o juiz poderá fundamentar sua convicção exclusivamente em elementos informativos colhidos na investigação.

(C) O juiz poderá fundamentar sua decisão em elementos informativos colhidos na investigação, desde que a decisão tenha espeque apenas em provas cautelares.

(D) O juiz poderá fundamentar sua decisão em elementos informativos colhidos na investigação, desde que a decisão tenha espeque em apenas provas cautelares, não repetíveis.

(E) O juiz poderá fundamentar sua decisão em elementos informativos colhidos na investigação, desde que a decisão tenha espeque em provas cautelares, não repetíveis e antecipadas.

Acolhemos, como regra, o *sistema da livre convicção* ou da *persuasão racional*, atualmente consagrado no art. 155, *caput*, do CPP, em que o magistrado decidirá com base no seu livre convencimento, devendo, todavia, fundamentar sua decisão (art. 93, IX, da CF/1988). Em outras palavras, ao magistrado é conferida ampla liberdade para formar seu convencimento. Porém, esta liberdade não é ilimitada. Com efeito, reza o art. 155, *caput*, do CPP que é vedado ao juiz fundamentar sua decisão exclusivamente nas informações colhidas na fase investigatória, que em regra é constituída pelo inquérito policial, isto é, o inquérito não pode servir de suporte único para uma condenação. E a razão para isso é simples: durante a fase de investigação, não vigora a garantia do contraditório, princípio de índole constitucional (art. 5º, LV, da CF), o que somente ocorrerá na etapa processual. Sucede que essa limitação imposta ao juiz (de se valer, para a condenação, exclusivamente das provas colhidas na investigação) não abrange as provas cautelares, não repetíveis e antecipadas, em que o contraditório será diferido, ou seja, exercido em momento posterior (no curso do processo). ED
Gabarito "E."

(Escrivão – PC/ES – Instituto AOCP – 2019) A busca domiciliar será realizada quando fundadas razões a autorizarem, EXCETO na hipótese de

(A) prender criminosos.

(B) colher qualquer elemento de convicção.

(C) apreender pessoas vítimas de crime.

(D) submeter suspeito de cometimento de crime ao reconhecimento pessoal.

(E) descobrir objetos necessários à prova de infração ou à defesa do réu.

Das alternativas acima, a única que não contempla uma hipótese de cabimento da busca domiciliar é a "D", segundo o art. 240 do CPP. ED
Gabarito "D."

(Delegado – PC/RS – FUNDATEC – 2018) Sobre os elementos informativos colhidos no inquérito policial e as provas em geral, assinale a alternativa correta.

(A) São admissíveis as provas derivadas das ilícitas quando não evidenciado o nexo de causalidade entre umas e outras, ou quando as derivadas puderem ser obtidas por uma fonte independente das primeiras.

(B) Os elementos informativos colhidos no inquérito policial não podem fundamentar decisão sobre decretação de prisão preventiva.

(C) O juiz formará sua convicção pela livre apreciação da prova produzida em contraditório judicial, podendo fundamentar sua decisão exclusivamente nos elementos informativos colhidos na investigação, ressalvadas as provas cautelares, não repetíveis e antecipadas.

(D) Os elementos informativos colhidos da investigação policial não podem fundamentar decisões concessivas de medidas cautelares.

(E) Os elementos informativos colhidos na investigação são protegidos pelo sigilo, sendo vedado o seu conhecimento ao juiz ou ao membro do Ministério Público antes do oferecimento da denúncia.

A: correta. O art. 5º, LVI, da CF veda, de forma expressa, a utilização, no processo, das provas obtidas por meios ilícitos. No âmbito do processo penal, a Lei 11.690/1998 previu, também de forma expressa, o fato de ser ilícita a prova obtida em violação a normas constitucionais ou legais (art. 157, *caput*, do CPP), reputando inadmissíveis aquelas derivadas das ilícitas, salvo quando não evidenciado o nexo de causalidade entre umas e outras, ou quando as derivadas puderem ser obtidas por uma fonte independente das primárias: **B:** incorreta. A prisão preventiva pode ser decretada tanto no curso da ação penal quanto no decorrer das investigações do inquérito policial. Neste último caso, os elementos de convicção levados ao conhecimento do magistrado que servirão de base para a decretação da custódia preventiva serão necessariamente extraídos do inquérito. De outra forma não poderia ser, já que, nesta fase da persecução, inexiste processo; **C:** incorreta. Isso porque não se admite que as provas coligidas no inquérito policial sirvam, de forma exclusiva, de suporte para fundamentar uma sentença penal condenatória. Em outras palavras, é vedado ao magistrado fundamentar sua decisão exclusivamente nos elementos informativos produzidos na investigação. É o que estabelece o art. 155, *caput*, do CPP; **D:** incorreta. *Vide* comentário à assertiva "B": aplica-se o mesmo fundamento; **E:** incorreta. É fato que as investigações do inquérito policial são sigilosas (art. 20 do CPP), mas, por óbvio, tal sigilo não alcança o juiz tampouco o membro do MP. ED
Gabarito "A."

(Delegado – PC/RS – FUNDATEC – 2018) Acerca da disciplina sobre provas e os meios para a sua obtenção, assinale a alternativa correta.

(A) O denominado Depoimento Sem Dano é permitido pela jurisprudência do Superior Tribunal de Justiça nos crimes sexuais cometidos contra a criança e ao adolescente, não havendo nulidade em razão da ausência de advogado do suspeito durante a oitiva da vítima.

(B) A busca em mulher será feita por outra mulher, ainda que importe no retardamento da diligência, desde que não a frustre.

(C) É vedada à testemunha, breve consulta a apontamentos durante o depoimento prestado oralmente.

(D) Segundo a jurisprudência dos Tribunais Superiores, a confissão do suspeito torna desnecessárias outras diligências para a elucidação do caso, desde que o autor tenha indicado os motivos e circunstâncias do fato e se outras pessoas concorreram para a infração.

(E) A acareação será admitida entre acusado e testemunha, entre testemunhas, entre acusado ou testemunha e a pessoa ofendida, entre as pessoas ofendidas, sempre que divergirem, em suas declarações, sobre fatos ou circunstâncias relevantes, vedada a acareação entre acusados.

A: correta. Conferir: "1. Esta Corte tem entendido justificada, nos crimes sexuais contra criança e adolescente, a inquirição da vítima na modalidade do "depoimento sem dano", em respeito à sua condição especial de pessoa em desenvolvimento, procedimento admitido, inclusive, antes da deflagração da persecução penal, mediante prova antecipada (HC 226.179/RS, Rel. Ministro Jorge Mussi, Quinta Turma, julgado em 08.10.2013, DJe 16.10.2013). 2. A oitiva da vítima do crime de estupro de vulnerável (CP, art. 217-A), em audiência de instrução, sem a presença do réu e de seu defensor não inquina de nulidade o ato, por cerceamento ao direito de defesa, se o advogado do acusado aquiesceu àquela forma de inquirição, dela não se insurgindo, nem naquela oportunidade, nem ao oferecer alegações finais. 3. Além da inércia da defesa, que acarreta preclusão de eventual vício processual, não restou demonstrado prejuízo concreto ao réu, incidindo, na espécie, o disposto no art. 563 do Código de Processo Penal, que acolheu o princípio pas de nullité sans grief. Precedentes" (RHC 45.589/MT, Rel. Ministro Gurgel De Faria, Quinta Turma, julgado em 24.02.2015, DJe 03.03.2015). Importante que se diga que o art. 12 da Lei 13.431/2017 estabelece regras para o depoimento especial a ser prestado por crianças e adolescentes; **B:** incorreta, já que a busca em mulher somente será feita por outra mulher se isso não implicar retardamento ou prejuízo da diligência (art. 249, CPP); **C:** incorreta. O testemunho somente pode ser dado de forma oral, sendo vedado à testemunha apresentá-lo por escrito (art. 204, CPP); agora, nada impede que a testemunha, no ato de seu depoimento, faça breve consulta a informações contidas em anotações (art. 204, parágrafo único, CPP); **D:** incorreta. Atualmente, não mais se confere à confissão o *status* de rainha das provas, como outrora já foi considerada. Hoje, temos que a confissão, sendo meio de prova com valor equivalente às demais, deve ser valorada em conjunto com os outros elementos probatórios produzidos no processo (art. 197, CPP). Dessa forma, a confissão não elide a necessidade de produção de outras provas; **E:** incorreta. Conforme dispõe o art. 229 do CPP, será admitida a acareação *entre acusados*, entre acusado e testemunha, entre testemunhas, entre acusado ou testemunha e a pessoa ofendida, e entre as pessoas ofendidas, sempre que divergirem, em suas declarações, sobre fatos ou circunstâncias relevantes. **ED**

Gabarito "A"

(Escrivão – PC/MG – FUMARC – 2018) Sobre as provas no processo penal, considere as afirmativas a seguir.

I. No exame de corpo de delito por precatória, a nomeação dos peritos far-se-á no juízo deprecado. Havendo, porém, eventual acordo entre as partes, no caso de ação penal privada, essa nomeação poderá ser feita pelo juiz deprecante.

II. Se houver divergência entre os peritos, serão consignadas no auto do exame as declarações e as respostas de um e de outro, ou cada um redigirá, separadamente, o seu laudo, e a autoridade nomeará um terceiro; se este divergir de ambos, a autoridade poderá mandar proceder a novo exame por outros peritos.

III. O exame de corpo de delito e outras perícias serão realizados por dois peritos oficiais, portadores de diploma de curso superior; porém, na falta de peritos oficiais, o exame será realizado por duas pessoas idôneas, portadoras de diploma de curso superior, preferencialmente, na área específica, entre as que tiverem habilitação técnica relacionada com a natureza do exame.

IV. Conforme previsão do Código de Processo Penal, quando a infração deixar vestígios, será indispensável o exame de corpo de delito, direto ou indireto. Todavia a sua não realização poderá ser suprida pela confissão do acusado.

Assinale a alternativa correta.

(A) Somente as afirmativas I e II são corretas.

(B) Somente as afirmativas I e IV são corretas.

(C) Somente as afirmativas III e IV são corretas.

(D) Somente as afirmativas I, II e III são corretas.

(E) Somente as afirmativas II, III e IV são corretas.

I: correta, pois em conformidade com o art. 177, *caput*, do CPP; **II:** correta (art. 180, CPP); **III:** incorreta. A redação anterior do art. 159 do CPP estabelecia que a perícia fosse realizada por *dois* profissionais. Atualmente, com a modificação a que foi submetido este dispositivo (pela Lei 11.690/08), a perícia será levada a efeito por *um* perito oficial portador de diploma de curso superior (aqui está o erro da assertiva). À falta deste, determina o § 1º do art. 159 que o exame seja feito por duas pessoas idôneas, detentoras de diploma de curso superior preferencialmente na área específica, dentre aquelas que tiverem habilitação técnica relacionada com a natureza do exame; **IV:** incorreta. O exame de corpo de delito, nas infrações que deixam vestígios, é indispensável – art. 158 do CPP. Agora, se estes vestígios, por qualquer razão, se perderem, nosso ordenamento jurídico admite que a prova testemunhal supra essa ausência – art. 167 do CPP. A confissão, no entanto, por expressa disposição do art. 158 do CPP, não poderá ser utilizada para esse fim. **ED**

Gabarito "A".

(Investigador – PC/ES – Instituto AOCP – 2019) Sobre as provas no processo penal brasileiro, assinale a alternativa correta.

(A) O direito processual penal brasileiro não adota o sistema de avaliação de prova denominado "livre convicção" em nenhum dos ritos existentes no Código de Processo Penal.

(B) O Tribunal do Júri utiliza o sistema de avaliação de prova chamado de "prova legal ou tarifada", onde há o preestabelecimento de um determinado valor para cada prova produzida no processo.

(C) O juiz poderá fundamentar sua decisão exclusivamente nos elementos informativos colhidos na investigação se a defesa do réu assim anuir em audiência de interrogatório.

(D) A prova da alegação incumbirá a quem a fizer, sendo, porém, facultado ao juiz de ofício ordenar, mesmo antes de iniciada a ação penal, a produção antecipada de provas consideradas urgentes e relevantes, observando a necessidade, adequação e proporcionalidade da medida.

2. DIREITO PROCESSUAL PENAL

A: incorreta, na medida em que acolhemos, como regra, o *sistema da livre convicção* ou da *persuasão racional*, atualmente consagrado no art. 155, *caput*, do CPP, em que o magistrado decidirá com base no seu livre convencimento, devendo, todavia, fundamentar sua decisão (art. 93, IX, da CF/1988); **B:** incorreta. O sistema que prevalece no Tribunal popular é o da *íntima convicção*, no qual os jurados estão dispensados de motivar suas decisões. O sistema da prova legal, que tem incidência bastante restrita no nosso ordenamento, não é aplicado no caso dos jurados; **C:** incorreta. Ainda que haja a anuência da defesa do réu, é defeso ao juiz fundamentar sua decisão exclusivamente nos elementos informativos colhidos na investigação (art. 155, *caput*, CPP); **D:** correta (art. 156, CPP). 🔲
Gabarito "D".

(**Investigador – PC/ES – Instituto AOCP – 2019**) Sobre o exame de corpo de delito e sobre as perícias em geral, assinale a alternativa correta.

(**A**) O exame de corpo de delito e outras perícias serão realizados por perito oficial, portador de diploma de curso superior, mas, na falta de perito oficial, o exame será realizado por 2 pessoas idôneas, portadoras de diploma de curso superior preferencialmente na área específica, dentre as que tiverem habilitação técnica relacionada com a natureza do exame.

(**B**) O assistente técnico indicado pelo querelante atuará a partir de sua admissão pelo Juízo e antes da conclusão dos exames e elaboração do laudo pelos peritos oficiais, sendo as partes intimadas a impugnar o laudo oficial a qualquer tempo.

(**C**) Os peritos não oficiais não serão intimados a prestar o compromisso de bem e fielmente desempenhar o encargo, podendo seu apontamento ser impugnado pela parte interessada, ainda que o laudo já tenha sido oficialmente protocolado nos autos processuais.

(**D**) É vedado às partes, quanto à perícia, indicar assistentes técnicos pareceristas durante o curso do processo judicial.

(**E**) O material probatório que serviu de base à perícia será disponibilizado antes do trânsito em julgado da sentença condenatória ou absolutória.

A: correta, pois em conformidade com o art. 159, *caput*, do CPP; **B:** incorreta, na medida em que a atuação do assistente técnico, que se dará a partir de sua admissão em juízo, somente terá lugar após a conclusão dos exames e elaboração do laudo pelos peritos oficiais (art. 159, § 4º, CPP); **C:** incorreta, pois contraria o disposto no art. 159, § 2º, do CPP; **D:** incorreta, pois contraria o disposto no art. 159, § 5º, II, do CPP; **E:** incorreta (art. 159, § 6º, CPP). 🔲
Gabarito "A".

(**Investigador – PC/ES – Instituto AOCP – 2019**) Corpo de delito é o conjunto de vestígios materiais ou sensíveis deixados pela infração penal. A respeito dessa temática, assinale a alternativa correta.

(**A**) Não sendo possível o exame de corpo de delito, por haverem desaparecido os vestígios, a prova testemunhal poderá suprir-lhe a falta.

(**B**) O exame de corpo de delito deverá ser feito em dia e hora previamente agendados pela autoridade policial, respeitados os prazos de conclusão do inquérito policial.

(**C**) A exumação para exame cadavérico poderá ser feita em qualquer dia e a qualquer hora, e o administrador de cemitério público ou particular indicará o lugar da **sepultura**, sob pena de desobediência.

(**D**) O exame de corpo do delito é imprescindível, ainda que as lesões externas do cadáver permitam precisar a causa da morte e não haja necessidade de exame interno para a verificação de alguma circunstância relevante.

(**E**) A autópsia será feita pelo menos seis horas depois do óbito, independentemente de qualquer entendimento em contrário dos peritos.

A: correta (art. 167, CPP); **B:** incorreta, uma vez que, por expressa disposição do art. 161 do CPP, o exame de corpo de delito será realizado *em qualquer dia e a qualquer hora*, independentemente de agendamento pela autoridade policial; **C:** incorreta. No caso de exumação para o fim de realizar exame cadavérico, a autoridade designará dia e hora para que se proceda a diligência (art. 163, *caput*, CPP); **D:** incorreta (art. 162, parágrafo único, CPP); **E:** incorreta (art. 162, *caput*, CPP). 🔲
Gabarito "A".

(**Investigador – PC/ES – Instituto AOCP – 2019**) Perícia é o exame de algo ou alguém realizado por técnicos ou especialistas em determinados assuntos, podendo fazer afirmações ou extrair conclusões pertinentes ao processo penal. A esse respeito, assinale a alternativa correta.

(**A**) O reconhecimento de escritos é o denominado exame datiloscópico que busca certificar, admitindo como certo, por comparação, que a letra inserida em determinado escrito pertence à pessoa investigada.

(**B**) Se o exame tiver por finalidade precisar a classificação do delito de lesão corporal de natureza grave resultante de incapacidade para as ocupações habituais por mais de 30 dias, deverá ser feito logo que decorra o prazo de 10 dias, contado da data do crime.

(**C**) Nos crimes cometidos de subtração da coisa, especialmente os delitos patrimoniais, os peritos devem indicar o modo de proceder do infrator, relatando os instrumentos utilizados (objetos para a consecução dos fins), os meios empregados (escadas, escavações), e em que época presume o fato ter ocorrido.

(**D**) Os laudos, obrigatoriamente, serão ilustrados com provas fotográficas, ou microfotográficas, desenhos ou esquemas.

(**E**) Quando não houver escritos para a comparação de letra no exame respectivo, ou forem insuficientes os exibidos, a autoridade convidará a pessoa para escrever o que lhe for ditado.

A: incorreta, já que a assertiva se refere ao chamado exame grafotécnico ou caligráfico (art. 174, CPP). O exame datiloscópico consiste na identificação do agente por meio de suas impressões digitais (art. 6º, VIII, CPP); **B:** incorreta, já que, neste caso, o exame deverá ser feito logo em seguida ao término do prazo de 30 dias (art. 168, § 2º, CPP); **C:** correta, mas a nosso ver incorreta, pois em desconformidade com o art. 171 do CPP; **D:** incorreta (art. 170, CPP); **E:** incorreta (art. 174, IV, CPP). 🔲
Gabarito "C".

(**Investigador – PC/ES – Instituto AOCP – 2019**) Disciplinando o exame de corpo de delito e as perícias em geral, o Código de Processo Penal de 1941 prescreve que

(**A**) no exame por precatória, a nomeação dos peritos far-se-á no juízo deprecante, independentemente da ação penal e da transação entre as partes.

(**B**) proceder-se-á, quando necessário, à avaliação das coisas destruídas, que são as coisas estragadas ou degeneradas.

(C) o juiz ficará adstrito ao laudo, devendo aceitá-lo no todo ou em parte.

(D) nas perícias de laboratório, os peritos descartarão o material restante da perícia realizada, independentemente da eventualidade de nova perícia.

(E) faculta-se ao peritos divergentes que apresentem, no mesmo laudo, as suas opiniões em seções diferenciadas e com respostas separadas aos quesitos ou, caso prefiram, elabore cada qual o seu laudo.

A: incorreta, pois em desconformidade com o art. 177, *caput*, do CPP; **B:** incorreta (art. 172, *caput*, CPP); **C:** incorreta. Por força do que dispõe o art. 182 do CPP, o juiz não ficará adstrito ao laudo, podendo aceitá-lo ou rejeitá-lo; **D:** incorreta (art. 170, CPP); **E:** correta (art. 180, CPP). **ED** *Gabarito "E".*

(Escrivão – AESP/CE – VUNESP – 2017) Com relação às disposições do Código de Processo Penal, acerca do exame de corpo de delito e perícias em geral, é correto afirmar que:

(A) na falta de perito oficial, o exame será realizado por 1 (uma) pessoa idônea, portadora de diploma de curso superior.

(B) o exame de corpo de delito deverá ser feito durante o dia.

(C) os exames de corpo de delito e as outras perícias serão feitos obrigatoriamente por dois peritos oficiais.

(D) a autópsia será feita até seis horas depois do óbito, salvo se os peritos, pela evidência dos sinais de morte, julgarem que possa ser feita depois daquele prazo, o que declararão no auto.

(E) não sendo possível o exame de corpo de delito, por haverem desaparecido os vestígios, a prova testemunhal poderá suprir-lhe a falta.

A: incorreta. De acordo com o que estabelece o art. 159 do CPP, a perícia será levada a efeito por *um* perito oficial, portador de diploma de curso superior. À falta deste, determina o § 1º do mesmo dispositivo legal que o exame seja feito por *duas* (e não *uma*!) pessoas idôneas, detentoras de diploma de curso superior preferencialmente na área específica, dentre aquelas que tiverem habilitação técnica relacionada com a natureza do exame; **B:** incorreta. O exame de corpo de delito poderá ser realizado em qualquer dia e a qualquer hora (art. 161, CPP); **C:** incorreta. A redação anterior do art. 159 do CPP estabelecia que a perícia fosse realizada por *dois* profissionais. Atualmente, com a modificação implementada na redação do dispositivo pela Lei 11.690/2008, a perícia será realizada por *um* perito oficial portador de diploma de curso superior. À falta deste, determina o § 1º do art. 159 que o exame seja feito por duas pessoas idôneas, detentoras de diploma de curso superior preferencialmente na área específica, dentre aquelas que tiverem habilitação técnica relacionada com a natureza do exame; **C:** incorreta. Ao contrário: a autópsia será feita pelo menos seis horas depois do óbito (e não além de seis horas), salvo se os peritos, pela evidência dos sinais de morte, julgarem que possa ser feita antes (e não depois) daquele prazo, o que declararão no auto (art. 162, "caput", do CPP); **E:** correta, pois em consonância com o que prescreve o art. 167 do CPP. **ED** *Gabarito "E".*

(Escrivão – AESP/CE – VUNESP – 2017) Com relação às disposições do Código de Processo Penal relativas ao ofendido e às testemunhas, é correto afirmar que:

(A) durante o depoimento não é permitido que a testemunha manifeste suas apreciações pessoais, salvo quando inseparáveis da narrativa do fato.

(B) as pessoas impossibilitadas, por enfermidade ou por velhice, de comparecer para depor, não serão inquiridas.

(C) a redação do depoimento da testemunha deverá evitar a utilização de expressões de "baixo calão" usadas pelas testemunhas sem reproduzir fielmente as suas frases.

(D) o ofendido será qualificado e fará, sob palavra de honra, a promessa de dizer a verdade do que souber e lhe for perguntado, e sendo perguntado sobre as circunstâncias da infração, quem seja ou presuma ser o seu autor e sobre as provas que possa indicar, tomar-se-ão por termo as suas declarações.

(E) os militares e os funcionários públicos deverão ser ouvidos no local em que exercem suas funções.

A: correta. Uma das características da prova testemunhal é a *objetividade*, segundo a qual a testemunha, no seu depoimento, deve ser objetiva, evitando fazer apreciações de natureza subjetiva, ou seja, a testemunha deve se abster de emitir sua opinião sobre os fatos. Deve limitar-se, isto sim, a expô-los com objetividade (art. 213, do CPP). Tal regra comporta uma exceção: poderá a testemunha emitir sua opinião desde que seja inseparável da narrativa do fato; **B:** incorreta. Em casos assim, determina o art. 220 do CPP que as testemunhas sejam inquiridas onde quer que estejam; **C:** incorreta, pois contraria o disposto no art. 215 do CPP; **D:** incorreta. É que o ofendido, dada a sua posição parcial no processo, não se sujeita ao compromisso de dizer a verdade, não podendo ser responsabilizado, portanto, pelo crime de falso testemunho (art. 201, "caput", CPP); **E:** incorreta. Tanto o militar quanto o funcionário público civil serão ouvidos no fórum, como qualquer testemunha. A peculiaridade em relação a eles é que, no que tange ao funcionário público civil, além de realizar-se pessoalmente a sua intimação, deverá o seu superior, por imposição do art. 221, § 3º, do CPP, ser comunicado da audiência, para que possa providenciar, se o caso, a substituição do funcionário; já o militar será requisitado pelo magistrado ao superior hierárquico, nos termos do art. 221, § 2º, do CPP. **ED** *Gabarito "A".*

(Escrivão – AESP/CE – VUNESP – 2017) Assinale a alternativa correta com relação às disposições previstas no Código de Processo Penal, com relação ao reconhecimento de pessoas e coisas e a acareação.

(A) Após a realização do reconhecimento, a pessoa que o fez será convidada a descrever a pessoa que deva ser reconhecida.

(B) O reconhecimento de objeto deverá ser realizado com as mesmas cautelas previstas para o reconhecimento de pessoas, desde que aplicáveis.

(C) Do ato de reconhecimento, lavrar-se-á auto pormenorizado, subscrito pela autoridade, pela pessoa chamada para proceder ao reconhecimento e por uma testemunha presencial.

(D) Não será admitida acareação entre acusado e testemunha.

(E) É inválida a acareação realizada sem a presença de alguma das testemunhas que divergiram, em suas declarações, sobre fatos ou circunstâncias relevantes.

A: incorreta. A descrição da pessoa a ser reconhecida precede o ato de reconhecimento propriamente dito. A propósito, a descrição é o ato inaugural do procedimento de reconhecimento de pessoa (art. 226, I, CPP); **B:** correta (art. 227, CPP); **C:** incorreta. O auto a ser lavrado por ocasião do reconhecimento deverá ser subscrito pela autoridade, pela pessoa submetida a reconhecimento e também por *duas* (e não *uma*!)

2. DIREITO PROCESSUAL PENAL

testemunhas, tal como estabelece o art. 226, IV, do CPP; **D:** incorreta. Segundo o art. 229 do CPP, *a acareação será admitida entre acusados, entre acusado e testemunha, entre testemunhas, entre acusado ou testemunha e a pessoa ofendida, e entre as pessoas ofendidas, sempre que divergirem, em suas declarações, sobre fatos ou circunstâncias relevantes*; **E:** incorreta (art. 230, CPP).
Gabarito "B".

(Escrivão – AESP/CE – VUNESP – 2017) Segundo o disposto no Código de Processo Penal, consideram-se indícios:

(A) o conjunto dos elementos de prova de autoria e materialidade que autorize o oferecimento da denúncia por parte do Ministério Público.

(B) a circunstância conhecida e provada que, tendo relação com o fato, autorize o indiciamento do investigado.

(C) o conjunto dos meios de prova de autoria e materialidade que autorize o oferecimento da denúncia por parte do Ministério Público.

(D) a circunstância conhecida e provada que, tendo relação com o fato, autorize, por indução, concluir-se a existência de outra ou outras circunstâncias.

(E) a circunstância conhecida mas ainda não provada que, tendo relação com o fato, autorize, por indução, concluir-se a existência de outra ou outras circunstâncias.

Segundo o art. 239 do CPP, constitui *indício*, considerado prova indireta, *a circunstância conhecida e provada, que, tendo relação com o fato, autorize, por indução, concluir-se a existência de outra ou outras circunstâncias.*
Gabarito "D".

(Escrivão – AESP/CE – VUNESP – 2017) Com relação a buscas e apreensões, é correto afirmar que:

(A) só será arrombada a porta e forçada a entrada na residência a que será realizada a busca na hipótese de encontrarem-se ausentes os moradores.

(B) a autoridade ou seus agentes poderão penetrar no território de jurisdição alheia, salvo se pertencente a outro Estado quando, para o fim de apreensão, forem no seguimento de pessoa ou coisa, devendo apresentar-se à competente autoridade local, antes da diligência ou após, conforme a urgência desta.

(C) a busca em mulher será feita por outra mulher, se não importar retardamento ou prejuízo da diligência.

(D) sendo determinada a pessoa ou coisa que se vai procurar, é vedado cientificar o morador acerca dela, contudo não sendo encontrada a pessoa ou coisa procurada, os motivos da diligência serão comunicados a quem tiver sofrido a busca, se o requerer.

(E) se as autoridades locais tiverem fundadas razões para duvidar da legitimidade das pessoas que, nas diligências de busca e apreensões, entrarem pelos seus distritos, ou da legalidade dos mandados que apresentarem, poderão exigir as provas dessa legitimidade, ainda que em prejuízo da diligência.

A: incorreta (art. 245, § 2°, do CPP); **B:** incorreta (art. 250, "caput", do CPP); **C:** correta (art. 249, CPP); **D:** incorreta (art. 247, CPP); **E:** incorreta (art. 250, § 2°, CPP).
Gabarito "C".

(Agente-Escrivão – PC/GO – CESPE – 2016) No que diz respeito às provas no processo penal, assinale a opção correta.

(A) Para se apurar o crime de lesão corporal, exige-se prova pericial médica, que não pode ser suprida por testemunho.

(B) Se, no interrogatório em juízo, o réu confessar a autoria, ficará provada a alegação contida na denúncia, tornando-se desnecessária a produção de outras provas.

(C) As declarações do réu durante o interrogatório deverão ser avaliadas livremente pelo juiz, sendo valiosas para formar o livre convencimento do magistrado, quando amparadas em outros elementos de prova.

(D) São objetos de prova testemunhal no processo penal fatos relativos ao estado das pessoas, como, por exemplo, casamento, menoridade, filiação e cidadania.

(E) O procedimento de acareação entre acusado e testemunha é típico da fase pré-processual da ação penal e deve ser presidido pelo delegado de polícia.

A: incorreta. Na lesão corporal, tal como ocorre em geral nos crimes que deixam vestígios, é de rigor a realização do exame de corpo de delito, direto ou indireto (art. 158, CPP). Pode ocorrer, entretanto, de tais vestígios, por qualquer razão, se perderem, desaparecerem. Neste caso, é perfeitamente possível que tal ausência seja suprida por meio de prova testemunhal (art. 167, CPP). O que não se admite, por expressa previsão desse dispositivo, é que a confissão supra essa falta. A propósito, o art. 158-A, § 3°, introduzido no CPP pela Lei 13.964/2019, traz o conceito de vestígio, como sendo *todo objeto ou material bruto, visível ou latente, constatado ou recolhido, que se relaciona à infração penal*; **B:** incorreta. Atualmente, não mais se confere à confissão o *status* de rainha das provas, como outrora já foi considerada. Hoje, temos que a confissão, sendo meio de prova com valor equivalente ao das demais, deve ser valorada em conjunto com os outros elementos probatórios produzidos no processo (art. 197, CPP); a confissão, portanto, ainda que produzida em juízo, não torna certa a alegação contida na inicial, que não poderá, de forma isolada ou dissociada dos demais elementos probatórios reunidos no processo, levar a um decreto condenatório; **C:** correta. No campo da valoração da prova, o sistema adotado, como regra, pelo CPP, é o da *persuasão racional* ou *livre convencimento motivado*, pelo qual o magistrado tem ampla liberdade para apreciar as provas produzidas no processo, devendo, sempre, fundamentar a sua decisão. Esse sistema de valoração da prova está consagrado na Exposição de Motivos do CPP, item VII, que assim dispõe: *Todas as provas são relativas; nenhuma delas terá*, ex vi legis, *valor decisivo ou necessariamente maior prestígio que outra. Se é certo que o juiz fica adstrito à prova constante dos autos, não é menos certo que não fica subordinado a nenhum critério apriorístico no apurar, através delas, a verdade material. O juiz criminal é, assim, restituído à sua própria consciência.* Dessa forma, as declarações do réu no seu interrogatório serão avaliadas livremente pelo juiz, que deverá sopesá-las com as demais provas contidas no processo; **D:** incorreta. A lei processual penal (art. 155, parágrafo único, CPP) impôs restrição à produção da prova que diga respeito ao estado das pessoas, devendo-se observar, neste caso, as regras contempladas na lei civil. Exemplo clássico é a prova do estado de casado, que deverá ser feita por meio da certidão do registro civil; **E:** incorreta, dado que a acareação pode ser realizada tanto na fase *inquisitiva* quanto na *judicial*, neste último caso determinada pelo magistrado do feito, de ofício ou a requerimento das partes. De igual modo, a autoridade policial, se entender pertinente e útil às investigações do inquérito policial, poderá determinar tal providência (art. 6°, VI, do CPP).
Gabarito "C".

(Agente – Pernambuco – CESPE – 2016) Considerando os princípios e normas que orientam a produção de provas no processo penal, assinale a opção correta.

(A) O reconhecimento de pessoas no âmbito do inquérito policial poderá ser feito pessoalmente, com a apresentação do suspeito, ou por meio de fotografias, com idêntico valor probante, conforme disciplinado no Código de Processo Penal.

(B) Conforme a teoria dos frutos da árvore envenenada, são inadmissíveis provas ilícitas no processo penal, restringindo-se o seu aproveitamento a casos excepcionais, mediante decisão fundamentada do juiz.

(C) Nos crimes cometidos com destruição ou rompimento de obstáculo, embora indispensável a perícia técnica que descreva os vestígios materiais e indique os instrumentos utilizados, ela pode ser suprida pela confissão espontânea do acusado.

(D) O pedido de interceptação telefônica do investigado cabe exclusivamente ao Ministério Público e somente a ele deve se reportar a autoridade policial.

(E) A interceptação telefônica é admitida no processo se determinada por despacho fundamentado do juiz competente, na fase investigativa ou no curso da ação penal, sob segredo de justiça.

A: incorreta. A lei processual penal não contemplou o reconhecimento *fotográfico*, mas somente o *pessoal*, cuja disciplina está no Código de Processo Penal, em seu art. 226. No mais, o reconhecimento fotográfico, além de não encontrar, como dito, previsão na legislação processual, constitui prova *indireta*, pois não realizada sobre o investigado em pessoa. Cuida-se, pois, de mero *indício*; **B:** incorreta. A assertiva corresponde à teoria da inadmissibilidade da prova obtida por meio ilícito (art. 5°, LVI, CF e art. 157, "caput", do CPP). A chamada teoria dos frutos da árvore envenenada enuncia a imprestabilidade daquela prova que, embora em si mesma seja lícita, sua obtenção se deu por meio de uma prova ilícita. Com o advento da Lei 11.690/2008, que promoveu uma série de alterações no campo da prova, o CPP contemplou, de forma expressa, a prova ilícita por derivação (o art. 157, § 1°, do CPP), que, antes mesmo dessa alteração legislativa, já representava entendimento sufragado na nossa Corte Suprema, no sentido de que a prova obtida por meio ilícito contamina aquelas que dela tenham se originado. Dessa forma, a prova derivada da ilícita, tal qual ocorre com a ilícita, deve ser defenestrada do processo, não podendo, assim, contribuir para a formação da convicção do julgador. Todavia, é importante que se diga, o CPP, neste mesmo dispositivo, previu duas exceções, a saber: quando não evidenciado o nexo de causalidade entre a prova primária e a secundária; e quando as derivadas (provas secundárias) puderem ser obtidas por uma fonte independente das primeiras (provas primárias); **C:** incorreta. A assertiva trata de uma das formas qualificadas do delito de furto, em que o agente, com vistas a subtrair a coisa alheia móvel, rompe ou destrói obstáculo. Neste caso, é de rigor, tal como estabelece o art. 171 do CPP, a realização do exame de corpo de delito a fim de constatar a existência desta qualificadora. Em regra, a perícia deverá realizar-se, de forma direta, sobre os vestígios do crime, a qual, no entanto, poderá ser suprida por prova testemunhal quando tais vestígios, por qualquer razão, desaparecerem. O que não se admite – e aqui está o erro da assertiva – é que o exame seja suprido pela confissão do acusado (art. 158, CPP); **D:** incorreta, dado que o pedido de interceptação das comunicações telefônicas poderá ser formulado tanto pelo Ministério Público quanto pela autoridade policial, que se reportará diretamente ao juiz competente (art. 3° da Lei 9.296/1996); **E:** correta, pois reflete o disposto no art. 1°, "caput", da Lei 9.296/1996. **ED**

Gabarito "E".

(Escrivão – Pernambuco – CESPE – 2016) Com relação ao exame de corpo de delito, assinale a opção correta.

(A) O exame de corpo de delito poderá ser suprido indiretamente pela confissão do acusado se os vestígios já tiverem desaparecido.

(B) Não tendo a infração deixado vestígios, será realizado o exame de corpo de delito de modo indireto.

(C) Tratando-se de lesões corporais, a falta de exame complementar poderá ser suprida pela prova testemunhal.

(D) Depende de mandado judicial a realização de exame de corpo de delito durante o período noturno.

(E) Requerido, pelas partes, o exame de corpo de delito, o juiz poderá negar a sua realização, se entender que é desnecessário ao esclarecimento da verdade.

A: incorreta. Como bem sabemos, o exame de corpo de delito, nas infrações que deixam vestígios, é indispensável – art. 158 do CPP. Agora, se estes vestígios, por qualquer razão, se perderem, nosso ordenamento jurídico admite que a prova testemunhal supra essa ausência – art. 167 do CPP. A confissão, no entanto, por expressa disposição do art. 158 do CPP, não poderá ser utilizada para esse fim; **B:** incorreta. O exame de corpo de delito, direto ou indireto, somente será realizado na hipótese de a infração deixar vestígios; se não há vestígios, não há por que proceder-se ao exame de corpo de delito; **C:** correta, pois retrata a regra presente no art. 168, § 3°, do CPP; **D:** incorreta. O exame de corpo de delito poderá ser realizado em qualquer dia e qualquer hora (art. 161, CPP); **E:** incorreta. Reza o art. 184 do CPP que, *salvo o caso de exame de corpo de delito, o juiz ou a autoridade policial negará a perícia requerida pelas partes, quando não for necessária ao esclarecimento da verdade.* **ED**

Gabarito "C".

(Escrivão – Pernambuco – CESPE – 2016) A respeito da confissão, assinale a opção correta.

(A) Será divisível e o juiz poderá considerar apenas certas partes do que foi confessado.

(B) Será qualificada quando o réu admitir a prática do crime e delatar um outro comparsa.

(C) Tem valor absoluto e se sobrepõe aos demais elementos de prova existentes nos autos.

(D) Ficará caracterizada diante do silêncio do réu durante o seu interrogatório judicial.

(E) Será irretratável após realizada pelo réu durante o interrogatório judicial e na presença do seu defensor.

A: correta. A confissão, de fato, é *divisível*, podendo o juiz, ao apreciá-la, acreditar numa determinada parte e desconsiderar outra. De toda sorte, o magistrado apreciará a confissão considerando o conjunto formado pelas demais provas reunidas no processo (art. 200, CPP); **B:** incorreta. *Qualificada* é a confissão em que o acusado admite os fatos que lhe são imputados, mas invoca, em seu benefício, uma justificativa, como, por exemplo, ter agido acobertado por uma causa de exclusão da ilicitude; **C:** incorreta. Atualmente, não mais se confere à confissão o *status* de rainha das provas, como outrora já foi considerada. Hoje, temos que a confissão, sendo meio de prova com valor equivalente às demais, deve ser valorada em conjunto com os outros elementos probatórios produzidos no processo (art. 197, CPP); **D:** incorreta. Assim dispõe o art. 186, parágrafo único, do CPP: *O silêncio, que não importará em confissão, não poderá ser interpretado em prejuízo da defesa;* **E:** incorreta. A possibilidade de o acusado, a qualquer tempo, retratar-se da confissão está expressamente prevista no art. 200 do CPP. **ED**

Gabarito "A".

(Escrivão – Pernambuco – CESPE – 2016) Com relação ao interrogatório do acusado, assinale a opção correta.

(A) O acusado poderá ser interrogado sem a presença de seu defensor se assim desejar e deixar consignado no termo.

(B) Não sendo possível a presença em juízo do acusado preso por falta de escolta para conduzi-lo, poderá o interrogatório ser realizado por sistema de videoconferência.

(C) Mesmo após o encerramento da instrução criminal, a defesa poderá requerer ao juiz novo interrogatório do acusado, devendo indicar as razões que o justifiquem.

(D) Havendo mais de um acusado, eles serão interrogados conjuntamente, exceto se manifestarem acusações recíprocas.

(E) O interrogatório deve ser realizado no início da instrução criminal, antes da oitiva de testemunhas de acusação e de defesa.

A: incorreta, uma vez que a presença do defensor, constituído ou dativo, no interrogatório é indispensável, obrigatória (art. 185, "caput", do CPP); **B:** incorreta. A falta de escolta não constitui motivo bastante para que se proceda ao interrogatório por videoconferência. Isso porque tal recurso tecnológico somente deve ser utilizado em situações excepcionais, que estão elencadas no art. 185, § 2º, do CPP, entre as quais não está a impossibilidade de comparecimento por falta de escolta; **C:** correta. Com efeito, é lícito ao juiz, a todo tempo, proceder a novo interrogatório, de ofício ou a requerimento das partes (art. 196, CPP); **D:** incorreta, já que, havendo dois ou mais réus, serão eles interrogados separadamente (art. 191, CPP); **E:** incorreta. Por força das modificações implementadas pela Lei 11.719/2008, que alterou diversos dispositivos do CPP, entre os quais o seu art. 400, a instrução, que antes tinha como providência inicial o interrogatório do acusado, passou a ser una, impondo, além disso, nova sequência de atos, todos realizados em uma única audiência. Nesta (art. 400 do CPP – ordinário; art. 531 do CPP – sumário), deve-se ouvir, em primeiro lugar, o ofendido; depois, ouvem-se as testemunhas de acusação e, em seguida, as de defesa. Após, vêm os esclarecimentos dos peritos e as acareações. Em seguida, procede-se ao reconhecimento de pessoas e coisas. Somente depois se interroga o acusado. Ao final, não havendo requerimento de diligências, serão oferecidas pelas partes alegações finais orais, por vinte minutos, prorrogáveis por mais dez. **ED**
Gabarito "C".

(Investigador-Escrivão-Papiloscopista – Pará – Funcab – 2016) A prova em matéria processual penal tem por finalidade formar a convicção do magistrado sobre a materialidade e a autoria de um fato tido como criminoso. No que tange aos meios de prova, o Código de Processo Penal dispõe:

(A) o exame de corpo de delito não poderá ser feito em qualquer dia e a qualquer hora.

(B) o exame de corpo de delito e outras perícias serão realizados por perito oficial, portador de diploma de curso superior. Na falta de perito oficial, o exame será realizado por uma pessoa idônea, portadora de diploma de curso superior preferencialmente na área específica.

(C) no caso de autópsia, esta será feita pelo menos seis horas depois do óbito, salvo se os peritos, pela evidência dos sinais de morte, julgarem que possa ser feita antes daquele prazo, o que declararão no auto.

(D) não sendo possível o exame de corpo de delito, por haverem desaparecido os vestígios, a prova testemunhai não poderá suprir-lhe a falta.

(E) quando a infração não deixar vestígios, será indispensável o exame de corpo de delito, direto ou indireto, não podendo supri-lo a confissão do acusado.

A: incorreta. O exame de corpo de delito poderá, sim, ser realizado em qualquer dia e a qualquer hora (art. 161, CPP); **B:** incorreta. De acordo com o que estabelece o art. 159 do CPP, a perícia será levada a efeito por *um* perito oficial, portador de diploma de curso superior. À falta deste, determina o § 1º do mesmo dispositivo legal que o exame seja feito por *duas* (e não por *uma*!) pessoas idôneas, detentoras de diploma de curso superior preferencialmente na área específica, dentre aquelas que tiverem habilitação técnica relacionada com a natureza do exame; **C:** correta (art. 162, "caput", do CPP); **D:** incorreta, pois não reflete o disposto no art. 167 do CPP; **E:** incorreta. O exame de corpo de delito somente é exigível (e possível) quando a infração deixar vestígios (art. 158, CPP). **ED**
Gabarito "C".

(Papiloscopista – PCDF – Universa – 2016) Assinale a alternativa correta acerca do reconhecimento de pessoas e coisas e da acareação segundo o Código de Processo Penal (CPP).

(A) A acareação é ato processual presidido pelo promotor de justiça, visando à busca da verdade real.

(B) A acareação não pode ser realizada na fase policial.

(C) Se houver fundado receio de que a pessoa chamada para o reconhecimento, por efeito de intimidação ou outra influência, não diga a verdade em face da pessoa que deve ser reconhecida, a autoridade providenciará para que esta não veja aquela.

(D) Admite-se que várias pessoas sejam chamadas a efetuar o reconhecimento de pessoa ou de objeto, de forma coletiva ou em grupo.

(E) A acareação é inadmissível entre acusados, em razão de seu direito constitucional ao silêncio.

A: incorreta. Isso porque a acareação, cuja disciplina está nos arts. 229 e 230 do CPP, será conduzida, na fase de investigação, pela autoridade policial presidente do inquérito; na fase processual, pelo juiz de direito competente; **B:** incorreta. Como dito, poderá ser realizada tanto na fase policial quanto no curso da ação penal; **C:** correta (art. 226, III, do CPP); **D:** incorreta, pois contraria o disposto no art. 228 do CPP; **E:** incorreta. É perfeitamente possível que se proceda à acareação entre acusados, respeitado, sempre, o direito ao silêncio (art. 229, "caput", CPP). **ED**
Gabarito "C".

(Papiloscopista – PCDF – Universa – 2016) Assinale a alternativa correta acerca do ofendido e das testemunhas.

(A) Em regra, é permitido à testemunha dar sua opinião pessoal em seu depoimento.

(B) Se o magistrado, ao condenar ou absolver o réu, mencionar expressamente que alguma testemunha mentiu, calou ou negou a verdade, deverá remeter cópia do depoimento à autoridade policial, requisitando a instauração de inquérito para apurar o delito de falso testemunho.

(C) O ofendido que, intimado para prestar declarações, não comparecer, sem motivo justo, não poderá ser conduzido à presença da autoridade.

(D) As pessoas de má reputação não podem ser testemunhas.

(E) Em regra, o irmão do acusado não poderá eximir-se da obrigação de depor.

A: incorreta. O juiz somente autorizará a testemunha a dar sua opinião pessoal quando esta for inseparável da narrativa do fato (art. 213 do

CPP); trata-se, portanto, de exceção à regra, esta representada pela vedação imposta à testemunha de fazer, em seu depoimento, apreciações de ordem subjetiva, devendo narrar os fatos objetivamente; **B:** correta, pois em conformidade com a regra contida no art. 211, "caput", do CPP; **C:** incorreta. A teor do art. 201, § 1º, do CPP, se o ofendido, depois de intimado, deixar de comparecer sem motivo justo, poderá ser conduzido coercitivamente à presença da autoridade; **D:** incorreta. Toda pessoa pode ser testemunha, pouco importando se de boa ou má reputação. Assim, podem servir de testemunha os travestis, as prostitutas, os drogados, bem como pessoas que vivem à margem da lei; **E:** incorreta. O art. 206 do CPP confere a determinadas pessoas, entre as quais o irmão do acusado, o direito de recusar-se a depor. ED

Gabarito "B".

(Escrivão de Polícia/MA – 2013 – FGV) Vige no Processo Penal o princípio da liberdade dos meios de prova. Dessa forma, qualquer meio de prova é admitido, desde que não sejam ilícitas.

Acerca do direito probatório, assinale a afirmativa incorreta.

(A) Não deve ser desentranhada a prova derivada da ilícita quando aquela (derivada) puder ser obtida por uma fonte independente desta (ilícita).

(B) Em regra, não sendo possível o exame de corpo de delito, por haverem desaparecido os vestígios, a prova testemunhal poderá suprir-lhe a falta.

(C) Se várias forem as pessoas chamadas a efetuar o reconhecimento de pessoas ou de objeto, cada uma fará a prova em separado, evitando-se qualquer comunicação entre elas.

(D) O cônjuge do acusado, ainda que desquitado, poderá recusar-se a depor, salvo quando não for possível, por outro modo, obter-se ou integrar-se a prova do fato e de suas circunstâncias.

(E) O depoimento será prestado oralmente, não sendo permitido à testemunha trazê-lo por escrito ou fazer breves consultas a apontamentos.

A: correta (art. 157, §§ 1º e 2º, do CPP); **B:** correta, nos exatos termos do art. 167 do CPP; **C:** correta, nos precisos termos do art. 228 do CPP; **D:** correta (art. 206 do CPP); **E:** incorreta. De fato, o depoimento deverá ser prestado oralmente, não sendo possível que a testemunha o traga na forma escrita (art. 204, *caput*, do CPP). Contudo, não é vedado à testemunha que faça breves consultas a apontamentos (art. 204, parágrafo único, do CPP).

Gabarito "E".

(Agente de Polícia Federal – 2012 – CESPE) Com base no direito processual penal, julgue os itens que se seguem.

(1) De acordo com inovações na legislação específica, a perícia deverá ser realizada por apenas um perito oficial, portador de diploma de curso superior; contudo, caso não haja, na localidade, perito oficial, o exame poderá ser realizado por duas pessoas idôneas, portadoras de diploma de curso superior, preferencialmente na área específica. Nessa última hipótese, serão facultadas a participação das partes, com a formulação de quesitos, e a indicação de assistente técnico, que poderá apresentar pareceres, durante a investigação policial, em prazo máximo a ser fixado pela autoridade policial.

(2) Como o sistema processual penal brasileiro assegura ao investigado o direito de não produzir provas contra si mesmo, a ele é conferida a faculdade de

não participar de alguns atos investigativos, como, por exemplo, da reprodução simulada dos fatos e do procedimento de identificação datiloscópica e de reconhecimento, além do direito de não fornecer material para comparação em exame pericial.

(3) O sistema processual vigente prevê tratamento especial ao ofendido, especialmente no que se refere ao direito de ser ouvido em juízo e de ser comunicado dos atos processuais relativos ao ingresso e à saída do acusado da prisão, à designação de data para audiência e à sentença e respectivos acórdãos. Além disso, ao ofendido é conferido o direito da preservação da intimidade, da vida privada, da honra e da imagem, o que, entretanto, não obsta a acareação entre ele e o acusado.

(4) O Código de Processo Penal determina expressamente que o interrogatório do investigado seja o último ato da investigação criminal antes do relatório da autoridade policial, de modo que seja possível sanar eventuais vícios decorrentes dos elementos informativos colhidos até então bem como indicar outros elementos relevantes para o esclarecimento dos fatos.

1: errada, pois, de acordo com o art. 159, § 4º, do CPP, o assistente técnico atuará a partir de sua admissão pelo juiz e após a conclusão dos exames e *elaboração do laudo pelos peritos oficiais*, sendo as partes intimadas desta decisão. Porém, entende-se que será possível a indicação de assistentes técnicos e a formulação de quesitos mesmo em caso de a perícia ser realizada por peritos não oficiais (peritos juramentados); **2:** errada. De fato, ninguém poderá ser compelido a produzir prova contra si mesmo (princípio do *nemo tenetur se detegere*), razão pela qual a participação do investigado na reprodução simulada dos fatos (art. 7º do CPP) será facultativa, o mesmo se dizendo no tocante à colheita de material gráfico para comparação em exame pericial. Porém, no que diz respeito à identificação criminal (que compreende a identificação datiloscópica e fotográfica), esta será realizada mesmo contra a vontade do investigado, nas hipóteses previstas na Lei 12.037/2009; **3:** correta. Nos termos do art. 201, § 2º, do CPP, o ofendido será comunicado dos atos processuais relativos ao ingresso e à saída do acusado da prisão, à designação de data para audiência e à sentença e respectivos acórdãos que a mantenham ou modifiquem. Ainda, conforme dispõe o art. 229 do CPP, será admitida a acareação entre acusados, entre acusado e testemunha, entre testemunhas, *entre acusado* ou testemunha *e a pessoa ofendida, e entre as pessoas ofendidas*, sempre que divergirem, em suas declarações, sobre fatos ou circunstâncias relevantes; **4:** errada, pois o interrogatório do investigado, durante a fase de investigação criminal, não é, necessariamente, o último ato antecede o relatório da autoridade policial. Basta ver que no art. 6º do CPP, que trata das diligências realizadas na fase inquisitiva, não há uma ordem a ser seguida, constando o interrogatório do indiciado em seu inciso V. Situação diversa ocorre na fase processual (fase da ação penal), na qual, de fato, o interrogatório do acusado é ato de fechamento ou de encerramento da fase instrutória (vide, por exemplo, o art. 400, *caput*, parte final, do CPP). ED

Gabarito 1E, 2E, 3C, 4E

No curso de uma investigação federal de grande porte, o juízo federal autorizou medida de busca e apreensão de bens e documentos, conforme descrito em mandado judicial, atendendo a representação da autoridade policial. Na realização da operação, houve dificuldade de identificação e de acesso ao imóvel apresentado na diligência, por estar situado em zona rural. Nesse mesmo dia, no entanto, durante a realização de outras diligências empreendidas no curso de operação policial

2. DIREITO PROCESSUAL PENAL

de grande porte, os agentes chegaram ao sobredito imóvel no período noturno. Apresentaram-se, então, ao casal de moradores e proprietários do bem, realizando a leitura do mandado, com a exibição do mesmo, obedecendo às demais formalidades legais para o cumprimento da ordem judicial. Desse modo, solicitaram autorização dos moradores para o ingresso no imóvel e realização da diligência.

(Escrivão de Polícia Federal – 2013 – CESPE) Considerando a situação hipotética acima, julgue os próximos itens, com base nos elementos de direito processual.

(1) Na execução regular da diligência, caso haja suspeita fundada de que a moradora oculte consigo os objetos sobre os quais recaia a busca, poderá ser efetuada a busca pessoal, independentemente de ordem judicial expressa, ainda que não exista mulher na equipe policial, de modo a não retardar a diligência.

(2) Existindo o consentimento do marido para a entrada dos policiais no imóvel, com oposição expressa e peremptória da esposa, o mandado não poderá ser cumprido no período noturno, haja vista a necessidade de consentimento de ambos os cônjuges e moradores.

1: correta, pois em conformidade com o que estabelecem os arts. 240, § 2º, 244 e 249, todos do CPP; 2: correta, uma vez que, havendo divergência entre os moradores, prevalecerá a vontade daquele que não autoriza o ingresso durante o repouso noturno. De ver-se que, se durante o dia, pouco importa se um dos moradores se opuser ao cumprimento da ordem judicial, que, mesmo assim, será realizada, fazendo uso, o executor da ordem, se necessário, de força para vencer a resistência oferecida (art. 245, § 3º, CPP). **ED**

Gabarito 1C, 2C

(Escrivão de Polícia Federal – 2013 – CESPE) A respeito da prova no processo penal, julgue os itens subsequentes.

(1) A consequência processual da declaração de ilegalidade de determinada prova obtida com violação às normas constitucionais ou legais é a nulidade do processo com a absolvição do réu.

(2) O exame caligráfico ou grafotécnico visa certificar, por meio de comparação, que a letra inserida em determinado escrito pertence à pessoa investigada. Esse exame pode ser utilizado como parâmetro para as perícias de escritos envolvendo datilografia ou impressão por computador.

(3) A confissão extrajudicial do réu e outros elementos indiciários de participação no crime nos autos do processo são subsídios suficientes para autorizar-se a prolação de sentença condenatória.

1: incorreta. A declaração de nulidade de determinada prova obtida em violação a norma constitucional ou legal não conduz, necessariamente, à absolvição do acusado. Neste caso, por imposição do art. 157, *caput*, do CPP, tal prova deve ser desentranhada do processo, ficando o juiz, bem por isso, impedido de considerá-la para o fim de condenar o réu; 2: correta. Nesse sentido, conferir a lição de Guilherme de Souza Nucci, em comentário lançado ao art. 174 do CPP, que disciplina o chamado exame grafotécnico ou caligráfico: "Reconhecimento de escritos: é o denominado exame grafotécnico (ou caligráfico), que busca certificar, admitindo como certo, por comparação, que a letra, inserida em determinado escrito, pertence a pessoa investigada. Tal exame pode ser essencial para apurar um crime de estelionato ou de falsificação,

determinando a autoria. Logicamente, da mesma maneira que a prova serve para incriminar alguém, também tem a finalidade de afastar a participação de pessoa cuja letra não for reconhecida. O procedimento acima pode ser utilizado, atualmente, como parâmetro para as perícias envolvendo datilografia ou impressão por computador (...)" (*Código de Processo Penal Comentado*, 12ª ed., p. 418); 3: incorreta. A confissão extrajudicial, porque não realizada sob o crivo do contraditório e ampla defesa, deve ser considerada tão somente como *indício* (meio de prova indireto). Não pode, por isso, ser utilizada, por si só, para dar suporte a decreto condenatório. Deve, isto sim, ser cotejada com as demais provas produzidas em juízo (art. 197, CPP). No mais, para autorizar uma condenação, não bastam indícios de autoria, sendo de rigor, além da prova da existência do crime, também *certeza* de autoria. **ED**

Gabarito 1E, 2C, 3E

(Escrivão de Polícia/BA – 2013 – CESPE)

Após denúncia anônima, João foi preso em flagrante pelo crime de moeda falsa no momento em que fazia uso de notas de cem reais falsificadas. Ele confessou a autoria da falsificação, confirmada após a perícia.

Com base nessa situação hipotética e nos conhecimentos específicos relativos ao direito processual penal, julgue os itens subsecutivos.

(1) A confissão de João, efetuada durante o inquérito policial, é suficiente para que o juiz fundamente sua condenação, pois, pela sistemática processual, o valor desse meio de prova é superior aos demais.

(2) Caso não tenha condições de contratar advogado, João poderá impetrar *habeas corpus* em seu próprio favor, no intuito de obter sua liberdade, bem como de fazer sua defesa técnica nos autos do processo judicial, caso seja advogado.

(3) João poderá indicar assistente técnico para elaborar parecer, no qual poderá ser apresentada conclusão diferente da apresentada pela perícia oficial. Nesse caso, o juiz é livre para fundamentar sua decisão com base na perícia oficial ou na particular.

(4) João deverá ser investigado pela polícia federal e processado pela justiça federal do lugar em que ocorreu o fato criminoso.

(5) O delegado tem competência para arbitrar a fiança de João, visto que se trata de crime afiançável.

1: incorreta. A confissão efetuada durante o inquérito policial, porque não realizada sob o crivo do contraditório e ampla defesa, deve ser considerada tão somente como *indício* (meio de prova indireto). Não pode, por isso, ser utilizada, por si só, para dar suporte a decreto condenatório. Deve, isto sim, ser cotejada com as demais provas produzidas em juízo (art. 197, CPP). Da mesma forma, é incorreto se afirmar que a confissão, mesmo a realizada no curso da instrução processual, tem valor superior às demais provas; não há que se falar, portanto, em hierarquia entre provas; 2: correta. De fato, o *habeas corpus* pode ser impetrado pelo próprio paciente, sem que haja necessidade da intervenção de advogado (art. 654, *caput*, do CPP); no mais, embora não seja recomendável, nada obsta que o advogado, atuando em causa própria, patrocine, ele mesmo, sua defesa; 3: correta (art. 159, § 5º, II, do CPP; art. 182, CPP); 4: correta. Em princípio, a competência para o processamento e julgamento do crime de moeda falsa, capitulado no art. 289 do CP, é da Justiça Federal, cabendo a sua apuração, por conseguinte, à Polícia Federal; agora, sendo a falsificação grosseira, tem entendido a jurisprudência que a competência, neste caso, é da Justiça Estadual (*vide* Súmula n. 73 do STJ), na medida em que o crime pelo qual deve o agente responder é o de estelionato (art. 171, *caput*, do CP). Como nenhuma menção a isso foi feita no enunciado, é correto dizer-se que a competência, na hipótese narrada no enunciado, é da JF. Conferir: "Conflito negativo de competência entre as justiças estadual e federal – Colocação de moeda falsa em circulação – Laudo pericial confirmando a boa qualidade do falso, que se mostra grosseiro apenas do ponto de vista técnico – Afastamento da Súm. 73/STJ – Competência da Justiça Federal. 1. "A utilização de papel moeda grosseiramente falsificado configura, em tese, o crime de estelionato, da competência da Justiça Estadual" (Súm. 73/STJ). 2. *Mutatis mutandis*, a boa qualidade do falso, grosseira apenas do ponto de vista estritamente técnico, assim atestada em laudo pericial, é capaz de tipificar, em tese, o crime de moeda falsa. 3. Por lesar diretamente os interesses da União, o crime de moeda falsa deve ser processado e julgado perante a Justiça Federal. 4. Competência da Justiça Federal" (CC 200700217713, Jane Silva (Desembargadora Convocada do TJ/MG), STJ – 3.ª Seção, *DJE* 04.08.2008); **5:** incorreta, uma vez que ao delegado de polícia não é dado, nos termos do art. 322, *caput*, do CPP, arbitrar fiança nos crimes em que a pena privativa de liberdade máxima for superior a 4 (quatro) anos. No crime de moeda falsa (art. 289, CP), a pena máxima cominada no preceito secundário do tipo é de 12 (doze) anos, bem superior, portanto, ao limite estabelecido no art. 322 do CPP. **ED**

Gabarito 1E, 2C, 3C, 4C, 5E

(Agente de Polícia/DF – 2013 – CESPE) Acerca da prova criminal, julgue os itens subsequentes.

(1) Crianças podem ser testemunhas em processo criminal, mas não podem ser submetidas ao compromisso de dizer a verdade.

(2) Durante a busca domiciliar com autorização judicial, é permitido, em caso de resistência do morador, o uso da força contra móveis existentes dentro da residência no intuito de localizar o que se procura, não caracterizando essa conduta abuso de autoridade.

(3) O juiz pode condenar o acusado com base na prova pericial, porque, a despeito de ser elaborada durante o inquérito policial, ela é prova técnica e sujeita ao contraditório das partes.

1: correta. De fato, qualquer pessoa, em princípio, pode ser testemunha em processo criminal (art. 202, CPP). Agora, o compromisso de dizer a verdade não pode ser deferido, entre outros, ao menor de 14 (catorze) anos, aqui incluídas, por óbvio, as crianças (menor com até doze anos incompletos). É o que estabelece o art. 208 do CPP; **2:** correta, pois reflete a regra presente no art. 245, § 3º, do CPP; **3:** correta. Como bem sabemos, as perícias em geral constituem prova *não repetível*, que, embora sejam, em regra, realizadas no curso das investigações, serão submetidas, na etapa processual, ao chamado contraditório diferido (posterior). Podem, portanto, em vista do que estabelece o art. 155, *caput*, do CPP, servir de base para uma condenação. **ED**

Gabarito 1C, 2C, 3C

(Escrivão de Polícia/GO – 2013 – UEG) Segundo a Constituição Federal, a interceptação telefônica está condicionada à prévia autorização judicial, nas hipóteses e na forma que a lei estabelecer, para fins de

(A) investigação criminal ou instrução processual penal.

(B) investigação administrativa ou cível ou instrução processual penal.

(C) instrução processual cível e penal ou investigações cíveis ou criminais.

(D) instrução processual penal ou procedimento administrativo.

A: correta. Nos termos do art. 5º, XII, da CF, é inviolável o sigilo da correspondência e das comunicações telegráficas, de dados e das *comunicações telefônicas*, salvo, no último caso, por ordem judicial, nas hipóteses e na forma que a lei estabelecer para fins de *investigação criminal ou instrução processual penal*; **B**, **C** e **D:** incorretas, pois, conforme dispõe o art. 5º, XII, da CF, a quebra da inviolabilidade das comunicações telefônicas (interceptação telefônica) somente é admissível para *fins criminais* (investigações e processos penais). **ED**

Gabarito "A".

(Escrivão de Polícia/GO – 2013 – UEG) No que concerne às provas, segundo o Código de Processo Penal, o magistrado

(A) que, durante o curso do processo ou da investigação criminal, tiver contato com as provas consideradas ilícitas ou ilegais não poderá, após declará-las inadmissíveis, proferir sentença ou acórdão.

(B) poderá ordenar, de ofício, mesmo antes de iniciada a ação penal, a produção antecipada das provas consideradas urgentes e relevantes, observando a necessidade, adequação e proporcionalidade da medida.

(C) formará sua convicção pela livre apreciação das provas e, dessa forma, poderá fundamentar sua sentença exclusivamente nos elementos informativos colhidos na fase de investigação criminal.

(D) não poderá, em face do princípio acusatório, mesmo no curso da instrução, determinar diligências de ofício para dirimir dúvida sobre ponto processual relevante.

A: incorreta. A redação original do art. 157, § 4º, do CPP, introduzido pela Lei 11.690/2008, assim prescrevia: "*O juiz que conhecer do conteúdo da prova declarada inadmissível não poderá proferir a sentença ou acórdão*". Todavia, referido dispositivo foi vetado pelo então Presidente da República, ao argumento de que tal procedimento (impossibilidade de o juiz que tiver conhecido do conteúdo da prova ilícita prolatar a sentença ou acórdão) viria de encontro à celeridade processual, que foi um dos grandes motes das reformas do CPP implementadas pelas Leis 11.689, 11.690 e 11.719, todas de 2008. Mais recentemente, a Lei 13.964/2019 introduziu no § 5º do art. 157 do CPP dispositivo com idêntica redação, que, bem recentemente, foi declarado inconstitucional pelo STF, ao julgar, entre outras, a ADI 6.298.. A propósito, também com vistas a fortalecer o sistema acusatório, esta mesma Lei, conhecida como Pacote Anticrime, criou a figura do juiz das garantias (arts. 3º-A a 3º-F, do CPP, ao qual cabe promover o controle da legalidade da investigação criminal e salvaguardar os direitos individuais cuja franquia tenha sido reservada ao Poder Judiciário; **B:** correta, nos exatos termos do art. 156, I, do CPP; **C:** incorreta, pois o art. 155 do CPP, muito embora materialize o princípio do livre convencimento motivado (ou persuasão racional), segundo o qual o juiz aprecia livremente as provas produzidas, prescreve que a decisão não poderá tomar como base exclusivamente os elementos colhidos na fase investigativa. A ideia do legislador foi tornar claro que os elementos coligidos ao inquérito policial, que não conta com a possibilidade de contraditório e ampla defesa, não podem servir como único arrimo de uma condenação; **D:** incorreta, nos termos do art. 156, II, do CPP (*poderá o juiz determinar, no curso da instrução, ou antes de proferir sentença, a realização de diligências para dirimir dúvida sobre ponto relevante*). **ED**

Gabarito "B".

(Agente de Polícia Civil/RO – 2014 – FUNCAB) Quanto à perícia, é correto afirmar:

(A) A perícia realizada durante o inquérito policial não é um simples indício e sim prova técnica e, por isso, pode ser considerada pelo julgador na sentença, sem que caracterize cerceamento de defesa, pois o acusado, ciente da sua juntada ao inquérito policial que instruiu a ação penal, poderia pugnar por elidi-la.

2. DIREITO PROCESSUAL PENAL

(B) No exame para o reconhecimento de escritos, por comparação de letra, não poderão servir documentos que a dita pessoa reconhecer.

(C) Somente poderá ser feita durante o dia.

(D) O laudo pericial será elaborado no prazo máximo de 30 (trinta) dias, podendo esse prazo ser prorrogado, em casos excepcionais, a requerimento dos peritos.

(E) Durante o curso do processo judicial, é permitido às partes, quanto à perícia, requerer a oitiva dos peritos para esclarecerem a prova ou para responderem a quesitos, desde que o mandado de intimação e os quesitos ou questões a serem esclarecidos sejam encaminhados com antecedência mínima de 30 (trinta) dias, podendo apresentar as respostas em laudo complementar,

A: correta. Como bem sabemos, as perícias em geral constituem prova *não repetível* (e não meros *indícios*), que, embora sejam, em regra, realizadas no curso das investigações, serão submetidas, na etapa processual, ao chamado contraditório diferido (posterior). Podem, portanto, em vista do que estabelece o art. 155, *caput*, do CPP, servir de base para uma condenação. Dentro do tema "exame de corpo de delito e perícias em geral", importante tecer alguns comentários acerca da chamada "cadeia de custódia", inovação introduzida no CPP (arts. 158-A a 158-F) pela Lei 13.964/2019 (Pacote Anticrime), que consiste na sistematização de todos os procedimentos que se prestam a preservar a autenticidade da prova coletada em locais ou em vítimas de crimes. *Grosso modo*, estabelece regras que devem ser seguidas no manejo das provas, desde o primeiro momento desta cadeia, que se dá com o procedimento de preservação do local de crime ou a verificação da existência de vestígio, até o seu descarte. Também são estabelecidas normas concernentes ao armazenamento de vestígios e a sua preservação. Tal regramento se justifica na medida em que a prova pericial, ao contrário da grande maioria das provas, não é passível de ser reproduzida em juízo sob o crivo do contraditório, de sorte que a sua produção, em regra ainda na fase investigativa, tem caráter definitivo, embora possa, em juízo, ser contrariada (contraditório diferido); **B:** incorreta, pois não corresponde ao que prescreve o art. 174, II, do CPP; **C:** incorreta, pois não reflete o disposto no art. 161 do CPP; **D:** incorreta, na medida em que o art. 160, parágrafo único, do CPP estabelece o prazo de 10 (dez) dias para a elaboração, pelo perito, do laudo pericial, permitida, em casos excepcionais e a pedido do perito, dilação deste prazo; **E:** incorreta, uma vez que o art. 159, § 5º, I, do CPP fixa, como prazo mínimo, 10 (dez) dias, e não 30 (trinta), como consta da assertiva. **ED**

Gabarito "A".

(Escrivão/SP – 2014 – VUNESP) A estrita disciplina do art. 157 do CPP, no que concerne às provas ilícitas, determina que elas são

(A) aceitas de acordo com critérios de razoabilidade e proporcionalidade.

(B) inadmissíveis para condenação, mas podem motivar eventual absolvição.

(C) consideradas inadmissíveis se ofenderem disposições constitucionais, e admissíveis se ofenderem meras disposições legais.

(D) inadmissíveis, mas devem permanecer no processo para fins de análise e eventual validação pelo segundo grau de jurisdição.

(E) inadmissíveis e devem ser desentranhadas do processo.

Antes de mais nada, é importante o registro de que o enunciado da questão é claro ao estabelecer que a resposta deve levar em conta a *estrita disciplina do art. 157 do CPP*, segundo o qual as provas obtidas em violação a normas constitucionais e legais, assim chamadas de provas ilícitas, devem ser desentranhadas do processo e, depois disso, inutilizadas, não podendo, portanto, permanecer no processo, tampouco servir de base para eventual condenação. A única alternativa correta, portanto, é a "E". Dito isso, é importante que se diga que, segundo doutrina e jurisprudência majoritárias, a prova ilícita pode ser usada em benefício do réu. Oportunas, sobre este tema, as palavras de Aury Lopes Jr., ao se referir à admissibilidade da prova ilícita a partir da proporcionalidade *pro reo*: "Nesse caso, a prova ilícita poderia ser admitida e valorada apenas quando se revelasse a favor do réu. Trata-se da proporcionalidade *pro reo*, em que a ponderação entre o direito de liberdade de um inocente prevalece sobre um eventual direito sacrificado na obtenção da prova (dessa inocência). Situação típica é aquela em que o réu, injustamente acusado de um delito que não cometeu, viola o direito à intimidade, imagem, inviolabilidade de domicílio, das comunicações etc. de alguém para obter uma prova de sua inocência" (*Direito Processual Penal*, 9. ed. São Paulo: Saraiva, 2012. p. 597). **ED**

Gabarito "E".

(Investigador de Polícia/SP – 2013 – VUNESP) No que tange às disposições relativas às provas no Código de Processo Penal, é correto afirmar que

(A) são admissíveis no processo penal as provas derivadas das ilícitas, salvo quando não evidenciado o nexo de causalidade entre umas e outras, ou quando as derivadas puderem ser obtidas por uma fonte independente das primeiras.

(B) mesmo que haja divergência em suas declarações, sobre fatos ou circunstâncias relevantes, a acareação não será admitida entre acusados e testemunha.

(C) o juiz ou a autoridade policial negará o requerimento de exame pericial de corpo de delito apresentado pelas partes, quando não for necessário ao esclarecimento da verdade.

(D) para análise da admissibilidade das provas derivadas das ilícitas, considera-se fonte independente aquela que por si só, seguindo os trâmites típicos e de praxe, próprios da investigação ou instrução criminal, seria capaz de conduzir ao fato objeto da prova.

(E) quando a infração deixar vestígios, será indispensável o exame de corpo de delito, direto ou indireto, podendo supri-lo apenas a confissão do acusado.

A: incorreta, pois são inadmissíveis no processo tanto as provas ilícitas, quanto as derivadas das ilícitas (art. 157, *caput*, e § 1º, do CPP). Neste último caso (provas ilícitas por derivação), somente serão aceitas se não evidenciado o nexo de causalidade entre umas e outras, ou quando as derivadas puderem ser obtidas por uma fonte independente das primeiras (art. 157, § 1º, do CPP); **B:** incorreta, pois a acareação será admitida *entre acusados, entre acusado e testemunha, entre testemunhas, entre acusado ou testemunha e a pessoa ofendida, e entre as pessoas ofendidas*, sempre que divergirem, em suas declarações, sobre fatos ou circunstâncias relevantes (art. 229 do CPP); **C:** incorreta, pois o art. 184 do CPP é claro ao afirmar que: *Salvo o caso de exame de corpo de delito, o juiz ou a autoridade policial negará a perícia requerida pelas partes, quando não for necessária ao esclarecimento da verdade*. Lembre-se de que, nas infrações que deixarem vestígios, o exame de corpo de delito é obrigatório (art. 158 do CPP), motivo pelo qual não cabe à autoridade (policial ou judiciária) entender pela sua desnecessidade; **D:** correta, nos exatos termos do art. 157, § 2º, do CPP; **E:** incorreta, pois a falta de exame de corpo de delito, direto ou indireto, nas infrações que deixam vestígios, não poderá ser suprida sequer pela confissão do acusado (art. 158 do CPP). **ED**

Gabarito "D".

7. PRISÃO, MEDIDAS CAUTELARES E LIBERDADE PROVISÓRIA

(Escrivão – PC/GO – AOCP – 2023) Emanuel é delegado de polícia em Anápolis-GO e inicia o interrogatório de um sujeito preso em flagrante por tráfico de entorpecentes próximo a uma escola. O interrogado confessa o delito. Emanuel, então, decreta a prisão preventiva do investigado e oficia ao juízo plantonista para que referende sua decisão. Diante desse contexto, assinale a alternativa correta.

(A) Emanuel está equivocado, pois o delegado de polícia não pode decretar nenhum tipo de prisão.

(B) Enquanto não existir processo penal, cabe ao delegado de polícia aplicar medidas cautelares naturais ou diversas da prisão.

(C) O delegado de polícia, como autoridade policial, pode representar em juízo pela prisão preventiva de determinada pessoa, mas não pode decretá-la.

(D) Emanuel está equivocado, pois a autoridade policial só pode prender alguém em flagrante por crimes que envolvem violência ou grave ameaça.

(E) A autoridade policial só pode decretar prisão mediante requisição do membro do Ministério Público.

A prisão preventiva, nos termos do art. 311 do CPP, quer na fase de inquérito policial, quer no contexto da instrução processual, somente pode ser decretada por juiz de direito. Se a autoridade policial responsável pela lavratura do auto de prisão em flagrante entender que é o caso de sua conversão em preventiva, deve representar ao magistrado nesse sentido, que decidirá em audiência de custódia. A propósito, o art. 310 do CPP, com a redação que lhe deu a Lei 13.964/2019 (Pacote Anticrime), impõe ao magistrado, quando da realização da audiência de custódia, o dever de manifestar-se fundamentadamente, adotando uma das seguintes providências: se se tratar de prisão ilegal, deverá o magistrado relaxá-la e determinar a soltura imediata do preso; se a prisão estiver em ordem, deverá o juiz *converter a prisão em flagrante em preventiva*, sempre levando em conta os requisitos do art. 312 do CPP, desde que as medidas cautelares diversas da prisão se mostrarem inadequadas ou insuficientes; ou conceder liberdade provisória, com ou sem fiança. Seja como for, é importante que se diga que, com as modificações implementadas pelo Pacote Anticrime, a prisão preventiva somente pode ser decretada pelo juiz diante de representação formulada pelo delegado ou a requerimento do MP. Em outras palavras, não tem mais lugar a decretação dessa custódia de ofício pelo juiz. **ED**
Gabarito "C".

(Escrivão – PC/GO – AOCP – 2023) Mauro é delegado de polícia em Abadiânia-GO e inicia o interrogatório de um sujeito preso em flagrante pelo crime de injúria racial. Após o ato, Mauro fixa fiança no valor de 100 (cem) salários-mínimos. Com base no exposto, assinale a alternativa correta.

(A) Mauro extrapolou sua competência, pois a autoridade policial só pode afiançar crimes que envolvam penas superiores a 4 (quatro) anos de reclusão.

(B) Mauro poderia ter arbitrado fiança acima do valor originalmente fixado.

(C) Mauro deveria ter arbitrado valor máximo de 10 (dez) salários-mínimos.

(D) Mauro não poderia ter arbitrado a fiança, pois o crime nesse contexto é inafiançável.

(E) A fiança arbitrada por delegado de polícia deve ser referendada pelo juízo competente.

Dentro do tema tratado nesta questão, valem algumas ponderações, tendo em conta inovações implementadas pela recente Lei 14.532/2023. O crime de racismo, previsto na Lei 7.716/1989, não se confunde com a figura até então capitulada no art. 140, § 3º, do CP, que definia o delito de injúria preconceituosa. Com efeito, segundo sempre sustentou doutrina e jurisprudência, o delito de racismo pressupõe a prática de conduta de natureza segregacionista, ao passo que a injúria racial, então prevista no art. 140, § 3º, do CP, tal como ocorre com o crime de injúria simples, pressupõe que a ofensa seja dirigida a pessoa determinada ou, ao menos, a um grupo determinado de pessoas. *Grosso modo*, é o xingamento envolvendo raça, cor, etnia, religião ou origem. Como consequência desta distinção, tínhamos que o racismo era considerado crime inafiançável, imprescritível e de ação penal pública incondicionada; já a injúria racial era tida por afiançável, prescritível e de ação penal pública condicionada. Tal realidade começou a ser alterada pela ação da jurisprudência. O STF, em sintonia com precedente do STJ, por seu Plenário, ao julgar, em 28/10/2021, o HC 154.248, da relatoria do Ministro Edson Fachin, fixou o entendimento no sentido de que o crime de injúria racial deve ser inserido na seara no delito de racismo, passando a ser, com isso, imprescritível. Mais recentemente, a Lei 14.532/2023, imbuída desse mesmo espírito, alterou o teor do art. 140, § 3º, do CP, que passa a contar com a seguinte redação: *Se a injúria consiste na utilização de elementos referentes a religião ou à condição de pessoa idosa ou com deficiência*. Como se pode ver, o legislador, com isso, excluiu da forma qualificada da injúria ofensas contendo elementos referentes a raça, cor, etnia ou procedência nacional. Tais modalidades migraram para a Lei 7.716/1989, cujo art. 2º-A passa a ter a seguinte redação: *Injuriar alguém, ofendendo-lhe a dignidade ou o decoro, em razão de raça, cor, etnia ou procedência nacional*. Dessa forma, o crime de injúria racial foi tipificado como racismo. A consequência disso é que tal modalidade de injúria passa a ser, agora por força de lei, imprescritível, inafiançável e incondicionada a ação penal. Além disso, a pena, que até então era de reclusão de 1 a 3 anos e multa, passa a ser de 2 a 5 anos de reclusão. **ED**
Gabarito "D".

(Papiloscopista – PC/RR – VUNESP – 2022) A prisão que tem como um de seus possíveis requisitos a garantia da ordem pública denomina-se prisão

(A) protetiva.

(B) provisória.

(C) temporária.

(D) em flagrante.

(E) preventiva.

A prisão preventiva será decretada, tanto no curso das investigações quanto no da instrução processual, *como garantia da ordem pública, da ordem econômica, por conveniência da instrução criminal ou para assegurar a aplicação da lei penal, quando houver prova da existência do crime e indício suficiente de autoria e de perigo gerado pelo estado de liberdade do imputado* (art. 312, *caput*, do CPP, cuja redação foi alterada pela Lei 13.964/2019). São os chamados pressupostos da custódia preventiva. Além disso, deve estar presente uma das condições de admissibilidade para a sua decretação, assim entendidas as situações/crimes em que tem lugar esta modalidade de prisão processual. Segundo estabelece o art. 313 do CPP, caberá a prisão preventiva: (i) nos crimes dolosos com pena privativa de liberdade máxima superior a 4 anos (inciso I); (ii) no caso de condenado por outro crime doloso, em sentença transitada em julgado, ressalvado o disposto no inciso I do *caput* do art. 64, CP (inciso II); (iii) quando o crime envolver violência doméstica e familiar contra a mulher, criança, adolescente, idoso, enfermo ou pessoa com deficiência, para assegurar a execução das medidas protetivas de urgência (inciso III). **ED**
Gabarito "E".

2. DIREITO PROCESSUAL PENAL

(Papiloscopista – PC/RR – VUNESP – 2022) A casa é asilo inviolável do indivíduo, ninguém nela podendo penetrar sem consentimento do morador,

(A) salvo em estado de defesa ou estado de sítio.

(B) salvo, em qualquer horário, por determinação judicial.

(C) salvo em caso de flagrante delito ou desastre, ou para prestar socorro, ou, durante o dia, por determinação judicial.

(D) salvo em caso de desastre, ou para prestar socorro, ou, em qualquer horário, por determinação judicial.

(E) não admitindo qualquer exceção.

A solução desta questão deve ser extraída do art. 5º, XI, da CF: *a casa é asilo inviolável do indivíduo, ninguém nela podendo penetrar sem consentimento do morador, salvo em caso de flagrante delito ou desastre, ou para prestar socorro, ou, durante o dia, por determinação judicial.* **ED**
Gabarito "C".

(Escrivão – PC/RO – CEBRASPE – 2022) Em relação à prisão temporária, assinale a opção correta.

(A) O mandado de prisão temporária conterá o período de sua duração e o dia em que o preso deverá ser solto.

(B) É admitida a decretação da prisão temporária no caso de cometimento de quaisquer crimes cuja pena seja de reclusão.

(C) O prazo de duração da prisão temporária é fixo, de cinco dias improrrogáveis.

(D) É cabível a decretação da prisão temporária no curso do inquérito policial e da ação penal.

(E) O juiz pode decretar a prisão temporária de ofício se ela for imprescindível para o andamento das investigações.

A: correta, pois reflete o disposto no art. 2º, § 4-A, da Lei 7.960/1989; **B:** incorreta. Isso porque a prisão temporária somente poderá ser decretada com vistas a investigar a ocorrência dos crimes elencados no art. 1º, III, da Lei 7.960/1989; **C:** incorreta, uma vez que o prazo de cinco dias, estabelecido no art. 2º, *caput*, da Lei 7.960/1989, poderá, sim, ser prorrogado uma única vez e por igual período, desde que comprovada a sua necessidade. Agora, se se tratar de crime hediondo ou delito a ele equiparado, o prazo de prisão temporária será de até *trinta* dias, prorrogável por até mais trinta, também em caso de comprovada e extrema necessidade. É o teor do art. 2º, § 4º, da Lei 8.072/1990 (Crimes Hediondos); **D:** incorreta. Conforme preleciona o art. 1º, I, da Lei 7.960/89, a *prisão temporária*, que constitui modalidade de prisão provisória (ou cautelar), somente poderá ser decretada no curso das investigações, não havendo que se falar no seu emprego no decorrer da ação penal; **E:** incorreta. A prisão temporária deve ser decretada pelo juiz, após representação da autoridade policial ou de requerimento do MP, não sendo permitida a sua decretação de ofício. Em caso de representação da autoridade policial, o juiz, antes de decidir, deve ouvir o MP e, em qualquer caso, deve decidir fundamentadamente sobre o decreto de prisão temporária dentro do prazo de 24 horas, contadas a partir do recebimento da representação ou do requerimento. É o que estabelece o art. 2º, *caput*, da Lei 7.960/1989. **ED**
Gabarito "A".

(Escrivão – PC/RO – CEBRASPE – 2022) No que diz respeito ao auto de prisão em flagrante, assinale a opção correta.

(A) A falta de testemunhas da infração impede a lavratura do auto de prisão em flagrante, sendo o caso de instauração de portaria.

(B) Após a lavratura do auto, será entregue ao preso a nota de culpa assinada pelo escrivão, contendo o tipo penal, o nome do condutor e o da vítima.

(C) Quando o acusado se recusar a assinar o auto de prisão em flagrante, esse fato deverá ficar consignado para justificar a omissão.

(D) Do auto lavrado deve constar a informação sobre a existência de filhos, idade e se possuem deficiência, bem como o nome e contato do responsável por cuidar dos filhos, indicado pela pessoa presa.

(E) O condutor assinará o termo de depoimento e, após a oitiva das testemunhas, receberá o recibo de entrega do preso ao final da lavratura do auto.

A: incorreta. A falta de testemunhas do fato delituoso não representa óbice à lavratura do auto de prisão em flagrante, mas, neste caso, o art. 304, § 2º, do CPP exige que, além do condutor, o auto seja assinado por pelo menos duas testemunhas que hajam presenciado a apresentação do preso à autoridade policial; **B:** incorreta. A autoridade policial a quem foi apresentado o conduzido deverá providenciar para que contra ele seja lavrado o auto de prisão em flagrante, com a imediata comunicação de sua prisão ao juiz competente, ao Ministério Público e à família do preso ou a pessoa por ele indicada (a obrigatoriedade de comunicar o MP foi inserida pela Lei 12.403/2011, que alterou a redação do art. 306, *caput*, do CPP). Além disso, por imposição do art. 306, § 1º, do CPP, cuja redação também foi alterada por força da mesma lei, "em até vinte e quatro horas após a realização da prisão, será encaminhado ao juiz competente o auto de prisão em flagrante e, caso o autuado não informe o nome de seu advogado, cópia integral para a Defensoria Pública". Ao final, será entregue ao autuado a *nota de culpa*, da qual constarão o motivo da prisão, o nome do condutor e também o das testemunhas (art. 306, § 2º, CPP), devendo esta ser assinada pela autoridade, e não pelo escrivão; **C:** incorreta. Na hipótese de o conduzido se recusar a assinar, não souber ou não puder fazê-lo, o auto de prisão em flagrante será assinado por *duas* testemunhas que tenham ouvido a sua leitura na presença do autuado – art. 304, § 3º, do CPP; **D:** correta (art. 304, § 4º, do CPP); **E:** incorreta, pois não reflete o que estabelece o art. 304, *caput*, do CPP. **ED**
Gabarito "D".

(Escrivão – PC/ES – Instituto AOCP – 2019) O Código de Processo Penal autoriza que o juiz substitua prisão preventiva pela prisão domiciliar quando o agente for

(A) maior de 60 anos.

(B) debilitado por motivo de doença.

(C) mulher, com filho de até 8 anos incompletos.

(D) homem, caso seja o único responsável pelos cuidados do filho de até 12 anos.

(E) imprescindível aos cuidados especiais de pessoa menor de 8 anos de idade ou com deficiência.

A *prisão preventiva* poderá ser substituída pela *prisão domiciliar* nas hipóteses elencadas no art. 318 do CPP, a saber: agente maior de 80 anos (inciso I), e não de 60, como consta da assertiva "A"; agente extremamente debilitado por motivo de doença grave (inciso II). Não basta, assim, que o agente seja portador de doença grave, sendo necessário que, por conta dela, ele esteja extremamente debilitado, o que torna incorreta a alternativa "B"; quando o agente for imprescindível aos cuidados de pessoa com menos de 6 (seis) anos (e não de 8 anos, tal como consta da assertiva "E") ou com deficiência (inciso III); quando se tratar de gestante, pouco importando em que mês da gestação a gravidez se encontre (inciso IV – cuja redação foi alterada pela Lei 13.257/2016); quando se tratar de mulher com filho de até 12 anos de idade incompletos (inciso V – cuja redação foi determinada pela Lei 13.257/2016); homem, caso seja o único responsável pelos cuidados do filho de até 12 anos de idade incompletos,

o que torna correta a alternativa "D" (inciso VI – cuja redação foi determinada pela Lei 13.257/2016). Cabem, aqui, alguns esclarecimentos quanto à edição da Lei 13.769/2018, que, entre outras alterações, inseriu no CPP o art. 318-A, que estabelece a substituição da prisão preventiva por prisão domiciliar da mulher gestante, mãe ou responsável por crianças ou pessoas com deficiência. Além disso, esta mesma Lei disciplina o regime de cumprimento de pena privativa de liberdade de condenadas nas mesma situação, com alteração da Lei de Crimes Hediondos e da Lei de Execução Penal. Como bem sabemos, a 2ª turma do STF, ao julgar o HC coletivo 143.641, assegurou a conversão da prisão preventiva em domiciliar a todas as presas provisórias do país que sejam gestantes, puérperas ou mães de crianças e deficientes sob sua guarda. Perceba, dessa forma, que o legislador, ao inserir o art. 318-A do CPP, nada mais fez do que contemplar, no texto legal, o entendimento consolidado no *habeas corpus* coletivo a que fizemos referência. Também em consonância com o que ficou decidido no julgamento do HC, o legislador impôs dois requisitos: que não tenha sido cometido crime com grave ameaça ou violência contra a pessoa; que não tenha sido cometido contra o filho ou dependente. O art. 318-B, também inserido por meio da Lei 13.769/2018, prevê a possibilidade de aplicação concomitante da prisão domiciliar e das medidas alternativas previstas no art. 319 do CPP, na esteira do decidido no HC 143.641. Vale ainda o registro de que, para além da inserção desses dois dispositivos legais no CPP, a Lei 13.769/2018 promoveu alterações na LEP. De ver-se que os arts. 318, 318-A e 318-B tratam da concessão da prisão domiciliar no contexto da prisão preventiva, que constitui modalidade de prisão provisória. Pressupõe-se, aqui, portanto, ausência de condenação definitiva. Após o trânsito em julgado da condenação, a prisão domiciliar passa a ser disciplinada, como não poderia deixar de ser, pela LEP. Neste caso, temos que a Lei 13.769/2018 inseriu no art. 112 da LEP o § 3º, que estabelece fração diferenciada de cumprimento de pena para que a mulher, nas condições a que fizemos referência, possa alcançar o regime mais brando (a fração necessária, que antes era um sexto, passou para um oitavo). Para tanto, a reeducanda deve reunir quatro requisitos cumulativos, além de ter cumprido um oitavo da pena que lhe foi imposta. Também incluído pela Lei 13.769/2018, o § 4º do art. 112 da LEP estabelece que a prática de novo crime doloso ou falta grave acarretará a revogação do benefício. Por fim, também sofreu alteração a Lei de Crimes Hediondos, com a alteração, pela Lei 13.769/2018, do art. 2º, § 2º, que agora estabelece que a progressão, nesses crimes, se se tratar de mulher grávida, mãe ou responsável por criança ou pessoa com deficiência, obedecerá ao que estabelecem os §§ 3º e 4º do art. 112 da LEP. Em outras palavras, institui-se, no que concerne aos crimes hediondos e equiparados, regra específica de progressão no caso de o beneficiário encontrar-se em uma das condições acima. [ED]
Gabarito "D".

(Policial Rodoviário Federal – CESPE – 2019) Em decorrência de um homicídio doloso praticado com o uso de arma de fogo, policiais rodoviários federais foram comunicados de que o autor do delito se evadira por rodovia federal em um veículo cuja placa e características foram informadas. O veículo foi abordado por policiais rodoviários federais em um ponto de bloqueio montado cerca de 200 km do local do delito e que os policiais acreditavam estar na rota de fuga do homicida. Dada voz de prisão ao condutor do veículo, foi apreendida arma de fogo que estava em sua posse e que, supostamente, tinha sido utilizada no crime.

Considerando essa situação hipotética, julgue os seguintes itens.

(1) De acordo com a classificação doutrinária dominante, a situação configura hipótese de flagrante presumido ou ficto.

(2) Quanto ao sujeito ativo da prisão, o flagrante narrado é classificado como obrigatório, hipótese em que a ação de prender e as eventuais consequências físicas

dela advindas em razão do uso da força se encontram abrigadas pela excludente de ilicitude denominada exercício regular de direito.

(3) Durante o procedimento de lavratura do auto de prisão em flagrante pela autoridade policial competente, o policial rodoviário responsável pela prisão e condução do preso deverá ser ouvido logo após a oitiva das testemunhas e o interrogatório do preso.

1: correta. Flagrante *ficto* ou *presumido*, a que faz menção a alternativa, é a modalidade (art. 302, IV) em que o agente é encontrado, depois do crime, na posse de instrumentos, armas, objetos ou papéis em circunstâncias que revelem ser ele o autor da infração penal; **2:** errada. É fato que, no caso narrado, o flagrante é obrigatório, porque realizado por policiais rodoviários federais, sobre os quais recai o dever de prender quem quer que se encontre em situação de flagrante (art. 301, CPP). Agora, a ação de prender e eventuais consequências físicas dela advindas em razão do uso da força se encontram abrigadas pela excludente de ilicitude de *estrito cumprimento de dever legal*; **3:** incorreta. É que, segundo estabelece o art. 304, *caput*, do CPP, a autoridade policial à qual foi apresentado o preso deverá ouvir, em primeiro lugar, o condutor, neste caso o policial rodoviário que prendeu e apresentou o agente ao delegado; findo seu depoimento, deverá ser colhida a sua assinatura. [ED]
Gabarito 1C, 2E, 3E

(Escrivão – PC/ES – Instituto AOCP – 2019) Sobre as medidas cautelares diversas da prisão, assinale a alternativa INCORRETA.

(A) A periodicidade do comparecimento em juízo é estipulada pelo juiz.

(B) A fiança não poderá ser cumulada com outras medidas cautelares.

(C) É possível decretar-se internação provisória como medida cautelar diversa da prisão.

(D) O comparecimento periódico em juízo tem como objetivo que o acusado ou investigado informe e justifique ao juiz as suas atividades.

(E) A proibição de frequentar determinados lugares almeja evitar o risco de novas infrações.

A: correta, pois reflete a regra presente no art. 319, I, do CPP; **B:** incorreta, pois, em conformidade com o que estabelece o art. 319, § 4º, do CPP, a fiança pode, sim, ser cumulada com outras medidas cautelares; **C:** correta, nos termos do art. 319, VII, do CPP; **D:** correta, pois em consonância com o art. 319, I, do CPP; **E:** correta, pois em conformidade com o art. 319, II, CPP. [ED]
Gabarito "B".

(Escrivão – PC/ES – Instituto AOCP – 2019) Acerca dos valores da fiança, assinale a alternativa correta.

(A) Será de 1 a 100 salários mínimos quando se tratar de infração cuja pena privativa de liberdade, no grau máximo, não for superior a 4 anos.

(B) Será de 20 a 200 salários mínimos quando o máximo da pena privativa de liberdade cominada for superior a 4 anos.

(C) A depender da situação econômica do preso, a fiança poderá ser reduzida em até 2/5.

(D) A depender da situação econômica do preso, a fiança poderá ser aumentada em até 100 vezes.

(E) Em nenhuma hipótese, a fiança será dispensável.

A: correta (art. 325, I, CPP); **B:** incorreta, pois não corresponde ao que prescreve o art. 325, II, do CPP, que estabelece que o limite, neste caso,

será de 10 a 200 salários mínimos (e não 20 a 200); **C:** incorreta, pois contraria o teor do art. 325, § 1º, II, do CPP, segundo o qual a fiança, a depender da situação econômica do preso, poderá ser reduzida até o máximo de dois terços (e não dois quintos); **D:** incorreta, pois, segundo estabelece o art. 325, § 1º, III, do CPP, a depender da situação econômica do preso, a fiança a ser-lhe imposta poderá ser aumentada em até mil vezes; **E:** incorreta, na medida em que a fiança poderá, na forma do art. 350 do CPP, ser dispensada (art. 325, § 1º, I, CPP). ▣
Gabarito "A".

(Escrivão – PC/ES – Instituto AOCP – 2019) Assinale a alternativa correta em relação à prisão temporária.

(A) A prisão temporária terá prazo de 5 dias improrrogáveis.

(B) Decretada a prisão temporária e findo o seu prazo, será ela convertida em preventiva necessariamente.

(C) Caberá prisão temporária nas hipóteses de homicídio culposo e doloso.

(D) A prisão temporária caberá quando o indiciado não tiver residência fixa ou não fornecer elementos necessários ao esclarecimento de sua identidade.

(E) Sempre que possível, os presos temporários ficarão separados dos demais detentos.

A: incorreta. O prazo de prisão temporária obedecerá ao que estabelece o art. 2º, *caput*, da Lei 7.960/1989: cinco dias prorrogável por mais cinco, em caso de comprovada e extrema necessidade; **B:** incorreta. Segundo estabelece o art. 2º, § 7º, da Lei 7.960/1989, cuja redação foi modificada pela Lei 13.869/2019 (nova Lei de Abuso de Autoridade): *decorrido o prazo contido no mandado de prisão, a autoridade responsável pela custódia deverá, independentemente de nova ordem da autoridade judicial, pôr imediatamente o preso em liberdade, salvo se já tiver sido comunicada da prorrogação da prisão temporária ou da decretação da prisão preventiva;* **C:** incorreta, já que somente o homicídio doloso comporta a decretação da prisão temporária (art. 1º, III, *a*, da Lei 7.960/1989); **D:** correta (art. 1º, II, Lei 7.960/1989); **E:** incorreta. Segundo o art. 3º da Lei 7.960/1989, a separação é obrigatória. ▣
Gabarito "D".

(Delegado – PC/RS – FUNDATEC – 2018) Acerca da disciplina sobre prisão e liberdade, assinale a alternativa correta.

(A) Em até 24 (vinte e quatro) horas após a realização da prisão, será encaminhado ao juiz competente o auto de prisão em flagrante e, caso o autuado não informe o nome de seu advogado, cópia integral para a Defensoria Pública e ao Ministério Público.

(B) Da lavratura do auto de prisão em flagrante deverá constar a informação sobre a existência de filhos, respectivas idades e se possuem alguma deficiência e o nome e o contato de eventual responsável pelos cuidados dos filhos, indicado pela pessoa presa.

(C) Se o réu, sendo perseguido, passar ao território de outro município ou comarca, o executor poderá efetuar-lhe a prisão no lugar onde o alcançar, apresentando-o imediatamente à autoridade do local do início da perseguição para a lavratura do auto de flagrante.

(D) Nos termos da Lei nº 9.099/1995, ao autor do fato que, após a lavratura do termo, for imediatamente encaminhado ao juizado ou assumir o compromisso de a ele comparecer, não se imporá prisão em flagrante, nem se exigirá fiança. Em caso de violência doméstica, o juiz poderá determinar, como medida de cautela, a realização de audiência de conciliação.

(E) Em se tratando de delito de descumprimento de medida protetiva, havendo a prisão em flagrante do suspeito, caberá à autoridade policial o arbitramento de fiança.

A: incorreta. O erro está em afirmar que, na hipótese de o autuado não declinar o nome de seu advogado, a cópia integral do auto de prisão em flagrante deverá ser encaminhada, dentro do prazo de 24 anos, ao MP, quando, na verdade, tal expediente deverá ser remetido à Defensoria Pública (art. 306, § 1º, CPP). Quanto ao MP, por força do que dispõe o art. 306, *caput*, do CPP, ele (e também o juiz) deverá ser imediatamente comunicado da prisão e do local onde se encontre a pessoa detida; **B:** correta, pois em consonância com o art. 304, § 4º, do CPP, inserido por meio da Lei 13.257/2016; **C:** incorreta. Na hipótese de a prisão-captura se dar em local diverso daquele onde foi cometido o delito, o conduzido deverá ser apresentado ao delegado de polícia com circunscrição no local em que se deu a prisão (e não a do lugar em que teve início a perseguição), que terá atribuição para a lavratura do respectivo auto de prisão em flagrante (art. 290, CPP). Nessa hipótese, a autoridade policial que presidiu o auto de prisão em flagrante cuidará para que, após, os autos sejam enviados à autoridade policial da circunscrição do local em que foi praticado o crime; **D:** incorreta, já que, por força do que dispõe o art. 41 da Lei Maria da Penha, a Lei 9.099/1995, que instituiu os Juizados Especiais, não tem incidência no contexto da violência doméstica; **E:** incorreta. Nos termos do art. 24-A, § 2º, da Lei 11.340/2006 (Maria da Penha), na hipótese de prisão em flagrante pelo cometimento do crime descrito no *caput* desse dispositivo (descumprimento de medida protetiva de urgência), somente ao magistrado é dado conceder fiança. ▣
Gabarito "B".

(Delegado – PC/RS – FUNDATEC – 2018) João foi atuado em flagrante delito pelo crime de receptação dolosa de animal (Art. 180-A, CP) na Região da Campanha Estado do Rio Grande do Sul. Em sua propriedade, foram encontrados, ocultados, cerca de 300 semoventes subtraídos de determinada fazenda, demonstrando a gravidade em concreto da ação do flagrado. Confessado o delito, João referiu que possuía a finalidade de comercializar o gado em momento posterior. Considerando a prática deste delito e verificadas as condenações anteriores, restou caracterizada, com a nova conduta, a reincidência dolosa de João em delitos da mesma espécie. Além disso, o autuado apresenta extenso rol de maus antecedentes em delitos de receptação. Neste caso, considerando o Código de Processo Penal, deverá o delegado de polícia:

(A) Representar por medida cautelar diversa da prisão, uma vez que o delito foi praticado sem a utilização de violência ou grave ameaça à pessoa.

(B) Representar pela prisão preventiva, demonstrando, fundamentadamente, a insuficiência e a inadequação de outras medidas cautelares diversas da prisão, bem como a presença dos requisitos autorizadores da segregação cautelar.

(C) Arbitrar fiança, de imediato, sob pena de constrangimento ilegal ao autuado.

(D) Representar pela prisão preventiva, ainda que seja suficiente medida cautelar diversa da prisão, tendo em vista estarem presentes os requisitos previstos no art. 312 do Código de Processo Penal.

(E) Após a lavratura do auto de prisão em flagrante, remeter os autos ao Poder Judiciário, independente de representação por prisão preventiva, sendo permitido ao juiz decretá-la de ofício, conforme Art. 311 do Código de Processo Penal.

A pena máxima cominada para o crime em que incorreu João corresponde a *cinco* anos. Assim, preenchido está o requisito contido no art. 313, I, do CPP (crime doloso punido com pena privativa de liberdade máxima superior a *quatro* anos). Deve-se, agora, verificar se está presente algum dos fundamentos da custódia preventiva (art. 312 do CPP). O enunciado não deixa dúvidas de que o autuado vem reiteradamente, ao longo do tempo, praticando crimes da mesma espécie, o que, à evidência, oferece risco à ordem pública, que constitui um dos fundamentos da prisão preventiva. Ademais, o delito pelo qual João foi autuado em flagrante revela-se concretamente grave, dada a significativa quantidade de semoventes ocultados, todos destinados a futura comercialização. Dessa forma, é possível afirmar que a prisão preventiva mostra-se a medida mais adequada à espécie, pois, neste caso, terá a finalidade de fazer cessar a atividade criminosa de José. ED

Gabarito "B".

(Delegado – PC/RS – FUNDATEC – 2018) Acerca da prisão, medidas cautelares e liberdade, é correto afirmar que:

(A) É cabível medida cautelar diversa da prisão a crime cuja pena cominada seja de multa.

(B) A prisão temporária será decretada pelo Juiz, de ofício, em face da representação da autoridade policial ou de requerimento do Ministério Público, e terá o prazo de 5 (cinco) dias, prorrogável por igual período em caso de extrema e comprovada necessidade.

(C) Ausentes os requisitos da prisão preventiva, é cabível liberdade provisória para o crime de tráfico de drogas.

(D) É constitucional a expressão "e liberdade provisória", constante do caput do artigo 44 da Lei nº 11.343/2006, conforme entendimento do Supremo Tribunal Federal.

(E) A autoridade policial somente poderá conceder fiança nos casos de infração cuja pena privativa de liberdade máxima seja inferior a 4 (quatro) anos.

A: incorreta, pois não reflete o disposto no art. 283, § 1º, do CPP; **B:** incorreta. A prisão temporária deve ser decretada pelo juiz, após representação da autoridade policial ou de requerimento do MP, não sendo permitida a sua decretação de ofício. Em caso de representação da autoridade policial, o juiz, antes de decidir, deve ouvir o MP e, em qualquer caso, deve decidir fundamentadamente sobre o decreto de prisão temporária dentro do prazo de 24 horas, contadas a partir do recebimento da representação ou do requerimento. É o que estabelece o art. 2º, *caput*, da Lei 7.960/1989; **C:** correta. Nos crimes hediondos e assemelhados, como é o caso do tráfico de drogas, o art. 5º, XLIII, da Constituição Federal veda tão somente a concessão de *fiança*. Com o advento da Lei 11.464/2007, que modificou a redação do art. 2º da Lei de Crimes Hediondos, cuja redação original vedava a concessão de fiança e liberdade provisória, passou a ser possível a sua concessão sem fiança, já que foi extraída do dispositivo (art. 2º, II, da Lei 8.072/1990). Mais recentemente, a Lei 12.403/2011 promoveu uma série de inovações no âmbito da prisão e da liberdade provisória, entre elas alterou a redação do art. 323 do CPP, que passou a prever que os crimes hediondos e os delitos a eles equiparados (tráfico de drogas, tortura e terrorismo) são inafiançáveis. Pois bem, tal prescrição é inquestionável, já que em perfeita harmonia com o texto da CF/1988 (art. 5º, XLIII). A questão que se coloca, todavia, é saber se a liberdade provisória sem fiança pode ser aplicada aos crimes hediondos e assemelhados. A despeito de haver divergências, notadamente na jurisprudência, entendemos, s.m.j., que a CF/88 proibiu tão somente a liberdade provisória com fiança. Se quisesse de fato proibir a liberdade provisória sem fiança, teria por certo feito menção a ela. Não o fez. Logo, a liberdade provisória vedada pelo constituinte nos crimes hediondos e equiparados é somente a com fiança. Correta está a assertiva, portanto; **D:** incorreta, já que o STF já se manifestou a esse respeito, considerando tal expressão inconstitucional

(RE 1038925, com repercussão geral); **E:** incorreta. Nos termos do art. 322 do CPP, poderá a autoridade policial conceder fiança nos casos de infração cuja pena máxima cominada não seja superior a 4 anos (se for igual a 4, pode o delegado arbitrar fiança). ED

Gabarito "C".

(Escrivão – PC/MG – FUMARC – 2018) Compreendido o conceito de flagrante delito, pode-se definir a prisão em flagrante como uma medida de autodefesa da sociedade, consubstanciada na privação da liberdade de locomoção daquele que é surpreendido em situação de flagrância, a ser executada independentemente de prévia autorização judicial (CF, art. 5°, LXI).

Face ao exposto, a afirmativa CORRETA afeta ao instituto do "flagrante" no âmbito do Processo Penal é:

(A) No flagrante presumido, ficto ou assimilado, o agente é preso logo depois de cometer a infração, com instrumentos, armas, objetos ou papéis que façam presumir ser ele o autor da infração (CPP, art. 302, IV). Nesse caso, a lei não exige que haja perseguição, bastando que a pessoa seja encontrada logo depois da prática do ilícito com coisas que traduzam um veemente indício da autoria ou participação no crime.

(B) Quando da lavratura do Auto de Prisão em flagrante, o escrivão de polícia, independentemente da presença da Autoridade Policial, deverá proceder à oitiva do conduzido, do condutor e de duas testemunhas que presenciaram toda a ação policial que culminou na apreensão do conduzido.

(C) Teremos a figura do flagrante esperado quando alguém (particular ou autoridade policial), de forma insidiosa, instiga o agente à prática do delito com o objetivo de prendê-lo em flagrante, ao mesmo tempo em que adota todas as providências para que o delito não se consume. Como adverte a doutrina, nessa hipótese de flagrante, o suposto autor do delito não passa de um protagonista inconsciente de uma comédia, cooperando para a ardilosa averiguação da autoria de crimes anteriores, ou da simulação da exterioridade de um crime.

(D) Teremos a figura do flagrante provocado quando, valendo-se de investigação anterior, sem a utilização de um agente provocador, a autoridade policial ou terceiro limita-se a aguardar o momento do cometimento do delito para efetuar a prisão em flagrante, respondendo o agente pelo crime praticado na modalidade consumada, ou, a depender do caso, tentada.

A: correta. De fato, *ficto* ou *presumido* é o flagrante em que, não tendo havido perseguição, o agente, logo depois do crime, é encontrado com instrumentos, armas, objetos ou papéis que façam presumir ser ele o autor da infração (art. 302, IV, CPP); **B:** incorreta. Pelo que dispõe o art. 304, *caput*, do CPP, tal incumbência recai sobre a autoridade policial, e não sobre o escrivão de polícia; **C:** incorreta, já que a assertiva descreve hipótese de flagrante *preparado*, que restará configurado sempre que o agente provocador levar alguém a praticar uma infração penal. Está-se aqui diante de uma modalidade de crime impossível (art. 17 do CP), consubstanciada na Súmula 145 do STF. Esta modalidade de flagrante, que padece de ilegalidade, não deve ser confundida com o flagrante esperado. Segundo doutrina e jurisprudência pacíficas, não há ilegalidade no chamado *flagrante esperado*, em que a polícia, uma vez comunicada, aguarda a ocorrência do crime, não exercendo qualquer tipo de controle sobre a ação do agente; inexiste, neste caso, intervenção policial que leve o agente à

2. DIREITO PROCESSUAL PENAL

prática delituosa. É, por isso, hipótese viável de prisão em flagrante; **D:** incorreta. Vide comentário à assertiva anterior. Os conceitos, como se pode ver, estão invertidos. `ED`
Gabarito "A".

(Escrivão – PC/MG – FUMARC – 2018) Sobre as prisões cautelares – prisão em flagrante, prisão preventiva e prisão temporária –, considere as afirmativas a seguir.

I. A prisão temporária constitui uma espécie de prisão cautelar que pode ser decretada de ofício pela autoridade judiciária, por representação da autoridade policial ou por requerimento do membro do Ministério Público.
II. O flagrante delito caracterizado pela situação em que o agente acabou de cometer a infração penal é chamado pela doutrina de flagrante impróprio ou quase flagrante, uma vez que o agente já não está mais praticando o fato delituoso.
III. Será admitida a decretação da prisão preventiva se o crime envolver violência doméstica e familiar contra a mulher, a criança, o adolescente, o idoso, o enfermo ou a pessoa com deficiência, para garantir a execução das medidas protetivas de urgência.
IV. Em qualquer fase da investigação policial ou do processo penal, caberá a prisão preventiva decretada pelo juiz, de ofício, se no curso da ação penal, ou a requerimento do Ministério Público, do querelante ou do assistente, ou por representação da autoridade policial.

Assinale a alternativa correta.

(A) Somente as afirmativas I e II são corretas.
(B) Somente as afirmativas I e IV são corretas.
(C) Somente as afirmativas III e IV são corretas.
(D) Somente as afirmativas I, II e III são corretas.
(E) Somente as afirmativas II, III e IV são corretas.

I: incorreta. A prisão temporária, que de fato constitui uma espécie de prisão cautelar, não pode ser decretada de ofício pela autoridade judiciária, que somente poderá fazê-lo diante de representação da autoridade policial ou de requerimento formulado pelo membro do Ministério Público, tal como estabelecem os arts. 1º, I, e 2º, *caput*, da Lei 7.960/1989; **II:** incorreta. O flagrante em que o agente é preso quando do cometimento da infração ou no momento em que acaba de cometê--la é denominado *próprio* ou *perfeito* (art. 302, I e II, CPP). Flagrante *imperfeito* ou *quase flagrante* (art. 302, III, CPP) é aquele em que o agente, logo em seguida ao cometimento da infração penal, é perseguido e, após, preso em situação que revele ser ele o autor da infração. O importante, nesta modalidade de flagrante, é que haja perseguição, ainda que esta perdure por horas ou até mesmo dias; **III:** correta, pois corresponde ao que estabelece o art. 313, III, do CPP; **IV:** correta, pois em consonância com a redação que tinha o art. 311 do CPP à época da aplicação desta prova. Explico. Àquela época, podia o juiz decretar de ofício a custódia preventiva no curso da ação penal, conforme dispunha o art. 311 do CPP, com a redação dada pela Lei 12.403/2011. Pois bem. Prestigiando o sistema acusatório, a Lei 13.964/2019 (Pacote Anticrime) alterou a redação do art. 311 do CPP, desta vez para vedar a decretação de ofício, pelo juiz, da custódia preventiva, quer na fase investigativa, como antes já ocorria, quer na etapa instrutória, o que até a edição do pacote anticrime era permitido. É dizer, para que a custódia preventiva, atualmente, seja decretada no curso da investigação ou no decorrer da ação penal, somente mediante provocação da autoridade policial, se no curso do inquérito, ou a requerimento do Ministério Público, se no curso da ação penal ou das investigações. `ED`
Gabarito "C".

(Investigador – PC/ES – Instituto AOCP – 2019) Sobre as prisões disciplinadas pelo Código de Processo Penal, assinale a alternativa correta.

(A) Se a infração for afiançável, a falta de exibição do mandado não obstará à prisão, e o preso, em tal caso, será imediatamente apresentado ao juiz que tiver expedido o mandado.
(B) A prisão poderá ser efetuada em qualquer dia corrido e a qualquer hora, excluídas as restrições relativas à inviolabilidade do domicílio.
(C) Quando o acusado estiver no território nacional, fora da jurisdição do juiz processante, este encaminhará ofício à autoridade policial da jurisdição do acusado e determinará o cumprimento do mandado por comunicação postal, fac-símile ou digital.
(D) Ninguém poderá ser preso senão em flagrante delito ou por ordem escrita e fundamentada da autoridade judiciária competente, em decorrência de sentença condenatória transitada em julgado ou, no curso da investigação ou do processo, em virtude de prisão temporária ou prisão preventiva.
(E) Quando as autoridades locais tiverem fundadas razões para duvidar da legitimidade da pessoa do executor ou da legalidade do mandado que apresentar, não poderão colocar em custódia o réu, até que fique esclarecida a dúvida.

A: incorreta, já que tal regra somente se aplica no caso de a infração ser inafiançável (art. 287 do CPP). Este dispositivo teve a sua redação alterada por força da Lei 13.964/2019: "Se a infração for inafiançável, a falta de exibição do mandado não obstará à prisão, e o preso, em tal caso, será imediatamente apresentado ao juiz que tiver expedido o mandado, para realização da audiência de custódia". A alteração legislativa, como se pode ver, impôs a obrigação de realização de audiência de custódia; **B:** incorreta. Nos termos do art. 283, § 2º, do CPP, embora a prisão possa realizar-se em qualquer dia e a qualquer hora, devem ser respeitadas, na sua execução, as restrições relativas à inviolabilidade de domicílio; **C:** incorreta (art. 289, *caput*, do CPP); **D:** correta (art. 283, *caput*, do CPP); **E:** incorreta (art. 289-A, § 5º, CPP). `ED`
Gabarito "D".

(Investigador – PC/ES – Instituto AOCP – 2019) "Flagrante" significa o manifesto, ou evidente, e o ato que se pode observar no exato momento de sua ocorrência. Sobre a prisão em flagrante e suas eventuais conversões, assinale a alternativa correta.

(A) A prisão em flagrante é uma modalidade de execução provisória da pena.
(B) A prisão em flagrante só pode ocorrer mediante a expedição de mandado judicial prévio que possibilite a identificação e localização do acusado.
(C) Sendo modalidade de prisão cautelar, a prisão em flagrante só é cabível em crimes afiançáveis em que a pena abstrata seja superior a 4 anos de privação de liberdade máxima.
(D) A prisão em flagrante é a modalidade de prisão cautelar, de natureza administrativa, realizada no instante em que se desenvolve ou termina de se concluir a infração penal (crime ou contravenção penal).
(E) A prisão em flagrante pode ser convertida em prisão temporária, mas a prisão preventiva só pode advir de decisão judicial fundamentada enquanto estiver solto o acusado.

A: incorreta. A prisão em flagrante, cuja natureza é de medida cautelar de segregação provisória, se dá no momento em que uma infração penal está sendo cometida ou pouco tempo depois de isso acontecer. Tem, num primeiro momento, caráter administrativo, tornando-se jurisdicional quando, ao chegar ao conhecimento do juiz, for mantida, convolando-se em preventiva. Tudo isso acontece antes mesmo de o órgão acusatório oferecer a denúncia (ou queixa). Ou seja, sequer, até este momento, existe processo. Menos ainda sentença condenatória. Sendo assim, não há que se falar, portanto, em prisão em flagrante ou mesmo prisão preventiva como modalidades de execução provisória da pena. Nesse sentido, a Lei 13.964/2019 inseriu no art. 313 do CPP o § 2º, conferindo-lhe a seguinte redação: "Não será admitida a decretação da prisão preventiva com a finalidade de antecipação de cumprimento de pena ou com decorrência imediata de investigação criminal ou da apresentação ou recebimento da denúncia"; **B:** incorreta. Considerando que o fundamento da prisão em flagrante é justamente o de fazer cessar a prática criminosa e, com isso, prender o seu autor, ilógico seria exigir-se ordem judicial para tanto. Diante de uma infração penal que está ocorrendo (ou mesmo que acabou de ocorrer), a lei impõe à autoridade policial e seus agentes o dever de intervir e fazer cessar a atividade criminosa, com a prisão do agente, independentemente de ordem judicial (art. 301, CPP); **C:** incorreta. A prisão em flagrante é possível em qualquer infração penal (crime ou contravenção). Afinal, como acima dissemos, seu propósito maior é fazer cessar a atividade criminosa ou contravencional; **D:** correta, tendo em vista o que acima foi ponderado; **E:** incorreta. O art. 310 do CPP, com a redação que lhe deu a Lei 13.964/2019, impõe ao magistrado, quando da realização da audiência de custódia, o dever de manifestar-se *fundamentadamente*, *adotando uma das seguintes opões:* se se tratar de prisão ilegal, deverá o magistrado relaxá-la e determinar a soltura imediata do preso; se a prisão estiver em ordem, deverá o juiz, desde que entenda necessário ao processo, *converter a prisão em flagrante em preventiva*, sempre levando em conta os requisitos do art. 312 do CPP; conceder liberdade provisória, com ou sem fiança. Segundo estabelece a nova redação do *caput* do art. 310 do CPP, determinada pela Lei 13.964/2019, "após receber o auto de prisão em flagrante, no prazo máximo de 24 (vinte e quatro) horas após a realização da prisão, o juiz deverá promover audiência de custódia com a presença do acusado, seu advogado constituído ou membro da Defensoria Pública e o membro do Ministério Público, e, nessa audiência, o juiz deverá, fundamentadamente: (...)". ED
Gabarito "D".

(Agente-Escrivão – Acre – IBADE – 2017) Sobre o tema prisão preventiva assinale a alternativa correta.

(A) Não será permitido o emprego de força, salvo a indispensável no caso de resistência, de tentativa de fuga do preso, dos reincidentes e dos presos de alta periculosidade por terem passado pelo regime disciplinar diferenciado.

(B) O mandado de prisão, na ausência do juiz, poderá ser lavrado e assinado pelo escrivão, *ad referendum* do juiz.

(C) O mandado de prisão mencionará a infração penal e necessariamente a quantidade da pena privativa e de multa, bem como eventual pena pecuniária.

(D) A prisão poderá ser efetuada em qualquer dia e a qualquer hora, respeitadas as restrições relativas à inviolabilidade do domicílio.

(E) A autoridade que ordenar a prisão fará expedir o respectivo mandado, salvo quando, por questão de urgência, nos crimes inafiançáveis, poderá a prisão ocorrer por ordem verbal do juiz.

A: incorreta. Somente será autorizado o emprego de força nas hipóteses de resistência e de tentativa de fuga (art. 284, CPP); **B:** incorreta. O

mandado, segundo estabelece o art. 285, parágrafo único, *a*, do CPP, será obrigatoriamente lavrado pelo escrivão e *assinado* pelo juiz; **C:** incorreta. Por força do disposto no art. 285, parágrafo único, *c*, do CPP, o mandado fará menção à infração penal que motivar a prisão, mas não à quantidade da pena; **D:** correta (art. 283, § 2º, CPP); **E:** incorreta. Não há que se falar em prisão executada por ordem *verbal* do juiz. A ordem do magistrado será necessariamente *escrita* e fundamentada (art. 283, *caput*, do CPP e art. 5º, LXI, da CF). ED
Gabarito "D".

(Agente-Escrivão – Acre – IBADE – 2017) A prisão de qualquer pessoa deve ser comunicada e encaminhada a cópia do auto de prisão:

(A) à família do preso no prazo de 72 horas.

(B) ao Ministério Público no prazo de 48 horas.

(C) ao Chefe de Polícia no prazo de 24 horas.

(D) quando o preso não tiver advogado, à Defensoria Pública no prazo de 24 horas.

(E) ao Juiz no prazo de 48 horas.

A comunicação da prisão, no caso de flagrante, deve dar-se *imediatamente* ao juiz competente, ao Ministério Público e à família do preso ou a pessoa por ele indicada (a obrigatoriedade de comunicar o MP foi inserida pela Lei 12.403/2011, que alterou a redação do art. 306, "*caput*", do CPP). Além disso, por imposição do art. 306, § 1º, do CPP, cuja redação também foi alterada por força da mesma lei, "em até vinte e quatro horas após a realização da prisão, será encaminhado ao juiz competente o auto de prisão em flagrante e, caso o autuado não informe o nome de seu advogado, cópia integral para a Defensoria Pública". Ao final, será entregue ao autuado a *nota de culpa*, da qual constarão o motivo da prisão, o nome do condutor e também o das testemunhas (art. 306, § 2º, CPP). ED
Gabarito "D".

(Escrivão – AESP/CE – VUNESP – 2017) No tocante à prisão em flagrante delito, é correto afirmar que:

(A) apresentado o preso à autoridade competente, ouvirá esta o condutor e as testemunhas que o acompanharam e interrogará o acusado sobre a imputação que lhe é feita, lavrando-se auto que será por todos assinado.

(B) a falta de testemunhas da infração não impedirá o auto de prisão em flagrante, mas, nesse caso, com o condutor, deverão assiná-lo pelo menos uma pessoa que haja testemunhado a apresentação do preso à autoridade.

(C) a prisão de qualquer pessoa e o local onde se encontre deverão ser comunicados imediatamente ao juiz competente, ao Ministério Público, à família do preso ou à pessoa por ele indicada e à Defensoria Pública.

(D) não havendo autoridade no lugar em que se tiver efetuado a prisão, qualquer pessoa designada pela autoridade lavrará o auto, depois de prestado o compromisso legal.

(E) na falta ou no impedimento do escrivão, qualquer pessoa designada pela autoridade lavrará o auto, depois de prestado o compromisso legal.

A: incorreta. Uma vez apresentado o preso à autoridade, providenciará esta, em primeiro lugar, para que o condutor seja ouvido, colhendo, ato contínuo, a sua assinatura e entregando-lhe a cópia do termo e o recibo de entrega do conduzido; feito isso, procederá a autoridade policial à oitiva das testemunhas e, após, ao interrogatório do preso acerca da imputação que lhe é feita, colhendo, ao final, as respectivas assinaturas (art. 304, "caput", do CPP); **B:** incorreta. Na hipótese de não haver

2. DIREITO PROCESSUAL PENAL

testemunhas da infração, o auto, mesmo assim, será lavrado, mas, nesse caso, com o condutor deverão assiná-lo ao menos *duas* pessoas (e não *uma*) que tenham presenciado a apresentação do conduzido à autoridade (art. 304, § 2°, CPP); **C:** incorreta. Isso porque a comunicação da prisão, no caso de flagrante, deve dar-se *imediatamente* ao juiz competente, ao Ministério Público e à família do preso ou a pessoa por ele indicada. A Defensoria Pública, como se pode ver, não foi inserida nesse dispositivo. Por imposição do art. 306, § 1°, do CPP, cuja redação também foi alterada por força da mesma lei, "em até vinte e quatro horas após a realização da prisão, será encaminhado ao juiz competente o auto de prisão em flagrante e, caso o autuado não informe o nome de seu advogado, cópia integral para a Defensoria Pública". Ao final, será entregue ao autuado a *nota de culpa*, da qual constarão o motivo da prisão, o nome do condutor e também o das testemunhas (art. 306, § 2°, CPP); **D:** incorreta. Estabelece o art. 308 do CPP que, não havendo autoridade no lugar em que se efetivou a prisão, o conduzido deverá ser apresentado à autoridade do lugar mais próximo; **E:** correta, pois reflete o disposto no art. 305 do CPP. **ED**

Gabarito "E".

(Escrivão – AESP/CE – VUNESP – 2017) A Lei nº 7.960/89 estabelece, em seu art. 1°, inciso III, o rol de crimes para os quais é cabível a decretação da prisão temporária quando imprescindível para as investigações do inquérito policial. Esse rol inclui:

(A) o crime de estelionato.

(B) o crime de assédio sexual.

(C) o crime de receptação qualificada.

(D) os crimes contra o sistema financeiro.

(E) o crime de furto qualificado.

O art. 1°, III, da Lei 7.960/1989 lista os crimes em relação aos quais pode ser decretada a prisão temporária. Dos delitos acima referidos, somente fazem parte desse rol os crimes contra o sistema financeiro (art. 1°, III, *o*), que corresponde à alternativa que deve ser assinalada. **ED**

Gabarito "D".

(Agente-Escrivão – PC/GO – CESPE – 2016) José subtraiu o carro de Ana mediante grave ameaça exercida com arma de fogo. Após a prática do ato, ele fugiu do local dirigindo o veículo em alta velocidade, mas foi perseguido por outros condutores que passavam pela via e atenderam ao pedido de ajuda da vítima.

A partir dessa situação hipotética, assinale a opção correta.

(A) Uma vez preso em flagrante, José deverá ser conduzido até autoridade policial, que lavrará o auto de prisão e entregará a nota de culpa no prazo máximo de quarenta e oito horas.

(B) José poderá ser preso em flagrante pelo roubo enquanto estiver na posse do veículo de Ana, independentemente do lapso temporal transcorrido.

(C) A interrupção da perseguição de José descaracteriza o flagrante impróprio, embora José possa ser preso se encontrado, em seguida, com o objeto do crime e em situação pela qual se presuma ser ele o autor do fato.

(D) Caso seja preso em flagrante, José deverá ser informado de suas garantias constitucionais e de seu direito de permanecer calado e de estar acompanhado por advogado, bem como terá direito ao acesso à identificação completa do responsável por sua prisão e da vítima do fato.

(E) Embora a perseguição realizada por pessoas da sociedade civil seja importante para as investigações porque propicia a recuperação do veículo e a identificação do autor do fato, esse tipo de perseguição não caracteriza situação de flagrância.

A: incorreta. O erro da assertiva está na menção ao prazo de que dispõe a autoridade policial para entregar ao conduzido a nota de culpa, que, a teor do art. 306, § 2°, do CPP, é de 24 horas (e não de 48), interrogno esse que tem como termo inicial a detenção do conduzido; **B:** incorreta. A assertiva descreve hipótese do chamado *flagrante presumido* ou *ficto* (art. 302, IV, do CPP), em que o agente é encontrado *logo depois* do crime na posse de instrumentos, armas, objetos ou papéis em circunstâncias que revelem ser ele o autor da infração penal. Note que, nesta modalidade de flagrante, inexiste perseguição, pois o agente é encontrado ocasionalmente. A questão que se coloca é estabelecer o alcance da expressão *logo depois*. Segundo têm entendido a doutrina e a jurisprudência, a análise deve se dar caso a caso, sempre de acordo com o prudente arbítrio do magistrado. O certo é que têm sido aceitas pela jurisprudência prisões efetuadas várias horas depois do crime. O que não é possível é conceber, nesta modalidade de flagrante, que a detenção ocorra vários dias depois da prática criminosa. Dessa forma, é incorreto afirmar-se que José poderá ser preso em flagrante enquanto estiver na posse do veículo. Cuidado: no chamado *flagrante impróprio* ou *quase flagrante* (art. 302, III, CPP), a perseguição ao agente deve iniciar-se logo em seguida ao cometimento do crime, mas poderá perdurar, desde que de forma ininterrupta, por prazo indeterminado, podendo durar vários dias; **C:** correta. De fato, a interrupção da perseguição descaracteriza o *flagrante impróprio* ou *quase flagrante*; no entanto, é possível (no caso de interrupção da perseguição) a prisão em flagrante na hipótese de o agente ser encontrado, logo depois do crime, na posse de instrumentos, armas, objetos ou papéis em circunstâncias que revelem ser ele o autor da infração penal (flagrante ficto ou presumido). Como já dito no comentário anterior, inexiste, nesta modalidade de flagrante, perseguição; **D:** incorreta. É verdade que o conduzido deverá ser informado de seus direitos, dentre os quais está o de permanecer silente, sendo-lhe assegurada, ademais, a assistência da família e advogado (art. 5°, LXIII, CF). Também é fato que terá direito à identificação dos responsáveis por sua prisão ou por seu interrogatório policial (art. 5°, LXIV, CF), mas não terá acesso à identificação da vítima; **E:** incorreta. A prisão em flagrante, em qualquer de suas modalidades, poderá efetuar-se tanto por agentes de polícia quanto por particulares. A propósito, a doutrina classifica o flagrante em *obrigatório* e *facultativo*. *Obrigatório* é aquele em que *autoridade policial e seus agentes* deverão prender quem quer que seja encontrado em flagrante delito (art. 301, 2ª parte, do CPP). De outro lado, *qualquer do povo poderá (...).* Trata-se, neste caso, de mera faculdade. Flagrante, por isso mesmo, chamado *facultativo. Dessa forma, a prisão em flagrante realizada por particular nada tem de ilegal, visto que autorizada pela lei processual penal.* **ED**

Gabarito "C".

(Agente-Escrivão – PC/GO – CESPE – 2016) Marcos praticou crime de extorsão, cuja pena é de reclusão, de quatro a dez anos, e multa.

Considerando essa situação hipotética, assinale a opção correta.

(A) A presença de indícios de autoria e materialidade é motivo suficiente para o juiz decretar a prisão preventiva de Marcos.

(B) Marcos não poderá ser submetido a prisão temporária, porque o crime que cometeu é hediondo, embora não conste no rol taxativo da lei.

(C) Caso Marcos seja preso em flagrante, admite-se a imposição de medidas cautelares diversas da prisão em substituição da liberdade provisória sem fiança.

(D) Caso Marcos seja preso em flagrante, poderá ser solto mediante arbitramento de fiança pela autoridade policial.

(E) Marcos poderá ser submetido a prisão temporária, que tem prazo fixo previsto em lei e admite uma prorrogação por igual período.

A: incorreta. Para a decretação da custódia preventiva, para além da prova da existência do crime (materialidade) e presença de indícios suficientes de autoria, que são os pressupostos desta modalidade de prisão processual, é imperiosa a existência de motivos que autorizem o juiz a decretá-la, que correspondem aos chamados fundamentos da custódia e vêm expressamente previstos no art. 312 do CPP, a saber: garantia da ordem pública; garantia da ordem econômica; conveniência da instrução criminal; e garantia da futura aplicação da lei penal. Ademais, a Lei 13.964/2019 inseriu no art. 312, *caput*, do CPP a necessidade de existir *perigo gerado pelo estado de liberdade do imputado*; **B:** incorreta. Há dois equívocos a observar. Em primeiro lugar, o crime praticado por Marcos (extorsão simples – art. 158, "caput", CP) comporta, sim, a decretação de prisão temporária, na medida em que está contemplado no rol do art. 1º (III, *d*) da Lei 7.960/1989 (Prisão Temporária); segundo: o fato de o delito ser hediondo (não é o caso da extorsão simples do art. 158, "caput", do CP) não impede a decretação da prisão temporária, que será determinada, uma vez preenchidos os requisitos previstos em lei, na forma estatuída no art. 2º, § 4º, da Lei 8.072/1990 (Crimes Hediondos); **C:** incorreta (art. 321, CPP); **D:** incorreta, uma vez que a autoridade policial somente está credenciada a conceder fiança nos casos de crime cuja pena máxima cominada não seja superior a quatro anos. Não é este o caso do delito de extorsão, cuja pena máxima prevista corresponde a 10 anos; neste caso, a concessão de fiança somente poderá realizar-se pelo magistrado; **E:** correta. Por integrar o rol do art. 1º da Lei 7.960/1989, é possível, desde que preenchidos os requisitos impostos por lei, a decretação de prisão temporária ao investigado pela prática do crime de extorsão (art. 158, "caput", do CP), cujo prazo de duração é de 5 dias, prorrogável, uma única vez, pelo período (art. 2º, "caput", da Lei 7.960/1989). ED

Gabarito "E".

(Agente – Pernambuco – CESPE – 2016) A respeito de prisão, liberdade provisória do acusado e medidas cautelares alternativas ao encarceramento, assinale a opção correta.

(A) A prisão provisória será decretada pelo juiz pelo prazo máximo de cinco dias, prorrogável por igual período, ou por até trinta dias improrrogáveis, se se tratar de crimes hediondos ou equiparados.

(B) O descumprimento de medida protetiva de urgência determinada sob a égide da Lei Maria da Penha é uma das hipóteses autorizativas da prisão preventiva prevista na lei processual penal.

(C) Conforme a CF, a casa é asilo inviolável do indivíduo: a autoridade policial nela não pode penetrar à noite sem consentimento do morador, seja qual for o motivo.

(D) A prisão preventiva do acusado poderá ser requerida, em qualquer fase do inquérito ou do processo, pela autoridade policial, pelo Ministério Público ou pelo assistente de acusação.

(E) Independentemente do tipo de crime, a fiança será arbitrada pela autoridade policial e comunicada imediatamente ao juiz que, depois de ouvir o Ministério Público, a manterá ou não.

A: incorreta. Prisão provisória (cautelar ou processual) é gênero da qual são espécies a custódia *preventiva*, a *temporária* e a *prisão em flagrante*. Como bem sabemos, a prisão temporária somente poderá ocorrer no curso das investigações do inquérito policial (art. 1º, I, da Lei

7.960/1989); a prisão em flagrante, por sua vez, é efetuada em momento anterior à instauração do inquérito e, por óbvio, antes da instauração da ação penal; já a prisão preventiva, por força do que dispõe o art. 311 do CPP, poderá ser decretada em qualquer fase da persecução criminal (inquérito e processo). A assertiva se refere à prisão temporária, que será decretada, a teor do art. 2º, "*caput*", da Lei 7.960/1989, pelo prazo de cinco dias, prorrogável por igual período em caso de extrema e comprovada necessidade. Em se tratando, no entanto, de crime hediondo ou a ele equiparado (tortura, tráfico de drogas e terrorismo), a custódia temporária será decretada por *até* trinta dias, prorrogável por igual período em caso de extrema e comprovada necessidade (a alternativa afirma que esse prazo é improrrogável, o que está, como vimos, incorreto), em consonância com o disposto no art. 2º, § 4º, da Lei 8.072/1990 (Crimes Hediondos); **B:** correta. Cuida-se da hipótese contemplada no art. 313, III, do CPP; **C:** incorreta. É fato que a casa é, por imperativo constitucional (art. 5º, XI, da CF), asilo inviolável do indivíduo e sua família, de tal sorte que ninguém poderá nela penetrar sem o consentimento do morador; entretanto, o próprio texto constitucional estabeleceu exceções a esta inviolabilidade domiciliar, a saber: se durante o dia, o ingresso sem o consentimento do morador poderá se dar diante de situação de flagrante delito, desastre ou para prestar socorro, ou ainda para cumprimento de ordem judicial; se durante à noite, o ingresso, diante da recalcitrância do morador, poderá se dar também em situação de flagrante, desastre ou para prestar socorro. Durante a noite, portanto, não poderá a autoridade policial, à revelia do morador, ingressar em seu domicílio para dar cumprimento a ordem judicial; deverá, pois, aguardar o amanhecer. ; **D:** incorreta. A autoridade policial somente poderá representar pela decretação da custódia preventiva durante o inquérito policial; se no curso da ação penal, a decretação poderá se dar mediante requerimento do Ministério Público ou do assistente (art. 311, CPP). Nunca é demais lembrar que, com a modificação operada no art. 311 do CPP pela Lei 13.964/2019, é defeso ao juiz decretar de ofício a prisão preventiva, ainda que no curso da ação penal; **E:** incorreta, na medida em que a autoridade policial somente está credenciada a conceder fiança nas infrações penais cuja pena privativa de liberdade máxima não seja superior a quatro anos (322, CPP); nos demais casos, somente o juiz poderá fazê-lo. ED

Gabarito "B".

(Escrivão – Pernambuco – CESPE – 2016) Cabe prisão temporária de acusado pela prática de crimes de:

(A) resistência e cárcere privado.

(B) tráfico internacional de pessoa para fins de exploração sexual e homicídio qualificado.

(C) quadrilha ou bando e contra o sistema financeiro.

(D) roubo e concussão.

(E) extorsão e corrupção passiva.

Dos crimes acima listados, somente caberá a prisão temporária em relação aos seguintes: sequestro e cárcere privado (art. 148, CP); homicídio doloso (art. 121, "caput", e seu § 2º, CP); quadrilha ou bando (atualmente denominado *associação criminosa* – art. 288, CP); crimes contra o sistema financeiro (Lei 7.492/1986); roubo (art. 157, "caput", e seus §§ 1º, 2º e 3º, CP); e extorsão (art. 158, "caput", e seus §§ 1º e 2º, CP). Os demais delitos acima referidos (resistência, tráfico internacional de pessoa para fins de exploração sexual, concussão e corrupção passiva) não admitem a custódia temporária, já que não fazem parte do rol do art. 1º da Lei 7.960/1989. ED

Gabarito "C".

(Escrivão – Pernambuco – CESPE – 2016) A prisão preventiva pode ser decretada se houver indícios suficientes da autoria e prova da existência do crime e se for necessária, por exemplo, para assegurar a aplicação da lei penal. Presentes esses requisitos, a prisão preventiva será admitida:

(A) ainda que configurada alguma excludente de ilicitude.

2. DIREITO PROCESSUAL PENAL

(B) de ofício, pelo juiz, durante a fase de investigação policial.

(C) se o agente for acusado da prática de crime doloso e tiver sido condenado pela prática de outro crime doloso em sentença transitada em julgado menos de cinco anos antes.

(D) em caso de acusação pela prática de crimes culposos e preterdolosos punidos com pena privativa de liberdade máxima superior a quatro anos.

(E) em qualquer circunstância se o crime envolver violência doméstica e familiar contra a mulher.

A: incorreta, uma vez que contraria o disposto no art. 314 do CPP, que veda o emprego da prisão preventiva quando, pelas provas reunidas nos autos, ficar constatado que o agente agiu sob o manto de uma das causas excludentes de ilicitude (art. 23, CP); **B:** incorreta. Com a alteração promovida pela Lei de Reforma 12.403/2011 na redação do art. 311 do CPP, o juiz, que antes podia, de ofício, determinar a prisão preventiva no curso do inquérito, passou a fazê-lo (de ofício) somente no curso da ação penal. Mais recentemente, a Lei 13.964/2019 (Pacote Anticrime) afastou a possibilidade, que antes havia, de o magistrado atuar de ofício na decretação da custódia preventiva (antes, como já dito, cabia no curso da instrução). Doravante, portanto, a prisão preventiva, quer no curso das investigações, quer no decorrer da ação penal, somente será decretada diante de provocação do delegado de polícia (no curso do IP) ou do MP (se no curso das investigações ou da ação penal) ; **C:** correta (art. 313, II, CPP); **D:** incorreta. Não terá lugar a prisão preventiva nos crimes culposos; **E:** incorreta, pois não corresponde ao que estabelece o art. 313, III, do CPP: "(...) para garantir a execução das medidas protetivas de urgência". **ED**
Gabarito "C".

(Investigador-Escrivão-Papiloscopista – Pará – Funcab – 2016) De acordo com a doutrina, caberá a prisão temporária na seguinte hipótese:

(A) quando imprescindível para as investigações do inquérito policial e houver fundadas razões, de acordo com qualquer prova admitida na legislação penal, de autoria ou participação do indiciado nos crimes listados na Lei nº 7.960 (Lei de Prisão Temporária).

(B) quando imprescindível para as investigações do inquérito policial e o indicado não tiver residência fixa ou não fornecer elementos necessários ao esclarecimento de sua identidade

(C) para garantir a ordem pública, a ordem econômica, por conveniência da instrução criminal, ou para assegurar a aplicação da lei penal, quando houver prova da existência do crime e indício suficiente de autoria.

(D) quando imprescindível para as investigações do inquérito policial ou o indicado não tiver residência fixa ou não fornecer elementos necessários ao esclarecimento de sua identidade.

(E) quando imprescindível para as investigações do inquérito policial ou houver fundadas razões, de acordo com qualquer prova admitida na legislação penal, de autoria ou participação do indiciado nos crimes listados na Lei nº 7.960 (Lei de Prisão Temporária).

Segundo a melhor doutrina, a decretação da prisão temporária, modalidade de prisão cautelar, está condicionada à existência de fundadas razões de autoria ou participação do indiciado na prática dos crimes listados no art. 1º, III, da Lei 7.960/1989 e também ao fato de ser ela, a prisão temporária, imprescindível para as investigações do inquérito policial. Devem coexistir, portanto, os requisitos previstos nos incisos

I e III do art. 1º da Lei 7.960/1989; a coexistência das condições presentes nos incisos I e II também pode dar azo à decretação da custódia temporária. É dizer: o inciso III deve combinar com o inciso I ou com o II. É a posição adotada por Guilherme de Souza Nucci e Maurício Zanoide de Moraes. **ED**
Gabarito "A".

(Investigador-Escrivão-Papiloscopista – Pará – Funcab – 2016) A prisão em flagrante consiste em medida restritiva de liberdade de natureza cautelar e processual. Em relação às espécies de flagrante, assinale a alternativa correta.

(A) Flagrante próprio constitui-se na situação do agente que, logo depois, da prática do crime, embora não tenha sido perseguido, é encontrado portando instrumentos, armas, objetos ou papéis que demonstrem, por presunção, ser ele o autor da infração.

(B) Flagrante preparado é a possibilidade que polícia possui de retardar a realização da prisão em flagrante, para obter maiores dados e informações a respeito do funcionamento, componentes e atuação de uma organização criminosa.

(C) Flagrante presumido consiste na hipótese em que o agente concluiu a infração penal, ou é interrompido pela chegada de terceiros, mas sem ser preso no local do delito, pois consegue fugir, fazendo com que haja perseguição por parte da polícia, da vítima ou de qualquer pessoa do povo.

(D) Flagrante esperado é a hipótese viável de autorizar a prisão em flagrante e a constituição válida do crime. Não há agente provocador, mas simplesmente chega à polícia a notícia de que um crime será cometido, deslocando agentes para o local, aguardando-se a ocorrência do delito, para realizara prisão.

(E) Flagrante impróprio refere-se ao caso em que a polícia se utiliza de um agente provocador, induzindo ou instigando o autor a praticar um determinado delito, para descobrir a real autoridade e materialidade de outro.

A: incorreta. A descrição corresponde ao chamado *flagrante ficto* ou *presumido* (art. 302, IV, CPP). *Flagrante próprio* é aquele em que o agente é surpreendido no ato do cometimento do crime ou quando acaba de concluir a prática criminosa (art. 302, I e II, CPP); **B:** incorreta. *Flagrante provocado* ou *preparado* ou ainda *crime de ensaio* é aquele em que um terceiro, em geral com intuito de, leva o agente ao cometimento do crime para, depois disso, prendê-lo. Não deve ser confundido com o chamado *flagrante esperado*, em que há, por parte da polícia, diante da notícia de um crime, mero acompanhamento, espera. A consumação, no *crime de ensaio*, é inviável, porquanto o resultado será impedido, frustrado. A descrição contida na assertiva corresponde ao chamado *flagrante diferido* ou *retardado*. É a ação controlada presente no art. 8º da Lei 12.850/2013 (Organização Criminosa); **C:** incorreta. Flagrante *ficto* ou *presumido* (art. 302, IV) é aquele em que o agente é encontrado, depois do crime, na posse de instrumentos, armas, objetos ou papéis em circunstâncias que revelem ser ele o autor da infração penal. Não há perseguição nesta modalidade de flagrante. Se o agente, logo depois de praticar ou tentar praticar o delito, é perseguido e preso, caracterizada estará a modalidade de flagrante denominada *imprópria* ou *quase flagrante* (art. 302, III, CPP); **D:** correta. De fato, no *flagrante esperado*, a polícia aguarda o momento de agir. Constitui hipótese viável de flagrante porquanto, aqui, inexiste induzimento ou instigação, mas mero monitoramento, acompanhamento; **E:** incorreta. A descrição corresponde ao *flagrante provocado*. Impróprio (ou *quase flagrante*) é a modalidade em que o o agente é perseguido, logo em seguida ao crime, em situação que faça presumir ser o autor da infração (art. 302, III). **ED**
Gabarito "D".

(Escrivão de Polícia Federal – 2013 – CESPE) No que tange à prisão em flagrante, à prisão preventiva e à prisão temporária, julgue os itens que se seguem, à luz do Código de Processo Penal (CPP).

(1) A atual sistemática da prisão preventiva impõe a observância das circunstâncias fáticas e normativas estabelecidas no CPP e, sobretudo, em qualquer das hipóteses de custódia preventiva, que o crime em apuração seja doloso punido com pena privativa de liberdade máxima superior a quatro anos.

(2) Admite-se a prisão preventiva para todos os crimes em que é prevista prisão temporária, sendo esta realizada com o objetivo específico de tutelar a investigação policial.

(3) O CPP dispõe expressamente que na ocorrência de prisão em flagrante tem a autoridade policial o dever de comunicar o fato, em até vinte e quatro horas, ao juízo competente, ao Ministério Público, à família do preso ou à pessoa por ele indicada e, ainda, à defensoria pública, se o aprisionado não indicar advogado no ato da autuação.

1: incorreta. A Lei 12.403/2011 alterou sobremaneira o regramento da prisão preventiva, em especial no que toca aos seus requisitos. A nova redação conferida ao art. 313 do CPP estabelece as condições de admissibilidade da custódia preventiva, a saber: nos crimes dolosos punidos com pena privativa de liberdade máxima superior a quatro anos (não mais importa se o crime é apenado com reclusão ou detenção); se tiver sido condenado por outro crime doloso, em sentença com trânsito em julgado; se o crime envolver violência doméstica e familiar contra a mulher, criança, adolescente, idoso, enfermo ou pessoa com deficiência, para garantir a execução das medidas preventivas de urgência; e também quando houver dúvida sobre a identidade civil da pessoa ou quando esta não fornecer elementos suficientes para esclarecê-la. Não terá lugar a prisão preventiva nos crimes culposos tampouco nas contravenções penais. Assim, esta modalidade de prisão processual poderá ser decretada em outras hipóteses além daquela prevista no inciso I do *caput* do art. 313 do CPP, a que faz referência a assertiva; **2:** correta. De fato, a prisão preventiva poderá ser decretada, em princípio, em todos os crimes em que cabe a prisão temporária (art. 1º, III, da Lei 7.960/1989), servindo esta para viabilizar as investigações do inquérito policial; **3:** incorreta. Isso porque a comunicação da prisão, no caso de flagrante, deve dar-se *imediatamente* ao juiz competente, ao Ministério Público e à família do preso ou a pessoa por ele indicada (a obrigatoriedade de comunicar o MP foi inserida pela Lei 12.403/2011, que alterou a redação do art. 306, *caput*, do CPP). Além disso, por imposição do art. 306, § 1º, do CPP, cuja redação também foi alterada por força da mesma lei, "em até vinte e quatro horas após a realização da prisão, será encaminhado ao juiz competente o auto de prisão em flagrante e, caso o autuado não informe o nome de seu advogado, cópia integral para a Defensoria Pública". Ao final, será entregue ao autuado a *nota de culpa*, da qual constarão o motivo da prisão, o nome do condutor e também o das testemunhas (art. 306, § 2º, CPP). 〖ED〗

Gabarito 1E, 2C, 3E

(Agente de Polícia/DF – 2013 – CESPE) Julgue os itens subsecutivos, referentes a prisões.

(1) Após a prisão em flagrante, a autoridade policial deverá entregar ao preso a nota de culpa em até vinte e quatro horas, pois não é permitido que alguém fique preso sem saber o motivo da prisão.

(2) Para caracterizar o flagrante presumido, a perseguição ao autor do fato deve ser feita imediatamente após a ocorrência desse fato, não podendo ser interrompida nem para descanso do perseguidor.

1: correta. É por meio da *nota de culpa* que a autoridade policial leva ao conhecimento do preso o motivo de sua prisão, o nome da pessoa que o prendeu e o das testemunhas que a tudo assistiram. É imprescindível que este documento chegue às mãos do preso dentro do prazo de 24 horas, a contar da sua prisão (captura) em flagrante, conforme determina o art. 306, § 2º, do CPP. Se assim não for, o flagrante deve ser relaxado por ausência de formalidade; **2:** assertiva incorreta, visto que, nesta modalidade de flagrante (art. 302, IV, do CPP), inexiste perseguição, sendo o agente encontrado, logo depois do crime, na posse de instrumentos, armas, objetos ou papéis em circunstâncias que revelem ser ele o autor da infração penal. O elemento *perseguição* é imprescindível no chamado *flagrante impróprio, imperfeito* ou *quase flagrante*, em que o sujeito é perseguido, logo em seguida ao crime, em situação que faça presumir ser o autor da infração (art. 302, III). 〖ED〗

Gabarito 1C, 2E

(Escrivão de Polícia/DF – 2013 – CESPE) Com base no que dispõe o Código de Processo Penal, julgue os itens que se seguem.

(1) Por constituir medida cautelar, a prisão temporária poderá ser decretada pelo magistrado para que o acusado seja submetido a interrogatório e apresente sua versão sobre o fato narrado pela autoridade policial, tudo isso em consonância com o princípio do livre convencimento. No entanto, não será admitida a prorrogação, de ofício, dessa modalidade de prisão.

(2) A falta de advertência sobre o direito ao silêncio não conduz à anulação automática do interrogatório ou depoimento, devendo ser analisadas as demais circunstâncias do caso concreto para se verificar se houve ou não o constrangimento ilegal.

(3) O excesso de prazo da prisão em razão da demora na fixação do foro competente configura constrangimento ilegal à liberdade de locomoção.

1: incorreta. Primeiro porque a necessidade de submeter o investigado a interrogatório não pode ser considerada como medida imprescindível a justificar a decretação da custódia temporária (art. 1º, I, da Lei 7.960/1989); segundo, a decretação e prorrogação, pelo juiz, da prisão temporária estão condicionadas à provocação da autoridade policial e do MP, este por meio de requerimento e aquela por representação (art. 2º, *caput*, da Lei 7.960/1989). Conferir: "*Habeas corpus* contra decisão que decretou prisão temporária. Paciente indiciado por formação de quadrilha, corrupção de menores e apologia ao crime. Divulgação de vídeo na internet em que o paciente e outros agentes, portando armas de fogo, cantam músicas que fazem apologia ao crime, na presença de menores de idade. Prisão temporária decretada, a pedido da autoridade policial, sem fundamentação idônea. Ordem concedida para revogar a prisão temporária. 1. A prisão temporária não pode ser decretada ao simples fundamento de que o interrogatório do indiciado é imprescindível para as investigações policiais e a prisão é necessária para auxiliar no cumprimento de diligências, tais como a localização das armas que apareceram no vídeo divulgado na internet. O interrogatório é uma faculdade, podendo o indiciado fazer uso, se lhe for conveniente, do direito de permanecer calado. Quanto à apreensão das armas, existe procedimento específico, independentemente da prisão do indiciado. Assim, a prisão temporária não pode ser decretada sob a mera justificativa de que a polícia precisa ouvir o indiciado e localizar as armas. Ademais, verifica-se nos autos que o paciente tem bons antecedentes e residência fixa, podendo, em liberdade, responder às imputações que lhe estão sendo feitas. 2. *Habeas corpus* admitido e ordem concedida, para revogar a decisão que decretou a prisão temporária do paciente, confirmando a liminar deferida" (TJ-DF, HC 152170520090070000, 2ª Câmara Criminal, rel. Roberval Casemiro Belinati, j. 19.11.2009); **2:** correta. Na jurisprudência do STF: "Penal. Processual penal. Recurso ordinário em *habeas corpus*. Nulidades processuais. Processo penal militar. Interrogatório. Ampla defesa e contraditório. Presença do

2. DIREITO PROCESSUAL PENAL 107

defensor. Ausência de advertência sobre o direito ao silêncio. Réus que apresentam sua versão dos fatos. Ausência de comprovação do prejuízo. Alteração de advogado sem anuência dos réus. Fato que não pode ser atribuído ao poder judiciário. *Pas de nullité sans grief.* Ausência de abuso de poder, ilegalidade ou teratologia aptas a desconstituir a coisa soberanamente julgada. Recurso ordinário desprovido. 1. As garantias da ampla defesa e do contraditório restam observadas, não prosperando o argumento de que a falta de advertência, no interrogatório, sobre o direito dos réus permanecerem calados, seria causa de nulidade apta a anular todo o processo penal, nos casos em que a higidez do ato é corroborada pela presença de defensor durante o ato, e pela opção feita pelos réus de, ao invés de se utilizarem do direito ao silêncio, externar a sua própria versão dos fatos, contrariando as acusações que lhes foram feitas, como consectário de estratégia defensiva. 2. A falta de advertência sobre o direito ao silêncio não conduz à anulação automática do interrogatório ou depoimento, restando mister observar as demais circunstâncias do caso concreto para se verificar se houve ou não o constrangimento ilegal (...)" (RHC 107915, Luiz Fux); **3:** correta. Nesse sentido: "Excesso de prazo da prisão. Demora na solução de conflito de competência: paciente preso há um ano e dois meses. Denúncia oferecida oito meses após a prisão. Demora não imputável ao paciente. Ausência de complexidade do feito. Excesso de prazo configurado: precedentes. Ordem concedida. 1. O excesso de prazo da prisão em razão da demora na fixação do foro competente configura constrangimento ilegal à liberdade de locomoção. 2. Ordem concedida" (HC 94247, Cármen Lúcia, STF). ED
Gabarito 1E, 2C, 3C

(Escrivão de Polícia/GO – 2013 – UEG) A prisão temporária

(A) poderá ser decretada pelo juiz, durante o curso do processo penal, de ofício ou a pedido do Ministério Público.

(B) possui, no caso de crimes hediondos, prazo de 30 dias, prorrogáveis por igual período em caso de extrema e comprovada necessidade.

(C) será decretada pelo juiz, durante a fase investigativa, de ofício ou a pedido da autoridade policial.

(D) poderá ser decretada pelo juiz durante o inquérito policial ou no curso do processo penal.

A: incorreta, pois a prisão temporária, espécie de prisão cautelar ou processual, somente poderá ser decretada na fase das investigações (persecução penal extrajudicial), nos termos do que dispõe a Lei 7.960/1989. Outrossim, cabe destacar que não poderá o juiz, de ofício, decretar a prisão temporária, visto que esta dependerá de representação da autoridade policial ou de requerimento do Ministério Público (art. 2º da Lei 7.960/1989); **B:** correta, nos termos do art. 2º, § 4º, da Lei 8.072/1990 (Lei dos Crimes Hediondos); **C:** incorreta, pois, como visto, a prisão temporária não poderá ser decretada de ofício pelo juiz, dependendo de representação da autoridade policial ou de requerimento do Ministério Público (art. 2º da Lei 7.960/1989); **D:** incorreta. Como dito anteriormente, a prisão temporária é espécie de prisão cautelar, admissível apenas na fase de investigações. No curso do processo penal é cabível a prisão preventiva (muito embora esta seja cabível, também, na fase inquisitiva). Gabarito "B".

(Agente Penitenciário/MA – 2013 – FGV) Com relação à Lei n. 7.960/1989, que dispõe sobre *prisão temporária*, assinale a afirmativa correta.

(A) O prazo limite, seja qual for o crime em apuração, é de 30 dias.

(B) O prazo, em se tratando de crime hediondo ou assemelhado, é de trinta dias, enquanto nos demais é de cinco dias, não sendo possível a prorrogação.

(C) O juiz, atendendo representação da autoridade policial ou a requerimento do Ministério Público, poderá decretá-la de ofício.

(D) O preso, decorrido o prazo da prisão, deverá ser posto imediatamente em liberdade, independentemente de alvará de soltura, salvo se já tiver sido decretada sua prisão preventiva.

(E) Os presos temporários, dentro do possível, devem ficar separados dos demais detentos.

A: incorreta, na medida em que o prazo máximo durante o qual o investigado poderá permanecer sob custódia temporária varia conforme a natureza do crime (se hediondo ou não). Vejamos. A *prisão temporária* será sempre decretada por prazo determinado, que será de 5 (cinco) dias, prorrogável por igual período em caso de extrema e comprovada necessidade, nos termos do art. 2º, *caput*, da Lei 7.960/1989; em se tratando de crime hediondo ou delito a ele equiparado (tortura, tráfico de drogas e terrorismo), a *custódia temporária* será decretada por *até* 30 (trinta) dias, prorrogável por igual período em caso de extrema e comprovada necessidade, em consonância com o disposto no art. 2º, § 4º, da Lei 8.072/90 (Crimes Hediondos); **B:** incorreta. *Vide* comentário acima; **C:** incorreta. Se o juiz atender à representação da autoridade policial ou ao requerimento do MP e decretar a prisão temporária, não estará, por óbvio, agindo de ofício, mas por provocação dessas autoridades. Atuaria de ofício, o que não é permitido no campo da prisão temporária, se decretasse a custódia independente de provocação, por iniciativa própria; **D:** correta. É que a ordem de prisão temporária, diferentemente da preventiva, contém o chamado "comando implícito de soltura". Assim, passados os 5 dias de custódia, o investigado deverá ser imediatamente posto em liberdade pela autoridade policial, sem a necessidade de alvará de soltura a ser expedido pelo juiz que decretou a prisão. Evidente que permanecerá custodiado o investigado que contra si for prorrogada a prisão temporária ou mesmo expedido mandado de prisão preventiva. É o que estabelece o art. 2º, § 7º, da Lei 7.960/1989, cuja redação foi alterada pela Lei 13.869/2019; **E:** incorreta, uma vez que a lei estabelece que a separação, entre presos temporários e os demais, é obrigatória (art. 3º, Lei 7.960/1989). ED
Gabarito "D".

(Escrivão de Polícia/MA – 2013 – FGV) Sobre a prisão em flagrante, analise as afirmativas a seguir.

I. Nas infrações permanentes, entende-se o agente em flagrante delito enquanto não cessar a permanência.

II. O flagrante esperado é considerado lícito pela jurisprudência amplamente majoritária dos Tribunais Superiores.

III. A falta de testemunhas da infração não impedirá o auto de prisão em flagrante. Nesse caso, bastará a assinatura do condutor.

Assinale:

(A) se somente as afirmativas I e III estiverem corretas;

(B) se somente a afirmativa I estiver correta;

(C) se somente a afirmativa III estiver correta;

(D) se somente as afirmativas I e II estiverem corretas;

(E) se somente as afirmativas II e III estiverem corretas.

I: correta (art. 303 do CPP); **II:** correta, pois, de fato, no flagrante esperado, que é aquele em que as autoridades já têm conhecimento de que o crime será perpetrado, sem qualquer provocação, aguardar-se-á o momento da prática do primeiro ato executório para que se realize a prisão do agente. Não se confunde com o flagrante preparado (ou provocado), no qual o agente é induzido ou instigado a cometer o crime, a fim de que, então, seja preso. Este é considerado ilegal, nos termos da Súmula 145 do STF (*Não há crime, quando a preparação do flagrante pela polícia torna impossível a sua consumação*); **III:** incorreta, pois o art. 304, § 2º, do CPP é claro ao enunciar que a falta de testemunhas da infração não impedirá o auto de prisão em flagrante, mas, nesse caso, com o condutor, deverão assiná-lo pelo menos *duas pessoas que hajam testemunhado a apresentação do preso à autoridade*. São as chamadas "testemunhas instrumentais" ou "de apresentação". **ED** Gabarito "D".

(Agente de Polícia/PI – 2012) Acerca da prisão em flagrante delito, assinale a alternativa correta.

(A) De acordo com as alterações havidas no Código de Processo Penal pela Lei n. 12.403/2011, a autoridade policial não pode mais prender em flagrante delito sem prévia ordem judicial de prisão.

(B) De acordo com o que dispõe o Código de Processo Penal, mesmo depois das alterações ditadas pela Lei n. 12.403/2011, qualquer do povo pode, e a autoridade policial deve prender em flagrante delito.

(C) A Lei n. 12.403/2011 aboliu a prisão em flagrante do texto do Código de Processo Penal.

(D) De acordo com as alterações ditadas pela Lei n. 12.403/2011 ao texto do Código de Processo Penal, somente se admite prisão em flagrante delito para crimes imprescritíveis.

(E) Não é possível efetuar a prisão em flagrante delito de criminoso que, perseguido, consegue ultrapassar o território do Estado onde praticara o crime.

A: incorreta. A prisão em flagrante é espécie de prisão cautelar que se caracteriza, exatamente, pela inexistência de ordem judicial anterior. Caberá à autoridade policial proceder à prisão em flagrante de quem assim se encontre (art. 301 do CPP), promovendo a lavratura do auto, nos termos dos arts. 304 a 306, todos do CPP; **B:** correta. De fato, qualquer do povo poderá (flagrante facultativo) e as autoridades policiais e seus agentes deverão (flagrante obrigatório) prender quem se encontre em flagrante delito (art. 301 do CPP); **C:** incorreta. A prisão em flagrante permanece normalmente no CPP, mesmo com o advento da Lei 12.403/2011; **D:** incorreta. As alterações promovidas no CPP pela Lei 12.403/2011 não determinaram o cabimento de prisão em flagrante apenas para os crimes imprescritíveis. Assim, qualquer pessoa que se ache nas hipóteses do art. 302 do CPP encontrar-se-á em flagrante delito, podendo e devendo, pois, ser presa; **E:** incorreta. A perseguição àquele que se encontre em flagrante delito poderá ultrapassar as fronteiras de um Estado, sem qualquer problema. **ED** Gabarito "B".

(Escrivão/SP – 2014 –VUNESP) Analise as três afirmativas propostas a seguir e coloque (V) para verdadeira ou (F) para falsa.

I. O auto de prisão em flagrante, de acordo com o art. 305 do CPP, só não será lavrado pelo escrivão de polícia mediante falta ou impedimento, e desde que prestado compromisso legal pela pessoa designada pela autoridade para tanto.

II. O termo de fiança, diante do quanto determina o art. 329 do CPP, será lavrado pela autoridade e assinado pelo escrivão e por quem for admitido a prestá-la.

III. O valor em que consistir a fiança, nos termos do quanto prescreve o art. 331 do CPP, será recolhido à repartição arrecadadora federal ou estadual, ou entregue ao depositário público, juntando-se aos autos os respectivos conhecimentos. Nos lugares em que o depósito não se puder fazer de pronto, o valor será entregue ao escrivão ou pessoa abonada, a critério da autoridade, e dentro de três dias dar-se-á ao valor o destino já citado, sendo que tudo constará do termo de fiança.

Assinale a alternativa que apresenta a sequência correta de cima para baixo.

(A) F; F; V

(B) V; F; F

(C) F; F; F

(D) V; V; V

(E) V; F; V

I: verdadeira. Estabelece o art. 305 do CPP que, na hipótese de falta ou impedimento do escrivão, o auto será lavrado por pessoa designada pela autoridade, depois de prestado o compromisso de bem desempenhar tal encargo; **II:** incorreta. Segundo reza o art. 329, *caput*, parte final, do CPP, o termo de fiança será lavrado pelo escrivão – e não pelo delegado – e, em seguida, assinado por este (autoridade policial) e por quem houver de prestar a fiança; **III:** correta, pois corresponde à redação do art. 331, *caput* e parágrafo único, do CPP. **ED** Gabarito "E".

(Investigador/SP – 2014 –VUNESP) Um estabelecimento comercial foi roubado, sendo subtraídos vários objetos de valor. A viatura de um Investigador de Polícia, que passava pelo local, foi acionada por populares que presenciaram o roubo e relataram o ocorrido. Após algumas horas, durante o trabalho de investigação policial, em diligência nas proximidades do local do fato, o investigador surpreende um cidadão com a arma do crime e com vários objetos roubados, sendo este ainda reconhecido pelas vítimas.

Diante dessa situação, assinale a alternativa correta.

(A) Não é possível a prisão em flagrante, pois o criminoso não foi surpreendido no momento e no local da prática do crime.

(B) É possível a prisão em flagrante, porém apenas por determinação do juiz competente.

(C) O cidadão somente poderá ser preso preventivamente pela autoridade policial ou judiciária, não se admitindo a prisão em flagrante.

(D) Há possibilidade de prisão em flagrante em razão de o cidadão ter sido encontrado, logo depois, com a arma e objetos que faziam presumir ser ele autor da infração.

(E) O investigador deverá acionar a Polícia Militar, pois somente esta poderá efetuar a prisão em flagrante.

A: incorreta. O roubador não foi preso no momento em que cometia ou quando acabava de cometer o crime a ele atribuído. Se assim fosse, estaríamos diante do chamado flagrante próprio, real ou perfeito, presente no art. 302, I e II, do CPP. Da mesma forma, inocorreu o chamado flagrante impróprio, imperfeito ou quase flagrante, em que o sujeito é perseguido, logo após, em situação que faça presumir ser o autor da infração (art. 302, III). Não houve perseguição. Tendo em conta que o agente foi encontrado, depois do crime, na posse da arma utilizada e do produto do crime em circunstâncias que revelam ser ele o autor da infração penal, está-se diante do chamado flagrante ficto ou presumido (art. 302, IV). Possível, portanto, a prisão em flagrante do agente, na modalidade flagrante ficto ou presumido; **B:** incorreta. A prisão em flagrante, em qualquer de suas modalidades, prescinde de determinação judicial; **C:** incorreta. Como já dito, é caso de prisão em flagrante, o que não impede que o juiz, uma vez comunicado dos fatos, converta esta modalidade de prisão cautelar em preventiva, desde que presentes os requisitos do art. 312 do CPP; **D:** correta. *Vide* comentário à alternativa "A"; **E:** incorreta, pois se trata de providência desnecessária. O investigador, por ser considerado agente da autoridade policial, pode e deve prender quem quer que se encontre em situação de flagrante. É o chamado flagrante obrigatório (art. 301, CPP); ademais, qualquer

2. DIREITO PROCESSUAL PENAL 109

pessoa do povo, embora não tenha o dever imposto à autoridade policial e seus agentes, pode efetuar a prisão em flagrante (art. 301, CPP). Cuida-se de mera faculdade. **ED**

Gabarito "D".

(Investigador/SP – 2014 – VUNESP) A prisão preventiva

(A) é decretada pelo juiz.

(B) somente poderá ser decretada como garantia da ordem pública.

(C) não poderá ser revogada pelo juiz.

(D) poderá ser decretada pelo delegado de polícia.

(E) é admitida para qualquer crime ou contravenção.

A: correta. Por força do que estabelece o art. 311 do CPP, somente o juiz poderá decretar a prisão preventiva; **B: incorreta.** Além da garantia da ordem pública, há outros fundamentos que podem ensejar a decretação da custódia preventiva: garantia da ordem econômica; por conveniência da instrução criminal; e para assegurar a aplicação da lei penal (art. 312, CPP); **C: incorreta.** Se a prisão preventiva decretada revelar-se desnecessária, deve o juiz revogá-la (art. 316, CPP); **D: incorreta,** já que o delegado de polícia (e o MP) não está credenciado a decretar a prisão preventiva; tal providência somente cabe ao juiz de direito; **E: incorreta,** nos termos do art. 313 do CPP. **ED**

Gabarito "A".

(Investigador/SP – 2014 – VUNESP) A prisão temporária, nos termos da Lei n. 7.960/1989, será decretada pelo Juiz, em face da representação da autoridade policial ou de requerimento do Ministério Público, e terá o prazo de

(A) cinco dias, prorrogáveis por igual período em caso de extrema e comprovada necessidade.

(B) dez dias, prorrogáveis por igual período, desde que autorizada pelo juiz do caso.

(C) cinco dias, improrrogáveis.

(D) dez dias, improrrogáveis.

(E) quinze dias, prorrogáveis por até trinta dias, se necessário, a critério do juiz do caso.

A *prisão temporária* terá o prazo de 5 (cinco) dias, prorrogável por igual período, em caso de extrema e comprovada necessidade, nos termos do art. 2º, *caput*, da Lei 7.960/1989; se se tratar, no entanto, de crime hediondo ou equiparado (tortura, tráfico de drogas e terrorismo), a *custódia temporária* será decretada por *até* 30 (trinta) dias, prorrogável por igual período em caso de extrema e comprovada necessidade, em consonância com o disposto no art. 2º, § 4º, da Lei 8.072/1990 (Crimes Hediondos). Correta, portanto, a assertiva "A". **ED**

Gabarito "A".

(Investigador de Polícia/SP – 2013 – VUNESP) Considera-se em flagrante delito:

(A) o agente que é surpreendido com instrumentos, armas, objetos ou papéis que façam presumir ser ele autor da infração, em qualquer momento da investigação.

(B) o agente que é investigado pela prática da infração penal no momento em que a autoridade policial consegue reunir as provas de ter sido ele o autor do crime.

(C) o agente das infrações permanentes, enquanto não cessar a permanência.

(D) o agente que foge após a prática da infração penal enquanto não for capturado.

(E) o agente que é surpreendido na fase dos atos preparatórios da infração penal.

A: incorreta. Considera-se em flagrante presumido (ou ficto) aquele que for surpreendido, *logo depois*, com instrumentos, armas, objetos ou papéis que façam presumir ser ele autor da infração (art. 302, IV, do CPP); **B, D e E: incorretas,** pois não se enquadram as assertivas contidas nas alternativas em qualquer das hipóteses de flagrante do art. 302 do CPP; **C: correta,** nos termos do art. 303 do CPP.

Gabarito "C".

8. SUJEITOS PROCESSUAIS, CITAÇÃO, INTIMAÇÃO, PRAZO E PROCEDIMENTO

(Escrivão – PC/GO – AOCP – 2023) Em relação aos procedimentos de cognição, assinale a alternativa correta.

(A) Os processos que apurem a prática de crime hediondo terão prioridade de tramitação em todas as instâncias.

(B) Serão residualmente sumários todos os procedimentos comuns que não tiverem por objeto crime cuja sanção máxima cominada for igual ou superior a 4 (quatro) anos de pena privativa de liberdade.

(C) O procedimento sumaríssimo tem rito cível e tramitação subsidiária perante os Juizados Especiais.

(D) As decisões de rejeição da denúncia e absolvição sumária possuem as mesmas causas motivadoras.

(E) As provas serão produzidas em uma só audiência, sendo defeso ao juiz indeferir aquelas hipoteticamente protelatórias, sob pena de violação ao princípio da ampla defesa.

A: correta, pois em conformidade com o que estabelece o art. 394-A do CPP; **B: incorreta.** Como bem sabemos, o critério utilizado para se identificar o rito processual a ser adotado é a *pena máxima* cominada ao crime, conforme estabelece o art. 394 do CPP. O *rito ordinário* terá lugar sempre que se tratar de crime cuja sanção máxima cominada for igual ou superior a quatro anos de pena privativa de liberdade (art. 394, § 1º, I, CPP). O *rito sumário,* por sua vez, será adotado quando se tratar de crime cuja sanção máxima seja inferior a quatro anos e superior a dois (art. 394, § 1º, II, CPP). Já o *rito sumaríssimo* terá incidência nas infrações penais de menor potencial ofensivo (crimes cuja pena máxima não seja superior a dois anos bem como as contravenções penais), na forma estatuída no art. 394, § 1º, III, CPP; **C: incorreta** (art. 394, § 5º, CPP); **D: incorreta.** As causas motivadoras da decisão de rejeição da denúncia, que são diversas daquelas que dão azo à absolvição sumária, estão elencadas no art. 395 do CPP; já as hipóteses de absolvição sumária estão no art. 397 do CPP; **E: incorreta,** pois contraria o disposto no art. 400, § 1º, do CPP, que autoriza o juiz a indeferir, entre outras, a prova protelatória. **ED**

Gabarito "A".

(Escrivão – PC/GO – AOCP – 2023) Sobre os procedimentos sumário e sumaríssimo, assinale a alternativa INCORRETA.

(A) Na instrução do procedimento sumário, poderão ser inquiridas até 5 (cinco) testemunhas arroladas pela acusação e 5 (cinco) pela defesa.

(B) Da decisão de rejeição da denúncia ou queixa e da sentença, caberá recurso em sentido estrito, que poderá ser julgado por turma composta de cinco juízes em exercício no primeiro grau de jurisdição, reunidos na sede do Juizado.

(C) No procedimento sumário, as alegações finais serão orais, concedendo-se a palavra, respectivamente, à acusação e à defesa, pelo prazo de 20 (vinte) minutos, prorrogáveis por mais 10 (dez), proferindo o juiz, a seguir, a sentença.

(D) No procedimento sumaríssimo, durante a audiência, todas as partes e demais sujeitos processuais presentes no ato deverão respeitar a dignidade da vítima, sob pena de responsabilização civil, penal e administrativa, sendo vedada a manifestação sobre circunstâncias ou elementos alheios aos fatos objeto de apuração nos autos.

(E) No procedimento sumaríssimo, diversamente do procedimento ordinário, os embargos de declaração serão opostos por escrito ou oralmente, no prazo de cinco dias, contados da ciência da decisão.

A: correta. De fato, no rito sumário, podem-se ouvir até 5 testemunhas (art. 532 do CPP), por parte; **B:** incorreta. O art. 82, *caput* e § 1º, da Lei 9.099/1995 estabelece que da decisão que rejeitar a denúncia ou a queixa caberá recurso de apelação (e não em sentido estrito), a ser interposto, por petição escrita, no prazo de dez dias, da qual deverão constar as razões e o pedido. O julgamento deste recurso caberá a uma turma composta de três juízes em exercício no primeiro grau de jurisdição, reunidos na sede do Juizado; **C:** correta, pois em consonância com o art. 534, *caput*, do CPP; **D:** correta (art. 81, § 1º-A, da Lei 9.099/1995); **E:** correta (art. 83, § 1º, da Lei 9.099/1995). [ED]

Gabarito "B".

(Perito – PC/ES – Instituto AOCP – 2019) Sobre o rito especial dos processos sobre crimes de responsabilidade dos funcionários públicos, o que prescreve o direito processual penal brasileiro?

(A) Nos crimes de responsabilidade dos funcionários públicos, competirá o processo e julgamento aos juízes leigos até o recebimento da denúncia.

(B) Se não for conhecida a residência do acusado, ou este se achar fora da jurisdição do juiz, ser-lhe-á nomeado advogado público filiado à procuradoria respectiva ao ente federativo, a quem caberá apresentar o pedido de suspensão dos autos até a devida citação.

(C) A resposta não poderá ser instruída com documentos e justificações, mas tão somente com a indicação de eventuais testemunhas abonatórias.

(D) Na instrução criminal dos crimes de responsabilidade dos funcionários públicos e nos demais termos desse tipo de processo, observar-se-á o disposto nos capítulos do Código de Processo Penal relativos após processos de rito comum.

(E) O Juízo não poderá rejeitar a denúncia antes que se efetive a fase instrutória do processo penal com o interrogatório do réu.

A: incorreta. Isso porque o processamento e o julgamento dos chamados crimes de responsabilidade dos funcionários públicos cabem a um juiz de direito (art. 513, CPP); **B:** incorreta, pois contraria o disposto no art. 514, parágrafo único, CPP; **C:** incorreta, uma vez que não reflete o disposto no art. 515, parágrafo único, do CPP; **D:** correta (art. 518, CPP); **E:** incorreta, pois em desconformidade com o art. 516 do CPP. [ED]

Gabarito "D".

(Escrivão – PC/ES – Instituto AOCP – 2019) Dar-se-á a formação completa do processo quando

(A) oferecida a denúncia.

(B) recebida a denúncia.

(C) apresentada a resposta à acusação.

(D) citado o acusado.

(E) intimado o acusado.

Em vista do disposto no art. 363, *caput*, do CPP, o processo somente terá aperfeiçoada a sua formação quando realizada a citação do acusado. [ED]

Gabarito "D".

(Escrivão – PC/ES – Instituto AOCP – 2019) Acerca dos procedimentos disciplinados pelo Código de Processo Penal, assinale a alternativa correta.

(A) O procedimento comum será ordinário quando tiver por objeto crime cuja sanção máxima cominada for igual ou inferior a 4 anos de pena privativa de liberdade.

(B) No processo comum ordinário, na audiência de instrução, poderão ser inquiridas até 8 testemunhas arroladas pela defesa e 8 arroladas pela acusação, compreendidas aquelas que deixarem de prestar compromisso.

(C) Tratando-se de crime contra a honra, antes de receber a queixa, o juiz oferecerá às partes oportunidade para se reconciliarem, fazendo-as comparecer em juízo e ouvindo- as, separadamente, sem a presença dos seus advogados, não se lavrando termo.

(D) A denúncia ou queixa será rejeitada caso falte justa causa para a aplicação da pena.

(E) O tempo para as alegações finais orais da acusação e da defesa é de 20 minutos, prorrogáveis por igual período.

A: incorreta. Segundo a atual redação do art. 394 do CPP, o procedimento se divide em *comum* e *especial*. O comum é subdividido em *ordinário*, *sumário* e *sumaríssimo*. O procedimento comum sumário será adotado quando se tratar de crime cuja sanção máxima seja inferior a quatro anos e superior a dois (art. 394, § 1º, II, CPP); o rito ordinário, por sua vez, terá lugar sempre que se tratar de crime cuja sanção máxima cominada for igual ou superior a quatro anos de pena privativa de liberdade (art. 394, § 1º, I, CPP); já o sumaríssimo é aplicado ao processamento e julgamento das infrações penais de menor potencial ofensivo (aquelas em que a pena máxima cominada não exceda a dois anos – art. 61, Lei 9.099/1995); **B:** incorreta. Embora seja verdadeira a afirmação de que, na instrução, poderão ser inquiridas até 8 testemunhas arroladas pela acusação e 8 pela defesa, é incorreto afirmar-se que nesse número deverão ser incluídas as que deixarem de prestar compromisso (art. 401, § 1º, CPP); **C:** correta, pois em conformidade com o disposto no art. 520 do CPP; **D:** incorreta. A rejeição da denúncia ou queixa se imporá, entre outras razões, quando faltar justa causa ao exercício da ação penal, e não para a aplicação da pena (art. 395, III, CPP); **E:** incorreta. Segundo estabelece o art. 403, *caput*, do CPP, o tempo para as alegações finais orais da acusação e da defesa é de 20 minutos, prorrogáveis por mais 10, e não por igual período. [ED]

Gabarito "C".

(Escrivão – PC/ES – Instituto AOCP – 2019) O juiz estará impedido de exercer jurisdição no processo

(A) no qual ele próprio ou seu cônjuge ou parente consanguíneo ou afim, em linha reta ou colateral até o segundo grau, inclusive, for parte ou diretamente interessado no feito.

(B) no qual tiver funcionado como juiz de outra instância, pronunciando-se, de fato ou de direito, sobre a questão.

(C) no qual for amigo íntimo ou inimigo capital de qualquer uma das partes.

(D) caso tenha aconselhado uma das partes.

2. DIREITO PROCESSUAL PENAL

(E) se for credor ou devedor, tutor ou curador, de qualquer das partes.

A: incorreta, já que o impedimento alcança o parente, consanguíneo ou afim, em linha reta ou colateral, até o *terceiro* grau (art. 252, IV, CPP); **B:** correta (hipótese de impedimento prevista no art. 252, III, do CPP); **C:** incorreta, já que se trata de hipótese de *suspeição* (art. 254, I, CPP), e não de *impedimento*; **D:** incorreta, já que se trata de hipótese de *suspeição* (art. 254, IV, CPP), e não de *impedimento*; **E:** incorreta, já que se trata de hipótese de *suspeição* (art. 254, V, CPP), e não de *impedimento*. [ED]

Gabarito "B".

(Agente – Pernambuco – CESPE – 2016) No que se refere à atuação do juiz, do Ministério Público, do acusado, do defensor, dos assistentes e auxiliares da justiça e aos atos de terceiros, assinale a opção correta.

(A) O acusado detém a prerrogativa de silenciar ao ser interrogado, mas esse direito pode ser interpretado contra ele, consoante o aforismo popular: quem cala consente.

(B) Assegura-se ao acusado a ampla defesa e o contraditório, mas isso não lhe retira plenamente a autonomia de vontade, de sorte que poderá dispensar advogado dativo ou defensor público, promovendo, por si mesmo, a sua defesa, ainda que não tenha condições técnicas para tanto.

(C) O réu denunciado em processo, por coautoria ou participação, pode atuar como assistente de acusação nesse mesmo processo se a defesa imputar exclusivamente ao outro acusado a prática do crime.

(D) No processo, o juiz exerce poderes de polícia – para garantir o desenvolvimento regular e tolher atos capazes de perturbar o bom andamento do processo – e poderes jurisdicionais – que compreendem atos ordinatórios, que ordenam e impulsionam o processo, e instrutórios, que compreendem a colheita de provas.

(E) Dados os princípios da unidade, da indivisibilidade e da independência funcional, não se aplicam ao Ministério Público as prescrições relativas a suspeição e impedimentos de juízes.

A: incorreta. A recusa do acusado em se manifestar, exercendo seu direito ao silêncio, consagrado no art. 5º, LXIII, da CF, quer no interrogatório policial, quer no judicial, não pode, por expressa previsão do art. 186, parágrafo único, do CPP, ser interpretada em seu desfavor; **B:** incorreta. Regra geral, a defesa técnica, promovida por profissional habilitado (advogado), é indisponível (art. 261, CPP), dado o interesse público aqui envolvido. Mais do que isso, deve o magistrado zelar pela qualidade da defesa técnica, declarando o acusado, quando o caso, indefeso e nomeando-lhe outro causídico. Há casos, entretanto, em que o ajuizamento da ação pode ser feito pelo próprio interessado sem a participação de profissional habilitado. Exemplo sempre mencionado pela doutrina é o *habeas corpus*, em que não se exige que a causa seja patrocinada por defensor. Embora isso não seja recomendável, somente poderá patrocinar a sua própria defesa o réu que detenha qualificação técnica para tanto, ou seja, que é advogado; se se tratar de acusado não inscrito nos quadros da OAB, deverá o juiz, ainda que à sua revelia, nomear-lhe um defensor; **C:** incorreta, pois contraria a regra prevista no art. 270 do CPP, que veda a atuação de corréu, no mesmo processo, na qualidade de assistente; **D:** correta (art. 251, CPP); **E:** incorreta, pois em desconformidade com o que estabelece o art. 258 do CPP. [ED]

Gabarito "D".

(Escrivão de Polícia/GO – 2013 – UEG) Segundo o Código de Processo Penal, a citação será por

(A) carta registrada, em regra, com aviso de recebimento.

(B) carta precatória, se o réu estiver no estrangeiro, em lugar sabido.

(C) edital, quando o réu estiver preso na unidade da federação em que o juiz exerce sua jurisdição.

(D) edital, no prazo de 15 dias, se o réu não for encontrado.

A: incorreta, pois, de acordo com o CPP, inexiste a citação por carta (vide arts. 351 a 369, todos do CPP); **B:** incorreta. A citação será por carta precatória se o réu estiver fora da jurisdição do juiz processante, mas desde que no Brasil (art. 353 do CPP). Se o réu estiver em outro país, em lugar sabido, a citação será feita por carta rogatória (art. 368 do CPP); **C:** incorreta. Estando o réu preso na mesma unidade da federação em que o juiz exerce jurisdição, será citado pessoalmente (art. 360 do CPP), ou seja, o Oficial de Justiça irá citar o réu no local em que ele se encontrar detido; **D:** correta, nos exatos termos do art. 361 do CPP.

Gabarito "D".

(Agente Penitenciário/MA – 2013 – FGV) No tocante à *citação*, aponte a afirmativa correta.

(A) No direito processual penal não há previsão da citação por hora certa.

(B) Na citação ficta, realizada por meio de edital, o acusado não comparecendo ou não tendo constituído advogado no prazo legal, o processo deve ficar suspenso, bem como o prazo prescricional.

(C) A citação do militar é feita por mandado.

(D) O réu que se encontra preso e tenha advogado constituído com poderes especiais, pode ser citado por meio deste para apresentar resposta preliminar.

(E) Quando o processo for suspenso em razão da não localização do acusado, tal circunstância, por si só, autoriza o juiz a decretar a prisão preventiva e determinar a produção antecipada de provas.

A: incorreta. Em face da ocultação do réu, determina o art. 362 do CPP que o oficial de Justiça proceda à citação com hora certa, valendo-se, para tanto, das regras previstas nos arts. 252 a 254 do Novo Código de Processo Civil. Esta modalidade de citação, antes exclusiva do processo civil, agora também é admitida no âmbito do processo penal, dada a mudança introduzida na redação do dispositivo legal pela Lei 11.719/2008; **B:** correta. Na hipótese de o réu não ser encontrado, deverá o juiz determinar a sua citação por edital (modalidade de citação ficta), depois de esgotados os meios disponíveis para a sua localização. Se o acusado, depois de citado por edital, não comparecer tampouco constituir defensor, o processo e o prazo prescricional ficarão, em vista da disciplina estabelecida no art. 366 do CPP, suspensos; **C:** incorreta, uma vez que o art. 358 do CPP estabelece que a citação do militar far-se-á por meio do chefe do respectivo serviço; **D:** incorreta, visto que o réu preso deverá ser citado pessoalmente (art. 360, CPP); **E:** incorreta. Suspensos o processo e o prazo prescricional (art. 366, CPP), a prisão preventiva somente será decretada se presentes os requisitos contemplados no art. 312 do CPP. Dessa forma, a não localização do acusado, depois de citado por edital, não autoriza, por si só, a decretação de sua custódia preventiva. Ademais, nem a não localização do acusado nem o decurso do tempo são aptos a justificar a antecipação na produção da prova prevista no art. 366 do CPP. Tal entendimento foi pacificado por meio da Súmula n. 455 do STJ: "A decisão que determina a produção antecipada de provas com base no art. 366 do CPP deve ser concretamente fundamentada, não a justificando unicamente o mero decurso do tempo". [ED]

Gabarito "B".

(Agente de Polícia Civil/RO – 2014 – FUNCAB) Quanto às citações, notificações e intimações, é correto afirmar:

(A) A falta ou a nulidade da citação, da intimação ou notificação estará sanada, desde que o interessado compareça, antes de o ato consumar- se, embora declare que o faz para o único fim de argui-la. O juiz ordenará, todavia, a suspensão ou o adiamento do ato, quando reconhecer que a irregularidade poderá prejudicar direito da parte.

(B) A precatória será devolvida ao juiz deprecado, independentemente de traslado, depois de lançado o "cumpra-se" e de feita a citação por mandado do juiz deprecante.

(C) Estando o acusado no estrangeiro, em lugar sabido, será citado mediante carta precatória, suspendendo-se o curso do prazo de prescrição até o seu cumprimento.

(D) A intimação do Ministério Público e do defensor nomeado será por memorial.

(E) A intimação pessoal, feita pelo escrivão, não dispensará a intimação do defensor constituído, do advogado do querelante e do assistente mediante publicação no órgão incumbido da publicidade dos atos judiciais da comarca, incluindo, sob pena de nulidade, o nome do acusado.

A: correta (art. 570, CPP); **B:** incorreta, uma vez que houve inversão dos vocábulos *deprecante* e *deprecado*, conforme disposto no art. 355, *caput*, do CPP; **C:** incorreta, visto que, na hipótese de o acusado encontrar-se no estrangeiro, em local conhecido, sua citação far-se-á por carta *rogatória*, e não por *precatória*, suspendendo-se o curso do prazo de prescrição até o seu cumprimento (art. 368, CPP); **D:** incorreta. A intimação, em casos assim, deverá ser feita pessoalmente (art. 370, § 4º, CPP); **E:** incorreta (art. 370, § 3º, CPP). ED
Gabarito "A".

9. RECURSOS, *HABEAS CORPUS*, MANDADO DE SEGURANÇA E REVISÃO CRIMINAL

(Escrivão – PC/GO – AOCP – 2023) Em processo penal que apura crime de corrupção ativa, o advogado do réu argui, em resposta à acusação, a extinção da punibilidade dos fatos narrados em denúncia, mas o juízo, ao apreciar a tese, indefere o requerimento de absolvição sumária, por entender que a contagem prescricional não pode ocorrer antes do recebimento da denúncia. Contra essa decisão judicial, é cabível

(A) apelação.

(B) mandado de segurança.

(C) agravo.

(D) recurso em sentido estrito.

(E) recurso inominado.

A solução desta questão deve ser extraída do art. 581, IX, do CPP. ED
Gabarito "D".

(Escrivão – PC/GO – AOCP – 2023) Valério foi processado por estupro de vulnerável mediante conjunção carnal contra uma criança de 9 anos de idade. No caso, o exame de corpo de delito efetuado na criança apontou a prática do constrangimento sexual e foi colhida amostra de material biológico presente no canal vaginal da vítima. Contudo a cadeia de custódia foi quebrada, e o recipiente onde estava armazenado o material genético foi perdido pelo

Poder Público. Indefeso, Valério foi condenado. Um ano após iniciar o cumprimento de pena em regime fechado, foi comunicado ao seu advogado que o recipiente que armazenava o material biológico foi encontrado, e o exame de DNA executado sobre seu conteúdo concluiu que o vestígio coletado não pertencia a Valério. Animado com a hipótese de rescindir a sentença condenatória, Valério poderá utilizar o laudo pericial para ajuizar

(A) ação rescisória.

(B) protesto por novo julgamento.

(C) recurso extraordinário.

(D) embargos de nulidade.

(E) revisão criminal.

A revisão criminal, destinada a rescindir decisão judicial transitada em julgado desfavorável ao réu, atende à necessidade de corrigir erro judiciário que tenha gerado prejuízo ao acusado. Cuida-se de ação penal de natureza constitutiva *sui generis*, cuja competência para julgamento é sempre dos tribunais. Pela narrativa contida no enunciado, fica evidente que Valério foi vítima de erro judiciário, sendo o caso, portanto, de ajuizar revisão criminal em seu favor com vistas a rescindir a decisão condenatória. ED
Gabarito "E".

(Escrivão – PC/ES – Instituto AOCP – 2019) Em se tratando de decisão impugnável por meio de apelação e de recurso em sentido estrito, assinale a alternativa correta.

(A) Deverá ser interposta apenas a apelação, ainda que parte da decisão seja atacável por meio de recurso em sentido estrito.

(B) Deverão ser interpostos a apelação e o recurso em sentido estrito, por força do princípio da taxatividade dos recursos.

(C) Poderá ser interposto(a) apelação ou recurso em sentido estrito à luz do princípio da fungibilidade recursal.

(D) Deverá ser interposto apenas o recurso em sentido estrito, ainda que parte da decisão seja atacável por meio de apelação.

(E) O recorrente deverá optar por recorrer apenas da matéria atacável por apelação ou da matéria atacável por recurso em sentido estrito, não sendo possível recorrer de ambas.

A teor do art. 593, § 4º, do CPP (unirrecorribilidade das decisões), na hipótese de haver expressa previsão para a interposição de apelação, é defeso à parte optar pelo recurso em sentido estrito, ainda que a matéria a ser impugnada esteja, ao menos em parte, prevista no rol do art. 581 do CPP. ED
Gabarito "A".

(Escrivão – PC/ES – Instituto AOCP – 2019) Poderá ser interposto recurso em sentido estrito contra decisão, despacho ou sentença que

(A) converter a multa em reclusão ou em detenção.

(B) deixar de revogar a medida de segurança, nos casos em que a lei admita a revogação.

(C) impronunciar o réu.

(D) condenar o acusado à pena restritiva de direitos.

(E) anular o processo da instrução criminal, desde que a anulação seja parcial.

Das hipóteses acima, a única que comporta a interposição de recurso em sentido estrito, segundo a letra da lei, é a decisão que deixa de revogar a medida de segurança, nos casos em que a lei admite a revogação (art.

2. DIREITO PROCESSUAL PENAL — 113

581, XXIII, do CPP). É importante que se diga que, embora tal hipótese esteja contemplada no art. 581 como passível de interposição de RESE, fato é que tal decisão, atualmente, é combatida por meio de recurso de agravo em execução (art. 197, LEP), e não por meio de RESE. Esta questão, bem por isso, é passível de anulação, segundo pensamos. **ED**
Gabarito "B".

(Agente – Pernambuco – CESPE – 2016) Assinale a opção correta acerca do *habeas corpus*, considerando os princípios constitucionais, as normas atinentes e os procedimentos próprios dos juizados especiais criminais.

(A) O juizado especial criminal tem competência para julgar infrações penais de menor potencial ofensivo, assim consideradas as contravenções penais e os crimes a que a lei comine pena máxima não superior a dois anos, cumulada ou não com multa.

(B) As competências dos juizados especiais criminais são fixadas com base nas penas máximas cominadas aos tipos; portanto, as suas normas são também aplicáveis às hipóteses de crimes praticados em contexto de violência doméstica contra a mulher, desde que a pena de detenção máxima prevista não ultrapasse dois anos.

(C) Sendo mais favoráveis ao réu os procedimentos dos juizados especiais, a eles competirá julgar os crimes de pequeno potencial ofensivo, mesmo se conexos com infrações da competência do juízo criminal comum ou do tribunal do júri.

(D) Qualquer pessoa tem legitimidade para impetrar *habeas corpus*, mas só o advogado regularmente inscrito na Ordem dos Advogados do Brasil tem capacidade postulatória para fazê-lo perante os tribunais superiores.

(E) No caso de suspeito preso em flagrante delito, o Ministério Público, como titular da ação penal, está impedido de impetrar *habeas corpus*, pois é sua a obrigação de iniciar o processo persecutório.

A: correta. De fato, estão sob a égide do Juizado Especial Criminal as contravenções penais e os crimes cuja pena *máxima* cominada não seja superior a dois anos, cumulada ou não com multa, conforme dispõe o art. 61 da Lei 9.099/1995; **B:** incorreta, pois em desconformidade com a regra prevista no art. 41 da Lei 11.340/2006 (Lei Maria da Penha), que veda a incidência da Lei 9.099/1995 e suas medidas despenalizadoras nos casos de violência doméstica, aqui incluídas a transação penal e a suspensão condicional do processo, independentemente da pena prevista. Importante que se diga que o STF, ao julgar a Ação Declaratória de Constitucionalidade 19, reconheceu a constitucionalidade deste dispositivo; **C:** incorreta, já que, neste caso, a competência será do juízo comum ou do tribunal do júri, conforme o caso (art. 60, parágrafo único, Lei 9.099/1995); **D:** incorreta, na medida em que, para impetração de *habeas corpus*, é desnecessário o patrocínio da causa por advogado (art. 654, "caput", CPP). Assim dispõe o art. 1º, § 2º, da Lei 8.906/1994 (Estatuto da Advocacia): *Não se inclui na atividade privativa de advogado a impetração de habeas corpus em qualquer instância ou tribunal*; **E:** incorreta, pois o art. 654 do CPP dispõe, em sua parte final, que o *habeas corpus* poderá ser impetrado por qualquer pessoa, em seu favor ou de outrem, bem como pelo Ministério Público. **ED**
Gabarito "A".

(Investigador-Escrivão-Papiloscopista – Pará – Funcab – 2016) A expressão *habeas corpus* traduz-se literalmente do latim para o português como "tome o corpo". Em relação ao habeas corpus no direito brasileiro, é possível afirmar que:

(A) de acordo com entendimento majoritário na doutrina e na jurisprudência, admite-se que a petição de *habeas corpus* seja apócrifa.

(B) o coator pode ser tanto uma autoridade quanto um particular.

(C) o Ministério Público não possui legitimidade para impetrar *habeas corpus* em favor do réu de um processo.

(D) pessoa jurídica pode figurar como paciente em *habeas corpus*.

A: incorreta, uma vez que a jurisprudência rechaça a possibilidade de a petição de HC não conter a identificação do impetrante. Conferir: "(...) Não se conhece de habeas corpus cuja petição inicial é apócrifa, porquanto, embora possa ser impetrado por advogado ou por qualquer do povo, deve conter a "assinatura do impetrante, ou de alguém a seu rogo, quando não souber ou não puder escrever" (Código de Processo Penal, artigo 654, parágrafo 1º, alínea "c")" (HC 24.821/RJ, Rel. Min. Hamilton Carvalhido, Sexta Turma, j. 26.04.2005, DJ 06.02.2006, p. 322); **B:** correta, uma vez que o constrangimento apto a justificar a impetração de HC pode ser exercido tanto por uma autoridade quanto por um particular; **C:** incorreta, na medida em que o art. 654, "caput", do CPP confere, de forma expressa, legitimidade ao MP para a impetração de HC; **D:** incorreta. Embora possa figurar como impetrante, a pessoa jurídica não pode ser paciente no *habeas corpus*, dado que este se presta a proteger, direta ou indiretamente, a liberdade de locomoção. **ED**
Gabarito "B".

(Inspetor de Polícia/MT – 2010 – UNEMAT) Acerca do *Habeas Corpus*, assinale a alternativa incorreta.

(A) Admite-se sua impetração para trancamento de ação penal.

(B) Pode ser impetrado para alcançar a suspensão do processo em decorrência de questão prejudicial que versa sobre estado das pessoas.

(C) Admite-se para efeito de impugnar decisão de improcedência da exceção de incompetência.

(D) É possível a impetração de *habeas corpus* para impugnação de decisão que julgou improcedente exceção de coisa julgada.

(E) Não é cabível para efeito de arbitramento de fiança, quando o delegado de polícia não tomou tal providência.

De fato, a alternativa "E" é a única incorreta, pois o art. 648, V, do CPP dispõe sobre a possibilidade de concessão de ordem em *habeas corpus* quando o agente não for admitido a prestar fiança, nos casos em que a lei autorize. **ED**
Gabarito "E".

(Agente de Polícia Civil/RO – 2014 – FUNCAB) De acordo com o Código de Processo Penal, o carcereiro ou o diretor da prisão, o escrivão, o oficial de justiça ou a autoridade judiciária ou policial que embaraçar ou procrastinar a expedição de ordem de *habeas corpus*, as informações sobre a causa da prisão, a condução e apresentação do paciente, ou a sua soltura:

(A) Será conduzido perante a autoridade que tem competência para julgar o *habeas corpus*, para que seja determinada a sua condução à delegacia de polícia com atribuição, objetivando a sua autuação em flagrante delito.

(B) Não sofrerá qualquer punição judicial, somente podendo ser punido através da via administrativa a que pertença.

(C) Será preso imediatamente e levado perante ao magistrado do Juízo que tramita o *habeas corpus*.

(D) Será multado, sem prejuízo das penas em que incorrer. As multas serão impostas pelo juiz do tribunal que julgar o *habeas corpus*, salvo quando se tratar de autoridade judiciária, caso em que caberá ao Supremo Tribunal Federal ou ao Tribunal de Apelação impor as multas.

(E) Será afastado imediatamente de seu cargo, somente retornando após cumprir as medidas que lhe são devidas.

A assertiva correta é a "D", uma vez que corresponde ao que estabelece o art. 655 do CPP. **ED**

Gabarito "D".

10. EXECUÇÃO PENAL

(Agente Penitenciário/MA – 2013 – FGV) Na forma do Art. 61 da LEP, assinale a alternativa que indica órgãos da execução penal.

(A) OAB e Ministério Público.

(B) Secretaria de Polícia Civil e Juízo da Execução.

(C) Patronato e Conselho da Comunidade.

(D) Defensoria Pública e OAB.

(E) Conselho Penitenciário e Conselho Tutelar.

A: incorreta, pois, embora o MP seja órgão da execução penal (art. 61, III, da LEP), a OAB não é; B: incorreta, pois, embora o Juízo da Execução seja órgão da execução penal (art. 61, II, da LEP), a Secretaria de Polícia Civil não é; C: correta, pois tanto o Patronato (art. 61, VI, da LEP) quanto o Conselho da Comunidade (art. 61, VII, da LEP) são órgãos da execução penal; D: incorreta, pois, embora a Defensoria Pública seja órgão da execução penal (art. 61, VIII, da LEP), a OAB não é; E: incorreta, pois, embora o Conselho Penitenciário seja órgão da execução penal (art. 61, IV, da LEP), o Conselho Tutelar não é.

Gabarito "C".

(Agente Penitenciário/MA – 2013 – FGV) As faltas disciplinares classificam-se em leves, médias e graves.

As alternativas a seguir apresentam faltas graves segundo a lei de execução penal, à exceção de uma. Assinale-a.

(A) Deixar de conservar em ordem os objetos de uso pessoal.

(B) Fugir.

(C) Tiver em sua posse, utilizar ou fornecer aparelho telefônico, de rádio ou similar, que permita a comunicação com outros presos ou com o ambiente externo.

(D) Descumprir, no regime aberto, as condições impostas.

(E) Faltar com o dever de obediência ao servidor e respeito a qualquer pessoa com quem deve relacionar-se.

A: assertiva incorreta, devendo ser assinalada. Embora constitua dever imposto ao preso (art. 39, X, da LEP), não configura falta grave, cujo rol está previsto no art. 50 da LEP; B: assertiva correta, pois se trata de falta grave (art. 50, II, da LEP); C: assertiva correta, pois se trata de falta grave (art. 50, VII, da LEP); D: assertiva correta, pois se trata de falta grave (art. 50, V, da LEP); E: assertiva correta, pois se trata de falta grave (art. 50, VI, da LEP). Atenção: a Lei 13.964/2019 inseriu no art. 50 da LEP nova modalidade de falta grave: VIII – *recusar submeter-se ao procedimento de identificação do perfil genético*.

Gabarito "A".

11. ORGANIZAÇÃO CRIMINOSA

(Agente – Pernambuco – CESPE – 2016) Com relação às normas constitucionais e legais atinentes à investigação criminal e às organizações criminosas, assinale a opção correta.

(A) O delegado de polícia, por deter a prerrogativa de condução do inquérito policial, pode se negar a cumprir diligências requisitadas pelo Ministério Público se entender que elas não são pertinentes.

(B) O indiciamento do suspeito de prática de crime é ato privativo do delegado de polícia, mediante ato fundamentado do qual constarão a análise técnico-jurídica do fato criminoso e suas circunstâncias e a indicação da materialidade e da autoria.

(C) Colaboração premiada ou delação premiada permitem ao juiz reduzir em até dois terços a pena aplicada ao réu integrante de organização criminosa, mas não isentá-lo de pena.

(D) O delegado de polícia não pode propor a delação premiada: somente o Ministério Público tem a necessária legitimidade para propô-la ao juiz da causa.

(E) Para a delação premiada, o réu colaborador não necessita estar assistido por advogado; basta que, espontaneamente, declare ao juiz o seu desejo de colaborar.

A: incorreta. Mesmo detendo a prerrogativa exclusiva de condução do inquérito policial, não é dado ao delegado de polícia recusar-se a dar cumprimento a diligências requisitadas pelo Ministério Público, titular da ação penal pública, salvo na hipótese, à evidência, de a medida requisitada mostrar-se manifestamente ilegal, o que não deve ser confundido com a sua *pertinência*; B: correta, pois reflete o disposto no art. 2º, § 6º, Lei 12.830/2013; C: incorreta. No contexto da colaboração premiada disciplinada na Lei 12.850/2013, poderá o juiz, além de reduzir a pena aplicada em até dois terços ou substituí-la por restritiva de direitos, conceder o perdão judicial (art. 4º, "caput"); D: incorreta. À parte a polêmica que envolve este tema, é certo que o delegado de polícia, por expressa previsão contida no art. 4º, §§ 2º e 6º, da Lei 12.850/2013, está, sim, credenciado, assim como o MP, a firmar acordo de colaboração premiada nos autos do inquérito policial. A propósito, o STF, em 20/06/218, ao julgar a ADI 5.508, reconheceu como constitucional a possibilidade de os delegados de polícias firmarem acordos de colaboração premiada; E: incorreta, pois não reflete o disposto no art. 4º, § 15, da Lei 12.850/2013, que estabelece que o colaborador deverá estar assistido por advogado em todas as etapas do acordo. **ED**

Gabarito "B".

12. JUIZADOS ESPECIAIS

(Agente-Escrivão – Acre – IBADE – 2017) Diante da ocorrência de uma infração de menor potencial ofensivo, a autoridade:

(A) que tiver conhecimento da ocorrência do fato lavrará o auto de prisão em flagrante se presentes as circunstâncias que autorizem a prisão nos termos do art. 302 do CPP.

(B) que tomar conhecimento da ocorrência do fato instaurará o inquérito policial por portaria.

(C) policial representará pela prisão preventiva.

(D) que tiver conhecimento do fato lavrará o termo circunstanciado e encaminhará o autor do fato imediatamente ao juizado especial criminal, quando possível.

(E) policial representará pela prisão temporária.

Diante da ocorrência de uma infração penal de menor potencial ofensivo, que corresponde aos crimes aos quais a lei comine pena máxima

2. DIREITO PROCESSUAL PENAL

igual ou inferior a *dois* anos e às contravenções penais (art. 61, Lei 9.099/1995), caberá à autoridade cuidar para que seja confeccionado o chamado *termo circunstanciado*, cuja previsão está no art. 69 da Lei 9.099/1995 e nada mais é do que a formalização da ocorrência policial, que conterá informações circunstanciadas do ocorrido, tais como data, hora e local em que se deram os fatos, natureza da ocorrência, qualificação do autor, ofendido e demais envolvidos e o histórico (resumo) do ocorrido. Uma vez concluído o registro da ocorrência, o termo circunstanciado será encaminhado de imediato ao Juizado Criminal juntamente com o autor do fato e a vítima. Na prática, no entanto, tal providência tem se mostrado inviável, uma vez que exigiria que houvesse Juizados Especiais de plantão permanente. Dessa forma, o mais comum tem sido que as partes envolvidas firmem compromisso, perante a autoridade policial, de comparecer ao Juizado tão logo notificadas para tanto. ED

Gabarito "D".

(Agente-Escrivão – PC/GO – CESPE – 2016) Uma pessoa denunciada por crime para o qual a pena mínima é igual a um ano recebeu e aceitou uma proposta do MP prevista na Lei nº 9.099/95. Nesse caso, a proposta em questão caracteriza-se como uma:

(A) suspensão condicional da pena, que poderá ser revogada se a pessoa vier a ser condenada definitivamente por outro crime.

(B) transação penal, pois a pessoa cometeu crime de menor potencial ofensivo.

(C) transação penal, caso o crime cometido seja de menor potencial ofensivo.

(D) suspensão condicional da pena, pois a pessoa cometeu crime de menor potencial ofensivo.

(E) suspensão condicional do processo, que poderá ser revogada se a pessoa vier a ser processada por contravenção penal no curso do prazo.

As infrações penais de menor potencial ofensivo (art. 61, Lei 9.099/1995) admitem tanto a *suspensão condicional do processo* (*sursis* processual) quanto a *transação penal*. O que ocorre é que a transação penal (art. 76, Lei 9.099/1995) tem aplicação exclusiva no contexto das infrações penais de menor potencial ofensivo (contravenções e crimes a que a lei comine pena máxima não superior a 2 anos); já a incidência da suspensão condicional do processo vai além dessas infrações, já que terá ela lugar nos crimes em que a pena *mínima* cominada é igual ou inferior a um ano (art. 89, Lei 9.099/1995). É o caso, por exemplo, do crime de furto simples (art. 155, CP), em que a pena mínima cominada corresponde a um ano: embora não se trata de infração penal de menor potencial ofensivo, o autor deste delito fará jus, desde que preenchidos os requisitos previstos em lei, à suspensão condicional do processo, que, a propósito, poderá ser revogada na hipótese de o acusado vier a ser processado, no curso do prazo de suspensão, por contravenção penal (art. 89, § 4º, Lei 9.099/1995). ED

Gabarito "E".

(Agente-Escrivão – PC/GO – CESPE – 2016) De acordo com os termos da Lei nº 9.099/1995, que dispõe sobre os juizados especiais cíveis e criminais, na situação em que um indivíduo tenha sido preso em flagrante por ter cometido furto simples – cuja pena prevista é de reclusão, de um a quatro anos, e multa –, o MP, ao oferecer a denúncia, poderá propor a suspensão do processo, por dois a quatro anos, estando presentes os demais requisitos que autorizem a suspensão condicional da pena, previstos em artigo do CP. Nesse caso,

(A) o MP poderá propor a suspensão do processo ainda que o réu tenha sido condenado por outro crime na semana anterior à do cometimento do furto.

(B) se o juiz deferir a suspensão do processo, o prazo da prescrição penal do crime correrá durante o curso do prazo da suspensão.

(C) se for deferida a suspensão do processo, a autoridade judiciária deverá declarar extinta a punibilidade depois de expirado o prazo, sem revogação da suspensão.

(D) se o juiz deferir a suspensão do processo, esta será mantida ainda que no seu curso o indivíduo venha a ser processado por contravenção penal.

(E) a decisão do juiz, pelo deferimento da suspensão do processo, independerá da aceitação do acusado.

A: incorreta. De fato, para que o acusado faça jus ao *sursis* processual, necessário que seja primário e ostente bons antecedentes (art. 89, "caput", Lei 9.099/1995); em outras palavras, a reincidência e os maus antecedentes elidem a incidência da suspensão condicional do processo; **B:** incorreta, uma vez que, com o deferimento, pelo juiz, da suspensão do processo, a prescrição ficará suspensa e assim permanecerá até o final do período de prova (art. 89, § 6º, Lei 9.099/1995); **C:** correta, pois reflete o disposto no art. 89, § 5º, Lei 9.099/1995; **D:** incorreta, uma vez que contraria a regra presente no art. 89, § 4º, Lei 9.099/1995; **E:** incorreta, já que não corresponde ao disposto no art. 89, § 7º, Lei 9.099/1995. ED

Gabarito "C".

(Agente-Escrivão – PC/GO – CESPE – 2016) Por ter praticado infração penal contra Lúcio, Ana foi presa em flagrante e conduzida à delegacia, onde se constatou que o tipo penal correspondente à infração praticada por Ana prevê pena máxima de dois anos e multa.

Nessa situação hipotética, a autoridade policial deverá:

(A) exigir o pagamento da fiança, devido ao fato de o crime admitir pena de multa.

(B) instaurar IP mediante a lavratura do auto de prisão em flagrante.

(C) converter a prisão em flagrante em prisão preventiva, por não se tratar de crime de menor potencial ofensivo.

(D) lavrar termo circunstanciado e encaminhá-lo ao juizado juntamente com a autora do fato e a vítima.

(E) encaminhar imediatamente as partes ao juizado, para audiência de conciliação.

Se a ocorrência levada ao conhecimento da autoridade policial constituir contravenção penal ou crime ao qual a lei comine pena máxima igual ou inferior a *dois* anos, ainda que cumulada com multa (infração penal de menor potencial ofensivo – art. 61, Lei 9.099/1995), deverá providenciar para que seja confeccionado o chamado *termo circunstanciado*, cuja previsão está no art. 69 da Lei 9.099/1995 e nada mais é do que a formalização da ocorrência policial, que conterá informações circunstanciadas do ocorrido, tais como data, hora e local em que se deram os fatos, natureza da ocorrência, qualificação do autor, ofendido e demais envolvidos e o histórico (resumo) do ocorrido. Uma vez concluído o registro da ocorrência, o termo circunstanciado será encaminhado de imediato ao Juizado Criminal juntamente com o autor do fato e a vítima. Na prática, no entanto, tal providência tem se mostrado inviável, uma vez que exigiria que houvesse Juizados Especiais de plantão permanente. Dessa forma, o mais comum tem sido que as partes envolvidas firmem compromisso, perante a autoridade policial, de comparecer ao Juizado tão logo notificadas para tanto. ED

Gabarito "D".

13. VIOLÊNCIA DOMÉSTICA

(Agente-Escrivão – Acre – IBADE – 2017) Configura violência doméstica e familiar contra a mulher, atraindo, portanto, a competência do juízo especializado na matéria, qualquer ação ou omissão que lhe cause morte, lesão, sofrimento físico, sexual ou psicológico e dano moral ou patrimonial, quando:

(A) baseada no gênero, salvo nas relações homoafetivas.

(B) baseada no gênero, em qualquer relação íntima de afeto, na qual o agressor conviva ou tenha convivido com a ofendida, independentemente de coabitação ou da orientação sexual.

(C) ocorra no âmbito da família, como, por exemplo, o caso do filho agride o pai.

(D) baseada no sexo, salvo nas relações homoafetivas.

(E) a ocorrência se dê no âmbito da unidade doméstica envolvendo qualquer familiar independente do sexo da vítima.

A solução desta questão deve ser extraída do disposto no art. 5º da Lei 11.340/2006. **ED**

Gabarito "B".

14. QUESTÕES DE CONTEÚDO VARIADO

(Agente – PF – CESPE – 2018) Depois de adquirir um revólver calibre 38, que sabia ser produto de crime, José passou a portá-lo municiado, sem autorização e em desacordo com determinação legal. O comportamento suspeito de José levou-o a ser abordado em operação policial de rotina. Sem a autorização de porte de arma de fogo, José foi conduzido à delegacia, onde foi instaurado inquérito policial.

Tendo como referência essa situação hipotética, julgue os itens seguintes.

(1) A receptação praticada por José consumou-se a partir do momento em que ele adquiriu o armamento.

(2) Se, durante o processo judicial a que José for submetido, for editada nova lei que diminua a pena para o crime de receptação, ele não poderá se beneficiar desse fato, pois o direito penal brasileiro norteia-se pelo princípio de aplicação da lei vigente à época do fato.

(3) O inquérito instaurado contra José é procedimento de natureza administrativa, cuja finalidade é obter informações a respeito da autoria e da materialidade do delito.

(4) Caso declarações de José sejam divergentes de declarações de testemunhas da receptação praticada, poderá ser realizada a acareação, que é uma medida cabível exclusivamente na fase investigatória.

(5) Os agentes de polícia podem decidir, discricionariamente, acerca da conveniência ou não de efetivar a prisão em flagrante de José.

1: correta. Como bem sabemos, o crime de receptação, previsto no art. 180 do CP, é misto alternativo (plurinuclear ou de conteúdo variado), isto é, o tipo penal abriga diversos verbos, sendo que a concretização de qualquer deles é o bastante à consumação do delito. Uma das ações nucleares do art. 180 do CP é representada pelo verbo *adquirir*, que tem o sentido de *obter, comprar*. Neste caso, José consumou o delito no exato instante em que obteve a propriedade do armamento; **2:** incorreta. É fato que o direito penal brasileiro norteia-se pela regra segundo a qual é aplicada a lei vigente à época em que se deram os fatos (*tempus regit actum*). A exceção a tal regra fica por conta da *extratividade*, que é o fenômeno pelo qual a lei é aplicada

a fatos ocorridos fora do seu período de vigência. No universo do direito penal, a *extratividade* da lei é possível em duas situações: *retroatividade*: que nada mais é do que a incidência de uma lei penal nova e benéfica a um fato ocorrido antes do seu período de vigência, ou seja, ao tempo em que a lei entrou em vigor, o fato já se consumara. Neste caso, dado que a lei nova é mais favorável ao agente, ela projetará seus efeitos para o passado e regerá o fato ocorrido antes do seu período de vigência. É exatamente este o caso narrado na assertiva. Com efeito, no curso do processo judicial (portanto, após os fatos), sobreveio lei nova estabelecendo pena menor para o crime de receptação. Neste caso, é de rigor que esta lei nova, que é mais benéfica, retroaja e seja aplicada à conduta praticada por José; *ultratividade*: é a aplicação de uma lei penal benéfica, já revogada, a um fato verificado depois do período de sua vigência. Perceba, portanto, que a regra é a da irretroatividade da lei penal, é dizer, aplica-se a lei em vigor à época em que os fatos se deram. A exceção fica por conta da hipótese em que a lei nova, que entrou em vigor após o fato consumar-se, é mais benéfica ao agente. Neste caso, ela retroagirá e será aplicada ao fato praticado anteriormente à sua entrada em vigor; **3:** correta. De fato, o inquérito policial, que tem natureza administrativa, se presta a reunir provas de uma infração penal (autoria e materialidade); **4:** errada. A acareação poderá realizar-se tanto na fase inquisitiva (art. 6º, VI, CPP) quanto no curso da ação penal (arts. 229 e 230 do CPP); **5:** errada. Existente situação flagrancial, inexiste margem de discricionariedade de ação por parte da autoridade policial e de seus agentes, já que o art. 301 do CPP impõe a estas pessoas a obrigação de prender quem quer que se encontre em flagrante delito; cuidado: o flagrante será facultativo para qualquer pessoa do povo (art. 301, CPP). **ED**

Gabarito 1C, 2E, 3C, 4E, 5E

(Delegado – PC/RS – FUNDATEC – 2018) Assinale a alternativa correta.

(A) Segundo jurisprudência dos Tribunais Superiores, não cabe habeas corpus em sede de inquérito policial.

(B) A prisão domiciliar poderá ser concedida a homem, caso seja o único responsável pelos cuidados do filho de até 12 (doze) anos de idade incompletos.

(C) O dinheiro ou objetos dados como fiança servirão ao pagamento das custas do processo, ainda que o réu seja absolvido.

(D) É possível o recolhimento domiciliar no período noturno e nos dias de folga, ainda que o investigado ou acusado não tenha residência e trabalho fixos.

(E) Nos crimes de abuso de autoridade, a ação penal será instruída com inquérito policial ou justificação, sem os quais a denúncia será considerada inepta diante da ausência de lastro probatório mínimo.

A: incorreta. É recorrente e amplamente aceito nos tribunais o emprego do HC em sede de inquérito policial. É possível utilizá-lo, por exemplo, para trancar o inquérito, diante de flagrante ausência de justa causa para a sua existência, ou ainda para impedir que o investigado seja submetido a indiciamento que se revele injustificado, entre tantas outras possibilidades. Perceba que, em todos esses casos (de emprego de HC no IP), está em jogo, ainda que de forma indireta, a liberdade de locomoção do indivíduo, o que justifica a impetração deste remédio constitucional; **B:** correta, já que se refere a uma das hipóteses em que tem lugar a substituição da prisão preventiva pela domiciliar (art. 318, VI, do CPP); **C:** incorreta. Tal destinação somente se verificará na hipótese de o réu ser condenado (art. 336, CPP); **D:** incorreta. Tal medida cautelar somente terá lugar quando o investigado ou acusado tiver residência e trabalho fixos (art. 319, V, CPP); **E:** incorreta, na medida em que a ação penal, nos crimes de abuso de autoridade, será iniciada por denúncia do MP (ação penal pública incondicionada), independentemente de IP ou justificação (art. 12 da Lei 4.898/1965). Obs.: a Lei 13.869/2019, posterior à elaboração desta questão, revogou a Lei 4.898/1965. **ED**

Gabarito "B".

3. LEGISLAÇÃO EXTRAVAGANTE

Eduardo Dompieri e Tatiana Subi

1. TRÁFICO DE DROGAS

(Escrivão – PC/ES – Instituto AOCP – 2019) Assinale a alternativa que está de acordo com a Lei n° 11.343/2006.

(A) Em caso de apreensão de droga remetida do exterior por via postal, a competência para processar e julgar o crime de tráfico internacional de drogas é do juiz federal do local da apreensão.

(B) Os crimes previstos nos artigos 33, caput, §1°, 34 e 37 da Lei n° 11.343/2006 são inafiançáveis e insuscetíveis de sursis, graça indulto, anistia e liberdade provisória, autorizada, entretanto, a conversão de suas penas em restritivas de direitos.

(C) Em caso de prisão em flagrante, no prazo de 24 horas, a autoridade policial fará comunicação ao juiz competente, remetendo-lhe cópia do auto lavrado, dando- se vista imediata ao Ministério Público.

(D) Em 10 dias, o Ministério Público poderá arrolar até 8 testemunhas.

(E) Nas hipóteses dos crimes previstos nos artigos 33, caput, §1°, 34 e 37 da Lei n° 11.343/2006, dar-se-á o livramento condicional após o cumprimento de 2/5 da pena.

A: correta, nos termos da Súmula 607 do STJ; **B:** incorreta. É vedada também a conversão das penas em restritivas de direitos pelo art. 44 da Lei 11.343/2006. Mas a alternativa também está errada por outro motivo: desde 2007, com a edição da Lei 11.464, é permitida a liberdade provisória para crimes hediondos, o que alcança os equiparados a eles; **C:** incorreta. A comunicação ao juiz é imediata e o prazo para vista do órgão do Ministério Público é de 24 horas (art. 50 da Lei 11.343/2006); **D:** incorreta. São cinco testemunhas no máximo (art. 54, III, da Lei de Drogas); **E:** incorreta. O benefício é concedido com 2/3 da pena (art. 44, parágrafo único, da Lei de Drogas).

Gabarito "A".

(Delegado – PC/RS – FUNDATEC – 2018) Sobre a Lei de Drogas e a jurisprudência dos Tribunais Superiores, analise as assertivas abaixo:

I. Em qualquer fase da persecução criminal relativa aos crimes previstos na Lei de Drogas, é permitida, independente de autorização judicial, a não-atuação policial sobre os portadores de drogas, seus precursores químicos ou outros produtos utilizados em sua produção, que se encontrem no território brasileiro, com a finalidade de identificar e responsabilizar maior número de integrantes de operações de tráfico e distribuição, sem prejuízo da ação penal cabível.

II. Conforme orientação do Supremo Tribunal Federal, a entrada forçada em domicílio sem mandado judicial só é lícita, mesmo em período noturno, quando amparada em fundadas razões, devidamente justificadas a posteriori, que indiquem que dentro da casa ocorre situação de flagrante delito, sob pena de responsabilidade disciplinar, civil e penal do agente ou da autoridade e de nulidade dos atos praticados.

III. Para efeito da lavratura do auto de prisão em flagrante e estabelecimento da materialidade do delito de tráfico de drogas, é suficiente o laudo de constatação da natureza e quantidade da droga, firmado por perito oficial ou, na falta deste, por dois peritos nomeados.

IV. O inquérito policial será concluído no prazo de 30 (trinta) dias, se o indiciado estiver preso, e de 90 (noventa dias, quando solto, quando se tratar de investigação baseada na Lei de Drogas.

V. A destruição de drogas apreendidas sem a ocorrência de prisão em flagrante será feita por incineração, no prazo máximo de 30 (trinta dias contados da data da apreensão, guardando-se amostra necessária à realização do laudo definitivo, aplicando-se, no que couber, o procedimento dos §§ 3° a 5° do Art. 50.

Quais estão corretas?

(A) Apenas I, II e III.

(B) Apenas I, II e IV.

(C) Apenas II, III e V.

(D) Apenas II, IV e V.

(E) Apenas III, IV e V.

I: incorreta. É necessária autorização judicial para a ação controlada (art. 53, II, da Lei de Drogas); **II:** correta, nos termos da tese firmada no julgamento do RE 603.616, com repercussão geral reconhecida; **III:** incorreta. Na falta do perito, o laudo de constatação poderá ser firmado por qualquer pessoa idônea (art. 50, §1°, da Lei de Drogas); **IV:** correta. Nos termos do art. 51 da Lei de Drogas; **V:** correta à época da realização do concurso. Cumpre ressaltar que a redação foi alterada pela Lei 13.840/2019, que retirou as exigências formais dos §§3° a 5° ao incluir o art. 50-A na Lei de Drogas.

Gabarito "D".

(Escrivão – AESP/CE – VUNESP – 2017) Aquele que oferece droga, eventualmente e sem objetivo de lucro, à pessoa de seu relacionamento, para juntos a consumirem, pratica:

(A) crime equiparado ao uso de drogas.

(B) conduta atípica.

(C) contravenção penal.

(D) crime, mas que não está sujeito à pena privativa de liberdade.

(E) crime de menor potencial ofensivo.

A: incorreta. Os crimes equiparados ao tráfico de drogas são aqueles previstos no § 1° do art. 33 da Lei 11.343/2006; **B:** incorreta. É fato típico previsto no art. 33, § 3°, da Lei 11.343/2006; **C:** incorreta. É crime, porque punido com pena privativa de liberdade de detenção (art. 1° do Decreto-lei 3.914/1941 – Lei de Introdução ao Código Penal); **D:** incorreta, pois lhe é cominada pena de detenção de seis meses a um ano; **E:** correta. Trata-se do crime previsto no art. 33, § 3°, da Lei 11.343/2006, cuja pena é de detenção de seis meses a um ano – o que lhe coloca no rol das infrações penais de menor potencial ofensivo, nos termos do art. 61 da Lei 9.099/1995. TS

Gabarito "E".

(Agente-Escrivão – Acre – IBADE – 2017) A pena prevista no crime de tráfico de drogas, previsto no art. 33 da Lei n° 11.343/2006 (Lei de Drogas), é aumentada de um sexto a dois terços, se:

(A) a natureza, a procedência da substância ou do produto apreendido e as circunstâncias do fato evidenciarem a intermunicipalidade do delito.

(B) a infração tiver sido cometida por funcionários de serviço hospitalar, tais como médicos e enfermeiros.

(C) sua prática envolver ou visar a atingir idoso ou gestante.

(D) a infração tiver sido cometida nas dependências ou imediações de estabelecimentos prisionais.

(E) o autor for reincidente na prática do crime de tráfico de drogas.

Somente a D está correta. Art. 40 e incisos da Lei 11.343/2006. TS
Gabarito "D".

(Investigador-Escrivão-Papiloscopista – Pará – Funcab – 2016) Sobre a lei de drogas, Lei n° 11.343, de 2006, é correto afirmar que:

(A) recebida cópia do auto de prisão em flagrante, o juiz, no prazo de 5 (cinco) dias, certificará a regularidade formal do laudo de constatação e determinará a destruição das drogas apreendidas, guardando-se amostra necessária à realização do laudo definitivo.

(B) apenas durante a fase do inquérito policial instaurado para apurar o crime de tráfico de substância entorpecente, é permitida, além dos previstos em lei, mediante autorização judicial e ouvido o Ministério Público, o procedimento investigatório da infiltração por agentes de polícia, em tarefas de investigação, constituída pelos órgãos especializados pertinentes.

(C) é isento de pena o agente que, em razão da dependência, ou sob o efeito, proveniente de caso fortuito ou força maior, de droga, era, ao tempo da ação ou da omissão, qualquer que tenha sido a infração penal praticada, inteiramente incapaz de entender o caráter ilícito do fato ou de determinar-se de acordo com esse entendimento.

(D) ocorrendo prisão em flagrante, a destruição das drogas será executada pela autoridade sanitária no prazo de 15 (quinze) dias na presença do delegado de polícia competente.

(E) o perito que subscrever laudo de constatação da natureza e quantidade da droga, para efeito da lavratura do auto de prisão em flagrante e estabelecimento da materialidade do delito, ficará impedido de participar da elaboração do laudo definitivo.

A: incorreta. Art. 50, § 3°, da Lei 11.343/ 2006: "Recebida cópia do auto de prisão em flagrante, o juiz, **no prazo de 10 (dez) dias**, certificará a regularidade formal do laudo de constatação e determinará a destruição das drogas apreendidas, guardando-se amostra necessária à realização do laudo definitivo"; **B:** incorreta, de acordo com o art. 53, I, da Lei 11.343/ 2006: "**Em qualquer fase da persecução criminal relativa aos crimes previstos nesta Lei**, são permitidos, além dos previstos em lei, mediante autorização judicial e ouvido o Ministério Público, os seguintes procedimentos investigatórios: I – a infiltração por agentes de polícia, em tarefas de investigação, constituída pelos órgãos especializados pertinentes"; **C:** correta, nos exatos termos do art. 45 da Lei 11.343/2006; **D:** incorreta. Art. 50, § 4°, da Lei 11.343/ 2006: "A destruição das drogas será executada **pelo delegado de polícia competente** no prazo de 15 (quinze) dias **na presença do Ministério Público e da autoridade**

sanitária." **E:** incorreta. O perito que subscrever o laudo de constatação **não** ficará impedido de participar da elaboração do laudo definitivo (art. 50, § 2°, da Lei 11.343/2006). Grifos nossos. TS
Gabarito "C".

(Escrivão de Polícia Federal – 2013 – CESPE) No que concerne aos aspectos penais e processuais da Lei de Drogas e das normas de controle e fiscalização sobre produtos químicos que direta ou indiretamente possam ser destinados à elaboração ilícita de substâncias entorpecentes, psicotrópicas ou que determinem dependência física ou psíquica, julgue os itens seguintes.

(1) Para comercializar produtos químicos que possam ser utilizados como insumo na elaboração de substâncias entorpecentes, o comerciante deverá ser cadastrado no Departamento de Polícia Federal e possuir licença de funcionamento, concedida pelo mesmo departamento.

(2) Considere que determinado cidadão esteja sendo processado e julgado por vender drogas em desacordo com determinação legal. Nessa situação, se o réu for primário e tiver bons antecedentes, sua pena poderá ser reduzida, respeitados os limites estabelecidos na lei.

1: correta, nos termos do art. 4° da Lei 10.357/2001; 2: correta. Na verdade, para fazer jus ao benefício da redução da pena, o réu deve ser primário, de bons antecedentes, não se dedique a atividades criminosas nem integre organização criminosa (art. 33, § 4°, da Lei 11.343/2006).
Gabarito 1C, 2C

(Polícia Rodoviária Federal – 2013 – CESPE) A respeito da lei que institui o Sistema Nacional de Políticas Publicas sobre Drogas, julgue o item subsequente.

(1) Caso uma pessoa injete em seu próprio organismo substância entorpecente e, em seguida, seja encontrada por policiais, ainda que os agentes não encontrem substâncias entorpecentes em poder dessa pessoa, ela estará sujeita as penas de advertência, prestação de serviço à comunidade ou medida educativa de comparecimento à programa ou curso educativo.

1: incorreta. A conduta do art. 28 da Lei 11.343/2006 tipificada como crime é, dentre outras, "transportar" ou "trazer consigo". Portanto, se os policiais não encontrarem qualquer porção de entorpecente com a pessoa, ainda que ela esteja sob os efeitos diretos da droga, não haverá a subsunção do fato à norma essencial para a aplicação das penas alternativas previstas no mencionado dispositivo legal.
Gabarito 1E

(Escrivão de Polícia/DF – 2013 – CESPE) Julgue o item subsecutivo, referente ao Sistema Nacional de Políticas Públicas sobre Drogas (Lei 11.343/2006).

(1) Será isento de pena um namorado que ofereça droga a sua namorada, eventualmente e sem objetivo de lucro, para juntos eles a consumirem.

1: incorreta. Não é caso de isenção de pena, mas de crime de tráfico de drogas privilegiado previsto no art. 33, § 3°, da Lei 11.343/2006.
Gabarito 1E

(Escrivão/SP – 2014 – VUNESP) Dentre as penas previstas pela Lei 11.343/2006, para quem adquirir, guardar, tiver em depósito, transportar ou trouxer consigo, para consumo pessoal, drogas sem autorização ou em desacordo com determinação legal ou regulamentar, encontra-se a

3. LEGISLAÇÃO EXTRAVAGANTE

(A) prisão domiciliar.

(B) advertência sobre os efeitos das drogas.

(C) prisão civil.

(D) prisão preventiva.

(E) detenção de 6 meses a um ano e multa.

O enunciado trata do art. 28 da Lei 11.343/2006, que prevê como sanções para o usuário de drogas: advertência sobre os efeitos das drogas, prestação de serviços à comunidade e medida educativa de comparecimento à programa ou curso educativo. Não se prevê qualquer tipo de prisão para o usuário.
Gabarito "B".

(Escrivão de Polícia/GO – 2013 – UEG) Sobre o crime de posse de drogas para consumo pessoal, previsto no art. 28 da Lei n. 11.343/2006, tem-se que

(A) a admoestação verbal é medida prevista como pena principal a ser aplicada nos casos de posse para consumo pessoal.

(B) a pena de prestação de serviços à comunidade poderá ter a duração máxima de 10 (dez) meses, em caso de reincidência.

(C) a prescrição ocorrerá em 3 (três) anos, ou seja, no prazo mínimo previsto para essa causa extintiva de punibilidade prevista no Código Penal.

(D) em caso de descumprimento injustificado pelo agente, o juiz poderá converter diretamente a pena de prestação de serviços à comunidade em multa.

A: incorreta. A admoestação verbal está prevista no art. 28, § 6º, I, da Lei 11.343/2006, como uma medida para garantir o cumprimento das penas principais previstas no *caput* do dispositivo. Assim, poderá o juiz valer-se da admoestação verbal caso o condenado não compareça para prestar serviços à comunidade, por exemplo; **B:** correta, nos termos do art. 28, § 4º, da Lei 11.343/2006; **C:** incorreta. O art. 30 da Lei 11.343/2006 não se vincula ao prazo mínimo de prescrição previsto no Código Penal. Por isso, ainda que esse último tenha sido alterado para três anos, vale a disposição expressa da Lei de Drogas, no sentido de que a prescrição do crime do art. 28 ocorre em dois anos; **D:** incorreta. Nesse caso, deve o juiz primeiro submeter o agente a admoestação verbal e, somente após, poderá impor multa (art. 28, § 6º, da Lei de Drogas).
Gabarito "B".

(Investigador de Polícia/SP – 2013 – VUNESP) Nos termos do que estabelece a Lei sobre Drogas (Lei n.º 11.343/2006), quem adquirir, guardar, tiver em depósito, transportar ou trouxer consigo, para consumo pessoal, drogas sem autorização ou em desacordo com determinação legal ou regulamentar poderá sofrer a seguinte pena:

(A) medida educativa de comparecimento à programa ou curso educativo, pelo prazo máximo de cinco meses, se não reincidente.

(B) detenção.

(C) reclusão.

(D) pagamento de multa a ser revertida ao patrimônio da Defensoria Pública.

(E) prestação de serviços à comunidade, pelo prazo máximo de um ano, a ser cumprida em programas comunitários ou entidades que se ocupem da prevenção do consumo ou da recuperação de usuários e dependentes de drogas.

Nos termos do art. 28 da Lei 11.343/2006, o infrator fica sujeito às seguintes penas, desde que não reincidente: advertência sobre o efeito das drogas, prestação de serviços à comunidade; e medida educativa de comparecimento à programa ou curso educativo pelo prazo de 05 meses. Em caso de reincidência, a duração pode ser estendida para 10 meses (art. 28, § 4º, da Lei 11.343/2006).
Gabarito "A".

2. TORTURA

(Perito – PC/ES – Instituto AOCP – 2019) A respeito dos Crimes de Tortura, regulados pela Lei nº 9.455/1997, assinale a alternativa correta.

(A) A pena prevista para o crime de tortura consistente em submeter alguém, sob sua guarda, poder ou autoridade, a intenso sofrimento físico ou mental, como forma de aplicar castigo pessoal ou medida de caráter preventivo, é de reclusão de dois a cinco anos.

(B) A pena prevista para aquele que se omite em face de condutas que caracterizam crimes de tortura, quando tinha o dever de evitá-las ou apurá-las, é de um a três anos.

(C) O agente público que pratica uma das condutas que caracterizam crimes de tortura terá a pena aumentada em dois terços.

(D) O agente público condenado por crime de tortura perderá o cargo, função ou emprego público e sofrerá interdição para seu exercício pelo dobro do prazo da pena aplicada.

(E) O crime de tortura é insuscetível de fiança ou graça, mas é suscetível de anistia.

A: incorreta. A pena é de dois a oito anos de reclusão (art. 1º da Lei 9.455/1997); **B:** incorreta. A pena é de detenção de um a quatro anos (art. 1º, §2º, da Lei 9.455/1997); **C:** incorreta. A pena será aumentada de um sexto a um terço (art. 4º, §1º, da Lei 9.455/1997); **D:** correta, nos termos do art. 1º, §5º, da Lei 9.455/1997; **E:** incorreta. Como crime equiparado a hediondo, não se autoriza a anistia para o crime de tortura (art. 1º, §6º, da Lei 9.455/1997).
Gabarito "D".

(Escrivão – PC/MG – FUMARC – 2018) Assinale a alternativa que apresenta, corretamente, a denominação do crime decorrente de constrangimento a alguém, com emprego de violência ou grave ameaça, causando-lhe sofrimento físico ou mental, em razão de discriminação racial e apenado com reclusão de 2 a 8 anos.

(A) Crime de constrangimento ilegal.

(B) Crime de lesão física e mental.

(C) Crime de violência ou grave ameaça.

(D) Crime de racismo.

(E) Crime de tortura.

O enunciado descreve o crime de tortura, previsto no art. 1º, I, "c", da Lei 9.455/1997.
Gabarito "E".

(Escrivão – AESP/CE – VUNESP – 2017) O crime de tortura (Lei nº 9.455/97) tem pena aumentada de um sexto até um terço se for praticado:

(A) em concurso de pessoas.

(B) por agente público.

(C) contra mulher.

EDUARDO DOMPIERI E TATIANA SUBI

(D) ininterruptamente, por período superior a 24 h.

(E) por motivos políticos.

Somente a letra B está correta, por expressa disposição do art. 1º, § 4º, I, da Lei 9.455/1997. **TS**

Gabarito "B".

(Agente-Escrivão – Acre – IBADE – 2017) Consoante a Lei de Tortura (Lei nº 9.455/1997), assinale a alternativa correta.

(A) A Lei de Tortura aplica-se ainda quando o crime não tenha sido cometido em território nacional, sendo a vítima brasileira ou encontrando-se o agente em local sob jurisdição brasileira.

(B) Se o crime é cometido contra criança, gestante, portador de deficiência, adolescente ou maior de 70 (setenta) anos, aumenta-se a pena um sexto até a metade.

(C) O crime de tortura é inafiançável e suscetível de graça ou anistia.

(D) A condenação pela prática do crime de tortura acarretará a perda do cargo, função ou emprego público e a interdição para seu exercício pelo triplo do prazo da pena aplicada.

(E) O condenado por crime previsto na Lei de Tortura, via de regra, iniciará o cumprimento da pena em regime semiaberto.

A: correta, nos exatos termos do art. 2º da Lei 9.455/1997; **B:** incorreta, pois a idade correta é maior de 60 anos e, ainda, a pena aumenta de um sexto até um terço (art. 1º, § 4º, II, da citada lei); **C:** incorreta: "O crime de tortura é inafiançável e insuscetível de graça ou anistia" (art. 1º, § 6º, da Lei de Tortura); **D:** incorreta. Art. 1º, § 5º: "A condenação acarretará a perda do cargo, função ou emprego público e a interdição para seu exercício pelo **dobro** do prazo da pena aplicada" (grifo nosso); **E:** incorreta: art. 1º, § 7º "O condenado por crime previsto nesta Lei, salvo a hipótese do § 2º, iniciará o cumprimento da pena em regime fechado." **TS**

Gabarito "A".

Rui e Jair são policiais militares e realizam constantemente abordagens de adolescentes e homens jovens nos espaços públicos, para verificação de ocorrências de situações de uso e tráfico de drogas e de porte de armas. Em uma das abordagens realizadas, eles encontraram José, conhecido por efetuar pequenos furtos, e, durante a abordagem, verificaram que José portava um celular caro. Jair começou a questionar a quem pertencia o celular e, à medida que José negava que o celular lhe pertencia, alegando não saber como havia ido parar em sua mochila, começou a receber empurrões do policial e, persistindo na negativa, foi derrubado no chão e começou a ser pisoteado, tendo a arma de Rui direcionada para si. Como não respondeu de forma alguma a quem pertencia o celular, José foi colocado na viatura depois de apanhar bastante, e os policiais ficaram rodando por horas com ele, com o intuito de descobrirem a origem do celular, mantendo-o preso na viatura durante toda uma noite, somente levando-o para a delegacia no dia seguinte.

(Agente – Pernambuco – CESPE – 2016) Nessa situação hipotética, à luz das leis que tratam dos crimes de tortura e de abuso de autoridade e dos crimes hediondos,

(A) os policiais cometeram o crime de tortura, que, no caso, absorveu o crime de lesão corporal.

(B) os policiais cometeram somente crime de abuso de autoridade e lesão corporal.

(C) o fato de Rui e Jair serem policiais militares configura causa de diminuição de pena.

(D) os policiais cometeram o tipo penal denominado tortura-castigo.

(E) caso venham a ser presos cautelarmente, Rui e Jair poderão ser soltos mediante o pagamento de fiança.

Somente a letra A está correta. Verifica-se no caso apresentado que os policiais praticaram a modalidade chamada "tortura-prova", pois empregaram violência e grave ameaça, causando sofrimento físico e mental na vítima, com o fim de obter confissão (art. 1º, I, a, da Lei 9.455/1997). Por se tratar de crime mais grave, ele absorve o crime de lesão corporal. O fato de os autores do crime serem policiais militares caracteriza causa de aumento de pena (art. 1º, § 4º, I, da referida lei). O crime em comento é inafiançável (art. 1º, § 6º, da Lei 9.455/1997). **TS**

Gabarito "A".

(Agente-Escrivão – PC/GO – CESPE – 2016) À luz das disposições da Lei nº 9.455/1997, que trata dos crimes de tortura, assinale a opção correta.

(A) O fato de o agente constranger um indivíduo mediante violência ou grave ameaça, em razão da orientação sexual desse indivíduo, causando-lhe sofrimento físico ou mental, caracteriza o crime de tortura na modalidade discriminação.

(B) O delegado que se omite em relação à conduta de agente que lhe é subordinado, não impedindo que este torture preso que esteja sob a sua guarda, incorre em pena mais branda do que a aplicável ao torturador.

(C) A babá que, mediante grave ameaça e como forma de punição por mau comportamento durante uma refeição, submeter menor que esteja sob sua responsabilidade a intenso sofrimento mental não praticará crime de tortura por falta de tipicidade, podendo ser acusada apenas de maus-tratos.

(D) O crime de tortura admite qualquer pessoa como sujeitos ativo ou passivo; assim, pelo fato de não exigirem qualidade especial do agente, os crimes de tortura são classificados como crimes comuns.

(E) Crimes de tortura são classificados como crimes próprios porque exigem, para a sua prática, a qualidade especial de os agentes serem agentes públicos.

A: incorreta. Pode parecer surpreendente, mas a Lei 9.455/1997 não inclui, dentre os dolos específicos caracterizadores do crime de tortura, a discriminação por orientação sexual, apenas a racial e a religiosa. Com isso, atos que imponham intenso sofrimento físico ou mental, com base no preconceito resultante de orientação sexual, sujeitam o agente às penas do crime de lesão corporal, pela falta do elemento subjetivo do tipo (dolo específico). Quanto a este tema, conferir a lição de Guilherme de Souza Nucci: "discriminação racial ou religiosa: dois são os grupos que podem ser alvo do delito de tortura: a) o conjunto de indivíduos de mesma origem étnica, linguística ou social pode formar uma raça; b) o agrupamento de pessoas que seguem a mesma religião. Houve lamentável restrição, deixando ao largo da proteção deste artigo outras formas de discriminação, como a ideológica, filosófica, política, de orientação sexual, entre outras." (*Leis Penais e Processuais Penais Comentadas*. Volume 2. 8. ed. São Paulo: Editora Forense, 2014. p. 814). Atenção: reconhecendo a mora do Congresso Nacional, o STF enquadrou a homofobia e a transfobia como crimes de racismo. O colegiado, por maioria, fixou a seguinte tese: "Até que sobrevenha lei emanada do Congresso Nacional destinada a implementar os mandados de criminalização definidos nos incisos XLI e XLII do art. 5º da Constituição da República, as condutas homofóbicas e transfóbicas, reais ou supostas, que envolvem aversão odiosa à orientação sexual

3. LEGISLAÇÃO EXTRAVAGANTE

ou à identidade de gênero de alguém, por traduzirem expressões de racismo, compreendido este em sua dimensão social, ajustam-se, por identidade de razão e mediante adequação típica, aos preceitos primários de incriminação definidos na Lei nº 7.716, de 08.01.1989, constituindo, também, na hipótese de homicídio doloso, circunstância que o qualifica, por configurar motivo torpe (Código Penal, art. 121, § 2º, I, "in fine")." (ADO 26/DF, rel. Min. Celso de Mello, julgamento em 13.6.2019); **B:** correta, pois a pena da omissão perante a tortura é de detenção e menor do que a pena daquele que pratica a conduta, nos termos do art. 1º, § 2º, da Lei 9.455/1997: "§ 2º Aquele que se omite em face dessas condutas, quando tinha o dever de evitá-las ou apurá-las, incorre na pena de detenção de um a quatro anos."; **C:** incorreta, pois esta conduta está prevista no art. 1º, II, da Lei de Tortura (tortura-castigo); **D e E:** incorretas. O crime de tortura pode ser próprio ou comum, a depender de sua modalidade: tortura-prova, tortura-crime e tortura-racismo são crimes comuns; tortura-maus-tratos, tortura do preso e tortura imprópria são crimes próprios. TS

Gabarito "B".

(Escrivão de Polícia/DF – 2013 – CESPE) Em relação aos crimes de tortura (Lei 9.455/1997), julgue o item que se segue.

(1) Considere a seguinte situação hipotética. O agente carcerário X dirigiu-se ao escrivão de polícia Y para informar que, naquele instante, o agente carcerário Z estava cometendo crime de tortura contra um dos presos e que Z disse que só pararia com a tortura depois de obter a informação desejada. Nessa situação hipotética, se nada fizer, o escrivão Y responderá culposamente pelo crime de tortura.

1: incorreta. Não se trata de crime culposo. O escrivão Y responderá pelo crime de tortura por omissão, nos termos do art. 1º, § 2º, da Lei 9.455/1997.

Gabarito 1E.

(Escrivão/SP – 2014 – VUNESP) Marlene, na qualidade de cuidadora de dona Ana Rosa, uma senhora de 77 anos de idade e que necessita de cuidados especiais, foi filmada, por câmeras colocadas no quarto da idosa, causando-lhe sofrimento físico durante vários dias, consistindo em puxões de cabelo, beliscões, arranhões, tapas e outras barbáries. Havendo condenação por crime de tortura, é correto afirmar que Marlene

(A) terá sua pena aumentada de um sexto até um terço.

(B) durante a execução da pena poderá ser beneficiada pelo instituto da graça.

(C) durante a execução da pena poderá ser beneficiada, apenas, pelo instituto da anistia.

(D) poderá, nos termos da sentença condenatória, iniciar o cumprimento da pena no regime semiaberto.

(E) estará sujeita à pena máxima de seis anos de detenção.

A: correta, nos termos do art. 1º, § 4º, II, da Lei 9.455/1997; **B e C:** incorretas. O art. 5º, XLIII, da Constituição Federal estabelece que a tortura é insuscetível de graça, anistia ou fiança, determinação replicada no art. 2º da Lei 8.072/1990; **D:** considerada incorreta pelo gabarito oficial porque o art. 2º, § 1º, da Lei 8.072/1990 estabelece que as penas privativas de liberdade nos crimes hediondos serão cumpridas inicialmente em regime fechado. Todavia, é sempre bom lembrar que o STF firmou entendimento de que tal disposição viola o princípio da individualização da pena e, portanto, é inconstitucional (HC 111.840/ES, *DJ* 17.12.2013); **E:** incorreta. A pena máxima prevista para o crime de tortura, aplicada a causa de aumento também em seu nível máximo (um terço), será de 10 anos e 8 meses.

Gabarito "A".

(Agente de Polícia Federal – 2012 – CESPE) A respeito das leis especiais, julgue o item a seguir.

(1) O policial condenado por induzir, por meio de tortura praticada nas dependências do distrito policial, um acusado de tráfico de drogas a confessar a prática do crime perderá automaticamente o seu cargo, sendo desnecessário, nessa situação, que o juiz sentenciante motive a perda do cargo.

1: correta. A perda do cargo, emprego ou função pública é efeito automático da condenação por crime de tortura previsto no art. 1º, § 5º, da Lei 9.455/1997. Dessa forma, não é necessária sua menção expressa na sentença (veja, nesse sentido, a decisão do STJ no HC 92.247, DJ 07/02/2008).

Gabarito 1C.

(Agente de Polícia/PI – 2012) Acerca do crime de tortura, é correto afirmar que:

(A) a prática do crime de tortura não acarretará a perda do cargo público, mas tão somente a suspensão de seu exercício, pelo período equivalente ao dobro da pena privativa de liberdade aplicada.

(B) o condenado por crime de tortura iniciará o cumprimento da pena privativa de liberdade em regime semiaberto.

(C) não constitui crime de tortura o emprego de violência, ainda que com intenso sofrimento físico, como medida de caráter preventivo, por parte de quem detenha a guarda legal de alguém.

(D) a condenação por crime de tortura acarreta a perda do emprego público.

(E) a condenação por crime de tortura acarreta a suspensão do exercício do emprego público.

A: incorreta. Nos termos do art. 1º, § 5º, da Lei 9.455/1997, a condenação pelo crime de tortura implicará a perda do cargo, emprego ou função pública e a inabilitação para novo exercício pelo dobro do prazo da pena aplicada; **B:** incorreta. O art. 1º, § 7º, da Lei 9.455/1997 impõe o regime fechado para início do cumprimento da pena (dispositivo que não mais se aplica, ante decisão do STF que declarou inconstitucional o art. 2º, § 1º, da Lei dos Crimes Hediondos); **C:** incorreta. A prática configura o crime de tortura classificado pela doutrina como "tortura-maus-tratos" (art. 1º, II, da Lei 9.455/1997); **D:** correta, nos termos do art. 1º, § 5º, da Lei 9.455/1997; **E:** incorreta, nos termos do art. 1º, § 5º, da Lei 9.455/1997.

Gabarito "D".

(Investigador de Polícia/SP – 2013 – VUNESP) Quanto ao crime de tortura, é correto afirmar que

(A) a lei brasileira que comina pena para o crime de tortura não se aplica quando o crime foi cometido fora do território nacional, mesmo sendo a vítima brasileira.

(B) o condenado pelo crime de tortura cumprirá todo o tempo da pena em regime fechado.

(C) é afiançável, mas insuscetível de graça ou anistia.

(D) na aplicação da pena pelo crime de tortura, não serão admitidas agravantes ou atenuantes.

(E) a condenação acarretará a perda do cargo, função ou emprego público e a interdição para seu exercício pelo dobro do prazo da pena aplicada.

A: incorreta. Aplica-se, nesse caso, a regra da extraterritorialidade subjetiva, que permite a punição do infrator pela lei brasileira mesmo que o

EDUARDO DOMPIERI E TATIANA SUBI

fato tenha ocorrido no exterior, por força do art. 2º da Lei 9.455/1997; **B:** incorreta. A lei determina apenas o regime **inicial** fechado para o cumprimento da pena (art. 1º, § 7º, da Lei 9.455/1997, dispositivo que não mais se aplica, ante decisão do STF que declarou inconstitucional o art. 2º, § 1º, da Lei dos Crimes Hediondos); **C:** incorreta. A tortura, por ser crime equiparado a hediondo, é inafiançável e insuscetível de graça ou anistia (art. 1º, § 6º, da Lei 9.455/1997); **D:** incorreta. Aplicam--se normalmente as circunstâncias agravantes e atenuantes genéricas previstas nos arts. 61 a 65 do Código Penal, porque esse diploma tem aplicação subsidiária a toda legislação extravagante; **E:** correta, nos termos do art. 1º, § 5º, da Lei 9.455/1997.

Gabarito "E".

3. CRIMES HEDIONDOS

(Perito – PC/ES – Instituto AOCP – 2019) A Lei n° 8.072/1990 dispõe sobre os crimes hediondos, nos termos do art. 5º, inciso XLIII, da Constituição Federal, e determina outras providências. A respeito dos Crimes Hediondos, assinale a alternativa correta.

(A) A pena imposta pelo cometimento de crime hediondo deverá ser cumprida inicialmente em regime fechado ou semiaberto, mediante decisão fundamentada do Juiz.

(B) O crime de porte ilegal de arma de fogo de uso restrito, tentado ou consumado, também é considerado crime hediondo, contudo o de posse ilegal de arma de fogo de uso restrito, não.

(C) Os crimes hediondos são insuscetíveis de anistia, graça e fiança, porém são suscetíveis de indulto.

(D) A epidemia com resultado morte (art. 267, **§ 1º, do Código Penal)** é considerada crime hediondo.

(E) Em caso de sentença condenatória de crime hediondo, o réu não poderá recorrer em liberdade.

A: incorreta. Com o advento da Lei 11.464/2007, que conferiu nova redação ao art. 2º, § 1º, da Lei de Crimes Hediondos, passou-se a admitir que o início de cumprimento de pena, nos crimes hediondos e equiparados, se desse *inicialmente* no regime fechado (e não *integralmente* nesse regime prisional), seguindo orientação dada pelo STF. Sucede que o STF, ao julgar o HC 111.840, reconheceu a inconstitucionalidade incidental do referido dispositivo legal, afastando-se a obrigatoriedade do regime inicial fechado aos condenados por crimes hediondos e assemelhados. Temos, assim, que o condenado por crime hediondo ou equiparado, atualmente, pode iniciar o cumprimento da pena que lhe foi imposta em regime diverso do fechado, sempre levando em conta as peculiaridades de cada caso concreto; **B:** incorreta. Ao tempo em que aplicada esta prova, tanto a posse quanto o porte de arma de fogo de uso restrito eram caracterizados como crimes hediondos (art. 1º, parágrafo único, da Lei 8.072/1990). Com o advento da Lei 13.964/2019, somente ostenta tal rótulo, atualmente, o crime de posse ou porte de arma de fogo de uso proibido (art. 1º, parágrafo único, II, da Lei 8.072/1990); **C:** incorreta. Também o indulto é vedado nos crimes hediondos (art. 2º da Lei 8.072/1990); **D:** correta, nos termos do art. 1º, VII, da Lei 8.072/1990; **E:** incorreta. Cabe ao juiz decidir, fundamentadamente ou não, se o réu poderá recorrer em liberdade (art. 2º, § 3º, da Lei 8.072/1990).

Gabarito "D".

(Escrivão – AESP/CE – VUNESP – 2017) Assinale a alternativa que indica corretamente crimes que, de acordo com o texto constitucional, a lei considerará inafiançáveis e insuscetíveis de graça ou anistia, por eles respondendo os mandantes, os executores e os que, podendo evitá-los, omitirem-se.

(A) A prática da tortura, a posse e o tráfico ilícito de entorpecentes e drogas afins e o terrorismo.

(B) A prática da tortura, o terrorismo e os definidos como crimes hediondos e o assédio sexual.

(C) A posse e o tráfico ilícito de entorpecentes e drogas afins, o terrorismo, os definidos como crimes hediondos e o racismo.

(D) A prática da tortura, o tráfico ilícito de entorpecentes e drogas afins, o terrorismo e os definidos como crimes hediondos.

(E) O tráfico ilícito de entorpecentes e drogas afins, o terrorismo, os definidos como crimes hediondos e o assédio sexual.

Somente a letra D está correta, nos exatos termos do art. 5º, XLIII, da Constituição Federal. TS

Gabarito "D".

(Escrivão – AESP/CE – VUNESP – 2017) O condenado por crime hediondo, de acordo com o texto legal (Lei n° 8.072/90),

(A) pode, a critério do juiz, apelar em liberdade e, se primário, alcança o lapso temporal necessário à progressão do regime prisional cumprido 1/6 da pena.

(B) não pode apelar em liberdade e não tem direito à progressão de regime.

(C) não pode apelar em liberdade e, se reincidente, alcança o lapso temporal necessário à progressão do regime prisional cumpridos 3/5 da pena.

(D) pode, a critério do juiz, apelar em liberdade e, se reincidente, alcança o lapso temporal necessário à progressão do regime prisional cumpridos 2/3 da pena.

(E) pode, a critério do juiz, apelar em liberdade e, se primário, alcança o lapso temporal necessário à progressão do regime prisional cumpridos 2/5 da pena.

Somente a E está correta, nos termos do art. 2º, §§ 2º e 3º, da Lei dos Crimes Hediondos, os quais seguem transcritos: "§ 2º A progressão de regime, no caso dos condenados aos crimes previstos neste artigo, dar-se-á após o cumprimento de 2/5 (dois quintos) da pena, se o apenado for primário, e de 3/5 (três quintos), se reincidente"; "§ 3º Em caso de sentença condenatória, o juiz decidirá fundamentadamente se o réu poderá apelar em liberdade". Atenção: Com o advento da Lei 13.964/2019 (Pacote Anticrime), posterior à elaboração desta questão, alterou-se a redação do art. 112 da LEP, com a inclusão de novas faixas de fração de cumprimento de pena a possibilitar a progressão do reeducando a regime menos rigoroso, aqui incluídos os crimes hediondos e equiparados. Com isso, a nova tabela de progressão ficou mais detalhada, já que, até então, contávamos com o percentual único de 1/6 para os crimes comuns e 2/5 e 3/5 para os crimes hediondos e equiparados. Doravante, passamos a ter novas faixas, agora expressas em porcentagem, que levam em conta, no seu enquadramento, fatores como primariedade e o fato de o delito haver sido praticado com violência/grave ameaça. A primeira faixa corresponde a 16%, a que estão sujeitos os condenados que forem primários e cujo crime praticado for desprovido de violência ou grave ameaça (art. 112, I, LEP); em seguida, passa-se à faixa de 20%, destinada ao sentenciado reincidente em crime praticado sem violência à pessoa ou grave ameaça (art. 112, II, LEP); a faixa seguinte, de 25%, é aplicada ao apenado primário que tiver cometido crime com violência à pessoa ou grave ameaça (art. 112, III, LEP); à faixa de 30% ficará sujeito o condenado reincidente em crime cometido com violência contra a pessoa ou grave ameaça (art. 112, IV, LEP); deverá cumprir 40% da pena o condenado pelo cometimento de crime hediondo ou equiparado, se primário (art. 112, V, LEP); estão sujeitos ao cumprimento de 50% da pena imposta o condenado pela prática de crime hediondo ou equiparado, com resultado morte, se for primário; o condenado por exercer o comando, individual ou coletivo, de organização criminosa estruturada para a prática de crime hediondo

3. LEGISLAÇÃO EXTRAVAGANTE — 123

ou equiparado; e o condenado pela prática do crime de constituição de milícia privada (art. 112, VI, LEP); deverá cumprir 60% da pena o condenado reincidente na prática de crime hediondo ou equiparado (art. 112, VII, LEP); e 70%, que corresponde à última faixa, o sentenciado reincidente em crime hediondo ou equiparado com resultado morte (art. 112, VIII, LEP). O art. 2°, § 2°, da Lei 8.072/1990, como não poderia deixar de ser, foi revogado, na medida em que a progressão, nos crimes hediondos e equiparados, passou a ser disciplinada no art. 112 da LEP. Além disso, o art. 112, § 1°, da LEP, com a nova redação determinada pela Lei 13.964/2019, impõe que somente fará jus à progressão de regime, nos novos patamares, o apenado que ostentar boa conduta carcerária, a ser atestada pelo diretor do estabelecimento. Por sua vez, o art. 112, § 5°, da LEP, incluído pela Lei 13.964/2019, consagrando entendimento jurisprudencial, estabelece que não se considera hediondo ou equiparado o crime de tráfico de drogas previsto no art. 33, § 4°, da Lei 11.343/2006. Registre-se que, mais recentemente, quando já em vigor as alterações implementadas pelo pacote anticrime, o Congresso Nacional, ao apreciar os vetos impostos pelo presidente da República ao PL 6341/2019 (que deu origem à Lei 13.964/2019), rejeitou (derrubou) vários deles (na verdade, 16 dos 24 vetos). No que toca ao tema *bom comportamento como condicionante à progressão de regime*, o texto original do projeto de lei previa a inclusão ao art. 112 da LEP do § 7°, segundo o qual *o bom comportamento é readquirido após 1 (um) anos da ocorrência do fato, ou antes, após o cumprimento do requisito temporal exigível para a obtenção do direito. Pois bem. Este dispositivo, entre tantos outros, foi objeto de rejeição ao veto imposto pelo PR, de sorte que ele passa a integrar o pacote anticrime. O Palácio do Planalto assim justificou a imposição do veto: *a propositura legislativa, ao dispor que o bom comportamento, para fins de progressão de regime, é readquirido após um ano da ocorrência do fato, ou antes, após o cumprimento do requisito temporal exigível para a obtenção do direito, contraria o interesse público, tendo em vista que a concessão da progressão de regime depende da satisfação de requisitos não apenas objetivos, mas, sobretudo de aspectos subjetivos, consistindo este em bom comportamento carcerário, a ser comprovado, a partir da análise de todo o período da execução da pena, pelo diretor do estabelecimento prisional. Assim, eventual pretensão de objetivação do requisito vai de encontro à própria natureza do instituto, já pré-concebida pela Lei 7.210, de 1984, além de poder gerar a percepção de impunidade com relação às faltas e ocasionar, em alguns casos, o cometimento de injustiças em relação à concessão de benesses aos custodiados.* Gabarito "E."

(Investigador-Escrivão-Papiloscopista – Pará – Funcab – 2016) Nos termos da Lei n° 8.072, de 1990, é correto afirmar que constitui crime hediondo:

(A) A epidemia sem o resultado morte.

(B) Extorsão simples.

(C) A lesão corporal seguida de morte, quando praticada contra cônjuge, de integrantes da Força Nacional de Segurança Pública, em razão dessa condição.

(D) Homicídio simples, em qualquer caso.

(E) Sequestro ou cárcere privado.

Somente a letra C está correta, nos termos do art. 1°, I-A, da Lei 8.072/1990. Gabarito "C."

(Escrivão de Polícia/DF – 2013 – CESPE) No que se refere aos crimes hediondos (Lei 8.072/1990), julgue o item seguinte.

(1) Se determinado cidadão for réu em processo criminal por ter cometido crime hediondo, ele poderá ter progressão de regime no cumprimento da pena, que se iniciará em regime fechado, bem como tê-la reduzida em caso de delação premiada, se o crime tiver sido cometido por quadrilha ou bando.

1: incorreta. O STF já declarou incidentalmente diversas vezes a inconstitucionalidade do regime inicial fechado para o cumprimento da pena (veja-se, por exemplo, HC 111.840/ES, DJ 17/12/2013). Gabarito 1E.

4. ESTATUTO DA CRIANÇA E DO ADOLESCENTE

(Escrivão – AESP/CE – VUNESP – 2017) No que concerne ao crime de "corromper ou facilitar a corrupção de menor de 18 (dezoito) anos, com ele praticando infração penal ou induzindo-o a praticá-la" (corrupção de menores, art. 244-B da Lei n° 8.069/90),

(A) por disposição legal não se configura se o menor, antes do contato com o agente, já era dado à prática de crimes.

(B) as penas são aumentadas de 2/3, no caso de a infração cometida ou induzida estar incluída no rol dos crimes hediondos.

(C) as penas são diminuídas de 1/3, no caso de infração cometida ou induzida em se tratando de contravenção penal.

(D) há entendimento jurisprudencial sumulado por Tribunal Superior no sentido de que se trata de crime formal.

(E) as penas são aumentadas de 1/3, no caso de a infração, para a qual o menor foi cooptado, ser cometida com violência ou grave ameaça.

A: incorreta. Não há qualquer disposição legal nesse sentido; **B:** incorreta. A pena é aumentada de um terço nesses casos (art. 244-B, § 2°, do ECA); **C:** incorreta. Não há causa de diminuição de pena para este crime; **D:** correta, nos termos da Súmula 500 do STJ; **E:** incorreta. Não há causa de aumento nesse sentido. Gabarito "D."

(Escrivão de Polícia/DF – 2013 – CESPE) A respeito do Estatuto da Criança e do Adolescente (Lei 8.069/1990), julgue o item a seguir.

(1) Considere a seguinte situação hipotética. Afonso, que tem mais de vinte e um anos de idade, é primo da adolescente Z e, prevalecendo-se de sua relação de parentesco, embora não tenha autoridade sobre Z, divulgou na Internet cenas pornográficas de que a adolescente participou, sem que ela consentisse com a divulgação. Nessa situação, devido à relação de parentesco existente, caso seja condenado pelo ato praticado, Afonso deverá ter sua pena aumentada.

1: incorreta. Inicialmente, cumpre definir que o crime praticado por Afonso é o previsto no art. 241-A da Lei 8.069/1990, o qual não prevê causa de aumento por força do parentesco. Mas ainda que estivéssemos falando do crime do art. 240 do Estatuto da Criança e do Adolescente, não se aplicaria o aumento de pena porque Afonso é primo de Z, parente consanguíneo de 4° grau, sendo que a exasperante incide somente em caso de parentesco até 3° grau (tios e sobrinhos, por exemplo) ou caso o agente tenha autoridade sobre a vítima. Gabarito 1E.

(Investigador de Polícia/SP – 2013 – VUNESP) Conforme o disposto no Estatuto da Criança e do Adolescente (Lei n.° 8.069/1990), o adolescente apreendido por força de ordem judicial e o adolescente apreendido em flagrante de ato infracional serão, respectivamente, desde logo, encaminhados

(A) à Defensoria Pública e ao Ministério Público.

(B) à autoridade judiciária e à autoridade policial competente.

(C) à Procuradoria do Estado e à autoridade judiciária competente.

(D) ao Conselho Tutelar local e à autoridade policial competente.

(E) à autoridade policial competente e ao Ministério Público.

Apreendido por ordem judicial, deverá o adolescente ser encaminhado à autoridade judicial que emitiu a ordem (art. 171 do ECA); se apreendido em flagrante delito, sua apresentação deve ser realizada junto à autoridade policial com atuação na circunscrição do fato (art. 172 do ECA).
Gabarito "B".

5. CRIMES CONTRA O SISTEMA FINANCEIRO

(Escrivão – AESP/CE – VUNESP – 2017) O crime de "obter, mediante fraude, financiamento em instituição financeira" (art. 19 da Lei nº 7.492/86) tem pena aumentada de 1/3 se cometido:

(A) em detrimento de instituição financeira oficial.

(B) por intermédio de pessoa jurídica.

(C) em momento de grave recessão.

(D) por agente público.

(E) com intuito de causar risco sistêmico.

Somente a A está correta, pois se o crime é cometido em detrimento de instituição financeira oficial ou por ela credenciada para o repasse de financiamento, a pena é aumentada de 1/3 (um terço) – parágrafo único do art. 19 da lei dos crimes contra o sistema financeiro nacional.
Gabarito "A".

(Agente-Escrivão – PC/GO – CESPE – 2016) De acordo com a Lei nº 7.492/1986, o indivíduo que gerir fraudulentamente determinada instituição financeira:

(A) não poderá ser vítima da decretação de prisão preventiva no curso do processo.

(B) cometerá crime cuja ação penal será promovida pelo MPF.

(C) terá sua pena aumentada de um terço, se a gestão tiver sido temerária.

(D) responderá por crime, ainda que tenha agido culposamente.

(E) cometerá crime que deverá ser processado e julgado pela justiça estadual.

A: incorreta, pois o art. 30 da lei dos crimes contra o sistema financeiro nacional, Lei 7.492/1986, prevê expressamente a possibilidade da decretação da prisão preventiva. **B:** correta e **E:** incorreta, nos exatos termos do art. 26 da referida lei. **C:** incorreta, pois se a gestão for temerária, a pena será de 2 a 8 anos de reclusão, portanto, menor do que a da conduta descrita no "caput" do artigo (parágrafo único do art. 4º da Lei 7.492/1986); **D:** incorreta, pois a lei não prevê a modalidade culposa. Assim, o agente só responde se agir com dolo.
Gabarito "B".

(Agente-Escrivão – PC/GO – CESPE – 2016) Com base na Lei nº 7.492/1986, a tipificação dos crimes contra o Sistema Financeiro Nacional:

(A) inadmite confissão espontânea perante autoridade policial.

(B) inadmite coautoria.

(C) inadmite partícipe.

(D) admite coautoria ou participação, e, se ocorrer confissão espontânea que revele toda a trama delituosa, a pena será reduzida de um a dois terços.

(E) admite coautoria ou participação, e, se ocorrer confissão espontânea que revele toda a trama delituosa, será concedido o perdão judicial da pena.

Somente a assertiva D está correta, nos exatos termos do § 2º do art. 25 da Lei 7.492/1986.
Gabarito "D".

6. CRIMES CONTRA A ORDEM TRIBUTÁRIA E AS RELAÇÕES DE CONSUMO

(Perito – PC/ES – Instituto AOCP – 2019) A conduta de deixar de recolher, no prazo legal, valor de tributo ou de contribuição social, descontado ou cobrado, na qualidade de sujeito passivo de obrigação e que deveria recolher aos cofres públicos, configura

(A) crime de abuso de autoridade, previsto na Lei nº 4.898/1965.

(B) crime contra a administração pública, previsto no Código Penal.

(C) crime contra a ordem tributária, previsto na Lei nº 8.137/1990.

(D) crime previsto na Lei nº 11.343/2006 (Lei Antidrogas).

(E) crime hediondo, previsto na Lei nº 8.072/1990.

O enunciado descreve crime contra a ordem tributária, previsto no art. 2º, II, da Lei 8.137/1990.
Gabarito "C".

(Escrivão – PC/ES – Instituto AOCP – 2019) No tocante aos crimes contra a ordem tributária, econômica e contra as relações de consumo, previstos na Lei nº 8.137/90, o pagamento integral do tributo, a qualquer tempo, determina o encerramento da investigação policial ou do curso da ação penal em virtude

(A) da extinção da punibilidade.

(B) da decadência do direito punitivo.

(C) do perdão judicial.

(D) da prescrição punitiva do estado.

(E) da atipicidade da conduta.

Trata-se de caso de extinção da punibilidade, prevista na Lei 10.684/2003 e referendada pelo STJ no julgamento do HC 362.478, rel. Min. Jorge Mussi.
Gabarito "A".

Vera destruiu grande quantidade de matéria-prima com o fim de provocar alta de preço em proveito próprio.

Túlio formou acordo entre ofertantes, visando controlar rede de distribuição, em detrimento da concorrência.

Lucas reduziu o montante do tributo devido por meio de falsificação de nota fiscal.

(Agente-Escrivão – PC/GO – CESPE – 2016) De acordo com a Lei nº 8.137/1990, que regula os crimes contra a ordem tributária e econômica e contra as relações de consumo, nas situações hipotéticas apresentadas, somente:

3. LEGISLAÇÃO EXTRAVAGANTE

125

(A) Vera cometeu crime contra a ordem econômica.

(B) Lucas cometeu crime contra as relações de consumo.

(C) Vera e Túlio cometeram crime contra a ordem tributária.

(D) Vera e Lucas cometeram crime contra as relações de consumo.

(E) Túlio cometeu crime contra a ordem econômica.

Somente a assertiva E está correta, pois Túlio praticou a conduta prevista no art. 4º, II, *c*, da Lei 8.137/1990. Esse artigo prevê os crimes contra a ordem econômica. Já Vera praticou crime contra as relações de consumo (art. 7º, VIII, da Lei 8.137/1990) e Lucas praticou crime contra a ordem tributária, previsto no art. 1º, III, da referida Lei. 📷
Gabarito "E".

(Agente de Polícia/DF – 2013 – CESPE) Com base na Lei 8.137/1990, que define os crimes contra a ordem tributária e econômica e contra as relações de consumo, julgue os itens que se seguem.

(1) Constitui crime contra as relações de consumo ter em depósito, mesmo que não seja para vender ou para expor à venda, mercadoria em condições impróprias para o consumo.

(2) Quem, valendo-se da qualidade de funcionário público, patrocinar, direta ou indiretamente, interesse privado perante a administração fazendária praticará, em tese, crime funcional contra a ordem tributária.

1: incorreta. A conduta tipificada no art. 7º, IX, da Lei 8.137/1990, tem como elementar a intenção de vender, expor à venda ou de qualquer forma entregar a mercadoria imprópria para consumo mantida em depósito; **2:** correta, nos termos do art. 3º, III, da Lei 8.137/1990.
Gabarito 1E, 2C

---

7. ESTATUTO DO DESARMAMENTO

(Escrivão – PC/GO – AOCP – 2023) Considera-se crime equiparado ao de posse ou porte ilegal de arma de fogo de uso restrito, com pena de 3 (três) a 6 (seis) anos de reclusão:

(A) disparar arma de fogo ou acionar munição em lugar habitado ou em suas adjacências, em via pública ou em direção a ela, desde que essa conduta não tenha como finalidade a prática de outro crime.

(B) deixar de observar as cautelas necessárias para impedir que menor de 18 (dezoito) anos ou pessoa portadora de deficiência mental se apodere de arma de fogo que esteja sob sua posse ou que seja de sua propriedade.

(C) deixar o diretor responsável de empresa de segurança e transporte de valores de registrar ocorrência policial e de comunicar à Polícia Federal perda, furto, roubo ou outras formas de extravio de arma de fogo, acessório ou munição que esteja sob sua guarda, nas primeiras 24 (vinte e quatro) horas depois de ocorrido o fato.

(D) vender, entregar ou fornecer, ainda que gratuitamente, arma de fogo, acessório, munição ou explosivo a criança ou adolescente.

(E) vender ou entregar arma de fogo, acessório ou munição, sem autorização ou em desacordo com a determinação legal ou regulamentar, a agente policial disfarçado, quando presentes elementos probatórios razoáveis de conduta criminal preexistente.

A solução desta questão deve ser extraída do art. 16, § 1º, V, da Lei 10.826/2003, que assim dispõe: *vender, entregar ou fornecer, ainda que gratuitamente, arma de fogo, acessório, munição ou explosivo a criança ou adolescente.* 📷
Gabarito "D".

(Escrivão – PC/ES – Instituto AOCP – 2019) De acordo com a Lei nº 10.826/03 (estatuto do desarmamento), o sujeito que for preso em via pública portando arma de fogo, que não contém mecanismo de acionamento, terá sua conduta considerada como atípica em razão do instituto

(A) da legítima defesa.

(B) do crime impossível.

(C) do erro sobre elementos do tipo.

(D) da discriminante putativa.

(E) da relação de causalidade.

A doutrina majoritária defende se tratar de crime impossível, na medida em que a arma não está apta a causar qualquer dano ou mesmo perigo de dano. Não obstante, a questão mereceria ser anulada, uma vez que o STF tem jurisprudência em sentido contrário, ou seja, reconhecendo a tipicidade penal para esses casos (RHC 115.842/MS, rel. Min. Rosa Weber, j. 23/04/2013; RHC 102.087/MG, rel. Min. Gilmar Mendes; RHC 123.553/DF, rel. Min. Gilmar Mendes, j. 11/09/2014).
Gabarito "B".

(Escrivão – PC/MG – FUMARC – 2018) Sobre o certificado de registro de arma de fogo, considere as afirmativas a seguir.

I. Tem validade em todo o território nacional.

II. Autoriza o seu proprietário a manter a arma de fogo no interior de sua residência.

III. Autoriza o porte de arma de fogo na unidade federativa que expediu o respectivo registro.

IV. Possibilita a todo cidadão o porte de arma de fogo mediante avaliação psicológica prévia. Assinale a alternativa correta.

(A) Somente as afirmativas I e II são corretas.

(B) Somente as afirmativas I e IV são corretas.

(C) Somente as afirmativas III e IV são corretas.

(D) Somente as afirmativas I, II e III são corretas.

(E) Somente as afirmativas II, III e IV são corretas.

I: correta, nos termos do art. 5º do Estatuto do Desarmamento; **II:** correta, nos termos do art. 5º do Estatuto do Desarmamento; **III:** incorreta. O certificado é válido em todo território nacional, conforme já mencionado; **IV:** incorreta. O registro de arma de fogo autoriza somente a manutenção de arma de fogo na residência ou no local de trabalho, não sendo suficiente para autorizar o porte da arma, tudo conforme o já citado art. 5º do Estatuto do Desarmamento.
Gabarito "A".

(Escrivão – AESP/CE – VUNESP – 2017) É cominada pena de detenção aos seguintes crimes da Lei nº 10.826/03:

(A) posse irregular de arma de fogo de uso permitido e omissão de cautela.

(B) disparo de arma de fogo e omissão de cautela.

(C) disparo de arma de fogo e porte ilegal de arma de fogo de uso permitido.

(D) posse irregular de arma de fogo de uso permitido e porte ilegal de arma de fogo de uso permitido.

(E) posse de arma de fogo de uso permitido e posse de arma de fogo de uso restrito.

A: correta (arts. 12 e 13 da Lei 10.826/2003, ambos punidos com detenção); **B:** incorreta, pois o disparo de arma de fogo é punido com reclusão (art. 15 da Lei 10.826/2003); **C:** incorreta (arts. 14 e 15 da Lei 10.826/2003, ambos punidos com reclusão); **D:** incorreta, pois a posse é punida com detenção e o porte, com reclusão (arts. 12 e 14 da Lei 10.826/2003); **E:** incorreta, pois a posse de arma de fogo de uso restrito é punida com reclusão (art. 16 da Lei 10.826/2003). Gabarito "A".

(Investigador-Escrivão-Papiloscopista – Pará – Funcab – 2016) Nos termos do Estatuto do Desarmamento, Lei n° 10.826, de 2003, dentre as categorias de pessoas a seguir enumeradas, qual é aquela, para a qual existe a restrição ao direito de portar arma de fogo de propriedade particular ou fornecida pela respectiva corporação ou instituição, mesmo fora de serviço, com validade em âmbito nacional?

(A) agentes do Departamento de Segurança do Gabinete de Segurança Institucional da Presidência da República.

(B) integrantes das Forças Armadas.

(C) integrantes da polícia da Câmara dos Deputados.

(D) integrantes das guardas municipais das capitais dos Estados e dos Municípios com mais de 500.000 (quinhentos mil) habitantes.

(E) agentes operacionais da Agência Brasileira de Inteligência.

O enunciado se refere aos membros das Guardas Municipais das capitais dos Estados e de Municípios com mais de 500.000 habitantes, nos termos do art. 6°, III e § 1°, do Estatuto do Desarmamento. Gabarito "D".

(Polícia Rodoviária Federal – 2013 – CESPE) No que concerne ao Estatuto do Desarmamento, julgue o item a seguir.

(1) Supondo que determinado cidadão seja responsável pela segurança de estrangeiros em visita ao Brasil e necessite de porte de arma, a concessão da respectiva autorização será de competência do ministro da Justiça.

1: incorreta. A concessão do porte de arma de uso permitido é de competência do Departamento de Polícia Federal (art. 10, *caput*, da Lei 10.826/2003). Gabarito 1E.

(Escrivão de Polícia/DF – 2013 – CESPE) Acerca do Estatuto do Desarmamento (Lei 10.826/2003), julgue o próximo item.

(1) Considere a seguinte situação hipotética. Em uma operação policial, José foi encontrado com certa quantidade de munição para revólver de calibre 38. Na oportunidade, um policial indagou José sobre a autorização para portar esse material, e José respondeu que não possuía tal autorização e justificou que não precisava ter tal documento porque estava transportando munição desacompanhada de arma de fogo. Nessa situação hipotética, a justificativa de José para não portar a autorização é incorreta, e ele responderá por crime previsto no Estatuto do Desarmamento.

1: correta. O crime previsto no art. 14 da Lei 10.826/2003 se consuma pelo porte de arma de fogo, acessório ou munição sem autorização. Gabarito 1C.

(Agente de Polícia Federal – 2012 – CESPE) À luz da lei dos crimes ambientais e do Estatuto do Desarmamento, julgue o item seguinte.

(1) Responderá pelo delito de omissão de cautela o proprietário ou o diretor responsável de empresa de segurança e transporte de valores que deixar de registrar ocorrência policial e de comunicar à Polícia Federal, nas primeiras vinte e quatro horas depois de ocorrido o fato, a perda de munição que esteja sob sua guarda.

1: correta, nos exatos termos do art. 13, parágrafo único, da Lei 10.826/2003 (Estatuto do Desarmamento). Gabarito 1C.

8. CRIMES AMBIENTAIS

(Agente-Escrivão – Acre – IBADE – 2017) Quanto à possibilidade de responsabilidade penal da pessoa jurídica pela prática de crimes ambientais e o entendimento atual dos Tribunais Superiores, pode- se afirmar:

(A) É admitida, ainda que não haja responsabilização de pessoas físicas.

(B) É admitida, desde que em conjunto com uma pessoa física.

(C) Não é admitida, pois há vedação legal no Código Penal.

(D) Não é admitida, pois a pessoa jurídica e incompatível com a teoria do crime adotada pela Lei de Crimes Ambientais.

(E) Não é admitida, haja vista que a Constituição Federal apenas tratou de sua responsabilidade administrativa.

Somente a letra A está correta. A Lei 9.605/1998 inovou no ordenamento jurídico nacional ao prever a responsabilização penal da pessoa jurídica, sem prejuízo das sanções administrativas e civis cabíveis (art. 3° da mencionada lei). Cabe ressaltar que Supremo Tribunal Federal adotou novo entendimento ao admitir a possibilidade de a PJ figurar sozinha no polo passivo da ação penal. Trata-se do RE 548.181, cuja decisão fora publicada em 30 de outubro de 2014. Em seguida, o STJ também passou a adotar essa nova posição. Portanto, a responsabilidade penal da pessoa jurídica pela prática de crimes ambientais é subjetiva e independente da responsabilização simultânea da pessoa física por ela responsável, conforme entendimento uniforme dos Tribunais Superiores. Gabarito "A".

(Escrivão – AESP/CE – VUNESP – 2017) É típica a conduta de matar espécimes da fauna silvestre, nativos ou em rota migratória, sem a devida permissão, licença ou autorização da autoridade competente. E, por expressa disposição no próprio artigo de lei (art. 29 da Lei n° 9.605/98),

(A) apenas configura crime em relação a espécies raras ou consideradas ameaçadas de extinção.

(B) tem pena aumentada de 1/3, se utilizado explosivo ou método cruel.

(C) não é punida, se comprovado o baixo grau de instrução ou escolaridade do agente.

(D) não se configura crime em relação aos atos de pesca.

(E) tem pena dobrada, se praticada por agente público.

A: incorreta. Se o crime for cometido contra espécies raras ou consideradas ameaçadas de extinção, a pena é aumentada de metade (art.

29, § 4°, I, da Lei 9.605/1998); **B:** incorreta, pois a pena é aumentada de metade (art. 29, § 4°, VI, da Lei 9.605/1998); **C:** incorreta. O baixo grau de instrução ou escolaridade do agente é circunstância atenuante da pena (art. 14°, I, da Lei 9.605/1998); **D:** correta (art. 29, § 6°, da Lei 9.605/1998); **E:** incorreta. Se o agente praticou o crime facilitado por funcionário público no exercício de suas funções, a pena será agravada. (art. 15 II, *r*, da Lei 9.605/1998). **TS**
Gabarito "D".

(Escrivão – Pernambuco – CESPE – 2016) A respeito das penas restritivas de direito especificamente aplicáveis aos crimes ambientais, assinale a opção correta.

(A) Na prestação pecuniária, que consiste no pagamento em dinheiro a vítima ou a entidade pública ou privada com fim social por crime ambiental, o valor pago não será deduzido do montante de eventual reparação civil a que for condenado o infrator.

(B) A prestação de serviços à comunidade consiste na atribuição ao condenado de tarefas gratuitas junto a hospitais públicos e dependências asilares de atendimento a idosos.

(C) A suspensão parcial ou total de atividade, exclusivamente para pessoas jurídicas, será aplicada quando a empresa não estiver cumprindo as normas ambientais.

(D) As penas de interdição temporária de direito incluem a proibição de o condenado participar de licitações, pelo prazo de cinco anos, no caso de crimes dolosos, e de três anos, no de crimes culposos.

(E) O recolhimento domiciliar inclui a obrigação de o condenado trabalhar sob rígida vigilância, e de permanecer recolhido todos os dias em local diferente de sua moradia habitual.

A: incorreta, pois o valor pago **será deduzido** do montante de eventual reparação civil a que for condenado o infrator (art. 12 da Lei 9.605/1998); **B:** incorreta, nos termos do art. 9° da Lei 9.605/1998: "A prestação de serviços à comunidade consiste na atribuição ao condenado de tarefas gratuitas junto a parques e jardins públicos e unidades de conservação, e, no caso de dano da coisa particular, pública ou tombada, na restauração desta, se possível."; **C:** incorreta, pois a lei não menciona que a suspensão de atividades é exclusiva para pessoas jurídicas (arts. 8°, III, e 11 da Lei 9.605/1998); **D:** correta, nos termos do art. 10 da Lei 9.605/1998; **E:** incorreta. Art. 13 da Lei 9.605/1998: "O recolhimento domiciliar baseia-se na autodisciplina e senso de responsabilidade do condenado, que deverá, sem vigilância, trabalhar, frequentar curso ou exercer atividade autorizada, permanecendo recolhido nos dias e horários de folga em residência ou em qualquer local destinado a sua moradia habitual, conforme estabelecido na sentença condenatória." **TS**
Gabarito "D".

(Investigador-Escrivão-Papiloscopista – Pará – Funcab – 2016) Acerca da Lei n° 9.605, de 1998, que trata das sanções penais e administrativas derivadas de condutas e atividades lesivas ao meio ambiente, é correto afirmar que constitui crime:

(A) penetrar um Unidades de Conservação conduzindo substâncias ou instrumentos próprios para caça ou para exploração de produtos ou subprodutos florestais, mesmo se possuir licença da autoridade competente.

(B) destruir ou danificar floresta considerada de preservação permanente, mesmo que em formação, ou utilizá-la com infringência das normas de proteção.

(C) matar, perseguir, caçar, apanhar, utilizar espécimes da fauna silvestre, nativos ou em rota migratória, qualquer que seja a hipótese.

(D) abater animal, quando realizado em estado de necessidade, para saciar a fome do agente ou de sua família.

(E) a prática de grafite realizada com o objetivo de valorizar o patrimônio público ou privado mediante manifestação artística, com ou sem consentimento do proprietário ou, quando couber, do locatário ou arrendatário do bem privado.

A: incorreta, pois o crime só se constitui se o agente **não** tiver licença da autoridade competente (art. 52 da Lei 9.605/1998); **B:** correta, nos exatos termos do art. 38 da Lei 9.605/1998; **C:** incorreta. O crime só se constitui se não houver a devida permissão, licença ou autorização da autoridade competente, ou o agente atuar em desacordo com a obtida (art. 29, "caput", da Lei 9.605/1998); **D:** incorreta, pois a lei não considera crime o abate de animal, quando realizado em estado de necessidade, para saciar a fome do agente ou de sua família (art. 37, I, da Lei 9.605/1998); **E:** incorreta. Art. 65, § 2°, da Lei 9.605/1998: "Não constitui crime a prática de grafite realizada com o objetivo de valorizar o patrimônio público ou privado mediante manifestação artística, desde que consentida pelo proprietário e, quando couber, pelo locatário ou arrendatário do bem privado e, no caso de bem público, com a autorização do órgão competente e a observância das posturas municipais e das normas editadas pelos órgãos governamentais responsáveis pela preservação e conservação do patrimônio histórico e artístico nacional." **TS**
Gabarito "B".

(Escrivão de Polícia Federal – 2013 – CESPE) A respeito dos crimes contra o meio ambiente, julgue o item a seguir, com base na Lei 9.605/1998.

(1) Um cidadão que cometer crime contra a flora estará isento de pena se for comprovado que ele possui baixa escolaridade.

1: incorreta. O baixo grau de escolaridade do agente é circunstância atenuante genérica (art. 14, I, da Lei 9.605/1998) e não excludente da culpabilidade.
Gabarito 1E

(Polícia Rodoviária Federal – 2013 – CESPE) Com fundamento na Lei dos Crimes Ambientais, julgue o próximo item.

(1) Responderá por crime contra a flora o indivíduo que cortar árvore em floresta considerada de preservação permanente, independentemente de ter permissão para cortá-la, e, caso a tenha, quem lhe concedeu a permissão também estará sujeito as penalidades do respectivo crime.

1: incorreta. O crime previsto no art. 39 da Lei 9.605/1998 tem como elementar a ausência de autorização de autoridade, ou seja, se ela existir, não haverá crime.
Gabarito 1E

(Escrivão de Polícia/DF – 2013 – CESPE) A respeito dos crimes contra o meio ambiente (Lei 9.605/1998), julgue o item a seguir.

(1) Quando um cidadão abate um animal que é considerado nocivo por órgão competente, ele não comete crime.

1: correta, nos termos do art. 37, IV, da Lei 9.605/1998.
Gabarito 1C

(Agente de Polícia Federal – 2012 – CESPE) À luz da lei dos crimes ambientais e do Estatuto do Desarmamento, julgue os itens seguintes.

(1) Se o rebanho bovino de determinada propriedade rural estiver sendo constantemente atacado por uma onça, o dono dessa propriedade, para proteger o rebanho, poderá, independentemente de autorização do poder público, abater o referido animal silvestre.

1: incorreta. A hipótese está prevista no art. 37, II, da Lei 9.605/1998, que autoriza o abate de animais para proteção de lavouras ou rebanhos, mas desde que expressamente autorizado pela autoridade competente.
Gabarito 1E

9. RACISMO

(Escrivão – PC/ES – Instituto AOCP – 2019) O sujeito que dispõe em seu estabelecimento comercial regra, recusando ou impedindo acesso ao estabelecimento, negando-se a servir, atender ou receber clientes ou compradores em razão de raça, cor, etnia, religião ou procedência nacional cometerá o delito

(A) de calúnia.

(B) contra a relação de consumo.

(C) de racismo.

(D) de injúria preconceituosa.

(E) de homofobia.

O enunciado descreve o crime de racismo, previsto no art. 5º da Lei 7.716/1989.
Gabarito "C"

(Escrivão – PC/MG – FUMARC – 2018) Assinale a alternativa que apresenta, corretamente, a pena para quem, por motivo de práticas resultantes do preconceito de origem nacional, impede a ascensão funcional de empregado.

(A) Reclusão de 1 a 2 anos.

(B) Reclusão de 2 a 5 anos.

(C) Detenção de 1 a 2 anos.

(D) Detenção de 2 a 4 anos.

(E) Detenção de 1 a 5 anos.

A pena é de reclusão de 2 a 5 anos (art. 4º, § 1º, da Lei 7.716/1989).
Gabarito "B".

(Escrivão – AESP/CE – VUNESP – 2017) De acordo com a Lei nº 7.716/89, é típica a conduta de fabricar bandeiras estampadas com a cruz suástica?

(A) Sim, desde que sem prévia autorização da autoridade competente.

(B) Sim, mas se trata de crime que se processa mediante ação pública condicionada à representação do ofendido.

(C) Não, em atenção ao princípio constitucional da liberdade de expressão.

(D) Sim, se trata de crime que se processa mediante ação privada.

(E) Sim, desde que fabricada com o fim de divulgar o nazismo.

Nos termos do art. 20 da Lei 7.716/1989, é crime de racismo fabricar material com a cruz suástica **para fins de divulgação do nazismo,** ou seja, exige-se dolo específico para caracterização do crime. Vale destacar que o crime de racismo é processado mediante ação penal pública incondicionada. Por isso, correta a alternativa "E". TS
Gabarito "E".

(Polícia Rodoviária Federal – 2013 – CESPE) Julgue o item seguinte, relativo a crimes resultantes de preconceitos de raça e cor.

(1) Constitui crime o fato de determinado clube social recusar a admissão de um cidadão em razão de preconceito de raça, salvo se o respectivo estatuto atribuir a diretoria a faculdade de recusar propostas de admissão, sem declinação de motivos.

1: incorreta. O crime de racismo previsto no art. 9º da Lei 7.716/1989 não comporta qualquer exceção a afastar a ilicitude da conduta.
Gabarito 1E

(Escrivão de Polícia/BA – 2013 – CESPE) Considerando o que dispõe o Estatuto da Igualdade Racial acerca de crimes resultantes de discriminação ou preconceito, julgue os itens que se seguem.

(1) Considera-se atípica na esfera penal a conduta do agente público que, por motivo de discriminação de procedência nacional, obste o acesso de alguém a cargo em órgão público.

(2) Conforme previsão legal, é obrigatório, nos estabelecimentos de ensino fundamental e médio, públicos e privados, o estudo de história geral da África e de história da população negra no Brasil.

1: incorreta. A conduta se amolda ao art. 3º da Lei 7.716/1989; **2:** correta, nos termos do art. 11 da Lei 12.288/2010.
Gabarito 1E, 2C

(Investigador de Polícia/BA – 2013 – CESPE) Julgue o próximo item, que versa sobre discriminação étnica.

(1) O Brasil assumiu internacionalmente o compromisso de proibir e eliminar a discriminação racial em todas as suas formas, garantindo o direito de cada pessoa à igualdade perante a lei, sem distinção de raça, de cor ou de origem nacional ou étnica.

1: correta, conforme previsto na Convenção Internacional sobre a Eliminação de Todas as Formas de Discriminação Racial, de 1966.
Gabarito 1C

10. ABUSO DE AUTORIDADE

(Escrivão – PC/GO – AOCP – 2023) Josué, delegado de polícia em plantão noturno na Delegacia de Anápolis-GO, percebe a chegada de dois policiais militares conduzindo uma pessoa presa em flagrante por crime ambiental. Após inquirir oficialmente os milicianos, inicia o interrogatório da pessoa capturada, mas ela informa que deseja se manter em silêncio. Os policiais militares se incomodam e iniciam constrangimento para que a pessoa responda às perguntas de Josué, quando este relembra os milicianos que o interrogatório forçado é crime de abuso de autoridade. Sobre esse tema, assinale a alternativa correta.

(A) Josué está equivocado, pois só haveria crime de abuso de autoridade se ele constrangesse a depor, sob ameaça de prisão, pessoa que, em razão de função, ministério, ofício ou profissão, deva guardar segredo ou resguardar sigilo.

(B) Josué não poderia proceder ao interrogatório da pessoa capturada em flagrante delito durante repouso noturno.

(C) Conforme a Lei de Abuso de Autoridade, não é crime interrogar pessoa que tenha optado por ser assistida

3. LEGISLAÇÃO EXTRAVAGANTE

por advogado ou defensor público sem a presença de seu patrono.

(D) Josué está correto, pois é crime de abuso de autoridade prosseguir com o interrogatório de pessoa que tenha decidido exercer o direito ao silêncio.

(E) A Lei de Abuso de Autoridade veda penas restritivas de direitos substitutivas das privativas de liberdade.

> Aquele que dá sequência a interrogatório de pessoa que tenha manifestado o desejo de exercer o direito ao silêncio incorrerá no delito do art. 15, parágrafo único, I, da Lei 13.869/2019, que define os crimes de abuso de autoridade. **ED**
> Gabarito "D".

(Polícia Rodoviária Federal – 2013 – CESPE) No que concerne ao abuso de autoridade, julgue o item a seguir.

(1) Considere que um PRF aborde o condutor de um veículo por este trafegar acima da velocidade permitida em rodovia federal. Nessa situação, se demorar em autuar o condutor, o policial poderá responder por abuso de autoridade, ainda que culposamente.

> **1:** incorreta. Ainda que consideremos que a demora na autuação configure atentado à liberdade de locomoção, devemos lembrar que não é punível a modalidade culposa do abuso de autoridade por ausência de previsão legal. Importante que se diga que a Lei 4.898/1965, em vigor à época em que elaborada esta questão, foi revogada pela Lei 13.869/2019 (nova Lei de Abuso de Autoridade).
> Gabarito 1E

(Investigador/SP – 2014 – VUNESP) Hércules, delegado de polícia, efetuou uma prisão em flagrante delito, mas deixou de comunicar ao juiz competente, de imediato, a prisão da pessoa, mesmo estando obrigado a fazê-lo.

Segundo as leis brasileiras, essa omissão de Hércules constitui crime de

(A) omissão delituosa.

(B) tortura.

(C) omissão de socorro.

(D) abuso de autoridade.

(E) usurpação de poder.

> A conduta de Hércules se amolda à espécie de abuso de autoridade prevista no art. 4º, "c", da Lei 4.898/1965. Por força da revogação da Lei 4.898/1965, operada pela Lei 13.869/2019 (nova Lei de Abuso de Autoridade) após a elaboração desta questão, a conduta descrita no enunciado encontra previsão, atualmente, no art. 12, *caput*, Lei 13.869/2019;
> Gabarito "D".

11. INTERCEPTAÇÃO TELEFÔNICA

(Escrivão – AESP/CE – VUNESP – 2017) Segundo o disposto na Lei nº 9.296/96 (Interceptação Telefônica), a gravação dos áudios decorrente da interceptação telefônica que não interessar à prova será inutilizada por decisão judicial:

(A) somente durante a instrução processual ou após esta, em virtude de requerimento do Ministério Público ou da parte interessada.

(B) durante o inquérito, a instrução processual ou após esta, em virtude de requerimento do Ministério Público ou da parte interessada.

(C) somente após a instrução processual, em virtude de requerimento do Ministério Público ou da parte interessada.

(D) somente durante a execução da pena imposta na condenação ou após o trânsito em julgado da decisão que absolveu o acusado.

(E) após a instrução processual independentemente de requerimento do Ministério Público ou da parte interessada.

> Somente a letra B está correta, nos exatos termos do art. 9º da Lei 9.296/1996. **TS**
> Gabarito "B".

(Papiloscopista – PCDF – Universa – 2016) Constitui um dos requisitos para que seja admitida a interceptação telefônica, segundo a Lei nº 9.296/1996, o(a):

(A) fato investigado constituir infração penal punida, no máximo, com pena de detenção.

(B) existência de indícios razoáveis da participação em infração penal.

(C) fato investigado constituir infração penal punida com pena de multa.

(D) indício razoável da autoria em contravenção penal.

(E) possibilidade de a prova poder ser feita por outros meios disponíveis.

> Somente a letra B está correta, nos termos do art. 2º da Lei 9.296/1996: "Não será admitida a interceptação de comunicações telefônicas quando ocorrer qualquer das seguintes hipóteses: I – não houver indícios razoáveis da autoria ou participação em infração penal; II – a prova puder ser feita por outros meios disponíveis; III – o fato investigado constituir infração penal punida, no máximo, com pena de detenção". **TS**
> Gabarito "B".

(Investigador-Escrivão-Papiloscopista – Pará – Funcab – 2016) Nos termos da lei de interceptação telefônica, Lei nº 9.296, de 1996, é correto afirmar:

(A) Para o procedimento de interceptação, a autoridade policial não poderá dispensar a requisição de serviços e técnicos especializados às concessionárias de serviço público.

(B) Deferido o pedido de interceptação de comunicação telefônica, a autoridade policial conduzirá os procedimentos de interceptação, dando ciência ao Ministério Público, que ficará impedido de acompanhar a sua realização.

(C) São considerados requisitos para a admissibilidade da interceptação das comunicações telefônicas: haver indícios razoáveis da autoria ou participação em infração penal; quando a prova puder ser produzida por outros meios disponíveis e o fato investigado constituir infração penal punida, com pena de detenção.

(D) Excepcionalmente, o juiz poderá admitir que o pedido seja formulado verbalmente, desde que estejam presentes os pressupostos que autorizem a interceptação, caso em que a concessão ocorrerá sem a necessidade da sua redução a termo.

(E) A decisão será fundamentada, sob pena de nulidade, indicando também a forma de execução da diligência, que não poderá exceder o prazo de quinze dias, renovável por igual tempo uma vez comprovada a indispensabilidade do meio de prova.

> **A:** incorreta (art. 7º da citada Lei: "Para os procedimentos de interceptação de que trata esta Lei, a autoridade policial poderá requisitar serviços e técnicos especializados às concessionárias de serviço público"); **B:**

incorreta (art. 6° – o Ministério Público poderá acompanhar a interceptação); **C:** incorreta. A interceptação só é admitida se a prova não puder ser produzida por outros meios disponíveis e somente se a infração for punida com reclusão (art. 2° da Lei 9.296/1996); **D:** incorreta, pois a concessão será condicionada à sua redução a termo – art. 4°, § 1°, da referida lei. Somente a assertiva E está correta, nos exatos termos do art. 5° da Lei 9.296/96. `TS`

Gabarito "E".

(Agente-Escrivão – Acre – IBADE – 2017) No que tange à Lei n° 9.296/1996, que regulamenta a interceptação de comunicação telefônica, assinale a alternativa correta.

(A) A decisão que autorizar a interceptação de comunicação telefônica será fundamentada, sob pena de nulidade, indicando também a forma de execução da diligência, que não poderá exceder o prazo de dez dias, renovável por igual tempo uma vez comprovada a indispensabilidade do meio de prova.

(B) Não será admitida a interceptação de comunicações telefônicas quando o fato investigado constituir infração penal punida, no máximo, com pena de detenção.

(C) O juiz, no prazo máximo de quarenta e oito horas, decidirá sobre o pedido de interceptação de comunicação telefônica representado pela autoridade policial.

(D) A interceptação das comunicações telefônicas poderá ser determinada pelo juiz, a requerimento da autoridade policial, na instrução criminal.

(E) A interceptação de comunicações telefônicas, de qualquer natureza, para prova em investigação criminal e em instrução processual penal, observará o disposto nesta lei e dependerá de ordem do juiz competente da ação principal, excluindo-se o segredo de justiça.

A: incorreta. A assertiva é cópia do art. 5° da Lei 9.296/1996, porém o prazo que não pode ser excedido é de QUINZE dias e não dez, como constou; **B:** correta, nos termos do inciso III do art. 2° da Lei 9.296/1996; **C:** incorreta, pois o prazo para o juiz decidir sobre o pedido de interceptação telefônica é de vinte e quatro horas (art. 4°, § 2°, da citada lei); **D:** considerada incorreta pelo gabarito oficial, porém merece críticas a elaboração da questão. A alternativa só está incorreta porque faltou a expressão "de ofício", nos termos do art. 3°, I, da Lei 9.296/1996. Contudo, a alteração realizada não traz qualquer erro em relação à aplicação da lei, porque elenca uma das hipóteses em que a interceptação é possível (requerimento da autoridade policial), ainda que não traga todas (de ofício pelo juiz ou a requerimento do Ministério Público); **E:** incorreta, já que a interceptação de comunicações telefônicas ocorre sempre em segredo de justiça (art. 1° da Lei 9.296/1996). `TS`

Gabarito "B".

(Agente-Escrivão – PC/GO – CESPE – 2016) Caso uma pessoa seja ré em processo criminal por supostamente ter cometido homicídio qualificado, eventual interceptação de suas comunicações telefônicas:

(A) dependerá de ordem do juiz competente, sob segredo de justiça.

(B) poderá ser admitida por meio de parecer favorável de representante do MP.

(C) não poderá exceder o prazo improrrogável de quinze dias, se concedida pelo juiz.

(D) poderá ser admitida, ainda que a prova possa ser feita por outros meios.

(E) deverá ser negada, se for requerida verbalmente ao juiz competente.

Somente a letra A está correta, nos termos dos arts. 1°, 5° e 4°, § 1°, da Lei 9.296/1996: Art. 1° "A interceptação de comunicações telefônicas, de qualquer natureza, para prova em investigação criminal e em instrução processual penal, observará o disposto nesta Lei e **dependerá de ordem do juiz competente da ação principal, sob segredo de justiça**"; Art. 5° "A decisão será fundamentada, sob pena de nulidade, indicando também a forma de execução da diligência, que não poderá exceder o prazo de quinze dias, **renovável por igual tempo uma vez comprovada a indispensabilidade do meio de prova**"; Art. 4°, § 1° "Excepcionalmente, o juiz poderá admitir que o pedido seja **formulado verbalmente**, desde que estejam presentes os pressupostos que autorizem a interceptação, caso em que a concessão será condicionada à sua redução a termo." Grifos nossos. `TS`

Gabarito "A".

Cláudio responde a IP por supostamente ter cometido crime sujeito a pena de reclusão.

Ana é ré em processo criminal por supostamente ter cometido crime sujeito a pena de detenção.

Clóvis responde a IP por supostamente ter cometido crime sujeito a pena de detenção.

(Agente-Escrivão – PC/GO – CESPE – 2016) Nessas situações hipotéticas, poderá ocorrer a interceptação das comunicações telefônicas:

(A) de Cláudio e de Clóvis, mediante requerimento da autoridade policial.

(B) somente de Ana, por meio de requerimento do representante do MP.

(C) somente de Clóvis, mediante requerimento do representante do MP.

(D) de Ana, de Clóvis e de Cláudio, por meio de despacho de ofício do juiz ou mediante requerimento da autoridade policial ou do representante do MP.

(E) somente de Cláudio, por meio de despacho de ofício do juiz.

A interceptação das comunicações telefônicas está prevista na Lei 9.296/1996. De acordo com o art. 2° desta lei, a interceptação somente pode ocorrer quando: houver indícios razoáveis da autoria ou participação em infração penal; a prova NÃO puder ser feita por outros meios disponíveis; e o fato investigado constituir infração penal punida com **reclusão**. Portanto, Ana e Clóvis não podem sofrer interceptação de suas comunicações telefônicas, pois os crimes supostamente por eles praticados sujeitam-se à pena de detenção. O art. 3° da referida lei, por sua vez, autoriza que a interceptação seja determinada pelo juiz de ofício. Portanto, somente a letra E está correta. `TS`

Gabarito "E".

12. CÓDIGO DE TRÂNSITO BRASILEIRO

(Escrivão – PC/GO – AOCP – 2023) É considerado crime de trânsito previsto no Código de Trânsito Brasileiro:

(A) dirigir o veículo usando calçado que não se firme nos pés ou que comprometa a utilização dos pedais.

(B) inovar artificiosamente, em caso de acidente automobilístico com vítima, na pendência do respectivo procedimento policial preparatório, inquérito policial ou processo penal, o estado de lugar, de coisa ou de pessoa, a fim de induzir a erro o agente policial, o perito, ou juiz.

(C) utilizar as luzes do veículo, o pisca-alerta, exceto em imobilizações ou situações de emergência.

3. LEGISLAÇÃO EXTRAVAGANTE

(D) deixar de manter acesas, à noite, as luzes de posição, quando o veículo estiver parado, para fins de embarque ou desembarque de passageiros e carga ou descarga de mercadorias.

(E) transportar, em veículo destinado ao transporte de passageiros, carga excedente em desacordo com o estabelecido em regulamento.

A única alternativa que contém crime de trânsito é a "B", que corresponde ao delito previsto no art. 312 do Código de Trânsito Brasileiro (Lei 9.503/1997). ED
Gabarito "B".

(Escrivão – PC/ES – Instituto AOCP – 2019) Em análise ao Código de Trânsito Brasileiro, Lei n° 9.503/97, com base nas alterações provocadas pela Lei n° 12.760/12, a materialidade do ilícito previsto no art. 306 (dirigir o veículo com a capacidade psicomotora alterada em razão da influência de álcool ou de outra substância psicoativa que determine dependência)

(A) se concretiza apenas por exame de alcoolemia.

(B) se concretiza se resultar de acidente com vítima.

(C) se concretiza independente da submissão do condutor a exame, admitindo-se a comprovação por vídeo, testemunhos ou outros meios de prova admitidos.

(D) somente se aplicará a condutores habilitados.

(E) se concretiza apenas na esfera administrativa, revertendo-se em imposição de multa.

A prova da alteração da capacidade psicomotora pode ser feita por meio de exame laboratorial (alcoolemia ou toxicológico), como também a partir de exame clínico, perícia, vídeo, prova testemunhal ou qualquer outro meio admitido por lei (art. 306, §2°, do Código de Trânsito Brasileiro, cuja redação foi conferida pela Lei 12.791/2014).
Gabarito "C".

(Policial Rodoviário Federal – CESPE – 2019) Wellington, maior e capaz, sem habilitação ou permissão para dirigir veículo automotor, tomou emprestado de Sandro, também maior e capaz, seu veículo, para visitar a namorada em um bairro próximo àquele onde ambos residiam. Sandro, mesmo ciente da falta de habilitação de Wellington, emprestou o veículo.

Considerando a situação hipotética apresentada, julgue os itens que se seguem, à luz do Código de Trânsito Brasileiro.

(1) Sandro responderá por crime de trânsito somente se a condução de Wellington causar perigo de dano.

(2) Wellington responderá por crime de trânsito, independentemente de gerar perigo de dano ao conduzir o veículo.

1: incorreta. A conduta de Sandro é crime autônomo, previsto no art. 310 do Código de Trânsito Brasileiro; 2: incorreta. No caso de Wellington, é necessário que se configure o perigo de dano (art. 309 do CTB).
Gabarito 1E, 2E

(Policial Rodoviário Federal – CESPE – 2019) Com relação ao Sistema Nacional de Trânsito, julgue os seguintes itens.

(1) A Polícia Rodoviária Federal integra o Sistema Nacional de Trânsito, competindo-lhe, no âmbito das rodovias e estradas federais, implementar as medidas da Política Nacional de Segurança e Educação de Trânsito.

(2) O CONTRAN é o órgão máximo executivo de trânsito da União, cabendo a coordenação máxima do Sistema Nacional de Trânsito ao Departamento Nacional de Trânsito (DENATRAN).

1: correta, nos termos do arts. 7°, V, e 20, VIII, do CTB; 2: incorreta. O CONTRAN é o órgão máximo normativo e consultivo (art. 7°, I, do CTB)
Gabarito 1C, 2E

(Policial Rodoviário Federal – CESPE – 2019) Ao final de uma festa, Godofredo e Antônio realizaram uma disputa automobilística com seus veículos, fazendo manobras arriscadas, em via pública, sem que tivessem autorização para tanto. Nessa contenda, houve colisão dos veículos, o que causou lesão corporal culposa de natureza grave em um transeunte.

Considerando a situação hipotética apresentada e o disposto no Código de Trânsito Brasileiro, julgue os itens a seguir.

(1) Godofredo e Antônio responderiam por crime de trânsito independentemente da lesão corporal causada, pois a conduta de ambos gerou situação de risco à incolumidade pública.

(2) Godofredo e Antônio estão sujeitos à pena de reclusão, em razão do resultado danoso da conduta delitiva narrada.

(3) Por se tratar de lesão corporal de natureza culposa, é vedada a instauração de inquérito policial para apurar as condutas de Godofredo e Antônio, bastando a realização dos exames médicos da vítima e o compromisso dos autores em comparecer a todos os atos necessários junto às autoridades policial e judiciária.

1: correta, nos termos do art. 308, *caput*, do CTB; 2: correta, nos termos do art. 308, § 1°, do CTB; 3: incorreta. Não há previsão legal nesse sentido. Segundo estabelece o art. 291, § 2°, do CTB, o crime definido no art. 308 do CTB dever ser apurado por meio de inquérito policial
Gabarito 1C, 2C, 3E

(Escrivão – AESP/CE – VUNESP – 2017) Assinale a alternativa correta no tocante à Lei n° 9.503/97 (CTB).

(A) Mesmo sem resultar dano potencial à incolumidade pública ou privada, é crime (art. 308) participar, na direção de veículo automotor, em via pública, de disputa ou competição automobilística não autorizada pela autoridade competente ("racha").

(B) É crime (art. 311) trafegar em velocidade incompatível com a segurança nas proximidades de escolas, gerando perigo de dano.

(C) O condenado por lesão corporal culposa na direção de veículo automotor (art. 303), além da pena privativa de liberdade sujeitar-se-á, obrigatoriamente, à pena criminal de suspensão ou proibição de obter a permissão ou a habilitação para dirigir veículo automotor.

(D) A única possibilidade de configuração do crime de embriaguez ao volante (art. 306) é por meio da constatação de concentração igual ou superior a 6 decigramas de álcool por litro de sangue, ou igual ou superior a 0,3 miligrama de álcool por litro de ar alveolar.

(E) A conduta de dirigir veículo automotor em via pública, sem a devida permissão para dirigir ou habilitação, configura crime (art. 309), gerando ou não perigo de dano.

EDUARDO DOMPIERI E TATIANA SUBI

A: incorreta. É elementar do crime previsto no art. 308 do CTB a criação de risco à incolumidade pública ou privada; **B:** correta, nos exatos termos do art. 311 do CTB; **C:** incorreta. As penas são previstas alternativamente, não cumulativamente, na cominação do art. 303 do CTB; **D:** incorreta. Desde a edição da Lei 12.760/2012 ("Lei Seca"), a existência de sinais que indiquem o estado de embriaguez, na forma regulamentada pelo CONTRAN, é suficiente para caracterizar o crime previsto no art. 306 do CTB; **E:** incorreta. O perigo de dano é elementar do crime previsto no art. 309 do CTB.

Gabarito "B".

(Papiloscopista – PCDF – Universa – 2016) Marcelo praticou homicídio culposo na direção de veículo automotor.

Considerando esse caso hipotético, a pena de Marcelo será aumentada se ele:

(A) estiver conduzindo veículo de transporte de passageiros, não sendo essa a sua profissão ou atividade.

(B) praticar o crime em rodovia com trânsito intenso.

(C) possuir permissão para dirigir ou carteira de habilitação vencida.

(D) praticar o crime em faixa de pedestres ou na calçada.

(E) deixar de prestar socorro, ainda que correndo risco pessoal, à vítima do acidente.

Nos termos do art. 302, § 1º, do Código de Trânsito Brasileiro, a pena do crime de homicídio culposo na direção de veículo automotor é aumentada de 1/3 até metade se o condutor: não possuir permissão para dirigir ou carteira de habilitação (estando vencida, não há aumento de pena); praticar o crime em faixa de pedestres ou calçada; deixar de prestar socorro quando possível fazê-lo **sem risco pessoal**; ou em caso de transporte de passageiros, **desde que seja sua profissão ou atividade.**

Gabarito "D".

(Escrivão de Polícia/DF – 2013 – CESPE) Com relação ao Código de Trânsito Brasileiro (Lei 9.503/1997 e alterações), julgue o item a seguir.

(1) Caso um cidadão esteja com sua capacidade psicomotora alterada em razão da influência de álcool e, ainda assim, conduza veículo automotor, tal conduta caracterizará crime de trânsito se ocorrer em via pública, mas será atípica, se ocorrer fora de via pública, como um condomínio fechado, por exemplo.

1: incorreta. O crime previsto no art. 306 do Código de Trânsito Brasileiro se consuma com a condução do veículo nas condições adversas narradas, independentemente do local onde ocorra o fato, se via pública ou não.

Gabarito 1E

(Escrivão/SP – 2014 – VUNESP) Ao disciplinar os crimes em espécie, o Código de Trânsito Brasileiro determina como penas ao condutor do veículo que afastar-se do local do acidente, para fugir à responsabilidade penal ou civil que lhe possa ser atribuída,

(A) detenção, de dois a quatro anos, ou multa.

(B) reclusão, de quatro a oito anos e multa.

(C) reclusão, de dois a quatro anos e multa.

(D) detenção, de seis meses a um ano, ou multa.

(E) detenção, de um a dois anos, e multa.

O art. 305 da Lei 9.503/1997 (Código de Trânsito Brasileiro) comina pena de detenção de seis meses a um ano, ou multa, para o condutor

que afastar-se do local do acidente com o intuito de furtar-se a eventual responsabilidade civil ou penal.

Gabarito "D".

(Investigador/SP – 2014 – VUNESP) Apolo e Afrodite estão em um bar, e Apolo decide ir para casa de madrugada. Apolo está visivelmente embriagado e Afrodite, mesmo sabendo disso, entrega seu automóvel para Apolo, que conduz o veículo até o condomínio em que ambos residem, mas não causa qualquer acidente e obedece todas as regras de trânsito no trajeto. Nessa situação, e conforme estabelece o Código de Trânsito Brasileiro, é correto afirmar que

(A) apenas Apolo cometeu crime por dirigir embriagado.

(B) apenas Afrodite cometeu crime por emprestar seu automóvel a Apolo.

(C) Apolo e Afrodite cometeram crimes.

(D) Afrodite teria cometido crime apenas e tão somente se Apolo tivesse se envolvido em acidente de trânsito com vítima.

(E) nenhum dos dois cometeu crime algum, já que ninguém sofreu qualquer dano físico ou material.

Tanto Apolo como Afrodite cometeram crimes previstos no Código de Trânsito Brasileiro, visto que se trata de crimes de perigo abstrato. Apolo, por dirigir embriagado, incidiu na conduta prevista no art. 306 do CTB; já Afrodite responderá pelo crime previsto no art. 310 do mesmo código.

Gabarito "C".

(Investigador de Polícia/SP – 2013 – VUNESP) Com relação aos crimes em espécie previstos no Código de Trânsito Brasileiro, é correto afirmar que

(A) não será considerado crime a mera conduta de afastar-se o condutor do veículo do local do acidente, para fugir à responsabilidade civil que lhe possa ser atribuída.

(B) no homicídio culposo cometido na direção de veículo automotor, a pena é aumentada se o agente, no exercício de sua profissão ou atividade, estiver conduzindo veículo de transporte de passageiros.

(C) será considerado crime participar, na direção de veículo automotor, em via pública, de corrida, disputa ou competição automobilística não autorizada pela autoridade competente, mesmo que não resulte dano potencial à incolumidade pública ou privada.

(D) é crime conduzir veículo automotor, na via pública, estando com concentração de álcool por litro de sangue igual ou superior a 2 (dois) decigramas, ou sob a influência de qualquer outra substância psicoativa que determine dependência.

(E) o juiz deixará de aplicar a pena no crime de omissão de socorro se restar provado que a omissão foi suprida por terceiros ou que se tratou de vítima com morte instantânea ou com ferimentos leves.

A: incorreta. Tal conduta é tipificada como crime pelo art. 305 da Lei 9.503/1997 (Código de Trânsito Brasileiro – CTB); **B:** correta, nos termos do art. 302, § 1º, IV, do CTB; **C:** incorreta, à época em que a questão foi elaborada. Era elementar desse crime a exposição da incolumidade pública ou perigo concreto (art. 308 do CTB). A Lei 12.971/2014 deu nova redação ao art. 308 do CTB, que na sua parte final prevê: "gerando situação de risco à incolumidade pública ou privada"; **D:** incorreta. Não há mais uma quantidade mínima de álcool na corrente sanguínea para configurar o crime. Basta que o agente

3. LEGISLAÇÃO EXTRAVAGANTE

esteja com a capacidade psicomotora alterada em razão da embriaguez (art. 306 do CTB); **E**: incorreta. Essas circunstâncias não deixam de caracterizar o crime (art. 304, parágrafo único, do CTB).

Gabarito "B".

13. LEI MARIA DA PENHA

(Escrivão – PC/ES – Instituto AOCP – 2019) Assinale a alternativa que está de acordo com os preceitos da Lei n° 11.340/2006.

(A) As medidas protetivas de urgência devem ser adotadas pelo juiz no prazo de 24 horas.

(B) A violência moral é entendida como qualquer conduta do agressor que constitua calúnia ou difamação, excetuando-se a injúria.

(C) Em nenhuma hipótese, a mulher em situação de violência doméstica e familiar estará desacompanhada de advogado.

(D) A Lei n° 11.340/2006 veda a aplicação dos institutos da Lei n° 9.099/95, exceto o sursis processual.

(E) É possível obrigar o agressor a prestar alimentos provisionais ou provisórios.

A: incorreta. O prazo é de 48 horas (art. 18, I, da Lei Maria da Penha); **B**: incorreta. Também a injúria é considerada violência moral (art. 7°, V, da Lei Maria da Penha); **C**: incorreta. A aplicação das medidas protetivas de urgência independe do acompanhamento de advogado da ofendida (arts. 27 c.c. 19 da Lei Maria da Penha); **D**: incorreta. Não há qualquer exceção. Nenhum dos institutos da Lei 9.099/1995 é aplicável em caso de violência doméstica contra a mulher (art. 41 da Lei Maria da Penha); **E**: correta, nos termos do art. 22, V, da Lei Maria da Penha.

Gabarito "E".

(Escrivão – PC/ES – Instituto AOCP – 2019) No tocante à aplicação da Lei n° 11.340/06 (Lei Maria da Penha), para a configuração da violência doméstica e familiar prevista no art. 5° da referida Lei, assinale a alternativa correta.

(A) Não se exige a coabitação entre autor e réu.

(B) É imprescindível a relação matrimonial.

(C) Não pode envolver relação patrimonial.

(D) Não se aplica na relação de parentesco consanguíneo.

(E) Não se aplica a casais divorciados.

A: correta, nos termos do art. 5°, III, da Lei Maria da Penha; **B**: incorreta. A lei dispõe que basta "qualquer relação íntima de afeto", ou seja, alcança todas as formas de relacionamento amoroso entre duas pessoas (art. 5°, III, da Lei Maria da Penha); **C**: incorreta. As relações patrimoniais estão abrangidas pelo art. 5°, *caput*, da Lei Maria da Penha; **D**: incorreta. Também as relações de parentesco consanguíneo são protegidas pelo art. 5°, I, da Lei Maria da Penha; **E**: incorreta. O art. 5°, III, da Lei Maria da Penha é aplicável mesmo nos casos em que o agressor tenha convivido com a ofendida, o que abrange o divórcio.

Gabarito "A".

(Delegado – PC/RS – FUNDATEC – 2018) Assinale a alternativa correta a partir do texto da Lei n° 11.340/2006, além dos entendimentos que prevalecem na doutrina e na jurisprudência dos Tribunais Superiores.

(A) Mari Orrana, 35 anos, chegou em casa e ficou chocada ao perceber que o seu cônjuge, Crakeison, 32 anos, havia subtraído os eletrodomésticos pertencentes a ela, provavelmente, para entregar a algum traficante. No caso, é possível aplicar-se a regra de imunidade absoluta, prevista no artigo 181, inciso I, do Código Penal.

(B) Maríndia foi vítima da contravenção penal de vias de fato, praticada pelo namorado Lacaio. Nessa hipótese, é possível aplicar penas restritivas de direito ao caso, porque o artigo 44, inciso I, do Código Penal, ao tratar das penas restritivas de direito, disse não serem cabíveis tais penas aos crimes praticados com violência ou grave ameaça à pessoa. Portanto, a proibição não deve ser estendida às contravenções penais, sob pena de analogia in malam partem.

(C) O Supremo Tribunal Federal afastou a aplicação do princípio da insignificância às infrações penais praticadas contra a mulher, no âmbito das relações domésticas, limitando-se a fazê-lo sob o aspecto da insignificância própria, mantendo a possibilidade de aplicação da insignificância imprópria a tais casos.

(D) A Lei Maria da Penha elevou à condição de infração penal toda e qualquer forma de violência contra a mulher, no âmbito doméstico ou da família, independentemente de coabitação.

(E) A regra de imunidade absoluta, prevista no artigo 181, inciso I, do Código Penal, não é passível de ser estendida ao companheiro ou a relações homoafetivas.

A: correta. Não há qualquer óbice à aplicação da imunidade absoluta prevista no Código Penal para os crimes de violência doméstica e familiar contra a mulher; **B**: incorreta. A jurisprudência do STJ é pacífica quanto à inviabilidade de substituição da pena privativa de liberdade quando o crime é cometido no ambiente doméstico com violência ou grave ameaça (STJ, REsp 1.619.857); **C**: incorreta. A Súmula 589 do STF dispõe que é inaplicável o princípio da insignificância aos crimes de violência doméstica, sob qualquer de seus prismas; **D**: incorreta. A Lei Maria da Penha não alterou a natureza das infrações penais, apenas previu restrições a institutos de natureza penal e processual penal àquelas tipificadas como violência doméstica e familiar contra a mulher; **E**: incorreta, nos termos do comentário à alternativa "A".

Gabarito "A".

(Delegado – PC/RS – FUNDATEC – 2018) Em relação à Lei n° 11.340/2006, assinale a alternativa INCORRETA.

(A) É direito da mulher em situação de violência doméstica e familiar o atendimento policial e pericial especializado, ininterrupto e prestado por servidores – preferencialmente do sexo feminino – previamente capacitados.

(B) Deverá a autoridade policial remeter, no prazo de 48 (quarenta e oito) horas, expediente apartado ao juiz com o pedido da ofendida, para a concessão de medidas protetivas de urgência.

(C) Será adotado, preferencialmente, o procedimento de coleta de depoimento registrado em meio eletrônico ou magnético, devendo a degravação e a mídia integrar o inquérito.

(D) Será observada, como diretriz, a realização de sucessivas inquirições sobre o mesmo fato nos âmbitos criminal, cível e administrativo, bem como questionamentos sobre a vida privada, desde que em recinto especialmente projetado para esse fim, o qual conterá os equipamentos próprios e adequados à idade da mulher em situação de violência doméstica e familiar ou testemunha e ao tipo e à gravidade da violência sofrida.

(E) Serão admitidos como meios de prova, os laudos ou prontuários médicos fornecidos por hospitais e postos de saúde.

A: correta, nos termos do art. 10-A da Lei Maria da Penha; **B:** correta, nos termos do art. 12, III, da Lei Maria da Penha; **C:** correta, nos termos do art. 10, §2º, III, da Lei Maria da Penha; **D:** incorreta, devendo ser assinalada. É diretriz da Lei Maria da Penha a não revitimização da ofendida, evitando-se sucessivas inquirições sobre o mesmo fato (art. 10, §1º, III, da Lei 11.343/2006); **E:** correta, nos termos do art. 12, §3º, da Lei Maria da Penha.
Gabarito "D".

(Investigador-Escrivão-Papiloscopista – Pará – Funcab – 2016) No atendimento à mulher em situação de violência doméstica e familiar, nos termos da Lei nº 11.340, de 2006, é correto afirmar como procedimento a ser adotado pela autoridade policial, sem prejuízo daqueles previstos no Código de Processo Penal:

(A) Determinar a proibição ao agressor o contato com a ofendida, seus familiares e testemunhas por qualquer meio de comunicação.

(B) Determinar a proibição ao agressor de aproximação da ofendida, de seus familiares e das testemunhas, fixando o limite mínimo de distância entre estes e o agressor.

(C) Determinar a suspensão da posse ou restrição do porte de armas do agressor.

(D) Determinar que se proceda ao exame de corpo de delito da ofendida e requisitar outros exames periciais necessários.

(E) Determinar ao agressor o afastamento do lar, domicílio ou local de convivência com a ofendida.

Apenas o exame de corpo de delito pode e deve ser solicitado pela autoridade policial (art. 12, IV, da Lei Maria da Penha). **Todas as demais competem ao juiz**, nos termos do art. 22 do mesmo diploma legal. Atenção: ao tempo em que formulada esta questão, somente ao juiz era dado aplicar as medidas protetivas de urgência, nos termos do art. 22, *caput*, da Lei 11.340/2006 (Maria da Penha). Tal realidade mudou com o advento da Lei 13.827/2019, que inseriu na Lei 11.340/2006 (Maria da Penha) o art. 12-C, que estabelece que, constatada situação de risco à vida ou à integridade física da mulher, no contexto de violência doméstica e familiar, a autoridade policial promoverá o imediato afastamento do ofensor do lar ou do local em que convive com a ofendida, desde que o município não seja sede de comarca; à falta da autoridade policial, o afastamento poderá ser realizado pelo policial de plantão. TS
Gabarito "D".

Laura e Tiago são casados há seis anos, mas estão separados, de fato, há três meses, embora mantenham contato por conta de um filho, ainda criança, que possuem em comum. Certo dia, aproveitando-se da sua franca entrada na residência em que Laura mora com a criança, Tiago conseguiu subtrair a chave de um dos portões da casa, fez uma cópia dessa chave e devolveu o exemplar original ao seu lugar, sem que Laura disso tivesse conhecimento. Tempos depois, em dia em que Laura estava ausente de casa e o filho deles estava na casa da avó materna, Tiago entrou na casa da ex-esposa e ficou aguardando-a, com a intenção de surpreendê-la e reconquistá-la. Próximo a meia-noite desse mesmo dia, Laura chegou e, por estar bastante embriagada, adormeceu muito rapidamente, sem dar a Tiago a atenção de que ele acreditava ser merecedor. Este ficou enfurecido e enciumado e tentou, sem sucesso,

acordá-la. Não tendo alcançado seu objetivo, Tiago resolveu manter, e efetivamente manteve, relação sexual com Laura, que então já estava praticamente desacordada.

(Agente – Pernambuco – CESPE – 2016) Nessa situação hipotética, conforme os dispositivos pertinentes aos crimes contra a dignidade sexual insertos na Lei Maria da Penha e no Código Penal,

(A) para que o crime de estupro se configure, é preciso que tenha ocorrido conjunção carnal na relação sexual.

(B) Tiago não poderá ser acusado de crime de estupro porque Laura ainda é sua esposa.

(C) Tiago não poderá ser acusado de crime de estupro porque não usou de grave ameaça ou violência contra Laura.

(D) Tiago poderá ser acusado de crime de estupro de vulnerável.

(E) Tiago praticou o crime de assédio sexual, pois qualquer indivíduo pode ser sujeito ativo desse crime, independentemente de ostentar condição especial em relação à vítima.

A: incorreta. O crime de estupro se configura pela conjunção carnal ou qualquer outro ato libidinoso (art. 213 do CP); **B:** incorreta. Não há qualquer óbice para caracterização do delito sendo o sujeito ativo o marido e a vítima sua esposa. Mais do que isso, incidirão as medidas protetivas da Lei Maria da Penha; **C:** incorreta. Trata-se de crime de estupro de vulnerável, que prescinde da comprovação da violência (art. 217-A, § 1º, do CP); **D:** correta, nos termos do comentário à alternativa anterior; **E:** incorreta, conforme comentários anteriores. TS
Gabarito "D".

(Agente-Escrivão – PC/GO – CESPE – 2016) De acordo com as disposições da Lei nº 11.340/2006 — Lei Maria da Penha —, assinale a opção correta.

(A) No caso de mulher em situação de violência doméstica e familiar, quando for necessário o afastamento do local de trabalho para preservar a sua integridade física e psicológica, o juiz assegurará a manutenção do vínculo trabalhista por prazo indeterminado.

(B) Para a proteção patrimonial dos bens da sociedade conjugal ou daqueles de propriedade particular da mulher, o juiz determinará a proibição temporária da celebração de atos e contratos de compra, venda e locação de propriedade em comum, salvo se houver procurações previamente conferidas pela ofendida ao agressor.

(C) A referida lei trata de violência doméstica e familiar em que, necessariamente, a vítima é mulher, e o sujeito ativo, homem.

(D) Na hipótese de o patrão praticar violência contra sua empregada doméstica, a relação empregatícia impedirá a aplicação da lei em questão.

(E) As formas de violência doméstica e familiar contra a mulher incluem violência física, psicológica, sexual e patrimonial, que podem envolver condutas por parte do sujeito ativo tipificadas como crime ou não.

A: incorreta. O vínculo trabalhista será mantido por até seis meses (art. 9º, § 2º, II, da Lei Maria da Penha); **B:** incorreta. A proibição da prática dos atos será determinada, salvo expressa autorização judicial (art. 24, II, da Lei Maria da Penha); **C:** incorreta. "O sujeito passivo da violência doméstica objeto da Lei Maria da Penha é a mulher, já o sujeito ativo pode ser tanto o homem quanto a mulher, desde que fique

3. LEGISLAÇÃO EXTRAVAGANTE

caracterizado o vínculo de relação doméstica, familiar ou de afetividade, além da convivência, com ou sem coabitação" (STJ, "Jurisprudência em Teses – Violência Doméstica e Familiar contra a Mulher", Tese 3); **D:** incorreta. A Lei Maria da Penha protege a mulher independentemente de afeto e relação entre agressor e vítima, em razão do gênero e do local onde foi praticada a conduta (ambiente doméstico); **E:** correta, nos termos do art. 5º da Lei Maria da Penha. TS

.„Gabarito "E".

(Papiloscopista – PCDF – Universa – 2016) Convencido de que havia sido traído, Pedro empurrou violentamente sua esposa contra a parede. Submetida a exame de corpo de delito, constatou-se a presença de lesões corporais de natureza leve praticada em contexto de violência doméstica.

Considerando esse caso hipotético, assinale a alternativa correta acerca dos juizados especiais criminais e da Lei Maria da Penha.

(A) A ação penal será pública condicionada à requisição do ministro da Justiça.

(B) É possível a composição civil dos danos, com estipulação de danos morais em favor da vítima, para se evitar a persecução penal.

(C) A ação penal será pública incondicionada.

(D) A ação penal será privada.

(E) A ação penal será pública condicionada à representação da ofendida.

Após constatar que a própria Lei Maria da Penha desestimulava a mulher a levar o processo adiante, uma vez que as ações eram condicionadas à representação, a Procuradoria-Geral da República ingressou com Ação Direta de Inconstitucionalidade (ADI 4424) para mudar de condicionada para incondicionada a ação penal, e o Supremo Tribunal Federal julgou procedente. "O Tribunal, por maioria e nos termos do voto do Relator, julgou procedente a ação direta para, dando interpretação conforme aos artigos 12, inciso I, e 16, ambos da Lei 11.340/2006, assentar a natureza incondicionada da ação penal em caso de crime de lesão, pouco importando a extensão desta, praticado contra a mulher no ambiente doméstico (...)", entendimento hoje consolidado no STJ por meio da Súmula 542. Correta, portanto, a letra C. TS

.„Gabarito "C".

(Papiloscopista – PCDF – Universa – 2016) Assinale a alternativa correta acerca da Lei Maria da Penha.

(A) No atendimento à vítima de violência doméstica e familiar, a autoridade policial deverá encaminhar a ofendida ao hospital ou posto de saúde e ao Instituto Médico Legal.

(B) São inadmissíveis, como meios de prova, os laudos ou prontuários médicos fornecidos por postos de saúde.

(C) No atendimento à vítima de violência doméstica e familiar, a autoridade policial deverá simplesmente determinar que se proceda ao exame de corpo de delito da ofendida, ficando a cargo do juiz e do promotor requisitar outros exames periciais necessários.

(D) As medidas protetivas de urgência não poderão ser concedidas de ofício pelo juiz, isto é, independentemente de requerimento da ofendida.

(E) É defeso ao juiz aplicar, de imediato, ao agressor, a medida protetiva de suspensão da posse ou restrição do porte de armas.

A: correta, nos termos do art. 11, II, da Lei Maria da Penha; **B:** incorreta, pois são admitidos como meios de prova (art. 12, § 3º, da Lei Maria da Penha); **C:** incorreta. Fica a cargo da autoridade policial requisitar outros

exames periciais (art. 12, IV, da referida lei); **D:** incorreta, uma vez que os arts. 19, § 1º, e 22, ambos da Lei Maria da Penha, autorizam a concessão de medidas protetivas de urgência pelo juiz, de ofício; **E:** incorreta. Essa medida protetiva é autorizada pelo art. 22, I, da citada lei. TS

.„Gabarito "A".

(Polícia Rodoviária Federal – 2013 – CESPE) Com fundamento na lei que cria mecanismos para coibir a violência doméstica e familiar contra a mulher – Lei Maria da Penha, julgue o próximo item.

(1) Considerando que, inconformado com o término do namoro de mais de vinte anos, José tenha agredido sua ex-namorada Maria, com quem não coabitava, ele estará sujeito a aplicação da lei de combate a violência doméstica e familiar contra a mulher, conhecida como Lei Maria da Penha.

1: correta. A coabitação não é requisito para a configuração do crime de violência doméstica e familiar contra a mulher. Basta que o agente se valha da relação íntima de afeto na qual tenha convivido com a ofendida (art. 5º, III, da Lei 11.340/2006). Nesse sentido, a Súmula 600, do STJ, segundo a qual *para a configuração da violência doméstica e familiar prevista no artigo 5º da Lei n. 11.340/2006 (Lei Maria da Penha) não se exige a coabitação entre autor e vítima.*

Gabarito 1C

(Escrivão de Polícia/BA – 2013 – CESPE) Julgue o próximo item, que versa sobre violência doméstica e familiar contra a mulher.

(1) Um indivíduo que calunia a própria esposa comete contra ela violência doméstica e familiar.

1: correta. Nos termos do art. 7º, V, da Lei 11.340/2006, a calúnia é espécie de violência moral contra a mulher combatida pelo mencionado diploma legal.

Gabarito 1C

(Escrivão de Polícia/DF – 2013 – CESPE) No que se refere à violência doméstica e familiar sobre a mulher (Lei 11.340/2006 – Lei Maria da Penha), julgue o item seguinte.

(1) Se duas mulheres mantiverem uma relação homoafetiva há mais de dois anos, e uma delas praticar violência moral e psicológica contra a outra, tal conduta estará sujeita à incidência da Lei Maria da Penha, ainda que elas residam em lares diferentes.

1: correta. A aplicação da Lei Maria da Penha independe de orientação sexual (arts. 2º e 5º, parágrafo único, da Lei 11.340/2006) e de coabitação, bastando que o agente se valha da relação íntima de afeto que tenha convivido com a vítima (art. 5º, III, da Lei 11.340/2006).

Gabarito 1C

(Investigador/SP – 2014 – VUNESP) Conforme a Lei Maria da Penha (Lei 11.340/2006), no atendimento à mulher em situação de violência doméstica e familiar, a autoridade policial deverá, entre outras providências,

(A) expedir ordem policial contra o ofensor para a imediata desocupação do imóvel, a fim de que a ofendida a entregue ao ofensor.

(B) fornecer transporte para a ofendida e seus dependentes para abrigo ou local seguro, quando houver risco de vida.

(C) verificar se algum dos funcionários da Delegacia de Polícia poderia abrigar, temporariamente, a ofendida e seus dependentes.

136 EDUARDO DOMPIERI E TATIANA SUBI

(D) abrigar a ofendida e seus dependentes no Distrito Policial se houver risco de vida para alguém da família.

(E) solicitar, em 24 horas, a presença do ofensor no Distrito Policial, para uma tentativa de conciliação entre este e a ofendida.

Dentre as alternativas, a única que encontra respaldo na legislação é a letra "B" (art. 11, III, da Lei 11.340/2006). As demais não estão previstas na Lei Maria da Penha e nem poderiam estar, porque são verdadeiros absurdos (fazer a vítima entregar a ordem policial de desocupação ou abrigar a vítima no distrito policial).
Gabarito "B".

(Escrivão de Polícia/GO – 2013 – UEG) Sobre o crime de ameaça praticado no contexto de violência doméstica (Lei n. 11.340/2006), segundo entendimento do Supremo Tribunal Federal, verifica-se que a ação penal é

(A) privada personalíssima

(B) condicionada a representação da ofendida

(C) pública incondicionada

(D) privada

A decisão do STF, tomada no julgamento da ADIn n. 4.424, de 09.02.2012, estabeleceu a natureza *incondicionada* da ação penal tão somente nos crimes de lesão corporal, independente de sua extensão, praticados contra a mulher no ambiente doméstico, entendimento este que, no STJ, encontra-se consagrado na Súmula 542, do STJ. Dessa forma, se contra uma mulher é praticado, em situação de violência doméstica, um crime de ameaça, seu processamento será feito por meio de ação penal pública condicionada, tal como estabelece o art. 147, parágrafo único, do CP.
Gabarito "B".

(Escrivão de Polícia/MA – 2013 – FGV) Criada com o objetivo de coibir de forma mais rigorosa a violência cometida contra a mulher em seu ambiente doméstico, familiar e afetivo, a Lei Maria da Penha foi amplamente aceita pela sociedade, tendo o Supremo Tribunal Federal reconhecido a sua constitucionalidade.

Com relação ao tema, assinale a afirmativa incorreta.

(A) a violência física e o comportamento violento do agente que cause dando emocional e diminuição da autoestima da vítima são formas de violência doméstica e familiar.

(B) As medidas protetivas de urgência poderão ser concedidas pelo juiz, a requerimento do Ministério Público ou a pedido da ofendida.

(C) Constatada a prática de violência doméstica e familiar contra a mulher, o juiz poderá determinar que o agressor seja afastado do lar, bem como fixar alimentos provisionais ou provisórios.

(D) Segundo a jurisprudência majoritária dos Tribunais Superiores, tratando-se de agressão entre cunhadas que residem na mesma casa, a competência para o julgamento respectivo é da Vara da Violência Doméstica e Familiar contra a mulher.

(E) Segundo a jurisprudência majoritária dos Tribunais Superiores, não é cabível a suspensão do processo quando incidente a Lei n. 11.340/2006.

A: correta, nos termos do art. 7º, I e II, da Lei 11.340/2006; B: correta, nos termos do art. 19 da Lei 11.340/2006. Além do juiz, pode a autoridade policial, nos termos do que dispõe o art. 12-C da Lei Maria da Penha, inserido pela Lei 13.827/2019, constatada situação de risco à vida ou à integridade física da mulher, promover o imediato afastamento do ofensor do lar ou do local em que convive com a ofendida, desde que o município não seja sede de comarca; à falta da autoridade policial, o afastamento poderá ser realizado pelo policial de plantão; C: correta, nos termos do art. 22, II e V, da Lei 11.340/2006; D: incorreta, devendo esta ser assinalada. O STJ definiu, no bojo do julgamento do CC 88027, DJ 18/12/2008, que, muito embora o sujeito ativo da violência doméstica possa ser mulher, não se aplica a Lei Maria da Penha se não houver uma condição de inferioridade física ou econômica de uma em relação a outra. Sendo uma simples briga entre parentes, é competente o Juizado Especial Criminal ou a Justiça Comum, conforme o caso; E: correta. O STF reconhece a impossibilidade da suspensão condicional do processo (HC 106.212, DJ 24/03/2011) O STJ, por sua vez, pacificou, por meio da Súmula 536, o entendimento no sentido de não ser cabível, no âmbito da Lei Maria da Penha, o *sursis* processual.
Gabarito "D".

(Agente de Polícia/PI – 2012) Acerca do que estabelece a Lei 11.340/2006, conhecida como *Lei Maria da Penha*, é correto afirmar que:

(A) a autoridade policial não está obrigada legalmente a disponibilizar transporte a lugar seguro para a mulher em situação de violência doméstica e familiar, salvo por ordem judicial expressa.

(B) a legislação não avançou o suficiente para prever, dentre as condutas configuradoras de violência doméstica e familiar contra a mulher, a violência psicológica, mas tão somente previu a violência física e a violência moral.

(C) o processo criminal acerca de fato configurador de violência doméstica e familiar contra a mulher obedecerá, a bem da celeridade processual, às regras próprias, não recebendo a incidência das normas do Código de Processo Penal.

(D) a ação penal concernente a fato configurador de violência doméstica e familiar contra a mulher obedecerá às normas do Código de Processo Penal.

(E) um crime, assim tipificado no Código Penal, não pode configurar-se como conduta também enquadrada como violência doméstica e familiar contra a mulher.

A: incorreta. Essa obrigação da autoridade policial decorre da disposição expressa do art. 11, III, da Lei 11.340/2006. Frise-se, apenas, que o preceptivo legal impõe o dever à autoridade policial se houver risco de morte da ofendida; B: incorreta. A violência psicológica está expressamente descrita no art. 7º, II, da Lei 11.340/2006; C: incorreta. A Lei 11.340/2006 não prevê crimes específicos, somente uma circunstância agravante genérica e uma forma de lesão corporal (art. 129, § 9º, do Código Penal). Com isso, a persecução penal deve seguir o rito próprio previsto no CPP; D: correta, conforme esclarecido no comentário ao item anterior. Cuidado: posteriormente à elaboração desta questão, a Lei 13.641/2018 introduziu na Lei Maria da Penha (art. 24-A) o crime de descumprimento de decisão judicial que defere medida protetiva de urgência; E: incorreta. É justamente o caso da lesão corporal já mencionado. Trata-se de crime genericamente previsto no Código Penal que, se estiverem presentes as circunstâncias especializantes, será tratado como violência doméstica e familiar contra a mulher.
Gabarito "D".

(Investigador de Polícia/SP – 2013 – VUNESP) Fulano, casado com Ciclana, num momento de discussão no lar, destruiu parte dos instrumentos de trabalho de sua esposa. Considerando a conduta de Fulano em face do disposto na Lei Maria da Penha, pode-se afirmar que

(A) Fulano, pela sua conduta, poderá ser submetido à pena de pagamento de cestas básicas em favor de entidades assistenciais.

(B) Fulano não se sujeitará às penas da Lei Maria da Penha, pois a sua conduta ocorreu apenas dentro do ambiente familiar.

(C) Fulano estará sujeito à prisão preventiva, a ser decretada pelo juiz, de ofício, a requerimento do Ministério Público ou mediante representação da autoridade policial.

(D) Fulano não poderá ser processado pela Lei Maria da Penha, tendo em vista que esta se destina a proteger a mulher contra agressões físicas, psicológicas ou morais, mas não patrimoniais.

(E) Ciclana terá direito a obter medida judicial protetiva de urgência contra Fulano, podendo entregar pessoalmente a intimação da respectiva medida ao seu marido.

A: incorreta. Em caso de violência doméstica e familiar contra a mulher, incabível a substituição da pena pelo pagamento de cestas básicas (art. 17 da Lei 11.340/2006); **B:** incorreta. Justamente por ter sido a conduta praticada no âmbito familiar é que se aplicará a Lei Maria da Penha (art. 5º da Lei 11.340/2006); **C:** correta, nos termos do art. 20 da Lei 11.340/2006; **D:** incorreta. A violência patrimonial está abrangida pela proteção legal (art. 5º, *caput*, da Lei 11.340/2006); **E:** incorreta. É expressamente vedado que a ofendida leve a intimação ao agressor (art. 21, parágrafo único, da Lei 11.340/2006).

Gabarito "C".

14. LAVAGEM DE DINHEIRO

(Delegado – PC/RS – FUNDATEC – 2018) A respeito das condutas incriminadas pela Lei nº 9.613/1998, denominada Lei de Lavagem de Dinheiro, analise as assertivas que seguem:

I. De acordo com o entendimento atual do Supremo Tribunal Federal sobre a matéria, o crime de lavagem de bens, direitos ou valores, praticado na modalidade de ocultação, tem natureza de crime permanente, logo, a prescrição somente começa a contar do dia em que cessar a permanência.

II. O crime de lavagem de bens, direitos ou valores é composto por três fases: a colocação (placement), a ocultação (layering) e a integração (integration), devendo todas estarem configuradas para o enquadramento da conduta na figura criminosa.

III. A pena será aumentada de um a dois terços, quando forem constatadas várias transações financeiras, soma de grandes valores e, além disso, houver prova de que o sujeito integre organização criminosa.

Quais estão corretas?

(A) Apenas I.

(B) Apenas II.

(C) Apenas III.

(D) Apenas I e III.

(E) I, II e III.

I: correta, conforme exposto, por exemplo, no julgamento da Pet 7.346/DF, rel. Min. Edson Fachin, j. 08/05/2018; **II:** incorreta. Conforme a doutrina majoritária, não é necessária a individualização das três etapas para configuração do crime de lavagem de dinheiro; **III:** incorreta. A causa de aumento é prevista apenas para crimes praticados de forma reiterada, não abrangendo a soma dos valores (art. 1º, §4º, da Lei 9.613/1998).

Gabarito "A".

(Agente-Escrivão – Acre – IBADE – 2017) Quando o autor do crime de lavagem de capitais colaborar espontaneamente com as autoridades, prestando esclarecimentos que conduzam à apuração das infrações penais, à identificação dos autores, coautores e partícipes, ou à localização dos bens, direitos ou valores objeto do crime, a pena:

(A) poderá ser reduzida de um sexto até a metade e ser cumprida em regime exclusivamente aberto.

(B) poderá ser reduzida de um a dois terços e ser cumprida em regime aberto ou semiaberto.

(C) poderá ser reduzida de um sexto até a metade e ser cumprida em regime aberto ou semiaberto.

(D) poderá ser reduzida pela metade e ser cumprida em regime semiaberto.

(E) poderá ser reduzida pela metade e ser cumprida em regime aberto ou semiaberto.

Somente a letra B está correta, nos termos do art. 1º, § 5º, da Lei 9.613/1998.

Gabarito "B".

(Escrivão – AESP/CE – VUNESP – 2017) No que concerne ao crime de "lavagem" ou ocultação de bens, direitos e valores, da Lei nº 9.613/98,

(A) a colaboração espontânea do coautor ou partícipe, ainda que efetiva e frutífera, não lhe reduzirá pena.

(B) só se configura após o trânsito em julgado da condenação pelo crime que gerou o recurso ilícito (crime antecedente).

(C) a pena será aumentada se o crime for cometido de forma reiterada.

(D) admite-se a responsabilização criminal penal da pessoa jurídica.

(E) pune-se a tentativa com a mesma pena do crime consumado.

A: incorreta, pois a colaboração espontânea é causa de diminuição de pena (art. 1º, § 5º, da Lei 9.613/1998); **B:** incorreta. O crime de "lavagem" ou ocultação de bens se configura ainda que desconhecido ou isento de pena o autor, ou extinta a punibilidade da infração penal antecedente (art. 2º, § 1º, da Lei 9.613/1998); **C:** correta, nos termos do art. 1º, § 4º, da Lei 9.613/1998; **D:** incorreta, pois a PJ não responde pelo crime de lavagem ou ocultação de bens e sim seu representante legal, mas pode ter implicação patrimonial, mediante medidas assecuratórias sobre os bens, direitos e valores; **E:** incorreta, pois a tentativa é punida de acordo com o parágrafo único do art. 14 do Código Penal (art. 1º, § 3º, da Lei 9.613/1998).

Gabarito "C".

15. LEI DE EXECUÇÃO PENAL

(Escrivão – PC/GO – AOCP – 2023) Mateus foi condenado por roubo simples à pena de 10 (dez) anos de reclusão e iniciou o cumprimento de pena em regime fechado na penitenciária de Goiânia-GO. Durante seu estágio no presídio, foi pego com grande quantidade de cocaína dentro de sua cela e foi processado por tráfico de drogas e condenado à pena de 9 (nove) anos de reclusão. Ao iniciar o cumprimento da segunda pena recebida, o juízo da execução penal deverá considerar qual percentual como tempo de progressão penal?

(A) 20% (vinte por cento) da pena, se o apenado for reincidente em crime cometido sem violência à pessoa ou grave ameaça.

(B) 25% (vinte e cinco por cento) da pena, se o apenado for primário e o crime tiver sido cometido com violência à pessoa ou grave ameaça.

(C) 40% (quarenta por cento) da pena, se o apenado for condenado pela prática de crime hediondo ou equiparado, se for primário específico.

(D) 30% (trinta por cento), se o apenado for reincidente em crime cometido sem violência à pessoa ou grave ameaça.

(E) 60% (sessenta por cento) da pena, se o apenado for reincidente na prática de crime hediondo ou equiparado.

Com o advento da Lei 13.964/2019 (Pacote Anticrime), alterou-se a redação do art. 112 da LEP, com a inclusão de novas faixas de fração de cumprimento de pena a possibilitar a progressão do reeducando a regime menos rigoroso, aqui incluídos os crimes hediondos e equiparados. Com isso, a nova tabela de progressão ficou mais detalhada, já que, até então, contávamos com o percentual único de 1/6 para os crimes comuns e 2/5 e 3/5 para os crimes hediondos e equiparados. Doravante, passamos a ter novas faixas, agora expressas em porcentagem, que levam em conta, no seu enquadramento, fatores como primariedade e o fato de o delito haver sido praticado com violência/grave ameaça. A primeira faixa corresponde a 16%, a que estão sujeitos os condenados que forem primários e cujo crime praticado for desprovido de violência ou grave ameaça (art. 112, I, LEP); em seguida, passa-se à faixa de 20%, destinada ao sentenciado reincidente em crime praticado sem violência à pessoa ou grave ameaça (art. 112, II, LEP); a faixa seguinte, de 25%, é aplicada ao apenado primário que tiver cometido crime com violência à pessoa ou grave ameaça (art. 112, III, LEP); à faixa de 30% ficará sujeito o condenado reincidente em crime cometido com violência contra a pessoa ou grave ameaça (art. 112, IV, LEP); deverá cumprir 40% da pena o condenado pelo cometimento de crime hediondo ou equiparado, se primário (art. 112, V, LEP); estão sujeitos ao cumprimento de 50% da pena imposta o condenado pela prática de crime hediondo ou equiparado, com resultado morte, se for primário; o condenado por exercer o comando, individual ou coletivo, de organização criminosa estruturada para a prática de crime hediondo ou equiparado; e o condenado pela prática do crime de constituição de milícia privada (art. 112, VI, LEP); deverá cumprir 60% da pena o condenado reincidente na prática de crime hediondo ou equiparado (art. 112, VII, LEP); e 70%, que corresponde à última faixa, o sentenciado reincidente em crime hediondo ou equiparado com resultado morte (art. 112, VIII, LEP). O art. 2º, § 2º, da Lei 8.072/1990, como não poderia deixar de ser, foi revogado, na medida em que a progressão, nos crimes hediondos e equiparados, passou a ser disciplinada no art. 112 da LEP. Além disso, o art. 112, § 1º, da LEP, com a nova redação determinada pela Lei 13.964/2019, impõe que somente fará jus à progressão de regime, nos novos patamares, o apenado que ostentar boa conduta carcerária, a ser atestada pelo diretor do estabelecimento. Por sua vez, o art. 112, § 5º, da LEP, incluído pela Lei 13.964/2019, consagrando entendimento jurisprudencial, estabelece que não se considera hediondo ou equiparado o crime de tráfico de drogas previsto no art. 33, § 4º, da Lei 11.343/2006. De ver-se que o legislador, ao fixar novos patamares de progressão, deixou de contemplar a situação do reeducando condenado por crime hediondo/equiparado e reincidente não específico, não podendo incidir, em casos assim, o percentual de 60 %, aplicável à hipótese de reincidência em crime hediondo/equiparado. Dessa forma, deve incidir o percentual de 40%. Nesse sentido: "(...) a alteração promovida pela Lei n. 13.964/2019 (Pacote Anticrime) no art. 112 da Lei de Execuções Penais, ao estabelecer novos lapsos para a progressão de regime, deixou de abranger a situação característica do paciente (condenado por crime hediondo e reincidente não específico). Não há como aplicar de forma extensiva e prejudicial ao paciente o percentual de 60% previsto no inciso VII do art. 112 da LEP, que trata sobre os casos de reincidência de crime hediondo ou equiparado, merecendo,

ante a omissão legislativa, o uso da analogia *in bonam partem* para aplicar o percentual de 40%, previsto no inciso V. (...)" (STJ – AgRg no HC 623.200/SP. Sexta Turma. Relator: Ministro Nefi Cordeiro. DJe de 18/12/2020). No mesmo sentido, o STF: "A Lei 13.964/2019, ao alterar o art. 112 da LEP, não tratou, de forma expressa, das condições para progressão de regime do condenado por crime hediondo ou equiparado reincidente em crime comum, somente disciplinando a gradação da reprimenda do apenado primário (inciso V) e do reincidente específico (inciso VII). O silêncio normativo, contudo, deve ser saneado em atenção aos princípios norteadores da hermenêutica penal, cumprindo observar a proscrição à analogia *in malam partem*. Havendo dois incisos que, por analogia, poderiam ser aplicados ao apenado (no caso, o inciso V e o inciso VII), o dispositivo mais benéfico ao acusado (inciso V) é a única solução possível, pois a adoção do critério mais gravoso inevitavelmente importaria afronta ao princípio da vedação à analogia *in malam partem* e do *favor rei*. Doutrina" (RHC n. 200.879, Segunda Turma, Rel. Min. Edson Fachin, DJe de 14/6/2021). **ED**

Gabarito "C".

(Escrivão – PC/GO – AOCP – 2023) Preencha as lacunas e assinale a alternativa correta.

_____ o contraditório e o devido processo decisão que, sem ouvida prévia da defesa, determine transferência ou permanência de custodiado em _____.

(A) Não fere / estabelecimento penitenciário federal

(B) Fere / penitenciária interestadual

(C) Não fere / casa de custódia cautelar

(D) Fere / estabelecimento penitenciário federal

(E) Não fere / estabelecimento penal estadual

A solução desta questão deve ser extraída da Súmula 639, do STJ: "Não fere o contraditório e o devido processo decisão que, sem ouvida prévia da defesa, determine transferência ou permanência de custodiado em estabelecimento penitenciário federal". **ED**

Gabarito "A".

(Escrivão – PC/GO – AOCP – 2023) Preencha as lacunas e assinale a alternativa correta.

Admite-se a progressão de regime de cumprimento da pena ou a aplicação imediata de regime de cumprimento da pena ou a aplicação imediata de regime _____ nela determinada, _____ do trânsito em julgado da sentença condenatória.

(A) semiaberto / depois

(B) menos severo / depois

(C) *per saltum* / depois

(D) *per saltum* / antes

(E) menos severo / antes

Súmula 716, do STF: "Admite-se a progressão de regime de cumprimento da pena ou a aplicação imediata de regime menos severo nela determinada, antes do trânsito em julgado da sentença condenatória". **ED**

Gabarito "E".

(Escrivão – PC/GO – AOCP – 2023) O condenado que cumpre a pena em regime fechado ou semiaberto poderá remir, por trabalho ou por estudo, parte do tempo de execução da pena. Sobre esse tema e conforme a Lei de Execução Penal, assinale a alternativa INCORRETA.

(A) O preso impossibilitado, por acidente, de prosseguir no trabalho ou nos estudos continuará a beneficiar-se com a remição.

3. LEGISLAÇÃO EXTRAVAGANTE — 139

(B) O tempo a remir em função das horas de estudo será acrescido de 1/3 (um terço) no caso de conclusão do ensino fundamental, médio ou superior durante o cumprimento da pena, desde que certificada pelo órgão competente do sistema de educação.

(C) Os benefícios e regras da remição também se aplicam às hipóteses de prisão cautelar.

(D) A contagem de tempo para remição é de 1 (um) dia de pena a cada 12 (doze) horas de frequência escolar divididas, no mínimo, em 3 (três) dias, e 1 (um) dia de pena a cada 5 (cinco) dias de trabalho.

(E) Em caso de falta grave, o juiz poderá revogar até 1/3 (um terço) do tempo remido, recomeçando a contagem a partir da data da infração disciplinar.

A: correta, pois em conformidade com o disposto no art. 126, § 4º, da LEP; **B:** correta, pois em conformidade com o disposto no art. 126, § 5º, da LEP; **C:** correta, pois em conformidade com o disposto no art. 126, § 7º, da LEP; **D:** incorreta, pois não reflete o que estabelece o art. 126, § 1º, II, da LEP: "1 (um) dia de pena a cada 3 (três) dias de trabalho"; **E:** correta (art. 127, LEP). **ED**

Gabarito "D".

(Escrivão – PC/ES – Instituto AOCP – 2019) À luz da Lei nº 7.210/1984, que disciplina a execução penal, assinale a alternativa correta.

(A) Em relação ao trabalho interno, a jornada não será inferior a 4 nem superior a 8 horas semanais.

(B) São recompensas regidas pela Lei nº 7.210/84 a concessão de regalias e o elogio.

(C) Considera-se egresso, para os fins da Lei de Execução Penal, o liberado definitivo, pelo prazo de 06 meses, a contar da saída do estabelecimento.

(D) Ao egresso poderá ser concedida assistência que consiste em alojamento e alimentação, em estabelecimento adequado e pelo prazo de 3 dias.

(E) No trabalho externo, o número máximo de presos será de 15% do total de empregados na obra.

A: incorreta. A jornada mínima é de 6 (seis) horas (art. 33 da Lei de Execução Penal); **B:** correta, nos termos do art. 56, I e II, da Lei de Execução Penal; **C:** incorreta. É considerado egresso o liberado definitivo pelo prazo de um ano (art. 26, I, da Lei de Execução Penal); **D:** incorreta. O prazo é de até 2 meses (art. 25, II, da Lei de Execução Penal); **E:** incorreta. O limite é de 10% (art. 36, §1º, da Lei de Execução Penal).

Gabarito "B".

(Agente-Escrivão – PC/GO – CESPE – 2016) De acordo com a LEP, se um preso for comunicado sobre o falecimento de uma irmã dele,

(A) o juiz da execução poderá autorizar a saída temporária do preso para comparecimento ao enterro, desde que ele apresente bom comportamento no estabelecimento prisional.

(B) ele não terá direito à saída do estabelecimento prisional, devido ao fato de não haver previsão de concessão desse benefício em caso de falecimento de irmão.

(C) o diretor do estabelecimento prisional poderá conceder a permissão de saída ao preso, independentemente de ele ser preso provisório ou de estar cumprindo pena em regime fechado.

(D) o diretor do estabelecimento deverá comunicar o falecimento ao juiz da execução, que poderá conceder a

permissão de saída para o preso, ficando este sujeito à monitoração eletrônica caso esteja cumprindo pena em regime semiaberto ou aberto.

(E) o diretor do estabelecimento poderá autorizar a saída temporária do preso, que, mediante escolta, poderá permanecer fora do estabelecimento prisional pelo tempo que for necessário para cumprir a finalidade da saída.

Somente a assertiva C está correta, nos termos dos arts. 120 e 121 da LEP: "Art. 120. Os condenados que cumprem pena em **regime fechado ou semiaberto e os presos provisórios** poderão obter permissão para sair do estabelecimento, mediante escolta, quando ocorrer um dos seguintes fatos: I – falecimento ou doença grave do cônjuge, companheira, ascendente, descendente ou irmão; (...) Parágrafo único. A permissão de saída será concedida pelo **diretor do estabelecimento** onde se encontra o preso. Art. 121. A permanência do preso fora do estabelecimento terá a duração **necessária** à finalidade da saída." Grifo nosso. **TS**

Gabarito "C".

(Agente-Escrivão – PC/GO – CESPE – 2016) De acordo com a Lei nº 7.210/1984 – LEP –, a prestação de trabalho:

(A) decorrente de pena restritiva de direito deve ser remunerada.

(B) em ambiente externo tem de ser autorizada pelo juiz da execução penal e depende de critérios como aptidão, disciplina e responsabilidade.

(C) a entidade privada depende do consentimento expresso do preso, que terá sua autorização de trabalho revogada se for punido por falta grave.

(D) é obrigatória tanto para o preso provisório quanto para o definitivo.

(E) externo é proibida ao preso provisório e ao condenado que cumpre pena em regime fechado.

A: incorreta, nos termos do art. 30 da LEP, o qual dispõe que "As tarefas executadas como prestação de serviço à comunidade não serão remuneradas". A prestação de serviço à comunidade é uma espécie de pena restritiva de direito; **B:** incorreta, conforme art. 37 da LEP: "A prestação de trabalho externo, a ser autorizada pela direção do estabelecimento, dependerá de aptidão, disciplina e responsabilidade, além do cumprimento mínimo de 1/6 (um sexto) da pena"; **C:** correta, nos termos dos arts. 36, § 3º e 37, parágrafo único, da LEP; **D e E:** incorretas, pois o trabalho só é obrigatório para o preso condenado à pena privativa de liberdade; para o provisório, ele não é obrigatório (art. 31 da LEP). O preso provisório só pode trabalhar no interior do estabelecimento; já o trabalho externo é admissível para os presos em regime fechado (art. 36 da LEP). **TS**

Gabarito "C".

16. ESTATUTO DA PESSOA IDOSA

(Escrivão – AESP/CE – VUNESP – 2017) O Estatuto do Idoso (Lei nº 10.741/03) prevê um tipo especial de omissão de socorro, contra vítimas maiores de 60 anos. Em relação à omissão de socorro do art. 135 do CP, o art. 97 do Estatuto do Idoso

(A) tem pena privativa de liberdade mínima dobrada em relação ao CP.

(B) comina pena triplicada em caso de morte, sendo mais rígido que o CP nesse aspecto, que apenas a duplica.

(C) inova ao, obrigatoriamente, cumular pena privativa de liberdade com pena de multa.

(D) tem pena privativa de liberdade máxima igual à prevista pelo CP.

(E) não apresenta qualquer alteração no que concerne às penas cominadas.

A: incorreta. O crime de omissão de socorro (art. 135 do CP) tem pena mínima de um mês, ao passo que o seu correlato no Estatuto da Pessoa Idosa (art. 97), tem pena mínima de seis meses; **B:** incorreta. Ambos os diplomas legais triplicam a pena em caso de morte (parágrafo único de ambos os dispositivos citados); **C:** correta. No art. 135 do CP, as penas privativas de liberdade e de multa são alternativamente cominadas; **D:** incorreta. No Estatuto do Idoso, a pena máxima é o dobro daquela prevista no CP (um ano *versus* seis meses); **E:** incorreta, nos termos dos comentários às alternativas "A" e "D". **ED**

Gabarito "C".

(Agente-Escrivão – PC/GO – CESPE – 2016) De acordo com a Lei nº 10.741/2003, a retenção, sem justo motivo, de cartão magnético de conta bancária relativa a benefícios de pessoa idosa é considerada:

(A) crime de ação penal pública incondicionada.

(B) infração administrativa.

(C) crime punível com reclusão, seja a conduta culposa, seja ela dolosa.

(D) fato atípico, pois constitui conduta que não pode ser considerada crime.

(E) contravenção penal.

Somente a letra A está correta. A conduta narrada na questão é a do crime previsto no art. 104 da Lei 10.741/2003, o qual é punido com detenção, e o art. 95 do mesmo diploma legal dispõe que os crimes definidos na lei são de ação penal pública incondicionada. **TS**

Gabarito "A".

(Investigador-Escrivão-Papiloscopista – Pará – Funcab – 2016) Acerca do Estatuto do idoso, Lei nº 10.741, de 2003, é correto afirmar que:

(A) a limitação expressa no edital concurso público para o provimento de cargo efetivo, quanto ao limite de idade, afasta a incidência da prática do crime de obstar o acesso de alguém a qualquer cargo público por motivo de idade.

(B) o Estatuto do Idoso é destinado a regular os direitos assegurados às pessoas com idade igual ou superior a 65 (sessenta e cinco) anos.

(C) admite-se a possibilidade de cobrança de valores diferenciados em razão da idade, sem a caracterização da discriminação do idoso.

(D) constitui crime discriminar pessoa idosa, impedindo ou dificultando seu acesso a operações bancárias, aos meios de transporte, ao direito de contratar ou por qualquer outro meio ou instrumento necessário ao exercício da cidadania, por motivo de idade.

(E) constitui crime deixar de prestar assistência ao idoso, mesmo quando impossível fazê-lo sem risco pessoal.

A: incorreta. O art. 27 do Estatuto da Pessoa Idosa proíbe que editais de concurso fixem limite máximo de idade, ressalvados os casos em que a natureza do cargo o exigir; **B:** incorreta. Considera-se pessoa idosa aquela com idade igual ou maior que 60 anos (art. 1º do Estatuto da Pessoa Idosa); **C:** incorreta. A conduta é proibida pelo art. 15, § 3º, do Estatuto da Pessoa Idosa; **D:** correta, nos termos do art. 96 do Estatuto da Pessoa Idosa; **E:** incorreta. A existência de risco pessoal afasta o tipo penal previsto no art. 97 do Estatuto da Pessoa Idosa. **ED**

Gabarito "D".

(Polícia Rodoviária Federal – 2013 – CESPE) Acerca do Estatuto do Idoso, julgue o item subsecutivo.

(1) Se alguém deixar de prestar assistência a idoso, quando for possível fazê-lo sem risco pessoal, em situação de iminente perigo, cometerá, em tese, crime de menor potencial ofensivo.

1: correta. O crime previsto no art. 97 da Lei 10.741/2003 (Estatuto da Pessoa Idosa) tem pena privativa de liberdade máxima de 1 ano, o que o classifica como infração penal de menor potencial ofensivo, nos termos do art. 61 da Lei 9.099/1995. **ED**

Gabarito 1C

(Escrivão de Polícia/DF – 2013 – CESPE) Julgue o item subsecutivo, referente ao Estatuto do Idoso (Lei 10.741/2003).

(1) Quando uma pessoa dificulta o acesso de idoso a determinado meio de transporte por motivo de sua idade, incide em crime previsto no Estatuto do Idoso. Nessa situação, para que o Ministério Público proponha a ação penal correspondente, haverá a necessidade da representação do ofendido.

1: incorreta. Os crimes previstos no Estatuto da Pessoa Idosa são todos de ação penal pública incondicionada, ou seja, não dependem da representação do ofendido para que o Ministério Público ofereça a denúncia (art. 95 da Lei 10.741/2003). **ED**

Gabarito 1E

(Investigador/SP – 2014 – VUNESP) Minerva, 45 anos de idade, é filha de Pomona, 62 anos de idade. Ambas vivem juntas. Quando Pomona veio a adoecer gravemente, Minerva a levou para um hospital público e lá a abandonou sob os cuidados médicos do estabelecimento, não mais retornando para buscá-la. Essa conduta de Minerva

(A) é considerada um crime de preconceito punível pelo Estatuto do Idoso.

(B) não é considerada como crime, uma vez que Pomona, embora abandonada, foi deixada sob cuidados médicos.

(C) não é considerada crime, por se tratar de hospital público, que tem a obrigação legal de cuidar de Pomona.

(D) seria considerada crime pelo Estatuto do Idoso apenas se Pomona fosse maior de 65 anos de idade.

(E) é considerada um crime pelo Estatuto do Idoso.

A conduta de Minerva é crime previsto no art. 98 do Estatuto da Pessoa Idosa. **ED**

Gabarito "E".

17. CRIME ORGANIZADO

(Escrivão – PC/ES – Instituto AOCP – 2019) Seguindo as diretrizes registradas em nossa legislação extravagante, de acordo com a Lei nº 12.850/13 (organização criminosa), compreende-se como organização criminosa

(A) a associação de 3 ou mais pessoas estruturalmente ordenada e caracterizada pela divisão de tarefas, ainda que informalmente, com objetivo de obter, direta ou indiretamente, vantagem de qualquer natureza, mediante a prática de infrações penais cujas penas máximas sejam superiores a 2 anos, ou que sejam de caráter transnacional.

(B) a associação de 3 ou mais pessoas estruturalmente ordenada e caracterizada pela divisão de tarefas, ainda que informalmente, com objetivo de obter, direta ou indiretamente, vantagem de qualquer natureza, mediante a prática de infrações penais cujas penas máximas sejam superiores a 4 anos, ou que sejam de caráter transnacional.

(C) a associação de 4 ou mais pessoas estruturalmente ordenada e caracterizada pela divisão de tarefas, ainda que informalmente, com objetivo de obter, direta ou indiretamente, vantagem de qualquer natureza, mediante a prática de infrações penais cujas penas máximas sejam superiores a 2 anos, ou que sejam de caráter transnacional.

(D) a associação de 4 ou mais pessoas estruturalmente ordenada e caracterizada pela divisão de tarefas, ainda que informalmente, com objetivo de obter, direta ou indiretamente, vantagem de qualquer natureza, mediante a prática de infrações penais cujas penas máximas sejam superiores a 4 anos, ou que sejam de caráter transnacional.

(E) a associação de 4 ou mais pessoas estruturalmente ordenada e caracterizada pela divisão de tarefas, ainda que informalmente, com objetivo de obter, direta ou indiretamente, vantagem de qualquer natureza, mediante a prática de infrações penais cujas penas máximas sejam superiores a 3 anos, ou que sejam de caráter transnacional.

O conceito de organização criminosa previsto no art. 1º, §1º, da Lei 12.850/2013, está corretamente transcrito na alternativa "D", que deve ser assinalada.
Gabarito "D".

(Delegado – PC/RS – FUNDATEC – 2018) De acordo com o disposto na Lei nº 12.850/2013, assinale a alternativa correta.

(A) Em todos os atos de negociação, confirmação e execução da colaboração premiada, o colaborador deverá estar assistido por defensor.

(B) Ao colaborador, deverá ser garantida a assistência por defensor nos atos de negociação da colaboração premiada, sendo dispensada a defesa técnica quanto à confirmação e execução da colaboração.

(C) Em todos os atos de negociação, confirmação e execução da colaboração premiada, o colaborador deverá estar assistido por defensor, assegurada a participação do Ministério Público.

(D) O sigilo da investigação poderá ser decretado pela autoridade policial, para garantia da celeridade e da eficácia das diligências investigatórias, assegurando-se ao defensor, no interesse do representado, amplo acesso aos elementos de prova que digam respeito ao exercício do direito de defesa, devidamente precedido de autorização judicial, ressalvados os referentes às diligências em andamento.

(E) Determinado o depoimento do investigado, seu defensor terá assegurada a prévia vista dos autos, exceto quando classificados como sigilosos, no prazo mínimo de 3 (três) dias que antecedem ao ato, podendo ser ampliado, a critério da autoridade responsável pela investigação.

A: correta, nos termos do art. 4º, § 15, da Lei 12.850/2013; **B:** incorreta, nos termos do comentário à alternativa "A"; **C:** incorreta. Não se prevê

a garantia de participação do Ministério Público no procedimento; **D:** incorreta. Os atos de investigação são sigilosos por força de lei (art. 7º, § 2º, da Lei 12.850/2013); **E:** incorreta. É garantido o acesso aos autos pelo defensor antes do interrogatório, sem restrição (art. 23, parágrafo único, da Lei 12.850/2013).
Gabarito "A".

(Delegado – PC/RS – FUNDATEC – 2018) Assinale a alternativa correta, conforme disposto na Lei nº 12.850/2013.

(A) Havendo indícios seguros de que o agente infiltrado sofre risco iminente, será imediatamente substituído e mantida a operação, mediante requisição do Ministério Público ou pelo delegado de polícia, dando-se imediata ciência ao Ministério Público e à autoridade judicial.

(B) As partes podem retratar-se da proposta de colaboração premiada, caso em que as provas autoincriminatórias produzidas pelo colaborador não terão eficácia.

(C) Depois de homologado o acordo, o colaborador poderá, sempre acompanhado pelo seu defensor, ser ouvido pelo membro do Ministério Público ou pelo delegado de polícia responsável pelas investigações.

(D) Considerando a relevância da colaboração prestada, o Ministério Público, a qualquer tempo, e o delegado de polícia, nos autos do inquérito policial, com a manifestação do Ministério Público, poderão requerer ou representar ao juiz pela concessão de perdão judicial ao colaborador, desde que esse benefício tenha sido previsto na proposta inicial, aplicando-se, no que couber, o Art. 28 do Decreto-Lei nº 3.689/1941 (Código de Processo Penal).

(E) O delegado de polícia e o Ministério Público terão acesso, mediante autorização judicial, apenas aos dados cadastrais do investigado que informem exclusivamente a qualificação pessoal, a filiação e o endereço mantidos pela Justiça Eleitoral, empresas telefônicas, instituições financeiras, provedores de internet e administradoras de cartão de crédito.

A: incorreta. Havendo risco ao agente infiltrado, a operação será sustada (art. 12, § 3º, da Lei 12.850/2013); **B:** incorreta. Em caso de retratação, as provas autoincriminatórias não poderão ser utilizadas exclusivamente em desfavor do acusado (art. 4º, §10, da Lei 12.850/2013); **C:** correta, nos termos do art. 4º, § 9º, da Lei 12.850/2013; **D:** incorreta, é possível a concessão do perdão judicial mesmo que o benefício não tenha sido previsto na proposta inicial (art. 4º, § 2º, da Lei 12.850/2013); **E:** incorreta. Não é necessária autorização judicial neste caso (art. 15 da Lei 12.850/2013).
Gabarito "C".

(Agente-Escrivão – Acre – IBADE – 2017) Quanto à Infiltração de Agentes, com previsão na Lei nº 12.850/2013, que trata do Crime Organizado, pode-se afirmar corretamente:

(A) A infiltração de agentes de polícia em tarefas de investigação requerida pelo Ministério Público independe de manifestação técnica do delegado de polícia quando solicitada no curso de inquérito policial.

(B) A infiltração será autorizada pelo prazo de até 3 (três) meses, sem prejuízo de eventuais renovações, desde que comprovada sua necessidade.

(C) Será admitida a infiltração se houver indícios de infração penal de crime organizado, mesmo se a prova puder ser produzida por outros meios disponíveis.

(D) As informações quanto à necessidade da operação de infiltração serão dirigidas diretamente ao juiz competente, que decidirá no prazo de 48 (quarenta e oito) horas, após manifestação do Ministério Público na hipótese de representação do delegado de polícia.

(E) Não é punível, no âmbito da infiltração, a prática de crime pelo agente infiltrado no curso da investigação, quando inexigível conduta diversa.

A: incorreta, pois **depende** de manifestação técnica do delegado de polícia quando a infiltração for solicitada no curso de inquérito policial (art. 10, "caput", da Lei 12.850/2013); **B:** incorreta. A infiltração será autorizada pelo prazo de **até 6 (seis) meses**, sem prejuízo de eventuais renovações, desde que comprovada sua necessidade (art. 10, § 3º, da Lei 12.850/2013); **C:** incorreta, pois a infiltração só será admitida se a prova **não** puder ser produzida por outros meios disponíveis (art. 10, § 2º, da Lei 12.850/2013); **D:** incorreta, pois o prazo para o juiz decidir é de **24 horas** (art. 12, § 1º, da Lei 12.850/2013); **E:** correta, nos termos do parágrafo único do art. 13 da Lei 12.850/2013. **TS**

Gabarito "E".

(Investigador-Escrivão-Papiloscopista – Pará – Funcab – 2016) Acerca da Lei nº 12.850, de 2013 que versa sobre organização criminosa, é correto afirmar que:

(A) O juiz participará das negociações realizadas entre as partes para a formalização do acordo de colaboração, que ocorrerá entre o delegado de polícia, o investigado e o defensor, com a manifestação do Ministério Público, ou, conforme o caso, entre o Ministério Público e o investigado ou acusado e seu defensor.

(B) na colaboração premiada, o colaborador, nos depoimentos que prestar, não estará sujeito à renúncia ao direito de permanecer em silêncio mas estará sujeito ao compromisso legal de dizer a verdade.

(C) considera-se organização criminosa a associação de 4 (quatro) ou mais pessoas estruturalmente ordenada e caracterizada pela divisão de tarefas, ainda que informalmente, com objetivo de obter, direta ou indiretamente, vantagem de qualquer natureza, mediante a prática de infrações penais cujas penas máximas sejam inferiores a 4 (quatro) anos, e que sejam de caráter transnacional.

(D) o juiz poderá, a requerimento das partes, conceder o perdão judicial, reduzir em até 2/3 (dois terços) a pena privativa de liberdade ou substituí-la por restritiva de direitos daquele que tenha colaborado efetiva e voluntariamente com a investigação e com o processo criminal, desde que dessa colaboração advenha um ou mais dos seguintes resultados: a identificação dos demais coautores e partícipes da organização criminosa e das infrações penais por eles praticadas; a revelação da estrutura hierárquica e da divisão de tarefas da organização criminosa; a prevenção de infrações penais decorrentes das atividades da organização criminosa; a recuperação total ou parcial do produto ou do proveito das infrações penais praticadas pela organização criminosa; a localização de eventual vítima com a sua integridade física preservada.

(E) se houver indícios suficientes de que o funcionário público integra organização criminosa, poderá o juiz determinar seu afastamento cautelar do cargo,

emprego ou função, com prejuízo da remuneração, quando a medida se fizer necessária à investigação ou instrução processual.

A: incorreta, pois o juiz **não** participa das negociações, conforme § 6º do art. 4º da Lei 12.850/2013; **B:** incorreta, pois na colaboração premiada, o colaborador **renunciará**, na presença de seu defensor, **ao direito ao silêncio** e estará sujeito ao compromisso legal de dizer a verdade (art. 4º, § 14, da Lei 12.850/2013); **C:** incorreta, pois para se caracterizar como organização criminosa a associação tem que ser para a prática de infrações penais cujas penas máximas sejam **superiores** a 4 (quatro) anos, **ou** que sejam de caráter transnacional (art. 1º, § 1, da Lei 12.850/2013); **D:** correta, nos termos do art. 4º e incisos da Lei 12.850/2013; **E:** incorreta, pois o afastamento **não** prejudicará a remuneração (art. 2º, § 5º, da Lei 12.850/2013). **TS**

Gabarito "D".

(Polícia Rodoviária Federal – 2013 – CESPE) Julgue o item seguinte, relativo à lei do crime organizado.

(1) Durante o inquérito policial, e necessária a autorização judicial para que um agente policial se infiltre em organização criminosa com fins investigativos.

1: correta, nos termos dos art. 10 da Lei 12.850/2013.

Gabarito 1C

(Investigador/SP – 2014 – VUNESP) A Lei do Crime Organizado (Lei 12.850/2013) dispõe que a infiltração de agentes de polícia em tarefas de investigação

(A) pode ser determinada de ofício por parte do juiz competente para apreciar o caso.

(B) será precedida de circunstanciada, motivada e sigilosa autorização judicial.

(C) será autorizada pelo Ministério Público, quando requisitada pelo Delegado de Polícia.

(D) não será permitida em nenhuma hipótese.

(E) poderá ser autorizada por decisão do Delegado de Polícia competente quando houver urgência na investigação policial.

A: incorreta. Deve haver representação do delegado de polícia ou requerimento do Ministério Público (art. 10 da Lei 12.850/2013); **B:** correta, nos termos do art. 10, *in fine*, da Lei 12.850/2013; **C:** incorreta. A autorização é judicial, não do Ministério Público (art. 10 da Lei 12.850/2013); **D:** incorreta. O art. 10 da Lei 12.850/2013 permite a infiltração de agente com prévia autorização judicial; **E:** incorreta. Mais uma vez, a autorização é judicial, não do delegado de polícia (art. 10 da Lei 12.850/2013).

Gabarito "B".

18. SEGURANÇA DE ESTABELECIMENTOS FINANCEIROS

(Escrivão de Polícia Federal – 2013 – CESPE) No que tange à segurança de estabelecimentos financeiros, julgue o item abaixo, com base na Lei n.º 7.102/1983.

(1) Em estabelecimentos financeiros estaduais, a polícia militar poderá exercer o serviço de vigilância ostensiva, desde que autorizada pelo governador estadual.

1: correta, nos termos do art. 3º, parágrafo único, da Lei 7.102/1983.

Gabarito 1C

19. QUESTÕES COMBINADAS E OUTROS TEMAS

(Perito – PC/ES – Instituto AOCP – 2019) O Juizado Especial Criminal, provido por juízes togados ou togados e leigos, tem competência para a conciliação, o julgamento e a execução das infrações penais de menor potencial ofensivo, respeitadas as regras de conexão e continência. O Juizado Especial Criminal está regulado pela Lei nº 9.099/1995. No que se refere ao Procedimento nos Juizados Especiais Criminais, segundo a referida Lei, é correto afirmar que

(A) todas as provas serão produzidas na audiência de instrução e julgamento, podendo o Juiz limitar ou excluir as que considerar excessivas, impertinentes ou protelatórias.

(B) a sentença, que deverá conter o relatório, mencionará os elementos de convicção do Juiz.

(C) em nenhuma hipótese poderá ser oferecida queixa oralmente.

(D) da decisão de rejeição da denúncia ou queixa não caberá apelação.

(E) em sede de Juizados Especiais Criminais não cabem Embargos de Declaração, em razão do princípio da celeridade processual que rege o procedimento.

A: correta, nos termos do art. 81, §1º, da Lei 9.099/1995; **B:** incorreta. É dispensado o relatório da sentença (art. 81, §3º, da Lei 9.099/1995); **C:** incorreta. É cabível queixa-crime oral (art. 77, §3º, da Lei 9.099/1995); **D:** incorreta. Cabe apelação, nos termos do art. 82 da Lei 9.099/1995; **E:** incorreta. Os embargos de declaração são cabíveis e previstos no art. 83 da Lei 9.099/1995.
Gabarito "A".

(Delegado – PC/RS – FUNDATEC – 2018) A denominada colaboração premiada, amplamente utilizada na atualidade como forma de oposição à criminalidade crescente e cada dia mais organizada, possui previsão em diversas hipóteses no ordenamento jurídico penal brasileiro, sendo correto afirmar-se que:

(A) No crime de extorsão mediante sequestro, se houver delação de um dos coautores do crime, e isso contribuir para o esclarecimento do caso e para a prisão dos criminosos, mesmo que não haja a libertação do sequestrado, por circunstâncias alheias à vontade do delator, este poderá obter uma redução de pena de um a dois terços.

(B) O juiz poderá, a requerimento das partes, conceder o perdão judicial, reduzir em até dois terços a pena privativa de liberdade, ou substituí-la por restritiva de direitos, daquele que tenha colaborado efetiva e voluntariamente com a investigação e com o processo criminal envolvendo organização criminosa, desde que dessa colaboração advenha um ou mais resultados exigidos pela Lei nº 12.850/2013.

(C) A delação tem prevista para os crimes contra a ordem tributária, Lei nº 8.137/1990, consiste em uma atenuante de pena e terá cabimento somente quando o crime for praticado por associação criminosa.

(D) De acordo com a Lei nº 8.072/1990, Lei dos Crimes Hediondos, o integrante de associação criminosa para a prática de crimes hediondos, tortura, tráfico de entorpecentes e drogas afins ou terrorismo, que denunciá-la à autoridade, possibilitando seu desmantelamento, terá a pena reduzida de um terço.

(E) De acordo com a Lei de Drogas, Lei nº 11.343/2006, o indiciado ou acusado que colaborar, voluntariamente, com a investigação policial e o processo criminal, mesmo sem auxiliar na identificação de coautores ou partícipes, em caso de condenação, terá a pena reduzida de um terço a dois terços, desde que colabore com a recuperação total ou parcial do produto do crime.

A: incorreta. É essencial a liberação do sequestrado (art. 159, § 4º, do Código Penal); **B:** correta, nos termos do art. 4º da Lei 12.850/2013; **C:** incorreta. Haverá a causa de diminuição mesmo para os casos de quadrilha ou simples coautoria (art. 16, parágrafo único, da Lei 8.137/1990); **D:** incorreta. A causa de diminuição é de um a dois terços (art. 8º, parágrafo único, da Lei de Crimes Hediondos); **E:** incorreta. O auxílio na identificação dos coautores é requisito essencial para a concessão do benefício (art. 41 da Lei 11.343/2006).
Gabarito "B".

(Delegado – PC/RS – FUNDATEC – 2018) Considerando a Lei nº 12.830/2013 e sua interpretação jurisprudencial, assinale a alternativa correta.

(A) As funções de polícia judiciária e a apuração de infrações penais exercidas pelo delegado de polícia são de natureza técnica, essenciais e exclusivas de Estado.

(B) O indiciamento dar-se-á por ato fundamentado do delegado de polícia, ao final do inquérito policial, com posterior remessa dos autos ao juiz competente.

(C) Conforme jurisprudência do Superior Tribunal de Justiça, o magistrado poderá requisitar o indiciamento do suspeito ao delegado de polícia, desde que presentes indícios de autoria e prova da materialidade delitiva.

(D) O indiciamento, privativo do delegado de polícia, dar-se-á por ato fundamentado, mediante análise técnico-jurídica do fato, que deverá indicar a autoria, materialidade e suas circunstâncias.

(E) O Ministério Público não poderá requerer a devolução do inquérito à autoridade policial, senão para novas diligências e indiciamento, imprescindíveis ao oferecimento da denúncia.

A: considerada incorreta pelo gabarito oficial porque substituiu a palavra "natureza **jurídica**" por "natureza **técnica**" (art. 2º). A questão deveria ser anulada, porque a alternativa está correta mesmo com a mudança. As atividades jurídicas são técnicas, porque dependem de conhecimento técnico-jurídico para serem realizadas. Prova disso é o §6º do art. 2º da mesma lei; **B:** incorreta. O indiciamento não é o último ato do inquérito policial; **C:** incorreta. Não há previsão legal ou jurisprudencial neste sentido; **D:** correta, nos termos do art. 2º, §6º, da Lei 12.830/2013; **E:** incorreta. Não é dado ao Ministério Público requerer o indiciamento, ato privativo do delegado de polícia (art. 2º, §6º, da Lei 12.830/2013).
Gabarito "D".

(Agente-Escrivão – Acre – IBADE – 2017) De acordo com a Lei nº 5.553/1968, que dispõe acerca da apresentação e uso de documento de identificação criminal, assinale a alternativa correta.

(A) Quando, para a realização de determinado ato, for exigida a apresentação de documento de identificação, a pessoa que fizer a exigência fará extrair, no prazo de até 10 (dez) dias, os dados que interessarem devolvendo em seguida o documento ao seu exibidor.

(B) O comprovante de naturalização e carteira de identidade de estrangeiro não são considerados documentos de identificação pessoal englobados pela lei.

(C) Quando o documento de identidade for indispensável para a entrada de pessoa em órgãos públicos ou particulares, serão seus dados anotados no ato e devolvido o documento imediatamente ao interessado.

(D) Constitui crime a retenção de qualquer documento de identificação pessoal.

(E) Somente por ordem da autoridade policial ou judiciária poderá ser retido qualquer documento de identificação pessoal.

A: incorreta, pois o prazo para extrair os dados é de **até cinco dias** (art. 2°, "caput", da Lei 5.553/1968); **B:** incorreta, pois tais documentos são **sim** considerados de identificação pessoal pela lei (art. 1° da Lei 5.553/1968); **C:** correta, nos exatos termos do art. 2°, § 2°, da Lei 5.553/1968; **D:** incorreta, pois retenção de qualquer documento de identificação pessoal constitui contravenção penal (art. 3°, "caput", da Lei 5.553/1968); **E:** incorreta, pois a retenção além do prazo previsto no art. 2°, "caput" (até cinco dias) somente pode ocorrer por ordem judicial (art. 2°, § 1°, da Lei 5.553/1968). Gabarito "C".

(Agente-Escrivão – Acre – IBADE – 2017) Acerca da Lei n° 12.830/2013, a qual dispõe sobre a investigação criminal conduzida pelo delegado de polícia, assinale a alternativa correta.

(A) Ao delegado de polícia, na qualidade de autoridade policial, cabe a condução da investigação criminal por meio de inquérito policial ou outro procedimento previsto em lei, que tem como objetivo a apuração das circunstâncias, da materialidade e da autoria das infrações administrativas.

(B) O indiciamento, privativo do delegado de polícia, dar-se-á por ato fundamentado, mediante análise técnico-jurídica do fato, que deverá indicar a autoria, materialidade e suas circunstâncias.

(C) A remoção do delegado de polícia independe de ato fundamentado.

(D) O inquérito policial não poderá ser avocado, ainda que por motivo de interesse público mediante fundamentação do superior hierárquico.

(E) Durante o processo criminal, cabe ao delegado de polícia a requisição de perícia, informações, documentos e dados que interessem à apuração dos fatos.

A: incorreta, uma vez que o objetivo da investigação é para apuração das **infrações penais** (art. 2°, § 1°, da Lei 12.830/2013); **B:** correta, nos exatíssimos termos do § 6° do art. 2° da referida lei; **C:** incorreta, pois a remoção do delegado de polícia dar-se-á somente por ato fundamentado (art. 2°, § 5°, da Lei 12.830/2013); **D:** incorreta, pois o inquérito policial pode ser avocado por motivo de interesse público (art. 2°, § 4°, da citada lei); **E:** incorreta, pois essas providências cabem ao delegado requisitar durante a investigação criminal (art. 2°, § 2°, Lei 12.830/2013). Gabarito "B".

(Agente-Escrivão – Acre – IBADE – 2017) São circunstâncias agravantes dos crimes previstos no Código de Defesa do Consumidor:

(A) quando cometidos em detrimento de maior de setenta anos.

(B) ocasionarem médio ou grave dano individual ou coletivo.

(C) serem praticados em operações que envolvam alimentos, medicamentos ou quaisquer outros produtos ou serviços essenciais.

(D) serem cometidos em época de estabilidade econômica.

(E) quando cometidos em detrimento de gestantes.

Somente a letra C está correta – art. 76 e incisos do CDC ("São circunstâncias agravantes dos crimes tipificados neste código: I – serem cometidos em época de grave crise econômica ou por ocasião de calamidade; II – ocasionarem grave dano individual ou coletivo; III – dissimular-se a natureza ilícita do procedimento; IV – quando cometidos: a) por servidor público, ou por pessoa cuja condição econômico-social seja manifestamente superior à da vítima; b) em detrimento de operário ou rurícola; de menor de dezoito ou maior de sessenta anos ou de pessoas portadoras de deficiência mental interditadas ou não; V – serem praticados em operações que envolvam alimentos, medicamentos ou quaisquer outros produtos ou serviços essenciais."). Gabarito "C".

(Escrivão – AESP/CE – VUNESP – 2017) De acordo com a Lei de Biossegurança (Lei n° 11.105/05), configura crime realizar clonagem humana:

(A) e praticar engenharia genética em célula germinal humana.

(B) e em qualquer ser vivo animal.

(C) mas não configura crime, contudo, praticar engenharia genética em embrião humano.

(D) e praticar qualquer forma de descarte de OGM.

(E) mas não configura crime, contudo, praticar engenharia genética em zigoto humano.

A: correta, nos termos do art. 25 da Lei 11.105/2005; **B:** incorreta. Apenas a clonagem humana é tipificada como crime pelo art. 26 da Lei de Biossegurança; **C:** incorreta. Também o embrião humano é protegido pelo art. 25 da Lei de Biossegurança; **D:** incorreta. Somente configura crime o descarte de OGM em desacordo com as normas da CTNBio e demais órgãos de fiscalização (art. 27 da Lei de Biossegurança); **E:** incorreta. Também o zigoto humano é protegido pelo art. 25 da Lei de Biossegurança. Gabarito "A".

(Escrivão – Pernambuco – CESPE – 2016) Com base no disposto na Lei de Investigação Criminal (Lei n.° 12.830/2013), assinale a opção correta.

(A) Exigido o indiciamento por meio de requisição do Ministério Público, o delegado de polícia ficará dispensado de fundamentá-lo.

(B) O indiciamento realiza-se mediante análise técnico--jurídica do fato, devendo indicar pelo menos a materialidade do crime se a autoria permanecer incerta.

(C) O indiciamento é ato obrigatório para a conclusão do inquérito policial e necessário para o oferecimento da denúncia.

(D) A apuração de infrações penais realizada por delegado de polícia por meio de inquérito policial é de natureza administrativa, dada a ausência de contraditório.

(E) Cabe ao delegado de polícia, durante a investigação criminal, a requisição de perícias e informações que interessem à apuração do fato.

A: incorreta. Mesmo por conta de requisição do MP, a fundamentação do indiciamento deve ser realizada (art. 2°, § 6°, da Lei 12.830/2013); **B:** incorreta. A autoria e a materialidade devem sempre ser descritas no indiciamento (art. 2°, § 6°, da Lei 12.830/2013); **C:** incorreta. Estando o órgão do Ministério Público convencido da autoria e materialidade do

3. LEGISLAÇÃO EXTRAVAGANTE

delito, poderá promover a ação penal, independentemente de indiciamento; **D:** incorreta. Segundo o art. 2°, "caput", da Lei 12.830/2013, a atuação do delegado de polícia tem natureza jurídica; **E:** correta, nos termos do art. 2°, § 2°, da Lei 12.830/2013.

Gabarito "E".

(Agente-Escrivão – PC/GO – CESPE – 2016) Com relação às infrações penais previstas na Lei n° 8.078/1990, que instituiu o CDC, assinale a opção correta.

(A) No processo penal referente às infrações previstas no CDC, é vedada a atuação de assistentes do MP.

(B) Todas as infrações tipificadas no CDC possuem pena máxima prevista de até dois anos.

(C) Para que o infrator possa ser processado e julgado, é necessário que ele tenha agido com dolo.

(D) A pena será agravada se a infração for cometida no período noturno.

(E) A pena será agravada se a infração for cometida em domingo ou feriado.

A: incorreta. De acordo com o art. 80 do CDC, "poderão intervir, como assistentes do Ministério Público, os legitimados indicados no art. 82, inciso III e IV, aos quais também é facultado propor ação penal subsidiária, se a denúncia não for oferecida no prazo legal." Portanto, é permitida a atuação de assistentes do MP; **B:** correta. Todos os crimes previstos no CDC possuem pena máxima prevista de ATÉ dois anos; **C:** incorreta. Os crimes dos arts. 63 e 66 do CDC são também punidos a título de culpa; **D** e **E:** incorretas, nos termos do art. 76 do CDC, já que não se encontram no rol das circunstâncias agravantes.

Gabarito "B".

Nas eleições municipais de Goiânia – GO para o ano de 2016,

Fernanda foi candidata a vereadora;

Flávio foi candidato a prefeito;

Clara foi eleitora;

Paulo foi membro da mesa receptora;

João foi fiscal de partido político.

(Agente-Escrivão – PC/GO – CESPE – 2016) Nessas situações hipotéticas, de acordo com a Lei n° 4.737/1965, não poderiam ser detidos ou presos, salvo em flagrante delito, desde quinze dias antes da eleição,

(A) Fernanda, Flávio e Clara.

(B) Flávio, Clara e João.

(C) Paulo e João.

(D) Fernanda e Flávio.

(E) Clara, Paulo e João.

Somente a D está correta, pois de acordo com o art. 236, § 1°, do Código Eleitoral, os **candidatos** não poderão ser detidos ou presos, salvo em flagrante delito, desde 15 dias antes da eleição. E somente Fernanda e Flávio foram candidatos. Já os membros das mesas receptoras e os fiscais de partido não poderão ser detidos ou presos, salvo o caso de flagrante delito, **durante o exercício de suas funções;** o eleitor não pode ser preso ou detido, salvo em flagrante delito ou em virtude de sentença criminal condenatória por crime inafiançável, ou, ainda, por desrespeito a salvo-conduto, desde 5 (cinco) dias antes e até 48 (quarenta e oito) horas depois do encerramento da eleição (art. 236, "caput", do referido código).

Gabarito "D".

Em determinada eleição municipal,

Luciano tentou votar mais de uma vez;

ao fazer propaganda eleitoral, Márcio injuriou Carmem, ofendendo-lhe a dignidade;

Tatiane tentou violar o sigilo de uma urna.

(Agente-Escrivão – PC/GO – CESPE – 2016) Nessas situações hipotéticas, à luz da Lei n° 4.737/1965,

(A) Tatiane poderá ter a pena reduzida em razão da tentativa.

(B) Márcio, necessariamente, terá a pena aplicada pelo juiz, ainda que tenha agido em caso de retorsão imediata que consista em outra injúria.

(C) Luciano, Márcio e Tatiane responderão por crime de ação pública.

(D) Márcio responderá por crime de ação privada.

(E) Luciano poderá ter a pena reduzida em razão da tentativa.

A letra **C** está correta e a **D**, incorreta. De acordo com o art. 355 do Código Eleitoral, todos os crimes ali previstos são de ação pública. Luciano praticou o crime do art. 309 do referido código; Márcio, por sua vez, praticou o crime do art. 326 do mesmo diploma legal; e Tatiane praticou a conduta prevista no art. 317 da mesma lei. Portanto, todos responderão por crime de ação pública. Ressalte-se que os crimes praticados por Tatiane e Luciano punem, com a mesma pena, tanto o crime consumado como a tentativa, a qual está prevista expressamente em sua descrição típica. São os chamados "crimes de atentado". Quanto à letra **B**, a qual está incorreta, no caso de retorsão imediata, que consista em outra injúria, o juiz pode deixar de aplicar a pena.

Gabarito "C".

(Investigador-Escrivão-Papiloscopista – Pará – Funcab – 2016) Quanto à investigação criminal conduzida pelo delegado de polícia, nos termos da Lei n° 12.830 de 2013, é correto afirmar que:

(A) o indiciamento, privativo do delegado de polícia, dar-se-á por ato fundamentado, mediante análise técnico-jurídica do fato, que deverá indicar a autoria, materialidade e suas circunstâncias.

(B) o cargo de delegado de polícia é privativo de bacharel, devendo-lhe ser dispensado o mesmo tratamento protocolar que recebem os membros do magistério superior, os oficiais superiores das forças armadas e oficiais das polícias militares.

(C) as funções de polícia judiciária e a apuração de infrações penais exercidas pelo delegado de polícia são de natureza política, essenciais e exclusivas de Estado.

(D) o inquérito policial em curso poderá ser avocado ou redistribuído por superior hierárquico, sem a necessidade de motivação.

(E) ao delegado de polícia, na qualidade de autoridade policial, cabe a condução da investigação criminal através apenas do inquérito policial, que tem como objetivo a apuração das circunstâncias, da materialidade e da autoria das infrações penais, não se admitindo outro procedimento previsto em lei como meio.

A: correta (art. 2°, § 6°, da Lei 12.830/2013); **B:** incorreta. Art. 3° da Lei 12.830/2013: "O cargo de delegado de polícia é privativo de bacharel em Direito, devendo-lhe ser dispensado o mesmo tratamento protocolar que recebem os **magistrados, os membros da Defensoria Pública e do Ministério Público e os advogados**"; **C:** incorreta: Art. 2º, "caput", da referida lei: "As funções de polícia judiciária e a apuração de infrações penais exercidas pelo delegado de polícia são de natureza **jurídica**, essenciais e exclusivas de Estado."; **D:** incorreta. Art. 2º, § 4º, da Lei 12.830/2013: "O inquérito policial ou outro procedimento previsto em lei em curso somente **poderá ser avocado ou redistribuído por superior hierárquico, mediante despacho fundamentado, por motivo de interesse público** ou nas hipóteses de inobservância dos procedimentos previstos em regulamento da corporação que prejudique a eficácia da investigação."; **E:** incorreta. Art. 2º, § 1º, da Lei 12.830/2013: "Ao delegado de polícia, na qualidade de autoridade policial, cabe a condução da investigação criminal por meio de inquérito policial **ou outro procedimento previsto em lei**, que tem como objetivo a apuração das circunstâncias, da materialidade e da autoria das infrações penais." (Grifos nossos). TS

Gabarito "A".

(Papiloscopista – PCDF – Universa – 2016) Caberá prisão temporária (Lei nº 7.960/1989) quando for imprescindível para as investigações do inquérito policial e houver fundadas razões, de acordo com qualquer prova admitida na legislação penal, de autoria ou participação do indiciado no crime de:

(A) homicídio culposo.

(B) constrangimento ilegal.

(C) receptação qualificada.

(D) corrupção ativa.

(E) tráfico de drogas.

A prisão temporária está autorizada somente para os crimes de: homicídio doloso, sequestro ou cárcere privado, roubo, extorsão, extorsão mediante sequestro, estupro, epidemia com resultado morte, envenenamento de água potável ou substância alimentícia ou medicinal qualificado pela morte, quadrilha ou bando, genocídio, **tráfico de drogas**, crimes contra o sistema financeiro e crimes previstos na Lei de Terrorismo. TS

Gabarito "E".

(Polícia Rodoviária Federal – 2013 – CESPE) Com fundamento na legislação que define os crimes de tortura e de tráfico de pessoas, julgue os itens a seguir.

(1) O crime de tráfico de pessoas poderá ser caracterizado ainda que haja consentimento da vítima.

(2) Para que um cidadão seja processado e julgado por crime de tortura, e prescindível que esse crime deixe vestígios de ordem física.

1: correta. Os crimes dos arts. 231 e 231-A do Código Penal, que definem o tráfico de pessoas para fins de exploração sexual, não

dependem da violência ou grave ameaça contra a vítima para se consumarem. Na verdade, se essa circunstância estiver presente, a pena será aumentada de metade (art. 231, § 2º, IV, e art. 231-A, § 2º, IV, do Código Penal); **2:** correta. Também configura tortura causar na vítima intenso sofrimento mental, o qual não deixa vestígios físicos (art. 1º, I e II, da Lei 9.455/1997).

Gabarito 1C, 2C

(Agente de Polícia/DF – 2013 – CESPE) Julgue os itens que se seguem, acerca da legislação especial criminal.

(1) A conduta de uma pessoa que disparar arma de fogo, devidamente registrada e com porte, em local ermo e desabitado será considerada atípica.

(2) O agente público que submeter pessoa presa a sofrimento físico ou mental, ainda que por intermédio da prática de ato previsto em lei ou resultante de medida legal, praticará o crime de tortura.

(3) Nos termos da Lei 11.340/2006 – Lei Maria da Penha –, a empregada doméstica poderá ser sujeito passivo de violência praticada por seus empregadores.

(4) Um indivíduo que consuma maconha e a ofereça aos seus amigos durante uma festa deverá ser considerado usuário, em face da eventualidade e da ausência de objetivo de lucro.

1: incorreta. A conduta se amolda ao crime previsto no art. 15 da Lei 10.826/2003; **2:** incorreta. O crime de tortura somente se qualifica se a vítima passar por sofrimento físico ou mental decorrente de conduta que não seja resultante de medida legal (art. 1º, § 1º, da Lei 9.455/1997); **3:** correta, nos termos do art. 5º, I, da Lei 11.340/2006; **4:** incorreta. A conduta se amolda ao tipo penal previsto no art. 33, § 3º, da Lei 11.343/2006.

Gabarito 1E, 2E, 3C, 4E

(Escrivão de Polícia/DF – 2013 – CESPE) Em relação aos crimes contra as relações de consumo (Lei 8.078/1990) e aos juizados especiais criminais (Lei 9.099/1995), julgue o item que se segue.

(1) Todos os crimes contra as relações de consumo são considerados de menor potencial ofensivo. Portanto, admitem transação e os demais benefícios previstos na lei que dispõe sobre os juizados especiais criminais.

1: correta. Da leitura dos arts. 63 a 74 da Lei 8.078/1990 percebe-se que todos os crimes ali previstos possuem pena máxima privativa de liberdade não superior a dois anos, o que os classifica como infração penal de menor potencial ofensivo nos termos do art. 61 da Lei 9.099/1995.

Gabarito 1C

4. CRIMINOLOGIA

Neusa Bittar e Vivian Calderoni

(Investigador/SP – 2014 – VUNESP) Nos crimes de extorsão mediante sequestro, por exemplo, pode ocorrer a chamada *Síndrome de Estocolmo*, que consiste

(A) na doença que os sequestradores sofrem.

(B) na identificação afetiva da vítima com o criminoso, pelo próprio instinto de sobrevivência.

(C) em uma teoria que os órgão públicos utilizam para reduzir a criminalidade.

(D) no arrependimento do criminoso em razão do descontrole emocional.

(E) no trauma que a vítima adquire em razão do sofrimento.

A Síndrome de Estocolmo é considerada uma das formas de resposta emocional da pessoa indefesa e vulnerável, que convive ou passa determinado tempo com o agressor, e que inconscientemente estabelece uma corrente de afeto e de identificação com ele. Recebeu esse nome por ter sido observada pela primeira vez em Estocolmo, capital da Suécia, onde os reféns de um assalto a banco manifestaram simpatia pelos sequestradores e testemunharam favoravelmente a eles durante o processo. Essa identificação de simpatia, amizade e compreensão frente às atitudes, comportamentos e formas de pensar e agir do agressor, surge inicialmente pelo próprio instinto de sobrevivência ou como agradecimento por ter saído ilesa. Entretanto, essas manifestações prolongam-se no tempo, contribuindo para que a vítima não reclame das agressões e maus-tratos por ventura sofridos. Assim, ela passa a justificar aquele tipo de delinquência, criticando a falta de atuação governamental para diminuir as injustiças contra os menos favorecidos e as desigualdades sociais. **NB**

Gabarito "B".

(Investigador/SP – 2014 – VUNESP) Do ponto de vista criminológico, o criminoso fronteiriço é aquele que é considerado

(A) inimputável pela lei penal, pois seu estado psicológico situa-se na zona limítrofe entre a higidez e a insanidade mental.

(B) semi-imputável pela lei penal, também conhecido doutrinariamente por idiota.

(C) imputável pela lei penal, tendo sua conduta caracterizada pelo transporte de produtos controlados, tais como armas de fogo e drogas ilícitas, do exterior para o Brasil ou vice-versa.

(D) inimputável pela lei penal, também conhecido doutrinariamente por oligofrênico.

(E) semi-imputável pela lei penal, pois seu estado psicológico situa-se na zona limítrofe entre a higidez e a insanidade mental.

A: incorreta. O fronteiriço situa-se na zona limítrofe entre a higidez e a insanidade mental, é perturbação da saúde mental, incluída no artigo 26, parágrafo único, do Código Penal, que trata da semi-imputabilidade. **B:** incorreta. O idiota é inimputável (CP, art. 26, *caput*), pois é o grau mais grave de retardamento mental. **C:** incorreta. Imputável é o indivíduo que tem razão e livre-arbítrio, respondendo por seus atos porque entende o caráter ilícito do fato e consegue se comportar de acordo

com esse entendimento. **D:** incorreta. A oligofrenia diz respeito ao desenvolvimento mental retardado. **E:** correta. O fronteiriço se enquadra como semi-imputável pela lei penal (CP, art. 26, parágrafo único), pois seu estado psicológico situa-se na zona limítrofe entre a higidez e a insanidade mental. Ele sempre entende o caráter ilícito do fato, mas não consegue se comportar de acordo com esse entendimento, a não ser que a ação possa prejudicá-lo, demonstrando que sua incapacidade é parcial. **NB**

Gabarito "E".

(Investigador/SP – 2014 –VUNESP) Criminologicamente falando, entende-se por mimetismo

(A) a exposição dos órgãos sexuais em público, para o fim de obtenção de prazer.

(B) o desvio reiterado de comportamento do indivíduo adulto diante das leis, como se ainda fosse adolescente.

(C) a reprodução de um comportamento delituoso, por meio de imitação.

(D) a ausência ou diminuição da vontade própria, em favor de terceiros.

(E) o impulso que acomete um indivíduo a participar de jogos de azar.

A: incorreta. A exposição dos órgãos sexuais em público, para o fim de obtenção de prazer, é uma parafilia denominada exibicionismo, catalogada no artigo 233 do CP como ato obsceno: praticar ato obsceno em lugar público, ou aberto ou exposto ao público. **B:** incorreta. O comportamento descrito nesta alternativa pode corresponder ao da vítima com ânsia de viver, da classificação de Hans Von Henting, no qual o indivíduo, baseado no fato de não ter aproveitado a vida de forma mais eficaz, passa a experimentar situações de aventuras até então não vividas, que o colocam em situações de risco. **C:** correta. Para Gabriel Tarde, o delinquente é um profissional, que necessita de um período de aprendizagem das técnicas e de convivência com seus camaradas, para reproduzir o comportamento deles. Como a palavra mimetizar é sinônimo de reproduzir, a imitação desse comportamento foi chamada de mimetismo. A criminalidade seria, então, uma indústria dirigida por certo tipo de indivíduo, que se comporta de acordo com as regras de mercado. As ideias e valores propagados pela sociedade teriam papel preponderante na gênese do comportamento delitivo, que começa como moda, que se transforma em hábito, costume, representando a imitação (mimetismo) um papel decisivo. Esse é o Pensamento psicossociológico de Tarde. **D:** incorreta. A ausência ou diminuição da vontade própria diz respeito ao indivíduo abúlico, daí decorrendo a falta de iniciativa e a facilidade com que é influenciado por pessoas ou situações. **E:** incorreta. O impulso que acomete um indivíduo a participar de jogos de azar decorre de neurose ou transtorno obsessivos compulsivo (TOC) chamado jogo patológico. **NB**

Gabarito "C".

(Escrivão/SP – 2014 – VUNESP) O método científico utilizado pela Criminologia é o método biológico e, como ciência empírica ... e ... que é.

Completam as lacunas do texto, correta e respectivamente:

(A) experimental ... jurídica

(B) sociológico ... experimental

(C) físico ... social

(D) filosófico ... humana

(E) psicológico ... normativa

A Criminologia é uma ciência empírica, ou seja, baseada na observação da realidade e na experiência. A Criminologia é uma ciência interdisciplinar, que se utiliza de outras ciências, preservando os métodos próprios de cada uma delas. Os aspectos sociológicos e biológicos são comuns a diversas teorias criminológicas. Por exemplo, a antropologia criminal dá destaque para os biológicos e o Labelling approach para os sociológicos.
Gabarito "B".

(Escrivão/SP – 2014 –VUNESP) São objetos de estudo da Criminologia moderna ..., o criminoso, ... e o controle social.

Assinale a alternativa que completa, correta e respectivamente, as lacunas do texto.

(A) a desigualdade social ... o Estado

(B) a conduta ... o castigo

(C) o direito ... a ressocialização

(D) a sociedade ... o bem jurídico

(E) o crime ... a vítima

A Criminologia tem quatro objetos de estudo: o crime, o criminoso, a vítima e o controle social.
Gabarito "E".

(Escrivão/SP – 2014 –VUNESP) Conceitua-se a criminologia, por ser baseada na experiência e por ter mais de um objeto de estudo, como uma ciência

(A) abstrata e imensurável.

(B) biológica e indefinida.

(C) empírica e interdisciplinar.

(D) exata e mensurável.

(E) humana e indefinida.

A Criminologia é uma ciência autônoma (distinta do Direito Penal), empírica (baseada na observação da realidade, da experiência) e interdisciplinar (se utiliza das demais ciências para analisar seus objetos de estudo) que tem quatro objetos de estudo: o crime, o criminoso, a vítima e o controle social.
Gabarito "C".

(Escrivão/SP – 2014 –VUNESP) Dentre os modelos sociológicos, as teorias da criminologia crítica, da rotulação e da criminologia radical são exemplos da teoria

(A) do consenso.

(B) da aparência.

(C) do descaso.

(D) da falsidade.

(E) do conflito.

As escolas e teorias da criminologia sociológica se dividem em teorias do consenso e teorias do conflito. A teoria crítica, a teoria da rotulação social (*labelling approach*) e a criminologia radical são teorias do conflito. As teorias do conflito identificam a coerção como elemento central para garantia da coesão social. Para os teóricos filiados às escolas do conflito, são inerentes às sociedades a relação entre dominantes e dominados e os conflitos decorrentes dessa relação. Para tais escolas, as sociedades estão em mudanças contínuas e todos os elementos cooperam para a sua dissolução. As lutas de classes ou de ideologias estão presentes nas sociedades. As escolas do consenso entendem

que as sociedades são compostas por elementos perenes, integrados, funcionais, estáveis. Todos baseados no consenso.
Gabarito "E".

(Escrivão/SP – 2014 –VUNESP) A teoria do neorretribucionismo, com origem nos Estados Unidos, também conhecida por "lei e ordem" ou "tolerância zero", é decorrente da teoria

(A) "positiva".

(B) "janelas quebradas".

(C) "clássica".

(D) "cidade limpa".

(E) "diferencial".

A teoria das janelas quebradas (*broken windows theory*) é de autoria de James Wilson e George Kelling e foi publicada em 1982, nos EUA. Tal teoria parte da premissa de que existe uma íntima correlação entre desordem e criminalidade. Daí decorrem as duas medidas centrais da política da "lei e ordem" ou "tolerância zero", quais sejam, preservação e recuperação dos espaços públicos e privados e repressão direta e dura às pequenas infrações, com o fim de prevenção geral. Esta teoria advém do experimento realizado por Philip Zimbardo, da Universidade de Standford nos EUA. Ele deixou um carro em um bairro de classe alta (Palo Alto – Califórnia) e outro em um bairro de classe mais pobre (Bronx –Nova Iorque). O carro abandonado no Bronx foi depenado em 30 minutos, já o que estava em Palo Alto se manteve intacto por uma semana. Após uma semana, Zimbardo quebrou a janela do automóvel deixado em Palo Alto, eis que obteve como consequência a depenação deste veículo em poucas horas. A partir deste experimento, extraiu-se a correlação entre preservação do espaço/bens públicos e privados e criminalidade. A janela quebrada dava a sensação de que não há controle social naquela local. O neorretribucionismo também é conhecido como neorrealismo de direita, em oposição ao neorrealismo de esquerda filiado a teoria crítica de criminologia.
Gabarito "B".

(Escrivão/SP – 2014 –VUNESP) A criminologia moderna estuda o fenômeno da criminalidade por meio da estatística criminal. Nessa seara, a expressão "cifra dourada" designa

(A) o total de delitos registrados e de conhecimento do poder público que são elucidados.

(B) as infrações penais praticadas pela elite, não reveladas ou apuradas; trata-se de um subtipo da "cifra negra", a exemplo do crime de sonegação fiscal.

(C) as infrações penais de maior gravidade, como, por exemplo, o homicídio, que, ao ser elucidado, permite ao poder público planejar melhor suas ações e alterar a legislação.

(D) as infrações penais de menor potencial ofensivo, por enquadrar-se na Lei n.º 9.099/95, a exemplo do delito de perturbação do sossego alheio.

(E) o percentual de delitos praticados pela sociedade de baixa renda que não chega ao conhecimento do poder público por falta de registro, e, portanto, não são elucidados.

O total de delitos cometidos em uma sociedade é chamado de criminalidade real. A criminalidade revelada é a quantidade destes delitos que chega ao conhecimento das autoridades competentes. Já o porcentual de crimes cometidos que não chegam ao conhecimento do poder público é chamado de cifra negra. Sendo assim tem-se: Criminalidade revelada + cifra negra = criminalidade real. Existe um subtipo de cifra negra que é chamado de cifra dourada. A cifra dourada é a quantidade de infrações penais praticadas pela elite (crimes de colarinho branco) que não chegam ao conhecimento das autoridades públicas. Os exemplos mais comuns de crimes incluídos na cifra

4. CRIMINOLOGIA

dourada são os tributários/financeiros e eleitorais. Para alguns autores, a cifra negra e a cifra dourada incluem, não somente aqueles delitos que foram efetivamente praticados e não chegaram ao conhecimento do poder público, mas também aqueles que não foram elucidados.

Gabarito "B".

(Escrivão/SP – 2014 – VUNESP) Uma vítima que, ao querer registrar uma ocorrência, encontra resistência ou desamparo da família, dos colegas de trabalho e dos amigos, resultando num desestímulo para a formalização do registro, ocasiona o que é chamado de "cifra negra". Neste caso, estamos diante da vitimização

(A) primária.

(B) secundária.

(C) quaternária.

(D) quintenária.

(E) terciária.

No tema de vitimização, tem-se a vitimização primária, a secundária e a terciária: a vitimização primária é provocada pelo cometimento do crime e corresponde aos danos causados pelo fato de ter sido vítima daquele crime. Esses danos podem ser de ordem material, psicológica ou física. A vitimização secundária, também chamada de sobrevitimização, é decorrente da interação com as instâncias formais de controle social. Essa interação com o sistema de justiça criminal causa um sofrimento adicional à vítima, que deve depor e contar o que houve, revivendo o sofrimento vivido no momento do crime, tem que comparecer diversas vezes perante autoridades. A vitimização terciária é falta de amparo dos órgãos do Estado para com a vítima. Por exemplo, a pessoa que é vítima de violência sexual necessita de amparos médicos e psicológicos e o Estado não fornece esse serviço. A pessoa também é, por vezes, hostilizada pela comunidade em geral, pela família e amigos em razão do crime que sofreu.

Gabarito "E".

(Escrivão/SP – 2014 – VUNESP) "Vítima inocente, vítima provocadora e vítima agressora, simuladora ou imaginária". Essa foi uma das primeiras classificações, de forma sintetizada, que levou em conta a participação ou provocação das vítimas nos crimes. O autor dessa classificação foi

(A) Francesco Carrara.

(B) Giovanni Carmignani.

(C) Cesare Lombroso.

(D) Benjamim Mendelsohn.

(E) Cesare Beccaria.

A: Incorreta. Francesco Carrara é um dos expoentes da escola clássica de criminologia. **B:** Incorreta. Giovanni Carmignani é um dos expoentes da escola clássica de criminologia. **C:** Incorreta. Cesare Lombroso é um dos expoentes da Antropologia Criminal, da escola positivista italiana e autor da famosa obra "O Homem Delinquente". **D:** Correta. Benjamin Mendelsohn é autor da classificação que considera a participação ou a provocação da vítima. **E:** Incorreta. Cesare Beccaria é um dos expoentes da escola clássica de criminologia e autor da famosa obra "Dos Delitos e das Penas".

Gabarito "D".

(Escrivão/SP – 2014 – VUNESP) Uma das formas que o Estado Brasileiro adota como controle e inibição criminal é a pena prevista para cada crime, cuja teoria adotada pelo Código Penal Brasileiro é a mista, de acordo com o artigo 59 do Código Penal, que tem como finalidade a

(A) prevenção e a retribuição.

(B) indenização e a repreensão.

(C) punição e a reparação.

(D) inibição e a reeducação.

(E) conciliação e o exemplo.

O Código Penal Brasileiro adota a teoria da função preventiva da pena, bem como a teoria retributiva. A teoria da função preventiva da pena (também chamada de relativa) entende que a punição penal tem o efeito de prevenir o cometimento de novos crimes. A teoria preventiva se subdivide em prevenção geral e especial, ambas em seus aspectos negativos e positivos. Prevenção geral negativa: efeito de intimidação sobre a generalidade de indivíduos da sociedade, dissuadindo possíveis infratores de cometer um crime em razão da punição prevista. Prevenção geral positiva (ou de integração): demonstra para a sociedade as consequências do cometimento de um crime. Caráter educativo, pois tem a função de auxiliar os indivíduos a assimilar os valores básicos daquela sociedade. Prevenção especial negativa: neutralização pela prisão, ou seja, excluído da sociedade o autor do crime não voltará a delinquir enquanto estiver preso. Prevenção especial positiva: evita que o autor do delito volte a delinquir por meio da reinserção social que será possibilitada com a pena de prisão. A função retributiva (também chamada de absoluta) da pena entende que a sanção penal restaura a ordem violada pelo crime cometido. A função retributiva compreende a noção de que a sanção penal só se justifica dentro dos limites da justa retribuição, ou seja, a teoria retributiva adota o princípio da proporcionalidade.

Gabarito "A".

(Escrivão/SP – 2014 – VUNESP) O conceito de prevenção delitiva, no Estado Democrático de Direito, e as medidas adotadas para alcançá-la são

(A) o conjunto de ações que visam evitar a ocorrência do delito, atingindo direta e indiretamente o delito.

(B) o conjunto de ações que visam estudar o delito, atingindo direta e indiretamente o criminoso.

(C) o conjunto de ações adotadas pela vítima que visam evitar o delito, atingindo o delinquente direta e indiretamente.

(D) o conjunto de ações que visam estudar o criminoso, atingindo o ato delitivo direta e indiretamente.

(E) o conjunto de ações que visam estudar o crime, atingindo o criminoso direta e indiretamente.

A prevenção da infração penal é o conjunto de ações que tem por objetivo evitar o cometimento de um delito. A prevenção criminal é composta por duas espécies de ações: aquelas que atuam de forma indireta e aquelas que atuam diretamente. As medidas indiretas agem sobre as causas dos crimes, ou seja, é uma atuação profilática por parte do Estado. Essa atuação deve se dar nas causas próximas ou remotas, específicas ou genéricas. Essas ações devem ter como foco os indivíduos e o meio social. As medidas diretas se direcionam à infração penal propriamente dita ou em formação. A prevenção criminal no Estado Democrático de Direito está inserida em todos os eixos do governo e não apenas na pasta de Segurança Pública e de Justiça. No modelo federativo brasileiro, os três níveis devem atuar de modo coordenado para a prevenção criminal: união, estados, e municípios.

Gabarito "A".

(Investigador/SP – 2014 – VUNESP) A ciência que estuda a criminogênese é chamada de

(A) ciência política.

(B) ciência pública.

(C) sociologia individual.

(D) etiologia criminal.

(E) ciência jurídica.

A palavra etiologia quer dizer "estudo das causas". Nesse sentido, quando utilizada no contexto criminológico, trata-se do estudo das causas do cometimento de crimes/das causas do crime. Criminogênese é um termo que se refere a "origem do crime". Portanto, a etiologia criminal se ocupa do estudo da criminogênese.

Gabarito "D".

Nas próximas duas questões, complete, correta e respectivamente, as lacunas das frases dadas.

(Investigador/SP – 2014 – VUNESP) Segundo a doutrina dominante, a criminologia é uma ciência aplicada que se subdivide em dois ramos: a criminologia_____ que consiste na sistematização, comparação e classificação dos resultados obtidos no âmbito das ciências criminais acerca do seu objeto; e a criminologia_____ que consiste na aplicação dos conhecimentos teóricos daquela para o tratamento dos criminosos.

(A) prática ... social

(B) comparativa ... observativa

(C) geral ... clínica

(D) individual ... científica

(E) metódica ... particular

A classificação tradicional da Criminologia a subdivide em duas espécies, a criminologia geral e a criminologia clínica. A criminologia geral se dedica a aproveitar os resultados obtidos pelas demais ciências criminais acerca dos quatro objetos da criminologia (vítima, crime, criminoso e controle social). A criminologia clínica foca sua atuação no tratamento dos criminosos. Ademais, existem outras classificações da criminologia. Ela pode ser dividida em: científica, aplicada, acadêmica, analítica, crítica ou radical e cultural.

Gabarito "C".

(Investigador/SP – 2014 – VUNESP) A criminologia pode ser conceituada como uma ciência _____, baseada na observação e na experiência, e _____ _____ que tem por objeto de análise o crime, o criminoso, a vítima e o controle social.

(A) exata ... multidisciplinar

(B) objetiva ... monodisciplinar

(C) humana ... unidisciplinar

(D) biológica ... transdisciplinar

(E) empírica ... interdisciplinar

A Criminologia é uma ciência autônoma, empírica e interdisciplinar que tem por objeto de estudo quatro elementos: o crime, o criminoso, a vítima e o controle social.

Gabarito "E".

(Investigador/SP – 2014 – VUNESP) Assinale a alternativa correta em relação a Enrico Ferri.

(A) Foi filósofo, sustentou que a criminologia é fruto da disparidade social; portanto, riqueza e pobreza estão ligadas ao crime.

(B) Foi escritor, criou a teoria da escola clássica da criminologia; utilizou o método lógico dedutível.

(C) Publicou o livro O Homem Delinquente em 1876, descrevendo o determinismo biológico como fonte da personalidade criminosa.

(D) Foi jurista, afirmou que o crime estava no homem e que se revelava como degeneração deste.

(E) Foi autor da obra Sociologia Criminal; para ele a criminalidade deriva de fenômenos antropológicos, físicos e sociais.

A: Incorreta. As teorias que correlacionam desigualdade social com a criminalidade são: teoria crítica, escola de Chicago e teoria da Subcultura Delinquente. B: Incorreta. Os expoentes da Escola Clássica são: Cesare Beccaria, Francesco Carrara e Giovanni Carmignani. C: Incorreta. O autor de "O Homem Delinquente" é Cesare Lombroso. D: Incorreta. O autor que faz essa afirmação é Rafaele Garófalo, também expoente do Positivismo Italiano, ao lado de Cesare Lombroso e Enrico Ferri, tendo desenvolvido a Psicologia Criminal. E: Correta. Ferri escreveu o livro "Sociologia Criminal". Para ele, o delito resulta de diversos fatores: os biológicos e os antropológicos, que seriam as características psíquicas e orgânicas dos indivíduos; os fatores físicos como o clima, temperatura, umidade; e os fatores sociais, como densidade populacional, religião, família, educação etc. Ferri trouxe os fatores sociais à escola Positivista.

Gabarito "E".

(Investigador/SP – 2014 – VUNESP) A escola criminológica que surgiu no século XIX, tendo, entre seus principais autores, Rafaelle Garofalo, e que pode ser dividida em três fases (antropológica, sociológica e jurídica) é a

(A) Escola Positiva.

(B) Terza Scuola Italiana.

(C) Escola de Política Criminal ou Moderna Alemã.

(D) Escola Clássica.

(E) Escola de Lyon.

A: Correta. A Escola Positivista Italiana surge no período iluminista, no século XIX e tem como principais expoentes ou autores Cesare Lombroso, Rafaelle Garófalo e Enrico Ferri. B: incorreta. A Terza Scuela Italiana teve como principais autores Manuel Carnevale, Bernardino Alimena e João Impallomeni e tinha os seguintes pressupostos: diferenciação entre imputáveis e inimputáveis; determinismo na responsabilidade moral; considerar o crime como fenômeno social e individual; considerar a defesa social como finalidade da pena que possui caráter aflitivo. C: Incorreta. A Escola de Política Criminal ou Moderna Alemã, também conhecida como Sociológica Alemã teve como principais autores Franz von Lizst, Adolph Prins e Von Hammel. Os principais elementos desta escola são: utilização de método indutivo-experimental; distinguir imputáveis de inimputáveis e atribuir pena para os primeiro e medida de segurança para os segundos; considerar o crime como fenômeno humano-social e como fato jurídico; considerar a prevenção especial como função da pena; pretendia eliminar ou substituir as pequenas penas privativas de liberdade. D: Incorreta. A Escola Clássica é do mesmo período que a Escola Positiva, porém o principal autor desta escola é Cesare Beccaria. E: Incorreta. A Escola de Lyon também é chamada de Escola Antropossocial ou Criminal-sociológica, era integrada fundamentalmente por médicos. Tal escola se baseia em aspectos biológicos e sociais.

Gabarito "A".

(Investigador/SP – 2014 – VUNESP) A obra Dos Delitos e Das Penas de 1764 foi escrita por

(A) Adolphe Quetelet.

(B) Francesco Carrara.

(C) Giovanni Carmignani.

(D) Cesare Bonesana.

(E) Cesare Lombroso.

A: Incorreta. Adolphe Quetelet foi um matemático que passou a incluir a estatística no estudo da criminologia. Ele alertou para a existência de cifra negra criminal. B: Incorreta. Francesco Carrara é um dos expoentes da Escola Clássica ao lado de Cesare Beccaria. C: Incorreta.

4. CRIMINOLOGIA — 151

Giovanni Carmignani é um dos expoentes da Escola Clássica ao lado de Cesare Beccaria. **D:** Correta. Cesare Bonesana é o nome de Cesare Beccaria, autor a importante obra "Dos Delitos e das Penas", da Escola Clássica. **E:** Incorreta. A principal obra de Cesare Lombroso é "O Homem Delinquente".
Gabarito "D".

(Investigador/SP – 2014 – VUNESP) A distinção entre imputáveis e inimputáveis, a responsabilidade moral baseada no determinismo, o crime como fenômeno social e individual e a pena com caráter aflitivo, cuja finalidade é a defesa social, são características da

(A) *Terza Scuola* Italiana.

(B) Escola Moderna Alemã.

(C) Escola Positiva.

(D) Escola Clássica.

(E) Escola Tradicional.

A: Correta. A *Terza Scuela* Italiana teve como principais autores Manuel Carnevale, Bernardino Alimena e João Impallomeni e tinha os seguintes pressupostos: diferenciação entre imputáveis e inimputáveis; determinismo na responsabilidade moral; considerar o crime como fenômeno social e individual; considerar a defesa social como finalidade da pena que possui caráter aflitivo. **B:** Incorreta. A Escola de Política Criminal ou Moderna Alemã, também é conhecida como Sociológica Alemã. Os principais elementos desta escola são: utilização de método indutivo--experimental; distinguir imputáveis de inimputáveis e atribuir pena para os primeiro e medida de segurança para os segundos; considerar o crime como fenômeno humano-social e como fato jurídico; considerar a prevenção especial como função da pena; pretendia eliminar ou substituir as pequenas penas privativas de liberdade. **C:** Incorreta. A escola positivista teve três grandes autores: Cesare Lombroso (antropologia criminal), Rafaele Garófalo (psicológica) e Enrico Ferri (sociológica). Para Lombroso – principal autor desta escola – as características biológicas são determinantes da delinquência. **D:** Incorreta. A Criminologia pode ser dividida em Tradicional e Crítica. Existe uma diferença fundamental entre as duas. Enquanto a primeira se ocupa de compreender as causas da criminalidade, a segunda altera o paradigma e questiona as reações sociais ao crime.
Gabarito "A".

(Investigador/SP – 2014 – VUNESP) Pode-se afirmar que o pensamento criminológico moderno é influenciado por uma visão de cunho funcionalista e uma de cunho argumentativo, que possuem, como exemplos, a Escola de Chicago e a Teoria Crítica, respectivamente. Essas visões também são conhecidas como teorias

(A) da ecologia criminal e do transtorno.

(B) do consenso e do conflito.

(C) do conhecimento e da pesquisa.

(D) da formação e da dedução.

(E) do estudo e da conclusão.

Existem duas principais correntes da sociologia criminal: do consenso e do conflito. As escolas do consenso são de cunho funcionalista e também são chamadas de teorias da integração. As escolas do consenso entendem que as sociedades são compostas por elementos perenes, integrados, funcionais, estáveis. Por sua vez, as teorias do conflito são de cunho argumentativo e identificam a coerção como elemento central para garantia da coesão social. Para essa corrente, as lutas de classes ou de ideologias estão presentes nas sociedades. As principais escolas do consenso são: escola de Chicago, teoria da Associação Diferencial, teoria da Anomia e teoria da Subcultura Delinquente. As principais escolas do conflito são: teoria do *Labelling Approach* e teoria Crítica.
Gabarito "B".

(Investigador/SP – 2014 – VUNESP) A teoria do *labelling approach* é uma das mais importantes teorias do conflito. Surgiu na década de 60 nos Estados Unidos da América e tem, como um de seus principais autores, Howard Becker. Essa teoria também é conhecida como teoria

(A) cultural ou de modismo.

(B) da associação diferencial ou *white colar crimes*.

(C) do estudo ou da pesquisa.

(D) do etiquetamento ou da rotulação.

(E) da anomia ou da subcultura delinquente.

A teoria do *Labelling Aproach* também é conhecida como teoria do etiquetamento ou da rotulação, pois desloca o problema criminológico do plano da ação para o da reação (dos *bad actors* para os *powerful reactors*), demonstrando que a verdadeira característica comum dos delinquentes é a resposta dada pelas instâncias de controle, que rotulam (etiquetam) o autor do delito. A teoria da Associação diferencial traz o conceito de *white colar crimes*. Para essa teoria, o homem aprende a conduta desviante e associa-se com referência nela. Crime de colarinho branco (*white colar crimes*) é aquele cometido no âmbito da profissão por pessoa de respeitabilidade e elevado *status* social. A teoria da anomia tem como principais autores Émile Durkheim e Robert Merton e tem como mérito considerar o delito como fenômeno normal das sociedades e não necessariamente ruim. A teoria da subcultura delinquente estuda a formação de subculturas criminais. Para essa teoria, as gangues de jovens formam-se como reação à sensação de frustração por conta da impossibilidade de alcançar as metas da sociedade branca, protestante e anglo-saxã, (conhecida pela sigla em inglês W.A.S.P.).
Gabarito "D".

(Investigador/SP – 2014 – VUNESP) Uma das primeiras classificações, de forma sintética, da vítima em grupos, quanto à sua participação ou provocação no crime foi: vítima inocente, vítima provocadora e vítima agressora, simuladora ou imaginária. Essa classificação é atribuída a

(A) Cesare Lombroso.

(B) Hans von Hentig.

(C) Benjamim Mendelsohn.

(D) Kurt Schneider.

(E) Hans Gross.

A classificação de Mendelsohn considera a participação ou a provocação da vítima e divide-se em três grandes grupos: 1) Vítima ideal ou inocente; 2) Vítima provocadora; 3) Vítima como única culpada ou agressora, simuladora ou imaginária. Dentro do grupo das "vítimas provocadoras" existem três tipos de vítimas: as vítimas menos culpadas que os criminosos (*ex ignorantia*); as vítimas tão culpadas quanto os criminosos e as vítimas mais culpadas que os criminosos.
Gabarito "C".

(Investigador/SP – 2014 – VUNESP) Quando ocorre a falta de amparo da família, dos colegas de trabalho e dos amigos, e a própria sociedade não acolhe a vítima, incentivando-a a não denunciar o delito às autoridades, ocorrendo o que se chama de cifra negra, está-se diante da vitimização

(A) caracterizada.

(B) secundária.

(C) descaracterizada.

(D) primária.

(E) terciária.

A vitimização terciária decorre da falta de amparo dos órgãos do Estado para com a vítima e da própria comunidade, família e amigos. Por

exemplo, a pessoa que é vítima de violência sexual necessita de amparos médicos e psicológicos e o Estado não fornece esse serviço. A pessoa também é, por vezes, hostilizada pela comunidade em geral pelo crime que sofreu e, por vezes, deixa de registrar a ocorrência, contribuindo para o aumento da "cifra negra". Tem-se, ainda, a vitimização primária e a secundária: a vitimização primária é provocada pelo cometimento do crime e corresponde aos danos causados pelo fato de ter sido vítima daquele crime. A vitimização secundária é decorrente da interação com as instâncias formais de controle social. Essa interação com o sistema de justiça criminal causa um sofrimento adicional à vítima.
Gabarito "E".

(Investigador/SP – 2014 – VUNESP) A reparação dos danos e a indenização dos prejuízos à vítima são vistas pela doutrina como

(A) uma importante tendência político-criminal observada na Lei n.º 9.099/95.

(B) um problema que cabe apenas ao Direito Civil tratar.

(C) uma teoria que vê a vítima como uma parte autossuficiente no crime.

(D) algo obsoleto, que não cabe mais sua discussão.

(E) um fato que serve exclusivamente como base para cálculo da pena do criminoso.

Com a proibição da autotutela pelo Direito Romano, a vítima foi sendo deixada de lado pelo direito penal. Quando o Estado assume o papel de impositor das penas, a vítima perde seu papel de protagonista e passa a desempenhar um papel diminuto. A preocupação com a vítima retorna após a 2ª Guerra Mundial. A partir deste momento, a vítima passa a retomar um papel importante nos processos penais, mas de forma gradual e lenta. No Brasil o papel da vítima é ainda bastante reduzido, se restringindo, na maior parte das vezes, à postura de testemunha. Existem alguns exemplos em que a vítima assume papel mais importante, como nos crimes contra a honra. Nesses delitos a legislação brasileira prevê a opção de que o autor do fato se retrate ou peça desculpas para a vítima. Também existe a figura de assistente de acusação, que pode ser desempenhado pela vítima. A justiça restaurativa, por exemplo, que ainda é muito pouco aplicada no Brasil, mas é mais utilizada em outros países, coloca o agressor e a vítima para conversarem e a torna protagonista do processo. Os Juizados Especiais Criminais, criados pela Lei 9.099/1995, se inspira no modelo consensuado de política criminal onde a vítima começa a ver redescoberta na medida em que o novo sistema preocupou-se com a reparação dos danos sofridos. Sendo assim, a reparação dos danos e indenização pelos prejuízos é uma importante tendência da política criminal, que ganha força no Brasil com a entrada em vigor da Lei 9.099/95.
Gabarito "A".

(Investigador/SP – 2014 – VUNESP) Entende-se como controle social o conjunto de mecanismos e sanções sociais que visam submeter o homem aos modelos e normas do convívio comunitário. Desta forma, são exemplos de influências no controle social informal:

(A) Administração Penitenciária, PROCON e Judiciário.

(B) Polícia Militar, Ministério Público e Guarda Municipal.

(C) Tribunal de Contas, Forças Armadas e Ordem dos Advogados do Brasil.

(D) Família, Escola e Igrejas.

(E) Partidos Políticos, Conselho Tutelar e Polícia Civil.

O controle social informal decorre de fontes não estatais, de instâncias sociais de controle que não correspondem a estrutura do Estado, como a família, a comunidade religiosa, a escola, os clubes e a opinião pública. Quando as instâncias de controle social informais falham é que as instâncias formais de controle atuam, pois são mais eficientes do que o controle social formal.
Gabarito "D".

(Investigador/SP – 2014 – VUNESP) É órgão da segunda seleção da instância formal de controle social:

(A) Ministério Público.

(B) Polícia Judiciária.

(C) Poder Judiciário.

(D) Administração Penitenciária.

(E) Polícia Administrativa.

O controle social formal decorre de fontes estatais. É o controle realizado pela polícia, ministério público, judiciário, exército, administração penitenciária, entre outros. O controle penal é primeiro realizado pela polícia e em segundo lugar pelo Ministério Público.
Gabarito "A".

(Investigador/SP – 2014 – VUNESP) Médico legista, psiquiatra e antropólogo brasileiro, considerado o *Lombroso dos Trópicos*. A personalidade mencionada refere-se a

(A) Luís da Câmara Cascudo.

(B) Raimundo Nina Rodrigues.

(C) Mário de Andrade.

(D) Oswaldo Cruz.

(E) Fernando Ortiz.

Raimundo Nina Rodrigues viveu de 1862 até 1906. Seu primeiro livro publicado foi "As raças humanas e a responsabilidade penal no Brasil", em 1894. Esta obra marca o início da trajetória de Nina Rodrigues na antropologia criminal. Tal livro tecia diversas críticas ao recém aprovado Código Penal, de 1984. As teorias de Lombroso, Ferri e Garófalo aportaram no Brasil por volta dos anos 1870. Nina adotou a teoria do darwinismo social e negou o modelo evolucionista social. Ele considerava a teoria lombrosiana em seus estudos, uma das razões por ter recebido o apelido de "Lombroso dos Trópicos". Para Nina Rodrigues a questão racial era essencial para a atribuição de responsabilidade penal. Para ele, a responsabilização penal deveria levar em consideração a etapa de desenvolvimento de cada raça, sendo assim, o Código Penal não poderia ser único, já que a população não era.
Gabarito "B".

(Investigador/SP – 2014 – VUNESP) Cesare Bonesana, Francesco Carrara e Giovanni Carmignani foram autores da corrente doutrinária da história da Criminologia denominada

(A) Escola Clássica.

(B) *Terza Scuola* Italiana.

(C) Escola Moderna Alemã.

(D) Escola Positiva.

(E) Escola de Chicago.

A: Correta. Cesare Bonesana (mais conhecido como Cesare Beccaria), Francesco Carrara e Giovanni Carmignani são os expoentes da Escola Clássica. **B:** Incorreta. A *Terza Scuela* Italiana teve como principais autores Manuel Carnevale, Bernardino Alimena e João Impallomeni **C:** Incorreta. Os principais autores da Escola Moderna Alemã foram: Franz von Lizst, Adolph Prins e Von Hammel. **D:** Incorreta. Os principais autores da Escola Positiva foram: Cesare Lombroso, Rafaele Garofálo e Enrico Ferri. **E:** Incorreta. Os principais autores da Escola de Chicago foram William Thomas, Robert Park, Ernest Burgess.
Gabarito "A".

(Investigador/SP – 2014 – VUNESP) A corrente do pensamento criminológico, que teve por precursor Filippo Gramatica e fundador Marc Ancel, a qual apregoa que o delinquente deve ser educado para assumir sua responsabilidade para com a sociedade, a fim de possibilitar saudável convívio de todos (pedagogia da responsabilidade), é denominada

4. CRIMINOLOGIA

(A) Janelas Quebradas (*Broken Windows*).

(B) Escola Antropológica Criminal.

(C) Nova Defesa Social.

(D) Criminologia Crítica.

(E) Lei e Ordem.

A: Incorreta. A teoria das Janelas Quebradas é de autoria de James Wilson e George Kelling e foi publicada em 1982, nos EUA. Tal teoria parte da premissa de que existe uma íntima correlação entre desordem e criminalidade. **B:** Incorreta. O principal expoente da Antropologia Criminal é Cesare Lombroso. Tal teoria entende que características biológicas e físicas são determinantes para a delinquência. **C:** Correta. A Nova Defesa Social tem por objetivo a proteção da sociedade, a punição não somente com o fim de castigar, mas de reeducar o criminoso para que não volte a delinquir, preservando a noção de pessoa humana dos delinquentes. **D:** Incorreta. Os principais autores da Criminologia Crítica são: Ian Taylor, Paul Walton e Jock Young. A Criminologia Crítica traz uma mudança de paradigma ao buscar compreender por que algumas pessoas são selecionadas pelo sistema penal e outras não. É de cunho marxista e entende o criminoso como fruto de um sistema econômico e social desigual. **E.** Incorreta. O movimento da "lei e ordem", também conhecido como política da "tolerância zero" advém da teoria das "janelas quebradas" e tem por objetivo punir severamente pequenas infrações, com o fim de prevenção geral.

Gabarito "C".

(Investigador/SP – 2014 – VUNESP) Do ponto de vista criminológico, a conduta dos membros de facções criminosas, das gangues urbanas e das tribos de pichadores são exemplos da teoria sociológica da(o)

(A) abolicionismo penal.

(B) subcultura delinquente.

(C) identidade pessoal.

(D) minimalismo penal.

(E) predisposição nata à criminalidade.

A teoria da subcultura delinquente estuda a formação de subculturas criminais. Para essa teoria, as gangues de jovens formam-se como reação à sensação de frustração por conta da impossibilidade de alcançar as metas da sociedade branca, protestante e anglo-saxã, (conhecida pela sigla em inglês W.A.S.P.). A teoria surge após a 2ª Guerra Mundial, momento em que os Estados Unidos cresceram muito economicamente e a população estava tomada por um sentimento de confiança na democracia e nas instituições. A figura paterna era central nos núcleos familiares, representava a autoridade dentro do lar e era responsável por estabelecer a ordem. Mas, nos anos 1950, os jovens, especialmente negros, perceberam que não conseguiriam alcançar o ideal americano. Perceberam que se tornar rico era uma realidade para muito poucos. A desilusão tomou conta dos jovens que passaram a contestar todo o modelo, inclusive a figura paterna. Esse período marca a falência do *american dream*. O choque entre a cultura e a estrutura social – que não fornecia as condições sociais de acesso aos bens sociais para todos – cria uma espécie de desilusão com relação ao sistema de vida americano. Para essa teoria, os valores são adotados por sua forma invertida, como forma de contestação ao ideal da sociedade dominante. Sendo assim, essas *gangs* cultuam a destruição para fazer oposição aos jovens de classe média que cultuam a propriedade. A Subcultura Delinquente é um comportamento de transgressão que é determinado por um subsistema de conhecimento, crenças e atitudes que possibilitam, permitem ou determinam formas particulares de comportamento transgressor em situações específicas. A subcultura não é uma manifestação delinquencial isolada, ao contrário, a subcultura delinquente tem como característica, justamente, a dimensão coletiva.

Gabarito "B".

(Investigador/SP – 2014 – VUNESP) A autorrecriminação da vítima pela ocorrência de um crime, por meio da busca por causas que, eventualmente, tornaram-na responsável pelo delito, é denominada

(A) homovitimização.

(B) heterovitimização.

(C) vitimização primária.

(D) vitimização secundária.

(E) vitimização terciária.

A heterovitimização é justamente o fenômeno em que a vítima de um delito se acha responsável pelo próprio delito. A vitimização primária é provocada pelo cometimento do crime e corresponde aos danos (materiais, psicológicos e físicos) sofridos pelo fato de ter sido vítima daquele crime. A vitimização secundária é decorrente da interação com as instâncias formais de controle social. A vitimização terciária decorre da falta de amparo dos órgãos do Estado para com a vítima e da hostilidade que sofre por parte da comunidade em geral.

Gabarito "B".

(Investigador/SP – 2014 – VUNESP) O indivíduo que é lesado por um estelionatário, o qual aplica-lhe o clássico golpe do "bilhete premiado", é considerado, de acordo com a classificação proposta por Mendelsohn, vítima

(A) exclusivamente culpada.

(B) inocente.

(C) tão culpada quanto o criminoso.

(D) menos culpada do que o criminoso.

(E) mais culpada do que o criminoso.

A classificação de Mendelsohn considera a participação ou a provocação da vítima e divide-se em três grandes grupos: 1) Vítima ideal ou inocente. 2) Vítima provocadora. Dentro desse grupo existem três tipos de vítimas: as vítimas menos culpadas que os criminosos (*ex ignorantia*); as vítimas tão culpadas quanto os criminosos e as vítimas mais culpadas que os criminosos. 3) Vítima como única culpada ou agressora, simuladora ou imaginária. No caso do golpe do bilhete premiado, a vítima é tão culpada quanto o criminoso, por ter se deixado levar por uma história irreal.

Gabarito "C".

(Investigador/SP – 2014 – VUNESP) O estudo da contribuição da vítima na ocorrência de um crime, e a influência dessa participação na dosimetria da pena, é denominado

(A) vitimodogmática.

(B) perigosidade criminal.

(C) infortunística.

(D) círculo restaurativo.

(E) *iter victimae*.

Para a Vitimologia, o Direito Penal deve incluir o comportamento da vítima na teoria do delito. De acordo com algumas definições de vítimas, o seu comportamento pode provocar ou precipitar o desenvolvimento do crime. A vitimodogmática deve utilizar em seus estudos questões como o consentimento do ofendido, a concorrência de culpa e a provocação da vítima que devem ser incluídos nas análises da dosimetria da pena, da tipicidade, da ilicitude e da culpabilidade.

Gabarito "A".

(Investigador/SP – 2014 – VUNESP) O modelo de resposta ao delito que foca na punição do criminoso, proporcional ao dano causado, mediante um Estado atuante e intimidatório, denomina-se

(A) padrão consensual.

(B) modelo ressocializador.

(C) modelo segregador.

(D) padrão associativo.

(E) modelo dissuasório.

A teoria da reação social ou os modelos de reação ao crime partem do pressuposto de que uma ação criminal provoca uma reação estatal. São três as espécies de reação estatal: 1) Modelo ressocializador que atua na vida do criminoso, não apenas com a aplicação da punição, mas reduzindo a reincidência, por meio da ressocialização; 2) Modelo restaurador ou integrador que busca restabelecer a situação anterior ao cometimento do crime e tem o objetivo de reparar o dano causado à vítima e à comunidade; 3) Modelo dissuatório ou do direito penal clássico que tem como objetivo a repressão ao crime por meio da aplicação da punição (apenas aos imputáveis e semi-imputáveis). Neste modelo, a taxa de criminalidade está diretamente associada à potência da ameaça penal, ou seja, do *quantum* de pena estabelecido pelo legislador para aquela conduta.

Gabarito "E".

(Investigador/SP – 2014 – VUNESP) Fruto da tendência atual da política penal brasileira, verifica-se que as tradicionais penas privativas de liberdade vêm sendo substituídas por medidas alternativas, tais como multa e obrigação de prestação de serviços à comunidade.

O fenômeno mencionado é denominado

(A) desconstitucionalização.

(B) descarcerização.

(C) descriminalização.

(D) juridicização.

(E) desjudicialização.

Tal fenômeno recebe esse nome por atribuir uma sanção penal ao autor do crime, mas uma sanção que não seja privativa de liberdade, ou seja, não encarceradora. Por essa razão, esse fenômeno recebe o nome de descarcerização. Tal fenômeno ficou mais comum com a reforma do Código Penal de 1998, que estabeleceu a substituição da pena privativa de liberdade por restritiva de direitos quando cumpridos alguns requisitos (arts. 43 e seguintes). Tal fenômeno também ganhou novo fôlego com a aprovação da Lei 12.403/2011 que aumenta o rol de medidas cautelares desencarceradoras.

Gabarito "B".

(Investigador/SP – 2014 – VUNESP) Sobre o prognóstico criminológico estatístico, é correto afirmar que consiste em uma

(A) certeza de um indivíduo delinquir, em razão de dados estatísticos coletados.

(B) probabilidade de um indivíduo delinquir, em razão de dados estatísticos coletados.

(C) certeza de um criminoso reincidir, em razão de dados estatísticos coletados.

(D) probabilidade de um criminoso reincidir, em razão de dados estatísticos coletados.

(E) avaliação médica imediata e preliminar acerca de uma enfermidade ou estado psicológico, com base na observação momentânea do criminoso.

O prognóstico criminológico tem por objetivo analisar se uma pessoa irá reincidir. Nesse sentido, o prognóstico criminal trata de uma probabilidade de reincidência e não de certeza, pois isso é impossível (diz-se que os profissionais não têm bola de cristal). O prognóstico criminal pode ser feito com base em dados estatísticos ou pode ser do tipo clínico. O prognóstico criminal baseado na estatística serve para orientar o estudo de determinado delito e seus autores, mas não

é suficiente para a previsão da reincidência. Para tanto, é necessário conjugar fatores psicoevolutivos, jurídico-penais e ressocializantes. O prognóstico criminal clínico é realizado por uma equipe interdisciplinar (médicos, psicólogos, assistentes sociais e etc.) e busca uma compreensão mais ampla do indivíduo.

Gabarito "D".

(Delegado – PC/RS – FUNDATEC – 2018) A partir da Modernidade, constituíram-se os movimentos e as escolas criminológicas que se concentraram no estudo da criminalidade e da criminalização dos comportamentos, levando em consideração a causa dos delitos. Fatores como a biotipologia humana e o meio ambiente são associados à prática dos delitos. Todavia, pode-se afirmar que uma teoria, em especial, rompe com esse padrão e não recai na análise causal do delito, mas, sim, na análise dos processos de criminalização e do funcionamento das agências de punitividade. Tal teoria é a:

(A) Do etiquetamento.

(B) Positivista do "homem delinquente".

(C) Sociológica do desvio.

(D) Evolucionista da espécie.

(E) Social da ação.

A: correta. A teoria do etiquetamento, ou o labelling approach, rompe com os paradigmas anteriores, a partir, sobretudo, da obra Outsiders, de Howard Becker. Se, até aquele momento, a Criminologia se voltava sobretudo ao sujeito criminoso e à análise do crime como realidade ontológica, a teoria do etiquetamento defende que, de um lado, certas condutas são "etiquetadas" ou "rotuladas" como "criminosas" – não porque o sejam ontologicamente, mas porque houve uma escolha racional nesse sentido. De outro lado, certas pessoas, uma vez capturadas pelas malhas do sistema punitivo, são também "etiquetadas" ou "rotuladas" como "criminosas" – não por serem " naturalmente más", mas porque o próprio sistema estabelece o "bom" e o "mau"; B: incorreta. A teoria positivista, cujo principal expoente é Cesare Lombroso (autora da obra O Homem Delinquente, à qual a alternativa faz referência), volta-se ao homem e a suas características biotipológicas, procurando aí a causa do crime. Portanto, a teoria positivista não rompe o padrão descrito no enunciado, mas exemplifica tal padrão; C: incorreta. Item que traz confusão. Isso porque há uma estreita proximidade entre a teoria do etiquetamento e a teoria sociológica do desvio. Veja-se, por exemplo, que o subtítulo em português da obra Outsiders, de Becker, é "estudos sobre a sociologia do desvio". Desvinculando-se da realidade ontológica-filosófica do crime, a teoria do etiquetamento se volta à reação social, aos processos sociais de rotulação de condutas e, portanto, à Sociologia. Assim, a teoria sociológica do desvio, intimamente ligada à teoria do etiquetamento, é também, sem margem para dúvida, uma ruptura com o padrão criminológico descrito no enunciado. A presença deste item torna, em nosso entender, anulável a questão; D: incorreta. A teoria evolucionista da espécie, de Charles Darwin, não tem qualquer relação com a presente discussão, nem com a Criminologia. É simplesmente uma teoria biológica sobre a evolução da vida; E: incorreta. A teoria social da ação, que encontra em Jescheck um de seus maiores expoentes, é uma teoria própria ao Direito Penal, e não à Criminologia. Visa a corrigir e modificar em certos aspectos a teoria finalista da ação. Não merece, aqui, comentário aprofundados, uma vez que é tema estranho à Criminologia propriamente dita, devendo ser estudada em Direito Penal.

Gabarito "A".

(Delegado – PC/RS – FUNDATEC – 2018) A Criminologia é definida tradicionalmente como a ciência que estuda de forma empírica o delito, o delinquente, a vítima e os mecanismos de controle social. Os autores que fundaram a Criminologia Positivista são:

4. CRIMINOLOGIA

(A) Cesare Lombroso, Enrico Ferri e Raffaele Garofalo.
(B) Franz Von Liszt, Edmund Mezger e Marquês de Beccaria.
(C) Marquês de Beccaria, Cesare Lombroso e Michel Foucault.
(D) Cesare Lombroso, Enrico Ferri e Michel Foucault.
(E) Enrico Ferri, Michel Foucault e Nina Rodrigues.

A: correta. O trio sempre citado quando se fala em Positivismo criminológico é: Lombroso, Ferri e Garofalo. Cesare Lombroso, o marquês de Beccaria, é conhecido como "o pai da Criminologia", sendo até hoje muito estudada sua obra máxima, O Homem Delinquente. Ferri e Garofalo, embora cada um a seu modo e em sua perspectiva, seguiram os passos de Lombroso, buscando, na linha do Positivismo, analisar o crime como realidade ontológica, bem como explicações científicas para o comportamento criminoso, em si tomado como mau; B: incorreta. Marquês de Beccaria: assim é conhecido Cesare Beccaria, ícone do período clássico do Direito Penal, autor de Dos Delitos e das Penas. Mezger e Von Liszt, por seu turno, são teóricos do Direito Penal e importantíssimos autores da dogmática penal. Não são, portanto, criminólogos; C: incorreta. Marquês de Beccaria, como dito, é o autor de Dos Delitos e das Penas e principal expoente da escola clássica do Direito Penal. Michel Foucault, por sua vez, foi um filósofo francês que teceu severas críticas ao sistema de justiça como um todo, e ao sistema carcerário em particular, sendo célebre, neste contexto, sua obra Vigiar e Punir. Em oposição radical a Lombroso, Foucault jamais enxerga o crime como realidade ontológica ou o criminoso como alguém intrínseca e biologicamente mau; antes, lança severas condenações contra tudo o que considera construção sociocultural feita por quem tem o poder de "construir verdades"; D: incorreta. Lombroso e Ferri são expoentes do Positivismo. Foucault, como dito, é ferrenho opositor do positivismo. Sobre o filósofo francês, ler comentário à alternativa "C"; E: incorreta. Sobre Ferri e Foucault, ver comentários acima. Raimundo Nina Rodrigues, por seu turno, foi importante antropólogo brasileiro do início do século XX, bastante influenciado pelo trabalho de Lombroso. Porém, embora se possa argumentar que se tratou de um criminólogo positivista, e pioneiro no Brasil, não foi Nina Rodrigues, certamente, um dos fundadores da Criminologia Positivista – sendo este papel, como já dito, atribuído a Lombroso, Ferri e Garofalo.

Gabarito "A".

(Delegado – PC/RS – FUNDATEC – 2018) A afirmação criminológica "(...) o desvio não é uma qualidade do ato cometido pela pessoa, senão uma consequência da aplicação que os outros fazem das regras e sanções para um 'ofensor'" tem por função indagar:

(A) Quem é definido por desviante?
(B) Quem é o criminoso?
(C) Por que o criminoso comete crime?
(D) Quem é a vítima do criminoso?
(E) Quando o desvio irá acontecer?

A: correta. Embora a questão, em nosso entender, traga formulação pouco consistente e clara, deve-se notar que a afirmação trazida no enunciado se vincula às teorias do etiquetamento e à reação social. Há sinal disso ao tratar o crime como "desvio"; ou seja: o crime não é uma realidade em si má, mas apenas um ato que, por convenção, se considera um desvio em relação ao padrão estabelecido. Da mesma forma, a alternativa "A" não chama o sujeito que comete crime de "criminoso", mas de "desviante". Assim, há uma correspondência entre enunciado e alternativa, e o que a questão pretende sugerir é que, segundo a perspectiva criminológica do etiquetamento e da reação social, o "crime" e o "criminoso" são construções sociais, e é, portanto, a própria sociedade que define o desviante; B: incorreta. Ler comentário acima. Na perspectiva do etiquetamento e da reação social, não se indaga quem é o criminoso – essa questão é própria à Criminologia Positivista; C: incorreta. Novamente, quem se debruçará sobre a questão "Por que o criminoso comete crime?" são a Criminologia Positivista, a Psicologia Criminal ou a Psiquiatria Forense, e não os teóricos do etiquetamento ou da reação social; D: incorreta. A área da Criminologia que investiga a vítima é a vitimologia. Não há qualquer relação, porém, com o enunciado; E: incorreta. Novamente, não há qualquer relação com o enunciado. Aliás, não há qualquer área da Criminologia capaz de pretender responder quando o crime irá ocorrer, pela óbvia razão de que o crime é acontecimento imprevisível.

Gabarito "A".

(Delegado – PC/RS – FUNDATEC – 2018) A representação artística a seguir aborda uma mesma temática (vício) sob duas perspectivas: tradicional e contemporânea. Dessa observação, resta evidenciado um novo padrão de comportamento humano, despertado pelo advento da tecnologia. Em suma, a imagem comunica uma crítica sobre a sociedade e o modo de vida atuais.

No mesmo sentido, é a criminologia _____, como derivação da criminologia _____, que insere novos temas, ícones e símbolos criminais na interpretação do processo de seleção de condutas humanas como típicas e suas formas de resposta ao delito.

Assinale a alternativa que preenche, correta e respectivamente, as lacunas do trecho acima.

(A) cultural – crítica
(B) cibernética – positiva
(C) crítica – cultural
(D) positivista – crítica
(E) científica – positivista

A: correta. Interessante questão que aborda a chamada Criminologia Cultural. Com efeito, a Criminologia Cultural deriva da Criminologia Crítica, na medida em que compartilha de suas construções teóricas sobre ser o crime, resumidamente, realidade construída pelas classes poderosas – inclusive com poder legiferante –, como instrumento de manutenção do próprio poder e de submissão das classes marginalizadas. Nesse contexto, aparece a Criminologia Cultural, questionando quais os universos culturais dominantes e marginalizados, e quais as implicações da cultura nos processos de criminalização; B: incorreta. Embora, na atualidade, já haja quem fale em "criminologia cibernética", ainda está longe de ser um ramo de relevo no campo criminológico. De todo modo, o enunciado, ao falar em "processo de seleção de condutas", não dialoga em qualquer medida com o Positivismo, constatação suficiente para a conclusão de que a presente alternativa é errada; C: incorreta. Neste item, há uma inversão: não é a Criminologia Crítica que deriva da Cultural, mas a Cultural que deriva da Crítica. Ler comentário feito à alternativa "A"; D: incorreta. A Criminologia Positivista e Criminologia Crítica não dialogam em qualquer nível, sendo absurdo dizer que uma deriva da outra. Aliás, a criminologia positivista confunde-se com a origem mesma da Criminologia, não sendo, definitivamente, derivada da Crítica, que apenas surge em momento bastante posterior; E: incorreta. Novamente, deve-se notar que o enunciado faz referência a um "processo de seleção de condutas", bem como sugere que a criminalização de condutas acompanha as mutações culturais. Tudo isso é radicalmente diverso da Criminologia Positivista e do cientificismo criminológico, que se pautaram, historicamente, por abordar o crime e o criminoso como constantes, como realidades ontológicas, filosóficas, científicas ou biológicas, alheando-se completamente da investigação sobre influências culturais nas leis penais ou no processo de criminalização.

Gabarito "A".

(Delegado – PC/RS – FUNDATEC – 2018) Observe os seguintes casos e responda ao comando da questão:

• Amanda, adolescente negra, vive com medo e deixou de adicionar amigos em seu perfil nas redes sociais. Mesmo assim, sofre agressões de outras jovens que enviam mensagens adjetivando-a como "nojenta, nerd e lésbica".

• Pedro, 20 anos, transgênero, teve uma foto sua publicada sem autorização na internet. A imagem resultou em uma montagem depreciativa do seu corpo e acabou "viralizando" na rede. Muitas pessoas postaram mensagens dizendo que se fosse com elas, se matariam. Sob influência da grande repercussão e das mensagens enviadas até por desconhecidos, Pedro praticou suicídio. O ato foi transmitido ao vivo pelas redes sociais e, também, noticiado por outros veículos de mídia.

Uma investigação desses acontecimentos orientada pelos saberes criminológicos contemporâneos, levaria em consideração:

I. Os padrões da heteronormatividade e da cultura homofóbica.
II. As maneiras como as pessoas transgêneros são tratadas pelo sistema de justiça criminal.
III. As diferentes ordens normativas que influenciam a vida das pessoas.
IV. O contexto global, a política e as relações de poder sobre todas as pessoas.
V. A construção dos homens como violentos e das mulheres como vítimas.

Quais estão corretas?

(A) As assertivas I, II, III, IV e V, posto que se referem às criminologias queer e feminista.
(B) Apenas as assertivas I, II e III, porque as demais não são temáticas criminológicas.
(C) Apenas as assertivas IV e V, porque as outras não são válidas na criminologia.
(D) Nenhuma das assertivas, já que nenhuma se relaciona com a criminologia.
(E) Apenas a assertiva III, porque a ordem normativa se relaciona com o direito penal.

I. correta. As criminologias queer e feminista, que podem ser encaradas como desdobramentos da Criminologia Crítica, voltam-se, a partir das bases criminológicas, à realidade enfrentada por populações historicamente submetidas a padrões culturais machistas, heteronormativos e homofóbicos. A segunda situação descrita, de Pedro, retrata exatamente os padrões heteronormativos e homofóbicos descritos na assertiva "I"; II. correta. A criminologia queer certamente investiga a maneira como as pessoas transgêneros são tratadas não apenas pelo sistema de justiça,

mas pela sociedade como um todo. Deve-se destacar que, atualmente, é considerado um ramo criminológico de relevo; III. correta. Trata-se, aqui, de uma assertiva bastante abrangente, mas verdadeira. A Criminologia Crítica em geral, e a feminista e queer em particular, têm em mente que as pessoas se submetem a diversas ordem normativas, não apenas jurídicas, mas também culturais – potencializadas, certamente, pelas redes sociais e o influxo de opiniões muitas vezes conflitantes. É própria à crítica a abertura a uma multiplicidade de discursos muitas vezes dissonantes; IV: correta. Novamente estamos diante de assertiva abrangente. O contexto global, a política e as relações de poder estão no centro da investigação da Criminologia Crítica e de seus desdobramentos – no que diferem radicalmente, por exemplo, da Criminologia Positivista; V. correta. Deve-se notar que a presente assertiva não afirma que homens são violentos e mulheres são vítimas – ideia que seria contrária às criminologias feminista e queer. Diz a assertiva que a cultura dominante construiu a figura do homem violento e da mulher vítima. A Criminologia Crítica e seus desdobramentos (como a feminista e a queer) se atribuem a missão de desconstruir tais ideias.

Gabarito "A".

(Escrivão – PC/MG – FUMARC – 2018) A relação entre Criminologia e Direito Penal está evidenciada de forma CORRETA em:

(A) A Criminologia aproxima-se do fenômeno delitivo, sendo prescindível a obtenção de uma informação direta desse fenômeno. Já o Direito Penal limita interessadamente a realidade criminal, mediante os princípios da fragmentariedade e da seletividade, observando a realidade sempre sob o prisma do modelo típico.
(B) A Criminologia e o Direito Penal são disciplinas autônomas e interdependentes, e possuem o mesmo objetivo com meios diversos. A Criminologia, na atualidade, erige-se em estudos críticos do próprio Direito Penal, o que evita qualquer ideia de subordinação de uma ciência em cotejo com a outra.
(C) A Criminologia tem natureza formal e normativa. Ela isola um fragmento parcial da realidade, a partir de critérios axiológicos. Por outro lado, o Direito Penal reclama do investigador uma análise totalizadora do delito, sem mediações formais ou valorativas que relativizem ou obstaculizem seu diagnóstico.
(D) A Criminologia versa sobre normas que interpretam em suas conexões internas, sistematicamente. Interpretar a norma e aplicá-la ao caso concreto, a partir de seu sistema, são os momentos centrais da Criminologia. Por isso, ao contrário do Direito Penal, que é uma ciência empírica, a Criminologia tem um método dogmático e seu proceder é dedutivo sistemático.

A: incorreta. A Criminologia aproxima-se do fenômeno delitivo de maneira transdisciplinar, buscando captar suas diferentes facetas e, atualmente, tendo por foco, sobretudo, os instrumentos da crítica. Assim, busca a aproximação efetiva do fenômeno delitivo, não sendo prescindível uma informação direta. O Direito Penal, de seu turno, baseia-se no princípio da fragmentariedade, uma vez que é ramo fragmentário do Direito ou, como diz o jargão, é a ultima ratio. No entanto, a seletividade não é um princípio do Direito Penal. Na realidade, é a Criminologia Crítica que entende ser o Direito Penal seletivo, na medida em que tem uma "clientela preferencial": as populações vulneráveis e marginalizadas; B: correta. A Criminologia e o Direito Penal são disciplina autônomas, embora se relacionem: são, portanto, também interdependentes. Pode-se argumentar, porém, que a Criminologia, ao voltar-se não apenas ao crime, mas também ao criminoso, à vítima e ao controle social, tem um objeto mais abrangente do que o Direito

4. CRIMINOLOGIA

Penal – e essa constatação torna anulável a questão. De todo modo, a alternativa acerta ao afirmar que o método difere: enquanto o Direito Penal prima pelo método dedutivo, partindo da norma para investigar o fato, a Criminologia prima pelo método indutivo, partindo da realidade concreta para estabelecer conclusões gerais sobre seus objetos de estudo. No mais, é certo que a Criminologia atual preponderantemente (e não absolutamente, como sugere o enunciado) constrói estudos críticos sobre o Direito Penal, a este não se subordinando; C: incorreta. A Criminologia certamente não tem natureza formal e normativa. Pelo contrário: ela tem primado, cada vez mais, por uma abordagem crítica da realidade social, questionando com frequência a norma. Busca compreender a realidade, e não fragmentá-la. Na linguagem filosófica, é de natureza zetética, e não dogmática. Por outro lado, o Direito Penal, este sim, tem natureza forma e normativa, dogmática; D: incorreta. A última alternativa descreve o modo de interpretação sistemática do Direito, o que não é tarefa dos criminólogos, mas dos juristas. Ademais, como já dito, o Direito Penal é dogmático e seu método é dedutivo, ao passo que a Criminologia é empírica, zetética e seu método é indutivo.
Gabarito "B".

(Escrivão – PC/MG – FUMARC – 2018) A respeito dos objetos da Criminologia, analise as assertivas abaixo:

I. O conceito de delito para a Criminologia é o mesmo para o Direito Penal, razão pela qual tais disciplinas se mostram complementares e interdependentes.

II. Desde os teóricos do pensamento clássico, o centro dos interesses investigativos da primitiva Criminologia sempre esteve no estudo do criminoso, prisioneiro de sua própria patologia (determinismo biológico), ou de processos causais alheios (determinismo social).

III. O controle social consiste em um conjunto de mecanismos e sanções sociais que pretendem submeter o indivíduo aos modelos e às normas comunitárias. Para alcançar tais metas, as organizações sociais lançam mão de dois sistemas articulados entre si: o controle social informal e o controle social formal.

IV. A particularidade essencial da vitimologia reside em questionar a aparente simplicidade em relação à vítima e mostrar, ao mesmo tempo, que o estudo da vítima é complexo, seja na esfera do indivíduo, seja na interrelação existente entre autor e vítima.

São CORRETAS apenas as assertivas:

(A) I, II e III.

(B) II e IV.

(C) II, III e IV.

(D) III e IV.

I. incorreta. Embora a Criminologia e o Direito Penal sejam disciplinas complementares e interdependentes, a forma como enxergam o delito é bastante diverso. Para o Direito Penal, delito é o que ocorre quando um fato no mundo concreto se subsume ao tipo penal abstrato. Para a Criminologia, de outra banda, o delito é investigado a partir de outras perspectivas: segundo a Crítica, por exemplo, o delito é nada além de construção cultural levada a efeito pelas classes dominantes, como instrumento de manutenção do status quo; II. incorreta. A descrição do enunciado se refere à Criminologia Positivista, e não ao pensamento clássico. Este último, cujo principal expoente é Beccaria – autor de Dos Delitos e das Penas. III. correta. Os sistemas sociais formal e informal trabalham pela prevenção e punição do cometimento de delitos e para maior efetividade devem atuar articuladamente nos casos concretos. IV. correta. O estudo da Vitimologia é complexo e amplo e se dedica a compreender os impactos de um crime na vida da pessoa e também na relação entre autor do delito e vítima.
Gabarito "D".

(Escrivão – PC/MG – FUMARC – 2018) Leia com atenção trechos da reportagem abaixo:

Pesquisa inédita diz que não há relação direta entre homicídios na zona sul de São Paulo e o tráfico de drogas

Estudo desvincula tráfico de violência

Pesquisa inédita reproduz a geografia das drogas em São Paulo e revela que não se pode associar diretamente o tráfico à violência, principalmente aos homicídios.

Mostra também que a maconha é a droga mais apreendida e que ela é mais usada em bairros de classe média da região sudoeste da cidade, como Pinheiros, Campo Belo e Vila Mariana.

O estudo, realizado pela Fundação Escola de Sociologia e Política (Fesp), com apoio do Ilanud, órgão da ONU que trata da violência, e do Conen (Conselho Estadual de Entorpecentes), fez o levantamento das prisões de pessoas acusadas de uso e de tráfico de drogas nos distritos policiais da capital, durante o segundo semestre de 1996. O trabalho foi concluído no final de 1997.

Nesse período, houve 501 casos de apreensão de maconha, 362 de cocaína e 358 de crack. A maconha representou mais de um terço das apreensões.

Segundo a pesquisa, o maior volume de prisões de traficantes acontece no centro e na zona norte da cidade. Nessas regiões, estão os bairros onde ocorreram entre 6 e mais de 20 prisões de traficantes no segundo semestre de 1996.

De acordo com o chefe do CPM (Comando de Policiamento Metropolitano de São Paulo), coronel Valdir Suzano, a distribuição do efetivo da PM é proporcional à quantidade de habitantes de cada região da cidade, o que, em princípio, descartaria a hipótese de um número menor de apreensões de drogas na zona sul em razão de uma menor presença da polícia.

O estudo questiona a habitual vinculação dos homicídios ocorridos na zona sul ao envolvimento de seus autores e vítimas com o tráfico ou o uso de drogas.

Segundo o DHPP (Departamento de Homicídio e Proteção à Pessoa), 40% das chacinas ocorridas na região sul de São Paulo têm envolvimento de drogas.

No entanto, de acordo com a pesquisa da Fesp, na região sul, a mais violenta da cidade, é onde acontece o menor número de prisões por causa de drogas. "A Seccional Santo Amaro vem sendo a campeã dos homicídios na cidade

(em sua área ocorrem cerca de 25% dos assassinatos da capital). Contudo, apresenta taxa pequena ou média de tráfico", disse o pesquisador Guaracy Mingardi.

"Portanto, não se pode dizer que exista uma correlação imediata entre homicídio e tráfico de entorpecentes."

Segundo Mingardi, a alta incidência de criminalidade na zona sul pode ser explicada pela ocupação desordenada da região.

"Lá é a zona desorganizada, de ocupação recente. Ela é mais violenta porque não há uma sociabilidade antiga que una as pessoas. É uma região pobre, sem infraestrutura, onde predomina a cultura da violência. O tráfico mata, mas não é tanto quanto se supõe".

https://www1.folha.uol.com.br/fsp/cotidian/ff12069801.htm

De acordo com a teoria da ecologia criminal formulada pela Escola de Chicago, aplicada à reportagem, é INCORRETO afirmar:

(A) A ausência completa do Estado dá origem a uma sensação de completa anomia, condição potencializadora para o surgimento de grupos justiceiros, bandos armados que acabam por substituir o Estado na tarefa do Estado de controle da ordem.

(B) Com as transformações muito profundas na cidade, o papel de controle social informal desempenhado pela vizinhança continua a manter o controle da criminalidade. Apesar da fragmentação do controle social formal, a família, a igreja, a escola, o local de trabalho, os clubes de serviço conseguem refrear as condutas humanas.

(C) É na periferia, ao menos segundo consta da reportagem, que o maior número de crimes ocorre, pois nessas áreas não há uma forte presença do Estado; os laços que comumente são formados entre as pessoas praticamente inexistem.

(D) Os índices mais preocupantes de criminalidade são encontrados naquelas áreas da cidade onde o nível de desorganização social é maior.

A: correta. A alternativa faz referência à ideia de anomia, presente em Durkheim e, mais especificamente na Criminologia, em Merton. De modo geral, entende-se que, ausentes linhas diretrizes sobre como devemos agir, a desorganização se faz presente, aumentando a criminalidade. Quando o Estado não se faz presente – como, por exemplo, nos casos de greves de policiais –, a incidência de crimes tende a aumentar. No entanto, é importante destacar que, embora a alternativa pareça associar a presença do Estado e a diminuição da criminalidade violenta, o texto vai em sentido diverso, em especial no último parágrafo, em que são os laços de solidariedade comunitários, ou o controle social informal, que se mostram os principais responsáveis pelo controle da criminalidade violenta; B: incorreta. Embora o texto aponte que o controle social informal é capaz de refrear os crimes violentos, o crescimento recente das cidades enfraquece os laços de comunidade e solidariedade. Daí por que a alternativa é incorreta: não porque a controle social informal seja ineficaz, mas porque, em grandes cidades, o controle social informal é cada vez menos presente, sobretudo em áreas desorganizadas e de ocupação recente; C: correta. Segundo a reportagem, nas periferias não há nem controle social formal (Estado), nem controle social informal (laços comunitários). Daí predominar a "cultura da violência" (último parágrafo); D: correta. Novamente, a alternativa retrata com precisão ideia trazida pelo texto. Quando inexistem laços comunitário fortes, que mantêm unida e organizada a estrutura social (controle social informal), e, além disso, não há presença do Estado (controle social formal), os índices de criminalidade tendem a crescer.
Gabarito "B".

(Escrivão – PC/MG – FUMARC – 2018) Analise com atenção o trecho abaixo:

"[...] surgido nos anos 60, é o verdadeiro marco da chamada teoria do conflito. Ele significa, desde logo, um abandono do paradigma etiológico-determinista e a substituição de um modelo estático e monolítico de análise social por uma perspectiva dinâmica e contínua de corte democrático. A superação do monismo cultural pelo pluralismo axiológico de pensamento. Assim, a ideia de encarar a sociedade como um todo pacífico, sem fissuras interiores, que trabalha para a manutenção da coesão social, é substituída, em face de uma crise de valores, por uma referência que aponta para as relações conflitivas existentes dentro da sociedade e que estavam mascaradas pelo sucesso do Estado de Bem-Estar Social"

(SCHECAIRA, Sérgio Salomão. Criminologia. 4. ed. São Paulo: Revista dos Tribunais, 2012. p. 236).

Sobre o trecho, é CORRETO afirmar que se refere ao movimento criminológico

(A) do labelling approach, ramificação da Criminologia do Conflito.

(B) da anomia, ramificação da Criminologia do Consenso.

(C) da associação diferencial, ramificação da Criminologia do Consenso.

(D) da subcultura delinquente, ramificação da Criminologia do Conflito.

A: correta. De início, deve-se notar que o excerto trata das chamadas teorias do conflito (ou, como diz a alternativa, "Criminologia do Conflito"). Segundo esta ramificação das escolas criminológicas, a sociedade não é um todo ordenado e coeso, que se sujeita a apenas uma ordem de valores – como defendem as teorias do consenso. Pelo contrário: a sociedade é composta de uma variedade incontável de culturas, valores, pensamentos etc., e as tentativas de "homogeneizar" culturalmente qualquer sociedade haverão de ser forçosas e, portanto, fadadas ao fracasso. Nesse contexto relativista – na medida em que não há valores absolutos, mas se admite que cada agrupamento tenha seus próprios valores –, destaca-se o labelling approach, teoria segundo a qual as condutas humanas não podem ser julgadas segundo padrões universais, mas são "rotuladas" de criminosas ou não criminosas de acordo com escolhas políticas. Assim, o crime não é uma realidade em si má, mas apenas um ato que, por convenção, se considera um desvio em relação ao padrão estabelecido. Da mesma forma, quem comete crime não é em si alguém mau, mas alguém que, desviando-do do culturalmente estabelecido como "certo", torna-se "mau" aos olhos da sociedade; B: incorreta, pois o enunciado não se refere à teoria da anomia. No entanto, é certo que a anomia pertence às escolas sociológicas do consenso. Seus autores-chave são Émile Durkheim e Robert Merton. Anomia significa "sem lei": é a ausência ou desintegração das normas sociais. A anomia para essa teoria pode ocorrer em três situações distintas: (a) Em uma situação existente de transgressão das normas por quem pratica ilegalidades (delinquente) em um nível muito acentuado. Ou seja, a anomia pode ocorrer quando as taxas de práticas de crimes são tão altas que colocam em xeque a coesão social, pois as práticas de crimes se sobrepõem às não práticas; (b) Na existência de um conflito de normas claras que tornam difícil a adequação do indivíduo aos padrões sociais, vale dizer, que nessa segunda concepção, anomia para Durkheim é a situação em que as normas não são claras, o que torna complicado para o indivíduo saber qual o padrão social a ser seguido; e (c) Na existência de um movimento contestatório que descortina a inexistência de normas que vinculem as pessoas num contexto social (crise de valores). Essa terceira concepção de anomia se refere a um momento muito intenso de contestação dos valores. Valem, portanto, esses comentários, embora se trate de alternativa errada; C: incorreta, no entanto, é certo que a teoria da Associação Diferencial se encaixa nas escolas criminológicas do consenso – ou seja: que concebem a sociedade como um todo relativamente coeso, guiado por valores centrais. O principal autor desta teoria é Edward Sutherland. A principal ideia da teoria da Associação Diferencial é a de que o crime é uma conduta aprendida, assim como qualquer outra. O aprendizado se dá pela convivência em determinados grupos. Alguns grupos transmitem a seus membros a conduta delinquente. A prática delitiva é mais uma das condutas aprendidas, que a pessoa assimila com o grupo que convive – a família, na escola, grupo de amigos, colegas de trabalho etc. É uma teoria usada sobretudo para a compreensão dos chamados crimes do colarinho branco; D: incorreta. De início, importante notar que a teoria da Subcultura Delinquente se reporta às escolas do consenso, e não do conflito. Resumidamente, a formação de subculturas criminais representa a reação de algumas minorias altamente desfavorecidas diante da exigência de sobreviver, de orientar-se dentro de uma estrutura social, apesar das limitadas possibilidades legítimas de atuar. Sendo assim, a formação de subculturas criminais passou a ser uma reação de alguns grupos minoritários que não podiam alcançar o "sonho americano" de riqueza tão propagandeado. Essas "subculturas" contrapõem-se, assim, à cultura dominante.

Gabarito "A."

(Escrivão – PC/MG – FUMARC – 2018) "Dentre as principais contribuições teóricas da criminologia crítica está o fato de que o fundamento mais geral do ato desviado deve ser investigado junto às bases estruturais econômicas e sociais, que caracterizam a sociedade na qual vive o autor do delito. Vale dizer, a perfeita compreensão do fato delituoso não está no fato em si, mas deve ser buscada na sociedade em cujas entranhas podem ser encontradas as causas últimas da criminalidade".

(SCHECAIRA, Sérgio Salomão. Criminologia. 4. ed. São Paulo: Revista dos Tribunais, 2012. p. 309).

Assim, sendo certo que uma das principais contribuições dos teóricos críticos para a modificação do direito penal está em mudar o paradigma das criminalizações, analise as asserções a seguir:

I. A proposta para o processo criminalizador (incriminação legal), a partir da visão crítica, objetiva reduzir as desigualdades de classe e sociais.

PORQUE

II. Faz repensar toda a política criminalizadora do Estado, que deve assumir uma criminalização e penalização da criminalidade das classes sociais dominantes: criminalidade econômica e política (abuso de poder), práticas antissociais na área de segurança do trabalho, da saúde pública, do meio ambiente, da economia popular, do patrimônio coletivo estatal e – não menos importante – contra o crime organizado.

Está CORRETO o que se afirma em:

(A) I e II são proposições falsas.

(B) I é uma proposição verdadeira e II é uma proposição falsa.

(C) I e II são proposições verdadeiras e II é uma justificativa correta da I.

(D) I e II são proposições verdadeiras, mas II não é uma justificativa correta da I.

I. correta, na medida em que, de fato, a Criminologia Crítica defende, de maneira geral, a criminalização de atos praticados por grupos social e culturalmente dominantes, como resposta à criminalização histórica dos grupos mais vulneráveis e violentados. Embora essa não seja uma caracterização definitiva de crítica (pois é forte na crítica, também, o pensamento abolicionista, que se opõe a qualquer forma de criminalização), é, certamente, uma definição que se aplica à maior porção do pensamento crítico. Assim, se há um "processo criminalizador" a partir do pensamento crítico, este se dirige às classes dominantes, com objetivo de redução de todas as formas de desigualdade.

Embora a assertiva "II" seja uma justificativa da "I", e embora seja majoritariamente verdadeira, a formulação pode ser criticada. Com efeito, é certo que, segundo a vertente criminalizadora da Criminologia Crítica, o "processo criminalizador" deve voltar-se às classes dominantes, dirigindo-se, como diz a proposição, à "criminalidade econômica e política (abuso de poder), práticas antissociais na área de segurança do trabalho, da saúde pública, do meio ambiente, da economia popular, do patrimônio coletivo estatal". No entanto, o enunciado sugere que a Criminologia Crítica volta-se, por definição, "contra o crime organizado" – e esta formulação não é de todo verdadeira. Não é comum que criminólogos críticos, mesmo de viés punitivista, defendam expressamente, por exemplo, a criminalização mais severa de facções criminosas surgidas nos presídios e entre as classes mais vulneráveis, embora, de outra banda, possam defender a criminalização de grupos organizados para o cometimento de crimes econômicos ou tributários. Assim, embora a alternativa "C" seja a mais correta, a questão pode ensejar questionamentos legítimos.

Gabarito "C."

5. DIREITO CONSTITUCIONAL

Adolfo Mamoru Nishiyama, André Nascimento, Fábio Tavares Sobreira, Licínia Rossi e Tony Chalita

1. PODER CONSTITUINTE

(Escrivão – PC/ES – Instituto AOCP – 2019) O Poder Constituinte é a manifestação soberana da suprema vontade política de um povo, social e juridicamente organizado. A respeito do Poder Constituinte, é correto afirmar que

(A) o Poder Constituinte derivado não está preso a limites formais.

(B) o Poder Constituinte originário está previsto e regulado no texto da própria Constituição.

(C) o Poder Constituinte derivado pode se manifestar na criação de um novo Estado ou na refundição de um Estado.

(D) o Poder Constituinte originário pode ser reformador ou revisor.

(E) o Poder Constituinte originário é permanente, eis que não se esgota no momento do seu exercício, podendo ser convocado a qualquer momento pelo povo.

A: incorreta, pois o Poder Constituinte Derivado é limitado, devendo obedecer aos limites formais e materiais impostos pelo Poder Constituinte Originário; **B:** incorreta, porque o Poder Constituinte Originário é político, sendo um poder de fato, extrajurídico, anterior ao direito, ao passo que o Poder Constituinte Derivado é jurídico, estando previsto e regulado no texto da Constituição; **C:** incorreta, pois o Poder Constituinte Originário é inicial, dando início a uma nova ordem jurídica e manifestando-se na criação de um novo Estado; **D:** incorreta, porque o Poder Constituinte Derivado se subdivide em Poder Constituinte Reformador e Poder Constituinte Decorrente; **E:** correta, visto que o Poder Constituinte Originário é permanente e pode se manifestar a qualquer tempo. **AN**
Gabarito "E".

(Delegado – PC/RS – FUNDATEC – 2018) O poder constituinte pode ser conceituado como o poder de elaborar ou atualizar uma Constituição. A titularidade desse poder pertence ao povo, como aponta a doutrina moderna. Sobre as proposições em relação ao tema, assinale a alternativa INCORRETA.

(A) Recepção é um processo abreviado de criação de normas jurídicas, pelo qual a nova Constituição adota as leis já existentes, se com ela compatíveis, dando-lhes validade e evitando o trabalho de se elaborar toda a legislação infraconstitucional novamente. Já a desconstitucionalização ocorre quando as normas da Constituição anterior permanecem em vigor, desde que compatíveis com a nova ordem, mas com status de lei infraconstitucional.

(B) O poder constituinte originário tem como principais características ser: inicial, ilimitado e incondicionado; já o poder constituinte derivado, por sua vez, possui as seguintes características principais: subordinado, condicionado e limitado.

(C) Há possibilidade de se apontar duas formas básicas de expressão do Poder Constituinte originário: Assem-bleia Nacional Constituinte e Movimento Revolucio-nário (outorga).

(D) O poder constituinte derivado revisor consiste na possibilidade que os Estados-membros têm, em virtude de sua autonomia político-administrativa, de se auto-organizarem através de suas respectivas constituições estaduais, sempre respeitando as limitações estabelecidas pela Constituição Federal.

(E) O poder constituinte difuso dá fundamento ao fenômeno denominado de mutação constitucional. Por meio dela, são dadas novas interpretações aos dispositivos da Constituição, mas sem alterações na literalidade de seus textos, que permanecem inalterados.

A, B e **C:** corretas; **D:** incorreta (devendo ser assinalada), pois o **poder constituinte derivado decorrente** consiste na possibilidade que os Estados-membros têm, em virtude de sua autonomia político-administrativa, de se auto-organizarem por intermédio de suas respectivas constituições estaduais, sempre respeitando as limitações estabelecidas pela Constituição Federal. Já o poder constituinte derivado revisor consiste na possibilidade de revisar a Constituição por meio de um processo legislativo menos dificultoso do que aquele previsto para as emendas constitucionais, tendo eficácia exaurível, conforme previsão do art. 3º do ADCT; **E:** correta, pois o poder constituinte difuso é o processo informal de mudança das constituições rígidas por meio da tradição, costumes, interpretação judicial e doutrinária, dele derivando o fenômeno da mutação constitucional. Possui como características a latência, a permanência, a informalidade e a continuidade. **AN**
Gabarito "D".

2. TEORIA DA CONSTITUIÇÃO E PRINCÍPIOS FUNDAMENTAIS

(Escrivão – PC/GO – AOCP – 2023) Assinale a alternativa correta acerca da classificação da Constituição da República Federativa do Brasil de 1988.

(A) Quanto à origem, é outorgada porque foi eleita diretamente pelo povo, sendo, assim, democrática.

(B) Quanto à extensão, é sintética, visto que é enxuta e não tece minúcias, motivo pelo qual é mais duradoura.

(C) Quanto ao modo de elaboração, é dogmática porque se baseia em teorias, planos e sistemas prévios e foi criada de uma só vez por uma Assembleia Constituinte.

(D) Quanto à alterabilidade, é imutável porque algumas matérias exigem um processo de alteração mais dificultoso do que aquele exigido para as leis infraconstitucionais.

(E) Quanto à dogmática, é ortodoxa porque é formada por ideologias distintas que se unem em um mesmo contexto.

A: incorreta. Quanto à origem, é promulgada ou democrática, pois se originou com a participação popular. **B:** incorreta. Quanto à extensão, é analítica, pois é ampla, detalhista e minuciosa. **C**: correta. Quanto ao modo de elaboração, é dogmática, pois não foi criada por meio do costume (constituição histórica), sendo que há uma conexão com a chamada constituição escrita. **D**: incorreta. Quanto à alterabilidade ou mutabilidade, é rígida porque algumas matérias exigem um processo de alteração mais dificultoso do que aquele exigido para as leis infra-constitucionais. **E**: incorreta. Constituição dogmática se enquadra na classificação quanto ao modo de elaboração. AMN

Gabarito "C".

(Escrivão – PC/ES – Instituto AOCP – 2019) São formas de governo:

(A) Presidencialismo e Parlamentarismo.

(B) Monarquia e República.

(C) Estado liberal e Estado social.

(D) Estado unitário e Estado federal.

(E) Democracia e totalitarismo.

A: incorreta, pois presidencialismo e parlamentarismo são sistemas de governo; **B**: correta, porque monarquia e república são formas de governo; **C**: incorreta, porquanto Estado liberal e Estado social são modelos de Estado em relação à atuação na economia; **D**: incorreta, já que Estado unitário e Estado federal são formas de Estado; **E**: incorreta, visto que democracia e totalitarismo são regimes de governo. AN

Gabarito "B".

(Perito – PC/ES – Instituto AOCP – 2019) Constitui(em) objetivo(s) fundamental(is) da República Federativa do Brasil previstos no artigo 3º da Constituição Federal:

(A) erradicar a pobreza e o desemprego e reduzir as desigualdades sociais e regionais.

(B) garantir o desenvolvimento cultural.

(C) promover o bem de todos, sem preconceitos de origem, raça, sexo, cor, idade e quaisquer outras formas de discriminação.

(D) a irretroatividade da lei penal, salvo para beneficiar o réu.

(E) garantir o direito de propriedade.

De acordo com o art. 3º da CF, constituem objetivos fundamentais da República Federativa do Brasil construir uma sociedade livre, justa e solidária; garantir o desenvolvimento nacional; erradicar a pobreza e a marginalização e reduzir as desigualdades sociais e regionais; e promover o bem de todos, sem preconceitos de origem, raça, sexo, cor, idade e quaisquer outras formas de discriminação. AN

Gabarito "C".

(Delegado – PC/RS – FUNDATEC – 2018) Pode-se dizer que a Carta Maior consolida a separação dos Poderes quando dispõe no Art. 2º que: "são Poderes da União, independentes e harmônicos entre si, o Legislativo, o Executivo e o Judiciário". Com base nessa premissa, assinale a alternativa INCORRETA.

(A) As restrições prescritas ao exercício das competências constitucionais conferidas ao Poder Executivo, incluída a definição de políticas públicas, importam em contrariedade ao princípio da independência e harmonia entre os Poderes.

(B) Compreende-se na esfera de autonomia dos Estados a anistia (ou o cancelamento) de infrações disciplinares de seus respectivos servidores, podendo concedê-la à assembleia constituinte local.

(C) Não há falar-se em quebra do pacto federativo e do princípio da interdependência e harmonia entre os Poderes em razão da aplicação de princípios jurídicos

ditos "federais" na interpretação de textos normativos estaduais. Princípios são normas jurídicas de um determinado ordenamento, no caso, do ordenamento brasileiro. Não há princípios jurídicos aplicáveis no território de um, mas não de outro ente federativo, sendo descabida a classificação dos princípios em "federais" e "estaduais".

(D) O exercício da função regulamentar e da função regimental decorrem de delegação de função legislativa; envolvem, portanto, derrogação do princípio da divisão dos Poderes.

(E) Na Constituição Brasileira de 1824, havia previsão de quatro poderes: Executivo, Legislativo, Judiciário (que na época era chamado Poder Judicial) e o Moderador.

A: correta, de acordo com a jurisprudência do STF: "*As restrições impostas ao exercício das competências constitucionais conferidas ao Poder Executivo, incluída a definição de políticas públicas, importam em contrariedade ao princípio da independência e harmonia entre os Poderes.*" (ADI 4.102, Rel. Min. Cármen Lúcia, j. 30-10-2014, Pleno, DJE de 10-2-2015); **B**: correta, conforme entendimento do STF: "*Compreende-se na esfera de autonomia dos Estados a anistia (ou o cancelamento) de infrações disciplinares de seus respectivos servidores, podendo concedê-la a assembleia constituinte local, mormente quando circunscrita – a exemplo da concedida pela Constituição da República – às punições impostas no regime decaído por motivos políticos.*" (ADI 104, Rel. Min. Sepúlveda Pertence, j. 4-6-2007, Pleno, DJ de 24-8-2007); **C**: correta, segundo a jurisprudência do STF: "*Não há falar em quebra do pacto federativo e do princípio da interdependência e harmonia entre os Poderes em razão da aplicação de princípios jurídicos ditos 'federais' na interpretação de textos normativos estaduais. Princípios são normas jurídicas de um determinado direito, no caso, do direito brasileiro. Não há princípios jurídicos aplicáveis no território de um, mas não de outro ente federativo, sendo descabida a classificação dos princípios em 'federais' e 'estaduais'.*" (ADI 246, Rel. Min. Eros Grau, j. 16-12-2004, Pleno, DJ de 29-4-2005); **D**: incorreta (devendo ser assinalada), pois a jurisprudência do STF afirma que "*quando o Executivo e o Judiciário expedem atos normativos de caráter não legislativo – regulamentos e regimentos, respectivamente –, não o fazem no exercício da função legislativa, mas no desenvolvimento de 'função normativa'. O exercício da função regulamentar e da função regimental não decorrem de delegação de função legislativa; não envolvem, portanto, derrogação do princípio da divisão dos Poderes.*" (HC 85.060, Rel. Min. Eros Grau, j. 23-9-2008, 1ª T, DJE de 13-2-2009); **E**: correta, pois "*os Poderes Políticos reconhecidos pela Constituição do Imperio do Brazil são quatro: o Poder Legislativo, o Poder Moderador, o Poder Executivo, e o Poder Judicial.*" (art. 10 da Constituição do Império de 1824). AN

Gabarito "D".

(Agente – Pernambuco – CESPE – 2016) Assinale a opção correta acerca dos princípios fundamentais que regem as relações do Brasil na ordem internacional conforme as disposições da CF.

(A) Em casos de profunda degradação da dignidade humana em determinado Estado, o princípio fundamental internacional da prevalência dos direitos humanos sobrepõe-se à própria soberania do Estado.

(B) O princípio da independência nacional conduz à igualdade material entre os Estados, na medida em que, na esfera econômica, são iguais as condições existentes entre eles na ordem internacional.

(C) O princípio da não intervenção é absoluto, razão por que se deve respeitar a soberania de cada um no âmbito externo e por que nenhum Estado pode sofrer ingerências na condução de seus assuntos internos.

5. DIREITO CONSTITUCIONAL — 163

(D) Em razão do princípio fundamental internacional da concessão de asilo político, toda pessoa vítima de perseguição, independentemente do seu motivo ou de sua natureza, tem direito de gozar asilo em outros Estados ou países.

(E) A concessão de asilo político consiste não em princípio que rege as relações internacionais, mas em direito e garantia fundamental da pessoa humana, protegido por cláusula pétrea.

A: correta. O sistema de proteção internacional dos direitos humanos não ameaça a soberania nacional dos Estados, uma vez que o seu caráter de proteção é complementar e subsidiário, em que se reconhece primordialmente aos Estados a incumbência pela efetiva proteção. Apenas no caso deste não zelar pela proteção de tais direitos é que o sistema de proteção internacional entra em ação como meio de se efetivar o respeito aos direitos humanos; **B:** incorreta. Trata-se de igualdade formal e não material entre os Estados; **C:** incorreta. Não há que se falar em princípio absoluto; **D:** incorreta. O asilo político será concedido exclusivamente na hipótese de perseguição de natureza política; **E:** incorreta. A concessão de asilo político é explicitamente um princípio que rege as relações internacionais do Brasil (art. 4, X da CF). **TC**

Gabarito "A".

(Polícia Rodoviária Federal – 2013 – CESPE) No que se refere aos princípios fundamentais da Constituição Federal de 1988 (CF) e a aplicabilidade das normas constitucionais, julgue os itens a seguir.

(1) O mecanismo denominado sistema de freios e contrapesos é aplicado, por exemplo, no caso da nomeação dos ministros do Supremo Tribunal Federal (STF), atribuição do presidente da República e dependente da aprovação pelo Senado Federal.

(2) A liberdade de exercer qualquer trabalho, oficio ou profissão, atendidas as qualificações profissionais que a lei estabelecer, é um exemplo de norma constitucional de eficácia limitada.

(3) Decorre do princípio constitucional fundamental da independência e harmonia entre os poderes a impossibilidade de que um poder exerça função típica de outro, não podendo, por exemplo, o Poder Judiciário exercer a função administrativa.

(4) No que se refere as relações internacionais, a República Federativa do Brasil rege-se pelos princípios da igualdade entre os Estados, da cooperação entre os povos para o progresso da humanidade e da concessão de asilo político, entre outros.

1: correta, como estabelecido pelo art. 101 do Texto Constitucional. Ademais, é preciso que se compreenda que o artigo 2º da Carta Magna consagra a regra da separação dos poderes: "são poderes da União, independentes e harmônicos entre si, o Legislativo, o Executivo e o Judiciário". Para evitar os abusos cometidos pelos detentores do poder, ou seja, a concentração do poder nas mãos de uma única pessoa ou órgão, foi necessário dividir as funções estatais. Isso se consagrou por meio do sistema dos freios e contrapesos (*checksand balances*), que menciona que os três Poderes são autônomos e independentes, porém subordinados ao princípio da harmonia. Tal regra resulta na técnica em que o poder é contido pelo próprio poder, sendo, portanto, uma garantia do povo contra o arbítrio e o despotismo; **2:** errada, pois estamos diante de um clássico exemplo de norma de eficácia contida. Cabe para tanto, que estabeleçamos uma síntese quanto à eficácia jurídica das normas constitucionais. A teoria clássica estabelece que as normas constitucionais poderão ser classificadas em: normas constitucionais de eficácia plena, contida e limitada. As de eficácia plena são aquelas

que, por si só, produzem todos os seus efeitos no mundo jurídico, de forma imediata. Quanto às de eficácia contida, como no presente caso, são aquelas que produzem a integralidade de seus efeitos, mas dão a possibilidade de outras normas restringi-las (Ex: A OAB exige aprovação em Prova específica para o exercício da Advocacia). Por fim, as de eficácia limitada que, para produzirem seus efeitos, dependem da atuação do legislador infraconstitucional, ou seja, somente após a edição de norma regulamentadora é que efetivamente produzirão efeitos no mundo jurídico; **3:** errada, de fato o princípio constitucional fundamental da independência e harmonia entre os poderes garante a atuação independente das atribuições estatais. Todavia, a função típica do Poder Judiciário, é, sem dúvida, a jurisdicional (julgar e aplicar a lei ao caso concreto), mas possui a prerrogativa de operar de forma atípica, atuando em questões de natureza administrativa (ex: organizar um Concurso Público, lançar um Edital de licitação de seu interesse) ou legislativa (ex: elaboração do regimento interno do Tribunal de Justiça respectivo); **4:** correta, é o que está estampado no art. 4º, incisos de I a X, do Texto Constitucional.

Gabarito 1C, 2E, 3E, 4C

(Escrivão de Polícia/BA – 2013 – CESPE) Considerando os princípios fundamentais da CF, julgue os itens que se seguem.

(1) Ampara-se no princípio federativo, a instituição constitucional da União, dos estados, dos municípios, do Distrito Federal (DF) e dos territórios como entidades políticas dotadas de autonomia.

(2) Considera-se inconstitucional por violação a uma das cláusulas pétreas proposta de emenda constitucional em que se pretenda abolir o princípio da separação de poderes.

(3) A eleição periódica dos detentores do poder político e a responsabilidade política do chefe do Poder Executivo são características do princípio republicano.

1: errada. Os territórios não estão inseridos como entidade política dotada de autonomia. A Constituição de 1967/1969, previa o Território como um ente federado, tal acepção foi suprimida com a entrada em vigor da Constituição Federal de 1988 (art. 18, *caput*, da Constituição Federal); **2:** correta, é o que prevê o artigo 60, § 4º, III da Constituição Federal; **3:** correta, inclusive este tema foi objeto de discussão no Supremo Tribunal Federal, no julgamento do RE 637.485, de relatoria do Min. Gilmar Mendes, que tratava da questão do terceiro mandato de membros do Executivo. Na ocasião, o Min. Relator entendeu que referido princípio tem o condão de impedir a perpetuação de uma mesma pessoa ou grupo no poder. Ademais, a interpretação do artigo 14, § 5º, da Constituição Federal, deixa claro que o princípio republicano é fundado na ideia da eletividade, temporariedade e responsabilidade dos governantes.

Gabarito 1E, 2C, 3C

(Investigador de Polícia/SP – 2013 – VUNESP) A República Federativa do Brasil rege-se nas suas relações internacionais, entre outros, pelo seguinte princípio:

(A) colaboração entre os povos para a evolução religiosa da humanidade.

(B) construção de uma sociedade internacional livre, justa e solidária.

(C) fruição total e absoluta dos direitos humanos.

(D) autodeterminação dos povos.

(E) uso autorizado da força para resposta aos ataques terroristas internacionais.

A: incorreta, assim como as alternativas "B", "C" e "E", pois a República Federativa do Brasil rege-se nas suas relações internacionais pelos seguintes princípios: "I – independência nacional; II – prevalência dos direito humanos; III – *autodeterminação dos povos* (alternativa "D"); IV – não intervenção; V- igualdade entre os Estados; VII – solução pacífica dos conflitos; VIII – repúdio ao terrorismo e ao racismo; IX – cooperação entre os povos para o progresso da humanidade; X – concessão de asilo político".

Gabarito "D".

3. HERMENÊUTICA CONSTITUCIONAL E EFICÁCIA DAS NORMAS CONSTITUCIONAIS

(Agente – Pernambuco – CESPE – 2016) Considerando as disposições da CF, é correto afirmar que a norma constitucional segundo a qual:

(A) a lei não prejudicará o direito adquirido, o ato jurídico perfeito nem a coisa julgada é de eficácia limitada e aplicabilidade direta.

(B) ninguém será privado de liberdade ou de seus bens sem o devido processo legal é de eficácia plena e aplicabilidade imediata.

(C) é livre o exercício de qualquer trabalho, ofício ou profissão, atendidas as qualificações profissionais que a lei estabelecer é de eficácia plena e de aplicabilidade imediata.

(D) é direito dos trabalhadores urbanos e rurais a proteção do mercado de trabalho da mulher, mediante incentivos específicos, nos termos da lei, é de eficácia plena e aplicabilidade imediata.

(E) ninguém será submetido a tortura nem a tratamento desumano ou degradante é de eficácia contida e aplicabilidade não integral.

A: incorreta. Trata-se de norma de eficácia plena e aplicabilidade direta; **B:** correta, considerando que não condiciona a nenhum fato futuro e não depende de norma regulamentadora; **C:** incorreta. Trata-se de norma de eficácia contida e aplicabilidade imediata; **D:** incorreta. Trata-se de norma de eficácia limitada e aplicabilidade mediata; **E:** incorreta. Trata-se de norma de eficácia plena e aplicabilidade integral. TC

Gabarito "B".

(Escrivão – Pernambuco – CESPE – 2016) Quanto ao grau de aplicabilidade das normas constitucionais, as normas no texto constitucional classificam-se conforme seu grau de eficácia. Segundo a classificação doutrinária, a norma constitucional segundo a qual é livre o exercício de qualquer trabalho, ofício ou profissão, atendidas as qualificações profissionais que a lei estabelecer é classificada como norma constitucional

(A) de eficácia limitada.

(B) diferida ou programática.

(C) de eficácia exaurida.

(D) de eficácia plena.

(E) de eficácia contida.

Trata-se de norma constitucional de eficácia contida. Isso porque, as normas de eficácia contida incidem imediatamente e produzem todos os efeitos queridos, mas preveem meios ou conceitos que permitem manter sua eficácia contida em certos limites, em dadas circunstâncias. No presente caso, no trecho em que se prevê as qualificações que a lei estabelecer limita o exercício pleno da norma. Como características marcantes, são normas que solicitam a intervenção do legislador ordinário, fazendo expressa remissão a uma legislação futura (o apelo ao legislador visa a restringir-lhe plenitude). Nas palavras de José Afonso da Silva,

"enquanto o legislador ordinário não exercer sua função legislativa, sua eficácia será plena; são de aplicabilidade direta e imediata." TC

Gabarito "E".

(Escrivão de Polícia/GO – 2013 – UEG) O direito de greve foi ampliado na Constituição Federal de 1988, no âmbito dos direitos sociais dos trabalhadores, o que tem sido garantido pelos efeitos da norma constitucional. Como direito de autodefesa consistente na abstenção coletiva e simultânea ao trabalho, a sua normatização e seu exercício têm efeitos nos planos interno e externo. Nesse sentido, verifica-se que

(A) no plano da eficácia interna, trata-se de um direito subjetivo negativo, não podendo o trabalhador ser impedido de fazer greve.

(B) a norma constitucional tem eficácia externa pois compete à lei definir a oportunidade do exercício de greve e os interesses a serem defendidos.

(C) no plano de eficácia externa imediata, em relação às entidades privadas, o exercício do direito de greve é violação do contrato de trabalho.

(D) a norma constitucional tem eficácia contida, tendo em vista que o exercício do direito de greve depende de legislação ordinária regulamentadora.

A: correta, já que o art. 9º da CF assegura o direito de greve aos trabalhadores, competindo a eles decidirem sobre a oportunidade de exercê-lo e sobre os interesses que devam por meio dele defender. Este preceito de eficácia plena e aplicabilidade imediata é complexo e é também fonte de discussões. A greve é direito social coletivo que permite a paralisação temporária da disponibilidade da força de trabalho com o intuito de conquistar melhoria das condições salariais ou de trabalho. O objetivo da greve deve estar sempre fundamentado em algo relativo ao contrato de trabalho. Apesar de o texto constitucional ser demonstração de perigosa e excessiva liberalidade, posto que ganha aparência da faculdade de agir exercitável pelo trabalhador de forma unilateral, uma vez que ao utilizar a expressão "competindo aos trabalhadores decidir sobre a oportunidade de exercê-lo" possibilita interpretação no sentido que inexiste sujeição a critérios que possam dar ao referido direito a dimensão de uma arma exercitável somente em condições externas, passível de contramedidas que possam colocar o instituto em seu verdadeiro lugar, qual seja, uma disputa de força entre empregadores e empregados. O exercício ilimitado e irresponsável do direito de greve, ou seja, a sua utilização, não como medida externa para solução de conflito de interesses, pode aparentar verdadeiro repúdio ao direito de trabalhar. O direito de greve existe e deve ser respeitado desde que conciliado com as outras ideias estruturais contidas na Constituição Federal. Sendo assim, no plano da eficácia interna, trata-se de um direito subjetivo negativo, não podendo o trabalhador ser impedido de fazer greve. A matéria é regulamentada pela Lei 7.783/1989. O examinando não pode confundir as linhas traçadas pelo autor com o direito de greve dos servidores tipificado no art. 37, VII, da CF, que será objeto de discussão posteriormente; **B:** incorreta, pelos motivos antagônicos expostos na alternativa anterior; **C:** incorreta, pois como vimos anteriormente, a grave é direito social coletivo que permite a paralisação temporária da disponibilidade da força de trabalho com o intuito de conquistar melhoria das condições salariais ou de trabalho. O objetivo da greve deve estar sempre fundamentado em algo relativo ao contrato de trabalho, logo, o seu exercício não acarreta violação alguma; **D:** incorreta, na exata medida que vimos que o art. 9º da CF é preceito de eficácia plena e aplicabilidade imediata (iniciativa privada). Contudo, o enunciado não indicativo, provavelmente, se refere ao direito de greve dos servidores previsto no art. 37, VII, da CF, que sinaliza ser norma de eficácia limitada e contida. Vejamos: Greve é paralisação coletiva e temporária, total ou parcial, de uma categoria profissional em reivindicação de direitos, consagrada pelas Convenções 87 e 151 (essa dirigida às funções públicas) da Organização Internacional do Trabalho. Temos também, a redação do art. 37, VII, da CF, que determina que o direito de greve será exercício nos termos e nos limites definidos em lei específica (servidores civis). No universo da Administração Pública, o direito de greve de seus servidores civis não foi regulamentado até hoje, seja por lei complementar (espécie normativa **não** mais exigível) seja por lei ordinária (espécie normativa ora adotada), o que deixa uma lacuna legislativa que somente pode ser suprida pela tutela jurisdicional provocada por mandado de injunção. No MI 708-0/DF, o STF acabou por garantir o direito, com ressalva no que toca aos serviços essenciais e aqueles considerados de Estado.

Gabarito "A".

4. CONTROLE DE CONSTITUCIONALIDADE

(Escrivão – PC/ES – Instituto AOCP – 2019) Inconstitucionalidade é a desconformidade entre uma norma da Constituição e outra infraconstitucional. A respeito do Controle de Constitucionalidade, é correto afirmar que

(A) a cláusula de reserva de plenário, prevista no artigo 97 da Constituição Federal, caracteriza-se como condição de eficácia jurídica da declaração de inconstitucionalidade dos atos do Poder Público.

(B) por meio da Ação Direta de Constitucionalidade (ADC), busca-se declarar a inconstitucionalidade de lei ou ato normativo federal.

(C) a Ação Direta de Inconstitucionalidade por Omissão (ADO) caracteriza-se como meio de controle difuso de constitucionalidade.

(D) a Arguição de Descumprimento de Preceito Fundamental não pode se dar na modalidade incidental, somente autônoma.

(E) são algumas das peculiaridades da Ação Direta Genérica de Inconstitucionalidade (ADI genérica): admite desistência, é passível de ação rescisória e pode ter seu objeto ampliado pelo Supremo Tribunal Federal.

A: correta, porquanto a cláusula de reserva de plenário atua como verdadeira condição de eficácia jurídica da própria declaração jurisdicional de inconstitucionalidade dos atos do Poder Público (Rcl 33445 MC, Rel. Min. Celso de Mello, j. em 07/05/2019); **B:** incorreta, pois a Ação Direta de Constitucionalidade (ADC) é o instrumento com o qual se busca declarar a **constitucionalidade** de lei ou ato normativo federal. Aliás, a denominação constante na Constituição é Ação Declaratória de Constitucionalidade (CF, art. 102, *a*, e 103, *caput*) e não Ação Direta de Constitucionalidade, conforme constou na alternativa; **C:** incorreta, pois a Ação Direta de Inconstitucionalidade por Omissão (ADO) caracteriza-se como meio de **controle concentrado** de constitucionalidade; **D:** incorreta, pois a Arguição de Descumprimento de Preceito Fundamental pode se dar nas modalidades autônoma (ou direta) e incidental (ou indireta); **E:** incorreta, pois a Ação Direta Genérica de Inconstitucionalidade (ADI genérica) **não** admite desistência (art. 5º da Lei 9.868/1999) e **não** é passível de ação rescisória (art. 26 da Lei 9.868/1999). **AMN**

Gabarito "A".

(Agente Penitenciário/MA – 2013 – FGV) Um partido político, com representação no Congresso Nacional, pretende propor ADIn contra lei de iniciativa do Deputado Federal Y. A lei em referência, que dispõe sobre Processo Civil, teve trâmite regular no Congresso Nacional, foi sancionada pelo Presidente da República e já está em vigor.

Nesse caso, assinale a alternativa que indica o polo passivo da ADIn.

(A) Somente o Congresso Nacional.

(B) O Congresso Nacional e o Advogado-Geral da União.

(C) O Congresso Nacional e o Deputado Federal Y.

(D) A lei questionada e o Advogado-Geral da União.

(E) Somente o Deputado Federal Y.

É pacificado o entendimento de que somente tem legitimidade passiva nas Ações Direta de Inconstitucionalidade o órgão do Poder que editou o ato normativo. A posição ocupada no polo passivo será meramente formal, não tendo natureza jurídica efetiva de réu em toda a extensão do termo, por se cuidar de processo objetivo, sem partes. Ademais, considerando que o limite objetivo da lide é exclusivamente a aferição da constitucionalidade ou não de um ato normativo, inexiste a possibilidade de condenação de qualquer natureza, pelo que incabível a composição do polo passivo por quem não tenha diretamente participado da edição da norma. Desta forma, tendo sido proposta a lei por integrante da Câmara dos Deputados, será o Congresso o único legitimado para figurar em referida posição.

Gabarito "A".

(Agente Penitenciário/MA – 2013 – FGV) O Governador do Estado X propôs ação de controle abstrato de constitucionalidade de uma lei estadual, alegando violação ao Art. 100 da Constituição daquele Estado. O Tribunal de Justiça local, órgão competente para o julgamento da ação, considerou inconstitucional o próprio parâmetro de controle, por entender que o referido artigo viola diretamente a Constituição da República.

Com relação ao caso apresentado, assinale a afirmativa correta.

(A) A norma da Constituição do Estado é declarada inconstitucional, retirando-se a validade daquela norma, em decisão com eficácia contra todos e efeito vinculante.

(B) É cabível Recurso Extraordinário para o Supremo Tribunal Federal, que pode confirmar a decisão ou revê-la, para admitir a constitucionalidade da lei estadual, o que implicaria a necessidade de o Tribunal de Justiça prosseguir no julgamento da ação proposta.

(C) É cabível Reclamação para o Supremo Tribunal Federal, por usurpação de competência da Corte no papel de guardião da Constituição da República.

(D) O Tribunal de Justiça pode reconhecer a inconstitucionalidade incidental da norma da Constituição do Estado em face da Constituição da República, mas dessa decisão não se admite a interposição de Recurso Extraordinário ao Supremo Tribunal Federal.

(E) O Tribunal de Justiça pode reconhecer a inconstitucionalidade incidental da norma da Constituição do Estado em face da Constituição da República e a inconstitucionalidade por arrastamento da lei estadual questionada.

O Tribunal de Justiça, ao considerar inconstitucional o próprio parâmetro, e assim, deixar de analisar a inconstitucionalidade suscitada de uma lei estadual, faz crer que a norma em questão, da Constituição Estadual, apresenta inconstitucionalidade. Deste modo, quando se discute uma norma que fere a Constituição Federal, estamos diante de uma situação de que o Recurso Pertinente, é o Extraordinário, nos termos do artigo 102, III, "a", da Constituição Federal. Na hipótese de, ser o referido artigo 100 da CE, declarado constitucional, obviamente, deverá o Tribunal de Origem (Estadual), julgar o mérito da ADI Estadual, visto que o parâmetro na situação hipotética é, de fato constitucional.

Gabarito "B".

5. DIREITOS E DEVERES INDIVIDUAIS E COLETIVOS

5.1. Direitos e deveres em espécie

(Papiloscopista – PC/RR – VUNESP – 2022) Morfeu é policial civil e, em seu dia de folga, foi avisado, às 20:00 horas, por um vizinho seu, que um crime estava em andamento dentro de uma residência no bairro. Considerando o que dispõe a Constituição Federal a respeito da inviolabilidade de domicílio, é correto afirmar que Morfeu

(A) não poderá adentrar a residência por ser noite e por não estar de posse de mandado judicial.

(B) poderá adentrar a residência em questão, por se tratar de caso de flagrante delito.

(C) somente poderá adentrar a referida residência com consentimento do morador.

(D) poderá adentrar a residência onde ocorre o delito, desde que obtenha um mandado judicial.

(E) não poderá adentrar a residência, nem mesmo para prestar socorro, uma vez que ele não estava em dia de serviço.

A alternativa correta é a B. O art. 5º, XI, da CF, prescreve que "a casa é asilo inviolável do indivíduo, ninguém nela podendo penetrar sem consentimento do morador, salvo em caso de flagrante delito ou desastre, ou para prestar socorro, ou, durante o dia, por determinação judicial". Portanto, é possível a violação domiciliar à noite quando se tratar de flagrante delito. **AMN**

Gabarito "B".

(Papiloscopista – PC/RR – VUNESP – 2022) Segundo o texto constitucional, a competência para o julgamento dos crimes dolosos contra a vida é

(A) do juiz criminal.

(B) do Tribunal de Justiça.

(C) do juiz federal.

(D) da justiça militar.

(E) do júri.

A alternativa correta é a E, conforme dispõe o art. 5º, XXXVIII, *d*, da CF. **AMN**

Gabarito "E".

(Escrivão – PC/RO – CEBRASPE – 2022) Segundo as disposições da CF a respeito dos direitos e garantias fundamentais, poderá haver pena

(A) de interdição de direitos.

(B) de caráter perpétuo.

(C) cruel.

(D) de trabalhos forçados.

(E) de banimento.

A alternativa A é a correta, conforme dispõe o art. 5º, XLVI, *e*, da CF. As demais alternativas estão incorretas, conforme prevê o art. 5º, XLVII, da CF. **AMN**

Gabarito "A".

(Escrivão – PC/RO – CEBRASPE – 2022) De acordo com a CF, a casa é asilo inviolável do indivíduo, ninguém nela podendo penetrar sem consentimento do morador, salvo

(A) em caso de desastre, somente durante o dia.

(B) para prestar socorro, somente durante o dia.

(C) em caso de flagrante delito, se houver determinação judicial em processo criminal.

(D) por determinação judicial, somente durante o dia.

(E) por determinação judicial, independentemente do horário.

A alternativa correta é a D. O art. 5º, XI, da CF, prescreve que "a casa é asilo inviolável do indivíduo, ninguém nela podendo penetrar sem consentimento do morador, salvo em caso de flagrante delito ou desastre, ou para prestar socorro, ou, durante o dia, por determinação judicial". **AMN**

Gabarito "D".

(Escrivão – PC/RO – CEBRASPE – 2022) Acerca da Declaração Universal dos Direitos Humanos, julgue os itens a seguir.

I. A ninguém poderá ser imposta pena mais forte de que aquela que, no momento da prática, era aplicável ao ato delituoso.

II. Todo ser humano, vítima de perseguição, inclusive motivada por crimes de direito comum, tem o direito de procurar e de gozar asilo em outros países.

II. O poder público tem prioridade de direito na escolha do gênero de instrução que será ministrada a seus filhos.

Assinale a opção correta.

(A) Apenas o item I está certo.

(B) Apenas o item II está certo.

(C) Apenas os itens I e III estão certos.

(D) Apenas os itens II e III estão certos.

(E) Todos os itens estão certos.

I: correta. Está previsto no art. XI, 2, da Declaração. II: incorreta. Dispõe o art. XIV, da Declaração: "1. Todo ser humano, vítima de perseguição, tem o direito de procurar e de gozar asilo em outros países. 2. Este direito não pode ser invocado em caso de perseguição legitimamente motivada por crimes de direito comum ou por atos contrários aos objetivos e princípios das Nações Unidas". III: incorreta. O art. XXVI, 3, da Declaração dispõe que "os pais têm prioridade de direito na escolha do gênero de instrução que será ministrada a seus filhos". **AMN**

Gabarito "A".

(Escrivão – PC/RO – CEBRASPE – 2022) Segundo a Convenção Americana sobre Direitos Humanos, a Corte Interamericana de Direitos Humanos é composta por

(A) 3 juízes eleitos por um período de 3 anos.

(B) 5 juízes eleitos por um período de 3 anos.

(C) 5 juízes eleitos por um período de 5 anos.

(D) 7 juízes eleitos por um período de 6 anos.

(E) 7 juízes eleitos por um período de 5 anos.

A alternativa correta é a D. O art. 52, 1, da Convenção Americana sobre Direitos Humanos dispõe: "A Corte compor-se-á de sete juízes, nacionais dos Estados membros da Organização, eleitos a título pessoal dentre juristas da mais alta autoridade moral, de reconhecida competência em matéria de direitos humanos, que reúnam as condições requeridas para o exercício das mais elevadas funções judiciais, de acordo com a lei do Estado do qual sejam nacionais, ou do Estado que os propuser como candidatos" e o art. 54, 1, da Convenção prevê que: "Os juízes da Corte serão eleitos por um período de seis anos e só poderão ser reeleitos uma vez. O mandato de três dos juízes designados na primeira eleição expirará ao cabo de três anos. Imediatamente depois da referida eleição, determinar-se-ão por sorteio, na Assembleia Geral, os nomes desses três juízes". **AMN**

Gabarito "D".

5. DIREITO CONSTITUCIONAL

(Escrivão – PC/ES – Instituto AOCP – 2019) Tratando-se de direitos e garantias fundamentais, segundo o ordenamento constitucional brasileiro, assinale a alternativa correta.

(A) A idade mínima de trinta e cinco anos para Governador e Vice-Governador de Estado e do Distrito Federal é uma das condições de elegibilidade previstas na Constituição Federal.

(B) O mandado de segurança coletivo pode ser impetrado por partido político, ainda que sem representação no Congresso Nacional.

(C) Para fins de reconhecimento da nacionalidade brasileira, a Constituição Federal considera tanto o ius solis quanto o ius sanguinis.

(D) Os direitos e garantias expressos na Constituição Federal excluem outros decorrentes do regime e dos princípios por ela adotados, ou dos tratados internacionais em que a República Federativa do Brasil seja parte.

(E) É a todos assegurado, mediante o pagamento das respectivas taxas, o direito de petição aos Poderes Públicos em defesa de direitos ou contra ilegalidade ou abuso de poder.

A: incorreta, pois é condição de elegibilidade a idade mínima de **trinta anos** para Governador e Vice-Governador de Estado e do Distrito Federal (art. 14, § 3°, VI, "b", da CF); **B:** incorreta, porque o mandado de segurança coletivo pode ser impetrado por partido político com representação no Congresso Nacional (art. 5°, LXX, "a", da CF); **C:** correta, pois o art. 12, I, da Constituição Federal adota os critérios do *jus soli* (local do nascimento) e do *jus sanguinis* (fator sanguíneo) para aquisição da nacionalidade brasileira; **D:** incorreta, porque os direitos e garantias expressos na Constituição **não** excluem outros decorrentes do regime e dos princípios por ela adotados, ou dos tratados internacionais em que a República Federativa do Brasil seja parte (art. 5°, § 2°, da CF); **E:** incorreta, já que é a todos assegurado, independentemente do pagamento de taxas, o direito de petição aos Poderes Públicos em defesa de direitos ou contra ilegalidade ou abuso de poder (art. 5°, XXXIV, "a", da CF). [AN]

Gabarito "C".

(Investigador – PC/ES – Instituto AOCP – 2019) Assinale a alternativa correta de acordo com o que disciplina a Constituição Federal acerca dos direitos e garantias fundamentais.

(A) É assegurado a todos o acesso à informação, sendo garantida a publicidade da fonte.

(B) Qualquer cidadão é parte legítima para propor ação popular que vise anular ato lesivo ao patrimônio público ou de entidade de que o Estado participe, à moralidade administrativa, ao meio ambiente e ao patrimônio histórico e cultural, ficando o autor, salvo comprovada má-fé, isento de custas judiciais e do ônus da sucumbência.

(C) É plena a liberdade de associação para fins lícitos, inclusive a de caráter paramilitar.

(D) A retificação de dados perante os órgãos públicos, quando não se prefira fazer por processo sigiloso, judicial ou administrativo, poderá ser feita através de mandado de injunção.

(E) Os tratados e convenções internacionais sobre direitos humanos que forem aprovados, em cada Casa do Congresso Nacional, em dois turnos, por três quintos dos votos dos respectivos membros, serão equivalentes às Leis Complementares.

A: incorreta, pois é assegurado a todos o acesso à informação e resguardado o sigilo da fonte, quando necessário ao exercício profissional (art. 5°, XIV, da CF); **B:** correta, conforme art. 5°, LXXIII, da CF; **C:** incorreta, pois é plena a liberdade de associação para fins lícitos, **vedada** a de caráter paramilitar (art. 5°, XVII, da CF); **D:** incorreta, pois a retificação de dados perante os órgãos públicos poderá ser feita através de *habeas data* (art. 5°, LXXII, "b", da CF); **E:** incorreta, pois os tratados e convenções internacionais sobre direitos humanos que forem aprovados, em cada Casa do Congresso Nacional, em dois turnos, por três quintos dos votos dos respectivos membros, serão equivalentes às **emendas constitucionais** (art. 5°, § 3°, da CF). [AN]

Gabarito "B".

(Delegado – PC/RS – FUNDATEC – 2018) Os direitos fundamentais despontaram para a assegurar às pessoas a possibilidade de ter uma vida digna, livre e igualitária. Os direitos e garantias fundamentais estão disponíveis na CF/1988 do artigo 5° ao 17° dispostos em direitos e garantias individuais, civis, políticos, sociais, econômicos, culturais, difusos e coletivos. Os direitos e deveres individuais e coletivos são encontrados nas constituições de quase todos os países democráticos. O constitucionalismo moderno indica que esses direitos sejam ponto de partida na ordem jurídica. Isso posto, assinale a alternativa INCORRETA em relação aos citados direitos e deveres.

(A) Só por lei se pode sujeitar a exame psicotécnico a habilitação de candidato a cargo público.

(B) A decisão que determina o arquivamento de inquérito policial, a pedido do Ministério Público e determinada por juiz competente, que reconhece que o fato apurado está coberto por excludente de ilicitude, não afasta a ocorrência de crime quando surgirem novas provas, suficientes para justificar o desarquivamento do inquérito.

(C) Cabe recurso extraordinário por contrariedade ao princípio constitucional da legalidade, quando a sua verificação pressuponha rever a interpretação dada a normas infraconstitucionais pela decisão recorrida.

(D) A utilização de gravação de conversa telefônica feita por terceiro com a autorização de um dos interlocutores sem o conhecimento do outro quando há, para essa utilização, excludente da antijuridicidade. Afastada a ilicitude de tal conduta – a de, por legítima defesa, fazer gravar e divulgar conversa telefônica ainda que não haja o conhecimento do terceiro que está praticando crime –, é ela, por via de consequência, lícita e, também consequentemente, essa gravação não pode ser tida como prova ilícita, para invocar-se o Art. 5°, LVI, da Constituição com fundamento em que houve violação da intimidade.

(E) A CF autoriza a prisão em flagrante como exceção à inviolabilidade domiciliar, prescindindo de mandado judicial.

A: correta, nos termos da Súmula Vinculante 44 do STF; **B:** correta, conforme a jurisprudência do STF: HC 95211, Rel. Min. Cármen Lúcia, Primeira Turma, julgado em 10/03/2009 e HC 125101, Rel. Min. Teori Zavascki, Rel. p/ Acórdão: Min. Dias Toffoli, Segunda Turma, julgado em 25/08/2015; **C:** incorreta (devendo ser assinalada), já que **não** cabe recurso extraordinário por contrariedade ao princípio constitucional da legalidade, quando a sua verificação pressuponha rever a interpretação dada a normas infraconstitucionais pela decisão recorrida (Súmula 636 do STF); **D:** correta, de acordo com o precedente do STF: HC 74678, Rel. Min. Moreira Alves, Primeira Turma, julgado em 10/06/1997;

E: correta, pois a casa é asilo inviolável do indivíduo, ninguém nela podendo penetrar sem consentimento do morador, salvo em caso de flagrante delito ou desastre, ou para prestar socorro, ou, durante o dia, por determinação judicial (art. 5º, XI, da CF). **AN**

Gabarito "C".

(Escrivão – PC/MG – FUMARC – 2018) A Constituição da República Federativa do Brasil, promulgada em 1988, também chamada de "Constituição Cidadã", elenca no Capítulo I, do Título II, os direitos e deveres individuais e coletivos.

Das opções abaixo, assinale a que é INVERÍDICA.

(A) A propriedade atenderá a sua função social.

(B) A criação de associações e, na forma da lei, a de cooperativas dependem de autorização do poder público.

(C) É assegurado o direito de resposta, proporcional ao agravo, além da indenização por dano material, moral ou à imagem.

(D) É garantido o direito de propriedade.

A: correta, nos termos do art. 5º, XXIII, da CF; **B:** incorreta, pois a criação de associações e, na forma da lei, a de cooperativas **independem** de autorização, sendo vedada a interferência estatal em seu funcionamento (art. 5º, XVIII, da CF); **C:** correta, de acordo com o art. 5º, V, da CF; **D:** correta, nos termos do art. 5º, XXII, da CF. **AN**

Gabarito "B".

(Escrivão – PC/MG – FUMARC – 2018) A Constituição Federal de 1988 elencou vários princípios processuais penais, porém, no contexto de funcionamento integrado e complementar das garantias processuais penais, não se pode perder de vista que os Tratados Internacionais de Direitos Humanos firmados pelo Brasil também incluíram diversas garantias ao modelo processual penal brasileiro. Nessa ordem, a Convenção Americana sobre Direitos Humanos (CADH Pacto de São José da Costa Rica) prevê diversos direitos relacionados à tutela da liberdade pessoal (Decreto 678/92, art. 7º), além de inúmeras garantias judiciais (Decreto 678/92, art. 8º).

Diante do enunciado, é CORRETO afirmar:

(A) Pelo Princípio da Ampla Defesa, temos a abrangência do direito à defesa técnica (processual ou específica) e à autodefesa (material ou genérica), havendo entre elas uma relação de complementaridade.

(B) Pelo Princípio da Publicidade, temos a preocupação do legislador em garantir o acesso irrestrito a todos os atos processuais, sem qualquer tipo de ressalva.

(C) Pelo Princípio do Contraditório, temos que o brocardo in dubio pro reo só incide até o trânsito em julgado de sentença penal condenatória. Portanto, na revisão criminal, que pressupõe o trânsito em julgado de sentença penal condenatória ou absolutória imprópria, não há que falar em in dubio pro reo, mas sim em in dubio contra reum.

(D) Pelo Princípio do Estado de Inocência, temos que, "aos litigantes, em processo judicial ou administrativo, e aos acusados em geral, são assegurados o contraditório e a ampla defesa, com os meios e recursos a ela inerentes".

A: correta, visto que o princípio da ampla defesa abrange a autodefesa (direito do acusado defender-se pessoalmente) e a defesa técnica (direito do acusado ser assistido por um defensor dotado de capaci-

dade postulatória), conforme estabelece o art. 8º, § 2º, "d", do Decreto 678/1992 – Convenção Americana sobre Direitos Humanos (CADH); **B:** incorreta, pois a publicidade pode ser restringida quando a defesa da intimidade ou o interesse social o exigirem, conforme previsão dos arts. 5º, LX, e 93, IX, da CF. Além disso, a CADH estabelece que o processo penal deve ser público, salvo no que for necessário para preservar os interesses da justiça (art. 8º, § 5º, do Decreto 678/92); **C:** incorreta, pois a alternativa traz a definição do **princípio da presunção de inocência**, o qual vigora até o trânsito em julgado conforme estabelece o inciso LVII do art. 5º da CF. Ademais, a CADH preconiza que toda pessoa acusada de delito tem direito a que se presuma sua inocência enquanto não se comprove legalmente sua culpa (art. 8º, § 2º, do Decreto 678/92); **D:** incorreta, pois a alternativa traz a definição dos **princípios do contraditório e da ampla defesa**, consubstanciados no art. 5º, LV, da CF e no art. 8º, § 2º, "b" e "c", do Decreto 678/92. **AN**

Gabarito "A".

(Escrivão – PC/MG – FUMARC – 2018) Sobre os direitos da Declaração Universal dos Direitos Humanos (1948-ONU), considere as afirmativas a seguir.

I. Todo ser humano tem direito à liberdade de locomoção fora das fronteiras de cada Estado.

II. Ninguém será submetido à tortura, nem a tratamento ou castigo cruel, desumano ou degradante.

III. Todo ser humano tem o direito de ser, em todos os lugares, reconhecido como pessoa perante a lei.

IV. Ninguém será arbitrariamente preso, detido ou exilado.

Assinale a alternativa correta.

(A) Somente as afirmativas I e II são corretas.

(B) Somente as afirmativas I e IV são corretas.

(C) Somente as afirmativas III e IV são corretas.

(D) Somente as afirmativas I, II e III são corretas.

(E) Somente as afirmativas II, III e IV são corretas.

I: incorreta, pois toda pessoa tem o direito de livremente circular e escolher a sua residência no interior de um Estado (art. 13, § 1º, da Declaração Universal dos Direitos Humanos – DUDH); **II:** correta, porque ninguém será submetido a tortura nem a penas ou tratamentos cruéis, desumanos ou degradantes (art. 5º da DUDH); **III:** correta, já que todos os indivíduos têm direito ao reconhecimento, em todos os lugares, da sua personalidade jurídica (art. 6º da DUDH); **IV:** correta, porque ninguém pode ser arbitrariamente preso, detido ou exilado (art. 9º da DUDH). **AN**

Gabarito "E".

(Papiloscopista – PF – CESPE – 2018) Uma associação, com o objetivo de pleitear direitos relativos à educação de adultos analfabetos, planeja realizar uma manifestação pacífica em local aberto ao público, inclusive para maior visibilidade e aderência.

Considerando essa situação hipotética, julgue os itens a seguir.

(1) As associações, em regra, não precisam de autorização da administração pública para reunir-se, assim como para a sua criação.

(2) A máxima da liberdade de expressão no âmbito das associações é extensamente garantida pela Constituição Federal de 1988, que assegura a livre manifestação do pensamento e protege o anonimato.

1: certa, pois a Constituição assegura a liberdade de reunião e a liberdade de associação, independentemente de autorização, o que não significa que tais direitos sejam absolutos. O inciso XVI do art. 5º da CF prevê que todos podem reunir-se pacificamente, sem armas, em

5. DIREITO CONSTITUCIONAL

locais abertos ao público, independentemente de autorização, desde que não frustrem outra reunião anteriormente convocada para o mesmo local, sendo apenas exigido prévio aviso à autoridade competente. Já o inciso XVII do art. 5º garante a plena liberdade de associação para fins lícitos, vedada a de caráter paramilitar, e o inciso XVIII garante que a criação de associações independem de autorização, sendo vedada a interferência estatal em seu funcionamento. Vale destacar ainda que tais direitos podem sofrer restrições na hipótese de estado de defesa (art. 136, § 1º, I, "a", da CF) e de estado de sítio (art. 139, IV, da CF); **2:** errada, porquanto a Constituição assegura a livre manifestação do pensamento, vedando o anonimato (art. 5º, IV, da CF). **AN**

Gabarito 1C, 2E

(Escrivão – PF – CESPE – 2018) Com relação aos direitos e às garantias fundamentais constitucionalmente assegurados, julgue os itens que se seguem.

(1) Apesar de o ordenamento jurídico vedar a extradição de brasileiros, brasileiro devidamente naturalizado poderá ser extraditado se comprovado seu envolvimento com o tráfico ilícito de entorpecentes.

(2) Em regra, indivíduo civilmente identificado não será submetido à identificação criminal.

1: certa, pois a Constituição prevê que nenhum brasileiro será extraditado, salvo o naturalizado, em caso de crime comum, praticado antes da naturalização, ou de comprovado envolvimento em tráfico ilícito de entorpecentes e drogas afins (art. 5º, LI, da CF); **2:** certa, porque o civilmente identificado não será submetido a identificação criminal, salvo nas hipóteses previstas em lei (art. 5º, LVIII, da CF). **AN**

Gabarito 1C, 2C

(Agente-Escrivão – Acre – IBADE – 2017) Leia a seguir os seguintes artigos enunciados pela CRFB/88 e, a partir dos respectivos conteúdos, responda.

1. Artigo 5º, XXXVII: "Inexiste juízo ou tribunal de exceção".

2. Artigo 5º, LIII: "Ninguém será processado nem sentenciado senão pela autoridade competente".

Qual princípio a seguir melhor sintetiza o conteúdo?

(A) Razoabilidade.

(B) Do juiz e do promotor natural.

(C) Ampla Defesa.

(D) Contraditório.

(E) Duplo grau de jurisdição.

A alternativa que melhor sintetiza o conteúdo é a "b". Isso porque o direito cravado na CF a respeito da inexistência de juízo ou tribunal de exceção significa dizer que não haverá direcionamento de processos a serem julgados a determinados juízes ou a "escolha" do Tribunal que julgará. Em igual sentido, quanto à afirmativa ninguém será processado nem sentenciado senão pela autoridade competente, ela deixa claro que o agente acusador e julgador só poderá atuar na hipótese de realmente for o agente competente. **TC**

Gabarito "B".

(Agente-Escrivão – Acre – IBADE – 2017) Euclênio, jornalista, teve seu telefone interceptado para que fosse descoberta a fonte de uma reportagem, uma vez que alguém repassara informações a ele para uma matéria sobre corrupção no poder público. A polícia civil, ao elaborar a representação pela receptação telefônica sustentou que a fonte do jornalista participara de um esquema de desvio de verbas públicas e sua identificação seria imprescindível

para o sucesso da investigação. Nesse contexto, é correto afirmar que:

(A) em que peses o sigilo da fonte ser um direito fundamental, a interceptação telefônica é legal, mesmo que o jornalista não tenha participado do crime.

(B) a interceptação telefônica é legal, mesmo que o jornalista não tenha participado do crime, devendo ser considerado que o sigilo da fonte não foi arrolado entre os direitos fundamentais.

(C) a interceptação telefônica é ilegal porquanto o jornalista não tenha participação no crime e a CRFB/88 estabeleça o sigilo da fonte como direito individual.

(D) considera-se a interceptação telefônica ilegal, tendo em vista que o jornalista não participou do crime, contudo não há previsão constitucional ao sigilo da fonte.

(E) o jornalista não poderia ser interceptado em hipótese alguma, pois a CRFB/88 lhe garante a cláusula de reserva absoluta.

A: incorreta. O sigilo da fonte é um direito fundamental inviolável, de modo que, não havendo comprovação ou indícios de participação do jornalista no crime, eventual quebra de sigilo será verdadeiro abuso do poder jurisdicional; **B:** incorreta. O sigilo da fonte é um direito fundamental estampado no art. 5º, XIV da CF; **C:** correta; **D:** incorreta. Há expressa previsão constitucional do sigilo à fonte; **E:** incorreta, caso fosse constatada a participação do jornalista no crime praticado, não haveria violação a direito fundamental. **TC**

Gabarito "C".

(Agente-Escrivão – Acre – IBADE – 2017) Epitácio, brasileiro naturalizado, cometera crime de tráfico ilícito de drogas, na Itália, antes de sua naturalização. Considerando que: 1) A Itália requereu sua extradição ao Brasil; 2) Epitácio casou-se com uma brasileira nata e deste relacionamento adveio um filho, assinale a alternativa correta.

(A) Configura o caso hipótese de deportação. Diferentemente da extradição e da expulsão, a deportação é a entrega por um Estado a outro, a requerimento deste, de pessoa que nele deva responder a processo penal ou cumprir pena.

(B) A CRFB/88 veda expressamente a extradição de brasileiro naturalizado em caso de crime comum praticado antes da naturalização, ou de comprovado envolvimento em tráfico ilícito de drogas.

(C) O STF, em reiteradas decisões, decidiu que a constituição de filho brasileiro impede a extradição, em observância ao princípio do melhor interesse do menor.

(D) A hipótese narrada, no caso em tela, é de expulsão, tendo em vista que a CRFB/88 não permite que brasileiro naturalizado tenha cometido crime, por se tornar nocivo à conveniência e aos interesses nacionais.

(E) Epitácio poderá ser extraditado, tendo em vista que não impede a extradição a circunstância de ser o extraditado casado com brasileira ou ter filho brasileiro.

A: incorreta. Trata-se de hipótese de extradição; **B:** incorreta. A Constituição expressamente prevê como exceção a extradição de brasileiro naturalizado que tiver praticado crime comum antes da naturalização, ou com comprovado envolvimento com o tráfico ilícito de entorpecentes e drogas afins, nos termos do art. 5º, LI da CF; **C:** incorreta. O STF tem posicionamento consolidado sobre o tema. Inclusive, foi editada Súmula sobre o assunto. "*Súmula 421 STF: Não impede a extradição a circunstância de ser o extraditando casado com brasileira ou ter filho*

brasileiro."; **D:** incorreta. Por tratar de brasileiro naturalizado; a hipótese é de extradição; **E:** correta. É o que anuncia a Súmula 421 do STF. **TC**
Gabarito "E".

(Escrivão – AESP/CE – VUNESP – 2017) No que diz respeito aos direitos e garantias fundamentais previstos na Constituição da República, é correto afirmar que

(A) a prática do racismo constitui crime inafiançável e imprescritível, sujeito à pena de detenção.

(B) a lei penal não retroagirá, salvo para punição do réu que tiver cometido crime hediondo.

(C) a lei regulará a individualização da pena e adotará, entre outras, as seguintes: de trabalhos forçados e suspensão ou interdição de direitos.

(D) é reconhecida a instituição do júri, com a competência para o julgamento dos crimes culposos contra a vida.

(E) ninguém será levado à prisão ou nela mantido, quando a lei admitir a liberdade provisória, com ou sem fiança.

A: incorreta. A prática do racismo está sujeito à pena de reclusão e não detenção (art. 5°, XLII da CF); **B:** incorreta. A lei penal não retroagirá, salvo para beneficiar o réu. (art. 5°, XL da CF); **C:** incorreta. A lei não adotará trabalhos forçados. O rol previsto no art. 5°, XLVI não traz esta hipótese; **D:** incorreta. A instituição do júri se dará tão somente nos crimes dolosos contra a vida, nos termos do art. 5°, XXXVIII, *d*, **E:** correta. (art. 5°, LXVI da CF). **TC**
Gabarito "E".

(Escrivão – AESP/CE – VUNESP – 2017) Assinale a alternativa que contempla hipótese de exceção à regra de que a Constituição Federal não admite a prisão civil por dívidas.

(A) Devedor de obrigação monetária por dívida de jogo.

(B) Inadimplemento de dívida de fiador de contrato de locação.

(C) Descumprimento de obrigação pecuniária de contrato de financiamento bancário.

(D) Inadimplemento voluntário e inescusável de obrigação alimentícia.

(E) Responsável civil por obrigação derivada de acidente automobilístico.

O inadimplemento de obrigação alimentícia é a única hipótese de prisão civil estampada na Constituição. Ainda que haja previsão da possibilidade de prisão do depositário infiel, esse tema foi superado com a publicação da Súmula Vinculante n. 25: "É ilícita a prisão civil de depositário infiel, qualquer que seja a modalidade de depósito." **TC**
Gabarito "D".

(Agente-Escrivão – PC/GO – CESPE – 2016) Observadas as ressalvas constitucionais e jurisprudenciais, os espaços que poderão ser protegidos pela inviolabilidade do domicílio incluem:

I. o local de trabalho do indivíduo.

II. a embarcação em que o indivíduo resida e(ou) exerça atividade laboral.

III. o recinto ocupado provisoriamente pelo indivíduo.

IV. o imóvel que o indivíduo ocupe por empréstimo.

V. o quarto de hotel que seja ocupado pelo indivíduo.
Assinale a opção correta.

(A) Apenas os itens I, III e IV estão certos.

(B) Apenas os itens II, III e V estão certos.

(C) Todos os itens estão certos.

(D) Apenas os itens I e II estão certos.

(E) Apenas os itens IV e V estão certos.

O STF assentou posicionamento no sentido de que o conceito de "casa", para efeitos da proteção constitucional, tem um sentido amplo "pois compreende, na abrangência de sua designação tutelar, (a) qualquer compartimento habitado, (b) qualquer aposento ocupado de habitação coletiva e (c) qualquer compartimento privado não aberto ao público, onde alguém exerce profissão ou atividade". (RO HC 90.376-2 RJ – STF). **TC**
Gabarito "C".

(Agente – Pernambuco – CESPE – 2016) À luz das disposições da CF, assinale a opção correta acerca dos direitos e garantias individuais.

(A) O Estado pode impor prestação alternativa fixada em lei ao indivíduo que, alegando conflito com suas convicções políticas, se recusar a cumprir obrigação legal a todos imposta, desde que a prestação seja compatível com suas crenças. Em caso de recusa em cumpri-la, o indivíduo poderá ser privado de seus direitos.

(B) Diante de indícios veementes da prática de ilícitos no interior de determinada residência, o agente de polícia poderá realizar busca de provas no local sem o consentimento do morador e sem mandado judicial, desde que o faça durante o dia.

(C) O cidadão que, naturalizado brasileiro, cometer crime comum em viagem a seu país de origem retornar ao Brasil poderá ser extraditado, bastando que haja solicitação do país da nacionalidade anterior.

(D) Servidor público que cometer crime no exercício da função não poderá ser condenado, na esfera penal, a partir de prova obtida por meio ilícito; no entanto, essa mesma prova, complementada por outras provas lícitas, poderá ser utilizada para aplicar penalidade em eventual processo administrativo movido contra o servidor.

(E) O profissional que, trabalhando com divulgação de informações, veicular, em seu nome, notícia de fonte sigilosa não estará sujeito a responder por eventuais prejuízos que essa divulgação causar a outrem.

A: correta, nos termos do art. 5°, VIII; **B:** incorreta. Na hipótese de indícios veementes da prática de ilícitos no interior de determinada residência, o agente de polícia poderá realizar buscas sem o consentimento do morador e sem mandado judicial inclusive no período noturno. Foi esse o entendimento firmado pelo STF no julgamento do RE 603616: *"a entrada forçada em domicílio sem mandado judicial só é lícita, mesmo em período noturno, quando amparada em fundadas razões, devidamente justificadas a posteriori, que indiquem que dentro da casa ocorre situação de flagrante delito, sob pena de responsabilidade disciplinar, civil e penal do agente ou da autoridade e de nulidade dos atos praticados.";* **C:** incorreta, só será extraditado o brasileiro naturalizado por crime cometido antes da sua naturalização ou de comprovado envolvimento em tráfico ilícito de entorpecentes e drogas afins. O fato do crime comum ter sido cometido no país da nacionalidade anterior não altera o que dispõe a Constituição (art. 5°, LI da CF); **D:** incorreta. São inadmissíveis, no processo, as provas obtidas por meios ilícitos (art. 5°, LVI da CF); **E:** incorreta. Ainda que seja assegurado o sigilo da fonte, aquele que veicular notícia sobre outrem estará sujeito, na hipótese de eventuais prejuízos causados, ao pagamento de indenização por dano material, moral ou à imagem (art. 5°, V da CF). **TC**
Gabarito "A".

5. DIREITO CONSTITUCIONAL   171

(Escrivão – Pernambuco – CESPE – 2016) No que se refere aos direitos e às garantias fundamentais, assinale a opção correta.

(A) O direito fundamental ao contraditório não se aplica aos inquéritos policiais.

(B) O início de execução da pena criminal condenatória após a confirmação da sentença em segundo grau ofende o princípio constitucional de presunção da inocência.

(C) Os direitos e as garantias individuais não são assegurados às pessoas jurídicas, uma vez que elas possuem dimensão coletiva.

(D) O sigilo de correspondência e o sigilo das comunicações telefônicas são invioláveis ressalvadas as hipóteses legais, por ordem judicial ou administrativa devidamente motivada.

(E) O tribunal do júri tem competência para o julgamento dos crimes culposos e dolosos contra a vida.

A: correta. Ainda que o tema seja polêmico, de fato, na literalidade do texto, a Constituição não privilegia como direito fundamental expresso o contraditório em inquéritos policiais (art. 5º LV da CF). Limita-se a processos judiciais e de natureza administrativa; **B:** Recentemente o STF, ao julgar o HC 126292 estabeleceu que o início da execução da pena criminal condenatória após a confirmação da sentença em Segundo grau não ofende o princípio da presunção de inocência. Na ocasião, o Min. Teori Zavascki estabeleceu que: "a manutenção da sentença penal pela segunda instância encerra a análise de fatos e provas que assentaram a culpa do condenado, o que autoriza o início da execução da pena."; **C:** incorreta, as pessoas jurídicas são titulares dos direitos fundamentais compatíveis com a sua natureza; **D:** incorreta. As ressalvas a essas garantias estão expressamente definidas no art. 5º, XII da CF, limitando-se à ordem judicial, jamais administrativa; **E:** incorreta. O tribunal do júri tem competência para o julgamento somente dos crimes dolosos contra a vida. É o que dispõe o art. 5º, XXXVIII, *d* da CF. ▮
Gabarito "A".

(Investigador-Escrivão-Papiloscopista – Pará – Funcab – 2016) Nos termos dos direitos e deveres individuais e coletivos, previstos na Constituição Federal, é correto afirmar:

(A) Ninguém será preso serão em flagrante certo ou por ordem escrita e fundamentada de autoridade judiciária competente, salvo apenas nos casos de crime propriamente militar, definidos em lei.

(B) Conceder-se-á mandado de segurança para proteger direito líquido e certo, não amparado por habeas corpus ou habeas data, quando o responsável pela ilegalidade ou abuso de poder for autoridade pública ou agente de pessoa jurídica no exercício de atribuições do Poder Público.

(C) Toda propriedade rural, desde que trabalhada pela família do proprietário, não será objeto de penhora para pagamento de débitos decorrentes de sua atividade produtiva, dispondo a lei sobre os meios de financiar o seu desenvolvimento.

(D) Nenhum brasileiro será extraditado, salvo o naturalizado, em caso de crime comum, praticado depois da naturalização, ou de comprovado envolvimento em tráfico ilícito de entorpecentes e drogas afins, na forma da lei.

(E) O mandado de segurança coletivo pode ser impetrado por organização sindical, entidade de classe ou associação legalmente constituída e em funcionamento há menos de um ano, em defesa dos interesses de seus membros ou associados.

A: incorreta. A exceção será não apenas nos casos de crime propriamente militar, mas também, nos casos de transgressão militar. (art. 5º, LXI da CF); **B:** correta. Art. 5º, LXIX da CF; **C:** incorreta. Trata-se de garantia concedida apenas à pequena propriedade rural e não a todas as propriedades rurais indistintamente (art. 5º, XXVI da CF); **D:** incorreta. O brasileiro naturalizado somente será extraditado em caso de crime comum, praticado antes da naturalização. Na hipótese de crime cometido após a naturalização, a Constituição não garante a aplicação deste instituto (art. 5º, LI da CF); **E:** incorreta. A legitimidade da associação para impetrar mandado de segurança dependerá de seu tempo de funcionamento que é no mínimo de um ano, de modo que as constituídas em tempo menor não terão legitimidade para utilizar este remédio constitucional (art. 5º, LXX da CF). ▮
Gabarito "B".

(Investigador-Escrivão-Papiloscopista – Pará – Funcab – 2016) "Os direitos fundamentais são bens jurídicos em si mesmos considerados, conferidos às pessoas pelo texto constitucional, enquanto as garantias são instrumentos por meio dos quais é assegurado o exercício desses direitos, bem como a devida reparação, em caso de violação." (Vicente Paulo, Marcelo Alexandrino, Direito Constitucional Descomplicado, 7. ed., Rio de Janeiro, Forense, 2011, p. 100). Sobre O assunto, assinale a alternativa correta.

(A) A gravação clandestina, como aquela em que captação e gravação de áudio e vídeo de conversa pessoal, ambiental ou telefônica se dão no mesmo momento em que a conversa se realiza, feita por um dos interlocutores, sem conhecimento dos outros ou por terceira pessoa, sem conhecimento dos demais, afronta o preceito constitucional da inviolabilidade do sigilo das comunicações telefônicas.

(B) A proteção constitucional à inviolabilidade domiciliar há que ser entendida restritivamente aos conceitos de residência e domicílio, não devendo, portanto, ser estendido a locais não abertos ao público no qual a pessoa exerça sua profissão ou atividade.

(C) Encontra-se em clara e ostensiva contradição com o fundamento constitucional da dignidade da pessoa humana, com o direito à honra, intimidade e vida privada utilizar-se em desobediência expressa à autorização judicial ou aos limites de sua atuação, de bens e documentos pessoais apreendidos ilicitamente acarretando injustificado dano à dignidade da pessoa humana, autorizando a ocorrência de indenização por danos materiais e morais, além do respectivo direito à resposta e responsabilização penal.

(D) A realização de manifestações públicas como a denominada "Marcha da Maconha" não encontra amparo no exercício do direito fundamental de reunião e da livre manifestação do pensamento, uma vez que consiste em afronta ao ordenamento jurídico na esfera penal como verdadeira apologia à prática de crime.

(E) A inviolabilidade do sigilo das correspondências, das comunicações telegráficas e de dados são absolutas, uma vez que a previsão constitucional apenas ressalva a possibilidade de interceptação das comunicações telefônicas, nas hipóteses e na forma que a lei estabelecer para fins de investigação criminal ou instrução processual penal.

A: incorreta. O STF tem posicionamento consolidado acerca da licitude da utilização desta prova (AI 503617 AgR/PR – 01/02/2005); **B:** incorreta. O STF já se manifestou a respeito do assunto, trazendo entendimento de que a proteção à inviolabilidade domiciliar há que ser entendida com interpretação extensiva do conceito de domicílio (RO 90.376-2 RJ/ STF); **C:** Correta. A Constituição Federal garante como direito fundamental a inviolabilidade da intimidade, da vida privada, da honra e da imagem das pessoas, de modo que a utilização indevida de bens e documentos apreendidos ilicitamente acarretará na necessária reparação em razão dos danos sofridos (art. 5º, X da CF); **D:** O STF ao julgar a ADPF 187, tratou do tema. Na ocasião, o Min Celso de Melo se posicionou no seguinte sentido: *"a 'marcha da maconha' é um movimento social espontâneo que reivindica, por meio da livre manifestação do pensamento, "a possibilidade da discussão democrática do modelo proibicionista (do consumo de* drogas) e dos efeitos que (esse modelo) produziu em termos de incremento da violência"; **E:** O STF tem posicionamento assentado de que a inviolabilidade do sigilo das correspondências, das comunicações telegráficas e dos dados são relativos quando há interesse público (MS 33.340/DF, DJE de 3-8-2015.). TC

Gabarito "C".

(Investigador-Escrivão-Papiloscopista – Pará – Funcab – 2016) Sobre os direitos constitucionais à vida, à liberdade e à igualdade, é correto afirmar que a:

(A) prerrogativa do foro em favor da mulher e sua aplicação tanto para a ação de separação judicial quanto para a de divórcio direto fere o princípio constitucional da isonomia de tratamento entre homens e mulheres.

(B) pena de morte é objeto de cláusula pétrea ou limitação ao poder constituinte derivado reformador, de forma que proposta de emenda que a comine não pode ser deliberada, uma vez que afronta ao direito constitucional à vida, não se admitindo a pena de morte nem mesmo em tempo de guerra.

(C) liberdade de locomoção é desenhada como possibilidade de ingresso, circulação interna e saída do território nacional, sendo preservada mesmo com a decretação de estado de sítio com fundamentação em comoção grave de repercussão nacional. A liberdade de locomoção apenas é restringida com advento da declaração de guerra.

(D) liberdade de expressão e de manifestação de pensamento somente pode admitir qualquer tipo de limitação prévia de natureza política, ideológica ou artística caso haja lei ordinária regulando a matéria.

(E) objeção de consciência é alusiva às obrigações legais a todos impostas que podem ser eximidas por motivo de crença religiosa ou convicção filosófica ou política, sem que os direitos fundamentais de quem a opõe sejam perdidos ou suspensos, ressalvado o descumprimento de prestação alternativa.

A: incorreta. O primeiro comentário a se fazer é que o CPC de 2015 extirpou do ordenamento infraconstitucional o regramento anterior do Código de 73 que garantia à mulher o foro privilegiado nas ações de separação e divórcio. De todo modo, a título de informação, o STF quando foi instado a se manifestar sobre o assunto (RE 227.114 / SP) entendeu que: "O foro especial para a mulher nas ações de separação judicial e de conversão da separação judicial em divórcio não ofende o princípio da isonomia entre homens e mulheres ou da igualdade entre os cônjuges." Justificou na ocasião o ministro Joaquim Barbosa, relator do Recurso que: "não se trata de um privilégio estabelecido em favor das mulheres, mas de uma norma que visa a dar um tratamento menos gravoso à parte que, em regra, se encontra e, ainda se encontra, em situação menos favorável econômica e financeiramente"; **B:** incorreta. A CF prevê a possibilidade de se instituir a pena de morte unicamente em caso de guerra declarada, nos termos do art. 5º, XLVII, "a"; **C:** incorreta.

O constituinte estabelece que na vigência do Estado de sítio decretada poderá ser tomada contra as pessoas a obrigação de permanência em localidade determinada (art. 139, I da CF); **D:** incorreta. A liberdade de expressão e de manifestação do pensamento não sofrerão qualquer restrição (art. 220, "caput" e § 2º da CF); **E:** correta. Nas palavras do Professor José Carlos Buzanello, "a objeção de consciência, como espécie do direito de resistência, é a recusa ao cumprimento dos deveres incompatíveis com as convicções morais, políticas e filosóficas. A escusa de consciência significa a soma de motivos alegados por alguém, numa pretensão de direito individual em dispensar-se da obrigação jurídica imposta pelo Estado a todos, indistintamente". Vale dizer: a objeção de consciência constitucional não tem caráter absoluto, pois não pode ser invocada para conseguir exoneração de obrigação legal imposta a todos, permitindo apenas prestação alternativa. TC

Gabarito "E".

(Agente de Polícia Civil/RO – 2014 – FUNCAB) A partir do tema direitos e deveres fundamentais na Constituição de 1988, assinale a alternativa correta.

(A) São admissíveis, no processo penal, as provas obtidas por meios ilícitos.

(B) A prisão ilegal será imediatamente relaxada pela autoridade judiciária.

(C) A lei pode prejudicar o direito adquirido.

(D) A lei penal pode retroagir, ainda que para prejudicar o acusado.

(E) A lei criará juízo ou tribunal de exceção para julgamento de crime de racismo.

A: incorreta, o artigo 5º, LVI, da Constituição Federal estabelece que serão inadmissíveis, no processo, as provas obtidas por meios ilícitos; **B:** correta, nos termos do artigo 5º, LXV, da Constituição Federal; **C:** incorreta, a lei não prejudicará o direito adquirido, o ato jurídico perfeito e a coisa julgada (art. 5º, XXXVI, da Constituição Federal); **D:** incorreta, a lei penal em regra não retroagirá, exceto nas circunstâncias em que beneficiar o réu, nos termos do artigo 5º, XL, da Constituição Federal; **E:** incorreta, o artigo 5º, XXXVII, da CF estabelece que não haverá juízo ou tribunal de exceção, mesmo nos casos de julgamento de crime de racismo.

Gabarito "B".

(Escrivão/SP – 2014 – VUNESP) Assinale a alternativa correta a respeito dos direitos e garantias fundamentais previstos na Constituição Federal de 1988.

(A) A lei só poderá restringir a publicidade dos atos processuais quando a defesa da intimidade ou o interesse social o exigirem.

(B) Conceder-se-á *habeas data* sempre que a falta de norma regulamentadora torne inviável o exercício dos direitos e liberdades constitucionais.

(C) A lei regulará a individualização da pena e adotará, entre outras, a privação ou a restrição da liberdade, a perda de bens e o banimento.

(D) Constituem crimes inafiançáveis e imprescritíveis o racismo, a tortura, o tráfico ilícito de entorpecentes e os definidos como crimes hediondos.

(E) Nenhum brasileiro será extraditado, salvo o naturalizado, em caso de crime comum praticado antes da naturalização, ou de comprovado envolvimento com terrorismo.

A: correta, é o que dispõe o artigo 5º, LX, da Constituição Federal; **B:** errada, esta é a condição estabelecida ao mandado de injunção, nos termos do artigo 5º, LXXI, da Constituição Federal. De outro modo,

5. DIREITO CONSTITUCIONAL · 173

o *habeas data* será concedido (i) para assegurar o conhecimento de informação relativa à pessoa do impetrante, constantes de registros ou bancos de dados de entidades governamentais ou de caráter público e (ii) para a retificação de dados, quando não se prefira fazê-lo por processo sigiloso, judicial ou administrativo; **C:** errada, a lei não adotará a pena de banimento, é o que se extrai do artigo 5º, XLVI e XLVII, alínea "d"; **D:** errada, dos crimes elencados na assertiva, apenas o racismo cumula as características de ser inafiançável e imprescritível (artigo 5º, XLII da Constituição Federal). A tortura, o tráfico ilícito de entorpecentes e os definidos como crimes hediondos ainda que inafiançáveis, não são imprescritíveis, mas insuscetíveis de graça, assim como previsto no artigo 5º, XLIII, da Constituição Federal; **E:** errado, o naturalizado poderá ser extraditado em caso de crime comum praticado antes da naturalização, ou de comprovado envolvimento em tráfico ilícito de entorpecentes e drogas afins. A lei não fala em terrorismo. Artigo 5º, LI, da Constituição Federal.

Gabarito "A".

(Investigador/SP – 2014 – VUNESP) Considerando o disposto na Constituição Federal sobre os direitos e garantias fundamentais, assinale a alternativa correta.

(A) Todos podem reunir-se pacificamente, sem armas, em locais abertos ao público, desde que obtida prévia autorização do delegado de polícia e não frustrem outra reunião anteriormente convocada para o mesmo local.

(B) É reconhecida a instituição do júri, com a organização que lhe der a lei, assegurada a competência para o julgamento dos crimes dolosos e culposos contra a vida.

(C) A lei considerará crimes inafiançáveis e insuscetíveis de graça ou anistia, entre outros, a prática da tortura e o tráfico ilícito de entorpecentes e drogas afins.

(D) É inviolável o sigilo da correspondência e das comunicações telegráficas, de dados e das comunicações telefônicas, salvo, no último caso, por ordem do juiz ou do promotor de justiça, na forma da lei.

(E) A casa é asilo inviolável do indivíduo, ninguém nela podendo penetrar sem consentimento do morador, salvo em caso de flagrante delito ou desastre, ou para prestar socorro, ou, durante à noite, por determinação judicial.

A: errada, visto que não é preciso prévia autorização seja do delegado de polícia ou de qualquer outra autoridade pública. Art. 5º, XVI, da Constituição Federal; **B:** errada, a competência do Tribunal do Júri se limita ao julgamento dos crimes dolosos, e não culposos, é o que dispõe o artigo 5º, XXXVIII, alínea "d", da Constituição Federal; **C:** certa, conforme previsão do artigo 5º, XLIII da Constituição Federal; **D:** errada, a previsão de exceção quanto à inviolabilidade do sigilo, se limita à ordem judicial. O membro do Ministério Público (Promotor de Justiça), não possui competência para determinar a quebra do sigilo, pelo contrário, deverá apresentar requerimento para a quebra do sigilo, quando este se mostrar necessário, nos termos do artigo 5, XII da Constituição Federal; **E:** errada, o artigo 5º, XI, estabelece que na ocasião da violação da casa por determinação judicial, esta deverá ser procedida durante o dia.

Gabarito "C".

(Polícia Rodoviária Federal – 2013 – CESPE) Julgue os itens subsequentes, relativos aos direitos e garantias fundamentais previstos na CF.

(1) Consideram-se brasileiros naturalizados os nascidos no estrangeiro de pai brasileiro ou de mãe brasileira, desde que sejam registrados em repartição brasileira competente ou venham a residir na República Federativa do Brasil e optem, em qualquer tempo, depois de atingida a maioridade, pela nacionalidade brasileira.

(2) No caso de iminente perigo público, a autoridade competente poderá usar de propriedade particular, assegurada ao proprietário indenização ulterior, se houver dano.

(3) O estrangeiro condenado por autoridades estrangeiras pela prática de crime político poderá ser extraditado do Brasil se houver reciprocidade do país solicitante.

(4) Aos que comprovem insuficiência de recursos é assegurada a gratuidade na prestação de assistência jurídica integral pelo Estado.

(5) Somente aos brasileiros e aos estrangeiros residentes no país é assegurado o direito de petição em defesa de direitos ou contra ilegalidade ou abuso de poder.

1: errada, a assertiva traz a definição de uma das hipóteses elencadas no art. 12, I, da Constituição Federal, que faz referência aos brasileiros natos; **2:** correta, é o que estabelece o art. 5º, inciso XXV, da Constituição Federal; **3:** errada, pois nos termos do art. 5º, inciso LII, da Constituição Federal "não será concedida extradição de estrangeiro por crime político ou de opinião"; **4:** correta, o art. 5º, inciso LXXIV, da Constituição Federal, estabelece que "o Estado prestará assistência jurídica integral e gratuita aos que comprovarem insuficiência de recursos."; **5:** errada, a Constituição Federal estabelece que é **assegurado a todos**, o direito de petição contra ilegalidade ou abuso de poder, não fazendo a restrição apontada na assertiva, de que o direito é assegurado apenas aos brasileiros e estrangeiros residentes no país.

Gabarito 1E, 2C, 3E, 4C, 5E

(Escrivão de Polícia/BA – 2013 – CESPE) Acerca dos direitos e deveres individuais e coletivos previstos na Constituição Federal (CF), julgue o próximo item.

(1) O crime de racismo é inafiançável, imprescritível e insuscetível de graça ou anistia.

1: errada, o crime de racismo é inafiançável e imprescritível, sujeito à pena de reclusão, nos termos da lei, conforme expressa disposição do art. 5º, inciso XLIII, da Constituição Federal.

Gabarito 1E

(Escrivão de Polícia/BA – 2013 – CESPE) No que concerne aos direitos e garantias fundamentais, julgue os itens a seguir.

(1) A previsão constitucional da prática de tortura como crime inafiançável e insuscetível de graça ou anistia expressa um dever de proteção identificado pelo constituinte e traduz-se em mandado de criminalização dirigido ao legislador.

(2) Para fins de observância do princípio da legalidade penal, o presidente da República está autorizado constitucionalmente a definir condutas criminosas por meio de medida provisória.

(3) Gravar clandestinamente conversa entre agentes policiais e presos, com o objetivo de obter confissão de crime, constitui prova ilícita e viola o direito ao silêncio, previsto constitucionalmente.

(4) O direito à liberdade de reunião deve ser exercido de forma pacífica e sem armas, sendo desnecessária autorização ou prévio aviso à autoridade competente.

(5) O acesso amplo de qualquer advogado aos elementos de prova produzidos por órgão com competência de polícia judiciária, independentemente da sua transcrição nos autos, é expressão do direito à ampla defesa, previsto na CF.

1: certo, conforme expressamente previsto no artigo 5º, XLIII. Cumpre mencionar ainda que, o mandado de criminalização é uma determinação da própria constituição para que o legislador criminalize a conduta através de lei; **2:** errado, o princípio da legalidade é sem dúvidas, um dos pilares do Direito Penal. Para tanto, é imperioso que se analise o artigo 5, XXXIX, da Constituição Federal que assim institui: *"não há crime sem lei anterior que o defina, nem pena sem prévia cominação legal."*. Verifica-se assim também estancado o Princípio da Anterioridade, para que haja crime tem que haver lei anterior. A medida provisória não poderá criar conduta típica, pois MP não é lei, figura típica só pode ser criada por lei; **3:** certo, prudente que se analise o artigo 5º, LVI, da Constituição Federal que inadmite provas obtidas por meio ilícito e o inciso XII do mesmo artigo que prevê a inviolabilidade e o sigilo das comunicações telefônicas; **4:** errado, deverá haver prévio aviso à autoridade competente, demais afirmações estão em consonância com o artigo 5º, XVI, da Constituição Federal; **5:** errado, o acesso amplo é garantia ao defensor do acusado, e não de qualquer advogado, e o acesso será concedido em provas já documentadas, e não como dito "independente da sua transcrição". Assim como previsto na Súmula Vinculante 14 do STF.

Gabarito 1C, 2E, 3C, 4E, 5E

(Escrivão de Polícia/DF – 2013 – CESPE) À luz da Constituição Federal de 1988 (CF), julgue os itens que se seguem, acerca de direitos e garantias fundamentais.

(1) O direito de petição aos poderes públicos em defesa de direitos ou contra ilegalidade ou abuso de poder é assegurado a todos, desde que paga a respectiva taxa.

(2) Uma lei complementar não pode subtrair da instituição do júri a competência para julgamento dos crimes dolosos contra avida.

(3) Havendo iminente perigo público, a autoridade competente poderá usar de propriedade particular, assegurada ao proprietário indenização ulterior se houver dano.

1: errada, o direito de petição não depende do pagamento de taxas. É o que dispõe o artigo 5º, XXXIV, alínea "a", da CF; **2:** correto, pois a instituição do júri para o julgamento de crimes dolosos contra a vida é expressamente previsto no texto constitucional, artigo 5º, XXXVIII, alínea "d"; **3:** correto, é o que estabelece o artigo 5º, XXV, da Constituição Federal.

Gabarito 1E, 2C, 3C

(Escrivão de Polícia Federal – 2013 – CESPE) A respeito dos direitos e garantias fundamentais, julgue os seguintes itens, de acordo com as disposições da Constituição Federal de 1988 (CF).

(1) Conforme a CF, admite-se a perda de direitos políticos na hipótese de cancelamento da naturalização por decisão administrativa definitiva.

(2) Considere que a Polícia Federal tenha recebido denúncia anônima a respeito de suposta prática delituosa inserida em seu âmbito de investigação. Nessa situação, o órgão não poderá investigar, visto que a CF veda expressamente o anonimato e a consequente deflagração da persecução penal com fundamento na referida denúncia anônima.

1: errada. O artigo 15 da Constituição Federal estabelece que a perda ou suspensão dos direitos políticos se dará nos casos de: I – cancelamento da naturalização por **sentença transitada em julgado (e não**

decisão administrativa definitiva); II – incapacidade civil absoluta; III – condenação criminal transitada em julgado, enquanto durarem seus efeitos; IV – recusa de cumprir obrigações a todos imposta ou prestação alternativa e V – improbidade administrativa; **2:** Errada. A denúncia anônima não poderá, sozinha, servir de base para instauração de Inquérito Policial, visto haver expressa vedação constitucional do anonimato. Todavia, o Supremo Tribunal Federal, já se manifestou no HC 100.042-MC que *"(...) Nada impede, contudo, que o Poder Público, provocado por delação anônima ("disque denúncia", p. ex), adote medidas informais destinadas a apurar previamente em averiguação sumária, "com prudência e discrição", a possível ocorrência de eventual situação de ilicitude penal, desde que o faça com o objetivo de conferir a verossimilhança dos fatos nela denunciados, em ordem a promover, então, em caso positivo, a formal instauração da "persecutio criminis", mantendo-se, assim, completa desvinculação desse procedimento estatal em relação às peças apócrifas."* Desta forma, poderá a autoridade policial INICIAR A INVESTIGAÇÃO, realizando diligências preliminares.

Gabarito 1E, 2E

(Agente Penitenciário/MA – 2013 – FGV) Acerca dos direitos fundamentais inscritos na Constituição de 1988, assinale a afirmativa correta.

(A) A Constituição, em garantia ao princípio da igualdade, proscreveu qualquer forma de discriminação, positiva ou negativa, entre cidadãos brasileiros.

(B) A previsão de exame psicotécnico em edital de concurso público supre a exigência de previsão em lei.

(C) O exercício de qualquer ofício ou profissão está condicionado ao cumprimento de condições legais para o seu exercício.

(D) O uso de algemas só é lícito nos casos de prisão em flagrante.

(E) A publicação não consentida da imagem de um indivíduo, utilizada com fins comerciais, gera dano moral reparável, ainda que não reste configurada situação vexatória.

A: incorreta, o art. 5º, *caput*, da Constituição Federal, ao estabelecer que todos são iguais perante a lei, não o faz de maneira desarrazoada, devendo se levar em consideração na interpretação do princípio da igualdade o vínculo de correlação lógica entre o fator de discriminação e o tratamento diferenciado, devendo haver pertinência nas ações afirmativas ou descriminações positivas; **B:** incorreta, a previsão do exame psicotécnico, não supre a exigência de previsão em lei, visto que os editais deverão estabelecer suas diretrizes, respeitada a estrita legalidade, assim como previsto no *caput* do artigo 37 da Constituição Federal; **C:** incorreta, referida afirmação cuida-se de uma exceção, prevista no artigo 5º, XIII, da Constituição Federal, que menciona ser livre o exercício de qualquer trabalho, atendidas as qualificações profissionais que a lei estabelecer. Entretanto, regra geral, deve-se aplicar a previsão do artigo 170, parágrafo único, da Constituição Federal, que assim dispõe: *"É assegurado a todos o livre exercício de qualquer atividade econômica, independentemente de autorização de órgãos públicos, salvo nos casos previstos em lei"*; **D:** incorreta, a Súmula Vinculante 11 do Supremo Tribunal Federal, estabelece que: *"Só é lícito o uso de algemas em casos de resistência e de fundado receio de fuga ou de perigo à integridade física própria ou alheia, por parte do preso ou de terceiros, justificada a excepcionalidade por escrito, sob pena de responsabilidade disciplinar, civil e penal do agente ou da autoridade e de nulidade da prisão ou do ato processual a que se refere, sem prejuízo da responsabilidade civil do Estado"*; **E:** correto, o artigo 5º, X, da Constituição Federal, estabelece que são invioláveis a intimidade, a vida privada a honra e a imagem das pessoas, sendo assegurado o direito à indenização pelos danos materiais e morais decorrentes de sua violação, ainda que não reste configurada situação vexatória.

Gabarito "E".

5. DIREITO CONSTITUCIONAL

(Agente de Polícia Federal – 2012 – CESPE) Acerca dos direitos e deveres individuais e coletivos, julgue os itens subsequentes.

(1) O direito ao silêncio, constitucionalmente assegurado ao preso, estende-se a pessoa denunciada ou investigada em qualquer processo criminal, em inquérito policial, em processo administrativo disciplinar e àquela que for convocada a prestar depoimento perante comissão parlamentar de inquérito.

(2) O exercício do direito à liberdade de reunião em locais abertos ao público, previsto na Constituição Federal, condiciona-se a dois requisitos expressos: o encontro não pode frustrar outro anteriormente convocado para o mesmo local e a autoridade competente deve ser previamente avisada a respeito de sua realização.

1: correta, pois a prisão de qualquer pessoa e o local onde se encontre serão comunicados imediatamente ao juiz competente e à família do preso ou à pessoa por ele indicada, logo, o preso será informado de seus direitos, entre os quais o de permanecer calado, sendo-lhe assegurada a assistência da família e do advogado. Os incisos LXII e LXIII, do art. 5º da CF se complementam; **2:** correta, nos termos do art. 5º, XVI, da CF. Reunir-se a outros é condição para o desenvolvimento da personalidade humana, pois somente a interação dos membros da comunidade é que permite ao homem realizar suas virtudes. Aristóteles já dizia que o homem é um animal político, ou seja, somente vive se estiver em comunidade com os outros, com eles se relacionando por meio da palavra, do contato e da educação cívica. Entretanto, essa aproximação entre homens deve ocorrer de forma pacífica, em praças onde haja acesso para todos – espaços públicos – e, desde que não perturbe ou atrapalhe a realização de outra reunião anteriormente marcada para o mesmo local. Da mesma forma, a reunião há de ser transitória, sem objetivo de perenidade. A passeata, mesmo estando em constante movimento, pode ser entendida como espécie de reunião, contudo, quando realizada em vias públicas de grande circulação, ela pode ser proibida. Foi o caso da passeata realizada pela Polícia Civil, ocorrida em 16 de outubro de 2008, que resultou em batalha com a Polícia Militar em frente ao Palácio dos Bandeirantes em São Paulo. Não obstante o direito de se reunir em espaços públicos sem necessidade de autorização, há necessidade de comunicar previamente a autoridade competente.
Gabarito 1C, 2C

(Escrivão de Polícia/GO – 2013 – UEG) O direito de propriedade vem sendo entendido como a garantia constitucional que assegura ao indivíduo o monopólio da exploração de um bem. Esse direito vem assumindo faces diferentes, como atributo de sujeitos coletivos como ocorre em casos específicos. O norte, entretanto, para o seu exercício é a função social. Nesse contexto, na propriedade

(A) rural, as condições socioambientais são fundamentais para a conferência da função social.

(B) urbana, a inexistência de plano diretor impede a conferência do atendimento à função social.

(C) rural, o atendimento do cumprimento da função social se estabelece em função da lucratividade.

(D) urbana, o cumprimento da função social restringe-se ao seu uso permanente e continuado.

A: correta, a função social da propriedade é cumprida quando a propriedade rural atende, simultaneamente, segundo critérios e graus de exigência estabelecidos em lei, aos seguintes requisitos: I – aproveitamento racional e adequado, II – utilização adequada dos recursos naturais disponíveis e preservação do meio ambiente, III – observância

das disposições que regulam as relações de trabalho e IV – exploração que favoreça o bem-estar dos proprietários e dos trabalhadores. Todos os itens discriminados são condições socioambientais, nos termos do art. 186 da CF; **B:** incorreta, pois a propriedade urbana cumpre sua função social quando atende às exigências fundamentais de ordenação da cidade expressas no plano diretor, conforme o art. 182, § 2º, da CF. A inexistência do plano diretor não impede a conferência do atendimento à função social por força do art. 5º, XXIII, da CF, que determina que a propriedade atenderá a sua função social, *em toda e qualquer hipótese* (grifo nosso); **C:** incorreta, pois a lucratividade não é um dos requisitos do art. 186 da CF; **D:** incorreta, pois em complemento as outras alternativas, o constituinte definiu que a propriedade urbana só cumpre sua função (e por óbvio só poderá invocar proteção estatal – interditos possessórios) quando atende às exigências fundamentais de ordenação da cidade, as quais deverão constar do plano diretor, que, por sua vez, se submetera ao ordenamento federal (Estatuto da Cidade – Lei 10.257, de 10 de julho de 2001). É de se acrescer que a apuração de tais exigências será diferenciada de um Município para outro, levando sempre em conta os ditames do plano diretor ou, na ausência deste, das regras gerais, traçadas a nível federal pelo Estatuto alhures ou mesmo das normas de índole estadual.
Gabarito "A".

(Escrivão de Polícia/GO – 2013 – UEG) O artigo 5º, II da Constituição Federal, consagra o princípio da legalidade ao estabelecer que "ninguém será obrigado a fazer ou deixar de fazer alguma coisa senão em virtude de lei". Esse preceito é multifuncional e tem consequências no ordenamento jurídico, originando muitas expressões, entre as quais se encontram as seguintes:

(A) legalidade administrativa, probidade administrativa, isonomia.

(B) reserva da lei, repristinação da lei, igualdade diante da lei.

(C) processo legislativo, devido processo legal, princípio da isonomia.

(D) vigência da lei, legalidade tributária, devido processo legal.

A: incorreta, pois o princípio da legalidade se coaduna com as seguintes expressões: vigência da lei, legalidade tributária, devido processo legal. Contudo, a afirmação constitucional do princípio da legalidade, traz à baila a *lei*, elemento constitutivo do Estado de Direito, prescreve a vida jurídica da sociedade. Como operador deontológico, proíbe, obriga e permite, expressando-se num conjunto interativo e sistemático, dinâmico e uniforme – pelo menos após o início da Idade Moderna, pois antes o direito romano e a construção do *corpus* exigiam a prudência e a racionalidade prática na elaboração do ordenamento jurídico, o que já não subsiste com os modernos, que encaram a lei como fruto de um procedimento legislativo, ou seja, apenas sob a óptica da formalidade. No Estado moderno, então, a lei é condição de existência do direito e de limitação do poder político do Estado, separando e garantindo a esfera pública e a privada. Assim, para o espaço privado, a lei permitia, na medida em que tudo o que não era proibido e não era tratado por ela era permitido (legalidade do art. 5º, II, da CF). Ao contrário, para o Estado e para a ordem política, a lei obrigava e proibia, pois tudo o que não estava na legislação era proibido e todo que estava era obrigatório (legalidade administrativa, prevista no art. 37 da CF). Sem prejuízo, a questão da probidade administrativa se coaduna como princípio da *moralidade* (*caput* do art. 37 da CF) e o da isonomia guarda guarita no art. 5º da CF; **B:** incorreta, pois o princípio da reserva da lei ou reserva legal está previsto no art. 5º, XXXIX, da CF, que determina que não há crime sem lei anterior que o defina, nem pena sem prévia cominação legal. A repristinação da lei que em verdade é vedada pelo ordenamento jurídico, encontra respaldo no art. 2º, § 3º, da Lei de Introdução as Normas do Direito Brasileiro, que determina que a norma revogada não se restaura por ter a norma revogadora perdido sua vigência, salvo disposição expressa em contrário; **C**: incorreta, por serem princípios autônomos previstos nos incisos LIII, LIV e LV, do art. 5º, da CF; **D**: correta, pelos fundamentos exarados nas alternativas anteriores.

Gabarito "D".

(Escrivão de Polícia/MA – 2013 – FGV) Os policiais civis, no exercício de suas funções, devem obediência ao princípio da inviolabilidade de domicílio (Art. 5º, XI, da CRFB). Sob pena de violação a este princípio, os policiais civis **não** poderão ingressar

(A) no interior do domicílio do suspeito, durante o período diurno, para cumprimento de mandado judicial de busca e apreensão.

(B) no interior do domicílio do suspeito, no período noturno, havendo flagrante delito.

(C) em espaço comercial, com acesso franqueado ao público, que possua segurança privada.

(D) no domicílio do suspeito, durante o período diurno, para cumprimento de mandado de busca e apreensão expedido pela autoridade policial competente.

(E) em escritório de contabilidade, durante o período diurno, portanto mandado judicial.

A: incorreta, pois poderão ingressar no interior do domicílio do suspeito, durante o período diurno, para cumprimento de mandado judicial de busca e apreensão, nos termo do art. 5º, XI, da CF; **B**: incorreta, pois poderão ingressar no interior do domicílio do suspeito, no período noturno, havendo flagrante delito; **C**: incorreta, na exata medida que poderão ingressar em espaço comercial, com acesso franqueado ao público, que possua segurança privada; **D**: correta, de fato não poderão ingressar no interior do domicílio do suspeito, durante o período diurno, para cumprimento de mandado de busca e apreensão expedido pela autoridade policial competente, pois o mandado deve ser expedido por autoridade *judicial*; **E**: incorreta, poderão ingressar no interior do domicílio do suspeito, em escritório de contabilidade, durante o período diurno, portanto mandado judicial. Para os gregos antigos, *oikos*, era o espaço onde o indivíduo humano se realizava, onde gerava os meios de subsistência e onde, pois, podia satisfazer suas necessidades. Mesmo que em tese a ideia de casa esteja ligada ao direito de propriedade, a correta interpretação do termo "casa" está ligada ao espaço privado, ocupado pelo indivíduo sob qualquer título, onde ele faça moradia, dispondo de plena autonomia e liberdade. Esse espaço privado, seja ele até um quarto de hotel, possui a proteção constitucional de inviolabilidade. Em verdade, a ninguém é concedido o direito de penetrar em casa alheia sem licença do ocupante, salvo em casos especiais, previstos expressamente pelo constituinte: ocorrência de desastre (incêndio por exemplo), necessidade de prestação de socorro ao morador (acidente), flagrante delito (assalto por exemplo) ou autorização judicial (concedida apenas para durante o dia).

Gabarito "D".

(Escrivão de Polícia/GO – 2013 – UEG) A Constituição Federal, ao garantir a igualdade de todos perante a lei, no artigo 5º, determina que não haverá distinção de qualquer natureza entre as pessoas, o que tem sido entendido como a vedação de diferenciações arbitrárias. Isso tem norteado a atuação do judiciário, do legislativo e do executivo pátrios, que buscam conferir plena eficácia ao dispositivo constitucional ao entender que é

(A) permitido o tratamento normativo diferenciado, qualquer que seja a finalidade imediata do ato normativo ou o fim mediato visado por ele e a proporcionalidade entre ambos.

(B) permitido norma genérica impeditiva de diferenciações consoante valores constitucionais, qualquer que seja a finalidade do ato normativo ou o fim imediato por ele visado.

(C) vedado à autoridade pública interpretar e aplicar a lei de forma a criar ou aumentar desigualdades arbitrárias, qualquer que seja a finalidade da ordem normativa.

(D) vedada a criação de tratamentos diferenciados, consoante os valores constitucionais, por ordem normativa de qualquer natureza, qualquer que seja a finalidade do ato.

A: incorreta, pois é vedado à autoridade púbica interpretar e aplicar a lei de forma a criar ou aumentar desigualdades arbitrárias, qualquer que seja a finalidade da ordem normativa; **B**: incorreta, pois se permite norma genérica impeditiva de diferenciações de cunho constitucional, mas não de admite em todo e qualquer ato normativo; **C**: correta, na exata medida que o *caput* do art. 5º da CF abre o conjunto normativo referente aos direitos e garantias individuais. Traz, no seu propósito, cinco valores fundamentais que informam todo o rol de incisos. São eles: vida, liberdade, igualdade, segurança e propriedade. A primeira observação que importa fazer, antes de passar ao exame de cada um deles especificamente, é que a igualdade, manifestada tanto no início do *caput* como no escopo da igualdade como valor, refere-se à sua acepção no ponto de partida, isto é, à igualdade formal. Essa igualdade permite o exercício pleno da liberdade, não condicionando o homem a resultados esperados pelo ordenamento jurídico, mas possibilitando-lhe juridicamente o espaço fundamental para o exercício das liberdades. O segundo ponto a observar diz respeito ao termo liberdade. A liberdade fundamental é aquela que condensa liberdade individual – autonomia – e liberdade política – participação política. Só essa harmonia permite o exercício verdadeiro das liberdades e sua realização completa. Consoante a isto, não seria lógico e muito menos razoável permitir à autoridade pública interpretar e aplicar a lei de forma a criar ou aumentar desigualdades arbitrárias, qualquer que seja a finalidade da ordem normativa; **D**: incorreta, pois concluímos que a própria Constituição Federal, exclusivamente, pode atuar nesta esteira.

Gabarito "C".

(Investigador de Polícia/SP – 2013 – VUNESP) Assinale a alternativa cujo conteúdo corresponde a um direito ou garantia fundamental previsto expressamente no texto constitucional.

(A) Não será concedida extradição de estrangeiro por crime político ou de opinião.

(B) Não haverá juízo ou tribunal de exceção, exceto quando se tratar de crime hediondo, inafiançável ou imprescritível, na forma da lei.

(C) Ninguém será processado nem sentenciado senão pela autoridade policial competente.

(D) A lei penal não retroagirá, salvo quando for para punir o réu.

(E) Não poderá haver penas de morte, cruéis ou de interdição de direitos individuais.

A: correta, literalidade do art. 5º, LII, da CF; **B**: incorreta, não haverá juízo ou tribunal de exceção em hipótese alguma, nos termos do art. 5º, XXXVII, da CF; **C**: incorreta, pois ninguém será processado nem sentenciado senão pela autoridade competente (judiciária), nos termos do art. 5º, LIII, da CF; **D**: incorreta, a lei penal não retroagirá, salvo para beneficiar o réu, nos termos do art. 5º, XL, da CF e do art. 2º do Código Penal Brasileiro; **E**: incorreta, pois não haverá penas de morte, salvo em caso de guerra declarada, de caráter perpétuo, de trabalhos forçados, de banimento e cruéis, logo, é plenamente possível penas de interdição de direitos, nos termos do art. 5º, XLVII e XLVI, da CF.

Gabarito "A".

5. DIREITO CONSTITUCIONAL

(Investigador de Polícia/SP – 2013 – VUNESP) Sansão Herculano, brasileiro, médico veterinário, maior de idade, foi preso em flagrante delito e levado à Delegacia de Polícia. Segundo o que estabelece a Constituição Federal, Sansão tem os seguintes direitos:

(A) a assistência da família e de um advogado, cela especial por ter curso superior e uma ligação telefônica para pessoa por ele indicada.

(B) ser criminalmente identificado, mesmo se possuir identificação civil, cela especial em razão de ter curso superior e assistência de um advogado.

(C) avistar-se pessoalmente com o promotor de justiça, entrar em contato com uma pessoa da família ou quem ele indicar e assistência de um advogado ou defensor público.

(D) relaxamento imediato de sua prisão se ela foi ilegal, permanecer calado e cela especial privativa.

(E) permanecer calado, identificação dos responsáveis por sua prisão e que o juiz e sua família sejam imediatamente comunicados sobre sua prisão.

A: incorreta, pois a Constituição Federal estabelece apenas que o preso será informado de seus direitos, entre os quais os de permanecer calado, sendo-lhe assegurada a assistência da família e de advogado, nos termos do art. 5º, LXIII, da CF; **B:** incorreta, na exata medida que o art. 5º, LVIII, da CF, determina apenas que o civilmente identificado não será submetido a identificação criminal, salvo nas hipóteses previstas em lei; **C:** incorreta, pois a CF não faz menção sobre a possibilidade de avistar-se pessoalmente com o promotor de justiça; **D:** incorreta, pois como dito anteriormente, a CF não faz menção sobre a questão do preso permanecer em cela especial, todavia, de fato a prisão ilegal será imediatamente relaxada pela autoridade judiciária, nos termos do art. 5º, LXV, da CF; **E:** correta, réplica dos incisos LXIII e LXIV do art. 5º da CF.
Gabarito "E".

(Agente de Polícia/PI – 2012 – UESPI) Acerca dos direitos e garantias fundamentais individuais, assinale a alternativa correta.

(A) A casa é asilo inviolável do indivíduo, ninguém nela podendo penetrar sem consentimento do morador, salvo em flagrante delito ou desastre, mediante prévia ordem judicial.

(B) A casa é asilo inviolável do indivíduo, ninguém nela podendo penetrar durante a noite, sem consentimento do morador, nem mesmo em caso de flagrante delito.

(C) A casa é asilo inviolável do indivíduo, ninguém nela podendo penetrar sem consentimento do morador, salvo em caso de flagrante delito ou desastre, ou para prestar socorro, ou, durante o dia, por determinação judicial.

(D) É inviolável o sigilo da correspondência e das comunicações telegráficas, de dados e comunicações telefônicas, salvo por ordem judicial para fins de investigação civil ou militar.

(E) Os dados e comunicações telefônicas são invioláveis, salvo por ordem judicial, nas hipóteses e na forma que a lei estabelecer, para fins de investigação tributária ou instrução processual penal.

A: incorreta, a casa é asilo inviolável do indivíduo, ninguém nela podendo penetrar sem consentimento do morador, salvo em caso de flagrante delito ou desastre, ou para prestar socorro, ou, durante o dia, por determinação judicial, nos termos do art. 5º, XI, da CF; **B:** incorreta, pelos mesmos fundamentos; **C:** correta, literalidade do art. 5º, XI, da CF; **D:** incorreta, nos

termos do art. 5º, XII, da CF, é inviolável o sigilo da correspondência e das comunicações telegráficas, de dados e das comunicações telefônicas, salvo, no último caso, por ordem judicial, nas hipóteses e na forma que a lei estabelecer para fins de investigação criminal ou instrução processual penal; **E:** incorreta, pelos mesmos fundamentos. Somente investigação criminal ou instrução processual penal.
Gabarito "C".

(Agente de Polícia/PI – 2012 – UESPI) Acerca do direito fundamental de propriedade, é *correto* afirmar que:

(A) o poder público pode desapropriar a propriedade privada por necessidade ou utilidade pública, mediante prévia indenização, que fica dispensada em caso de desapropriação por interesse social, para fins de reforma agrária.

(B) no caso de iminente perigo público, a autoridade competente poderá usar de propriedade particular, sem que o respectivo proprietário tenha direito a qualquer indenização.

(C) no caso de iminente perigo público, a autoridade competente poderá usar da propriedade particular, mas fica assegurado ao proprietário o direito de indenização em caso de dano, mesmo tendo sido comprovada a situação de iminente perigo público.

(D) a desapropriação por utilidade pública não dá ensejo à indenização do expropriado.

(E) somente a desapropriação por necessidade pública é que não acarreta direito de indenização ao expropriado.

A: incorreta, nos termos do art. 5º, XXIV, da CF, que determina que a lei estabelecerá o procedimento para desapropriação por necessidade ou utilidade pública, ou por interesse social, mediante justa e prévia indenização em dinheiro ressalvados os casos previstos na Constituição Federal. Em contrapartida, e com o fito de aniquilar a questão, o art. 184 da CF, reza que compete a União desapropriar por interesse social, para fins de reforma agrária, o imóvel rural que não esteja cumprindo a função social, mediante prévia e justa indenização em títulos da dívida agrária, com cláusula de preservação do valor real, regatáveis no prazo de até vinte anos, a partir do segundo ano de sua emissão, e cuja utilização será definida em lei; **B:** incorreta, pois se houver dano, a autoridade competente será compelida a indenizar o proprietário, nos termos do art. 5º, XXV, da CF; **C:** correta, literalidade do art. 5º, XXV, da CF: "no caso de iminente perigo público, a autoridade competente poderá usar da propriedade particular, assegurado ao proprietário o direito de indenização ulterior, em caso de dano", mesmo tendo sido comprovada a situação de iminente perigo público; **D:** incorreta, na exata medida que o art. 5º, XXIV, da CF, determina indenização justa e prévia em dinheiro; **E:** incorreta, nos mesmos termos, pois a desapropriação por necessidade ou utilidade pública, ou por interesse social, autorizam indenizações justas e prévias em dinheiro.
Gabarito "C".

(Agente de Polícia/PI – 2012 – UESPI) Considerando os comandos enunciados no artigo 5º da Constituição Federal, assinale a alternativa correta.

(A) É livre a locomoção no território nacional em tempo de paz, podendo qualquer pessoa, nos termos da lei, nele entrar, permanecer ou dele sair com seus bens.

(B) É plena a liberdade de associação para fins lícitos, inclusive a de caráter paramilitar.

(C) Ninguém poderá ser compelido a associar-se ou a permanecer associado, salvo à confederação sindical da respectiva categoria.

(D) É livre o exercício de qualquer trabalho, ofício ou profissão, independentemente de qualificação formal.

(E) Ninguém será submetido a tortura nem a tratamento desumano ou degradante, salvo em situação de encarceramento penal.

A: correta, réplica do art. 5º, XV, da CF; **B:** incorreta, pois é plena a liberdade de associação para fins lícitos, vedada a de caráter paramilitar, nos termos do art. 5º, XVII, da CF; **C:** incorreta, em nenhuma hipótese alguém será compelido a associar-se ou a permanecer associado, nos moldes do art. 5º, XX, da CF c\c art. 8º da CF; **D:** incorreta, é livre o exercício de qualquer trabalho, ofício ou profissão, atendidas as qualificações profissionais que a lei estabelecer, nos termos do art. 5º, XIII, da CF c\c art. 170, parágrafo único, da CF; **E:** incorreta, nos termos do art. 5º, III, da CF, que determina que ninguém será submetido a tortura nem a tratamento desumano ou degradante.

Gabarito "A".

(Agente de Polícia/PI – 2012 – UESPI) Ainda sobre os comandos do artigo 5º da Constituição Federal, assinale a alternativa correta.

(A) São invioláveis a intimidade, a vida privada, a honra e a imagem das pessoas, assegurado o direito de indenização apenas pelo dano moral decorrente de sua violação.

(B) São invioláveis a intimidade, a vida privada, a honra e a imagem das pessoas, assegurado o direito de indenização pelo dano material ou moral decorrente de sua violação.

(C) A prestação de assistência religiosa nas entidades civis e militares de internação coletiva não constitui direito e garantia fundamental.

(D) As entidades associativas, ainda que expressamente autorizadas, não têm legitimidade para representar seus filiados judicialmente, somente podendo fazê-lo em processos administrativos.

(E) As entidades associativas, ainda que expressamente autorizadas, não têm legitimidade para representar seus filiados em processos judiciais perante Tribunais Superiores.

A: incorreta, nos termos do art. 5º, X, da CF, que determina que são invioláveis a intimidade, a vida privada, a honra e a imagem das pessoas, assegurado o direito a indenização pelo dano material ou moral decorrente de sua violação (a Súmula 403 do STJ determina que independe de prova do prejuízo a indenização pela publicação não autorizada de imagem de pessoa com fins comerciais ou econômicos); **B:** correta, réplica do art. 5º, X, da CF; **C:** incorreta, pois é assegurada, nos termos da lei, a prestação de assistência religiosa nas entidades civis e militares de internação coletiva, nos termos do art. 5º, VII, da CF; **D:** incorreta, na exata medida que o art. 5º, XXI, da CF, reza que as entidades associativas, quando expressamente autorizadas, têm legitimidade para representar seus filiados judicial ou extrajudicialmente; **E:** incorreta, pois como vimos, as entidades associativa têm legitimidade para representar seus filiados *judicial* ou *extrajudicialmente*.

Gabarito "B".

5.2. Remédios constitucionais

(Escrivão – PC/RO – CEBRASPE – 2022) Assinale a opção que indique corretamente a ação judicial a ser proposta por qualquer cidadão que vise a anular ato lesivo ao patrimônio público ou de entidade de que o Estado participe, à moralidade administrativa, ao meio ambiente e ao patrimônio histórico e cultural.

(A) *habeas data*

(B) *habeas corpus*

(C) mandado de injunção

(D) ação popular

(E) mandado de segurança

A alternativa correta é a D. O art. 5º, LXXIII, da CF, prevê: "qualquer cidadão é parte legítima para propor ação popular que vise a anular ato lesivo ao patrimônio público ou de entidade de que o Estado participe, à moralidade administrativa, ao meio ambiente e ao patrimônio histórico e cultural, ficando o autor, salvo comprovada má-fé, isento de custas judiciais e do ônus da sucumbência". **AMN**

Gabarito "D".

(Escrivão – PC/RO – CEBRASPE – 2022) Conforme a CF, a jurisprudência e a doutrina majoritária, é legitimado(a) para impetrar mandado de segurança coletivo o(a)

(A) organização sindical legalmente constituída e em funcionamento há pelo menos cinco anos.

(B) partido político com ou sem representação no Congresso Nacional legalmente constituído e em funcionamento há pelo menos um ano.

(C) entidade de classe legalmente constituída e em funcionamento há mais de dois anos.

(D) associação legalmente constituída e em funcionamento há pelo menos um ano.

(E) partido político com representação no Congresso Nacional legalmente constituído e em funcionamento há pelo menos um ano.

A alternativa D é a correta. Dispõe o art. 5º, LXX, da CF: "o mandado de segurança coletivo pode ser impetrado por: a) partido político com representação no Congresso Nacional; b) organização sindical, entidade de classe ou associação legalmente constituída e em funcionamento há pelo menos um ano, em defesa dos interesses de seus membros ou associados". **AMN**

Gabarito "D".

(Escrivão – Pernambuco – CESPE – 2016) Uma autoridade pública de determinado estado da Federação negou-se a emitir certidão com informações necessárias à defesa de direito de determinado cidadão. A informação requerida não era sigilosa e o referido cidadão havia demonstrado os fins e as razões de seu pedido.

Nessa situação hipotética, o remédio constitucional apropriado para impugnar a negativa estatal é o(a):

(A) ação popular.

(B) mandado de segurança.

(C) *habeas data*.

(D) *habeas corpus*.

(E) mandado de injunção.

Ainda que possa gerar uma dúvida sobre a possibilidade de se utilizar o remédio constitucional do *habeas data*, importante destacar que esta medida seria pertinente na hipótese de informação relativa à pessoa do impetrante. A Constituição assegura a todos o acesso à informação, de modo que eventual restrição consubstanciará em violação a direito líquido e certo, de modo que o mandado de segurança será o remédio pertinente ao caso, nos termos do art. 5º, LXIX da CF. **TC**

Gabarito "B".

(Agente de Polícia Civil/RO – 2014 – FUNCAB) O que será concedido sempre que a falta de norma regulamentadora torne inviável o exercício dos direitos e liberdades constitucionais e das prerrogativas inerentes à nacionalidade, à soberania e à cidadania?

5. DIREITO CONSTITUCIONAL

(A) Ação popular

(B) Mandado de injunção

(C) Mandado de segurança

(D) *Habeas data*

(E) *Habeas corpus*

A: errada, a ação popular é medida que visa anular ato lesivo ao patrimônio público ou de entidade de que o Estado participe, à moralidade administrativa, ao meio ambiente e ao patrimônio histórico e cultural, ficando o autor, salvo comprovada má-fé, isento de custas judiciais e do ônus da sucumbência, nos termos do artigo 5º, LXXIII; **B:** correta, nos termos do artigo 5º, LXXI; **C:** errada, o mandado de segurança é medida constitucional que poderá ser adotado para proteger direito líquido e certo, não amparado por *habeas corpus* ou *habeas data*, quando o responsável pela ilegalidade ou abuso de poder for autoridade pública ou agente de pessoa jurídica no exercício de atribuições do Poder Público, nos termos do artigo 5º, LXIX; **D:** errada, o *habeas data* será medida adequada para assegurar o conhecimento de informações relativas à pessoa do impetrante, constantes de registros ou bancos de dados de entidades governamentais ou de caráter público, bem como para a retificação de dados, quando não se prefira fazê-lo por processo sigiloso, judicial ou administrativo, assim como preceitua o artigo 5º, LXXII, alínea "a"; **E:** errada, o *habeas corpus* é um remédio constitucionalmente garantido ao cidadão, nas ocasiões em que alguém sofrer ou se achar ameaçado de sofrer violência ou coação em sua liberdade de locomoção, por ilegalidade ou abuso de poder, nos termos do artigo 5º, LXVIII, da Constituição Federal.

Gabarito "B".

(Agente de Polícia Civil/RO – 2014 – FUNCAB) O remédio constitucional que tem por escopo proteger a intimidade dos indivíduos contra a manipulação estatal de informações, assegurando o conhecimento e a retificação de dados da pessoa do impetrante, denomina-se:

(A) *habeas data*.

(B) ação popular.

(C) *habeas corpus*.

(D) mandado de segurança.

(E) mandado de injunção.

As afirmações trazidas no enunciado são características latentes do habeas data, visto que o que se busca é a proteção às informações do indivíduo, bem como a retificação dos dados, como estampado no artigo 5º, LXXII, e alíneas da Constituição Federal.

Gabarito "A".

(Agente Penitenciário/MA – 2013 – FGV) A respeito do *mandado de segurança coletivo*, assinale a afirmativa correta.

(A) O mandado de segurança coletivo, por ser instrumento jurídico de defesa de direitos transindividuais, pode ser utilizado para questionar a validade de lei em tese.

(B) As associações, quando impetram mandado de segurança coletivo em favor de seus filiados, dependem, para legitimar sua atuação em juízo, de autorização expressa de seus associados.

(C) A petição inicial do mandado de segurança deve ser instruída com a relação nominal dos associados da impetrante, mas não é necessária a autorização dos associados para a impetração.

(D) O partido político com representação no Congresso Nacional tem legitimidade para a propositura de mandado de segurança coletivo.

(E) A entidade de classe não tem legitimação para o mandado de segurança quando a pretensão veiculada interessa apenas a uma parte da respectiva categoria.

A: Errada, não cabe mandado de segurança para atacar lei em tese, nos termos da Súmula 266 do Supremo Tribunal Federal; **B:** errada, a impetração de mandado de segurança coletivo por entidade de classe em favor dos associados independe da autorização destes, nos termos da Súmula 629 do STF; **C:** errada, o STF já se manifestou no MS 23.769, sendo que destaco o seguinte trecho: "*2. Não aplicação, ao mandado de segurança coletivo, da exigência inscrita no art. 2º-A da Lei 9.49419/97, de instrução da petição inicial com a relação nominal dos associados da impetrante e da indicação dos seus respectivos endereços. Requisito que não se aplica à hipótese do inciso LXX do art. 5º da Constituição*"; **D:** correta, é a previsão do artigo 5º, LXX, alínea "a" da Constituição Federal; **E:** errada, a entidade de classe tem legitimação para o mandado de segurança, ainda quando a pretensão veiculada interessa apenas a uma parte da respectiva categoria, nos termos da Súmula 630 do Supremo Tribunal Federal.

Gabarito "D".

(Escrivão de Polícia/MA – 2013 – FGV) A respeito dos Direitos e Garantias Fundamentais e dos Remédios Constitucionais, assinale a afirmativa **incorreta.**

(A) O *Habeas Corpus* será concedido sempre que alguém sofrer ou se achar ameaçado de sofrer violência ou coação em sua liberdade de locomoção, por ilegalidade ou abuso de poder.

(B) O Mandado de Segurança coletivo pode ser impetrado por partido político com representação no Congresso Nacional.

(C) A Ação Popular pode ser proposta por qualquer pessoa, desde que vise a anular ato lesivo ao patrimônio público, proteger a moralidade, o meio ambiente e o patrimônio histórico e cultural.

(D) O *Habeas Data* poderá servir de instrumento para a retificação de dados, quando não se prefira fazê-lo por processo sigiloso, judicial ou administrativo.

(E) O Mandado de Segurança pode ser proposto tanto contra ato de autoridade pública quanto contra ato de agente de pessoas jurídicas privadas no exercício de atribuições do poder público.

A: correta, nos termos do art. 5º, LXVIII, da CF; **B:** correta, réplica do art. 5º, LXX, da CF; **C:** incorreta, pois nos termos do art. 5º, LXXIII, da CF, somente CIDADÃO tem legitimidade para propor ação popular; **D:** correta, literalidade do art. 5º, LXXII, *b*, da CF; **E:** correta, nos termos do art. 5º, LXIX, da CF.

Gabarito "C".

6. DIREITOS SOCIAIS

(Escrivão – PC/GO – AOCP – 2023) Em relação aos direitos dos trabalhadores urbanos e rurais previstos na Constituição Federal de 1988, assinale a alternativa INCORRETA.

(A) É direito dos trabalhadores urbanos e rurais a irredutibilidade do salário, salvo o disposto em convenção ou acordo coletivo.

(B) É direito dos trabalhadores urbanos e rurais a proteção do salário na forma da lei, constituindo crime sua retenção culposa ou dolosa.

(C) É direito dos trabalhadores urbanos e rurais a participação nos lucros, ou resultados, desvinculada da remuneração, e, excepcionalmente, participação na gestão da empresa, conforme definido em lei.

(D) É direito dos trabalhadores urbanos e rurais a duração do trabalho normal não superior a oito horas diárias e quarenta e quatro semanais, facultada a compensação de horários e a redução da jornada, mediante acordo ou convenção coletiva de trabalho.

(E) É direito dos trabalhadores urbanos e rurais a jornada de seis horas para o trabalho realizado em turnos ininterruptos de revezamento, salvo negociação coletiva.

A: correta. Redação de acordo com o art. 7º, VI, da CF. **B**: incorreta. O art. 7º, X, da CF, dispõe: "proteção do salário na forma da lei, constituindo crime sua retenção dolosa". **C**: correta. Redação de acordo com o art. 7º, XI, da CF. **D**: correta. Redação de acordo com o art. 7º, XIII, da CF. **E**: correta. Redação de acordo com o art. 7º, XIV, da CF. **AMN**
Gabarito "B".

(Escrivão – PC/GO – AOCP – 2023) Pedro é escrivão da Polícia Civil de Goiás e recebeu, na delegacia, uma ocorrência na qual o declarante alega que um jovem de quinze anos está trabalhando em uma empresa, indicando ofensa à Constituição Federal por trabalho infantil. Considerando essa situação hipotética e o que dispõe a Constituição Federal de 1988, assinale a alternativa correta.

(A) É vedado o trabalho aos menores de dezoito anos, salvo aprendiz a partir de dezesseis anos.

(B) Não há impedimentos para o trabalho do menor em questão, desde que seja contratado na modalidade aprendiz e que não exerça atividade insalubre ou perigosa.

(C) A constituição não permite o trabalho de menores de dezesseis anos, priorizando a educação e o aprendizado nessa fase da vida.

(D) O menor de dezesseis anos não pode exercer atividades insalubres ou perigosas, que são permitidas somente a partir dos dezesseis anos completos.

(E) A constituição permite o trabalho em geral do adolescente e do jovem a partir dos quatorze anos, sendo aprendiz ou não, desde que não seja insalubre ou perigoso.

A alternativa B é a correta. O art. 7º, XXXIII, da CF, prescreve a "proibição de trabalho noturno, perigoso ou insalubre a menores de dezoito e de qualquer trabalho a menores de dezesseis anos, salvo na condição de aprendiz, a partir de quatorze anos". **AMN**
Gabarito "B".

(Perito – PC/ES – Instituto AOCP – 2019) Em relação aos Sindicatos, observada a legislação nacional a respeito da matéria, é correto afirmar que

(A) é possível a criação de mais de um sindicato da mesma categoria em uma mesma base territorial.

(B) os sindicatos não devem participar das negociações coletivas de trabalho da categoria que representam.

(C) não há vedação à sindicalização dos militares.

(D) é vedada, ao servidor público civil, a associação sindical.

(E) segundo a Constituição da República Federativa do Brasil, é livre a associação profissional ou sindical, observados os termos constitucionais.

A: incorreta, pois é **vedada** a criação de mais de uma organização sindical representativa de categoria profissional ou econômica em uma mesma base territorial, a qual será definida pelos trabalhadores ou empregadores interessados, não podendo ser inferior à área de um município (art. 8º, II, da CF); **B**: incorreta, pois é obrigatória a participação dos sindicatos nas negociações coletivas de trabalho (art. 8º,

VI, da CF); **C**: incorreta, pois são **proibidas** a sindicalização e a greve dos militares (art. 142, § 3º, IV, da CF); **D**: incorreta, pois é garantido ao servidor público civil o direito à livre associação sindical (art. 37, VI, da CF); **E**: correta, conforme art. 8º, *caput*, da CF. **AN**
Gabarito "E".

(Investigador-Escrivão-Papiloscopista – Pará – Funcab – 2016) Acerca dos direitos sociais, previstos na Constituição Federal, é correto afirmar:

(A) É vedado à categoria dos trabalhadores domésticos o direito à remuneração do trabalho noturno superior à do diurno.

(B) Admite-se a criação de mais de uma organização sindical, em qualquer grau, representativa de categoria profissional ou econômica, na mesma base territorial, que será definida pelos trabalhadores ou empregadores interessados, não podendo ser inferior à área de um município.

(C) A lei poderá exigir autorização do Estado para a fundação de sindicato, ressalvado o registro no órgão competente, vedadas ao Poder Público a interferência e a intervenção na organização sindical.

(D) O limite de idade para a inscrição em concurso público só se legitima em face da vedação constitucional de diferença de critério de admissão por motivo de idade, quando possa ser justificado pela natureza das atribuições do cargo a ser preenchido.

(E) É vedada a dispensa do empregado sindicalizado a partir do registro da candidatura a cargo de direção ou representação sindical e, se eleito, ainda que suplente, até o final do mandato.

A: incorreta. À categoria dos trabalhadores domésticos é assegurado o direito à remuneração do trabalho noturno superior à do diurno (art. 7, IX da CF); **B**: incorreta. A criação de mais de uma organização sindical representativa de categoria profissional na mesma base territorial é vedada pela Constituição (art. 8, II da CF); **C**: incorreta. A lei não poderá exigir autorização do Estado para a fundação de sindicato (art. 8, I da CF); **D**: Correta. É o que dispõe a Súmula 683 do STF: "O limite de idade para a inscrição em concurso público só se legitima em face do art. 7º, XXX, da Constituição, quando possa ser justificado pela natureza das atribuições do cargo a ser preenchido"; **E**: incorreta. A estabilidade garantida ao empregado sindicalizado perdurará até o período de um ano após o fim do mandato e não no fim de seu exercício (art. 8, VIII da CF). **TC**
Gabarito "D".

(Agente de Polícia Civil/RO – 2014 – FUNCAB) Considerando o tema direitos sociais, assinale a alternativa correta.

(A) O Poder Público pode interferir e intervir na organização sindical

(B) A lei exigirá autorização do Estado para a fundação de sindicato.

(C) Todos são obrigados a filiarem-se ou a manterem-se filiados a sindicato.

(D) O aposentado filiado não tem direito de votar nas organizações sindicais.

(E) É obrigatória a participação dos sindicatos nas negociações coletivas de trabalho.

A: errada, é vedado ao Poder Público interferir ou intervir na organização sindical, nos termos do artigo 8º, I, da Constituição Federal; **B**: errada, a lei não poderá exigir autorização do Estado para a fundação de sindicato, nos termos do artigo 8º, I, da Constituição Federal; **C**: errada, ninguém será obrigado a filiar-se ou a manter-se filiado a sindicato, nos termos do artigo 8º, V, da Constituição Federal; **D:** errado, o aposentado filiado tem sim, direito de votar e ser votado nas organizações sindicais, é o que prevê o artigo 8º, VII, da Constituição Federal; **E:** correta, nos termos do artigo 8º, VI.

Gabarito "E".

7. NACIONALIDADE

(Escrivão – PC/GO – AOCP – 2023) Paulo é espanhol e Maria é brasileira naturalizada e tiveram o filho João, nascido na Espanha. João foi registrado em repartição brasileira competente. Considerando as informações apresentadas e o que dispõe a Constituição Federal de 1988, assinale a alternativa correta.

(A) João é brasileiro naturalizado, tendo em vista que sua mãe Maria também é brasileira naturalizada.

(B) Como Maria é naturalizada, para que João seja naturalizado, é necessário que ele venha a residir no Brasil e, após a maioridade, opte pela nacionalidade brasileira a qualquer tempo.

(C) João deverá manifestar sua opção pela nacionalidade brasileira após atingir a maioridade perante o consulado do Brasil na Espanha.

(D) João não é brasileiro naturalizado porque seu pai tem a nacionalidade espanhola e a mãe não estava a serviço do Brasil.

(E) João é brasileiro nato, ainda que a mãe seja brasileira naturalizada.

A alternativa correta é a E. São brasileiros natos, os nascidos no estrangeiro de pai brasileiro ou de mãe brasileira, desde que sejam registrados em repartição brasileira competente, conforme dispõe o art. 12, I, *c*, da CF. **AMN**

Gabarito "E".

(Investigador – PC/ES – Instituto AOCP – 2019) João, brasileiro nato, após devido processo legal, transitado em julgado, perdeu a nacionalidade brasileira em razão de ter optado voluntariamente por nacionalidade estrangeira. Anos depois, João retornou ao Brasil e adquiriu a nacionalidade brasileira por meio da naturalização. De acordo com a Constituição Federal, assinale qual dos cargos a seguir poderá ser ocupado por João.

(A) Ministro do Supremo Tribunal Federal.

(B) Oficial das forças armadas.

(C) Embaixador.

(D) Senador.

(E) Ministro de Estado de Defesa.

De acordo com o art. 12, § 3º, da CF, são privativos de **brasileiro nato** os cargos: de Presidente e Vice-Presidente da República; de Presidente da Câmara dos Deputados; de Presidente do Senado Federal; de Ministro do Supremo Tribunal Federal; da carreira diplomática; de oficial das Forças Armadas; e de Ministro de Estado da Defesa. Cabe observar que a Emenda Constitucional nº 131, de 2023, alterou o texto constitucional e passou a prever que será declarada a perda da nacionalidade do brasileiro que fizer pedido expresso de perda da nacionalidade brasileira perante autoridade brasileira competente, ressalvadas situações que acarretem apatridia (CF, art. 12, § 4º, II). No entanto, a renúncia da nacionalidade, nos termos do inciso II do § 4º do art. 12 da CF, não impede o interessado de readquirir sua nacionalidade brasileira *originária*, nos termos da lei (CF, art. 12, § 5º). **AMN**

Gabarito "D".

(Escrivão – PC/MG – FUMARC – 2018) Sobre a atribuição de direitos inerentes ao cidadão brasileiro, conforme definido na Constituição Federal, e àqueles de outra nacionalidade, se houver reciprocidade em favor de brasileiros, assinale a alternativa correta.

(A) Poderão ser atribuídos administrativamente aos nacionais de países do Mercosul.

(B) Poderão ser atribuídos aos sul-americanos mediante resolução da UNASUL.

(C) Serão atribuídos aos africanos por meio de acordo internacional de cooperação.

(D) Serão atribuídos aos portugueses com residência permanente no País.

(E) Serão atribuídos aos originários de países da América Latina.

De acordo com o § 1º do art. 12 da CF, aos portugueses com residência permanente no país, se houver reciprocidade em favor de brasileiros, serão atribuídos os direitos inerentes ao brasileiro, salvo os casos previstos na Constituição. **AN**

Gabarito "D".

(Escrivão – AESP/CE – VUNESP – 2017) Considerando as disposições constitucionais a respeito da nacionalidade, assinale a alternativa correta.

(A) São brasileiros naturalizados os que, na forma da lei, adquiram a nacionalidade brasileira, exigido aos originários de países de língua portuguesa apenas idoneidade moral.

(B) São brasileiros natos os nascidos na República Federativa do Brasil, ainda que de pais estrangeiros, desde que estes estejam a serviço de seu país.

(C) Aos estrangeiros com residência permanente no País, se houver reciprocidade em favor de brasileiros, serão atribuídos os direitos inerentes ao brasileiro.

(D) São brasileiros natos os nascidos no estrangeiro, de pai brasileiro ou mãe brasileira, desde que qualquer deles esteja a serviço da República Federativa do Brasil.

(E) São brasileiros naturalizados os estrangeiros de qualquer nacionalidade, residentes na República Federativa do Brasil há mais de dez anos ininterruptos e sem condenação penal.

A: incorreta. O primeiro trecho da assertiva está correto. Entretanto, aos originários de língua portuguesa, além da idoneidade moral, é necessário que possuam residência por um ano ininterrupto no Brasil (art. 12, II, *a* da CF); **B:** incorreta. Serão natos desde que os pais não estejam a serviço de seu país (art. 12, I, *a* da CF); **C:** Trata-se de benefício concedido apenas aos portugueses e não a todos os estrangeiros (art. 12, § 1º da CF); **D:** correta. Art. 12, I, *b* da CF; **E:** incorreta. Serão naturalizados os estrangeiros residentes no Brasil há mais de quinze anos ininterruptos e desde que requeiram a naturalização (art. 12, II, *b* da CF). **TC**

Gabarito "D".

(Investigador-Escrivão-Papiloscopista – Pará – Funcab – 2016) O kuwaitiano Fehaid al-Deehani, que compete no Rio de Janeiro sob a bandeira olímpica, ou seja, como atleta independente, escreveu nesta quarta-feira (10) seu nome na história olímpica ao se tornar o primeiro atleta 'sem país' da história a conquistara medalha de ouro olímpica. O título veio no duplo fosso do tiro esportivo. O italiano Marco Innocenti ficou com prata e o britânico Steven Scott com o bronze. (O Tempo – publicado em 10/08/16

– 20h35). Quanto ao direito da nacionalidade, nos termos da Constituição Federal, é correto afirmar:

(A) É privativo de brasileiro nato o cargo de Senador,

(B) São brasileiros natos os que, na forma da lei, adquiram a nacionalidade brasileira, exigidas aos originários de países de língua portuguesa apenas residência por um ano ininterrupto e idoneidade moral.

(C) São brasileiros naturalizados os estrangeiros de qualquer nacionalidade, residentes na República Federativa do Brasil há mais de quinze anos ininterruptos e sem condenação penal, desde que requeiram a nacionalidade brasileira.

(D) Será declarada a perda de nacionalidade do brasileiro que adquirir outra nacionalidade por imposição de naturalização, pela norma estrangeira, ao brasileiro residente em estado estrangeiro, como condição para permanência em seu território ou para o exercício de direitos civis.

(E) São brasileiros naturalizados os nascidos no estrangeiro de pai brasileiro ou de mãe brasileira, desde que sejam registrados em repartição brasileira competente ou venham a residir na República Federativa do Brasil e optem, em qualquer tempo, depois de atingida a maioridade, pela nacionalidade brasileira.

A: incorreta. No âmbito do Senado Federal, será privativo de brasileiro nato apenas o cargo de Presidente do Senado (art. 12, § 3º, III da CF); **B:** incorreta, trata-se de conceito empregado aos brasileiros naturalizados (art. 12, II, *a* da CF); **C:** correta (art. 12, II, *b* da CF); **D:** incorreta. Aos brasileiros que adquirirem outra nacionalidade como condição para permanência ou exercício de direitos civis não haverá perda da nacionalidade pátria (art. 12, § 4º, II, *b* da CF); **E:** incorreta. Trata-se de característica atribuída ao brasileiro nato (art. 12, I, *c* da CF). **TC**
Gabarito "C".

(Agente de Polícia Civil/RO – 2014 – FUNCAB) É privativo de brasileiro nato o cargo de:

(A) promotor de justiça.

(B) vereador.

(C) juiz do trabalho.

(D) general do Exército.

(E) senador federal.

A questão tenta confundir o candidato, visto que utiliza a expressão "general do exército", ao tratar do "Oficial das Forças Armadas". De todo modo, esta é a alternativa correta, nos termos do artigo 12 § 3º, VI, da Constituição Federal.
Gabarito "D".

(Escrivão de Polícia/MA – 2013 – FGV) Com relação ao tema *nacionalidade*, analise as afirmativas a seguir.

I. São brasileiros naturalizados os estrangeiros de qualquer nacionalidade residentes na República Federativa do Brasil, há mais de quinze anos ininterruptos e sem condenação penal, desde que requeiram a nacionalidade brasileira.

II. São brasileiros natos os nascidos na República Federativa do Brasil, ainda que de pais estrangeiros, desde que estes não estejam a serviço de seu país.

III. São atribuídos, aos originários de países de língua portuguesa com residência permanente no país, os direitos inerentes aos brasileiros.

Assinale:

(A) se somente a afirmativa I estiver correta.

(B) se somente a afirmativa II estiver correta.

(C) se somente a afirmativa III estiver correta.

(D) se somente as afirmativas I e II estiverem corretas.

(E) se todas as afirmativas estiverem corretas.

I: correta, réplica do art. 12, II, *b*, da CF; **II:** correta, literalidade do art. 12, I, *a*, da CF; **III:** incorreta, pois são brasileiros naturalizados os que, na forma da lei, adquiram a nacionalidade brasileira, exigidas aos originários de países de língua portuguesa apenas residência por um ano ininterrupto e idoneidade moral, nos termos do art. 12, II, *a*, da CF.
Gabarito "D".

8. DIREITOS POLÍTICOS

(Investigador – PC/ES – Instituto AOCP – 2019) De acordo com a Constituição Federal, na forma da lei, dentre outras, é condição de elegibilidade a idade mínima de

(A) trinta anos para Senador.

(B) vinte e cinco anos para Governador.

(C) vinte e um anos para Deputado Federal, Deputado Estadual ou Distrital, Prefeito, Vice-Prefeito e juiz de paz.

(D) dezoito anos para Vereador, Deputado Federal, Deputado Estadual ou Distrital.

(E) trinta anos para Presidente da República.

A e E: incorretas, pois é condição de elegibilidade a idade mínima de **trinta e cinco anos** para Presidente e Vice-Presidente da República e Senador (art. 14, § 3º, VI, "a", da CF); **B:** incorreta, pois é condição de elegibilidade a idade mínima de **trinta anos** para Governador e Vice-Governador de Estado e do Distrito Federal (art. 14, § 3º, VI, "b", da CF); **C:** correta, nos termos do art. 14, § 3º, VI, "c", da CF; **D:** incorreta, é condição de elegibilidade a idade mínima de **dezoito anos** somente para Vereador (art. 14, § 3º, VI, "d", da CF). **AN**
Gabarito "C".

(Investigador – PC/ES – Instituto AOCP – 2019) De acordo com o contido na Constituição Federal, a soberania popular será exercida pelo sufrágio universal e pelo voto direto e secreto, com valor igual para todos, e, nos termos da lei, mediante

(A) Referendo, Ação Popular e Iniciativa Popular.

(B) Referendo, Eleições Gerais e Ação Popular.

(C) Mandado de Injunção, Iniciativa Popular e Ação Direta de Inconstitucionalidade.

(D) Plebiscito, Mandado de Injunção e Iniciativa Popular.

(E) Plebiscito, Referendo e Iniciativa Popular.

A soberania popular será exercida mediante plebiscito, referendo e iniciativa popular (art. 14, *caput*, I a III, da CF). **AN**
Gabarito "E".

(Delegado – PC/RS – FUNDATEC – 2018) Os direitos políticos ou cívicos semelham às prerrogativas e aos deveres inerentes à cidadania e compreendem o direito de participar direta ou indiretamente do governo, da organização e do funcionamento do Estado. Conforme prescreve a Constituição Federal, os direitos políticos disciplinam as diversas formas de o cidadão se manifestar, dentre as quais pode-se citar a soberania popular, que se concretiza pelo sufrágio universal, pelo voto direto e secreto e por demais instrumentos. Sobre os direitos políticos, assinale a alternativa INCORRETA.

5. DIREITO CONSTITUCIONAL   183

(A) A soberania popular será exercida pelo sufrágio universal e pelo voto direto e secreto, com valor igual para todos, e, nos termos da lei, mediante: I – plebiscito; II – referendo; III – iniciativa popular.

(B) A cláusula tutelar inscrita no Art. 14, caput, da Constituição tem por destinatário específico e exclusivo o eleitor comum, no exercício das prerrogativas inerentes ao status activae civitatis. Essa norma de garantia não se aplica, todavia, ao membro do Poder Legislativo nos procedimentos de votação parlamentar, em cujo âmbito predomina, como regra, o postulado da deliberação ostensiva ou aberta.

(C) A dissolução da sociedade ou do vínculo conjugal, no curso do mandato, não afasta a inelegibilidade prevista no § 7º do Art. 14 da CF/1988. No entanto, não atrai a aplicação do entendimento constante do referido ditame a extinção do vínculo conjugal pela morte de um dos cônjuges.

(D) A cidadania é o status de nacional acrescido dos direitos políticos, isto é, de poder participar do processo governamental, tanto de forma ativa quanto passiva. É cidadania ativa aquela que age em eleger seus governantes, e passiva aquela em que também se pode ser escolhido.

(E) Da suspensão de direitos políticos – efeito da condenação criminal transitada em julgado –, resulta, por si mesma, a perda do mandato eletivo ou do cargo do agente político, inclusive no caso de parlamentar, – à exceção dos membros do poder legislativo, por exemplo.

A: correta, nos termos do art. 14 da CF; **B:** correta, conforme a jurisprudência do STF: ADI 1057 MC, Rel. Min. Celso de Mello, Tribunal Pleno, julgado em 20/04/1994; **C:** correta, conforme Súmula Vinculante 18 do STF e o Tema 678 da Repercussão Geral: "*A Súmula Vinculante 18 do STF ("A dissolução da sociedade ou do vínculo conjugal, no curso do mandato, não afasta a inelegibilidade prevista no § 7º do artigo 14 da Constituição Federal") não se aplica aos casos de extinção do vínculo conjugal pela morte de um dos cônjuges.*" (RE 758.461, Rel. Min. Teori Zavascki, Tribunal Pleno, j. em 22/05/2014, Repercussão Geral; **D:** correta, visto que a cidadania ativa é a do eleitor, e a passiva é a do candidato; **E:** incorreta (devendo ser assinalada), por contrariar a jurisprudência do STF: "*À incidência da regra do art. 15, III, da Constituição, sobre os condenados na sua vigência, não cabe opor a circunstância de ser o fato criminoso anterior à promulgação dela a fim de invocar a garantia da irretroatividade da lei penal mais severa: cuidando-se de norma originária da Constituição, obviamente não lhe são oponíveis as limitações materiais que nela se impuseram ao poder de reforma constitucional. Da suspensão de direitos políticos – efeito da condenação criminal transitada em julgado, ressalvada a hipótese excepcional do art. 55, § 2º, da Constituição, resulta por si mesma a perda do mandato eletivo ou do cargo do agente político.*" (RE 418.876, Rel. Min. Sepúlveda Pertence, j. 30-3-2004, 1ª T, DJ de 4-6-2004). AN
Gabarito "E".

(Escrivão – PF – CESPE – 2018) Gilberto, brasileiro nato, completou sessenta e um anos de idade no mês de janeiro de 2018. Neste mesmo ano, transitou em julgado condenação criminal contra ele, tendo sido arbitrada, entre outras sanções, pena privativa de liberdade.

Considerando essa situação hipotética, julgue os itens a seguir, com relação aos direitos políticos de Gilberto.

(1) O processo criminal transitado em julgado é hipótese constitucional para a cassação dos direitos políticos

de Gilberto pelo tempo de duração dos efeitos da condenação.

(2) Em razão de sua idade, o ato de votar nas eleições de 2018 é facultativo para Gilberto.

1: errada, porque a Constituição da República veda a cassação de direitos políticos, permitindo tão somente a sua perda ou suspensão nas hipóteses elencadas no art. 15. Assim, o processo criminal transitado em julgado é hipótese constitucional para a **suspensão** dos direitos políticos de Gilberto pelo tempo de duração dos efeitos da condenação (art. 15, III, da CF); **2:** errada, uma vez que o voto é facultativo para os analfabetos, os maiores de **setenta anos**, os maiores de dezesseis e menores de dezoito anos (art. 14, § 1º, II, da CF). Logo, em razão de sua idade (61 anos), o ato de votar nas eleições de 2018 é obrigatório para Gilberto. AN
Gabarito 1E, 2E

(Escrivão – AESP/CE – VUNESP – 2017) Sobre os direitos políticos constitucionais, é correto afirmar que:

(A) é vedada a pena que imponha a perda ou suspensão de direitos políticos.

(B) para concorrerem a outros cargos, os Prefeitos, Deputados e Vereadores devem renunciar aos respectivos mandatos até seis meses antes do pleito.

(C) não podem se alistar como eleitores os estrangeiros, e são inelegíveis os inalistáveis e os analfabetos.

(D) o alistamento eleitoral e o voto são obrigatórios para os maiores de dezoito anos e facultativos para os analfabetos e os maiores de sessenta anos.

(E) o mandato eletivo poderá ser impugnado ante a Justiça Eleitoral no prazo de quinze dias contados da posse.

A: incorreta. A Constituição permite a possibilidade de perda ou suspensão de direitos políticos em determinadas hipóteses. A restrição se dá quanto à cassação desses direitos (art. 15, "caput" da CF); **B:** incorreta. Somente os prefeitos (e demais ocupantes de cargos do Executivo – art. 14, § 6º da CF) deverão renunciar aos respectivos mandatos por um período de 6 meses antes das eleições. Aos exercentes do legislativo não há tal restrição; **C:** correta. Ainda que os analfabetos possam facultativamente exercer os direitos políticos ativos (votar), não lhes caberá a possibilidade de apresentar candidatura a cargo eletivo. Vale dizer ainda que esta inelegibilidade cessará caso ele seja alfabetizado (art. 14, § 2º e § 4 da CF); **D:** incorreta. O voto será facultativo para os maiores de setenta anos e não sessenta como diz o enunciado (art. 14, § 1º, II, a); **E:** incorreta. O prazo para impugnação ao mandato eletivo terá como marco inicial a data da diplomação e não da posse. (art. 14, § 10 da CF). TC
Gabarito "C".

(Investigador-Escrivão-Papiloscopista – Pará – Funcab – 2016) Os Direitos Políticos estatuem a possibilidade de o cidadão participar do processo político e das decisões do país. No que toca a este tema, de acordo com a Constituição Federal:

(A) uma das condições de elegibilidade, na forma da lei é ter a idade mínima de trinta anos para Presidente e Vice-Presidente da República e Senador.

(B) podem alistar-se como eleitores os conscritos, durante o período do serviço militar obrigatório.

(C) o mandato eletivo poderá ser impugnado ante a Justiça Eleitoral no prazo de quinze dias contados da diplomação, instruída a ação com provas de abuso do poder econômico, corrupção ou fraude.

(D) o alistamento eleitoral e o voto são facultativos para os maiores de dezoito anos e menores de setenta anos.

(E) durante o período do serviço militar obrigatório, os conscritos são elegíveis, devendo, se contarem menos de dez anos de serviço, afastar-se da atividade.

A: incorreta. A idade mínima para os cargos apontados é de 35 anos (art. 14, § 3º VI, alínea "a" da CF); **B:** incorreta. Não poderão os conscritos alistarem-se como eleitores durante o período de serviço militar obrigatório (art. 14, § 2º da CF); **C:** correta, A assertiva enumerou as condições para propositura da Ação de Impugnação ao Mandato Eletivo (art. 14, § 10 da CF); **D:** incorreta, o alistamento eleitoral e o voto são obrigatórios aos maiores de dezoito e menores de setenta e facultativos aos maiores de dezesseis e menores de dezoito e em igual sentido aos maiores de setenta nos (art. 14, § 1º, I e II da CF); **E:** incorreta. Durante o período do serviço militar obrigatório os conscritos estão impedidos de se alistar, tendo como consequência a proibição de votar e ser votado (art. 14, § 2º da CF). O segundo trecho da assertiva também incorreto é prerrogativa garantida aos militares alistáveis (art. 14, § 8º, I da CF). **TC**
Gabarito "C".

(Agente de Polícia Civil/RO – 2014 – FUNCAB) Considerando o tema direitos políticos, é correto afirmar que o alistamento eleitoral e o voto são facultativos para:

(A) maiores de 75 anos.

(B) os maiores de 70 anos.

(C) os maiores de quatorze e menores de dezesseis anos.

(D) maiores de 80 anos.

(E) deficientes físicos.

O alistamento eleitoral e o voto são facultativos para os analfabetos, maiores de setenta anos e para os maiores de dezesseis e menores de dezoito anos, nos termos do art.14, § 1º, II, da Constituição Federal. Portanto, a alternativa que está em consonância com o diploma constitucional é a "B".
Gabarito "B".

(Escrivão de Polícia/MA – 2013 – FGV) A respeito dos Direitos Políticos previstos na Constituição Federal, assinale a afirmativa correta.

(A) O alistamento eleitoral e o voto são obrigatórios para os conscritos durante o período do serviço militar obrigatório.

(B) Os estrangeiros podem alistar-se como eleitores, desde que não possuam condenação criminal.

(C) O alistamento eleitoral e o voto são facultativos para os analfabetos e para os maiores de 70 (setenta) anos.

(D) Somente as pessoas com idade acima de 21 (vinte e um) anos podem concorrer ao cargo de vereador.

(E) O presidente da república e os governadores de estado poderão ser reeleitos para um único período subsequente, não sendo esta regra aplicável aos prefeitos municipais.

A: incorreta, pois não podem alistar-se como eleitores os estrangeiros e, durante o período militar do serviço militar obrigatório, os conscritos, nos termos do art. 14, § 2º, da CF; **B:** incorreta, pois como os conscritos, os estrangeiros são inalistáveis, nos termos do art. 14, § 4º, da CF; **C:** correta, nos termos do art. 14, § 1º, II, a e b, da CF, o alistamento eleitoral e o voto são facultativos para os analfabetos e os maiores de setenta anos; **D:** incorreta, dentre as condições de elegibilidade prevista no art. 14, § 3º, da CF, para ser vereador se exige idade mínima de 18 anos e não de 21 anos; **E:** incorreta, pois a regra aplicar-se-á todos os chefes do Poder Executivo, nos termo do art. 14, § 5º, da CF. Trata-se de inelegibilidade relativa por motivo funcional.
Gabarito "C".

(Investigador de Polícia/SP – 2013 – VUNESP) Com relação aos direitos políticos previstos na Constituição Federal brasileira, é correto afirmar que

(A) não podem alistar-se como eleitores os estrangeiros e, durante o período do serviço militar obrigatório, os conscritos.

(B) o alistamento eleitoral e o voto são obrigatórios para os e os maiores de sessenta anos.

(C) a idade mínima para elegibilidade ao cargo de Vereador é de vinte e um anos.

(D) os direitos políticos poderão ser cassados em decorrência da sentença criminal condenatória transitada em julgado.

(E) o militar é inalistável e inelegível.

A: correta, réplica do art. 14, § 2º, da CF; **B:** incorreta, pois o alistamento eleitoral e o voto são facultativos para os maiores de setenta anos, nos termos do art. 14. § 1º, II, b, da CF; **C:** incorreta, já que a idade mínima para elegibilidade ao cargo de Vereador é de 18 anos, como determina o art. 14, § 3º, VI, d, da CF; **D:** incorreta, já que o art. 15 da CF veda a cassação de direitos políticos. Em se tratando de condenação criminal transitada em julgado, enquanto durarem seus efeitos, será modalidade de suspensão dos direitos políticos; **E:** incorreta, pois o militar é alistável é elegível, atendidas as seguintes condições: I – se contar menos de dez anos de serviço, deverá afastar-se da atividade; II – se contar mais de dez anos de serviço, será agregado pela autoridade superior e, se eleito, passará automaticamente, no ato da diplomação, para a inatividade, nos termos do art. 14, § 8º, da CF.
Gabarito "A".

9. ORGANIZAÇÃO DO ESTADO

9.1. Organização político-administrativa. União, Estados, DF, Municípios e Territórios

(Escrivão – PC/ES – Instituto AOCP – 2019) No Brasil, o(s) único(s) ente(s) federativo(s) que NÃO possui/em competência judiciária é/são:

(A) a União.

(B) os Estados.

(C) o Poder Legislativo.

(D) os Municípios.

(E) o Distrito Federal.

Os municípios são os únicos entes federativos que não possuem competência judiciária, conforme se observa pela leitura do art. 92 da Constituição, o qual não prevê a existência de um Poder Judiciário com jurisdição municipal. Por fim, vale lembrar que o Poder Legislativo não é um ente federado. **AN**
Gabarito "D".

(Investigador – PC/ES – Instituto AOCP – 2019) De acordo com a Constituição Federal, compete à União, aos Estados e ao Distrito Federal legislar concorrentemente sobre

(A) águas, energia, informática, telecomunicações e radiodifusão.

(B) sistemas de consórcios e sorteios.

(C) sistema monetário e de medidas, títulos e garantias dos metais.

(D) educação, cultura, ensino, desporto, ciência, tecnologia, pesquisa, desenvolvimento e inovação.

(E) populações indígenas.

Compete à União, aos Estados e ao Distrito Federal legislar concorrentemente sobre educação, cultura, ensino, desporto, ciência, tecnologia, pesquisa, desenvolvimento e inovação (art. 24, IX, da CF). As demais alternativas apresentam competência privativa da União (art. 22, IV, VI, XIV e XX, da CF). AN

„Gabarito „D".

(Investigador – PC/ES – Instituto AOCP – 2019) De acordo com a Constituição Federal, compete PRIVATIVAMENTE à União legislar sobre

(A) direito tributário.

(B) caça e pesca.

(C) previdência social.

(D) desapropriação.

(E) proteção à infância e à juventude.

Compete privativamente à União legislar sobre desapropriação (art. 22, II, da CF). As demais alternativas apresentam competência concorrente da União, dos Estados e do Distrito Federal (art. 24, I, VI, XII e XV, da CF). AN

„Gabarito „D".

(Investigador – PC/ES – Instituto AOCP – 2019) De acordo com a Constituição Federal, assinale a alternativa correta acerca da Organização Político-Administrativa do Estado.

(A) Os Territórios Federais integram a União e sua criação, transformação em Estado ou reintegração ao Estado de origem serão reguladas em lei ordinária.

(B) Os Estados podem incorporar-se entre si, subdividir-se ou desmembrar-se para se anexarem a outros, ou formarem novos Estados ou Territórios Federais, mediante aprovação da população diretamente interessada, através de plebiscito, e do Congresso Nacional, por lei complementar.

(C) A criação, a incorporação, a fusão e o desmembramento de Municípios far-se-ão por lei federal, dentro do período determinado por Lei Ordinária.

(D) Os Estados podem incorporar-se entre si, subdividir-se ou desmembrar-se para se anexarem a outros, ou formarem novos Estados ou Territórios Federais, mediante aprovação das Assembleias Legislativas dos Estados diretamente interessados e do Congresso Nacional, por lei ordinária.

(E) São considerados como bens dos Estados da Federação os recursos minerais, inclusive os do subsolo.

A: incorreta, já que os Territórios Federais integram a União e sua criação, transformação em Estado ou reintegração ao Estado de origem serão reguladas em **lei complementar** (art. 18, § 2º, da CF); **B:** correta, nos termos do art. 18, § 3º, da CF; **C:** incorreta, pois a criação, a incorporação, a fusão e o desmembramento de Municípios far-se-ão por **lei estadual**, dentro do período determinado por **Lei Complementar Federal**, e dependerão de consulta prévia, mediante plebiscito, às populações dos Municípios envolvidos, após divulgação dos Estudos de Viabilidade Municipal, apresentados e publicados na forma da lei (art. 18, § 4º, da CF); **D:** incorreta, pois os Estados podem incorporar-se entre si, subdividir-se ou desmembrar-se para se anexarem a outros, ou formarem novos Estados ou Territórios Federais, mediante aprovação da **população diretamente interessada**, por meio de plebiscito, e do Congresso Nacional, por **lei complementar** (art. 18, § 3º, da CF); **E:** incorreta, visto que são bens da União os recursos minerais, inclusive os do subsolo (art. 20, IX, da CF). AN

„Gabarito „B".

(Delegado – PC/RS – FUNDATEC – 2018) A organização da República Federativa do Brasil está exposta na Constituição Federal de 1988. Todo Estado precisa de uma correta organização para que sejam cumpridos os seus objetivos dentro da administração pública. A divisão político-administrativa foi uma das maneiras encontradas para facilitar a organização do Estado Brasileiro. A divisão político-administrativa brasileira é apresentada na Constituição Federal, no Art. 18. Ela surgiu no período colonial, quando o Brasil se dividia em capitanias hereditárias e posteriormente foram surgindo outras configurações que proporcionaram maior controle administrativo do país. O Brasil é formado por 26 Estados, a União, o Distrito Federal e os Municípios, sendo ele uma República Federativa. Cada ente federativo possui sua autonomia financeira, política e administrativa, em que cada Estado deve respeitar a Constituição Federal e seus princípios constitucionais, além de ter sua Constituição própria; e também, cada município (através de sua lei orgânica) poderá ter sua própria legislação. Tendo como pano de fundo o descrito acima, assinale a alternativa INCORRETA.

(A) Não há na CF previsão expressa da exigência de autorização prévia de assembleia legislativa para o processamento e julgamento de governador por crimes comuns perante o STJ. Dessa forma, inexiste fundamento normativo-constitucional expresso que faculte aos Estados-membros fazerem essa exigência em suas Constituições estaduais. Não há, também, simetria a ser observada pelos Estados-membros.

(B) É inconstitucional a lei estadual que estabeleça como condição de acesso a licitação pública, para aquisição de bens ou serviços, que a empresa licitante tenha a fábrica ou sede no Estado-membro.

(C) O inciso XIV do Art. 29 da CF/1988 estabelece que as prescrições do Art. 28 relativas à perda do mandato de governador aplicam-se ao prefeito, qualificando-se, assim, como preceito de reprodução obrigatória por parte dos Estados-membros e Municípios. Não é permitido a esses entes da federação modificar ou ampliar esses critérios. Se a Carta Maior não sanciona com a perda do cargo o governador ou o prefeito que assuma cargo público em virtude de concurso realizado após sua eleição, não podem fazê-los as Constituições estaduais.

(D) O Município pode editar legislação própria, com fundamento na autonomia constitucional que lhe é inerente (CF, Art. 30, I), com objetivo de determinar, às instituições financeiras, que instalem, em suas agências, em favor dos usuários dos serviços bancários (clientes ou não), equipamentos destinados a proporcionar-lhes segurança (tais como portas eletrônicas e câmaras filmadoras) ou a propiciar-lhes conforto, mediante oferecimento de instalações sanitárias, ou fornecimento de cadeiras de espera, ou colocação de bebedouros, ou horário de funcionamento, ou, ainda, prestação de atendimento em prazo razoável, com a fixação de tempo máximo de permanência dos usuários em fila de espera. A abrangência da autonomia política municipal – que possui base eminentemente constitucional – estende-se à prerrogativa, que assiste ao Município, de "legislar sobre assuntos de interesse local" (CF, Art. 30, I).

(E) Segundo a CF/88, a fiscalização do Município será exercida pelo Poder Legislativo Municipal, mediante controle externo, e pelos sistemas de controle interno do Poder Executivo Municipal, na forma da lei. Ainda, segundo dispõe o mesmo diploma legal, o controle externo da Câmara Municipal será exercido com o auxílio dos Tribunais de Contas dos Estados ou do Município ou dos Conselhos ou Tribunais de Contas dos Municípios, onde houver. Assim sendo, pode-se afirmar que a CF não proíbe a extinção de tribunais de contas dos Municípios. O legislador constituinte permitiu a experimentação institucional dos entes federados, desde que não fossem criados conselhos ou tribunais municipais, devendo ser observado o modelo federal, com ao menos um órgão de controle externo. É possível, portanto, a extinção de tribunal de contas responsável pela fiscalização dos Municípios por meio da promulgação de Emenda à Constituição estadual, pois a CF não proibiu a supressão desses órgãos.

A: correta, conforme precedente do STF na ADI 5.540, Rel. Min. Edson Fachin, j. 03/05/2017, P, DJE de 28-3-2019 (Informativo 863 do STF); **B:** correta, de acordo com a jurisprudência do STF: ADI 3.583, Rel. Min. Cezar Peluso, j. 21/02/2008, Pleno, DJE de 14-3-2008; **C:** correta, conforme jurisprudência do STF: ADI 336, voto do Rel. Min. Eros Grau, j. 10/02/2010, Pleno, DJE de 17-9-2010; **D:** incorreta (devendo ser assinalada), já que a jurisprudência do STF entende que "*os Municípios e o Distrito Federal podem editar legislação própria, com fundamento na autonomia constitucional que lhes é inerente (CF, art. 30, I, e 32, § 1º), com objetivo de determinar às instituições financeiras que instalem, em suas agências, em favor dos usuários dos serviços bancários (clientes ou não), equipamentos destinados a proporcionar-lhes segurança (tais como portas eletrônicas e câmaras filmadoras) ou a propiciar-lhes conforto, mediante oferecimento de instalações sanitárias, ou fornecimento de cadeiras de espera, ou colocação de bebedouros, ou, ainda, prestação de atendimento em prazo razoável, com a fixação de tempo máximo de permanência dos usuários em fila de espera.*" (AC 767 AgR, Rel. Min. Celso de Mello, Segunda Turma, julgado em 16/08/2005). Contudo, os Tribunais Superiores entendem que a fixação do horário de funcionamento bancário é matéria que transcende ao peculiar interesse do Município, sendo da competência exclusiva da União (RE 118.363, Rel. Min. Celio Borja, Segunda Turma, j. em 26/06/1990, DJ 14/12/1990 e Súmula 19 do STJ); **E:** correta, nos termos do art. 31, *caput* e § 1º, da CF c/c ADI 5.763, Rel. Min. Marco Aurélio, j. 26-10-2017, Pleno, Informativo 883. **AN**

Gabarito "D".

(Delegado – PC/RS – FUNDATEC – 2018) O decreto-lei nº 10/2018 determinou a intervenção federal no Estado do Rio de Janeiro, deixando a segurança pública fluminense sob responsabilidade de um interventor militar, que responde ao presidente da República. Ou seja, não se trata apenas do emprego das Forças Armadas ou de forças federais, mas sim da gestão federal de uma área que antes era coordenada pelo poder estadual. Isso posto, assinale a alternativa correta em relação ao tema em epígrafe.

(A) A intervenção federal é a flexibilização excepcional e temporária da autonomia dos Estados. Já o Estado de Defesa e o Estado de Sítio, além de retirar a autonomia dos Estados, leva à suspensão de direitos fundamentais.

(B) Segundo o artigo 35 da Carta Maior, o Estado não intervirá em seus Municípios, exceto quando: I – deixar de ser paga, sem motivo de força maior, por dois anos consecutivos, a dívida fundada; II – não forem

prestadas contas devidas, na forma da lei; III – não tiver sido aplicado o mínimo exigido da receita municipal na manutenção e desenvolvimento do ensino e nas ações e serviços públicos de saúde; IV – o Tribunal de Justiça der provimento a representação para assegurar a observância de princípios indicados na Constituição Estadual, ou para prover a execução de lei, de ordem ou de decisão judicial. Isso posto, as disposições descritas consubstanciam preceitos de observância compulsória por parte dos Estados-membros, sendo inconstitucionais quaisquer ampliações ou restrições às hipóteses de intervenção.

(C) A União não intervirá nos Estados nem no Distrito Federal, exceto para: I – manter a integridade nacional; II – repelir invasão estrangeira ou de uma unidade da Federação em outra; III – pôr termo a grave comprometimento da ordem pública; IV – garantir o livre exercício de qualquer dos Poderes nas unidades da Federação; V – reorganizar as finanças da unidade da Federação que: (A) suspender o pagamento da dívida fundada por mais de dois anos consecutivos, salvo motivo de força maior; (B) deixar de entregar aos Municípios receitas tributárias fixadas nesta Constituição, dentro dos prazos estabelecidos em lei; VI – prover a execução de lei federal, ordem ou decisão judicial; VII – assegurar a observância dos seguintes princípios constitucionais: (A) forma republicana, sistema representativo e regime democrático; (B) direitos da pessoa humana; (C) autonomia municipal; (D) prestação de contas da administração pública, direta e indireta; (E) aplicação do mínimo exigido da receita resultante de impostos municipais, compreendida a proveniente de transferências, na manutenção e desenvolvimento do ensino e nas ações e serviços públicos de saúde.

(D) A Constituição não poderá ser emendada na vigência de estado de defesa ou de estado de sítio, mas somente no caso de intervenção federal.

(E) A decretação da intervenção, conforme o caso, dependerá tão somente de: solicitação do Poder Legislativo ou do Poder Executivo coacto ou impedido, ou de requisição do Supremo Tribunal Federal.

A: incorreta, porque o estado de defesa e o estado de sítio são momentos de exceção constitucional (sistema constitucional de crises) que levam à suspensão de direitos fundamentais, sem retirar, contudo, a autonomia dos Estados; **B:** correta, nos termos do art. 35 da CF; **C:** incorreta, visto que um dos fundamentos que justificam a intervenção nos Estados ou no Distrito Federal é assegurar a aplicação do mínimo exigido da receita resultante de **impostos estaduais**, compreendida a proveniente de transferências, na manutenção e desenvolvimento do ensino e nas ações e serviços públicos de saúde (art. 34, VII, "e", da CF); **D:** incorreta, pois a Constituição não poderá ser emendada na vigência de intervenção federal, de estado de defesa ou de estado de sítio (art. 60, § 1º, da CF); **E:** incorreta, porque a decretação da intervenção federal poderá ser espontânea, caso em que o Presidente da República age de ofício (art. 34, I, II, III e V, da CF); provocada por solicitação do Poder Legislativo ou Executivo coacto ou impedido (art. 34, IV, c/c art. 36, I, primeira parte, da CF); provocada por requisição do STF, no caso de coação contra o Poder Judiciário (art. 34, IV, c/c art. 36, I, segunda parte, da CF); provocada por requisição do STF, STJ ou TSE, no caso de desobediência a ordem ou decisão judicial (art. 34, VI, segunda parte, c/c art. 36, II, da CF); ou provocada dependente do provimento de representação do Procurador-Geral da República, no

5. DIREITO CONSTITUCIONAL 187

caso de ofensa a princípios constitucionais sensíveis (art. 34, VII, c/c art. 36, III, primeira parte, da CF) e para prover a execução de lei federal (art. 34, VI, primeira parte, c/c art. 36, III, segunda parte, da CF). **AN** „Gabarito "B".

(Agente-Escrivão – Acre – IBADE – 2017) No âmbito da repartição vertical de competências, compete à União estabelecer normas gerais, vale dizer, diretrizes essenciais de comportamento. Com base nesta afirmação, assinale a alternativa correta.

(A) Se a União não editar as normas gerais, os demais entes federativos poderão legislar de forma plena sobre a matéria. Contudo, caso a União edite posteriormente as normas gerais, as normas estaduais que lhe forem contrárias serão revogadas.

(B) Os Estados e o Distrito Federal não possuem competência suplementar complementar.

(C) Os Municípios são dotados de competência suplementar complementar, no que for cabível.

(D) A CRFB/88 não adotou a teoria da repartição vertical concorrente não cumulativa, mas sim a teoria da repartição vertical concorrente cumulativa.

(E) Caso a União não edite as normas gerais, os demais entes federados devem impetrar mandado de segurança perante o STF para que seus direitos sejam resguardados.

A: incorreta. Para que Estados legislem sobre matéria de competência da União, é preciso que lei complementar autorize (art. 22, parágrafo único da CF); **B:** incorreta. Os Estados e o Distrito Federal possuem competência suplementar para legislar sobre normas gerais (art. 24, § 2º da CF); **C:** correta (art. 24, § 2º da CF); **D:** incorreta. Entende-se como teoria da repartição vertical a hipótese em que uma determinada matéria é reservada entre os entes federativos, sem que se desconsidere a relação hierárquica de subordinação da União para Estados e destes para os Municípios.; Quanto à cumulatividade e não cumulatividade, vale dizer que a competência concorrente poderá ser não cumulativa. Isso porque a atuação de um ente excluirá a ação de outro. Como exemplo, o § 4º do art. 24 da CF estabelece que a superveniência de lei federal suspenderá a eficácia de lei estadual que tenha sido produzida em contrário; **E:** incorreta. Na hipótese de inexistência de lei federal, os entes federados exercerão competência legislativa plena (art. 24, § 3º da CF). **TC** „Gabarito "C".

(Agente-Escrivão – PC/GO – CESPE – 2016) Compete privativamente à União:

(A) estabelecer política de educação para segurança no trânsito.

(B) legislar sobre requisições civis e militares, em caso de iminente perigo e em tempo de guerra.

(C) cuidar da proteção e garantia das pessoas portadoras de deficiência.

(D) legislar sobre organização, garantias, direitos e deveres da polícia civil.

(E) legislar sobre educação, ensino, pesquisa e inovação.

A: incorreta. A elaboração de políticas de educação para a segurança do trânsito não é de competência privativa da União. O texto Constitucional assegura também aos Estados, Distrito Federal e Municípios a competência para implementação de tais programas (art. 23, XII da CF); **B:** correta (art. 22, III da CF); **C:** incorreta. A competência para cuidar da proteção e garantia dos portadores de deficiência é comum à União, Estados, Distrito Federal e Municípios (art. 23, II da CF); **D:**

incorreta. Trata-se de competência concorrente entre União, Estados e Distrito Federal (art. 24, XVI da CF); **E:** incorreta. Trata-se de competência comum entre União, Estados, Distrito Federal e Municípios (art. 23, V da CF). **TC** „Gabarito "B".

(Agente – Pernambuco – CESPE – 2016) Com base no disposto na CF, assinale a opção correta acerca da organização político-administrativa do Estado.

(A) É da competência comum dos estados, do Distrito Federal e dos municípios organizar e manter as respectivas polícias civil e militar e o respectivo corpo de bombeiros militar.

(B) Compete à União, aos estados e ao Distrito Federal estabelecer normas gerais de organização das polícias militares e dos corpos de bombeiros militares, assim como normas sobre seus efetivos, seu material bélico, suas garantias, sua convocação e sua mobilização.

(C) A organização político-administrativa da República Federativa do Brasil compreende a União, os estados, os territórios federais, o Distrito Federal e os municípios, todos autônomos, nos termos da CF.

(D) Os estados podem incorporar-se entre si mediante aprovação da população diretamente interessada, por meio de plebiscito, e do Congresso Nacional, por meio de lei complementar.

(E) É facultado à União, aos estados, ao Distrito Federal e aos municípios subvencionar cultos religiosos ou igrejas e manter com seus representantes relações de aliança e colaboração de interesse público.

A: incorreta. Competência da União, nos termos do art. 21, XIV da CF; **B:** incorreta. Quanto às normas gerais de organização das polícias militares e dos corpos de bombeiros a competência é da União, nos termos do art. 21, XIV da CF. Quanto ao material bélico, nos termos do art. 22, XXI da CF, a competência é privativa da União; **C:** incorreta. Os territórios não compõem a organização político-administrativa da República Federativa do Brasil (art. 18, "caput" da CF); **D:** correta. (art. 18 § 3º da CF); **E:** incorreta. É vedado à União, aos Estados, ao Distrito Federal e aos municípios subvencionar cultos religiosos ou igrejas. Também é vedado relação de aliança, com exceção à colaboração de interesse público (art. 19, I da CF). **TC** „Gabarito "D".

(Polícia Rodoviária Federal – 2013 – CESPE) A respeito da organização político-administrativa do Estado e da administração pública, julgue os itens que se seguem.

(1) O Distrito Federal (DF) é ente federativo autônomo, pois possui capacidade de auto-organização, autogoverno e autoadministração, sendo vedado subdividi-lo em municípios.

(2) Conforme o STF, a responsabilidade civil das empresas prestadoras de serviço público é objetiva, mesmo em relação a terceiros não usuários do serviço público.

(3) Os atos de improbidade administrativa importarão ao agente a suspensão dos direitos políticos, a perda da função pública, a indisponibilidade dos bens e o ressarcimento ao erário, na forma e gradação previstas em lei, sem prejuízo da ação penal cabível.

(4) Em se tratando de matéria para a qual se preveja a competência legislativa concorrente, a CF autoriza os estados a exercerem a competência legislativa plena para atenderem a suas peculiaridades se inexistir lei federal sobre normas gerais.

1: correta, a Constituição Federal garante ao Distrito Federal a natureza de ente federativo autônomo, em virtude da mencionada tríplice capacidade de auto-organização, autogoverno e autoadministração (CF arts. 1º, 18, 32 e 34), sendo-lhe vedada a possibilidade de subdivisão em municípios; **2:** correta, o STF pacificou este entendimento a partir do julgamento do Recurso Extraordinário 591874, ao interpretar o § 6º do artigo 37 da Constituição Federal. Referido Recurso discutiu se a palavra "terceiros", também alcançaria pessoas que não se utilizam do serviço público. Na ocasião, o relator Min. Lewandowski (vencedor), negou seguimento ao recurso, assentando que é obrigação do Estado reparar os danos causados a terceiros em razão de atividades praticadas por agentes públicos ou revestidos de função pública; **3:** correta, é o que prevê o artigo 37, § 4º, da Constituição Federal; **4:** correta, é o que prevê o artigo 24, § 3º, da Constituição Federal.

Gabarito 1C, 2C, 3C, 4C

(**Escrivão de Polícia/BA – 2013 – CESPE**) Com relação à organização político-administrativa do Estado brasileiro, julgue o próximo item.

(**1**) Recusar fé aos documentos públicos inclui-se entre as vedações constitucionais de natureza federativa.

1: correta, é o que prevê o artigo 19, II da Constituição Federal.

Gabarito 1C

(**Agente de Polícia/DF – 2013 – CESPE**) Tendo em vista a disciplina constitucional relativa ao DF, julgue o item subsequente.

(**1**) É competência concorrente da União e do DF legislar sobre a organização do Poder Judiciário e do Ministério Público do Distrito Federal e dos Territórios, cabendo à União, no âmbito dessa legislação concorrente, estabelecer normas de caráter geral.

1: errada, essa competência é privativa da União, conforme inteligência do artigo 22, XVII, da Constituição Federal.

Gabarito 1E

(**Escrivão de Polícia/MA – 2013 – FGV**) A respeito da organização político-administrativa da União, dos Estados, dos Municípios e do Distrito Federal, assinale a afirmativa **incorreta.**

(**A**) Compete à União organizar e manter a polícia civil, a polícia militar e o corpo de bombeiros do Distrito Federal.

(**B**) Os Municípios podem explorar diretamente, ou mediante concessão, os serviços locais de gás canalizado e podem, inclusive, regulamentar a matéria por meio de medida provisória.

(**C**) Os Municípios brasileiros regem-se por suas respectivas leis orgânicas.

(**D**) Compete à União executar os serviços de polícia marítima, aeroportuária e de fronteiras.

(**E**) É de competência comum da União, dos Estados, do Distrito Federal e dos Municípios combater as causas da pobreza e os fatores da marginalização, promovendo a integração social dos setores desfavorecidos.

A: correta, pois de fato compete à União organizar e manter a polícia civil, a polícia militar e o corpo de bombeiros do Distrito Federal, nos termos do art. 21, XIV, da CF; **B:** incorreta, pois não são os MUNICÍPIOS, mas sim os ESTADOS que poderão explorar diretamente, ou mediante concessão, os serviços locais de gás canalizado, na forma da lei, veda a edição de medida provisória, nos termos do art. 25, § 2º, da CF; **C:** correta, os municípios regem-se por suas respectivas leis orgânicas, votadas em dois turnos, com o interstício mínimo de dez

dias, e aprovada por dois terços dos membros da Câmara Municipal, que a promulgará, atendidos os princípios estabelecidos na Constituição Federal, na Constituição do Estado e nos termos dos preceitos delineados no art. 29 da CF; **D:** correta, nos termos do art. 21, XXI, da CF; **E:** correta, réplica do art. 23, X, da CF.

Gabarito "B".

9.2. Administração Pública

(**Escrivão – PC/GO – AOCP – 2023**) Carina é escrivã e trabalha na Polícia Civil de Goiás há cinco anos, adquirindo estabilidade no cargo. Com base na Constituição Federal de 1988 no que concerne aos servidores públicos, assinale a alternativa correta.

(**A**) Carina poderá perder o cargo em caso de sentença judicial, ainda que não transitada em julgado, desde que a condenação se refira à improbidade administrativa.

(**B**) Carina não poderá perder o cargo em razão de processo administrativo, ainda que assegurada a ampla defesa, em razão do princípio da estabilidade.

(**C**) Se houver sua demissão, Carina poderá invalidar a decisão por meio de sentença judicial, ocorrendo a sua reversão ao cargo anteriormente ocupado.

(**D**) Em caso de extinção do cargo de Carina, esta ficará em disponibilidade, com remuneração proporcional ao tempo de serviço, até seu adequado aproveitamento em outro cargo.

(**E**) Em razão da natureza do cargo de Carina, a estabilidade no cargo de escrivã ocorre após dois anos de efetivo exercício.

A: incorreta. O servidor público estável perderá o cargo em virtude de sentença judicial transitada em julgado (CF, art. 41, § 1º, I). **B:** incorreta. O servidor público estável perderá o cargo mediante processo administrativo em que lhe seja assegurada ampla defesa (CF, art. 41, § 1º, II). **C:** incorreta. Dispõe o art. 41, § 2º, da CF, que: "invalidada por sentença judicial a demissão do servidor estável, será ele reintegrado, e o eventual ocupante da vaga, se estável, reconduzido ao cargo de origem, sem direito a indenização, aproveitado em outro cargo ou posto em disponibilidade com remuneração proporcional ao tempo de serviço". **D:** correta. Conforme disposto no art. 41, § 3º da CF. **E:** incorreta. A estabilidade ocorrerá após três anos de efetivo exercício (CF, art. 41, *caput*). AMN

Gabarito "D".

(**Papiloscopista – PC/RR – VUNESP – 2022**) Como decorrência da improbidade administrativa, a Constituição Federal prevê, expressamente, dentre outras, a seguinte penalidade:

(**A**) cassação dos direitos políticos.

(**B**) pena de reclusão.

(**C**) perda da nacionalidade.

(**D**) suspensão dos direitos políticos.

(**E**) confisco de bens.

A alternativa D é a correta. É o que prevê o art. 37, § 4º, da CF. AMN

Gabarito "D".

(**Escrivão – PC/RO – CEBRASPE – 2022**) A pessoa condenada pela prática de ato de improbidade administrativa poderá ter seus direitos políticos

(**A**) cassados, perdidos ou suspensos.

(**B**) cassados ou suspensos, apenas.

(**C**) cassados ou perdidos, apenas.

5. DIREITO CONSTITUCIONAL — 189

(D) suspensos, apenas.

(E) cassados, apenas.

A alternativa correta é a D, conforme dispõe o art. 37, § 4°, da CF. **AMN**
Gabarito "D".

(Delegado – PC/RS – FUNDATEC – 2018) O artigo 37 da Constituição Federal de 1988 lista os princípios inerentes à Administração Pública, que são: legalidade, impessoalidade, moralidade, publicidade e eficiência. A incumbência desses princípios é dar unidade e coerência ao Direito Administrativo do Estado, controlando as atividades administrativas de todos os entes que integram a federação brasileira. Tendo por base essa ideia inicial, assinale a alternativa correta.

(A) A administração não pode anular seus próprios atos, quando eivados de vícios que os tornem ilegais.

(B) Não viola o princípio da presunção de inocência a exclusão de certame público de candidato que responda a inquérito policial ou ação penal sem trânsito em julgado da sentença condenatória.

(C) Segundo Hely Lopes Meirelles, o princípio da impessoalidade, referido na CF/1988 (Art. 37, caput), nada mais é que o clássico princípio da finalidade, o qual impõe ao administrador público que só pratique o ato para atingir o objetivo indicado expressa ou virtualmente pela norma de direito, de forma impessoal.

(D) Segundo o jurista Alexandre de Moraes, o princípio da moralidade é o que impõe à administração pública direta e indireta e a seus agentes a persecução do bem comum, por meio do exercício de suas competências de forma imparcial, neutra, transparente, participativa, eficaz, sem burocracia e sempre em busca da qualidade, primando pela adoção dos critérios legais e morais necessários para melhor utilização possível dos recursos públicos, de maneira a evitarem-se desperdícios e garantir-se maior rentabilidade social.

(E) Os atos administrativos não são passíveis de controle de mérito, bem como de legalidade pelo Poder Judiciário.

A: incorreta, pois a Administração deve anular seus próprios atos, quando eivados de vício de legalidade, e pode revogá-los por motivo de conveniência ou oportunidade, respeitados os direitos adquiridos (art. 53 da Lei 9.784/1999 e Súmula 473 do STF); **B:** incorreta, pois a jurisprudência do STF firmou o entendimento de que viola o princípio da presunção de inocência a exclusão de certame público de candidato que responda a inquérito policial ou ação penal sem trânsito em julgado da sentença condenatória (ARE 753.331 AgR, Rel. Min. Dias Toffoli, Primeira Turma, j. em 17/09/2013); **C:** correta, conforme definição do princípio da impessoalidade dada por Hely Lopes Meirelles; **D:** incorreta, visto que se trata da definição do princípio da eficiência dada por Alexandre de Moraes; **E:** incorreta, pois os atos administrativos são passíveis de controle de legalidade pelo Poder Judiciário. Todavia, doutrina e jurisprudência modernas defendem o controle do mérito administrativo pelo Poder Judiciário, uma vez que a discricionariedade encontra limites explícitos e implícitos fixados pela lei e pelos princípios fundamentais, devendo o ato discricionário ser motivado e justificável racionalmente. Assim, eventual constatação de desproporcionalidade, de desvio de finalidade, de excesso de poder ou de arbitrariedade na prática do ato deve ser objeto de controle pelo Poder Judiciário, haja vista que a Administração Pública está submetida ao império da lei, inclusive quanto à conveniência e oportunidade administrativa. Nesse sentido, o STJ entende que *"o Poder Judiciário não mais se limita a examinar os aspectos extrínsecos da administração, pois pode analisar, ainda, as razões de conveniência*

e oportunidade, uma vez que essas razões devem observar critérios de moralidade e razoabilidade" (REsp 429.570/GO, Rel. Ministra Eliana Calmon, Segunda Turma, julgado em 11/11/2003). **AN**
Gabarito "C".

(Escrivão – AESP/CE – VUNESP – 2017) A respeito da contratação de pessoal no serviço público, por tempo determinado, a Constituição Federal dispõe que

(A) a lei regulará as situações passíveis de serem atendidas limitadas às funções e aos cargos de confiança.

(B) é expressamente vedada.

(C) é limitada ao preenchimento de cargos de confiança do Poder Executivo.

(D) é limitada aos cargos de direção, chefia e assessoramento.

(E) a lei estabelecerá os casos para atender a necessidade temporária de excepcional interesse público.

A CF prevê que a lei estabelecerá os casos de contratação por tempo determinado para atender a necessidade temporária de excepcional interesse público, nos termos do art. 37, IX da CF. **TC**
Gabarito "E".

(Escrivão – AESP/CE – VUNESP – 2017) Na forma do que prevê expressamente a Constituição Federal, os atos de improbidade administrativa importarão, entre outras sanções, a

(A) indisponibilidade de bens.

(B) detenção.

(C) cassação dos direitos políticos.

(D) pagamento de cestas básicas.

(E) prestação de serviços à comunidade.

O texto literal da CF estabelece em seu art. 37, § 4° que: "Os atos de improbidade administrativa importarão a suspensão dos direitos políticos, a perda da função pública, a indisponibilidade dos bens e o ressarcimento ao erário, na forma e gradação previstas em lei, sem prejuízo da ação penal cabível". **TC**
Gabarito "A".

(Escrivão – Pernambuco – CESPE – 2016) Com relação à possibilidade de acumulação de cargos públicos, assinale a opção correta.

(A) Mesmo havendo compatibilidade de horários, o servidor público da administração direta que passar a exercer mandato de vereador ficará afastado do cargo.

(B) Não é possível a acumulação remunerada de cargos públicos, sendo a cumulação permitida apenas se o serviço for prestado ao Estado de forma gratuita.

(C) É possível a acumulação remunerada de um cargo público de professor com cargo técnico ou científico, não havendo limite remuneratório mensal, sob pena de violação do direito à irredutibilidade salarial.

(D) É possível a acumulação remunerada de dois cargos públicos de professor, independentemente de compatibilidade de horários.

(E) A proibição de acumular se estende a empregos e funções públicas e abrange autarquias, fundações, empresas públicas, sociedades de economia mista e suas subsidiárias e sociedades controladas, direta ou indiretamente, pelo poder público.

Quanto à possibilidade de acumulação de cargos públicos, o constituinte previu sua vedação, com exceção à hipótese de compatibilidade de horários: a) a de dois cargos de professor; b) a de um cargo de professor com outro técnico ou científico; c) a de dois cargos privativos de médico; d) a de dois cargos ou empregos privativos de profissionais de saúde, com profissões regulamentadas; Ainda assim, regra geral, a proibição de acumular estende-se a empregos e funções e abrange autarquias, empresas públicas, sociedades de economia mista e suas subsidiárias, fundações mantidas pelo Poder Público, e sociedades controladas, direta ou indiretamente, pelo poder público, nos termos do art. 37, XVI e XVII da CF. 🅣🅒

Gabarito "E".

(Agente – Pernambuco – CESPE – 2016) À luz do disposto na CF, assinale a opção correta a respeito da administração pública.

(A) O servidor público da administração direta, autárquica ou fundacional que estiver no exercício de mandato eletivo federal, estadual, distrital ou municipal ficará afastado de seu cargo, emprego ou função, sendo-lhe facultado optar pela sua remuneração.

(B) Nos termos da lei, a investidura em todo e qualquer cargo ou emprego público depende de aprovação prévia em concurso público de provas e títulos, de acordo com a natureza e a complexidade do cargo ou emprego.

(C) As funções de confiança e os cargos em comissão são exercidos exclusivamente por servidores ocupantes de cargos efetivos e destinam-se às atribuições de direção, chefia e assessoramento.

(D) A administração fazendária e a segurança pública e seus respectivos servidores, os fiscais e os policiais, terão, dentro de suas áreas de competência e circunscrição, precedência sobre os demais setores administrativos, na forma da lei.

(E) Tanto a administração pública direta quanto a indireta de qualquer dos poderes da União, dos estados, do Distrito Federal e dos municípios devem obedecer aos princípios de legalidade, impessoalidade, moralidade, publicidade e eficiência.

A: incorreta. A possibilidade de optar pela remuneração limita-se aos exercentes de cargos da executiva e legislativa municipais. às demais funções, não há previsão constitucional (art. 38, I e II da CF); **B:** incorreta. Inicialmente, cumpre esclarecer que determinadas funções públicas poderão ser exercidas sem que seja necessária a aprovação prévia em concurso público, como exemplo, funções de confiança em cargo demissível *ad nutum* (livre nomeação e exoneração). Há uma segunda assertiva incorreta quanto ao sistema de seleção de candidatos. Isso porque, há concursos em que haverá avaliação apenas por provas, sem que se considere títulos (art. 37, II da CF); **C:** incorreta. As funções de confiança, de fato, deverão ser exercidas exclusivamente por servidores ocupantes de cargos efetivos. Entretanto, os cargos em comissão serão preenchidos por servidores de carreira nos casos, condições e percentuais mínimos previstos em lei, e destinam-se apenas às atribuições de direção, chefia e assessoramento (art. 37, V da CF); **D:** incorreta. Trata-se de uma das características da administração fazendária, não se estendendo às demais carreiras (art. 37, XVIII da CF); **E:** correta, nos termos do art. 37, "caput" da CF. 🅣🅒

Gabarito "E".

(Agente-Escrivão – PC/GO – CESPE – 2016) O servidor público estável perderá o cargo:

(A) após procedimento de avaliação periódica de desempenho, que prescinde da ampla defesa e do contraditório.

(B) em virtude de sentença judicial transitada em julgado.

(C) após decisão judicial de primeira instância da qual caiba recurso.

(D) após decisão judicial de segunda instância da qual caiba recurso.

(E) mediante processo administrativo, que prescinde da ampla defesa e do contraditório.

A: incorreta. O processo de perda do cargo do servidor público deverá ser realizado após procedimento de avaliação, mas garantida a ampla defesa, nos termos da lei complementar (art. 41, §1º, III da CF); **B:** correta (art. 41, § 1º, I da CF); **C e D:** incorretas. A perda do cargo somente ocorrerá após o trânsito em julgado da sentença judicial condenatória (art. 41, § 1º, I da CF); **E:** incorreta. É garantido ao servidor, ainda que em processo administrativo, a ampla defesa das acusações que lhe forem atribuídas (art. 41, § 1º, II da CF). 🅣🅒

Gabarito "B".

(Escrivão/SP – 2014 – VUNESP) Prevê o art. 37 da Constituição Federal, de forma expressa, que a administração pública direta e indireta de qualquer dos Poderes da União, dos Estados, do Distrito Federal e dos Municípios obedecerá aos princípios de legalidade, impessoalidade, moralidade, publicidade e

(A) razoabilidade.

(B) eficiência.

(C) proporcionalidade.

(D) unidade.

(E) economicidade.

A alternativa "B" está em consonância com o disposto no artigo 37 *caput* da Constituição da República.

Gabarito "B".

(Escrivão de Polícia/BA – 2013 – CESPE) Com relação ao regime constitucional aplicável à administração pública, julgue os itens subsequentes.

(1) É condição necessária e suficiente para a aquisição da estabilidade no serviço público o exercício efetivo no cargo por período de três anos.

(2) Não constitui ofensa à CF a acumulação remunerada de dois empregos públicos em duas sociedades de economia mista estaduais, dado que a proibição constitucional se aplica somente à acumulação dos cargos públicos da administração direta e das fundações públicas e autarquias.

1: errada, para a aquisição de estabilidade no serviço público é realmente necessário o efetivo exercício no cargo por um período de 3 anos (Art. 41 da Constituição Federal), todavia, não é condição suficiente, mas um dos requisitos, tendo que se considerar ainda a obrigatoriedade da avaliação especial de desempenho por comissão instituída para essa finalidade (artigo 41, § 4º, da Constituição Federal); **2:** errada, artigo 37, XVII da Constituição Federal dispõe claramente que a acumulação remunerada de dois empregos públicos em duas sociedades de economia mista é vedada. Gabarito 1E, 2E

(Agente de Polícia/DF – 2013 – CESPE) Julgue os itens a seguir, concernentes à administração pública.

(1) Membros de Poder, detentores de mandato eletivo, ministros de Estado e secretários estaduais e municipais serão remunerados exclusivamente por subsídio fixado por ato administrativo de responsabilidade da mesa diretora ou do chefe de cada Poder. A remuneração dos servidores públicos, entretanto, só pode

5. DIREITO CONSTITUCIONAL

ser fixada ou alterada por lei específica, observada a iniciativa privativa em cada caso.

(2) Os cargos em comissão e as funções de confiança podem ser preenchidos por livre escolha da autoridade administrativa entre pessoas sem vínculo com a administração pública.

1: errado, a assertiva está em consonância com o dispositivo constitucional, ao dispor que referidos agentes serão remunerados exclusivamente por subsídio (artigo 39, § 4º, da Constituição Federal), mas incorreto ao afirmar que será fixado por ato administrativo. Neste sentido o artigo 37, X, estabelece a necessidade de fixação por lei específica e não por ato administrativo; **2**: errado, é preciso que se compreenda a diferença entre cargo em comissão e função de confiança. Para tanto, cabe a análise do artigo 37, V. Verifica-se que as funções de confiança deverão ser exercidas por servidores ocupantes de cargo efetivo, enquanto que o cargo em comissão, e apenas estes, poderão ser ocupados por pessoas sem vínculo com a Administração.
Gabarito 1E, 2E.

(Escrivão de Polícia/DF – 2013 – CESPE) Com relação à organização político-administrativa, julgue os itens que seguem.

(1) Uma autarquia é uma pessoa jurídica de direito público criada somente mediante lei específica, que, embora não tenha subordinação hierárquica com a entidade que a criar, submeter-se-á, na órbita federal, a supervisão ministerial.

(2) Haverá descentralização administrativa quando, por lei, competências de um órgão central forem destacadas e transferidas a outras pessoas jurídicas estruturadas sob o regime do direito público ou sob a forma do direito privado.

1: certo, é o que dispõe o artigo 37, XIX, da Constituição Federal. Quanto à questão da inexistência de subordinação, o que há é vinculação que se manifesta por meio da Supervisão Ministerial realizada pelo ministério ou secretária da pessoa política responsável pela área de atuação da entidade administrativa. Esta supervisão tem por finalidade o exercício do denominado Controle Finalístico ou Poder de Tutela; **2**: certo, trata-se da descentralização, instituto comumente utilizado para a criação das Agências, que visa repassar determinada atividade não essencial à pessoa distinta, por meio de lei específica, criando a Administração Indireta.
Gabarito 1C, 2C

(Escrivão de Polícia/MA – 2013 – FGV) As alternativas a seguir apresentam alguns princípios da Administração Pública, previstos no Art. 37 da Constituição Federal, **à exceção de uma**. Assinale-a.

(A) Princípio da Moralidade.

(B) Princípio da Publicidade.

(C) Princípio da Eficiência.

(D) Princípio da Impessoalidade.

(E) Princípio da Economicidade.

A: incorreta, pois o princípio da moralidade está previsto no *caput* do art. 37 da CF; **B**: incorreta, já que a publicidade é um dos princípios da administração pública; **C**: incorreta, na exata medida que a eficiência também é um dos princípios informadores da administração pública. Aliás, o princípio da eficiência só foi inserido no corpo constitucional como o advento da Emenda Constitucional 19, de 04 de junho de 1998; **D**: incorreta, pelos mesmos fundamentos, o princípio da impessoalidade está previsto no art. 37 da CF; **E**: correta, o princípio da Economicidade não pertence a Administração Pública, mas sim ao Direito Econômico, conforme art. 70 e seguintes da Constituição Federal.
Gabarito "E".

10. PODER LEGISLATIVO

(Investigador – PC/ES – Instituto AOCP – 2019) De acordo com o texto constitucional, compete PRIVATIVAMENTE ao Senado Federal

(A) aprovar previamente, por voto secreto, após arguição pública, a escolha do Procurador- Geral da República.

(B) proceder à tomada de contas do Presidente da República, quando não apresentadas ao Congresso Nacional dentro de sessenta dias após a abertura da sessão legislativa.

(C) autorizar o Presidente da República a declarar guerra, a celebrar a paz, a permitir que forças estrangeiras transitem pelo território nacional ou nele permaneçam temporariamente, ressalvados os casos previstos em lei complementar.

(D) aprovar o estado de defesa e a intervenção federal, autorizar o estado de sítio, ou suspender qualquer uma dessas medidas.

(E) sustar os atos normativos do Poder Executivo que exorbitem do poder regulamentar ou dos limites de delegação legislativa.

A: correta, nos termos do art. 52, III, "e", da CF; **B**: incorreta, pois é competência privativa da **Câmara dos Deputados** (art. 51, II, da CF); **C, D** e **E**: incorretas, pois são competências exclusivas do **Congresso Nacional** (art. 49, II, IV e V, da CF).
Gabarito "A".

(Escrivão – PC/MG – FUMARC – 2018) Sobre competências exclusivas do Congresso Nacional, assinale a alternativa correta.

(A) Pode autorizar referendo e convocar plebiscito.

(B) Pode conceder indulto e comutar penas.

(C) Pode decretar o estado de defesa e o estado de sítio.

(D) Tem como competência acreditar representantes diplomáticos.

(E) Tem a competência para sancionar, promulgar e fazer publicar as leis.

A: correta, de acordo com o art. 49, XV, da CF; **B, C, D** e **E**: incorretas, pois são competências privativas do Presidente da República (art. 84, IV, VII, IX, XII, da CF).
Gabarito "A".

(Agente-Escrivão – PC/GO – CESPE – 2016) Acerca do processo legislativo pertinente a medidas provisórias, assinale a opção correta.

(A) O decreto legislativo editado para regular as relações nascidas a partir do período de vigência de medida provisória posteriormente rejeitada cria hipótese de ultratividade da norma, capaz de manter válidos os efeitos produzidos e, bem assim, alcançar situações idênticas futuras.

(B) Muito embora a medida provisória, a partir da sua publicação, não possa ser retirada pelo presidente da República da apreciação do Congresso Nacional, nada obsta que seja editada uma segunda medida provisória que ab-rogue a primeira para o fim de suspender-lhe a eficácia.

(C) Por força do princípio da separação de poderes, é vedado ao Poder Judiciário examinar o preenchimento dos requisitos de urgência e de relevância por determinada medida provisória.

(D) Em situações excepcionais elencadas no texto constitucional, a medida provisória rejeitada pelo Congresso Nacional somente poderá ser reeditada na mesma sessão legislativa de sua edição.

(E) A proibição de edição de medida provisória sobre matéria penal e processual penal alcança as emendas oferecidas ao seu correspondente projeto de lei de conversão, as quais ficam igualmente impedidas de veicular aquela matéria.

A: incorreta. O decreto legislativo editado para regular as relações nascidas a partir do período de vigência de medida provisória posteriormente rejeitada não será capaz de manter válidos os efeitos produzidos para situações futuras; **B: correta**, nos termos da interpretação atribuída pelo STF. "Porque possui força de lei e eficácia imediata a partir de sua publicação, a medida provisória não pode ser "retirada" pelo presidente da República à apreciação do Congresso Nacional. (...). Como qualquer outro ato legislativo, a medida provisória é passível de ab-rogação mediante diploma de igual ou superior hierarquia. (...). A revogação da medida provisória por outra apenas suspende a eficácia da norma ab-rogada, que voltará a vigorar pelo tempo que lhe reste para apreciação, caso caduque ou seja rejeitada a medida provisória ab-rogante. Consequentemente, o ato revocatório não subtrai ao Congresso Nacional o exame da matéria contida na medida provisória revogada" (ADI 2.984 MC, rel. min. Ellen Gracie, j. 4-9-2003, P, DJ de 14-5-2004); **C: incorreta**. O Congresso Nacional ao deliberar sobre o mérito das medidas provisórias deverá realizar juízo prévio sobre o atendimento dos pressupostos constitucionais da medida, ou seja, relevância e urgência (art. 62, § 5° da CF); **D: incorreta.** Não há exceção à reedição de medida provisória na mesma sessão legislativa de sua edição (art. 62, § 10 da CF); **E: incorreta.** No primeiro ponto, a assertiva está correta. É proibida a edição de medida provisória sobre matéria penal e processual penal (art. 62, § 1°, I, *b*). Entretanto, se transformada em projeto de lei de conversão, considerando que passará por um processo de tramitação de lei ordinária, não haverá restrição à sua aprovação. **Gabarito "B".**

(Agente – Pernambuco – CESPE – 2016) No que se refere ao processo legislativo, assinale a opção correta de acordo com o disposto na CF.

(A) A iniciativa popular pode ser exercida pela apresentação ao Congresso Nacional de projeto de lei subscrito por, no mínimo, 1% do eleitorado nacional, distribuído por, pelo menos, nove estados da Federação.

(B) É de competência do Senado Federal examinar as medidas provisórias e emitir parecer sobre elas, antes que sejam apreciadas pelo plenário de cada uma das Casas do Congresso Nacional.

(C) Leis ordinárias e complementares são espécies do processo legislativo federal que, aprovadas pelo Congresso Nacional, prescindem da sanção do presidente da República.

(D) É de competência exclusiva da Câmara dos Deputados sustar os atos normativos do Poder Executivo que exorbitem do poder regulamentar ou dos limites de delegação legislativa.

(E) A iniciativa de leis complementares e ordinárias cabe ao presidente da República, ao Supremo Tribunal Federal, aos tribunais superiores, ao procurador-geral da República e aos cidadãos, entre outros.

A: incorreta. A iniciativa popular será exercida pela apresentação de projeto de lei à Câmara dos Deputados e não ao Congresso Nacional

em pelo menos cinco estados (com no mínimo três décimos por cento dos eleitores de cada um deles) e não nove, conforme prevê o e enunciado (art. 61, § 2° da CF); **B: incorreta.** A competência será mista de Deputados e Senadores (art. 62, § 9 da CF); **C: incorreta.** Leis Ordinárias e Leis Complementares dependerão de sanção presidente para que tenham validade. A desnecessidade de sanção presidencial é característica das emendas constitucionais; **D: incorreta.** A competência é exclusivamente do Congresso Nacional (art. 49, V da CF); **E: correta**, nos termos do "caput" do art. 61 da CF. **Gabarito "E".**

(Agente-Escrivão – Acre – IBADE – 2017) Cento e setenta deputados federais resolvem instaurar Comissão Parlamentar de Inquérito (CPI) a fim de investigar atuação da FUNAI e do INCRA na demarcação de terras indígenas. No curso da CPI, os parlamentares ouviram investigados, bem como testemunhas. Determinaram prisões preventivas, impediram a saída de investigado da comarca, obrigaram o comparecimento forçado de testemunhas faltosas, determinaram quebras de sigilos bancário, fiscal e de interceptação telefônica, bem como determinaram realização de perícias. Considerando apenas as informações contidas no caso em referência, assinale a alternativa correta, de acordo com o tema Poder Legislativo e CPI.

(A) Não agiu corretamente ao decretar prisão preventiva, tendo em vista que CPIs não são dotadas de poder geral de cautela.

(B) No caso em tela, fora inobservado o quórum exigido constitucionalmente para criação de CPI, qual seja, 3/5 dos deputados federais.

(C) Segundo o STF a intimação de testemunha e indiciado pode ser feita por via de comunicação telefônica ou via postal.

(D) Agiu corretamente ao impedir a saída de investigado da comarca, mas incorreu em erro ao determinar perícias.

(E) Agiu corretamente ao quebrar os sigilos bancário e fiscal e decretar interceptação telefônica, vez que possuem poderes de investigação próprios das autoridades judiciais.

A: correta. O poder de investigação judicial que o constituinte estendeu às CPI's não se confunde com o poder geral de cautela garantido aos magistrados nas demandas judiciais. Além da ausência de previsão constitucional, o STF foi instado a se manifestar e assentou a impossibilidade deste ato, inclusive a prisão cautelar, já que, "no Sistema do direito constitucional positivo brasileiro, os casos de privação de liberdade individual somente podem derivar de situação de flagrância (art. 5°, LXI da CF) ou de ordem emanada de autoridade judicial competente (art. 5°, LXI), ressalvada a hipótese – de evidente excepcionalidade – de 'prisão por crime contra o Estado', determinada pelo executor da medida (CF, art. 136, § 3°, I), durante a vigência do estado de defesa decretado pelo Presidente da República" HC 71.279; **B: incorreta.** O quórum de instalação é de 1/3 dos membros, nos termos do art. 58 § 3° da CF; **C: incorreta.** O STF definiu que a convocação de testemunhas e de indiciados deve ser feita pelo modo prescrito no Código de Processo Penal. Assim, estabeleceu "não ser viável a intimação por via postal ou por via de comunicação telefônica. [Ela] deve ser feita pessoalmente". HC 71.421; **D: incorreta.** Não poderá a CPI impedir a saída de investigados da Comarca; **E: incorreta.** A quebra de sigilo bancário de fato foi admitida (MS 23.452/RJ, DJ 12-5-2000). Entretanto, a interceptação telefônica depende de previa autorização judicial. Às CPIs é admitida a quebra do sigilo telefônico que se limita a divulgação dos registros das chamadas. **Gabarito "A".**

5. DIREITO CONSTITUCIONAL

(Agente-Escrivão – Acre – IBADE – 2017) Sobre o processo legislativo, assinale a alternativa correta.

(A) O Congresso Nacional não pode sustar os atos normativos do Poder Executivo que exorbitem a esfera do poder regulamentar ou os limites da delegação legislativa.

(B) O veto será apreciado em sessão separada, dentro de trinta dias a contar de seu recebimento, só podendo ser rejeitado pelo voto da maioria simples dos deputados e senadores.

(C) As leis complementares serão aprovadas por maioria simples ao passo que as leis ordinárias serão aprovadas por maioria absoluta.

(D) A CRFB/88 exige que a discussão e votação dos projetos de lei de iniciativa do Presidente do Supremo Tribunal Federal tenha início no Senado Federal.

(E) Projetos de lei, enviados pelo Presidente da República à Câmara dos Deputados, podem ser alterados por meio de emendas parlamentares, desde que não acarretem aumento de despesa e haja pertinência temática.

A: incorreta. Art. 49, V da CF; **B:** incorreta. O veto será apreciado em sessão conjunta, dentro de trinta dias a contar de seu recebimento, só podendo ser rejeitado pelo voto da maioria absoluta dos Deputados e Senadores (art. 66, § 4º da CF); **C:** incorreta. As leis complementares serão aprovadas por maioria absoluta, enquanto que às leis ordinárias não existe exigência em igual sentido (art. 69. "caput" da CF); **D:** incorreta. Os projetos de lei de iniciativa do Presidente da República, Supremo Tribunal Federal e Tribunais Superiores terão início na Câmara dos Deputados e não no Senado Federal (art. 64, "caput" da CF); **E:** O STF tratou do assunto ao julgar a ADI 3.114 e ADI 2583: "As normas constitucionais de processo legislativo não impossibilitam, em regra, a modificação, por meio de emendas parlamentares, dos projetos de lei enviados pelo chefe do Poder Executivo no exercício de sua iniciativa privativa. Essa atribuição do Poder Legislativo brasileiro esbarra, porém, em duas limitações: a) a impossibilidade de o parlamento veicular matérias diferentes das versadas no projeto de lei, de modo a desfigurá-lo; e b) a impossibilidade de as emendas parlamentares aos projetos de lei de iniciativa do Presidente da República, ressalvado o disposto no § 3º e no § 4º do art. 166, implicarem aumento de despesa pública (inciso I do art. 63 da CF). ADI 3.114, rel. min. Ayres Britto, j. 24-8-2005, P, DJ de 7-4-2006. / ADI 2.583, rel. min. Cármen Lúcia, j. 1º-8-2011, P, DJE de 26-8-2011. 𝐓𝐂
Gabarito "E".

(Agente-Escrivão – Acre – IBADE – 2017) Bartholomeu, dois meses antes de se eleger a deputado federal, cometeu crime de homicídio contra seu desafeto. O crime, no entanto, só foi descoberto após a diplomação. À luz das imunidades parlamentares, Bartholomeu:

(A) não terá imunidade formal em relação ao processo, mas haverá deslocamento de competência para o STF.

(B) terá imunidade formal em relação ao processo sendo sustada a ação penal.

(C) não terá imunidade formal em relação ao processo, sendo julgado pela justiça de primeiro grau.

(D) terá imunidade formal em relação ao processo, mas não em relação à prisão.

(E) terá imunidade formal em relação ao processo, considerando que o crime fora descoberto após a diplomação.

A situação posta não se trata de hipótese de incidência de imunidade formal em relação ao processo, apenas à prisão. Em razão da prerrogativa do foro, durante o mandato o parlamentar é processado criminalmente pelo STF. Encerrado o mandato, o processo deixa de tramitar no STF e retorna à vara de origem. 𝐓𝐂
Gabarito "A".

(Escrivão – Pernambuco – CESPE – 2016) A respeito do processo legislativo, julgue os itens a seguir.

I. Dispositivo do Código Penal relativo ao inquérito policial não pode ser alterado por medida provisória.

II. O procedimento de edição de lei complementar segue o modelo padrão do processo legislativo ordinário; a única diferença é o quórum para aprovação, que, para a lei complementar, será de maioria absoluta.

III. Emenda constitucional pode alterar a CF para incluir, no ordenamento jurídico pátrio, a pena de caráter perpétuo.

Assinale a opção correta.

(A) Todos os itens estão certos.

(B) Apenas o item I está certo.

(C) Apenas o item III está certo.

(D) Apenas os itens I e II estão certos.

(E) Apenas os itens II e III estão certos.

I: correta. É vedada a edição de medidas provisórias sobre matéria relativa a direito penal (art. 62, § 1, I, alínea "b" da CF); **II:** incorreta. Além do quórum de aprovação, outra importante distinção se dá pelas situações de aplicação. Para que lei complementar seja editada é necessário expressa previsão constitucional sobre a competência da matéria; **III:** incorreta. A Constituição não poderá ser emendada com o objetivo de abolir direito e garantia fundamental. Trata-se de matéria protegida por cláusula pétrea (art. 60, § 4°, IV da CF). 𝐓𝐂
Gabarito "B".

(Investigador-Escrivão-Papiloscopista – Pará – Funcab – 2016) Charles de Montesquieu (1689 – 1755), político, filósofo, escritor francês, é autor da célebre obra "O Espírito das Leis". Neste livro, o referido pensador teoriza sobre a separação dos poderes. No que respeita ao Poder Legislativo, segundo a Constituição, é correto afirmar:

(A) Cada Estado e o Distrito Federal elegerão dois Senadores, com mandato de oito anos.

(B) Cabe ao Congresso Nacional, independentemente da sanção do Presidente da República, dispor sobre plano plurianual, diretrizes orçamentárias, orçamento anual, operações de crédito, dívida pública e emissões de curso forçado.

(C) O número total de Deputados, bem como a representação por Estado e pelo Distrito Federal, será estabelecido por lei complementar, proporcionalmente à população, procedendo-se aos ajustes necessários, no ano anterior às eleições, para que nenhuma daquelas unidades da Federação tenha menos de cinco ou mais de sessenta Deputados.

(D) A Câmara dos Deputados compõe-se de representantes do povo, eleitos, pelo sistema majoritário, em cada Estado, em cada Território e no Distrito Federal.

(E) O Senado Federal compõe-se de representantes dos Estados e do Distrito Federal, eleitos segundo o princípio majoritário.

A: incorreta, elegerão três senadores (art. 46, § 1º da CF); **B:** incorreta. Ainda que a competência seja do Congresso Nacional, dependerá de sanção do Presidente da República (art. 48, "caput" e II da CF); **C:** incorreta. Os

ajustes objetivarão que os Estados não sejam representados por menos de oito e mais de setenta deputados (art. 45, § 1º da CF); **D:** incorreta. Nosso Sistema eleitoral em vigor estabeleceu que a forma de acesso às cadeiras do Legislativo (municipal, estadual e federal), com exceção ao Senado (que terá votação majoritária), se dará por meio de votação proporcional de modo que se consiga garantir representatividade também às minorias (art. 45, "caput" da CF); **E:** correta (art. 46, "caput" da CF). **TC**
Gabarito "E".

(Investigador-Escrivão-Papiloscopista – Pará – Funcab – 2016) Sobre a competência do Congresso Nacional, Câmara dos Deputados e Senado Federal, nos termos da Constituição Federal, é correto afirmar:

(A) Compete privativamente à Câmara dos Deputados julgar anualmente as contas prestadas pelo Presidente da República e apreciar os relatórios sobre a execução dos planos de governo.

(B) Compete privativamente ao Senado Federal aprovar previamente, por voto secreto, após arguição pública, a escolha de Ministros do Tribunal de Contas da União indicados pelo Presidente da República.

(C) Compete privativamente à Câmara dos Deputados aprovar previamente, por voto secreto, após arguição em sessão secreta, a escolha dos chefes de missão diplomática de caráter permanente.

(D) Compete exclusivamente ao Congresso Nacional dispor sobre limites globais e condições para as operações de crédito externo e interno da União, dos Estados, do Distrito Federal e dos Municípios, de suas autarquias e demais entidades controladas pelo Poder Público Federal.

(E) Compete exclusivamente ao Congresso nacional autorizar, por dois terços de seus membros, a instauração de processo contra o Presidente e o Vice-Presidente da República e os Ministros de Estado.

A: incorreta. Trata-se de competência exclusiva do Congresso Nacional (art. 49, IX da CF). Sobre o tema, importante uma consideração a respeito da distinção entre competência privativa e exclusiva. A primeira, privativa, poderá ser delegada a outros poderes ou a outros agentes, a depender do caso. Por sua vez, a competência exclusive é indelegável, tendo desejado o Constituinte que apenas aquele agente ou aquele órgão tivesse competência para atuar; **B:** correta (art. 52, III, *b* da CF); **C:** incorreta. Trata-se de competência privativa do Senado Federal e não da Câmara dos Deputados (art. 52, III da CF); **D:** incorreta. Trata-se de competência privativa do Senado Federal e não do Congresso Nacional (art. 52, VII da CF); **E:** incorreta. Trata-se de competência privativa da Câmara dos Deputados e não exclusiva do Congresso Nacional (art. 51, I da CF). **TC**
Gabarito "B".

(Investigador-Escrivão-Papiloscopista – Pará – Funcab – 2016) Com relação aos Deputados Federais e Senadores, nos termos da Constituição Federal, é correto afirmar:

(A) Não perderá o mandato o Deputado ou Senador investido no cargo de Ministro de Estado, Governador de Território, Secretário de Estado, do Distrito Federal, de Território, de Prefeitura de Capital ou chefe de missão diplomática temporária.

(B) A incorporação ás Forças Armadas de Deputados e Senadores, embora militares em tempo de guerra, não dependerá de prévia licença da Casa respectiva.

(C) Os Deputados e Senadores serão obrigados a testemunhar sobre informações recebidas ou prestadas em razão do exercício do mandato, bem como sobre

as pessoas que lhes confiaram ou deles receberam informações.

(D) Perderá o mandato o Deputado ou Senador que deixar de comparecer, em cada sessão legislativa, à quarta parte das sessões ordinárias da Casa a que pertencer, salvo licença ou missão por esta autorizada.

(E) As imunidades de Deputados ou Senadores subsistirão durante o estado de sítio, só podendo ser suspensas mediante o voto de um terço dos membros da Casa respectiva, nos casos de atos praticados fora do recinto do Congresso Nacional, que sejam incompatíveis com a execução da medida.

A: correta. (art. 56, I da CF); **B:** incorreta. A incorporação dependerá de prévia licença da Casa respectiva (art. 53, § 7º da CF); **C:** incorreta. Deputados e Senadores não serão obrigados a testemunhar sobre informações recebidas ou prestadas em razão do exercício do mandato, nem sobre as pessoas que lhes confiaram ou deles receberam informações (art. 53, § 6 da CF); **D:** incorreta. Perderá o mandato os que deixarem de comparecer à terça parte das sessões ordinárias em cada sessão legislativa, e não quarta parte (art. 55, III da CF); **E:** incorreta. As imunidades só poderão ser suspensas mediante o voto de dois terços dos membros da Casa respectiva (art. 53, § 8º da CF). **TC**
Gabarito "A".

(Investigador-Escrivão-Papiloscopista – Pará – Funcab – 2016) "A emenda é a modificação de certos pontos, cuja estabilidade o legislador constituinte não considerou tão grande como outros mais valiosos, se bem que submetida a obstáculos e formalidades mais difíceis que os exigidos para alteração das leis ordinárias." (SILVA, José Afonso da, Curso de Direito Constitucional Positivo. 25. edição, São Paulo, Malheiros, 2005, p.132). Marque assertiva correta de acordo com o processo legislativo de elaboração de emenda à Constituição Federal.

(A) A Constituição não poderá ser emendada apenas na vigência de intervenção federal e de estado de defesa.

(B) A matéria constante de proposta de emenda rejeitada ou havida por prejudicada poderá ser objeto de nova proposta na mesma sessão legislativa.

(C) A Constituição poderá ser emendada mediante proposta de um terço das Assembleias Legislativas das unidades da Federação, manifestando-se, cada uma delas, pela maioria relativa de seus membros.

(D) A proposta de Emenda À Constituição será discutida e votada em cada Casa do Congresso Nacional, em dois turnos, considerando-se aprovada se obtiver, em ambos, dois quintos dos votos dos respectivos membros.

(E) Não será objeto de deliberação a proposta de emenda tendente a abolir a forma federativa de Estado.

A: incorreta. A CF também não poderá ser emendada na vigência do estado de sítio (art. 60, § 1º). Essas limitações procuram assegurar que as deliberações sobre uma reforma constitucional sejam tomadas num ambiente de liberdade, que evite as imposições da força ou de interesses unilaterais; **B:** incorreta. A matéria rejeitada somente poderá ser reapresentada na sessão legislativa seguinte (art. 60, § 5º da CF); **C:** incorreta. Quando a iniciativa for das Assembleias Legislativas dependerá da participação de mais da metade das casas, manifestando-se, cada uma delas, pela maioria relativa de seus membros (art. 60, III da CF); **D:** incorreta. O quórum de aprovação da Proposta de Emenda Constitucional é de três quintos em cada casa e em cada turno de votação (art. 60, § 2º da CF); **E:** correta. A forma federativa de Estado é uma cláusula pétrea imodificável (art. 60, § 4º, I), de modo que para

5. DIREITO CONSTITUCIONAL

que se altere tal preceito será necessário que se instale uma revolução havendo uma ruptura com o sistema constitucional vigente. **TC**
Gabarito "E".

(Agente de Polícia Civil/RO – 2014 – FUNCAB) Compete privativamente à Câmara dos Deputados:

(A) proceder à tomada de contas do Presidente da República, quando não apresentadas ao Congresso Nacional dentro de sessenta dias após a abertura da sessão legislativa.

(B) estabelecer limites globais e condições para o montante da dívida mobiliária dos Estados, do Distrito Federal e dos Municípios.

(C) suspender a execução, no todo ou em parte, de lei declarada inconstitucional por decisão definitiva do Supremo Tribunal Federal.

(D) dispor sobre limites globais e condições para as operações de crédito externo e interno da União, dos Estados, do Distrito Federal e dos Municípios, de suas autarquias e demais entidades controladas pelo Poder Público federal.

(E) dispor sobre limites e condições para a concessão de garantia da União em operações de crédito externo e interno.

A: correta, é o que determina o artigo 51, II, da Constituição Federal; **B:** errada, essa competência é privativa do Senado Federal, nos termos do artigo 52, IX, da Constituição Federal; **C:** Errada, essa competência é privativa do Senado Federal, nos termos do artigo 52, X, da Constituição Federal; **D:** errada, essa competência é privativa do Senado Federal, nos termos do artigo 52, VII, da Constituição Federal; **E:** errada, essa competência é privativa do Senado Federal, nos termos do artigo 52, VIII, da Constituição Federal.
Gabarito "A".

(Agente de Polícia/DF – 2013 – CESPE) Com referência à composição da Câmara dos Deputados e às disposições constitucionais sobre processo legislativo, julgue os itens subsequentes.

(1) Terá sempre início na Câmara dos Deputados a votação dos projetos de lei de iniciativa popular, das medidas provisórias e dos projetos de lei de iniciativa do presidente da República, do STF e dos tribunais superiores.

(2) A iniciativa popular de lei pode ser exercida tanto no que tange às leis complementares como às leis ordinárias.

1: correta, a votação dos projetos de lei de iniciativa popular (artigo 61, § 2º, da CF), das medidas provisórias (artigo 62, § 8º, da CF) e dos projetos de lei de iniciativa do Presidente da República, do STF e dos Tribunais Superiores (artigo 64 da CF), terão início, sempre na Câmara dos Deputados; **2:** correta, em consonância com o artigo 61 da Constituição Federal.
Gabarito 1C, 2C

(Escrivão de Polícia/DF – 2013 – CESPE) Julgue os itens a seguir com base nas normas constitucionais brasileiras que regulam o Poder Legislativo.

(1) Compete privativamente ao Senado Federal autorizar, por dois terços de seus membros, a instauração de processo contra o presidente e o vice-presidente da República.

(2) Como regra, as deliberações de cada casa do Congresso Nacional e de suas comissões serão tomadas

por maioria dos votos, presente a maioria absoluta de seus membros.

(3) Compete ao Congresso Nacional, com a sanção do presidente da República, dispor, entre outras matérias, sobre telecomunicações, radiodifusão, sistema tributário, arrecadação e distribuição de rendas.

1: errada, a competência para autorizar a instauração de processo contra o Presidente e o Vice-Presidente da República é da Câmara dos Deputados, conforme previsão do artigo 51, I da Constituição Federal; **2:** correto, é o que estabelece o artigo 47 da Constituição Federal; **3:** correto, é o que estabelece o artigo 48, I e XII da Constituição Federal.
Gabarito 1E, 2C, 3C

(Escrivão de Polícia/DF – 2013 – CESPE) Em relação ao controle legislativo dos atos administrativos, julgue os itens a seguir.

(1) O princípio da separação dos poderes não impede o controle judicial sobre decisão do Tribunal de Contas da União que resulte na anulação de autorização conferida ao particular pelo Poder Executivo.

(2) O Poder Legislativo exerce controle sobre os atos da administração pública, contando com vários instrumentos para desempenhar tal atividade, como, por exemplo, o julgamento pelo Tribunal de Contas da União das contas prestadas pelo presidente da República.

1: correta, o princípio da separação dos poderes não impede o controle judicial sobre as decisões do Tribunal de Contas, na hipótese de ilegalidade ou de abuso de poder, o qual envolve a verificação da efetiva ocorrência dos pressupostos de fato e direito (AI 800.892-AgR, Rel. Min. Dias Toffoli); **2:** errada, o Tribunal de Contas da União não julga as contas prestadas pelo Presidente da República, mas sim, aprecia mediante parecer prévio, conforme disposição do artigo 71, I da Constituição Federa. A competência para julgar as contas do Presidente da República, é exclusiva do Congresso (artigo 49, IX, da Constituição Federal).
Gabarito 1C, 2E

(Agente Penitenciário/MA – 2013 – FGV) Lei Complementar do Estado X, de iniciativa de um Deputado Estadual, determinou que as empresas de transporte coletivo que operam no território do Estado, devem instalar cinto de segurança para todos os passageiros nos veículos de suas frotas, estabelecendo um prazo de 180 dias para adequação à norma. A referida lei foi devidamente sancionada pelo Governador do Estado.

A lei citada no fragmento acima é inconstitucional. Assinale a alternativa que justifica sua inconstitucionalidade.

(A) Representa imposição de despesa sem a correspondente fonte de custeio.

(B) Representa invasão de competência dos Municípios.

(C) Representa invasão de competência da União.

(D) A matéria em comento é de iniciativa reservada do chefe do Poder Executivo estadual.

(E) A sanção do chefe do Poder Executivo estadual supre o vício de iniciativa, conforme atual entendimento jurisprudencial.

Tal questão já foi discutida pelo Supremo Tribunal Federal, na ADI 874, em decisão assim ementada: "*Ação direta de inconstitucionalidade. Lei 6.457/1993 do Estado da Bahia. Obrigatoriedade de instalação de cinto de segurança em veículos de transporte coletivo. Matéria relacionada a trânsito e transporte. Competência exclusiva da União (CF, art. 22, XI). Inexistência de lei complementar para autorizar os Estados a legislar sobre questão específica, nos termos do art. 22, parágrafo único, da CF." (ADI 874, Rel. Min. Gilmar Mendes, julgamento em 03.02.2011, Plenário, DJE de 28.02.2011.)".* Desta forma, há de se concluir que por ser matéria privativa da União, conforme previsão do artigo 22, XI, da Constituição Federal, a norma é formalmente inconstitucional.

Gabarito "C".

(Agente Penitenciário/MA – 2013 – FGV) As alternativas a seguir apresentam atribuições do Congresso Nacional, **à exceção de uma**. Assinale-a.

(A) Julgar anualmente as contas prestadas pelo Presidente da República.

(B) Decretar o estado de sítio.

(C) Convocar plebiscito.

(D) Resolver definitivamente sobre tratados internacionais que acarretem encargos ao patrimônio nacional.

(E) Escolher dois terços dos membros do Tribunal de Contas da União.

A: assertiva correta, é o que dispõe o artigo 49, IX, da Constituição Federal; **B:** assertiva incorreta, devendo ser assinalada. A competência para decretar o Estado de Sítio é do Presidente da República, e não do Congresso Nacional, nos termos do artigo 84, IX, da Constituição Federal; **C:** assertiva correta, é o que dispõe o Artigo 49, XV, da Constituição Federal; **D:** assertiva correta, é o que dispõe o Artigo 49, I, da Constituição Federal; **E:** assertiva correta, é o que dispõe o Artigo 49, XIII, da Constituição Federal.

Gabarito "B".

(Escrivão de Polícia/GO – 2013 – UEG) Os direitos políticos constituem garantia constitucional de atuação da soberania popular. A Constituição Federal prevê expressamente que uma das formas do exercício da soberania popular se dá pela realização direta de consulta popular, mediante plebiscitos e referendos. Salvo hipótese de previsão expressa na Constituição,

(A) cabe ao Senado Federal convocar referendo e plebiscito, ouvido o Presidente da República.

(B) compete ao Congresso Nacional, com autorização do Presidente da República, autorizar referendo e convocar plebiscito.

(C) compete privativamente ao Presidente da República autorizar referendo e convocar plebiscito.

(D) cabe privativamente ao Congresso Nacional autorizar referendo e convocar plebiscito.

A: incorreta, pois cabe exclusivamente ao Congresso Nacional autorizar referendo e convocar plebiscito. O Senado Federal não tem tais atribuições; **B:** incorreta, na exata medida que o Presidente da República não tem competência para autorizar absolutamente nada no que diz respeito a plebiscito e referendo; **C:** incorreta, pelos mesmos motivos apresentados anteriormente; **D:** correta, ainda que a banca examinadora (UEG) tenha dado o gabarito como correta a alternativa "D". Vejamos: O art. 49, XV, da CF, dispõe: "Compete EXCLUSIVAMENTE ao Congresso Nacional autorizar referendo e convocar plebiscito". O enunciado da questão indica uma competência PRIVATIVA DO CONGRESSO NACIONAL.

Gabarito "D".

(Escrivão de Polícia/MA – 2013 – FGV) Conforme dispõe a Constituição da República, é correto afirmar que

(A) os senadores, desde a expedição do diploma, não poderão ser presos, salvo nos casos de crimes inafian-

çáveis e em razão dos crimes afiançáveis praticados contra a administração pública.

(B) os deputados somente podem ser presos após autorização da maioria dos membros que compõe a câmara dos deputados.

(C) os deputados, senadores e vereadores, desde a expedição do diploma, serão submetidos a julgamento pelo Supremo Tribunal Federal.

(D) deputados e senadores, desde a expedição do diploma, não poderão ser presos, salvo em flagrante delito de crime inafiançável.

(E) o vereador não pode ser preso, conforme previsão expressa na Constituição Federal, salvo em flagrante delito por crime afiançável, praticado em qualquer local.

A: incorreta, pois na verdade desde a expedição do diploma, os membros do Congresso Nacional não poderão ser presos, salvo em flagrante de crime inafiançável. Nesse caso, os autos serão remetidos dentro de vinte e quatro horas à Casa respectiva, para que, pelo voto da maioria de seus membros resolva sobre a prisão, nos termos do art. 53, § 2º, da CF; **B:** incorreta, já que os deputados poderão ser presos em flagrante de crime inafiançável independentemente de autorização. Observe que a autorização da maioria dos membros é para resolver se a reprimenda deve ou não permanecer; **C:** incorreta, somente os Deputados e Senadores, desde a expedição do diploma, serão submetidos a julgamento perante o Supremo Tribunal Federal, nos termos do art. 53, § 1º, da CF. Os Vereadores não têm foro privilegiado; **D:** correta, literalidade do art. 53, § 2º, da CF; **E:** incorreta, pois os Vereadores não são detentores da imunidade formal, podendo ser presos por crimes afiançáveis, inafiançáveis, em flagrante ou não (neste caso ordem escrita de autoridade judiciária).

Gabarito "D".

11. PODER EXECUTIVO

(Escrivão – PC/ES – Instituto AOCP – 2019) Com base no que dispõe a Constituição da República Federativa do Brasil quanto ao Poder Executivo, assinale a alternativa correta.

(A) A chefia de Estado e a chefia de Governo são exercidas pelo Presidente da República com o auxílio dos Ministros de Estado.

(B) Ocorrendo a vacância dos cargos de Presidente e Vice-Presidente da República, nos dois primeiros anos do período presidencial, serão realizadas novas eleições indiretamente, em sessão do Congresso Nacional.

(C) Somente brasileiros natos, maiores de trinta anos, poderão exercer a função de Ministro de Estado.

(D) Compete privativamente ao Vice-Presidente da República vetar projetos de lei, total ou parcialmente.

(E) O Presidente da República é membro do Conselho da República.

A: correta, pois o Poder Executivo é exercido pelo Presidente da República, que concentra as funções de chefe de governo e de chefe de Estado (presidencialismo), sendo auxiliado pelos Ministros de Estado (art. 76 da CF); **B:** incorreta, porque, ocorrendo a vacância dos cargos de Presidente e Vice-Presidente da República, nos dois primeiros anos do período presidencial, serão realizadas novas **eleições diretas**, noventa dias depois de aberta a última vaga (art. 81, *caput*, da CF); **C:** incorreta, pois os Ministros de Estado serão escolhidos dentre brasileiros maiores de **vinte e um anos** e no exercício dos direitos políticos (art. 87, *caput*, da CF), sendo privativo de brasileiro nato apenas o cargo de Ministro de Estado da Defesa (art. 12, § 3º, VII, da CF); **D:** incorreta, uma vez que compete privativamente ao **Presidente da República** vetar projetos de lei, total ou parcialmente (art. 84, V, da CF); **E:** incorreta, pois

5. DIREITO CONSTITUCIONAL

o Presidente da República **não** é membro do Conselho da República. O Conselho da República é órgão superior de consulta do Presidente da República, e dele participam: o Vice-Presidente da República; o Presidente da Câmara dos Deputados; o Presidente do Senado Federal; os líderes da maioria e da minoria na Câmara dos Deputados e no Senado Federal; o Ministro da Justiça; seis cidadãos brasileiros natos, com mais de trinta e cinco anos de idade, sendo dois nomeados pelo Presidente da República, dois eleitos pelo Senado Federal e dois eleitos pela Câmara dos Deputados (art. 89 da CF). AN

Gabarito "A".

(Investigador – PC/ES – Instituto AOCP – 2019) De acordo com a Constituição Federal, assinale a alternativa que NÃO corresponda a uma atribuição privativa do Presidente da República.

(A) Sancionar, promulgar e fazer publicar as leis, bem como expedir decretos e regulamentos para sua fiel execução.

(B) Vetar projetos de lei, total ou parcialmente.

(C) Dispor, mediante decreto, sobre extinção de funções ou cargos públicos, quando vagos.

(D) Exercer o comando supremo das Forças Armadas, nomear os Comandantes da Marinha, do Exército e da Aeronáutica, promover seus oficiais-generais e nomeá-los para os cargos que lhes são privativos.

(E) Autorizar operações externas de natureza financeira de interesse da União.

A, B, C e D: incorretas, pois são competências privativas do Presidente da República (art. 84, IV, V, VI, "b", e XIII, da CF); **E:** correta, pois é competência privativa do **Senado Federal** autorizar operações externas de natureza financeira, de interesse da União, dos Estados, do Distrito Federal, dos Territórios e dos Municípios (art. 52, V, da CF). AN

Gabarito "E".

(Escrivão – PC/MG – FUMARC – 2018) Sobre os atos atentatórios que configuram crimes de responsabilidade do Presidente da República, considere as afirmativas a seguir.

I. Que descumpram decisões judiciais.
II. Que impeçam o exercício dos direitos sociais.
III. Que se oponham à existência da União.
IV. Que contrariem os interesses do mercado financeiro.
Assinale a alternativa correta.

(A) Somente as afirmativas I e II são corretas.

(B) Somente as afirmativas I e IV são corretas.

(C) Somente as afirmativas III e IV são corretas.

(D) Somente as afirmativas I, II e III são corretas.

(E) Somente as afirmativas II, III e IV são corretas.

Segundo o art. 85 da CF, são crimes de responsabilidade os atos do Presidente da República que atentem contra a Constituição Federal e, especialmente, contra: a existência da União; o livre exercício do Poder Legislativo, do Poder Judiciário, do Ministério Público e dos Poderes constitucionais das unidades da Federação; o exercício dos direitos políticos, individuais e sociais; a segurança interna do país; a probidade na administração; a lei orçamentária; e o cumprimento das leis e das decisões judiciais. AN

Gabarito "D".

(Agente – Pernambuco – CESPE – 2016) Assinale a opção correta no que se refere às responsabilidades do presidente da República estabelecidas na CF.

(A) Acusado da prática de crime comum estranho ao exercício de suas funções, cometido na vigência do mandato, o presidente da República será julgado pelo Supremo Tribunal Federal (STF) após deixar a função.

(B) O afastamento do presidente da República cessará se, decorrido o prazo de cento e oitenta dias, o Senado Federal não tiver concluído o julgamento do processo pela prática de crime de responsabilidade aberto contra ele; nesse caso, o processo será arquivado.

(C) A única possibilidade de responsabilização do presidente da República investido em suas funções se refere ao cometimento de infração político-administrativa, não respondendo o chefe do Poder Executivo por infração penal comum na vigência do mandato.

(D) O presidente da República dispõe de imunidade material, sendo inviolável por suas palavras e opiniões no estrito exercício das funções presidenciais.

(E) A decisão do Senado Federal que absolve ou condena o presidente da República em processo pela prática de crime de responsabilidade não pode ser reformada pelo Poder Judiciário.

A: incorreta. O crime comum cometido pelo Presidente, na vigência do mandato, será julgado pelo Supremo Tribunal Federal, mediante autorização da Câmara dos Deputados (quórum de dois terços dos membros), nos termos do art. 86 "caput" da CF; **B:** incorreta. O exaurimento do prazo previsto na Constituição (180 dias) apenas garante ao Presidente afastado a possibilidade de retomar o exercício de suas funções, não havendo prejuízo no prosseguimento da análise e julgamento da denúncia pelo Supremo Tribunal Federal, assim como estabelecido no art. 86, § 2º da CF; **C:** incorreta. O chefe do Executivo poderá responder por infração penal comum na vigência do mandato, desde que haja autorização de dois terços dos membros da Câmara dos Deputados e julgamento do Supremo Tribunal Federal; **D:** incorreta. O Presidente da República **não dispõe de inviolabilidade material**, prerrogativa que **só foi assegurada aos membros do Poder Legislativo**. Assim, o Presidente da República não é inviolável por suas palavras e opiniões, ainda que no estrito exercício de suas funções presidenciais; **E:** correta, nos termos do art. 52 da CF. TC

Gabarito "E".

(Agente-Escrivão – Acre – IBADE – 2017) A quem compete julgar os crimes de responsabilidade cometidos pelo Advogado-Geral da União?

(A) Câmara dos Deputados

(B) Senado Federal

(C) Tribunal Regional Federal

(D) Superior Tribunal de Justiça

(E) Supremo Tribunal Federal

Caberá ao Senado Federal, nos termos do art. 52, II da CF. TC

Gabarito "B".

(Escrivão – Pernambuco – CESPE – 2016) No regime presidencialista brasileiro, o presidente da República é o chefe de Estado e de governo da República Federativa do Brasil. As competências constitucionais do presidente da República incluem

(A) editar decretos autônomos, nas hipóteses previstas na CF, atribuição que pode ser delegada ao advogado-geral da União.

(B) nomear, após aprovação pelo Senado Federal, o advogado-geral da União.

(C) celebrar tratados, convenções e atos internacionais, independentemente de aprovação do Congresso Nacional.

(D) dar, de forma privativa, início ao processo legislativo de leis que disponham sobre criação de todo cargo, emprego e função dos Poderes da República.

(E) expedir decretos orçamentários que inovem a ordem jurídica.

A: correta. Trata-se de competência constitucionalmente prevista na Constituição garantida ao Presidente da República, nos termos do art. 84, VI e parágrafo Único da CF; **B:** incorreta. A nomeação do advogado-geral da União independe de aprovação pelo Senado Federal, nos termos do art. 84, XVI da CF; **C:** incorreta, a celebração de tratados, convenções e atos internacionais, ainda que privativos ao Presidente da República estarão sujeitos à referendo do Congresso Nacional; **D:** incorreta. A iniciativa de leis que disponham sobre cargos, emprego e função limita-se ao referente à administração direta e autárquica e não de todos os postos de trabalho dos Poderes da República (art. 61, § 1º, II, *a* da CF); **E:** incorreta. O decreto orçamentário não poderá inovar a ordem jurídica. Gabarito "A".

(Escrivão – AESP/CE – VUNESP – 2017) A respeito das normas constitucionais que tratam da responsabilidade do Presidente da República, é correto afirmar que este

(A) será processado e julgado pelo Supremo Tribunal Federal nos crimes de responsabilidade.

(B) não pode ser responsabilizado, na vigência de seu mandato, por atos pertinentes ao exercício de suas funções como Chefe do Poder Executivo.

(C) ficará suspenso de suas funções nas infrações penais comuns, se recebida a denúncia ou queixa-crime pelo Supremo Tribunal Federal.

(D) será submetido a julgamento perante o Senado Federal nos crimes comuns.

(E) terá sua acusação por crime de responsabilidade admitida pelo Senado Federal.

A: incorreta. O Presidente da República será processado e julgado pelo Senado Federal nos crimes de Responsabilidade (art. 52, I da CF); **B:** incorreta. O Presidente da República somente não poderá ser responsabilizado, na vigência de seu mandato, por atos estranhos ao exercício de suas funções (art. 86, § 4º da CF); **C:** correta, nos termos do art. 86, § 1º, I da CF; **D:** incorreta. Nos crimes comuns ele será julgado pelo Supremo Tribunal Federal em razão do foro por prerrogativa de função (art. 102, I); **E:** incorreta. A admissão do crime de responsabilidade será aceita pela Câmara dos Deputados (dois terços) e não pelo Senado Federal. Ao Senado caberá o julgamento (art. 86). Gabarito "C".

(Agente de Polícia/DF – 2013 – CESPE) Considerando as atribuições e a responsabilidade do presidente da República, julgue os próximos itens.

(1) O presidente da República só pode ser submetido a julgamento pelo Supremo Tribunal Federal (STF), nas infrações penais comuns, ou pelo Senado Federal, nos crimes de responsabilidade, depois de admitida a acusação por dois terços dos membros da Câmara dos Deputados.

(2) Compete ao presidente da República, em caráter privativo, prover os cargos públicos federais, na forma da lei, podendo essa atribuição ser delegada aos ministros de Estado, ao procurador-geral da República ou ao advogado-geral da União, os quais deverão observar os limites traçados nas respectivas delegações.

1: correta, é o que prevê o artigo 86 caput da Constituição Federal; **2:** correta, é o que prevê o artigo 84, XXV, e parágrafo único da Constituição Federal. Gabarito 1C, 2C.

(Escrivão de Polícia/DF – 2013 – CESPE) Considerando o disposto na CF acerca do Poder Executivo, julgue os próximos itens.

(1) Caso cometa infrações comuns, o presidente da República não estará sujeito a prisão enquanto não sobrevier sentença condenatória.

(2) Se cometer crime eleitoral, o presidente da República será suspenso de suas funções até o julgamento final do respectivo processo. Nesse caso, a denúncia do fato ao Tribunal Superior Eleitoral e o seu acolhimento por esse tribunal serão requisitos legais para a instauração do processo.

(3) Compete privativamente ao presidente da República vetar, total ou parcialmente, emendas constitucionais.

1: correta, nos termos do artigo 86 § 3º, da Constituição Federal; **2:** errado, o Presidente da República só será suspenso de suas funções (i) nas infrações penais comuns, se recebida a denúncia ou a queixa-crime pelo STF ou (ii) nos crimes de responsabilidade, após a instauração do Processo pelo Senado Federal, nos termos do artigo 86 § 1º, da CF; **3:** errado, a competência privativa do Presidente da República de veto total ou parcial, refere-se à projetos de lei, nos termos do artigo 84, V, da Constituição Federal. Gabarito 1C, 2E, 3E.

(Agente de Polícia Federal – 2012 – CESPE) Acerca das atribuições do presidente da República, julgue o próximo item.

(1) Como são irrenunciáveis, todas as atribuições privativas do presidente da República previstas no texto constitucional não podem ser delegadas a outrem.

1: incorreta, pois como regra geral, as competências reservadas ao Presidente da República com base no art. 84 da CF são indelegáveis. Configuram atribuições de exercício privativo do chefe do Poder Executivo. No entanto, o parágrafo único do art. 84 admite, em caráter excepcional, que algumas dessas competências podem constituir objeto de delegação presidencial. Expressamente é conferido ao Presidente da República o poder de delegar o exercício de encargos e prerrogativas que lhe foram constitucionalmente atribuídos. Não é, porém, qualquer autoridade que detém legitimidade para receber delegação e desempenhar tais funções. O texto constitucional define com destinatários apenas os Ministros de Estado, o Procurador-Geral da República e o Advogado-Geral da União. As competências que se sujeitam a esse regime são poucas. Somente podem ser delegadas atribuições para (a) conceder indulto e comutar apenas (art. 84, XII, da CF); (b) prover cargos públicos federais (art. 84, XXV, primeira parte, da CF) e; (c) dispor, mediante ato normativo autônomo, sobre organização e funcionamento da administração federal, bem assim a extinção de funções e cargos públicos quando vagos (art. 84, VI, da CF). O ato de delegação dispensa fundamento em texto de lei. Constitui medida sujeita à esfera de discricionariedade do Presidente da República, a quem cabe, observados os parâmetros constantes do parágrafo único do art. 84, estabelecer condições e limites ao exercício da atribuição delegada. Gabarito 1E.

(Escrivão de Polícia/GO – 2013 – UEG) A noção de responsabilidade da autoridade pública se constrói historicamente, indo da irresponsabilidade total à regulamentação específica, com atribuições de responsabilidades com caráter constitucional. A Constituição Federal Brasileira prevê normas especiais para responsabilização do Presidente da

República, garantindo-lhe imunidades formais. Em razão dessas normas, o Presidente da República

(A) poderá ser processado por crime comum ou de responsabilidade após juízo de admissibilidade do Congresso Nacional.

(B) poderá ser processado por crime comum ou de responsabilidade após juízo de admissibilidade da Câmara dos Deputados.

(C) não poderá ser processado por crime de responsabilidade no exercício de sua função.

(D) não poderá ser processado por crime comum no exercício de sua função.

A: incorreta, pois admitida a acusação contra o Presidente da República, por dois terços (2/3) da Câmara dos Deputados, será ele submetido a julgamento perante o Supremo Tribunal Federal, nas infrações penais comuns (art. 102, I, *b*, da CF), ou perante o Senado Federal, nos crimes de responsabilidade (art. 52, I, da CF), nos termos do art. 86 da CF; **B:** correta, literalidade do art. 86 da CF; **C:** incorreta, pois o comando do § 4º do art. 86 da CF, veda a responsabilização do Presidente da República, durante a vigência do seu mandato, por atos estranhos ao exercício de suas funções, ou seja, crimes de responsabilidade não entram na regra. Os termos do enunciado normativo permitem cogitar – cumpre reconhecer – de imunidade material, instituindo hipótese em que os atos estranhos ao cargo praticados durante o mandato não gerariam responsabilidade ao Presidente da República, mesmo depois de cessada sua investidura. Em outras palavras, não seria cabível responsabilizar o chefe do Poder Executivo pelas infrações e ilicitudes por ele cometidas quando não guardassem relação como o exercício da função. No entanto, não é essa a via interpretativa mais adequada ao caso. A Imunidade não recai, *in casu*, sobre as condutas, "na vigência de seu mandato" apenas impede que o Presidente da República seja demandado judicialmente durante o período em que permanecer no cargo. Após o término do mandato, contudo, passa a ser cabível sua responsabilização por tais atos, pois deixa de incidir o óbice constitucional. Significa dizer, portanto, que o § 4º do art. 86 institui hipótese de imunidade processual, que veda, enquanto transcorrer o mandato, a tramitação de ação judicial voltada a decretar a responsabilidade do Presidente da República por atos que não guardem vinculação com as funções inerentes ao cargo. De outra parte, a exemplo do disposto no § 3º do art. 86 da CF, a excepcionalidade da prerrogativa sugere interpretação restritiva no sentido de alcançar somente a responsabilidade pela prática de infrações penais. Desse modo, não parece descabido especular sobre a inaplicabilidade do § 4º do art. 86 em relação a ilícitos civis e administrativos; **D:** incorreta, pelos motivos exaustivamente apresentados na questão anterior.
Gabarito "B".

12. PODER JUDICIÁRIO

(Escrivão – PC/GO – AOCP – 2023) Considerando o que dispõe a Constituição Federal acerca do poder judiciário, informe se é verdadeiro (V) ou falso (F) o que se afirma a seguir e assinale a alternativa com a sequência correta.

( ) O Conselho Nacional de Justiça compõe-se de 15 (quinze) membros, dentre eles um juiz estadual, indicado pelo Superior Tribunal de Justiça.

( ) O ato de remoção ou de disponibilidade do magistrado, por interesse público, fundar-se-á em decisão por voto da maioria absoluta do respectivo tribunal ou do Conselho Nacional de Justiça, assegurada ampla defesa.

( ) O acesso aos tribunais de segundo grau far-se-á por antiguidade e merecimento, alternadamente, apurados

na última ou única entrância.

( ) Aos juízes é vedado exercer a advocacia no juízo ou tribunal do qual se afastou, antes de decorridos cinco anos do afastamento do cargo por aposentadoria ou exoneração.

(A) V – F – F – F.

(B) V – V – V – F.

(C) F – F – F – V.

(D) F – V – V – F.

(E) V – F – V – V.

A alternativa D é a correta. O Conselho Nacional de Justiça compõe-se de 15 (quinze) membros, dentre eles um juiz estadual, indicado pelo *Supremo Tribunal Federal* (CF, art. 103-B, V). O ato de remoção ou de disponibilidade do magistrado, por interesse público, fundar-se-á em decisão por voto da maioria absoluta do respectivo tribunal ou do Conselho Nacional de Justiça, assegurada ampla defesa (CF, art. 93, VIII). O acesso aos tribunais de segundo grau far-se-á por antiguidade e merecimento, alternadamente, apurados na última ou única entrância (CF, art. 93, III). Aos juízes é vedado exercer a advocacia no juízo ou tribunal do qual se afastou, antes de decorridos *três* anos do afastamento do cargo por aposentadoria ou exoneração (CF, art. 95, parágrafo único, V). **AMN**
Gabarito "D".

(Escrivão – PC/ES – Instituto AOCP – 2019) Quanto ao Poder Judiciário, a Constituição da República Federativa do Brasil prevê que

(A) ao Poder Judiciário é assegurada autonomia administrativa, porém não é assegurada autonomia financeira.

(B) o Estatuto da Magistratura trata-se de Lei Ordinária de iniciativa do Supremo Tribunal Federal.

(C) são, dentre outros, órgãos do Poder Judiciário: o Conselho Nacional de Justiça, o Superior Tribunal de Justiça, o Tribunal Superior do Trabalho, os Tribunais e Juízes Eleitorais; os Tribunais e Juízes Militares.

(D) o quinto constitucional é a norma que prevê que um quinto dos Tribunais Regionais Federais, dos Tribunais dos Estados, Distrito Federal e Territórios será composto por membros oriundos do Poder Executivo.

(E) o Supremo Tribunal Federal é composto por onze Ministros nomeados pelo Presidente da República, depois de aprovada a escolha pela Câmara de Deputados.

A: incorreta, porque ao Poder Judiciário é assegurada autonomia administrativa e financeira (art. 99, *caput*, da CF); **B:** incorreta, pois o Estatuto da Magistratura é disposto em **lei complementar** de iniciativa do Supremo Tribunal Federal (art. 93, *caput*, da CF); **C:** correta, conforme o art. 92 da CF; **D:** incorreta, pois o quinto constitucional é a norma que prevê que um quinto dos lugares dos Tribunais Regionais Federais, dos Tribunais dos Estados e do Distrito Federal e Territórios será composto de membros do Ministério Público, com mais de dez anos de carreira, e de advogados de notório saber jurídico e de reputação ilibada, com mais de dez anos de efetiva atividade profissional, indicados em lista sêxtupla pelos órgãos de representação das respectivas classes (art. 94 da CF); **E:** incorreta, visto que o Supremo Tribunal Federal é composto por onze Ministros nomeados pelo Presidente da República, depois de aprovada a escolha pela maioria absoluta do **Senado Federal** (art. 101 da CF). **AN**
Gabarito "C".

(Investigador – PC/ES – Instituto AOCP – 2019) Assinale a alternativa correta de acordo com o que dispõe a Constituição federal acerca do Poder Judiciário.

(A) Lei complementar, de iniciativa do Congresso Nacional, disporá sobre o Estatuto da Magistratura.

(B) A Justiça Militar não está vinculada ao Poder Judiciário.

(C) São irrecorríveis as decisões do Tribunal Superior Eleitoral, salvo as que contrariarem a Constituição Federal e as denegatórias de habeas corpus ou mandado de segurança.

(D) É obrigatória a promoção do juiz que figure por três vezes alternadas em lista de merecimento.

(E) Ao juiz titular, não é obrigatório residir na respectiva comarca, salvo por determinação do tribunal.

A: incorreta, pois lei complementar, de iniciativa do Supremo Tribunal Federal, disporá sobre o Estatuto da Magistratura (art. 93, *caput*, da CF); **B:** incorreta, pois a Justiça Militar está vinculada ao Poder Judiciário (art. 92, VI, da CF); **C:** correta, nos termos do art. 121, § 3º, da CF; **D:** incorreta, pois é obrigatória a promoção do juiz que figure por três vezes consecutivas ou cinco alternadas em lista de merecimento (art. 93, II, "a", da CF); **E:** incorreta, já que o juiz titular residirá na respectiva comarca, salvo autorização do tribunal (art. 93, VII, da CF). **AN**

Gabarito "C".

(Agente-Escrivão – Acre – IBADE – 2017) Sobre o Poder Judiciário, assinale a alternativa correta.

(A) Compete ao Superior Tribunal de Justiça processar e julgar originariamente nos crimes comuns os Ministros de Estado.

(B) A vitaliciedade, nos Tribunais, será adquirida após dois anos de efetivo exercício da atividade.

(C) O magistrado pode ser removido por interesse público, mediante decisão da maioria simples dos membros do tribunal ao qual ele está alocado.

(D) O Conselho Nacional de Justiça não é órgão do Poder Judiciário, pois exerce controle externo sobre ele.

(E) Os ministros do STF podem perder o cargo em condenação por crime de responsabilidade no Senado.

A: incorreta, pois compete ao Supremo Tribunal Federal processar e julgar originariamente, nas infrações penais comuns e nos crimes de responsabilidade, os Ministros de Estado (art. 102, I, "c", da CF); **B:** incorreta, porque a vitaliciedade, nos Tribunais, será adquirida a partir da posse, ao passo que, no primeiro grau, só será adquirida após dois anos de exercício (art. 95, I, da CF c/c art. 22, I e II, da LC 35/1979 – Lei Orgânica da Magistratura Nacional); **C:** incorreta, pois o ato de remoção por interesse público fundar-se-á em decisão por voto da maioria absoluta do respectivo tribunal ou do Conselho Nacional de Justiça (art. 93, VIII, da CF); **D:** incorreta, visto que o Conselho Nacional de Justiça foi elencado, no texto constitucional, como um dos órgãos do Poder Judiciário (art. 92, I-A, da CF); **E:** correta, nos termos do art. 52, II, da CF. **TC/AN**

Gabarito "E".

(Escrivão – AESP/CE – VUNESP – 2017) Os juízes gozam, entre outras, da seguinte garantia constitucional:

(A) auxílio moradia.

(B) inamovibilidade.

(C) moralidade.

(D) aposentadoria especial.

(E) estabilidade.

Os juízes gozam das seguintes garantias: vitaliciedade, inamovibilidade e irredutibilidade de subsídio, nos termos do art.95 e incisos. **TC**

Gabarito "B".

(Agente-Escrivão – PC/GO – CESPE – 2016) Assinale a opção correta a respeito de súmula vinculante.

(A) Durante o processo de aprovação de súmula vinculante, os processos judiciais em curso que tratem da matéria objeto do enunciado serão suspensos em observância à segurança jurídica.

(B) A edição de súmula vinculante é matéria de competência absoluta e exclusiva do Supremo Tribunal Federal, sendo vedada a intervenção típica ou atípica de quaisquer terceiros.

(C) A súmula vinculante produz efeitos imediatos a partir de sua edição, não admitindo a modulação que pode ter lugar em determinadas hipóteses de controle concentrado.

(D) A edição de uma súmula vinculante pelo Supremo Tribunal Federal não impede que o Congresso Nacional possa alterar ou revogar dispositivo constitucional objeto do enunciado dessa súmula.

(E) Súmula vinculante vincula o próprio Supremo Tribunal Federal, que haverá de necessariamente ater-se ao comando nela contido.

A: incorreta. O art. 6º da Lei 11.417/2006 estabelece que durante o processo de edição, revisão ou cancelamento de enunciado de Súmula Vinculante será vedada a suspensão de processos em que se discuta a mesma questão; **B:** incorreta. O art. 3º da Lei 11.417/2006 estabelece um rol de legitimados a propor a edição, revisão ou cancelamento de enunciado de Súmula Vinculante, de modo que a afirmação de que seria vedada a interferência de terceiros não merece prosperar; **C:** incorreta. A Súmula Vinculante, ainda que tenha eficácia imediata, poderá modular seus efeitos por decisão de 2/3 dos membros do STF (art. 4 da Lei 11.417/2006); **D:** correta. O Legislativo não terá tolhida sua atribuição de produção de normas. Nesse sentido a própria Lei 11.417/2006 admite que (art. 5º) revogada ou modificada a lei em que se fundou a edição do enunciado de Súmula Vinculante, o STF de ofício ou por provocação, procederá à sua revisão ou cancelamento; **E:** incorreta. O STF (colegiado) não está vinculado ao teor das Súmulas Vinculantes por ele mesmo editadas, de modo que, a depender da realidade social e da composição da corte, poderá mudar a compreensão sobre determinado assunto e modificá-la, ou mesmo cancelá-la (desde que por decisão tomada por 2/3 dos membros do STF – art. 2, § 3º da Lei 11.417/2006). Isso não se confunde com a obrigatoriedade dos Ministros, individualmente, respeitarem os termos do enunciado enquanto ele estiver vigente. **TC**

Gabarito "D".

(Escrivão – Pernambuco – CESPE – 2016) Acerca do Poder Judiciário e das competências de seus órgãos, assinale a opção correta.

(A) Compete aos juízes de direito do juízo militar processar e julgar, singularmente, os crimes militares cometidos contra civis.

(B) A disputa sobre direitos indígenas será processada e julgada perante a justiça estadual.

(C) Os crimes contra a organização do trabalho serão processados e julgados perante a justiça do trabalho.

(D) Não é necessário que decisões administrativas dos tribunais do Poder Judiciário sejam motivadas.

(E) Compete ao Conselho Nacional de Justiça apreciar, de ofício, a legalidade dos atos administrativos praticados por servidores do Poder Judiciário.

A: correta, nos termos do art. 125, § 5° da CF; **B:** incorreta. Compete à Justiça Federal (art. 109, XI da CF); **C:** incorreta. Compete à Justiça Federal (art. 109, VI da CF); **D:** incorreta. As decisões administrativas dos tribunais do Poder Judiciário não apenas deverão ser motivadas como tomadas em sessão pública (art. 93, X da CF); **E:** incorreta. A competência do Conselho Nacional de Justiça para apreciar os atos administrativos praticados por servidores do Judiciário poderá ser de ofício ou mediante provocação (art. 103-B, § 4°, II da CF). **TC**
Gabarito "A".

(Agente de Polícia Civil/RO – 2014 – FUNCAB) A quem compete processar e julgar os crimes contra a organização do trabalho e, nos casos determinados por lei, contra o sistema financeiro e a ordem econômico-financeira?

(A) Juiz de direito

(B) Juiz leigo

(C) Juiz militar

(D) Juiz federal

(E) Superior Tribunal de Justiça

Esta competência é destinada aos juízes federais, nos termos do artigo 109, VI, da Constituição Federal.
Gabarito "D".

(Agente de Polícia/DF – 2013 – CESPE) Relativamente ao Poder Judiciário e ao Ministério Público (MP), julgue os itens seguintes.

(1) O MP dispõe de autonomia funcional e administrativa, podendo propor ao Poder Legislativo a criação e extinção de seus cargos e serviços auxiliares, a política remuneratória e os planos de carreira que lhe sejam afetos, observados os condicionantes previstos na lei orçamentária e na lei de diretrizes orçamentárias.

(2) O ingresso na carreira da magistratura ocorre mediante concurso público de provas, com a participação da Ordem dos Advogados do Brasil em todas as fases, exigindo-se do bacharel em direito, no mínimo, três anos de atividade advocatícia.

1: correta, é o que dispõe o artigo 127, § 2°, da Constituição Federal; **2:** errada, a assertiva está incompleta. O ingresso na carreira da magistratura ocorre mediante concurso público de provas, mas também de títulos. É o que dispõe o artigo 93, I, da Constituição Federal.
Gabarito 1C, 2E

(Escrivão de Polícia/DF – 2013 – CESPE) No que diz respeito ao Poder Judiciário, julgue os itens subsecutivos.

(1) O juiz não poderá exercer a advocacia no juízo ou tribunal do qual se afastou, antes de decorridos três anos do afastamento do cargo por aposentadoria ou exoneração.

(2) O Conselho Nacional de Justiça será presidido pelo presidente do Supremo Tribunal Federal, e, nas suas ausências e impedimentos, pelo vice-presidente desse tribunal.

1: correta, nos termos do artigo 95, parágrafo único, V, da Constituição Federal; **2:** correta, nos termos do artigo 103-B, § 1°, da Constituição Federal.
Gabarito 1C, 2C

(Escrivão de Polícia/GO – 2013 – UEG) Em razão das características da atuação do Poder Judiciário, são-lhe conferidas garantias institucionais e aos seus membros. Tais garantias são apontadas como imprescindíveis ao exercício da democracia, à separação de poderes e ao respeito dos direitos fundamentais. As garantias institucionais são as

(A) que garantem a liberdade e a imparcialidade do juiz, compreendendo a irredutibilidade de subsídios.

(B) conferidas ao poder judiciário para a sua independência, garantindo a inamovibilidade e a vitalicidade dos juízes.

(C) que garantem a independência do poder judiciário, compreendendo a autonomia funcional, administrativa e financeira.

(D) conferidas aos magistrados, como vitalicidade e inamovibilidade, para lhes assegurar a atividade judicante.

A: incorreta, pois ao Poder Judiciário é assegurado autonomia administrativa e financeira e os juízes gozam das seguintes garantias: vitaliciedade, inamovibilidade e irredutibilidade de subsídio, nos termos do art. 95, I, II e III, da CF. Devemos ratificar a ideia de que as garantias institucionais (autonomia administrativa e financeira) do Poder Judiciário não se confundem com as garantias de seus membros; **B:** incorreta, pelos mesmos motivos apresentados; **C:** correta, réplica do art. 99 da CF; **D:** incorreta, pelos mesmos argumentos apresentados nas alternativas anteriores.
Gabarito "C".

13. FUNÇÕES ESSENCIAIS À JUSTIÇA

(Escrivão – PC/ES – Instituto AOCP – 2019) Segundo a Constituição da República Federativa do Brasil, são Funções Essenciais à Justiça, EXCETO

(A) o Ministério Público.

(B) a Advocacia Pública.

(C) a Advocacia.

(D) a Defensoria Pública.

(E) o Tribunal de Contas da União.

De acordo com o art. 71 da CF, o Tribunal de Contas da União é um órgão independente e autônomo, que auxilia o Congresso Nacional (Poder Legislativo) no exercício do controle externo, não sendo, portanto, função essencial à Justiça. **AN**
Gabarito "E".

(Investigador – PC/ES – Instituto AOCP – 2019) De acordo com o texto constitucional, assinale a alternativa correta acerca das Funções Essenciais à Justiça.

(A) O Ministério Público da União compreende apenas o Ministério Público Federal e o Ministério Público do Trabalho.

(B) A destituição do Procurador-Geral da República, por iniciativa do Presidente da República, deverá ser precedida de autorização da maioria absoluta do Senado Federal.

(C) São princípios institucionais da Defensoria Pública a pluralidade, a divisibilidade e a independência funcional.

(D) A Advocacia-Geral da União tem por chefe o Advogado-Geral da União, de livre nomeação pelo Presidente da República dentre cidadãos maiores de trinta anos, de notável saber jurídico e reputação ilibada.

(E) É vedado, aos membros do Ministério Público, exercer a advocacia e qualquer outra função pública, inclusive de magistério.

A: incorreta, pois o Ministério Público da União compreende o Ministério Público Federal, o Ministério Público do Trabalho, o Ministério Público Militar, o Ministério Público do Distrito Federal e Territórios (art. 128, I, da CF); **B:** correta, nos termos do art. 128, § 2º, da CF; **C:** incorreta, porque são princípios institucionais da Defensoria Pública a unidade, a indivisibilidade e a independência funcional (art. 134, § 4º, da CF); **D:** incorreta, pois a Advocacia-Geral da União tem por chefe o Advogado-Geral da União, de livre nomeação pelo Presidente da República dentre cidadãos maiores de **trinta e cinco anos**, de notável saber jurídico e reputação ilibada (art. 131, § 1º, da CF); **E:** incorreta, pois é vedado aos membros do Ministério Público exercer a advocacia e qualquer outra função pública, salvo uma de magistério (art. 128, § 5º, II, "b" e "d", da CF). AN

Gabarito "B".

(Delegado – PC/RS – FUNDATEC – 2018) Em relação às funções essenciais à justiça e os desdobramentos relacionados a elas, assinale a alternativa correta.

(A) O fato que constitui objeto da representação oferecida pelo ofendido (ou, quando for o caso, por seu representante legal) não traduz limitação material ao poder persecutório do Ministério Público, que poderá, agindo ultra vires, proceder a uma devida ampliação objetiva da delatio criminis postulatória, para, desse modo, incluir, na denúncia, outros delitos cuja perseguibilidade, embora dependente de representação, não foi nesta requerida por aquele que a formulou.

(B) A CF dotou o Ministério Público do poder de requisitar diligências investigatórias e a instauração de inquérito policial (CF, Art. 129, VIII), todavia, a norma constitucional não contemplou a possibilidade de o Parquet realizar e presidir inquérito policial. Noutro giro, segundo a jurisprudência da maior instância do poder judiciário, cabe aos membros do Parquet inquirir diretamente pessoas suspeitas de autoria de crime, dispensando a requisição da diligência nesse sentido à autoridade policial.

(C) É atribuição do Ministério Público estadual analisar inquérito por crime contra a ordem econômica e emitir a respeito opinio delicti, promovendo, ou não, ação penal, se não há violação a bens, interesses ou serviços da União.

(D) O advogado é indispensável à administração da justiça, sendo inviolável por seus atos e manifestações no exercício da profissão, nos limites da lei. Sendo assim, sua presença não pode ser dispensada em atos jurisdicionais, a exceção das causas de competência dos Juizados Especiais Cíveis e Criminais.

(E) A Defensoria Pública é instituição permanente, essencial à função jurisdicional do Estado, incumbindo-lhe, como expressão e instrumento do regime democrático, fundamentalmente, a orientação jurídica, a promoção dos direitos humanos e a defesa, em todos os graus, judicial e extrajudicial, dos direitos individuais e coletivos, de forma integral e gratuita, aos necessitados, na forma do inciso LXXIV do Art. 5º desta Constituição Federal. No entanto, o seu enfraquecimento se deu com a desconstitucionalização da autonomia funcional e administrativa.

A: incorreta. De acordo com a jurisprudência do STF, "*o fato que constitui objeto da representação oferecida pelo ofendido (ou, quando for o caso, por seu representante legal) traduz limitação material ao poder persecutório do Ministério Público, que não poderá, agindo ultra vires, proceder*

a uma indevida ampliação objetiva da delatio criminis postulatória, para, desse modo, incluir, na denúncia, outros delitos cuja perseguibilidade, embora dependente de representação, não foi nesta pleiteada por aquele que a formulou. Precedentes. A existência de divórcio ideológico resultante da inobservância, pelo Ministério Público, da necessária correlação entre os termos da representação e o fato dela objeto, de um lado, e o conteúdo ampliado da denúncia oferecida pelo órgão da acusação estatal, de outro, constitui desrespeito aos limites previamente delineados pelo autor da delação postulatória e representa fator de deslegitimação da atuação processual do Parquet. Hipótese em que o Ministério Público ofereceu denúncia por suposta prática dos crimes de calúnia, difamação e injúria, não obstante pleiteada, unicamente, pelo magistrado autor da delação postulatória (representação), instauração de persecutio criminis pelo delito de injúria. Inadmissibilidade dessa ampliação objetiva da acusação penal." (HC 98.237, Rel. Min. Celso de Mello, j. 15/12/2009, 2ª T, DJE de 06/08/2010, negrito nosso); **B:** incorreta. Segundo a jurisprudência do STF, "*a CF dotou o Ministério Público do poder de requisitar diligências investigatórias e a instauração de inquérito policial (CF, art. 129, VIII). A norma constitucional não contemplou a possibilidade de o Parquet realizar e presidir inquérito policial. Não cabe*, portanto, *aos seus membros inquirir diretamente pessoas suspeitas de autoria de crime, mas requisitar diligência nesse sentido à autoridade policial.*" (RHC 81.326, Rel. Min. Nelson Jobim, j. 06/05/2003, 2ª T, DJ de 01/08/2003, negrito nosso); **C:** correta, conforme entendimento do STF na ACO 1058, Rel. Min. Cezar Peluso, Tribunal Pleno, j. em 14/04/2008; **D:** incorreta. Embora o advogado seja indispensável à administração da Justiça, o STF já decidiu que a sua presença pode ser dispensada em certos atos jurisdicionais (ADI 1.127, Rel. p/ o ac. Min. Ricardo Lewandowski, j. 17/05/2006, Pleno, DJE de 11-6-2010); **E:** incorreta. A primeira parte da alternativa está correta nos termos do disposto no *caput* do art. 134 da CF, contudo a segunda parte está incorreta, tendo em vista que a Constituição Federal assegura às Defensorias Públicas autonomia funcional e administrativa (art. 134, §§ 2º e 3º, da CF). AN

Gabarito "C".

(Escrivão – PC/MG – FUMARC – 2018) Nossa Constituição Federal, ao dispor sobre a "Organização dos Poderes", trata, no Capítulo IV, das funções essenciais à Justiça: o Ministério Público, a Advocacia Pública e a Defensoria Pública.

Quanto ao Ministério Público, a única opção que está em conformidade com nossa Carta Magna é:

(A) Dentre as garantias gozadas pelos membros do Ministério Público, temos a vitaliciedade após 5 anos de exercício, não podendo perder o cargo senão por sentença judicial transitada em julgado.

(B) Inamovibilidade, salvo por motivo de interesse público, mediante decisão do órgão colegiado competente do Ministério Público, pelo voto de maioria simples de seus membros, assegurada ampla defesa.

(C) Promover o inquérito civil e ação civil pública, para a proteção do patrimônio público e social, do meio ambiente e de outros interesses difusos.

(D) Promover, subsidiariamente, a ação penal pública, na forma da lei.

A e B: incorretas. Os membros do Ministério Público possuem as seguintes garantias: vitaliciedade, após **dois anos** de exercício, não podendo perder o cargo senão por sentença judicial transitada em julgado; inamovibilidade, salvo por motivo de interesse público, mediante decisão do órgão colegiado competente do Ministério Público, pelo voto da **maioria absoluta** de seus membros, assegurada ampla defesa; e irredutibilidade de subsídio; **C:** correta, pois é função institucional do Ministério Público promover o inquérito civil e a ação civil pública, para a proteção do patrimônio público e social, do meio ambiente e de outros interesses difusos e coletivos (art. 129, III, da CF) – o dispositivo

5. DIREITO CONSTITUCIONAL   203

constitucional também se refere aos interesses coletivos; **D:** incorreta, porque é função institucional do Ministério Público promover, **privativamente**, a ação penal pública, na forma da lei (art. 129, I, da CF). **AN**
Gabarito "C".

(Escrivão – AESP/CE – VUNESP – 2017) Conforme o disposto na Constituição Federal, exercerão a representação judicial e a consultoria jurídica das respectivas unidades federadas os

(A) Promotores de Justiça.

(B) Defensores Públicos.

(C) Juízes estaduais.

(D) Procuradores do Estado.

(E) Procuradores da República.

Art. 132 da CF. **TC**
Gabarito "D".

(Escrivão – Pernambuco – CESPE – 2016) A respeito das funções institucionais do Ministério Público (MP), assinale a opção correta de acordo com os dispositivos da Constituição Federal de 1988 (CF).

(A) Como não está inserido na parte da CF que trata da segurança pública, o MP não pode exercer controle sobre a atividade policial.

(B) Indicados os fundamentos jurídicos de suas manifestações processuais, o MP pode requisitar a instauração de inquérito policial.

(C) O rol de funções institucionais do MP previstos na CF é taxativo.

(D) Independentemente do tipo penal, compete exclusivamente ao MP a promoção da ação penal.

(E) O MP pode promover o inquérito civil e a ação civil pública para a proteção de interesse meramente individual disponível.

A: incorreta. Trata-se de função institucional do Ministério Público o controle da atividade policial, nos termos do art. 129, VII da CF; **B:** correta, art. 129, VIII da CF; **C:** incorreta. O inciso IX do art. 129 da CF estabelece que o Ministério Público poderá exercer outras funções que lhe forem conferidas, de modo que não se trata de um rol taxativo de prerrogativas; **D:** incorreta. A competência do MP para promoção penal está relacionada à ação penal pública, de modo que o particular tem liberdade para promover a ação penal privada (art. 129, I da CF); **E:** incorreta. A promoção do inquérito civil e da ação civil pública pelo Ministério Público terá o intuito de proteger o patrimônio público e social (art. 129, III da CF). **TC**
Gabarito "B".

(Escrivão – Pernambuco – CESPE – 2016) Assinale a opção correta a respeito da defensoria e da advocacia públicas.

(A) A independência funcional no desempenho das atribuições previstas aos membros da defensoria pública garante a vitaliciedade no cargo.

(B) Os procuradores do estado representam, judicial e administrativamente, as respectivas unidades federadas, suas autarquias, fundações, empresas públicas e sociedades de economia mista.

(C) O defensor público, estadual ou federal, que presta orientação jurídica a necessitados pode também exercer a advocacia fora de suas atribuições institucionais.

(D) À defensoria pública, instituição permanente essencial à função jurisdicional do Estado, incumbe a orien-

tação jurídica e a defesa dos direitos individuais e coletivos, de forma integral e gratuita, a necessitados, em todos os graus de jurisdição e instâncias administrativas.

(E) A defensoria pública não está legitimada para propor ação civil pública: o constituinte concedeu essa atribuição apenas ao MP.

A: incorreta. Gozam de vitaliciedade os membros da magistratura e do Ministério Público; **B:** incorreta. Os procuradores somente exercerão a representação judicial e consultoria jurídica das respectivas unidades federadas; **C:** incorreta. O art. 134, § 1º estabelece que os defensores públicos não poderão exercer a advocacia fora das atribuições institucionais; **D:** correta, nos termos do "caput" do art. 134 da CF; **E:** incorreta. Ainda que não tenha sido expressamente previsto na Constituição, a Defensoria Pública pode propor ação civil pública na defesa de direitos difusos, coletivos e individuais homogêneos. STF. Plenário. ADI 3943/DF, Rel. Min. Cármen Lúcia, julgado em 6 e 7/5/2015. **TC**
Gabarito "D".

(Agente – Pernambuco – CESPE – 2016) Com base nas disposições constitucionais acerca do Conselho Nacional de Justiça (CNJ) e do Ministério Público (MP), assinale a opção correta.

(A) As funções institucionais do MP incluem promover, privativamente, a ação penal pública e exercer o controle externo da atividade policial, assim como a representação judicial e a consultoria jurídica de entidades públicas.

(B) Integram o CNJ o presidente do Supremo Tribunal Federal, o procurador-geral da República e o presidente do Conselho Federal da Ordem dos Advogados do Brasil.

(C) Entre outras atribuições, cabe ao CNJ apreciar a legalidade dos atos administrativos e jurisdicionais praticados por membros ou órgãos do Poder Judiciário, podendo desconstituí-los para o exato cumprimento da lei.

(D) Entre outras atribuições, cabe ao CNJ avocar processos disciplinares em curso e representar ao MP nos casos de crimes contra a administração pública ou de abuso de autoridade.

(E) Os procuradores-gerais dos MPs dos estados e o do Distrito Federal e Territórios serão nomeados pelos governadores dos estados e do Distrito Federal, conforme o caso, a partir de lista tríplice composta por integrantes da carreira, para mandato de dois anos.

A: incorreta. O trecho final do enunciado traz disposição incorreta. Isso porque é vedada a representação judicial e a consultoria jurídica de entidades públicas; **B:** incorreta. O Procurador-Geral da República não compõe o CNJ e o Conselho Federal da OAB indicará dois advogados e não o Presidente. A composição completa do CNJ, é formada por 15 (quinze) membros com mandato de 2 (dois) anos, admitida 1 (uma) recondução, sendo: I – o Presidente do Supremo Tribunal Federal; II – um Ministro do Superior Tribunal de Justiça, indicado pelo respectivo tribunal; III – um Ministro do Tribunal Superior do Trabalho, indicado pelo respectivo tribunal; IV – um desembargador de Tribunal de Justiça, indicado pelo Supremo Tribunal Federal; V – um juiz estadual, indicado pelo Supremo Tribunal Federal; VI – um juiz de Tribunal Regional Federal, indicado pelo Superior Tribunal de Justiça; VII – um juiz federal, indicado pelo Superior Tribunal de Justiça; VIII – um juiz de Tribunal Regional do Trabalho, indicado pelo Tribunal Superior do Trabalho; IX – um juiz do trabalho, indicado pelo Tribunal Superior do Trabalho; X – um membro do Ministério Público da União, indicado pelo

Procurador-Geral da República; XI um membro do Ministério Público estadual, escolhido pelo Procurador-Geral da República dentre os nomes indicados pelo órgão competente de cada instituição estadual; **C:** incorreta. Compete ao CNJ apreciar somente a legalidade dos atos administrativos. (art. 103-B § 4º II); **D:** correta (art. 103-B, § 4º, III e IV da CF); **E:** A alternativa está incorreta. Os Procuradores-Gerais do MPDF serão nomeados pelo Presidente da República e não pelos Governadores (art. 21, XIII da CF). TC

Gabarito "D".

(Escrivão de Polícia/DF – 2013 – CESPE) A respeito do Ministério Público e da defensoria pública, julgue os itens seguintes.

(1) Os Ministérios Públicos dos estados formarão lista tríplice entre integrantes da carreira para escolha de seu procurador-geral, que será nomeado pelo chefe do Poder Executivo federal.

(2) Organizar e manter a Defensoria Pública do Distrito Federal são competências da União.

(3) O Ministério Público da União abrange o Ministério Público do Distrito Federal e Territórios.

(4) O Ministério Público da União é chefiado pelo procurador-geral federal, nomeado pelo presidente da República, entre integrantes da carreira, maiores de trinta e cinco anos, após a aprovação do Senado Federal.

1: errada, a nomeação competirá ao chefe do Poder Executivo Estadual e do Distrito Federal e Territórios, nos termos do artigo 128, § 3º, da Constituição da República; **2:** errada, a competência da União é apenas para "organizar", nos termos do artigo 22, XVII, da Constituição Federal; **3:** correta, além de abranger o Ministério Público do Distrito Federal e Territórios, abarca ainda o Ministério Público Federal, o Ministério Público do Trabalho e o Ministério Público Militar, nos termos do artigo 128, I, da Constituição Federal; **4:** errada, o Ministério Público da União é chefiado pelo Procurador-Geral da República. Cabe ainda mencionar que, a aprovação do Senado deverá ser por maioria absoluta, para mandato de dois anos, permitida a recondução, nos termos do artigo 128, § 1º, da Constituição Federal.

Gabarito 1E, 2E, 3C, 4E

14. DEFESA DO ESTADO

(Escrivão – PC/GO – AOCP – 2023) Em relação à segurança pública, assinale a alternativa INCORRETA, considerando o disposto na Constituição Federal de 1988.

(A) A polícia federal destina-se a exercer, sem exclusividade, as funções de polícia judiciária da União e exercer, com exclusividade, as funções de polícia marítima, aeroportuária e de fronteiras.

(B) Aos corpos de bombeiros militares, além das atribuições definidas em lei, cabe a execução de atividades de defesa civil.

(C) A segurança viária compete, no âmbito dos Estados, do Distrito Federal e dos Municípios, aos respectivos órgãos ou entidades executivos e seus agentes de trânsito, estruturados em Carreira, na forma da lei.

(D) A segurança pública é exercida através dos seguintes órgãos: polícia federal, polícia rodoviária federal, polícia ferroviária federal, polícias civis, polícias militares e corpos de bombeiros militares, polícias penais federal, estaduais e distrital.

(E) Às polícias penais, vinculadas ao órgão administrador do sistema penal da unidade federativa a que pertencem, cabe a segurança dos estabelecimentos penais.

A: incorreta. A polícia federal destina-se a exercer as funções de polícia marítima, aeroportuária e de fronteiras e exercer, com exclusividade, as funções de polícia judiciária da União (CF, art. 144, § 1º, III e IV). **B:** correta. É o que estabelece o art. 144, § 5º, da CF. **C:** correta. É o que prevê o art. 144, § 10, II, da CF. **D:** correta. Está de acordo com o art. 144, I a VI, da CF. **E:** correta. É o que determina o art. 144, § 5º-A, da CF. AMN

Gabarito "A".

(Escrivão – PC/RO – CEBRASPE – 2022) De acordo com o texto constitucional, a polícia ostensiva e a preservação da ordem pública cabem à(s)

(A) polícias civis.

(B) polícias penais.

(C) Polícia Rodoviária Federal.

(D) polícias militares.

(E) Polícia Federal.

A alternativa correta é a D. É o que está disposto no art. 144, § 5º, da CF. AMN

Gabarito "D".

(Escrivão – PC/ES – Instituto AOCP – 2019) A respeito do Estado de Defesa e do Estado de Sítio, com base no que dispõe a Constituição da República Federativa do Brasil, é correto afirmar que

(A) a declaração de estado de guerra é um dos motivos que justificam a decretação do Estado de Defesa.

(B) preservar ou prontamente restabelecer, em locais restritos e determinados, a ordem pública ou a paz social ameaçadas por calamidades de grandes proporções na natureza são motivos que justificam a decretação do Estado de Sítio.

(C) a ocorrência de fatos que comprovem a ineficácia de medida tomada durante o Estado de Sítio justifica a decretação do Estado de Defesa.

(D) tanto no Estado de Sítio quanto no Estado de Defesa o Congresso continuará em funcionamento até o término das medidas coercitivas.

(E) não há o que se falar em responsabilização por ilícitos cometidos pelos executores ou agentes do Estados de Sítio e de Defesa praticados durante a sua vigência.

A: incorreta, porque a declaração de estado de guerra é um dos motivos que justificam a decretação do **estado de sítio** (art. 137, II, da CF); **B:** incorreta, porque o Presidente da República pode decretar **estado de defesa** para preservar ou prontamente restabelecer, em locais restritos e determinados, a ordem pública ou a paz social ameaçadas por grave e iminente instabilidade institucional ou atingidas por calamidades de grandes proporções na natureza (art. 136, *caput*, da CF); **C:** incorreta, pois a ocorrência de fatos que comprovem a ineficácia de medida tomada durante o estado de defesa justifica a decretação do **estado de sítio** (art. 137, I, da CF); **D:** correta, de acordo com os arts. 136, § 6º, e 138, § 3º, da CF; **E:** incorreta, porque, cessado o estado de defesa ou o estado de sítio, cessarão também seus efeitos, sem prejuízo da responsabilidade pelos ilícitos cometidos por seus executores ou agentes (art. 141, *caput*, da CF). AN

Gabarito "D".

(Investigador – PC/ES – Instituto AOCP – 2019) Tendo como base a Constituição Federal, assinale a alternativa correta acerca das Forças Armadas e da Segurança Pública.

(A) Ao militar, é permitido o direito à sindicalização, mas vedado o direito à greve.

(B) Não caberá habeas corpus em relação a punições disciplinares militares.

(C) Em tempo de paz, o serviço militar é obrigatório nos termos da lei, inclusive aos eclesiásticos.

(D) O Corpo de Bombeiros Militar não integra diretamente os órgãos de segurança pública, porém é considerado um órgão auxiliar.

(E) A Polícia Rodoviária Federal é um órgão vinculado ao Ministério da Justiça e subordinado à Polícia Federal.

A: incorreta, pois ao militar são proibidas a sindicalização e a greve (art. 142, § 3º, IV, da CF); **B:** correta, de acordo com o art. 142, § 2º, da CF; **C:** incorreta, porque as mulheres e os eclesiásticos ficam isentos do serviço militar obrigatório em tempo de paz, sujeitos, porém, a outros encargos que a lei lhes atribuir (art. 143, § 2º, da CF); **D:** incorreta, visto que o corpo de bombeiros militar integra diretamente os órgãos de segurança pública, conforme previsão do inciso V do art. 144 da CF; **E:** incorreta, pois a polícia rodoviária federal é um órgão permanente, organizado e mantido pela União e estruturado em carreira, não estando subordinado à polícia federal (art. 144, § 2º, da CF). 🔲
Gabarito "B".

(Investigador – PC/ES – Instituto AOCP – 2019) Assinale a alternativa correta acerca do que o texto constitucional disciplina sobre o Estado de Defesa e o Estado de Sítio.

(A) O decreto que instituir o Estado de Defesa poderá restringir o direito de reunião, salvo se exercido no seio das associações.

(B) O decreto que instituir o Estado de Defesa não poderá, em hipótese alguma, restringir os direitos ao sigilo de correspondência, comunicação telegráfica e telefônica.

(C) O tempo de duração do Estado de Defesa não será superior a vinte dias, podendo ser prorrogado por quantas vezes forem necessárias, se persistirem as razões que justificaram a sua decretação.

(D) O Presidente da República, ao solicitar autorização para decretar o estado de sítio ou sua prorrogação, relatará os motivos determinantes do pedido, devendo o Congresso Nacional decidir por maioria simples.

(E) O Presidente da República pode, ouvidos o Conselho da República e o Conselho de Defesa Nacional, solicitar ao Congresso Nacional autorização para decretar o estado de sítio, dentre outras hipóteses, no caso de declaração de estado de guerra ou resposta à agressão armada estrangeira.

A: incorreta, pois o decreto que instituir o estado de defesa poderá restringir o direito de reunião, ainda que exercida no seio das associações (art. 136, § 1º, I, "a", da CF); **B:** incorreta, pois o decreto que instituir o estado de defesa poderá restringir os direitos de sigilo de correspondência e de comunicação telegráfica e telefônica (art. 136, § 1º, I, "b" e "c", da CF); **C:** incorreta, visto que o tempo de duração do estado de defesa não será superior a **trinta dias**, podendo ser prorrogado **uma vez, por igual período**, se persistirem as razões que justificaram a sua decretação (art. 136, § 2º, da CF); **D:** incorreta, já que o Presidente da República, ao solicitar autorização para decretar o estado de sítio ou sua prorrogação, relatará os motivos determinantes do pedido, devendo o

Congresso Nacional decidir por **maioria absoluta** (art. 137, parágrafo único, da CF); **E:** correta, nos termos do art. 137 da CF. 🔲
Gabarito "E".

(Perito – PC/ES – Instituto AOCP – 2019) No Brasil, a segurança pública, dever do Estado, direito e responsabilidade de todos, é exercida para a preservação da ordem pública e da incolumidade das pessoas e do patrimônio. Segundo a Constituição da República Federativa do Brasil, a segurança pública é exercida por quais órgãos?

(A) Forças armadas, polícias federais, civis, militares e corpo de bombeiros.

(B) Polícias federais, civis, militares e corpo de bombeiros.

(C) Ministério público, polícias federais, civis e militares.

(D) Ministério público, polícias federais, civis, militares e corpo de bombeiros.

(E) Forças armadas, polícias federais, civis e militares.

Segundo o art. 144 da CF, a segurança pública é exercida pelos seguintes órgãos: polícia federal; polícia rodoviária federal; polícia ferroviária federal; polícias civis; polícias militares e corpos de bombeiros militares; polícias penais federal, estaduais e distrital. 🔲
Gabarito "B".

(Delegado – PC/RS – FUNDATEC – 2018) Reza a Constituição que a segurança pública, dever do Estado, direito e responsabilidade de todos, é exercida para a preservação da ordem pública e da incolumidade das pessoas e do patrimônio. Assinale a alternativa correta em relação às atribuições dos órgãos da segurança pública.

(A) Celso Antônio Bandeira de Mello define o poder de polícia quanto ao seu exercício, promovendo uma bipartição do conceito e definindo o poder de polícia em sentido amplo e em sentido estrito. Em sentido amplo, refere-se ao complexo de atos legislativos, judiciais e executivos que tutelam a liberdade e a propriedade dos indivíduos, ajustando-as aos interesses da coletividade. Em sentido estrito, por sua vez, relaciona-se exclusivamente com as intervenções dos três Poderes que pretendem evitar atividades particulares conflitantes com os interesses coletivos, sendo elas, as autorizações, as licenças e os regulamentos.

(B) As Polícias Civis são instituições nacionais permanentes e regulares, organizadas com base na hierarquia e na disciplina, sob a autoridade suprema do Governador do respectivo Estado, e destinam-se à defesa da Pátria, à garantia dos poderes constitucionais e, por iniciativa de qualquer destes, da lei e da ordem.

(C) Conforme dispositivo da CF/88, os municípios poderão constituir guardas municipais destinadas à proteção de seus bens, serviços e instalações, conforme dispuser a lei. Destarte, é constitucional a atribuição às guardas municipais do exercício de poder de polícia de trânsito, inclusive para imposição de sanções administrativas legalmente previstas.

(D) O conceito jurídico de ordem pública se confunde com incolumidade das pessoas e do patrimônio (Art. 144 da CF/1988). Sem embargo, a ordem pública se constitui em bem jurídico que pode resultar mais ou menos fragilizado pelo modo personalizado com que se dá a concreta violação da integridade das pessoas ou do patrimônio de terceiros, tanto quanto da saúde pública (nas hipóteses de tráfico de entorpecentes e drogas afins).

(E) Os Estados-membros podem criar órgão de segurança pública diverso dos previstos na CF/88.

A: incorreta. Celso Antônio Bandeira de Mello define o poder de polícia quanto ao seu exercício, promovendo uma bipartição do conceito e definindo o poder de polícia em sentido amplo e em sentido estrito. Em sentido amplo, refere-se ao complexo de **atos legislativos e executivos** que tutelam a liberdade e a propriedade dos indivíduos, ajustando-as aos interesses da coletividade. Em sentido estrito, por sua vez, relaciona-se exclusivamente com as intervenções do **Poder Executivo** que pretendem evitar atividades particulares conflitantes com os interesses coletivos, sendo elas as autorizações, as licenças e os regulamentos (o sentido estrito é responsável pelo poder de polícia administrativo); **B:** incorreta, pois as **Forças Armadas**, constituídas pela Marinha, pelo Exército e pela Aeronáutica, são instituições nacionais permanentes e regulares, organizadas com base na hierarquia e na disciplina, sob a autoridade suprema do Presidente da República, e destinam-se à defesa da Pátria, à garantia dos poderes constitucionais e, por iniciativa de qualquer destes, da lei e da ordem (art. 142 da CF). As **polícias civis**, dirigidas por delegados de polícia de carreira e subordinadas aos Governadores dos Estados, do Distrito Federal e dos Territórios, exercem – ressalvada a competência da União – as funções de polícia judiciária e de apuração de infrações penais, exceto as militares (art. 144, §§ 4º e 6º, da CF); **C:** correta, conforme previsão do § 8º do art. 144 da CF juntamente com o Tema 472 da Repercussão Geral: "*é constitucional a atribuição às guardas municipais do exercício de poder de polícia de trânsito, inclusive para imposição de sanções administrativas legalmente previstas.*" (RE 658.570, Rel. Min. Marco Aurélio, Relator p/ Acórdão: Min. Roberto Barroso, Tribunal Pleno, j. em 06/08/2015, Repercussão Geral); **D:** incorreta, pois o STF entende que o conceito jurídico de ordem pública **não se confunde** com incolumidade das pessoas e do patrimônio (art. 144 da CF/1988). "*Sem embargo, ordem pública se constitui em bem jurídico que pode resultar mais ou menos fragilizado pelo modo personalizado com que se dá a concreta violação da integridade das pessoas ou do patrimônio de terceiros, tanto quanto da saúde pública (nas hipóteses de tráfico de entorpecentes e drogas afins). Daí sua categorização jurídico-positiva, não como descrição do delito nem cominação de pena, porém como pressuposto de prisão cautelar; ou seja, como imperiosa necessidade de acautelar o meio social contra fatores de perturbação que já se localizam na gravidade incomum da execução de certos crimes. Não da incomum gravidade abstrata deste ou daquele crime, mas da incomum gravidade na perpetração em si do crime, levando à consistente ilação de que, solto, o agente reincidirá no delito. Donde o vínculo operacional entre necessidade de preservação da ordem pública e acautelamento do meio social. Logo, conceito de ordem pública que se desvincula do conceito de incolumidade das pessoas e do patrimônio alheio (assim como da violação à saúde pública), mas que se enlaça umbilicalmente à noção de acautelamento do meio social.*" (HC 101.300, Rel. Min. Ayres Britto, j 05/10/2010, 2ª T, DJE 18/11/2010); **E:** incorreta, pois a jurisprudência do STF afirma que o disposto no art. 144 da Constituição da República é de observância obrigatória pelos Estados-membros, havendo "*taxatividade do rol dos órgãos encarregados da segurança pública*". Desse modo, conclui pela "*impossibilidade da criação, pelos Estados-membros, de órgão de segurança pública diverso daqueles previstos no art. 144 da Constituição*" (ADI 2.827, Rel. Min. Gilmar Mendes, j. 16/09/2010, Pleno, DJE de 06/04/2011). **AN**
Gabarito "C".

(Escrivão – PC/MG – FUMARC – 2018) Sobre as guardas municipais, considere as afirmativas a seguir.

I. São destinadas à proteção de bens, serviços e instalações municipais.

II. Têm por competência o policiamento ostensivo.

III. Têm por atribuição reprimir o tráfico ilícito de entorpecentes.

IV. São constituídas conforme previsão constitucional.

Assinale a alternativa correta.

(A) Somente as afirmativas I e II são corretas.

(B) Somente as afirmativas I e IV são corretas.

(C) Somente as afirmativas III e IV são corretas.

(D) Somente as afirmativas I, II e III são corretas.

(E) Somente as afirmativas II, III e IV são corretas.

I: correta, nos termos do art. 144, § 8º, da CF; **II:** incorreta, já que o policiamento ostensivo e a preservação da ordem pública cabem às polícias militares (art. 144, § 5º, da CF); **III:** incorreta, pois compete à polícia federal prevenir e reprimir o tráfico ilícito de entorpecentes e drogas afins (art. 144, § 1º, II, da CF); **IV:** correta, pois o § 8º do art. 144 da Constituição Federal permite aos Municípios constituir guardas municipais destinadas à proteção de seus bens, serviços e instalações. **AN**
Gabarito "B".

(Agente – PF – CESPE – 2018) No que se refere à defesa do Estado e das instituições democráticas, julgue os itens a seguir.

(1) O direito ao sigilo de correspondência é constitucionalmente previsto, mas poderá ser restringido nas hipóteses de estado de defesa e de estado de sítio.

(2) Na vigência do estado de defesa, é legal a prisão de indivíduo por até trinta dias, independentemente de autorização do Poder Judiciário.

Questões anuladas por extrapolarem o conteúdo previsto no edital de abertura do certame. Apesar disso, iremos respondê-las para efeito de estudo. **1:** certa, pois o direito ao sigilo de correspondência pode ser restringido nas hipóteses de estado de defesa (art. 136 § 1º, I, "b", da CF) e de estado de sítio (art. 139, III, da CF); **2:** errada, porque, na vigência do estado de defesa, a prisão ou detenção de qualquer pessoa não poderá ser superior a **dez dias**, salvo quando autorizada pelo Poder Judiciário (art. 136, § 3º, III, da CF). **AN**
Gabarito 1ANULADA, 2ANULADA.

(Agente – PF – CESPE – 2018) Com relação à segurança pública e à atuação da Polícia Federal, julgue os itens seguintes.

(1) A Polícia Federal tem a atribuição de apurar infrações que exijam repressão uniforme e tenham repercussão internacional; infrações que exijam repressão uniforme, mas que tenham repercussão interestadual, devem ser apuradas pelas polícias civis e militares.

(2) Compete à Polícia Federal exercer, com exclusividade, as funções de polícia judiciária da União.

1: errada, pois a polícia federal tem a atribuição de apurar infrações penais contra a ordem política e social ou em detrimento de bens, serviços e interesses da União ou de suas entidades autárquicas e empresas públicas, assim como outras infrações cuja prática tenha repercussão interestadual ou internacional e exija repressão uniforme (art. 144, § 1º, I, da CF); **2:** certa, nos termos do art. 144, § 1º, IV, da CF. **AN**
Gabarito 1E, 2C

(Agente-Escrivão – Acre – IBADE – 2017) Acerca das disposições constitucionais sobre segurança pública, assinale a alternativa correta.

(A) O STF definiu o rol do artigo 144, CRFB/88 como exemplificativo, de modo que é permitida, aos Estados, a instituição de polícias penitenciárias ou outros modelos de policiamento desde que, em Constituição Estadual.

(B) É proibida e instituição, pela União, de órgãos com propósito de coordenar as políticas de segurança e de integrá-las com outras ações do governo, de modo que se contesta a instituição da secretária nacional antidrogas.

(C) As leis sobre segurança nos três planos federativos de governo devem estar em conformidade com a CRFB/88, assim como as respectivas estruturas administrativas e as próprias ações concretas das autoridades policiais.

(D) A polícia marítima é exercida pela Polícia Rodoviária Federal e tem atuação em portos prestando-se, ao controle da entrada e da saída de pessoas e bens do país.

(E) As polícias militares são forças auxiliares e reservas do exército, embora subordinadas aos governadores de Estado, e têm como atribuição constitucional, entre outras, a lavratura de termos circunstanciados e, nos crimes militares, a investigação policial.

A: incorreta. O STF, na ADI 2.827 (relatoria do Min. Gilmar Mendes DJE 6.4.2011), sedimentou entendimento pela impossibilidade de criação pelos Estados-membros de órgão de segurança pública diverso daqueles previstos no art. 144 da Constituição; **B:** incorreta. A Secretaria Nacional Antidrogas integra a estrutura do Ministério da Justiça, de modo que não constitui órgão de coordenação de políticas de segurança pública; **C:** correta. Assim caminha a jurisprudência do STF, como se vê: "Impossibilidade da criação, pelos Estados-membros, de órgão de segurança pública diverso daqueles previstos no art. 144 da Constituição. (...) Ao Instituto-Geral de Perícias, instituído pela norma impugnada, são incumbidas funções atinentes à segurança pública. Violação do art. 144, c/c o art. 25 da Constituição da República" [ADI 2.827, rel. min. Gilmar Mendes, j. 16-9-2010, P, DJE de 6-4-2011.]; **D:** incorreta. A função de polícia marítima é exercida pela Polícia Federal nos termos do art. 144, § 1º, III da CF; **E:** incorreta. A primeira parte do enunciado está correta. Entretanto, a lavratura de termos circunstanciados e investigação policial não são atribuições constitucionais. **TC**
Gabarito "C".

(Escrivão – AESP/CE – VUNESP – 2017) Sem prejuízo da ação fazendária e de outros órgãos públicos nas respectivas áreas de competência, a Carta Magna estabelece que prevenir e reprimir o tráfico ilícito de entorpecentes e drogas afins, o contrabando e o descaminho, é uma competência da

(A) Polícia Federal.

(B) Polícia Rodoviária Federal.

(C) Polícia Civil.

(D) Polícia Militar.

(E) Guarda Municipal.

Art. 144, § 1º, II da CF. **TC**
Gabarito "A".

(Agente de Polícia Civil/RO – 2014 – FUNCAB) Acerca do tema segurança pública na Constituição de 1988, assinale a alternativa correta.

(A) As polícias civis destinam-se a combater o contrabando e o descaminho.

(B) As polícias civis, ressalvada a competência da União, destinam-se a exercer a função de polícia judiciária e apurar infrações penais, exceto as militares.

(C) Às polícias civis, ressalvada a competência da União, cabem a polícia ostensiva, a polícia de fronteiras e a preservação da ordem pública.

(D) As polícias civis destinam-se, na forma da lei, ao patrulhamento ostensivo das rodovias federais.

(E) As polícias civis destinam-se a funcionar como polícia marítima, quando possível.

A: Errada, o combate ao contrabando e ao descaminho é competência instituída à Polícia Federal, nos termos do artigo 144, § 1º, inciso II, da Constituição Federal; **B:** correta, é o que estabelece o artigo 144 § 4º, da Constituição Federal; **C:** errada, às policiais civis, ressalvada a competência da União, como dito, incumbem as funções de polícia judiciária e a apuração de infrações penais (exceto militares), nos termos do artigo 144, § 4º, da Constituição Federal. Cabe mencionar que a polícia de fronteiras é atribuição concedida à Polícia Federal (art. 144, § 1º, III), enquanto que a preservação da ordem pública é competência destinada à Polícia Militar (art. 144, § 5º); **D:** errada, essa é a função da Polícia Rodoviária Federal, nos termos do artigo 144, § 2º, da Constituição Federal; **E:** Errada, esta função é destinada à Polícia Federal, nos termos do artigo 144, § 1º, III, da Constituição Federal.
Gabarito "B".

(Investigador/SP – 2014 – VUNESP) Exercer as funções de polícia marítima e aeroportuária, conforme dispõe o texto constitucional, é uma função da

(A) Polícia Federal.

(B) Polícia Civil.

(C) Guarda Nacional.

(D) Polícia Militar.

(E) Guarda Municipal.

Vide Art. 144, § 1º, III, da Constituição Federal.
Gabarito "A".

(Escrivão de Polícia Federal – 2013 – CESPE) Julgue os próximos itens relativos à defesa do Estado e das instituições democráticas.

(1) A apuração de infrações penais cometidas contra os interesses de empresa pública federal insere-se no âmbito da competência da Polícia Federal.

(2) Considere que determinada lei ordinária tenha criado órgão especializado em perícia e o tenha inserido no rol dos órgãos responsáveis pela segurança pública. Nessa situação, a lei está em consonância com a CF, a qual admite expressamente a criação de outros órgãos públicos encarregados da segurança pública, além daqueles previstos no texto constitucional.

1: correta. É o que estabelece o inciso I, do § 1º do artigo 144 da Constituição Federal; **2:** errada. A Constituição da República enumera um rol taxativo de órgãos encarregados do exercício da segurança pública, previstos no art. 144, I a VI, e esse modelo, segundo entendimento do Supremo Tribunal Federal, deverá ser observado pelos Estados-membros e pelo Distrito Federal. Mencionada questão foi objeto de discussão na ADI 2827, que entendeu pela existência de rol taxativo e, portanto, veda a criação de órgãos públicos encarregados da segurança pública, além dos já previstos no diploma constitucional.
Gabarito 1C, 2E

(Agente de Polícia/DF – 2013 – CESPE) Julgue o item abaixo, que versa sobre a organização da segurança pública.

(1) As polícias civis, às quais incumbem, ressalvada a competência da União, as funções de polícia judiciária e a apuração de infrações penais, exceto as militares, subordinam-se aos governadores dos estados, do DF e dos territórios.

1: correta, é o que dispõe o artigo 144, §§ 4º e 6º, da Constituição Federal.

Gabarito 1C

(Investigador de Polícia/SP – 2013 – VUNESP) Conforme estabelece a Constituição Federal, as funções de polícia judiciária e de preservação da ordem pública cabem, respectivamente.

(A) à Polícia Militar e ao Corpo de Bombeiros.

(B) à Polícia Militar e às Polícias Civis.

(C) às Polícias Civis e à Polícia Militar.

(D) às Polícias Civis e às Guardas Municipais.

(E) à Polícia Federal e às Guardas Municipais.

A: incorreta, pois a Polícia Militar e o Corpo de Bombeiros não são polícias judiciárias. Ambas, são forças auxiliares e reserva do Exército, subordinam--se, juntamente com as polícias civis e as polícias penais estaduais e distrital, aos Governadores dos Estados, do Distrito Federal e dos Territórios, nos termos do art. 144, §§ 5º e 6º, da CF; **B:** incorreta, na exata medida que cabe à Polícia Militar a preservação da ordem pública e não a função de polícia judiciária; **C:** correta, respectivamente, às Polícias Civis, dirigidas por delegados de polícia de carreira, incumbem, ressalvada a competência da União, as funções de polícia judiciária e apuração de infrações penais, exceto as militares, e às Polícias Militares cabem a polícia ostensiva e a preservação da ordem pública; aos corpos de bombeiros militares, além das atribuições definidas em lei, incumbe a execução de atividade de defesa civil, nos termos do art. 144, §§ 4º e 5º, da CF; **D e E:** incorretas, pois as Guardas Municipais destinam-se a proteção de bens e serviços e instalações dos Municípios, nos termos do art. 144, § 8º, da CF.

Gabarito "C"

(Agente de Polícia Federal – 2012 – CESPE) Considerando as disposições constitucionais acerca de segurança pública, julgue os itens a seguir.

(1) Cabe à Polícia Federal apurar infrações penais que atentem contra os bens, serviços e interesses da administração direta, das autarquias e das fundações públicas da União. Às polícias civis dos estados cabem as funções de polícia judiciária das entidades de direito privado da administração indireta federal.

(2) A Polícia Federal, as polícias militares e os corpos de bombeiros militares são forças auxiliares e reserva do exército.

1: incorreta. Preliminarmente, é oportuno pontuarmos que os primeiros órgãos ou instituições criados na Carta Constitucional foram a Polícia Federal, que há de ser implantada por meio de lei federal, devendo ser composta por órgãos permanentes e organizada em carreira. Em segundo, suas atribuições, além de outras correlatas, são apurar infrações penais contra a ordem política e social ou em detrimento de bens, serviços e interesses da União ou de suas entidades autárquicas e empresas públicas (art. 109, IV, da CF), assim como outras infrações cuja prática tenha repercussão interestadual ou internacional (Lei 10.446, de 08 de maio de 2002) e exija repressão uniforme, conforme dispuser em lei, e prevenção e repressão ao tráfico ilícito de entorpecentes e drogas afins, o contrabando e o descaminho, sem prejuízo da ação fazendária e de outros órgãos públicos nas respectivas áreas de competência. A Polícia Federal está vinculada ao Ministério da Justiça (e como desdobramento lógico em última instância ao Presidente da República) e é custeada com recursos da União, como determina o art. 144, § 1º, I e II, da CF. No que diz respeito às polícias civis, dirigidas por delegados de polícia de carreira incumbem, ressalvada a competência da União, as funções de polícia judiciária e a apuração de infrações penas, exceto as militares, nos termos do art. 144, § 4º, da CF. Em outras palavras, as polícias civis, exceto as do Distrito Federal e dos Territórios, cuja incumbência toca à União (art. 21, XIV, da CF),

são de responsabilidade dos Estados-membros e deverão ser dirigidas por delegados de polícia de carreira (com curso de bacharelado em Direito e aprovados em virtude de concurso público de provas e títulos). Possuem competência residual, isto é, excluídas as competências da União, as quais tocam à polícia federal, todas as demais infrações (crimes ou contravenções penais), exceto as de natureza militares, serão apuradas pela polícia judiciária estadual, o que denota seu caráter repressivo, ou seja, o desenvolvimento de seus trabalhos, em regra, após a consumação do fato delituoso; **2:** incorreta, na exata medida que o constituinte reservou à segurança pública um capítulo especial (Capítulo III do Título V). A preocupação fixou-se no passado recente, no qual segurança pública e segurança nacional se confundiam e a segunda passou a ser utilizada como ato de império. Utilizavam-se as forças públicas e militares para perseguirem e mesmo aniquilar os críticos do regime militar ditatorial. A segurança é dever de todos (poder público e sociedade) e tem como objetivos a preservação da ordem pública e da integridade das pessoas e do patrimônio, enfim é a manutenção da ordem pública no âmbito interno. Preocupou-se o constituinte em criar órgãos com atribuições específicas e definidas, na esfera federal, estadual e municipal. Inovou o texto constitucional, pois possibilitou ao município a criação de forças públicas, denominadas, em regra, guardas municipais, com função específica de proteção a bens, serviços e instalações municipais. Sendo assim, a segurança pública é formada pelos seguintes órgãos: I – Polícia Federal, II – Polícia Rodoviária Federal, III – Polícia Ferroviária Federal, IV – Polícias Civis, V – Polícias Militares e Corpos de Bombeiros Militares e VI – polícias penais federal, estaduais e distrital (incluída pela EC nº 104/2019). Por fim, somente as polícias militares e corpos de bombeiros militares são forças auxiliares e reserva do Exército, subordinam-se, juntamente com as polícias civis e as polícias penais estaduais e distrital, aos Governadores dos Estados, do Distrito Federal e dos Territórios, nos termos do art. 144, § 6º, da CF.

Gabarito 1E, 2E

(Agente de Polícia/PI – 2012 – UESPI) Assinale a alternativa correta, de acordo com os dispositivos da Constituição Federal que tratam da Segurança Pública.

(A) O exercício da polícia ostensiva compete às polícias militares.

(B) O exercício da polícia ostensiva compete às polícias civis.

(C) As polícias civis podem ser dirigidas por integrante das Forças Armadas, na forma da lei.

(D) Os Municípios podem, na forma da lei, instituir polícia militar municipal para a proteção de seus bens, serviços e instalações.

(E) Os Municípios podem, na forma da lei, instituir guarda de natureza militar, para a preservação da ordem pública.

A: correta, nos termos do art. 144, § 5º, da CF, às polícias militares cabem a polícia ostensiva e a preservação da ordem pública; **B:** incorreta, pois às polícias civis, ressalvada a competência da União, incumbem as funções de polícia judiciária, como determina o art. 144, § 4º, da CF; **C:** incorreta, as polícias civis serão dirigidas por delegados de polícia de carreira; **D:** incorreta, nos moldes do art. 144, § 8º, da CF, os Municípios poderão constituir guardas municipais destinadas à proteção de seus bens, serviços e instalações, conforme dispuser a lei; **E:** incorreta, pelos mesmos fundamentos da alternativa anterior.

Gabarito "A"

(Agente de Polícia/PI – 2012 – UESPI) Ainda acerca do que dispõe a Constituição Federal no atinente à Segurança Pública, assinale a alternativa incorreta.

5. DIREITO CONSTITUCIONAL

(A) Às polícias civis, dirigidas por delegados de polícia de carreira, incumbem, ressalvada a competência da União, as funções de polícia judiciária e a apuração de infrações penais, exceto as militares.

(B) As polícias militares e os corpos de bombeiros militares se subordinam aos Governadores dos respectivos Estados, e não ao Ministro da Defesa.

(C) As funções de polícia judiciária cabem aos órgãos da Corregedoria Geral dos Tribunais de Justiça, não se confundindo com as atribuições próprias da polícia civil estadual.

(D) A execução de atividades de defesa civil compete ao corpo de bombeiros militar.

(E) Cabe à polícia federal o exercício da polícia marítima, aeroportuária e de fronteiras.

A: correta, literalidade do art. 144, § 4º, da CF; B: correta, nos termos do art. 144, § 6º, da CF; C: incorreta, pois as funções de polícia judiciária cabem às polícias civis e federais; D: correta, como determina o art. 144, § 5º, da CF; E: correta, réplica do art. 144, § 1º, III, da CF.
Gabarito "C".

15. ORDEM SOCIAL

(Escrivão – PC/RO – CEBRASPE – 2022) A Constituição Federal de 1988, em seu artigo 225, prevê que todos têm direito ao meio ambiente ecologicamente equilibrado e que, para que a efetividade desse direito seja assegurada, incumbe ao poder público, entre outras medidas, promover a educação ambiental em todos os níveis de ensino e a conscientização pública para a preservação do meio ambiente.

Com base nessas informações, assinale a opção que indica o princípio que norteia a referida educação ambiental.

(A) princípio do desenvolvimento sustentável

(B) princípio da precaução

(C) princípio da informação

(D) princípio da responsabilização

(E) princípio poluidor-pagador

A alternativa correta é a C. O art. 5º, II, da Lei nº 9.795/1999, prevê que são objetivos fundamentais da educação ambiental, entre outros, da garantia de democratização das informações ambientais. AMN
Gabarito "C".

(Investigador – PC/ES – Instituto AOCP – 2019) De acordo com o disposto no texto constitucional, assinale a alternativa INCORRETA acerca da Educação.

(A) Os Municípios atuarão prioritariamente no ensino fundamental e na educação infantil.

(B) Os Estados e o Distrito Federal atuarão prioritariamente no ensino fundamental e médio.

(C) O não-oferecimento do ensino obrigatório pelo Poder Público, ou sua oferta irregular, importa responsabilidade da autoridade competente.

(D) É vedado às universidades admitir professores, técnicos e cientistas estrangeiros.

(E) As universidades gozam de autonomia didático--científica, administrativa e de gestão financeira e patrimonial e obedecerão ao princípio de indissociabilidade entre ensino, pesquisa e extensão.

A: correta, nos termos do art. 211, § 2º, da CF; B: correta, nos termos do art. 211, § 3º, da CF; C: correta, de acordo com o art. 208, § 2º, da CF; D: incorreta (devendo ser assinalada), pois é **facultado** às universidades admitir professores, técnicos e cientistas estrangeiros, na forma da lei (art. 207, § 1º, da CF); E: correta, de acordo com o *caput* do art. 207 da CF. AN
Gabarito "D".

(Investigador – PC/ES – Instituto AOCP – 2019) Assinale a alternativa correta acerca do que dispõe a Constituição Federal sobre a Seguridade social.

(A) Nenhum benefício ou serviço da seguridade social poderá ser criado, majorado ou estendido sem a correspondente fonte de custeio total.

(B) As receitas dos Estados, do Distrito Federal e dos Municípios destinadas à seguridade social constarão dos respectivos orçamentos, integrando o orçamento da União.

(C) Os débitos com o sistema da Seguridade Social não impedem as pessoas jurídicas de contratar com o Poder Público e dele receber benefícios ou incentivos fiscais ou creditícios.

(D) Constitui um dos objetivos da Seguridade Social a unicidade da base de financiamento.

(E) Em hipótese alguma, as contribuições sociais poderão ter alíquotas ou base de cálculo diferenciadas em razão de atividade empresarial.

A: correta, nos termos do § 5º do art. 195 da CF; B: incorreta, visto que as receitas dos Estados, do Distrito Federal e dos Municípios destinadas à seguridade social constarão dos respectivos orçamentos, não integrando o orçamento da União (art. 195, § 1º, da CF); C: incorreta, pois a pessoa jurídica em débito com o sistema da seguridade social não poderá contratar com o Poder Público nem dele receber benefícios ou incentivos fiscais ou creditícios (art. 195, § 3º, da CF); D: incorreta, pois constitui um dos objetivos da Seguridade Social a diversidade da base de financiamento (art. 194, parágrafo único, VI, da CF); E: incorreta, porquanto as contribuições sociais do empregador, da empresa e da entidade a ela equiparada incidentes sobre a folha de salários, a receita ou o faturamento e o lucro poderão ter alíquotas diferenciadas em razão da atividade econômica, da utilização intensiva de mão de obra, do porte da empresa ou da condição estrutural do mercado de trabalho, sendo também autorizada a adoção de bases de cálculo diferenciadas apenas no caso das contribuições incidentes sobre a receita ou o faturamento e o lucro (art. 195, § 9º, da CF). AN
Gabarito "A".

(Escrivão – PC/MG – FUMARC – 2018) Sobre a proteção à criança, ao adolescente e ao jovem, relativamente à idade mínima para admissão ao trabalho, assinale a alternativa correta.

(A) 10 anos

(B) 12 anos

(C) 14 anos

(D) 16 anos

(E) 18 anos

De acordo com o § 3º do art. 227 da CF, a proteção especial à criança, ao adolescente e ao jovem abrange a idade mínima de quatorze anos para admissão ao trabalho, observado o disposto no art. 7º, XXXIII, da CF. O art. 60 da Lei 8.069/1990 (Estatuto da Criança e do Adolescente) proíbe qualquer trabalho a menores de quatorze anos de idade, salvo na condição de aprendiz. AN
Gabarito "C".

(Papiloscopista – PF – CESPE – 2018) A respeito dos direitos de ordem social, julgue os itens que se seguem.

(1) A assistência social, ao contrário da previdência social, é prestada a quem dela necessitar, independentemente de contribuição à seguridade social.

(2) Um dos fundamentos da seguridade social é a igualdade na forma de participação de todos que a financiam no seu custeio.

1: certa, conforme o art. 203, *caput*, da CF; **2:** errada, visto que um dos **objetivos** (princípios) da seguridade social é a **equidade** na forma de participação no custeio (art. 194, parágrafo único, V, da CF). A equidade determina que o custeio do sistema deve ser efetuado por todos, mas quem pode mais ou gera maiores riscos sociais deve contribuir mais. **AN**
Gabarito 1C, 2E

(Escrivão – AESP/CE – VUNESP – 2017) Assinale a alternativa que está de acordo com o disposto na Constituição Federal a respeito da Família, da Criança, do Adolescente, do Jovem e do Idoso.

(A) A adoção será assistida pelo Poder Público, na forma da lei, que estabelecerá casos e condições de sua efetivação por parte de brasileiros natos e naturalizados, vedada a adoção por estrangeiros.

(B) São civil e penalmente inimputáveis os menores de vinte e um anos, sujeitos às normas da legislação especial.

(C) Os pais têm o dever de assistir, criar e educar os filhos menores, e os filhos maiores têm o dever de ajudar e amparar os pais na velhice, carência ou enfermidade.

(D) O casamento é civil e gratuita a celebração, mas o casamento religioso não terá efeito civil.

(E) Os índios, suas comunidades e organizações são partes legítimas para ingressar em juízo em defesa de seus direitos e interesses, intervindo o Poder Executivo em todos os atos do processo.

A: incorreta. A lei estabelecerá casos e condições de efetivação da adoção por parte de estrangeiros. (art. 227, § 5° da CF); **B:** incorreta. O art. 228 estabelece que serão inimputáveis civil e penalmente os menores de 18 anos, e não 21 (art. 228, "caput" da CF); **C:** correta, nos termos do art. 229 da CF; **D:** incorreta. O casamento religioso também terá efeito civil, nos termos da lei (art. 226, § 2° da CF); **E:** incorreta. A intervenção será do Ministério Público e não do Poder Executivo (art. 232 da CF). **TC**
Gabarito "C".

(Agente de Polícia Civil/RO – 2014 – FUNCAB) Considerando o tema ordem social na Constituição de 1988, assinale a alternativa correta.

(A) O casamento religioso não tem efeito civil.

(B) São penalmente inimputáveis os menores de dezesseis anos, sujeitos às normas da legislação especial.

(C) Os filhos terão direitos distintos conforme tenham sido havidos ou não da relação de casamento.

(D) É vedada a adoção de crianças por estrangeiros.

(E) Aos maiores de sessenta e cinco anos é garantida a gratuidade dos transportes coletivos urbanos.

A: errada, o casamento religioso tem sim efeito civil, nos termos da lei, é o que dispõe o artigo 226, § 2°, da Constituição Federal; **B:** errada, são penalmente inimputáveis os menores de dezoito anos, e não os de dezesseis, é o que dispõe o artigo 228 da Constituição Federal; **C:** errada, os filhos, havidos ou não da relação do casamento, ou por adoção, terão

os mesmos direitos e qualificações, proibidas quaisquer designações discriminatórias relativas à filiação, nos termos do artigo 227, § 6°, da Constituição Federal; **D:** errada, a adoção por estrangeiros será assistida pelo Poder Público, que estabelecerá casos e condições para a efetivação, não havendo portanto vedação, conforme estabelecido no artigo 227, § 5°, da Constituição Federal; **E:** correta, é o que estabelece o artigo 230, § 2°, da Constituição Federal.
Gabarito "E".

(Escrivão de Polícia Federal – 2013 – CESPE) No que se refere à ordem social, julgue o item seguinte.

(1) A CF reconheceu aos índios a propriedade e posse das terras que tradicionalmente ocupam.

1: errada. A CF reconheceu aos índios apenas a sua posse permanente, cabendo-lhes o usufruto exclusivo das riquezas do solo, dos rios e dos lagos existentes, e não a propriedade. Art. 231, § 2°, da Constituição Federal.
Gabarito 1E

(Agente Penitenciário/MA – 2013 – FGV) Acerca das disposições concernentes à ordem social na Constituição, analise as afirmativas a seguir.

I. Os conjuntos urbanos e sítios de valor histórico, paisagístico, artístico, arqueológico, paleontológico, ecológico e científico, constituem patrimônio cultural brasileiro.

II. Ao Estado impõe-se garantir a educação básica gratuita, mas, em relação ao ensino médio, impõe-se apenas a sua progressiva universalização

III. A Constituição veda a prática de tratamento diferenciado para o desporto profissional e o não profissional
Assinale:

(A) se somente a afirmativa I estiver correta.

(B) se somente a afirmativa III estiver correta.

(C) se somente as afirmativas II e III estiverem corretas.

(D) se somente as afirmativas I e II estiverem corretas.

(E) se todas as afirmativas estiverem corretas.

I: correta, conforme disposição prevista no artigo 216, V, da Constituição Federal; **II:** correta, conforme disposição prevista no artigo 208, I e II, da Constituição Federal e **III:** Errada, a constituição não veda a prática do tratamento diferenciado, como aduz o artigo 217, III, da Constituição Federal.
Gabarito "D".

(Agente de Polícia/PI – 2012 – UESPI) Acerca do que proclama a Constituição Federal ao tratar da Ordem Social, é correto afirmar que:

(A) a ordem social tem como base o primado do salário, como justa retribuição do trabalho, meio à satisfação das necessidades essenciais do cidadão e elemento indispensável ao equilíbrio da economia.

(B) a ordem social tem como base o primado do trabalho, e como objetivo o bem-estar e a justiça sociais.

(C) a ordem social tem como base a seguridade social, compreendendo o conjunto integrado de ações de iniciativa dos poderes públicos e da sociedade, destinadas a assegurar os direitos relativos à previdência e à assistência social.

(D) a ordem social tem como base a livre iniciativa, a propiciar o exercício da atividade lícita e remunerada de forma justa.

5. DIREITO CONSTITUCIONAL

(E) a ordem social tem como base a defesa da economia popular e o combate à concorrência desleal.

A: incorreta, a ordem social tem como base o primado do trabalho, e como objetivo o bem-estar e a justiça sociais, nos termos do art. 193 da CF; **B:** correta, literalidade do art. 193 da CF; **C:** incorreta, pois na verdade é a seguridade social que compreende um conjunto integrado de ações de iniciativa dos Poderes Públicos e da Sociedade, destinados a assegurar os direitos relativos à saúde, à previdência e à assistência social, nos moldes do art. 194 da CF; **D:** incorreta, pelos mesmos fundamentos apresentados nas alternativas "A" e "B"; **E:** incorreta, nos termos do art. 193 da CF que determina que a ordem social tem como base o primado do trabalho, e como objetivo o bem-estar e a justiça sociais. Gabarito "B".

16. TEMAS COMBINADOS

(Papiloscopista – PC/RR – VUNESP – 2022) Apolo é um adolescente com dezesseis anos de idade. Considerando o que estabelece a Constituição Federal, é correto afirmar que Apolo

(A) não pode exercer qualquer tipo de trabalho, nem mesmo como aprendiz.

(B) ainda não alcançou a idade do direito ao voto.

(C) está obrigado ao alistamento eleitoral.

(D) é penalmente inimputável.

(E) é apto ao trabalho noturno, exceto se perigoso ou insalubre.

A e E. incorretas. O art. 7º, XXXIII, da CF, prescreve a "proibição de trabalho noturno, perigoso ou insalubre a menores de dezoito e de qualquer trabalho a menores de dezesseis anos, salvo na condição de aprendiz, a partir de quatorze anos". **B e C.** incorretas. O alistamento eleitoral e o voto são facultativos aos maiores de dezesseis e menores de dezoito anos (CF, art. 14, § 1º, II, *c*). **D:** correta. É o que dispõe o art. 228 da CF. Gabarito "D".

(Policial Rodoviário Federal – CESPE – 2019) À luz da Constituição Federal de 1988, julgue os itens que se seguem, a respeito de direitos e garantias fundamentais e da defesa do Estado e das instituições democráticas.

(1) Em caso de iminente perigo público, autoridade pública competente poderá usar a propriedade particular, desde que assegure a consequente indenização, independentemente da comprovação da existência de dano, que, nesse caso, é presumido.

(2) A competência da PRF, instituição permanente, organizada e mantida pela União, inclui o patrulhamento ostensivo das rodovias e das ferrovias federais.

(3) Policial rodoviário federal com mais de dez anos de serviço pode candidatar-se ao cargo de deputado federal, devendo, no caso de ser eleito, passar para inatividade a partir do ato de sua diplomação.

(4) São constitucionalmente assegurados ao preso o direito à identificação dos agentes estatais responsáveis pela sua prisão e o direito de permanecer em silêncio.

(5) A segurança viária compreende a educação, a engenharia e a fiscalização de trânsito, vetores que asseguram ao cidadão o direito à mobilidade urbana eficiente.

1: errada, pois, no caso de iminente perigo público, a autoridade competente poderá usar de propriedade particular, assegurada ao proprietário indenização ulterior, se houver dano (art. 5º, XXV, da CF); **2:** errada, porque a polícia rodoviária federal, órgão permanente, organizado e mantido pela União e estruturado em carreira, destina-se ao patrulhamento ostensivo das rodovias federais (art. 144, § 2º, da CF), já o patrulhamento ostensivo das ferrovias federais é atribuição da polícia ferroviária federal (art. 144, § 3º, da CF); **3:** errada, pois tal regra é aplicável apenas aos militares, logo o militar com mais de dez anos de serviço que se candidatar será agregado pela autoridade superior e, se eleito, passará automaticamente, no ato da diplomação, para a inatividade (art. 14, § 8º, II, da CF). Já o servidor público civil – como o policial rodoviário federal – que for eleito para mandato eletivo federal, estadual ou distrital, ficará afastado de seu cargo, emprego ou função (art. 38, I, da CF); **4:** certa, de acordo com o art. 5º, incisos LXIII e LXIV, da CF; **5:** certa, nos termos do art. 144, § 10, I, da CF. Gabarito 1E, 2E, 3E, 4C, 5C

(Escrivão – PC/ES – Instituto AOCP – 2019) A respeito das funções exercidas pelos Poderes Legislativo, Executivo e Judiciário, assinale a alternativa correta.

(A) Ao apreciar defesas e recursos administrativos, o Poder Executivo desempenha uma de suas funções típicas.

(B) O Poder Legislativo tem como uma de suas funções típicas a fiscalização contábil, financeira, orçamentária e patrimonial do Poder Executivo.

(C) Ao elaborar os Regimentos internos de seus Tribunais, o Poder Judiciário desempenha uma de suas funções típicas.

(D) A edição de medidas provisórias pelo Presidente da República configura função típica do Poder Executivo.

(E) Quando o Senado julga o Presidente da República nos crimes de responsabilidade, está exercendo função típica do Poder Legislativo.

A: incorreta, pois apreciar defesas e recursos administrativos configura uma **função atípica** (de natureza jurisdicional) do Poder Executivo; **B:** correta, pois o Poder Legislativo tem como funções típicas elaborar leis e fiscalizar o Poder Executivo, mediante controle externo; **C:** incorreta, pois a elaboração dos Regimentos internos de seus Tribunais configura uma **função atípica** (de natureza legislativa) do Poder Judiciário; **D:** incorreta, pois a edição de medidas provisórias pelo Presidente da República configura **função atípica** (de natureza legislativa) do Poder Executivo; **E:** incorreta, pois o julgamento do Presidente da República pelo Senado Federal nos crimes de responsabilidade configura **função atípica** (natureza jurisdicional) do Poder Legislativo. Gabarito "B".

(Delegado – PC/RS – FUNDATEC – 2018) Considerando os ditames da Constituição Estadual do Rio Grande do Sul, assinale a alternativa correta.

I. À Polícia Civil, dirigida pelo Chefe de Polícia, delegado de carreira da mais elevada classe, de livre escolha, nomeação e exoneração pelo Governador do Estado, incumbem as funções de polícia judiciária e a apuração das infrações penais.

II. A organização, garantias, direitos e deveres do pessoal da Polícia Civil serão definidos em lei ordinária e terão por princípios a hierarquia e a disciplina.

III. Portaria da Secretaria de Segurança Pública disciplinará a organização e o funcionamento dos órgãos responsáveis pela segurança pública, de maneira a assegurar-lhes a eficiência das atividades.

IV. Além das funções previstas na Constituição Federal e nas leis, incumbe ainda ao Ministério Público, nos termos de sua lei complementar, exercer o controle interno da atividade policial.

Quais estão INCORRETAS?

(A) Apenas I.

(B) Apenas III.

(C) Apenas II e IV.

(D) Apenas I, II e III.

(E) I, II, III e IV.

I: incorreta, porque à Polícia Civil, dirigida pelo Chefe de Polícia, delegado de carreira da mais elevada classe, de livre escolha, nomeação e exoneração pelo Governador do Estado, incumbem, ressalvada a competência da União, as funções de polícia judiciária e a apuração das infrações penais, exceto as militares (art. 133, *caput*, da Constituição Estadual do Rio Grande do Sul); **II:** incorreta, pois a organização, garantias, direitos e deveres do pessoal da Polícia Civil serão definidos em **lei complementar** e terão por princípios a hierarquia e a disciplina (art. 134 da CE/RS); **III:** incorreta, pois a **lei** disciplinará a organização e o funcionamento dos órgãos responsáveis pela segurança pública, de maneira a assegurar-lhes a eficiência das atividades. (art. 125 da CE/RS); **IV:** incorreta, porque, além das funções previstas na Constituição Federal e nas leis, incumbe ainda ao Ministério Público, nos termos de sua lei complementar, exercer o **controle externo** da atividade policial (art. 111, IV, da CE/RS). **AN**

Gabarito "E".

(Papiloscopista – PCDF – Universa – 2016) Quanto ao Poder Legislativo, ao Poder Executivo, à federação brasileira e aos direitos e às garantias fundamentais, é correto afirmar que

(A) a federação brasileira se compõe dos seguintes entes federativos: União, estados, Distrito Federal, municípios e territórios.

(B) a decretação de interceptação telefônica nem sempre se sujeita à reserva de jurisdição.

(C) são chamados de princípios constitucionais impassíveis aqueles que autorizam a requisição da intervenção federal por parte do Supremo Tribunal Federal (STF).

(D) cabe ao Congresso Nacional autorizar o presidente da República a se ausentar do país quando a ausência exceder a quinze dias, sob pena de perda do cargo.

(E) se admite o direito de secessão no Brasil.

A: incorreta. A federação brasileira se compõe da União, dos Estados, do Distrito Federal e dos Municípios, não havendo disposição quanto aos territórios (art. 18, "caput" da CF); **B:** incorreta. A interceptação telefônica sempre dependerá de autorização judicial, de modo que a ausência de autorização pelo órgão competente macula a validade do material como prova, além de constar como direito fundamental na Constituição (art. 5º, XII da CF); **C:** incorreta. A situação posta consubstancia-se em hipótese de princípios constitucionais sensíveis.; **D:** Correta (art. 49, III da CF); **E:** Na lição de Paulo Gustavo Gonet Branco na obra Curso de Direito Constitucional, estabeleceu que: *"Na medida em que os Estados-membros não são soberanos, é comum impedir que os Estados se desliguem da União — no que o Estado Federal se distingue da confederação. É frequente, nos textos constitucionais, a assertiva de ser indissolúvel o laço federativo (caso do art. 1º da Constituição de 1988)"*, restando claro a inexistência do direito à secessão em nosso ordenamento. **TC**

Gabarito "D".

(Papiloscopista – PCDF – Universa – 2016) Acerca do processo legislativo, do meio ambiente e dos povos indígenas, assinale a alternativa correta.

(A) Consoante o STF, para fins de demarcação das terras indígenas somente se consideram as terras tradicionalmente ocupadas em 5 de outubro de 1988.

(B) A renovação da concessão ou permissão para o serviço de radiodifusão de sons e imagens obedece ao rito do procedimento legislativo ordinário.

(C) Conforme a CF, as unidades de conservação da natureza podem ser criadas, alteradas e suprimidas por meio de decreto ou ato infralegal equivalente, desde que na forma da lei.

(D) A CF contém mandamentos constitucionais de criminalização, embora entre eles não se inclua a punição criminal de pessoas jurídicas por danos causados ao meio ambiente.

(E) São nulos e extintos, não produzindo efeitos jurídicos, os atos que tenham por objeto a ocupação, o domínio e a posse dos sítios detentores de reminiscências históricas dos antigos quilombos.

A: correta. O Plenário do Supremo Tribunal Federal, no julgamento da Pet 3.388, Rel. Min. Carlos Britto, DJe de 1º/7/2010, estabeleceu como marco temporal de ocupação da terra pelos índios, para efeito de reconhecimento como terra indígena, a data da promulgação da Constituição, em 5 de outubro de 1988; **B:** incorreta, haverá um rito especial nos termos do art. 223 e parágrafos da CF; **C:** incorreta. As unidades de conservação, de fato, poderão ser criadas por meio de decreto ou ato infralegal equivalente (resolução, manifestação administrativa, etc.). Entretanto, para que sejam alteradas ou suprimidas dependerão de lei específica (art. 225, § 1º, III da CF); **D:** incorreta. A Constituição estabelece (art. 225, § 3º da CF) que as condutas lesivas ao meio ambiente sujeitarão os infratores sejam eles pessoas físicas ou jurídicas a sanções penais e administrativas; **E:** incorreta. O dispositivo Constitucional que declara nulo e extinto o ato que tenha por objeto a ocupação, o domínio e a posse, refere-se às terras dos índios e não aos sítios detentores de reminiscências históricas dos antigos quilombos (art. 231, § 6º da CF). **TC**

Gabarito "A".

(Polícia Rodoviária Federal – 2013 – CESPE) No que concerne ao Poder Executivo e ao Poder Judiciário, julgue os itens subsecutivos.

(1) Compete originariamente ao Superior Tribunal de Justiça (STJ) julgar o litígio entre Estado estrangeiro ou organismo internacional e a União, os estados ou o DF.

(2) Compete privativamente ao presidente da República conceder indulto e comutar penas, ouvidos, se necessário, os órgãos instituídos em lei.

1: errada, referida competência originária é do Supremo Tribunal Federal (STF), é o que prevê o art. 102, I, alínea "e"; **2:** correta, é o que prevê o artigo 84, XII, da Constituição Federal.

Gabarito 1E, 2C.

(Escrivão de Polícia/BA – 2013 – CESPE) No que se refere aos poderes Legislativo, Executivo e Judiciário e às funções essenciais à justiça, julgue os itens seguintes.

(1) O presidente da República, durante a vigência de seu mandato, poderá ser responsabilizado por infrações penais comuns, por crimes de responsabilidade e até mesmo por atos estranhos ao exercício de suas funções.

(2) O controle externo da atividade policial civil é função institucional realizada pelo MP estadual.

(3) Integrante da polícia civil que praticar infração penal será julgado pelo tribunal de justiça do estado a que esteja vinculado como servidor, visto que possui foro por prerrogativa de função.

5. DIREITO CONSTITUCIONAL

(4) A possibilidade de determinação da quebra do sigilo bancário e fiscal encontra-se no âmbito dos poderes de investigação das comissões parlamentares de inquérito.

(5) A sanção presidencial a projeto de lei proposto por deputado federal para regulamentar matéria relacionada a servidores públicos sana o vício de iniciativa do Poder Executivo.

1: errada, durante a vigência de seu mandato, o Presidente da República poderá ser responsabilizado por infrações penais comuns e crimes de responsabilidade (artigo 86, *caput*, da Constituição Federal), mas não poderá ser responsabilizado por atos estranhos ao exercício de suas funções, é o que estabelece o artigo 86, § 4º, da Constituição Federal; **2:** correta, é o que prevê o artigo 129, VII, da Constituição Federal; **3:** errada, o integrante da polícia civil que praticar infração penal, será evidentemente julgado pelo tribunal de justiça do estado a que esteja vinculado como servidor, mas isso não ocorre, por foro de prerrogativa de função, visto que referida garantia não é concedida à Policiais Civis; **4:** correta, as comissões parlamentares de inquérito, possuem autonomia para determinar a quebra de sigilo bancário e fiscal. Cabe mencionar decisão ementada no MS 23.868 de 2001, de relatoria do Min. Celso de Mello, nos seguintes termos: "A quebra do sigilo, por ato de CPI, deve ser necessariamente fundamentada, sob pena de invalidade. A CPI – que dispõe de competência constitucional para ordenar a quebra do sigilo bancário, fiscal e telefônico das pessoas sob investigação do Poder Legislativo – somente poderá praticar tal ato, que se reveste de gravíssimas consequências, se justificar, de modo adequado, e sempre mediante indicação concreta de fatos específicos, a necessidade de adoção dessa medida excepcional (...)"; **5:** errada, a sanção presidencial a projeto de lei proposto por deputado federal, para regulamentar matéria que era de sua iniciativa privativa (artigo 61, § 1º, II, alínea "c"), não sana o vício de iniciativa. O STF já se pronunciou na ADI 2.867 de 2003, ao estabelecer que a ulterior aquiescência do chefe do Poder Executivo, mediante sanção do projeto de lei, ainda que dele seja a prerrogativa usurpada, não tem o condão de sanar o vício radical da inconstitucionalidade.

Gabarito 1E, 2C, 3E, 4C, 5E

6. DIREITOS HUMANOS

Renan Flumian

1. TEORIA GERAL E DOCUMENTOS HISTÓRICOS

(Escrivão/SP – 2014 – VUNESP) Documento histórico relevante na evolução dos direitos humanos, elaborado no século XIII, que regulava várias matérias, de sentido puramente local ou conjuntural, ao lado de outras que constituem as primeiras fundações da civilização moderna, que considera que o rei se encontra vinculado pelas próprias leis que edita e que traz a essência do princípio do devido processo legal em seu texto.

Tal descrição se refere à

(A) Lei de *Habeas Corpus* (ou *Habeas Corpus Act*).

(B) Declaração de Direitos da Inglaterra (ou *Bill of Rights*).

(C) Declaração de Independência dos Estados Unidos da América.

(D) Magna Carta (ou *Magna Charta Libertatum*).

(E) Declaração dos Direitos do Homem e do Cidadão.

A Magna Carta é um documento de 1215 que limitou o poder dos monarcas da Inglaterra, impedindo o exercício do poder absoluto. Segundo os termos do documento, o rei deveria renunciar a certos direitos e respeitar determinados procedimentos legais (apontado, pela historiologia jurídica, como a origem do devido processo legal), bem como reconhecer que sua vontade estaria sujeita à lei. Considera-se a Magna Carta o primeiro capítulo de um longo processo histórico que levaria ao surgimento do constitucionalismo[1] e da democracia moderna. Em síntese, o documento é uma limitação institucional dos poderes reais.

Gabarito "D".

(Investigador de Polícia/SP – 2013 – VUNESP) Dentre os documentos reconhecidos internacionalmente e que limitaram o poder do governante em relação aos direitos do homem, encontra-se o mais remoto e pioneiro antecedente que submetia o Rei a um corpo escrito de normas, procurava afastar a arbitrariedade na cobrança de impostos e implementava um julgamento justo aos homens.

Esse importante documento histórico dos direitos humanos denomina-se

(A) Talmude.

(B) *Magna Carta* da Inglaterra.

(C) Alcorão.

(D) Declaração dos Direitos do Homem e do Cidadão da França.

(E) *Bill of Rights*.

Podem-se apontar a democracia ateniense (501-338 a.C.) e a República romana (509-27 a.C.) como os primeiros grandes exemplos, na história política da humanidade, de respeito aos direitos humanos, no sentido de limitar o poder público em prol dos governados. A democracia ateniense era balizada pela preeminência das leis e pela participação direta dos cidadãos[2] na Assembleia. Dessa maneira, o poder dos governantes foi limitado por sua subordinação ao mandamento legal e pelo controle popular. O papel do povo era marcante, pois este elegia os governantes e decidia, em assembleia e de forma direta, os assuntos mais importantes. Ademais, o povo tinha competência para julgar os governantes e os autores dos principais crimes. É dito que pela primeira vez na história o povo governou a si mesmo. Já a República romana limitou o poder político por meio da instituição de um sistema de controles recíprocos entre os órgãos políticos. Além desses dois exemplos, é possível apontar no desenvolver da história outro acontecimento de grande importância para a consolidação dos direitos humanos. Trata-se da Magna Carta de 1215, conhecida por limitar o poder dos monarcas ingleses, impedindo assim o exercício do poder absoluto. Seguindo tal exercício, as liberdades pessoais foram garantidas de forma mais geral e abstrata (em comparação com a Magna Carta de 1215) pelo Habeas Corpus Act de 1679 e pelo Bill of Rights de 1689. A concepção contemporânea dos direitos humanos, por sua vez, foi inaugurada pela Declaração Universal dos Direitos Humanos de 1948 e reforçada pela Declaração de Direitos Humanos de Viena de 1993. Importantes também nesse processo foram a Declaração de Direitos americana, conhecida como Declaração de Direitos do Bom Povo da Virgínia e a Declaração de Direitos francesa, impulsionada pela Revolução Francesa de 1789, ambas do século XVIII. A Organização das Nações Unidas (ONU) e a Declaração Universal dos Direitos Humanos criaram um verdadeiro sistema de proteção global da dignidade humana. É importante ter em mente que o processo recente de internacionalização dos direitos humanos é fruto do pós-guerra e da "ressaca moral" da humanidade ocasionada pelo excesso de violações perpetradas pelo nazifascismo. Depois desse apanhado geral, cabe agora pormenorizar sobre a Magna Carta. O século XII marcou o início de uma onda de centralização de poder, tanto em nível civil como eclesiástico. É importante ter em mente tal consideração, pois ela é o motivador da assinatura da Magna Carta. A título histórico, cabe lembrar que já em 1188 havia sido feita a declaração das cortes de Leão, na Espanha. Depois dessa declaração, os senhores feudais espanhóis continuaram se manifestando, mediante declarações e petições, contra a instalação do poder real soberano.

---

2. Vale asseverar que apenas uma pequena parcela dos homens eram considerados cidadãos, isto é, somente aqueles que integravam a *polis* (espaço público). A maioria restante vivia em função do suprimento de suas necessidade vitais e básicas, ficando apenas na *oikia* (espaço privado). Na *oikia* o homem é escravo da necessidade. A liberdade política significa libertar-se dessa espécie da coação, significa liberar-se das necessidades da vida para o exercício da cidadania na *polis*, que constitui privilégio apenas de alguns homens. A *polis* é o local do encontro dos iguais, dos homens que se libertaram da labuta; em virtude disto, são considerados livres e também é livre a atividade que eles exercem. Esta distinção entre público (*polis*) e privado (*oikia*) que caracteriza a sociedade democrática grega, sofre durante séculos muitas modificações; todavia, fincou-se o princípio de que o espaço público é um pressuposto para o desenvolvimento das práticas democráticas.

---

1. O constitucionalismo pode ser conceituado como o movimento político, social e jurídico cujo objetivo é limitar o poder do Estado por meio de uma Constituição. Já o neo-constitucionalismo surge depois da Segunda Guerra Mundial e tem por objetivo principal conferir maior efetividade aos comandos constitucionais, notadamente os direitos fundamentais.

A Magna Carta é um documento de 1215 que limitou o poder dos monarcas da Inglaterra, impedindo o exercício do poder absoluto. Ela resultou de desentendimentos entre o rei João I (conhecido como "João Sem Terra"), o papa e os barões ingleses acerca das prerrogativas do soberano. Essas discordâncias tinham raízes diversas. A contenda com os barões foi motivada pelo aumento das exações fiscais, constituídas para financiar campanhas bélicas, pois o rei João Sem Terra acabara de perder a Normandia – que era sua por herança dinástica – para o rei francês Filipe Augusto. A desavença com o papa surgiu de seu apoio às pretensões territoriais do imperador Óton IV, seu sobrinho, em prejuízo do papado. Ademais, o rei João I recusara a escolha papal de Stephen Langton como cardeal de Canterbury, o que lhe rendeu a excomunhão, operada pelo papa Inocêncio III. A Magna Carta só foi assinada pelo rei quando a revolta armada dos barões atingiu Londres, sendo sua assinatura condição para o cessar-fogo. Todavia, ela foi reafirmada solenemente (pois tinha vigência determinada de três meses) em 1216, 1217 e 1225, quando se tornou direito permanente. Como curiosidade, cabe apontar que algumas de suas disposições se encontram em vigor ainda nos dias de hoje. Sua forma foi de promessa unilateral, por parte do monarca, de conceder certos privilégios aos barões, mas é possível entendê-la como uma convenção firmada entre os barões e o rei. Além disso, segundo os termos do documento, o rei deveria renunciar a certos direitos e respeitar determinados procedimentos legais, bem como reconhecer que sua vontade estaria sujeita à lei. Considera-se a Magna Carta o primeiro capítulo de um longo processo histórico que levaria ao surgimento do constitucionalismo e da democracia moderna. Em síntese, o documento é uma limitação institucional dos poderes reais.

Gabarito "B".

(Polícia/MG – 2008) Encontramos na doutrina dos Direitos Humanos a afirmação de que, para compreender a evolução dos direitos individuais no contexto da evolução constitucional, é preciso retomar alguns aspectos da evolução dos tipos de Estado. Analise as seguintes afirmativas e assinale a que NÃO corrobora o enunciado acima.

(A) A primeira fase do Estado Liberal caracteriza-se pela vitória da proposta econômica liberal, aparecendo teoricamente os direitos individuais como grupo de direitos que se fundamentam na propriedade privada, principalmente na propriedade privada dos meios de produção.

(B) As mudanças sociais ocorridas no início do século XX visavam armar os indivíduos de meios de resistência contra o Estado. Desse modo, a proteção dos direitos e liberdades fundamentais torna-se o núcleo essencial do sistema político da democracia constitucional.

(C) As constituições socialistas consagraram uma economia socialista, garantindo a propriedade coletiva e estatal e abolindo a propriedade privada dos meios de produção, dando uma clara ênfase aos direitos econômicos e sociais e uma proposital limitação aos direitos individuais.

(D) A implementação efetiva dos direitos sociais e econômicos em boa parte da Europa Ocidental no pós-guerra, como saúde e educação públicas, trouxe consigo o germe da nova fase democrática do Estado Social e da superação da visão liberal dos grupos de direitos fundamentais.

A: correta. Interessante sobre tais direitos é a verificação de que a sua defesa foi feita, sobretudo pelos EUA. Estes defendiam a perspectiva liberal dos direitos humanos, os quais foram consagrados no Pacto Internacional de Direitos Civis e Políticos; **B:** incorreta, devendo esta ser assinalada. As mudanças sociais, ocorridas no início do século XX, não tinham como principal finalidade dotar os indivíduos de meios de

resistência contra o estado. Ademais, as democracias constitucionais tornaram-se realidade como forma de governo somente no pós-guerra; **C:** correta. O socialismo refere-se à teoria de organização econômica que advoga a propriedade pública ou coletiva, a administração pública dos meios de produção e distribuição de bens para construir uma sociedade caracterizada pela igualdade de oportunidades para todos os indivíduos. O socialismo moderno surgiu no final do século XVIII tendo origem na classe intelectual e nos movimentos políticos da classe trabalhadora que criticavam os efeitos da industrialização e da sociedade calcada na propriedade privada. Importante apontar o papel da URSS, pois esta defendia a perspectiva social dos direitos humanos, os quais foram consagrados no Pacto Internacional de Direitos Econômicos, Sociais e Culturais; **D:** correta. A formatação de estados sociais (welfare state) na Europa ocidental do pós-guerra tem como grande finalidade a implementação dos direitos econômicos, sociais e culturais de suas populações que muito sofreram com os conflitos mundiais e tinham pouca esperança para o futuro.

Gabarito "B".

(Polícia/BA – 2006 – CONSULPLAN) Tomando-se por base o constitucionalismo, a doutrina dos Direitos Humanos exerce, em relação ao Estado, uma função:

(A) Integrativa.

(B) Limitadora.

(C) Orientadora.

(D) Doutrinária.

(E) N.R.A.

A grande função dos direitos humanos é coibir os abusos cometidos pelos estados em relação às suas populações. A Declaração de Direitos Americana de 1776 foi a primeira "declaração de direitos em sentido moderno", porque suas regras funcionaram como um sistema de limitação de poderes, ou seja, os direitos conferidos aos cidadãos limitavam o poder estatal. Tanto é assim, que o recente processo de internacionalização dos direitos humanos é fruto do pós-guerra e da "ressaca moral" da humanidade ocasionada pelo excesso de violações de direitos humanos perpetradas pelo nazifascismo.

Gabarito "B".

(Polícia/SP – 2008) A teoria que fundamenta e situa os direitos humanos em uma ordem suprema, universal, imutável e livre dos influxos humanos, denomina-se

(A) moralista.

(B) jusnaturalista.

(C) positivista.

(D) fundamentalista.

(E) realista.

A: incorreta. A Teoria Moralista defende que a fundamentação dos direitos humanos encontra-se na própria experiência e consciência de um determinado povo; **B:** correta. O Jusnaturalismo (ou Direito Natural) é uma teoria que define o conteúdo do direito como estabelecido pela natureza (como ordem superior, universal, imutável e inderrogável) e, portanto, válido em qualquer lugar. Ou seja, o direito natural é prévio a qualquer construção humana, seja de ordem política, religiosa etc. Assim, deverá ser sempre respeitado e o direito positivo, para ter validade, não poderá com ele contrastar. E os direitos humanos são adstritos à condição humana, logo, fazem parte do direito natural, o que os fazem transcender as criações culturais no sentido lato (religião, tradição, organização política etc.); **C:** incorreta. O positivismo jurídico é a doutrina que considera como Direito toda norma veiculada pelos órgãos dotados de poder político para editá-las; **D:** incorreta. Tem-se certa dificuldade em bem delimitar a teoria fundamentalista (pela sua abrangência de aplicação), mas sabe-se que esta teoria não fundamenta os direitos humanos; **E:** incorreta. O Realismo Jurídico é uma corrente

6. DIREITOS HUMANOS

do pensamento jusfilosófico que defende que o direito é tirado da experiência social. Ou seja, para os realistas o direito é fato social. **Gabarito "B".**

(Polícia/BA – 2006 – CONSULPLAN) Fatos históricos que prenunciaram a dogmática dos Direitos Humanos:

(A) A Declaração da Virgínia (E.U.A.).

(B) O Concílio de Trento.

(C) O armistício da 2ª Grande Guerra.

(D) As alternativas A e C estão corretas.

(E) N.R.A.

O marco recente dos direitos humanos foi sem dúvida a Declaração Universal dos Direitos Humanos de 1948. Com importância neste processo pode-se também citar a Declaração de Direitos Francesa, impulsionada pela Revolução Francesa de 1789, e a Declaração de Direitos Americana (Declaração de Direitos do Bom Povo da Virgínia), ambas do século XVIII. A Declaração de Direitos Americana de 1776 foi a primeira declaração de direitos em sentido moderno, pois suas regras funcionam como um sistema de limitação de poderes, ou seja, os direitos conferidos aos cidadãos limitavam o poder estatal. Ademais, demonstram preocupação com a estruturação de um governo democrático. E a Declaração dos Direitos do Homem e do Cidadão que a Assembleia Constituinte da França adotou em 1789, influenciada diretamente pela Revolução Francesa, teve por base os conceitos de liberdade, igualdade, fraternidade, propriedade, legalidade e garantias individuais. Importante apontar que esses direitos foram ampliados porventura da Declaração dos Direitos do Homem e do Cidadão pela Convenção nacional em 1793. A ONU e a Declaração Universal dos Direitos Humanos criam um verdadeiro sistema de proteção global da dignidade humana. É importante ter em mente que este processo recente de internacionalização dos direitos humanos é fruto do pós-segunda guerra mundial e da "ressaca moral" da humanidade ocasionada pelo excesso de violações de direitos humanos perpetradas pelo nazifascismo. Por sua vez, o Concílio de Trento, realizado de 1545 a 1563, foi o 19º concílio ecumênico. Foi convocado pelo Papa Paulo III para assegurar a unidade da fé e a disciplina eclesiástica, no contexto da Reforma da Igreja Católica e da reação à divisão então vivida na Europa devido à Reforma Protestante, razão pela qual é denominado como Concílio da Contrarreforma. **Gabarito "D".**

(Polícia/BA – 2006 – CONSULPLAN) O ser humano pode ser compelido, "como último recurso, à rebelião contra a tirania e a opressão". Para respaldar essa assertiva filosoficamente, a doutrina dos Direitos Humanos encontra lastro no (a):

(A) Correcionalismo.

(B) Marxismo.

(C) Jusnaturalismo.

(D) Teoria moralista.

(E) N.R. A

A: incorreta. A Escola Penal Correcionalista tem como principal característica a busca da correção do delinquente como fim único da pena; **B:** incorreta. O Marxismo é o conjunto de ideias filosóficas, econômicas, políticas e sociais elaboradas primariamente por Karl Marx e Friedrich Engels. Tem por base a concepção materialista e dialética da História, e, assim, interpreta a vida social conforme a dinâmica da base produtiva das sociedades e das lutas de classes daí consequentes; **C:** correta. O Jusnaturalismo (ou Direito Natural) é uma teoria que define o conteúdo do direito como estabelecido pela natureza (como ordem superior, universal, imutável e inderrogável) e, portanto, válido em qualquer lugar. Ou seja, o direito natural é prévio a qualquer construção humana, seja de ordem política, religiosa etc. Assim, deverá ser sempre respeitado e o direito positivo, para ter validade, não poderá com ele contrastar. E os

direitos humanos são adstritos à condição humana, logo, fazem parte do direito natural, o que os fazem transcender as criações culturais no sentido lato (religião, tradição, organização política etc.); **D:** incorreta. A Teoria Moralista defende que a fundamentação dos direitos humanos encontra-se na própria experiência e consciência de um determinado povo; **E:** incorreta, pois a assertiva "C" é correta. **Gabarito "C".**

(Polícia/BA – 2006 – CONSULPLAN) Um marco fundamental para a doutrina dos Direitos Humanos:

(A) Revolução Comercial.

(B) Revolução Francesa.

(C) Revolução Industrial.

(D) Revolução Cultural.

(E) N.R.A

A: incorreta. A Revolução Comercial foi um período de grande expansão econômica da Europa, movido pelo colonialismo e mercantilismo que durou aproximadamente do século XVI ao século XVIII. Este desenvolvimento comercial, com raízes no século XV, resultou em transformações profundas na economia europeia. A moeda tornou-se fator primordial da riqueza e as transações comerciais foram monetarizadas. A produção e a troca deixaram de ter caráter de subsistência, visando atender aos mercados das cidades. Com a Revolução Comercial o eixo comercial do Mediterrâneo foi transferido para o Atlântico, rompendo o monopólio das cidades italianas no comércio com o Oriente e iniciando o mercantilismo; **B:** correta. O marco recente dos direitos humanos foi sem dúvida a Declaração Universal dos Direitos Humanos 1948. Com importância neste processo pode-se também citar a Declaração de Direitos Francesa, impulsionada pela Revolução Francesa de 1789, e a Declaração de Direitos Americana (Declaração de Direitos do Bom Povo da Virgínia), ambas do século XVIII. A Declaração de Direitos Americana de 1776 foi a primeira declaração de direitos em sentido moderno, pois suas regras funcionam como um sistema de limitação de poderes, ou seja, os direitos conferidos aos cidadãos limitavam o poder estatal. Ademais, demonstram preocupação com a estruturação de um governo democrático. E a Declaração dos Direitos do Homem e do Cidadão que a Assembleia Constituinte da França adotou em 1789, influenciada diretamente pela Revolução Francesa, teve por base os conceitos de liberdade, igualdade, fraternidade, propriedade, legalidade e garantias individuais. Importante apontar que estes direitos foram ampliados porventura da Declaração dos Direitos do Homem e do Cidadão pela Convenção nacional em 1793; **C:** incorreta. A Revolução Industrial consistiu em um conjunto de mudanças tecnológicas com profundo impacto no processo produtivo em nível econômico e social. Iniciada na Inglaterra em meados do século XVIII expandiu-se pelo mundo a partir do século XIX. Ao longo do processo a era da agricultura foi superada, a máquina foi superando o trabalho humano, uma nova relação entre capital e trabalho se impôs, novas relações entre nações se estabeleceram e surgiu o fenômeno da cultura de massa, entre outros eventos; **D:** incorreta. O termo Revolução Cultural não foi bem explicitado pelo formulador da questão. Todavia, por guardar certas pertinências com as revoluções traçadas nas outras assertivas, passemos a tecer considerações pontuais sobre a Revolução Cultural Chinesa. A Grande Revolução Cultural Proletária (conhecida como Revolução Cultural Chinesa) foi uma profunda campanha político--ideológica levada a cabo a partir de 1966 na República Popular da China, pelo então líder do Partido Comunista Chinês, Mao Tsé-tung. O objetivo da campanha político-ideológica era neutralizar a crescente oposição que lhe faziam alguns setores menos radicais do partido, em decorrência do fracasso do plano econômico Grande Salto Adiante (1958-1960), cujos efeitos acarretaram a morte de milhões de pessoas devido à fome generalizada; **E:** incorreta, pois a assertiva "B" é correta. **Gabarito "B".**

(Polícia/BA – 2006 – CONSULPLAN) Não se pode chamar a doutrina dos direitos humanos em favor de quem os violou devido à:

(A) Relatividade dos D. H.

(B) Falta de coerção dos D. H.

(C) Indivisibilidade dos D. H.

(D) Falta de coação dos D. H.

(E) N.R. A.

A: incorreta. Esta assertiva foi indicada como correta, todavia não concordamos. Isto porque os direitos humanos são adstritos à condição humana, assim, o único requisito para deles gozar é ser pessoa humana. Do contrário, permitir-se-ia a pena de morte e outros tratamentos degradantes para os criminosos, pois estes violaram direitos humanos de outras pessoas e, ato contínuo, não possuem mais direito à proteção de sua dignidade. Portanto, todo indivíduo, por sua condição de pessoa humana, tem direito humanos que devem ser tutelados pelo Estado em qualquer situação; **B:** incorreta. A coercibilidade ou não dos direitos humanos não tem ligação com a possibilidade (não existente, como vimos no comentário referente à assertiva "A") dos violadores de direitos humanos perderem o direito de ter sua dignidade tutelada. Ademais, a possibilidade de coerção dos direitos humanos é determinada por cada sistema protetivo. Por exemplo, o sistema nacional de proteção dos direitos humanos é coercitivo, como também o é o sistema americano de proteção dos direitos americanos (aqui a coerção é exercida pela Corte Interamericana dos Direitos Humanos). Importante apontar que a Declaração Universal dos Direitos do Homem não tem força legal, mas sim material e acima de tudo inderrogável, por fazer parte do jus cogens; **C:** incorreta. A indivisibilidade dos direitos humanos não tem ligação com a possibilidade (não existente, como vimos no comentário referente à assertiva "A") dos violadores de direitos humanos perderem o direito de ter sua dignidade tutelada. A característica da indivisibilidade que os direitos humanos sustentam refere-se ao fato de que todos os direitos humanos se retroalimentam e se complementam e, assim, infrutífero buscar a proteção de apenas uma parcela deles; **D:** incorreta. A falta ou não de coação dos direitos humanos também não tem ligação com a possibilidade (não existente, conforme a assertiva "A") dos violadores de direitos humanos perderem o direito de ter sua dignidade tutelada; **E:** correta. Essa assertiva deve ser assinalada, pois todas as outras estão incorretas.
Gabarito "E".

(Polícia/MG – 2006) A passagem do Estado Liberal para o Estado Social tem significado importante na evolução dos direitos humanos. Referente a esse momento histórico é correto afirmar, EXCETO:

(A) O Estado Liberal típico não faz em suas Constituições referência à ordem econômica

(B) As Constituições anteriores à Primeira Guerra Mundial já consagravam em seus textos direitos sociais.

(C) No estado Social os direitos fundamentais se ampliam ainda consagrando em seus textos direitos sociais.

(D) O Estado Liberal traduzia o pensamento econômico do Liberalismo Clássico, o *laissez-faire, laissez-passer*.

(E) O individualismo dos séculos XVII e XVIII conduz os homens a um capitalismo desumano e escravizador.

A: correta. O estado liberal típico deixa que a ordem econômica seja totalmente "regulada" pelo mercado; **B:** incorreta, devendo esta ser assinalada. A consagração dos direitos sociais nas constituições é fenômeno que toma forma após a Primeira Guerra Mundial. De grande destaque neste processo são a Constituição Mexicana de 1917 e a Constituição de Weimar de 1919; **C:** correta. É exatamente esta consequência para os textos constitucionais. Ou seja, o estado social ou welfare state amplia os direitos fundamentais, com especial realce nos de índole social, econômica e cultural; **D:** correta. O liberalismo clássico, aplicado pelo Estado Liberal, é uma forma de liberalismo que defende as liberdades individuais, igualdade perante a lei,

limitação constitucional do governo, direito de propriedade, proteção das liberdades civis e restrições fiscais ao governo etc. Sua formulação tem por base textos de John Locke, Adam Smith, David Ricardo, Voltaire, Montesquieu e outros. Em outras palavras, é a fusão do liberalismo econômico com liberalismo político do final do século XVIII e século XIX. O "núcleo normativo" do liberalismo clássico é a ideia de que economia seria guiada por uma ordem espontânea ou "mão invisível" que beneficiaria toda a sociedade; **E:** correta. A total desregulação que marcou os séculos XVII e XVIII, impulsionada pela Revolução Industrial inglesa, teve por desfecho um capitalismo desumano e escravizador, que ficou marcado pela ausência de limites da jornada de trabalho, bem como de idade dos trabalhadores ingleses em carvoarias destinadas a alimentar a crescente industrialização do país nos séculos mencionados.
Gabarito "B".

2. GERAÇÕES OU GESTAÇÕES DE DIREITOS HUMANOS

(Investigador/SP – 2014 – VUNESP) Na evolução histórica dos direitos humanos, surgem o que se convencionou denominar de "gerações dos direitos", que representam a valorização de determinados direitos em momentos históricos distintos. Assim sendo, assinale a alternativa que contempla direitos pertencentes à primeira geração dos direitos humanos.

(A) Direitos econômicos e de igualdade.

(B) Vida e liberdade.

(C) Direitos trabalhistas e previdenciários.

(D) Direitos civis e direito à paz.

(E) Fraternidade e direitos sociais.

A primeira geração trata dos direitos civis (liberdades individuais) e políticos. A titularidade desses direitos é atribuída ao indivíduo, por isso são conhecidos como direitos individuais. Seu fundamento é a ideia de *liberdade*. Cabe destacar que a classificação dos direitos humanos em gerações é bastante criticada por considerável parcela da doutrina. Isso porque daria a ideia de superação de direitos por outros e não de acumulação de direitos. Semanticamente, *geração* dá ideia de algo que é criado e que com o tempo se esvai para dar lugar ao outro. Em função dessa ideia, alguns autores preferem classificar como gestações ou dimensões e não gerações de direitos, tudo para reforçar a noção de continuidade.
Gabarito "B".

(Polícia Rodoviária Federal – 2013 – CESPE) No que se refere a fundamentação dos direitos humanos e a sua afirmação histórica, julgue os itens subsecutivos.

(1) A expressão direitos humanos de primeira geração refere-se aos direitos sociais, culturais e econômicos.

(2) Conforme a teoria positivista, os direitos humanos fundamentam-se em uma ordem superior, universal, imutável e inderrogável.

1: errado. A primeira geração trata dos direitos civis (liberdades individuais) e políticos; **2:** errado, pois a assertiva trata da teoria jusnaturalista.
Gabarito 1E, 2E.

(Investigador de Polícia/SP – 2013 – VUNESP) Na evolução dos direitos humanos, costumam-se classificar, geralmente, as gerações dos direitos em três fases (Eras dos Direitos), conforme seu processo evolutivo histórico. Assinale a alternativa que representa, correta e cronologicamente, essa classificação.

(A) Direitos civis; direitos políticos; direitos fundamentais.

(B) Igualdade; liberdade; fraternidade.

(C) Direitos individuais; direitos coletivos; direitos políticos e civis.

(D) Direitos civis e políticos; direitos econômicos e sociais; direitos difusos.

(E) Liberdades positivas; liberdades negativas; direitos dos povos.

A divisão dos direitos humanos em gerações, idealizada por Karel Vasak, tem por finalidade permitir uma análise precisa de sua amplitude, além de uma ampla compreensão sobre a causa de seu surgimento e seu contexto. A análise das gerações deve ter por fundamento não a ótica sucessória (de substituição da anterior pela posterior), mas sim a interacional (de complementação da anterior pela posterior). Em função dessa ideia, alguns autores preferem classificar como gestações e não gerações de direitos, tudo para reforçar a ideia de continuidade.

Primeira geração

A primeira geração trata dos direitos civis (liberdades individuais) e políticos. A titularidade desses direitos é atribuída ao indivíduo, por isso são conhecidos como direitos individuais. Seu fundamento é a ideia de *liberdade*. Sobre tais direitos, é interessante a verificação de que sua defesa foi feita sobretudo pelos EUA. Estes defendiam a perspectiva liberal dos direitos humanos, consagrados no Pacto Internacional de Direitos Civis e Políticos.

Segunda geração

A segunda geração trata dos direitos sociais, culturais e econômicos. A titularidade desses direitos é atribuída à coletividade, por isso são conhecidos como direitos coletivos. Seu fundamento é a ideia de igualdade. O grande motivador do aparecimento desses direitos foi o movimento antiliberal, notadamente após a Primeira Guerra Mundial. É importante apontar o papel da URSS, que defendia veementemente a perspectiva social dos direitos humanos. Essa linha foi consagrada no Pacto Internacional de Direitos Econômicos, Sociais e Culturais. Cabe destacar que tais direitos aparecerem em primeiro lugar na Constituição mexicana de 1917 e na Constituição alemã de 1919 ("Constituição de Weimar").

Terceira geração

A terceira geração trata dos direitos à paz, ao desenvolvimento, ao meio ambiente, à propriedade do patrimônio cultural. A titularidade desses direitos é atribuída à humanidade e são classificados doutrinariamente como difusos. Seu fundamento é a ideia de fraternidade. Esses direitos provieram em grande medida da polaridade Norte/Sul, da qual surgiu o princípio da autodeterminação dos povos, fundamento do processo de descolonização e de inúmeros outros exemplos, consoante os já indicados acima, que exteriorizam a busca por uma nova ordem política e econômica mundial mais justa e solidária. Os direitos de terceira geração foram consagrados na Convenção para a Proteção do Patrimônio Mundial, Cultural e Natural, de 1972, e na Convenção sobre a Diversidade Biológica, de 1992. Cabe apontar que são classificados pelo STF como novíssimos direitos.

Quarta e quinta gerações

Existem posicionamentos doutrinários que pouco se assemelham na tentativa de categorizar quais seriam os direitos componentes da quarta e da quinta gerações. Por exemplo, a Ministra Eliana Calmon defende que a quarta geração seria composta de direitos referentes à manipulação do patrimônio genético, como os alimentos transgênicos, fertilização in vitro com escolha do sexo e clonagem. Já para o professor Paulo Bonavides todos os direitos relacionados à globalização econômica fariam parte da quarta geração, enquanto que o direito à paz seria da quinta. Outros, como Alberto Nogueira que relaciona a quarta geração com os direitos a uma tributação justa, e Ricardo Lorenzetti, ministro da Suprema Corte Argentina, que define a quarta geração como sendo aquela do "direito a ser diferente", isto é, a tutela de todos tipos de diversidade – sexual, étnica etc. Além de José Alcebiades de Oliveira Júnior, que faz coro com Eliana Calmon em relação à quarta geração e assinala que a quinta é ligada ao direito cibernético. Percebe-se que

resta impossível categorizar cabalmente quais os direitos componentes da quarta e da quinta gerações, mas o importante é apontar possíveis interpretações e sublinhar a natureza dinâmica dos direitos humanos, os quais sempre estarão em construção. Para bem lembrar, a Declaração Universal dos Direitos do Homem elevou o homem à condição de sujeito de direito internacional, assim, é possível colocar o Estado como réu, perante instâncias internacionais, caso algum direito do ser humano seja ceifado ou impossibilitado de gozo. A título conclusivo, pode-se afirmar que toda regra, convencional ou não, que promova ou proteja a dignidade da pessoa humana se refere a "direitos humanos". Portanto, as cinco gerações trazem exemplos de direitos humanos que foram confeccionados em conformidade com a in/evolução da vida humana. A constante criação de "novos" direitos humanos torna impossível sua tipificação fechada, portanto, é necessária uma tipificação aberta para permitir a inserção de novos conceitos protetores da dignidade humana na medida em que aparecerem.

Gabarito "D".

3. CLASSIFICAÇÃO DOS DIREITOS HUMANOS

(Polícia/BA – 2008 – CEFETBAHIA) "Cidadania, portanto, engloba mais que direitos humanos, porque, além de incluir os direitos que a todos são atribuídos (em virtude da sua condição humana), abrange, ainda, os direitos políticos. Correto, por seguinte, falar-se numa dimensão política, numa dimensão civil e numa dimensão social da cidadania".

(Prof. J. J. Calmon de Passos)

Ao alargar a compreensão da cidadania para as três dimensões suprarreferidas, o prof. Calmon de Passos

(A) inova, ao focar somente o caráter educacional da cidadania plena na Grécia.

(B) contribui, doutrinariamente, para que a noção da cidadania ultrapasse a clássica concepção que a restringia tão somente ao exercício dos direitos políticos.

(C) restringe o entendimento da cidadania ao exercício dos direitos de primeira geração – especialmente quanto à igualdade.

(D) promove reflexão crítica em torno dos interditos proibitivos à construção de uma sociedade respeitosa para com as nuanças de sexo, gênero, raça e idade.

(E) contradiz a noção fundamental de extensão da cidadania a todos sem distinção – mulheres especialmente.

A: incorreta. O Prof. Calmon de Passos não está tecendo considerações sobre a cidadania na Grécia. Ademais, o professor está focando num caráter amplo (político, civil e social) da cidadania e não limitado (educacional); **B:** correta. As considerações do professor contribuem para a tomada de conscientização no sentido de que o exercício substancial da cidadania depende do gozo de direitos civis, políticos e sociais; **C:** incorreta, pois não restringe e sim amplia; **D:** incorreta, pois as considerações do professor promovem a reflexão crítica em torno do exercício pleno da cidadania por todos os cidadãos; **E:** incorreta. Muito pelo contrário, pois além de corroborar com a noção fundamental de extensão da cidadania a todos sem distinção, defende o pleno exercício da cidadania, o qual será atingido pela comunhão de direitos civis, políticos e sociais.

Gabarito "B".

(Polícia/MG – 2007) A ideologia liberal demonstra-se individualista, baseada na busca dos interesses individuais. Como decorrência da ideologia liberal, todos os Direitos Humanos relacionados abaixo são classificados como direitos individuais, EXCETO:

(A) a liberdade de consciência e de crença.

(B) a proteção à maternidade e à infância.

(C) direito à propriedade privada.

(D) a liberdade de comércio e de indústria.

A: correta, pois, trata-se de um exemplo de direito individual; **B:** incorreta, porque trata-se de um exemplo de direito social e cultural; **C:** correta, pois é um exemplo de direito individual; **D:** correta, porque é um exemplo de direito individual.

Gabarito "B".

4. SISTEMA GLOBAL DE PROTEÇÃO GERAL DOS DIREITOS HUMANOS

(Polícia/BA – 2006 – CONSULPLAN) Órgão máximo de deliberação mundial acerca dos Direitos Humanos:

(A) OEA

(B) ONG

(C) OLP

(D) ONU

(E) N.R.A

A: incorreta. A Organização dos Estados Americanos (OEA) é uma organização internacional que tem por objetivo garantir a paz e a segurança do continente americano. Por isso, diz-se que é uma organização internacional de vocação regional. É considerada como organismo regional das Nações Unidas. E seu principal instrumento protetivo é a Convenção Americana de Direitos Humanos de 1969 ou Pacto de San José da Costa Rica, a qual instituiu a Comissão Interamericana de Direitos Humanos e a Corte Interamericana; **B:** incorreta, pois a ONG é um acrônimo usado para as organizações não governamentais (sem fins lucrativos), que atuam no terceiro setor da sociedade civil. Essas organizações, de finalidade pública, atuam em diversas áreas, tais como: meio ambiente, o combate à pobreza, assistência social, saúde, educação, reciclagem, desenvolvimento sustentável, entre outras; **C:** incorreta. A Organização para a Libertação da Palestina (OLP) é uma organização política e paramilitar reconhecida pela Liga Árabe como a única representante legítima do povo palestino; **D:** correta. A Organização das Nações Unidas (ONU) é uma organização internacional que tem por objetivo facilitar a cooperação em matéria de direito internacional, segurança internacional, desenvolvimento econômico, progresso social, direitos humanos e a realização da paz mundial. Por isso, diz-se que é uma organização internacional de vocação universal. A sua lei básica é a Carta das Nações Unidas, assinada em São Francisco, no dia 26 de junho de 1945. Essa Carta tem como anexo o Estatuto da Corte Internacional de Justiça; **E:** incorreta, pois a assertiva "D" é correta. Gabarito "D".

(Polícia/SP – 2000) A Comissão de Direitos Humanos das Nações Unidas deverá submeter propostas, recomendações e relatórios referentes aos instrumentos internacionais de Direitos Humanos ao (à)

(A) Conselho Econômico e Social.

(B) Conselho de Tutela.

(C) Conselho de Segurança.

(D) Corte Internacional de Justiça.

A: correta. Dentro do organograma ONU, o órgão com atuação destacada no que se refere aos direitos humanos é o Conselho Econômico e Social, o qual, segundo o art. 62 da Carta das Nações Unidas, tem competência para promover a cooperação em questões econômicas, sociais e culturais, incluindo os direitos humanos. Dentro destas competências, o Conselho Econômico e Social pode criar comissões para melhor executar suas funções. Com suporte em tal competência, a Comissão de Direitos Humanos da ONU foi criada em 1946. Todavia, conviveu

com pesadas críticas, e, por fim, não resistiu e foi substituída em 16 de junho de 2006 pelo Conselho de Direitos Humanos – CDH – mediante a Resolução 60/251 adotada pela Assembleia Geral. Importante também apontar que a criação do CDH vem como uma tentativa simbólica de conferir paridade ao tema dos direitos humanos em relação aos temas segurança internacional e cooperação social e econômica, os quais têm conselhos específicos, respectivamente, Conselho de Segurança e Conselho Econômico e Social; **B:** incorreta. O Conselho de Tutela tinha competência para supervisionar a administração dos territórios sob regime de tutela internacional. As principais metas desse regime de tutela consistiam em promover o progresso dos habitantes dos territórios e desenvolver condições para a progressiva independência e estabelecimento de um governo próprio. Os objetivos do Conselho de Tutela foram tão amplamente atingidos que os territórios inicialmente sob esse regime – em sua maioria países da África – alcançaram, ao longo dos últimos anos, sua independência. Tanto assim que em 19 de novembro de 1994, o Conselho de Tutela suspendeu suas atividades, após quase meio século de luta em favor da autodeterminação dos povos. A decisão foi tomada após o encerramento do acordo de tutela sobre o território de Palau, no Pacífico. Palau, último território do mundo que ainda era tutelado pela ONU, tornou-se então um estado soberano, membro das Nações Unidas; **C:** incorreta. O Conselho de Segurança é o maior responsável na manutenção da paz e da segurança internacionais. O Conselho de Segurança é composto por cinco membros permanentes (China, Estados Unidos da América, França, Reino Unido e Rússia) e dez membros não permanentes. Cada membro do Conselho tem apenas um voto; **D:** incorreta. A Corte Internacional de Justiça é o principal órgão judicial da ONU. A Corte funciona com base em seu Estatuto e pelas chamadas **Regras da Corte** – espécie de código de processo. A competência da Corte é ampla. Em relação à competência "ratione materiae", a Corte poderá analisar todas as questões levadas até ela, como também todos os assuntos previstos na Carta da ONU ou em tratados e convenções em vigor. Já a competência "ratione personae" é mais limitada, pois a Corte só poderá receber postulações de estados, sejam ou não membros da ONU. Por fim, a Carta da ONU prevê uma função consultiva para a Corte. Assim, qualquer organização internacional intergovernamental – especialmente a ONU – poderá requerer parecer consultivo à Corte. A assertiva dada como correta é "A", todavia, com a criação do Conselho de Direitos Humanos em 2006 a questão fica sem assertiva correta. A partir de 2006 é o Conselho de Direitos Humanos que vai atuar diretamente com a proteção dos direitos humanos. O Conselho de Direitos Humanos é um órgão subsidiário da Assembleia geral e tem como principais competências: a) promover a educação e o ensino em direitos humanos; b) auxiliar os estados na implementação das políticas de direitos humanos assumidas em decorrência das Conferências da ONU, como também sua devida fiscalização; c) submeter um relatório anual à Assembleia Geral; d) propor recomendações acerca da promoção e proteção dos direitos humanos. Percebe-se que não mais existe a intermediação antes exercida pelo Conselho Econômico e Social. Gabarito "A".

4.1. Declaração Universal dos Direitos Humanos

(Agente-Escrivão – PC/GO – CESPE – 2016) A Declaração Universal dos Direitos Humanos

(A) não apresenta força jurídica vinculante, entretanto consagra a ideia de que, para ser titular de direitos, a pessoa deve ser nacional de um Estado-membro da ONU.

(B) não prevê expressamente instrumentos ou órgãos próprios para sua aplicação compulsória.

(C) prevê expressamente a proteção ao meio ambiente como um direito de todas as gerações, bem como repudia o trabalho escravo, determinando sanções econômicas aos Estados que não o combaterem.

6. DIREITOS HUMANOS   221

(D) é uma declaração de direitos que deve ser respeitada pelos Estados signatários, mas, devido ao fato de não ter a forma de tratado ou convenção, não implica vinculação desses Estados.

(E) inovou a concepção dos direitos humanos, porque universalizou os direitos civis, políticos, econômicos, sociais e culturais, privilegiando os direitos civis e políticos em relação aos demais.

A: incorreta. A Declaração Universal dos Direitos Humanos de 1948 universalizou a noção de direitos humanos, pois segundo a Declaração, a condição de pessoa humana é requisito único e exclusivo para ser titular de direitos; **B:** correta, pois a Declaração não prevê mecanismos constritivos para a implementação dos direitos nela previstos; **C:** incorreta, pois não há previsão sobre a proteção do meio ambiente na Declaração; **D:** incorreta. Alguns autores defendem que a Declaração vincula os Estados por fazer parte do *jus cogens* e, portanto, ser inderrogável. E ainda pode-se até advogar, conforme posição defendida por René Cassin[3], que a Declaração, por ter definido o conteúdo dos direitos humanos insculpidos na Carta das Nações Unidas, tem força legal vinculante sim, visto que os Estados-membros da ONU se comprometeram a promover e proteger os direitos humanos. Por esses dois últimos sentidos, chega-se à conclusão de que a Declaração Universal dos Direitos Humanos gera obrigações aos Estados, isto é, tem força obrigatória (por ser legal ou por fazer parte do *jus cogens*); **E:** incorreta, pois não existe o citado privilégio em relação aos direitos conhecidos como de primeira geração (direitos civis e políticos).
Gabarito "B".

(Investigador/SP – 2014 – VUNESP) Segundo a Declaração Universal dos Direitos Humanos, "toda a pessoa acusada de um ato delituoso presume-se inocente até que a sua culpabilidade fique legalmente provada no decurso de um processo público em que todas as garantias necessárias de defesa lhe sejam asseguradas".

Esse direito é, adequada e corretamente, representado pelo princípio

(A) da igualdade.

(B) da isonomia.

(C) democrático.

(D) da dignidade humana.

(E) do devido processo legal.

O princípio que representa o direito exposto no artigo 11 da DUDH é o do devido processo legal.
Gabarito "E".

(Investigador/SP – 2014 – VUNESP) O ano de 1948 representou um marco histórico mundial no tocante aos direitos humanos, pois foi nesse ano que

(A) foi criada a Corte Internacional dos Direitos Humanos.

(B) aconteceu a Independência dos Estados Unidos da América.

(C) eclodiu a Revolução Francesa, trazendo os ideais de liberdade, igualdade e fraternidade.

(D) foi outorgada a Carta Magna na Inglaterra.

(E) foi proclamada a Declaração Universal dos Direitos do Homem.

A: incorreta. Não existe a denominada Corte Internacional de Direitos Humanos, mas sim a Corte Internacional de Justiça. A referida Corte é

o principal órgão judicial da ONU, substituindo a Corte Permanente de Justiça Internacional (CPJI) de 1922, que foi a primeira Corte internacional com jurisdição universal. A Corte funciona com base em seu estatuto e pelas chamadas *Regras da Corte* – espécie de código de processo. A competência da Corte é ampla. Em relação à *ratione materiae*, a Corte pode analisar todas as questões levadas até ela, como também todos os assuntos previstos na Carta da ONU ou em tratados e convenções em vigor (artigo 36, ponto 1, do Estatuto da CIJ). Já a competência *ratione personae* é mais limitada, pois a Corte só pode receber postulações de Estados, sejam ou não membros da ONU (artigo 34, ponto 1, do Estatuto da CIJ); **B:** incorreta. A independência das 13 colônias inglesas da América do Norte se deu em 1776. Elas adquiriram o formato de uma confederação, o que logo foi modificado para constituírem um Estado federal, configuração mantida até hoje nos EUA; **C:** incorreta. A Revolução Francesa[4] é apontada como o marco inicial da civilização europeia contemporânea, pois os conceitos atuais de nação, cidadania, radicalismo, igualdade e democracia surgiram depois desse processo histórico. Influenciada diretamente pela Revolução Francesa e pela Revolução Americana de 1776, a Declaração dos Direitos do Homem e do Cidadão foi adotada pela Assembleia Constituinte da França em 1789. Pela primeira vez tem-se uma declaração generalizante, isto é, com o propósito de fazer referência não só aos seus cidadãos, mas a toda a humanidade, por isso a menção aos direitos do *homem* também. A Declaração teve por base os conceitos de *liberdade*, *igualdade*, *fraternidade*, *propriedade*, *legalidade* e *garantias individuais* (síntese do pensamento iluminista liberal e burguês) mas seu ponto central era a supressão dos privilégios especiais ("acabar com as desigualdades"), outrora garantidos para os estamentos do clero e da nobreza; **D:** incorreta. A Magna Carta é um documento de 1215 que limitou o poder dos monarcas da Inglaterra, impedindo o exercício do poder absoluto; **E:** correta. A Declaração Universal dos Direitos Humanos foi aprovada pela Resolução 217 A (III) da Assembleia Geral da ONU, em 10 de dezembro de 1948, por 48 votos a zero e oito abstenções[5]. Em conjunto com os dois Pactos Internacionais – sobre Direitos Civis e Políticos e sobre Direitos Econômicos, Sociais e Culturais -, constitui a denominada Carta Internacional de Direitos Humanos ou *International Bill of Rights*. A Declaração é fruto de um consenso sobre valores de cunho universal a serem seguidos pelos Estados e do reconhecimento do indivíduo como sujeito de direito internacional, tendo sofrido forte influência iluminista, sobretudo do liberalismo e do enciclopedismo vigente no período de transição entre a idade moderna e a contemporânea. Tanto é assim que a maioria dos seus artigos (3º a 21) traz direitos civis, políticos e pessoais (os chamados de 1º geração), que sintetizam a defesa das pessoas frente os abusos do poder.
Gabarito "E".

(Escrivão/SP – 2014 – VUNESP) A Declaração Universal dos Direitos Humanos prevê que toda pessoa acusada de um ato delituoso

(A) tem direito, em plena igualdade, a uma audiência justa e pública por parte de um tribunal *ad hoc*.

(B) poderá ser privada de sua nacionalidade, ou do direito de mudar de nacionalidade.

---

4. "A verdade, contudo, é que foi a Revolução Francesa – e não a americana ou a a inglesa – que se tornou o grande divisor histórico, o marco do advento do Estado liberal. Foi a Declaração dos Direitos do Homem e do Cidadão, de 1789, com seu caráter universal, que divulgou a nova ideologia, fundada na Constituição, na separação dos Poderes e nos direitos individuais" (BARROSO, Luís Roberto. *Curso de Direito Constitucional Contemporâneo*. São Paulo: Saraiva, 2009 . p. 76).

5. Os países que se abstiveram foram Arábia Saudita, África do Sul, URSS, Ucrânia, Bielorrússia, Polônia, Iugoslávia e Tchecoslováquia.

---

3. O jurista francês René Samuel Cassin foi o principal autor da Declaração Universal dos Direitos Humanos.

(C) tem direito a um julgamento por júri, no qual lhe sejam asseguradas todas as garantias necessárias à sua defesa.

(D) poderá ser exilada e perder sua nacionalidade, mas tem o direito de procurar asilo em outros países.

(E) tem o direito de ser presumida inocente até que a sua culpabilidade tenha sido provada de acordo com a lei.

A única assertiva correta sobre a Declaração Universal dos Direitos Humanos é a "E" (artigo 11, ponto 1, da Declaração Universal).

Gabarito "E".

(Escrivão/SP – 2014 – VUNESP) É correto afirmar, sobre as previsões contidas na Declaração Universal de Direitos Humanos, que

(A) está previsto o direito à educação, com o ensino elementar obrigatório e gratuito, com acesso ao ensino superior de acordo com o mérito.

(B) estão previstos direitos ligados ao contrato de trabalho, como salário mínimo, repouso e lazer, mas sem nenhuma limitação horária da jornada de trabalho.

(C) são proclamados, em seu artigo I, como os três valores fundamentais dos direitos humanos a liberdade, a igualdade e a fraternidade.

(D) os direitos de liberdade previstos são relativos à esfera individual, não prevendo liberdades políticas relativas à participação do povo no governo.

(E) não há disposição que verse sobre o direito a contrair matrimônio e fundar uma família, nem sobre os direitos decorrentes do casamento.

A única assertiva correta sobre a Declaração Universal dos Direitos Humanos é a "C". O artigo 1º da Declaração assim dispõe: "Todas as pessoas nascem livres e iguais em dignidade e direitos. São dotadas de razão e consciência e devem agir em relação umas às outras com espírito de fraternidade".

Gabarito "C".

(Agente Penitenciário/MA – 2013 – FGV) Com relação à Declaração Universal dos Direitos Humanos, adotada e proclamada pela Assembleia Geral das Nações Unidas, em 1948, analise as afirmativas a seguir.

I. Ninguém será submetido à tortura nem a tratamento ou castigo cruel, desumano ou degradante, salvo quando suspeito de ter cometido crime hediondo.

II. Toda pessoa tem direito, sem qualquer distinção, a igual proteção da lei, exceto quando suspeito de envolvimento em atos lesivos à ordem pública.

III. Toda pessoa acusada de ato delituoso tem o direito de ser presumida inocente, até que sua culpabilidade venha a ser provada de acordo com a lei.

Assinale:

(A) se somente a afirmativa I estiver correta.

(B) se somente a afirmativa II estiver correta.

(C) se somente a afirmativa III estiver correta.

(D) se somente as afirmativas I e II estiverem corretas.

(E) se somente as afirmativas II e III estiverem corretas.

I: incorreta, pois no texto da Declaração Universal não existe a ressalva encontrada na assertiva em análise (artigo 5º da Declaração); II: incorreta, pois no texto da Declaração Universal não existe a ressalva encontrada na assertiva em análise (artigo 7º da Declaração); III: correta (artigo 11 da Declaração).

Gabarito "C".

(Polícia/MG – 2008) Analise as seguintes afirmativas acerca da Declaração Universal dos Direitos Humanos de 1948 e assinale com V as verdadeiras e com F as falsas.

( ) É, tecnicamente, uma recomendação que a Assembleia Geral das Nações Unidas faz aos seus membros (Carta das Nações Unidas, art. 10).

( ) Mostra os abusos praticados pelas potências ocidentais após o encerramento das hostilidades, pois foi redigida sob o impacto das atrocidades cometidas na Segunda Guerra Mundial.

( ) Enuncia os valores fundamentais da liberdade, da igualdade e da fraternidade, mas é omissa quanto à proibição do tráfico de escravos e da escravidão.

( ) Representa a culminância de um processo ético que levou ao reconhecimento da igualdade essencial de todo ser humano e de sua dignidade de pessoa.

Assinale a alternativa que apresenta a sequência de letras CORRETA.

(A) (V) (F) (V) (F)

(B) (F) (V) (F) (V)

(C) (V) (F) (F) (V)

(D) (F) (V) (V) (F)

1: verdade. A Declaração Universal dos Direitos Humanos foi aprovada pela Resolução n. 217 A (III) da Assembleia Geral da ONU, em 10 de dezembro de 1948, por 48 votos a zero e oito abstenções. Por ser uma resolução, a Declaração Universal dos Direitos Humanos não tem força legal (assim não pode ser tratado internacional), mas sim material (como uma recomendação) e acima de tudo inderrogável por ato volitivo das partes por fazer parte do jus cogens; 2: falso. Pois a Declaração Universal dos Direitos Humanos foi redigida no pós-guerra e sob efeito da "ressaca moral" da humanidade ocasionada pelo excesso de violações de direitos humanos perpetradas pelo nazifascismo; 3: falso. A Declaração Universal dos Direitos Humanos proíbe sim o tráfico de escravos e a escravidão (art. 4º); 4: verdade. A Declaração Universal dos Direitos Humanos de 1948 universalizou a noção de direitos humanos. Muito importante foi o papel da Declaração, pois antes disso a proteção dos direitos humanos ficava relegada a cada estado, os quais com suporte em sua intocável soberania tinha autonomia absoluta para determinar e executar as políticas relacionadas a proteção da dignidade da pessoa humana. Esse processo de universalização dos direitos humanos confirmou a ideia de que os direitos humanos são adstritos à condição humana, logo para deles gozar a única e exclusiva condição é ser pessoa humana.

Gabarito "C".

(Polícia/SP – 2003) Resolução proclamada pela Assembleia-Geral da ONU contém trinta artigos precedidos de um Preâmbulo, com sete considerandos, na qual se assegura o princípio da indivisibilidade dos direitos humanos.

O texto acima se refere à

(A) Carta das Nações Unidas.

(B) Declaração Universal dos Direitos Humanos.

(C) Declaração Americana dos Direitos Humanos.

(D) Declaração dos Direitos do Homem e do Cidadão.

A Declaração Universal dos Direitos Humanos foi aprovada pela Resolução n. 217 A (III) da Assembleia Geral da ONU, em 10 de dezembro de 1948, por 48 votos a zero e oito abstenções. A Declaração é fruto de um consenso sobre valores de cunho universal a serem seguidos pelos estados. E também no reconhecimento do indivíduo como sujeito direto do direito internacional. Assim, a ONU e a Declaração Universal dos Direitos Humanos criam um verdadeiro sistema global de proteção

6. DIREITOS HUMANOS

da dignidade humana. No seu bojo encontra-se direitos civis e políticos (arts. 3º a 21) e direitos econômicos, sociais e culturais (arts. 22 a 28). Por sua vez, o princípio da indivisibilidade, aclamado pela Declaração Universal dos Direitos Humanos, prega que todos os direitos humanos se retroalimentam e se complementam. Assim, infrutífero buscar a proteção de apenas uma parcela deles.

Gabarito "B".

(Polícia/SP – 2002) Quanto à Declaração Universal dos Direitos Humanos (1948) é correto afirmar que se trata de um (a)

(A) acordo internacional.

(B) tratado internacional.

(C) pacto internacional.

(D) resolução da Assembleia Geral da ONU.

A Declaração Universal dos Direitos Humanos foi aprovada pela Resolução 217 A (III) da Assembleia Geral da ONU, em 10 de dezembro de 1948, por 48 votos a zero e oito abstenções[6]. Em conjunto com os dois Pactos Internacionais – sobre Direitos Civis e Políticos e sobre Direitos Econômicos, Sociais e Culturais –, constitui a denominada Carta Internacional de Direitos Humanos ou International Bill of Rights. A Declaração é fruto de um consenso sobre valores de cunho universal a serem seguidos pelos Estados e do reconhecimento do indivíduo como sujeito direto do direito internacional, tendo sofrido forte influência iluminista, sobretudo do liberalismo e do enciclopedismo vigente no período de transição entre a idade moderna e a contemporânea. É importante esclarecer que a Declaração é um exemplo de soft law, já que não supõe mecanismos constritivos para a implementação dos direitos previstos. Em contrapartida, quando um documento legal prevê mecanismos constritivos para a implementação de seus direitos, estamos diante de um exemplo de hard law. Revisitando o direito a ter direitos, de Hannah Arendt, segundo a Declaração, a condição de pessoa humana é requisito único e exclusivo para ser titular de direitos[7]. Com isso corrobora-se o caráter universal dos direitos humanos, isto é, todo indivíduo é cidadão do mundo e, dessa forma, detentor de direitos que salvaguardam sua dignidade[8]. Em seu bojo encontram-se direitos civis

6. Os países que se abstiveram foram Arábia Saudita, África do Sul, URSS, Ucrânia, Bielorrússia, Polônia, Iugoslávia e Tchecoslováquia.

7. De maneira sintética, os direitos previstos na Declaração Universal dos Direitos Humanos são: igualdade, vida, não escravidão, não tortura, não discriminação, personalidade jurídica, não detenção/prisão/exílio arbitrário, judiciário independente e imparcial, presunção de inocência, anterioridade penal, intimidade, honra, liberdade, nacionalidade, igualdade no casamento, propriedade, liberdade de pensamento/consciência/religião, liberdade de opinião/expressão, liberdade de reunião/associação pacífica, voto, segurança social, trabalho, igualdade de remuneração, repouso/lazer, saúde/bem-estar, instrução etc.

8. "O advento do Direito Internacional dos Direitos Humanos [DIDH], em 1945, possibilitou o surgimento de uma nova forma de cidadania. Desde então, a proteção jurídica do sistema internacional ao ser humano passou a independer do seu vínculo de nacionalidade com um Estado específico, tendo como requisito único e fundamental o fato do nascimento. Essa nova cidadania pode ser definida como cidadania mundial ou cosmopolita, diferenciando-se da cidadania do Estado-Nação. A cidadania cosmopolita é um dos principais limites para a atuação do poder soberano, pois dá garantia da proteção internacional na falta da proteção do Estado Nacional. Nesse sentido, a relação da soberania com o DIDH é uma relação limitadora" (ALMEIDA, Guilherme Assis de. "Mediação, proteção local dos direitos humanos e prevenção de violência". Revista Brasileira de Segurança Pública, ano 1, ed. 2, p. 137-138, 2007).

e políticos (artigos 3º a 21) e direitos econômicos, sociais e culturais (artigos 22 a 28), o que reforça as características da indivisibilidade e interdependência dos direitos humanos. É importante apontar que a Declaração Universal dos Direitos Humanos não tem força legal[9] (funcionaria como uma recomendação), mas sim material e acima de tudo inderrogável por fazer parte do jus cogens. Entretanto, consoante o que estudamos, pode-se até advogar que a Declaração, por ter definido o conteúdo dos direitos humanos insculpidos na Carta das Nações Unidas, tem força legal vinculante, visto que os Estados-membros da ONU se comprometeram a promover e proteger os direitos humanos. De qualquer modo, chega-se à afirmação de que a Declaração Universal dos Direitos Humanos gera obrigações aos Estados, isto é, tem força obrigatória (por ser legal ou por fazer parte do jus cogens).

Gabarito "D".

(Polícia/SP – 2000) Tecnicamente a Declaração Universal dos Direitos do Homem (1948) constitui

(A) um acordo internacional.

(B) uma recomendação.

(C) um tratado internacional.

(D) um pacto.

A Declaração é um exemplo de soft law[10], já que não supõe mecanismos constritivos para a implementação dos direitos nela previstos. Em contrapartida, quando um documento legal prevê mecanismos constritivos para a implementação de seus direitos, estamos diante de um exemplo de hard law. Portanto, com base nesse raciocínio, pode-se dizer que a Declaração Universal dos Direitos Humanos não tem força legal (jurídica), mas sim material (moral). Em outras palavras, funcionaria como uma recomendação[11]. Mas alguns autores defendem que a Declaração seria inderrogável por fazer parte do jus cogens. E ainda pode-se até advogar, conforme posição defendida por René Cassin[12], que a Declaração, por ter definido o conteúdo dos direitos humanos insculpidos na Carta das Nações Unidas, tem força legal vinculante sim, visto que os Estados-membros da ONU se comprometeram a promover e proteger os direitos humanos. Por esses dois últimos sentidos, chega-se à conclusão de que a Declaração Universal dos Direitos Humanos gera obrigações aos Estados, isto é, tem força obrigatória (por ser legal ou por fazer parte do jus cogens).

Gabarito "B".

9. "Do ponto de vista estritamente formal, a Declaração Universal dos Direitos Humanos é, consequentemente, parte do assim denominado soft law, 'direito suave', nem vinculante, mas nem por isso desprezível nas relações internacionais. Sua violação, em tese, não deveria implicar a responsabilidade internacional do Estado, mas, por outro, sujeitaria o recalcitrante a sanções de ordem moral, desorganizadas. Estas têm sua autoridade na própria dimensão política da declaração, como documento acolhido pela quase unanimidade dos Estados então representados na Assembleia Geral e, depois, invocado em constituições domésticas de inúmeros países e em diversos documentos de conferências internacionais" (ARAGÃO, Eugênio José Guilherme. "A Declaração Universal dos Direitos Humanos: mera declaração de propósitos ou norma vinculante de direito internacional?" Revista Eletrônica do Ministério Público Federal, ano 1, n. 1, p. 6, 2009).

10. Segundo a Corte Interamericana de Direitos Humanos, os documentos de soft law podem formar parte do corpus iuris do direito internacional dos direitos humanos.

11. Muitos juristas defendem que as resoluções da ONU são apenas recomendações dadas aos Estados-membros da organização.

12. O jurista francês René Samuel Cassin foi o principal autor da Declaração Universal dos Direitos Humanos.

4.2. Pactos internacionais – sobre direitos civis e políticos e sobre direitos econômicos, sociais e culturais

(Escrivão/SP – 2014 – VUNESP) Prevê o Pacto Internacional de Direitos Civis e Políticos que ninguém poderá ser obrigado a executar trabalhos forçados ou obrigatórios,

(A) mesmo em casos de emergência ou de calamidade que ameacem o bem-estar da comunidade.

(B) não sendo o serviço militar considerado trabalho forçado ou obrigatório, podendo os países prever a isenção por motivo de consciência.

(C) restando proibido aos Estados-Partes legislar para que determinados crimes sejam punidos com prisão e trabalhos forçados.

(D) devendo ser previstos como crimes pelos Estados--Partes a servidão, a escravidão e o tráfico de escravos.

(E) não podendo qualquer trabalho ou serviço ser considerado como parte das obrigações cívicas normais.

Segue a redação integral do artigo 8º do Pacto Internacional: "1. Ninguém poderá ser submetido à escravidão; a escravidão e o tráfico de escravos, em todos as suas formas, ficam proibidos. 2. Ninguém poderá ser submetido à servidão. 3. a) Ninguém poderá ser obrigado a executar trabalhos forçados ou obrigatórios; b) A alínea a) do presente parágrafo não poderá ser interpretada no sentido de proibir, nos países em que certos crimes sejam punidos com prisão e trabalhos forçados, o cumprimento de uma pena de trabalhos forçados, imposta por um tribunal competente; c) Para os efeitos do presente parágrafo, não serão considerados "trabalhos forçados ou obrigatórios": i) qualquer trabalho ou serviço, não previsto na alínea b) normalmente exigido de um indivíduo que tenha sido encarcerado em cumprimento de decisão judicial ou que, tendo sido objeto de tal decisão, ache-se em liberdade condicional; ii) **qualquer serviço de caráter militar e, nos países em que se admite a isenção por motivo de consciência, qualquer serviço nacional que a lei venha a exigir daqueles que se oponham ao serviço militar por motivo de consciência**; iii) qualquer serviço exigido em casos de emergência ou de calamidade que ameacem o bem-estar da comunidade; iv) qualquer trabalho ou serviço que faça parte das obrigações cívicas normais".

Gabarito "B".

(Escrivão/SP – 2014 – VUNESP) O direito de reunião pacífica é reconhecido pelo Pacto Internacional de Direitos Civis e Políticos que

(A) não poderá ser restringido por lei, ainda que em função de proteção à saúde ou à moral públicas.

(B) permite que a lei preveja as restrições necessárias, em uma sociedade democrática, no interesse da segurança nacional, da segurança ou da ordem pública.

(C) condiciona o exercício desse direito à comunicação prévia e à autorização da autoridade competente.

(D) não impedirá que se submeta a restrições legais o exercício desse direito por membros das forças armadas e da polícia.

(E) poderá ser restringido, no entanto, em períodos de legalidade extraordinária ou de guerra externa.

Artigo 21 do Pacto Internacional: "O direito de reunião pacifica será reconhecido. O exercício desse direito estará sujeito apenas às restrições previstas em lei e que se façam necessárias, em uma sociedade democrática, no interesse da segurança nacional, da segurança ou da ordem pública, ou para proteger a saúde ou a moral pública ou os direitos e as liberdades das demais pessoas".

Gabarito "B".

(Polícia/SP – 2000) Os direitos previstos no Pacto Internacional dos Direitos Civis de Políticos (1966)

(A) têm autoaplicabilidade mas não criam obrigações legais aos Estados-membros.

(B) demandam aplicação progressiva e não criam obrigações legais aos Estados-membros.

(C) demandam aplicação progressiva e criam obrigações legais aos Estados-membros.

(D) têm autoaplicabilidade e criam obrigações legais aos Estados-membros.

O grande objetivo do Pacto Internacional dos Direitos Civis de Políticos é tornar obrigatório, vinculante e expandir os direitos civis e políticos elencados na Declaração Universal dos Direitos Humanos. O Pacto Internacional dos Direitos Civis e Políticos impôs ao estados-membros sua imediata aplicação (autoaplicabilidade), diferentemente do Pacto Internacional dos Direitos Econômicos, Sociais e Culturais que determinou sua aplicação progressiva.

Gabarito "D".

5. SISTEMA GLOBAL DE PROTEÇÃO ESPECÍFICA DOS DIREITOS HUMANOS

5.1. Convenção sobre os Direitos das Pessoas com Deficiência

(Investigador de Polícia/SP – 2013 – VUNESP) No Sistema Global de proteção dos direitos humanos, há um tratado que foi aprovado e promulgado pelo Brasil, vindo a ser constitucionalizado no direito brasileiro por ter sido aprovado pelo mesmo procedimento das emendas constitucionais, fazendo, agora, parte do bloco de constitucionalidade brasileiro. Esse documento internacional é o(a)

(A) Estatuto de Roma, que criou o Tribunal Penal Internacional.

(B) Convenção contra a Tortura e outros Tratamentos ou Penas Cruéis, Desumanos ou Degradantes.

(C) Convenção sobre os Direitos das Pessoas com Deficiência e seu protocolo Facultativo.

(D) Convenção sobre os Direitos da Criança.

(E) Convenção sobre a Eliminação de Todas as Formas de Discriminação contra a Mulher.

A resposta correta encontra-se disposta na assertiva "C". A Convenção sobre os Direitos das Pessoas com Deficiência, adotada pela ONU por meio da Resolução 61/106 da Assembleia Geral, em 13 de dezembro de 2006, e promulgada no Brasil em 25 de agosto de 2009 pelo Decreto nº 6.949, tem por fundamento a consciência de que a deficiência é um conceito em evolução e resulta da interação entre pessoas com deficiência, e que as barreiras devidas às atitudes e ao ambiente impedem a plena e efetiva participação dessas pessoas na sociedade em igualdade de oportunidades com os demais indivíduos. Ademais, a discriminação contra qualquer pessoa, por motivo de deficiência, configura violação da dignidade e do valor inerentes ao ser humano. Cabe destacar que essa Convenção e seu respectivo Protocolo Facultativo foram internalizados, no Brasil, em conformidade com o art. 5º, § 3º, da Constituição Federal, isto é, têm hierarquia constitucional tanto pelo aspecto formal quanto pelo material. Em outras palavras, possuem hierarquia de emenda constitucional. Assim, dará azo, como iremos posteriormente estudar, ao controle concentrado de convencionalidade (nacional). Os Estados-partes, atualmente 112, têm a obrigação de proteger e promover o pleno exercício dos direitos humanos das pessoas com deficiência. Ou seja, o Estado tem de arquitetar políticas públicas que permitam à pessoa com deficiência exercer seus direitos em igualdade de condições com os demais

cidadãos. A atuação estatal deverá ter duas frentes: uma repressiva, que proíba a discriminação (igualdade formal), e outra promocional, que estabeleça ações afirmativas temporárias (igualdade material). Para monitorar o cumprimento pelos Estados-partes das obrigações constantes na Convenção e assim exercer o controle de convencionalidade internacional, foi criado o Comitê para os Direitos das Pessoas com Deficiência, responsável por receber os relatórios confeccionados pelos Estados-partes. As petições individuais e a possibilidade de realizar investigações in loco são possíveis, como mecanismos de controle e fiscalização, mediante a adoção do Protocolo Facultativo à Convenção sobre os Direitos das Pessoas com Deficiência.
Gabarito "C".

5.2. Convenção sobre os Direitos das Crianças

(Polícia/SP – 2003) Complete:

A Convenção sobre Direitos da Criança considera como criança todo ser humano com idade inferior a _____, a não ser quando por lei de seu país a maioridade for determinada com idade mais baixa.

(A) 12 anos.

(B) 14 anos.

(C) 16 anos.

(D) 18 anos.

A Convenção sobre Direitos da Criança, no seu art. 1º, determina que criança é todo ser humano com menos de dezoito anos de idade, a não ser que, em conformidade com a lei aplicável à criança, a maioridade seja alcançada antes.
Gabarito "D".

5.3. Convenção sobre a Eliminação de todas as formas de Discriminação contra a Mulher

(Polícia/SP – 2003) Indique qual destes instrumentos prevê, em seu artigo 4º, a aplicação de medidas especiais de ação afirmativa, de caráter temporário, destinadas a acelerar a igualdade entre os indivíduos, buscando superar injustiças cometidas no passado contra as mulheres

(A) Declaração Universal dos Direitos Humanos.

(B) Convenção Americana sobre Direitos Humanos.

(C) Convenção sobre a Eliminação de todas as formas de Discriminação contra a Mulher.

(D) Convenção Interamericana para Prevenir, Punir e Erradicar a Violência contra a Mulher.

A: incorreta. O art. 4º da Declaração Universal dos Direitos Humanos assim dispõe: "ninguém será mantido em escravidão ou servidão, a escravidão e o tráfico de escravos serão proibidos em todas as suas formas"; B: incorreta. O art. 4º da Convenção Americana sobre Direitos Humanos trata do direito à vida e nada diz sobre a aplicação de medidas especiais de ação afirmativa que busquem a igualdade de gênero; C: correta. O art. 4º da Convenção sobre a Eliminação de todas as formas de Discriminação contra a Mulher prevê expressamente a adoção de medidas especiais de ação afirmativa, de caráter temporário, para acelerar a busca de igualdade de fato entre o homem e a mulher. Ademais, dispõe que a adoção de ações afirmativas não pode ser considerada discriminação e determina que tais cessarão quando os objetivos de igualdade de oportunidade e tratamento houverem sido alcançados; D: incorreta. O art. 4º da Convenção Interamericana para Prevenir, Punir e Erradicar a Violência contra a Mulher não prevê medidas especiais de ação afirmativa, apenas traça uma lista dos direitos que a mulher possui.
Gabarito "C".

5.4. Convenção sobre a Eliminação de todas as formas de Discriminação Racial

(Polícia/SP – 2000) A adoção de medidas especiais de proteção ou incentivo a grupos ou indivíduos, com vistas a promover sua ascensão na sociedade até um nível de equiparação com os demais, com previsão na Convenção Sobre a Eliminação de Todas as Formas de Discriminação Racial (1968) denomina-se

(A) ação afirmativa.

(B) "apartheid".

(C) relativismo universal.

(D) política de segregação.

A: correta. Os estados-partes da Convenção Sobre a Eliminação de Todas as Formas de Discriminação Racial têm a obrigação de implementar políticas públicas que assegurem efetivamente a progressiva eliminação da discriminação racial. Percebe-se que o ideal de igualdade não vai ser atingido somente por meio de políticas repressivas que proíbam a discriminação. É necessária uma comunhão da proibição da discriminação (igualdade formal) com ações afirmativas temporárias (igualdade material). Tal dualidade de ação faz-se necessária, pois a parcela populacional vítima de descriminação racial coincide com a parcela socialmente vulnerável; B: incorreta. O apartheid foi um regime de segregação racial adotado de 1948 a 1994 pelos sucessivos governos do Partido Nacional na África do Sul, no qual os direitos da grande maioria dos habitantes (formada por negros) foram cerceados pelo governo formado pela minoria branca; C: incorreta. O termo empregado na assertiva nada tem a ver com ações afirmativas temporárias, e o que se pode tirar do termo "relativismo universal" só pode se a doutrina do relativismo cultural, a qual faz duras críticas à universalização dos direitos humanos. Mas, as críticas referentes à leitura de universalização por ocidentalização não devem proceder, isto porque os direitos humanos transcendem as criações culturais no sentido lato (religião, tradição, organização política etc.) por serem adstritos à condição humana. Destarte, particularidades regionais e nacionais devem ser levadas em conta, mas nunca devem impedir a proteção mínima dos direitos humanos, até porque estes fazem parte do jus cogens. Assim, o universalismo derrota o relativismo; D: incorreta. A política de segregação pode ser traduzida pela situação de uma sociedade que impede parcela de sua população de usufruir de direitos que estão definidos para os membros dessa sociedade, com base na origem étnica (ou "raça") dessas pessoas, no caso trata-se de uma política de segregação racial. E esta forma de discriminação racial, como vimos no comentário à assertiva "B", pode ser institucionalizada pelo Estado, como aconteceu na África do Sul com o apartheid. Ou seja, a política de segregação é o isolamento de certa parcela da população, a qual fica destituída dos direitos que gozam o restante da população.
Gabarito "A".

5.5. Convenção Contra a Tortura e Outros Tratamentos ou Penas Cruéis e Degradantes

(Polícia/SP – 2000) Segundo a Convenção Contra a Tortura e Outros Tratamentos ou Penas Cruéis e Degradantes (1984) o Estado-parte onde se encontra o suspeito da prática de tortura deverá

(A) processá-lo ou extraditá-lo, mas somente se houver acordo bilateral de extradição.

(B) somente processá-lo tendo em vista o princípio da jurisdição compulsória.

(C) processá-lo ou extraditá-lo independentemente de tratado de extradição.

(D) somente extraditá-lo tendo em vista o princípio da jurisdição universal.

A tortura é considerada um crime internacional e, para combatê-la, a "Convenção contra a tortura e outros tratamentos ou penas cruéis e degradantes" estabeleceu jurisdição compulsória e universal para julgar os acusados de tortura. A compulsoriedade da jurisdição determina que os estados-partes devem punir os torturadores, independentemente do local onde o crime foi cometido e da nacionalidade do torturador e da vítima. E a universalidade da jurisdição determina que os estados-partes processem ou extraditem o suspeito da prática de tortura, independentemente da existência de tratado prévio de extradição.
Gabarito "C".

6. SISTEMA REGIONAL DE PROTEÇÃO DOS DIREITOS HUMANOS – SISTEMA INTERAMERICANO

6.1. Convenção Americana de Direitos Humanos ou Pacto de São José da Costa Rica

(Investigador/SP – 2014 – VUNESP) Recentemente, por meio de súmula vinculante, o Supremo Tribunal Federal aplicou ao direito brasileiro as disposições da Convenção Americana de Direitos Humanos (*Pacto de San José da Costa Rica*), entendendo que essa Convenção considera ilícito(a)

(A) a prisão de depositário infiel.

(B) o nepotismo.

(C) alguém culpado antes do trânsito em julgado de sentença penal condenatória.

(D) a elevação da idade mínima para que alguém possa responder por crime.

(E) toda e qualquer prisão civil por dívida.

A Súmula Vinculante 25 do STF assim dispõe: "É ilícita a prisão civil de depositário infiel, qualquer que seja a modalidade do depósito". Antes dela, a Convenção Americana definiu, no seu artigo 7º, ponto 7, o seguinte: "Ninguém deve ser detido por dívidas. Este princípio não limita os mandados de autoridade judiciária competente expedidos em virtude de inadimplemento de obrigação alimentar."
Gabarito "A".

(Investigador/SP – 2014 – VUNESP) Segundo expressamente estabelecido pela Convenção Americana de Direitos Humanos, apresentar petições que contenham denúncias ou queixas de violação da Convenção por um Estado-Parte perante a Comissão Interamericana de Direitos Humanos é da competência de

(A) juízes criminais legalmente responsáveis para remeter o caso à Comissão.

(B) membros da Defensoria Pública, do Ministério público, das Procuradorias Estaduais e Federais, além de representantes governamentais investidos na função de polícia judiciária.

(C) qualquer pessoa ou grupo de pessoas, ou entidade não governamental legalmente reconhecida em um ou mais Estados-membros da Organização.

(D) representantes do Ministério de Relações Exteriores de cada país interessado no esclarecimento da respectiva violação da Convenção.

(E) membros do Ministério Público legalmente investidos no respectivo cargo público de qualquer Estado--membro da Organização.

A assertiva que contempla a resposta correta é a "C". Aspecto importante da competência da Comissão Interamericana é a possibilidade de receber petições, que contenham denúncias ou queixas de violação desta Convenção por um Estado-Parte, do indivíduo "lesionado", de terceiras pessoas ou de organizações não governamentais legalmente reconhecidas em um ou mais Estados-membros da OEA que representem o indivíduo lesionado (artigo 44 da Convenção Americana sobre Direitos Humanos)[13]. Entrementes, essa competência só poderá ser exercida se o Estado violador tiver aderido à Convenção Americana de Direitos Humanos. Percebe-se que não é necessária a expressa aceitação da competência da Comissão para receber petições, bastando que o Estado tenha aderido à Convenção.
Gabarito "C".

(Escrivão/SP – 2014 – VUNESP) Dentre os direitos civis e políticos constantes na Convenção Americana de Direitos Humanos, também conhecida como Pacto de San José da Costa Rica, está previsto o direito

(A) à vida, que deve ser protegido pela lei e, em geral, desde o momento da concepção.

(B) à proteção da reprodução da imagem e voz humanas.

(C) a não ser preso em virtude de inadimplemento de obrigação alimentar.

(D) dos autores de permitir ou não a utilização, publicação ou reprodução de suas obras.

(E) a receber dos órgãos públicos informações de seu interesse particular, ou de interesse coletivo ou geral.

A única assertiva que traz um direito previsto na Convenção Americana é "A" (artigo 4º, ponto 1, da Convenção Americana de Direitos Humanos), e, portanto, deve ser assinalada.
Gabarito "A".

(Agente Penitenciário/MA – 2013 – FGV) O Decreto Federal n. 678/92, que ratifica a Convenção Americana sobre Direitos Humanos, estabelece os procedimentos que devem ser seguidos quando da prisão de uma pessoa.

Sobre esses procedimentos, analise as afirmativas a seguir.

I. Os processados devem ficar separados dos condenados, salvo em circunstâncias excepcionais, e devem ser submetidos a tratamento adequado à sua condição de pessoa não condenada.

II. As pessoas detentoras de diploma de nível superior devem ficar separadas dos presos com formação inferior.

III. Os menores, quando puderem ser processados, devem ser separados dos adultos e conduzidos a tribunal especializado, com a maior rapidez possível, para seu tratamento.

Assinale:

(A) se somente a afirmativa I estiver correta.

(B) se somente a afirmativa II estiver correta.

(C) se somente as afirmativas I e III estiverem corretas.

(D) se somente as afirmativas II e III estiverem corretas.

(E) se todas as afirmativas estiverem corretas.

As assertivas **I** e **III** estão corretas. Basta a leitura do artigo 5º da Convenção para responder a presente pergunta:
"Direito à integridade pessoal. 1. Toda pessoa tem direito a que se respeite sua integridade física, psíquica e moral. 2. Ninguém deve ser submetido a torturas, nem a penas ou tratos cruéis, desumanos ou

---

13. Como exemplo pode-se citar o conhecido caso Maria da Penha.

6. DIREITOS HUMANOS

degradantes. Toda pessoa privada de liberdade deve ser tratada com o respeito devido à dignidade inerente ao ser humano. 3. A pena não pode passar da pessoa do delinquente. 4. Os processados devem ficar separados dos condenados, salvo em circunstâncias excepcionais, e devem ser submetidos a tratamento adequado à sua condição de pessoas não condenadas. 5. Os menores, quando puderem ser processados, devem ser separados dos adultos e conduzidos a tribunal especializado, com a maior rapidez possível, para seu tratamento. 6. As penas privativas de liberdade devem ter por finalidade essencial a reforma e a readaptação social dos condenados".
Gabarito "C".

(Polícia/SP – 2003) Assinale a alternativa que não se encontra explicitada no texto da Convenção Americana sobre Direitos Humanos.

(A) Toda pessoa tem direito a um prenome.

(B) O direito à vida deve ser protegido por lei e, em geral, desde o nascimento.

(C) Os menores, quando puderem ser processados, devem ser separados dos adultos e conduzidos a tribunal especializado.

(D) Toda pessoa tem direito à liberdade e à segurança pessoal.

A: correta. Tal direito encontra-se insculpido no art. 18 da Convenção Americana de Direitos Humanos; **B:** incorreta, devendo esta ser assinalada. O art. 1º, IV, da Convenção Americana de Direitos Humanos dispõe que o direitos à vida deve ser protegido por lei e, em geral, desde a concepção; **C:** correta. Tal direito encontra-se insculpido no art. 5º, V, da Convenção Americana de Direitos Humanos; **D:** correta. Tal direito encontra-se insculpido no art. 7º, I, da Convenção Americana de Direitos Humanos.
Gabarito "B".

6.2. Comissão e Corte Interamericana de Direitos Humanos

(Escrivão/SP – 2014 – VUNESP) É correto afirmar, sobre a Corte Interamericana de Direitos Humanos, que

(A) a sentença da Corte será unânime, definitiva e inapelável.

(B) possui competência para decidir se houve violação de um direito protegido na Convenção, mas não para determinar o pagamento de indenização à parte lesada.

(C) reconhecida a admissibilidade da comunicação, solicitará informações ao Governo do Estado ao qual pertença a autoridade apontada como responsável pela violação.

(D) somente os Estados-Partes e a Comissão têm direito de submeter um caso à decisão da Corte.

(E) a sentença que considerar comprovada a violação de direitos será submetida por relatório à Assembleia Geral da Organização, com recomendações.

A: incorreta. A sentença da Corte será sempre fundamentada, definitiva e inapelável (artigos 66 e 67 da Convenção Americana de Direitos Humanos); **B:** incorreta, pois a Corte pode sim determinar o pagamento de indenização à parte lesada; **C:** incorreta, pois o descrito na assertiva não faz parte do procedimento da Corte Interamericana; **D:** correta, conforme o artigo 61, 1, da Convenção Americana de Direitos Humanos; **E:** incorreta. Se no exercício de sua competência contenciosa ficar comprovada a violação de direitos humanos da(s) vítima(s), a Corte determinará a adoção, pelo Estado agressor, de medidas que façam cessar a violação

e restaurar o direito vilipendiado (*restitutio in integrum*), além de poder condenar o Estado agressor ao pagamento de indenização (tendo por base o plano material e o imaterial) à(s) vítima(s).
Gabarito "D".

(Polícia/SP – 2003) Estabelece a Comissão Interamericana de Direitos Humanos e a Corte Interamericana de Direitos Humanos como meios de proteção e órgãos competentes "para conhecer dos assuntos relacionados com o cumprimento dos compromissos assumidos pelos Estados-partes nesta Convenção" a

(A) Convenção Americana sobre Direitos Humanos.

(B) Convenção Interamericana para Prevenir e Punir a Tortura.

(C) Carta das Nações Unidas.

(D) Declaração Universal dos Direitos Humanos.

A: assertiva correta. A Convenção Americana de Direitos Humanos de 1969 ou Pacto de San José da Costa Rica instituiu a Comissão Interamericana de Direitos Humanos e a Corte Interamericana de Direitos Humanos para monitorar o implemento das obrigações assumidas pelos estados-partes da Convenção Americana de Direitos Humanos; **B, C** e **D:** assertivas incorretas. Como visto no comentário à assertiva "A", a Comissão Interamericana de Direitos Humanos e a Corte Interamericana de Direitos Humanos foram instituídas pela Convenção Americana de Direitos Humanos.
Gabarito "A".

7. DIREITOS HUMANOS NO BRASIL

7.1. Histórico das Constituições

(Polícia/SP – 2003) No Brasil, o "Habeas Corpus" foi inicialmente explicitado como norma constitucional pela

(A) Constituição de 1824.

(B) Constituição de 1891.

(C) Emenda Constitucional de 1926.

(D) Constituição de 1934.

O instituto do **habeas corpus** chegou ao Brasil, com D. João VI, pelo decreto de 23 de maio de 1821: "Todo cidadão que entender que ele, ou outro, sofre uma prisão ou constrangimento ilegal em sua liberdade, tem direito de pedir uma ordem de **habeas corpus** a seu favor". A constituição imperial o ignorou, mas foi novamente incluído no Código de Processo Criminal do Império do Brasil de 1832 (art. 340). E somente em 1891 o **habeas corpus** foi incluído no texto constitucional (art. 72, § 22, da Constituição Brasileira de 1891). Atualmente, está previsto no art. 5º, LXVIII, da CF de 1988: "(...) conceder-se-á **habeas corpus** sempre que alguém sofrer ou se achar ameaçado de sofrer violência ou coação em sua liberdade de locomoção, por ilegalidade ou abuso de poder".
Gabarito "B".

7.2. Constituição Cidadã de 1988

(Investigador/SP – 2014 – VUNESP) Assinale a alternativa correta a respeito dos direitos políticos previstos na Constituição Federal.

(A) É vedada a perda ou suspensão de direitos políticos, sendo admitida a cassação nas hipóteses que a lei eleitoral estabelecer.

(B) Não podem alistar-se como eleitores os estrangeiros e, durante o período do serviço militar obrigatório, os conscritos.

(C) O voto é facultativo para os analfabetos; os presos e os maiores de sessenta anos.

(D) É condição de elegibilidade para o cargo de Vereador a idade mínima de 21 anos.

(E) A soberania popular será exercida diretamente pelos Deputados e Senadores.

A: incorreta. A redação correta do art. 15, *caput* e seus incisos, é a seguinte: "É vedada a cassação de direitos políticos, cuja perda ou suspensão só se dará nos casos de: I – cancelamento da naturalização por sentença transitada em julgado; II – incapacidade civil absoluta; III – condenação criminal transitada em julgado, enquanto durarem seus efeitos; IV – recusa de cumprir obrigação a todos imposta ou prestação alternativa, nos termos do art. 5º, VIII; V – improbidade administrativa, nos termos do art. 37, § 4º; **B:** correta (art. 14, § 2º, da CF); **C:** incorreta. O voto é facultativo para os analfabetos, os maiores de setenta anos e os maiores de dezesseis e menores de dezoito anos; **D:** incorreta. A idade mínima é de dezoito anos (art. 14, § 3º, VI, d, da CF); **E:** incorreta. A soberania popular será exercida pelo sufrágio universal e pelo voto direto e secreto, com valor igual para todos (art. 14, *caput*, da CF).
Gabarito "B".

(Escrivão/SP – 2014 – VUNESP) A Constituição de 1988 enuncia que a República Federativa do Brasil é um Estado Democrático de Direito, que possui, dentre outros, os seguintes fundamentos:

(A) a soberania, a busca do pleno emprego e a função social da propriedade.

(B) a defesa do consumidor, a função social da propriedade e a busca do pleno emprego.

(C) o pluralismo político, a redução das desigualdades regionais e sociais e a propriedade privada.

(D) a cidadania, a dignidade da pessoa humana e os valores sociais do trabalho e da livre iniciativa.

(E) a cidadania, a função social da propriedade e a promoção do bem de todos, sem qualquer discriminação.

Segue a redação integral do art. 1º da CF: "Art. 1º A República Federativa do Brasil, formada pela união indissolúvel dos Estados e Municípios e do Distrito Federal, constitui-se em Estado Democrático de Direito e tem como fundamentos: I – a soberania; II – a cidadania; III – a dignidade da pessoa humana; IV – os valores sociais do trabalho e da livre iniciativa; V – o pluralismo político. Parágrafo único. Todo o poder emana do povo, que o exerce por meio de representantes eleitos ou diretamente, nos termos desta Constituição".
Gabarito "D".

(Investigador/SP – 2014 – VUNESP) Sobre o Estado Democrático de Direito, é correto afirmar que

(A) deve ser regido por uma Federação.

(B) é um Estado policial.

(C) é um Estado socialista.

(D) se fundamenta na soberania popular.

(E) se rege pelo liberalismo econômico.

A única assertiva que condiz com o Estado Democrático de Direito é a "D". Para fundamentar a resposta dada cabe transcrever a redação do artigo 1º da CF: "A República Federativa do Brasil, formada pela união indissolúvel dos Estados e Municípios e do Distrito Federal, constitui-se em Estado Democrático de Direito e tem como fundamentos: I – a soberania; II – a cidadania III – a dignidade da pessoa humana; IV – os valores sociais do trabalho e da livre iniciativa; V – o pluralismo político. Parágrafo único. Todo o poder emana do povo, que o exerce por meio de representantes eleitos ou diretamente, nos termos desta Constituição".
Gabarito "D".

(Investigador de Polícia/SP – 2013 – VUNESP) A Convenção Americana de Direitos Humanos, também conhecida como *Pacto de São José da Costa Rica*, aprovada e assinada em 22.11.1969, é um marco fundamental no sistema interamericano de proteção dos direitos humanos e entrou em vigor em 18.07.1978. Sua aplicação no Brasil acabou por gerar súmula vinculante do Supremo Tribunal Federal (Súmula Vinculante n.º 25, DOU de 23.12.2009), que, em relação aos direitos humanos, decidiu que

(A) ninguém poderá ser condenado ou sentenciado, sem o devido processo legal.

(B) só é lícito o uso de algemas em casos de resistência e de fundado receio de fuga ou de perigo à integridade física própria ou alheia, por parte do preso ou de terceiros.

(C) não haverá penas cruéis e não será tolerada a tortura no Brasil.

(D) é proibida a pena de morte no Brasil, exceto em tempo de guerra.

(E) é ilícita a prisão civil de depositário infiel, qualquer que seja a modalidade do depósito.

A redação correta da Súmula Vinculante 25 encontra-se reproduzida na assertiva "E".
Gabarito "E".

(Polícia/BA – 2008 – CEFETBAHIA) Constitui objetivo fundamental da República Federativa do Brasil

(A) respeitar a liberdade sem preocupação com as desigualdades sociais.

(B) garantir o desenvolvimento econômico acima de todos os direitos.

(C) construir uma sociedade equilibrada respeitando as desigualdades naturais.

(D) promover o bem de todos sem preconceitos de origem, raça, sexo, cor, idade e quaisquer outras formas de discriminação.

(E) garantir o desenvolvimento nacional independente da diversidade ético-cultural.

Os objetivos fundamentais do Brasil encontram-se determinados no art. 3º da CF: a) construir uma sociedade livre, justa e solidária (inciso I); b) garantir o desenvolvimento nacional (inciso II); c) erradicar a pobreza e a marginalização e reduzir as desigualdades sociais e regionais (inciso III); e d) promover o bem de todos, sem preconceitos de origem, raça, sexo, cor, idade e quaisquer outras formas de discriminação (inciso IV).
Gabarito "D".

(Polícia/MG – 2007) A função social da propriedade é um dos direitos e deveres fundamentais consagrados na Constituição e nas leis brasileiras. Em caso de descumprimento da função social da propriedade rural poderá a União:

(A) desapropriar estes imóveis rurais para fins de reforma agrária.

(B) suspender por prazo indeterminado o direito de alienação do imóvel e o direito de herança.

(C) expropriar os imóveis, independentemente da indenização ao proprietário, do valor da terra nua.

(D) tipificar como crime as ocupações dos imóveis pelos movimentos sociais que lutam pela posse da terra.

O art. 184 da CF determina que a União desapropriará por interesse social, para fins de reforma agrária, o imóvel rural que não esteja

6. DIREITOS HUMANOS

cumprindo sua função social, mediante prévia e justa indenização em títulos da dívida agrária, com cláusula de preservação do valor real, resgatáveis no prazo de até vinte anos, a partir do segundo ano de sua emissão, e cuja utilização será definida em lei. Dessa forma, pela leitura do art. 184 resta claro que a única assertiva correta é a "A".
Gabarito "A".

(Polícia/MG – 2007) Referente ao direito à nacionalidade é CORRETO afirmar:

(A) O direito à nacionalidade não é reconhecido como um direito humano, conquanto não seja objeto de tratados internacionais.

(B) Em caso de banimento o brasileiro nato poderá perder a nacionalidade brasileira.

(C) Aos estrangeiros são reconhecidos os direitos políticos, inclusive o direito de votar e ser votado nas eleições.

(D) Salvo nos casos previstos na Constituição, a lei não poderá estabelecer distinção entre brasileiros natos e naturalizados.

A: incorreta. O art. 15 da Declaração Universal dos Direitos do Homem determina que nenhum estado pode arbitrariamente retirar do indivíduo a sua nacionalidade ou seu direito de mudar de nacionalidade. E o art. 20 da Convenção Americana sobre Direitos Humanos, celebrada em San José da Costa Rica, dispõe que toda pessoa tem direito à nacionalidade do estado, em cujo território houver nascido, caso não tenha direito a outra. Pela redação destes dois diplomas fica claro que o ordenamento internacional combate a apatridia; **B:** incorreta. Um direito do indivíduo, que é consequência da condição de nacional, é a proibição do banimento. Assim, nenhum estado pode expulsar nacional seu, com destino a território estrangeiro ou a espaço de uso comum; **C:** incorreta. Aos estrangeiros não são reconhecidos os direitos políticos, logo os estrangeiros não podem votar e nem serem votados nas eleições; **D:** correta, pois é o que dispõe o art. 12, § 2º, da CF.
Gabarito "D".

(Polícia/MG – 2006) Os Direitos Humanos entendidos como sinônimos de Direitos Fundamentais inscritos na Constituição da Republica correspondem, EXCETO:

(A) Direitos individuais, relativos à liberdade, igualdade, propriedade, segurança e vida.

(B) Direitos individuais fundamentais, relativos exclusivamente à vida e dignidade da pessoa humana.

(C) Direitos sociais, relativos a educação, trabalho, lazer, seguridade social entre outros.

(D) Direitos econômicos, relativos ao pleno emprego, meio ambiente e consumidor.

(E) Direitos políticos, relativos às formas de realização da soberania popular.

A: correta. Tais direitos individuais encontram-se previstos na CF; **B:** incorreta, devendo esta ser assinalada. O elenco de direitos individuais fundamentais é mais extenso que o descrito na assertiva, isto é, não se resume à vida e à dignidade da pessoa humana; **C:** correta. Tais direitos sociais encontram-se previstos na CF; **D:** correta. Tais direitos econômicos encontram-se previstos na CF; **E:** correta. Tais direitos políticos encontram-se previstos na CF.
Gabarito "B".

(Polícia/MG – 2006) Do direito fundamental à nacionalidade decorrem os seguintes direitos:

(A) são brasileiros natos todos os nascidos na República Federativa do Brasil

(B) são brasileiros natos todos os filhos de brasileiros nascidos no exterior.

(C) A Constituição e a Lei poderão estabelecer distinção entre brasileiros natos e naturalizados.

(D) Os cargos da carreira diplomática são privativos de brasileiro nato.

(E) São brasileiros naturalizados os estrangeiros residentes no Brasil há mais de quinze anos.

A: incorreta. Pois, segundo o inciso I do artigo 12 serão brasileiros natos: a) os nascidos em território brasileiro, embora de pais estrangeiros, desde que estes não estejam a serviço de seu país; b) os nascidos no estrangeiro, de pai ou mãe brasileira, desde que qualquer deles esteja a serviço do Brasil; e c) os nascidos no estrangeiro, de pai ou mãe brasileira, desvinculados do serviço público, desde que sejam registrados em repartição brasileira competente ou venham a residir no território nacional e optem, a qualquer tempo, depois de atingida a maioridade, pela nacionalidade brasileira; **B:** incorreta. Segundo o inciso I do artigo 12, serão brasileiros natos: a) os nascidos em território brasileiro, embora de pais estrangeiros, desde que estes não estejam a serviço de seu país; b) os nascidos no estrangeiro, de pai ou mãe brasileira, desde que qualquer deles esteja a serviço do Brasil; e c) os nascidos no estrangeiro, de pai ou mãe brasileira, desvinculados do serviço público, desde que sejam registrados em repartição brasileira competente ou venham a residir no território nacional e optem, a qualquer tempo, depois de atingida a maioridade, pela nacionalidade brasileira. A alínea "c", com redação dada pela EC 54/2007, tornaria tal assertiva correta em partes, pois agora todos os filhos de brasileiros nascidos no exterior podem ser brasileiros natos, desde que sejam registrados em repartição brasileira competente ou venham a residir no território nacional e optem, a qualquer tempo, depois de atingida a maioridade, pela nacionalidade brasileira. Percebe-se que o efeito não é automático, portanto, a assertiva "b" continua incorreta mesmo após a edição da EC 54/2007; **C:** incorreta. A lei, salvo nos casos previstos na Constituição, não poderá estabelecer distinção entre brasileiros natos e naturalizados (art. 12, § 2º, da CF); **D:** correta. É o que dispõe o art. 12, § 3º, V, da CF. **E:** incorreta. Consoante estabelece o inciso II do artigo 12, serão brasileiros naturalizados: a) os que, na forma da lei, adquiram a nacionalidade brasileira, exigidas aos originários de países de língua portuguesa apenas residência por um ano ininterrupto e idoneidade moral; e b) os estrangeiros de qualquer nacionalidade, residentes no Brasil há mais de quinze anos ininterruptos e sem condenação penal, desde que requeiram a nacionalidade brasileira. A lei ordinária regulamentadora cria outra possibilidade de aquisição da nacionalidade brasileira e, para tanto, exige, no mínimo, quatro anos de residência no Brasil, idoneidade, boa saúde e domínio do idioma.
Gabarito "D".

(Polícia/MG – 2006) De acordo com a Constituição da República, as normas definidoras dos direitos e garantias fundamentais.

(A) são normas programáticas.

(B) Têm validade após regulamentação em lei.

(C) Decorrem dos tratados internacionais

(D) Excluem outros princípios por ela adotados.

(E) Têm aplicação imediata.

As normas definidoras dos direitos e garantias fundamentais têm aplicação imediata (art. 5, § 1º, da CF). Ou seja, o juiz pode aplicar diretamente os direitos fundamentais, sem a necessidade de qualquer lei que os regulamente. Tal regra tem por base o **princípio da força normativa da constituição** idealizado por Konrad Hesse.
Gabarito "E".

RENAN FLUMIAN

(Polícia/SP – 2008) A República Federativa do Brasil rege-se nas suas relações internacionais pelos seguintes princípios:

(A) prevalência dos direitos humanos, defesa da paz e independência nacional.

(B) prevalência dos direitos humanos e garantia do desenvolvimento nacional.

(C) prevalência dos direitos humanos e redução das desigualdades sociais.

(D) prevalência dos direitos humanos, soberania, independência e harmonia.

(E) prevalência dos direitos humanos, cidadania e pluralismo político.

O art. 4º da CF dispõe que o Brasil rege suas relações internacionais pelos seguintes princípios: a) independência nacional (inciso I), b) prevalência dos direitos humanos (inciso II), c) autodeterminação dos povos (inciso III), d) não intervenção (inciso IV), e) igualdade entre os Estados (inciso V), f) defesa da paz (inciso VI), g) solução pacífica dos conflitos (inciso VII), h) repúdio ao terrorismo e ao racismo (inciso VIII), i) cooperação entre os povos para o progresso da humanidade (inciso IX) e j) concessão de asilo político (inciso X).
Gabarito "A".

(Polícia/SP – 2003) A prevalência dos direitos humanos constitui um dos

(A) princípios que regem a República Federativa do Brasil nas suas relações internacionais.

(B) objetivos fundamentais da República Federativa do Brasil.

(C) objetivos derivados da República Federativa do Brasil.

(D) objetivos fundamentais da União, dos Estados, do Distrito Federal e dos municípios.

O art. 4º da CF dispõe que o Brasil rege suas relações internacionais pelos seguintes princípios: a) independência nacional (inciso I), b) prevalência dos direitos humanos (inciso II), c) autodeterminação dos povos (inciso III), d) não intervenção (inciso IV), e) igualdade entre os Estados (inciso V), f) defesa da paz (inciso VI), g) solução pacífica dos conflitos (inciso VII), h) repúdio ao terrorismo e ao racismo (inciso VIII), i) cooperação entre os povos para o progresso da humanidade (inciso IX) e j) concessão de asilo político (inciso X). Já os objetivos fundamentais do Brasil encontram-se determinados no art. 3º da CF: a) construir uma sociedade livre, justa e solidária (inciso I), b) garantir o desenvolvimento nacional (inciso II), c) erradicar a pobreza e a marginalização e reduzir as desigualdades sociais e regionais (inciso III) e d) promover o bem de todos, sem preconceitos de origem, raça, sexo, cor, idade e quaisquer outras formas de discriminação (inciso IV).
Gabarito "A".

(Polícia/SP – 2002) Assinale a alternativa na qual figuram objetivos da República Federativa do Brasil considerados como fundamentais pelo texto constitucional.

(A) A erradicação da pobreza e da marginalização e a redução das desigualdades sociais e regionais.

(B) A prevalência dos direitos humanos e o repúdio ao terrorismo.

(C) A defesa da paz e a construção de uma sociedade livre, justa e solidária.

(D) A prevalência dos direitos humanos e dos valores sociais do trabalho.

Conforme o art. 3º da CF, os objetivos da República Federativa do Brasil são: a) construir uma sociedade livre, justa e solidária (inciso I), b)

garantir o desenvolvimento nacional (inciso II), c) erradicar a pobreza e a marginalização e reduzir as desigualdades sociais e regionais (inciso III) e d) promover o bem de todos, sem preconceitos de origem, raça, sexo, cor, idade e quaisquer outras formas de discriminação (inciso IV).
Gabarito "A".

7.3. Direitos fundamentais – Artigo 5º da CF

(Investigador/SP – 2014 – VUNESP) Os direitos humanos expressos na Constituição Federal Brasileira protegem os brasileiros e os estrangeiros residentes no país. Nesse sentido, considerando o direito de liberdade, o texto constitucional garante que não será concedida extradição de estrangeiro por crime

(A) de lesa-pátria ou de terrorismo.

(B) hediondo ou partidário.

(C) contra o Estado Democrático de Direito ou genocídio.

(D) político ou de opinião.

(E) de cunho religioso ou crime comum.

A assertiva correta é a "D" (art. 5º, LII, da CF).
Gabarito "D".

(Polícia Rodoviária Federal – 2013 – CESPE) Considerando o disposto na Constituição Federal de 1988 (CF), julgue os itens a seguir, relativos aos direitos humanos.

(1) A possibilidade de extensão aos estrangeiros que estejam no Brasil, mas que não residam no país, dos direitos individuais previstos na CF deve-se ao princípio da primazia dos direitos humanos nas relações internacionais do Brasil.

(2) Equivalem as normas constitucionais originarias os tratados internacionais sobre direitos humanos aprovados, em cada casa do Congresso Nacional, em dois turnos, por três quintos dos votos dos respectivos membros.

1: certo. A redação do *caput* do art. 5º da CF sublinha que os direitos individuais são garantidos aos brasileiros e estrangeiros residentes no Brasil, deixando de fora os estrangeiros que estejam no país mas que aqui não residam. Todavia, a leitura correta do art. 5º é aquela que dialoga com os princípios e os fundamentos da República Federativa do Brasil. Dessa forma, só é possível advogar pela extensão dos direitos aos estrangeiros em questão. Mais especificamente, a República Federativa do Brasil tem por fundamento de sua própria existência a dignidade da pessoa humana (art. 1º, III, da CF), que requer a tutela de qualquer pessoa independentemente do seu *status* jurídico, e por princípio orientador de sua política externa a prevalência dos direitos humanos (art. 4º, II, da CF), que requer que as relações internacionais do Brasil sejam pautadas pelo respeito aos direitos do homem. Para sintetizar o até aqui dito: no Brasil, qualquer pessoa, brasileiro, estrangeiro residente ou não residente, goza dos direitos individuais previstos na CF; **2**: errado. Com a edição da EC 45, os tratados de direitos humanos que forem aprovados, em cada Casa do Congresso Nacional, em dois turnos, por três quintos dos votos dos respectivos membros, serão equivalentes às emendas constitucionais.
Gabarito 1C, 2E.

(Investigador de Polícia/SP – 2013 – VUNESP) Tendo em vista os direitos humanos fundamentais na vigente Constituição da República brasileira, o direito de locomoção e a obtenção ou correção de dados e informações constantes de arquivos de entidades governamentais ou caráter público podem ser garantidos, respectivamente, pelos seguintes remédios constitucionais:

(A) alvará de soltura e ação civil pública.

(B) *habeas data* e mandado de segurança.

(C) mandado de injunção e *habeas data*.

(D) *habeas corpus* e mandado de injunção.

(E) *habeas corpus* e *habeas data*.

A assertiva correta é a "E". O art. 5º, LXVIII, da CF assim dispõe: "conceder-se-á habeas corpus sempre que alguém sofrer ou se achar ameaçado de sofrer violência ou coação em sua liberdade de locomoção, por ilegalidade ou abuso de poder". Já o inciso LXXII do mesmo artigo assim dispõe: "conceder-se-á habeas data: a) para assegurar o conhecimento de informações relativas à pessoa do impetrante, constantes de registros ou bancos de dados de entidades governamentais ou de caráter público; b) para a retificação de dados, quando não se prefira fazê-lo por processo sigiloso, judicial ou administrativo".
Gabarito "E".

(Polícia/MG – 2008) Numere a COLUNA II de acordo com a COLUNA I, relacionando as liberdades com as previsões constitucionais que as representam.

COLUNA I	COLUNA II
1. Liberdade de locomoção	( ) é assegurada, nos termos da lei, a prestação de assistência religiosa nas entidades civis e militares de internação coletiva.
2. Liberdade de expressão	( ) é assegurado o direito de resposta, proporcional ao agravo, além da indenização por dano material, moral ou à imagem.
3. Liberdade de associação	( ) ninguém será obrigado a filiar-se ou a manter-se filiado a sindicato.
4. Liberdade de consciência	( ) em tempo de paz, qualquer pessoa, nos termos da lei, pode entrar, permanecer ou sair do território com os seus bens.

Assinale a alternativa que apresenta a sequência de números CORRETA.

(A) (3) (2) (1) (4)

(B) (4) (2) (3) (1)

(C) (4) (3) (2) (1)

(D) (3) (1) (2) (4)

1: liberdade de consciência – 4 (art. 5º, VI e VII, da CF); **2:** liberdade de expressão – 2 (art. 5º, V, da CF); **3:** liberdade de associação – 3 (art. 5º, XX, da CF); **4:** liberdade de locomoção – 1 (art. 5º, XV, da CF).
Gabarito "B".

(Polícia/BA – 2006 – CONSULPLAN) Na Constituição da República Federativa do Brasil há um artigo que reúne vários dos artigos da Declaração Universal dos Direitos Humanos. Esse artigo é o:

(A) 1º

(B) 2º

(C) 4º

(D) 5º

(E) 144

A: incorreta. O art. 1º da CF traça os fundamentos da República Federativa do Brasil; **B:** incorreta. O art. 2º da CF traça os Poderes da União (Executivo, Legislativo e Judiciário); **C:** incorreta. O art. 4º da CF traça os princípios que regem as relações internacionais do Brasil; **D:** correta. O art. 5º da CF traça os direitos fundamentais do

indivíduo, conforme estipulados na Declaração Universal dos Direitos Humanos; **E:** incorreta. O art. 144 da CF traça os órgãos responsáveis pela segurança pública.
Gabarito "D".

(Polícia/MG – 2008) Embora seja um direito que tem a sua manifestação externa coletiva, a liberdade de reunião protege principalmente a liberdade individual. Nos termos da Constituição da República de 1988, a proteção do direito de reunião assegura

(A) que a autoridade designe locais para a realização de reuniões, desde que o local seja aberto ao público e a autoridade tome as providências necessárias para a proteção das pessoas.

(B) que se entenda por reunião toda forma de manifestação pública com os mais variados fins, desde que seja estática, que permaneça em apenas um lugar, não podendo se movimentar, o que caracterizaria a passeata.

(C) que não haja restrição à reunião pública, pois, como direito individual fundamental, é meio de manifestação do pensamento e da liberdade de expressão, inclusive para a divulgação de teses ilegais.

(D) que o Estado só pode intervir nesse direito quando a reunião deixar de ser pacífica ou, na doutrina dos direitos individuais, quando o direito de uma ou várias pessoas for violado pelo exercício impróprio daquela liberdade.

A, B, C e D: o art. 5º, XVI, da CF assim dispõe: "todos podem reunir-se pacificamente, sem armas, em locais abertos ao público, independentemente de autorização, desde que não frustrem outra reunião anteriormente convocada para o mesmo local, sendo apenas exigido prévio aviso à autoridade competente".
Gabarito "D".

(Polícia/MG – 2007) Como corolário do respeito aos Direitos Humanos o legislador brasileiro inscreveu entre os direitos e garantias fundamentais expressos na Constituição os seguintes princípios da legislação penal, EXCETO:

(A) Nenhuma pena passará da pessoa do condenado mesmo que a obrigação de reparar o dano possa ser estendida aos sucessores, nos termos da lei.

(B) Às presidiárias serão asseguradas condições para que possam permanecer com seus filhos.

(C) Não haverá penas de caráter perpétuo, de banimento, de trabalhos forçados e cruéis.

(D) É assegurado aos presos o respeito à integridade física e moral.

A: correta. Tal regra encontra-se insculpida no art. 5º, XLV, da CF; **B:** incorreta, devendo esta ser assinalada. Tal regra não se encontra insculpida entre os direitos e garantias fundamentais expressos na Constituição; **C:** correta. Tal regra encontra-se insculpida no art. 5º, XLVII, da CF; **D:** correta. Tal regra encontra-se insculpida no art. 5º, XLIX, da CF.
Gabarito "B".

(Polícia/MG – 2007) Aos presos deve ser assegurada a seguinte Garantia Fundamental:

(A) A identificação dos responsáveis por sua prisão, exceto nos casos de prisão em flagrante.

(B) O direito de permanecer calado quando não tiver a assistência da família ou de advogado.

232 RENAN FLUMIAN

(C) A concessão de *Habeas Corpus* quando a prisão for ilegal.

(D) O relaxamento da prisão legal mesmo quando a lei não admitir a liberdade provisória.

A: incorreta. Os presos sempre têm direito à identificação dos responsáveis por sua prisão (art. 5º, LXIV, da CF); **B:** incorreta. O direito de o preso permanecer calado não depende da falta de assistência familiar ou de advogado (art. 5º, LXIII, da CF); **C:** correta. Tal garantia fundamental está prevista no art. 5º, LXIX, da CF; **D:** incorreta. Só ocorrerá o relaxamento da prisão legal quando a lei admitir a liberdade provisória (art. 5º, LXVI, da CF).
Gabarito "C".

(Polícia/MG – 2006) A casa é asilo inviolável do indivíduo. Para a garantia desse Direito Fundamental a Constituição da Republica assegura:

(A) Ninguém pode nela penetrar sem o consentimento do morador em hipótese alguma.

(B) A casa pode ser violada por determinação judicial, mesmo durante a noite.

(C) Em caso de flagrante delito ou desastre, a casa perde a inviolabilidade.

(D) Para prestar socorro ao morador, tão somente, a Constituição permite entrar no domicilio à noite.

(E) Para prestar socorro, perde a casa a inviolabilidade somente durante o dia.

A: incorreta, pois segundo o art. 5º, XI, da CF, a casa poderá ser violada em caso de flagrante delito ou desastre, ou para prestar socorro, ou, durante o dia, por determinação judicial; **B:** incorreta, pois segundo o art. 5º, XI, da CF, a casa somente poderá ser violada por determinação judicial durante o dia; **C:** correta (art. 5º, XI, da CF); **D:** incorreta, pois segundo o art. 5º, XI, da CF, o socorro ao morador pode ser prestado a qualquer tempo, sem risco de configurar violação a domicílio. **E:** incorreta, pois segundo o art. 5º, XI, da CF, o socorro ao morador pode ser prestado a qualquer tempo, sem risco de configurar violação a domicílio.
Gabarito "C".

(Polícia/SP – 2003) Com relação aos direitos e garantias individuais inscritos na Constituição Federal é correto afirmar:

(A) é vedada, em qualquer situação, a existência da pena de morte.

(B) é assegurada assistência aos filhos dos trabalhadores urbanos e rurais, até os 7 anos de idade em creches e pré-escolas.

(C) é assegurada a prestação de assistência religiosa nas entidades de internação coletiva, nos termos da lei.

(D) é livre a criação de associações para fins lícitos vedada, em qualquer hipótese, sua dissolução compulsória.

A: incorreta. O art. 5º, XLVII, "a", da CF prevê que a pena de morte poderá ser utilizada em caso de guerra declarada (consoante art. 84, XIX, da CF); **B:** incorreta. O art. 7º da CF trata dos direitos dos trabalhadores urbanos e rurais. Um desses direitos é o da assistência gratuita aos filhos e dependentes desde o nascimento até cinco anos de idade em creches e pré-escolas (inciso XXV). A redação do inciso XXV foi dada pela EC n. 53 de 2006; **C:** correta, pois a assertiva "C" traz a redação do art. 5º, VII, da CF; **D:** incorreta, pois dá leitura do art. 5º, XVII e XIX, da CF, pode-se afirmar que as associações podem sim

ser dissolvidas, mas para isso faz-se necessário uma decisão judicial com trânsito em julgado.
Gabarito "C".

7.4. Incorporação de tratados no direito brasileiro

(Polícia/SP – 2000) De acordo com a teoria "monista", para que haja a incorporação dos tratados de direitos humanos ao direito brasileiro

(A) a ratificação não é suficiente, sendo necessária a edição de ato legislativo interno determinando a incorporação.

(B) a ratificação é suficiente para imediata aplicação já que o poder legislativo participa do processo de incorporação.

(C) não é necessária a ratificação para a incorporação, sendo suficiente a aprovação do Poder Legislativo.

(D) a ratificação é suficiente para a imediata aplicação já que o poder legislativo não participa do processo da incorporação.

Segundo a tese monista, o direito internacional e o nacional fazem parte do mesmo sistema jurídico, ou seja, incidem sobre o mesmo espaço. Pelo contrário, a tese dualista advoga que cada um pertence a um sistema distinto e, por assim dizer, incidem sobre espaços diversos. A tese monista ainda subdivide-se: a) monismo radical: prega a preferência pelo direito internacional em detrimento do direito nacional; e b) monismo moderado: prega a equivalência entre o direito internacional e o direito nacional. Importante apontar que a jurisprudência internacional aplica o monismo radical. Tal escolha é respaldada pelo artigo 27 da Convenção de Viena sobre Direito dos Tratados: "Uma parte não pode invocar as disposições de seu direito interno para justificar o inadimplemento de um tratado". O dualismo também se subdivide: a) dualismo radical: impõe a edição de uma lei distinta para incorporação do tratado; e b) dualismo moderado: não exige lei para incorporação do tratado, apenas exige-se um procedimento complexo, com aprovação do Congresso e promulgação do Executivo. A Constituição Federal silenciou neste aspecto e, em virtude da omissão constitucional, a doutrina defende que o Brasil adotou a corrente dualista, ou, melhor dizendo, a corrente dualista moderada. Isto porque o tratado só passará a ter validade interna após ter sido aprovado pelo Congresso Nacional e ratificado e promulgado pelo Presidente da República. Lembrando que a promulgação é efetuada mediante decreto presidencial. Após bem esclarecer o tema da incorporação de tratados, percebe-se que a questão diz respeito erroneamente à teoria monista, pois a assertiva "B" apenas será correta se tiver por fundamento a teoria dualista.
Gabarito "B".

7.5. Legislação nacional protetiva

7.5.1. *Regras Mínimas para o Tratamento do Preso*

(Agente Penitenciário/MA – 2013 – FGV) Beltrano está preso preventivamente por indícios de participação em roubo qualificado a um estabelecimento comercial.

Com base nas Regras Mínimas para o Tratamento do Preso, estabelecidas pela Resolução n. 14/94, do Conselho Nacional de Política Criminal e Penitenciária (CNPCP), analise as afirmativas a seguir.

I. Na qualidade de preso provisório, ele deve ser separado dos presos condenados.

6. DIREITOS HUMANOS 233

II. Na qualidade de preso provisório, ele deve permanecer obrigatoriamente em cela individual.

III. Na qualidade de preso provisório, ele não pode usar roupa própria, mas sim uniforme prisional diferenciado daquele utilizado por presos condenados.

Assinale:

(A) se somente a afirmativa I estiver correta.

(B) se somente a afirmativa III estiver correta.

(C) se somente as afirmativas I e II estiverem corretas.

(D) se somente as afirmativas II e III estiverem corretas

(E) se todas as afirmativas estiverem corretas

I: correta (art. 61, I, da Res. 14/1994 do Conselho Nacional de Política Criminal e Penitenciária); **II:** incorreta, pois o preso provisório deve permanecer **preferencialmente** em cela individual (art. 61, II, da Res. 14/1994 do Conselho Nacional de Política Criminal e Penitenciária); **III:** incorreta, pois o art. 61, V, da Res. 14/1994 defende o uso da própria roupa do preso provisório e apenas quando de uniforme diferenciado daquele utilizado por preso condenado.

Gabarito "A".

(Agente Penitenciário/MA – 2013 – FGV) O Capítulo IX da Resolução n. 14/94 estabelece as regras mínimas para o tratamento do preso.

Acerca do uso de algemas e de camisa de força, analise as afirmativas a seguir.

I. O uso de algemas é permitido, durante o deslocamento do preso, como medida de precaução contra fuga.

II. O uso de camisa de força é permitido, segundo recomendação médica, por motivo de saúde.

III. O uso de algemas é proibido por humilhar o detento.

Assinale:

(A) se somente a afirmativa I estiver correta.

(B) se somente as afirmativas I e II estiverem corretas.

(C) se somente as afirmativas I e III estiverem corretas.

(D) se somente as afirmativas II e III estiverem corretas.

(E) se todas as afirmativas estiverem corretas.

I: correta (art. 29, I, da Res. 14/1994 do Conselho Nacional de Política Criminal e Penitenciária); **II:** correta (art. 29, II, da Res. 14/1994 do Conselho Nacional de Política Criminal e Penitenciária); **III:** incorreta, pois não existe citada previsão na Res. 14/1994 do Conselho Nacional de Política Criminal e Penitenciária.

Gabarito "B".

(Agente Penitenciário/MA – 2013 – FGV) Fulano de Tal foi condenado a 20 anos de prisão por homicídio culposo. Passados seis meses de seu encarceramento, seu advogado ajuizou ação pedindo que fosse permitido ao preso receber visitas da família, o que até então lhe tinha sido negado.

Com relação ao fragmento acima, analise as normas legais que abordam especificamente a matéria tratada.

I. A Resolução n. 14/94, que estabelece as regras mínimas para o tratamento do preso.

II. O Decreto Federal n. 678/92, que ratifica a Convenção Americana sobre Direitos Humanos.

III. A Declaração Universal dos Direitos Humanos, que unifica as normas dos sistemas prisionais.

Assinale:

(A) se somente I estiver correta.

(B) se somente III estiver correta.

(C) se somente I e II estiverem corretas.

(D) se somente II e III estiverem corretas.

(E) se I, II e III estiverem corretas.

O único item correto é o "I", portanto a assertiva "A" deve ser assinalada. O contato do preso com o mundo exterior é disciplinado no capítulo XI da Res. 14/1994 do Conselho Nacional de Política Criminal e Penitenciária. Segue a redação do citado capítulo para análise: "Art. 33. O preso estará autorizado a comunicar-se periodicamente, sob vigilância, com sua família, parentes, amigos ou instituições idôneas, por correspondência ou por meio de visitas. § 1º. A correspondência do preso analfabeto pode ser, a seu pedido, lida e escrita por servidor ou alguém opor ele indicado; § 2º. O uso dos serviços de telecomunicações poderá ser autorizado pelo diretor do estabelecimento prisional. Art. 34. Em caso de perigo para a ordem ou para segurança do estabelecimento prisional, a autoridade competente poderá restringir a correspondência dos presos, respeitados seus direitos. Parágrafo Único. A restrição referida no "caput" deste artigo cessará imediatamente, restabelecida a normalidade. Art. 35. O preso terá acesso a informações periódicas através dos meios de comunicação social, autorizado pela administração do estabelecimento. Art. 36. A visita ao preso do cônjuge, companheiro, família, parentes e amigos, deverá observar a fixação dos dias e horários próprios. Parágrafo Único. Deverá existir instalação destinada a estágio de estudantes universitários. Art. 37. Deve-se estimular a manutenção e o melhoramento das relações entre o preso e sua família."

Gabarito "A".

7.5.2. *Estatuto do Idoso*

(Polícia/BA – 2008 – CEFETBAHIA) "Art. 8º — O envelhecimento é um direito personalíssimo e a sua proteção, um direito social, nos termos desta lei e da legislação vigente."

(Lei nº. 10.741/2003)

Quanto aos direitos das pessoas idosas, pode-se afirmar:

(A) A obrigação de garantir a salvaguarda da dignidade de tais pessoas, com absoluta prioridade, é do Poder Público e, também, da sociedade, da comunidade e da família, vez que as violações aos direitos dos idosos (face, no geral, à sua situação de maior vulnerabilidade), são complexas e partem de diversos âmbitos de convivência.

(B) A absoluta prioridade de tratamento respeitoso passa tão somente pelo atendimento prioritário quanto às instituições privadas no país.

(C) O estabelecimento de mecanismos que favoreçam a divulgação de informações de caráter educativo sobre aspectos biopsicossociais de envelhecimento é a meta mais inovadora e, ao mesmo tempo, a única efetivamente descumprida, quanto às garantias de prioridade previstas no Estatuto do Idoso.

(D) A proibição de qualquer tipo de negligência, discriminação, violência, crueldade ou opressão (com relação aos idosos) tem sido a meta mais atingida do plano de objetivos fundamentais da Lei nº 10.741/2003, de modo que raros são os casos de desrespeito efetivamente constatados.

(E) A obrigação de garantir a salvaguarda da dignidade de tais pessoas está legalmente adstrita aos trabalhadores e servidores da vasta seara da segurança pública.

A: correta. Tal consideração bem retrata o disposto nos arts. 3º e 9º e 10 da Lei 10.741/2003 (Estatuto do Idoso); **B:** incorreta, pois a absoluta prioridade no tratamento respeitoso passa tanto pelo atendimento prioritário nas instituições públicas como nas privadas (art. 3º, § 1º, I, da Lei 10.741/2003); **C:** incorreta. Infelizmente, inúmeras são as garantias de prioridade previstas no Estatuto do Idoso que são descumpridas; **D:** incorreta. Infelizmente, os casos de desrespeito aos idosos repetem-se diuturnamente; **E:** incorreta, pois é dever de todos prevenir a ameaça ou violação aos direitos do idoso (art. 4º, § 1º, da Lei 10.741/2003). Gabarito "A".

7.5.3. Lei de execução penal

(Polícia/SP – 2000) Segundo estipula a Lei de Execução Penal (7.210/84), a cadeia pública destina-se ao

(A) cumprimento de pena em regime fechado ou semiaberto.

(B) cumprimento de pena de detenção em regime semiaberto.

(C) recolhimento de presos provisórios.

(D) recolhimento de condenados à pena de detenção ou prisão simples.

Conforme estipula o art. 102 da Lei de Execução Penal, a cadeia pública destina-se ao recolhimento de presos provisórios.
Gabarito "C".

(Polícia/SP – 2000) Assinale a alternativa incorreta, conforme a Lei de Execução Penal (7.210/84).

(A) A assistência à saúde do preso e do internado compreenderá atendimento médico, farmacêutico e odontológico.

(B) A assistência material ao preso e ao internado consistirá no fornecimento de alimentação, vestuário e instalações higiênicas.

(C) A assistência educacional compreenderá a instrução escolar e a formação profissional do preso e do internado.

(D) A assistência jurídica é destinada aos presos e aos internados independentemente de possuírem recursos financeiros para constituírem advogado.

A: correta, pois é o que dispõe o art. 14 da Lei de Execução Penal; **B:** correta, porque é o que dispõe o art. 12 da Lei de Execução Penal; **C:** correta, já que é o que dispõe o art. 17 da Lei de Execução Penal; **D:** incorreta (devendo esta ser assinalada), dado que a assistência jurídica somente é destinada aos presos e aos internados sem recursos financeiros para constituir advogado (art. 15 da Lei de Execução Penal).
Gabarito "D".

7. DIREITO DA CRIANÇA E DO ADOLESCENTE

Roberta Densa e Vanessa Tonolli Trigueiros

1. CONCEITO E APLICAÇÃO DO ECA

(Perito – PC/ES – Instituto AOCP – 2019) Preencha as lacunas e assinale a alternativa correta.

De acordo com o Estatuto da Criança e do Adolescente, é possível afirmar que é considerada criança a pessoa com até ____ anos incompletos de idade, e adolescente quem apresentar de ____ anos a ____ anos de idade.

(A) 14 / 16 / 19

(B) 12 / 14 / 18

(C) 10 / 12 / 19

(D) 12 / 12 / 18

(E) 10 / 10 / 18

Nos termos do art. 2º do ECA, considera-se criança a pessoa até 12 (doze) anos de idade *incompletos*, e adolescente aquela entre 12 (doze) anos completos e 18 (dezoito) anos de idade. RD
Gabarito "D".

2. MEDIDAS DE PROTEÇÃO

(Escrivão – PC/GO – AOCP – 2023) Carlota é babá de duas crianças residentes em um apartamento na zona residencial nobre de Goiânia-GO. Ao comparecer ao local de serviço, cruza pelo corredor do prédio e nota que outra criança do apartamento vizinho chora constantemente e possui marca de lesões corporais nos braços e nas pernas. Em determinado dia, Carlota ouve a criança gritando e chorando e visualiza pela janela que ela sofre abusos físicos e psicológicos de sua madrasta. Considerando esse caso e o tema da violência doméstica e familiar contra crianças, assinale a alternativa correta.

(A) Para comunicar suas suspeitas às autoridades, Carlota precisa antes pedir autorização do pai da criança e natural responsável pela presença da madrasta no mesmo ambiente que seu filho.

(B) Recebido o expediente com o pedido em favor de criança e de adolescente em situação de violência doméstica e familiar, caberá ao juiz, no prazo de 48 (quarenta e oito) horas, agendar inspeção judicial sobre a vítima.

(C) Carlota tem o dever de comunicar sua suspeita aos órgãos públicos competentes para apurá-la e tomar providências, sob pena de incorrer no delito de deixar de comunicar à autoridade pública a prática de violência, de tratamento cruel ou degradante ou de formas violentas de educação, correção ou disciplina contra criança.

(D) A madrasta não poderá ser presa preventivamente antes de ser interrogada pela autoridade policial por não ser essa uma medida protetiva típica.

(E) Na hipótese de ocorrência de ação ou omissão que implique a ameaça ou a prática de violência doméstica e familiar contra a criança e o adolescente, a autoridade policial que tomar conhecimento da ocorrência deverá exigir da vítima representação para tomar providências.

A: Incorreta. Toda a legislação protetiva dos direitos da criança e do adolescente prevê a obrigatoriedade da participação da família, sociedade e Estado na proteção de crianças e adolescentes (em especial o art. 227 da Constituição Federal). Em relação à comunicação de violência, o artigo 13 do ECA informa: "Os casos de suspeita ou confirmação de castigo físico, de tratamento cruel ou degradante e de maus-tratos contra criança ou adolescente serão obrigatoriamente comunicados ao Conselho Tutelar da respectiva localidade, sem prejuízo de outras providências legais". Não há que se falar, portanto, em comunicação aos pais biológicos. **B:** Incorreta. Nos termos do art. 15 da Lei 14.344/2022 (Lei Henry Borel): Art. 15. Recebido o expediente com o pedido em favor de criança e de adolescente em situação de violência doméstica e familiar, caberá ao juiz, no prazo de 24 (vinte e quatro) horas: I – conhecer do expediente e do pedido e decidir sobre as medidas protetivas de urgência; II – determinar o encaminhamento do responsável pela criança ou pelo adolescente ao órgão de assistência judiciária, quando for o caso; III – comunicar ao Ministério Público para que adote as providências cabíveis; IV – determinar a apreensão imediata de arma de fogo sob a posse do agressor". **C:** Correta. Conforme art. 26 da Lei 14.344/2022 (Lei Henry Borel): "Deixar de comunicar à autoridade pública a prática de violência, de tratamento cruel ou degradante ou de formas violentas de educação, correção ou disciplina contra criança ou adolescente ou o abandono de incapaz: Pena: detenção, de 6 (seis) meses a 3 (três) anos. § 1º A pena é aumentada de metade, se da omissão resulta lesão corporal de natureza grave, e triplicada, se resulta morte. § 2º Aplica-se a pena em dobro se o crime é praticado por ascendente, parente consanguíneo até terceiro grau, responsável legal, tutor, guardião, padrasto ou madrasta da vítima". **D:** Incorreta. Conforme art. 17 da Lei 14.344/2022 (Lei Henry Borel): "Em qualquer fase do inquérito policial ou da instrução criminal, caberá a prisão preventiva do agressor, decretada pelo juiz, a requerimento do Ministério Público ou mediante representação da autoridade policial. Parágrafo único. O juiz poderá revogar a prisão preventiva se, no curso do processo, verificar a falta de motivo para que subsista, bem como decretá-la novamente, se sobrevierem razões que a justifiquem". **E:** Incorreta. Conforme art. 11 da Lei 14.344/2022 (Lei Henry Borel): "Na hipótese de ocorrência de ação ou omissão que implique a ameaça ou a prática de violência doméstica e familiar contra a criança e o adolescente, a autoridade policial que tomar conhecimento da ocorrência adotará, de imediato, as providências legais cabíveis. Parágrafo único. Aplica-se o disposto no *caput* deste artigo ao descumprimento de medida protetiva de urgência deferida".
Gabarito "C".

(Escrivão – PC/GO – AOCP – 2023) Constatada a prática de violência doméstica e familiar contra a criança e o adolescente, o juiz poderá determinar ao agressor, de imediato, em conjunto ou separadamente, a aplicação das seguintes medidas protetivas de urgência, EXCETO

(A) o afastamento do lar, do domicílio ou do local de convivência com a vítima, e a proibição de aproximação da vítima, de seus familiares, das testemunhas e de noticiantes ou denunciantes, com a fixação do limite mínimo de distância entre estes e o agressor.

(B) a prestação de alimentos provisionais ou provisórios.

(C) a monitoração eletrônica da criança ou do adolescente vítima das ofensas, a fim de controlar o perímetro do agressor.

(D) o comparecimento a programas de recuperação e reeducação.

(E) o acompanhamento psicossocial, por meio de atendimento individual e/ou em grupo de apoio.

Conforme art. 20 da Lei 14.344/2022 (Lei Henry Borel): Art. 20. Constatada a prática de violência doméstica e familiar contra a criança e o adolescente nos termos desta Lei, o juiz poderá determinar ao agressor, de imediato, em conjunto ou separadamente, a aplicação das seguintes medidas protetivas de urgência, entre outras: I – a suspensão da posse ou a restrição do porte de armas, com comunicação ao órgão competente, nos termos da Lei 10.826, de 22 de dezembro de 2003; II – o afastamento do lar, do domicílio ou do local de convivência com a vítima; III – a proibição de aproximação da vítima, de seus familiares, das testemunhas e de noticiantes ou denunciantes, com a fixação do limite mínimo de distância entre estes e o agressor; IV – a vedação de contato com a vítima, com seus familiares, com testemunhas e com noticiantes ou denunciantes, por qualquer meio de comunicação; V – a proibição de frequentação de determinados lugares a fim de preservar a integridade física e psicológica da criança ou do adolescente, respeitadas as disposições da Lei 8.069, de 13 de julho de 1990 (Estatuto da Criança e do Adolescente); VI – a restrição ou a suspensão de visitas à criança ou ao adolescente; VII – a prestação de alimentos provisionais ou provisórios; VIII – o comparecimento a programas de recuperação e reeducação; IX – o acompanhamento psicossocial, por meio de atendimento individual e/ou em grupo de apoio. Sendo assim, a única alternativa incorreta é a letra C.

Gabarito "C".

3. PRÁTICA DE ATO INFRACIONAL

(Escrivão – PC/ES – Instituto AOCP – 2019) À luz do Estatuto da Criança e do Adolescente, assinale a alternativa que NÃO apresenta uma garantia processual assegurada à criança e ao adolescente.

(A) Assistência judiciária gratuita e integral, em caso de necessidade.

(B) Defesa técnica por advogado.

(C) Pleno e formal conhecimento da atribuição de ato infracional, mediante citação ou meio equivalente.

(D) Direito de ser ouvido pela autoridade competente, por meio de seus representantes legais.

(E) Direito de solicitar a presença de seus pais ou responsáveis em qualquer fase do procedimento.

Nos termos do art. 111 do ECA, são asseguradas ao adolescente, entre outras, as seguintes garantias: I – pleno e formal conhecimento da atribuição de ato infracional, mediante citação ou meio equivalente; II – igualdade na relação processual, podendo confrontar-se com vítimas e testemunhas e produzir todas as provas necessárias à sua defesa; III – defesa técnica por advogado; IV – assistência judiciária gratuita e integral aos necessitados, na forma da lei; V – direito de ser ouvido pessoalmente pela autoridade competente; VI – direito de solicitar a presença de seus pais ou responsável em qualquer fase do procedimento. Portanto, nos termos do inciso V, o adolescente tem o direito de ser **ouvido pessoalmente**, não por meio dos seus representantes legais. RD

Gabarito "D".

(Agente – Pernambuco – CESPE – 2016) Com relação a imputabilidade penal, assinale a opção correta. Nesse sentido, considere que a sigla ECA, sempre que empregada, se refere ao Estatuto da Criança e do Adolescente.

(A) A embriaguez, quando culposa, é causa excludente de imputabilidade.

(B) A emoção e a paixão são causas excludentes de imputabilidade, como pode ocorrer nos chamados crimes passionais.

(C) A embriaguez não exclui a imputabilidade, mesmo quando o agente se embriaga completamente em razão de caso fortuito ou força maior.

(D) São inimputáveis os menores de dezoito anos de idade, ficando eles, no entanto, sujeitos ao cumprimento de medidas socioeducativas e(ou) outras medidas previstas no ECA.

(E) São inimputáveis os menores de vinte e um anos de idade, ficando eles, no entanto, sujeitos ao cumprimento de medidas socioeducativas e(ou) outras medidas previstas no ECA.

A: incorreta, pois a embriaguez, voluntária ou culposa, pelo álcool ou substância de efeitos análogos, não exclui a imputabilidade penal, nos termos do art. 28, II, do CP. No caso, o agente somente será isento de pena se, por embriaguez completa, proveniente de caso fortuito ou força maior, era, ao tempo da ação ou da omissão, inteiramente incapaz de entender o caráter ilícito do fato ou de determinar-se de acordo com esse entendimento. Se o agente, por embriaguez, proveniente de caso fortuito ou força maior, não possuía, ao tempo da ação ou da omissão, a plena capacidade de entender o caráter ilícito do fato ou de determinar-se de acordo com esse entendimento, a pena pode ser reduzida de um a dois terços (art. 28, §§ 1º e 2º, **do CP**). Oportuno registrar que tal análise sobre a embriaguez somente será realizada para o agente maior, o qual poderá ser considerado imputável– ainda que embriagado –, sendo-lhe aplicada uma pena. Por sua vez, ao menor de dezoito anos, a análise a ser realizada diz respeito ao fato típico e antijurídico, por já ser considerado inimputável, sendo-lhe aplicável uma medida socioeducativa; **B:** incorreta, pois, nos termos do art. 28, I, do CP, a emoção e a paixão não são causas excludentes de imputabilidade penal, cuja análise será realizada ao agente maior; **C:** incorreta, pois o agente será isento de pena se, por embriaguez completa, proveniente de caso fortuito ou força maior, era, ao tempo da ação ou da omissão, inteiramente incapaz de entender o caráter ilícito do fato ou de determinar-se de acordo com esse entendimento (art. 28, § 1º, **do CP**); **D:** correta, pois, de fato, *são penalmente inimputáveis os menores de dezoito anos,*aos quais são aplicadas medidas socioeducativas, previstas no Estatuto da Criança e do Adolescente, nos termos do seu art.104;**E:** incorreta, pois são considerados inimputáveis os menores de dezoito anos (art. 104, do ECA).Todavia, excepcionalmente, é possível a aplicação do Estatuto da Criança e do Adolescente às pessoas entre dezoito a vinte e um anos de idade,como, por exemplo,na aplicação das medidas socioeducativas de semiliberdade e de internação ao jovem que praticou o ato infracional quando era adolescente e que já completou a maioridade civil. Tais medidas somente podem ser cumpridas até os vinte e um anos de idade, sendo que em nenhuma hipótese o período máximo excederá a três anos (arts.2º, parágrafo único; 120, §2º; e 121, §§3º e 5º, todos do ECA). VT

Gabarito "D".

4. MEDIDA SOCIOEDUCATIVA

(Escrivão – PC/ES – Instituto AOCP – 2019) A respeito das medidas socioeducativas estipuladas pelo Estatuto da Criança e do Adolescente, assinale a alternativa correta.

(A) A prestação de serviços à comunidade não excederá 6 meses.

7. DIREITO DA CRIANÇA E DO ADOLESCENTE

(B) Em se tratando de ato infracional com reflexos patrimoniais, o adolescente deverá ressarcir a coisa, ressarcir o prejuízo ou de outra forma compensar o prejuízo da vítima, não se admitindo a substituição da reparação do dano por outra medida.

(C) Em situação excepcional de maneira fundamentada, será admitido o trabalho forçado.

(D) O regime de semiliberdade pode ser determinado desde o início, ou como forma de transição para o aberto, após decisão judicial fundamentada.

(E) A internação poderá ser aplicada desde logo, ainda que haja outra medida mais adequada, desde que as circunstâncias de cometimento do ato infracional autorizem a medida extrema.

A: correta. Nos termos do art. 117, *caput*, do ECA; **B:** incorreta. A medida de reparação de danos é uma das medidas socioeducativas que podem ser aplicadas pela autoridade judiciária toda vez que a prática do ato infracional causar danos à vítima. No entanto, se não for possível aplicar a medida, a autoridade judiciária poderá aplicar outra medida socioeducativa, nos termos do art. 112, § 1º, do ECA; **C:** incorreta. É inadmissível o trabalho forçado como forma de educação e ressocialização do adolescente (art. 112, § 2º); **D:** incorreta. O regime de semiliberdade pode ser determinado desde o início, ou como forma de transição para o meio aberto, possibilitada a realização de atividades externas, independentemente de autorização judicial (art. 120 do ECA); **E:** incorreta. A internação é medida excepcional por implicar em restrição de liberdade do adolescente. Assim, somente pode ser aplicada nas estritas hipóteses do art. 122 e se a autoridade judiciária entender que não há efetividade em outra medida. [RD]

Gabarito "A".

(Agente-Escrivão – PC/GO – CESPE – 2016) Com base na Lei nº 8.069/1990, assinale a opção que apresenta medida passível de aplicação por autoridade competente tanto a criança quanto a adolescente que cometa ato infracional.

(A) prestação de serviços à comunidade.

(B) internação em estabelecimento educacional.

(C) requisição de tratamento psicológico.

(D) inserção em regime de semiliberdade.

(E) liberdade assistida.

A, B, D e E: incorretas, pois as medidas socioeducativas de prestação de serviços à comunidade, internação em estabelecimento educacional, inserção em regime de semiliberdade e de liberdade assistida são aplicadas apenas ao adolescente que cometa ato infracional; **C:** correta, pois a requisição de tratamento psicológico é uma medida protetiva– e não socioeducativa–, a qual pode ser aplicada tanto para a criança quanto para o adolescente que cometa ato infracional. Oportuno registrar que para a criança que cometa ato infracional somente será possível a aplicação de medida protetiva, cujo caráter é assistencial (art. 105, do ECA). O art. 101, do ECA elenca de modo exemplificativo quais são as medidas protetivas que a autoridade competente poderá aplicar. Por sua vez, ao adolescente que cometa ato infracional é possível a aplicação cumulativa de medida protetiva e socioeducativa, cujo rol é taxativo, previsto no art. 112, do ECA. Neste sentido é o ensinamento doutrinário: "*A Constituição Federal erigiu como direito fundamental de crianças e de adolescentes a inimputabilidade, identificando modelo diferenciado de responsabilização segundo a idade. Não obstante, também foi estabelecida diferença de tratamento entre crianças e adolescentes. Com efeito, em regra, às crianças será possível a aplicação única e exclusivamente de medida de proteção, conforme decisão do Conselho Tutelar. Contudo, dependendo da medida, a criança será encaminhada para o magistrado, como, por exemplo, quando for necessária a inserção em acolhimento institucional. De outro lado, aos adolescentes será possível a aplicação*

de medidas socioeducativas e/ou medidas protetivas" (ROSSATO, LÉPORE e SANCHES. Estatuto da Criança e do Adolescente. 3ª ed. São Paulo: RT, p. 236). [VT]

Gabarito "C".

5. CRIMES

(Agente-Escrivão – PC/GO – CESPE – 2016) Nessas situações hipotéticas, de acordo com o que prevê o ECA,

(A) somente Gabriel e Alexandre responderão por crime.

(B) somente Júlia e Alexandre responderão por infração administrativa.

(C) somente Gabriel e Alexandre responderão por infração administrativa.

(D) Gabriel, Júlia e Alexandre responderão por crime.

(E) somente Gabriel e Júlia responderão por crime.

A primeira situação hipotética trata da prática de crime (*deixar o encarregado de serviço ou o dirigente de estabelecimento de atenção à saúde de gestante de manter registro das atividades desenvolvidas, na forma e prazo referidos no art. 10 desta Lei, bem como de fornecer à parturiente ou a seu responsável, por ocasião da alta médica, declaração de nascimento, onde constem as intercorrências do parto e do desenvolvimento do neonato*), previsto no art. 228, do ECA. Por sua vez, a segunda situação hipotética (*deixar o médico, professor ou responsável por estabelecimento de atenção à saúde e de ensino fundamental, pré-escola ou creche, de comunicar à autoridade competente os casos de que tenha conhecimento, envolvendo suspeita ou confirmação de maus-tratos contra criança ou adolescente*) diz respeito à infração administrativa, prevista no art. 245, do ECA. Por fim, a terceira situação hipotética (*hospedar criança ou adolescente desacompanhado dos pais ou responsável, ou sem autorização escrita desses ou da autoridade judiciária, em hotel, pensão, motel ou congênere*) também trata de infração administrativa, prevista no art. 250, do ECA. Portanto, apenas a alternativa "B" está correta, ficando as demais excluídas. [VT]

Gabarito "B".

6. TEMAS COMBINADOS

(Perito – PC/ES – Instituto AOCP – 2019) Com base na Lei nº 8.069/1990, que dispõe sobre o Estatuto da Criança e do Adolescente e dá outras providências, assinale a alternativa correta.

(A) Subtrair criança ou adolescente do poder de quem o tem sob sua guarda em virtude de lei ou ordem judicial, com o fim de colocação em lar substituto, constitui crime punido com pena de detenção de dois a cinco anos, e multa.

(B) A autoridade judiciária poderá aplicar medida socioeducativa ainda que o ato praticado pelo adolescente não constitua ato infracional.

(C) A sentença que deferir a adoção não produz efeito desde logo, devendo a apelação, em qualquer caso, ser recebida nos efeitos devolutivo e suspensivo.

(D) Alguns dos crimes definidos no Estatuto da Criança e do Adolescente são de ação penal pública condicionada à representação.

(E) O adolescente apreendido em flagrante de ato infracional será, desde logo, encaminhado à autoridade policial competente.

A: incorreta. No forma do art. 237 do ECA, constitui crime "subtrair criança ou adolescente do poder de quem o tem sob sua guarda em virtude de lei ou ordem judicial, com o fim de colocação em lar substituto", sendo certo que a pena é de reclusão de **dois** a **seis** anos, e multa; **B:** incorreta. As medidas socioeducativas são aplicáveis somente ao adolescente que tenha praticado ato infracional (art. 112 do ECA); **C:** incorreta. A sentença que deferia adoção produz efeito desde logo. A apelação será recebida apenas em seu efeito devolutivo, exceto no caso de adoção internacional ou se houver perigo de dano irreparável ou de difícil reparação, quando poderá ser recebida em seu efeito suspensivo (art. 199-A); **D:** incorreta. Os crimes definidos no ECA são de ação pública incondicionada; **E:** correta. Nos termos do art. 172 do ECA, o adolescente apreendido em flagrante de ato infracional será, desde logo, encaminhado à autoridade policial competente. Por outro lado, se o adolescente for apreendido por força de ordem judicial, será encaminhado à autoridade judiciária. **RD**

Gabarito "E".

7. PESSOA COM DEFICIÊNCIA

(Perito – PC/ES – Instituto AOCP – 2019) Uma das disposições descritas no Estatuto da Pessoa com Deficiência se refere à avaliação da deficiência, a qual considera quatro itens.

Dentre as seguintes alternativas, qual NÃO corresponde a um desses itens?

(A) A volição que permeia o desenvolvimento de uma deficiência.

(B) Os impedimentos nas funções e nas estruturas do corpo.

(C) Os fatores socioambientais, psicológicos e pessoais.

(D) A limitação no desempenho de atividades.

(E) A restrição de participação.

Nos termos do art. 2º da Lei 13.146/2015, considera-se pessoa com deficiência aquela que tem impedimento de longo prazo de natureza física, mental, intelectual ou sensorial, o qual, em interação com uma ou mais barreiras, pode obstruir sua participação plena e efetiva na sociedade em igualdade de condições com as demais pessoas. O § 1º do mesmo dispositivo, assevera que a avaliação da deficiência, quando necessária, será biopsicossocial, realizada por equipe multiprofissional e interdisciplinar e considerará: I – os impedimentos nas funções e nas estruturas do corpo; II – os fatores socioambientais, psicológicos e pessoais; III – a limitação no desempenho de atividades; e IV – a restrição de participação. **RD**

Gabarito "A".

8. DIREITO ADMINISTRATIVO

Sebastião Edilson Gomes, Flávia Barros, Flávia Campos e Rodrigo Bordalo

1. REGIME JURÍDICO ADMINISTRATIVO E PRINCÍPIOS DE DIREITO ADMINISTRATIVO

(Papiloscopista – PC/RR – VUNESP – 2022) Assinale a alternativa que contempla apenas princípios implícitos da Administração Pública.

(A) Razoabilidade e Proporcionalidade.

(B) Moralidade e Razoabilidade.

(C) Impessoalidade e Moralidade.

(D) Legalidade e Publicidade.

(E) Publicidade e Proporcionalidade.

Os princípios implícitos, também chamados de princípios reconhecidos, são aqueles que não estão previstos expressamente na Constituição Federal. **A**. Certo. Razoabilidade e proporcionalidade são princípios implícitos, de acordo com a doutrina majoritária. **B**. Errado, apesar de razoabilidade ser implícito, o princípio da moralidade está previsto expressamente no art. 37, *caput*, CF/99. **C**. Errado, princípios da impessoalidade e da moralidade estão previstos expressamente no art. 37, *caput*, CF/88. **D**. Errado, princípios da legalidade e da publicidade estão previstos expressamente no art. 37, *caput*, CF/88. **E**. Errado, apesar do princípio da proporcionalidade ser um princípio implícito, o princípio da publicidade está previsto expressamente. **FC**

Gabarito "A".

(Delegado – PC/RS – FUNDATEC – 2018) Acerca da formação histórica do Direito Administrativo, analise as seguintes assertivas:

I. O Direito Administrativo tem origem na Idade Média, período histórico em que a vontade do monarca passa a se subordinar à lei.

II. O direito francês se notabiliza como a principal influência na formação do Direito Administrativo brasileiro, de onde importamos institutos importantes como o conceito de serviço público, a teoria dos atos administrativos, da responsabilidade civil do estado e da submissão da Administração Pública ao princípio da legalidade.

III. Devido à organização do Estado brasileiro, composto por diferentes entes políticos dotados de competências legislativas próprias para disciplinar suas atividades administrativas, a codificação do Direito Administrativo em âmbito nacional se torna inviável.

Quais estão corretas?

(A) Apenas I.

(B) Apenas III.

(C) Apenas I e II.

(D) Apenas II e III.

(E) I, II e III.

I: incorreta. O direito administrativo surgiu na França no fim do século XVIII e início do século XIX, tendo seu reconhecimento como ramo autônomo do direito no início do processo de desenvolvimento do Estado de Direito, calcado no princípio da legalidade e da separação dos poderes. Só é possível, destarte, falar-se em regime jurídico administrativo com o aparecimento do Estado de Direito, em que a lei passa a valer tanto para os administrados como para o administrador. Isso se dá com o declínio dos regimes absolutistas, marcados pela vontade incontrastável dos soberanos, e que foi perdendo espaço, até se extinguir, após a Declaração dos Direitos do Homem e do Cidadão na França (1789) e a Declaração de Independência dos Estados Unidos (1796). Os Estados de Direito, por sua vez, valeram-se da ideia de separação dos Poderes desenvolvida por Montesquieu (*O Espírito das Leis*, 1748); **II**: correta. São cinco os principais pontos de influência do direito romanístico – em especial o francês – sobre o direito administrativo brasileiro: a autoexecutoriedade dos atos administrativos, o princípio da legalidade, a responsabilidade civil do Estado, o conceito de serviço administrativo e suas formas de delegação e a autonomia do direito administrativo como ramo do Direito Público. Temos também, de outra banda, a influência do direito norte-americano, trazendo o sistema único de jurisdição, jurisprudência como fonte de direito, submissão da Administração Pública ao controle jurisdicional e a outorga de prerrogativas públicas às agencias reguladoras; **III**: correta. O federalismo brasileiro, composto por União, Estados, Distrito Federal e Municípios, cada qual com competências privativas ou concorrentes, torna a codificação do Direito Administrativo algo dificílimo. **FB**

Gabarito "D".

(Perito – PC/ES – Instituto AOCP – 2019) Para o Direito Administrativo, o princípio que determina privilégios jurídicos, sobrepondo o interesse público ao particular, privilegiando a administração pública em face dos administrados e garantindo à Administração Pública prerrogativas e obrigações não extensíveis aos administrados, é denominado

(A) princípio da supremacia do interesse público.

(B) princípio da indisponibilidade do interesse público.

(C) princípio da legalidade.

(D) princípio da impessoalidade.

(E) princípio da moralidade.

A: correta. O regime jurídico administrativo possui dois traços fundamentais, duas "pedras de toque": a indisponibilidade do interesse público e **o princípio da supremacia do interesse público sobre o interesse privado**. Esse último parte da ideia de que o fim do Estado é o bem comum, e não o individual. Assim, deve prevalecer o interesse público, o interesse comum, e não o interesse particular que cada um tem, como condição até mesmo da sobrevivência e asseguramento da coletividade. Essa supremacia pode ser verificada nas seguintes *prerrogativas (que a questão chama de "privilégios" da* Administração): a) presunção relativa de legitimidade e veracidade dos atos administrativos; b) prazos maiores no processo civil; c) prazo prescricional menor contra o Estado; d) imperatividade, exigibilidade, coercibilidade e autoexecutoriedade de boa parte dos atos administrativos; **B:** incorreta. O princípio da **indisponibilidade do interesse público**, por sua vez, decorre da ideia de República (res pública: coisa de todos). Ele indica que os interesses públicos não podem ser objeto de disposição, devendo o Poder Público velar por sua proteção e promoção. Os poderes ou prerrogativas dadas à Administração Pública para a consecução de seus fins lhe são outorgados para que aja em prol de outrem, do povo, o verdadeiro detentor do poder em países de índole democrática. Daí

porque, não tendo para com a coisa pública uma relação de propriedade, não poderá dela dispor. A ordem jurídica trará o perfil do que é interesse público, cabendo à Administração Pública buscar seu atendimento e o administrador estará atrelado a esse perfil, atuando dentro desses limites, sem excessos ou insuficiências. Decorrem desse princípio os seguintes: a) princípio da legalidade; b) princípio da isonomia; c) princípio da motivação; d) princípio da publicidade, dentre outros. **C:** incorreta. O **princípio da legalidade** pode ser **conceituado** como *aquele pelo qual a Administração Pública só pode fazer o que a lei determinar ou permitir.* Está p**revisto** expressamente no art. 37, *caput,* da CF/1988; **D:** incorreta. O **princípio da** *impessoalidade* determina *o tratamento igualitário às pessoas, sem favoritismos ou perseguições, com respeito à finalidade legal a ser perseguida, bem como à ideia de que os atos dos agentes públicos devem ser imputados diretamente à Administração Pública e nunca à pessoa do agente.* Está também **previsto** expressamente no art. 37, *caput,* da CF/1988; **E:** incorreta. O **princípio da moralidade administrativa,** igualmente presente no artigo 37, *caput* da CF/1988, *impõe obediência à ética da Administração, consistente no conjunto de preceitos da moral administrativa, como o dever de honestidade, lealdade, boa-fé e probidade.* O art. 11 da Lei 8.429/1992 (Lei de Improbidade Administrativa) torna jurídico preceitos morais a serem seguidos, como a *honestidade e a lealdade às instituições.* **FB**
Gabarito "A".

(Perito – PC/ES – Instituto AOCP – 2019) O princípio pelo qual a Administração Pública exerce controle sobre seus próprios atos, tendo a possibilidade de anular os ilegais e de revogar os inoportunos, denomina-se

(A) Princípio da Legalidade.

(B) Princípio da Autotutela.

(C) Princípio da Motivação dos Atos Administrativos.

(D) Princípio da Continuidade Administrativa.

(E) Princípio da Moralidade Administrativa.

A: incorreta. O **princípio da legalidade** pode ser **conceituado** como *aquele pelo qual a Administração Pública só pode fazer o que a lei determinar ou permitir.* Está p**revisto** expressamente no art. 37, *caput,* da CF/1988; **B:** correta. O **princípio da autotutela** pode ser **conceituado** como *aquele que impõe o dever de a Administração Pública anular seus próprios atos, quando eivados de vício de ilegalidade, e o poder de revogá-los por motivo de conveniência e oportunidade, respeitados os direitos adquiridos.* Trata-se de princípio que *n*ão está **previsto** expressamente no art. 37, *caput,* da CF, mas que é muito conhecido e está previsto nas Súmula 346 e 473 do STF e no art. 53 da Lei 9.784/1999. Perceba-se que, diante de *ilegalidade,* fala-se em **dever de anular** (ato vinculado). E que diante de motivo de *conveniência e oportunidade,* fala-se em **poder de revogar** (ato discricionário). O nome do princípio remete à ideia de que a Administração agirá sozinha, ou seja, sem ter de levar a questão ao Poder Judiciário; **C:** incorreta. O **princípio da motivação dos atos administrativos** determina que o administrador indique, *prévia ou contemporaneamente, os pressupostos de fato e de direito que determinam a decisão ou o ato, de forma explícita, clara e congruente.* O princípio da motivação **não está previsto** expressamente no art. 37, *caput,* da CF/1988, mas o art. 2º, *caput,* da Lei 9.784/1999 faz referência expressa à motivação como princípio a ser obedecido por toda a Administração Direta e Indireta, de todos os poderes; **D:** incorreta. O **princípio da continuidade** estabelece que as atividades públicas não podem parar, tanto em relação aos contratos administrativos como em relação à função pública; **E:** incorreta. O **princípio da moralidade administrativa,** igualmente presente no artigo 37, *caput* da CF/1988, *impõe obediência à ética da Administração, consistente no conjunto de preceitos da moral administrativa, como o dever de honestidade, lealdade, boa-fé e probidade.* O art. 11 da Lei 8.429/1992 (Lei de Improbidade Administrativa) torna jurídico preceitos morais a serem seguidos, como a *honestidade e a lealdade às instituições.* **FB**
Gabarito "B".

(Investigador – PC/ES – Instituto AOCP – 2019) Tanto os agentes públicos quanto a Administração Pública devem agir conforme os preceitos éticos, já que tal violação implicará em uma transgressão do próprio Direito, o que caracterizará um ato ilícito de modo a gerar a conduta viciada em uma conduta invalidada. O enunciado refere-se ao Princípio da

(A) Legalidade.

(B) Impessoalidade.

(C) Moralidade.

(D) Supremacia do Interesse Público.

(E) Eficiência.

A: incorreta. O **princípio da legalidade** pode ser **conceituado** como *aquele pelo qual a Administração Pública só pode fazer o que a lei determinar ou permitir.* Está p**revisto** expressamente no art. 37, *caput,* da CF/1988; **B:** incorreta. O **princípio da impessoalidade** determina o *tratamento igualitário às pessoas, sem favoritismos ou perseguições, com respeito à finalidade legal a ser perseguida, bem como à ideia de que os atos dos agentes públicos devem ser imputados diretamente à Administração Pública e nunca à pessoa do agente.* Está também **previsto** expressamente no art. 37, *caput,* da CF/1988; **C:** correta. O **princípio da moralidade administrativa,** igualmente presente no artigo 37, *caput* da CF/1988, *impõe obediência à ética da Administração, consistente no conjunto de preceitos da moral administrativa, como o dever de honestidade, lealdade, boa-fé e probidade.* O art. 11 da Lei 8.429/1992 (Lei de Improbidade Administrativa) torna jurídico preceitos morais a serem seguidos, como a *honestidade* e a *lealdade* às instituições. Ela exige que a atividade administrativa seja prestada com correção, pautada em regras de boa administração em prol do interesse do povo e do bem comum, estando ligado ao conceito de bom administrador; **D:** incorreta. O **princípio da supremacia do interesse público sobre o interesse privado** é uma das pedras de toque do direito administrativo e parte da ideia de que o fim do Estado é o bem comum, e não o individual. Assim, deve prevalecer o interesse público, o interesse comum, e não o interesse particular que cada um tem, sem condição até mesmo da sobrevivência e asseguramento da coletividade. Essa supremacia pode ser verificada nas seguintes *prerrogativas (que a questão chama de "privilégios"* da Administração: a) presunção relativa de legitimidade e veracidade dos atos administrativos; b) prazos maiores no processo civil; c) prazo prescricional menor contra o Estado; d) imperatividade, exigibilidade, coercibilidade e autoexecutoriedade de boa parte dos atos administrativos; **E:** incorreta. O **princípio da eficiência** é *aquele que impõe o dever de a Administração Pública atender satisfatoriamente às necessidades dos administrados, bem como de o administrador público fazer o melhor, como profissional, diante dos meios de que dispõe.* **FB**
Gabarito "C".

(Escrivão – PC/ES – Instituto AOCP – 2019) No que se refere aos Princípios da Administração Pública, assinale a alternativa correta.

(A) O princípio da razoabilidade se trata, em suma, do princípio da proibição de excessos.

(B) O princípio da proporcionalidade, aplicado à Administração Pública, significa que a atividade administrativa deve ser prestada de forma contínua, sem intervalos, sem lapsos ou falhas, sendo constante e homogênea.

(C) O princípio da motivação estabelece que a Administração Pública pode controlar os seus próprios atos, seja para anulá-los, quando ilegais, seja para revogá-los, quando inconvenientes ou inoportunos.

8. DIREITO ADMINISTRATIVO

(D) O princípio da eficiência exige que a atividade administrativa seja prestada com correção, pautada em regras de boa administração em prol do interesse do povo e do bem comum, estando ligado ao conceito de bom administrador.

(E) O princípio da indisponibilidade do interesse público estabelece que a atuação do agente público deve basear-se na ausência de subjetividade, ficando este impedido de considerar quaisquer inclinações e interesses pessoais, próprios ou de terceiros.

A: correta. O **princípio da razoabilidade** *impõe o dever de agir dentro de um padrão normal, evitando-se negligência e excesso e atuando de forma compatível entre os meios e fins previstos na lei;* **B**: incorreta. O **princípio da proporcionalidade** é, de certa forma, a medida da razoabilidade, determinando o dever de uma proporção adequada entre os meios utilizados e os fins desejados; **C**: incorreta. A assertiva traz a definição do princípio da autotutela, ao passo que o **princípio da motivação** determina que o administrador indique, *prévia ou contemporaneamente, os pressupostos de fato e de direito que determinam a decisão ou o ato, de forma explícita, clara e congruente;* **D**: incorreta. A assertiva traz a definição do princípio da moralidade administrativa. O **princípio da eficiência** é *aquele que impõe o dever de a Administração Pública atender satisfatoriamente às necessidades dos administrados, bem como o o administrador público fazer o melhor, como profissional, diante dos meios de que dispõe;* **E**: incorreta. A assertiva traz o conceito de princípio da impessoalidade, ao invés de conceituar o **princípio da indisponibilidade do interesse público**, *que* indica que os interesses públicos não podem ser objeto de disposição, devendo o Poder Público velar por sua proteção e promoção. Os poderes ou prerrogativas dadas à Administração Pública para a consecução de seus fins lhe são outorgados para que aja em prol de outrem, do povo, o verdadeiro detentor do poder em países de índole democrática. Daí porque, não tendo para com a coisa pública uma relação de propriedade, não poderá dela dispor. A ordem jurídica trará o perfil do que é interesse público, cabendo à Administração Pública buscar seu atendimento e o administrador estará atrelado a esse perfil, atuando dentro desses limites, sem excessos ou insuficiências. **FB**
„Gabarito "A".

(Escrivão – PC/ES – Instituto AOCP – 2019) Ao tratarmos de Regras de Direito Administrativo, é importante considerar que o Direito Administrativo, por ser um ramo do Direito Público, não se adequa a todos os princípios da hermenêutica do Direito Privado. Assim, para interpretá-lo, é indispensável observar alguns pressupostos diretamente ligados a esse ramo do Direito. Dentre esses pressupostos, está a

(A) igualdade jurídica entre a Administração Pública e os administrados, sem prevalência de interesses de um ou de outro.

(B) presunção absoluta de legitimidade dos atos da Administração Pública.

(C) inviabilidade de discricionariedade na prática rotineira das atividades da Administração Pública.

(D) necessidade de poderes discricionários para a Administração atender ao interesse público.

(E) sobreposição do interesse privado, ou seja, dos administrados, sobre o interesse público.

D: correta. O regime jurídico administrativo possui dois traços fundamentais, duas "pedras de toque": **a indisponibilidade do interesse público e o princípio da supremacia do interesse público sobre o interesse privado**. O princípio da **indisponibilidade do interesse público** decorre da ideia de República (res publica: coisa de todos). Ele

indica que os interesses públicos não podem ser objeto de disposição, devendo o Poder Público velar por sua proteção e promoção. Os poderes ou prerrogativas dados à Administração Pública para a consecução de seus fins lhe são outorgados para que aja em prol de outrem, do povo, o verdadeiro detentor do poder em países de índole democrática. Daí porque, não tendo para com a coisa pública uma relação de propriedade, não poderá dela dispor. A ordem jurídica trará o perfil do que é interesse público, cabendo à Administração Pública buscar seu atendimento e o administrador estará atrelado a esse perfil, atuando dentro desses limites, sem excessos ou insuficiências. Decorrem desse princípio os seguintes: a) princípio da legalidade; b) princípio da isonomia; c) princípio da motivação; d) princípio da publicidade, dentre outros. De outra banda, o princípio da supremacia do interesse público sobre o privado parte da ideia de que o fim do Estado é o bem comum, e não o individual. Assim, deve prevalecer o interesse público, o interesse comum, e não o interesse particular que cada um tem, como condição até mesmo da sobrevivência e asseguramento da coletividade. Essa supremacia pode ser verificada nas seguintes *prerrogativas (que a questão chama de "privilégios" da* Administração: a) presunção relativa de legitimidade e veracidade dos atos administrativos; b) prazos maiores no processo civil; c) prazo prescricional menor contra o Estado; d) imperatividade, exigibilidade, coercibilidade e autoexecutoriedade de boa parte dos atos administrativos. **FB**
„Gabarito "D".

(Agente-Escrivão – Acre – IBADE – 2017) No que tange aos princípios que informam o Direito Administrativo Brasileiro e aos atos administrativos, é correto afirmar:

(A) O acordo de designações recíprocas, a despeito de ser prática socialmente reprovada, não chega a constituir violação aos princípios da moralidade, impessoalidade, eficiência e isonomia.

(B) Constatado que um ato administrativo é ilegal, por vício originário ou superveniente, sua retirada do mundo jurídico é medida que deve ser operada imediatamente, porque o princípio da legalidade administrativo veda a aplicação do princípio da segurança jurídica para convalidar o ato inválido ou mesmo para estabilizá-lo.

(C) A publicidade dos atos, programas, obras, serviços e campanhas dos órgãos públicos deverá ter caráter educativo, informativo ou de orientação social, dela não podendo constar nomes, símbolos ou imagens que caracterizem promoção pessoal de autoridades ou servidores públicos.

(D) A Administração Pública pode revogar seus próprios atos, quando eivados de vícios que os tornam ilegais, porque deles não se originam direitos; ou anulá-los, por motivo de conveniência ou oportunidade, respeitados os direitos adquiridos, e ressalvada, em todos os casos, a apreciação judicial.

(E) Conforme expressa indicação constitucional, o princípio da eficiência é absoluto no Direito Administrativo Brasileiro, de modo que os processos e procedimento de controle devem ser afastados sempre que gerarem aumento de gastos para a Administração Pública.

C: correta. O Art. 37 da Constituição Federal, que vem indicar os princípios norteadores da Administração Publica e de sua atuação frente à coletividade, assim determina: § 1º A publicidade dos atos, programas, obras, serviços e campanhas dos órgãos públicos deverá ter caráter educativo, informativo ou de orientação social, dela não podendo constar nomes, símbolos ou imagens que caracterizem promoção pessoal de autoridades ou servidores públicos. **FB**
„Gabarito "C".

(Escrivão – AESP/CE – VUNESP – 2017) O Escrivão de Polícia, como administrador público, deve orientar a sua conduta não somente pelos critérios da oportunidade e conveniência mas, também, verificando preceitos éticos, distinguindo o que é honesto do que é desonesto.

Tal afirmação está amparada no princípio da:

(A) Economia.

(B) Impessoalidade.

(C) Publicidade.

(D) Autotutela.

(E) Moralidade.

A: incorreta. Não se trata de princípio fundamental do direito administrativo; **B:** incorreta. O agente público trabalha em prol da coletividade tendo por fundamento o interesse público e não o pessoal. A Constituição Federal consagra o princípio da impessoalidade quando prevê: art. 37, § 1º: "A publicidade dos atos, programas, obras, serviços e campanhas dos órgãos públicos deverá ter caráter educativo, informativo ou de orientação social, dele não podendo constar nomes, símbolos ou imagens que caracterizem promoção pessoal de autoridades ou servidores públicos." Também o faz a Lei 9.784/1999, em seu art. 2º, parágrafo único, III, que determina que, nos processos administrativos, serão observados os critérios de objetividade no atendimento do interesse público, vedada a promoção pessoal de agentes ou autoridades. Não guarda relação com a assertiva proposta; **C:** incorreta. Princípio da publicidade é a obrigação de dar publicidade, levar ao conhecimento de todos os seus atos, contratos ou instrumentos jurídicos como um todo. Alguns exemplos de previsão legal de tal princípio: Constituição Federal, art. 5º: "XIV – é assegurado a todos o acesso à informação e resguardado o sigilo da fonte, quando necessário ao exercício profissional; XXXIII – todos têm direitos a receber dos órgãos públicos informações de seu interesse particular ou de interesse coletivo ou geral, que serão prestadas no prazo da lei, sob pena de responsabilidade, ressalvadas aquelas cujo sigilo seja imprescindível à segurança da sociedade e do Estado." Não guarda relação com a assertiva proposta; **D:** incorreta. É o poder-dever de rever seus atos, respeitando sempre o direito de terceiros de boa-fé. Nesse sentido, STF, Súmula 346: "A Administração Pública pode declarar a nulidade dos seus próprios atos." Súmula 473: "A Administração pode anular seus próprios atos, quando eivados de vícios que os tornam ilegais, por que deles não se originam direitos; ou revogá-los, por motivo de conveniência ou oportunidade, respeitados os direitos adquiridos, e ressalvada, em todos os casos, a apreciação judicial." Não guarda relação com a assertiva proposta; **E:** correta. O princípio da moralidade visa à realização dos atos públicos, por meio de seus agentes, fazendo o que for melhor e mais útil ao interesse público, diferenciando o justo do injusto, o conveniente do inconveniente. **FB**

Gabarito "E".

(Escrivão – Pernambuco – CESPE – 2016) Acerca de conceitos inerentes ao direito administrativo e à administração pública, assinale a opção correta.

(A) O objeto do direito administrativo são as relações de natureza eminentemente privada.

(B) A divisão de poderes no Estado, segundo a clássica teoria de Montesquieu, é adotada pelo ordenamento jurídico brasileiro, com divisão absoluta de funções.

(C) Segundo o delineamento constitucional, os poderes do Estado são independentes e harmônicos entre si e suas funções são reciprocamente indelegáveis.

(D) A jurisprudência e os costumes não são fontes do direito administrativo.

(E) Pelo critério legalista, o direito administrativo compreende os direitos respectivos e as obrigações mútuas da administração e dos administrados.

CF, Art. 2º – São Poderes da União, independentes e harmônicos entre si, o Legislativo, o Executivo e o Judiciário. Não há previsão legal que permita a delegação de funções entre os poderes, que têm sua determinação em separado defesa por clausula pétrea. Art. 60, §4º, CF. **FB**

Gabarito "C".

(Agente de Polícia Civil/RO – 2014 – FUNCAB) "Entre construir uma ponte ou construir um terminal de barcas para atravessar determinado riacho, a Administração deve levar em conta o custo dos investimentos e o benefício em termos de desenvolvimento econômico, de geração de empregos, geração de impostos"

(José Maria Pinheiro Madeira. Administração Pública. São Paulo: Ed. Elsevier, 2012, p.78 com adaptações).

Indique o princípio que está intimamente ligado com o citado fragmento.

(A) Eficiência.

(B) Publicidade.

(C) Impessoalidade.

(D) Autotutela.

(E) Igualdade.

A: correta. A afirmativa refere-se ao princípio da eficiência. O mesmo indica que é dever da Administração Pública prestar com eficiência, qualidade e celeridade os serviços públicos, de modo a suprir as necessidades dos administrados. Observa-se que o princípio da eficiência está intimamente ligado à administração gerencial. Essa administração gerencial, é bom que se diga, diz respeito à capacidade de planejamento por parte das autoridades públicas, com metas e ações definidas a curto, médio e longo prazo. **B:** incorreta. O princípio da publicidade diz respeito à transparência dos atos administrativos, e consiste na divulgação dos atos oficiais do poder público para conhecimento dos cidadãos. Estes devem ser publicados no diário oficial, por meios eletrônicos ou afixados no átrio das repartições públicas. Enquanto não publicado, o ato não produzirá os efeitos, porque a validade do mesmo está vinculado à publicação. **C:** incorreta. O princípio da autotutela significa que a Administração Pública tem autonomia para controlar seus próprios atos, podendo anular aqueles que forem ilegais e revogar os que forem considerados inconvenientes ou inoportunos, sem necessidade de se recorrer ao Judiciário. **D:** incorreta. O princípio da impessoalidade decorre da isonomia, até porque a Carta Magna reza em seu art. 5º, *caput*, que *todos são iguais perante a lei.* Enquanto o art. 5º *caput* trata da igualdade de modo genérico, o art. 37, *caput* refere-se à pessoalidade de modo específico, almejando inibir uma conduta inadequada do Administrador Público, decorrendo daí que deve haver tratamento igualitário às pessoas evitando-se a prática de favoritismos a alguns em detrimento de outros. **E:** incorreta. O princípio da igualdade indica que, todos os administrados devem ser tratados de forma igual na medida de suas igualdades, e de forma desigual na medida de suas desigualdades. **SEG**

Gabarito "A".

(Agente de Polícia Civil/RO – 2014 – FUNCAB) Assinale a alternativa correta quanto ao princípio da autotutela.

(A) A grande consequência imediata desse princípio é que os direitos concernentes ao interesse público são, em princípio, inalienáveis, impenhoráveis e intransferíveis a particulares.

(B) Conjunto de privilégios e prerrogativas concedidos à Administração em relação a terceiros.

(C) O princípio da tutela não pode ser confundido com a autotutela, porque esta controla a observância das finalidades das entidades da administração indireta.

(D) Admite interpretação retroativa em função de uma nova interpretação.

8. DIREITO ADMINISTRATIVO

(E) Possibilita que a própria Administração tutele os seus atos, independentemente da atuação do Judiciário.

A: incorreta. A consequência desse princípio está em que a Administração Pública poderá controlar seus próprios atos. **B:** incorreta. A autotutela significa que a Administração Pública tem autonomia para controlar seus próprios atos, podendo anular aqueles que forem ilegais e revogar os que forem considerados inconvenientes ou inoportunos, sem necessidade de se recorrer ao Judiciário. **C:** incorreta. A autotutela não controla a observância das finalidades da entidades da administração indireta, mas seus próprios atos, podendo revoga-los ou anulá-los. **D:** incorreta. A autotutela não admite interpretação retroativa. Somente em casos de revogação é que haverá efeitos *ex nunc*, isto é, a partir de sua vigência, respeitando-se os efeitos produzidos. **E:** correta, pois autotutela significa que a Administração Pública tem autonomia para controlar seus próprios atos, podendo anular aqueles que forem ilegais e revogar os que forem considerados inconvenientes ou inoportunos, sem necessidade de se recorrer ao Judiciário. SEG
Gabarito "E".

(Agente Penitenciário/MA – 2013 – FGV) *"Princípios administrativos são os postulados fundamentais que inspiram todo o modo de agir da administração pública.*

Representam cânones pré-normativos, norteando a conduta do Estado quando no exercício de atividades administrativas."

(Carvalho Filho, J. S., 2012).

Tendo em conta a existência de princípios expressos e também dos chamados princípios implícitos ou reconhecidos, assinale a alternativa que apresenta somente princípios implícitos ou reconhecidos.

(A) Razoabilidade, publicidade e autotutela.

(B) Continuidade do serviço público, supremacia do interesse público e segurança jurídica.

(C) Eficiência, indisponibilidade do interesse público e segurança jurídica.

(D) Moralidade, proporcionalidade e indisponibilidade do interesse público.

(E) Publicidade, autotutela e proporcionalidade.

Os princípios a que se referem as alternativas são os seguintes: **Razoabilidade:** também conhecido como princípio da proibição do excesso, é aquele que impõe o agente público tem o dever de agir dentro de um padrão normal, evitando-se, assim, excessos e abusos que eventualmente possam ocorrer. **Publicidade:** O princípio da publicidade diz respeito à transparência dos atos administrativos, e consiste na divulgação dos atos oficiais do poder público para conhecimento dos cidadãos. Estes devem ser publicados no diário oficial, por meios eletrônicos ou afixados no átrio das repartições públicas. Enquanto não publicado, o ato não produzirá os efeitos, porque a validade do mesmo está vinculado à publicação. **Autotutela:** Significa que a Administração Pública tem autonomia para controlar seus próprios atos, podendo anular aqueles que forem ilegais e revogar os que forem considerados inconvenientes ou inoportunos, sem necessidade de se recorrer ao Judiciário. **Continuidade do serviço público:** Os serviços públicos não podem parar. **Supremacia do interesse público:** Havendo conflito entre interesse público e interesse privado, prevalece o interesse público. **Segurança jurídica:** Tem como base o art. art. 5º, XXXVI, da CF, o qual determina que "a lei não prejudicará o direito adquirido, o ato jurídico perfeito e a coisa julgada". Verifica-se que o princípio da segurança jurídica não encontre-se explícito no texto da Constituição. **Eficiência:** O mesmo indica que é dever da Administração Pública prestar com eficiência, qualidade e celeridade os serviços públicos, de modo a suprir as necessidades dos administrados. Observa-se que o princípio da eficiência está intimamente ligado à administração

gerencial. Essa administração gerencial, é bom que se diga, diz respeito à capacidade de planejamento por parte das autoridades públicas, com metas e ações definidas a curto, médio e longo prazo. **Indisponibilidade do interesse público:** O administrador público exerce apenas a gestão sobre os bens públicos não podendo deles dispor. Decorre daí o princípio da indisponibilidade do interesse público. **Moralidade:** O princípio da moralidade refere-se à boa-fé, conduta ética, honesta, imparcial, leal e proba que o agente público deve ter ao desempenhar sua função. **Proporcionalidade:** Significa adequação entre meios e fins, vedada a imposição de obrigações, restrições e sanções em medida superior àquelas estritamente necessárias ao atendimento do interesse público (art. 2º, parágrafo único, VI da Lei 9.784/1999). O que verifica é que somente os princípios da continuidade do serviço público, supremacia do interesse público e segurança jurídica são implícitos ou reconhecidos pela doutrina. SEG
Gabarito "B".

(Escrivão de Polícia/GO – 2013 – UEG) Pelo significado do princípio da motivação,

(A) a Administração deve zelar pela legalidade de seus atos e condutas e pela adequação deles ao interesse público.

(B) o administrador tem o dever de explicitar as razões que o levam a decidir, bem como os fins desejados e a fundamentação legal adotada.

(C) o motivo é elemento do ato administrativo, sem o qual a decisão padece de vício.

(D) os atos administrativos materializados em documentos gozam de fé pública.

A: incorreta, pois a alternativa está se referindo ao princípio da legalidade; **B:** correta, pois *motivação é a realidade objetiva e externa do agente servindo de suporte à expedição do ato*, no dizer de Celso Antônio Bandeira de Mello (*Curso de direito administrativo*. 27. ed. São Paulo: Malheiros, 2010. p. 344). Em regra a motivação é obrigatória, devendo ser explícita, clara e congruente (coerente). Destaque-se ainda que, se a lei não exigir motivação para a prática de determinado ato, a autoridade administrativa em razão da discricionariedade poderá praticá-lo sem motivação. Entretanto, *se o fizer, ficará vinculado aos motivos expostos*. Por exemplo: não há necessidade de motivar a exoneração de servidor que ocupa cargo de confiança. Porém, se o fizer, a autoridade administrativa (se for o caso) ficará obrigada a provar o alegado; **C:** incorreta. Motivo é a *justificativa para a realização do ato*, e tanto pode ocorrer por previsão legal como pela vontade do administrador público; **D:** incorreta, e nesse contexto vale a pena salientar que os atos administrativos são detentores de alguns atributos e estes consistem em prerrogativas que os distingue do ato jurídico de direito privado. Dentre os atributos encontra-se a presunção de legitimidade. Maria Sylvia Zanella Di Pietro afirma que a presunção de legitimidade apresenta duas faces, sendo que a *presunção de legitimidade diz respeito à conformidade do ato com a lei, até prova em contrário. A presunção de veracidade diz respeito aos fatos e presumem-se verdadeiros os fatos alegados pela Administração. Assim ocorre em relação à certidões, atestados, declarações, informações por ela fornecidos, todos dotados de fé pública* (*Direito Administrativo*. 24. ed. São Paulo: Atlas, 2011. p.199). *Pelo exposto*, verifica-se que possuem fé pública as certidões, atestados e declarações e não todo e qualquer ato administrativo. SEG
Gabarito "B".

(Agente de Polícia/PI – 2012) Acerca dos princípios regentes da Administração Pública, assinale a afirmativa correta.

(A) O princípio da moralidade administrativa coincide com o princípio da legalidade, daí por que o ato administrativo que obedece à forma prevista em lei estará atendendo, necessariamente, ao princípio da moralidade administrativa.

(B) O princípio da legalidade informa o princípio da moralidade administrativa, razão pela qual é correto afirmar que todo ato administrativo formalmente legal é, necessariamente, moral.

(C) Considerando-se que o princípio da legalidade, tal como proclamado no art. 37, *caput*, da Constituição Federal, é o princípio maior a ser observado pela Administração Pública, em todos os seus níveis, é correto asseverar que o princípio da moralidade não vai além do princípio da legalidade.

(D) Considerando-se que o princípio da moralidade, em Direito Administrativo, não coincide com a moral social, nem religiosa, mas se atém ao conceito jurídico de moralidade administrativa, constata-se que será bastante à Administração Pública observar o princípio da legalidade para que assim se faça atendida a moralidade administrativa.

(E) O princípio da moralidade impõe que o ato administrativo atenda, efetivamente, ao motivo legalmente previsto à sua prática e cumpra a finalidade à qual se destina, daí por que atos administrativos que atendam à forma legal podem violar a moralidade administrativa, estando, por tal vício, suscetíveis de anulação.

A: incorreta, pois *o conteúdo da moralidade é diverso do da legalidade, mas o fato é que aquele está normalmente associado a este* (José dos Santos Carvalho Filho. *Manual de direito administrativo*. 26. ed. São Paulo: Atlas, 2013. p. 22); **B:** incorreta, pois o princípio da legalidade não informa o princípio da moralidade administrativa, mas sim que todo ato da Administração Pública deve ocorrer dentro da lei, *além de atender à legalidade, o ato do administrador público deve conformar-se com a moralidade e a finalidade administrativas para dar plena legitimidade à sua atuação* (Hely Lopes Meirelles. *Direito administrativo brasileiro*. 36. ed. São Paulo: Malheiros, 2010. p. 90). E, por fim, cumpre salientar que nem tudo que é legal é moral. Vários são os exemplos neste sentido. Imagine o fato de um deputado que represente o Distrito Federal na Câmara dos Deputados, que possua residência em Brasília, e que receba auxílio moradia. Verifique que tal ato pode até ser legal, mas é imoral; **C:** incorreta, pois em que pese o princípio da legalidade ser considerado *o princípio capital para a configuração do regime jurídico-administrativo* (Celso Antônio Bandeira de Mello. *Curso de direito administrativo*. 27. ed. São Paulo: Malheiros, 2010. p.99), não é correto asseverar que o princípio da moralidade vai além do princípio da legalidade. O certo é que *a moralidade do ato administrativo juntamente com a sua legalidade e finalidade, além de sua adequação aos demais princípios constituem pressupostos de validade sem os quais toda atividade pública será ilegítima* (Hely Lopes Meirelles. *Op cit*. p. 91); **D:** incorreta, pois como diz o ilustre doutrinador baiano Dirley da Cunha Junior *o princípio se destaca como pedra angular desse sistema de normas* (*Curso de direito administrativo*. 9. ed. Salvador: JusPodivm, 2010. p. 34). Nesse passo, entende-se que os princípios administrativos *são postulados fundamentais que inspiram todo modo de agir da administração pública norteando uma conduta do Estado quando no exercício de atividades administrativas* (José dos Santos Carvalho Filho. *Manual de direito administrativo*. 24. ed. Rio de Janeiro. Lumen Juris, 2011. p. 17). Conclui-se assim sem muito esforço que o Administrador Público tem a obrigação de agir com decoro, ética, boa-fé, lealdade, probidade, honestidade, etc.; **E:** correta, pois o princípio da legalidade é considerado *a diretriz básica da conduta dos agentes da administração* (José dos Santos Carvalho Filho. *Manual de direito administrativo*. 24. ed. Rio de Janeiro. Lumen Juris, 2011. p. 18). Para Celso Antônio Bandeira de Melo, o princípio da legalidade *implica completa subordinação do administrador à lei desde que o que lhe ocupe a cúspide até o mais modesto deles* (*RDP*. n. 90, p.57-58). Ou seja, o administrador público deve agir segundo a lei, nem contra a lei, nem além da lei. Significa dizer que *enquanto na administração particular é lícito fazer tudo que*

a lei não proíbe, na administração pública só é permitido fazer o que a lei autoriza (Hely Lopes Meirelles. *Direito administrativo brasileiro*. 36. ed. São Paulo: Malheiros, 2010. p. 89). De todo modo, é certo que o administrador público só pode fazer o que a lei determinar, sob pena de anulabilidade do ato. SEG

Gabarito "E".

(Agente de Polícia/GO – 2008 – UEG) A Administração Pública tem de tratar a todos os administrados sem discriminação. Os posicionamentos políticos ou ideológicos não podem interferir na atuação administrativa. Os preceitos citados correspondem ao princípio da

(A) eficiência.

(B) legalidade.

(C) moralidade.

(D) impessoalidade.

A: incorreta, pois o princípio da eficiência consiste na ideia de que a Administração Pública deve desempenhar suas atividades de modo célere e eficaz; **B:** incorreta, pois o princípio da legalidade é a diretriz básica da Administração Pública. Aquele pelo qual a Administração Pública só pode fazer o que a lei permitir e *implica completa subordinação do administrador à lei*. (Celso Antônio Bandeira de Mello. *RDP*. n. 90, p. 57-58); **C:** incorreta, pois o princípio da moralidade, consistente no conjunto de preceitos morais que devem ser observados pelo Administrador Público, a exemplo da honestidade, lealdade, boa-fé, probidade etc.; D: correta, pois impessoalidade, significa dar tratamento igualitário às pessoas, onde a Administração Pública deve ser movida em razão do interesse público e não por interesses pessoais. SEG

Gabarito "D".

(Papiloscopista – PC/RR – VUNESP – 2022) Conjunto de normas de direito público próprias do direito administrativo e que condiciona a vontade da Administração (sujeição) e permite-lhe o exercício de prerrogativas exorbitantes do direito privado.

É correto afirmar que o enunciado se refere ao conceito de

(A) Supremacia do Interesse Público.

(B) Indisponibilidade do Interesse Público.

(C) Administração Pública

(D) Organização Administrativa

(E) Regime Jurídico-Administrativo

A. Certo. O princípio da supremacia do interesse público sobre o interesse privado possibilita prerrogativas à Administração Pública, visto que a Administração atua buscando o interesse público, que deve prevalecer, em regra, sobre o interesse privado. **B.** Errado. A indisponibilidade do interesse público estabelece que a Administração Pública não pode abrir mão do interesse público, por isso, a Administração deve se sujeitar a limitações às quais os particulares não precisam se submeter. **C.** Errado. A Administração Pública é formada pelas pessoas jurídicas, órgãos públicos e agentes públicos que exercem a função administrativa. **D.** Errado. A organização administrativa ocorre com a desconcentração ou descentralização, em que as pessoas jurídicas e órgãos públicos organizam suas atribuições. **E.** Errado. O regime jurídico administrativo é o regime jurídico ao qual a Administração Pública se submete, com princípios expressos e implícitos (ou reconhecidos). FC

Gabarito "A".

(Escrivão – PC/RO – CEBRASPE – 2022) A administração pública deverá indicar os fundamentos de fato e de direito de suas decisões em observância ao princípio da

(A) vinculação.

(B) motivação.

8. DIREITO ADMINISTRATIVO

(C) eficiência.

(D) especialidade.

(E) razoabilidade.

A. Errado. A vinculação estabelece que o agente público não possui margem de liberdade para analisar conveniência e oportunidade, devendo apenas atuar de acordo com os elementos estabelecidos em lei. **B.** Certo. A motivação é a exteriorização do motivo, ou seja, da situação de fato ou de direito que levou à edição do ato. **C.** Errado, o princípio da eficiência determina que a Administração Pública deve atuar de forma eficiente, com rendimento funcional. **D.** Errado. O princípio da especialidade determina que as pessoas jurídicas da Administração Indireta devem ser criadas para atividades específicas, não pode ser criadas para finalidades genéricas. **E.** Errado. O princípio da razoabilidade determina que a Administração Pública deve atuar dentro de limites aceitáveis, de forma razoável. **FC**

Gabarito "B".

2. PODERES ADMINISTRATIVOS

(Escrivão – PC/GO – AOCP – 2023) Considerando os poderes administrativos, informe se é verdadeiro (V) ou falso (F) o que se afirma a seguir e assinale a alternativa com a sequência correta.

( ) No poder hierárquico, a Administração Pública controla o desempenho das funções executivas e a conduta interna de seus servidores, responsabilizando-os pelas faltas cometidas.

( ) Em relação ao poder de polícia distribuído entre as entidades estatais, a regra é a concorrência do policiamento administrativo dos municípios, estados e união, e a exceção é a exclusividade do policiamento.

( ) Por meio do poder disciplinar, a Administração atua atendendo o benefício do serviço e, por esse objetivo, julga a conveniência e oportunidade da punição do servidor, dentro das normas específicas da repartição.

(A) V – F – V – F.

(B) V – V – F – V.

(C) V – F – F – V.

(D) F – V – V – F.

(E) F – F – V – V.

I. Verdadeiro. O poder hierárquico ocorre com o escalonamento de funções. Na relação de subordinação, o subordinado não tem poder de comando, devendo exercer suas atribuições. **II.** Falso. Esse é o conceito do poder disciplinar. **III.** Falso. O policiamento é exercido por cada ente federativo dentro da sua competência. **IV.** Verdadeiro. O poder disciplinar pode ter discricionariedade quando a lei possibilitar essa margem de liberdade. **FC**

Gabarito "C".

(Papiloscopista – PC/RR – VUNESP – 2022) No que concerne ao poder hierárquico, é correto afirmar:

(A) Está alicerçado no *jus puniendi* do Estado, autorizando-se a impor ao particular e ao servidor a vontade da Administração.

(B) Alicerça a atuação da Administração em relação ao particular, limitando-se à fiscalização das atividades de órgãos inferiores.

(C) As prerrogativas de delegar e avocar atribuições não decorrem deste poder, assim como dar ordens, fiscalizar e rever atividades de órgãos inferiores.

(D) É o que detém a Administração para a sua organização estrutural, o que escalona seus órgãos e reparte suas funções.

(E) Está alicerçado no *jus punitionis* do Estado, autorizando-se a impor ao servidor e ao particular a vontade da Administração.

Poder hierárquico é a prerrogativa conferida à Administração Pública para escalonar funções, criando relações de hierarquia e subordinação dentro de uma pessoa jurídica. **A.** Errado, não é para particulares. **B.** Errado, não é para particulares. **C.** Errado. As prerrogativas de delegar, avocar, dar ordens, fiscalizar e rever atividades de órgãos inferiores decorrem do poder hierárquico. **E.** Errado, não é para particulares. **FC**

Gabarito "D".

(Papiloscopista – PC/RR – VUNESP – 2022) Atribuição (ou poder) conferida à Administração de impor limites ao exercício de direitos e de atividades individuais em função do interesse público primário.

É correto afirmar que o enunciado se refere

(A) ao poder discricionário.

(B) a polícia judiciária.

(C) ao poder de polícia.

(D) ao poder hierárquico.

(E) a autotutela.

A. Errado. Poder discricionário é o poder exercido quando a lei atribui margem de liberdade para o agente público. **B.** Errado, polícia judiciária é uma das formas de exercício do poder de polícia, que tem caráter preparatório e incide sobre infrações penais. **C.** Certo. Poder de polícia é a prerrogativa conferida à Administração Pública para estabelecer limites e condições para a atuação de particulares. **D.** Errado. Poder hierárquico é o poder de escalonar funções, criando relações de hierarquia e subordinação dentro de uma pessoa jurídica. **E.** Errado. Autotutela é o poder-dever que a Administração tem de controlar seus próprios atos. **FC**

Gabarito "C".

(Perito – PC/ES – Instituto AOCP – 2019) O desdobramento do Poder Hierárquico pelo qual o agente superior detém a prerrogativa para o exercício de competência de atribuições originárias de seus subalternos denomina-se

(A) Poder Disciplinar.

(B) Avocação.

(C) Delegação.

(D) Subordinação.

(E) Poder Regulamentar.

A: incorreta. **Poder disciplinar** consiste na faculdade de punir internamente as infrações funcionais dos servidores e demais pessoas sujeitas à disciplina dos órgãos e serviços da Administração; **B:** correta. **Avocação** é o fenômeno que ocorre quando a autoridade superior atrai para sua esfera de competência a prática de um determinado ato administrativo; **C:** incorreta. A **delegação** ocorre quando uma agente, em geral de plano hierárquico superior (mas pode ocorrer de ser igual) transfere para outro a prática de um determinado ato administrativo relativamente ao qual era originariamente competente; **D:** incorreta. **Subordinação** é a submissão a uma relação de sujeição especial que detém o agente público com a Administração Pública, que lhe determina uma disciplina a ser seguida, podendo, nos termos da lei, puni-los; **E:** incorreta. **Poder regulamentar** é a faculdade de que dispõem os Chefes de Executivo de explicar a lei para sua correta execução ou de expedir decretos autônomos sobre matéria de sua competência ainda não disciplinada por lei. **FB**

Gabarito "B".

(Perito – PC/ES – Instituto AOCP – 2019) O poder conferido à Administração para restringir, frenar, condicionar, limitar o exercício de direitos e atividades econômicas dos particulares, a fim de preservar os interesses da coletividade, denomina-se

(A) Poder Regulamentar.

(B) Poder Normativo.

(C) Poder de Polícia.

(D) Poder Vinculado.

(E) Poder Discricionário.

A: incorreta. **Poder regulamentar** "é a faculdade de que dispõem os Chefes de Executivo (Presidente da República, Governadores e Prefeitos) de explicar a lei para sua correta execução, ou de expedir decretos autônomos sobre matéria de sua competência ainda não disciplinada por lei" (MEIRELLES, Hely Lopes. Direito Administrativo Brasileiro, 26ª ed. São Paulo: Malheiros, pp. 109 a 123); **B:** incorreta. **Poder Regulamentar ou normativo** qualifica-se como o **poder** que a Administração possui de editar atos para complementar a lei, buscando sua fiel execução; **C:** correta. **Poder de polícia** consiste na faculdade prevista em lei de limitar a liberdade e a propriedade em prol do bem comum; **D:** incorreta. **Poder vinculado** "é aquele que o Direito Positivo – a lei – confere à Administração Pública para a prática de ato de sua competência, determinando os elementos e requisitos necessários à sua formalização" (MEIRELLES, Hely Lopes. Direito Administrativo Brasileiro, 26ª ed. São Paulo: Malheiros, pp. 109 a 123); **E:** incorreta. **Poder discricionário** "é o que o Direito concede à Administração, de modo explícito, para a prática de atos administrativos com liberdade na escolha de sua conveniência, oportunidade e conteúdo" (MEIRELLES, Hely Lopes. Direito Administrativo Brasileiro, 26ª ed. São Paulo: Malheiros, pp. 109 a 123). FB

Gabarito "C".

(Investigador – PC/ES – Instituto AOCP – 2019) O poder dos Chefes de Executivo de explicar, de detalhar a lei para sua correta execução, ou de expedir decretos autônomos sobre matéria de sua competência ainda não disciplinada por lei denomina-se

(A) Poder de Polícia.

(B) Poder Regulamentar.

(C) Poder Disciplinar.

(D) Poder Hierárquico.

(E) Poder Discricionário.

A: incorreta. **Poder de polícia** consiste na faculdade prevista em lei de limitar a liberdade e a propriedade em prol do bem comum; **B:** correta. **Poder regulamentar** consiste no dever-poder de que dispõem os Chefes de Executivo (Presidente da República, Governadores e Prefeitos) de explicar a lei para sua correta execução, ou de expedir decretos autônomos sobre matéria de sua competência ainda não disciplinada por lei; **C:** incorreta. **Poder disciplinar** é a faculdade de punir internamente as infrações funcionais dos servidores e demais pessoas sujeitas à disciplina dos órgãos e serviços da Administração; **D:** incorreta. **Poder hierárquico** "é o de que dispõe o Executivo para distribuir e escalonar as funções de seus órgãos, ordenar e rever a atuação de seus agentes, estabelecendo a relação de subordinação entre os servidores do seu quadro de pessoal"; **E:** incorreta. **Poder discricionário** consiste na liberdade dada pela lei ao administrador para, dentro das hipóteses possíveis, razoáveis e proporcionais, escolher aquela que atinge otimamente a finalidade legal de interesse público. FB

Gabarito "B".

(Escrivão – PC/ES – Instituto AOCP – 2019) Poderes Administrativos são elementos indispensáveis para persecução do interesse público. São Poderes da Administração Pública, EXCETO

(A) Poder de Polícia.

(B) Poder Regulamentar.

(C) Poder Hierárquico.

(D) Poder Judicial.

(E) Poder Disciplinar.

A: incorreta. **Poder de polícia** consiste na faculdade prevista em lei de limitar a liberdade e a propriedade em prol do bem comum; **B:** incorreta. **Poder regulamentar** consiste no dever-poder de que dispõem os Chefes de Executivo (Presidente da República, Governadores e Prefeitos) de explicar a lei para sua correta execução, ou de expedir decretos autônomos sobre matéria de sua competência ainda não disciplinada por lei; **C:** incorreta. **Poder hierárquico** "é o de que dispõe o Executivo para distribuir e escalonar as funções de seus órgãos, ordenar e rever a atuação de seus agentes, estabelecendo a relação de subordinação entre os servidores do seu quadro de pessoal"; **D:** correta. **Poder Judicial** ou Judiciário não é um poder administrativo, mas um dos pilares da tripartição dos Poderes Estatais, ao lado do Poder Executivo e do Poder Legislativo; **E:** incorreta. **Poder disciplinar** é a faculdade de punir internamente as infrações funcionais dos servidores e demais pessoas sujeitas à disciplina dos órgãos e serviços da Administração. FB

Gabarito "D".

(Escrivão – PC/MG – FUMARC – 2018) Assinale a alternativa que apresenta, corretamente, o Poder que é prerrogativa da administração pública de optar por duas ou mais soluções que, segundo critérios de conveniência e oportunidade, melhor atenda ao interesse público no caso concreto.

(A) Hierárquico.

(B) Normativo.

(C) De polícia.

(D) Disciplinar.

(E) Discricionário.

A: incorreta. **Poder hierárquico consiste na faculdade que possui** a Administração Pública para distribuir e escalonar as funções de seus órgãos, ordenar e rever a atuação de seus agentes, estabelecendo a relação de subordinação entre os servidores do seu quadro de pessoal; **B:** incorreta. **Poder normativo ou regulamentar** consiste no dever-poder de que dispõem os Chefes de Executivo (Presidente da República, Governadores e Prefeitos) de explicar a lei para sua correta execução, ou de expedir decretos autônomos sobre matéria de sua competência ainda não disciplinada por lei; **C:** incorreta. **Poder de polícia** consiste na faculdade prevista em lei de limitar a liberdade e a propriedade em prol do bem comum; **D:** incorreta: **Poder disciplinar** é a faculdade de punir internamente as infrações funcionais dos servidores e demais pessoas sujeitas à disciplina dos órgãos e serviços da Administração; **E:** correta. Poder **discricionário** "é o que o Direito concede à Administração, de modo explícito, para a prática de atos administrativos com liberdade na escolha de sua conveniência, oportunidade e conteúdo" (MEIRELLES, Hely Lopes. Direito Administrativo Brasileiro, 26ª ed. São Paulo: Malheiros, pp. 109 a 123). FB

Gabarito "E".

(Agente-Escrivão – PC/GO – CESPE – 2016) Com relação aos poderes administrativos e ao uso e abuso desses poderes, assinale a opção correta.

(A) O poder de polícia refere-se às relações jurídicas especiais, decorrentes de vínculos jurídicos específicos existentes entre o Estado e o particular.

(B) O poder disciplinar, mediante o qual a administração pública está autorizada a apurar e aplicar penalidades, alcança tão somente os servidores que compõem o seu quadro de pessoal.

8. DIREITO ADMINISTRATIVO

(C) A invalidação, por motivos de ilegalidade, de conduta abusiva praticada por administradores públicos ocorre no âmbito judicial, mas não na esfera administrativa.

(D) Poder regulamentar é a competência atribuída às entidades administrativas para a edição de normas técnicas de caráter normativo, executivo e judicante.

(E) Insere-se no âmbito do poder hierárquico a prerrogativa que os agentes públicos possuem de rever os atos praticados pelos subordinados para anulá-los, quando estes forem considerados ilegais, ou revogá-los por conveniência e oportunidade, nos termos da legislação respectiva.

A: incorreta. CTN, art. 78 – Considera-se poder de polícia a atividade da Administração Pública que, limitando ou disciplinando direito, interesse ou liberdade, regula a prática de ato ou abstenção de fato, em razão de interesse público concernente à segurança, à higiene, à ordem, aos costumes, à disciplina da produção e do mercado, ao exercício de atividades econômicas dependentes de concessão ou autorização do Poder Público, à tranquilidade pública ou ao respeito à propriedade e aos direitos individuais ou coletivos; **B:** incorreta. **Poder disciplinar** é a atribuição de que dispõe a Administração Pública de apurar as infrações administrativas e punir seus agentes públicos responsáveis e demais pessoas sujeitas à disciplina administrativa, que contratam com a Administração ou se sujeitam a ela; **C:** incorreta. Pelo princípio da autotutela, a invalidação pode ocorrer ainda na esfera administrativa; **D:** incorreta. O poder regulamentar ou, como prefere parte da doutrina, poder normativo é uma das formas de expressão da função normativa **do Poder Executivo**, cabendo a este editar normas complementares à lei para a sua fiel execução (DI PIETRO, 2011:91); **E:** correta. São atribuições típicas do poder hierárquico: dar/receber ordens, fiscalizar, rever, delegar e avocar atribuições. A assertiva se refere em especial a atribuição de rever e avocar os atos praticados. **FB**
Gabarito "E".

(Agente – Pernambuco – CESPE – 2016) Após investigação, foi localizada, no interior da residência de Paulo, farta quantidade de *Cannabis sativa*, vulgarmente conhecida por maconha, razão por que Paulo foi preso em flagrante pelo crime de tráfico de drogas. No momento de sua prisão, Paulo tentou resistir, motivo pelo qual os policiais, utilizando da força necessária, efetuaram sua imobilização.

Nessa situação hipotética, foi exercido o poder administrativo denominado:

(A) poder disciplinar, o qual permite que se detenham todos quantos estejam em desconformidade com a lei.

(B) poder regulamentar, que corresponde ao poder estatal de determinar quais práticas serão penalizadas no caso de o particular as cometer.

(C) poder hierárquico, devido ao fato de o Estado, representado na ocasião pelos policiais, ser um ente superior ao particular.

(D) poder discricionário, mas houve abuso no exercício desse poder, caracterizado pela utilização da força para proceder à prisão.

(E) poder de polícia, que corresponde ao direito do Estado em limitar o exercício dos direitos individuais em benefício do interesse público.

Trata-se de expressão do poder de polícia, que vem assim definido: Código Tributário – **Art. 78**. Considera-se poder de polícia atividade da administração pública que, limitando ou disciplinando direito, interesse ou liberdade, regula a prática de ato ou abstenção de fato, em razão

de interesse público concernente à segurança, à higiene, à ordem, aos costumes, à disciplina da produção e do mercado, ao exercício de atividades econômicas dependentes de concessão ou autorização do Poder Público, à tranquilidade pública ou ao respeito à propriedade e aos direitos individuais ou coletivos. (Redação dada pelo Ato Complementar nº 31, de 1966) **Parágrafo único**. Considera-se regular o exercício do poder de polícia quando desempenhado pelo órgão competente nos limites da lei aplicável, com observância do processo legal e, tratando-se de atividade que a lei tenha como discricionária, sem abuso ou desvio de poder. **FB**
Gabarito "E".

(Agente-Escrivão – Acre – IBADE – 2017) Considerando os Poderes e Deveres da Administração Pública e dos administradores públicos, é correta a seguinte afirmação:

(A) A possibilidade do chefe de um órgão público emitir ordens e punir servidores que desrespeitem o ordenamento jurídico não possui arrimo no dever-poder de polícia, mas sim no dever-poder normativo.

(B) O dever-poder de polícia pressupõe uma prévia relação entre a Administração Pública e o administrado. Esta é a razão pela qual este dever-poder possui por fundamento a supremacia especial.

(C) Verificado que um agente público integrante da estrutura organizacional da Administração Pública praticou uma infração funcional, o dever- poder de polícia autoriza que seu superior hierárquico aplique as sanções previstas para aquele agente.

(D) O dever-poder normativo viabiliza que o Chefe do Poder Executivo expeça regulamentos para a fiel execução de leis.

(E) O dever-poder de polícia, também denominado de dever-poder disciplinar ou dever-poder da supremacia da administração perante os súditos, é a atividade da administração pública que, limitando ou disciplinando direito, interesse ou liberdade, regula a prática de ato ou abstenção de fato, em razão de interesse público concernente à segurança, à higiene, à ordem, aos costumes, à disciplina da produção e do mercado, ao exercício de atividades econômicas dependentes de concessão ou autorização do Poder Público, à tranquilidade pública ou ao respeito à propriedade e aos direitos individuais ou coletivos.

A: incorreta. Trata-se do dever-poder hierárquico; **B:** incorreta. Dever-poder de polícia trata da possibilidade administração limitar a ação e interesses de seus administrados tendo por base o interesse público; **C:** incorreta. O que autoriza a atuação dentro da administração é o poder hierárquico; D: correta. O poder normativo permite ao chefe do executivo a criação de ato normativo regulamentar tendo por objeto lei anterior. **E:** incorreta. A assertiva indicou a letra do dispositivo legal inserto no art. 78 do CTN, mas está incorreta ao dizer que o poder de polícia é também denominado de dever-poder disciplinar ou dever-poder da supremacia da administração perante os súditos. **FB**
Gabarito "D".

(Escrivão – AESP/CE – VUNESP – 2017) O Delegado Geral da Polícia Civil, ao organizar e distribuir as funções de seus órgãos, estabelecendo a relação de subordinação entre os servidores do seu quadro de pessoal, estará exercendo o seu:

(A) poder regulamentar.

(B) poder normativo.

(C) poder de polícia.

(D) poder hierárquico.

(E) poder disciplinar.

Trata-se de expressão do poder hierárquico a medida que este é o de que dispõe o Executivo para organizar e distribuir as funções de seus órgãos, estabelecendo a relação de subordinação entre os servidores do seu quadro de pessoal. Inexistente no Judiciário e no Legislativo, a hierarquia é privativa da função executiva, sendo elemento típico da organização e ordenação dos serviços administrativos. FB

Gabarito "D".

(Escrivão – AESP/CE – VUNESP – 2017) Quando um Escrivão de Polícia, acompanhando o Delegado de Polícia e outros policiais civis, durante uma Operação realizada nas proximidades de uma comunidade, verifica atitudes suspeitas de pessoas no interior de um veículo (uso de entorpecentes) e determina a sua abordagem, restringindo, assim, o uso e o gozo de liberdades individuais, estará:

(A) praticando um ato legal, alicerçado no poder disciplinar.

(B) praticando um ato legal, alicerçado no poder de polícia.

(C) praticando um ato ilegal, em razão do abuso de autoridade.

(D) praticando um ato ilegal, em razão do desvio de poder.

(E) praticando um ato legal, em razão do poder punitivo de Estado.

Trata-se de expressão do poder de polícia assim definido no CTN, Art. 78 – Considera-se poder de polícia atividade da administração pública que, limitando ou disciplinando direito, interesse ou liberdade, regula a prática de ato ou abstenção de fato, em razão de interesse público concernente à segurança, à higiene, à ordem, aos costumes, à disciplina da produção e do mercado, ao exercício de atividades econômicas dependentes de concessão ou autorização do Poder Público, à tranquilidade pública ou ao respeito à propriedade e aos direitos individuais ou coletivos. (Redação dada pelo Ato Complementar nº 31, de 1966). FB

Gabarito "B".

(Investigador-Escrivão-Papiloscopista – Pará – Funcab – 2016) No que se refere aos poderes da Administração Pública, é correto afirmar que:

(A) praticado o ato por autoridade, no exercício de competência delegada, contra a autoridade delegante caberá mandado de segurança, ou outra medida judicial, por ser detentora da competência originária.

(B) tanto a posição da doutrina, quanto da jurisprudência são pacíficas sobre a possibilidade de edição dos regulamentos autônomos, mesmo quando importarem em aumento de despesas.

(C) o Poder Hierárquico é o escalonamento vertical típico da administração direta. Desta forma, a aplicação de uma penalidade pelo poder executivo da União a uma concessionária de serviço público é uma forma de manifestação deste Poder.

(D) o Poder regulamentar deverá ser exercido nos limites legais, sem inovar no ordenamento jurídico, expedindo normas gerais e abstratas, permitindo a fiel execução das leis, minudenciando seus termos.

(E) decorre do Poder Hierárquico a punição de um aluno de uma universidade pública pelo seu reitor, uma vez que este é o chefe da autarquia educacional, sendo competência dele a punição dos alunos faltosos.

Por se tratar de poder de natureza derivada, cabe a ele tão somente ser exercido à luz da Lei já existente e nesse sentido, CF, Art. 84 – Compete privativamente ao Presidente da República: IV – sancionar, promulgar e fazer publicar as leis, bem como expedir decretos e regulamentos para sua fiel execução. Pelo princípio da simetria constitucional tal poder é estendido aos demais chefes de executivo dos entes subnacionais. FB

Gabarito "D".

(Agente de Polícia/DF – 2013 – CESPE) Acerca do que dispõe a Lei de Improbidade Administrativa e dos poderes da administração, julgue os itens que se seguem.

(1) O poder de polícia administrativa, que se manifesta, preventiva ou repressivamente, a fim de evitar que o interesse individual se sobreponha aos interesses da coletividade, difere do poder de polícia judiciária, atividade estatal de caráter repressivo e ostensivo que tem a função de reprimir ilícitos penais mediante a instrução policial criminal.

(2) O poder hierárquico, na administração pública, confere à administração capacidade para se auto-organizar, distribuindo as funções dos seus órgãos. No entanto, não se reconhece a existência de hierarquia entre os servidores admitidos por concurso público, pois tal situação representaria uma afronta ao princípio da isonomia.

(3) Decorre do poder disciplinar a prerrogativa de aplicação de penalidade ao servidor pelo critério da verdade sabida, sem a necessidade de instauração de processo administrativo, desde que o administrador tenha conhecimento da infração e acesso a provas que atestem a sua veracidade.

1: A atuação da polícia administrativa é inerente à Administração Pública, sendo que sua atuação tem caráter eminentemente preventivo e fiscalizador e se dá no âmbito de função administrativa, agindo sobre bens, direitos ou atividades dos indivíduos. **2:** O poder hierárquico é o que dispõe o Executivo para distribuir e escalonar as funções de seus órgãos, ordenar e rever a atuação de seus agentes, estabelecendo a relação de subordinação entre os servidores do seu quadro de pessoal, inclusive para aqueles que adentraram ao serviço público por concurso público de provas ou provas e títulos. **3:** O poder disciplinar é conferido ao Administrador Público para apurar as infrações cometidas pelos agentes e impor penalidades, aplicando-lhes sanções de caráter administrativo. Toda vez que a autoridade tiver ciência de irregularidade no serviço público é obrigada a promover a sua apuração imediata, mediante sindicância ou processo administrativo disciplinar, assegurada ao acusado ampla defesa (art. 143 da Lei 8.112/1990). SEG

Gabarito 1C, 2E, 3E.

(Escrivão de Polícia/DF – 2013 – CESPE) Considerando que os poderes administrativos são os conjuntos de prerrogativas de direito público que a ordem jurídica confere aos agentes administrativos para o fim de permitir que o Estado alcance seus fins, julgue os itens a seguintes.

(1) A concessão de licença é ato vinculado, haja vista que a administração pública estará obrigada à prática do ato quando forem preenchidos os requisitos

8. DIREITO ADMINISTRATIVO

pelo particular. Todavia, caso o agente público, no cumprimento do ato, verifique que ação contrária ao dispositivo legal atenderá com maior efetividade ao interesse público, poderá agir de forma distinta da que prevê a lei, prestando a devida justificativa.

(2) Tanto a polícia administrativa quanto a polícia judiciária, embora tratem de atividades diversas, enquadram-se no âmbito da função administrativa do Estado, uma vez que representam atividades de gestão de interesse público.

1: incorreta. A licença é o ato administrativo vinculado e definitivo pelo qual o Poder Público, verificando o atendimento do interessado a todas as exigências legais, faculta-lhe o desempenho de atividades ou a realização de fatos materiais antes vedados ao particular. No caso de agente público, no cumprimento do ato, verificar que ação contrária ao dispositivo legal, não poderá agir de forma distinta da que prevê a lei, mesmo prestando a devida justificativa. **2:** Correta. De fato, tanto a polícia administrativa quando age de forma preventiva e fiscalizadora sobre bens, direitos ou atividades dos indivíduos, e a polícia judiciária, quando atua de forma repressiva aos delitos cometidos pelos indivíduos, representam atividades de gestão de interesse público. **SEG**
Gabarito 1E, 2C

(Escrivão de Polícia/BA – 2013 – CESPE) A respeito dos poderes da administração, julgue o item subsequente.

(1) Em razão do poder regulamentar da administração pública, é possível estabelecer normas relativas ao cumprimento de leis e criar direitos, obrigações, proibições e medidas punitivas.

1: Incorreta. O poder regulamentar é uma das formas pelas quais se expressa a função normativa do Poder Executivo e pode ser definido como aquele conferido ao Chefe do Executivo para editar atos normativos com a finalidade de dar fiel execução. Este, pode se dar por meio de regulamento execução ou regulamento autônomo. O **regulamento de execução** é aquele expedido pelo Chefe do Poder Executivo para fiel execução da lei, tendo como pressuposto a existência da lei, **não podendo inovar na ordem jurídica,** pois tem caráter suplementar. Por outro lado, o **regulamento autônomo** ou independente difere do decreto de execução porque **podem inovar na ordem jurídica,** já que versam sobre matérias não disciplinadas em lei, e não dependem de existência prévia de lei. **SEG**
Gabarito 1E

(Escrivão de Polícia/GO – 2013 – UEG) O controle que a própria Administração exerce sobre seus órgãos decorre

(A) do poder regulamentar.

(B) da atividade discricionária.

(C) da tutela.

(D) do poder de autotutela.

A: incorreta, até porque o poder regulamentar é uma das formas pelas quais se expressa a função normativa do Poder Executivo e pode ser definido como aquele conferido ao Chefe do Executivo para editar atos normativos (decretos e regulamentos) com a finalidade de dar fiel execução à lei (Maria Sylvia Zanella Di Pietro. Direito administrativo. 24. ed. São Paulo: Atlas, 2011. p. 91); **B:** incorreta, pois a atividade discricionária (poder discricionário) é aquela que confere ao administrador público liberdade para decidir se determinado ato é ou não de interesse público, levando-se em conta os critérios de conveniência e oportunidade; **C:** incorreta, pois a tutela (ou controle) assegura à Administração Pública a atribuição de fiscalizar as atividades das

entidades da Administração Indireta, com o objetivo de garantir a observância de suas finalidades institucionais (Maria Sylvia Zanella Di Pietro. Op. cit. p. 70); **D:** correta, já que a autotutela significa que a Administração Pública tem autonomia para controlar seus próprios atos, podendo anular aqueles que forem ilegais e revogar os que forem considerados inconvenientes ou inoportunos, sem necessidade de se recorrer ao Poder Judiciário. Inclusive a esse respeito o STF editou as Súmulas 346 e 473, cuja redação são as seguintes: Súmula 346: A administração pública pode declarar a nulidade dos seus próprios atos. Súmula 473: A administração pode anular seus próprios atos, quando eivados de vícios que os tornam ilegais, porque deles não se originam direitos; ou revogá-los, por motivo de conveniência ou oportunidade, respeitados os direitos adquiridos, e ressalvada, em todos os casos, a apreciação judicial. **SEG**
Gabarito "D"

(Escrivão de Polícia/GO – 2013 – UEG) No contexto do poder disciplinar, a Administração

(A) pode deixar de aplicar o contraditório e de proporcionar ampla defesa nas situações em que a penalidade prevista para a falta disciplinar for de natureza leve.

(B) se utiliza das sanções de avocação e delegação para correicionar servidores.

(C) tem a discricionariedade para decidir entre punir e não punir o servidor que faltou com o dever funcional.

(D) aplica penalidades às pessoas que com ela contratam.

A: incorreta, pois a Administração Pública ao apurar as infrações cometidas por seus agentes, objetiva responsabilizá-los aplicando--lhes as penalidades previstas em lei, contudo deve-se observar os princípios da ampla defesa, contraditório (art. 5º; LIV e LV da CF), da razoabilidade, proporcionalidade e motivação (art. 2º, caput, da Lei 9.784/1999), não importando se a falta disciplinar é de natureza leve ou não; **B:** incorreta, pois o poder de avocação é o ato discricionário, onde o superior hierárquico chama para si o exercício temporário de determinada competência atribuída por lei a um subordinado. A avocação será permitida, em caráter excepcional e por motivos relevantes devidamente justificados (art. 15 da Lei 9.784/1999). A delegação de competência encontra amparo nos arts. 11 a 15 da Lei 9.784/1999, e ocorre quando um órgão ou autoridade, titular de determinados poderes e atribuições, transfere a outro órgão ou autoridade (em geral de nível hierárquico inferior) parcela de tais poderes e atribuições. A autoridade que transfere tem o nome de delegante; a autoridade ou órgão que recebe as atribuições denomina-se delegado; o ato pelo qual se efetua a transferência intitula-se ato de delegação ou delegação (Odete Medauar. Direito administrativo moderno. 14. ed. São Paulo: RT, 2011. p. 61). O que se observa que avocação e delegação não servem para correicionar servidores; **C:** incorreta, pois a discricionariedade é o poder conferido ao Administrador Público decidir se determinado ato é ou não de interesse público, levando em conta os critérios da conveniência e da oportunidade; **D:** correta. O poder disciplinar advém do poder hierárquico, sendo conferido ao Administrador Público para apurar as infrações cometidas pelos agentes públicos e impor penalidades, aplicando-lhes sanções de caráter administrativo. O mesmo pode ocorrer em reação àqueles que contratam com a Administração Pública ou a elas se sujeitam, a exemplo das concessionárias ou permissionárias do serviço público (art. 29, II da Lei 8.987/1995 que dispõe sobre o regime de concessão e permissão da prestação de serviços públicos). **SEG**
Gabarito "D"

2.1. Poder de Polícia

(Escrivão de Polícia/MA – 2013 – FGV) Dias antes das eleições municipais, fiscais da Justiça Eleitoral, com o apoio da Polícia Civil, fizeram operação em comunidade carente em razão de denúncia de que determinado candidato a vereador teria colocado inúmeros *outdoors* com sua foto e número na região, fato que, de acordo com a legislação eleitoral, é vedado. Comprovado o fato que deu origem à denúncia, imediatamente os fiscais eleitorais retiraram os referidos *outdoors* irregulares.

A partir dos fatos narrados, é correto afirmar que a retirada pelos fiscais da propaganda eleitoral irregular encontra fundamenta na

(A) teoria dos motivos determinantes.

(B) poder-dever da autotutela.

(C) poder discricionário.

(D) poder hierárquico.

(E) autoexecutoriedade dos atos administrativos.

A: incorreta, pois a teoria dos motivos determinantes dispõe que os atos administrativos, quando forem motivados, ficam vinculados aos motivos expostos. A aplicação mais importante desse princípio, na visão de José dos Santos Carvalho Filho *incide sobre os atos discricionários. Se mesmo que um ato seja discricionário, não exigindo, portanto, expressa motivação, esta, se existir, passa a vincular o agente aos termos em que foi mencionada (Manual de direito administrativo.* 24. ed. Rio de Janeiro: Lumen Juris, 2010. p. 109); **B:** incorreta, eis que a autotutela significa que a Administração Pública tem autonomia para controlar seus próprios atos, podendo anular aqueles que forem ilegais e revogar os que forem considerados inconvenientes ou inoportunos, sem necessidade de se recorrer ao Poder Judiciário. Inclusive a esse respeito o STF editou as Súmulas 346 e 473, cuja redação são as seguintes: Súmula 346: *A administração pública pode declarar a nulidade dos seus próprios atos.* Súmula 473: *A administração pode anular seus próprios atos, quando eivados de vícios que os tornam ilegais, porque deles não se originam direitos; ou revogá-los, por motivo de conveniência ou oportunidade, respeitados os direitos adquiridos, e ressalvada, em todos os casos, a apreciação judicial;* **C:** incorreta, até porque o poder discricionário é aquele que confere ao administrador público *liberdade para decidir* se determinado ato é ou não de interesse público, levando em conta os critérios da *conveniência* e da *oportunidade;* **D:** incorreta, já que o poder hierárquico tem como característica a *subordinação entre seus órgãos e agentes,* ressaltando-se que a subordinação se dá no âmbito de uma mesma pessoa jurídica. Saliente-se que não há relação hierárquica entre diferentes pessoas jurídicas, tampouco entre os poderes Executivo, Legislativo e Judiciário; **E:** correta, pois a autoexecutoriedade é um dos atributos do poder de polícia, e consiste na possibilidade que a Administração Pública tem em *executar seus próprios atos, sem necessidade de autorização judicial.* É desse atributo que surge a possibilidade do agente público apreender mercadorias, interditar estabelecimentos, embargar obras etc. `SEG`
Gabarito "E".

(Agente de Polícia/PI – 2012) Considerando os caracteres dos poderes administrativos, assinale a alternativa incorreta.

(A) O poder de polícia administrativa dota-se do atributo da autoexecutoriedade, de tal sorte que, no geral, não necessita de prévia ordem judicial para materializar-se.

(B) Por sua característica eminentemente administrativa, os atos decorrentes do poder de polícia da Administração Pública somente podem ser executados mediante prévia ordem judicial.

(C) O poder hierárquico não se confunde com o poder disciplinar da Administração Pública.

(D) O poder regulamentar não confere à Administração Pública a prerrogativa de instituir direitos e obrigações, ainda que mediante Decreto do Poder Executivo.

(E) O exercício do poder disciplinar da Administração Pública necessita observar o devido processo legal.

A: correta, pois a autoexecutoriedade consiste na possibilidade que a Administração Pública tem em *executar seus próprios atos, sem necessidade de autorização judicial.* É desse atributo que surge a possibilidade da Administração Pública apreender mercadorias, interditar estabelecimentos, embargar obras etc.; **B:** incorreta, pois a Administração Pública não necessita de autorização judicial para *executar seus próprios atos.* É importante frisar, contudo, que em algumas situações excepcionais, onde há possibilidade de conflito, a exemplo de reintegração de posse ou demolição de obras, a Administração deve obter autorização judicial para agir; **C:** correta, pois entende-se que o poder hierárquico tem como característica a *subordinação entre seus órgãos e agentes,* ressaltando-se que a subordinação se dá no âmbito de uma mesma pessoa jurídica. Não há relação hierárquica entre diferentes pessoas jurídicas, tampouco entre os poderes Executivo, Legislativo e Judiciário. O poder disciplinar *advém do poder hierárquico,* sendo conferido ao Administrador Público para *apurar as infrações* cometidas pelos agentes e *impor penalidades,* aplicando-lhes sanções *de caráter administrativo,* inclusive, àqueles que contratam com a Administração Pública ou a elas se sujeitam, a exemplo das concessionárias ou permissionárias do serviço público. É bom destacar ainda, que o poder disciplinar não se confunde com o poder de punir do Estado (*jus puniendi*) este exercido pelo Poder Judiciário nos casos de prática de crimes ou contravenções; **D:** correta, pois o poder regulamentar não confere à Administração Pública a prerrogativa de instituir direitos e obrigações, ainda que mediante Decreto do Poder Executivo. O poder regulamentar é *uma das formas pelas quais se expressa a função normativa do Poder Executivo* na lição de Maria Sylvia Zanella Di Pietro (*Direito administrativo.* 24. ed. São Paulo: Atlas, 2011. p. 91) e pode ser definido como aquele *conferido ao Chefe do Executivo* para editar atos normativos (decretos e regulamentos) com a finalidade de *dar fiel execução à lei.* É certo que *a lei,* por ter natureza primária, *pode inovar na ordem jurídica,* criando direito e impondo obrigações, já *o decreto de execução* por ter natureza secundária, *não pode inovar na ordem jurídica,* isto é, restringir, contrariar ou ampliar o disposto na lei objeto de regulamentação; **E:** correta, pois o poder disciplinar *advém do poder hierárquico,* sendo conferido ao Administrador Público para *apurar as infrações* cometidas pelos agentes e *impor penalidades,* aplicando-lhes sanções *de caráter administrativo,* inclusive, àqueles que contratam com a Administração Pública ou a elas se sujeitam, a exemplo das concessionárias ou permissionárias do serviço público. Cumpre esclarecer que a aplicação da pena deve ser sempre *motivada,* regra que não admite exceção, não se aplicando em hipótese alguma o denominado instituto da verdade sabida (critério que autoriza a aplicação de penalidades e sanções sem), contraditório e sem ampla defesa. `SEG`
Gabarito "B".

(Agente de Polícia/PR – 2010 – UEL) Assinale a alternativa que indica corretamente um dos poderes administrativos.

(A) Poder regulamentar: ordenamento definidor de competências e uma relação pessoal, obrigatória, de natureza pública, de coordenação e subordinação do inferior frente ao superior.

(B) Poder de polícia: atividade do Estado consistente em limitar o exercício dos direitos individuais em benefício do interesse público.

(C) Poder disciplinar: permite ao administrador editar normas gerais e abstratas, observados o princípio da legalidade e as regras de competência.

8. DIREITO ADMINISTRATIVO

(D) Poder hierárquico: permite aplicar penalidades a agentes públicos e contratados, e é limitado pela competência para aplicar penalidades.

(E) Poder combativo: exerce combatividade à oposição que se faz ao ordenamento da coletividade.

A: incorreta, pois o poder regulamentar é *uma das formas pelas quais se expressa a função normativa do poder Executivo. Pode ser definido como o que cabe ao Chefe do Poder Executivo da União, dos Estados e dos Municípios de editar normas complementares à lei, para sua fiel execução.* (Maria Sylvia Zanella Di Pietro. *Direito administrativo.* 24. ed. São Paulo: Atlas, 2011. p. 91); **B:** correta, pois o poder de polícia consiste em que a Administração Pública tem poder para impor restrições ao exercício de direitos do particular em razão da supremacia do interesse público; **C:** incorreta, pois o poder disciplinar é aquele conferido ao Administrador Público para apurar as infrações cometidas pelos agentes e impor penalidades, aplicando-lhe sanções de caráter administrativo; **D:** incorreta, pois o poder hierárquico consiste na organização administrativa, tendo como característica a subordinação entre seus órgãos e agentes; **E:** incorreta, pois não há em sede doutrinária referência a poder combativo. SEG

Gabarito "B".

(Escrivão – PC/RO – CEBRASPE – 2022) A aplicação de penalidade de suspensão a servidor por agente público cuja competência se limite à aplicação da penalidade de advertência configura ato viciado pelo(a)

(A) usurpação de função.

(B) abuso de autoridade.

(C) função aparente.

(D) excesso de poder.

(E) impedimento.

A. Errado. A usurpação de função ocorre quando alguém que não é agente público exerce função pública como forma de se beneficiar. **B.** O abuso de autoridade quando praticadas pelo agente com a finalidade específica de prejudicar outrem ou beneficiar a si mesmo ou a terceiro, ou, ainda, por mero capricho ou satisfação pessoal (Art. 1°, § 1°, Lei 13.869/19) **D.** Certo. O excesso de poder ocorre quando o agente público atua fora do seu limite de atribuições.. FC

Gabarito "D".

(Escrivão – PC/RO – CEBRASPE – 2022) A prerrogativa da autoridade pública competente de eleger, entre as condutas possíveis, a que represente maior conveniência e oportunidade ao interesse público decorre do poder

(A) discricionário.

(B) finalístico.

(C) controlador.

(D) vinculante.

(E) impessoal.

A. Certo. Poder discricionário é o poder administrativo que possibilita uma margem de liberdade para o agente público, com a análise de conveniência e oportunidade. **B.** Errado. O controle finalístico é o poder de tutela existente entre Administração Direta e Indireta. **C.** O poder controlador é exercido pelos órgãos públicos que têm a possibilidade de exercer o controle externo dos atos da Administração Pública. **D.** Poder vinculante é a atuação da Administração em que não existe margem de liberdade para o agente público para análise de conveniência e oportunidade. **E.** A impessoalidade é um princípio aplicável à Administração Pública que determina que a atuação deve ser impessoal, sem favoritismos. FC

Gabarito "A".

2.2. Deveres Administrativos

(Agente de Polícia/PR – 2010 – UEL) Agentes públicos exprimem um poder estatal munidos de uma autoridade que só podem exercer por lhes haver o Estado emprestado sua força jurídica, para satisfação de fins públicos.

Sobre os deveres do agente público, considere as seguintes definições:

I. Dever de agir, que impõe a obrigação de realizar as atribuições com rapidez, perfeição, rendimento e dentro da legalidade.

II. Dever de eficiência, que impõe desempenhar, a tempo, as atribuições do cargo, função ou emprego público de que é titular.

III. Dever de probidade, que impõe desempenhar suas atribuições por meio de atitudes retas, leais, justas e honestas.

IV. Dever de prestar contas sobre a gestão de um patrimônio que pertence à coletividade.

Assinale a alternativa correta.

(A) Somente as afirmativas I e II são corretas.

(B) Somente as afirmativas I e III são corretas.

(C) Somente as afirmativas III e IV são corretas.

(D) Somente as afirmativas I, II e IV são corretas.

(E) Somente as afirmativas II, III e IV são corretas.

I: incorreta, pois *"se para o particular o poder de agir é uma faculdade, para o administrador* público é uma obrigação de atuar, desde que se apresente o ensejo de exercê-lo em benefício da comunidade". (Hely Lopes Meirelles. *Direito administrativo brasileiro.* 37. ed. São Paulo: Malheiros, 2010. p. 117). Daí concluir que o poder-dever de agir é irrenunciável e que o agente público deve obrigatoriamente exercê-lo. Contudo, é de bom alvitre salientar que em alguns casos, o agente público não é obrigado a agir de imediato, cabendo ao mesmo verificar o melhor momento de fazê-lo. É o caso de implementação de obras públicas tais como escolas, hospitais, estradas, metrô, hidrelétricas etc.; **II:** incorreta, pois o dever de eficiência decorre da necessidade de se ter um padrão de qualidade na prestação do serviço público. Significa eficiência na gestão pública. O que a moderna doutrina chama de administração gerencial, caracterizada pelo cumprimento de metas, com ênfase em planejamentos e resultados. Em que pese a EC 19/1998 ter elevado a eficiência a princípio constitucional, constando no *caput* do art. 37 da CF, o Decreto-lei n° 200 de 25.02.1967, em seu art. 6° elenca cinco princípios fundamentais que se devidamente implementados podem contribuir para eficiência do serviço público, a saber: *planejamento; coordenação; descentralização; delegação de competência e controle*; **III:** correta, pois o dever de probidade advém do princípio da moralidade onde o agente público deve agir com honestidade, decoro, boa-fé, ética, lealdade e retidão; **IV:** correta, pois o dever de prestar contas decorre do princípio da indisponibilidade do interesse público, eis que como gestor dos bens públicos, é natural que preste contas de sua atuação. É um dever a todos imposto por for força de mandamento constitucional (art. 70, parágrafo único), e que se não observado, enseja intervenção da União no Estado (art. 34, VII, "d") e do Estado no Município (art. 35, II). O dever de prestar contas se aplica a qualquer pessoa física ou jurídica, pública ou privada, sociedade de economia mista, fundações mantidas pelo poder público federal, que utiliza, arrecade ou administre dinheiro público. A prestação de contas deve-se dar junto ao respectivo órgão competente através dos Tribunais de Contas, quando se realiza o encontro de contas. O Presidente da República presta contas ao Congresso Nacional, referente ao exercício anterior, no prazo de até 60 dias após a abertura da sessão legislativa (art. 84, XXIV da CF). SEG

Gabarito "C".

3. ATO ADMINISTRATIVO

3.1. Conceitos e atributos do ato administrativo

(Papiloscopista – PC/RR – VUNESP – 2022) Ante a inevitabilidade de sua execução, porquanto reúne sempre poder de coercibilidade para aqueles a que se destinam.

Assinale a alternativa que contempla o atributo do ato administrativo a que se refere o enunciado.

(A) Legitimidade.

(B) Imperatividade.

(C) Legalidade.

(D) Autoexecutoriedade.

(E) Veracidade.

A. Errado. Presunção de legitimidade é o atributo que estabelece que se presume que os atos administrativos são legítimos. **B**. Certo. Imperatividade é o atributo que determina que a Administração Pública impõe os atos administrativos independentemente da vontade do particular. É a coercibilidade do ato. **C**. Errado. Legalidade é o princípio que estabelece que a Administração Pública deve atuar quando a lei determinar que ela atue. **D**. Errado. A autoexecutoriedade é o atributo do ato que determina que a Administração Pública pode executar seus atos sem precisar do Poder Judiciário. **E**. Errado. Presunção de veracidade estabelece que se presume que os atos administrativos são verdadeiros. FC
Gabarito "B".

(Investigador-Escrivão-Papiloscopista – Pará – Funcab – 2016) Considere o texto constitucional: art. 66, § 1° – Se o Presidente da República considerar o projeto, no todo ou em parte, inconstitucional ou contrário ao interesse público, vetá-lo-á total ou parcialmente, no prazo de quinze dias úteis, contados da data do recebimento, e comunicará, dentro de quarenta e oito horas, ao Presidente do Senado Federal os motivos do veto. Continua o texto constitucional: § 3° Decorrido o prazo de quinze dias, o silêncio do Presidente da República importará sanção.

Diante do silêncio da Administração Pública, assinale a opção correta.

(A) Em regra o silêncio da Administração Pública não significa manifestação de vontade, todavia, em respeito ao princípio da legalidade, artigo 37, "caput", da Constituição Federal, pode o texto legal prever efeitos ao silêncio da Administração Pública, sendo este qualificado pelo decurso de prazo determinado em lei.

(B) Somente o texto constitucional poderá determinar o silêncio da Administração Pública como manifestação de vontade, sendo vedado ao legislador infraconstitucional prever efeitos ao silêncio estatal.

(C) O silêncio da administração nunca significará manifestação de vontade.

(D) Quando a Administração Pública é chamada a se manifestar sobre determinado assunto, todavia se mantém silente, em regra, esta inércia significa manifestação de vontade, no sentido de aceitação, em respeito ao princípio da razoável duração do processo, inciso LXXVIII, do artigo 5° da Constituição Federal.

(E) Uma vez chamada a se manifestar sobre determinado assunto relacionado à administração da coisa pública,

o silêncio estatal pode configurar uma lesão ou ameaça de lesão ao direito do administrado. Dessa forma, o poder judiciário não poderá ser manifestado para sanar tal ato, em virtude da separação dos poderes, nem poderá determinar que o agente competente o pratique.

O Art. 37, "caput", indica que a Administração Pública direta e indireta de qualquer dos Poderes da União, dos Estados, do Distrito Federal e dos Municípios obedecerão aos princípios de legalidade, impessoalidade, moralidade, publicidade e eficiência. Os efeitos do silêncio da Administração Pública diante da proposta de texto legal deve ser objeto de normatização haja vista suas consequências ante ao interesse público. FB
Gabarito "A".

(Papiloscopista – PCDF – Universa – 2016) Com relação a atos administrativos e à responsabilidade civil do Estado, assinale a alternativa correta.

(A) O ato imperfeito é aquele que se encontra maculado de vício sanável.

(B) Tratando-se de comprovada má-fé, a administração pública pode anular atos administrativos de que decorram efeitos favoráveis para os destinatários, ainda que após o prazo decadencial de cinco anos.

(C) A convalidação engloba os elementos motivo e objeto do ato administrativo.

(D) Quanto aos atos de império, o ordenamento jurídico brasileiro adotou a teoria da irresponsabilidade civil do Estado.

(E) Os atos administrativos que dependem de homologação são classificados como complexos.

A: incorreta. O ato imperfeito apenas não completou seu ciclo de formação, ex.: aguardando publicação; B: correta. Lei 9.784/1999, art. 54 – O direito da Administração de anular os atos administrativos de que decorram efeitos favoráveis para os destinatários decai em cinco anos, contados da data em que foram praticados, salvo comprovada má-fé; C: incorreta. Os motivos são vícios insanáveis e o objeto só será sanável se o ato tiver forma plúrima, retirando-se o objeto viciado e mantendo os demais; D: incorreta. Não há tal previsão; E: incorreta. Os atos administrativos que dependem de homologação são compostos. FB
Gabarito "B".

(Agente – Pernambuco – CESPE – 2016) O ato administrativo é uma espécie de ato jurídico de direito público, ou seja, suas características distinguem-no do ato jurídico de direito privado. Os atributos do ato administrativo – ato jurídico de direito público – incluem a:

(A) legalidade, a publicidade e a imperatividade.

(B) presunção de legitimidade, a imperatividade e a autoexecutoriedade.

(C) imperatividade, o motivo, a finalidade e a autoexecutoriedade.

(D) eficiência, a presunção de legitimidade e a continuidade.

(E) proporcionalidade, a motivação e a moralidade.

São atributos do ato administrativo: presunção de legitimidade – presume-se que o ato é legal, legítimo e verdadeiro. A presunção é relativa, pois admite prova em contrário; imperatividade – a Administração Pública impõe suas decisões aos administrados; e autoexecutoriedade – a Administração Publica impõe suas decisões independente de provimento judicial. FB
Gabarito "B".

8. DIREITO ADMINISTRATIVO 253

(Escrivão – Pernambuco – CESPE – 2016) Assinale a opção correta a respeito dos atos administrativos.

(A) A competência administrativa pode ser transferida e prorrogada pela vontade dos interessados.

(B) A alteração da finalidade expressa na norma legal ou implícita no ordenamento da administração caracteriza desvio de poder que dá causa à invalidação do ato.

(C) O princípio da presunção de legitimidade do ato administrativo impede que haja a transferência do ônus da prova de sua invalidade para quem a invoca.

(D) O ato administrativo típico é uma manifestação volitiva do administrado frente ao poder público.

(E) O motivo constitui requisito dispensável na formação do ato administrativo.

A finalidade, na condição de requisito ou elemento do ato, não pode ser alterada, tornando o ato e seus efeitos nulos. **FB**
Gabarito "B".

(Escrivão – Pernambuco – CESPE – 2016) Ainda a respeito dos atos administrativos, assinale a opção correta.

(A) A convalidação é o suprimento da invalidade de um ato com efeitos retroativos.

(B) O controle judicial dos atos administrativos é de legalidade e mérito.

(C) A revogação pressupõe um ato administrativo ilegal ou imperfeito.

(D) Os atos administrativos normativos são leis em sentido formal.

(E) O ato anulável e o ato nulo produzem efeitos, independentemente do trânsito em julgado de sentença constitutiva negativa.

A convalidação ou saneamento "é o ato administrativo pelo qual é suprido o vício existente em um ato ilegal, com efeitos retroativos à data em que este foi praticado". Trata-se de mera faculdade da Administração Pública. São passíveis de convalidação os atos em que o vício é relativo ao sujeito ou vício relativo à forma. **FB**
Gabarito "A".

(Agente de Polícia Civil/RO – 2014 – FUNCAB) Em se tratando dos atos administrativos, assinale a alternativa correta.

(A) Os motivos que determinam a vontade do agente, isto é, os fatos que serviram de suporte à sua decisão, não integram a validade do ato.

(B) Licença é ato pelo qual a Administração consente que o particular exerça atividade no seu próprio interesse, sendo discricionário e precário.

(C) A competência nem sempre é inderrogável, já que se transfere a outro órgão ou agente por acordo realizado entre as partes.

(D) O exame da discricionariedade só é possível para a verificação de sua regularidade em relação aos motivos.

(E) A presunção de legitimidade admite prova em contrário.

A: incorreta. Os atos administrativos, quando forem motivados, ficam vinculados aos motivos expostos. B: incorreta. A licença é o ato administrativo vinculado e definitivo pelo qual o Poder Público, verificando o atendimento do interessado a todas as exigências legais, faculta-lhe o desempenho de atividades ou a realização de fatos materiais antes veda-

dos ao particular. Portanto não revestido de precariedade. C: incorreta. A afirmativa encontra-se incorreta, pois a competência é inderrogável. Ou seja, a competência de um órgão não se transfere para outro por acordo entre as partes. D: incorreta. A afirmativa encontra-se incorreta, pois o exame da discricionariedade é possível em relação as causas, motivos e finalidades. E: correta. A presunção de legitimidade pressupõe que os atos praticados pelos agentes públicos são revestidos de legalidade e veracidade. No entanto, admitem prova em contrário. **SEG**
Gabarito "E".

3.2. Requisitos do ato administrativo

(Perito – PC/ES – Instituto AOCP – 2019) De acordo com a Teoria dos Atos Administrativos, o requisito de validade do ato, discricionário e que consiste na "situação fática ou jurídica cuja ocorrência autoriza ou determina a prática do ato", denomina-se

(A) Competência.

(B) Finalidade.

(C) Objeto.

(D) Forma.

(E) Motivo.

A: incorreta. **Competência** é a medida da atribuição legal de cargos, órgãos e entidades; B: incorreta. **Finalidade** consiste o bem jurídico objetivado pelo ato administrativo; C: incorreta. **Objeto** *é o conteúdo do ato, aquilo que o ato dispõe, decide, enuncia, opina ou modifica na ordem jurídica*. Ele deve ser lícito, possível e determinável, sob pena de nulidade; D: incorreta. **Forma** é o conjunto de formalidades externas necessárias para que o ato administrativo seja válido; E: correta. **Motivo** consiste no *fundamento de fato e de direito que autoriza a expedição do ato*. Ex.: o motivo da interdição de estabelecimento consiste no fato de este não ter licença (motivo de fato) e de a lei proibir o funcionamento sem licença (motivo de direito). **FB**
Gabarito "E".

(Escrivão de Polícia/GO – 2013 – UEG) São elementos constitutivos do ato administrativo:

(A) sujeito, objeto, forma, motivo e finalidade.

(B) sujeito, objeto, forma e presunção de veracidade.

(C) sujeito, objeto, forma e autoexecutoriedade.

(D) sujeito, objeto, forma e imperatividade.

A: correta, pois os requisitos do ato administrativo – também chamados de elementos do ato administrativo – são as condições essenciais para que o mesmo se aperfeiçoe. Se não observado algum desses requisitos, o ato fica destituído de eficácia e consequentemente não produzirá efeitos jurídicos. Tomando por base o art. 2º da Lei 4.717/1965, a doutrina administrativista converge no sentido de elencar como requisitos de validade do ato administrativo os seguintes: sujeito (*competência*); *finalidade; forma; motivo e objeto*; B: incorreta, pois presunção de legitimidade não é elemento, mas atributo do ato administrativo; C: incorreta, pois a autoexecutoriedade também não é elemento, mas atributo do ato administrativo; D: incorreta, pois a imperatividade tal qual a presunção de veracidade e autoexecutoriedade, não é elemento, mas atributo do ato administrativo. **SEG**
Gabarito "A".

(Agente de Polícia/RO – 2009 – FUNCAB) O ato administrativo, segundo a maioria da doutrina, possui cinco elementos que precisam ser respeitados para que o ato seja considerado válido. Supondo que o administrador público, ao praticar um ato administrativo, o faz quando não tinha a atribuição legal para fazê-lo.

Diante deste caso, o elemento do ato administrativo que está eivado de vício é:

(A) forma.
(B) competência.
(C) motivo.
(D) objeto.
(E) finalidade.

A: incorreta, pois a forma é o meio como o ato se exterioriza, que via de regra se dá de forma escrita, devendo conter o local, a data e assinatura da autoridade responsável, conforme prevê a Lei 9.784/1999 em seu art. 22. Contudo, há situações em que a forma se dá através de sinais convencionados, a exemplo de placas de sinalização; **B:** correta, pois competência significa que ato administrativo só pode ser realizado por agente público que tenha poder legal para praticá-lo. Esta é a primeira condição para que o ato administrativo seja efetivamente válido. A rigor, pode-se dizer que a competência resulta de lei, sendo que o ato administrativo realizado por agente incompetente, ou que exceda os limites legais, resulta inválido. A competência é intransferível, irrenunciável, improrrogável e imprescritível. Contudo, se a lei alude expressamente, poderá haver delegação ou avocação da competência; **C:** incorreta, pois motivo é a justificativa para a realização do ato, e tanto pode ocorrer por previsão legal, ou pela vontade do administrador público. Se o motivo estiver previsto em lei, é ato vinculado, senão é ato discricionário; **D:** incorreta, pois objeto: *é aquilo sobre o que o ato dispõe.* (Celso Antônio Bandeira de Mello. *Curso de direito administrativo.* 27. ed. São Paulo: Malheiros, 2010. p. 395); **E:** incorreta, pois a finalidade consiste no objetivo que o agente público deseja atingir, sendo elemento vinculado, pois a lei deve indicar a finalidade do ato. **SEG**
Gabarito "B".

(Escrivão de Polícia/SC – 2008 – ACAFE) Complete as lacunas na frase a seguir e assinale a alternativa correta.

_____ é o efeito mediato do ato, é o objetivo decorrente do interesse coletivo e indicado pela lei, buscado pela Administração. _____ é pressuposto de fato e direito que leva a Administração a praticar o ato. Já a ___ é um aspecto formal que constitui garantia jurídica para o administrado e para a Administração, possibilitando o controle do ato.

(A) Motivo – Objeto – competência
(B) Finalidade – Objeto – competência
(C) Objeto – Finalidade – forma
(D) Finalidade – Motivo – forma

a) Finalidade: a finalidade consiste no objetivo que o agente público deseja atingir, sendo elemento vinculado, pois a lei deve indicar a finalidade do ato; b) Motivo: é a justificativa para a realização do ato, e tanto pode ocorrer por previsão legal, ou pela vontade do administrador público. Se o motivo estiver previsto em lei, é ato vinculado, senão é ato discricionário; c) Forma: é o meio como o ato se exterioriza que, via de regra, se dá de forma escrita, devendo conter o local, a data e assinatura da autoridade responsável, conforme prevê a Lei 9.784/1999 em seu art. 22. Contudo, há situações em que a forma se dá através de sinais convencionados, a exemplo de placas de sinalização. **SEG**
Gabarito "D".

(Comissário de Polícia/SC – 2008 – ACAFE) Com relação aos requisitos dos atos administrativos, correlacione as colunas a seguir.

(1) *Competência*
(2) *Objeto*
(3) *Motivo*
(4) *Forma*

(5) *Finalidade*

( ) *É o efeito mediato do ato, o objetivo – sempre decorrente do interesse coletivo e indicado pela lei – buscado pela Administração.*

( ) *Aspecto formal que constitui garantia jurídica para o administrado e para a Administração, possibilitando o controle do ato.*

( ) *É elemento vinculado que pode ser objeto de delegação ou avocação desde que haja permissão legal.*

( ) *É pressuposto de fato e direito que leva a Administração a praticar o ato.*

( ) *É o efeito imediato do ato e deve ser certo, lícito, possível e moral.*

A sequência correta, de cima para baixo, é:

(A) 2 – 1 – 4 – 5 – 3
(B) 3 – 4 – 5 – 2 – 1
(C) 5 – 4 – 1 – 3 – 2
(D) 5 – 1 – 3 – 2 – 4

1: Competência: significa que ato administrativo só pode ser realizado por agente público que tenha poder legal para praticá-lo. Esta é a primeira condição para que o ato administrativo seja efetivamente válido. A rigor, pode-se dizer que a competência resulta de lei, sendo que o ato administrativo realizado por agente incompetente, ou que exceda os limites legais, resulta inválido. A competência é intransferível, irrenunciável, improrrogável e imprescritível. Contudo, se a lei alude expressamente, poderá haver delegação ou avocação da competência; **2:** Objeto: *é aquilo sobre o que o ato dispõe.* (Celso Antônio Bandeira de Mello. *Curso de direito administrativo.* 27. ed. São Paulo: Malheiros, 2010. p. 395); **3:** Motivo: é a justificativa para a realização do ato, e tanto pode ocorrer por previsão legal, ou pela vontade do administrador público. Se o motivo estiver previsto em lei, é ato vinculado, senão é ato discricionário; **4:** Forma: é o meio como o ato se exterioriza, que via de regra se dá de forma escrita, devendo conter o local, a data e assinatura da autoridade responsável, conforme prevê a Lei 9.784/1999 em seu art. 22. Contudo, há situações em que a forma se dá através de sinais convencionados, a exemplo de placas de sinalização; **5:** Finalidade: a finalidade consiste no objetivo que o agente público deseja atingir, sendo elemento vinculado, pois a lei deve indicar a finalidade do ato. **SEG**
Gabarito "C".

3.3. Classificação e espécies de ato administrativo

(Escrivão – PC/ES – Instituto AOCP – 2019) Os atos administrativos, quanto ao grau de liberdade da Administração Pública para decidir, podem ser

(A) internos ou externos.
(B) individuais ou gerais.
(C) vinculados ou discricionários.
(D) concretos ou abstratos.
(E) simples ou complexos.

A: incorreta. Trata-se de classificação dos atos administrativos quanto à situação de terceiros. Os **atos internos** são aqueles que produzem efeitos apenas no interior da Administração. É o caso de pareceres, informações e etc. Os **atos externos** são os que produzem efeitos em relação a terceiros e dependem de sua publicação para a produção de eficácia. É o caso de um alvará de funcionamento; **B:** incorreta. Trata-se de classificação quanto aos destinatários. **Atos individuais** são os dirigidos a destinatários certos, criando-lhes situação jurídica particular. Ex.: decreto de desapropriação, nomeação de agente público, exoneração de agente público, licença para construir, autorização de uso de bem público, tombamento, dentre outros. **Atos gerais** são os

8. DIREITO ADMINISTRATIVO

dirigidos a todas as pessoas que se encontram na mesma situação, tendo finalidade normativa; **C:** correta. **Ato vinculado** é aquele em que a lei tipifica objetiva e claramente a situação em que o agente deve agir e o único comportamento que poderá tomar. Tanto a situação em que o agente deve agir como o comportamento que vai tomar são únicos e estão clara e objetivamente definidos na lei, de forma a inexistir qualquer margem de liberdade ou apreciação subjetiva por parte do agente público. Ex.: licença para construir, alvará de funcionamento. **Ato discricionário** é aquele em que a lei confere margem de liberdade para avaliação da situação em que o agente deve agir ou para escolha do melhor comportamento a ser tomado; **D:** incorreta. Quando os atos administrativos são classificados quanto à estrutura eles podem ser concretos ou abstratos. **Atos concretos** são aqueles que dispõem sobre uma única situação, sobre um caso concreto. Ex.: exoneração de um agente público. **Atos abstratos** são aqueles que dispõem sobre reiteradas e infinitas situações. Ex.: regulamento; **E:** incorreta. Quanto à formação da vontade, os atos administrativos podem ser simples ou complexos. **Atos simples** decorrem de um órgão, seja ele singular ou colegiado. Ex.: nomeação feita pelo Prefeito; deliberação de um conselho ou de uma comissão. **Atos complexos** decorrem de dois ou mais órgãos, em que as vontades se fundem para formar um único ato. Ex.: decreto do Presidente, com referendo de Ministros. **FB**

Gabarito "C".

(Agente-Escrivão – PC/GO – CESPE – 2016) O ato que concede aposentadoria a servidor público classifica-se como ato:

(A) simples.

(B) discricionário.

(C) composto.

(D) declaratório.

(E) complexo.

É pacífico o entendimento de que a aposentadoria se trata de ato administrativo complexo, sendo válido somente posterior registro pelo Tribunal de Contas. E neste sentido: ADMINISTRATIVO. APOSENTADO-RIA. ATO COMPLEXO. CONFIRMAÇÃO PELO TRIBUNAL DE CONTAS DA UNIÃO. DECADÊNCIA ADMINISTRATIVA QUE SE CONTA A PARTIR DESSE ÚLTIMO ATO. NÃO CONFIGURAÇÃO. AgRg no REsp 1068703 SC 2008/0136386-2.1. Nos temos da jurisprudência deste Superior Tribunal de Justiça e da Suprema Corte, o ato de aposentadoria constitui-se ato administrativo complexo, que se aperfeiçoa somente com o registro perante o Tribunal de Contas, razão pela qual o marco inicial do prazo decadencial para Administração rever os atos de aposentação se opera com a manifestação final da Corte de Contas. **FB**

Gabarito "E".

(Inspetor de Polícia/MT – 2010 – UNEMAT) Com referência aos atos administrativos, assinale a alternativa correta.

(A) Autorizações são atos vinculados, que facultam ao beneficiário o desfrute de situação regulada pela norma jurídica. Ex.: porte de arma.

(B) Licença é o ato administrativo, ampliativo de direitos, que consiste na outorga da possibilidade de prática de determinada conduta. Ex.: edificar.

(C) Dispensa é o ato administrativo discricionário que consiste em exonerar alguém de dever legal, caso se encontrem presentes determinados requisitos.

(D) Homologação é ato administrativo discricionário de controle da legalidade. Na homologação não há qualquer apreciação de conveniência e oportunidade.

(E) Aprovação é ato administrativo discricionário sediado na competência controladora, que confere eficácia a ato administrativo perfeito.

A: incorreta, pois autorização ocorre quando a Administração Pública permite a realização de certa atividade, serviço ou mesmo a utilização bens públicos. É ato discricionário e precário podendo ser revogado a qualquer tempo. Por exemplo: uso de uma praça para realização de uma festa; **B:** incorreta, pois a licença é ato administrativo vinculado e definitivo. O Poder Público, verificando que o particular atendeu às exigências legais, autoriza-lhe o desempenho de atividades, não podendo negá-la. Por exemplo: exercício de determinada profissão; **C:** incorreta, pois a *dispensa é ato administrativo que exime o particular do cumprimento de determinada obrigação até então exigida por lei, como, p. ex., a prestação do serviço militar.* (Hely Lopes Meirelles. *Direito administrativo brasileiro.* 36. ed. São Paulo: Malheiros, 2010. p. 194); **D:** incorreta, pois a homologação é o meio pelo qual o Administrador Público examina a legalidade e a conveniência de ato emanado do próprio Poder Público, de outra entidade ou de particular, a fim de revestir-lhe de eficácia. Se o ato depender de homologação, enquanto não a receber não surte efeito. É o caso da homologação que ocorre na licitação; **E:** correta, pois a aprovação é a manifestação discricionária e unilateral da Administração Pública, concordando ou não com outro ato. A aprovação pode ser prévia (*a priori* – ex. art. 52, III e IV, CF), ou posterior (*a posteriori* – ex. art. 49, IV, CF). Hely Lopes Meirelles, defende a tese de que a *aprovação é ato vinculado,* mas é posição minoritária (*Direito administrativo brasileiro.* 37. ed. São Paulo: Malheiros, 2010. p. 172). **SEG**

Gabarito "E".

(Inspetor de Polícia/RJ – 2008 – FGV) O alvará para licença de construção de imóvel consubstancia um ato:

(A) normativo.

(B) ordinatório.

(C) enunciativo.

(D) negocial.

(E) punitivo.

A: incorreta, pois o ato normativo é uma prerrogativa conferida à Administração Pública para editar atos gerais ou normativos, a exemplo de decretos e regulamentos com a finalidade de oferecer fiel execução à lei, conforme disposição constitucional em seu art. 84, IV, VI, "a" e "b" da CF/88. Saliente-se que por vezes a doutrina trata poder regulamentar ou normativo como sinônimos. Maria Sylvia Zanella Di Pietro informa que *normalmente, fala-se em poder regulamentar; preferimos falar em poder normativo, já que aquele não esgota toda a competência normativa da Administração Pública; é apenas uma de suas formas de expressão, coexistindo com outras* (*Direito administrativo.* 24. ed. São Paulo: Atlas, 2011. p. 91); **B:** incorreta, pois os atos ordinatórios são aqueles que têm como finalidade disciplinar o funcionamento da Administração Pública e a conduta funcional de seus agentes, orientando-os no desempenho de suas funções. Tais atos podem ser expedidos pelos chefes de serviço (desde que de sua competência) aos subordinados em razão do poder hierárquico. A abrangência dos atos ordinatórios se dá no âmbito interno das repartições públicas, não obrigando os particulares ou servidores de outros órgãos. Eis porque não criam direitos e obrigações para os administrados, e sim deveres para o agente público destinatário do ato. Na prática, os atos administrativos ordinatórios utilizados com maior frequência são instruções, circulares, avisos, portarias, ordens de serviço, ofícios e despachos; **C:** incorreta, pois os atos enunciativos são aqueles em que a Administração certifica ou atesta um fato, ou emite opinião sobre determinado assunto, apenas em sentido formal, pois materialmente não traduzem a manifestação da vontade da Administração Pública. Os atos enunciativos mais comuns são as certidões, atestados, pareceres e apostilas; **D:** correta, pois ato negocial é aquele que contém declaração de vontade da Administração Pública, conferindo ao particular a faculdade para atuar desde que obedecidas as condições impostas pelo Poder Público. O Alvará é ato administrativo vinculado e definitivo. O Poder Público, verificando que o particular atendeu as exigências legais, autoriza-lhe o desempenho de atividades, não podendo negá-la. Por exemplo: Alvará de licença para construção de uma casa; **E:** incorreta, pois os atos punitivos se traduzem nas sanções aplicadas pela Administração àqueles que infringem disposições legais, não importando se servidores públicos ou particulares. Podem ser de atuação interna (aplicáveis aos servidores) e externa (dirigida aos administrados). Em quaisquer dos casos, só deverão ser aplicadas as punições, após a devida apuração em processo administrativo. Os atos punitivos mais comuns elencados pela doutrina, são multas, interdições e destruição de coisas. **SEG**

Gabarito "D".

(Escrivão – PC/RO – CEBRASPE – 2022) A licença é ato administrativo

I. unilateral.
II. vinculado.
III. constitutivo.
IV. declaratório.
V. discricionário.

Estão certos apenas os itens

(A) I e II.
(B) III e V.
(C) I, II e IV.
(D) III, IV e V.
(E) Todos os itens estão certos.

Licença é o ato vinculado por meio do qual a Administração confere ao interessado consentimento para o desempenho de certa atividade. **I.** Certo. Como é ato administrativo, é unilateral. **II.** Certo. Licença é ato vinculado. **III.** Errado. O direito preexiste à licença, portanto, trata-se de ato declaratório. **IV.** Certo, é ato declaratório **E.** Errado, licença é vinculada e não discricionária. **FC**

Gabarito "C".

(Escrivão – PC/GO – AOCP – 2023) O ato administrativo pode ser classificado de diversas maneiras. Considerando a classificação quanto ao seu conteúdo, assinale a alternativa que apresenta a classificação e descrição INCORRETAS.

(A) O ato constitutivo é o que cria uma nova situação jurídica individual para seus destinatários em relação à Administração.

(B) O ato abdicativo é aquele pelo qual o titular abre mão de um direito, dependendo de autorização legislativa.

(C) O ato extintivo é o que põe termo a situações jurídicas individuais, como, por exemplo, a cassação de autorização.

(D) O ato simplificado é o que visa reconhecer situações preexistentes ou, mesmo, possibilitar seu exercício, como, por exemplo, a emissão de certidões.

(E) O ato alienativo é o que opera a transferência de bens ou direitos de um titular a outro.

A. Correto. O ato constitutivo é aquele que constitui uma nova situação jurídica para o destinatário. **B.** Correto. O ato abdicativo ocorre quando o titular abdica de um direito, mas depende de autorização legislativa. **C.** Correto. O ato extintivo extingue uma situação jurídica. **D.** Incorreto. O ato que visa reconhecer situações preexistente é o ato enunciativo. **E.** Correto. O ato alienativo causa a transferência de bens ou direitos a outra pessoa. **FC**

Gabarito "D".

3.4. Discricionariedade e vinculação

(Investigador – PC/ES – Instituto AOCP – 2019) Assinale a alternativa que apresenta um Ato Administrativo discricionário.

(A) Permissão de Serviço Público.
(B) Concessão de Licenças.

(C) Nomeação de Funcionário Público Estatutário.
(D) Aplicação de Multa.
(E) Concessão de Alvará de Localização.

A: correta. **Permissão** é o ato administrativo unilateral, discricionário e precário, pelo qual a Administração faculta ao particular a execução de serviço público ou a utilização privativa de bem público, mediante licitação. Exs.: permissão para taxista ou perueiro efetuar transporte remunerado de passageiros; permissão para que uma banca de jornal se instale numa calçada ou praça públicas. Vale lembrar que, por ser precária, pode ser revogada a qualquer momento sem que o particular tenha direito à indenização. Ademais, diferentemente da autorização, a permissão depende de licitação; **B:** incorreta. **Licença** é o ato administrativo unilateral e vinculado pelo qual a Administração faculta àquele que preencha requisitos legais o exercício de uma atividade. Exs.: licença para construir; licença para dirigir veículos automotores. A licença também se baseia no poder de polícia, havendo juízo de legalidade somente. Trata-se de ato declaratório, daí porque na licença se fala em direitos subjetivos, pois cumpridos os requisitos para a licença o interessado tem direito de exigi-la. **C:** incorreta. O **direito à nomeação** de servidor público é tema bastante polêmico, que foi evoluindo ao longo do tempo. Durante muitos anos, restava sedimentado o entendimento de que se tratava de uma mera expectativa de direito daqueles que foram aprovados em concurso público. Sua garantia referia-se apenas ao direito de não ser preterido, dentro do número de vagas e enquanto ainda válido o concurso. A jurisprudência, todavia, foi mudando, passado ao entendimento de que o candidato aprovado em concurso público, dentro do número de vagas previstas no edital, tem direito líquido e certo à nomeação e à posse. Vejamos o teor da ementa do julgado paradigma no tema: "ADMINISTRATIVO – SERVIDOR PÚBLICO – CONCURSO – APROVAÇÃO DECANDIDATO DENTRO DO NÚMERO DE VAGAS PREVISTAS EM EDITAL – DIREITOLÍQUIDO E CERTO À NOMEAÇÃO E À POSSE NO CARGO – RECURSO PROVIDO. 1. Em conformidade com jurisprudência pacífica desta Corte, o candidato aprovado em concurso público, dentro do número de vagas previstas em edital, possui direito líquido e certo à nomeação e à posse. 2. A partir da veiculação, pelo instrumento convocatório, da necessidade de a Administração prover determinado número de vagas, a nomeação e posse, que seriam, a princípio, atos discricionários, de acordo com a necessidade do serviço público, tornam-se vinculados, gerando, em contrapartida, direito subjetivo para o candidato aprovado dentro do número de vagas previstas em edital. Precedentes. 3. Recurso ordinário provido.(STJ – RMS: 20718 SP 2005/0158090-4, Relator: Ministro Paulo Medina, Data de Julgamento: 04/12/2007, T6 – Sexta Turma, Data de Publicação: DJe 03/03/2008)"; **D:** incorreta. Não existe qualquer liberdade ao administrador para deixar de aplicar uma multa diante de um ilícito cometido, se a lei assim estabelece. Ou é hipótese em que não há o substrato fático ou jurídico para a aplicação da multa, quando então, garantido ao particular o direito de defesa, verificou-se que não era o caso de aplicação de penalidade; ou cabe ao administrador, no máximo, a liberdade para decidir qual penalidade dentre as previstas em lei aplicar ao caso concreto; **E:** incorreta. Uma vez preenchidos os requisitos legais para a concessão de um alvará de localização, trata-se de ato vinculado, não havendo liberdade dada pela lei ao administrador para não conceder. **FB**

Gabarito "A".

Escrivão – AESP/CE – VUNESP – 2017) Com relação à teoria dos motivos determinantes, é correto afirmar que:

(A) mesmo que um ato administrativo seja discricionário, não exigindo, portanto, expressa motivação, esta, se existir, passa a vincular o agente.

(B) apenas orienta a formulação dos atos administrativos complexos.

(C) na formulação dos atos administrativos compostos, dependerá sempre da bilateralidade de vontades.

(D) a aplicação mais importante dessa teoria incide sobre os atos administrativos vinculados.

(E) baseia-se no princípio de que o motivo do ato administrativo não deve guardar compatibilidade com a situação de fato que gerou a manifestação de vontade.

A teoria dos motivos determinantes indica que a motivação do ato administrativo vincula seus efeitos ainda que o ato seja discricionário. E nesse sentido vale citar: HC 141925/DF, relatado pelo Ministro Teori Albino Zavascki, datado de 14/04/2010: *HABEAS CORPUS*. PORTARIA DO MINISTRO DE ESTADO DA JUSTIÇA, DETERMINANDO A EXPULSAO DE ESTRANGEIRO DO TERRITÓRIO NACIONAL EM RAZÃO DE SUA CONDENAÇAO À PENA PRIVATIVA DE LIBERDADE. INEXISTÊNCIA DO FUNDAMENTO. APLICAÇÃO DA TEORIA DOS MOTIVOS DETERMINANTES, SEGUNDO A QUAL A VALIDADE DO ATO ADMINISTRATIVO, AINDA QUE DISCRICIONÁRIO, VINCULA-SE AOS MOTIVOS APRESENTADOS PELA ADMINISTRAÇÃO. INVALIDADE DA PORTARIA.ORDEM CONCEDIDA. FB
Gabarito "A".

(Agente de Polícia/PI – 2012) Considerando os caracteres dos atos administrativos, assinale a alternativa correta.

(A) Os atos discricionários não precisam ser motivados.

(B) Os atos vinculados não precisam ser motivados.

(C) Tanto os atos administrativos discricionários como os atos administrativos vinculados precisam ser motivados.

(D) Os atos administrativos discricionários não podem ser revogados.

(E) Os atos administrativos discricionários não podem ser anulados.

A: incorreta, pois todos os atos precisam ser motivados, até porque o motivo é a justificativa para a realização do ato, e tanto pode ocorrer por previsão legal como pela vontade do administrador público. O que ocorre é que no ato discricionário, o Administrador Público tem mais liberdade de agir, desde que respeitado os critérios de conveniência e oportunidade e desde que nos limites legais; **B:** incorreta, pois o ato vinculado ocorre quando há previsão legal para aquele fato, não podendo a Administração Pública agir de forma diferente. Por exemplo, pedido de aposentadoria por idade (compulsória) ou servidor que solicita licença por motivo de doença de membro da família apresentado os documentos periciais oficiais. Nestes casos a Administração Pública não pode deixar de conceder, sob pena de invalidação do ato; **C:** correta, pois como visto, a regra é que todos os atos precisam ser motivados devendo a motivação ser explícita, clara e congruente (coerente); **D:** incorreta, até porque a revogação é o instrumento, pelo qual a Administração Pública retira do mundo jurídico determinado ato administrativo, levando-se em conta os critérios de conveniência e oportunidade (art. 53 da Lei 9.784/1999). A revogação é própria da Administração Pública não cabendo ao Poder Judiciário apreciar os critérios de conveniência e oportunidade. É bom que se diga que o *fundamento da revogação é o poder discricionário* da Administração Pública, salientando-se que o pressuposto para revogação do ato administrativo é o interesse público; **E:** incorreta, pois o *pressuposto para invalidação* do ato administrativo é a presença do *vício de legalidade*. Em assim ocorrendo, o mesmo pode ser invalidado tanto pela Administração Pública (autotutela), quanto pelo Poder Judiciário. Convém observar que o art. 53 da Lei 9.784/1999 aduz que *a Administração deve anular seus próprios atos, quando eivados de vício de legalidade, e pode revogá-los por motivo de conveniência ou oportunidade, respeitados os direitos adquiridos*. Corrobora nesse sentido a Súmula 473 do STF, o que se confirma pela transcrição de seu texto: *A administração pode anular seus próprios atos, quando eivados de vícios que os tornam ilegais, porque deles não se originam direitos; ou revogá-los, por motivo de conveniência ou oportunidade,*

respeitados os direitos adquiridos, e ressalvada, em todos os casos, a apreciação judicial. SEG
Gabarito "C".

(Agente de Polícia/DF – 2009 – UNIVERSA) Sendo a Administração Pública o braço operacionalizador das políticas públicas, no que se distingue, pois, da função de governo, posto estar no nível de sua formulação, assinale a alternativa correta.

(A) No bojo da constitucionalização da Administração Pública, tem-se que a legalidade, a moralidade, a publicidade, a impessoalidade e a eficiência, este trazido com a edição da Emenda Constitucional nº 19, de 1998, são os princípios exclusivos da Administração Pública.

(B) A doutrina administrativista tem exigido a explicitação dos motivos ensejadores mesmo dos atos administrativos discricionários.

(C) Caracteriza a administração direta a centralização das atividades nas entidades públicas.

(D) Em face de suas prerrogativas de Estado, o foro exclusivo para julgamento de causas em face de autarquias e fundações públicas é a justiça comum, federal ou estadual, conforme a natureza de seu ente criador.

(E) Depende de lei específica a criação das fundações de direito público.

De fato, pois os atos administrativos discricionários não delegam liberdade absoluta ao administrador público, não podendo ser exercido acima ou além da lei, mas em sujeição a ela. SEG
Gabarito "B".

(Investigador – PC/ES – Instituto AOCP – 2019) A aptidão do Ato Administrativo em produzir efeitos denomina-se

(A) Objetividade.

(B) Tipicidade.

(C) Motivação.

(D) Validade.

(E) Eficácia.

E: correta. Os atos administrativos, que são espécies de atos jurídicos, podem ser classificados segundos os planos da existência, da validade e da eficácia. Vejamos: a) perfeição: situação do ato cujo processo formativo está concluído; ato perfeito é o que completou o ciclo necessário à sua formação (plano da existência); b) validade: adequação do ato às exigências normativas (plano da validade); c) eficácia: situação em que o ato está disponível para produção de efeitos típicos (plano da eficácia). FB
Gabarito "E".

(Policial Rodoviário Federal – CESPE – 2019) No tocante a atos administrativos, julgue o item a seguir.

(1) Tanto a inexistência da matéria de fato quanto a sua inadequação jurídica podem configurar o vício de motivo de um ato administrativo.

1: correta. Motivo é o fato que autoriza ou determina a prática do ato. Se o motivo está previsto em lei, o ato é vinculado. Se não estiver previsto, o ato é discricionário. A assertiva adota aqui a linha de Hely Lopes Meirelles, para quem motivo consiste não só no fundamento de *fato*, mas também no de *direito*, que autoriza a expedição do ato. Há outra linha doutrinária que diferencia o motivo da motivação, essa última integrando a formalização do ato, e consiste na exposição do motivo de fato e da sua relação de pertinência com a fundamentação jurídica e com o ato praticado. Como regra, a motivação é obrigatória, só deixando de existir tal dever se a lei expressamente autorizar.

Gabarito 1C

3.5. Extinção do ato administrativo

(Escrivão – PC/ES – Instituto AOCP – 2019) Abuso de poder é toda ação que torna irregular a execução do ato administrativo, legal ou ilegal, e que propicia, contra seu autor, medidas disciplinares, civis e criminais. Sobre o abuso de poder, assinale a alternativa correta.

(A) O abuso de poder pode estar presente somente nos atos discricionários e não nos atos vinculados.

(B) O abuso de poder pode ocorrer tanto por desvio de poder, ou finalidade, como por excesso de poder.

(C) O autor do abuso de poder será responsabilizado somente nas esferas administrativas e criminal e não na esfera cível.

(D) O abuso de poder pode estar presente somente nos atos ilegais e não nos atos legais.

(E) Desvio de finalidade e abuso de poder são expressões sinônimas em termos conceituais.

A: incorreta. O abuso de poder pode ser caracterizado como uma ilegalidade que se dá quando o administrador se utiliza inadequadamente dos poderes/prerrogativas que lhes são atribuídos para a prática de atos sempre em benefício da coletividade. Ele ultrapassa os limites de suas atribuições (excesso de poder) ou competências, ou se desvia da finalidade legal (desvio de poder). Tais práticas podem ser encontradas tanto nos atos vinculados como nos atos discricionários; **B:** correta. O abuso de poder pode ser caracterizado como uma ilegalidade que se dá quando o administrador se utiliza inadequadamente dos poderes/prerrogativas que lhes são atribuídos para a prática de atos sempre em benefício da coletividade. Ele ultrapassa os limites de suas atribuições (excesso de poder) ou competências, ou se desvia da finalidade legal (desvio de poder); **C:** incorreta. O autor do abuso de poder será responsabilizado nas esferas administrativas, civil e criminal; **D:** incorreta. O abuso de poder pode ser caracterizado como uma ilegalidade que se dá quando o administrador se utiliza inadequadamente dos poderes/prerrogativas que lhes são atribuídos para a prática de atos sempre em benefício da coletividade. Ele ultrapassa os limites de suas atribuições (excesso de poder) ou competências, ou se desvia da finalidade legal (desvio de poder). Tais práticas podem ser encontradas nos atos legais como nos ilegais. Ex.: remoção de servidor para local longínquo como forma de punição, em claro desvio de finalidade, mas sob o fundamento de interesse da Administração Pública; **E:** incorreta. Abuso de poder é o gênero, do qual são espécies o excesso de poder e o desvio de finalidade. **FB**

Gabarito "B"

(Agente – Pernambuco – CESPE – 2016) O diretor-geral da polícia civil de determinado estado exarou um ato administrativo e, posteriormente, revogou-o, por entender ser inconveniente sua manutenção.

Nessa situação hipotética, o princípio em que se fundamentou o ato de revogação foi o princípio da:

(A) segurança jurídica.

(B) especialidade.

(C) autotutela.

(D) supremacia do interesse público.

(E) publicidade.

O ato trata de manifestação do princípio da autotutela do qual decorre o poder-dever de rever os atos considerados inoportunos ou inconvenientes e anular aqueles que forem considerados ilegais. **FB**

Gabarito "C"

(Investigador-Escrivão-Papiloscopista – Pará – Funcab – 2016) Considere a situação em que a Administração Pública municipal edite um ato administrativo de permissão para que o administrado em certo local explore um parque de diversões. Posteriormente, surge a nova lei de zoneamento que se mostra incompatível com a permissão anteriormente concedida. Assinale a opção correta, no tocante à forma de extinção do ato administrativo.

(A) Caducidade.

(B) Anulação.

(C) Cassação.

(D) Extinção Subjetiva.

(E) Extinção Natural do ato.

Lei 8.987/1995, art. 35 – Extingue-se a concessão por: III – caducidade. Art. 38. § 1º A caducidade da concessão poderá ser declarada pelo poder concedente quando: IV – a concessionária perder as condições econômicas, técnicas ou operacionais para manter a adequada prestação do serviço concedido. **FB**

Gabarito "A"

(Escrivão de Polícia/DF – 2013 – CESPE) No que se refere à anulação e revogação dos atos administrativos, julgue os itens a seguir.

(1) O vício de forma do ato administrativo que não cause lesão ao interesse público nem prejuízo a terceiros, em regra, poderá ser convalidado pela administração pública.

(2) Tanto os atos administrativos discricionários como os atos administrativos vinculados podem ser anulados ou revogados.

1: correta. Desde que não acarretem lesão ao interesse público nem prejuízo a terceiros, os atos que apresentarem defeitos sanáveis poderão ser convalidados pela própria Administração (art. 55 da Lei 9.784/1999); **2:** Os atos discricionários poderão ser revogados. Os atos vinculados poderão ser anulados, se conterem algum vício de legalidade. **SEG**

Gabarito 1C, 2E

(Escrivão de Polícia/GO – 2008 – UEG) No controle que a própria Administração exerce sobre sua atuação administrativa, a declaração de nulidade do ato administrativo opera efeitos

(A) retroativos, sem desfazer as relações dele resultantes.

(B) retroativos, desfazendo as relações dele resultantes.

(C) a partir da declaração de nulidade.

(D) a partir da data a ser apontada pela administração no ato que declarar a nulidade.

A: incorreta, pois a anulação produz efeito *ex tunc*, desfazendo as relações jurídicas, voltando as partes ao *status quo ante*; **B:** correta, pois o fundamento para a invalidação (anulação) do ato é a ilegalidade. Já que a anulação produz efeito *ex tunc*, isto é, retroage até a origem do ato, não gera direitos ou obrigações, desfazendo assim as relações jurídicas dela resultante; **C:** incorreta, pois a invalidação do ato administrativo *vai alcançar o momento mesmo de sua edição*. (José dos Santos Carvalho Filho. *Manual de direito administrativo*. 24. ed. Rio de Janeiro: *Lumen* Juris, 2011. p. 149). **D:** incorreta, pois a invalidação produz efeitos *se projetam do passado ao presente... logicamente a declaração de nulidade deve atingi-lo no momento em que entrou no mundo jurídico, para suprimi-lo a partir daí.* (Odete Medauar. *Direito administrativo moderno*. 14. ed. São Paulo: RT, 2010. p. 164). **SEG**

Gabarito "B"

8. DIREITO ADMINISTRATIVO

(Agente e Escrivão de Polícia/PB – 2008 – CESPE) Quanto a revogação e invalidação (ou anulação) de atos administrativos, assinale a opção correta.

(A) O desuso não é suficiente para se revogar um ato administrativo.

(B) Em razão de sua natureza, os atos vinculados são, em regra, revogáveis.

(C) A revogação dos atos administrativos produz efeitos *ex tunc*, uma vez que os atos revogáveis são aqueles que possuem vício de legalidade.

(D) A invalidação de um ato administrativo, ao contrário da revogação, deve ser analisada pelo administrador sob o enfoque da conveniência e da oportunidade.

(E) O poder de autotutela da administração não encontra limites no rol dos direitos previstos no art. 5.º da Constituição Federal de 1988 (CF).

A: correta, pois a revogação não se dá pelo desuso, mas levando-se em conta os critérios da conveniência e oportunidade; **B:** incorreta, pois os atos vinculados não são em regra revogáveis. Os mesmos poderão ser revogados pela Administração Pública, observando-se os critérios da conveniência e oportunidade; **C:** incorreta, pois a revogação possui efeito *ex nunc*, levando-se em conta os critérios da conveniência e oportunidade; **D:** incorreta, pois a invalidação analisa os aspectos legais. Decorre daí que o fundamento para a anulação (invalidação) é a ilegalidade do ato; **E:** incorreta, pois a autotutela encontra respaldo constitucional, inclusive a Súmula 473 do STF informa que *a administração pode anular seus próprios atos quando eivados de vícios que os tornam ilegais, porque deles não se originam direitos; ou revogá-los, por motivo de conveniência ou oportunidade, respeitados os direitos adquiridos, e ressalvada, em todos os casos, a apreciação judicial*. A Sumula 473, enfatiza que deve-se respeitar o direito adquirido (art. 5º, XXXVI da CF). No entanto, há outras situações previstas legalmente na Constituição Federal que limitam a atuação da Administração Pública, bem como garantem uma proteção aos administrados, em face de eventuais abusos. São exemplos os incs. V; XXXIII; XXXV; XXXVI; LV; LVI e LXXXVIII, todos do art. 5º da CF. **SEG**
Gabarito "A".

(Escrivão de Polícia/RN – 2008 – CESPE) É possível conceituar ato administrativo como declaração do Estado, no exercício de prerrogativas públicas, manifestada mediante providências jurídicas complementares da lei a título de lhe dar cumprimento, e sujeita a controle de legitimidade por órgão jurisdicional.

Celso Antônio Bandeira de Mello. ***Curso de direito administrativo***. 25. ed. São Paulo: Malheiros, 2008, p. 378 (com adaptações).

Tendo o texto acima como referência inicial, assinale a opção correta com relação a atos administrativos.

(A) Licença é o ato unilateral, discricionário e precário, pelo qual a Administração Pública faculta a utilização privativa de bem público.

(B) Atos de império são aqueles praticados pela administração em situação de igualdade com os particulares.

(C) Parecer é o ato pelo qual os órgãos consultivos da administração emitem opinião sobre assuntos técnicos ou jurídicos de sua competência, tendo sempre o caráter vinculante.

(D) Alvará é o instrumento pelo qual a Administração Pública confere autorização para o exercício de atividade sujeita ao poder de polícia do Estado.

(E) Anulação é o ato administrativo discricionário pelo qual a administração extingue um ato válido, inclusive os vinculados, por motivos de conveniência e oportunidade.

A: incorreta, pois a licença é ato administrativo vinculado e definitivo. O Poder Público, verificando que o particular atendeu às exigências legais, autoriza-lhe o desempenho de atividades, não podendo negá-la. Por exemplo: exercício de determinada profissão; **B:** incorreta, pois os atos de império são aqueles praticados pelo poder de império, nas prerrogativas de autoridade do Estado, a exemplo da aplicação de multas, embargo de obras, apreensão de bens, etc.; **C:** incorreta, pois os pareceres são os meios pelos quais os órgãos técnicos se manifestam sobre assuntos submetidos à sua consideração. O parecer não se vincula à Administração ou os particulares, pois tem caráter meramente opinativo, exceto no caso do parecer normativo que *é aquele que, ao ser aprovado pela autoridade competente, é convertido em norma de procedimento interno, tornando-se impositivo e vinculante para todos os órgãos hierarquizados à autoridade que o aprovou.* (Hely Lopes Meirelles. *Direito administrativo brasileiro.* 36 ed. São Paulo: Malheiros, 2010. p. 40); **D:** correta, pois o alvará é ato administrativo vinculado e definitivo. O Poder Público, verificando que o particular atendeu às exigências legais, autoriza-lhe o desempenho de atividades, não podendo negá-la. Por exemplo: Alvará de licença para construção de uma casa; **E:** incorreta. A anulação (invalidação) é uma das formas de extinção dos atos administrativos em razão de vício de legalidade, podendo ser feita pela própria Administração ou pelo Poder Judiciário. Já a revogação é ato exclusivo da Administração Pública levando-se em conta os critérios da conveniência e oportunidade. **SEG**
Gabarito "D".

3.6. Temas combinados

(Escrivão de Polícia/BA – 2013 – CESPE) Com relação ao ato administrativo, julgue os itens que se seguem.

(1) Caso um ato administrativo de nomeação de notários tenha sido anulado devido à constatação de irregularidades, os notários nomeados são obrigados a restituir, em favor do Estado, os valores recebidos a título de emolumentos e custas durante o exercício de suas funções em cartórios extrajudiciais, ainda que os atos e serviços cartorários tenham sido devidamente praticados e os serviços regularmente prestados.

(2) O contrato de financiamento ou mútuo firmado pelo Estado constitui ato de direito privado, não sendo, portanto, considerado ato administrativo.

(3) A concessão de autorização para porte de arma consiste em ato discricionário e precário da administração, podendo ser revogada a qualquer momento.

1: Incorreta. A questão refere-se ao agente público de fato. Diogo de Figueiredo afirma que "em razão da teoria da aparência e da boa-fé, os atos praticados, quer por agentes de fato putativos, quer por agentes de fato necessários, devem ser convalidados perante terceiros (MOREIRA NETO, Diogo de Figueiredo. *Curso de direito administrativo.* 15. Ed. Rio de Janeiro: Forense. 2009. p. 323) E, não havendo má-fé, os atos praticados pelos agentes públicos de fato, os mesmos podem ser confirmados pelo poder público. Desse modo, o mesmo não precisa restituir o estado com os valores recebidos a título de emolumentos e custas. **2:** Correta. Existem atos praticados pela Administração Pública que não são considerados atos administrativos. São atos regidos pelo direito privado e nesse caso o Estado atua em pé de igualdade com o particular, sem o exercício de suas prerrogativas, tais como o exercício da supremacia do interesse público sobre o interesse privado. São exemplos, a locação de um imóvel para nela instalar uma repartição pública, contrato de financiamento ou mútuo etc. **3:** Correta. A autorização em sua concepção clássica permanece como ato administrativo precário e discricionário. É o caso por exemplo da *autorização de uso* de uma rua para um evento, passeata etc. Podem ser também de *atos privados controlados*, como porte de arma. SEG

Gabarito 1E, 2C, 3C

(Agente de Polícia/PI – 2012) Acerca da invalidação dos atos administrativos, assinale a alternativa correta.

(A) A Administração Pública, constatando a ilegalidade de ato administrativo já publicado, não o pode anular, devendo aguardar decisão judicial que decrete a invalidação do referido ato administrativo ilegal.

(B) Constatando a ilegalidade do ato administrativo, a própria Administração Pública deve revogá-lo.

(C) Constatada a ilegalidade do ato administrativo, somente o Poder Judiciário pode invalidá-lo.

(D) Somente por decisão judicial transitada em julgado é que o ato administrativo pode ser anulado, dado que o ato administrativo goza da presunção de legitimidade.

(E) Constatada a ilegalidade do ato administrativo, a própria Administração Pública deve anulá-lo.

A: incorreta, eis que o pressuposto para invalidação do ato administrativo é a presença do vício de legalidade, podendo a Administração Pública, em razão da autotutela, invalidá-lo sem a necessidade de esperar decisão judicial. Diga-se em tempo, que o mesmo pode ser invalidado tanto pela Administração Pública (autotutela), quanto pelo Poder Judiciário. Convém observar o que dispõe o art. 53 da Lei 9.784/1999: *A Administração deve anular seus próprios atos, quando eivados de vício de legalidade, e pode revogá-los por motivo de conveniência ou oportunidade, respeitados os direitos adquiridos*; **B:** incorreta, pois em caso de ilegalidade deve haver a *anulação* do ato. A revogação do ato se dá por motivos de conveniência e oportunidade; **C:** incorreta, pois se constatada ilegalidade do ato, o mesmo pode ser invalidado tanto pela Administração Pública (autotutela), quanto pelo Poder Judiciário; **D:** incorreta, pois conforme aduz o art. 53 da Lei 9.784/1999, *a Administração deve anular seus próprios atos, quando eivados de vício de legalidade, e pode revogá-los por motivo de conveniência ou oportunidade, respeitados os direitos adquiridos*. Tal fato se confirma pelo disposto na Súmula 473 do STF. Observe: *A administração pode anular seus próprios atos, quando eivados de vícios que os tornam ilegais, porque deles não se originam direitos; ou revogá-los, por motivo de conveniência ou oportunidade, respeitados os direitos adquiridos, e ressalvada, em todos os casos, a apreciação judicial*; **E:** correta, eis que a afirmativa corresponde ao previsto no art. 53 da Lei 9.784/1999. SEG

Gabarito "E".

(Inspetor de Polícia/MT – 2010 – UNEMAT) Em se tratando de atos administrativos, analise as afirmativas abaixo, quanto a sua veracidade.

I. A invalidação é uma das formas extintivas do ato administrativo.

II. Os Tribunais de Contas são órgãos da Administração Pública, auxiliares do Poder Legislativo, que exercem função judicante de controle dos atos administrativos.

III. A revogação tem por finalidade a supressão dos efeitos de ato anterior, praticado legalmente, porém, por ter ocorrido situação subsequente, a Administração Pública, ao fazer nova valoração técnico-jurídico--administrativa, conclui pela inoportunidade de sua permanência no ordenamento jurídico.

IV. Invalidação e revogação, embora sejam institutos diferentes, possuem o mesmo regime jurídico.

Assinale a alternativa correta.

(A) Apenas I e II estão corretas.

(B) Apenas I e IV estão corretas.

(C) Apenas I, II e III estão corretas.

(D) Apenas I e III estão corretas.

(E) Todas estão corretas.

I: correta, pois a invalidação é uma das formas de extinção dos atos administrativos em razão de vício de legalidade; **II:** incorreta, pois o Tribunal de Contas não tem função judiciária, mas de apreciar, analisar e examinar as contas públicas, sendo órgão autônomo e independente, de natureza jurídica *sui generis*, sendo suas decisões de natureza eclética, existindo duas partes de um todo: *primus*, uma parte que transita em julgado (quanto ao mérito intrínseco da conta) e *secundus*, outra que pode ser revista pelo Poder Judiciário, no referente ao agente público que praticou o ato, que deu origem à irregularidade apontada; **III:** correta, pois, revogação é ato exclusivo da Administração Pública levando-se em conta os critérios da conveniência e oportunidade. **IV:** incorreta, pois são institutos diferentes. Enquanto a anulação pode ser feita pela própria Administração ou pelo Poder Judiciário, a revogação é ato exclusivo da Administração Pública levando-se em conta os critérios da conveniência e oportunidade. SEG

Gabarito "D".

(Comissário de Polícia/SC – 2008 – ACAFE) Analise as alternativas a seguir e assinale a correta.

(A) Os órgãos da Administração Pública classificam-se, em relação à posição ocupada na escala administrativa, em independentes, autônomos, superiores e subalternos. São exemplos de órgãos independentes os Ministérios e as Secretarias de Estado e de Município.

(B) Direito Administrativo pode ser conceituado como o conjunto harmônico de princípios jurídicos que regem os órgãos, os agentes e os atos administrativos praticados nessa condição, com o intuito de realizar concreta, direta e imediatamente os fins desejados pelo Estado.

(C) A doutrina, que forma o sistema teórico de princípios aplicáveis, e a jurisprudência, que reflete a aplicação objetiva desses princípios, são consideradas as fontes primárias do Direito Administrativo.

(D) O cargo público pertence ao agente público, de modo que o Estado não pode suprimi-lo ou alterá-lo sem que haja violação ao direito daquele.

A: incorreta, pois os órgãos independentes (ou primários) são *originários da Constituição e representativos dos Poderes de Estado – Legislativo, Executivo e Judiciário – colocados no ápice da pirâmide governamental, sem qualquer subordinação hierárquica ou funcional, e só sujeitos aos controles constitucionais de um Poder pelo outro.* (Hely Lopes Meirelles. *Direito administrativo brasileiro.* 36. ed. São Paulo: Malheiros, 2010. p. 71). São exemplos: Presidência da República, Congresso Nacional, STF etc.; **B:** correta, pois no magistério de Hely Lopes Meirelles, temos o conceito de Direito Administrativo como o *conjunto harmônico de princípios jurídicos que regem os órgãos, os agentes e as atividades públicas tendentes a realizar concreta, direta e imediatamente os fins desejados pelo Estado.* (*Direito administrativo brasileiro.* 36. ed. São Paulo: Malheiros, 2010. p. 40); **C:** incorreta, pois a fonte primária do Direito Administrativo é a lei; **D:** incorreta, pois *o cargo público não pertence ao agente público, o Estado pode suprimi-lo ou alterá-lo sem que haja violação ao direito daquele,* pois, a possibilidade de criação e extinção tem amparo é de competência do Poder Público (art. 48, X, e art. 84, VI, "b", da CF). Em que pese os artigos mencionados fazerem referência ao Poder Executivo Federal, pelo princípio da simetria dos entes federativos, aplicam-se aos demais entes federativos – Estados, Distrito Federal e Municípios. SEG

Gabarito "B".

8. DIREITO ADMINISTRATIVO

4. ORGANIZAÇÃO DA ADMINISTRAÇÃO PÚBLICA

4.1. Conceitos básicos em matéria de organização administrativa

(Perito – PC/ES – Instituto AOCP – 2019) Dentro da organização da Administração Pública, pode-se conceituar o processo de desconcentração como

(A) a distribuição de competências entre órgãos dentro da mesma pessoa jurídica, a fim de permitir o mais adequado e racional desempenho das atividades estatais.

(B) o fenômeno inerente à Administração Indireta, que consiste na criação de entidades para atividades de fiscalização e regulação de um determinado setor.

(C) a prestação de serviço ao Poder Público, por meio de contrato de gestão ou termo de parceria com empresas do setor privado.

(D) a transferência de poderes e atribuições para um sujeito distinto e autônomo do ente federativo criador.

(E) o ato de criação de pessoas jurídicas meramente administrativas, sem a característica de ente político.

A: correta. Desconcentração é a distribuição interna de atividade administrativa, de competências, que ocorre de órgão para órgão; **B:** incorreta. São as agências reguladoras, autarquias especiais criadas em fenômeno de descentralização para a fiscalização e regulação técnica de um dado setor; **C:** incorreta. A prestação de serviço público feita com empresas do setor privado deve ser feita de forma direta pela Administração Pública mediante contratação administrativa, ou indireta, por meio de autorização, permissão ou concessão de serviço público; **D:** incorreta. Trata-se da descentralização administrativa, que é a distribuição externa de atividades administrativas, que passam a ser exercidas por pessoa ou pessoas diversas do Estado; **E:** incorreta. Trata-se da chamada descentralização territorial ou geográfica, em que se outorga uma capacidade administrativa genérica. **FB**
Gabarito "A".

(Escrivão – PC/ES – Instituto AOCP – 2019) A descentralização administrativa ocorre quando há a transferência da responsabilidade, pelo exercício de atividades administrativas pertinentes à Administração Pública, a pessoas jurídicas auxiliares por ela criadas com essa finalidade ou para particulares, podendo se dar por meio da outorga ou delegação de serviços públicos. A respeito da outorga e da delegação de serviços públicos, assinale a alternativa correta.

(A) É possível realizar a outorga por meio de lei, contrato administrativo ou ato administrativo.

(B) Na outorga, transfere-se a titularidade e a execução dos serviços públicos.

(C) A delegação pode se dar exclusivamente para as pessoas da Administração Pública Indireta.

(D) A outorga pode se dar para pessoas da Administração Pública Indireta ou para os particulares, dependendo do caso.

(E) Na delegação, transfere-se a titularidade e a execução dos serviços públicos.

B: correta. A descentralização administrativa pode ser de duas espécies: a) na descentralização **por serviço**, a lei atribui ou autoriza que outra

pessoa detenha a *titularidade* e a execução do serviço; repare que **é necessário lei**; aqui, fala-se em **outorga** do serviço; b) na descentralização **por colaboração**, **o contrato ou ato unilateral** atribui a outra pessoa a **execução** do serviço; repare que a delegação aqui se dá por contrato, não sendo necessário lei; o particular colabora, recebendo a execução do serviço e não a titularidade deste; aqui, fala-se também em **delegação** do serviço e o caráter é transitório. **FB**
Gabarito "B".

(Delegado – PC/RS – FUNDATEC – 2018) Em relação à organização da Administração Pública, assinale a alternativa correta.

(A) O processo de desconcentração administrativa tem por consequência a criação de entidades dotadas de personalidade jurídica própria, distinta do ente político criador.

(B) Às entidades que integram a administração indireta podem ser atribuídas, nos termos da lei que as institui, as mesmas competências cometidas ao ente político criador.

(C) A teoria do órgão não reconhece a responsabilidade do Estado em relação aos atos praticados pelos denominados "funcionários de fato", assim considerados os que foram irregularmente investidos em cargos, empregos ou funções públicas.

(D) As autarquias podem desempenhar atividades típicas de estado e, excepcionalmente, explorar atividade econômica.

(E) As empresas públicas e sociedades de economia mista, ainda que explorem atividade econômica de prestação de serviços, sujeitam-se ao regime jurídico próprio das empresas privadas, inclusive quanto aos direitos e obrigações civis, comerciais, trabalhistas e tributárias.

A: incorreta. A desconcentração ocorre entre órgãos, sem a criação de uma nova pessoa jurídica. É o processo de descentralização administrativa que tem por consequência a criação de entidades dotadas de personalidade jurídica própria, distinta do ente político criador; **B:** incorreta. Elas são justamente criadas ou autorizadas por lei para exercerem especializadamente competências que antes eram cometidas ao ente político criador; **C:** incorreta. No Brasil, os atos praticados pelo chamado "agente putativo" são válidos; **D:** incorreta. São pessoas jurídicas de direito público, criadas por lei específica, para titularizar atividade administrativa. Realizam atividades próprias (típicas) da Administração Direta, as quais são passadas para as autarquias para agilizar, facilitar e principalmente especializar a prestação dos serviços públicos; **E:** correta. Art. 173, § 2º, CF/1988. **FB**
Gabarito "E".

(Escrivão – PF – CESPE – 2018) Acerca da administração direta e indireta, julgue os itens que se seguem.

(1) Decorrem do princípio da reserva legal a exigência de que as entidades da administração indireta sejam criadas ou autorizadas por leis específicas e a de que, no caso das fundações, leis complementares definam suas áreas de atuação.

(2) A administração direta é constituída de órgãos, ao passo que a administração indireta é composta por entidades dotadas de personalidade jurídica própria, como as autarquias, que são destinadas a executar serviços públicos de natureza social e atividades administrativas.

1: correta. Os entes da Administração Pública Indireta são necessariamente criados por lei ou têm a autorização para sua criação feita pela lei. No primeiro caso estão as pessoas jurídicas de direito público, como as autarquias e fundações e, no segunda caso, as pessoas jurídicas de direito privado, como as empresas públicas e sociedades de economia mista. As fundações públicas, de sua banda, são autarquias que tomam como substrato um patrimônio personalizado, e a Constituição dispõe que lei complementar definirá as áreas de sua atuação (art. 37, XIX, CF), também havendo dissenso doutrinário sobre se o dispositivo está fazendo referência às fundações públicas de direito público, às fundações privadas criadas ou a ambas; **2: correta.** O direito administrativo brasileiro adota critério formalista para que uma entidade seja ente da administração pública, direta ou indireta. Disso decorre que a administração pública é composta exclusivamente pelos órgãos integrantes da administração direta e pelas entidades da administração indireta, segundo previsto em lei. **FB**

Gabarito 1C, 2C

(Agente – PF – CESPE – 2018) Acerca da organização da administração pública brasileira, julgue os itens subsequentes.

(1) Sob a perspectiva do critério formal adotado pelo Brasil, somente é administração pública aquilo determinado como tal pelo ordenamento jurídico brasileiro, independentemente da atividade exercida. Assim, a administração pública é composta exclusivamente pelos órgãos integrantes da administração direta e pelas entidades da administração indireta.

(2) Ao outorgar determinada atribuição a pessoa não integrante de sua administração direta, o Estado serve-se da denominada desconcentração administrativa.

1: correta. O direito administrativo brasileiro adota critério formalista para que uma entidade seja ente da administração pública, direta ou indireta. Disso decorre que a administração pública é composta exclusivamente pelos órgãos integrantes da administração direta e pelas entidades da administração indireta; **2: incorreta.** Não se trata de desconcentração, mas de descentralização administrativa, mediante a qual a lei atribui ou autoriza que outra pessoa detenha a *titularidade* e a execução do serviço; repare que **é necessário lei**; aqui, fala-se em **outorga** do serviço. **FB**

Gabarito 1C, 2E

(Agente-Escrivão – PC/GO – CESPE – 2016) A respeito de Estado, governo e administração pública, assinale a opção correta.

(A) Governo é o órgão central máximo que formula a política em determinado momento.

(B) A organização da administração pública como um todo é de competência dos dirigentes de cada órgão, os quais são escolhidos pelo chefe do Poder Executivo.

(C) Poder hierárquico consiste na faculdade de punir as infrações funcionais dos servidores.

(D) Território e povo são elementos suficientes para a constituição de um Estado.

(E) República é a forma de governo em que o povo governa no interesse do povo.

A: incorreta. Não há que se falar em formulação da política em "determinado momento". O governo é o exercício do poder estatal em si, em todos os momentos; **B: incorreta.** A assertiva pressupõe que todos os órgãos da administração direta e indireta se auto-organizam e que todos os dirigentes são escolhidos pelo Chefe do Executivo, não há previsão legal nesse sentido; **C: incorreta.** Esta definição é afeta ao poder disciplinar; **D: incorreta.** A constituição de um Estado é feita por meio dos elementos: território, povo e soberania; **E: correta. República** é uma palavra que descreve uma **forma de governo** em que o Chefe de Estado é eleito pelos representantes dos cidadãos ou pelos próprios cidadãos, e exerce a sua função durante um tempo limitado. **FB**

Gabarito "E".

(Agente-Escrivão – PC/GO – CESPE – 2016) A administração direta da União inclui:

(A) a Casa Civil.

(B) o Departamento Nacional de Infraestrutura de Transportes (DNIT).

(C) as agências executivas.

(D) o Instituto Brasileiro do Meio Ambiente e dos Recursos Naturais Renováveis (IBAMA).

(E) a Agência Nacional de Energia Elétrica (ANEEL).

A: correta. Casa Civil é órgão da Presidência da República e neste mister exerce suas funções na Administração direta; **B: incorreta.** O DNIT – Departamento Nacional de Infraestrutura de Transportes é uma autarquia federal vinculada ao Ministério dos Transportes; **C: incorreta.** As autarquias e fundações públicas responsáveis por atividades e serviços exclusivos do Estado são chamadas agências executivas; **D: incorreta.** IBAMA – Lei 7.735/1989 – Art. 2º É criado o Instituto Brasileiro do Meio Ambiente e dos Recursos Naturais Renováveis – IBAMA, autarquia federal dotada de personalidade jurídica de direito público, autonomia administrativa e financeira, vinculada ao Ministério do Meio Ambiente; **E: incorreta.** ANEEL – Lei 9.427/1996 – Art. 1º É instituída a Agência Nacional de Energia Elétrica – ANEEL, autarquia sob regime especial, vinculada ao Ministério de Minas e Energia, com sede e foro no Distrito Federal e prazo de duração indeterminado. **FB**

Gabarito "A".

(Agente – Pernambuco – CESPE – 2016) Em relação à prestação de serviços públicos e à organização da administração pública, assinale a opção correta.

(A) As sociedades de economia mista são entidades de direito privado constituídas exclusivamente para prestar serviços públicos, de modo que não podem explorar qualquer atividade econômica.

(B) Em decorrência do princípio da continuidade do serviço público, admite-se que o poder concedente tenha prerrogativas contratuais em relação ao concessionário. Uma dessas prerrogativas é a possibilidade de encampação do serviço, quando necessária à sua continuidade.

(C) A concessão de serviço público pode prever a delegação do serviço a um consórcio de empresas, caso em que o contrato de concessão terá prazo indeterminado.

(D) Os serviços públicos serão gratuitos, ainda que prestados por meio de agentes delegados.

(E) O poder público poderá criar uma autarquia para centralizar determinados serviços públicos autônomos. Nessa hipótese, esses serviços passam a integrar a administração direta, com gestão administrativa e financeira centralizadas no respectivo ente federativo.

B: correta. Uma das possibilidades de encerramento da concessão é a encampação. Isto ocorre justamente para que não haja solução de continuidade bem como para a manutenção da eficácia na prestação do serviço público. Lei 8.987/1995, Art. 35. Extingue-se a concessão por: II – encampação; § 2º Extinta a concessão, haverá a imediata assunção do serviço pelo poder concedente, procedendo-se aos levantamentos, avaliações e liquidações necessários. **FB**

Gabarito "B".

8. DIREITO ADMINISTRATIVO

(Agente-Escrivão – Acre – IBADE – 2017) Quanto aos temas órgão público, Estado, Governo e Administração Pública, é correto afirmar que:

(A) o órgão público é desprovido de personalidade jurídica. Assim, eventual prejuízo causado pela Assembleia Legislativa do Estado do Acre deve ser imputado ao Estado do Acre.

(B) governo democraticamente eleito e Estado são noções intercambiáveis para o Direito Administrativo.

(C) fala-se em Administração Pública Extroversa para frisar a relação existente entre Administração Pública e seu corpo de agentes públicos.

(D) a Administração Pública, sob o enfoque funcional, é representada pelos agentes públicos e seus bens.

(E) um órgão público estadual pode ser criado por meio de Decreto do Chefe do Poder Executivo Estadual ou por meio de Portaria de Secretário de Estado, desde que editada por delegação do Governador.

A: correta. Responderá objetivamente o Estado pelas ações de seus agentes, diante da inexistência de personalidade jurídica de seus órgãos. Neste sentido: TJ-MG – Apelação Cível AC 10518081396013001 MG (TJ-MG) Data de publicação: 03/05/2013. Ementa: PROCESSUAL CIVIL E ADMINISTRATIVO – AÇÃO ANULATÓRIA DE MULTA APLICADA PELO PROCON ESTADUAL – ÓRGÃO DESPROVIDO DE PERSONALIDADE JURÍDICA PARA ATUAR NO POLO PASSIVO DA DEMANDA – ILEGITIMIDADE CARACTERIZADA – RECURSO PROVIDO. 1 – O Programa Estadual de Proteção e Defesa do Consumidor – PROCON/MG é órgão da estrutura do Estado de Minas Gerais, e como tal, não detém legitimidade para figurar no polo passivo de demanda em que pretendida a anulação de multa aplicada a particular. 2 – A possibilidade conferida aos órgãos da Administração Pública, sem personalidade jurídica, de atuarem na defesa dos interesses e direitos protegidos pelo Código de Defesa do Consumidor(...); **B:** incorreta. Não se pode dizer que são noções intercambiáveis pois Estado é uma entidade com poder soberano para governar um povo dentro de uma área territorial delimitada, não apensas a ideia de governo democraticamente eleito. C: incorreta. A Administração Pública extroversa trata da relação desta com os administrados estando sempre regida pela Supremacia do Interesse Público; D: incorreta. Em sentido objetivo (material ou funcional) a Administração Pública pode ser definida como a atividade concreta e imediata que o Estado desenvolve, sob regime jurídico de direito público, para a consecução dos interesses de todos; **E:** incorreta. CF, Art. 48 – Cabe ao Congresso Nacional, com a sanção do Presidente da República, não exigida esta para o especificado nos arts. 49, 51 e 52, dispor sobre todas as matérias de competência da União, especialmente sobre: XI – criação e extinção de Ministérios e órgãos da administração pública; (Redação dada pela Emenda Constitucional nº 32, de 2001). FB
Gabarito "A".

(Escrivão – Pernambuco – CESPE – 2016) Com referência à administração pública direta e indireta, assinale a opção correta.

(A) Os serviços sociais autônomos, por possuírem personalidade jurídica de direito público, são mantidos por dotações orçamentárias ou por contribuições parafiscais.

(B) A fundação pública não tem capacidade de autoadministração.

(C) Como pessoa jurídica de direito público, a autarquia realiza atividades típicas da administração pública.

(D) A sociedade de economia mista tem personalidade jurídica de direito público e destina-se à exploração de atividade econômica.

(E) A empresa pública tem personalidade jurídica de direito privado e controle acionário majoritário da União ou outra entidade da administração indireta.

A: incorreta. Os **serviços sociais autônomos**, também conhecidos como entidades integrantes do Sistema "S", são pessoas **jurídicas** cuja criação é autorizada por lei e materializada após o devido registro de seus atos constitutivos no órgão competente, possuindo **personalidade jurídica** de direito privado, sem fins lucrativos; **B:** incorreta. Dec. 200/67, Art. 5º – Para os fins desta lei, considera-se: IV – Fundação Pública – a entidade dotada de personalidade jurídica de direito privado, sem fins lucrativos, criada em virtude de autorização legislativa, para o desenvolvimento de atividades que não exijam execução por órgãos ou entidades de direito público, com autonomia administrativa, patrimônio próprio gerido pelos respectivos órgãos de direção, e funcionamento custeado por recursos da União e de outras fontes. Assim sendo, no dizer de Maria Sylvia Zanella di Pietro: a fundação tem natureza pública quando "é instituída pelo poder público com patrimônio, total ou parcialmente público, dotado de personalidade jurídica, de direito público ou privado, e, destinado, por lei, ao desempenho de atividades do Estado na ordem social, com capacidade de autoadministração e mediante controle da Administração Pública, nos limites da lei" (*Direito Administrativo*. 5ª ed. São Paulo: Atlas, 1995, p. 320); **C:** incorreta. As autarquias por definição são responsáveis pela realização de atividades típicas de Administração Publica dada a sua criação decorrente de Lei e características próprias, conforme previsão legal: Dec. 200/67 – Art. 5º Para os fins desta lei, considera-se: I – Autarquia – o serviço autônomo, criado por lei, com personalidade jurídica, patrimônio e receita próprios, para executar atividades típicas da Administração Pública, que requeiram, para seu melhor funcionamento, gestão administrativa e financeira descentralizada. **D:** incorreta. Decreto 200/1967, Art. 5º – III – Sociedade de Economia Mista – a entidade dotada de personalidade jurídica de direito privado, criada por lei para a exploração de atividade econômica, sob a forma de sociedade anônima, cujas ações com direito a voto pertençam em sua maioria à União ou a entidade da Administração Indireta; **E:** correta. Decreto 200/1967, Art. 5º – II – Empresa Pública – a entidade dotada de personalidade jurídica de direito privado, com patrimônio próprio e capital exclusivo da União, criado por lei para a exploração de atividade econômica que o Governo seja levado a exercer por força de contingência ou de conveniência administrativa podendo revestir-se de qualquer das formas admitidas em direito. § 1º No caso do inciso III, quando a atividade for submetida a regime de monopólio estatal, a maioria acionária caberá apenas à União, em caráter permanente. FB
Gabarito "E".

(Escrivão – AESP/CE – VUNESP – 2017) A Administração Pública Indireta corresponde às pessoas jurídicas constituídas para o desempenho especializado de um serviço público. São vinculadas à Administração Pública Direta, mas gozam de autonomia de gestão.

Podem ser citados, entre outros, os seguintes exemplos:

(A) as Autarquias e os Consórcios Públicos.

(B) as Empresas Públicas e os Estados-membros.

(C) os Estados-membros e as Autarquias.

(D) os Estados-membros e as Fundações Públicas.

(E) as Autarquias e os Ministérios.

CF, Art. 241 – A União, os Estados, o Distrito Federal e os Municípios disciplinarão por meio de lei os consórcios públicos e os convênios de cooperação entre os entes federados, autorizando a gestão associada de serviços públicos, bem como a transferência total ou parcial de encargos, serviços, pessoal, bens essenciais à continuidade dos serviços transferidos. Decreto 200/1967, Art. 5º – Para os fins desta lei, considera-se: I – Autarquia – o serviço autônomo, criado por lei, com personalidade jurídica, patrimônio e receita próprios, para executar atividades típicas da Administração Pública, que requeiram, para seu melhor funcionamento, gestão administrativa e financeira descentralizada. **FB**

Gabarito "A".

(Investigador-Escrivão-Papiloscopista – Pará – Funcab – 2016) No que se refere à organização da Administração Pública Direta e Indireta, assinale a alternativa correta.

(A) Conselhos que controlam as profissões possuem a natureza jurídica de empresas públicas.

(B) As estatais possuem prazo em quádruplo para contestar e em dobro para recorrer.

(C) Há um controle pela Administração Direta, nas entidades da Administração Indireta, denominado controle hierárquico.

(D) Estatal lucrativa não está sujeita ao teto máximo de remuneração dos ministros do STF, ao se manter com os seus próprios recursos, sem orçamento do ente federativo criador.

(E) Não se concebe a autarquia o mesmo tratamento dos entes da federação em matéria de privilégio fiscal.

A: incorreta. Assunto já pacificado pelo STF de que os conselhos de controle a profissões têm natureza autárquica, e neste sentido: Os conselhos profissionais têm poder de polícia, inclusive nos aspectos de fiscalização e sanção. Precedentes. As contribuições impostas aos profissionais sob fiscalização dos conselhos, normalmente denominadas de "anuidades", têm evidente natureza de tributo, cujo conceito encontra-se previsto no art. 3º do Código Tributário Nacional. É firme a jurisprudência do Supremo Tribunal Federal no sentido de que as contribuições recolhidas pelos conselhos profissionais são tributos, classificadas como contribuições de interesse das categorias profissionais, nos termos do art. 149 da Constituição. Por conseguinte, devem ser estabelecidas por lei, conforme o art. 150, inciso I, da Carta de 1988. Trecho de decisão do Superior Tribunal de Justiça no REsp 953127/SP; **B:** incorreta. É exceção aposta pelo art. 188 do CPC, que se aplica somente aos entes da Administração Pública que possuam regime jurídico de direito público; **C:** incorreta. O controle entre os dois vieses da Administração é tão somente finalístico; **D:** correta. 7º, CF: XI – a remuneração e o subsídio dos ocupantes de cargos, funções e **empregos públicos da administração direta, autárquica e fundacional**, dos membros de qualquer dos Poderes da União, dos Estados, do Distrito Federal e dos Municípios, dos detentores de mandato eletivo e dos demais agentes políticos e os proventos, pensões ou outra espécie remuneratória, percebidos cumulativamente ou não, incluídas as vantagens pessoais ou de qualquer outra natureza, não poderão exceder o subsídio mensal, em espécie, dos Ministros do Supremo Tribunal Federal, aplicando-se como limite, nos Municípios, o subsídio do Prefeito, e nos Estados e no Distrito Federal, o subsídio mensal do Governador no âmbito do Poder Executivo, o subsídio dos Deputados Estaduais e Distritais no âmbito do Poder Legislativo e o subsídio dos Desembargadores do Tribunal de Justiça, limitado a noventa inteiros e vinte e cinco centésimos por cento do subsídio mensal, em espécie, dos Ministros do Supremo Tribunal Federal, no âmbito do Poder Judiciário, aplicável este limite aos membros do Ministério Público, aos Procuradores e aos Defensores Públicos; **E:** incorreta. CF/88, Art. 150 – Sem prejuízo de outras garantias asseguradas ao contribuinte, é vedado à União, aos Estados, ao Distrito Federal e aos Municípios: VI- instituir impostos sobre: a) patrimônio, renda ou serviços, uns dos outros;§ 2º A vedação do inciso VI, "a", é extensiva às autarquias e às fundações instituídas e mantidas pelo Poder Público, no que se refere ao patrimônio, à renda e aos serviços, vinculados a suas finalidades essenciais ou às delas decorrentes (exemplo de aplicação de privilégio fiscal aos entes da federação e autarquias). **FB**

Gabarito "D".

(Agente Penitenciário/MA – 2013 – FGV) A *doutrina administrativista* aponta a existência de uma diferença entre a função de governo e a função administrativa.

Diante dessa diferenciação, analise as afirmativas a seguir.

I. As funções de governo estão mais próximas ao objeto do direito constitucional, enquanto a função administrativa é objeto do direito administrativo.

II. A função de governo tem como um de seus objetivos estabelecer diretrizes políticas, enquanto a função administrativa se volta para a tarefa de executar essas diretrizes.

III. A expressão administração pública, quando tomada em sentido amplo, engloba as funções administrativas e as funções de governo.

Assinale:

(A) se todas as afirmativas estiverem corretas.

(B) se somente as afirmativas II e III estiverem corretas.

(C) se somente as afirmativas I e II estiverem corretas.

(D) se somente a afirmativa II estiver correta.

(E) se somente a afirmativa III estiver correta.

I: correta. Tanto o Direito Constitucional, quanto o Direito Administrativo tem em comum o Estado. O Direito Administrativo tem como objeto a organização da Administração Pública, atuação dos agentes órgãos e públicos e prestação de serviços públicos. O Direito Constitucional por sua vez, tem como objeto as funções de governo, que se traduz nas diretrizes e metas que a Administração Pública deseja alcançar. Daí, Hely Lopes Meirelles afirmar que *o Direito Constitucional faz a anatomia do Estado, cuidando de suas formas, de sua estrutura, de sua substância, no aspecto estático, enquanto o Direito Administrativo estuda a movimentação de sua dinâmica* (*Direito administrativo brasileiro*. 36. ed. São Paulo: Malheiros. 2010, p. 41). **II:** correta. A função de governo (ou política) se traduz nas diretrizes e metas que a Administração Pública deseja alcançar. Já a função administrativa consiste na execução das políticas públicas estabelecidas pela Administração Pública. **III:** correta. A Administração Pública em sentido amplo, abrange tanto os órgãos que desempenham função de governo, quanto os órgãos e pessoas jurídicas que desempenham funções administrativas. **SEG**

Gabarito "A".

(Escrivão de Polícia/GO – 2013 – UEG) Compõem a administração indireta:

(A) União, estados, municípios e Distrito Federal.

(B) autarquias, fundações, empresas públicas e sociedades de economia mista.

(C) serviços sociais autônomos e entidades filantrópicas.

(D) órgãos públicos e o terceiro setor.

A: incorreta, pois a União, Estados, Municípios e Distrito Federal integram a Administração Direta, bem como seus ministérios ou secretarias abrangendo os Poderes Executivo, Legislativo e Judiciário (art. 4º, I do Dec.-lei 200/1967). Saliente-se ainda que a Administração Direta pode ser entendida como *o conjunto de órgãos que integram as pessoas federativas, aos quais foi atribuída a competência para o exercício, de forma centralizada, das atividades administrativas do Estado* (José dos Santos Carvalho Filho. *Manual de direito administrativo*. 24. ed. Rio de Janeiro: Lumen Juris, 2011. p. 414); B. correta, sendo que as entidades que compõem a Administração Indireta são as autarquias, empresas públicas, sociedades de economia mista e fundações públicas. É o que se confirma pelo disposto no art. 4º, II, "a", "b", "c" e "d" do Dec.-lei 200/1967; **C:** incorreta, pois os serviços sociais autônomos; entidades filantrópicas e de apoio; Organizações Sociais – "OS" e as Organizações da Sociedade Civil de Interesse Público – Oscip's são conhecidos como entes de cooperação ou entidades paraestatais. Embora colaborem

8. DIREITO ADMINISTRATIVO

com o Estado no desempenho de atividades de interesse público não o integrem, mas figuram ao lado dele; **D:** incorreta, pois os órgãos públicos são *uma unidade que congrega atribuições exercidas pelos agentes públicos que o integram com o objetivo de expressar a vontade do Estado* (Maria Sylvia Zanella Di Pietro. 24. ed. São Paulo: Atlas, 2011. p. 521). Conforme preceitua o art. 1º, § 2º, I da Lei 9.784/1999, *órgão é a unidade de atuação integrante da estrutura da Administração direta e da estrutura da Administração indireta.* Os mesmos são dotados de competência para o desempenho de atribuições que lhes são peculiares, a serem exercidas pelos agentes públicos no desempenho das funções estatais, *não possuindo personalidade jurídica própria.* . Já o *terceiro setor,* é aquele formado pelas *entidades da sociedade civil,* de natureza privada, que exercem atividades sem fins lucrativos, de interesse social, as quais recebem incentivos da parte do Estado. SEG

Gabarito "B".

(Agente de Polícia Federal – 2012 – CESPE) A respeito da organização administrativa da União, julgue os itens seguintes.

(1) Existe a possibilidade de participação de recursos particulares na formação do capital social de empresa pública federal.

(2) O foro competente para o julgamento de ação de indenização por danos materiais contra empresa pública federal é a justiça federal.

1: incorreta. O Dec.-lei 200/1967 em seu art. 5º, II, traz o conceito legal de empresa pública, e a define como a entidade dotada de personalidade jurídica de direito privado, com patrimônio próprio e capital exclusivo da União, criado por lei para a exploração de atividade econômica que o Governo seja levado a exercer por força de contingência ou de conveniência administrativa podendo revestir-se de qualquer das formas admitidas em direito. Pelo disposto no artigo, verifica-se que *não há possibilidade da participação de recursos particulares na formação do capital social de empresa pública federal.* **2:** correta. Quanto ao foro dos litígios, a dicção do art. 109, I da CF, é claro ao afirmar que *compete à justiça federal processar e julgar as causas em que a União, entidade autárquica ou empresa pública federal forem interessadas na condição de autoras, rés, assistentes ou oponentes,* exceto as de falência, acidentes de trabalho e as sujeitas à Justiça Eleitoral e à Justiça do Trabalho. No entanto, excepcionalmente, há possibilidade de julgamentos pela Justiça Estadual. A esse propósito editou-se a Súmula 270 do STJ, segundo a qual *o protesto pela preferência de crédito, apresentado por ente federal em execução que tramita na Justiça Estadual, não desloca a competência para a Justiça Federal.* SEG

Gabarito 1E, 2C

(Agente de Polícia/PI – 2012) Acerca da Administração Pública Indireta, é correto afirmar que:

(A) as autarquias públicas especiais são pessoas jurídicas de direito privado.

(B) as empresas públicas são pessoas jurídicas de direito público, enquanto que as sociedades de economia mista são pessoas jurídicas de direito privado.

(C) as empresas públicas e as sociedades de economia mista são pessoas jurídicas de direito privado.

(D) as autarquias públicas e as empresas públicas são pessoas jurídicas de direito público.

(E) a Administração Pública Indireta abrange as fundações públicas, mas não abarcam as autarquias públicas, que fazem parte da Administração Pública Direta.

A: incorreta, pois as autarquias têm natureza jurídica de *direito público,* sendo criadas para o exercício de função pública (art. 41 do CC). No entanto, existem autarquias que em razão da função que desempenham, são denominadas de autarquia de regime especial, as quais tem algumas

prerrogativas em relação às autarquias comuns, a exemplos de *independência administrativa, autonomia financeira, ausência de subordinação hierárquica e mandato fixo de seus dirigentes,* conforme art. 4º da Lei 11.182/2005 que instituiu a ANAC – Agência Nacional de Aviação Civil. No entanto, possuem a mesma natureza das autarquias comuns, ou seja, pessoa jurídica de direito público. São exemplos de autarquias sob regime especial, as agências reguladoras (ANAC; ANATEL: ANEEL: ANP etc.), Banco Central, a Comissão de Energia Nuclear, ou os serviços de fiscalização de profissões regulamentadas dentre outras; **B:** incorreta, pois o Dec.-lei 200/1967, em seu art. 5º, III, refere-se à sociedade de economia mista como a *entidade dotada de personalidade jurídica de direito privado;* C: correta, pois podemos afirmar sem medo de errar que, tanto as empresas públicas quanto as sociedades de economia mista possuem *personalidade jurídica de direito privado* (art. 5º II e III do Dec.-lei 200/67); **D:** incorreta, pois nos termos do art. 41 do CC, as autarquias têm natureza jurídica de *direito público,* enquanto as empresas públicas são dotadas de personalidade jurídica de direito privado (art. 5º, II, do Dec.-lei 200/1967); **E:** incorreta, pois no esclarecedor conceito de José dos Santos Carvalho Filho (*Manual de direito administrativo.* 24. ed. Rio de Janeiro: Lumen Juris, 2011. p. 418), a Administração Indireta *é o conjunto de pessoas administrativas que, vinculadas à respectiva Administração Direta, têm o objetivo de desempenhar as atividades administrativas de forma descentralizada* e as entidades que a compõem são as autarquias, empresas públicas, sociedades de economia mista e fundações públicas. É o que se confirma pela leitura do art. 4º, II, "a", "b", "c" e "d" do Dec.-lei 200/1967. SEG

Gabarito "C".

(Agente de Polícia/DF – 2009 – UNIVERSA) A respeito da Administração Pública, assinale a alternativa correta.

(A) Os atos de improbidade administrativa importarão na cassação dos direitos políticos, bem como na perda da função pública, na indisponibilidade dos bens e no ressarcimento ao erário, na forma legal e sem prejuízo de ação penal cabível.

(B) A Teoria do Risco Administrativo é consagrada pela Constituição Federal seja para os casos de ação ou de omissão do Estado.

(C) A Lei de Responsabilidade Fiscal limitou os gastos com servidores públicos em 70% da receita corrente líquida, em cumprimento ao princípio da eficiência.

(D) As pessoas jurídicas de direito público e as de direito privado prestadoras de serviços públicos responderão pelos danos que seus agentes, nessa qualidade, causarem a terceiros, assegurado o direito de regresso contra o responsável, independentemente de dolo ou culpa.

(E) O princípio da legalidade impõe submissão da administração às leis, incluindo os atos administrativos discricionários, cujos limites são previamente estabelecidos.

A: incorreta, pois a Lei 8.429/1992, em seu art. 12, fala em *suspensão* dos direitos políticos, e não em *cassação dos direitos políticos;* **B:** incorreta, pois o art. 37, § 6º da CF, regula a responsabilidade objetiva do Estado, na modalidade de risco administrativo, pelos danos causados pela atuação dos agentes, mas não alcança os danos causados por omissão do Estado, caso em que se houvesse dano a indenizar, o mesmo seria regido pela teoria da culpa administrativa; **C:** incorreta, pois a LC 101/2000 (Lei de Responsabilidade Fiscal) em seu art. 19 informa que *a despesa total com pessoal, em cada período de apuração e em cada ente da Federação, não poderá exceder os percentuais da receita corrente líquida, a seguir discriminados: I – União: 50% (cinquenta por cento); II – Estados: 60% (sessenta por cento); III – Municípios: 60% (sessenta por cento);* **D:** incorreta, pois conforme art. 37, § 6º da CF, *as* *pessoas jurídicas de direito público e as de direito privado prestadoras de serviços públicos responderão pelos danos que seus agentes, nessa qualidade, causarem a terceiros, assegurado o direito de regresso contra o responsável nos casos de dolo ou culpa*, e não independentemente de dolo e culpa; E: correta, pois o princípio da legalidade é a diretriz básica da Administração Pública. Aquele pelo qual a Administração Pública só pode fazer o que a lei permitir. A discricionariedade consiste em que o ato administrativo deve ser realizado dentro dos limites estabelecidos pela lei. Por sua vez, *quando o agente contraria ou excede os limites da lei, age com arbitrariedade. Daí a importância da observância dos princípios, especialmente da legalidade, razoabilidade e proporcionalidade.* (STJ – REsp. 429570/GO). SEG

Gabarito "E".

(Escrivão de Polícia Federal – 2009 – CESPE) Julgue os itens subsequentes, relativos à Administração Pública.

(1) O poder de a Administração Pública impor sanções a particulares não sujeitos à sua disciplina interna tem como fundamento o poder disciplinar.

(2) O princípio da presunção de legitimidade ou de veracidade retrata a presunção absoluta de que os atos praticados pela Administração Pública são verdadeiros e estão em consonância com as normas legais pertinentes.

1: incorreta, pois o poder disciplinar consiste em apurar infrações dos servidores públicos e aplicar penalidades; **2:** incorreta, pois pela presunção de legitimidade temos que os atos praticados pelo administrador público presumem-se verdadeiros até prova em contrário (presunção de veracidade). Porém, em havendo ilegalidade, pode-se questionar na esfera judicial. SEG

Gabarito 1E, 2E

(Escrivão de Polícia/AC – 2008 – CESPE) Julgue o seguinte item.

(1) São entidades administrativas a União, os Estados, o Distrito Federal e os Municípios.

1: incorreta, pois "entidades administrativas são as pessoas jurídicas que integram a *Administração Pública formal brasileira, sem dispor de autonomia política... que compõem a administração indireta, a saber, as autarquias, as fundações públicas, as empresas públicas e as sociedades de economia mista... são meramente administrativas não detêm competência legislativa".* (Marcelo Alexandrino e Vicente Paulo. *Direito administrativo descomplicado.* São Paulo: 2010, p. 22). SEG

Gabarito 1E

(Escrivão de Polícia/AC – 2008 – CESPE) Julgue o seguinte item.

(1) No Brasil, a forma federativa de Estado constitui cláusula pétrea, insuscetível de abolição por meio de reforma constitucional.

1: correta, pois no Brasil, não é possível *a proposta de emenda tendente a abolir a forma federativa de Estado* (art. 60, § 4º, I da CF). SEG

Gabarito 1C

(Agente de Polícia/GO – 2008 – UEG) Acerca da organização administrativa, é CORRETO afirmar:

(A) as sociedades de economia mista não integram a administração indireta.

(B) a administração indireta é composta de órgãos internos do Estado.

(C) a administração indireta compõe-se de pessoas jurídicas.

(D) as autarquias não integram a administração indireta.

A: incorreta, pois a Administração Indireta compreende a criação de pessoas jurídicas pelo Estado para exercer atividades públicas (autarquias, fundações públicas, agências reguladoras e associações públicas) e para agir na atividade econômica ou em atividades não típicas de Estado (empresas públicas, sociedades de economia mista, fundação privadas criadas pelo Estado e consórcios públicos de direito privado); **B:** incorreta, pois a Administração Indireta é composta não por órgãos internos, mas externos, a exemplo das Autarquias, Fundações empresas públicas e sociedades de economia mista; **C:** correta, pois Administração Indireta compreende a criação de pessoas jurídicas pelo Estado para exercer atividades públicas (autarquias, fundações públicas, agências reguladoras e associações públicas) ou para agir na atividade econômica ou em atividades atípicas de Estado (empresas públicas, sociedades de economia mista, fundação privadas criadas pelo Estado e consórcios públicos de direito privado), conforme art. 4º, II, do Dec.-lei 200/1967; **D:** incorreta, pois dentre as entidades que fazem parte da Administração Indireta, incluem-se as Autarquias (Art. 4º, II, "a" do Dec.-lei 200/1967). SEG

Gabarito "C".

(Escrivão de Polícia/GO – 2008 – UEG) O Estado pode desempenhar atividades administrativas ora por meio de particulares, ora por meio de criação de pessoas auxiliares. Na organização da Administração Pública, a presente situação é chamada de:

(A) desconcentração

(B) descentralização

(C) centralização

(D) hierarquia

A: incorreta, pois a desconcentração é a distribuição interna de atividades administrativas a outros órgãos, pertencentes à Administração Pública Direta, mas que não tem personalidade jurídica própria. Por exemplo: Prefeito Municipal, que distribui internamente atribuições aos Secretários de Saúde, Educação; ou a competência delegada a ministérios, secretarias, subprefeituras, delegacias da Receita Federal etc.; **B:** correta, pois entende-se por descentralização a distribuição de atividades administrativas a pessoa(s) distinta(s) do Estado, a exemplo de autarquias ou fundações públicas criadas para executar um dado serviço público, o qual era da atribuição do ente político que os criou; **C:** incorreta, já que a centralização consiste nos serviços prestados diretamente pelo Estado, a exemplo dos serviços de segurança, defesa nacional, etc.; **D:** incorreta, pois a hierarquia é o poder conferido ao Administrador Público para coordenar, controlar, corrigir, fiscalizar, organizar a sua estrutura e fiscalizar a atuação de seus agentes, tendo como característica a subordinação entre seus órgãos e agentes. Saliente-se que não há relação hierárquica entre agentes e órgãos diferentes. SEG

Gabarito "B".

(Inspetor de Polícia/MT – 2010 – UNEMAT) Quanto à Administração Pública no Brasil, é correto afirmar:

(A) A criação de autarquias pelo Estado é exemplo de desconcentração.

(B) É exemplo típico de desconcentração geográfica ou territorial a criação de "subprefeituras" nas grandes cidades.

(C) É exemplo de descentralização por matéria a criação das Secretarias de Estado.

(D) Descentralização e desconcentração referem-se ao mesmo instituto, a diferença entre ambos é que esta se refere à administração pelos Estados, enquanto aquela, à da União.

(E) Aos Municípios é vedada a desconcentração.

8. DIREITO ADMINISTRATIVO   267

A: incorreta, pois a criação de autarquias se dá visando à descentralização, que é a distribuição de atividades administrativas, a pessoa(s) distinta(s) do Estado, a exemplo de autarquias ou fundações públicas criadas para executar um dado serviço público, o qual era da atribuição do ente político que o criou; **B:** correta, pois para que o Estado possa desempenhar sua função, é necessário que detenha certa estrutura, ainda que mínima, e a fim de poder prestar aos cidadãos um serviço adequado, mister se faz distribuir competências, o que se dá pela desconcentração ou descentralização; **C:** incorreta, pois a criação de secretarias de Estado, se dá pela *desconcentração* que é a distribuição interna de atividades administrativas a outros órgãos, pertencentes à Administração Pública Direta ou Centralizada, mas que não têm personalidade jurídica própria; **D:** incorreta, primeiro porque são institutos diferentes, segundo porque tanto a União quanto Estado, por ocasião da distribuição de competências, podem se utilizar tanto da descentralização quanto da desconcentração; **E:** incorreta, pois tanto a desconcentração quanto a descentralização não são vedadas a nenhum dos entes federativos. SEG

Gabarito "B".

(Investigador de Polícia/PA – 2009 – MOVENS) É correto afirmar que produção do bem público pela Administração Pública trata-se do

(A) aparelhamento do Estado preordenando à realização de serviços visando à satisfação das necessidades coletivas, não praticando atos de governo, mas de execução.

(B) conjunto de funções necessárias aos serviços públicos em geral, em sentido material.

(C) conjunto de órgãos instituídos para consecução dos objetivos do governo, em sentido formal.

(D) desempenho perene e sistemático, legal e técnico, dos serviços próprios do Estado ou por ele assumidos em benefício da coletividade.

A: incorreta, considerando-se o enunciado da questão tendo em vista que, *numa visão global, a Administração é, pois, todo o aparelhamento do Estado preordenado à realização de seus serviços, visando à satisfação das necessidades coletivas. A Administração não pratica atos de governo; pratica, tão somente, atos de execução, com maior ou menor autonomia funcional, segundo a competência do órgão e de seus agentes.* Não se refere à produção do bem público. **B:** incorreta, pois *em sentido material, é o conjunto das funções necessárias aos serviços públicos em geral.* Também não se refere à produção do bem público; **C:** incorreta, pois *em sentido formal, é o conjunto de órgãos instituídos para consecução dos objetivos do Governo.* Mas não se refere à produção do bem público; **D:** correta, pois *em acepção operacional é o desempenho perene e sistemático, legal e técnico, dos serviços próprios do Estado ou por ele assumidos em benefício da coletividade.* (Hely Lopes Meirelles. *Direito administrativo brasileiro.* 37. ed. São Paulo: Malheiros, 2010. p. 62). SEG

Gabarito "D".

(Agente de Polícia/PR – 2010 – UEL) Assinale a alternativa que indica uma correta conceituação de Estado.

(A) Coletividade política e juridicamente organizada, em uma determinada área territorial, dotada de soberania.

(B) Pessoa jurídica de direito privado que regula a atividade e as relações jurídicas da coletividade e a instituição de meios e órgãos relativos à ação dessas pessoas.

(C) Existência de governo que tem por objetivo a regulação das atividades sociais e econômicas.

(D) Nação que se organiza com o fim específico de preservar usos, costumes e de regular o convívio social.

(E) Divisão de um país, dotado de governo próprio, Poder Legislativo próprio, tendo por incumbência a preservação da ordem pública.

A: correta. De fato, pois o *Estado é uma pessoa jurídica idealizada pelos homens, precipuamente, para manter a ordem e a segurança, exercendo uma jurisdição universal nos seus limites territoriais, utilizando-se do Direito, respaldado pela força conferida pelo povo, sendo reconhecido interna e externamente como autoridade soberana.* (Marcelo Figueiredo. *Teoria geral do Estado.* São Paulo: Atlas, 1993). SEG

Gabarito "A".

(Agente de Polícia/RN – 2008 – CESPE) A existência de órgãos públicos, com estrutura e atribuições definidas em lei, corresponde a uma necessidade de distribuir racionalmente as inúmeras e complexas atribuições que se incumbem ao Estado nos dias de hoje. A existência de uma organização e de uma distribuição de competências são atualmente inseparáveis da ideia de pessoas jurídicas estatais.

> Maria Sylvia Zanella Di Pietro. *Direito administrativo.* 21. ed. São Paulo: Atlas, 2008. p. 481 (com adaptações).

Considerando o texto acima como referência, é correto afirmar que os órgãos públicos

(A) superiores são os de direção, controle e comando, mas sujeitos à subordinação e ao controle hierárquico de uma chefia. Eles gozam de autonomia administrativa e financeira.

(B) autônomos são originários da Constituição e representativos dos três poderes do Estado, sem qualquer subordinação hierárquica ou funcional.

(C) burocráticos são aqueles que estão a cargo de uma só pessoa física ou de várias pessoas ordenadas verticalmente.

(D) subalternos são órgãos de direção, controle e comando, mas sujeitos à subordinação e ao controle hierárquico de uma chefia.

(E) autônomos não gozam de autonomia administrativa nem financeira.

A: incorreta, pois órgãos superiores "são os que detêm poder de direção, controle, decisão e comando dos assuntos de sua competência específica, mas sempre sujeitos à subordinação e ao controle hierárquico de uma chefia mais alta. Não gozam de autonomia administrativa nem *financeira... sua liberdade funcional restringe-se ao planejamento e soluções técnicas, dentro de sua área de competência, com responsabilidade pela execução, geralmente a cargo de órgãos subalternos".* (Hely Lopes Meirelles. *Direito administrativo brasileiro.* 36. ed. São Paulo: Malheiros, 2010. p. 72). São exemplos, as Procuradorias, Gabinetes, Coordenadorias etc.; **B:** incorreta, pois os órgãos autônomos estão localizados na cúpula da Administração Pública, situando-se imediatamente abaixo dos órgãos independentes e subordinados diretamente a seus superiores hierárquicos; **C:** correta, pois os órgãos burocráticos (ou unipessoais) têm atuação de uma única pessoa física, ou de várias ordenadas verticalmente, onde cada um pode agir de forma individual, porém ligados à uma coordenação, em razão de hierarquia (Presidência da República e Ministros de Estado) ou colegiados (pluripessoais) cuja a atuação de dá por manifestação conjunta da vontade de seus membros (Ex. corporações legislativas, tribunais e comissões); **D:** incorreta, pois órgãos subalternos são meros órgãos de execução, não tendo os mesmos poder de decisão; **E:** incorreta, pois os órgãos autônomos detêm autonomia administrativa, técnica e financeira. Atuam em funções de planejamento, supervisão, coordenação de atividades em área de sua competência, dos quais podemos citar como exemplos as Secretarias

Estaduais; Secretarias Municipais; Ministérios; Procuradorias do Estado; do DF; dos Municípios dentre outras. **SEG**

Gabarito "C".

(Escrivão de Polícia/SC – 2008 – ACAFE) Correlacione as colunas a seguir.

(1) *Autarquia*

(2) *Empresa pública*

(3) *União, Estados e Municípios*

(4) *Órgãos públicos*

(5) *Organizações sociais*

( ) *Unidades de atuação que englobam um conjunto de pessoas e meios materiais para realizar uma atribuição predeterminada.*

( ) *Pessoas jurídicas de Direito Público interno, são entes políticos, dotados de estrutura administrativa própria.*

( ) *Pessoas jurídicas de Direito Privado, sem fins lucrativos.*

( ) *Pessoa jurídica administrativa de Direito Público, com personalidade jurídica própria.*

( ) *Pessoa jurídica de Direito Privado.*

A sequência correta, de cima para baixo, é:

(A) 4 – 3 – 5 – 1 – 2

(B) 2 – 1 – 4 – 5 – 3

(C) 3 – 4 – 5 – 2 – 1

(D) 5 – 1 – 3 – 2 – 4

A: correta. **1:** Autarquia: considera-se autarquia como o *serviço autônomo, criado por lei, com personalidade jurídica, patrimônio e receita próprios, para executar atividades típicas da Administração Pública, que requeiram, para seu melhor funcionamento, gestão administrativa e financeira descentralizada* (art. 5º, I, Dec.-lei 200/1967); **2:** Empresa pública: considera-se empresa pública como *entidade dotada de personalidade jurídica de direito privado, com patrimônio próprio e capital exclusivo da União, criado por lei para a exploração de atividade econômica que o Governo seja levado a exercer por força de contingência ou de conveniência administrativa podendo revestir-se de qualquer das formas admitidas em direito* (art. 5º, II, Dec.-lei 200/1967); 3. União, Estados e Municípios: são os entes políticos, constituindo-se de *Pessoas Jurídicas de Direito Público interno, idealizados pelos homens, dotados de estrutura administrativa própria, com o fito de manter a ordem, segurança e demais necessidade públicas, dentro de seus limites territoriais*; 4. Órgãos Públicos: são *unidades integrantes da estrutura de uma mesma pessoa jurídica nas quais são agrupadas competências a serem exercidas por meio dos agentes públicos* (Marcelo Alexandrino & Vicente Paulo. *Direito administrativo descomplicado*. 18. ed. São Paulo: Método, 2010. p.120); 5. Organizações Sociais: são entidades privadas, e sem fins lucrativos, com atividades relacionadas ao ensino, pesquisa, desenvolvimento tecnológico, proteção e conservação do meio ambiente, cultura, saúde etc., instituídas pela Lei 9.637/1998. Sendo assim, a sequência correta para a segunda coluna fica da seguinte maneira: 4; 3; 5; 1; 2. **SEG**

Gabarito "A".

(Escrivão – PC/RO – CEBRASPE – 2022) De acordo com a doutrina majoritária, a distribuição de competências dentro da mesma pessoa jurídica caracteriza-se como

(A) gestão.

(B) desconcentração.

(C) subordinação.

(D) descentralização.

(E) colaboração.

B. Certo. A desconcentração é uma das formas de organização da Administração Pública, em que ocorre a distribuição de competências dentro da mesma pessoa jurídica, entre órgãos públicos. **C.** Errado. A subordinação ocorre entre órgãos e agentes públicos em um escalonamento de funções. **D.** Errado. A descentralização é uma das formas de organização administrativa e ocorre com a transferência de competências para outra entidade. **FC**

Gabarito "B".

4.2. Administração indireta – Pessoas jurídicas de direito público

(Perito – PC/ES – Instituto AOCP – 2019) Assinale a alternativa que corresponda a um órgão/entidade que pertença à Administração Pública Direta.

(A) Agência Reguladora.

(B) Agência Executiva.

(C) Departamento de Estradas e Rodagens – DER.

(D) Secretaria do Tesouro Nacional.

(E) Fundação Oswaldo Cruz – FIOCRUZ.

A: incorreta. Trata-se de autarquia especial, logo, integrante da Administração Pública Indireta; **B:** incorreta. Designa um qualificativo atribuível a autarquias e fundações integrantes da Administração Federal, por iniciativa do Ministério Supervisor e com anuência do Ministério da Administração, à entidade que haja celebrado contrato de gestão com aquele e possua um plano estratégico de reestruturação e desenvolvimento institucional, visando à melhoria da eficiência e a redução dos custos. Logo, integrantes da Administração Pública Indireta; **C:** incorreta. O DER é uma autarquia estadual. Logo, integrante da Administração Pública Indireta; **D:** correta. Trata-se de órgão da Administração Pública Direta; **E:** incorreta. FIOCRUZ é autarquia federal. **FB**

Gabarito "D".

(Perito – PC/ES – Instituto AOCP – 2019) Qual dos seguintes órgãos NÃO está vinculado ao Poder Judiciário?

(A) Superior Tribunal Militar – STM.

(B) Conselho Nacional de Justiça – CNJ.

(C) Tribunal de Contas da União – TCU.

(D) Tribunal Superior Eleitoral – TSE.

(E) Tribunal Superior do Trabalho – TST.

C: correta. Tribunal de Contas da União exerce o controle externo dos Poderes em auxílio ao Poder Legislativo, nos termos da 70 e 71 CF/1988. **FB**

Gabarito "C".

(Investigador-Escrivão-Papiloscopista – Pará – Funcab – 2016) "Por mais impopular que seja uma decisão, embasada por estudo técnico dos seus servidores, os dirigentes não poderão ser exonerados à vontade do Chefe do executivo" (PINHEIRO MADEIRA, José Maria. Administração Pública, Freitas Bastos, 12. ed., 2014, p. 929). Em relação às entidades que integram a Administração Pública Indireta, nessa citação acima, é correto afirmar que há referência à(ao)

(A) sociedade de economia mista.

(B) empresa pública.

(C) fundação.

(D) órgão autônomo.

(E) agência reguladora.

Os dirigentes das agências reguladoras são nomeados para mandatos fixos, pelos chefes do executivo depois de serem sabatinados pelo Senado Federal, não estando ao talante daqueles a exoneração. **FB**

Gabarito "E".

8. DIREITO ADMINISTRATIVO

(Agente de Polícia Civil/RO – 2014 – FUNCAB) Acerca da organização administrativa, assinale a opção correta.

(A) Todas as autarquias possuem personalidade jurídica de direito privado.

(B) As autarquias são criadas obrigatoriamente por lei, com a necessidade de inscrição em serventias registrais.

(C) As autarquias são criadas por lei, com patrimônio e receita próprios, para executar atividades econômicas típicas da administração pública.

(D) As entidades da administração pública indireta estão subordinadas aos entes políticos.

(E) As autarquias possuem patrimônio próprio com as mesmas características dos bens públicos que integram o patrimônio dos entes políticos da administração pública direta.

A: correta. As autarquias possuem personalidade jurídica de direito público interno (art. 41, IV do CC), razão porque se submetem ao regime jurídico de direito público. **B**: correta. A criação de uma autarquia ocorre somente por lei especifica (art. 37, XIX, da CF). Entretanto, para que seu funcionamento efetivo, as autarquias devem efetuar inscrição no Cadastro Nacional da Pessoa Jurídica (CNPJ) do Ministério da Fazenda, se autarquia federal, ou inscrição estadual ou municipal conforme o caso. **C**:correta. Autarquia é criada por lei, com personalidade jurídica, patrimônio e receita próprios, para executar atividades típicas da Administração Pública, que requeiram, para seu melhor funcionamento, gestão administrativa e financeira descentralizada (art. 5º, I do Decreto-lei 200/67). **D**: correta. As entidades da administração indireta têm relação de vinculação e não de subordinação com os entes políticos. **E**: incorreta. As autarquias possuem patrimônio próprio com as mesmas características dos bens públicos que integram o patrimônio dos entes políticos da administração pública direta. Por isso, seus bens possuem as seguintes prerrogativas: inalienabilidade (alienabilidade condicionada), imprescritibilidade e impenhorabilidade. **SEG** Gabarito "E".

(Agente de Polícia Civil/RO – 2014 – FUNCAB) No tocante às agências reguladoras, marque a alternativa correta.

(A) Integrarão a administração pública direta e serão regidas pelo direito público, fazendo jus a todas as prerrogativas outorgadas pelo regime jurídico-administrativo.

(B) É possível que a própria Lei (formal) transfira do Poder Legislativo para o Poder Executivo a competência para legislar sobre matéria determinada.

(C) Por orientação do STF, há obrigatoriedade de adoção do regime celetista.

(D) Em última instância administrativa, não possuem autonomia e independência no exercício de suas atividades.

(E) Seus dirigentes são escolhidos pelo Chefe do Poder Executivo, não estando subordinado à aprovação pelo Senado Federal e com mandato fixo.

A: incorreta. As agências reguladoras foram criadas em forma de autarquias sob regime especial, as quais possuem maior autonomia financeira e administrativa, não estando as mesmas subordinadas a administração direta, mas tão somente vinculadas. **B**: correta. A resposta é sim. É nesse sentido que as agências reguladoras possuem poder normativo, o que as habilitam a regulamentar e normatizar determinadas atividades, o que obriga os prestadores de serviços públicos ao seu cumprimento. **C**: incorreta. O STF decidiu por ocasião do julgamento da ADIn 2.310/DF que as agências reguladoras, verdadeiras autarquias,

embora de caráter especial, a flexibilidade inerente aos empregos públicos, impondo-se a adoção da regra que é a revelada pelo regime de cargo público, tal como ocorre em relação a outras atividades fiscalizadoras – fiscais do trabalho, de renda, servidores do Banco Central, dos Tribunais de Contas, etc. (...). **D**: incorreta. As agências reguladoras possuem autonomia financeira e administrativa (art. 3º da Lei 13.848/2019). **E**: incorreta. Os dirigentes serão escolhidos pelo chefe do poder executivo e por ele nomeados, após aprovação pelo Senado Federal, na função pelo prazo fixado no ato de nomeação (art. 5º da Lei 9.986/2000). **RB** Gabarito "B".

(Agente Penitenciário/MA – 2013 – FGV) A respeito da relação existente entre os entes federativos e as entidades da administração indireta, analise as afirmativas a seguir.

I. Entre a União e uma autarquia a ela vinculada não há relação hierárquica, mas controle ou vinculação.

II. A criação de uma autarquia por parte de um ente federativo para exercer atribuições, anteriormente desempenhadas por um órgão desse ente federativo, constitui-se em uma desconcentração.

III. A extinção de uma autarquia e a transferência das atribuições exercidas por essa pessoa jurídica ao ente federativo ao qual era vinculada, constitui-se em uma concentração.

Assinale:

(A) se somente a afirmativa I estiver correta.

(B) se somente a afirmativa II estiver correta.

(C) se somente a afirmativa III estiver correta.

(D) se somente as afirmativas I e II estiverem corretas.

(E) se somente as afirmativas II e III estiverem corretas.

I: correta. A relação que se dá entre uma autarquia e o ente político que a criou, não é de uma relação hierárquica de subordinação, mas de vinculação. **II**: incorreta. A criação de uma autarquia por parte de um ente federativo para exercer atribuições, constitui em uma descentralização. **III**: incorreta. A extinção de uma autarquia e a transferência das atribuições exercidas por essa pessoa jurídica ao ente federativo ao qual era vinculada, constitui em uma centralização. **SEG** Gabarito "A".

(Escrivão de Polícia/AC – 2008 – CESPE) Julgue o seguinte item.

(1) Uma autarquia estadual compõe a estrutura da Administração Pública direta do Estado.

1: incorreta, pois fazem parte da Administração Pública Indireta as Autarquias, Empresas Públicas, Sociedade de Economia Mista e Fundações públicas. **SEG** Gabarito 1E

(Escrivão de Polícia/AC – 2008 – CESPE) Julgue o seguinte item.

(1) Uma autarquia somente pode ser criada ou extinta por intermédio de lei específica.

1: correta, pois por determinação constitucional, a criação de autarquia se dá somente por lei (art. 37, XIX, da CF). No âmbito federal a criação das autarquias é de iniciativa do Presidente da República (art. 61, § 1º, II, "e" da CF). A mesma regra se aplica à criação de autarquias nos Estados, Distrito Federal e Municípios, cabendo a iniciativa ao Governador ou Prefeito conforme o caso. Em relação ao ato de extinção de autarquias, o mesmo deve ser realizado mediante lei especifica, também de iniciativa privativa do Chefe do Poder que a criou. Se federal, pelo Presidente da República. Se Estadual, Distrital ou Municipal, pelo Governador ou Prefeito. **SEG** Gabarito 1C

4.3. Administração indireta – pessoas jurídicas de direito privado estatais

(Perito – PC/ES – Instituto AOCP – 2019) A seguinte definição: "Pessoa jurídica de direito privado administrada exclusivamente pelo poder público, instituída por um ente estatal, com a finalidade prevista em lei e sendo de propriedade única do Estado." se refere

(A) a entes do sistema "S".

(B) à Fundação Pública.

(C) à Sociedade de Economia Mista.

(D) à Empresa Pública.

(E) à Agência Reguladora.

A: incorreta. Entidade do sistema "S" é o termo que define o conjunto de organizações das entidades corporativas voltadas para o treinamento profissional, assistência social, consultoria, pesquisa e assistência técnica, que além de terem seu nome iniciado com a letra S, têm raízes comuns e características organizacionais similares. Fazem parte do sistema S: Serviço Nacional de Aprendizagem Industrial (Senai); Serviço Social do Comércio (Sesc); Serviço Social da Indústria (Sesi); e Serviço Nacional de Aprendizagem do Comércio (Senac). Existem ainda os seguintes: Serviço Nacional de Aprendizagem Rural (Senar); Serviço Nacional de Aprendizagem do Cooperativismo (Sescoop); e Serviço Social de Transporte (Sest); **B:** incorreta. As fundações públicas de direito público podem ser conceituadas como *autarquias que tomam como substrato um patrimônio personalizado*. Enfim, tais fundações são autarquias, cujo elemento patrimonial é o mais relevante. Trata-se da personalização de um patrimônio, cujo objetivo é a titularização de uma atividade administrativa; **C:** incorreta. As **sociedades de economia mista** são pessoas jurídicas de direito privado, cuja criação foi autorizada em lei, constituídas necessariamente sob a forma de sociedade por ações e cujo capital majoritariamente deve ser formado por recursos de pessoas públicas de direito interno ou de pessoas integrantes de suas respectivas administrações indiretas, sendo possível que as demais ações sejam de propriedade privada; **D:** correta. As **empresas públicas** são empresas constituídas por qualquer modalidade societária admitida (S/A, Ltda., etc.), com capital social formado integralmente por recursos de pessoas jurídicas de direito público (caso tenha participação da União, esta deve ter a maioria do capital votante); caso sejam da União, têm foro na Justiça Federal (art. 109, I e IV, da CF) na área cível e criminal, salvo quanto às contravenções penais, cujo julgamento é da competência da Justiça Comum; **E:** incorreta. Agências reguladoras são autarquias sob regime especial, encarregadas do exercício do poder normativo e fiscalizador das concessões e permissões de serviço público, bem como do poder de polícia sobre certas atividades. **FB**
Gabarito "D".

(Escrivão de Polícia/AC – 2008 – CESPE) Julgue o seguinte item.

(1) As sociedades de economia mista da União devem ser demandadas na Justiça Federal.

1: incorreta, pois as demandas das sociedades de economia mista ocorrem perante a justiça comum, sujeitando-se *ao regime jurídico próprio das empresas privadas, inclusive quanto aos direitos e obrigações civis, comerciais, trabalhistas e tributários* (art. 173, § 1º, II, da CF), a não ser quando a União intervém como assistente ou opoente (Súmula 517 do STF). **SEG**
Gabarito 1E

(Agente e Escrivão de Polícia/PB – 2008 – CESPE) João, agente de investigação, foi designado para promover diligência relacionada à criação de uma sociedade de economia mista. O agente deveria localizar o ato constitutivo da sociedade e analisar a composição do seu capital social. Diante dessa situação hipotética, assinale a opção correta.

(A) João deverá dirigir-se à junta comercial para localizar o ato constitutivo da empresa devidamente registrado.

(B) João deverá dirigir-se ao órgão legislativo para localizar a lei que criou a empresa.

(C) Ao analisar o ato constitutivo, é possível que João verifique tratar-se de empresa cujo capital social é formado exclusivamente por recursos públicos.

(D) Ao analisar o ato constitutivo, é possível que João observe tratar-se de empresa em que o poder público não tem direito a voto nas deliberações.

(E) Embora muito provavelmente tenha sido criada sob a forma de sociedade anônima, a empresa em questão poderia ter sido criada sob qualquer forma admitida no direito empresarial brasileiro.

A: correta. De fato, pois as Sociedades de Economia Mista passam a existir legalmente quando o estatuto e atos constitutivos são registrados em cartório (art. 45 do CC), sendo que para efetuar registro na Junta Comercial, deve-se fazer requerimento de registro, levando exemplar da folha do Diário Oficial da União, do Estado, do DF ou do Município que contenha o ato de autorização legislativa; ou citação, no contrato social, da natureza, número e data do ato de autorização legislativa bem como do nome, data e folha do jornal em que foi publicada. **SEG**
Gabarito "A".

(Agente de Polícia/RN – 2008 – CESPE) Se o Estado necessita de uma pessoa jurídica para exercer determinada atividade, ele a coloca no mundo jurídico e dele a retira quando lhe pareça conveniente ao interesse coletivo; ele fixa os fins que ela deve perseguir, sem os quais não se justificaria a sua existência; para obrigá-la a cumprir seus fins, o Estado exerce sobre ela o controle estabelecido em lei; e ainda, para que ela atinja seus fins, ele lhe outorga, na medida do que seja necessário, determinados privilégios próprios do poder público.

> Maria Sylvia Zanella Di Pietro. *Direito administrativo*. 21. ed. São Paulo: Atlas, 2008. p. 403 (com adaptações).

Com relação aos órgãos integrantes da administração indireta, assinale a opção correta.

(A) A ação popular é cabível contra as entidades da administração indireta.

(B) Em relação a mandado de segurança, as autoridades das fundações públicas de direito público não podem ser tidas como coatoras.

(C) No ordenamento jurídico pátrio não se admite empresas públicas federais com o objetivo de explorar atividade econômica.

(D) Sociedade de economia mista não pode ser prestadora de serviço público.

(E) Todas as causas envolvendo autarquia federal serão processadas e julgadas na Justiça Federal.

A: correta, pois a ação popular é cabível contra as entidades da administração indireta, tendo em vista que seu objeto é anular ato lesivo ao patrimônio público ou de entidade de que o Estado participe, encontrando amparo legal nos arts. 1º e 6º da Lei 4.717/1965, que regula a Ação Popular, e art. 5º, LXXIII da CF; **B:** incorreta, pois conforme art. 1º, § 1º da Lei 12.016/2009 que disciplina o mandado de segurança, aduz que *equiparam-se às autoridades, para os efeitos desta Lei, os representantes ou órgãos de partidos políticos e os administradores de entidades autárquicas, bem como os dirigentes de pessoas jurídicas ou as pessoas naturais no exercício de atribuições*

8. DIREITO ADMINISTRATIVO

do poder público, somente no que disser respeito a essas atribuições; **C**: incorreta, pois entende-se empresa pública como *pessoa jurídica de direito privado, que integram a Administração Indireta do Estado, criadas por autorização legal, sob qualquer forma jurídica adequada, para o exercício de atividade de caráter econômico ou prestação de serviços públicos"* (José dos Santos Carvalho Filho. *Manual de direito administrativo*. 24. ed. Rio de Janeiro: *Lumen Juris*, 2011. p. 452). **D**: incorreta, pois as *sociedades de economia são pessoas jurídicas de direito privado, que integram a Administração Indireta do Estado, criadas por autorização legal, sob a forma de sociedades anônimas, cujo controle pertença ao Poder Público, para o exercício de atividade de caráter econômico ou prestação de serviços públicos* (José dos Santos Carvalho Filho. *Op. cit.* p.453); **E**: incorreta, pois em regra o foro competente para dirimir eventuais litígios, em caso de autarquias federais, é de competência da Justiça Federal, cabendo aos juízes federais processar e julgar: *as causas em que a União, entidade autárquica ou empresa pública federal forem interessadas na condição de autoras, rés, assistentes ou oponentes, exceto as de falência, as de acidentes de trabalho e as sujeitas à Justiça Eleitoral e à Justiça do Trabalho* (art. 109, da CF). Entretanto, se o litígio decorrer de uma relação de trabalho firmada entre a autarquia e o servidor, a competência para processar e julgar será da Justiça do Trabalho, independentemente de ser autarquia federal, estadual ou municipal, pois compete à Justiça do Trabalho processar e julgar: *as ações oriundas da relação de trabalho, abrangidos os entes de direito público externo e da Administração Pública direta e indireta da União, dos Estados, do Distrito Federal e dos Municípios*. (art. 114 da CF). **SEG**

Gabarito "A".

(Escrivão de Polícia/RN – 2008 – CESPE) Administração indireta do Estado é o conjunto de pessoas administrativas que, vinculadas à respectiva administração direta, têm o objetivo de desempenhar as atividades administrativas de forma descentralizada.

José dos Santos Carvalho Filho. *Manual de direito administrativo*. 20. ed. Rio de Janeiro: *Lumen Juris*, 2008. p. 430 (com adaptações).

A partir da afirmação acima, assinale a opção correta a respeito dos órgãos que compõem a administração indireta.

(A) Empresa pública é pessoa jurídica constituída por capital público e privado.

(B) Autarquia é pessoa jurídica de direito público que se caracteriza por ser um patrimônio para consecução e fins públicos.

(C) Fundação pública é o serviço autônomo criado por lei, com personalidade jurídica, patrimônio e receitas próprios.

(D) No ordenamento pátrio, não há possibilidade de instituição de fundação com personalidade jurídica de direito público.

(E) A organização da sociedade de economia mista deve ser estruturada sob a forma de sociedade anônima.

A: incorreta, pois nas empresas públicas, só é admissível a participação de capital de pessoas administrativas, de qualquer ente federativo, estando impedida a participação de capital privado; **B**: incorreta, pois possuem capacidade administrativa podendo regulamentar, fiscalizar e exercer o serviço público, inclusive repassá-lo ao particular, sujeitando-se ao regime jurídico de direito público em relação à sua criação e extinção; **C**: incorreta, pois entende-se *fundação instituída pelo poder público como patrimônio, total ou parcialmente público, dotado de personalidade jurídica, de direito público ou privado, e destinado, por lei, ao desempenho de atividades do Estado na ordem*

social, com capacidade de autoadministração e mediante controle da Administração Pública nos termos da lei (Maria Sylvia Zanella Di Pietro. *Direito administrativo*. 24. ed. São Paulo: Atlas, 2011. p. 446); **D**: incorreta, porém, não há um consenso acerca da natureza jurídica das fundações, havendo duas correntes que assim discorrem sobre a matéria: a primeira corrente defende que as fundações públicas, mesmo que instituídas pelo Poder Público, têm sempre natureza jurídica de direito privado. A segunda corrente defende a existência de dois tipos de fundações públicas, sendo uma de direito público com personalidade jurídica de direito público, e outra, fundações de direito privado, com natureza jurídica de direito privado. Destaque-se que esta é a corrente dominante, sendo que o STF adotou esse entendimento: *nem toda fundação instituída pelo Poder Público é fundação de direito privado. As fundações, instituídas pelo Poder Público, que assumem a gestão de serviço estatal e se submetem a regime administrativo previsto, nos Estados-membros, por leis estaduais, são fundações de direito público, e, portanto, pessoas jurídicas de direito público. Tais fundações são espécies do gênero autarquia, aplicando-se a elas a vedação a que alude o § 2º do art. 99 da Constituição Federal.* (RE 101.126-2/RJ, j. 24.10.1984, rel. Min. Moreira Alves, *RTJ* 113/114); **E**: correta, pois as sociedades de economia mista devem ser revestidas da forma de sociedades anônimas (art. 5º, III do Dec.-lei 200/1967). **SEG**

Gabarito "E".

4.4. Temas Combinados

(Escrivão de Polícia/BA – 2013 – CESPE) Com relação à organização administrativa, julgue o próximo item.

(1) As agências reguladoras detêm o poder de definir suas próprias políticas públicas e executá-las nos diversos setores regulados.

1: incorreta. As agências reguladoras possuem autonomia administrativa e financeira, e ainda o poder normativo, o que as habilitam a regulamentar e normatizar determinadas atividades, o que obriga os prestadores de serviços públicos ao seu cumprimento. No entanto, as agências reguladoras não definem suas próprias políticas públicas. Na verdade, uma das formas de implementação de políticas públicas, se dá por meio das agências reguladoras. **SEG**

Gabarito 1E

(Polícia Rodoviária Federal – 2013 – CESPE) A respeito da organização do Departamento de Polícia Rodoviária Federal e da natureza dos atos praticados por seus agentes, julgue os itens que se seguem.

(1) Praticado ato ilegal por agente da PRF, deve a administração revogá-lo.

(2) Por ser órgão do Ministério da Justiça, a PRF é órgão do Poder Executivo, integrante da administração direta.

(3) Os atos praticados pelos agentes públicos da PRF estão sujeitos ao controle contábil e financeiro do Tribunal de Contas da União.

1: incorreta. O ato revestido de vício de legalidade deverá ser anulado e não revogado. **2**: Correta. As entidades que integram a administração indireta são as autarquias, fundações públicas, empresas públicas e sociedades de economia mista, dela não fazendo parte a PRF. **3**: Correta, pois conforme art. 71, II, da CF, compete ao Tribunal de Contas, dentre outras atribuições, julgar as contas dos administradores e demais responsáveis por dinheiros, bens e valores públicos da administração direta e indireta, incluídas as fundações e sociedades instituídas e mantidas pelo Poder Público federal e as contas daqueles que derem causa à perda, extravio ou outra irregularidade de que resulte prejuízo ao erário. **SEG**

Gabarito 1E, 2C, 3C

(Escrivão de Polícia/MA – 2013 – FGV) Com relação à organização do Estado quanto à Polícia Civil, assinale a afirmativa correta.

(A) Às polícias civis, dirigidas por delegados de polícia de carreira, incumbem, ressalvada a competência da União, as funções de polícia judiciária e a apuração de infrações penais, inclusive as militares.

(B) À União compete privativamente legislar sobre a organização, as garantias, os direitos e deveres das polícias civis.

(C) A polícia civil, por ser órgão das Forças Armadas, tem a incumbência de preservar a ordem pública e a incolumidade das pessoas e do patrimônio.

(D) A União é o ente competente para organizar e manter a polícia civil do Distrito Federal.

(E) Nos Estados, as polícias civis subordinam-se aos governadores e no Distrito Federal, ao Presidente da República.

A: incorreta, pois nos termos do art. 144, § 4º da CF, "às polícias civis, dirigidas por delegados de polícia de carreira, incumbem, ressalvada a competência da União, as funções de polícia judiciária e a apuração de infrações penais, *exceto as militares*"; **B:** incorreta, pois o art. 22 da CF que trata da competência privativa da União para legislar, não se refere em nenhum de seus XXIX incisos, que à União compete privativamente legislar sobre a organização, as garantias, os direitos e deveres das polícias civis; **C:** incorreta, pois conforme art. 142, *caput* da CF as Forças Armadas são constituídas pela *Marinha, Exército e Aeronáutica*, dela não fazendo parte a polícia civil; **D:** correta, pois nos termos do art. 21, XIV da CF, *compete à União organizar e manter a polícia civil, a polícia militar e o corpo de bombeiros militar do Distrito Federal*, bem como prestar assistência financeira ao Distrito Federal para a execução de serviços públicos, por meio de fundo próprio; **E:** incorreta, eis que o art. 144 § 6º reza que *as polícias militares e corpos de bombeiros militares, forças auxiliares e reserva do Exército, subordinam-se, juntamente com as polícias civis, aos Governadores dos Estados, do Distrito Federal e dos Territórios.* SEG
Gabarito "D".

(Agente e Escrivão de Polícia/PB – 2008 – CESPE) Julgue os itens subsequentes, relativos à administração direta e indireta.

I. As empresas públicas e as sociedades de economia mista são criadas por lei específica.

II. A criação de uma fundação pública se efetiva com a edição de uma lei específica.

III. Cabe à lei complementar definir as áreas de atuação das fundações públicas.

IV. As sociedades de economia mista são pessoas jurídicas de direito privado, criadas sob a forma de sociedades anônimas para o exercício de atividade econômica ou, eventualmente, a prestação de serviços públicos.

V. O regime jurídico das empresas públicas e sociedades de economia mista é de caráter exclusivamente privado.

Estão certos apenas os itens

(A) I e II.

(B) I e V.

(C) II e IV.

(D) III e IV.

(E) III e V.

I: incorreta, pois segundo mandamento constitucional, é autorizada a instituição das empresas públicas e sociedades de economia mista

(art. 37, XIX, da CF); **II:** incorreta, pois, a criação da fundação pública, tem sua instituição autorizada, conforme preceito constitucional (art. 37, XIX, da CF); **III:** correta, pois cabe à lei complementar definir as áreas de atuação das fundações públicas (art. 37, XIX, da CF, *in fine*); **IV:** correta, pois a sociedade de economia mista é a entidade dotada de personalidade jurídica de direito privado, criada por lei para a exploração de atividade econômica, sob a forma de sociedade anônima (art. 5º, III, Dec.-lei 200/1967); **V:** incorreta, pois tanto as empresas públicas (art. 5º, II, Dec.-lei 200/1967), quanto as sociedades de economia mista (art. 5º, III, Dec.-lei 200/1967), têm natureza jurídica de direito privado). SEG
Gabarito "D".

(Comissário de Polícia/SC – 2008 – ACAFE) Analise as afirmações a seguir e marque V ou F, conforme sejam verdadeiras ou falsas.

( ) *Além do Poder Executivo, as atividades administrativas do Poder Legislativo e do Poder Judiciário, que são atividades de apoio para o exercício de suas próprias funções, se regem pelo Direito Administrativo.*

( ) *O princípio da supremacia do interesse público sobre o interesse privado é da essência de qualquer Estado; já o princípio da legalidade é específico do Estado de Direito.*

( ) *O princípio da razoabilidade implica para a Administração o dever de justificar seus atos, apontando-lhes os fundamentos de direito e de fato.*

( ) *Os princípios do devido processo legal e da ampla defesa estão consagrados no art. 5º, XLV e LV, da Constituição Federal e exigem que haja um processo formal e regular para que sejam atingidas a liberdade e a propriedade de quem quer seja. É a necessidade de que a Administração Pública ofereça ao administrado a oportunidade de contraditório e de defesa, antes de tomar decisões que lhe são contrárias.*

( ) *Sobre o princípio da moralidade administrativa, a Administração e seus agentes têm de atuar em conformidade com princípios éticos, com sinceridade, lealdade e boa-fé.*

A sequência correta, de cima para baixo, é:

(A) V – F – F – F – V

(B) F – V – V – V – V

(C) V – V – F – V – V

(D) F – F – V – V – V

A sequência correta da coluna se dá da seguinte maneira: V, pois direito administrativo *é o conjunto de normas e princípios que visando sempre o interesse público, regem as relações jurídicas entre as pessoas e órgãos do Estado e entre este e as coletividades a quem devem servir* (José dos Santos Carvalho Filho. *Manual de direito administrativo.* 24. ed. Rio de Janeiro: *Lumen Juris,* 2011. p. 25); V, pois o princípio da supremacia do interesse público sobre o interesse privado parte da ideia de que o fim do Estado é o bem comum e não o individual e, em havendo conflitos de interesse entre o direito público e privado, prevalece o interesse público. Já o princípio da legalidade é a diretriz básica da Administração Pública, aquele pelo qual a Administração Pública só pode fazer o que a lei permitir. Significa que o Estado deve respeitar as próprias leis que edita; F, pois o princípio da razoabilidade encontra aplicação especialmente no controle dos atos discricionários do agente público, evitando-se decisões arbitrárias, inadequadas, abusivas ou desnecessárias por parte do administrador público; V, pois a Administração Pública em qualquer procedimento que vise apurar qualquer ato praticado pelo agente público, que seja considerado como irregular, há que respeitar o princípio da ampla defesa e do contraditório garantidos constitucionalmente; V, pois pelo princípio da moralidade, *o agente público, tem o dever de distinguir o que é honesto do que é desonesto. Enfim, consistente no conjunto de preceitos da moral (honestidade, lealdade, boa-fé e probidade)* (José dos Santos Carvalho Filho. *Manual de direito administrativo.* 24. ed. Rio de Janeiro: *Lumen Juris,* 2011. p. 23). SEG

(Comissário de Polícia/SC – 2008 – ACAFE) Complete as lacunas na frase a seguir e assinale a alternativa correta.

A autarquia, pessoa jurídica de Direito _____, exerce atividades _____, enquanto a sociedade de economia mista, pessoa jurídica de Direito _____, exerce atividade _____.

(A) Público / econômicas / Privado / apenas de interesse público

(B) Privado / apenas de interesse público / Público / econômica

(C) Público / típicas da Administração Pública / Privado / econômica

(D) Privado / econômicas / Público / típicas da Administração Pública

C: correta. Para a resolução dessa questão devemos nos ater aos conceitos de Autarquia e Sociedades de Economia Mista. Vejamos: *Autarquias:* são pessoas jurídicas de direito público, criadas por lei específica com autonomia gerencial e financeira para a execução de atividade administrativa própria do Estado (art. 5º, I, Dec.-lei 200/1967); As *Sociedades de Economia Mista* devem ser revestidas da forma de sociedades anônimas (art. 5º, III do Dec.-lei 200/1967) onde o capital é formado por recursos advindos do poder público ou da iniciativa privada, sendo que a maior parte do capital deve pertencer à entidade criadora, ou seja o ente público, para o exercício de atividade de caráter econômico ou prestação de serviços públicos. SEG

5. SERVIDORES PÚBLICOS

5.1. Espécies de agentes públicos

(Investigador – PC/ES – Instituto AOCP – 2019) Dentro da classificação dos Agentes Públicos, os Concessionários Públicos e os Mesários Eleitorais são considerados, respectivamente:

(A) Agentes Delegados e Agentes Políticos.

(B) Agentes Administrativos e Agentes Políticos.

(C) Agentes Credenciados e gentes Honoríficos.

(D) Agentes Delegados e Agentes Honoríficos.

(E) Agentes Honoríficos e Agentes Credenciados.

A: incorreta. Os concessionários são agentes delegados, mas os mesários não são agentes políticos. Agentes delegados são particulares, sejam eles pessoas físicas ou jurídicas, que recebem a incumbência da execução de determinada atividade, obra ou serviço público e o realizam em nome próprio, por sua conta e risco, mas sob as normas estatais, bem como sob sua fiscalização. Agentes políticos são os componentes do governo nos seus primeiros escalões, investidos em cargos funções, mandatos ou comissões, por nomeação, eleição, designação ou delegação para o exercício de atribuições constitucionais. São os titulares dos cargos estruturais à organização política do país, ocupantes do esquema fundamental de poder, formando a vontade superior do Estado; **B:** incorreta. Agentes administrativos são todos aqueles que se vinculam ao Estado e às suas entidades autárquicas e fundacionais por relações profissionais, sujeitos à hierarquia funcional e ao regime jurídico do ente estatal a que servem. Constituem a imensa massa dos prestadores de serviço à Administração direta e indireta. Já os agentes

políticos são os componentes do governo nos seus primeiros escalões, investidos em cargos funções, mandatos ou comissões, por nomeação, eleição, designação ou delegação para o exercício de atribuições constitucionais. São os titulares dos cargos estruturais à organização política do país, ocupantes do esquema fundamental de poder, formando a vontade superior do Estado; **C:** incorreta. Agentes credenciados são os que recebem a incumbência da Administração Pública para representá-la em determinado ato ou praticar certa atividade específica, mediante remuneração do poder público credenciante. De outro lado, agentes honoríficos são cidadãos convocados, designados ou nomeados para prestar, transitoriamente, determinados serviços ao Estado, em razão de sua condição cívica, de sua honorabilidade ou de sua notória capacidade profissional, mas sem qualquer vínculo, seja ele estatutário ou trabalhista. Em geral, não recebem remuneração, mas a lei pode estabelecê-la; **D:** correta. Concessionários são agentes delegados e mesários eleitorais são agentes honoríficos. Agentes delegados são particulares, sejam eles pessoas físicas ou jurídicas, que recebem a incumbência da execução de determinada atividade, obra ou serviço público e o realizam em nome próprio, por sua conta e risco, mas sob as normas estatais, bem como sob sua fiscalização. Já os agentes honoríficos são cidadãos convocados, designados ou nomeados para prestar, transitoriamente, determinados serviços ao Estado, em razão de sua condição cívica, de sua honorabilidade ou de sua notória capacidade profissional, mas sem qualquer vínculo, seja ele estatutário ou trabalhista. Em geral, não recebem remuneração, mas a lei pode estabelecê-la; **E:** incorreta. Os agentes honoríficos são cidadãos convocados, designados ou nomeados para prestar, transitoriamente, determinados serviços ao Estado, em razão de sua condição cívica, de sua honorabilidade ou de sua notória capacidade profissional, mas sem qualquer vínculo, seja ele estatutário ou trabalhista. Em geral, não recebem remuneração, mas a lei pode estabelecê-la; agentes credenciados são os que recebem a incumbência da Administração Pública para representá-la em determinado ato ou praticar certa atividade específica, mediante remuneração do poder público credenciante. FB

(Agente de Polícia/PI – 2008 – UESPI) Agentes públicos são aqueles que formam e manifestam a vontade estatal e classificam-se como indicado abaixo, EXCETO:

(A) Agentes públicos

(B) Agentes políticos

(C) Agentes comissionados

(D) Servidores públicos

(E) Empregados públicos

A: incorreta, pois *reputa-se agente público, para os efeitos desta lei, todo aquele que exerce, ainda que transitoriamente ou sem remuneração, por eleição, nomeação, designação, contratação ou qualquer outra forma de investidura ou vínculo, mandato, cargo, emprego ou função nas entidades mencionadas no artigo anterior* (art. 2º da Lei 8.429/1992); **B:** incorreta, pois agentes políticos são aqueles eleitos pelo voto direto para o desempenho de função política do Estado. Exemplos: Presidente da República, Governadores, Prefeitos, Senadores, Deputados e Vereadores; **C:** correta, pois guardadas as divergências doutrinárias, os agentes públicos se classificam em: agentes políticos; servidores públicos; empregados públicos; servidores temporários e particulares em colaboração com a Administração Pública, não havendo agentes comissionados; **D:** incorreta, pois servidores públicos são aqueles cujo ingresso se dá por concurso público, para o desempenho de cargo público, sob o regime jurídico estatutário, a exemplos de Procuradores, Juízes, Defensores Públicos, Técnicos Administrativos, etc.; **E:** incorreta, pois empregados públicos, são aqueles que também ingressam por concurso público para o desempenho de um emprego público. Contudo, o vínculo trabalhista se dá pelo regime celetista. Exemplos: empregados de empresas públicas e sociedades de economia mista. SEG

(**Inspetor de Polícia/RJ – 2008 – FGV**) O jurado, no Tribunal do Júri, exerce:

(A) cargo efetivo.

(B) função paradministrativa.

(C) cargo comissionado.

(D) cargo gratificado.

(E) função pública.

A: incorreta, pois a característica do cargo efetivo é a permanência, o que não é o caso do jurado; **B:** incorreta, e para melhor entendimento vejamos que a função administrativa é aquela pela qual o *Estado cuida da gestão de todos os seus interesses e os de toda coletividade... excluída a função legislativa, pela qual se criam as normas jurídicas, e a jurisdicional, que se volta especificamente para a solução de conflitos de interesses, todo o universo restante espelha o exercício da função administrativa. Não custa lembrar... que a função administrativa é desempenhada em todos os Poderes da União, dos Estados, do Distrito Federal e dos Municípios, abrangendo todos os órgãos Da União e dos Municípios.* (José dos Santos Carvalho Filho. *Manual de direito administrativo.* 24. ed. Rio de Janeiro: *Lumen Juris,* 2009. p. 412). Já a função paradministrativa é desempenhada pelos entes paraestatais, ou entes de cooperação, os quais não integram a estrutura da Administração Pública, mas mantêm com ela parcerias com a finalidade de preservar o interesse público. São definidas como *o conjunto de organizações não governamentais criadas para o desempenho de atividades socialmente relevantes.* (Marcio Fernando Elias Rosa. *Sinopse jurídica.* São Paulo: Saraiva, 2010. p. 96). São exemplos os Serviços Sociais Autônomos que integram o sistema "S", (SESI, SESC, SENAC, SENAI, SEBRAE, SEST (Serviço Social do Transporte) SENAT (Serviço Nacional de Aprendizagem do Transporte), SENAR (Serviço Nacional de Aprendizagem Rural); as Organizações Sociais (OS) instituídas pela Lei 9.637/1998, a exemplo do IMPA (Instituto Nacional de Matemática Pura e Aplicada); Hospitais Filantrópicos e Santas Casas de Misericórdia (desde que qualificados pelo Ministério da Saúde, ou Secretarias de Saúde dos Estados ou Municípios); Orquestra Sinfônica do Estado de São Paulo (OSESP); Museu da Imagem e do Som (MIS) etc.; as Organizações da Sociedade Civil de Interesse Público (OSCIPs), regulamentadas pela Lei 9.790/1999, a exemplos do Fórum Estadual de Defesa do Consumidor (FEDC); Associação Baiana dos Portadores de Necessidades Especiais(ABPC) e entidades de Classe, das quais destacamos o exemplo da OAB e CREA; **C:** incorreta, pois os cargos comissionados, são aqueles onde *os seus titulares são nomeados em função da relação de confiança que existe entre eles e a autoridade nomeante. A natureza desses cargos impede que os titulares adquiram estabilidade... Por essa razão é que são considerados de livre nomeação e exoneração (art. 37, II, da CF)* (José dos Santos Carvalho Filho. *Manual de direito administrativo.* 24. ed. Rio de Janeiro: *Lumen Juris,* 2009. p. 559), lembrando ainda que para provimento dos cargos de comissão, e dos cargos de confiança, não há necessidade de realização de concurso público, pois ambos são criados por lei e se destinam apenas às atribuições de direção, chefia e assessoramento, mediante livre nomeação pela autoridade competente, podendo haver exoneração e dispensa, a qualquer tempo. Os cargos de confiança são exercidos exclusivamente por servidores ocupantes de cargo efetivo, enquanto os cargos em comissão podem ser preenchidos por servidores que já detenham cargos efetivos de carreira, respeitando-se os percentuais estabelecidos na sua lei de criação. Vale dizer que sendo ocupados por um percentual mínimo legal de servidores de carreira, pode-se ter então as vagas restantes para cargos em comissão a serem ocupados por pessoas sem vínculo definitivo com a Administração Pública (art. 37, V, da CF); **D:** incorreta, pois as gratificações são vantagens de natureza financeira que o servidor percebe em razão do exercício de uma atividade em condições especiais, onde há risco de vida, serviços extraordinários e serviços realizados fora da sede; E: correta, pois os agentes públicos comportam a seguinte classificação: agentes políticos (eleitos pelo voto direto. Ex.: Presidente da República); servidores públicos (ingresso por concurso

público. Ex.: Juiz); empregados públicos: (ingressam por concurso pelo regime celetista. Ex.: empregados de empresas públicas e sociedades de economia mista); servidores temporários (ingressam por processo seletivo simplificado. Ex.: Servidores que trabalham no senso a serviço do IBGE (Instituto Brasileiro de Geografia e Estatística) e particulares em colaboração com a Administração Pública (desempenham funções públicas esporádicas. Ex.: jurados, mesário de eleição, etc.). **SEG**
Gabarito "E".

5.2. Espécies de vínculos (cargo, emprego em função)

(**Agente de Polícia Civil/RO – 2014 – FUNCAB**) No tocante aos agentes e servidores públicos, pode-se afirmar corretamente:

(A) É inconstitucional qualquer norma de edital de concurso público que conferir índole eliminatória a exame psicotécnico.

(B)O servidor público ex-celetista não possui direito subjetivo adquirido à contagem de serviço pretérito, para todos os efeitos jurídicos legais.

(C)O candidato aprovado em concurso público dentro do número de vagas previstas no edital possui direito líquido e certo à nomeação.

(D) É ilegal a expedição de edital de concurso público visando selecionar os melhores candidatos para a formação de cadastro de reserva de vagas.

(E) O desvio de função, por mais de cinco anos, confere direito a reenquadramento ou reclassificação, quando a Administração possui o plano de cargos e salários.

A: incorreta. Não há vedação constitucional a esse respeito. Nesse sentido, decidiu o STF que: o exame psicotécnico pode ser estabelecido para concurso público desde que por lei, tendo por base critérios objetivos de reconhecido caráter científico, devendo existir, inclusive, a possibilidade de reexame (RE-AgR 473719 DF. rel. Min. Eros Grau, 2ª T., j. 17.06.2008. Publicação: DJe 31.07.2008). E ainda o seguinte entendimento sumular: Só por lei se pode sujeitar a exame psicotécnico a habilitação de candidato a cargo público (Súmula 686). **B:** A assertiva é incorreta, pois a Lei 8.112/1990, que dispõe sobre o regime jurídico dos servidores públicos civis da União, das autarquias e das fundações públicas federais, aduz em seu art. 100, que *é contado para todos os efeitos o tempo de serviço público federal.* Por outro lado, a Lei 8.162/1991, que dispõe sobre a revisão dos vencimentos, salários, proventos e demais retribuições dos servidores civis e da fixação dos soldos dos militares do Poder Executivo, na Administração Direta, autárquica e fundacional, prescreve em seu art. 7º que são considerados extintos, a partir de 12 de dezembro de 1990, os contratos individuais de trabalho dos servidores que passaram ao regime jurídico instituído pela Lei 8112, de 1990, ficando-lhe assegurada a contagem de tempo anterior de serviço público federal. **C:** correta. O candidato classificado até o limite de vagas surgidas durante o prazo de validade do concurso, possui direito líquido e certo à nomeação se o edital dispuser que serão providas, além das vagas oferecidas, as outras que vierem a existir durante sua validade. A jurisprudência do STJ já decidiu que "o candidato aprovado fora das vagas previstas originariamente no edital, mas classificado até o limite das vagas surgidas durante o prazo de validade do concurso, possui direito líquido e certo à nomeação se o edital dispuser que serão providas, além das vagas oferecidas, as outras que vierem a existir durante sua validade (Precedentes citados: AgRg no RMS 31.899-MS, DJe 18.05.2012, e AgRg no RMS 28.671-MS, DJe 25.04.2012.MS 18.881-DF, rel. Min. Napoleão Nunes Maia Filho, j. 28.11.2012). **D:** A assertiva não é correta, pois atualmente, a Constituição Federal não contém dispositivo que vede a expedição de edital de concurso visando selecionar os melhores candidatos para a formação de cadastro de reserva de vagas. **E:** incorreta. Já decidiu o

8. DIREITO ADMINISTRATIVO

servidor público desviado de sua função, embora não tenha direito ao enquadramento, faz jus aos vencimentos correspondentes à função que efetivamente desempenhou, sob pena de ocorrer o locupletamento ilícito da Administração (REsp 202.922-CE, rel. Min. Felix Fischer, DJ de 22.11.1999). SEG
Gabarito "C".

(Agente de Polícia Civil/RO – 2014 – FUNCAB) Acerca dos servidores públicos, assinale a afirmativa correta.

(A) No regime jurídico estatutário, inexiste possibilidade de modificação dos níveis, alteração de nomenclaturas, reclassificação e reenquadramento de cargos na escala funcional.

(B) De acordo com a Constituição Federal aplica-se a exoneração de servidores não estáveis por excesso de despesa.

(C) No Poder Executivo, a iniciativa para a criação, transformação, extinção de cargos, empregos públicos e funções públicas é do legislativo.

(D) O ingresso em cargo público ou emprego público pressupõe, obrigatoriamente, a submissão a concurso público.

(E) Não é permitida acumulação remunerada de dois cargos próprios de assistente social, ou de médicos, mesmo havendo compatibilidade de horários.

A: incorreta. A afirmativa encontra-se incorreta. Nesse sentido já decidiu o STJ que: *A ordem constitucional confere à Administração Pública poder discricionário para promover a reestruturação orgânica de seus quadros funcionais, com a modificação dos níveis de referências das carreiras para realizar correções setoriais, desde que respeitado o princípio constitucional das irredutibilidade de vencimentos. A Lei 12.582/1996, conquanto tenha alterado a nomenclatura, as classes e as referências do Grupo TAF, de modo a promover uma reclassificação de cargos na escala funcional, não acarretou qualquer decréscimo remuneratório para os servidores em atividade que, em razão disso, não têm direito adquirido em permanecer na última referência do novo modelo. Recurso ordinário desprovido* (RMS 9341/CE. DJ 18/12/2000). E ainda: *O regime jurídico estatutário não tem natureza contratual, em razão do que inexiste direito à imutabilidade de situação funcional, sendo lícito à Administração proceder a reestruturação orgânica de seus quadros funcionais, respeitado o princípio constitucional da irredutibilidade de vencimentos. A Lei 7.341/85, que ampliou a estrutura ao quadro de Assistente Social, não promoveu qualquer tipo de transformação ou reclassificação de cargos na escala funcional, preservando as mesmas referências existentes anteriormente, o que não autoriza o reposicionamento dos servidores no último nível funcional criado. Recurso especial não conhecido* (REsp 196748/RJ. DJ em 05/04/1999). **B:** correta, pois conforme prevê o art. 169, § 3º, II da CF, caso a despesa com pessoal ativo e inativo da União, dos Estados, do Distrito Federal e dos Municípios exceder os limites estabelecidos em lei, poderá haver exoneração dos servidores não estáveis. **C:** incorreta. A afirmativa encontra-se incorreta. A Constituição Federal em seu art. 84, IV e VII, "a" e "b" alude expressamente que *compete privativamente ao Presidente da República mediante decreto, dispor sobre organização e funcionamento da administração federal, quando não implicar aumento de despesa nem criação ou extinção de órgãos públicos; extinção de funções ou cargos públicos, quando vagos.* Em razão do princípio da simetria, tal atribuição é conferida também aos Chefes do Poder Executivo dos Estados, do Distrito Federal e dos Municípios, conforme disposto nas respectivas Constituições Estaduais e Leis Orgânicas dos Municípios. **D:** incorreta. Em que pese a realização de concurso público ser a regra, existem algumas exceções. Por exemplo: Nos cargos de mandato eletivo, a escolha se dá por pleito eleitoral. Nos cargos em comissão, a nomeação e exoneração *ad nutum.* Ou seja, são de livre nomeação e exoneração. Nas contratações por tempo determinado, para satisfazer necessidade temporária de excepcional interesse público, na hipótese trazida art. 37, IX

da CF. Importante observar que o recrutamento para contratação temporária se dá por processo seletivo simplificado (art. 3º da Lei 8.745/1993). É o caso, por exemplo dos recenseadores contratados pelo IBGE. Nestes casos, o prazo de duração da contratação temporária vai de 6 meses a quatro anos (art. 4º, I a V da Lei 8.745/1993). **E:** incorreta. Em regra, o ordenamento jurídico brasileiro, proíbe a acumulação remunerada de cargos ou empregos públicos. Porém, a CF prevê casos excepcionais em que a acumulação é permitida, desde que haja compatibilidade de horários e observado o limite de dois cargos. A afirmativa encontra-se incorreta, pois conforme é acumulação admitida constitucionalmente dois cargos ou empregos privativos de profissionais de saúde, com profissões regulamentadas (art. 37, XVI da CF). SEG
Gabarito "B".

(Escrivão de Polícia/GO – 2008 – UEG) Acerca do cargo em comissão, é CORRETO afirmar:

(A) a exoneração de pessoa que ocupa o cargo em comissão somente pode ocorrer após regular processo administrativo.

(B) a autoridade nomeante escolhe, por ato administrativo, os cargos que serão providos em comissão.

(C) os cargos em comissão são criados por lei.

(D) o provimento ocorre por meio de concurso público, diante da exigência constitucional.

A: incorreta, pois o cargo em comissão é de nomeação da autoridade competente, podendo haver exoneração e dispensa, a qualquer tempo, a pedido ou de ofício pela autoridade que nomeou; **B:** incorreta, pois os cargos em comissão são criados por lei onde os *titulares dos cargos em comissão são nomeados em função da relação de confiança que existe entre eles e a autoridade nomeante. Por isso é que na prática alguns os denominam de cargos de confiança* (José dos Santos Carvalho Filho. *Manual de direito administrativo.* 24. ed. Rio de Janeiro: Lumen Juris, 2011. p. 559; **C:** correta, pois os cargos de confiança e os cargos de comissão são *exercidos exclusivamente por servidores ocupantes de cargo efetivo, e os cargos em comissão, a serem preenchidos por servidores de carreira nos casos, condições e percentuais mínimos previstos em lei, destinam-se apenas as atribuições de direção, chefia e assessoramento* (art. 37, V, da CF) mediante livre nomeação pela autoridade competente, podendo haver exoneração e dispensa, a qualquer tempo, a pedido ou de ofício pela autoridade que nomeou; **D:** incorreta, pois os provimentos *são atos administrativos internos, contendo determinações e instruções que a Corregedoria ou os tribunais expedem para a regularização e uniformização dos serviços, especialmente os de Justiça, com o objetivo de evitar erros e omissões na observância da lei* (Hely Lopes Meirelles. *Direito administrativo brasileiro.* 36. ed. São Paulo: Malheiros, 2010. p. 188). SEG
Gabarito "C".

(Agente e Escrivão de Polícia/PB – 2008 – CESPE) O estado da Paraíba editou uma lei cujo artigo 1.º foi assim redigido:

Art. 1.º Ficam criadas oitenta funções de confiança de Agente Judiciário de Vigilância, de provimento em comissão, para prestar serviços de vigilância aos órgãos do Poder Judiciário.

Nessa situação hipotética, o artigo em questão

(A) não fere qualquer dispositivo legal ou constitucional.

(B) fere apenas dispositivos legais, mas respeita todas as normas e princípios constitucionais relacionados à Administração Pública.

(C) obedece o inciso V do artigo 37 da CF, que assim dispõe: "as funções de confiança, exercidas exclusivamente por servidores ocupantes de cargo efetivo, e os cargos em comissão, a serem preenchidos por servidores de carreira nos caso, condições e percentuais mínimos previstos em lei, destinam-se apenas às atribuições de direção, chefia e assessoramento."

(D) fere, tão somente, a regra constitucional que prevê a obrigatoriedade da prévia aprovação em concurso público para a investidura em cargos e empregos públicos.

(E) viola regra constitucional que prevê que as funções de confiança destinam-se apenas às atribuições de direção, chefia e assessoramento, além de ferir a regra também inscrita na CF que prevê a obrigatoriedade da prévia aprovação em concurso público para a investidura em cargos e empregos públicos.

De fato, pois os cargos de confiança e os cargos de comissão são *exercidos exclusivamente por servidores ocupantes de cargo efetivo, e os cargos em comissão, a serem preenchidos por servidores de carreira nos casos, condições e percentuais mínimos previstos em lei, destinam-se apenas às atribuições de direção, chefia e assessoramento* (art. 37, V, da CF), além do que *a investidura em cargo ou emprego público depende de aprovação prévia em concurso público de provas ou de provas e títulos, de acordo com a natureza e a complexidade do cargo ou emprego, na forma prevista em lei, ressalvadas as nomeações para cargo em comissão declarado em lei de livre nomeação e exoneração* (art. 37, V, da CF). **SEG**

Gabarito "E".

(Escrivão de Polícia/SC – 2008 – ACAFE) Analise as afirmações a seguir.

L. O cargo público não pertence ao agente público, o Estado pode suprimi-lo ou alterá-lo sem que haja violação ao direito daquele.

LL. O órgão público é dotado de personalidade jurídica e, assim, apresenta-se como sujeito de direitos e obrigações perante o ordenamento jurídico.

LLL. O cargo de provimento efetivo é aquele preenchido com o pressuposto da continuidade e da permanência do seu ocupante.

LV. As atividades realizadas pelos órgãos burocráticos exigem conhecimento especializado em certa matéria.

Estão corretas apenas:

(A) I e II

(B) II e III

(C) III e IV

(D) I e IV

I: correta, pois, de fato, a possibilidade de criação e extinção tem amparo constitucional (art. 48, X, e art. 84, VI, "b"). Em que pese os artigos mencionados fazerem referência ao Poder Executivo Federal, pelo princípio da simetria dos entes federativos, aplicam-se aos demais entes federativos – Estados, Distrito Federal e Municípios; **II:** incorreta, pois os órgãos fazem parte da estrutura da Administração Pública Direta, mas que não têm personalidade jurídica própria. Por exemplo: Prefeito Municipal, que distribui internamente atribuições aos Secretários de Saúde ou de Educação; **III:** incorreta, pois caso *o servidor nomeado para cargo de provimento efetivo em virtude de concurso público, não tiver êxito na avaliação especial de desempenho,* ou se cometer qualquer ato ilegal, poderá dentre outras penalidade ser demitido (art. 41 *caput* e § 4º da CF); **IV:** correta, pois *órgãos públicos são centros de competência instituídos para o desempenho de funções estatais, através de seus agentes, cuja atuação é imputada à pessoa jurídica a que pertencem* (Hely Lopes Meirelles. *Direito administrativo brasileiro.* 37. ed. São Paulo: Malheiros, 2010. p. 39). **SEG**

Gabarito "D".

5.3. Provimento

(Escrivão de Polícia/GO – 2013 – UEG) Acerca dos agentes públicos,

(A) os empregados públicos sujeitam-se ao regime estatutário.

(B) a readmissão do agente público é permitida.

(C) o provimento dos cargos efetivos somente pode ocorrer por meio do concurso público.

(D) os contratados temporariamente vinculam-se a cargo ou emprego público.

A: incorreta, pois os empregados públicos sujeitam-se ao regime celetista; **B:** incorreta. O que se admite são as seguintes hipóteses: readaptação que consiste na investidura do servidor em cargo de atribuições e responsabilidades compatíveis com a limitação que tenha sofrido em sua capacidade física ou mental verificada em inspeção médica (art. 24 da Lei 8.112/1990); reversão que nada mais é do que o retorno à atividade de servidor aposentado por invalidez, quando junta médica oficial declarar insubsistentes os motivos da aposentadoria; ou no interesse da Administração Pública desde que: tenha solicitado a reversão; a aposentadoria tenha sido voluntária; estável quando na atividade a aposentadoria tenha ocorrido nos cinco anos anteriores à solicitação; e haja cargo vago (art. 25 da Lei 8.112/1990); aproveitamento que é o retorno do servidor em disponibilidade, sendo obrigatório seu regresso em cargo de atribuições e vencimentos compatíveis com o anteriormente ocupado (art. 30 da Lei 8.112/1990); reintegração que consiste no retorno do servidor estável no cargo anteriormente ocupado, ou no cargo resultante de sua transformação, quando invalidada a sua demissão por decisão administrativa ou judicial, com ressarcimento de todas as vantagens (art. 28 da Lei 8.112/1990). Na hipótese do cargo ter sido extinto, o servidor ficará em disponibilidade, podendo ser aproveitado em outro. Encontrando-se provido o cargo, o seu eventual ocupante será reconduzido ao cargo de origem, sem direito à indenização ou aproveitado em outro cargo ou, ainda, posto em disponibilidade e recondução (o retorno do servidor estável ao cargo anteriormente ocupado, e decorrerá de inabilitação em estágio probatório relativo a outro cargo ou reintegração do anterior ocupante (art. 29 da Lei 8.112/1990). Encontrando-se provido o cargo de origem, o servidor será aproveitado em outro; **C:** correta, eis que a Lei 8.112/1990 em seu art. 3º é parágrafo único reza que o *cargo público é o conjunto de atribuições e responsabilidades previstas na estrutura organizacional que devem ser cometidas a um servidor,* e em seu parágrafo único reza que *os cargos públicos, acessíveis a todos os brasileiros, são criados por lei, com denominação própria e vencimento pago pelos cofres públicos, para provimento em caráter efetivo ou em comissão;* D: incorreta, pois o art. 37, IX, da CF prescreve que *a lei estabelecerá os casos de contratação por tempo determinado para atender a necessidade temporária de excepcional interesse público.* O dispositivo foi regulamentado pela Lei 8.745/1993 para disciplinar a contratação temporária no âmbito dos órgãos da Administração Federal direta, bem como de suas autarquias e fundações púbicas. Não se aplica, portanto, aos Estados, Distrito Federal e Municípios, nem tampouco às empresas públicas e sociedades de economia mista da União. Nos termos do art. 2º da Lei 8.745/1993, considera-se necessidade temporária de excepcional interesse público: assistência a situações de calamidade pública; assistência a emergências em saúde pública; realização de recenseamentos e outras pesquisas de natureza estatística efetuadas pela Fundação Instituto Brasileiro de Geografia e Estatística – IBGE; admissão de professor substituto e professor visitante e atividades relacionadas às forças armadas dentre outras. Importante observar que o recrutamento para contratação temporária se dá por *processo seletivo simplificado* (art. 3º). Entretanto, nos casos de *calamidade pública ou emergência ambiental* o processo seletivo simplificado *é dispensado.* Os prazos de duração da contratação temporária vão de 6 (seis) meses a 4 (quatro) anos (art. 4º, I a V da Lei 8.745/1993), não havendo nenhum vínculo com cargo ou emprego público. **SEG**

Gabarito "C".

8. DIREITO ADMINISTRATIVO

(Comissário de Polícia/SC – 2008 – ACAFE) Analise as alternativas a seguir. Todas estão corretas, exceto a:

(A) O cargo de provimento em comissão ou de confiança é preenchido com o pressuposto da continuidade e permanência do ocupante.

(B) O órgão público não é dotado de personalidade jurídica, mas atua em nome da pessoa jurídica de que faz parte.

(C) Delegação de competência é o ato pelo qual um órgão ou autoridade, titular de determinados poderes e atribuições, transfere para outro órgão ou autoridade parcela de tais poderes e atribuições.

(D) Cargo público é o conjunto de atribuições e responsabilidades conferidas ao servidor, criado por lei, em número certo, com denominação própria e remunerado pelos Cofres Públicos.

A: incorreta, pois os cargos de provimento em comissão ou de confiança *não* são preenchidos com o pressuposto da continuidade e permanência do ocupante. A bem da verdade, os cargos de confiança e os cargos de comissão são criados por lei e se destinam apenas às atribuições de direção, chefia e assessoramento, mediante livre nomeação pela autoridade competente, podendo haver exoneração e dispensa, a qualquer tempo, a pedido ou de ofício pela autoridade que nomeou. (art. 37, V, da CF); **B:** correta, pois os órgãos públicos fazem parte da estrutura da Administração Pública Direta, mas não têm personalidade jurídica própria; **C:** correta, pois *mediante delegação de competência um órgão ou autoridade, titular de determinados poderes e atribuições, transfere a outro órgão ou autoridade (em geral de nível inferior hierárquico) parcela de tais poderes e atribuições. A autoridade que transfere tem o nome de delegante; a autoridade ou órgão que recebe as atribuições denomina-se delegado; o ato pelo qual se efetua a transferência intitula-se ato de delegação* (Odete Medauar. *Direito administrativo moderno*. 14. ed. São Paulo: RT, 2011. p. 61. Neste caso, o superior hierárquico confere a um subordinado, o exercício temporário de algumas atribuições que competem originalmente ao delegante, exceto na edição de atos de caráter normativo; decisão de recursos administrativos e as matérias de competência exclusiva do órgão ou autoridade, devendo ocorrer somente em caráter excepcional, não podendo o delegante renunciar as suas competências nem transferir a titularidade delas. Em nível federal o amparo legal encontra-se nos arts. 11 a 15 da Lei 9.784/1999; **D:** correta, pois segundo o art. 3º da Lei 8.112/1990, *cargo público é o conjunto de atribuições e responsabilidades previstas na estrutura organizacional que devem ser cometidas a um servidor*. **SEG**

Gabarito "A".

5.4. Vacância

(Investigador – PC/ES – Instituto AOCP – 2019) A Lei Complementar nº 46, de 31 de janeiro de 1994, do Estado do Espírito Santo, disciplina os casos em que se dará a VACÂNCIA, a qual ocorrerá EXCETO no caso de

(A) Ascensão.

(B) Exoneração.

(C) Destituição de Cargo em Comissão.

(D) Aposentadoria.

(E) Demissão.

A: incorreta. A vacância como decorrência de ascensão foi declarada a inconstitucional (artigo 60, III da Lei complementar 46, de 31 de janeiro de 1994, do Estado do Espírito Santo) por meio da Adin 1345-9, Plenário, 20.09.95, DJ 25.04.2003; **B:** correta. Art. 60, I da Lei Complementar 46, de 31 de janeiro de 1994, do Estado do Espírito Santo; **C:** correta. Art. 60,VII da Lei Complementar 46, de 31 de janeiro de 1994, do Estado

do Espírito Santo; **D:** correta. Art. 60, IV da Lei Complementar 46, de 31 de janeiro de 1994, do Estado do Espírito Santo; **E:** correta. Art. 60, II da Lei Complementar 46, de 31 de janeiro de 1994, do Estado do Espírito Santo. **FB**

Gabarito "A".

(Escrivão de Polícia/AC – 2008 – CESPE) Julgue o seguinte item.

(1) A extinção de funções ou cargos públicos vagos é competência privativa do Presidente da República, exercida por meio de decreto.

1: correta. De fato, pois *compete privativamente ao Presidente da República: dispor, mediante decreto, sobre: extinção de funções ou cargos públicos, quando vagos* (art. 84, VI, "b" da CF). **SEG**

Gabarito 1C

5.5. Acessibilidade e concurso público

(Escrivão de Polícia/MA – 2013 – FGV) A respeito do acesso aos cargos públicos, analise as afirmativas a seguir.

I. Em razão dos princípios constitucionais da isonomia e da impessoalidade é vedado à lei, norma hierarquicamente inferior, estipular qualquer restrição de acesso aos cargos públicos, senão a nacionalidade brasileira.

II. Ainda que não haja previsão legal, não viola o princípio do livre acesso aos cargos públicos, a criação de restrição pelo edital que tenha relação com a natureza ou complexidade do cargo a ser exercido, visto que o edital é a lei do concurso.

III. Ainda que prevista em lei, determinada restrição de acesso aos cargos públicos pode ser declarada inconstitucional, caso não seja adequada, necessária ou proporcional aos fins que a Administração pretende atingir com a sua criação.

Assinale:

(A) se todas as afirmativas estiverem corretas.

(B) se somente as afirmativas I e III estiverem corretas.

(C) se somente as afirmativas II e III estiverem corretas.

(D) se somente a afirmativa II estiver correta.

(E) se somente a afirmativa III estiver correta.

I: incorreta, pois o art. 37, I da CF estabelece em princípio que, *os cargos, empregos e funções públicas são acessíveis aos brasileiros que preencham os requisitos estabelecidos em lei, assim como aos estrangeiros, na forma da lei* (art. 37, I). Inclusive, a Lei 8.745/1993, que dispõe sobre a contratação por tempo determinado para atender a necessidade temporária de excepcional interesse público, em seu art. 2º, V, prevê possibilidade de contratação de professores estrangeiros independentemente da nacionalidade. Ressalte-se, porém, que existem cargos que são privativos de brasileiro nato, conforme preceitua a Lei Constitucional em seu art. 12, § 3º. São eles: de Presidente e Vice-Presidente da República; Presidente da Câmara dos Deputados; Presidente do Senado Federal; Ministro do Supremo Tribunal Federal; carreira diplomática; oficial das Forças Armadas e Ministro de Estado da Defesa; **II:** incorreta, eis que o edital é lei interna, ou seja a lei maior do concurso público. Não obstante, é possível que haja restrições. No entanto, é pensamento majoritário da doutrina que as restrições devem se dar em caráter excepcional, considerando-se tão somente a natureza das funções a serem exercidas pelo servidor; **III:** correta. Inclusive, o fato que tem gerado maior controvérsia diz respeito ao sexo e idade dos candidatos. No entanto, o STF assim se manifestou a esse respeito: *A norma constitucional que proíbe tratamento normativo discriminatório em razão da idade, para efeito de ingresso no serviço público, não se reveste de caráter absoluto, sendo legítima, em consequência, a estipulação de exigência de ordem etária quando esta* decorrer da natureza e do conteúdo ocupacional do cargo a ser provido (RMS 21.045-1/DF, 1ª T., j. 29.03.1994, rel. Min. Celso de Mello, *DJ* 30.09.1994). No mesmo sentido é a Súmula 683 do STF. Observe: *o limite de idade para a inscrição em concurso público só se legitima em face do art. 7º, XXX, da constituição, quando possa ser justificado pela natureza das atribuições do cargo a ser preenchido.* Serve de exemplo o art. 83, § 3º da Lei 7.210/1984 (Lei de Execução Penal) ao prever que os estabelecimentos penais destinados a mulheres, deverão possuir, exclusivamente, agentes do sexo feminino na segurança de suas dependências internas. Neste caso, justifica-se o critério de restrição para o concurso. SEG

Gabarito "E".

(Escrivão de Polícia/AC – 2008 – CESPE) Julgue o seguinte item.

(1) O prazo de validade de um concurso público pode ser prorrogado mais de uma vez, desde que exista justificação prévia para tal ato.

1: incorreta, pois o concurso pode ser prorrogado mais de uma vez, desde que previsto no edital (art. 12, § 1º da Lei 8.112/1990). SEG

Gabarito 1E

(Escrivão de Polícia/AC – 2008 – CESPE) Julgue o seguinte item.

(1) São exemplos de cargos privativos de brasileiros natos os cargos de oficial das forças armadas e da carreira diplomática.

1: correta, pois conforme art. 12, § 3º da CF, *são privativos de brasileiro nato os cargos: da carreira diplomática* (inc. V) e *de oficial das Forças Armadas* (inc. VI). SEG

Gabarito 1C

(Escrivão de Polícia/AC – 2008 – CESPE) Julgue o seguinte item.

(1) Em edital de concurso público, é válida a fixação de critérios de concorrência em caráter regional e em área de especialização.

1: correta, inclusive o STF já decidiu que *em edital de concurso público, é válida a fixação de critérios de concorrência em caráter regional e em área de especialização* (RMS 23.259-1/DF, 2ª T., j. 25.03.2003, rel. Min. Gilmar Mendes). SEG

Gabarito 1C

(Agente de Polícia/GO – 2008 – UEG) Exige-se realização de concurso público para

(A) o cargo de provimento efetivo.

(B) o cargo de provimento em comissão.

(C) todos os cargos de provimento vitalício.

(D) o provimento do cargo de conselheiro dos tribunais de contas.

A: correta, pois o concurso é requisito essencial para cargo de provimento efetivo (art. 37, II, da CF); **B:** incorreta, pois para provimento dos cargos de comissão, e dos cargos de confiança, não há necessidade de realização de concurso público, pois ambos são criados por lei e se destinam apenas às atribuições de direção, chefia e assessoramento, mediante livre nomeação pela autoridade competente, podendo haver exoneração e dispensa, a qualquer tempo. Os cargos de confiança são exercidos exclusivamente por servidores ocupantes de cargo efetivo, enquanto os cargos em comissão podem ser preenchidos por servidores que já detenham cargos efetivos de carreira, respeitando-se os percentuais estabelecidos na sua lei de criação. Vale dizer que sendo ocupados por um percentual mínimo legal de servidores de carreira, pode-se ter então que as vagas restantes para cargos em comissão a serem ocupados por pessoas sem vínculo definitivo com a Administração Pública (Art. 37, V, da CF); **C:** incorreta, pois para os cargos vitalícios

não se exige concurso, como ocorre para os integrantes do quinto constitucional dos Tribunais Regionais Federais; TJDF e Tribunais Estaduais, composto por membros do Ministério Público e advogados (art. 94, da CF); Ministros do TCU (art. 73, §§ 1º e 2º, da CF); Ministros do STF (art. 101, parágrafo único, da CF) e Ministros do STJ (art. 104, parágrafo único, CF); **D:** incorreta, pois não se exige concurso para Conselheiros dos Tribunais de Contas dos Estados, os quais são nomeados pelo governador conforme previsão na Constituição dos Estados, tampouco para os Conselheiros dos Tribunais de Contas Municipais (nos Municípios onde houver) sendo estes nomeados pelo Prefeito conforme Lei Orgânica Municipal – Ex. LO do Município de São Paulo, art. 69, XVI). SEG

Gabarito "A".

(Agente de Polícia/RO – 2009 – FUNCAB) O Estado, para a consecução de seus fins, utiliza-se dos seus agentes, sendo estes o elemento físico e volitivo através do qual atua no mundo jurídico. Para isso, o ordenamento jurídico confere aos agentes públicos certas prerrogativas quando no exercício de sua função, como também elenca algumas restrições aos exercentes dos cargos públicos, bem como prevê rigorosamente sua forma de ingresso no serviço público. Dentre as assertivas abaixo, assinale aquela que está em consonância com o regime constitucional dos agentes públicos.

(A) Com a superveniência da EC 19/1998, que implantou a reforma administrativa do Estado, foi abolido o regime jurídico único, anteriormente previsto no art. 39 da Constituição Federal de 1988, permitindo que, atualmente, um ente federativo contrate para integrar seus quadros, grupos de servidores estatutários e grupos de servidores sob o regime celetista, desde que, é claro, seja a organização funcional estabelecida em lei.

(B) Candidato aprovado dentro do número de vagas, não tem direito adquirido à contratação pela administração, eis que se trata de mera expectativa de direito, sendo a contratação submetida a critérios de conveniência e oportunidade, segundo a máxima da supremacia do interesse público.

(C) A norma constitucional vigente proíbe o tratamento normativo discriminatório em razão da idade, porém, segundo o Supremo Tribunal Federal, é permitido a limitação de idade em concurso público, nas hipóteses em que essa limitação puder ser justificada em virtude da natureza das atribuições do cargo a ser preenchido.

(D) Em matéria de acumulação remunerada de cargos públicos, admite-se a acumulação de um cargo de policial com outro técnico ou científico.

(E) Servidor celetista, se admitido mediante concurso público, adquire estabilidade após três anos de exercício.

A: incorreta, pois o art. 39 da CF, em sua redação original, previa que cada unidade da Federação instituísse o regime único para os servidores da Administração Pública direta, das autarquias e as fundações públicas. Ocorre que a EC 19/1998 alterou o art. 39, excluindo a obrigatoriedade da adoção do regime único. Entretanto, a nova redação do art. 39, teve sua eficácia suspensa pelo STF em 2007, na ADIn 2.135-4, que teve como relatora a Ministra Ellen Gracie, voltando a vigorar a redação original do art. 39 da CF, donde cada ente da federação deve adotar um regime único a todos os servidores, quer sejam da administração direta, autarquias ou fundações públicas; **B:** incorreta, porém José dos Santos Carvalho Filho diz que *a aprovação em concurso não cria, para* *o aprovado, direito à nomeação (Manual de direito administrativo. Rio de Janeiro: Lumen Juris, 2010. p. 579).*; **C:** correta, pois a Constituição Federal em seus arts. 7º, XXX, e 39, § 3º, estabelece como regra a proibição de tratamento normativo discriminatório em razão da idade. A doutrina majoritária entende que o limite de idade para inscrição em concurso público só se legitima em face do art. 7º, da CF, quando possa ser justificado pela natureza das atribuições do cargo a ser preenchido. Este, inclusive é o entendimento do STF, tendo decidido que *o limite de idade para a inscrição em concurso público só se legitima em face do art. 7º, XXX, da Constituição, quando possa ser justificado pela natureza das atribuições do cargo a ser preenchido.* (Súmula 683 do STF); **D:** incorreta, pois a Constituição Federal prevê somente as hipóteses de acúmulo *de dois cargos de professor; de um cargo de professor com outro técnico ou científico; de dois cargos ou empregos privativos de profissionais de saúde, com profissões regulamentadas* (art. 37, XVI, "a", "b" e "c" da CF), *o cargo de juiz com um de professor* (art. 95, parágrafo, único, I, da CF) e *o cargo de promotor com um de professor* (art. 128, § 5º, II, "d", da CF) e desde que haja compatibilidade de horário; **E:** incorreta, pois a estabilidade se dá aos servidores estatutários (art. 41, da CF). Não é outra a posição do STF. Vejamos: *o disposto no artigo 41 da CF, que disciplina a estabilidade dos servidores públicos civis, não se aplica aos empregados de sociedade de economia mista* (AgRg AI 245.235, 1ª T., j. 26.10.1999, rel. Min. Moreira Alves, Informativo STF 168, out./99). Inclusive, o regime aplicável às entidades da Administração Indireta é o Celetista. **RB**

Gabarito "C".

(Agente de Polícia/TO – 2008 – CESPE) Julgue os itens que se seguem, a respeito desse assunto.

(1) Dependendo da natureza do cargo para o qual se realiza concurso público, o governador do Estado tem poderes para determinar a reserva de vagas para portadores de necessidades especiais.

(2) Segundo a Constituição, cargo em comissão é aquele que o chefe do Poder Executivo escolhe para ser de livre nomeação e exoneração.

(3) A ocupação de cargo público em decorrência de aprovação em concurso público somente confere estabilidade ao servidor depois de três anos de exercício em caráter efetivo.

1: incorreta, pois a Constituição Federal, em seu art. 37, VIII, prevê que *a lei reservará percentual dos cargos e empregos públicos para as pessoas portadoras de deficiência e definirá os critérios de sua admissão*, o que garante aos portadores de necessidades especiais um percentual das vagas em concursos públicos. A Lei 8.112/1990, por sua vez, em seu art. 5º, § 2º informa que *serão reservadas até 20% (vinte por cento) das vagas oferecidas no concurso*. Já o Dec. 3.298/1999 que dispõe sobre a política nacional para a integração da pessoa portadora de deficiência, estabeleceu em seu art. 37, § 1º, que o percentual mínimo será de 5% do total de vagas. Se por ocasião da aplicação do referido percentual, resultar em número fracionado, eleva-se o número de vagas. Por exemplo. Se do percentual resultar 2,5 vagas, eleva-se para 3 vagas (art. 37, § 2º do Dec. 3.298/1999); **2:** incorreta, pois os cargos de confiança e os cargos de comissão são criados por lei e se destinam apenas às atribuições de direção, chefia e assessoramento, mediante livre nomeação pela autoridade competente, podendo haver exoneração e dispensa, a qualquer tempo, ou seja, a pedido ou de ofício pela autoridade que nomeou. Os cargos de confiança são exercidos exclusivamente por servidores ocupantes de cargo efetivo, enquanto os cargos em comissão podem ser preenchidos por servidores que já detenham cargos efetivos de carreira, respeitando-se os percentuais estabelecidos na sua lei de criação. Vale dizer que sendo ocupados por um percentual mínimo legal de servidores de carreira, pode-se ter então as vagas restantes para cargos em comissão a ser ocupados por pessoas sem vínculo definitivo com a Administração Pública (Art. 37,

V, da CF); **3:** correta, pois a Constituição Federal estabelece em seu art. 41, *caput*, e § 4º que *são estáveis após três anos de efetivo exercício os servidores nomeados para cargo de provimento efetivo em virtude de concurso público,* e *como condição para a aquisição da estabilidade, é obrigatória a avaliação especial de desempenho por comissão instituída para essa finalidade.* **SEG**

Gabarito 1E, 2E, 3C

5.6. Acumulação remunerada

(Escrivão de Polícia/AC – 2008 – CESPE) Julgue o seguinte item.

(1) Um servidor público eleito para o cargo de prefeito de um município poderá cumular suas funções com as funções do cargo para o qual foi eleito.

1: incorreta, não há essa possibilidade, pois se servidor público for investido no mandato de Prefeito, será afastado do cargo, emprego ou função, sendo-lhe facultado optar pela sua remuneração (art. 38, II da CF). **SEG**

Gabarito 1E

5.7. Responsabilidade e deveres do servidor

(Escrivão de Polícia/MA – 2013 – FGV) Marcos, servidor público, é acusado do cometimento de um crime e vai a julgamento. Considerando-se a repercussão de eventual condenação criminal na esfera administrativa, assinale a afirmativa correta.

(A) Se Marcos for condenado criminalmente, necessariamente, deverá ser demitido do serviço público, já que a decisão criminal vincula a decisão na instância administrativa.

(B) Se Marcos for absolvido na esfera criminal, por considerar que ele não é o ator do fato, ainda assim, ele poderá ser punido na esfera administrativa.

(C) Se Marcos for condenado na esfera administrativa, necessariamente, o Juiz terá que condená-lo na esfera criminal, caso o fato seja criminalmente punível.

(D) Se Marcos for absolvido na esfera administrativa, terá que ser absolvido na esfera criminal, vez que o Estado não pode julgá-lo duas vezes pelo mesmo fato.

(E) Se Marcos for absolvido na esfera criminal, por considerar inexistente o fato, necessariamente, ele terá que ser absolvido na esfera administrativa.

A: incorreta, pois só haveria a possibilidade de demissão, caso o crime praticado pelo servidor público tivesse conexão com a função pública, a exemplo dos crimes de corrupção passiva, previsto no art. 317 do CP, cuja redação se transcreve: *Solicitar ou receber, para si ou para outrem, direta ou indiretamente, ainda que fora da função ou antes de assumi-la, mas em razão dela, vantagem indevida, ou aceitar promessa de tal vantagem. Pena – reclusão, de 2 (dois) a 12 (doze) anos, e multa*; e recebimento de propina previsto no art. 117, XII da Lei 8.112/1990, que tem como redação o seguinte: *Ao servidor é proibido: (...) XII – receber propina, comissão, presente ou vantagem de qualquer espécie, em razão de suas atribuições*. Ressalte-se ainda que o Código Penal em seu art. 92, I, "a" prevê como um dos efeitos da condenação a perda da função pública. Observe o preceptivo: *São também efeitos da condenação: I – a perda de cargo, função pública ou mandato eletivo: a) quando aplicada pena privativa de liberdade por tempo igual ou superior a um ano, nos crimes praticados com abuso de poder ou violação de dever para com a Administração Pública*; e a Lei 8.429/1992 (Lei de Improbidade Administrativa) em seu art. 12, III que: *Independentemente das sanções penais, civis e administrativas previstas na legislação específica, está o responsável pelo ato de*

improbidade sujeito às seguintes cominações, que podem ser aplicadas isolada ou cumulativamente, de acordo com a gravidade do fato: (...) III – na hipótese do art. 11, ressarcimento integral do dano, se houver, perda da função pública, suspensão dos direitos políticos de três a cinco anos, pagamento de multa civil de até cem vezes o valor da remuneração percebida pelo agente e proibição de contratar com o Poder Público ou receber benefícios ou incentivos fiscais ou creditícios, direta ou indiretamente, ainda que por intermédio de pessoa jurídica da qual seja sócio majoritário, pelo prazo de três anos. Pelo exposto pode se concluir que a decisão criminal nem sempre se vincula na instância administrativa; **B:** incorreta, pois nos temos do art. 126 da Lei 8.112/1990, *a responsabilidade administrativa do servidor será afastada no caso de absolvição criminal que negue a existência do fato ou sua autoria;* **C:** incorreta, pois como vimos, a regra é a incomunicabilidade de instâncias. A decisão penal que absolver servidor, em nada influirá na decisão administrativa; **D:** incorreta, pois as sanções civis, penais e administrativas poderão cumular-se, sendo independentes entre si (art. 125 da Lei 8.112/1990). Inclusive, a esse respeito decidiu o STF: *a absolvição em processo administrativo disciplinar não impede a apuração dos mesmos fatos em processo criminal, uma vez que as instâncias penal e administrativas são independentes* (HC nº 77.784/MT, 1ª T., j. 10.11.1998, rel. Min. Ilmar Galvão, Informativo STF 131, nov.1998); **E:** correta, pois como visto as sanções civis, penais e administrativas são independentes entre si (art. 125 da Lei 8.112/1990). A decisão penal que absolver servidor, em nada influirá na decisão administrativa. Isto é, pode haver condenação na esfera administrativa. É o que a doutrina chama de conduta residual. A esse respeito, o STF editou a Súmula 18. Observe: *pela falta residual, não compreendida na absolvição pelo juízo criminal, é admissível a punição administrativa do servidor público.* SEG
Gabarito "E".

(Inspetor de Polícia/RJ – 2008 – FGV) Quando o servidor público atua fora dos limites de sua competência, mas visando ao interesse público, pratica:

(A) excesso de poder, que caracteriza abuso de poder.

(B) excesso de poder, mas que, no caso, não caracteriza abuso de poder.

(C) desvio de poder, que caracteriza abuso de poder;

(D) desvio de poder, mas que, no caso, não caracteriza abuso de poder.

(E) ato válido.

A: correta, pois o abuso de poder pode se dividir em duas espécies (excesso de poder e desvio de poder). O excesso de poder ocorre quando o agente público atua fora dos limites de sua área de competência. Por sua vez, o desvio de poder consiste na atuação do agente em praticar atos diversos dos implícitos na lei, ou contrários ao interesse público, configurando-se como violação da lei; **B:** incorreta, pois o abuso de poder, se divide em duas espécies (excesso de poder e desvio de poder). O excesso de poder ocorre quando o agente público atua fora dos limites de sua área de competência. Por sua vez, o desvio de poder consiste na atuação do agente em praticar atos diversos dos implícitos na lei, ou contrários ao interesse público; **C:** incorreta, pois são institutos diferentes, como visto; **D:** incorreta, pois o desvio de poder é espécie do abuso de poder; **E:** incorreta, pois o ato praticado com abuso de poder é nulo. SEG
Gabarito "A".

(Agente de Polícia/TO – 2008 – CESPE) Todo trabalhador, independentemente do regime a que se vincula, tem direitos mas também está sujeito a obrigações. Julgue os itens seguintes, que dizem respeito aos servidores públicos.

(1) O servidor sempre será remunerado pelo exercício de dois cargos públicos, desde que tenha ingressado em ambos mediante concurso.

(2) Vencimento, remuneração e proventos são sinônimos, nos termos da Lei nº 8.112/1990.

(3) Caso um servidor seja injustamente demitido e a justiça determine o seu retorno, esse retorno caracterizará um caso de reintegração.

(4) A vitaliciedade e a inamovibilidade são prerrogativas de algumas carreiras específicas e, por isso, não se encontram entre os direitos dos servidores públicos relacionados na Lei nº 8.112/1990, que é a norma geral.

1: incorreta, pois o acúmulo de cargos públicos é vedado pela Constituição Federal (art. 37, XVI e XVII) e Lei 8.112/1990 (arts. 118 e 119); **2:** incorreta, pois remuneração e proventos são institutos diferentes, tratados nos arts. 40; 41 e 189/191, da Lei 8.112/1990. Vejamos: Vencimento *é a retribuição pecuniária pelo exercício de cargo público, com valor fixado em lei* (art. 40). Remuneração *é o vencimento do cargo efetivo, acrescido das vantagens pecuniárias permanentes estabelecidas em lei,* como servidor investido em cargo de comissão, por exemplo (art. 41). Provento *é a retribuição pecuniária paga ao servidor público quando se aposenta* (arts. 189/191 da Lei 8.112/1990); **3:** correta, pois conforme prevê o art. 28 da Lei 8.112/1990, *a reintegração é a reinvestidura do servidor estável no cargo anteriormente ocupado, ou no cargo resultante de sua transformação, quando invalidada a sua demissão por decisão administrativa ou judicial, com ressarcimento de todas as vantagens;* **4:** correta, pois a vitaliciedade é uma prerrogativa especial conferida a agentes públicos de determinadas categorias, em razão das funções que desempenham. Tal garantia encontra respaldo constitucional, sendo titulares de tais direitos, os magistrados (art. 95, I, da CF); membros dos Tribunais de Contas (art. 73, § 3º, da CF) e membros do Ministério Público (art. 128, § 5º, I, "a", da CF). SEG
Gabarito 1E, 2E, 3C, 4C.

(Agente de Polícia/TO – 2008 – CESPE) Julgue os seguintes itens, a respeito dos direitos e obrigações do servidor público previstos no Regime Jurídico Único.

(1) Em regra, o servidor público tem direito a um período de 30 dias de férias por ano trabalhado, sendo admitida a acumulação desse período somente por necessidade da administração, jamais por interesse pessoal.

(2) Considere que determinado escrivão de polícia não compareça habitualmente à delegacia onde está lotado, embora observe o horário de trabalho quando se faz presente. Nessa situação, esse escrivão descumpre o dever funcional da assiduidade.

(3) O servidor público, conforme a natureza da infração que cometer no exercício do cargo, pode responder perante a Administração Pública e(ou) perante o Poder Judiciário.

1: correta, conforme art. 77 da Lei 8.112/1990; **2:** correta, pois a Lei 8.112/1990 em seu art. 116, X, descreve que *são deveres do servidor (...) ser assíduo e pontual ao serviço.* Nesse sentido corrobora o julgado do TRF 5ª Região, donde se lê que *quantidade de faltas injustificadas ao serviço cometidas pelo apelante, no total de quarenta anos, além de violar o dever funcional de assiduidade (art. 116, inc. X, da Lei n. 8.112/90), configura comportamento desidioso (art. 117, inc. XV, da Lei n. 8.112/90)* (Apelação Cível 349443/RN, 0007508-70.2002.4.05.8400, 3ª T., j. 03.09.2009, rel. Desembargador Federal Leonardo Resende Martins (Substituto), DJ 18.09.2009, p. 535); **3:** correta, pois há que se levar em consideração que os servidores públicos podem ser responsabilizados por seus atos, não somente na esfera administrativa, mas também na cível e criminal, salientando que em relação aos aspectos penais, os mesmos serão apurados pelo Poder Judiciário. SEG
Gabarito 1C, 2C, 3C.

8. DIREITO ADMINISTRATIVO 281

5.8. Direitos, vantagens e sistema remuneratório

(Escrivão – PC/RO – CEBRASPE – 2022) A Constituição Federal de 1988, ao tratar do direito do servidor à retribuição pecuniária, estabelece que a fixação dos padrões de vencimento e dos demais componentes do sistema remuneratório observará, entre outros fatores,

(A) a formação do servidor.

(B) os requisitos para a investidura no cargo.

(C) a isonomia entre as carreiras.

(D) a importância da carreira para a coletividade.

(E) a igualdade material.

Art. 39, §1º, CF/88: § 1º A fixação dos padrões de vencimento e dos demais componentes do sistema remuneratório observará: I – a natureza, o grau de responsabilidade e a complexidade dos cargos componentes de cada carreira; II – os requisitos para a investidura; III – as peculiaridades dos cargos. **FC**

Gabarito "B".

(Agente Penitenciário/MA – 2013 – FGV) Z, agente penitenciário no Estado do Maranhão, e candidatou-se a prefeito de um município do interior do Estado, tendo sido eleito com expressiva votação. Z exerce cargo público efetivo há mais de 10 anos e agora irá assumir o mandato eletivo.

Diante dessa situação, assinale a afirmativa correta.

(A) Z, afastando-se do cargo efetivo, contará o tempo de exercício no cargo eletivo para todos os efeitos legais, sem qualquer exceção.

(B) Z deverá pedir exoneração do cargo efetivo para assumir o cargo eletivo.

(C) Z ao assumir o cargo eletivo deverá necessariamente receber a remuneração desse cargo, não podendo optar pela remuneração do cargo efetivo.

(D) Z, necessariamente, irá se afastar do cargo efetivo e deverá optar pela remuneração do cargo efetivo ou pela do cargo eletivo, sendo impossível a acumulação das remunerações.

(E) Z poderá, havendo compatibilidade de horários, acumular os cargos e as remunerações.

A: incorreta. O tempo correspondente ao desempenho de mandato eletivo federal, estadual, municipal ou distrital, anterior ao ingresso no serviço público federal (art. 103, IV da Lei 8.112/1990). **B:** incorreta. O servidor não deverá pedir exoneração, mas sim afastamento. **C:** incorreta. Ao servidor será facultado optar pela sua remuneração (art. 94, II, da Lei 8.112/1990). **D:** correta. Investido no mandato de Prefeito, será afastado do cargo, sendo-lhe facultado optar pela sua remuneração (art. 94, II, da Lei 8.112/1990). **E:** incorreta. No mandato de vereador, havendo compatibilidade de horário, perceberá as vantagens de seu cargo, sem prejuízo da remuneração do cargo eletivo e não havendo compatibilidade de horário, será afastado do cargo, sendo-lhe facultado optar pela sua remuneração (art. 94, III, "a" e "b da Lei 8.112/1990). **SEG**

Gabarito "D".

(Agente de Polícia/RN – 2008 – CESPE) A respeito dos servidores públicos, assinale a opção correta à luz da CF.

(A) Mesmo aos servidores que exerçam atividades de risco é vedada a adoção de requisitos e critérios diferenciados para concessão de aposentadoria.

(B) Extinto o cargo de provimento efetivo por meio de concurso público, ou declarada a sua desnecessidade,

o servidor estável ocupante desse cargo ficará em disponibilidade, com remuneração integral, até seu adequado aproveitamento em outro cargo.

(C) Os requisitos de idade e tempo de contribuição para o regime de previdência dos servidores públicos de cargos efetivos dos estados serão reduzidos em cinco anos, para o professor que comprove exclusivamente tempo de efetivo exercício das funções de magistério na educação infantil, no ensino fundamental, médio e superior.

(D) O detentor de mandato eletivo é remunerado exclusivamente por subsídio fixado em parcela única.

(E) Somente a lei pode estabelecer contagem de tempo de contribuição fictício para o regime de previdência dos servidores titulares de cargos efetivos da União.

D: correta, pois de acordo com o art. 39, § 4º da CF: *O membro de Poder, o detentor de mandato eletivo, os Ministros de Estado e os Secretários Estaduais e Municipais serão remunerados exclusivamente por subsídio fixado em parcela única, vedado o acréscimo de qualquer gratificação, adicional, abono, prêmio, verba de representação ou outra espécie remuneratória, obedecido, em qualquer caso, o disposto no art. 37, X e XI.* **SEG**

Gabarito "D".

(Agente de Polícia/RO – 2009 – FUNCAB) Analise as assertivas abaixo, assinalando aquela que está em consonância com as normas de direito administrativo consagrada na Constituição da República Federativa do Brasil de 1988.

(A) Os vencimentos dos cargos do Poder Legislativo e do Poder Judiciário não poderão ser superiores aos pagos pelo Poder Executivo.

(B) É proibida a contratação temporária mesmo que para atender a necessidade excepcional de interesse público.

(C) O prazo de validade do concurso público será de dois anos, prorrogável por igual período.

(D) É proibido ao servidor público civil o direito à livre associação sindical.

(E) A lei não precisa reservar percentual dos cargos e empregos públicos para as pessoas portadoras de deficiência e definirá os critérios de sua admissão.

A: correta, pois conforme determinação constitucional, *os vencimentos dos cargos do Poder Legislativo e do Poder Judiciário não poderão ser superiores aos pagos pelo Poder Executivo* (art. 37, XII, CF); **B:** incorreta, pois *a lei estabelecerá os casos de contratação por tempo determinado para atender a necessidade temporária de excepcional interesse público* (art.37, IX da CF); **C:** incorreta, pois *o prazo de validade do concurso público será de até dois anos, prorrogável **uma vez**, por igual período* (art. 37, III da CF); **D:** incorreta, pois conforme art. 37, VI da CF, *é garantido ao servidor público civil o direito à livre associação sindical*; E: incorreta, pois *a lei reservará percentual dos cargos e empregos públicos para as pessoas portadoras de deficiência e definirá os critérios de sua admissão.* (art. 37, VIII da CF). **SEG**

Gabarito "A".

5.9. Sistema Previdenciário

(Agente de Polícia/PI – 2008 – UESPI) A vacância do cargo, em virtude da modificação do vínculo com o sujeito, ocorre por:

(A) Exoneração

(B) Demissão

(C) Falecimento

(D) Aposentadoria

(E) Anulação do ato de investidura

A: incorreta, pois *a exoneração de cargo efetivo dar-se-á a pedido do servidor, ou de ofício* (art. 34 da Lei 8.112/1990); **B:** incorreta, pois demissão ocorre nos casos de crime contra a Administração Pública; abandono de cargo; inassiduidade habitual; improbidade administrativa dentre outros previstos, no art. 132, I a XIII da Lei 8.112/1990, após a instauração de processo administrativo disciplinar, obedecendo-se os direitos de ampla defesa e contraditório; **C:** incorreta, pois o falecimento é a perda da qualidade de beneficiário (art. 222, I da Lei 8.112/1990); **D:** correta, pois a aposentadoria ocorre quando cessa o exercício da atividade junto ao órgão público (art. 33, VII, Lei 8.112/1990); **E:** incorreta, pois vacância não se dá pelo ato de anulação de investidura (art. 33, da Lei 8.112/1990). **SEG**

Gabarito "D".

5.10. Infração disciplinar e processo administrativo

(Agente – Pernambuco – CESPE – 2016) Considerando as regras e princípios previstos na Lei n.º 9.784/1999, que regula o processo administrativo no âmbito da administração pública federal, assinale a opção correta em relação ao processo administrativo.

(A) Em razão do princípio da oficialidade, exigir-se-á o reconhecimento da assinatura do interessado nas suas manifestações por escrito, que somente será dispensado nos casos expressamente previstos no regulamento do órgão responsável pelo julgamento.

(B) Os atos de processo independem de intimação do interessado, sendo dever do interessado acompanhar o andamento do processo junto à repartição, principalmente nos casos relativos à imposição de sanções ou restrição de direitos, sob pena de revelia.

(C) Devidamente protocolado o processo administrativo junto ao órgão público competente, o interessado não poderá desistir do pedido formulado, salvo se renunciar expressamente ao direito objeto da solicitação.

(D) O processo administrativo rege-se pelo princípio da inércia: deverá ser impulsionado pela atuação dos interessados, sendo vedada a sua impulsão de ofício pela autoridade julgadora.

(E) Em caso de risco iminente, a administração pública poderá, motivadamente, adotar providências acauteladoras, mesmo sem a prévia manifestação do interessado.

A: incorreta. Lei 9.784/1999, art. 22. § 2º – Salvo imposição legal, o reconhecimento de firma somente será exigido quando houver dúvida de autenticidade; **B:** incorreta. Lei 9.784/1999, art. 3º, II – ter ciência da tramitação dos processos administrativos em que tenha a condição de interessado, ter vista dos autos, obter cópias de documentos neles contidos e conhecer as decisões proferidas; **C:** incorreta. Lei 9.784/1999, art. 51 – O interessado poderá, mediante manifestação escrita, desistir total ou parcialmente do pedido formulado ou, ainda, renunciar a direitos disponíveis; **D:** incorreta. Lei 9.784/1999, art. 5º – O processo administrativo pode iniciar-se de ofício ou a pedido de interessado; **E:** correta. A Lei 9.784/1999 prevê como princípios norteadores do processo administrativo federal: art. 2º – A Administração Pública obedecerá, dentre outros, aos princípios da legalidade, finalidade, motivação, razoabilidade, proporcionalidade, moralidade, ampla defesa, contraditório, segurança jurídica, interesse público e eficiência. A assertiva indica a proteção ao princípio da eficiência e

neste sentido: art. 45 – Em caso de risco iminente, a Administração Pública poderá motivadamente adotar providências acauteladoras sem a prévia manifestação do interessado. **FB**

Gabarito "E".

(Agente-Escrivão – Acre – IBADE – 2017) Sobre o processo administrativo e as disposições constantes da Lei nº 9.784/1999, é correto afirmar:

(A) Salvo disposição legal em contrário, o recurso administrativo tem efeito suspensivo.

(B) Um dos critérios a ser observado nos processos administrativos é o da interpretação da norma administrativa da forma que melhor garanta o atendimento do fim público a que se dirige, permitindo-se, inclusive, aplicação retroativa de nova interpretação.

(C) Uma das diferenças do instituto da revisão de processo administrativo para o instituto do recurso administrativo, é que na revisão do processo não poderá resultar agravamento da sanção anteriormente imposta, enquanto o recurso administrativo poderá resultar em agravamento da situação do recorrente.

(D) Salvo disposição legal em sentido contrário, o recurso administrativo tramitará no máximo por duas instâncias administrativas.

(E) O recurso administrativo apenas tem cabimento em face de questões de legalidade. As questões de mérito devem ser discutidas judicialmente.

Art. 64 – O órgão competente para decidir o recurso poderá confirmar, modificar, anular ou revogar, total ou parcialmente, a decisão recorrida, se a matéria for de sua competência. Parágrafo único. Se da aplicação do disposto neste artigo puder decorrer gravame à situação do recorrente, este deverá ser cientificado para que formule suas alegações antes da decisão. Art. 65 – Os processos administrativos de que resultem sanções poderão ser revistos, a qualquer tempo, a pedido ou de ofício, quando surgirem fatos novos ou circunstâncias relevantes suscetíveis de justificar a inadequação da sanção aplicada. Parágrafo único. Da revisão do processo não poderá resultar agravamento da sanção. **FB**

Gabarito "C".

(Agente-Escrivão – Acre – IBADE – 2017) Relativamente ao tema da competência administrativa no contexto da Lei nº 9.784/1999, há afirmativa correta em:

(A) As decisões adotadas por delegação devem mencionar explicitamente esta qualidade e considerar-se-ão editadas pela autoridade delegante.

(B) É vedada, como regra, a delegação de competência dos órgãos colegiados aos respectivos presidentes, pois seria um caso de violação do princípio da colegialidade.

(C) Não podem ser objeto de delegação de competência a edição de atos de caráter normativo, a decisão de recursos administrativos e as matérias de competência exclusiva de órgão ou autoridade.

(D) A delegação de competência é vedada quando tem por razão circunstâncias de índole econômica ou jurídica.

(E) É permitida a avocação temporária de competência atribuída a órgão hierarquicamente inferior. Para tanto, basta que a autoridade edite o ato administrativo avocatório no Diário Oficial, pois a dispensa

8. DIREITO ADMINISTRATIVO

da fundamentação, quanto aos motivos, decorre do próprio dever-poder hierárquico.

A: incorreta. Lei 9.784/1999, art. 14, § 3º – As decisões adotadas por delegação devem mencionar explicitamente esta qualidade e considerar-se-ão **editadas pelo delegado**; **B:** incorreta. Não há previsão legal nesse sentido; **C:** correta. Lei 9.784/1999, art. 13 – Não podem ser objeto de delegação: I – a edição de atos de caráter normativo; II – a decisão de recursos administrativos; III – as matérias de competência exclusiva do órgão ou autoridade; **D:** incorreta. Lei 9.784/1999, art. 12 – Um órgão administrativo e seu titular poderão, se não houver impedimento legal, delegar parte da sua competência a outros órgãos ou titulares, ainda que estes não lhe sejam hierarquicamente subordinados, quando for conveniente, em razão de circunstâncias de índole técnica, social, econômica, jurídica ou territorial; **E:** incorreta. Lei 9.784/1999, art. 15 – Será permitida, em caráter excepcional e por motivos relevantes devidamente justificados, a avocação temporária de competência atribuída a órgão hierarquicamente inferior. **FB**
Gabarito "C"

(Agente-Escrivão – Acre – IBADE – 2017) Quanto ao conceito de Direito Administrativo, às responsabilidades dos servidores públicos civis, aos atos administrativos, ao controle da Administração Pública e ao processo administrativo regido pela Lei nº 9.784/1999, é correto o que se afirma em:

(A) O administrado tem o direito de ser tratado com respeito pelas autoridades e servidores. Contudo, este direito não implica na possibilidade de exigência da Administração, pelo administrado, de um dever de facilitação do exercício de seus direitos.

(B) O Direito Administrativo é um conjunto de regras e princípios que confere poderes desfrutáveis pelo Estado para a consecução do bem comum e da finalidade pública. Esta concepção, portanto, não compreende deveres da Administração em favor dos administrados que, para este ramo do direito, são objetos da relação jurídico- administrativa.

(C) Os servidores públicos civis podem, como regra, ser responsabilizados, de modo concomitante, nas esferas civil, criminal e administrativa.

(D) O Poder Judiciário não pode praticar atos administrativos, mas apenas atos da administração.

(E) O controle da Administração Pública no Brasil é realizado por meio do sistema do contencioso administrativo.

A: incorreta. Lei 9.784/1999, art. 3º – O administrado tem os seguintes direitos perante a Administração, sem prejuízo de outros que lhe sejam assegurados: I – ser tratado com respeito pelas autoridades e servidores, que deverão facilitar o exercício de seus direitos e o cumprimento de suas obrigações; **B:** incorreta. O conjunto de regras e princípios não confere poderes desfrutáveis e sim poder-dever. E a concepção de Direito Administrativo compreende os entes, órgãos, agentes e atividades da Administração Publica na consecução do interesse publico e por conseguinte de seus administrados. **C:** correta. "Se a conduta inadequada afeta a ordem interna dos serviços e vem caracterizada somente como infração ou ilícito administrativo, cogita-se, então, da responsabilidade administrativa, que poderá levar o agente a sofrer sanção administrativa. Essa responsabilidade é apurada no âmbito da Administração, mediante processo administrativo e a possível sanção é aplicada também nessa esfera". Por sua vez, "se o agente, por ação ou omissão, dolosa ou culposa, causou danos à Administração, deverá repará-lo, sendo responsabilizado civilmente. A apuração da responsabilidade civil poderá ter início e término no âmbito administrativo ou ter

início nesse âmbito e ser objeto, depois, de ação perante o Judiciário". Por fim, "se a conduta inadequada do agente afeta, de modo imediato, a sociedade e vem caracterizada pelo ordenamento como crime funcional, o servidor será responsabilizado criminalmente, podendo sofrer sanções penais. A responsabilidade criminal do servidor é apurada mediante processo penal, nos respectivos juízos". MEDAUAR, Odete. *Direito administrativo moderno.* 15ª ed., revista, atualizada e ampliada. São Paulo, Revista dos Tribunais, 2011, p. 319; **D:** incorreta. Lei 9.784/1999, art. 1º – Esta Lei estabelece normas básicas sobre o processo administrativo no âmbito da Administração Federal direta e indireta, visando, em especial, à proteção dos direitos dos administrados e ao melhor cumprimento dos fins da Administração. § 1º – Os preceitos desta Lei também se aplicam aos órgãos dos Poderes Legislativo e Judiciário da União, quando no desempenho de função administrativa; **E:** incorreta. Não é esta a única forma de controle exercido. **FB**
Gabarito "C"

(Investigador-Escrivão-Papiloscopista – Pará – Funcab – 2016) Considerando a Lei nº 9.784/1999, que regulamenta o processo administrativo, assinale a opção correta.

(A) A revisão administrativa pode resultar agravamento da sanção.

(B) Pode ser objeto de delegação a decisão de recursos administrativos.

(C) Nos prazos do recurso no processo administrativo não se exclui o dia do começo e inclui-se o dia do vencimento.

(D) O julgamento acatara o relatório da comissão, salvo quando contrário às provas dos autos.

(E) A delegação pode ser encarada como a possibilidade de o órgão administrativo de maior hierarquia arrogar-se competência de órgão hierarquicamente inferior.

A: incorreta. Lei 9.784/1999, art. 65, parágrafo único – Da revisão do processo não poderá resultar agravamento da sanção; **B:** incorreta. Lei 9.784/1999, art. 13 – Não podem ser objeto de delegação: II – a decisão de recursos administrativos; **C:** incorreta. Lei 9.784/1999, art. 66 – Os prazos começam a correr a partir da data da cientificação oficial, excluindo-se da contagem o dia do começo e incluindo-se o do vencimento; **D:** correta. Lei 8.112/90: Art. 168 – O julgamento acatará o relatório da comissão, salvo quando contrário às provas dos autos. **E:** incorreta. Lei 9.784/1999, art. 15 – Será permitida, em caráter excepcional e por motivos relevantes devidamente justificados, a avocação temporária de competência atribuída a órgão hierarquicamente inferior. **FB**
Gabarito "D"

(Investigador-Escrivão-Papiloscopista – Pará – Funcab – 2016) Assinale a alternativa que corretamente discorre sobre critérios a serem observados nos processos administrativos por força da Lei nº 9.784 de 1999.

(A) Em eventual ausência de lei processuais administrativas próprias, aos Estados e Municípios, é inconcebível a aplicação da legislação federal vigente, ainda que por analogia.

(B) Justamente a salvaguarda do direito adquirido, do ato jurídico perfeito e da coisa julgada, veda-se objetivamente a aplicação retroativa de nova interpretação.

(C) É possível a aplicação retroativa da lei mais benéfica ao acusado de cometer uma infração administrativa.

(D) A retroatividade da lei mais benéfica em matéria penal tem uma tendência humanitária que se repete no campo administrativo, justificando-se igual retroatividade.

(E) O sistema jurídico-constitucional brasileiro, assentou, como postulado absoluto, incondicional e inderrogável, o princípio da irretroatividade de novas interpretações da legislação administrativa.

Aplicação efetiva do princípio da segurança jurídica. Lei 9.784/1999, art. 2º – A Administração Pública obedecerá, dentre outros, aos princípios da legalidade, finalidade, motivação, razoabilidade, proporcionalidade, moralidade, ampla defesa, contraditório, segurança jurídica, interesse público e eficiência. Parágrafo único. Nos processos administrativos serão observados, entre outros, os critérios de: XIII – interpretação da norma administrativa da forma que melhor garanta o atendimento do fim público a que se dirige, vedada aplicação retroativa de nova interpretação. FB

Gabarito "B".

(Agente Penitenciário/MA – 2013 – FGV) João é servidor público estatutário e está sendo processado criminalmente por lesão corporal praticada contra José, enquanto encontrava-se em serviço. Em razão de tal fato também está respondendo a processo administrativo disciplinar.

Diante dessa situação, assinale a afirmativa correta.

(A) Mesmo que seja condenado na seara penal, João poderá provar, na esfera administrativa, a inexistência do fato que fundamentou a condenação, em decorrência da independência entre essas esferas.

(B) Sendo absolvido por inexistência de provas, não poderá ser condenado pelo mesmo fato na esfera administrativa.

(C) Mesmo absolvido na esfera penal, é possível que seja condenado na esfera administrativa.

(D) Sendo absolvido ou condenado na esfera penal, o processo administrativo seguirá sempre a mesma sorte, pois não há independência entre as instâncias penal e administrativa.

(E) O processo administrativo não poderia ser instaurado antes que o do trânsito em julgado da ação penal.

A: incorreta. O ilícito administrativo independe do ilícito penal. Em que pese a independência das instâncias, a sentença criminal condenatória somente afastará a punição administrativa se reconhecer a inexistência do fato ou a negativa de autoria. **B:** incorreta. Uma conduta pode ser classificada ao mesmo tempo como ilícito penal, civil e administrativo, podendo o agente ser condenado em todas as esferas ou não, tendo em vista a independência entre as instâncias. No entanto, há exceções. É o que se denomina vinculação entre as instâncias. Significa dizer que nesses casos, o agente público não poderá ser condenado na esfera civil ou administrativa quando for absolvido na esfera penal por inexistência de fato ou negativa de autoria. A Lei 8.112/1990 em seus arts. 125 e 126 prescreve que *as sanções civis, penais e administrativas poderão cumular-se, sendo independentes entre si* (art. 125) e que a *responsabilidade administrativa do servidor será afastada no caso de absolvição criminal que negue a existência do fato ou sua autoria* (art. 126). Conforme disposto no art. 66 do CPP, *não obstante a sentença absolutória no juízo criminal, a ação civil poderá ser proposta quando não tiver sido, categoricamente, reconhecida a inexistência material do fato.* A esse respeito, o STJ decidiu que: "*a independência entre as instâncias penal, civil e administrativa, consagrada na doutrina e na jurisprudência, permite à Administração impor punição disciplinar ao servidor faltoso à revelia de anterior julgamento no âmbito criminal, ou em sede de ação civil por improbidade, mesmo que a conduta imputada configure crime em tese. Precedentes do STJ e do STF (MS. 7.834-DF).* Comprovada a improbidade administrativa do servidor, em escorreito processo administrativo disciplinar, desnecessário o aguardo de eventual sentença condenatória penal. Inteligência dos arts. 125 e 126 da Lei 8.112/1990. Ademais, a sentença penal somente produz

---

efeitos na seara administrativa, caso o provimento reconheça a não ocorrência do fato ou a negativa da autoria. (MS 7861/DF). **C:** correta, pois a sentença penal absolutória, não impede que haja punição na esfera administrativa: **D:** incorreta. Em que pese haver independência entre as esferas penal e administrativa, no caso de sentença penal condenatória, o processo administrativo fica prejudicado. É o efeito da sentença penal condenatória. **E:** A alternativa encontra-se incorreta, pois a apuração de uma infração disciplinar **deve ocorrer *de ofício*** quando a autoridade que tiver ciência de irregularidade no serviço público, devendo promover a sua apuração imediata, mediante sindicância ou processo administrativo disciplinar, assegurada ao acusado ampla defesa (art. 143 da Lei 8.112/1990). SEG

Gabarito "C".

(Agente de Polícia/DF – 2013 – CESPE) Após investigação, constatou-se que determinado servidor público adquiriu, em curto período de tempo, uma lancha, uma casa luxuosa e um carro importado avaliado em cem mil reais, configurando um crescimento patrimonial incompatível com sua renda. Apesar de a investigação não ter apontado a origem ilícita dos recursos financeiros, o referido servidor foi condenado à perda dos bens acrescidos ao seu patrimônio, à demissão, à suspensão dos direitos políticos e ao pagamento de multa.

Nessa situação hipotética, o servidor foi indevidamente condenado por improbidade administrativa, haja vista não ter ficado comprovada ilicitude na aquisição dos bens.

Julgue os itens subsequentes, relativos à organização administrativa do Estado e a atos administrativos.

(1) No direito administrativo, a inércia será considerada um ato ilícito caso haja dever de agir pela administração pública, implicando essa conduta omissiva abuso de poder quando houver ofensa a direito individual ou coletivo dos administrados.

(2) A PCDF é órgão especializado da administração direta subordinado ao Poder Executivo do DF.

(3) Considere a seguinte situação hipotética. Hugo e Ivo planejaram juntos o furto de uma residência. Sem o conhecimento de Hugo, Ivo levou consigo um revólver para garantir o sucesso da empreitada criminosa. Enquanto Hugo subtraia os bens do escritório, Ivo foi surpreendido na sala por um morador e acabou matando-o com um tiro. Nessa situação hipotética, Ivo responderá por latrocínio, e Hugo, apenas pelo crime de furto.

(4) Por ser o estupro um crime que se submete a ação penal pública condicionada, caso uma mulher, maior de idade e capaz, seja vítima desse crime, somente ela poderá representar contra o autor do fato, embora não seja obrigada a fazê-lo.

(5) O empresário que inserir na carteira de trabalho e previdência social de seu empregado declaração diversa da que deveria ter escrito cometerá o crime de falsidade ideológica.

(6) O agente de polícia que deixar de cumprir seu dever de vedar ao preso o acesso a telefone celular, permitindo que este mantenha contato com pessoas fora do estabelecimento prisional, cometerá o crime de condescendência criminosa.

1: correta. A inércia será considerada um ato ilícito caso haja dever de agir pela administração pública, implicando essa conduta omissiva

8. DIREITO ADMINISTRATIVO 285

abuso de poder quando houver ofensa a direito individual ou coletivo dos administrados, é o que já decidiu o STJ nos seguintes termos: *Em homenagem ao princípio da eficiência, é forçoso concluir que a autoridade impetrada, no exercício da atividade administrativa, deve manifestar-se acerca dos requerimentos de anistia em tempo razoável, sendo-lhe vedado postergar, indefinidamente, a conclusão do procedimento administrativo, sob pena de caracterização de abuso de poder.*(MS 12.701/DF, rel. Min. Maria Thereza de Assis Moura, *DJe* 03/03/2011). **2:** correta. Conforme prevê a Constituição Federal em seu art. 144, §§ 4º e 6º informam que às polícias civis, dirigidas por delegados de polícia de carreira, incumbem, ressalvada a competência da União, as funções de polícia judiciária e a apuração de infrações penais, exceto as militares e as polícias militares e corpos de bombeiros militares, forças auxiliares e reserva do Exército, subordinam-se, juntamente com as polícias civis, aos Governadores dos Estados, do Distrito Federal e dos Territórios. **3:** correta, tendo como fundamento o art. 29, § 2º do Código Penal, que prescreve que se algum dos concorrentes quis participar de crime menos grave, ser--lhe-á aplicada a pena deste; essa pena será aumentada até metade, na hipótese de ter sido previsível o resultado mais grave. É o que se chama de "participação dolosamente distinta", exceção à teoria monista adotada pelo nosso Código Penal. Observa a esse respeito o seguinte julgado: *Se a violência exercida contra a vítima, acarretando-lhe a morte, foi exercida com o intuito de subtrair a quantia que lhe pertencia, configura-se o delito de latrocínio. Em tema de latrocínio não se deve reconhecer a cooperação dolosamente distinta, agasalhada pelo art. 29, § 2º, do CP, se o envolvido na empreitada criminosa dela participou ativamente, ainda que não tenha executado atos que culminaram na morte da vítima, mas assumiu o risco da produção do resultado mais grave* (TJMG, Processo nº 1.0372.05.014103-8/001(1), rel. Des. Antônio Armando dos Anjos, DJ 12/05/2007). **4:** correta, conforme previsto no art. 225 do CP, o crime de estupro é de ação penal pública condicionada a representação da vítima. Vale destacar, contudo, que o direito de representação pela mulher, mas também por quem tenha a condição de representa-la. Não se trata de uma ação penal personalíssima, mas de ação penal pública condicionada. **5:** O crime descrito está tipificado como falsificação de documento público (art. 297, § 3º, II do CP) e não de falsidade ideológica. **6:** incorreta, tratando-se prevaricação imprópria e não condescendência criminosa (art. 319-A do CP). SEG

Gabarito 1C, 2C, 3C, 4C, 5E, 6E

(Agente de Polícia/PI – 2012) Acerca dos direitos e garantias fundamentais proclamados na Constituição Federal em vigor, assinale a alternativa correta.

(A) *habeas data* significa a ação por meio da qual o cida-dão, privado de sua liberdade por ato administrativo, busca ordem judicial que lhe restaure a liberdade.

(B) o direito à ampla defesa é peculiar ao processo judi-cial, não estando presente no âmbito do processo administrativo.

(C) a todo litigante, em sede exclusivamente de processo judicial, é assegurado o exercício do contraditório e da ampla defesa.

(D) a todo litigante, em processo administrativo ou judi-cial, é garantido o exercício do contraditório e da ampla defesa.

(E) considerando-se que a propriedade deve atender à sua função social, a Administração Pública pode, por razões de interesse social, expropriar o latifúndio improdutivo, sem a instauração de procedimento administrativo.

A: incorreta, pois o instrumento indicado no caso da afirmativa é o *habeas corpus* que tem como base o art. 5º, LXVIII da CF. O *Habeas data*, conforme o art. 5º, LXXII, "a" e "b" da CF, será concedido: a) para assegurar o conhecimento de informações relativas à pessoa do

impetrante, constantes de registros ou bancos de dados de entidades governamentais ou de caráter público; b) para a retificação de dados, quando não se prefira fazê-lo por processo sigiloso, judicial ou adminis-trativo. As finalidades são: conhecimento ou retificação das informações relativas ao impetrante. Uma última informação: somente pode ser impetrado quando se tratar de informações pessoais referentes à pessoa do impetrante; **B:** incorreta, pois a Carta Constitucional em seu art. 5º, LV, garante que *aos litigantes, em processo judicial ou administrativo, e aos acusados em geral são assegurados o contraditório e ampla defesa, com os meios e recursos a ela inerentes*; **C:** incorreta, pois a garantia se dá não *exclusivamente* em processo judicial, mas também em processo administrativo (art. 5º, LV da CF); **D:** correta, pois o exer-cício do contraditório e da ampla defesa é garantido tanto no processo administrativo, quanto no judicial (art. 5º, LV da CF); **E:** incorreta, pois o art. 5º da CF em seu inc. XXIV, aduz que a lei estabelecerá o proce-dimento para desapropriação por necessidade ou utilidade pública, ou por interesse social. O procedimento administrativo da desapropriação realiza-se em duas fases: declaratória e executória. A fase declaratória é aquela em que a Administração Pública aponta os motivos que ensejam a desapropriação, ou seja: *necessidade pública, utilidade pública ou interesse social*. A fase executória é a fase de procedimentos, que pode ser *administrativa ou judicial*. A fase executória *administrativa* ocorre quando há *acordo* entre expropriante e expropriado. Não havendo acordo, inicia-se a fase judicial. SEG

Gabarito "D".

(Escrivão de Polícia/PA – 2009 – MOVENS) O agente público tem por obrigação agir de acordo com a lei. Quando a descumpre frontalmente ou se desvia do seu comando indo além do que ela permite, pratica "abuso de poder". Considerando essas informações, assinale a opção que está em consonância com o princípio da responsabili-dade funcional.

(A) Agindo em nome do órgão público, cabe ao ente ao qual está vinculado assumir a responsabilidade funcional pelo abuso de poder.

(B) O agente não responde pessoalmente pelo ato.

(C) Será instaurado, pelo superior hierárquico, procedi-mento administrativo disciplinar para apurar o fato e identificar se houve abuso de poder.

(D) Todos os atos praticados pelos servidores são consi-derados lícitos.

O processo disciplinar é o instrumento destinado a apurar responsabili-dade de servidor por infração praticada no exercício de suas atribuições, ou que tenha relação com as atribuições do cargo em que se encontre investido (art. 148, da Lei 8.112/1990), de forma que se a autoridade superior *tiver ciência de irregularidade no serviço público é obrigada a promover a sua apuração imediata, mediante sindicância ou processo administrativo disciplinar, assegurada ao acusado ampla defesa* (art. 143, da Lei 8.112/1990). SEG

Gabarito "C".

(Agente de Polícia/PI – 2008 – UESPI) A sanção administrativa funcional é uma punição consistente na restrição a direi-tos ou na ampliação de deveres, cominada em lei como decorrência da prática de conduta reprovável e imposta por meio de processo administrativo. São identificadas como sanções administrativas, EXCETO:

(A) Advertência

(B) Multa

(C) Suspensão

(D) Repreensão

(E) Demissão

A: correta, nos termos do art. 65, da LC 37/2004 (Estatuto da Polícia Civil do Estado do Piauí); **B:** incorreta, pois a multa não é sanção administrativa, dela não fazendo menção o Estatuto da Polícia Civil do Estado do Piauí; **C:** correta, conforme legalmente previsto no art. 66 da LC 37/2004; **D:** correta, pois em regra a repreensão é aplicada por escrito, em caso de desobediência ou falta de cumprimento dos deveres ou em caso de reincidência quando tenha resultado na pena de advertência; **E:** correta, conforme dispõe o art. 67 do referido estatuto. **SEG**

Gabarito "B".

5.11. Outros temas de agentes públicos e temas combinados

(Escrivão de Polícia/DF – 2013 – CESPE) Acerca do regime jurídico dos servidores públicos, julgue os itens subsecutivos.

(1) O conceito de agente público para a aplicação da Lei de Improbidade Administrativa abrange aqueles que exerçam, sem remuneração, função no âmbito da PCDF.

(2) A invalidação de demissão por decisão judicial importa a reinvestidura do servidor estável no cargo anteriormente ocupado, mesmo que este já tenha sido ocupado por outro servidor.

(3) Caso um servidor ocupante de cargo em comissão seja exonerado desse cargo a pedido, eventuais denúncias de infrações por ele praticadas deverão ser arquivadas, uma vez que, nessa hipótese, a aplicação de penalidade não surtirá efeitos na esfera administrativa.

1: correta. Os sujeitos ativos são aqueles que praticam o ato de improbidade, sendo possível, ainda, a responsabilização de qualquer pessoa, ainda que não seja agente público, que induz ou concorre dolosamente com a prática do ato. Daí se afirmar, que, em princípio, os atos de improbidade podem ser praticados por qualquer agente público, o agente político, o servidor público e todo aquele que exerce, ainda que transitoriamente ou sem remuneração, por eleição, nomeação, designação, contratação ou qualquer outra forma de investidura ou vínculo, mandato, cargo, emprego ou função nas entidades referidas na Lei 8.429/92. O que se verifica é que o legislador adotou uma concepção bastante ampla de agente público. Inclusive, seus dispositivos se aplicam, no que couber, àquele que, mesmo não sendo agente público, induza ou concorra para a prática do ato de improbidade (arts. 2° e 3° da Lei 8.429/1992). **2:** correta. A reintegração é a reinvestidura do servidor estável no cargo anteriormente ocupado, ou no cargo resultante de sua transformação, quando invalidada a sua demissão por decisão administrativa ou judicial, com ressarcimento de todas as vantagens (art. 28 da Lei 8.112/1990). **3:** incorreta, pois mesmo após exonerado, a penalidade pode resultar efeitos na esfera administrativa, como a exemplo de demissão pela prática de ato de improbidade administrativa. (art. 136 e 137 da Lei 8.112/1990). **FC**

Gabarito 1C, 2C, 3E.

(Escrivão de Polícia Federal – 2013 – CESPE - ADAPTADA) Com relação ao direito administrativo, julgue os itens a seguir.

(1) A posse de um candidato aprovado em concurso público somente poderá ocorrer pessoalmente.

(2) O servidor público revelar fato ou circunstância de que tem ciência em razão das atribuições e que deva permanecer em segredo, propiciando beneficiamento por informação privilegiada ou colocando em risco a segurança da sociedade e do Estado.

(3) As penas aplicadas a quem comete ato de improbidade não podem ser cumuladas, uma vez que estaria o servidor sendo punido duas vezes pelo mesmo ato.

(4) O Banco Central do Brasil é uma autarquia federal e compõe a administração pública direta da União.

1: incorreta. A posse poderá se dar mediante procuração específica (art. 13, § 3°, da Lei 8.112/1990). **2:** correta. revelar fato ou circunstância de que tem ciência em razão das atribuições e que deva permanecer em segredo, propiciando beneficiamento por informação privilegiada ou colocando em risco a segurança da sociedade e do Estado, constitui-se atos de improbidade administrativa que atentam contra os princípios da administração pública (art. 11, III, da Lei 8.429/1992).**3:** Incorreta. As penas a quem comete ato de improbidade podem ser aplicadas isoladas ou cumulativamente, de acordo com a gravidade do fato (art. 12 da Lei 8.429/1992). **4.** Incorreta. O Banco Central do Brasil é uma autarquia federal, mas não faz parte da administração direta da União. Na verdade é uma entidade da administração indireta. **FC**

Gabarito 1E, 2C, 3E, 4E

(Polícia Rodoviária Federal – 2013 – CESPE) No que concerne ao regime jurídico do servidor público federal, julgue os próximos itens.

(1) Anulado o ato de demissão, o servidor estável será reintegrado ao cargo por ele ocupado anteriormente, exceto se o cargo estiver ocupado, hipótese em que ficará em disponibilidade até aproveitamento posterior em cargo de atribuições e vencimentos compatíveis.

(2) O servidor público federal investido em mandato eletivo municipal somente será afastado do cargo se não houver compatibilidade de horário, sendo-lhe facultado, em caso de afastamento, optar pela sua remuneração.

(3) Não é possível a aplicação de penalidade a servidor inativo, ainda que a infração funcional tenha sido praticada anteriormente a sua aposentadoria.

(4) A nomeação para cargo de provimento efetivo será realizada mediante prévia habilitação em concurso público de provas ou de provas e títulos ou, em algumas situações excepcionais, por livre escolha da autoridade competente.

1: incorreta, pois quando invalidada a demissão por decisão administrativa ou judicial, o servidor será reintegrado com ressarcimento de todas as vantagens. Na hipótese de o cargo ter sido extinto, o servidor ficará em disponibilidade. Encontrando-se provido o cargo, o seu eventual ocupante será reconduzido ao cargo de origem, sem direito à indenização ou aproveitado em outro cargo, ou, ainda, posto em disponibilidade (art. 28 da Lei 8.112/1990). **2:** incorreta, pois o servidor público federal investido em mandato eletivo municipal, havendo compatibilidade de horário, perceberá as vantagens de seu cargo, sem prejuízo da remuneração do cargo eletivo. Não havendo compatibilidade de horário, será afastado do cargo, sendo-lhe facultado optar pela sua remuneração (art. 94, III, "a" e "b" da Lei 8.112/1990). **3:** Incorreta. Dentre as penalidades disciplinares encontra-se a cassação de aposentadoria, e esta será cassada quando o inativo houver praticado, na atividade, falta punível com a demissão (arts. 127, IV e 134 da Lei 8.112/1990). **4:** incorreta. Conforme prevê a CF, a investidura em cargo ou emprego público depende de aprovação prévia em concurso público de provas ou de provas e títulos, de acordo com a natureza e a complexidade do cargo ou emprego, na forma prevista em lei, ressalvadas as nomeações para cargo em comissão declarado em lei de livre nomeação e exoneração (art. 37, II da CF). Por outro lado, a Lei 8.112/1990 aduz que a nomeação para cargo de carreira ou cargo isolado de provimento efetivo depende de prévia habilitação em concurso público de provas ou de provas e títulos, obedecidos a ordem de classificação e o prazo de sua validade (art. 10 da Lei 8.112/1990). Pelo exposto, verifica-se que não existe situação excepcional à regra da aprovação em concurso público para provimento de cargo efetivo, mas somente para somente para provimento de cargo em comissão. **SEG**

Gabarito 1E, 2E, 3E, 4E

8. DIREITO ADMINISTRATIVO

(Escrivão de Polícia Federal – 2009 – CESPE) No que se refere à organização administrativa da União e ao regime jurídico dos servidores públicos civis federais, julgue os itens seguintes.

(1) A empresa pública e a sociedade de economia mista podem ser estruturadas mediante a adoção de qualquer uma das formas societárias admitidas em direito.

(2) O vencimento, a remuneração e o provento não podem ser objeto de penhora, exceto no caso de prestação de alimentos resultante de decisão judicial.

1: incorreta, pois segundo o que dispõe o art. 5º, III do Dec.-lei 200/1967, *as sociedades de economia mista devem ser revestidas da forma de sociedade anônima. Já as empresas públicas podem revestir--se de quaisquer das formas admitidas em direito,* conforme prevê o art. 5º, II do citado Decreto-lei; **2:** correta, pois conforme art. 48 da Lei 8.112/1990, *o vencimento, a remuneração e o provento não serão objeto de arresto, sequestro ou penhora, exceto nos casos de prestação de alimentos resultante de decisão judicial.* SEG

Gabarito 1C, 2C

(Escrivão de Polícia Federal – 2009 – CESPE - ADAPTADA) Quanto ao regime jurídico concernente aos funcionários policiais civis da União e do Distrito Federal, bem como às sanções aplicáveis aos agentes públicos, julgue o item a seguir.

(1) Frustrar a licitude de processo licitatório ou de processo seletivo para celebração de parcerias com entidades sem fins lucrativos, ou dispensá-los indevidamente, acarretando perda patrimonial efetiva constitui ato de improbidade administrativa e, por consequência, impõe a aplicação da lei de improbidade e a sujeição do responsável unicamente às sanções nela previstas.

1: incorreta, pois o art. 12, *caput*, da Lei 8.429/1992, estabelece que aquele que frustrar a licitude de processo licitatório ou de processo seletivo para celebração de parcerias com entidades sem fins lucrativos, ou dispensá-los indevidamente, acarretando perda patrimonial efetiva, responde *independentemente das sanções penais, civis e administrativas previstas na legislação específica,* penas que podem ser aplicadas de forma isolada ou cumulativa, de acordo com a gravidade do fato. FC

Gabarito 1E

(Escrivão de Polícia/AC – 2008 – CESPE) Julgue o seguinte item.

(1) Os empregados de uma empresa pública devem ser contratados sob o regime da Lei nº 8.112/1990.

1: incorreta, pois tais servidores submetem-se ao regime trabalhista comum, cujas regras encontram-se disciplinadas na CLT, de forma que os litígios decorrentes das relações de trabalho, serão dirimidos pela Justiça do Trabalho. (art. 114 da CF). Em que pese tais considerações, há que se observar ainda que: a contratação deve ser precedida de aprovação em concurso público (art. 37, II da CF); não pode haver acúmulo de cargos ou funções públicas (art. 37, XVII da CF); são equiparados a funcionários públicos para fins penais (art. 327, §§ 1º e 2º do CP); são considerados agentes públicos para os fins de incidência das diversas sanções na hipótese de improbidade administrativa (Lei. 8.429/1992). SEG

Gabarito 1E

(Agente de Polícia/DF – 2009 – UNIVERSA) Quanto ao disciplinamento dos agentes públicos, assinale a alternativa incorreta.

(A) Não só as carreiras explicitadas na Constituição Federal podem ser remuneradas via subsídio.

(B) Aos servidores que tiverem seu primeiro vínculo estatutário ao serem empossados nos seus cargos em decorrência de aprovação no concurso que ora se realiza, não mais se aplica a possibilidade de se aposentarem voluntariamente com proventos integrais.

(C) No bojo de medidas que visam implementar a Administração Pública gerencial, vige, por introduzido pela Emenda Constitucional nº 19, de 1998, a possibilidade de contratação de pessoal efetivo em entes de direito público via Consolidação das Leis do Trabalho. Na prática, é o fim do regime jurídico único, o RJU.

(D) Não se pode afirmar que todos os cargos públicos são ocupados exclusivamente após concurso público.

(E) Posto serem de direito público a natureza dos princípios aplicáveis, os servidores públicos não têm direito adquirido à manutenção de direito previsto em estatuto.

C: incorreta, pois o STF suspendeu a eficácia do art. 39, *caput*, da CF, cuja EC 19/1998, tinha dado nova redação, voltando a viger a redação anterior, restabelecendo-se o regime jurídico único (ADI 2135 MC/DF, Rel. Min. Ellen Gracie, j. 02.08.2007). SEG

Gabarito "C"

(Agente de Polícia/GO – 2008 – UEG) Na Administração Pública, a transferência do exercício temporário de algumas atribuições originariamente pertencentes ao cargo do superior hierárquico ao subordinado ocorre por meio da

(A) desconcentração.

(B) descentralização.

(C) delegação.

(D) avocação.

A: incorreta, pois a desconcentração é a distribuição interna de atividades administrativas a outros órgãos pertencentes à Administração Pública Direta, mas que não tem personalidade jurídica própria. Por exemplo: Prefeito Municipal, que distribui internamente atribuições aos Secretários de Saúde, Educação; ou a competência delegada a ministérios, secretarias, subprefeituras, delegacias da Receita Federal, etc.; **B:** incorreta, pois entende-se por descentralização a distribuição de atividades administrativas, a pessoa(s) distinta(s) do Estado, a exemplo de autarquias ou fundações públicas criadas para atuar em serviços típicos que devem ser prestados pelo Estado de forma especializada, ágil e eficiente o qual era da atribuição do ente político que os criou; **C:** correta, pois *mediante delegação de competência um órgão ou autoridade, titular de determinados poderes e atribuições, transfere a outro órgão ou autoridade (em geral de nível inferior hierárquico inferior) parcela de tais poderes e atribuições. A autoridade que transfere tem o nome de delegante; a autoridade ou órgão que recebe as atribuições denomina--se delegado; o ato pelo qual se efetua a transferência intitula-se ato de delegação* (Odete Medauar. *Direito administrativo moderno.* 14. ed. São Paulo: RT, 2011. p. 61. Neste caso, o superior hierárquico confere a um subordinado o exercício temporário de algumas atribuições que competem originalmente ao delegante, exceto na edição de atos de caráter normativo; decisão de recursos administrativos e as matérias de competência exclusiva do órgão ou autoridade, devendo ocorrer somente em caráter excepcional, não podendo o delegante renunciar as suas competências nem transferir a titularidade delas. Em nível federal o amparo legal encontra-se nos arts. 11 a 15 da Lei 9.784/1999; **D:** incorreta, o poder de avocação ocorre quando o superior hierárquico chama para si o exercício temporário de determinada competência atribuída por lei a um subordinado. SEG

Gabarito "C"

(Inspetor de Polícia/MT – 2010 – UNEMAT) A Constituição Federal/1988, quanto aos servidores públicos, prevê, expressamente:

(A) o prazo de validade de concursos públicos será de 3 (três) anos, prorrogável, uma única vez, por 1 (um) ano.

(B) os cargos e empregos públicos são exclusivos dos brasileiros natos ou naturalizados.

(C) extinto o cargo ou declarada a sua desnecessidade, o servidor estável ficará em disponibilidade, com remuneração proporcional ao tempo de serviço, até seu adequado aproveitamento em outro cargo.

(D) são estáveis após 3 (três) anos, a contar da posse, os servidores nomeados para cargo de provimento efetivo em virtude de concurso público.

(E) o servidor público estável somente perderá cargo em virtude de sentença judicial transitada em julgado.

A: incorreta, pois *o prazo de validade do concurso público será de até dois anos, prorrogável uma vez, por igual período* (art. 37, III da CF); **B:** incorreta, pois *os cargos, empregos e funções públicas são acessíveis aos brasileiros que preencham os requisitos estabelecidos em lei, assim como aos estrangeiros, na forma da lei* (art. 37, I da CF); C: correta, pois se *extinto o cargo ou declarada a sua desnecessidade, o servidor estável ficará em disponibilidade, com remuneração proporcional ao tempo de serviço, até seu adequado aproveitamento em outro cargo. O servidor deve ser reintegrado em cargo semelhante* (art. 41, § 3º da CF); D: incorreta, pois *são estáveis após três anos de efetivo exercício os servidores nomeados para cargo de provimento efetivo em virtude de concurso público* (art. 41, caput, da CF); **E:** incorreta, pois o servidor público poderá perder o cargo *em virtude de sentença judicial transitada em julgado; mediante processo administrativo em que lhe seja assegurada ampla defesa* e *mediante procedimento de avaliação periódica de desempenho, na forma de lei complementar, assegurada ampla defesa.* (art. 41, § 1º, I, II e III da CF). **SEG**
„Gabarito "C".

(Escrivão de Polícia/PA – 2009 – MOVENS) Pedro, servidor público concursado, estável, foi demitido do órgão em que trabalhava por decisão em processo administrativo disciplinar que lhe assegurou ampla defesa e contraditório. A partir da sua demissão, o cargo ocupado por Pedro passou a ser ocupado por Márcio, também servidor público concursado e estável. No entanto, Pedro recorreu ao Poder Judiciário e conseguiu que sua demissão fosse invalidada por sentença judicial irrecorrível. Com base nesses dados, e observando o ordenamento administrativo aplicado aos servidores públicos, é correto afirmar que Márcio deverá ser

(A) aproveitado em outro cargo.

(B) reconduzido ao cargo de origem, com direito a indenização.

(C) posto em disponibilidade, sem remuneração.

(D) exonerado do serviço público.

A: correta, pois o aproveitamento consiste no *retorno à atividade de servidor em disponibilidade* e *far-se-á mediante aproveitamento obrigatório em cargo de atribuições e vencimentos compatíveis com o anteriormente ocupado* (Lei 8.112/90, art. 30); **B:** incorreta, pois recondução é o *retorno do servidor estável ao cargo anteriormente ocupado e decorrerá de inabilitação em estágio probatório relativo a outro cargo ou reintegração do anterior ocupante* (Lei 8.112/1990, art. 29); **C:** incorreta, pois por garantia constitucional, *o servidor estável ficará em disponibilidade, com remuneração proporcional ao tempo de*

serviço, até seu adequado aproveitamento em outro cargo (art. 41, § 3º da CF); **D:** incorreta, pois a exoneração se dá a pedido do servidor, ou de ofício, quando não satisfeitas as condições do estágio probatório ou quando, tendo tomado posse, o servidor não entrar em exercício no prazo estabelecido (Lei 8.112/1990, art. 34). **SEG**
„Gabarito "A".

6. LEI 8.112/1990 – ESTATUTO DOS SERVIDORES PÚBLICOS

(Escrivão de Polícia/BA – 2013 – CESPE) No que se refere ao que dispõe a Lei n.º 8.112/1990 e aos princípios que regem a administração pública, julgue os itens subsecutivos.

(1) As empresas públicas são submetidas ao regime jurídico instituído pela Lei n.º 8.112/1990.

(2) É vedado à candidata gestante inscrita em concurso público o requerimento de nova data para a realização de teste de aptidão física, pois, conforme o princípio da igualdade e da isonomia, não se pode dispensar tratamento diferenciado a candidato em razão de alterações fisiológicas temporárias.

(3) Na composição de comissão de processo disciplinar, é possível a designação de servidores lotados em unidade da Federação diversa daquela em que atua o servidor investigado.

1: incorreta, pois os servidores das empresas públicas, não se submetem ao regime da Lei 8.112/1990, mas ao regime celetista. Contudo, é bom que se diga, que as empresas públicas, tem regime jurídico híbrido, pois ora são regidas por normas de direito privado, ora são regidas por normas de direito público. Quando os atos praticados pelas mesmas se referir ao exercício da atividade econômica, predominam as *normas de direito privado* (direito civil ou empresarial), sendo que seus servidores, denominados empregados públicos, submetem-se ao regime celetista, mas também se submetem às normas de direito público, a exemplos de autorização legal para sua instituição (art.37, XIX); exigência de concurso público para contratação de servidores (art.37, II); fiscalização pelo Congresso Nacional (art. 49, X); controle pelo Tribunal de Contas (art. 71); previsão orçamentária (art. 165, § 5º) e a licitação e contratos regidos pela Lei 8.666/1993. **2.** incorreta. A esse respeito decidiu o STJ que a proteção constitucional à maternidade e à gestante não só autoriza, mas até impõe a dispensa *de tratamento diferenciado à candidata gestante sem que isso importe em violação do princípio da isonomia, mormente se não houver expressa previsão editalícia proibitiva referente à gravidez.* É também entendimento deste Superior Tribunal que *não se pode dispensar tratamento diferenciado a candidato em razão de alterações fisiológicas temporárias quando há previsão editalícia que veda a realização de novo teste de aptidão física em homenagem ao princípio da igualdade (que rege os concursos públicos), Ademais, embora haja previsão editalícia de que nenhum candidato merecerá tratamento diferenciado em razão de alterações patológicas ou fisiológicas (contusões, luxações, fraturas etc.) ocorridas antes do exame ou durante a realização de qualquer das provas dele, que o impossibilitem de submeter-se às provas do exame físico ou reduzam sua capacidade física ou orgânica, inexiste previsão no edital de que a candidata seria eliminada em razão de gravidez, que não constitui alteração patológica (doença) tampouco alteração fisiológica que tenha natureza assemelhada à daquelas elencadas, não permitindo a interpretação analógica adotada pela autoridade coatora.* Além disso, o STF firmou entendimento de que *a gestação constitui motivo de força maior que impede a realização da prova física, cuja remarcação não implica ofensa ao princípio da isonomia* (Precedentes citados do STF: AI 825.545-PE, DJe 6/5/2011; do STJ: AgRg no RMS 34.333-GO, DJe 3/10/2011; AgRg no RMS 17.737-AC, DJ 13/6/2005; RMS 23.613-SC, DJe 17/12/2010; AgRg no RMS 33.610-RO, DJe 16/5/2011; AgRg no RMS 28.340-MS, DJe 19/10/2009; AgRg no REsp 798.213-DF, DJ 5/11/2007;

REsp 728.267-DF, DJ 26/199/2005, e AgRg no REsp 1.003.623-AL, DJe 13/10/2008). RMS 31.505-CE, Rel. Min. Maria Thereza de Assis Moura, j. 16.08.2012. **3.** Como a Lei 8.112/1990 não traz nenhum impedimento, já decidiu o STJ que *na composição de comissão de processo disciplinar, é possível a designação de servidores lotados em unidade da Federação diversa daquela em que atua o servidor investigado. A Lei 8.112/1990 não faz restrição quanto à lotação dos membros de comissão instituída para apurar infrações funcionais* (MS 14.827-DF, rel. Min. Marco Aurélio Bellizze, j. 24/10/2012). SEG

Gabarito 1E, 2E, 3C

7. IMPROBIDADE ADMINISTRATIVA

(Escrivão – PC/GO – AOCP – 2023) João é servidor público e foi condenado ao ressarcimento ao erário em razão da prática de improbidade administrativa. Ocorre que ele não tem condições financeiras de quitar o débito, necessitando do parcelamento da dívida. De acordo com o que prevê a Lei nº 8.429/1992, assinale a alternativa correta.

(A) O débito poderá ser parcelado mediante autorização judicial em, no máximo, vinte e quatro parcelas monetariamente corrigidas, se demonstrada a incapacidade financeira do réu.

(B) A lei não prevê a possibilidade de parcelamento do débito, mas, verificando o juiz a hipossuficiência do réu, poderá deferir a medida.

(C) Caso a parte reconheça a dívida, poderá depositar judicialmente trinta por cento do valor da dívida e parcelar o saldo remanescente em seis parcelas nos meses subsequentes, sempre corrigidas monetariamente até o pagamento.

(D) O parcelamento poderá ocorrer mediante requerimento administrativo perante a autoridade competente até o limite máximo de dez parcelas corrigidas monetariamente.

(E) Comprovada a incapacidade financeira da parte, o juiz poderá deferir o parcelamento em até quarenta e oito parcelas mensais, corrigidas monetariamente.

Art. 18, § 4º, Lei 8.429/92: O juiz poderá autorizar o parcelamento, em até 48 (quarenta e oito) parcelas mensais corrigidas monetariamente, do débito resultante de condenação pela prática de improbidade administrativa se o réu demonstrar incapacidade financeira de saldá-lo de imediato. FC

Gabarito "E".

(Agente-Escrivão – Acre – IBADE – 2017 - ADAPTADA) Relativamente às disposições da Lei nº 8.429/1992, que trata da improbidade administrativa, assinale a alternativa correta.

(A) O sucessor daquele causar lesão ao patrimônio público ou se enriquecer ilicitamente está sujeito às sanções de improbidade administrativa independentemente de limites, como o valor da herança.

(B) Os atos de improbidade administrativa que importem prejuízo ao erário poderão resultar na perda dos bens ou valores acrescidos ilicitamente ao patrimônio, ressarcimento integral do dano, quando houver, perda da função pública, suspensão dos direitos políticos de oito a dez anos, pagamento de multa civil de até três vezes o valor do acréscimo patrimonial e proibição de contratar com o Poder Público ou receber benefícios ou incentivos fiscais ou creditícios, direta ou indiretamente, ainda que por intermédio de pessoa jurídica da qual seja sócio majoritário, pelo prazo de dez anos.

(C) Estão sujeitos às sanções da Lei de Improbidade Administrativa os atos ímprobos praticados contra o patrimônio de entidade privada que, ainda não integre a administração indireta, para cuja criação ou custeio o erário haja concorrido ou concorra no seu patrimônio ou receita atual, limitado o ressarcimento de prejuízos, nesse caso, à repercussão do ilícito sobre a contribuição dos cofres públicos.

(D) Como as sanções por ato de improbidade administrativa apenas são aplicáveis a agentes públicos, eventual particular que induza ou concorra para a prática de ato ímprobo apenas poderá ser responsabilizado na esfera criminal.

(E) Determinado agente público tornou-se réu em ação de improbidade administrativa. Segundo o Ministério Público, o aludido servidor teria causado lesão ao erário em razão de perda patrimonial de bens móveis do Estado do Acre. Durante o curso do processo judicial, o controle interno do órgão ao qual o servidor está lotado concluiu que o referido ato ímprobo não causou prejuízo ao erário. A partir desta informação superveniente do órgão de controle interno, não deverá haver aplicação das sanções por ato de improbidade administrativa ao agente público processado.

A. Errada. Art. 8º, Lei 8.429/92: O sucessor ou o herdeiro daquele que causar dano ao erário ou que se enriquecer ilicitamente estão sujeitos apenas à obrigação de repará-lo até o limite do valor da herança ou do patrimônio transferido. **B.** Errada. Art. 12, II, Lei 8.429/92: os atos que importam prejuízo ao erário poderão resultar perda dos bens ou valores acrescidos ilicitamente ao patrimônio, ao concorrer esta circunstância, perda da função pública, suspensão dos direitos políticos até 12 (doze) anos, pagamento de multa civil equivalente ao valor do dano e proibição de contratar com o poder público ou de receber benefícios ou incentivos fiscais ou creditícios, direta ou indiretamente, ainda que por intermédio de pessoa jurídica da qual seja sócio majoritário, pelo prazo não superior a 12 (doze) anos. **C:** Certo. Art. 1º, § 7º, Lei 8.429/92: Independentemente de integrar a administração indireta, estão sujeitos às sanções desta Lei os atos de improbidade praticados contra o patrimônio de entidade privada para cuja criação ou custeio o erário haja concorrido ou concorra no seu patrimônio ou receita atual, limitado o ressarcimento de prejuízos, nesse caso, à repercussão do ilícito sobre a contribuição dos cofres públicos. **D.** Errado. Art. 3º, Lei 8.429/92: As disposições desta Lei são aplicáveis, no que couber, àquele que, mesmo não sendo agente público, induza ou concorra dolosamente para a prática do ato de improbidade. **E.** Errado. Art. 21, II, Lei 8.429/92: A aplicação das sanções previstas nesta lei independe da aprovação ou rejeição das contas pelo órgão de controle interno ou pelo Tribunal ou Conselho de Contas. FC

Gabarito "C".

(Escrivão – AESP/CE – VUNESP – 2017) O Policial Civil que recebe vantagem econômica de qualquer natureza, direta ou indireta, para tolerar a exploração ou a prática de jogos de azar, de lenocínio, de narcotráfico, de contrabando, de usura ou de qualquer outra atividade ilícita, cometerá um:

(A) ato de improbidade administrativa que atenta contra os princípios da administração, previsto na Lei que regula as sanções aplicáveis aos agentes públicos nos casos de enriquecimento.

(B) simples ato de imoralidade administrativa, porém não estará sujeito ao sancionamento da Lei que regula as sanções aplicáveis aos agentes públicos nos casos de enriquecimento.

(C) ato de improbidade administrativa que causa prejuízo ao erário, previsto na Lei que regula as sanções aplicáveis aos agentes públicos nos casos de enriquecimento.

(D) crime, porém não estará sujeito ao sancionamento da Lei que regula as sanções aplicáveis aos agentes públicos nos casos de enriquecimento.

(E) ato de improbidade administrativa e estará sujeito à perda da função pública, nos termos da Lei que regula as sanções aplicáveis aos agentes públicos nos casos de enriquecimento.

Art. 9º, V, Lei 8.429/92: Constitui ato de improbidade administrativa importando em enriquecimento ilícito auferir, mediante a prática de ato doloso, qualquer tipo de vantagem patrimonial indevida em razão do exercício de cargo, de mandato, de função, de emprego ou de atividade nas entidades referidas no art. 1º desta Lei: V. receber vantagem econômica de qualquer natureza, direta ou indireta, para tolerar a exploração ou a prática de jogos de azar, de lenocínio, de narcotráfico, de contrabando, de usura ou de qualquer outra atividade ilícita, ou aceitar promessa de tal vantagem. FC

Gabarito "E".

(Papiloscopista – PCDF – Universa – 2016) A respeito da improbidade administrativa, assinale a alternativa correta.

(A) Será punido com advertência ou suspensão o agente público que se recusar a prestar a declaração de seus bens à administração pública.

(B) Conforme o STJ, os prefeitos, por serem agentes políticos e se submeterem a regime próprio de infração político-administrativa, não respondem por ato de improbidade administrativa.

(C) Conforme o STJ, admite-se a forma culposa no caso de atos de improbidade que violem princípios da administração pública.

(D) Qualquer cidadão pode ajuizar ação de improbidade administrativa por dano ao erário.

(E) A ação de improbidade administrativa é forma de responsabilização cível do agente ímprobo.

A: Errado. Art. 13, § 3º, Lei 8.429/92: Será apenado com a pena de demissão, sem prejuízo de outras sanções cabíveis, o agente público que se recusar a prestar a declaração dos bens a que se refere o caput deste artigo dentro do prazo determinado ou que prestar declaração falsa. **B:** Errado. De acordo com o STF, os agentes políticos se submetem a um duplo regime sancionatório, podendo responder por improbidade administrativa, salvo o Presidente da República; **C:** incorreta. O art. 1º, § 1º da Lei 8.429/92 estabelece que a conduta deve ser dolosa, em todas as espécies de atos de improbidade; **D:** incorreta. O dispositivo legal indica que qualquer pessoa fará a representação à autoridade administrativa sobre quaisquer das formas de cometimento de improbidade. Lei 8.492/1992, art. 14. Qualquer pessoa poderá representar à autoridade administrativa competente para que seja instaurada investigação destinada a apurar a prática de ato de improbidade; **E:** correta. Forma e finalidade social da Lei 8.492/1992. FC

Gabarito "E".

(Escrivão de Polícia/BA – 2013 – CESPE - ADAPTADA) No que se refere aos princípios básicos da administração pública federal, regulamentados pela Lei n.º 8.429/1992 e suas alterações, julgue os itens subsecutivos.

(1) Incorre em abuso de poder a autoridade que nega, sem amparo legal ou de edital, a nomeação de candidato aprovado em concurso público para o exercício de cargo no serviço público estadual, em virtude de anterior demissão no âmbito do poder público federal.

(2) A contratação temporária de servidores sem concurso público bem como a prorrogação desse ato amparadas em legislação local são consideradas atos de improbidade administrativa.

(4) Agente público que, ao assumir cargo público, preste, pela segunda vez, falsa declaração de bens deve ser punido com demissão, a bem do serviço público, sem prejuízo de outras sanções cabíveis.

(5) A probidade, que deve nortear a conduta dos administradores públicos, constitui fundamento do princípio da eficiência.

1: correta. Segundo jurisprudência do STJ, incorre em abuso de poder a negativa de nomeação de candidato aprovado em concurso para o exercício de cargo no serviço público estadual em virtude de anterior demissão no âmbito do Poder Público Federal se inexistente qualquer previsão em lei ou no edital de regência do certame (RMS 30.518-RR, rel. Min. Maria Thereza de Assis Moura, j. 19.06.2012). **2:** incorreta. A contratação temporária de servidores, não se configura ato de improbidade administrativa. Os servidores temporários são aqueles contratados para exercerem uma função temporária, para atender a necessidade excepcional e temporária de interesse público, cabendo a lei ordinária estabelecer as regras para esse tipo de contratação (art. 37, IX, da CF). O regime jurídico dos servidores temporários é oriundo de lei específica, e em nível federal é a Lei 8.745/1993, que disciplina a contratação temporária no âmbito dos órgãos da administração federal direta, bem como de suas autarquias e fundações públicas. É o que se conhece por regime jurídico especial. Não se aplica, portanto, aos Estados, Distrito Federal e Municípios, e tampouco às empresas públicas e sociedades de economia mista da União. Nos termos do art. 2º da Lei 8.745/1993, considera-se necessidade temporária de excepcional interesse público a assistência a situações de calamidade pública; e emergências em saúde pública; recenseamentos e outras pesquisas de natureza estatística efetuadas pela Fundação Instituto Brasileiro de Geografia e Estatística – IBGE; admissão de professor substituto e professor visitante; e atividades relacionadas às forças armadas dentre outras. Importante observar que o recrutamento para contratação temporária se dá por processo seletivo simplificado (art. 3º). É o caso, por exemplo dos recenseadores contratados pelo IBGE. Entretanto, nos casos de calamidade pública ou emergência ambiental o processo seletivo simplificado é dispensado. Os prazos de duração da contratação temporária vão de 6 meses a quatro anos (art. 4º, I a V da Lei 8.745/1993). **3.** correta. Conforme prevê a Lei de Improbidade Administrativa, será apenado com a pena de demissão, sem prejuízo de outras sanções cabíveis, o agente público que se recusar a prestar a declaração dos bens a que se refere o caput deste artigo dentro do prazo determinado ou que prestar declaração falsa. (art. 13, § 3º da Lei 8.429/1992). **4:** incorreta. O princípio da eficiência tem como fundamento que é dever da Administração Pública prestar com eficiência, qualidade e celeridade os serviços públicos, de modo a suprir as necessidades dos administrados. Isso diz respeito à capacidade de planejamento por parte das autoridades públicas, com metas e ações definidas a curto, médio e longo prazo. A probidade, por outro lado, indica que a conduta do agente pública deve estar revestida de honestidade, lealdade, e boa-fé. FC

Gabarito: 1C, 2E, 3C, 4E

(Polícia Rodoviária Federal – 2013 – CESPE) No que se refere ao regime jurídico administrativo, julgue os itens subsecutivos.

(1) Somente são considerados atos de improbidade administrativa aqueles que causem lesão ao patrimônio público ou importem enriquecimento ilícito.

8. DIREITO ADMINISTRATIVO

(2) A administração não pode estabelecer, unilateralmente, obrigações aos particulares, mas apenas aos seus servidores e aos concessionários, permissionários e delegatórios de serviços públicos.

1: incorreta, pois nos termos da Lei 8.429/1992, são considerados atos de improbidade administrativa os que importam em enriquecimento ilícito (art. 9º); que causam lesão ao erário (art. 10) e os que atentam contra os princípios da administração pública (art. 11). **2:** incorreta, pois a administração pública pode estabelecer unilateralmente obrigações aos particulares. Cite-se como exemplo, a limitação administrativa, que é uma imposição geral, gratuita, unilateral e de ordem pública, que condiciona o exercício de direitos ou de atividades particulares, em benefício da sociedade, consistindo em obrigações de fazer, como a obrigação de construir de calçada, muros, por exemplo; ou obrigações de não fazer, como por exemplo, não construir um prédio acima do limite de altura disposto na lei de zoneamento ou código de obras do município. SEG
Gabarito 1E, 2E

(Agente de Polícia/ES – 2009 – CESPE) Em relação à lei que disciplina as condutas de improbidade administrativa, julgue os itens a seguir.

(1) Os atos tipificados nos dispositivos da Lei de Improbidade Administrativa, de regra, não constituem crimes no âmbito da referida lei, porquanto muitas das condutas ali definidas, apesar de se revestirem de natureza criminal, são definidas como crime em outras leis.

(2) Caso um funcionário público, no exercício do cargo, contribua para que pessoa jurídica incorpore indevidamente em seu patrimônio particular, valores integrantes do acervo patrimonial de uma fundação pública, esse funcionário público, uma vez demonstrada a sua responsabilidade, estará sujeito, entre outras cominações, à perda da função pública e à obrigação de ressarcir integralmente o dano.

(3) A Lei de Improbidade Administrativa relacionou os atos de improbidade administrativa em três dispositivos: os que importam em enriquecimento ilícito, os que importam dano ao erário e os que importam violação dos princípios norteadores da Administração Pública.

(4) Somente o agente público em exercício, ainda que transitoriamente ou sem remuneração e independentemente da forma de investidura no cargo ou função, é considerado sujeito ativo de atos de improbidade administrativa.

1: correta, pois Independentemente das sanções penais, civis e administrativas previstas na legislação específica, estará o responsável pelo ato de improbidade sujeito às cominações, que podem ser aplicadas isolada ou cumulativamente, até porque a Lei 8.429/1992 não prevê sanções penais, mas apenas sanções de natureza civil, administrativa e política (art. 12 da Lei 8.429/1992). As sanções penais dos crimes praticados contra a Administração Pública estão previstas no Código Penal, nos arts. 312 e seguintes; **2:** correta, pois assim estabelece a Lei 8.429/1992 em seu art. 10, II e III c/c os arts. 1º e 12, II; **3:** correta, conforme descritos nos arts. 9º, 10 e 11 da Lei 8.429/1992; convém observar que em 2016 foi inserido na Lei 8.429/92 o art. 10-A, que trata da concessão ou aplicação indevida de benefício financeiro ou tributário relacionadas ao ISS (Imposto Sobre Serviços); **4:** incorreta, pois o sujeito ativo é aquele que pratica o ato improbidade, concorre para a prática ou dele obtém vantagens, sendo possível a responsabi-

lização até mesmo do particular que induz ou concorre dolosamente para a prática do ato. FC
Gabarito 1C, 2C, 3C, 4E

(Investigador de Polícia/PA – 2009 – MOVENS) Considere a seguinte situação hipotética. Um agente público de determinado município é rival histórico do atual prefeito, de partido oponente. Com o objetivo de barrar a candidatura do prefeito à reeleição nas próximas eleições, resolveu entrar com representação contra ele relativa a ato de improbidade administrativa causador de prejuízo ao erário do município, mesmo sabendo de sua inocência, sob alegação de que o prefeito havia dispensado indevidamente o processo licitatório para a aquisição de latas de lixo para os prédios públicos do município, em favorecimento da empresa de seu cunhado.

De acordo com a Lei nº 8.429/1992 (Lei de Improbidade Administrativa), a atitude do agente público que entrou com representação

(A) constitui crime, punível com a perda dos direitos políticos por dez anos, além de sujeição à indenização por danos materiais, morais ou à imagem do prefeito.

(B) constitui crime, punível com detenção de seis a dez meses, multa e perda dos direitos políticos por dez anos, além de sujeição à Indenização por danos materiais, morais ou à imagem do prefeito.

(C) constitui crime, punível com detenção de seis a dez meses e multa, além de sujeição à indenização por danos materiais, morais ou à imagem do prefeito.

(D) não constitui crime, não havendo sanção penal, mas podendo ocorrer Indenização por danos materiais, morais ou à imagem do prefeito.

A: incorreta, pois só é possível a suspensão dos direitos políticos, pelo prazo de oito a dez anos, nas hipóteses do art. 9º da Lei 8.429/1992; **B:** incorreta, pois a pena para o caso seria apenas de *detenção de seis a dez meses e multa*, bem como a indenização pelos *danos materiais, morais ou à imagem que houver provocado*, estando excluído a perda dos direitos políticos (art. 19 da Lei 8.429/1992); **C:** correta, conforme art. 19, parágrafo único, da Lei 8.429/1992; **D:** incorreta, pois nos termos do art. 19 da Lei 8.429/1992, *constitui crime a representação por ato de improbidade contra agente público ou terceiro beneficiário, quando o autor da denúncia o sabe inocente, passível de pena de detenção de seis a dez meses e multa, além de indenizar o denunciado pelos danos materiais, morais ou à imagem que houver provocado.* SEG
Gabarito "C."

(Escrivão de Polícia/PA – 2009 – MOVENS - ADAPTADA) Considerando que a Lei nº 8.429/1992, conhecida como Lei de Improbidade Administrativa, tem o condão de definir sanções aplicáveis aos agentes públicos nos casos de enriquecimento ilícito no exercício de mandato, cargo, emprego ou função na Administração Pública direta, indireta ou fundacional, assinale a opção correta.

(A) Os agentes públicos que tiverem bens ou valores acrescidos ao seu patrimônio, em decorrência de enriquecimento ilícito, perdê-los-á, o mesmo não ocorrendo em relação a terceiros beneficiários, já que estes não são diretamente envolvidos.

(B) O órgão da Administração Pública que teve seu patrimônio lesionado por ato de improbidade administrativa de servidor, já indiciado em inquérito, deverá representar junto aos órgãos de repressão policial no sentido de tornar indisponíveis os bens daquele servidor.

(C) Estará livre das sanções da referida lei o sucessor de pessoa que cometeu ato de improbidade administrativa que tenha causado lesão ao patrimônio público ou ensejado obtenção de qualquer tipo de vantagem patrimonial indevida, importando enriquecimento ilícito.

(D) Podem ser enquadrados como puníveis pela lei os atos de improbidade praticados por agente público, servidor ou não, contra o patrimônio de entidade privada para cuja criação ou custeio o erário haja concorrido ou concorra no seu patrimônio ou receita atual, limitado o ressarcimento de prejuízos, nesse caso, à repercussão do ilícito sobre a contribuição dos cofres públicos.

A: Errado. O particular que induz ou concorre dolosamente para a prática do ato de improbidade também responde (art. 3º, Lei 8.429/92); **B:** Errado. O pedido de indisponibilidade feito pelo Ministério Público independe de representação da autoridade administrativa (art. 16, § 1º-A da Lei 8.429/1992); **C:** Errado. O sucessor ou o herdeiro daquele que causar dano ao erário ou que se enriquecer ilicitamente estão sujeitos apenas à obrigação de repará-lo até o limite do valor da herança ou do patrimônio transferido. (art. 8º da Lei 8.429/1992); **D:** correta (art. 1º, § 7º da Lei 8.429/1992). 🔲
Gabarito "D".

(Escrivão de Polícia/PA – 2009 – MOVENS) Considere a seguinte situação hipotética. Um prefeito de determinado município brasileiro recebeu propriedades de alguns fazendeiros da região como gratidão por ter permitido a construção, sem autorização de órgão ambiental competente, de uma pequena ferrovia para escoamento da produção, mediante a utilização de veículos, máquinas e equipamentos de propriedade do município e do trabalho de dois engenheiros civis, servidores públicos municipais. Isso foi considerado enriquecimento ilícito, porque, antes de se tornar prefeito, há dois anos, ele era gari e residia em um barraco e, hoje, é proprietário de três fazendas e de diversos imóveis residenciais e comerciais na cidade. Um cidadão o denunciou, acreditando no dever de representar contra ele, de maneira que tudo possa ser comprovado e que o prefeito sofra as sanções legais pertinentes. Com fundamento na Lei de Improbidade Administrativa, assinale a opção correta.

(A) Nos termos da lei, o cidadão que representou contra o prefeito não pode fazê-lo sozinho, pois deve ser processada pelo presidente da Câmara de Vereadores a representação à autoridade administrativa competente para que seja instaurada investigação destinada a apurar a prática de ato de improbidade pelo prefeito.

(B) O prefeito não pode ter representação contra si durante o período de seu mandato, já que foi eleito para o cargo eletivo, e não nomeado.

(C) O cidadão que denunciou o prefeito local, mesmo que tenha forjado as informações sobre o fato e indicado provas falsas contra ele, sabendo-o inocente, estará livre de sofrer qualquer sanção penal, tendo em vista o dever do cidadão de denunciar fatos ofensivos à lei.

(D) O prefeito apenas perderá sua função pública e terá a suspensão dos seus direitos políticos com o trânsito em julgado da sentença condenatória. No entanto,

poderá ser afastado do exercício do cargo se a medida se fizer necessária à instrução processual.

A: incorreta, pois qualquer pessoa poderá representar a autoridade administrativa competente para que seja instaurada investigação destinada a apurar a prática de ato de improbidade (art. 14 da Lei 8.429/1992); **B:** incorreta, pois os agente políticos podem responder por ato de improbidade administrativa, salvo o Presidente da República (art. 2º, Lei 8.429/92); **C:** incorreta, pois *constitui crime a representação por ato de improbidade contra agente público ou terceiro beneficiário, quando o autor da denúncia o sabe inocente,* com pena de *detenção de seis a dez meses e multa,* além de *indenizar o denunciado pelos danos materiais, morais ou à imagem que houver provocado* (art. 19 da Lei 8.429/1992); **D:** correta, pois conforme art. 20 da Lei 8.429/1992, *a perda da função pública e a suspensão dos direitos políticos só se efetivam com o trânsito em julgado da sentença condenatória. § 1º. A autoridade judicial competente poderá determinar o afastamento do agente público do exercício do cargo, do emprego ou da função, sem prejuízo da remuneração, quando a medida for necessária à instrução processual ou para evitar a iminente prática de novos ilícitos.* 🔲
Gabarito "D".

8. BENS PÚBLICOS

8.1. Conceito e Classificação dos bens públicos

(Agente Penitenciário/MA – 2013 – FGV) Os bens públicos caracterizam-se por possuir um regime jurídico próprio que faz com que esses bens, em regra, não sejam suscetíveis a atos de alienação, penhora ou usucapião.

As alternativas a seguir apresentam bens que se enquadram nesse regime jurídico de direito público, **à exceção de uma**.

Assinale-a.

(A) Uma barca pertencente a uma concessionária de serviço público que esteja afetada à prestação do serviço de transporte público coletivo de passageiros.

(B) Um carro pertencente a um Estado membro que é utilizado para transportar servidores públicos em serviço.

(C) Um prédio pertencente a uma Autarquia e que não esteja sendo utilizado.

(D) Um terreno, sem utilização alguma, pertencente à União.

(E) Um prédio utilizado como sede de uma empresa pública que desenvolve atividade econômica em regime de concorrência.

A: correta. *Ab initio*, é bom esclarecer que todos os bens públicos utilizados pelo concessionário são reversíveis, sendo assim necessários à prestação do serviço público. O doutrinador Celso Antônio Bandeira de Mello, cita como exemplos, dentre outros as estações de embarque e desembarque de passageiros ou carga, os trilhos etc., para as concessionárias de transporte ferroviário; os diques, os cais de embarque e desembarque em um porto marítimo, as barcas de passageiros para a concessionária de transporte por barcas etc. (MELLO, Celso Antônio Bandeira de. *Curso de direito administrativo*, 14. ed. São Paulo: Malheiros Editores, 2002, p. 675). **B:** correta. Segundo José dos Santos Carvalho Filho enquadram-se na categoria de bens públicos *os veículos oficiais, os navios militares, e todos os demais bens móveis necessários às atividades gerais da Administração* (*Manual de direito administrativo*. 24. ed. Rio de Janeiro: *Lumen Juris*. 2011. p. 1051). **C:** correta. Em razão do regime jurídico de direito público, os bens das autarquias são considerados bens públicos, revestindo-se das seguintes prerrogativas: impenhorabilidade; alienabilidade condicionada e imprescritibilidade.

8. DIREITO ADMINISTRATIVO

Mesmo que não esteja sendo utilizado, continua sendo bem público. **D**: correta. Os bens que não estão sendo utilizados pela Administração Pública, são denominados bens dominicais. Ou seja, não tem uma destinação específica, estando assim desafetados. Mesmo que não utilizados, continuam sendo bens públicos. **E**: incorreta, devendo ser assinalada. As empresas pública que desenvolve atividade econômica em regime de concorrência, tem seus bens qualificados como bens privados, não se atribuindo aos mesmos as prerrogativas de bens públicos (imprescritibilidade, impenhorabilidade e inalienabilidade). SEG Gabarito "E".

(Escrivão de Polícia/MA – 2013 – FGV) Com vistas a construir uma nova praça pública, com ginásio esportivo e instalações para o lazer de crianças, o município "X" desapropria diversos imóveis comerciais. Jackson, empresário que teve a maior parte do seu empreendimento comercial desapropriado, exige que o Poder Público o indenize também pelo restante do terreno, que não foi incluído na desapropriação. Jackson argumenta que a pequena área restante é inócua, após a expropriação da maior parte da área comercial.

A respeito da situação descrita, assinale a afirmativa correta.

(A) Tem-se, no caso, exemplo de desapropriação indireta, devendo o município "X" indenizar Jackson pela área remanescente.

(B) Jackson não tem direito a indenização suplementar, uma vez que o município não se utilizará da área remanescente, podendo o empresário tentar vender o imóvel.

(C) O expropriado pode exigir a aplicação do direito de extensão, isto é, que a desapropriação inclua a área remanescente do bem, provando que sua utilização é difícil ou inócua.

(D) O empresário pode exigir ser mantido em área de tamanho mínimo necessário à exploração comercial, uma vez que o município optou por não desapropriar inteiramente o terreno.

(E) Com a declaração de utilidade pública para fins de expropriação, o Poder Público poderá, em caso de urgência, iniciar obras na propriedade antes de proposta a ação judicial, visto que o decreto de desapropriação é autoexecutável.

A: incorreta, pois a desapropriação indireta é aquela em que o Poder Público *apropria-se da coisa de forma irregular*, não obedecendo o devido processo legal. Equivale ao esbulho possessório e pode ser enfrentada por meio de ação possessória; **B**: incorreta, pois o direito de extensão é aquele que assiste ao proprietário do bem expropriado em exigir que o Poder Público inclua na área a ser desapropriada a parte remanescente, que em razão da desapropriação tornar-se-á inútil ou inservível; **C**: correta, pois o direito de extensão é aquele que assiste ao proprietário do bem expropriado em exigir que o Poder Público inclua na área a ser desapropriada a parte remanescente, que em razão da desapropriação tornar-se-á inútil ou inservível. É de salientar que o Dec. 4.956 de 1903, que tratava do processo de desapropriação por necessidade ou utilidade pública, prescrevia em seu artigo 12 que *os terrenos ou prédios, que houverem de ser desapropriados, somente em parte, e ficassem reduzidos a menos de metade de sua extensão, ou privados das serventias necessárias para uso e gozo dos não compreendidos na desapropriação, ou ficassem muito desmerecidos do seu valor pela privação de obras e benfeitorias importantes, serão desapropriados e indenizados no seu todo, se assim requeressem.* Curiosamente, o Dec.-lei 3.365/1941 que dispõe sobre as desapropria-

ções por utilidade pública, bem como a Lei 4.132/1962 que define os casos de desapropriação por interesse social, não tratam do assunto. No entanto, a LC 76/1993 que estabelece as regras sobre o procedimento para o processo de desapropriação de imóvel rural, por interesse social, para fins de reforma agrária, em seu art. 4º registra que: *intentada a desapropriação parcial, o proprietário poderá requerer, na contestação, a desapropriação de todo o imóvel, quando a área remanescente ficar: I – reduzida a superfície inferior à da pequena propriedade rural; ou I – prejudicada substancialmente em suas condições de exploração econômica, caso seja o seu valor inferior ao da parte desapropriada.* Fato é que, o expropriado pode – e deve – com fundamento nos dispositivos citados, solicitar à Administração Pública a inclusão da referida área, o que pode se dar pela via administrativa, ou pela via judicial, por ocasião da apresentação de contestação em ação de desapropriação; **D**: incorreta, pois o empresário pode apresentar contestação alegando motivos de fato ou de direito, mas não exigir ser mantido em área de tamanho mínimo necessário à exploração comercial; **E**: incorreta, pois a desapropriação segue alguns procedimentos, não sendo autoexecutável. O *procedimento administrativo* da desapropriação realiza-se em duas fases: declaratória e executória. A fase declaratória é aquela em que a Administração Pública aponta os motivos que ensejam a desapropriação, ou seja: *necessidade pública, utilidade pública ou interesse social.* A fase executória é a fase de procedimentos, que pode ser *administrativa ou judicial.* A fase executória *administrativa* ocorre quando há *acordo* entre expropriante e expropriado. Não havendo acordo, inicia-se a fase judicial. A fase executória judicial consiste numa série de *atos promovidos pela Administração Pública necessários à efetivação da desapropriação.* A desapropriação em regra é realizada pelo Poder Público e em hipóteses excepcionais pode ser efetuada por particulares, como concessionárias e permissionárias de serviços públicos, desde que autorizados pela Administração Pública, e que seja de interesse público. Destaque-se ainda que o procedimento de desapropriação somente terá validade quando exercida dentro dos limites constitucionais e infraconstitucionais. Isto é. Nos limites da lei. SEG Gabarito "C."

9. RESPONSABILIDADE DO ESTADO

(Papiloscopista – PC/RR – VUNESP – 2022) Considere o seguinte caso hipotético: "Y", perito papiloscopista, ao manobrar a viatura da Polícia Civil, durante o atendimento de uma ocorrência policial, inadvertidamente e sem qualquer intenção, vem a colidir com o veículo de "Z", policial civil de folga, que transitava pelo local.

Diante do exposto e no que concerne à responsabilidade civil do Estado, é correto afirmar:

(A) independentemente da teoria publicista adotada, a responsabilidade civil do Estado é subjetiva, portanto, haverá necessidade de se provar a culpa de "Y".

(B) nos termos da teoria do risco administrativo, a responsabilidade civil do Estado é objetiva, não havendo a necessidade de se provar a culpa de "Y".

(C) nos termos da teoria da culpa administrativa, a responsabilidade civil do Estado é objetiva, não havendo a necessidade de se provar a culpa de "Y".

(D) independentemente da teoria publicista adotada, a responsabilidade civil do Estado é objetiva, portanto, haverá necessidade de se provar a culpa de "Y".

(E) nos termos da teoria do risco integral, a responsabilidade civil do Estado é subjetiva, havendo a necessidade de se provar a culpa de "Y".

A responsabilidade civil do Estado é objetiva, quando o dano é causado por agente público no exercício de sua função ou a pretexto do exercício de sua função. Art. 37, § 6°, CR/88. **A.** Errado, a responsabilidade é objetiva. **B.** Certo, a responsabilidade é objetiva com fundamento na teoria do risco administrativo. **C.** Errado, a teoria aplicada é a teoria do risco administrativo. **D.** Errado, a responsabilidade é objetiva, portanto, não exige a comprovação de dolo ou culpa. **E.** Errado, a teoria aplicada é a teoria do risco administrativo. FC

Gabarito "B".

(Investigador – PC/ES – Instituto AOCP – 2019) Em relação à Responsabilidade Civil do Estado, o art. 37, §6°, da Constituição Federal deixa claro que, no Brasil, foi adotada a

(A) Teoria do Risco Administrativo.

(B) Teoria da Culpa Administrativa.

(C) Teoria da Responsabilidade Subjetiva.

(D) Teoria do Dolo Eventual.

(E) Teoria do Risco Integral.

A: correta. A Constituição Federal consagra a teoria da responsabilidade objetiva do Estado, estabelecendo que: "as pessoas jurídicas de direito público e as de direito privado prestadoras de serviços públicos responderão pelos danos que seus agentes, nessa qualidade, causarem a terceiros, assegurado o direito de regresso contra o responsável nos casos de dolo ou culpa" – art. 37, § 6°, da CF/1988, ou seja, independente de dolo ou culpa, desde que haja nexo de causalidade entre a conduta do agente e o dano e não esteja presente quaisquer das causas excludentes de responsabilidade (quais sejam, a culpa exclusiva da vítima ou de terceiro, o caso fortuito ou a força maior). Note-se, todavia, que somente no caso de conduta comissiva a responsabilidade estatal é objetiva, bastando a comprovação do nexo causal entre a conduta e o dano por ela produzido, independentemente de dolo ou culpa. No caso de condutas omissivas, todavia, surge a necessidade de comprovação de que não só há o nexo causal entre a conduta e o resultado danoso, como também de que o Estado tinha o dever de agir e não o fez, por culpa ou dolo, razão pela qual a responsabilidade estatal por omissão é do tipo subjetiva. Foi adotada **a teoria do risco administrativo**, a qual estabelece que a regra geral é a responsabilidade objetiva do Estado, admitidas algumas excludentes: caso fortuito ou de força maior, culpa de terceiros ou culpa exclusiva da vítima. Caso a culpa da vítima não seja exclusiva, tem-se ao menos uma mitigação da responsabilidade, dada a concorrência de culpa no evento. FB

Gabarito "A".

(Delegado – PC/RS – FUNDATEC – 2018) Uma equipe da Delegacia de Polícia de Roubos e Extorsões do Departamento Estadual de Investigações Criminais da Polícia Civil do Estado do Rio Grande do Sul, a bordo de uma viatura oficial devidamente caracterizada, na rodovia BR 290, no sentido capital-litoral, realiza perseguição a um veículo tripulado por criminosos que, instantes antes, praticaram um assalto a uma agência bancária, com emprego de explosivos. Ao longo da perseguição, os policiais se veem obrigados a não parar na praça de pedágio, rompendo a respectiva cancela, de propriedade de empresa concessionária de serviço público, como única forma de não perderem os criminosos de vista. Graças a essa atitude, a equipe se manteve no encalço dos criminosos, logrando êxito em prendê-los em flagrante. Relacionando o caso acima com a responsabilidade extracontratual do Estado, analise as seguintes assertivas:

I. O Estado responderá objetivamente pelo prejuízo causado à empresa concessionária de serviço público.

II. A equipe de policiais civis não poderá ser responsabilizada em ação regressiva, porque não agiu com dolo ou culpa, mas no estrito cumprimento do dever legal.

III. A jurisprudência do Supremo Tribunal Federal adota, como regra geral, a teoria do risco administrativo para fundamentar a responsabilidade objetiva extracontratual do Estado.

Quais estão corretas?

(A) Apenas I.

(B) Apenas II.

(C) Apenas I e II.

(D) Apenas I e III.

(E) I, II e III.

I: correta. A Constituição Federal consagra a teoria da responsabilidade objetiva do Estado, estabelecendo que: "as pessoas jurídicas de direito público e as de direito privado prestadoras de serviços públicos responderão pelos danos que seus agentes, nessa qualidade, causarem a terceiros, assegurado o direito de regresso contra o responsável nos casos de dolo ou culpa" – art. 37, § 6°, da CF/1988, ou seja, independente de dolo ou culpa, desde que haja nexo de causalidade entre a conduta do agente e o dano e não estejam presente quaisquer das causas excludentes de responsabilidade (quais sejam, a culpa exclusiva da vítima ou de terceiro, o caso fortuito ou a força maior); **II:** correta. A ação regressiva teria pertinência no caso de configuração do dolo ou culpa dos policiais. No caso em tela, todavia, eles praticaram a ação que ensejou o resultado danoso no estrito cumprimento do dever legal inerente à profissão, de modo que não cabe falar em culpabilidade; **III:** correta. Foi adotada **a teoria do risco administrativo**, a qual estabelece que a regra geral é a responsabilidade objetiva do Estado, admitidas algumas excludentes: caso fortuito ou de força maior, culpa de terceiros ou culpa exclusiva da vítima. FB

Gabarito "E".

(Agente-Escrivão – Acre – IBADE – 2017) Quanto à responsabilidade civil do Estado e às espécies de agentes públicos, assinale a alternativa correta.

(A) responsabilidade civil do Estado no Direito Administrativo Brasileiro é regida pela teoria do risco integral. Assim, o Estado não pode alegar caso fortuito ou força maior para eximir-se de sua responsabilidade perante os administrados.

(B) É admissível a responsabilidade civil do Estado por atos lícitos, com fundamento no princípio da igualdade, e não há óbice jurídico ao seu reconhecimento na via administrativa.

(C) O servidor público estatutário é aquele que tem seu vínculo jurídico com a Administração Pública regido por um contrato de trabalho.

(D) Um Deputado Estadual não pertence à categoria de agentes públicos denominada "agente político", pois apenas vota projetos de lei, sem que represente a unidade do Poder Legislativo Estadual. Esta visão torna-se ainda mais acentuada quando há divergência na aprovação dos projetos de lei.

(E) As pessoas jurídicas de direito público e as de direito privado prestadoras de serviços públicos responderão pelos danos que seus agentes, nessa qualidade, causarem a terceiros, assegurado o direito de regresso contra o responsável. Este direito de regresso há de ser exercido em uma demanda em que a responsabilidade do agente público é objetiva, sendo, assim, desimportante a verificação de sua culpa ou dolo.

A: incorreta. O caso fortuito e o motivo de força maior são exemplos de excludentes de responsabilidade de acordo com a teoria adotada pelo Estado Brasileiro, que é a teoria do risco administrativo; **B:** correta. A

8. DIREITO ADMINISTRATIVO

295

responsabilidade objetiva estatal independe do caráter lícito ou ilícito da ação ou da omissão estatal, tendo em vista que o foco da ordem jurídica moderna não é sancionar a conduta, mas, sim, reparar o dano causado e seu reconhecimento na via administrativa se trata de manifestação do principio da autotutela. C: incorreta. O servidor público estatutário tal qual os demais, será regido pelas normas afetas aos servidores públicos, mantendo seu vínculo institucional na forma da Constituição Federal e da Lei 8.112/1990; D: incorreta. Agente político é aquele detentor de cargo eletivo, eleito por mandatos transitórios; E: incorreta. CF, Art. 37 § 6º – As pessoas jurídicas de direito público e as de direito privado prestadoras de serviços públicos responderão pelos danos que seus agentes, nessa qualidade, causarem a terceiros, assegurado o direito de regresso contra o responsável nos casos de dolo ou culpa. **FB**
Gabarito "B".

(Escrivão – AESP/CE – VUNESP – 2017) Considere que a viatura "X" da Polícia Civil do Estado do Ceará, durante o serviço policial, conduzida pelo Policial Civil "Y", ao ultrapassar um semáforo vermelho, estando com a sirene ligada, colidiu contra o veículo particular do cidadão "K".

Com relação à responsabilidade civil, é correto afirmar que o cidadão "K", ao ajuizar a ação em relação ao Estado, para ser indenizado pelos danos que a viatura provocou em seu veículo, deverá provar que:

(A) houve culpa do Policial Civil "Y", em razão da responsabilidade subjetiva do Estado.

(B) houve culpa do Policial Civil "Y", em razão da responsabilidade objetiva do Estado.

(C) o Policial Civil "Y" ultrapassou o semáforo vermelho, em razão da responsabilidade subjetiva do Estado.

(D) houve o dano resultante da atuação administrativa do Policial Civil "Y", independentemente de culpa, em razão da responsabilidade objetiva do Estado.

(E) houve dolo do Policial Civil "Y", em razão da responsabilidade objetiva do Estado.

Trata-se da aplicação da teoria do risco administrativo, adotada pelo Estado Brasileiro e consagrada pela CF, art. 37, § 6º – As pessoas jurídicas de direito público e as de direito privado prestadoras de serviços públicos responderão pelos danos que seus agentes, nessa qualidade, causarem a terceiros, assegurado o direito de regresso contra o responsável nos casos de dolo ou culpa. Nesse sentido, é necessário somente a demonstração de nexo causal entre o resultado e a conduta do agente. **FB**
Gabarito "D".

(Investigador-Escrivão-Papiloscopista – Pará – Funcab – 2016) Com relação à responsabilidade civil do Estado e abuso do poder, bem como ao enriquecimento ilícito, julgue os itens a seguir, marcando apenas a opção correta.

(A) A responsabilidade civil do Estado é sempre de natureza contratual, uma vez que há entre o Estado e o cidadão um verdadeiro contrato social, pacto este implícito que deve ser cumprido por ambas as partes.

(B) A teoria do risco administrativo responsabiliza o ente público de forma objetiva pelos danos causados por seus agentes a terceiros de forma comissiva. Esta teoria admite causas de exclusão da responsabilidade, entre elas a culpa exclusiva da vítima.

(C) A responsabilidade civil do Estado será subjetiva em casos de omissão, adotando o ordenamento jurídico, nestes casos, a teoria civilista, restando necessário a

---

comprovação de dolo ou culpa do servidor que se omitiu no caso específico.

(D) Constituição Federal de 1988, porém em casos específicos, como os danos decorrentes de atividade nuclear ou danos ao meio ambiente. Tal posição é pacífica na doutrina, havendo causas de exclusão da responsabilidade estatal, como o caso fortuito e a força maior.

(E) A teoria adotada na Constituição Federal Brasileira, notadamente no artigo 37, §6º, é a teoria do risco suscitado ou risco criado, em que o Estado por seus atos comissivos cria o risco de dano com suas atividades, não admitindo causa de exclusão desta responsabilidade.

A teoria do risco administrativo determina que o Estado responsabilizar-se-á de forma objetiva pelos danos causados por seus agentes a terceiros, sendo necessário tão somente a demonstração do nexo causal entre a ação comissiva do agente e o resultado. Celso Antônio define que o fundamento da responsabilidade estatal é garantir uma equânime repartição dos ônus provenientes de atos ou efeitos lesivos, evitando que alguns suportem prejuízos ocorridos por ocasião ou por causa de atividades desempenhadas no interesse de todos. De consequente, seu fundamento é o princípio da igualdade, noção básica do Estado de Direito. CF, art. 37, § 6.º – As pessoas jurídicas de direito público e as de direito privado prestadoras de serviços público responderão por danos que seus agentes, nessa qualidade, causarem a terceiros, assegurado o direito de regresso contra o responsável nos casos de dolo ou culpa. São excludentes da responsabilidade objetiva: motivo de força maior, caso fortuito, fato de terceiro e culpa exclusiva da vítima. **FB**
Gabarito "B".

(Papiloscopista – PCDF – Universa – 2016) No que se refere à responsabilidade civil do Estado e aos atos administrativos, assinale a alternativa correta.

(A) Conforme o STJ, é imprescritível a pretensão de recebimento de indenização por dano moral decorrente de atos de tortura ocorridos durante o regime militar.

(B) Conforme o STJ, é obrigatório denunciar a lide ao servidor causador do dano nas ações fundadas em responsabilidade civil extracontratual do Estado.

(C) A anulação por inconstitucionalidade do ato administrativo pressupõe a garantia da ampla defesa e do contraditório por meio de processo judicial.

(D) Consideram-se insanáveis os vícios de competência e de forma do ato administrativo.

(E) Prescreve em cinco anos a pretensão regressiva contra o servidor que pratique ilícito causador de prejuízo ao erário.

A: correta. DIREITO ADMINISTRATIVO. IMPRESCRITIBILIDADE DA PRETENSÃO DE INDENIZAÇÃO POR DANO MORAL DECORRENTE DE ATOS DE TORTURA. É imprescritível a pretensão de recebimento de indenização por dano moral decorrente de atos de tortura ocorridos durante o regime militar de exceção. Precedentes citados: AgRg no AG 1.428.635-BA, Segunda Turma, DJe 09.08.2012; e AgRg no AG 1.392.493-RJ, Segunda Turma, DJe 01.07.2011. **REsp 1.374.376-CE, Rel. Min. Herman Benjamin, julgado em 25/6/2013; B: incorreta.** STF entendeu em decisão que: (RE 93.880/RJ, DJ 05.02.1982): "Diversos os fundamentos da responsabilidade, num caso, do Estado, em relação ao particular, a simples causação do dano; no outro caso, do funcionário em relação ao Estado, a culpa subjetiva. Trata-se de duas atuações processuais distintas, que se atropelam reciprocamente, não devendo conviver no mesmo processo, sob pena de contrariar-se a finalidade específica da denunciação da lide, que é de encurtar o caminho à solução global das relações litigiosas interdependentes". Desta forma o tratamento a ser dado não pode ser através da denunciação da lide, mas de ação regressiva; **C:** incorreta. A anulação por inconstitucionalidade é declarada por ato do STF não havendo em sua tramitação ampla defesa e contraditório; **D:** incorreta. Nos casos de vícios na forma, admite-se a convalidação do ato, desde que esta não seja essencial à validade do mesmo; **E:** incorreta. O art. 37, § 5º, da CF, tem a seguinte redação: "A lei estabelecerá os prazos de prescrição para ilícitos praticados por qualquer agente, servidor ou não, que causem prejuízos ao erário, ressalvadas as respectivas ações de ressarcimento". FB

Gabarito "A".

(Agente de Polícia Civil/RO – 2014 – FUNCAB) Tratando-se de responsabilidade civil do Estado, assinale a afirmativa correta.

(A) No caso de edição de leis de efeito concreto não incide a responsabilidade civil sobre a pessoa jurídica federativa que as originou.

(B) A teoria do risco criado (ou suscitado) admite que o Estado apresente qualquer excludente de responsabilidade.

(C) Na falta de serviço aplica-se a teoria da responsabilidade objetiva.

(D) O Estado, em sendo condenado ao pagamento de indenização ao particular, poderá propor ação regressiva em face do agente público, no caso deste ter atuado com dolo ou culpa.

(E) Se a empresa pública explorar atividade econômica, a exemplo da Caixa Econômica Federal, responderá objetivamente perante terceiros.

A: incorreta. O que se pode afirmar de início, é que em regra o Estado não reponde por atos legislativos que venham causar danos a terceiros. No entanto, é entendimento do Supremo Tribunal Federal que o Estado pode ser responsabilizado, quando ficar comprovado que lei inconstitucional causou danos ao particular (*RDA*,191/175). O mesmo raciocínio se aplicaria às leis de efeitos concretos. **B:** incorreta. A teoria do criado, admite que o Estado apresente como excludentes de responsabilidade a culpa exclusiva da vítima, fato de terceiros e caso fortuito ou força maior, e não qualquer excludente. **C:** incorreta. Não se aplica a teoria objetiva, mas a teoria da culpa administrativa (culpa do serviço ou culpa anônima). **D:** correta. Conforme dispõe o art. 37, § 6º da CF o Estado responde *pelos danos que seus agentes, nessa qualidade, causarem a terceiros, assegurado o direito de regresso contra o responsável nos casos de dolo ou culpa*. **E:** incorreta. Se o objeto da atividade da empresa pública for a exploração de atividade econômica, a responsabilidade será regida pela lei civil (responsabilidade subjetiva) e não objetiva. SEG

Gabarito "D".

(Agente Penitenciário/MA – 2013 – FGV) Em matéria de responsabilidade civil do Estado existem várias teorias que buscam estabelecer os requisitos para se verificar a configuração dessa responsabilidade estatal.

Em relação à *teoria do risco administrativo*, assinale a afirmativa correta.

(A) Havendo dolo ou culpa do agente público somente esse deverá ser responsabilizado e não o Estado.

(B) Não admite as excludentes de responsabilidade do Estado.

(C) A responsabilização do Estado dependerá em alguns casos da comprovação de dolo ou culpa do agente.

(D) Somente há a admissão da excludente de responsabilidade baseada em caso fortuito ou de força maior.

(E) Não é necessária em nenhuma hipótese a comprovação da culpa ou do dolo do agente para a responsabilização do Estado.

A: Incorreta. O Estado responde de forma objetiva pelos danos que seus agentes causarem a terceiros, no desempenho de sua função, podendo o Estado ajuizar ação regressiva contra o responsável nos casos de dolo ou culpa. **B:** incorreta. As excludentes de responsabilidade são aquelas situações que eximem o Estado da obrigação de indenizar. São elas: culpa exclusiva da vítima, fatos imprevisíveis e fatos de terceiros. **C:** incorreta. A responsabilidade do Estado é objetiva e independe da culpa ou dolo do agente. **D:** incorreta. Além dos fatos imprevisíveis (caso fortuito e força maior), são excludentes a culpa exclusiva da vítima e fatos de terceiros. **E:** correta. O Estado responde de forma objetiva pelos danos que seus agentes causarem a terceiros, não havendo necessidade de demonstrar culpa ou dolo do agente. SEG

Gabarito "E".

(Agente de Polícia/DF – 2013 – CESPE) Contas da União (TCU), haja vista receberem recursos públicos provenientes de contribuições parafiscais.

Durante rebelião em um presídio, Charles, condenado a vinte e oito anos de prisão por diversos crimes, decidiu fugir e, para tanto, matou o presidiário Valmir e o agente penitenciário Vicente. A fim de viabilizar sua fuga, Charles roubou de Marcos um carro que, horas depois, abandonou em uma estrada de terra, batido e com o motor fundido. Charles permaneceu foragido por cinco anos e, depois desse período, foi preso em flagrante após tentativa de assalto a banco em que explodiu os caixas eletrônicos de uma agência bancária, tendo causado a total destruição desses equipamentos e a queima de todo o dinheiro neles armazenado.

Com referência a essa situação hipotética e à responsabilização da administração, julgue os itens a seguir.

(1) A responsabilidade do Estado com relação aos danos causados à agência bancária é objetiva, uma vez que a falha do Estado foi a causa da fuga, da qual decorreu o novo ato ilícito praticado por Charles.

(2) Se as famílias de Valmir e Vicente decidirem pleitear indenização ao Estado, terão de provar, além do nexo de causalidade, a existência de culpa da administração, pois, nesses casos, a responsabilidade do Estado é subjetiva.

1: Errado. De acordo com o Supremo Tribunal Federal, o Estado responde pelos danos causados pelo preso foragido apenas se ficar comprovado um nexo direto entre o momento da fuga e o momento em que o dano foi causado. **2:** Errado. pois a responsabilidade nesse caso é objetiva. Para que se configure a obrigação do Estado em indenizar, é necessário verificar a existência de alguns **pressupostos**. São eles: a existência de dano; se não houve culpa da vítima e se há nexo de causalidade. Ausente algum destes pressupostos, não haverá obrigação de indenizar por parte do Estado, eis que a mesma admite excludentes de responsabilidade. FC

Gabarito 1E, 2E.

(Polícia Rodoviária Federal – 2013 – CESPE) Um PRF, ao desviar de um cachorro que surgiu inesperadamente na pista em que ele trafegava com a viatura de polícia, colidiu com veículo que trafegava em sentido contrário, o que ocasionou a morte do condutor desse veículo.

Com base nessa situação hipotética, julgue os itens a seguir.

8. DIREITO ADMINISTRATIVO   297

(1) Em razão da responsabilidade civil objetiva da administração, o PRF será obrigado a ressarcir os danos causados a administração e a terceiros, independentemente de ter agido com dolo ou culpa.

(2) Não poderá ser objeto de delegação a decisão referente a recurso administrativo interposto pelo PRF contra decisão que lhe tiver aplicado penalidade em razão do acidente.

(3) Ainda que seja absolvido por ausência de provas em processo penal, o PRF poderá ser processado administrativamente por eventual infração disciplinar cometida em razão do acidente.

1: incorreta. Conforme determinação constitucional, as pessoas jurídicas de direito público e as de direito privado prestadoras de serviços públicos responderão pelos danos que seus agentes, nessa qualidade, causarem a terceiros, assegurado o direito de regresso contra o responsável nos casos de culpa ou dolo (art. 37, § 6º). **2:** Correta. A decisão de recursos administrativos, **não pode** ser objeto de delegação (art. 13, II, da Lei 9.784/1999). **3:** Correta. As sanções civis, penais e administrativas poderão cumular-se, sendo independentes entre si, sendo que responsabilidade administrativa do servidor **somente** será afastada no caso de absolvição criminal que negue a existência do fato ou sua autoria (arts. 125 e 126 da Lei 8.112/1990). SEG

Gabarito 1E, 2C, 3C

(Escrivão de Polícia/MA – 2013 – FGV) Com relação à Responsabilidade Civil do Estado, assinale a afirmativa correta.

(A) As pessoas jurídicas de direito privado, exercentes de atividade econômica, respondem de forma objetiva pelos danos causados a terceiros não usuários do serviço.

(B) Um dos fundamentos da responsabilidade objetiva do Estado encontra-se na ideia de repartição equânime do ônus da atuação da Administração Pública.

(C) As pessoas jurídicas de direito privado, exercentes de atividade econômica, respondem de forma objetiva apenas pelos danos causados a terceiros usuários do serviço.

(D) É viável ajuizar ação de responsabilidade diretamente em face do Estado, ainda que o dano tenha sido causado por empresa concessionária de serviço público.

(E) Caso a vítima não queira receber mediante precatório, é possível que ela ajuíze ação de responsabilidade diretamente em face do agente público causador do dano.

A: incorreta, pois as pessoas jurídicas de direito privado que exercem atividade econômica devem, nesse particular, ser tratadas como empresas privadas (art. 173, § 1º, II, da CF), respondendo de forma subjetiva pelas obrigações contraídas e, nos termos do art. 927 do CC, pelos prejuízos que vier causar a terceiros não usuários; **B:** correta, pois na visão de Celso Antônio Bandeira de Mello, *o fundamento da responsabilidade estatal é garantir uma equânime repartição dos ônus provenientes de atos ou efeitos lesivos, evitando que alguns suportem prejuízos ocorridos por ocasião ou por causa de atividades desempenhadas no interesse de todos* (Direito administrativo brasileiro. São Paulo: Malheiros. 2010, p. 993). **C:** incorreta, pois as pessoas jurídicas de direito privado que exercem atividade econômica, respondem de forma subjetiva pelos prejuízos que causar a terceiros não usuários e de forma objetiva a terceiros usuários *ou à própria Administração Pública* (Diogenes Gasparini. *Direito administrativo.* 16. ed. São Paulo: Saraiva, 2011. p. 512); **D:** incorreta, pois o art. 37, § 6º da CF prevê que *as pessoas jurídicas de direito público e as de direito privado prestadoras de serviços públicos responderão pelos danos que seus agentes, nessa qualidade, causarem a terceiros, assegurado o direito de regresso contra*

---

o responsável nos casos de dolo ou culpa. O Código Civil ratifica esse entendimento ao prescrever em seu art. 43 que: *As pessoas jurídicas de direito público interno são civilmente responsáveis por atos dos seus agentes que nessa qualidade causem danos a terceiros, ressalvado direito regressivo contra os causadores do dano, se houver, por parte destes, culpa ou dolo.* Finalizando, destacamos que a doutrina, de forma majoritária, entende que a *responsabilidade do Estado nesses casos, é subsidiária,* respondendo somente se o patrimônio das entidades não for suficiente para quitar seus débitos, caso, em que o credor para receber seus créditos, deve mover ação contra o ente político instituidor. Em voz dissonante, o ilustre doutrinador Diógenes Gasparini afirma que *nem mesmo subsidiariamente a Administração Pública a que se vinculam responde por essas obrigações* (Direito administrativo. 16. ed. São Paulo: Saraiva, 2011. p. 512). Daí se concluir que há controvérsias se é viável ou não demandar diretamente contra o Estado; E: incorreta. A afirmativa encontra-se incorreta, mas convém fazer algumas observações. Vejamos: A doutrina majoritária defende que a vítima pode demandar diretamente contra o Estado; diretamente contra o agente público, se este tiver agido com culpa ou dolo; ou em casos de culpa ou dolo contra ambos: Estado e agente público em litisconsórcio passivo facultativo (nesse sentido: José dos Santos Carvalho Filho, Maria Sylvia Zanella Di Pietro e Celso Antônio Bandeira de Mello). Em sentido contrário Hely Lopes Meirelles defende que *para obter indenização basta que o lesado acione a Fazenda Pública e demonstre o nexo causal entre o fato lesivo (comissivo ou omissivo) e o dano, bem como seu montante, e uma vez indenizada a lesão da vítima, fica a entidade pública com o direito de voltar-se contra o servidor culpado, através de ação regressiva autorizada pelo § 6º do art. 37 da CF.* E conclui dizendo que *o legislador constituinte bem separou as responsabilidades: o Estado indeniza a vítima; o agente indeniza o Estado regressivamente* (Direito administrativo brasileiro. 36. ed. São Paulo: Malheiros, 2010. p. 691). Inclusive a Lei 8.112/1990 em seu art. 122, § 2º aduz que *tratando-se de dano causado a terceiros, responderá o servidor perante a Fazenda Pública, em ação regressiva.* Por fim, destaque-se que o STF também se manifesta nesse sentido. Observe: "*Constitucional e administrativo. Agravo regimental em agravo de instrumento. Responsabilidade objetiva do Estado por atos do Ministério Público. Sucumbência. Legitimidade passiva. Art. 37, § 6º, da CF/88.*
1. A legitimidade passiva é da pessoa jurídica de direito público para arcar com a sucumbência de ação promovida pelo Ministério Público na defesa de interesse do ente estatal.
2. É assegurado o direito de regresso na hipótese de se verificar a incidência de dolo ou culpa do preposto, que atua em nome do Estado.
3. Responsabilidade objetiva do Estado caracterizada. Precedentes.
4. Inexistência de argumento capaz de infirmar o entendimento adotado pela decisão agravada.
5. Agravo regimental improvido." (AgRg no AI 552.366-0/MG, 2ª T., j. 06.10.2009, rel. Min. Ellen Gracie). O que se conclui é que a vítima poderia demandar diretamente contra o agente público, somente na hipótese do mesmo ter agido com culpa ou dolo. SEG

Gabarito "B".

(Escrivão de Polícia/MA – 2013 – FGV) José, escrevente da polícia do Estado do Maranhão, de forma intencional, resolveu destruir cerca existente na propriedade de João, de forma a permitir sua passagem quando do cumprimento de mandado de prisão de Caio na propriedade ao lado. João, inconformado, resolveu mover ação de responsabilidade civil para reparar o dano que lhe foi causado.

Com base nessa situação, marque a afirmativa correta.

(A) João terá que demandar o Estado do Maranhão, que responderá objetivamente pela conduta de seu agente no cumprimento de seu serviço.

(B) João somente poderá demandar José, visto que seu ato foi intencional (doloso), necessitando, no entanto, comprovar sua culpa.

(C) João poderá demandar tanto o Estado do Maranhão, como José, sendo que o primeiro responderá objetivamente e o segundo subjetivamente.

(D) João poderá demandar José que, em sua defesa, poderá denunciar à lide o Estado do Maranhão.

(E) João, tratando-se do cumprimento de ordem judicial, somente poderá demandar Caio que, na realidade, foi quem deu causa ao dano.

A: correta, pois é o Estado que responde de forma objetiva pelos danos que seus agentes causam a terceiros, independentemente de terem agido com culpa ou dolo, ação ou omissão, ou por ato lícito ou ilícito. Cabe ao Estado ajuizar ação regressiva contra o agente público, provando-se culpa ou dolo do mesmo. **B:** incorreta, a demanda deve ser contra o Estado, não havendo necessidade de se provar culpa ou dolo, mas tão somente o dano; **D:** incorreta, já que a denunciação da lide consiste numa forma de intervenção de terceiro prevista no art. 70, III do CPC, cuja redação é a seguinte: *A denunciação da lide é obrigatória: (...) III – àquele que estiver obrigado, pela lei ou pelo contrato, a indenizar, em ação regressiva, o prejuízo do que perder a demanda.* Para que José em sua defesa fizesse denunciação da lide, teria que provar que o Estado agiu com dolo ou culpa, fato este que não aconteceu; **E:** incorreta, pois conforme determina o art. 927 do CC, aquele que, por ato ilícito, causar dano a outrem, fica obrigado a repará-lo, e neste caso, Caio não se configura como o causador do dano, mas sim José que agiu de forma intencional. **SEG**

Gabarito "A".

(Agente de Polícia/DF – 2009 – UNIVERSA) Acerca da responsabilidade civil do Estado, assinale a alternativa correta.

(A) Posto ser o sistema de responsabilização objetiva o adotado pelo ordenamento jurídico nacional, no qual, independentemente de culpa, pode o Estado ser responsabilizado nos atos comissivos, ao autor cabe somente demonstrar a conduta danosa do agente público.

(B) A despeito da garantia constitucional de vedação de penas perpétuas, tem-se admitido a imprescritibilidade da responsabilidade civil dos agentes públicos perante o Estado.

(C) Os atos praticados pelo Poder Judiciário não ensejam responsabilização civil.

(D) O Estado, em tese, não pode ser responsabilizado por atos omissivos, posto que a desnecessidade de culpa, característica do sistema de responsabilização estatal, poderia conduzir à proliferação de demandas contra os entes públicos.

(E) Por se submeterem ao direito privado, não se aplica aos concessionários de serviços públicos a responsabilização objetiva.

De fato, pois no que concerne à pretensão indenizatória por parte do Estado, a Constituição admite a imprescritibilidade da ação como direito perpétuo para reaver o que lhe foi ilicitamente tirado (art. 37, § 5º da CF). **SEG**

Gabarito "B".

10. LICITAÇÕES E CONTRATOS

10.1. Licitação

(Escrivão – PC/GO – AOCP – 2023) Considerando o que dispõe a Lei nº 14.133/2021, assinale a alternativa que NÃO representa um dos objetivos do processo licitatório previsto em lei.

(A) Suprir as necessidades da Administração Pública observando a supremacia do interesse público.

(B) Evitar contratações, com sobrepreço ou com preços manifestamente inexequíveis, e superfaturamento na execução dos contratos.

(C) Assegurar tratamento isonômico entre os licitantes, bem como a justa competição.

(D) Assegurar a seleção da proposta apta a gerar o resultado de contratação mais vantajoso para a Administração Pública, inclusive no que se refere ao ciclo de vida do objeto.

(E) Incentivar a inovação e o desenvolvimento nacional sustentável.

Art. 11, Lei 14.133/21. O processo licitatório tem por objetivos: I – assegurar a seleção da proposta apta a gerar o resultado de contratação mais vantajoso para a Administração Pública, inclusive no que se refere ao ciclo de vida do objeto; II – assegurar tratamento isonômico entre os licitantes, bem como a justa competição; III – evitar contratações com sobrepreço ou com preços manifestamente inexequíveis e superfaturamento na execução dos contratos; IV – incentivar a inovação e o desenvolvimento nacional sustentável. **A.** incorreta. Não é um objetivo. **B.** correta. Art. 11, III. **C.** correta. Art. 11, II. **D.** correta. Art. 11, I. **E.** correta. Art. 11, IV. **FC**

Gabarito "A".

(Perito – PC/ES – Instituto AOCP – 2019) Com fundamento na Lei nº 8.666/1993, que regulamenta as licitações e contratos da Administração Pública e dá outras providências, sobre licitação, assinale a alternativa correta.

(A) É indispensável a realização de licitação mesmo quando a União tiver de intervir no domínio econômico para regular preços ou normalizar o abastecimento.

(B) Em casos excepcionais, previstos em lei, à administração pública, é permitido descumprir as normas e condições do edital, ao qual se acha vinculada.

(C) A tomada de preços é a modalidade de licitação entre quaisquer interessados para escolha de trabalho técnico, científico ou artístico, mediante a instituição de prêmios ou remuneração aos vencedores, conforme critérios constantes em edital publicado na imprensa oficial com antecedência mínima de 45 dias.

(D) O procedimento licitatório caracteriza ato administrativo formal, independentemente da esfera da Administração Pública que o pratique.

(E) A concorrência e o leilão não são modalidades licitatórias.

A: incorreta. Trata-se de hipótese de dispensa de licitação, nos termos do art. 24, VI da Lei 8.666/1993; **B:** incorreta. Não existe regra exceptiva ao princípio da vinculação ao instrumento convocatório prevista no art. 3º da Lei 8.666/1993; **C:** incorreta. Tomada de preços é a modalidade de licitação entre interessados devidamente cadastrados ou que atenderem a todas as condições exigidas para cadastramento até o terceiro dia anterior à data do recebimento das propostas, observada a necessária qualificação; **D:** correta. Trata-se de procedimento formal cujas normas gerais estão estabelecidas na Lei 8.666/1993; **E:** incorreta. Tanto a concorrência como o leilão estão previstos no art. 22 da Lei 8.666/1993 como modalidades de licitação. **FB**

Gabarito "D".

(Escrivão de Polícia/DF – 2013 – CESPE) Julgue o item seguinte, referente à licitação pública.

(1) As empresas públicas e as sociedades de economia mista, integrantes da administração indireta, não estão

8. DIREITO ADMINISTRATIVO

sujeitas aos procedimentos licitatórios, uma vez que são entidades exploradoras de atividade econômica e dotadas de personalidade jurídica de direito privado.

Conforme determina o art. 28 da Lei 13.303/16 (Estatuto da Empresa Pública e da Sociedade de Economia Mista), tais empresas deverão realizar procedimento licitatório nos termos dessa lei quando quiserem contratar com terceiros. SEG

Gabarito 1E

(Escrivão de Polícia Federal – 2013 – CESPE - ADAPTADA) No que se refere a licitações, nos termos da Lei 8.666/93, julgue o item abaixo.

(1) Haverá dispensa de licitação nos casos em que houver fornecedor exclusivo de determinado equipamento.

1: A afirmativa faz referência à hipótese de licitação inexigível, nos termos do art. 25, I, da Lei 8.666/1993. FC

Gabarito 1E

(Agente de Polícia Federal – 2012 – CESPE - ADAPTADA) No que se refere às licitações, julgue o item que se segue com base na Lei 8.666/93.

(1) Configura-se a inexigibilidade de licitação quando a União é obrigada a intervir no domínio econômico para regular preço ou normalizar o abastecimento.

1. A intervenção da União no domínio econômico é hipótese de licitação dispensável. A licitação *dispensável é aquela que admite concorrência entre interessados*, mas a Administração Pública, em razão de seu *poder discricionário*, e levando-se em conta os critérios de conveniência e oportunidade, pode realizá-la ou não. Prescreve o art. 24, VI da Lei 8.666/1993 que *é dispensável a licitação (...) quando a União tiver que intervir no domínio econômico para regular preços ou normalizar o abastecimento*. Convém salientar que a intervenção no domínio econômico é hipótese aplicável somente à União. A Lei Delegada 4/1962, em seu art. 1º e parágrafo único, informa que *a União fica autorizada a intervir no domínio econômico para assegurar a livre distribuição de mercadorias e serviços essenciais ao consumo e uso do povo, nos limites fixados nesta lei e para assegurar o suprimento dos bens necessários às atividades agropecuárias, da pesca e indústrias do País.* Essa forma de intervenção (se ocorrer) consistirá na compra, armazenamento, distribuição e venda de gêneros e produtos alimentícios, medicamentos, equipamentos e outros elencados no art. 2º da citada lei. FC

Gabarito 1E

(Investigador de Polícia/PA – 2009 – MOVENS) No que se refere à Lei nº 8.666/1993, assinale a opção correta.

(A) Revoga tacitamente o conteúdo do art. 37, inciso XXI, da Constituição Federal, ao trazer exceções ao princípio da isonomia nas licitações públicas.

(B) Institui normas padronizadas para licitação de obras, sem exceção, e contratação de serviços com terceiros com a finalidade de coibir procedimentos sem prévia licitação.

(C) Estabelece normas gerais sobre licitações e contratos administrativos referentes a obras, serviços, compras, alienações e locações no âmbito dos poderes da União, dos Estados, do Distrito Federal e dos Municípios.

(D) Por se tratar de regulamentação de conteúdo constitucional, subordina ao regime legal apenas os órgãos da Administração Pública direta, as autarquias e as fundações públicas.

A: incorreta, pois segundo o art. 126, da Lei 8.666/1993, foram revogados somente os *Decretos-leis 2.300, de 21 de novembro de 1986, 2.348, de 24 de julho de 1987, 2.360, de 16 de setembro de 1987, a Lei nº 8.220, de 4 de setembro de 1991, e o art. 83 da Lei nº 5.194, de 24 de dezembro de 1996;* **B:** incorreta, pois *as obras, serviços, inclusive de publicidade, compras, alienações, concessões, permissões e locações da Administração Pública, quando contratadas com terceiros, serão necessariamente precedidas de licitação, ressalvadas as hipóteses previstas nesta Lei* (art. 2º da Lei 8.666/1993). Por exemplo, pode haver tratamento simplificado para Empresas de Pequeno Porte ou Microempresas, conforme prevê a LC 123/2006 (Estatuto Nacional da Microempresa e da Empresa de Pequeno Porte), em seu art. 47; **C:** correta, pois o art. 1º da Lei de Licitações, *estabelece normas gerais sobre licitações e contratos administrativos pertinentes a obras, serviços, inclusive de publicidade, compras, alienações e locações no âmbito dos Poderes da União, dos Estados, do Distrito Federal e dos Municípios;* **D:** incorreta, pois *subordinam-se ao regime desta Lei, além dos órgãos da administração direta, os fundos especiais, as autarquias, as fundações públicas, as empresas públicas, as sociedades de economia mista e demais entidades controladas direta ou indiretamente pela União, Estados, Distrito Federal e Municípios* (art. 1º, parágrafo único da Lei 8.666/1993). FC

Gabarito "C"

10.2. Contrato administrativo

(Delegado – PC/RS – FUNDATEC – 2018) A respeito do regime jurídico das licitações e contratos administrativos (Lei 8.666/93), analise as seguintes assertivas:

I. Em homenagem ao princípio da supremacia do interesse público sobre o privado, vetor dos contratos administrativos, as cláusulas econômico-financeiras e monetárias poderão ser alteradas independentemente de prévia concordância do contratado.

II. Os contratos administrativos se distinguem dos contratos privados celebrados pela Administração Pública pelo fato de assegurarem a esta certos poderes ou prerrogativas que a colocam em posição de superioridade diante do particular contratado, a fim de que o interesse público seja preservado.

III. A existência de certo bem, de natureza singular, cuja aquisição se apresenta como a única capaz de satisfazer de maneira plena determinada necessidade ou utilidade pública da Administração, justifica a contratação direta mediante dispensa de licitação.

Quais estão corretas?

(A) Apenas I.

(B) Apenas II.

(C) Apenas I e II.

(D) Apenas I e III.

(E) Apenas II e III.

I: incorreta. Não se trata de decorrência do princípio da supremacia do interesse público privado, mas a garantia do particular contratado perante a Administração Pública contratante, tal como previsto no art. 37, XXI, CF/88, que fala em "cláusulas que estabeleçam obrigações de pagamento, mantidas as condições efetivas da proposta"; **II:** correta. As chamadas cláusulas exorbitantes são aquelas que excedem o padrão comum dos contratos em geral, com o intuito de dar uma vantagem para a Administração Pública. Elas estão previstas no artigo 58 da Lei 8.666/1993; **III:** incorreta. No caso de inviabilidade de competição pela singularidade do bem, não se trata de caso de dispensa de licitação, mas de sua inexigibilidade. Art. 25 da Lei 8.666/1993. FC

Gabarito "B"

300 — SEBASTIÃO EDILSON GOMES, FLÁVIA BARROS, FLÁVIA CAMPOS E RODRIGO BORDALO

(Escrivão de Polícia/SC – 2008 – ACAFE) Analise as alternativas a seguir referentes aos contratos administrativos (Lei 8.666/93). Todas estão corretas, exceto a:

(A) A cláusula exorbitante desiguala as partes na execução do avençado e, desde que decorrente da lei ou dos princípios norteadores da Administração Pública, é lícita.

(B) O contrato administrativo pode ser decorrente de um ato unilateral e impositivo da Administração.

(C) Contrato administrativo é o ajuste que a Administração Pública firma com o particular ou com outra entidade administrativa para a consecução de objetivos de interesse público, nas condições estabelecidas pela Administração.

(D) O contrato administrativo de serviço abrange o labor intelectual do artista.

A: correta, pois as cláusulas exorbitantes são características que diferenciam os contratos administrativos dos contratos privados. São assim denominadas porque exorbitam, extrapolam as cláusulas comuns do direito privado. Encontram previsão legal no art. 58 da Lei 8.666/1993; **B:** incorreta, pois o contrato é *todo e qualquer ajuste entre órgãos ou entidades da Administração Pública e particulares, em que haja um acordo de vontades para a formação de vínculo e a estipulação de obrigações recíprocas, seja qual for a denominação utilizada* (art. 2º, parágrafo único da Lei 8.666/1993); **C:** correta, pois o contrato administrativo pode ser definido como *o ajuste firmado entre a Administração Pública e um particular, regulado basicamente pelo direito público, e tendo por objeto uma atividade que, de alguma forma, traduza interesse público* (José dos Santos Carvalho Filho. *Manual de direito administrativo*. 24. ed. Rio de Janeiro: *Lumen Juris*, 2011. p. 161); **D:** correta, inclusive, é bom destacar que o contrato administrativo de serviço, desdobra-se em: **serviços comuns**, sendo *aqueles que não exigem habilitação profissional para sua execução, podendo ser realizados por qualquer pessoa ou empresa, por não serem privativos de nenhuma profissão ou categoria profissional... contratados mediante prévia licitação* (Hely Lopes Meirelles. *Direito administrativo brasileiro*. 36. ed. São Paulo: Malheiros, 2010. p. 264). São exemplos: serviços de limpeza, pintura, manutenção e conservação de equipamentos, podendo ser prestados na modalidade de empreitada ou tarefa; **serviços técnicos profissionais generalizados**, que *são aqueles que exigem habilitação legal para sua execução. Podem ser generalizados, que não demandam maiores conhecimentos, teóricos ou práticos. Em regra exige-se licitação*. São exemplos: serviços de eletricidade, telecomunicações, mecânica, computação etc.; e **serviços técnicos profissionais especializados**, que *constituem um aprimoramento em relação aos comuns, por exigirem de quem os realiza acurados conhecimentos, teóricos ou práticos, obtidos através de estudos, do exercício da profissão, da pesquisa científica, de cursos de pós-graduação, ou de estágios de aperfeiçoamento, os quais situam o especialista num nível superior aos demais profissionais da mesma categoria* (Hely Lopes Meirelles. *Op. cit., p. 264/265*). São exemplos: perícias, pareceres, avaliações, consultorias etc., dos quais não se exige licitação (art. 25, II, § 1º, c/c art. 13 da Lei 8.666/1993); e **trabalhos artísticos** que *são os que visam a realização de "obras de arte"* (Hely Lopes Meirelles. *Op. cit.* p. 266) abrangendo a contratação de qualquer profissional de setor artístico, sendo inclusive inexigível a licitação (art. 25, III da Lei 8.666/1993). **FC**

Gabarito "B".

10.2.1. Cláusulas exorbitantes e temas gerais

(Comissário de Polícia/SC – 2008 – ACAFE) Com relação aos contratos administrativos (Lei 8.666/93), analise as afirmações a seguir.

I. Somente firmam contrato administrativo os órgãos da Administração direta.

II. É o ajuste que a Administração Pública firma com o particular ou outra entidade administrativa para a consecução de objetivos de interesse público, nas condições estabelecidas.

III. A cláusula exorbitante desiguala as partes na execução do avençado e, desde que decorrente da lei ou dos princípios norteadores da Administração Pública, é lícita.

IV. Pode ser consensual ou decorrente de um ato unilateral e impositivo da Administração.

Assinale a alternativa correta.

(A) Todas estão corretas.

(B) Apenas a IV está correta.

(C) Apenas II e III estão corretas.

(D) Apenas I e III estão corretas.

I: incorreta, pois os contratos administrativos também são firmados pelos órgãos da Administração Indireta; **II:** correta, pois o contrato administrativo pode ser definido como *o ajuste firmado entre a Administração Pública e um particular, regulado basicamente pelo direito público, e tendo por objeto uma atividade que, de alguma forma, traduza interesse público* (José dos Santos Carvalho Filho. *Manual de direito administrativo*. 24. ed. Rio de Janeiro: *Lumen* Juris, 2011. p. 161); **III:** correta, pois as cláusulas exorbitantes são características que diferenciam os contratos administrativos dos contratos privados. São assim denominadas porque exorbitam, extrapolam as cláusulas comuns do direito privado. Encontram previsão legal no art. 58 da Lei 8.666/1993. As principias cláusulas exorbitantes são: a alteração unilateral do contrato; a rescisão unilateral do contrato; a ocupação temporária de bens; o poder/dever de fiscalização da execução do contrato e o poder de aplicar sanções; **IV:** incorreta, pois o contrato é *todo e qualquer ajuste entre órgãos ou entidades da Administração Pública e particulares, em que haja um acordo de vontades para a formação de vínculo e a estipulação de obrigações recíprocas, seja qual for a denominação utilizada* (art. 2º, parágrafo único da Lei 8.666/1993). **FC**

Gabarito "C".

10.2.2. Alterações contratuais

(Comissário de Polícia/SC – 2008 – ACAFE) Todas as alternativas sobre contratos administrativos (Lei 8.666/93) estão corretas, exceto a:

(A) A suspensão da execução do contrato, por ordem escrita da Administração, por prazo superior a 120 (cento e vinte) dias é motivo ensejador do pedido de rescisão judicial pelo contratado.

(B) A falência da empresa não é fato extintivo do contrato administrativo que imponha sua rescisão de pleno direito.

(C) O termo que formaliza a rescisão administrativa, aquela operada por ato unilateral da Administração, por inadimplência do contratado ou por interesse do serviço público, opera seus efeitos *ex nunc*.

(D) Rescisão é o desfazimento do contrato durante sua execução, que pode se dar pelas seguintes razões: inadimplência de uma das partes, superveniência de eventos que impeçam ou tornem inconveniente seu prosseguimento ou acarretem seu rompimento de pleno direito.

A: correta, pois conforme art. 78, XIV da Lei 8.666/1993, *a suspensão de sua execução, por ordem escrita da Administração, por prazo superior a 120 (cento e vinte) dias, salvo em caso de calamidade pública, grave perturbação da ordem interna ou guerra, ou ainda por repetidas suspensões que totalizem o mesmo prazo, independentemente do pagamento obrigatório de indenizações pelas sucessivas e contratualmente impre-*

8. DIREITO ADMINISTRATIVO   301

vistas desmobilizações e mobilizações e outras previstas, assegurado ao contratado, nesses casos, o direito de optar pela suspensão do cumprimento das obrigações assumidas até que seja normalizada a situação; B: incorreta, pois dentre as hipóteses que ensejam a rescisão unilateral do contrato, encontram-se a decretação de falência ou a instauração de insolvência civil (art. 78, IX da Lei 8.666/1993); **C:** correta, pois a rescisão administrativa pelos motivos indicados (art. 79, I e § 2°, I, II e III, da Lei 8.666/1993), geram efeitos *ex nunc,* isto é, dali para frente, respeitando-se os efeitos produzidos, ou seja: devolução de garantia (se houver); pagamentos devidos pela execução do contrato até a data da rescisão e pagamento do custo da desmobilização; **D:** correta, pois no dizer de Hely Lopes Meirelles, *rescisão é o desfazimento do contrato durante sua execução por inadimplência de uma das partes, pela superveniência de eventos que impeçam ou tornem inconveniente o prosseguimento do ajuste ou pela ocorrência de fatos que acarretem seu rompimento de pleno direito (Direito administrativo brasileiro.* 36. ed. São Paulo: Malheiros, 2010. p. 251). FC
Gabarito "B".

10.3. Temas combinados de licitações e contratos

(Agente – Pernambuco – CESPE – 2016) A respeito de licitações, contratos administrativos e convênios (Lei 8.666/93, Lei 10.520/02 e Lei 12.462/11), assinale a opção correta.

(A) Tratando-se de pregão, os prazos para o fornecimento dos bens ou serviços contratados serão fixados na fase externa da licitação, imediatamente após a convocação dos interessados.

(B) Veda-se a celebração de contratos de repasse entre a União e órgãos estaduais relacionados à execução de obras e serviços de engenharia se o valor da transferência da União for inferior a R$ 250.000.

(C) No âmbito do Regime Diferenciado de Contratações Públicas (RDC), define-se como projeto básico o conjunto dos elementos necessários e suficientes à execução completa da obra, de acordo com as normas técnicas pertinentes.

(D) Veda-se a utilização do Sistema de Registro de Preços para a aquisição de bens ou para a contratação de serviços destinados ao atendimento a mais de um órgão ou entidade.

(E) Em se tratando de licitação de obra relacionada a empreendimento executado e explorado sob o regime de concessão, é vedado incluir no objeto da licitação a previsão de obtenção de recursos financeiros para a sua execução.

A: incorreta. Acontece na fase preparatória a fixação dos prazos para o fornecimento. Lei 10.520/2002, art. 3° – A fase preparatória do pregão observará o seguinte: I – a autoridade competente justificará a necessidade de contratação e definirá o objeto do certame, as exigências de habilitação, os critérios de aceitação das propostas, as sanções por inadimplemento e as cláusulas do contrato, inclusive com fixação dos prazos para fornecimento; **B:** correta. A questão deve ter sido formulada com base na Portaria Interministerial 507/2011, que já foi atualmente revogada pela Portaria Interministerial 424/2016, não tendo sido alterado porém, a expressa vedação citada na assertiva, a saber: Portaria Interministerial 507/2011, art. 10 – É vedada a celebração de convênios: I – com órgãos e entidades da administração pública direta e indireta dos Estados, Distrito Federal e Municípios cujo valor seja inferior a R$ 100.000,00 (cem mil reais) ou, no caso de execução de obras e serviços de engenharia, exceto elaboração de projetos de engenharia, nos quais o valor da transferência da União seja inferior a R$ 250.000,00 (duzentos e cinquenta mil reais); Portaria Interministerial 424/2016, art. 9° – É

vedada a celebração de: IV – instrumentos para a execução de obras e serviços de engenharia com valor de repasse inferior a R$ 250.000,00 (duzentos e cinquenta mil reais); **C:** incorreta. Esta é a definição legal de projeto executivo, conforme se observa na Lei 12.462/2011, art. 2°, IV; **D:** incorreta. Não há previsão legal neste sentido; **E:** incorreta. Lei 8.666/1993, art. 7° § 3° – É vedado incluir no objeto da licitação a obtenção de recursos financeiros para sua execução, qualquer que seja a sua origem, exceto nos casos de empreendimentos executados e explorados sob o regime de concessão, nos termos da legislação específica. FC
Gabarito "B".

(Escrivão – Pernambuco – CESPE – 2016) Assinale a opção correta relativamente a licitação e contratos públicos.

(A) Constitui atentado ao princípio da igualdade entre os licitantes o estabelecimento de requisitos mínimos de participação no edital da licitação.

(B) O contrato administrativo é sempre consensual e, em regra, formal, oneroso, comutativo e realizado *intuitu personae.*

(C) A exceção de contrato não cumprido se aplica aos contratos administrativos, quando a falta é da administração.

(D) O controle do contrato administrativo por parte da administração exige cláusula expressa.

(E) As empresas estatais exploradoras de atividade econômica de produção ou comercialização de bens ou de prestação de serviços estão dispensadas de observar os princípios da licitação.

A relação contratual com a Administração Pública é regida por normas de direito público, razão pela qual se admite a exceptio non adimpleti contractus com a condição prevista na Lei 8.666/1993, art. 78, XV – o atraso superior a 90 (noventa) dias dos pagamentos devidos pela Administração decorrentes de obras, serviços ou fornecimento, ou parcelas destes, já recebidos ou executados, salvo em caso de calamidade pública, grave perturbação da ordem interna ou guerra, assegurado ao contratado o direito de optar pela suspensão do cumprimento de suas obrigações até que seja normalizada a situação. FB
Gabarito "C".

11. SERVIÇO PÚBLICO, CONCESSÃO E PPP

11.1. Serviço público

(Escrivão – Pernambuco – CESPE – 2016) Assinale a opção correta a respeito dos serviços públicos.

(A) Os serviços públicos gerais (ou *uti universi*) são indivisíveis e devem ser mantidos por impostos.

(B) Os serviços públicos individuais (ou *uti singuli*) não são mensuráveis relativamente aos seus destinatários.

(C) O serviço público desconcentrado é aquele em que o poder público transfere sua titularidade, ou, simplesmente, sua execução, por outorga ou delegação.

(D) Os serviços de utilidade pública não admitem delegação.

(E) Os serviços públicos propriamente ditos admitem delegação.

Os serviços públicos gerais são os que a Administração presta sem ter destinatário certo, para atender à coletividade como um todo, por este motivo devem ser mantidos por impostos, isto porque a definição do tributo especificado como imposto é a ideia de pagamento sem

302 SEBASTIÃO EDILSON GOMES, FLÁVIA BARROS, FLÁVIA CAMPOS E RODRIGO BORDALO

contraprestação específica como ocorre com as taxas e nesse sentido: CTN, art. 16 – é o tributo cuja obrigação tem por fato gerador uma situação independente de qualquer atividade estatal específica, relativa ao contribuinte. Ex.: polícia. **FB**

Gabarito "A".

(Escrivão de Polícia/BA – 2013 – CESPE) Julgue os itens a seguir, a respeito dos serviços públicos.

(1) Conforme entendimento do Superior Tribunal de Justiça, é legal a cobrança, pela administração pública, de taxa, para a utilização das vias públicas para prestação de serviços públicos por concessionária, como, por exemplo, a instalação de postes, dutos ou linhas de transmissão.

(2) Caracterizam-se como serviços públicos sociais apenas os serviços de necessidade pública, de iniciativa e implemento exclusivo do Estado.

1: incorreta. Segundo entendimento do STJ, *a utilização das vias públicas para prestação de serviços públicos por concessionária – como a instalação de postes, dutos ou linhas de transmissão – não pode ser objeto de cobrança pela Administração Pública.* A cobrança é ilegal, pois a exação não se enquadra no conceito de taxa – não há exercício do poder de polícia nem prestação de algum serviço público –, tampouco no de preço público – derivado de um serviço de natureza comercial ou industrial prestado pela Administração. Precedentes citados: REsp 1.246.070-SP, DJe 18.06.2012, e REsp 897.296-RS, DJe 31/8/2009. (AgRg no REsp 1.193.583-MG, Rel. Min. Humberto Martins, j. 18/10/2012). **2:** incorreta. Os serviços públicos sociais não são exclusivos do Estado. São desempenhados também por entidades paraestatais, que colaboram com o Estado no desempenho de atividades de interesse público. Para Hely Lopes Meirelles, as entidades paraestatais são "pessoas jurídicas de direito privado, cuja criação é autorizada por lei específica, com patrimônio público ou misto, para realização de atividades, obras ou serviços de interesse coletivo, sob normas e controle do Estado (MEIRELLES, Hely Lopes. *Direito Administrativo brasileiro.* São Paulo: Malheiros. 36. ed. 2010. p. 362). Tais entidades atuam na assistência a portadores de necessidades especiais, idosos, proteção ao meio ambiente, educação etc. são exemplos o SESI, SENAI, OSs, OSCIPs dentre outros. **SEG**

Gabarito 1E, 2E.

(Escrivão de Polícia/AC – 2008 – CESPE) Julgue o seguinte item.

(1) A prestação descentralizada do serviço público será sempre feita por outorga ou delegação.

1: correta, a descentralização pode ser por outorga do serviço, ou por delegação do serviço. **SEG**

Gabarito 1C.

(Escrivão de Polícia/GO – 2008 – UEG) Conforme tradicional doutrina, a autorização como uma das formas de descentralização dos serviços públicos tem por característica:

(A) revogação por meio de processo administrativo

(B) celebração de contrato

(C) exigência de licitação

(D) precariedade

A: incorreta, pois a revogação é ato exclusivo da Administração Pública, levando-se em conta os critérios da conveniência e oportunidade, que não se dá por meio de processo administrativo; **B:** incorreta, pois contrato administrativo é *o ajuste firmado entre a Administração Pública e um particular, regulado basicamente pelo direito público, e tendo por objeto uma atividade que, de alguma forma, traduza interesse público* (José dos Santos Carvalho Filho. *Manual de direito administrativo.* 24. Ed. Rio de Janeiro: *Lumen Juris,* 2011. p. 161; **C:** incorreta, pois a descentralização é a distribuição de atividades administrativas à

pessoa(s) distinta(s) do Estado, a exemplo de autarquias ou fundações públicas criadas para executar um dado serviço público, o qual era da atribuição do ente político que os criou, não tendo nada a ver com exigência de licitação; **D:** correta, pois autorização é ato discricionário e precário podendo ser revogado a qualquer tempo. Se dá quando a Administração Pública permite a realização de certa atividade, serviço ou mesmo a utilização bens públicos. Por exemplo: autorização para pesquisa e lavra de recursos minerais e potenciais de energia hidráulica (art. 176, §§ 1º, 2º e 3º da CF) ou autorização para instalação de uma banca de revistas numa praça. **SEG**

Gabarito "D".

(Agente de Polícia/PI – 2008 – UESPI) Do conceito de serviço público, pode-se afirmar que um serviço é público porque:

(A) se destina à satisfação de direitos fundamentais.

(B) por ser de titularidade estatal.

(C) por ser desenvolvido sob regime de direito público.

(D) é a forma do Estado administrar as relações sociais.

(E) se destina a assegurar a efetivação da fiscalização e arrecadação tributárias do Estado.

A: correta, pois serviço público é aquele que se destina a satisfazer necessidades primárias ou secundárias da coletividade, prestados pela Administração Pública direta, ou por seus delegados, sob regras previamente estabelecidas e sob o controle do Estado; **B:** incorreta, pois o serviço público pode ser prestado sob regime de concessão ou permissão, na forma da lei. Segundo o art. 175, da CF *incumbe ao Poder Público, na forma da lei, diretamente ou sob regime de concessão ou permissão, sempre através de licitação, a prestação de serviços públicos;* **C:** incorreta, pois se prestados por concessionárias ou permissionárias, serão por regime de direito privado, já que as mesmas têm natureza jurídica de direito privado; **D:** incorreta, pois o objetivo do serviço público é *satisfazer necessidades primárias ou secundárias da coletividade, prestados pela Administração Pública direta, ou por seus delegados, sob regras previamente estabelecidas e sob o controle do Estado;* **E:** incorreta, pois o serviço público se destina a *satisfazer necessidades essenciais ou secundárias da coletividade ou simples conveniências do Estado* (Hely Lopes Meirelles. *Direito administrativo brasileiro.* 36. ed. São Paulo: Malheiros, 2010. p. 350). **SEG**

Gabarito "A".

(Agente de Polícia/PI – 2008 – UESPI) O conceito de serviço público é utilizado para indicar, de modo amplo, todas as atividades estatais. Na sua definição estão contempladas as afirmativas seguintes, EXCETO:

(A) é uma atividade pública administrativa.

(B) é uma atividade vinculada a um direito fundamental.

(C) é uma atividade destinada a pessoas determinadas.

(D) é uma atividade que objetiva a satisfação concreta de necessidades individuais ou transindividuais.

(E) é uma atividade que objetiva a satisfação concreta de necessidades materiais ou imateriais.

A: correta, pois serviço público é aquele que se destina a satisfazer necessidades primárias ou secundárias da coletividade, prestados pela Administração Pública direta, ou por seus delegados, sob regras previamente estabelecidas e sob o controle do Estado; **B:** correta, eis que se destina a satisfazer as necessidades primárias ou secundárias da coletividade, e conforme art. 6º da CF *são direitos sociais a educação, a saúde, a segurança,* dentre outros; **C:** incorreta, pois serviço público é aquele que se destina a satisfazer necessidades primárias ou secundárias da coletividade, prestados pela Administração Pública direta, ou por seus delegados, sob regras previamente estabelecidas e sob o controles do Estado; **D:** correta, pois os serviços públicos podem ser prestados e

8. DIREITO ADMINISTRATIVO

utilizados de forma individual (*uti singuli*) onde os usuários são determinados, sendo seu uso facultativo e remunerado por taxa ou tarifa. Exemplo: água, energia elétrica, telefone; ou de forma transindividual ou geral (*uti universi*), prestados para atender a sociedade como um todo. Não há sujeitos determinados. Por exemplo: iluminação pública, asfalto, segurança etc.; **E**: correta, pois as necessidades materiais – primárias ou essenciais (água, esgoto, segurança, etc.) – devem ser satisfeitas pelo Estado, na maior dimensão possível, já as necessidades imateriais – secundárias ou não essenciais – podem ser prestadas pelo Estado, verificando o interesse coletivo. O que ocorre, na prática é a implementação das necessidades imateriais, consideradas subjetivas, eis que ligadas a aspectos culturais e artísticos, se dá em forma de parceria com entidades paraestatais ou entes de cooperação (terceiro setor), Serviços sociais autônomos, Organizações sociais, Organizações da Sociedade Civil de Interesse Público (OSCIPs). SEG
Gabarito "C".

(Agente de Polícia/PR – 2010 – UEL) Quanto aos requisitos para o exercício do serviço público, considere as afirmativas a seguir:

I. Regularidade, continuidade, eficiência e segurança.
II. Modicidade, cortesia, segurança e regularidade.
III. Imposição, regularidade, eficiência e cortesia.
IV. Cortesia, generalidade, modicidade e regularidade.
Assinale a alternativa correta.

(A) Somente as afirmativas I e II são corretas.
(B) Somente as afirmativas I e III são corretas.
(C) Somente as afirmativas III e IV são corretas.
(D) Somente as afirmativas I, II e IV são corretas.
(E) Somente as afirmativas II, III e IV são corretas.

Em se tratando da prestação do serviço público, há que se observar os princípios elencados no *caput* do art. 37 da Constituição Federal. Em razão do interesse público, a doutrina destaca também alguns princípios específicos do serviço público, os quais deverão ser obrigatoriamente observados, sendo os principais os seguintes: a) princípio da continuidade do serviço público: não é exagero afirmar que este é o princípio mais importante, onde, via de regra, não é possível a interrupção do serviço público. Assim, em tese, não pode haver greve que implique na paralisação total das atividades, especialmente nos serviços de saúde, transporte coletivo, etc.; b) princípio da generalidade: tem como objetivo alcançar e beneficiar o maior número de pessoas indistintamente; c) princípio da modicidade: o princípio da modicidade encontra-se implícito no § 1º do art. 6º da Lei 8.987/1995, onde temos que o serviço público prestado deve ser acessível ao usuário, podendo ser remunerado, mas a preços módicos, eis que o objetivo do poder público ao instituir o serviço não é o de auferir lucro (modicidade das tarifas); d) princípio da mutabilidade: consiste em que a prestação do serviço público pode ser alterada, de forma unilateral, desde que para atender o interesse público; e) princípio da eficiência: em regra, a prestação dos serviços públicos, cabe ao Poder Público. Porém, devem ser prestados com eficiência. SEG
Gabarito "D".

(Inspetor de Polícia/RJ – 2008 – FGV) Os serviços municipais de calçamento se traduzem como:

(A) individuais.
(B) gerais.
(C) administrativos.
(D) industriais.
(E) próprios.

A: incorreta, pois nos serviços públicos individuais (*uti singuli*) sua utilização se dá de forma individualizada, onde há identificação do usuário, e seu uso é facultativo, individual e remunerado por taxa ou

tarifa. Exemplos: água, energia elétrica, telefone, etc.; **B**: correta, pois os serviços públicos gerais (*uti universi*) são prestados para atender a sociedade como um todo. Não há sujeitos determinados. Por exemplo: iluminação, pública, asfalto, segurança etc.; **C**: incorreta, pois os serviços administrativos são aqueles desempenhados na rotina do serviço público; **D**: incorreta, pois o serviço de calçamento nada tem de industrial, sendo serviços públicos gerais (*uti universi*) visando atender a sociedade como um todo; **E**: incorreta, pois os serviços públicos próprios do Estado só podem ser prestados por este sem delegação a terceiros. Em regra são gratuitos, ou quando remunerados, os são com valores ínfimos. Exemplos: saúde, segurança, educação, polícia etc. SEG
Gabarito "B".

11.2. Princípios do Serviço Público

(Escrivão de Polícia/DF – 2013 – CESPE) Julgue os itens subsequentes, acerca de princípios e serviços públicos.

(1) A administração pública poderá delegar aos particulares a execução de determinado serviço público, mediante concessão, que constitui ato administrativo unilateral, discricionário e precário.

(2) O regime dos serviços públicos depende do titular de seu exercício, ou seja, se é oferecido pelo próprio Estado, diretamente, submete-se, necessariamente, ao regime de direito público; se é prestado do modo indireto, quando a população é atendida por entes privados, seu regime é o do direito privado, em face da vedação constitucional de interferência estatal no domínio econômico.

(3) Os princípios constitucionais que norteiam a administração pública podem ser ampliados por outros dispositivos normativos, a exemplo da Lei n.º 9.784/1999, que explicitou os seguintes princípios como norteadores da administração pública: legalidade, finalidade, motivação, razoabilidade, proporcionalidade, moralidade, ampla defesa, contraditório, segurança jurídica, interesse público e eficiência.

1: incorreta. De fato, a administração pública poderá delegar aos particulares a execução de determinado serviço público, mediante concessão, no entanto, não se que constitui ato administrativo unilateral, discricionário e precário, pois conforme art. 2º, II da Lei 8.987/1995, a concessão de serviço público: a delegação de sua prestação, feita pelo poder concedente, mediante licitação, na modalidade de concorrência, à pessoa jurídica ou consórcio de empresas que demonstre capacidade para seu desempenho, por sua conta e risco e por prazo determinado. **2**: incorreta. O serviço público, pode ser prestado diretamente pelo Estado, e nesse caso submete-se as normas de direito público. Quando prestado de forma indireta, segue regime de direito privado ou hibrido. No entanto, destaque-se que não há vedação constitucional de interferência estatal no domínio econômico. **3**: correta. A Lei 9.784/1999, prescreve em seu art. 2º que a Administração Pública obedecerá, dentre outros, aos princípios da legalidade, finalidade, motivação, razoabilidade, proporcionalidade, moralidade, ampla defesa, contraditório, segurança jurídica, interesse público e eficiência. SEG
Gabarito 1E, 2E, 3C.

11.3. Concessão, permissão e autorização de serviço público

(Investigador – PC/ES – Instituto AOCP – 2019) Contrato através do qual o Estado delega a alguém o exercício de um serviço público e este aceita prestá-lo em nome do Poder Público sob condições fixadas e alteráveis unilateralmente pelo Estado, mas por sua conta, risco, remunerando- se pela cobrança de tarifas diretamente dos usuários do serviço e tendo a garantia de um equilíbrio econômico- financeiro. O enunciado apresentado é a definição de

(A) autorização de serviço público.

(B) permissão de serviço público.

(C) concessão de serviço público.

(D) consórcio público.

(E) convênio público.

A: incorreta. **Autorização de serviço público** é ato unilateral, precário e discricionário por meio do qual a Administração Pública consente na sua execução por um particular para atender a interesses coletivos instáveis ou emergência transitória. A remuneração dos serviços autorizados é tarifada pela Administração Pública sua execução é pessoal e intransferível a terceiros. Ex.: serviços de taxi e de despachantes; **B**: incorreta. **Permissão de serviço público** é ato unilateral e precário, "intuito personae", por meio do qual o Poder Público transfere a alguém o exercício de um serviço público, mediante licitação. Apesar da confusão na doutrina e na jurisprudência, principalmente após a Constituição de 1988 (que parece dar natureza contratual à permissão) e a Lei 8.987/1995 (que também utiliza a palavra "contrato de adesão" para designá-la), deve-se encarar a permissão como ato unilateral, precário e sem direito à indenização por extinção unilateral, adotando-se seu conceito tradicional, já que o art. 2º, IV, da Lei 8.987/1995 é claro ao dispor que a permissão é precária, característica essa incompatível com a ideia de contrato, que é vínculo firme, que faz lei entre as partes, e não vínculo precário; **C**: correta. **A concessão de serviço público** pode ser conceituada como a atribuição pelo Estado, mediante licitação, do exercício de um serviço público de que é titular, a alguém que aceita prestá-lo em nome próprio, por sua conta e risco, nas condições fixadas e alteráveis unilateralmente pelo Poder Público, ressalvada a manutenção do equilíbrio econômico-financeiro do contrato; **D**: incorreta. **Consórcio público** é a gestão associada dos entes federativos, de qualquer esfera de governo, para a prestação de serviços públicos de interesse comum; **E**: incorreta. **Convênios públicos** são acordos firmados por entidades públicas de qualquer espécie, ou entre estas e organizações particulares, para a realização de objetivos de interesse comum dos particulares. Convênio é acordo, mas não é contrato. FB
Gabarito "C".

(Investigador – PC/ES – Instituto AOCP – 2019) A autorização de serviço público pode ser considerada um

(A) contrato administrativo por prazo determinado, sendo dispensada prévia licitação.

(B) ato administrativo unilateral, vinculado e precário.

(C) contrato administrativo por prazo indeterminado, precedido de licitação.

(D) ato administrativo unilateral, discricionário e precário.

(E) contrato administrativo precário por prazo indeterminado, sendo dispensada prévia licitação.

D: correta – a autorização de serviços públicos é ato unilateral do Poder Público, discricionário e a título precário, cuja formalização se dá por decreto ou portaria e ao qual aplica-se, no que couber, a Lei nº 8.987/1995. FB
Gabarito "D".

(Escrivão – PC/MG – FUMARC – 2018) Sobre as hipóteses de delegação de serviços públicos mencionadas constitucionalmente, considere os itens a seguir.

I. Autorização.

II. Colaboração.

III. Concessão.

IV. Permissão.

Assinale a alternativa correta.

(A) Somente os itens I e II são corretos.

(B) Somente os itens I e IV são corretos.

(C) Somente os itens III e IV são corretos.

(D) Somente os itens I, II e III são corretos.

(E) Somente os itens II, III e IV são corretos.

C: correta. Nem a autorização nem a colaboração possuem previsão constitucional. Mas a permissão e a concessão sim. Vejamos o que diz o _caput_ do art. 175 CF/1988: "Incumbe ao Poder Público, na forma da lei, diretamente ou sob regime de concessão ou permissão, sempre através de licitação, a prestação de serviços públicos". FB
Gabarito "C".

(Agente de Polícia Civil/RO – 2014 – FUNCAB) Sobre o regime de concessão e permissão da prestação de serviços públicos, é correto afirmar:

(A) O poder concedente não pode criar outras fontes de receitas alternativas, em favor da concessionária.

(B) A intervenção far-se-á por decreto do poder concedente, que conterá a designação do interventor, os objetivos e limites da medida.

(C) A indenização é indevida na caducidade, tendo em vista que a causa do rompimento do contrato ocorreu pela inadimplência da concessionária.

(D) No caso de insolvência, o Estado concedente não suportará o ônus resultante desta insolvência e não responderá, também, subsidiariamente.

(E) É ilícita a fixação da tarifa diferenciada mínima, mesmo quando existir hidrômetro instalado.

A: incorreta, pois poderá o poder concedente prever, em favor da concessionária, no edital de licitação, a possibilidade de outras fontes provenientes de receitas alternativas, complementares, acessórias ou de projetos associados, com ou sem exclusividade, com vistas a favorecer a modicidade das tarifas (art. 11 da Lei 8.987/1995). **B**: correta. O poder concedente poderá intervir na concessão, com o fim de assegurar a adequação na prestação do serviço, bem como o fiel cumprimento das normas contratuais, regulamentares e legais pertinentes. No entanto, a intervenção far-se-á por decreto do poder concedente, que conterá a designação do interventor, o prazo da intervenção e os objetivos e limites da medida (art. 32, _caput_ e parágrafo único da Lei 8.987/1995). **C**: incorreta. A indenização é devida na caducidade (art. 38, §§ 4º, 5º e 6º da Lei 8.987/1995). **D**: Incorreta, pois as empresas prestadoras de serviços públicos têm personalidade jurídica, patrimônio e capacidade próprios que atuam por sua conta e risco, devendo responder por suas próprias obrigações. Nesse sentido o art. 25 da Lei 8.987/1995 aduz _que incumbe à concessionária a execução do serviço concedido, cabendo-lhe responder por todos os prejuízos causados ao poder concedente, aos usuários ou a terceiros, sem que a fiscalização exercida pelo órgão competente exclua ou atenue essa responsabilidade._ Daí se concluir que em caso de insolvência, poderá o Estado responder de forma subsidiária. **E**: incorreta. O STJ sumulou entendimento de que é legítima a cobrança da tarifa de água, fixada de acordo com as categorias de usuários e as faixas de consumo (Súmula 407). SEG
Gabarito "B".

(Investigador de Polícia/BA – 2013 – CESPE) Com relação à responsabilidade civil, julgue o item abaixo.

(1) O corte de energia elétrica por parte da concessionária de serviço público presume a existência de dano moral, sendo desnecessária a comprovação dos prejuízos sofridos à honra objetiva de empresa ou usuário afetado pela interrupção do serviço.

8. DIREITO ADMINISTRATIVO   305

A afirmativa encontra-se incorreta. Já decidiu o STJ que *não é possível presumir a existência de dano moral de pessoa jurídica com base, exclusivamente, na interrupção do fornecimento de energia elétrica, sendo necessária prova específica a respeito.* Precedente citado: REsp 299.282-RJ, DJ 5/8/2002. REsp 1.298.689-RS, rel. Min. Castro Meira, j. 23/10/2012. SEG
Gabarito 1E

(Escrivão de Polícia/GO – 2013 – UEG) Acerca do contrato de concessão de serviço público, verifica-se que:

(A) o concessionário se transforma em órgão público.

(B) a concessionária não responde pelos danos causados a terceiros durante a execução do serviço concedido.

(C) há incidência do princípio da mutabilidade das cláusulas regulamentares.

(D) ocorre a transferência da titularidade do serviço para o concessionário.

A: incorreta. A concessionária não se transforma em órgão público. Aliás, diga-se em tempo que a concessionária é a *pessoa jurídica ou consórcio de empresas que demonstre capacidade para a sua realização, por sua conta e risco* (art. 2º, III, última parte, da Lei 8.987/1995 que dispõe sobre o regime de concessão e permissão da prestação de serviços públicos). Equivale a dizer: é a pessoa jurídica – ou formada por empresas – que executa o serviço, recebendo remuneração do usuário pelo serviço prestado; **B:** incorreta, pois não resta dúvida de que por ocasião da concessão, a concessionária *assume todos os riscos* do empreendimento, sendo responsável civil e administrativamente pelos prejuízos que causar ao poder concedente, aos usuários ou a terceiros. Por serem *prestadores de serviço público* (art. 175, da CF), *estão eles enquadrados naquela regra constitucional* respondendo na modalidade objetiva, nos moldes do art. 37, § 6º, da CF (Celso Antônio Bandeira de Mello. *Curso de direito administrativo.* 27. ed. São Paulo: Malheiros, 2010. p. 345); **C:** correta, pois a doutrina em sua maioria aponta como uma das características dos contratos administrativos, a possibilidade de mudanças nas suas cláusulas de execução, o que se denomina *mutabilidade* do contrato administrativo Entretanto, nos contratos de concessão, a mutabilidade apresenta um contorno diferente em razão da Lei 8.987/1995 prever em seus arts. 6º, §§ 1º e 2º, e 23, V, *ad litteram*: art. 6º *toda concessão ou permissão pressupõe a prestação de serviço adequado ao pleno atendimento dos usuários, conforme estabelecido nesta Lei, nas normas pertinentes e no respectivo contrato. § 1º Serviço adequado é o que satisfaz as condições de regularidade, continuidade, eficiência, segurança, atualidade, generalidade, cortesia na sua prestação e modicidade das tarifas. § 2º A atualidade compreende a modernidade das técnicas, do equipamento e das instalações e a sua conservação, bem como a melhoria e expansão do serviço*; e art. 23: *São cláusulas essenciais do contrato de concessão as relativas: (...) V – aos direitos, garantias e obrigações do poder concedente e da concessionária, inclusive os relacionados às previsíveis necessidades de futura alteração e expansão do serviço e consequente modernização, aperfeiçoamento e ampliação dos equipamentos e das instalações.* Nesse sentido, chancelamos o magistério de Maria Sylvia Zanella Di Pietro, para quem *o princípio da mutabilidade, cabe destacar que a ele se submetem o concessionário e também os usuários do serviço público. Significa, esse princípio, que as cláusulas regulamentares do contrato podem ser unilateralmente alteradas pelo poder concedente para atender a razões de interesse público. Nem o concessionário, nem os usuários do serviço podem opor-se a essas alterações: inexiste direito adquirido à manutenção do regime jurídico vigente no momento da celebração do contrato. Se é o interesse público que determina tais alterações, não há como opor-se a elas. (Parcerias na administração pública.* 9. ed. São Paulo: Atlas, 2002. p. 80); **D:** incorreta, pois para que ocorra a concessão é necessário que o serviço seja delegável, que haja um concedente e uma concessionária. A delegação se dá pelo poder concedente. Prescreve

o art. 2º, I, da citada lei, que poder concedente é a *União, o Estado, o Distrito Federal ou o Município, em cuja competência se encontre o serviço público, precedido ou não da execução de obra pública, objeto de concessão ou permissão*, ou seja, *é o ente público que detém a titularidade do serviço público*. A este cabe fixar as regras para a realização dos serviços, fiscalizar sua execução, autorizar reajuste e aplicar sanções no caso de descumprimento pelas concessionárias nos termos do art. 29 da Lei 8.987/1995 que dispõe sobre o regime de concessão e permissão da prestação de serviços públicos. O que o ente público faz é delegar a execução do serviço. SEG
Gabarito "C"

(Escrivão de Polícia/AC – 2008 – CESPE - ADAPTADA) Julgue o seguinte item.

(1) Para o Supremo Tribunal Federal, a responsabilidade objetiva das concessionárias e permissionárias de serviços públicos somente abrange as relações jurídicas travadas entre elas e os usuários do serviço público, não se aplicando a terceiros não usuários.

1: Errado, pois o STF mudou seu entendimento para estabelecer que a responsabilidade civil será objetiva tanto com relação a usuários quanto a não usuários do serviço público (Informativos 557 e 563, STF). FC
Gabarito 1E

(Escrivão de Polícia/AC – 2008 – CESPE) Julgue o seguinte item.

(1) É possível a concessão de um serviço público por prazo indeterminado.

1: incorreta, pois a Lei 8.987/1995, em seu art. 2º, III, veda essa possibilidade. SEG
Gabarito 1E

11.4. Temas Combinados

(Escrivão de Polícia/AC – 2008 – CESPE) Julgue o seguinte item.

(1) São exemplos de serviços públicos de competência exclusiva da União os serviços postais de telecomunicações, de energia elétrica e de navegação aérea.

1: correta, conforme art. 21, X (*serviço postal*); XI (*telecomunicações*); XII, "b" (*energia elétrica*) e "c" (*navegação aérea*) todos da CF. SEG
Gabarito 1C

(Escrivão de Polícia/AC – 2008 – CESPE) Julgue o seguinte item.

(1) A autorização de serviço público é uma forma de delegação de prestação que não exige licitação nem depende de celebração de contrato.

1: correta, pois a autorização é ato administrativo unilateral, discricionário e precário onde a Administração Pública faculta a terceiros interessados a prestação de serviço público, de forma que não se exige licitação, tampouco celebração de contrato. SEG
Gabarito 1C

(Comissário de Polícia/SC – 2008 – ACAFE) Assinale a alternativa correta quanto aos serviços públicos.

(A) Serviços de defesa nacional são exemplos de serviços de utilidade pública, aqueles cuja conveniência é reconhecida pela Administração.

(B) Serviços públicos propriamente ditos são aqueles considerados gerais e essenciais para a sobrevivência da coletividade e do próprio Estado. Por isso, eles são privativos do Poder Público, sendo vedada sua delegação.

(C) Substituição, a suplência e a delegação não são aplicações do princípio da continuidade do serviço público.

(D) Os serviços de saúde e educação não podem ser prestados pelo particular.

A: incorreta, pois a defesa da pátria, serviço de polícia, bombeiro, etc., são serviços públicos propriamente ditos, sendo aqueles prestados diretamente pelo Poder Público, não podendo ser delegado a terceiros, visando satisfazer necessidades essenciais da coletividade; **B:** correta, pois serviços públicos propriamente ditos, são aqueles que são prestados diretamente pelo Poder Público, não podendo ser delegado a terceiros, visando satisfazer necessidades essenciais da coletividade; **C:** incorreta, pois *quanto ao exercício da função pública, constituem aplicação do princípio da continuidade... os institutos da substituição, suplência e delegação* (Maria Sylvia Zanella Di Pietro. *Direito administrativo.* 24. ed. São Paulo: Atlas, 2011. p. 109); **D:** incorreta, pois há serviços que podem ser *executados pelo Estado ou pelo particular, neste último caso mediante autorização do Poder Público. Tal é o caso dos serviços previstos no título VIII da Constituição, concernentes à ordem social, abrangendo saúde (arts. 196 e 199), previdência social (art. 202), assistência social (art. 204) e educação (arts. 208 e 209)* (Maria Sylvia Zanella Di Pietro. *Direito administrativo.* 24. ed. São Paulo: Atlas, 2011. p. 113). SEG

Gabarito "B".

12. CONTROLE DA ADMINISTRAÇÃO

(Investigador – PC/ES – Instituto AOCP – 2019) A fiscalização dos gastos efetuados pela União, assim como das entidades da administração direta e indireta a ela ligados, quanto à legalidade e demais aspectos estabelecidos na legislação, será exercida

(A) pelo Tribunal de Contas da União.

(B) pelo Senado Federal.

(C) pela Câmara dos Deputados.

(D) por uma comissão mista composta por integrantes da Câmara dos Deputados e do Senado.

(E) pelo Congresso Nacional, mediante controle externo, e pelo sistema de controle interno de cada Poder.

E: correta. Artigos 70 e 71 da CF/1988. FB

Gabarito "E".

(Escrivão – PC/ES – Instituto AOCP – 2019) Assinale a alternativa que apresenta um exemplo de instrumento de controle jurisdicional da Administração Pública.

(A) Reclamação Administrativa.

(B) Comissão Parlamentar de Inquérito.

(C) Pedido de Informação.

(D) Recurso Administrativo.

(E) Mandado de Segurança.

A: incorreta. Instrumento administrativo de controle da Administração Pública; **B:** incorreta. Instrumento de controle do Poder Legislativo; **C:** incorreta. Direito de petição cabível a qualquer cidadão perante a Administração Pública; **D:** incorreta. Instrumento administrativo do particular previsto em lei e perante a Administração Pública, que viabiliza a reapreciação e eventual revisão pelo superior hierárquico de ato cometido por seu inferior a respeito de algum tema; **E:** correta. O Mandado de segurança é um remédio constitucional judicial que poderá ser impetrado toda vez que ocorrer lesão ou ameaça a direitos líquidos e certos não amparados por *habeas corpus* ou *habeas data*. O mandado de segurança configura um verdadeiro mecanismo de proteção dos indivíduos contra atos ou ameaças de atos arbitrários do Poder Público, que não sejam amparados por outros remédios constitucionais. FB

Gabarito "E".

(Delegado – PC/RS – FUNDATEC – 2018) Levando em consideração os temas "Controle da Administração Pública" e "Responsabilidade Fiscal", assinale a alternativa correta.

(A) O exercício do controle interno pela administração pública não inclui a revogação de atos administrativos.

(B) A jurisprudência contemporânea acerca do controle de legalidade tem admitido, por parte do Poder Judiciário, a invalidação de atos administrativos discricionários em decorrência da falta de conformação deles com os princípios da administração pública, em especial, os da razoabilidade e da proporcionalidade.

(C) O controle desempenhado pela Administração Direta sobre as entidades que integram a Administração Indireta é uma manifestação da autotutela administrativa.

(D) Os Tribunais de Contas, no exercício do controle externo, têm competência para julgar as contas dos Chefes do Poder Executivo.

(E) Nos termos da Lei de Responsabilidade Fiscal (LC nº 101/2000), é nulo de pleno direito o ato de que resulte aumento da despesa com pessoal expedido nos noventa dias anteriores ao final do mandato do titular do respectivo Poder.

A: incorreta. Um dos principais instrumentos de controle interno é o exercício da autotutela, a qual estabelece que a Administração Pública pode controlar seus próprios atos, seja para anulá-los, quando ilegais, ou revogá-los, quando inconvenientes ou inoportunos, independente da revisão pelo Poder Judiciário; **B:** correta. O Poder Judiciário pode analisar a legalidade, a razoabilidade e a proporcionalidade do ato administrativo, mesmo sendo ele discricionário. O que não pode é adentrar no mérito administrativo, substituindo-se ao administrador público; **C:** incorreta. Trata-se da chamada tutela administrativa ou controle ministerial, que não se confunde com a autotutela; **D:** incorreta. Trata-se de competência do Congresso Nacional, que conta com o auxílio do Tribunal de Contas, nos termos dos arts. 70 e 71 da CF/1988; **E:** incorreta. A lei fala em 180 dias – art. 21 da LC 101/2000. FB

Gabarito "B".

(Escrivão – PC/MG – FUMARC – 2018) No âmbito da administração pública, o controle financeiro é relacionado com a fiscalização contábil, financeira, orçamentária e patrimonial da administração pública.

Assinale a alternativa que apresenta, corretamente, o Poder que os Tribunais de Contas auxiliam, externamente, no exercício desse controle.

(A) Poder de Polícia.

(B) Poder Executivo.

(C) Poder Federal.

(D) Poder Judiciário.

(E) Poder Legislativo.

E: correta. Art. 71, CF/1988. FB

Gabarito "E".

(Agente – PF – CESPE – 2018) A administração pública, além de estar sujeita ao controle dos Poderes Legislativo e Judiciário, exerce controle sobre seus próprios atos. Tendo como referência inicial essas informações, julgue os itens a seguir, acerca do controle da administração pública.

(1) O poder de autotutela tem fundamento, preponderantemente, nos princípios da legalidade e da preponderância do interesse público e pode ser exercido

8. DIREITO ADMINISTRATIVO — 307

de ofício quando a autoridade competente verificar ilegalidade em ato da própria administração.

(2) O Poder Judiciário tem competência para apreciar o mérito dos atos discricionários exarados pela administração pública, devendo, no entanto, restringir-se à análise da legalidade desses atos.

1: correta. O princípio da autotutela estabelece que a Administração Pública pode controlar seus próprios atos, seja para anulá-los, quando ilegais, ou revogá-los, quando inconvenientes ou inoportunos, independente da revisão pelo Poder Judiciário; **2: incorreta.** O Poder Judiciário pode analisar a legalidade, a razoabilidade e a proporcionalidade do ato administrativo, mesmo sendo ele discricionário. O que não pode é adentrar no mérito administrativo, substituindo-se ao administrador público. **FB** Gabarito 1C, 2E

(Agente-Escrivão – PC/GO – CESPE – 2016) Acerca do controle da administração, assinale a opção correta.

(A) O controle por vinculação possui caráter externo, pois é atribuído a uma pessoa e se exerce sobre os atos praticados por pessoa diversa.

(B) Controle interno é o que se consuma pela verificação da conveniência e oportunidade da conduta administrativa.

(C) O controle de legalidade é controle externo na medida em que é necessariamente processado por órgão jurisdicional.

(D) Controle administrativo é a prerrogativa que a administração pública possui de fiscalizar e corrigir a sua própria atuação, restrita a critérios de mérito.

(E) O controle que a União exerce sobre a FUNAI caracteriza-se como controle por subordinação, uma vez que esta é uma fundação pública federal.

A: correta. José dos Santos Carvalho Filho ensina que *"controle por subordinação é o exercido por meio dos vários patamares da hierarquia administrativa dentro da mesma Administração"*, ao passo que *"no controle por vinculação o poder de fiscalização e de revisão é atribuído a uma pessoa e se exerce sobre os atos praticados por pessoa diversa"* Refere-se à Tutela exercida pela Administração Publica sobre seus atos; **B: incorreta.** A definição se refere a controle de mérito; **C: incorreta.** O controle de legalidade pode ser feito interna ou externamente. **D: incorreta.** O controle administrativo visa a verificar se a atuação da Administração está de acordo com as funções a ela atribuídas. **E: incorreta.** Por se tratar de fundação, o controle exercido é finalístico. **FB** Gabarito 'A'.

(Agente – Pernambuco – CESPE – 2016) A respeito do controle da administração pública, assinale a opção correta de acordo com as normas atinentes à improbidade administrativa previstas na Lei nº 8.429/1992.

(A) O controle dos órgãos da administração pública pelo Poder Legislativo decorre do poder de autotutela, que permite, por exemplo, ao Legislativo rever atos do Poder Executivo se ilegais, inoportunos ou inconvenientes.

(B) O Senado Federal poderá sustar atos normativos dos Poderes Executivos federal, estadual, distrital ou municipal se esses atos exorbitarem do poder regulamentar ou dos limites de delegação legislativa.

(C) No caso de entidade que receba subvenção financeira de órgão público, as sanções relativas à improbidade administrativa, previstas na Lei nº 8.429/1992, pres-

crevem em dez anos, contados da data do recebimento da subvenção.

(D) Para a caracterização de ato de improbidade administrativa, é necessário que fiquem demonstrados o enriquecimento ilícito e a conduta dolosa do agente público.

(E) No âmbito da fiscalização financeira, cabe ao Congresso Nacional, com o auxílio do Tribunal de Contas da União, exercer o controle externo da aplicação de recursos repassados pela União, mediante convênio, a estado, ao Distrito Federal ou a município.

Constituição Federal, Art. 71 – O controle externo, a cargo do Congresso Nacional, será exercido com o auxílio do Tribunal de Contas da União, ao qual compete: VI – fiscalizar a aplicação de quaisquer recursos repassados pela União, mediante convênio, acordo, ajuste ou outros instrumentos congêneres, a Estado, ao Distrito Federal ou a Município. **FB** Gabarito 'E.'

(Agente-Escrivão – Acre – IBADE – 2017) Quanto à temática do Controle da Administração Pública, assinale a alternativa correta.

(A) O recurso administrativo interposto num processo administrativo, por dizer respeito apenas ao interessado, não pode ser considerado uma forma de controle da atividade administrativa, pois esta pressupõe uma abrangência coletiva.

(B) Por configurar ofensa à separação dos poderes, a Constituição Federal de 1988 veda o controle da administração pelo Poder Legislativo.

(C) Apesar de inexistir hierarquia entre a administração direta e a administração indireta, há a possibilidade de controle administrativo desta por aquela, e uma dessas formas de controle é a denominada tutela extraordinária.

(D) No exercício do controle da atividade administrativa, o Poder Judiciário deve, sempre que possível e por imposição constitucional, substituir-se ao gestor para valorar os critérios de oportunidade e conveniência que a Administração Pública considerou para editar o ato administrativo questionado.

(E) O Tribunal de Contas, órgão integrante do Poder Executivo, realiza o controle externo da administração pública por meio de fiscalização contábil, financeira, orçamentária, operacional e patrimonial.

Para Maria Sylvia Zanella Di Pietro, o princípio do controle ou da tutela foi elaborado para assegurar que as entidades da Administração Indireta observem o princípio da especialidade. Não há subordinação entre a Administração Direta e a Indireta, mas tão somente vinculação. A regra será a autonomia, sendo o controle a exceção exercido por meio da tutela extraordinária. **FB** Gabarito 'C'.

(Escrivão – Pernambuco – CESPE – 2016) A respeito do controle dos atos e contratos administrativos, assinale a opção correta.

(A) No controle externo da administração financeira e orçamentária, os tribunais de contas devem realizar o controle prévio dos atos ou contratos da administração direta ou indireta.

(B) É vedado ao Poder Judiciário realizar o controle de mérito de atos discricionários que não contrariarem qualquer princípio administrativo.

(C) O controle de legalidade ou legitimidade do ato administrativo, no sistema brasileiro, compete privativamente ao Poder Judiciário.

(D) No controle de legalidade ou de legitimidade, o ato administrativo ilegal só pode ser revogado.

(E) No controle administrativo, a administração pode anular seus próprios atos, mas não revogá-los.

Sobre o controle de legalidade dos atos administrativos: "também chamado sistema de jurisdição dupla, sistema do contencioso administrativo ou sistema francês, em razão de sua origem. Tal sistema consagra duas ordens jurisdicionais. Uma dessas ordens cabe ao Judiciário, outra a organismo próprio do Executivo, chamado de Contencioso Administrativo. O Contencioso Administrativo incumbe-se de conhecer e julgar, em caráter definitivo, as lides em que a Administração Pública é parte (autora ou ré) ou terceira interessada, cabendo a solução das demais pendências ao poder Judiciário. Nesse sistema, vê-se que a Administração Pública tem uma Justiça própria, localizada fora do judiciário". GASPARINI, Diógenes. *Direito Administrativo.* 2. ed. São Paulo: Saraiva, 1992. pp. 561 e 562. Neste sentido ainda determina a CF/1988, no art. 49 – É competência exclusiva do Congresso Nacional: X – fiscalizar e controlar, diretamente, ou por qualquer de suas casas, os atos do Poder Executivo, incluídos os da administração indireta. FB
Gabarito "B".

(Escrivão – AESP/CE – VUNESP – 2017) Com relação ao controle administrativo, é correto afirmar que:

(A) somente o Ministério Público poderá fiscalizar os atos dos administradores públicos.

(B) o Tribunal de Contas é o órgão do Poder Judiciário encarregado do controle financeiro da Administração Pública.

(C) não poderá o Poder Legislativo fiscalizar as atividades da Administração Pública.

(D) o controle, em razão da legalidade dos atos administrativos, é exercido tanto pela Administração como pelo Poder Judiciário.

(E) por controle judicial entende-se o controle interno que o Poder Judiciário realiza com seus próprios atos, não podendo incidir sobre as atividades administrativas do Estado.

O controle de legalidade é exercido no âmbito da Administração em atenção ao princípio da autotutela, STF – Súmulas 346 e 473, e no âmbito judicial em razão de que no Brasil vige a unidade da jurisdição. Nesse contexto, nenhuma lesão ou ameaça de lesão deve pode ser excluída da apreciação do Poder Judiciário, conforme preceitua o art. 5º, XXXV da Constituição Federal. FB
Gabarito "D".

(Agente de Polícia Civil/RO – 2014 – FUNCAB) A respeito do controle da Administração Pública, é correto afirmar que:

(A) a coisa julgada administrativa tem nítido alcance da coisa julgada judicial com força conclusiva do ato jurisdicional do Poder Judiciário.

(B) o recurso hierárquico impróprio é dirigido à autoridade ou à instância superior do mesmo órgão administrativo.

(C) as decisões proferidas pelo Tribunal de Contas não podem ser revistas pelo Poder Judiciário, porque o ordenamento jurídico brasileiro não adotou o sistema de jurisdição una.

(D) as comissões parlamentares de inquérito possuem poderes de investigação próprios das autoridades

judiciais, além de outros previstos nos regimentos das respectivas casas.

(E) o Tribunal de Contas da União é responsável pelo controle externo do Congresso Nacional.

A: incorreta. Segundo Hely Lopes Meirelles, *a coisa julgada administrativa, que, na verdade, é apenas uma preclusão de efeitos internos, não tem o alcance da coisa julgada judicial, porque o ato jurisdicional da Administração não deixa de ser um simples ato administrativo decisório, sem a força conclusiva do ato jurisdicional do Poder Judiciário* (MEIRELLES, Hely Lopes. *Direito Administrativo brasileiro.* São Paulo: Malheiros. 36. ed. 2010. p. 421). **B:** incorreta. O Recurso hierárquico impróprio *é o que a parte dirige a autoridade ou órgão estranho à repartição que expediu o ato recorrido, mas com competência julgadora expressa, como ocorre com os tribunais administrativos e com os chefes do Executivo federal, estadual e municipal.* (MEIRELLES, Hely Lopes. *Direito Administrativo brasileiro.* São Paulo: Malheiros. 36. ed. 2010. p. 654). **C:** incorreta. As decisões proferidas pelo Tribunal de Contas podem ser revistas pelo Poder Judiciário. Em decorrência do sistema de unicidade de jurisdição adotado no Brasil, somente as decisões oriundas do Poder Judiciário podem fazer coisa julgada. No entanto, ao Judiciário cabe verificar se foi observado o devido processo legal, não podendo adentrar ao mérito da decisão do Tribunal de Contas. **D:** correta. Conforme de investigação próprios das autoridades judiciais, além de outros previstos nos regimentos das respectivas Casas, em conjunto ou separadamente, sendo suas conclusões, se for o caso, encaminhadas ao Ministério Público, para que promova a responsabilidade civil ou criminal dos infratores (art. 58, § 3º). **E:** incorreta. A afirmativa encontra-se incorreta. Na verdade, o controle externo, fica a cargo do Congresso Nacional, e será exercido com o auxílio do Tribunal de Contas da União (art. 71 da CF). SEG
Gabarito "D".

(Agente de Polícia/DF – 2013 – CESPE) No que se refere a controle da administração, julgue os itens que se seguem.

(1) Os atos administrativos estão sujeitos ao controle judicial; no entanto, tal controle não autoriza que o juiz, em desacordo com a vontade da administração, se substitua ao administrador, determinando a prática de atos que entender convenientes e oportunos.

(2) Membros da direção de entidades privadas que prestem serviços sociais autônomos, a exemplo do Serviço Social da Indústria (SESI), estão sujeitos a prestar contas ao Tribunal de Contas

---

1: O controle judicial é a forma de fiscalização que o Poder Judiciário possui sobre os atos dos Poderes Executivo, Legislativo e do próprio Judiciário, analisando a legalidade e constitucionalidade dos atos e das leis, **não cabendo analisar os aspectos relacionados à conveniência e oportunidade,** em razão do poder discricionário da Administração Pública. **2.** Os serviços sociais autônomos são pessoas jurídicas de direito privado, sem fins lucrativos, vinculados a determinadas categorias profissionais, sendo sua atuação na área de assistência educacional ou de saúde, **podendo receber recursos públicos** e contribuições dos associados. Tais entidades são mantidas por dotações orçamentárias e contribuições parafiscais (espécies de contribuições sociais) arrecadadas pela Receita Federal do Brasil e repassada às mesmas, estando, portanto, **sujeitas a prestar contas ao Tribunal de Contas.** SEG
Gabarito 1C, 2C

(Escrivão de Polícia/ES – 2006 – CESPE) Julgue os itens que se seguem a respeito dos agentes públicos e da extensão do controle judicial da Administração Pública.

(1) O Poder Judiciário, para dar aplicabilidade ao princípio da isonomia, pode estender a servidores públicos prerrogativas que não lhes foram deferidas em lei.

8. DIREITO ADMINISTRATIVO

(2) Entre a Administração Pública e os seus agentes existe um vínculo de direito público, previsto em lei, de forma que se permite a invocação de direito adquirido para a manutenção do regime jurídico a que se submetem os agentes.

1: incorreta, pois seria atentatória ao princípio da isonomia, até porque a criação de cargos ocorre por lei, com denominação própria e vencimento pago pelos cofres públicos, para provimento em caráter efetivo ou em comissão (art. 3º, Lei 8.112/1990); **2:** incorreta, inclusive o STJ decidiu que "*inexiste direito adquirido contra texto constitucional, em especial no que se refere a regime jurídico de servidores públicos* (MS 7/DF, 1ª S., v.u., rel. Min. Miguel Ferrante, *DJ* 05.03.1990). **SEG**

Gabarito 1E, 2E

13. INTERVENÇÃO DO ESTADO NA PROPRIEDADE

(Delegado – PC/RS – FUNDATEC – 2018) A propriedade é um direito fundamental, mas, como qualquer outro direito, não é absoluto, estando sujeita a determinadas limitações de ordem legal, que encontram fundamento e justificativa no princípio da supremacia do interesse público sobre o privado. Sobre o tema, assinale a alternativa correta.

(A) Salvo se instituída por lei, as servidões administrativas não são autoexecutáveis, dependendo a sua instituição de acordo ou decisão judicial.

(B) A justificativa da requisição administrativa reside no interesse público consistente em apoiar a realização de obras e serviços.

(C) O bem privado objeto de tombamento se torna inalienável de acordo com o ordenamento jurídico brasileiro.

(D) As limitações administrativas impostas pelo Poder Público à propriedade privada não constituem manifestações do poder de polícia administrativo.

(E) A retrocessão é admitida nos casos de desapropriação em que se configurar a tredestinação lícita do bem expropriado.

A: correta. Servidão administrativa é o ônus real de uso imposto pela Administração a um bem alheio, particular ou público com objetivo de assegurar a realização de obras e serviços públicos, assegurada indenização ao particular, salvo se não houver prejuízo. Institui-se tal ônus real tal qual a desapropriação para aquisição da propriedade de um bem. Há necessidade de ato declaratório da utilidade pública da servidão (art. 40 do Dec. Lei. 3.365/2941: o expropriante poderá constituir servidões, mediante indenização na forma desta lei*),* com consequente tentativa de acordo para indenização, que, infrutífera, ensejará processo judicial para sua instituição. Assim, os títulos para instituição da servidão podem ser tanto o acordo administrativo como a sentença judicial. Após isso, um dos dois será registrado no Cartório Imobiliário, constituindo, finalmente, o direito real em tela; **B:** incorreta. É o ato pelo qual o Estado determina e efetiva a utilização de bens ou serviços particulares, mediante indenização ulterior, para atender necessidades públicas urgentes e transitórias, ou seja, em caso de iminente perigo público. O requisito para requisição de bens está previsto na CF, em seu artigo 5º, XXV: no caso de iminente perigo público, a autoridade competente poderá usar de propriedade particular, assegurada ao proprietário indenização ulterior, se houver dano; **C:** incorreta. Trata-se apenas de uma limitação administrativa que não afeta o direito de propriedade, de modo que o bem tombado é alienável; **D:** incorreta. Limitação administrativa é a imposição unilateral, geral e gratuita, que traz os limites dos direitos e atividades particulares

de forma a condicioná-los às exigências da coletividade. Nada mais são do que manifestações do poder de polícia estatal; **E:** incorreta. Retrocessão importa no direito do ex-proprietário de reaver o bem expropriado que não foi utilizado em finalidade pública. O requisito aqui é o desvio de finalidade, a chamada tredestinação, que nada mais é que a destinação em desconformidade com o inicialmente previsto, e que pode ser ilícita (quando então, dentre outras ações cabíveis, será possível ao ex-proprietário a retrocessão) ou lícita (quando, ainda que diverso, persiste o interesse público sobre o bem desapropriado, ou seja, quando a nova finalidade for também de interesse público. **FB**

Gabarito "A".

14. TEMAS GERAIS COMBINADOS

(Escrivão – PF – CESPE – 2018) Um servidor público federal determinou a nomeação de seu irmão para ocupar cargo de confiança no órgão público onde trabalha. Questionado por outros servidores, o departamento jurídico do órgão emitiu parecer indicando que o ato de nomeação é ilegal.

Considerando essa situação hipotética, julgue os itens a seguir.

(1) Sob o fundamento da ilegalidade, a administração pública deverá revogar o ato de nomeação, com a garantia de que sejam observados os princípios do devido processo legal e da ampla defesa.

(2) O princípio da autotutela permite que o Poder Judiciário intervenha para apreciar atos administrativos que estejam supostamente eivados de ilegalidades.

1: incorreta. A revogação se dá quando o ato é lícito, mas a conveniência e oportunidade da Administração Pública decidem retirá-lo do mundo jurídico "ex nunc". No caso em tela, tratando-se de ato ilegal, o caso é de anulação, com efeitos retroativos, isto é, "ex tunc"; **2:** incorreta. O princípio da autotutela estabelece que a Administração Pública pode controlar seus próprios atos, seja para anulá-los, quando ilegais, ou revogá-los, quando inconvenientes ou inoportunos, independente da revisão pelo Poder Judiciário. **FB**

Gabarito 1E, 2E

(Policial Rodoviário Federal – CESPE – 2019) No tocante aos poderes administrativos e à responsabilidade civil do Estado, julgue os próximos itens.

(1) Constitui poder de polícia a atividade da administração pública ou de empresa privada ou concessionária com delegação para disciplinar ou limitar direito, interesse ou liberdade, de modo a regular a prática de ato em razão do interesse público relativo à segurança.

(2) O abuso de poder, que inclui o excesso de poder e o desvio de finalidade, não decorre de conduta omissiva de agente público.

(3) A responsabilidade civil do Estado por ato comissivo é subjetiva e baseada na teoria do risco administrativo, devendo o particular, que foi a vítima, comprovar a culpa ou o dolo do agente público.

1: incorreta. O poder de polícia é indelegável e consiste no dever poder da Administração Pública de limitar a liberdade e a propriedade em prol do bem comum, mas sempre nos termos da lei; **2:** incorreta. O abuso de poder pode ser caracterizado como uma ilegalidade que se dá quando o administrador se utiliza inadequadamente dos poderes/prerrogativas que lhes são atribuídos para a prática de atos sempre em benefício da coletividade. Ele ultrapassa os limites de suas atribuições (excesso de poder) ou competências, ou se desvia da finalidade legal (desvio de poder). Tais práticas podem ser encontradas tanto nos atos omissivos como comissivos. Abuso de poder é o gênero, do qual são espécies o excesso de poder e o desvio de finalidade; **3:** incorreta. A Constituição Federal consagra a teoria da responsabilidade objetiva do Estado, estabelecendo que: "as pessoas jurídicas de direito público e as de direito privado prestadoras de serviços públicos responderão pelos danos que seus agentes, nessa qualidade, causarem a terceiros, assegurado o direito de regresso contra o responsável nos casos de dolo ou culpa" – art. 37, § 6º, CF/88. Em caso de ato omissivo, a responsabilidade é do tipo subjetiva, o que implica na necessidade de comprovação do dolo ou culpa do agente. **FB**

Gabarito 1E, 2E, 3E

(Papiloscopista – PF – CESPE – 2018) Pedro, após ter sido investido em cargo público de determinado órgão sem a necessária aprovação em concurso público, praticou inúmeros atos administrativos internos e externos.

Tendo como referência essa situação hipotética, julgue os itens que se seguem.

(1) Pedro é considerado agente putativo e, ainda que não tenha sido investido legalmente, deverá receber remuneração pelo serviço prestado no órgão público.

(2) Atos administrativos externos praticados por Pedro em atendimento a terceiros de boa-fé têm validade, devendo ser convalidados para evitar prejuízos.

1: correta. Ainda que não o tenha sido de direito, Pedro foi agente público de fato, o chamado agente putativo, e prestou serviços. Esses agentes são os que desempenham funções públicas na presunção de que as estão exercendo com legitimidade, embora tenham sido investidos com violação do procedimento legalmente exigido. Um exemplo de agente putativo seria o de servidor que pratica inúmeros atos de administração tendo sido investido sem aprovação em concurso público. Recebem a remuneração para evitar o locupletamento ilícito da Administração Pública, salvo comprovada má-fé; **2:** correta. Quanto aos agentes putativos, os seus atos praticados internamente, perante a Administração, padecem de vício de competência e, assim, não obrigam enquanto não forem objeto de sanatória. Porém, externamente, os seus atos têm os efeitos válidos, para evitar que terceiros de boa-fé sejam prejudicados pela falta de uma investidura legítima. A presumida boa--fé dos administrados é relativa, cedendo ante a prova de conluio ou pré-conhecimento por parte do terceiro, eventualmente beneficiado pela irregularidade da investidura do agente. **FB**

Gabarito 1C, 2C

9. Direito Civil

Gabriela Rodrigues

1. LINDB

(Perito – PC/ES – Instituto AOCP – 2019) De acordo com o que dispõe a Lei de Introdução às Normas do Direito Brasileiro, Decreto-Lei nº 4.657, de 4 de setembro de 1942, assinale a alternativa correta.

(A) A lei do país em que nasceu a pessoa determina as regras sobre o começo e o fim da personalidade, o nome, a capacidade e os direitos de família.

(B) Para qualificar os bens e regular as relações a eles concernentes, aplicar-se-á a lei do país do comprador.

(C) No Direito Brasileiro, não ocorre o fenômeno chamado de repristinação automática, ou seja, a lei revogada não se restaura por ter a lei revogadora perdido a vigência, salvo em caso de disposição específica nesse sentido.

(D) A sucessão por morte ou por ausência obedece à lei do país de nacionalidade do defunto ou do desaparecido, qualquer que seja a natureza e a situação dos bens.

(E) A competência da autoridade judiciária brasileira, para conhecer ações relativas a imóveis situados no Brasil, é relativa ou concorrente.

A: incorreta, pois a lei do país em que for *domiciliada* a pessoa determina as regras sobre o começo e o fim da personalidade, o nome, a capacidade e os direitos de família (art. 7º, *caput* LINDB); **B:** incorreta, pois para qualificar os bens e regular as relações a eles concernentes, aplicar-se-á a *lei do país em que estiverem situados* (art. 8º, *caput*, LINDB); **C:** correta, pois salvo disposição em contrário, a lei revogada não se restaura por ter a lei revogadora perdido a vigência (art. 2º,§ 3º, LINDB), logo a repristinação só ocorrerá excepcionalmente; **D:** incorreta, pois a sucessão por morte ou por ausência obedece à lei do país em que *domiciliado* o defunto ou o desaparecido, qualquer que seja a natureza e a situação dos bens (art. 10º, LINDB); **E:** incorreta, pois somente à autoridade judiciária brasileira compete conhecer das ações relativas a imóveis situados no Brasil, logo a competência é absolsuta (art. 12º,§ 1º LINDB). **GR**

Gabarito "C".

2. PARTE GERAL

(Perito – PC/ES – Instituto AOCP – 2019) A respeito do Negócio Jurídico, assinale a alternativa correta.

(A) Para ser válida, a declaração de vontade depende de forma especial, ainda que a lei não a exija.

(B) A renúncia não deve ser interpretada de forma restrita.

(C) O silêncio, por si só, não importa anuência, ainda que as circunstâncias ou os usos o autorizem e não seja necessária a declaração de vontade expressa.

(D) A impossibilidade inicial do objeto invalida o negócio jurídico, ainda que seja relativa, ou cesse antes de realizada a condição a que ele estiver subordinado.

(E) Para ser válido, o negócio jurídico requer agente capaz, objeto lícito, determinado ou determinável e forma prescrita e não defesa em lei.

A: incorreta, pois a validade da declaração de vontade não dependerá de forma especial, senão quando a lei expressamente a exigir (art. 107 CC); **B:** incorreta, pois os negócios jurídicos benéficos e a renúncia interpretam-se estritamente (art. 114 CC); **C:** incorreta, pois o silêncio importa anuência, quando as circunstâncias ou os usos o autorizarem, e não for necessária a declaração de vontade expressa (art. 111 CC); **D:** incorreta, pois a impossibilidade inicial do objeto não invalida o negócio jurídico se for relativa, ou se cessar antes de realizada a condição a que ele estiver subordinado (art. 106 CC); **E:** correta (art. 104, I, II, III CC). **GR**

Gabarito "E".

(Delegado – PC/RS – FUNDATEC – 2018) Tratando-se do domicílio, conforme tipificado no Código Civil brasileiro, analise as seguintes assertivas:

I. Se a pessoa jurídica possuir diversos estabelecimentos em lugares diferentes, será considerado domicílio aquele fixado por último, independentemente do local em que praticado o ato jurídico em análise.

II. Corresponde ao de seu domicílio, o lugar onde for encontrada a pessoa natural que não tenha residência habitual.

III. Nos contratos escritos, poderão os contratantes especificar domicílio onde se exercitem e cumpram os direitos e obrigações deles resultantes.

IV. A prova da intenção de alteração de domicílio corresponde ao que declarar a pessoa a seu cônjuge, descendente ou ascendente, se outra coisa não houver sido dita quando da própria mudança, com as circunstâncias que a acompanharem.

Quais estão corretas?

(A) Apenas I e IV.

(B) Apenas II e III.

(C) Apenas III e IV.

(D) Apenas I, II e III.

(E) Apenas I, II e IV.

I: incorreta, pois tendo a pessoa jurídica diversos estabelecimentos em lugares diferentes, cada um deles será considerado domicílio para os atos nele praticados (art. 75, § 1º, CC); **II:** correta (art. 73, CC); **III:** correta (art. 78, CC); **IV:** incorreta, pois a prova da intenção resultará do que declarar a pessoa às municipalidades dos lugares, que deixa e para onde vai, ou, se tais declarações não fizer, da própria mudança, com as circunstâncias que a acompanharem (art. 74, parágrafo único CC). Logo, a alternativa correta é a letra B. **GR**

Gabarito "B".

(Delegado – PC/RS – FUNDATEC – 2018) Conforme disciplina normativa do Código Civil brasileiro, NÃO são bens públicos:

(A) Os dominicais, ainda que alienáveis.

(B) Os de uso especial destinados a autarquias.

(C) Os terrenos destinados a serviços da administração territorial ou municipal.

(D) Os bens sujeitos a usucapião.

(E) Os dominicais, quando objeto de direito pessoal de entidades de direito público.

A: incorreta, pois são bens públicos os dominicais, ainda que alienáveis, observadas as exigências da lei (art. 101 CC); **B:** incorreta, pois são considerados bens píblicos nos termos do art. 99, II CC; **C:** incorreta, pois são considerados bens públicos classificados como bens de uso especial (art. 99, II CC); **D:** correta, pois nenhum bem público está sujeito a usucapião, logo bens sujeitos a usucapião não podem ser públicos (art. 102 CC); **E:** incorreta, pois são bens públicos nos termos do art. 99 III CC. GR

Gabarito "D".

(Escrivão – PC/MG – FUMARC – 2018) A capacidade jurídica envolve a aptidão para adquirir direitos e assumir deveres pessoalmente. Mais especificamente, significa que as mais diversas relações jurídicas (celebrar contratos, casar, adquirir bens, postular perante o Poder Judiciário...) podem ser realizadas pessoalmente pelas pessoas plenamente capazes ou por intermédio de terceiros (o representante ou assistente) pelos incapazes (citado por Cristiano Chaves e Nelson Rosenvald).

Sobre a capacidade jurídica para os atos jurídicos, é CORRETO afirmar:

(A) A menoridade cessa aos vinte e um anos completos, quando a pessoa fica habilitada à prática de todos os atos da vida civil.

(B) Cessará, para os menores, a incapacidade pela concessão dos pais, ou de um deles na falta do outro, mediante instrumento público, independentemente de homologação judicial, ou por sentença do juiz, ouvido o tutor, se o menor tiver dezesseis anos completos.

(C) Cessará, para os menores, pela colação de grau em curso técnico profissionalizante devidamente reconhecido pelo Ministério da Educação e Cultura.

(D) Pelo estabelecimento civil ou comercial, ou pela existência de relação de emprego, desde que, em função deles, o menor com quatorze anos completos tenha economia própria.

A: incorreta, pois a menoridade cessa aos 18 anos, quando a pessoa fica habilitada à prática de todos os atos da vida civil (art. 5º, *caput* CC); **B:** correta (art. 5º, parágrafo ínico, I, CC); **C:** incorreta, pois apenas a colação de grau em nível superior tem o efeito de cessar a incapacidade (art. 5º, parágrafo único, IV CC); **D:** incorreta, pois essa hipótese apenas é permitida se o menor tiver ao menos 16 anos de idade (art. 5º, parágrafo único, V CC). GR

Gabarito "B".

(Delegado – PC/RS – FUNDATEC – 2018) Quanto à prova dos fatos jurídicos, analise as seguintes assertivas:

I. A confissão é irrevogável, mas pode ser anulada se decorreu de erro de fato ou de coação.

II. A escritura pública, lavrada em notas de tabelião, é documento dotado de fé pública, fazendo prova plena, desde que observado o cumprimento das exigências legais e fiscais inerentes à legitimidade do ato.

III. O instrumento particular, quando assinado por quem esteja na livre administração de seus bens, faz prova

e opera seus efeitos, a respeito de terceiros, independentemente de qualquer registro público.

IV. As declarações constantes de documentos assinados se presumem verdadeiras em relação aos signatários apenas se confirmadas, no mesmo documento, por duas testemunhas.

Quais estão INCORRETAS?

(A) Apenas I e IV.

(B) Apenas III e IV.

(C) Apenas I, II e III.

(D) Apenas I, II e IV.

(E) Apenas II, III e IV.

I: correta (art. 214 CC); **II:** correta (art. 215 *caput* e § 1º); **III:** incorreta, pois o instrumento particular, feito e assinado, ou somente assinado por quem esteja na livre disposição e administração de seus bens, prova as obrigações convencionais de qualquer valor; mas os seus efeitos, bem como os da cessão, não se operam, a respeito de terceiros, antes de registrado no registro público (art. 221, *caput* CC); **IV:** incorreta, pois as declarações constantes de documentos assinados presumem-se verdadeiras em relação aos signatários, independentemente de confirmação (art. 219 *caput* CC). Logo, a alternativa a ser assinalada é a letra B. GR

Gabarito "B".

3. RESPONSABILIDADE CIVIL

(Delegado – PC/RS – FUNDATEC – 2018) Sobre ilicitude e responsabilidade civil, assinale a alternativa correta.

(A) Para a caracterização do ato ilícito previsto no Art. 187 do Código Civil brasileiro, é necessária a aferição de culpa e dano do autor do fato.

(B) Haverá obrigação de reparar o dano, independentemente de culpa, quando a atividade desenvolvida implicar, por sua natureza, risco para os direitos de outrem.

(C) Só é considerado ilícito o ato que, exercido em manifesto excesso aos limites impostos pelo seu fim econômico ou social, causar efetivo dano a alguém.

(D) Constitui hipótese de ilicitude civil, em qualquer circunstância, a conduta de lesionar a pessoa a fim de remover perigo iminente.

(E) O dano exclusivamente moral, provocado por omissão voluntária, em caso de prática de ato negligente, não conduz à caracterização de um ilícito civil.

A: incorreta, pois o art. 187 prevê a figura do abuso de direito e para que este ato se constitua é necessário que o agente apenas exceda manifestamente os limites impostos pelo seu fim econômico ou social, pela boa-fé ou pelos bons costumes. Não se fala de culpa nesse contexto; **B:** correta (art. 927, parágrafo único CC); **C:** incorreta, pois o ato ilícito não se restringe apenas ao conceito de abuso de direito (art. 187 CC), mas também é aquele em que o agente, por ação ou omissão voluntária, negligência ou imprudência, viola direito e causa dano a outrem, ainda que exclusivamente moral (art. 186 CC); **D:** incorreta, pois não constitui ilícito civil o ato de lesionar a pessoa, a fim de remover perigo iminente (art. 188, II CC); **E:** incorreta, pois o dano exclusivamente moral, provocado por omissão voluntária, em caso de prática de ato negligente, conduz à caracterização de um ilícito civil (art. 186 CC). GR

Gabarito "B".

10. MEDICINA LEGAL

Leni Mouzinho Soares, Neusa Bittar e Rodrigo Santamaria Saber

1. PERÍCIAS E PERITOS

(Escrivão – PC/GO – AOCP – 2023) Em uma festa, Joana é estuprada, sendo levada a um hospital e ficando lá internada por 02 (dois) dias. Ao sair do hospital, a vítima comparece ao Instituto Médico Legal para realizar o exame de corpo de delito. Nesse caso hipotético, é correto afirmar que

(A) o exame de corpo de delito poderá ser feito em qualquer dia e a qualquer hora.

(B) o exame de corpo de delito será feito por dois peritos oficiais que prestarão o compromisso de bem e fielmente desempenhar o encargo.

(C) o laudo pericial será elaborado no prazo máximo de 10 dias, podendo esse prazo ser prorrogado, em casos excepcionais, a requerimento do Ministério Público.

(D) os peritos elaborarão o laudo pericial, no qual descreverão minuciosamente o que examinarem, sendo-lhes facultado responder aos quesitos formulados.

(E) serão facultadas ao Ministério Público, ao assistente de acusação, ao ofendido, ao querelante e ao acusado a formulação de quesitos e a indicação do perito.

A: correta. O exame de corpo de delito pode ser feito em qualquer dia ou horário (CPP, art. 160), com exceção das autópsias que deverão observar um intervalo de seis horas da morte, porque neste prazo os sinais abióticos de certeza já estão evidentes. Havendo impossibilidade de tratar-se de morte aparente pela evidência dos sinais (CPP, art. 162, *caput*), o perito legista pode antecipar a autópsia, devendo justificar o procedimento no auto. Tem-se como exemplo o cadáver decapitado, pois a separação completa entre a cabeça e o corpo é incompatível com a vida. **B:** incorreta. Basta um perito, desde que oficial, para a realização da perícia, independentemente de prestar compromisso de bem e fielmente desempenhar o encargo, pois já o fez ao assumir o cargo de perito como servidor público. Entretanto, tratando-se de perícia complexa que abranja mais de uma área de conhecimento especializado, poder-se-á designar a atuação de mais de um perito oficial, e a parte indicar mais de um assistente técnico (CPP, art. 159, § 7º). **C:** incorreta. O erro está no fato de que é o perito quem pode pedir a prorrogação do prazo (CPP, art. 160, parágrafo único). **D:** incorreta. Os peritos **devem** descrever minuciosamente o que examinarem e responder aos quesitos formulados (CPP, art. 160, *caput*). **E:** incorreta. De acordo com o artigo 159, parágrafo 3º, do CPP, na fase processual, serão facultadas ao Ministério Público, ao assistente de acusação, ao ofendido, ao querelante e ao acusado a formulação de quesitos e indicação de assistente técnico e, não, de perito. **NB**

Gabarito "A".

Investigador-Escrivão-Papiloscopista – Pará – Funcab – 2016) No que diz respeito às perícias e aos peritos é correto afirmar que:

(A) os peritos podem ser responsabilizados criminalmente por atos no exercício da função.

(B) o Delegado de Polícia não pode requisitar uma perícia médico-legal.

(C) não pode ser realizada perícia em objetos falsificados.

(D) os peritos estão isentos de responsabilidade civil decorrente de dolo ou culpa.

(E) armas de fogo com numeração suprimida, raspada ou adulterada são isentas de perícia.

A: correta. Na área penal, os peritos atuam em nome do Estado, cuja responsabilidade é objetiva (independe de culpa). Tal responsabilização decorre de estar provada a culpa dos profissionais ao prestarem o serviço em nome do Estado. Por serem funcionários públicos, os peritos estão submetidos à estrita legalidade, não havendo margem discricionária, ou seja, devem cumprir a lei. Isso vale para peritos oficiais e nomeados durante a execução da perícia. Caso não tenham realizado pessoalmente o exame, não poderão assinar laudos periciais, auditoriais ou de verificação médico-legal (CEM, art. 92). Se tal ocorrer, incidirão no crime de falso testemunho ou falsa perícia, do artigo 342 ou de falso atestado do artigo 302, do Código Penal (CP). A emissão de atestados ou laudos não precedida de exame, também torna o procedimento falso, assim como informações inverídicas. Como funcionários públicos (conceito no CP, art. 327), os peritos podem cometer todos os crimes funcionais, previstos a partir do artigo 312, do CP. **B:** incorreta. Na fase de inquérito, a autoridade policial civil, logo que tiver conhecimento da prática da infração penal, deverá determinar, se for o caso, que se proceda a exame de corpo de delito e a quaisquer outras perícias (CPP, art. 6º, inc. VII), com exceção do exame para constatação da sanidade mental do indiciado, caso em que apenas a autoridade judiciária poderá fazê-lo, mesmo na fase de inquérito, devendo a autoridade policial representar ao juiz competente (CPP, art. 149, *caput* e § 1º). **C:** incorreta. A falsificação deixa vestígios, tornando obrigatório o exame pericial (CPP, art. 158). Uma vez confirmada, o § 1º, c), do art. 240, do CPP prevê a busca domiciliar ou pessoal para apreender instrumentos de falsificação ou de contrafação e objetos falsificados ou contrafeitos. **D:** incorreta. De acordo com o Código Civil, aquele que, por ato ilícito causar dano a outrem, ainda que exclusivamente moral, fica obrigado a repará-lo (arts. 927 e 186). Como os peritos têm responsabilidade subjetiva, deve ser provada a culpa, caracterizada por negligência, imprudência ou imperícia (CDC, art. 14, *caput* e § 4º). O perito ficará inabilitado por (CPC, art. 158): 2 a 5 anos se prestar informações inverídicas dolosa ou culposamente; 5 anos no caso de ser substituído e não restituir os valores recebidos sem que tenha realizado o trabalho. **E:** incorreta. As armas de fogo, mesmo com numeração suprimida, raspada ou adulterada devem ser submetidas à perícia, para tentar recuperar a numeração e para obter informações a partir da coincidência de perfis balísticos relacionados a crimes, consignadas em documento oficial firmado por perito criminal. **NB**

Gabarito "A".

2. DOCUMENTOS MÉDICO LEGAIS

(Escrivão – PC/RO – CEBRASPE – 2022) Conforme a literatura médico-legal, o documento que tem por finalidade firmar a veracidade de um fato, ou ainda, a existência de determinado estado ou obrigação, denomina-se

(A) atestado.

(B) cabeçalho.

(C) preâmbulo.

(D) anamnese.

(E) consulta médico-legal.

A: correta. O documento que tem por finalidade firmar a veracidade de um fato, ou ainda, a existência de determinado estado ou obrigação é o atestado. Ele consiste na afirmação pura e simples, por escrito, de forma singela, resumida e objetiva de um fato médico e suas consequências, ou de um estado de sanidade. Tem por objetivo, após exame do paciente, informar um estado de sanidade ou de doença, anterior ou atual, para fins de licença, dispensa ou justificativa de faltas, entre outros, diferentemente do laudo pericial que exige detalhamento dos achados. **B**: incorreta. Cabeçalho é um espaço na parte superior de uma página onde é possível inserir um texto ou uma imagem que permite identificar melhor o documento. **C**: incorreta. Preâmbulo é uma introdução na qual consta a qualificação da autoridade solicitante, dos peritos, do diretor que os designou, do examinando, além de local, data, hora e tipo de perícia. Quando se tratar de parecer médico legal, deve conter também a qualificação do parecerista, com enumeração de seus títulos, o número do processo e a vara em que tramita. **D**: incorreta. Anamnese é o diálogo entre o profissional de saúde e o paciente, partindo da queixa principal, com o objetivo de ajudá-lo a lembrar de situações e fatos que podem estar relacionados à doença atual, para entendê-la e reconstituir a sua história clínica. **E**: incorreta. Consulta médico-legal é o documento que exprime a dúvida. Nele, a autoridade, ou outro perito, solicita esclarecimentos sobre pontos controvertidos, geralmente formulando quesitos complementares. É direcionada a um mestre da Medicina Legal ou a uma Instituição conceituada. NB
Gabarito "A".

(Delegado – PC/RS – FUNDATEC – 2018) De acordo com a resolução do Conselho Federal de Medicina nº 1.779/2005, que trata da responsabilidade médica no fornecimento da Declaração de Óbito, é INCORRETO afirmar que:

(A) É vedado ao Médico deixar de atestar óbito de paciente ao qual vinha prestando assistência, exceto quando houver indícios de morte violenta.

(B) Em caso de morte natural, sem assistência médica, em local que disponha de serviço de verificação de óbito, a declaração de óbito deverá ser fornecida pelos médicos do serviço de verificação de óbito.

(C) Em caso de morte natural, sem assistência médica, em local sem serviço de verificação de óbito, a declaração de óbito deverá ser fornecida pelos médicos do Instituto Médico-Legal.

(D) Em caso de morte violenta, a declaração de óbito deverá ser fornecida, obrigatoriamente, pelos serviços médico-legais.

(E) Em caso de morte natural, sem assistência médica, em local sem serviço de verificação de óbito, a declaração de óbito deverá ser fornecida pelos médicos do serviço público de saúde mais próximo do local onde ocorreu o evento; na sua ausência, por qualquer médico da localidade.

A: correta. O Código de Ética Médica (CEM) veda ao médico, no artigo 84, Capítulo X, deixar de atestar óbito de paciente ao qual vinha prestando assistência, exceto quando houver indícios de morte violenta. **B**: correta. De acordo com o artigo 2º, 1), I, a), da Resolução 1.779/2005, do Conselho Federal e Medicina, sendo a morte natural, mas sem assistência médica, nas localidades com Serviço de Verificação de Óbitos (SVO), a Declaração de Óbito deverá ser fornecida pelos médicos do SVO. **C**: incorreta. O Instituto Médico-Legal emite a Declaração de Óbito apenas nas mortes violentas ou suspeitas de violência. **D**: correta. Nas mortes violentas ou não naturais, a Declaração de Óbito deverá, obrigatoriamente, ser fornecida pelos serviços médico-legais (Res. 1.779, art. 2º). **E**: correta. Na morte natural sem assistência médica,

nas localidades sem SVO, a Declaração de Óbito deverá ser fornecida pelos médicos do serviço público de saúde mais próximo do local onde ocorreu o evento; na sua ausência, por qualquer médico da localidade (Res. 1779, art. 2º, 1), I, b). NB
Gabarito "C".

(Agente-Escrivão – Acre – IBADE – 2017) O documento médico--legal mais minucioso de uma perícia médica que visa a responder solicitação da autoridade policial ou judiciária é o(a):

(A) atestado médico-legal.

(B) notificação.

(C) relatório médico-legal.

(D) depoimento oral.

(E) prontuário médico.

A: incorreta. O atestado médico é a afirmação pura e simples, por escrito, de forma singela, resumida e objetiva de um fato médico e suas consequências, ou de um estado de sanidade. **B**: incorreta. Notificação compulsória é a comunicação obrigatória feita pelo médico (ou outra pessoa responsável por notificar) às autoridades competentes, por razões sociais ou sanitárias. **C**: correta. O relatório médico-legal é a narração detalhada da perícia, com emissão de juízo valorativo. É chamado de laudo, quando redigido pelo perito, e de auto, quando ditado ao escrivão, como acontece nos casos de exumação. **D**: incorreta. Depoimento oral é o que busca obter informações e fatos referentes ao objeto estudado de forma mais direta. **E**: incorreta. Prontuário médico é o registro: da anamnese do paciente e de todo acervo documental padronizado, organizado e conciso, referente ao registro dos cuidados médicos prestados e aos documentos pertinentes a essa assistência. NB
Gabarito "C".

(Investigador-Escrivão-Papiloscopista – Pará – Funcab – 2016) Acerca da necropsia, também entendida como necroscopia ou exame necroscópico, é correto afirmar que:

(A) não pode ser documentada por meio de um relatório médico-legal.

(B) é um exame que pode ser realizado no indivíduo vivo ou morto.

(C) não pode ser realizada em indivíduos menores de um ano de idade.

(D) não pode ser realizada nas vítimas de morte violenta.

(E) um dos objetivos é destacar a causa morte.

A: incorreta. A necropsia, necroscopia ou exame necroscópico tem todos os achados documentados em um relatório médico, chamado de laudo se redigido pelo próprio perito legista. **B**: incorreta. A palavra necropsia tem sua origem nos termos gregos: nekros = cadáver e opsis = vista. Logo, é um exame de corpo de delito que não se aplica aos indivíduos vivos. **C**: incorreta. Pode ser realizada em indivíduos menores de um ano de idade, desde que mortos. **D**: incorreta. A necropsia médico legal é compulsória nas vítimas de morte violenta ou morte suspeita de violência. **E**: correta. A necropsia ou autópsia tem por finalidade estabelecer a causa médica da morte, identificando os agentes lesivos exógenos que atuaram sobre o organismo, nos casos de a morte violenta ou suspeita, e o nexo causal. NB
Gabarito "E".

(Investigador-Escrivão-Papiloscopista – Pará – Funcab – 2016) Dentre as alternativas a seguir, assinale a que representa, de acordo com a literatura sobre o tema, uma espécie de documento médico-legal.

(A) Agravo

(B) Petição
(C) Atestado
(D) Sentença
(E) Denúncia

A: incorreta. Agravo é uma espécie de recurso processual; **B:** incorreta. Petição é um tipo de requerimento; **C:** correta. Atestado é um documento em que são descritas constatações médicas, assim como os fatos decorrentes de tais constatações, tratando-se, portanto, de uma espécie de documento médico-legal; **D:** incorreta. Sentença é o ato pelo qual o juiz leva a termo a descrição dos fatos apresentados para sua apreciação, a motivação de seu convencimento e sua decisão; **E:** incorreta. Denúncia é a peça apresentada pela acusação ao juízo de conhecimento, por meio da qual o representante do Ministério Público descreve os fatos imputados ao suposto autor de um delito. LM
Gabarito "C".

3. ANTROPOLOGIA (IDENTIDADE / IDENTIFICAÇÃO)

(Papiloscopista – PCDF – Universa – 2016) Assinale a alternativa que apresenta a fórmula datiloscópica que representa um indivíduo que tem uma série com arco no polegar, verticilo no indicador, presilha interna no dedo médio, presilha externa no anular e arco no dedo mínimo.

(A) I4411/E4321

(B) A4231/V2341

(C) V3243/A4231

(D) E4321/V3243

(E) A1234/I2342

O sistema Vucetich tem como referência a impressão digital. Podem ser impressas quatro figuras básicas e cada dedo pode apresentar qualquer uma delas: Verticilo (dois deltas e um núcleo central) – V nos polegares / 4 nos outros dedos; Presilha externa (um delta à esquerda e núcleo desviado para o lado contrário) – E nos polegares / 3 nos outros dedos; Presilha interna (um delta à direita e núcleo desviado para o lado oposto) – I nos polegares / por 2 nos outros dedos; Arco (ausência de delta por ausência de núcleo) – A nos polegares / 1 nos outros dedos. As impressões obtidas são colocadas na fórmula dactiloscópica, representadas como uma fração, onde a mão direita está no numerador e a mão esquerda no denominador, sempre na mesma sequência de dedos: polegar, indicador, médio, anular, mínimo. Regra para facilitar a interpretação da fórmula dactiloscópica: primeiramente, as figuras representadas por letras são dispostas em uma sequência que forme a palavra veia (no sentido vertical); a seguir, numera-se em ordem decrescente, obtendo-se a representação numérica das respectivas figuras.
V = 4 → verticilo
E = 3 → presilha externa
I = 2 → presilha interno
A = 1 → arco
A mão direita dá a série de arquivamento. A mão esquerda dá a secção de arquivamento. O presente teste fala em série, portanto, mão direita: arco no polegar (A), verticilo no indicador (4), presilha interna no dedo médio (2), presilha externa no anular (3) e arco no dedo mínimo (1) = A – 4231. NB
Gabarito "B".

(Papiloscopista – PCDF – Universa – 2016) Assinale a alternativa que apresenta o ponto craniométrico identificável com a vista lateral do crânio no processo de identificação.

(A) gnatio

(B) ectoconchion

(C) gonion

(D) zygion

(E) bregma

A: incorreta. Gnatio ou gnácio é o ponto mais inferior da linha média do queixo, assim não identificável em vista lateral do crânio; **B:** incorreta. Ectoconchion é a distância entre as margens orbitais superior e inferior. Perpendicular à largura orbital; **C:** correta. Gonion ou gônio é o ângulo de abertura da mandíbula, portanto identificável em visão lateral do crânio; **D:** incorreta. Zygion ou osso zigomático é um osso par que integra a órbita ocular, também conhecido como osso da bochecha, podendo ser identificável com a vista frontal do crânio; **E:** incorreta. Bregma é a área do crânio, popularmente conhecida como moleira, onde os ossos frontal e parietal se unem. Desse modo, não identificável em vista lateral da caixa craniana. LM
Gabarito "C".

(Papiloscopista – PCDF – Universa – 2016) Assinale a alternativa que apresenta os ossos que formam a base do crânio.

(A) Esfenoide, zigomático, parietal, temporal e occipital.

(B) Frontal, etmoide, zigomático e occipital.

(C) Frontal, temporal, parietal e occipital.

(D) Frontal, etmoide, esfenoide, temporal, parietal e occipital.

(E) Esfenoide, etmoide, zigomático, parietal e occipital.

Os ossos que formam o crânio são os frontal, occipital, esfenoide, etmoide, parietal e temporal. LM
Gabarito "D".

(Papiloscopista – PCDF – Universa – 2016) Após a apresentação de um documento de identidade civil, ocorrerá identificação criminal quando

(A) o documento apresentar rasura ou tiver indício de falsificação.

(B) o Ministério Público considerar o procedimento essencial para a realização das investigações policiais.

(C) for essencial às investigações policiais, segundo despacho da autoridade policial.

(D) o documento apresentado for anterior à entrada em vigor da Lei nº 7.116/1983.

(E) se tratar de segunda via de carteira de identidade expedida em função de furto sem registro de ocorrência policial.

A: correta. A identificação criminal será admitida quando o documento apresentar rasura ou tiver indício de falsidade (art. 3º, I, da Lei 12.037/2009); **B, C, D** e **E:** incorretas. A identificação criminal, quando houver sido apresentado o documento civil, será admitida nas hipóteses elencadas no art. 3º, da Lei 12.037/2009. São elas: o documento apresentar rasura ou tiver indício de falsificação; o documento apresentado for insuficiente para identificar cabalmente o indiciado; o indiciado portar documentos de identidade distintos, com informações conflitantes entre si; a identificação criminal for essencial às investigações policiais, segundo despacho da autoridade judiciária competente, que decidirá de ofício ou mediante representação da autoridade policial, do Ministério Público ou da defesa; constar de registros policiais o uso de outros nomes ou diferentes qualificações e o estado de conservação ou a distância temporal ou da localidade da expedição do documento apresentado impossibilite a completa identificação dos caracteres essenciais. LM
Gabarito "A".

(Papiloscopista – PCDF – Universa – 2016) A Lei nº 12.037/2009 dispõe acerca da identificação criminal do indivíduo civilmente identificado, estando correto afirmar que

(A) basta a juntada do procedimento datiloscópico aos autos da comunicação da prisão em flagrante para o processo de identificação criminal.

(B) não é vedado informar a identificação criminal de indivíduo indiciado nos atestados de antecedentes destinados à justiça.

(C) o civilmente identificado não será submetido à identificação criminal.

(D) a identificação civil só poderá ser atestada pela carteira de identidade, pela carteira de trabalho ou por meio da apresentação de um passaporte.

(E) os documentos de identificação civil, no tocante à identificação criminal do civilmente identificado, são equiparados aos documentos de identificação militar.

A: incorreta. A identificação criminal incluirá o processo datiloscópico e o fotográfico, que serão juntados aos autos da comunicação da prisão em flagrante, ou do inquérito policial ou outra forma de investigação (art. 5º); **B:** incorreta. É vedado mencionar a identificação criminal do indiciado em atestados de antecedentes ou em informações não destinadas ao juízo criminal, antes do trânsito em julgado da sentença condenatória (art. 6º); **C:** incorreta. O civilmente identificado poderá ser submetido à identificação criminal nas hipóteses elencadas no art. 3º da Lei 12.037/2009; **D:** incorreta. A identificação civil é atestada tanto pela carteira de identidade, carteira de trabalho, apresentação de um passaporte como por carteira profissional, carteira de identificação funcional ou por outro documento público que permita a identificação do indiciado (art. 2º); **E:** correta. Art. 2º, parágrafo único. LM
Gabarito "E".

(Papiloscopista – PCDF – Universa – 2016) Assinale a alternativa que apresenta o(s) documento(s) necessário(s) para a expedição da carteira de identidade de requerente do sexo feminino com o nome de solteira mantido mesmo após o matrimônio.

(A) certidão de casamento e carteira de trabalho.

(B) certidão de nascimento ou certidão de casamento.

(C) certidão de nascimento e título de eleitor.

(D) carteira de identificação funcional.

(E) certidão de nascimento e certidão de casamento.

A requerente do sexo feminino apresentará obrigatoriamente a certidão de casamento, caso seu nome de solteira tenha sido alterado em consequência do matrimônio, como no caso em espécie o nome não sofreu alteração com o casamento, será admitida também a certidão de nascimento (art. 2º da Lei 7.116/83). LM
Gabarito "B".

(Papiloscopista – PCDF – Universa – 2016) Quanto às determinações presentes na Lei nº 7.116/1983, que se referem às carteiras de identidade, é correto afirmar que:

(A) é obrigatória, na carteira de identidade, a presença do número do cadastro de pessoas físicas do Ministério da Fazenda.

(B) a carteira de identidade será expedida com base no processo de identificação datiloscópica.

(C) a carteira de identidade é emitida por órgão de identificação federal.

(D) os estados e o Distrito Federal estão aptos a aprovar modificações nos modelos de carteira de identidade vigentes nas respectivas unidades federativas.

(E) a expedição de segunda via da carteira de identidade está condicionada, nos casos em que a primeira via tenha sido furtada, à apresentação do registro da ocorrência policial.

A: incorreta. O número de inscrição do cadastro de pessoas físicas do Ministério da Fazenda será incluído na carteira de identidade quando requerido por seu titular (art. 4º); **B:** correta. Art. 8º; **C:** incorreta. A Carteira de Identidade emitida por órgãos de Identificação dos Estados, do Distrito Federal e dos Territórios tem fé pública e validade em todo o território nacional (art. 1º); **D:** incorreta. O Poder Executivo Federal poderá aprovar a inclusão de outros dados opcionais na Carteira de Identidade (art. 4º, § 1º); **E:** incorreta. A expedição de segunda via da Carteira de Identidade será efetuada mediante simples solicitação do interessado, vedada qualquer outra exigência, além daquela prevista no art. 2º da referida Lei (art. 7º). LM
Gabarito "B".

(Investigador/SP – 2014 – VUNESP) A alternativa que completa, corretamente, a lacuna da frase é:

A_____ é uma técnica de identificação de criminosos, desenvolvida em 1882 por Alphonse Bertillon, a qual consiste em registro de medidas corporais, bem como demais marcas pessoais do criminoso, tais como tatuagens, cicatrizes ou marcas de nascença, para o fim de auxiliar na identificação criminal.

(A) papiloscopia forense

(B) antropologia criminal

(C) datiloscopia forense

(D) criminalística forense

(E) antropometria criminal

Um dos métodos de identificação historicamente conhecidos é o sistema antropométrico de *Bertillon*, que se fundamentava na classificação, identificação e armazenamento de sinais particulares e de medidas prefixadas, como o cumprimento de antebraços e estatura, permitindo-se, assim, a comparação posterior dos dados. NB
Gabarito "E".

4. TANATOLOGIA

(Escrivão – PC/GO – AOCP – 2023) Quanto à sobrevivência, assinale a alternativa correta em relação à morte agonizante.

(A) É aquela de efeito imediato e instantâneo.

(B) É aquela que se arrasta por dias ou semanas após a eclosão de sua causa básica.

(C) É aquela oriunda de um estado mórbido adquirido ou de uma perturbação congênita.

(D) Há entre seu início e fim apenas alguns minutos, não dando tempo para um atendimento mais efetivo.

(E) Tem origem por ação externa e mais raramente interna, em que se incluem o homicídio, o **SUICÍDIO E O ACIDENTE.**

A: incorreta. A morte de efeito imediato e instantâneo é a morte súbita. **B:** correta. Morte agônica é a que se arrasta por dias ou semanas após a eclosão de sua causa. **C:** incorreta. A morte oriunda de um estado mórbido adquirido ou de uma perturbação congênita é a morte natural, causada por (doença ou envelhecimento. **D:** incorreta. A morte que leva alguns minutos entre seu início e fim, não dando tempo para um atendimento mais efetivo é a morte súbita. **E:** incorreta. Essa alternativa está totalmente incorreta, inclusive em relação à morte violenta que pretendia definir, pois esta decorre apenas de ação externa. NB
Gabarito "B".

10. MEDICINA LEGAL

(Escrivão – PC/RO – CEBRASPE – 2022) Os fenômenos cadavéricos são instrumentos importantes no diagnóstico da morte, sendo estudados no ramo da tanatologia forense.

Com base nas informações precedentes, assinale a opção que corresponde a um sinal de probabilidade de morte, considerado imediato.

(A) autólise

(B) corificação

(C) putrefação

(D) saponificação

(E) perda da consciência

A: incorreta. A autólise, que é a destruição das células pelas próprias proteínas digestivas que produz (enzimas), liberadas pela ação lesiva do ácido lático sobre o compartimento que as contém dentro da célula (lisossomas), faz parte dos fenômenos transformativos destrutivos. **B**: incorreta. Corificação é fenômeno transformativo conservativo, observado em corpos enterrados em urnas metálicas hermeticamente fechadas, tendo zinco na composição. **C**: incorreta. Putrefação é a decomposição do corpo pela ação das bactérias, sendo fenômeno transformativo destrutivo, que no nosso clima, inicia-se ao redor de 24 horas da morte. Nos corpos submersos, é chamada de maceração. **D**: incorreta. Saponificação ou adipocera é fenômeno transformativo conservativo que, para ocorrer, precisa que a putrefação se inicie, de forma que a ação das bactérias sobre as gorduras leve à produção de ácidos graxos, cujo efeito bactericida paralisa a putrefação. **E**: correta. A perda da consciência é sinal abiótico (ausência de vida) imediato ou de incerteza. Faz parte da ausência de funções cerebrais, juntamente com a insensibilidade, imobilidade e flacidez muscular difusa. **NB**

Gabarito "E".

(Delegado – PC/RS – FUNDATEC – 2018) Em relação à "estimativa do tempo de morte", também conhecida como cronotanatognose, analise as afirmações abaixo, assinalando V, se verdadeiras, ou F, se falsas.

( ) Existem vários parâmetros (fenômenos cadavéricos) utilizados para a estimativa do tempo de morte.

( ) A estimativa do tempo de morte, considerando os avanços da Medicina-Legal, é bastante precisa, não apresentando margem de erro (para mais ou para menos) maior do que uma hora.

( ) A estimativa do tempo de morte depende, além de outros fatores, de fatores externos ao cadáver.

( ) A estimativa do tempo de morte, apesar dos avanços da Medicina-Legal, não é precisa.

A ordem correta de preenchimento dos parênteses, de cima para baixo, é:

(A) V – F – V – V.

(B) V – V – V – F.

(C) V – V – F – F.

(D) F – F – F – V.

(E) F – V – F – V.

1ª alternativa: (V). A cronotanatognose ou tanatocronodiagnose é a estimativa ou diagnóstico do tempo de morte baseada na avaliação do tempo decorrido entre a morte e o início, evolução e/ou desaparecimento de cada fase cadavérica. Essas fases estão sujeitas a muitas variáveis, inclusive ambientais, daí a ausência de consenso no cálculo do tempo de morte entre os doutrinadores. **2ª** alternativa: (F). Apesar da variabilidade, a análise conjunta dos fenômenos cadavéricos observados pode fornecer uma estimativa razoavelmente confiável do tempo. Como não há precisão nesse cálculo, deve o perito estabelecer uma faixa ampla de tempo na qual a morte pode ter ocorrido. **3ª** alternativa: (V). A esti-

mativa do tempo de morte depende fatores ambientais (umidade do ar, temperatura, ventilação), superfície de evaporação, características individuais e causa da morte. **4ª** alternativa: (V). **NB**

Gabarito "A".

(Agente-Escrivão – Acre – IBADE – 2017) Os fenômenos cadavéricos são úteis para o diagnóstico da morte, podendo indicar a probabilidade ou a certeza da ocorrência desta. Neste sentido, assinale a alternativa correta.

(A) A putrefação é considerada um fenômeno cadavérico que indica a certeza da morte.

(B) A corificação um sinal de probabilidade da morte.

(C) A rigidez cadavérica é considerada um fenômeno cadavérico que indica a probabilidade da morte.

(D) A mumificação é um sinal de probabilidade da morte.

(E) A perda da sensibilidade é um sinal de certeza da morte.

A: correta. A putrefação é a decomposição do corpo pela ação das bactérias, que se inicia ao redor de 24 horas da morte, no nosso clima, a seguir dos fenômenos consecutivos, mediatos ou de certeza da morte. **B**: incorreta. A corificação é processo transformativo conservativo observado em corpos enterrados em urnas metálicas hermeticamente fechadas, tendo zinco na composição. Indica certeza de morte. **C**: incorreta. A rigidez cadavérica é uma variante da contração muscular normal, provocada pela escassez de oxigênio e acúmulo de ácido lático. É sinal abiótico mediato, consecutivo ou de certeza, juntamente com a desidratação, o resfriamento e os livores de hipóstases. **D**: incorreta. A mumificação é processo transformativo conservativo que ocorre quando a evaporação da água é tão rápida a ponto de inibir o crescimento bacteriano, impedindo a putrefação. Indica certeza da morte. **E**: incorreta. A perda da sensibilidade é um sinal abiótico imediato, ou de incerteza, refletindo apenas probabilidade de morte, pois pode ser que o fator que determinou a parada cardiocirculatória seja reversível, ou pode ser que as funções vitais estejam tão deprimidas que não se auscultem os débeis batimentos cardíacos, nem se percebam os movimentos respiratórios (morte aparente). **NB**

Gabarito "A".

(Investigador-Escrivão-Papiloscopista – Pará – Funcab – 2016) Segundo a literatura médico-legal, a cronotanatognose é utilizada para:

(A) determinar o tempo médio de duração da gestação.

(B) indicar a quantidade de tempo que vítima estaria ameaçada de morte.

(C) determinar o tempo aproximado de morte da vítima.

(D) indicar a idade da vítima no momento da morte.

(E) indicar o tempo médio de vida da vítima.

A: incorreta. A determinação do tempo médio de duração da gestação refere-se à idade gestacional. **B**: incorreta. Entendo que a indicação da quantidade de tempo que vítima estaria ameaçada de morte, refere-se ao tempo de agonia. **C**: correta. A cronotanatognose ou tanatcronodiagnose ou cronologia da morte refere-se ao tempo aproximado de morte da vítima. **D**: incorreta. Esta alternativa trata da identificação médico legal da idade da vítima. **E**: incorreta. O tempo médio de vida refere-se ao número aproximado de anos que ela irá viver, se mantidas as mesmas condições. Seria um prognóstico. **NB**

Gabarito "C".

(Investigador-Escrivão-Papiloscopista – Pará – Funcab – 2016) Sobre a rigidez cadavérica, é correto afirmar que esta situação:

(A) é um fenômeno que impede a atuação da fauna cadavérica.

(B) não pode ser utilizada como indicativo do tempo aproximado da morte.

(C) desaparece com o início da putrefação.

(D) é estudada na traumatologia forense.

(E) indica a quantidade de cristais no sangue do cadáver putrefeito.

A: incorreta. A rigidez cadavérica é um dos fenômenos abióticos de certeza, que precede a atuação da fauna cadavérica que desencadeia a putrefação. **B:** incorreta. A rigidez cadavérica pode ser utilizada como indicativa do tempo aproximado da morte. Seguindo a sequência da lei de Nysten-Sommer, a rigidez inicia-se na mandíbula / nuca – 1ª – 2ª hora; seguem-se membros superiores – 2ª – 4ª hora; musculatura tórax e abdome – 4ª – 5ª hora/; membros inferiores – 6ª – 8ª hora. Dessa forma, em 6 a 8 horas já está generalizada. **C:** correta. A rigidez se desfaz na mesma sequência a partir de 36 a 48 horas, começando a desaparecer com o início da putrefação que, no nosso meio, começa com 24 horas da morte. **D:** incorreta. A rigidez cadavérica é estudada pela Tanatologia Forense pois é fenômeno cadavérico, enquanto a traumatologia estuda a atuação de energias externas (exógena) sobre o indivíduo, suficientemente intensa para provocar desvio perceptível da normalidade ou apenas alterar o funcionamento do organismo (lesão violenta – causada por traumatismos). **E:** incorreta. Os cristais em forma de lâminas fragmentadas, vistos ao exame do sangue putrefeito do cadáver (Cristais de Westenhöfer – Rocha – Valverde), que surgem no 3º dia da morte e permanecem até o 35º dia, são característicos da fase de putrefação enquanto a rigidez é anterior, instalando-se nas primeiras horas da morte. NB

Gabarito "C."

(Escrivão de Polícia/BA – 2013 – CESPE) Considerando que determinada adolescente de dezessete anos de idade seja encontrada morta em uma praia, julgue os itens subsequentes.

(1) A constatação de ocorrência de dilatação do orifício anal do cadáver, especialmente se o tempo de morte for superior a quarenta e oito horas, não constitui, por si só, evidência de estupro com coito anal.

(2) Caso o corpo da jovem esteja rígido, ou seja, com a musculatura tensa e as articulações inflexíveis, é correto concluir que ela lutou intensamente antes de morrer.

1: certa. Logo após a parada cardiocirculatória, há flacidez muscular difusa como consequências da ausência de funções cerebrais. levando ao relaxamento dos músculos, inclusive na região anal. Se essa parada for irreversível, surgem os sinais que dão a certeza da morte, entre eles, a rigidez muscular ou cadavérica, que aparece primeiro nos músculos de fibras lisas (dos órgãos) e, um pouco mais tarde, nos músculos estriados esqueléticos. Essa rigidez só se desfaz quando os lisossomos são lesados pelo ácido lático, liberando enzimas no meio celular que degradam os componentes dos sarcômeros (células musculares), e os músculos perdem a rigidez. Esse relaxamento ocorre entre 36 e 48 horas da morte, quando já se iniciou a putrefação, ficando o orifício anal entreaberto. **2: errada**. O corpo rígido da jovem, decorrente de musculatura tensa e articulações inflexíveis, denota apenas que o cadáver está em rigidez cadavérica generalizada, não sendo possível inferir que a jovem lutou intensamente antes de morrer. As características citadas estão presentes tanto na rigidez, como no espasmo cadavérico, não se podendo concluir pelo segundo sem a descrição da posição corporal da jovem, ou seja, se reflete a última posição assumida em vida. Por fim, como a rigidez ainda não se desfez, pode-se apenas afirmar que o óbito aconteceu há menos de 36/48 horas antes de ser encontrada. NB

Gabarito 1C, 2E

5. TRAUMATOLOGIA

(Escrivão – PC/GO – AOCP – 2023) Em Goiânia, a Polícia Civil de Goiás foi acionada após troca de tiros motivados por questões políticas. Uma das vítimas apresentava lesão de forma arredondada, com orla de escoriação, bordas invertidas, halo de enxugo, zona de tatuagem, zona de esfumaçamento, zona de queimadura, aréola equimótica e zona de compressão de gases. O enunciado refere-se a

(A) uma ferida corto-contusa.

(B) uma ferida contusa aberta.

(C) um ferimento de tiro encostado.

(D) um ferimento de saída de projétil de arma de fogo.

(E) um ferimento de entrada de instrumento perfuro contundente a curta distância.

A: incorreta. A ferida corto-contusa é geralmente profunda, grave e mutilante, com bordas afastadas, escoriadas e certa laceração dos tecidos, sendo causada por instrumento corto contundente, dotados de grande massa e um gume de borda romba, que atua por pressão. **B:** incorreta. A ferida contusa aberta ocorre quando a resistência da pele, atingida pelo agente contundente, é vencida, gerando solução de continuidade (esgarçamento) dos tecidos. **C:** incorreta. No disparo encostado, a boca do cano da arma, pressionada contra o corpo da vítima, não deixa escapar os elementos do cone de explosão, que então penetram através da pele juntamente com o projétil. Entretanto, apenas este consegue penetrar através do osso. Os gases e a pólvora se expandem lateralmente, aumentando a pressão e descolando a pele, que explode de dentro para fora. Assim, o orifício de entrada nos disparos encostados é maior que o diâmetro do projétil, estrelado e sujo de pólvora por dentro a (sinal da câmara ou buraco ou boca de mina de Hoffman). Se não houver escape, a pele ao redor do orifício de estrada estará limpa, ficando os resíduos de pólvora depositados na superfície óssea Sinal de *Benassi*. **D:** incorreta. Para sair, o projétil força os tecidos de dentro para fora, rasgando-os e evertendo as bordas da pele, conferindo geralmente forma estrelada, com sangramento maior do que no orifício de entrada. Não há: orla de enxugo, pois o projétil já se limpou. Não há orla de escoriação, porque o projétil gira abaixo da pele e, quando a atinge, o faz de dentro para fora, rasgando-a, a não ser que haja resistência à saída. Neste caso, o projétil fica aí girando até conseguir sair e esfola a pele. Há contusão inclusive na saída, gerando orla equimótica se o indivíduo atingido estiver vivo. **E:** correta. A lesão descrita no enunciado, corresponde a ferimento de entrada de instrumento perfuro contundente (projétil) à curta distância. Ao tocar a pele, com sua ponta romba, o projétil vai empurrando-a, sempre girando em torno do próprio eixo. Esse movimento escoria a pele (orla de escoriação) e permite que o projétil se limpe, deixando as impurezas na entrada do corpo, formando a orla de enxugo. A passagem do projétil rompe os vasos, gerando a aréola equimótica, além de inverter as bordas do orifício. A presença das zonas de tatuagem (pólvora não queimada ou em combustão), esfumaçamento (pólvora queimada), queimadura (fogo) e compressão de gases, devidas ao cone de explosão, denota tratar-se de disparo à curta distância, mais especificamente à queima roupa pois estão presentes todos os elementos do cone de explosão. NB

Gabarito "E".

(Escrivão – PC/GO – AOCP – 2023) Tendo como princípio a profundidade das lesões, assinale a alternativa correta em relação à classificação das queimaduras em medicina legal.

(A) As queimaduras de primeiro grau apresentam eritema.

(B) Nas queimaduras de segundo grau, ocorre a coagulação necrótica dos tecidos moles.

10. MEDICINA LEGAL 319

(C) Nas queimaduras de terceiro grau, a epiderme é afetada, principalmente pela vasodilatação capilar.

(D) As queimaduras de quarto grau apresentam vesículas contendo líquido amarelo-claro, seroso no seu interior.

(E) Nas queimaduras de quinto grau, a pele conserva-se íntegra e tem como principal característica o surgimento da flictena.

A: correta. As queimaduras de primeiro grau apresentam eritema (vermelhidão), que é o Sinal de *Christinson*, decorrente de vasodilatação capilar que afeta a epiderme (camada mais superficial da pele), com edema e aumento da temperatura local. A pele descasca em três a quatro dias sem deixar cicatrizes. **B:** incorreta. Nas queimaduras de segundo grau, formam-se flictenas (bolhas) contendo líquido amarelado, rico em proteínas (exsudato). É o Sinal de *Chambert*. **C:** incorreta. Nas queimaduras de terceiro grau, são atingidos desde a pele até o plano muscular, gerando placa de necrose dura e de cor preta (coagulação necrótica) dos tecidos moles, que ao ser retirada, deixa uma úlcera (ferida). Necrose é a morte de um grupo de células, com reação inflamatória. **D:** incorreta. As flictenas são características da queimadura de 2° grau. **E:** incorreta. O grau máximo é o quarto grau, quando a queimadura atinge também os ossos. É a carbonização, que pode ser localizada ou generalizada. NB

Gabarito "A".

(Escrivão – PC/RO – CEBRASPE – 2022) O hematoma é caracterizado pela literatura médico-legal como uma lesão

(A) incisa, proveniente de energia de ordem física.

(B) contusa, proveniente de energia de ordem química.

(C) cortocontusa, proveniente de energia de ordem bioquímica.

(D) contusa, proveniente de energia de ordem mecânica.

(E) cortocontusa, proveniente de energia de ordem biodinâmica.

A: incorreta. A lesão incisa é proveniente de energia de ordem física (mecânica), mas difere do hematoma por ser uma solução de continuidade dos tecidos causada por instrumento cortante, que tem gume afiado e atua por deslizamento e leve pressão. Tem como características: bordas regulares; predomínio da extensão sobre a profundidade; sangramento abundante, porque os vasos são cortados; ausência de esgarçamento de tecido no fundo da lesão e ausência de contusão entorno da lesão, porque o gume afiado secciona os tecidos sem danificá-los. **B:** incorreta. Apesar de o hematoma ser lesão contusa, é proveniente de energia mecânica de ordem física. Os agentes mecânicos transferem energia cinética (de movimento) para o corpo com que entram em contato, enquanto os agentes químicos causam lesão atuando de forma sistêmica (venenos) ou local (cáusticos). **C:** incorreta. O hematoma não é lesão cortocontusa, pois esta é causada por Instrumento cortocontundente, que é dotado de grande massa e transfere sua energia por um gume de borda romba, não afiada, agindo por pressão e podendo atravessar até o plano ósseo, dependendo da violência dos golpes. A energia envolvida é física e, não, energia de ordem bioquímica, que consiste nas ações química e biológica combinadas atuando sobre a saúde, produzindo lesões de forma negativa, carencial, ou positiva, tóxica ou infecciosa, dependendo das condições orgânicas e de defesa de cada indivíduo. **D:** correta. O hematoma é lesão contusa, proveniente de energia mecânica, que ocorre quando o sangue extravasado dos vasos rompidos pelo traumatismo, pelo seu maior volume, afasta os tecidos e ocupa espaço próprio, formando uma cavidade, só infiltrando nos tecidos ao redor da lesão (equimose periférica). É produzido por ação contundente, que transfere energia por meio de um plano, de uma superfície. **E:** incorreta. Além de o hematoma não ser lesão cortocontusa, esta não é proveniente de energia de ordem biodinâmica, a qual

diz respeito a eventos que são consequência e, não, causa de lesões violentas (choque por hemorragia, distúrbios hidroeletrolíticos). NB

Gabarito "D".

(Escrivão – PC/MG – FUMARC – 2018) A tonalidade da equimose é um aspecto de grande interesse médico pericial.

Sobre isso, é CORRETO afirmar que é sempre

(A) avermelhada. Depois, com o correr do tempo, ela se apresenta vermelho-escura, violácea, azulada, esverdeada e, finalmente, amarelada, desaparecendo, em média, entre 15 e 20 dias.

(B) avermelhada. Depois, com o correr do tempo, ela se apresenta vermelho-escura, violácea, azulada, esverdeada e, finalmente, amarelada, desaparecendo, em média, entre 8 e 14 dias.

(C) vermelho-escura. Depois, com o correr do tempo, ela se apresenta avermelhada, violácea, azulada, esverdeada e, finalmente, amarelada, não desaparecendo antes de 40 dias.

(D) vermelho-escura. Depois, com o correr do tempo, ela se apresenta avermelhada, violácea, azulada, esverdeada e, finalmente, amarelada, desaparecendo, em média, entre 8 e 14 dias.

A: correta. Equimose é a lesão contusa decorrente da infiltração, nas malhas dos tecidos, de sangue que extravasou de pequenos vasos situados abaixo da pele, que romperam por força de traumatismo. Com o passar dos dias, as equimoses mudam de cor até desaparecerem, pois o sangue extravasado vai sendo reabsorvido (digerido e removido). O espectro equimótico de Legrand de Saulle relaciona a coloração das equimoses com o seu tempo de evolução: vermelha – 1° dia; violácea – 2°-3° dia; azulada – 4° ao 6° dia; esverdeada – 7° ao 11° dia e amarelada – 12° dia, até desaparecer em 15 a 20 dias. **B, C, D:** incorretas. O erro reside, em especial, no tempo de desaparecimento. NB

Gabarito "A".

(Escrivão – PC/MG – FUMARC – 2018) A midritização se refere

(A) à ação tegumentar de cáusticos, através de efeitos coagulantes ou liquefacientes, com intenção do agressor em enfeiar a vítima.

(B) à exaltada sensibilidade de alguns indivíduos a pequenas doses de veneno.

(C) à propriedade que tem determinada substância de causar internamente, por efeito químico, um dano midriático a um organismo vivo.

(D) ao fenômeno caracterizado pela elevada resistência orgânica aos efeitos tóxicos dos venenos.

A: incorreta. Essa ação criminosa de jogar cáusticos na vítima, causando lesão tegumentar através de efeitos coagulantes ou liquefacientes, sendo intenção do agressor enfeiar a vítima, é denominada vitriolagem. Foi inicialmente descrita para ácido sulfúrico, também chamado óleo de vitríolo. **B:** incorreta. A exaltada sensibilidade de alguns indivíduos a pequenas doses de veneno diz respeito à hipersensibilidade. **C:** incorreta. Dano midriático refere-se a dano à pupila. **D:** correta. A elevada resistência orgânica aos efeitos tóxicos dos venenos, isto é, a tolerância a venenos decorrente de exposição a pequenas doses repetidas é chamada de mitridatização (este é o termo correto). NB

Gabarito "D".

(Agente-Escrivão – Acre – IBADE – 2017) Um mergulhador que sai do fundo de um rio e sobe muito rapidamente pode estar sujeito aos efeitos da descompressão. Tal fato é considerado um:

(A) barotrauma.

(B) afogamento.

(C) fenômeno abiótico imediato.

(D) fenômeno abiótico consecutivo.

(E) fenômeno cadavérico transformativo.

A: correta. Barotrauma diz respeito às patologias decorrentes dos efeitos compressivos, causados pelo deslocamento do indivíduo para região de maior pressão atmosférica, associados aos efeitos descompressivos, quando ele retorna muito rapidamente para região de menor pressão. **B: incorreta.** Afogamento é a asfixia que ocorre pela penetração de qualquer líquido nos alvéolos pulmonares **C: incorreta.** Fenômeno abiótico imediato ou de incerteza é sinal de probabilidade de morte. **D: incorreta.** Fenômeno abiótico consecutivos ou mediato, é sinal de certeza da morte. **E: incorreta.** Fenômenos transformativos são os que sucedem os fenômenos cadavéricos de certeza, podendo ser destrutivos, relacionados à decomposição do corpo pela ação das bactérias, ou conservativos, quando algo impede ou paralisa a ação bacteriana. 🔲
Gabarito "A".

(Agente-Escrivão – Acre – IBADE – 2017) A lesão provocada por projétil de arma de fogo disparado a curta distância e que incide perpendicularmente sobre a pele é considerada:

(A) bioquímica.

(B) biodinâmica.

(C) incisa.

(D) perfurocontusa.

(E) cortocontusa.

A: incorreta. As lesões sobre a saúde, causadas por energia de ordem bioquímica, que consiste nas ações química e biológica combinadas, resultam da atuação de forma negativa, carencial, ou positiva, tóxica ou infecciosa. Exemplos: danos causados por perturbações alimentares, autointoxicações, infecções e castração química **B: incorreta.** As lesões devidas à energia de ordem biodinâmica, dizem respeito a eventos como choque por hemorragia, distúrbios hidroeletrolíticos, que são consequência e, não, causa de lesões violentas. **C: incorreta.** Lesões incisas são as causadas por instrumento cortante, que transfere sua energia cinética por deslizamento e leve pressão através de um gume afiado, como navalha, caco de vidro etc. **D: correta.** O projétil de arma de fogo é instrumento perfurocontundente, pois como sua ponta é romba, ele penetra no corpo contundindo. Deixa uma lesão perfurocontusa. **E: incorreta.** Lesão cortocontusa é a causada por instrumento cortocontundente, dotado de grande massa e que transfere sua energia por um gume de borda romba, não afiada, agindo por pressão. 🔲
Gabarito "D".

(Agente-Escrivão – Acre – IBADE – 2017) A atuação do calor de forma direta sobre a pele humana provoca:

(A) queimadura.

(B) fratura.

(C) blast.

(D) miliária.

(E) geladura.

A: correta. A ação do calor local direto sobre a pele provoca queimaduras, que causam a morte instantânea de algumas células no ponto mais quente, e morte tardia de outras, além de reações gerais. Tem como agentes os materiais em combustão: chamas, gases, líquidos ou metais aquecidos. **B: incorreta.** Fratura é a solução de continuidade (ruptura) do osso, causada por ação direta ou indireta do agente contundente, como por exemplo, flexão exagerada, torção, arrancamento ou esmagamento. **C: incorreta.** Blast é a onda de choque, que é uma onda sonora devida ao aumento súbito da pressão ao

redor do foco da explosão, isso ocorre porque o material explosivo, por meio de uma reação química, transforma-se em gases que se expandem rapidamente, causando compressão do ar ao redor, o que leva ao seu deslocamento com velocidade supersônica. **D: incorreta.** Lesão miliária ou brotoeja é uma dermatite inflamatória sob a forma de pequenas bolhas de água (vesículas), que surge geralmente no tronco, pescoço, axilas e dobras de pele, causada pela obstrução mecânica à eliminação do suor pelas glândulas sudoríparas, que acaba impedindo a saída do suor do corpo. Ocorre em ambientes quentes e úmidos, por excesso de roupas e agasalhos, ou febre alta. **E: incorreta.** A geladura decorre da ação do frio local, que causa lesões de necrose da pele. 🔲
Gabarito "A".

(Investigador-Escrivão-Papiloscopista – Pará – Funcab – 2016) Sobre a traumatologia forense, pode-se afirmar que este ramo da Medicina Legal estuda principalmente:

(A) as lesões corporais e as energias causadoras do dano.

(B) a identidade e identificação da vítima.

(C) questões voltadas ao vínculo entre familiares.

(D) os crimes contra a dignidade sexual.

(E) a gravidez, aborto e infanticídio.

A: correta. As lesões corporais e as energias causadoras do dano, além do modo de ação dos agentes, são estudados pela Traumatologia forense. **B e C: incorretas.** A identidade e identificação da vítima, assim como as questões voltadas ao vínculo entre familiares, como identificação de paternidade, são estudadas pela Antropologia Forense. **D e E: incorretas.** Os crimes contra a dignidade sexual, a gravidez, o aborto, o infanticídio, além dos desvios sexuais e hipóteses de anulação de casamento são estudados pela da Sexologia Forense. 🔲
Gabarito "A".

(Investigador-Escrivão-Papiloscopista – Pará – Funcab – 2016) As equimoses representam o extravasamento e dispersão do sangue nas malhas dos tecidos e podem surgir em diversas partes do corpo, bem como assumir certos tipos de coloração. De acordo com o espectro equimótico de Legrand Du Saulle, uma equimose de coloração amarela indica ter sido causada há, aproximadamente:

(A) um mês

(B) dois meses.

(C) doze dias.

(D) um dia.

(E) duas horas.

De acordo com o espectro equimótico de Legrand de Saulle, as equimoses apresentam coloração: vermelha – 1° dia: violácea – 2°-3° dia: Azulada – 4° ao 6° dia: esverdeada – 7° ao 11° dia: amarelada – 12° dia: até desaparecer em 15 a 20 dias. **A e B: incorretas.** Em 1 ou 2 meses a equimose já desapareceu. **C: correta.** Equimose de coloração amarela indica ter sido causada há 12 dias. **D e E: incorretas.** Em 2 horas e 1° dia da agressão, as equimoses apresentam cor avermelhada. 🔲
Gabarito "C".

(Investigador-Escrivão-Papiloscopista – Pará – Funcab – 2016) A hipotermia é uma situação causada pela ação do:

(A) calor difuso.

(B) ácido sulfúrico.

(C) projétil de arma de fogo.

(D) calor direto.

(E) frio.

10. MEDICINA LEGAL 321

A: incorreta. A ação do calor difuso causa as termonoses, que são a insolação e a intermação, nas quais há hipertermia. **B:** incorreta. O ácido sulfúrico é um agente químico que causa lesão seca no local em que toca, pois seu efeito é coagulante. **C:** incorreta. Os projéteis de arma de fogo são instrumentos perfurocontundentes, que causam lesão perfurocontusa. **D:** incorreta. O calor direto, local, causa as queimaduras. **E:** correta. A hipotermia (baixa temperatura) é causada pela ação do frio difuso, que pode ocorrer pela exposição à temperatura ambiente muito baixa, ou porque o ajuste térmico do organismo estava prejudicado pelo efeito de alguma droga, como o álcool, ou o indivíduo estava debilitado por doença. 🔲
Gabarito "E".

(Polícia/RJ – 2009 – CEPERJ) No caso de encontro de cadáver, o exame de perinecroscopia esclareceu a presença de uma ferida perfuro-contusa e transfixante do crânio, motivada por tiro encostado na região temporal direita. Diante das assertivas abaixo, assinalar aquela que não deixa dúvida quanto à possibilidade de suicídio:

(A) O disparo ter sido efetuado com arma apoiada ou encostada.

(B) A observação da arma de fogo próxima do cadáver.

(C) A existência de gotas de sangue com aspecto radiado.

(D) A presença de gotículas de sangue de forma alongada na mão da vítima.

(E) A ausência de lesões de defesa e ocorrência de um só disparo.

A: incorreta. O enunciado do presente teste refere-se apenas à localização do disparo à direita. Para se pensar em suicídio, teríamos de saber se a vítima é destra, pois caso contrário seria um homicídio. **B:** incorreta. A arma de fogo não está presa na mão da vítima, mas apenas encostada, o que é mais comum no homicídio, quando o criminoso altera acena do crime. **C:** incorreta. A existência de gotas de sangue com aspecto radiado significa somente que o indivíduo ferido estava parado, ficando o sangue eliminado pelo ferimento sujeito apenas à ação da gravidade. **D:** correta. As gotículas de sangue com forma alongada, denominadas salpicos, ocorrem quando há movimentação da arma, do indivíduo ou de ambos. A presença desses salpicos na mão da vítima indica que ela segurava a arma. **E:** incorreta. As lesões de defesa estão ausentes quando a vítima é pega de surpresa e a ocorrência de um só disparo, apesar de ser comum no suicídio, não é exclusiva dele, pois a única lesão causada pode ser fatal também no homicídio. 🔲
Gabarito "D".

(Polícia/BA – 2008 – CEFETBAHIA) Identifique com V as afirmativas verdadeiras e com F, as falsas.

( ) O exame de microcomparação com os projéteis disparados possibilita a identificação individual de uma espingarda.

( ) A microcomparação entre projéteis coletados em diferentes locais de crime pode propiciar o estabelecimento de uma correlação entre os respectivos eventos.

( ) A identificação indireta de uma arma de fogo pode ser feita mediante o confronto balístico das deformações examinadas nos estojos da munição disparada.

A alternativa que contém a sequência correta, de cima para baixo, é a

(A) F V V

(B) V V F

(C) V F V

(D) F F F

(E) F F V

1ª alternativa: (F). O exame de microcomparação com os projéteis disparados por uma espingarda não permite identificação da arma, pois seu cano é liso e não imprime marcas no projétil. **2ª alternativa:** (V). Nas armas de alma raiada, as marcas produzidas no projétil pelo raiamento do cano são características de cada arma. Sendo assim, a microcomparação entre projéteis coletados em diferentes locais de crime pode propiciar o estabelecimento de uma correlação entre os respectivos eventos, denunciando o uso de uma mesma arma. **3ª alternativa:** (V). Projéteis encontrados na cena de crime devem ser comparados ao microscópio com projéteis disparados, em um tanque de água, pelas armas suspeitas, para identificar a que foi usada. Já no caso de arma de alma lisa (espingarda) a identificação só é possível comparando-se as marcas deixadas no estojo, pois o cano não deixa marcas no projétil. Portanto: F V V. 🔲
Gabarito "A".

(Polícia/BA – 2008 – CEFETBAHIA) A designação do calibre nominal de uma espingarda indica o

(A) exato diâmetro interno do cano, em fração da polegada.

(B) diâmetro interno da câmara, em centésimos de polegada.

(C) diâmetro interno do cano, em milímetros.

(D) comprimento do cano da espingarda, em polegadas.

(E) número de esferas de chumbo do calibre, cuja massa dá uma libra.

A espingarda possui cano de alma lisa, assim não é o diâmetro interno do cano que é examinado, mas o número de esferas de chumbo do calibre, que formará uma libra. 🔲
Gabarito "E".

(Polícia/BA – 2008 – CEFETBAHIA) Identifique com V as afirmativas verdadeiras e com F, as falsas.

( ) Tecnicamente, o tiro só é acidental quando efetuado sem o acionamento do gatilho.

( ) A simples comparação visual do projétil já permite a identificação individual da arma.

( ) Chamuscamento, esfumaçamento e tatuagem são indicativos de tiro à curta distância.

A alternativa que contém a sequência correta, de cima para baixo, é a

(A) V V V

(B) V F V

(C) F F V

(D) F V F

(E) V F F

1ª alternativa: (V). Tecnicamente, o tiro só é acidental quando efetuado sem o acionamento do gatilho, em decorrência de alguma anomalia em peça(s) ou falha no sistema de segurança. É importante identificar a anomalia causadora do tiro acidental, comprovando-a mediante provas objetivas, técnico-científicas. para poder atribuir a responsabilidade ao fabricante, sendo o laudo pericial indispensável. **2ª alternativa:** (F). Nas armas de alma raiada, as marcas produzidas no projétil pelo raiamento do cano, características de cada arma, são comparadas ao microscópio. **3ª alternativa:** (V). Chamuscamento, esfumaçamento e tatuagem são indicativos de tiro à curta distância, pois devidos ao cone de explosão, que só começa a atingir o alvo a 25 ou 30 centímetros (o correto é calcular para cada arma).Portanto: V F V. 🔲
Gabarito "B".

(Polícia/MG – 2008) O percurso realizado por um projétil de arma de fogo no interior do corpo humano é denominado

(A) deformação.

(B) halo.

(C) trajeto.

(D) trajetória.

A: Incorreta. Na sua trajetória, o projétil sofre deformações mesmo antes de atingir o alvo, que podem ser: normais (provocadas pelas raias do cano da arma), periódicas (provocadas pelo choque do projétil com o cano da arma) ou acidentais (devido à má apresentação da munição, ocorrendo nos projéteis expansivos, que se deformam no impacto contra o alvo (projéteis encamisados). **B:** Incorreta. Halo é um círculo, aréola, anel. **C:** Correta. O percurso realizado por um projétil de arma de fogo no interior do corpo humano é chamado de trajeto. Decorre do choque provocado pelo projétil, que empurra e abre os tecidos, rompendo-os e deixando um canal de destruição chamado canal de ferida permanente. **D:** Incorreta. Todo corpo que se desloca no espaço, em virtude de um impulso inicial, tem a trajetória de uma curva. A balística exterior: estuda a trajetória dos projéteis desde a saída da arma até o alvo. **NB**
Gabarito "C".

(Polícia/RJ – 2009 – CEPERJ) Durante operação policial na favela do Barbante, em Campo Grande, foi encontrado um crânio humano incompleto que apresentava em análise preliminar: 1 – suturas cranianas bem visíveis; 2 – fronte verticalizada; 3 – glabela curva; 4 – margens supraorbitárias finas; 5 – orifício em tronco de cone com o bisel voltado para a face externa do osso frontal; 6 – processos mastoideos pouco volumosos; 7 – ausência de crista na nuca; 8 – côndilos occipitais curtos e largos. Assinale a opção que aponta o diagnóstico pericial.

(A) Mulher jovem com uma lesão de saída de projétil de arma de fogo no osso frontal.

(B) Homem adulto com uma lesão de entrada de projétil de arma de fogo no osso frontal.

(C) Mulher adulta com uma lesão de saída de projétil de arma de fogo no osso frontal.

(D) Homem jovem com uma lesão de saída de projétil de arma de fogo no osso frontal.

(E) Mulher idosa com uma lesão de entrada de projétil de arma de fogo no osso frontal.

As suturas cranianas bem visíveis indicam pessoa jovem, pois após 25 anos, começam a fechar, com exceção da sutura metópica, localizada na linha média do osso frontal, que desaparece até os seis anos de idade. A fronte é verticalizada na mulher, enquanto no homem é inclinada para trás. A glabela (ponto médio entre os arcos superciliares, acima da sutura frontonasal) é mais saliente no sexo masculino, sendo curva no sexo feminino. As margens supraorbitárias são finas e cortantes no sexo feminino, enquanto são arredondadas no sexo masculino. Os processos mastoideos (porção mastoidea do osso temporal) são mais desenvolvidos nos homens que nas mulheres. Os côndilos occipitais curtos e largos são característicos da mulher, enquanto no homem são longos e estreitos. Conclui-se do que foi descrito ao exame do crânio tratar-se de vítima jovem, do sexo feminino. O orifício em tronco de cone com o bisel voltado para a face externa do osso frontal, diz respeito ao Sinal de Bonnet. O osso da cabeça é esponjoso, isto é, tem duas tábuas compactas e uma camada de osso esponjoso entre elas (como um biscoito wafer). O projétil fura a camada compacta externa, fragmentando o osso nesse ponto e imprimindo velocidade aos fragmentos. Assim, a camada interna é atingida pelo projétil e pelos pedaços de osso,

ficando com um buraco maior. Então, o orifício do lado do osso por onde entra o projétil é menor do que o orifício do lado de saída do projétil, com bordas talhadas em bisel (angulado com arestas) pelo lado interno e formando no osso um trajeto em forma de cone truncado (com o bico cortado). Quando o projétil transfixar a cabeça, isto é, entrar por um lado e sair pelo outro, no orifício de entrada, a parte mais estreita do cone estará na camada externa do osso, enquanto no orifício de saída, a parte mais estreita estará na camada interna do osso. Dessa forma, o orifício na parte externa do osso é menor na entrada e maior na saída do projétil. Pelo exposto, no presente caso, trata-se de orifício de saída. **NB**
Gabarito "A".

6. ASFIXIAS

(Escrivão – PC/GO – AOCP – 2023) No município de Formosa, a Polícia Civil de Goiás foi acionada. Uma criança veio a óbito devido a desafios motivados por agressores anônimos em jogos de celular. O IML concluiu que a causa da morte foi asfixia por sufocação indireta. Sobre essa modalidade de asfixia, assinale a alternativa correta.

(A) Geralmente é observada nos suicídios.

(B) Acontece também devido à aspiração de vômitos dos debilitados.

(C) É a compressão, em grau suficiente, do tórax e abdome que impede os movimentos respiratórios.

(D) É uma prática muito comum no infanticídio, com a ajuda das mãos que comprimem a face do recém-nascido.

(E) Acontece na obstrução dos condutos aéreos por corpos estranhos, impedindo a passagem do ar até os pulmões.

A: incorreta. A asfixia por sufocação indireta é causada pela compressão torácica por força extrínseca (que vem de fora) ou peso excessivo que impede os movimentos do tórax. As causas jurídicas são: homicida, quando o agressor restringe os movimentos do tórax da vítima; acidental, como acontece nas multidões dos campos de futebol, nos acidentes de trabalho ou de trânsito, em que a vítima fica presa entre as ferragens, ou asfixia posicional, devida à queda em que o corpo fica em posição que impede os movimentos respiratórios. **B:** incorreta. A aspiração de vômitos dos debilitados causa asfixia por inundação dos alvéolos pulmonares. Trata-se, portanto, de afogamento, que pode ocorrer com qualquer líquido. **C:** correta. A compressão, em grau suficiente, do tórax e abdome que impede os movimentos respiratórios caracteriza a sufocação indireta. **D:** incorreta. No infanticídio, geralmente a mãe associa a esganadura à sufocação direta, utilizada para abafar o choro da criança. **E:** incorreta. A obstrução dos condutos aéreos por corpos estranhos, impedindo a passagem do ar até os pulmões, corresponde à sufocação direta. **NB**
Gabarito "C".

(Delegado – PC/RS – FUNDATEC – 2018) Em relação às asfixias por constrição cervical, analise as afirmações abaixo, assinalando V, se verdadeiras, ou F, se falsas.

( ) O enforcamento, de acordo com sua definição médico-legal, quando diagnosticado indica a ocorrência de suicídio.

( ) O enforcamento, de acordo com sua definição médico-legal, necessita que o peso do corpo da vítima acione o laço. Desta forma, os casos descritos como enforcamento, mas nos quais a vítima não estava completamente suspensa (pés não tocando o solo)

10. MEDICINA LEGAL   323

devem ser classificados como "montagem" (tentativa de ocultação de homicídio).

( ) O enforcamento, de acordo com sua definição médico-legal, não necessita do peso do corpo da vítima para ocorrer.

( ) A esganadura pode ser consequência de suicídio ou de homicídio.

A ordem correta de preenchimento dos parênteses, de cima para baixo, é:

(A) V – V – F – F.

(B) V – F – V – V.

(C) F – V – F – F.

(D) F – F – V – V.

(E) F – F – F – F.

1ª alternativa: (F). Apesar de o suicídio ser a causa jurídica mais frequente de enforcamento, ele pode ser devido a homicídio ou acidente. 2ª alternativa: (F). O enforcamento é a constrição (aperto, compressão circular) cervical (do pescoço) por um laço, que tem uma das extremidades fixa a um ponto, o qual é acionado pelo peso do corpo da vítima. Os casos descritos como enforcamento, nos quais a vítima não estava completamente suspensa, não devem ser classificados como "montagem" (tentativa de ocultação de homicídio), pois o enforcamento pode ser completo, quando o corpo fica totalmente suspenso, ou incompleto, quando o corpo toca o chão com alguma de suas partes. 3ª alternativa: (F). O enforcamento, de acordo com sua definição médico-legal, necessita do peso do corpo da vítima para ocorrer, pois só há enforcamento quando a força atuante é o peso do corpo. Assim, se um indivíduo amarra uma corda em seu pescoço, pendura uma pedra na outra ponta, deita-se na beira de um precipício e solta a pedra, não é enforcamento, pois o laço não está preso a um ponto e a força que o acionou foi o peso da pedra. 4ª alternativa: (F). É impossível que a esganadura, contrição cervical diretamente por qualquer parte do corpo, seja consequência de suicídio. A causa jurídica é sempre crime, devendo haver desproporção de forças ou elemento surpresa para vencer a reação da vítima. Talvez, excepcionalmente, possa ser acidental, como prática erótica durante relação sexual, que pode resultar em asfixia acidental quando fogem ao controle do parceiro. Portanto, todas as alternativas são falsas. **NB** Gabarito "E".

(Escrivão – PC/MG – FUMARC – 2018) Em relação à máscara equimótica de Morestin, NÃO é correto afirmar que

(A) aparece frequente na compressão torácica.

(B) é conhecida por cianose cervicofacial de Le Dentut.

(C) ocorre na asfixia por monóxido de carbono, a qual é tipicamente azulada.

(D) pode ser encontrada na asfixia mecânica.

A: correta. A máscara equimótica de Morestin é produzida pelo refluxo sanguíneo da veia cava superior devido à compressão torácica, associada ou não à compressão abdominal. Daí resulta a cor violácea intensa da face, pescoço e parte superior do tórax. É frequentemente encontrada nas compressões torácicas por força extrínseca ou peso excessivo que impede os movimentos do tórax. **B:** correta. A máscara equimótica de Morestin é também chamada de cianose cérvico-facial de Le Dentut. **C:** incorreta. A máscara equimótica tem cor violácea ou azulada ou arroxeada por causa da queda do oxigênio e aumento do gás carbônico (CO2), enquanto na intoxicação por monóxido de carbono (CO), a cor das hipóstases é rosada ou vermelho rutilante por causa da grande quantidade de oxigênio livre no sangue, que não foi levado para as células porque o CO ocupou seu lugar na hemoglobina, que faz esse transporte. **D:** correta. A máscara equimótica pode ser encontrada na asfixia mecânica do tipo sufocação indireta. **NB** Gabarito "C".

(Agente-Escrivão – Acre – IBADE – 2017) Uma perícia realizada indica que um indivíduo foi encontrado morto em um local em que a lâmina d'água era de vinte centímetros. Dentre os principais sinais externos, o cadáver estava com a face virada para baixo, com baixa temperatura da pele e cogumelo de espuma no interior da boca, além de maceração da derme e pele anserina. Com base nos elementos citados acima, pode-se presumir que a morte foi provocada por:

(A) estrangulamento.

(B) energia radiante.

(C) instrumento contundente.

(D) afogamento.

(E) instrumento cortocontundente.

A: incorreta. No estrangulamento, que é a constrição cervical por um laço acionado por outra força que não o peso do corpo, a face fica cianosada, pois a força atuante é geralmente suficiente para fechar apenas as veias. Além disso, o laço deixa sulco contínuo, abrangendo todo o pescoço com a mesma profundidade, situado em posição baixa, horizontal, frequentemente com mais de uma volta e sem pergaminhamento, porque a força constritiva cessa com a morte da vítima, momento em que o agressor afrouxa o laço; **B:** incorreta. A energia radiante causa lesões pela radioatividade, nas formas de: Raios X, que afetam a pele, causando as chamadas radiodermites agudas ou crônicas; Rádio, cuja radiatividade pode afetar a vida e a saúde dos pacientes submetidos a tratamento; energia atômica, usada em armas nucleares. **C:** incorreta. O instrumento contundente atua transferindo energia cinética para o corpo por meio de uma superfície, produzindo lesão contusa fechada (pele da região atingida se mantém íntegra) ou aberta (quando a resistência da pele é vencida pelo agente contundente, gerando solução de continuidade). **D:** correta. Os sinais externos aventados no enunciado são compatíveis com afogamento, que é a asfixia decorrente da penetração de qualquer líquido nos alvéolos pulmonares, podendo ser real ou verdadeiro, quando o corpo fica totalmente submerso, ou falso, quando apenas os orifícios naturais (nariz, boca) ficam submersos. A baixa temperatura da pele, (o cadáver submerso troca calor mais rapidamente com o meio líquido), o cogumelo de espuma no interior da boca (não se exteriorizou porque o corpo permanece com a face submersa), a maceração da derme (fase mais adiantada), a pele anserina (arrepiada) e a face virada para baixo (estampando a posição em que o corpo fica submerso), induzem à conclusão de tratar-se de afogamento real ou verdadeiro. **E:** incorreta. O instrumento corto-contundente é dotado de grande massa e transfere sua energia por um gume de borda romba (não afiada), produzindo lesão corto-contusa geralmente profunda, grave e mutilante, que pode atravessar até o plano ósseo, dependendo da violência dos golpes. **NB** Gabarito "D".

(Agente-Escrivão – Acre – IBADE – 2017) Durante perícia médico-legal realizada por ocasião do óbito de um indivíduo, o perito encontrou na árvore respiratória farta substância sólida, granular, semelhante a resíduos de escombros. Pode-se afirmar que o tal indivíduo foi vítima de:

(A) estrangulamento.

(B) exaustão térmica.

(C) soterramento.

(D) enforcamento.

(E) projétil de arma de fogo.

A: incorreta. Estrangulamento é a constrição cervical (do pescoço) por um laço, acionado por qualquer força, menos pelo peso do corpo da vítima. **B:** incorreta. Exaustão térmica é a exaustão pelo calor, que compromete principalmente pessoas idosas, crianças e pessoas não adaptadas às ondas periódicas de calor. Conhecida como prostração térmica ou intermação, resulta do excesso de calor proveniente de outras fontes que não o calor natural, como ambientes onde a ventilação e a renovação do ar são inexistentes, conforme ocorre no confinamento. **C:** correta. A substituição do ar, que deveria entrar nos pulmões, por partículas sólidas pulverizadas que obstruem os brônquios mais finos, diz respeito à asfixia por soterramento em sentido estrito. Em sentido amplo, existe soterramento quando o indivíduo fica completamente coberto pelos escombros de um desmoronamento. Nesta situação, vários são os mecanismos da morte: sufocação indireta, sufocação direta, confinamento, ação contundente, soterramento propriamente dito. **D:** incorreta. Enforcamento é a constrição (aperto, compressão circular) cervical por um laço, que tem uma das extremidades fixa a um ponto, o qual é acionado pelo peso do corpo da vítima. Só há enforcamento quando a força atuante é o peso do corpo. **E:** incorreta. O projétil de arma de fogo é instrumento perfurocontundente e causa lesão perfurocontusa. **NB**

Gabarito "C".

(Investigador-Escrivão-Papiloscopista – Pará – Funcab – 2016) De acordo com os conceitos médico-legais, enforcamento incompleto é aquele no qual:

(A) mãos e pés da vítima estão amarrados com a mesma corda.

(B) o nó do laço está localizado na parte da frente corpo da vítima.

(C) o no do laço está localizado na parte de trás do corpo da vítima.

(D) parte do corpo da vítima, toca em algum ponto de apoio ou encosta no solo.

(E) o corpo da vítima não encosta solo, nem toca em qualquer ponto de apoio.

A / B / C: incorretas. **D:** correta. O enforcamento incompleto é aquele em que uma parte do corpo da vítima, toca em algum ponto de apoio ou encosta no solo. **E:** incorreta. Quando o corpo da vítima não encosta no solo, nem toca em qualquer ponto de apoio, tem-se o enforcamento completo. **NB**

Gabarito "D".

7. SEXOLOGIA

(Escrivão – PC/GO – AOCP – 2023) Entende-se por ato libidinoso toda prática que tem o fim de satisfazer completa ou incompletamente, com ou sem ejaculação, o apetite sexual. A esse respeito, assinale a alternativa que exemplifica a cópula carnal tópica.

(A) Sexo oral.

(B) Coito anal.

(C) Toques nas mamas.

(D) Penetração vaginal.

(E) Apalpadelas nas nádegas.

A / B / C / E: incorretas. Referem-se a atos libidinosos. **D:** correta. Apenas a penetração vaginal, isto é, a relação de contato do pênis com a vagina, é conjunção carnal. **NB**

Gabarito "D".

(Escrivão – PC/RO – CEBRASPE – 2022) No ramo da sexologia forense, as parafilias podem ser compreendidas como fantasias, impulsos ou comportamentos sexuais recorrentes que, em determinadas situações, fazem surgir o interesse médico-legal especificamente relacionado a alguma prática criminosa.

Considerando o trecho apresentado, é correto afirmar que a zoofilia também pode ser compreendida como

(A) gerontofilia.

(B) clismafilia.

(C) frigidez.

(D) bandagismo.

(E) bestialismo.

A: incorreta. Gerontofilia é a atração sexual de jovens e adultos por pessoas idosas. **B:** incorreta. Clismafilia é a excitação sexual dependente do uso de clisma, enema ou clister. **C:** incorreta. Frigidez é diminuição do desejo sexual na mulher. **D:** incorreta. Bandagismo é o prazer sexual pelo contato físico com pessoas amarradas. **E:** correta. Bestialismo (bestialidade, zoofilia, zoolagnia, zoofilismo erótico, zooerastia) é a satisfação sexual com animais, comum em regiões rurais. **NB**

Gabarito "E".

(Agente-Escrivão – Acre – IBADE – 2017) No que diz respeito às perícias realizadas após a ocorrência de crime contra a dignidade sexual, pode-se afirmar que:

(A) incabível a realização de exames de DNA para determinação do autor de estupro.

(B) é inviável a realização de exames desta natureza em mulheres grávidas.

(C) a ruptura do hímen é um sinal de certeza de conjunção carnal.

(D) não é possível a realização de exames desta natureza em cadáveres.

(E) o delegado de polícia não possui atribuição para solicitar exame de corpo de delito.

A: incorreta. As secreções colhidas na vagina, no reto, nas vestes, permitem o exame de DNA comparativo com o material fornecido pelo suposto autor. **B:** incorreta. Mulheres grávidas podem realizar exame de DNA não invasivo, para identificação de paternidade, o qual analisa milhares de fragmentos de DNA do feto disponíveis no sangue da gestante. Esses fragmentos são isolados e analisados, para se obter o perfil genético do bebê. **C:** correta. Na mulher que não teve conjunção carnal, o exame do hímen adquire importância, principalmente se a ruptura himenal for recente. Há sangramento evidente nos três primeiros dias e raias de sangue por até quinze dias; secreção nas regiões das rupturas, que dura de 6 a 12 dias; equimoses locais que permanecem por até 6 dias; cicatrização em aproximadamente 20 dias. **D:** incorreta. O exame de DNA pode ser realizado em cadáveres a partir de dentes, fragmentos de ossos ou tecidos (se houver). **E:** incorreta. Na fase de inquérito, a autoridade policial civil, assim que tiver conhecimento da prática da infração penal, deverá determinar que se proceda a exame de corpo de delito e a quaisquer outras perícias (CPP, art. 6º, inc. VII). Há apenas uma exceção, que diz respeito à determinação do exame para constatar a sanidade mental do indiciado, caso em que apenas a autoridade judiciária poderá fazê-lo, mesmo na fase de inquérito, devendo a autoridade policial representar ao juiz competente (CPP, art. 149, *caput* e § 1º). **NB**

Gabarito "C".

(Investigador-Escrivão-Papiloscopista – Pará – Funcab – 2016) Com relação ao crime de estupro, é correto afirmar que o exame pericial:

(A) não pode ser realizado em pessoas virgens.

(B) não pode ser realizado em mulheres grávidas.

(C) pode ser realizado em homens.

(D) é restrito às vítimas do sexo masculino.

(E) não pode ser realizado em crianças.

10. MEDICINA LEGAL | 325

A: incorreta. O exame pericial nos casos de estupro destina-se a comprovar tanto a conjunção carnal como os atos libidinosos, pois o artigo 213, do Código Penal, assim define o estupro: Constranger alguém, mediante violência ou grave ameaça, a ter conjunção carnal ou a praticar ou permitir que com ele se pratique outro ato libidinoso: Pode ser realizado em pessoas virgens, nas quais o exame do hímen adquire importância se houver ruptura recente. Além disso, possibilita colheita de secreção vaginal para pesquisa de espermatozoide, ou fosfatase ácida e proteína P30 se espermatozoides ausentes. **B:** incorreta. Mulheres grávidas tanto podem ser passíveis de estupro, como a gravidez pode decorrer do estupro, sendo a consequência da conjunção carnal, devendo ser realizado exame pericial nos dois casos. **C:** correta. Com a inclusão dos atos libidinosos ao crime de estupro, qualquer pessoa pode ser vítima deste crime. **D:** incorreta. Qualquer pessoa pode ser vítima de estupro. Homens podem ser submetidos apenas exame pericial para constatação de atos libidinosos, enquanto mulheres também podem ser submetidas a exame pericial para constatar conjunção carnal. **E:** incorreta. O exame pericial pode ser realizado em crianças de ambos os sexos para comprovar o estupro de vulnerável, previsto no artigo 217-A, do CP: Ter conjunção carnal ou praticar outro ato libidinoso com menor de 14 (catorze) anos. 🆕

Gabarito "C".

(**Investigador/SP – 2014 – VUNESP**) A atração sexual por estátuas, manequins ou bonecos, que poderá redundar em prática de simulação de carícias ou de atos libidinosos com tais objetos em locais públicos, é denominada

(A) necrofilia ou necromania.

(B) agalmatofilia ou pigmalionismo.

(C) zoofilia ou zooerastia.

(D) cleptomania ou exibicionismo.

(E) complexo de Édipo ou bestialismo.

A: incorreta. Necrofilia ou necromania é a parafilia caracterizada pela excitação sexual do ser humano em virtude da visão ou do contato com um cadáver. **B:** correta. Agalmatofilia ou pigmalionismo ou iconolagnia ou iconomania ou estatuofilia diz respeito ao indivíduo que se enamora pela sua criação (desenhos, estátuas). São também chamados de estupradores de estátuas, pois elas os excitam a ponto de induzi-los à masturbação. Há uma forma de pigmalionismo denominada dollismo. em que o indivíduo tem relações com bonecas infláveis ou manequins com forma humana. **C:** incorreta. Zoofilia ou zooerastia ou zoolagnia ocorre quando a satisfação sexual envolve apenas atos libidinosos, sem coito, envolvendo animais. **D:** incorreta. Cleptomania é a mania de praticar furtos. É uma neurose obsessivo compulsiva, enquadrada como perturbação da saúde mental. Exibicionismo é o prazer em exibir os órgãos sexuais em público, sem violência e sem desejo de relação sexual, sendo o orgasmo alcançado por masturbação durante ou após a exposição. É mais frequente em homens, mas pode acontecer em mulheres. **E:** incorreta. O complexo de Édipo ou edipismo é a atração sexual específica do filho homem pela mãe. Bestialismo ou bestialidade é a satisfação sexual com animais, comum em regiões rurais. 🆕

Gabarito "B".

8. TOXICOLOGIA

(**Escrivão – PC/RO – CEBRASPE – 2022**) Na literatura médico-legal, tolerância é

(A) a necessidade de doses cada vez maiores da substância que o indivíduo utiliza.

(B) uma interação que existe entre o metabolismo orgânico do viciado e o consumo de certa droga.

(C) uma síndrome caracterizada por tremores e náuseas.

(D) uma síndrome caracterizada por sintomas resultantes de lesões por minúsculos focos hemorrágicos dos nervos cranianos.

(E) uma síndrome caracterizada por um quadro clínico de amnésia e desorientação.

Tolerância a necessidade de doses cada vez maiores da substância que o indivíduo utiliza, para obter os mesmos efeitos. 🆕

Gabarito "A".

(**Agente-Escrivão – Acre – IBADE – 2017**) Durante operação de rotina, a Polícia Militar identificou um indivíduo dirigindo de maneira descontrolada, tendo sido abordado e encaminhado para a Polícia Civil. Ao chegar na Delegacia, os policiais civis perceberam que tal indivíduo estava com andar cambaleante. Encaminhado para perícia no Instituto médico-legal, o perito afirma que o indivíduo examinado está com forte hálito de álcool, taquicardia e congestão das conjuntivas. Pode-se afirmar que estes são sinais que representam:

(A) um exemplo de intermação.

(B) um exemplo de insolação.

(C) manifestações da embriaguez.

(D) um exemplo de síncope térmica.

(E) manifestações das baropatias.

A: incorreta. A intermação resulta do excesso de calor proveniente de outras fontes como ambientes onde a ventilação e a renovação do ar são inexistentes, mesmo que não seja hermeticamente fechado. Ocorre aumento do vapor d'água a ponto de impedir a transpiração do organismo, que é um dos mecanismos de eliminação de calor. Consequentemente, a temperatura corporal se eleva e surgem sintomas como cansaço, sudorese, palidez, fraqueza muscular, mialgia, dor de cabeça, tontura, náuseas, vômitos, anorexia, desidratação, taquicardia e hipotensão arterial. Nas formas graves, pode haver sinais neurológicos, como irritabilidade, confusão mental, incoordenação, chegando a convulsões e morte. **B:** incorreta. A insolação é produzida pelo calor natural, principalmente pelos raios solares, em decorrência de temperatura alta, com a colaboração de fatores orgânicos como doenças respiratórias e circulatórias, fadiga etc. Os sintomas são: temperatura muito elevada; distúrbios neurológicos como incoordenação, convulsões e coma; distúrbios mentais como irritabilidade, podendo chegar a delírios e alucinações; taquicardia; taquipneia; muitas vezes hipotensão. **C:** correta. A Resolução Contran 432, de 23/01/2013, estabelece critérios definidores da alteração da capacidade psicomotora para fins de caracterização da infração administrativa, nos casos de consumo de álcool ou de outra substância psicoativa que determine dependência, como base para a autuação, no inciso VI do ANEXO II. Quanto à aparência: se o condutor apresenta sonolência, **olhos vermelhos**, vômito, soluços, desordem nas vestes, **odor de álcool no hálito**. Quanto à capacidade motora e verbal, se o condutor apresenta **dificuldade no equilíbrio**, fala alterada. Os sinais aventados no enunciado deste teste enquadram o indivíduo na embriaguez, sendo que o hálito indica ingestão de álcool. O comprometimento da coordenação motora (andar cambaleante) e do autocontrole (dirige de maneira descontrolada) situam esse indivíduo no período médico-legal da embriaguez alcoólica. **D:** incorreta. Síncope térmica é um quadro de tontura, zumbido no ouvido, visão escura e desmaio que ocorre quando o indivíduo permanece em pé por tempo prolongado, sob temperatura ambiental alta, mesmo que não esteja exposto diretamente ao sol. Surge sudorese intensa, palidez e hipotensão arterial. **E:** incorreta. Baropatias referem-se às alterações provocadas no corpo humano pela permanência em ambientes de pressão atmosférica muito alta, muito baixa ou decorrentes de variações bruscas da pressão. 🆕

Gabarito "C".

326

(Polícia/RJ – 2009 – CEPERJ) As chamadas *natural, herbal ou legal highs* pertencem a uma nova geração de drogas fabricadas em laboratório a partir de substâncias sintéticas que reproduzem os efeitos de maconha, cocaína, ecstasy e LSD, mas que não contêm nenhum componente proibido pela legislação. Os seus usuários já compram e utilizam estas substâncias psicoativas sem infringir a lei, uma vez que seus princípios ativos são substituídos por compostos sintéticos lícitos e, posteriormente, misturados a ervas naturais. Sobre as toxicomanias e legislação atual sobre drogas, marque a alternativa correta.

(A) O usuário só poderá ser apenado pelo cumprimento de medidas educativas, independentemente de recusa ou reincidência.

(B) É permitido ao usuário oferecer droga à pessoa de seu relacionamento para juntos a consumirem, em caráter eventual e sem objetivo de lucro.

(C) O médico que prescreve ou ministra, culposamente, drogas ao seu paciente em doses excessivas ou em desacordo com norma legal ou regulamentar comete apenas infração penal.

(D) O dependente químico sempre será considerado inimputável se no momento do delito era inteiramente incapaz de entender o caráter ilícito do fato ou de determinar-se de acordo com esse juízo.

(E) Assim como as *legal highs*, os solventes inalantes são substâncias psicolépticas lícitas.

A: Incorreta. De acordo com o artigo 28 da Lei 11.343/2006, quem adquirir, guardar, tiver em depósito, transportar ou trouxer consigo, para consumo pessoal, drogas sem autorização ou em desacordo com determinação legal ou regulamentar, será submetido à advertência sobre os efeitos das drogas; à prestação de serviços à comunidade ou à medida educativa de comparecimento à programa ou curso educativo. Em caso de recusa, para garantia do cumprimento das medidas educativas, poderá o juiz submeter o indivíduo à admoestação verbal ou multa. **B:** Incorreta. Reza o § 3º, do artigo 33, da Lei 11.343, que oferecer droga, eventualmente e sem objetivo de lucro, a pessoa de seu relacionamento, para juntos a consumirem, a pena é de detenção, de 6 meses a 1 ano, e multa, sem prejuízo das penas previstas no artigo 28. **C:** Incorreta. De acordo com o artigo 38 e parágrafo único, da Lei 11.343, prescrever ou ministrar, culposamente, drogas, sem que delas necessite o paciente, ou fazê-lo em doses excessivas ou em desacordo com determinação legal ou regulamentar, comete infração penal, além de infração ética, devendo o juiz comunicar a condenação ao Conselho Federal da categoria profissional a que pertença o agente. **D:** Correta. Segundo o artigo 45 da mesma lei, é isento de pena o agente que, em razão da dependência, ou sob o efeito de droga, proveniente de caso fortuito ou força maior, era, ao tempo da ação ou da omissão, qualquer que tenha sido a infração penal praticada, inteiramente incapaz de entender o caráter ilícito do fato ou de determinar-se de acordo com esse entendimento. **E:** incorreta. Solventes são substâncias capazes de dissolver outras substâncias que lhes são semelhantes. Inalantes são substâncias voláteis, isto é, que evaporam facilmente. Ambos são voláteis, sendo utilizados por meio da aspiração pelo nariz e pela boca. Deprimem o sistema nervoso causando inicialmente euforia, desinibição e agressividade, seguidas de dificuldade para falar, desorientação espacial, processos alucinatórios, alterações auditivas, perda da memória, chegando ao coma e à morte. Já as drogas sintéticas são substâncias sintetizadas em laboratórios clandestinos a partir de princípios ativos legais, muitos deles componentes de medicamentos. Simulam os efeitos de drogas ilegais como maconha, cocaína, LSD e ecstasy, sem utilizar ingredientes ou princípios ativos proibidos em lei, podendo ser psicolépticas, psicoanalépticas ou psicodislépticas. **NB**
Gabarito "D".

9. CRIMINALÍSTICA (LOCAL DE CRIME)

(Escrivão – PC/GO – AOCP – 2023) Assinale a alternativa que apresenta corretamente um Princípio da Perícia Criminalística.

(A) Segundo o Princípio da Análise, inexistem ações que não resultem em marcas de provas, sabendo-se, ainda, que são notórias a evolução e pesquisa do instrumental científico capaz de de-tectar esses vestígios ou mesmo microvestígios.

(B) O Princípio da Documentação baseia-se na Cadeia de Custódia da prova material, visando proteger a fidelidade da prova material, evitando a consideração de provas forjadas, incluídas no conjunto das demais.

(C) Pelo Princípio da Observação, conclui-se que a análise pericial deve sempre seguir o método científico da perícia científica, visando definir como o fato ocorreu através de uma criteriosa coleta de dados.

(D) O Princípio da Interpretação aduz que o resultado de um exame pericial é constante em relação ao tempo e deve ser exposto em linguagem ética e juridicamente perfeita.

(E) Pelo Princípio da Descrição, toda amostra deve ser documentada, desde seu nascimento no local de crime até sua análise e descrição final, de forma a se estabelecer um histórico completo e fiel de sua origem.

A: incorreta. O Princípio da Análise prevê que a análise pericial deve sempre seguir o método científico. **B:** correta. Toda amostra deve ser documentada desde o momento em que é identificada no local de crime até sua análise. **C:** incorreta. A descrição se refere ao Princípio da Análise, o Princípio da Observação parte da premissa de que "todo contato deixa uma marca". **D:** incorreta. O Princípio da Interpretação tem por base a individualização de um indício ou prova, pois entende-se que dois objetos podem ser indistinguíveis, mas nunca idênticos. **E:** incorreta. O Princípio da Descrição se refere ao resultado de um exame pericial, que deve ser constante com relação ao tempo e deve ser exposto em linguagem ética e juridicamente perfeita. **NB**
Gabarito "B".

(Escrivão – PC/GO – AOCP – 2023) Assinale a alternativa que conceitua corretamente um postulado da criminalística ou um documento criminalístico.

(A) O conteúdo de um laudo pericial criminalístico não varia de um perito para outro, pois a criminalística é baseada em leis científicas, com teorias consagradas.

(B) A perícia criminalística depende do tempo, visto que a verdade pode mudar em relação ao tempo decorrido.

(C) A depender do meio utilizado para se concluir a respeito do fenômeno criminalístico, a conclusão será inconstante e dependente do fato de terem sido utilizados meios mais rápidos, mais precisos, mais modernos ou não.

(D) O parecer criminalístico pode ser definido como um documento técnico formal que apresenta o resultado final de um completo trabalho técnico-científico levado a efeito por peritos.

(E) O auto criminalístico é o documento que exprime o resultado de um trabalho de análise, seguida de uma opinião sobre um evento específico que esteja sendo examinado.

10. MEDICINA LEGAL

A: correta. Trata-se de um dos postulados da criminalística, onde entende-se que independente de qual perito realize as análises, o conteúdo do laudo pericial será o mesmo, pois se baseia em leis científicas. **B:** incorreta. As conclusões da perícia criminalística independem do tempo, porque os fatos e a verdade são imutáveis. **C:** incorreta. As conclusões relacionadas ao fenômeno criminalístico independem dos meios utilizados, pois mesmo usando meios diferentes, desde que adequados, as conclusões serão constantes. **D:** incorreta. O parecer é um documento que exprime uma opinião técnica sobre determinado assunto, realizado por alguém de renome na área, não necessariamente perito. **E:** incorreta. O auto se refere à materialidade dos documentos, no qual se reduzem a termo os atos do procedimento. **NB**

Gabarito "A"

(**Escrivão – PC/GO – AOCP – 2023**) O Delegado de Polícia Juarez foi chamado para atender uma ocorrência em uma residência e, ao chegar ao local, observou uma faca na calçada e já dentro da residência constatou a existência de um homem com um ferimento perfurocortante em seu abdome, sem sinal de vida. Considerando essa situação hipotética, assinale a alternativa correta.

(**A**) Juarez deverá providenciar para que não se alterem o estado e a conservação das coisas, até a chegada do juiz responsável pelo caso.

(**B**) Juarez deverá apreender os objetos que tiverem relação com o fato antes da chegada de peritos criminais.

(**C**) A residência é considerada local interno do crime, caracterizando-se pela ausência de barreiras físicas naturais ou humanas em suas laterais e ponto superior.

(**D**) A calçada da residência, nesse caso, é considerada local de crime relacionado.

(**E**) Verificando se tratar de local inidôneo, o perito deverá registrar as alterações do estado das coisas e discutir, no relatório, as consequências dessas alterações na dinâmica dos fatos.

A: incorreta. Conforme o previsto no art. 6º, I, CPP, a autoridade policial deverá providenciar para que não se alterem o estado e conservação das coisas, até a chegada dos peritos criminais. **B:** incorreta. A autoridade policial poderá apreender os objetos que tiverem relação com o fato, após liberados pelos peritos criminais (art. 6º, II, CPP). **C:** incorreta. Considera-se local interno aquele delimitado, que possui algum tipo de obstrução ou cercamento que restrinja acesso. **D:** incorreta. A calçada da residência é considerada local mediato, por se tratar de área adjacente do local do crime (local imediato), que permite o acesso ao local do crime. **E:** correta. Alternativa de acordo com o art. 169, parágrafo único, CPP. **NB**

Gabarito "E"

11. Ética na Administração Pública

Tony Chalita e Robinson Barreirinhas

(**Policial Rodoviário Federal – CESPE – 2019**) A respeito de ética no serviço público, julgue os itens a seguir.

(1) Na administração pública, moralidade restringe-se à distinção entre o bem e o mal: o servidor público nunca poderá desprezar o elemento ético de sua conduta.

(2) No estrito exercício de sua função, o servidor público deve nortear-se por primados maiores — como a consciência dos princípios morais, o zelo e a eficácia —; fora dessa função, porém, por estar diante de situação particular, não está obrigado a agir conforme tais primados.

(3) Servidor público que se apresenta habitualmente embriagado no serviço ou até mesmo fora dele poderá ser submetido à Comissão de Ética, a qual poderá aplicar-lhe a pena de censura.

(4) Servidor público que, no exercício da função pública, desviar outro servidor para atender a seu interesse particular, ou, movido pelo espírito de solidariedade, for conivente com prática como esta, poderá ser submetido à Comissão de Ética.

1: incorreta. Nos termos do item III do Código de Ética Profissional do Servidor Público Civil do Poder Executivo Federal – Código de Ética – Decreto 1.171/1994, a moralidade da Administração Pública não se limita à distinção entre o bem e o mal, devendo ser acrescida da ideia de que o fim é sempre o bem comum. O equilíbrio entre a legalidade e a finalidade, na conduta do servidor público, é que poderá consolidar a moralidade do ato administrativo; **2: incorreta**, pois esses primados devem nortear o servidor não apenas no exercício do cargo ou função, mas também fora dele – item I do Código de Ética; **3: correta.** Itens XV, n, XVI e XXII do Código de Ética; **4: correta.** Itens XV, j, XVI e XXII do Código de Ética. **RB**

Gabarito 1E, 2E, 3C, 4C

(**Papiloscopista – PCDF – Universa – 2016**) Em relação à gestão de pessoas, assinale a alternativa correta.

(A) O *managerial grid* é uma tecnologia que representa a interação entre a preocupação com a produção e a preocupação com as pessoas. Com base nessas duas dimensões, é estabelecida uma grade na qual o eixo horizontal do *grid* representa a produção e o eixo vertical representa as pessoas. Estilo 9.1 no *managerial grid* indica eficiência nas operações e interferência mínima de elementos humanos.

(B) Na hierarquia das necessidades de Maslow, as necessidades estão organizadas em uma pirâmide conforme a importância e a influência no comportamento humano. As necessidades de estima estão relacionadas com associação, participação e aceitação por parte dos colegas.

(C) O processo de seleção de pessoal é um conjunto de técnicas e procedimentos que visa a atrair candidatos potencialmente qualificados e capazes de ocupar cargos dentro da organização.

(D) Na base para a seleção de pessoas, está a coleta de informações sobre o cargo. Uma das maneiras estabelecidas no arrolamento de informações sobre o cargo é a técnica dos incidentes críticos, que consiste no levantamento dos aspectos intrínsecos e extrínsecos que o cargo exige do seu ocupante.

(E) As equipes, assim como as pessoas, desenvolvem estilos específicos para lidar com os conflitos. Os estilos de administrar conflitos podem ser classificados por meio das dimensões assertiva e cooperativa. O estilo de acomodação reflete um baixo grau de cooperação e um alto grau de assertividade. Este estilo funciona mais bem quando se busca manter a harmonia.

A: correta. Dois consultores americanos chamados Blake e Mouton, criaram uma teoria de desenvolvimento organizacional utilizando premissas fundamentais que traduzem a maneira como organizações são geridas. Para esta estrutura deram o nome de *managerial grid* ou grade gerencial. A dinâmica de aplicação, consiste na construção de um gráfico de dois vetores. O eixo horizontal representa a preocupação com a produção: é uma série contínua de nove pontos, na qual o grau 9 significa elevadíssima preocupação com a produção, enquanto o grau 1 representa uma baixa preocupação com a produção. O eixo vertical representa a preocupação com as pessoas. Também é uma série contínua de nove pontos, onde 9 é um grau elevado e 1 um grau baixo de preocupação com as pessoas. Assim, verifica-se que a afirmativa lançada no item "a" está correta; **B: incorreta.** Abraham Maslow desenvolveu um conceito de pirâmide de necessidades, de modo que, quando satisfeitas as necessidades fisiológicas básicas, as necessidades de autoestima e realização pessoal pode sem preenchidas. Essa hierarquia é composta na base por necessidades fisiológicas seguida por segurança, necessidades sociais, necessidades de estima e no topo auto realização. Quanto à necessidade de estima, Maslow estabeleceu tratar de necessidades relacionadas com a maneira pela qual o indivíduo se vê e se avalia. Envolvem a autoapreciação, a autoconfiança, a necessidade de aprovação social e de respeito, de status, prestígio e consideração. Incluem ainda o desejo de força e de adequação, de confiança perante o mundo, dependência e autonomia; **C: incorreta.** Este é o conceito de Recrutamento. O conceito de seleção de pessoal é o processo de agregar e selecionar pessoas de forma que se possa escolher os melhores candidatos para a organização. Seleção é ainda um processo de comparação e decisão na escolha, classificação de candidatos; **D: incorreta.** A base da seleção de pessoas é a colheita de informações sobre o cargo, por meio da descrição e análise do cargo. Técnica de colheita de informações sobre o candidato, como: entrevista, prova de conhecimento ou de capacidade, testes psicológicos, testes de personalidade, técnica de simulação e dinâmica de grupo. "O processo seletivo funciona como uma sequência de etapas com várias alternativas. A técnica dos incidentes críticos refere-se a um método de avaliação do desempenho humano, em função das tarefas que ele desempenha, das metas e resultados a serem alcançados e do seu potencial de desenvolvimento, não se relacionando com o conceito da seleção de pessoas. Por fim, quanto aos aspectos intrínsecos e extrínsecos, na verdade, referem-se à teoria dos dois fatores desenvolvida por Herzberg a respeito da motivação; **E: incorreta.** O método destacado de abordar e administrar conflitos foi desenvolvido por Kenneth Thomas e Ralph Kilmann, que propõem 5 formas de gerenciar conflitos: competição, acomodação, afastamento, acordo e colaboração. Diferente do que afirma o enunciado, o estilo de acomodação tem como traço característico uma atitude inassertiva, cooperativa e autossacrificante. A acomodação é identificada por um comportamento generoso, abrindo mão de seu ponto de vista em favor do outro. O conceito apresentado, na verdade, enquadra-se como fundamento da competição. TC

Gabarito "A".

(Papiloscopista – PCDF – Universa – 2016) No que se refere à organização e a sistema e métodos em administração, assinale a alternativa correta.

(A) Os princípios de estudo do arranjo físico estabelecem que os padrões devem ser adequados às necessidades de trabalho e de conforto dos funcionários lotados na unidade organizacional e que as unidades organizacionais que possuem funções similares e correlacionadas devem ser afastadas umas das outras.

(B) As áreas funcionais-fins congregam as funções e atividades que proporcionam os meios para que haja a transformação de recursos em produtos e sua colocação no mercado. Podem ser desse tipo, para uma empresa industrial e comercial qualquer, as seguintes áreas funcionais: administração financeira, administração de materiais, administração de recursos humanos e administração de serviços.

(C) A descentralização consiste na distribuição do poder decisório nos níveis hierárquicos, resultando em uma menor concentração deste poder na alta administração da empresa. Existem algumas diferenças entre descentralização e delegação: enquanto a primeira tem uma abordagem mais informal e está ligada à pessoa, a última tem abordagem mais formal e está ligada ao cargo.

(D) Normalmente as empresas que utilizam a departamentalização por clientes procuram agrupar, em unidades organizacionais (centros de custos e de resultados), os recursos necessários a cada etapa de um processo produtivo, resultando em melhor coordenação e avaliação de cada uma de suas partes, bem como do processo total.

(E) Análise estruturada de sistemas é uma técnica que consiste em construir, graficamente, um modelo lógico para o sistema de informações gerenciais que permita que os usuários e analistas de sistemas, organização e métodos encontrem uma solução clara e única para o sistema, transmitindo as reais necessidades dos usuários.

A: incorreta. As unidades organizacionais que possuem funções similares e correlacionadas devem ser estrategicamente colocadas próximas umas das outras; **B:** incorreta. O enunciado trata dos fundamentos das áreas funcionais meio. As áreas funcionais fim estão envolvidas diretamente no ciclo de transformação. Podem pertencer a essa categoria as seguintes áreas funcionais: Marketing e Produção; **C:** incorreta. Descentralização: abordagem mais formal, ligado ao cargo. Delegação: abordagem mais informal, ligada à pessoa; **D:** incorreta. As departamentalizações por clientes são agrupadas de acordo com as necessidades variadas e especiais dos clientes ou fregueses das empresas. O agrupamento em unidades organizacionais é uma premissa da departamentalização por processo, em que as atividades são agrupadas de acordo com as etapas do processo. Esta modalidade (departamentalização por processo) resulta em melhor coordenação e avaliação de cada uma de suas partes e do processo como um todo; **E:**

correta. O conceito de análise estruturada foi devidamente apresentado na assertiva. TC

Gabarito "E".

(Escrivão de Polícia Federal – 2013 – CESPE) A partir da década de 40 do século passado, o modelo POSDCORB (*planning, organizing, staffing, directing, coordinating, reporting, budegeting*), de Gullick, influenciou os tratados de administração pública e, até hoje, revela-se como fonte de inspiração para os principais autores do setor. A respeito desse assunto, julgue o próximo item.

(1) À medida que as tarefas fiquem mais complexas e a sua realização exija diversas habilidades diferentes, a departamentalização rígida e funcional, é a mais recomendada, pois facilita os mecanismos de controle.

1: errado, à medida que as tarefas fiquem mais complexas e a sua realização exija diversas habilidades diferentes, a departamentalização funcional deverá ser abandonada, visto que essa privilegia a especialização focada na tarefa. Exigindo habilidades mais complexas, o ideal seria que se utilizasse a departamentalização por projetos ou a estrutura matriarcal. TC

Gabarito 1E

(Escrivão de Polícia Federal – 2013 – CESPE) Acerca de ética no serviço público, julgue os seguintes itens.

(1) A comissão de ética pode aplicar pena de censura e suspensão a servidor que, de maneira habitual, apresentar-se embriagado ao serviço ou fora dele.

(2) A constituição da comissão de ética deverá ser comunicada formalmente, com indicação de seus membros titulares e respectivos suplentes, à Secretaria de Administração Federal da Presidência da República.

1: errado, A comissão de ética poderá aplicar somente a pena de censura, nos termos do Capítulo II, XXII do Decreto 1.171/1994; **2:** certo, é o que dispõe o artigo 2º parágrafo único, do Decreto 1.171/1994. TC

Gabarito 1E, 2C

(Polícia Rodoviária Federal – 2013 – CESPE) A respeito da ética no serviço público, julgue o item subsequente.

(1) Considere que os usuários de determinado serviço público tenham formado longas filas a espera de atendimento por determinado servidor que, embora responsável pelo setor, não viabilizou o atendimento. Nessa situação, segundo dispõe a legislação de regência, a atitude do servidor caracteriza conduta contrária à ética e ato de desumanidade, mas não grave dano moral aos usuários do serviço.

1: errado, não caracteriza apenas atitude contra a ética ou ato de desumanidade, mas principalmente grave dano moral aos usuários dos serviços públicos, é o que dispõe o Capítulo I, X do Decreto 1.171/1994. TC

Gabarito 1E

(Polícia Rodoviária Federal – 2013 – CESPE) Nessa situação, segundo dispõe a legislação de regência, a atitude do servidor caracteriza conduta contraria a ética e ato de desumanidade, mas não grave dano moral aos usuários do serviço.

(1) O elemento ético deve estar presente na conduta de todo servidor publico, que deve ser capaz de discernir o que e honesto e desonesto no exercício de sua função.

11. ÉTICA NA ADMINISTRAÇÃO PÚBLICA | 331

1: certo, é o que se vê no Capítulo I, inciso II do Decreto 1.171/1994. O servidor público não poderá jamais desprezar o elemento ético de sua conduta. Assim, não terá que decidir somente entre o legal e o ilegal, o justo e o injusto, o conveniente e o inconveniente, o oportuno e o inoportuno, mas principalmente entre o honesto e o desonesto. **TC**
Gabarito 1C

(Polícia Rodoviária Federal – 2013 – CESPE) No que se refere aos deveres do servidor publico, previstos no Código de Ética Profissional do Servidor Publico Civil do Poder Executivo Federal, julgue os próximos itens.

(1) Os registros que consistiram em objeto de apuração e aplicação de penalidade referentes a conduta ética do servidor devem ficar arquivados junto a comissão de ética e não podem ser fornecidos a outras unidades do órgão a que se encontre vinculado o servidor.

(2) Estará sujeito a penalidade de censura, a qual e aplicada pela comissão de ética, mediante parecer assinado por todos os seus integrantes, o servidor que violar algum de seus deveres funcionais.

(3) A publicidade de ato administrativo, qualquer que seja sua natureza, constitui requisito de eficácia e moralidade.

1: errado, deverá a Comissão de Ética fornecer aos organismos encarregados da execução do quadro de carreira dos servidores, registros sobre sua conduta ética, nos termos do Capítulo II, inciso XVIII do Decreto 1.171/1994; **2:** certo, é o que prevê o Capítulo II, inciso XXII, do Decreto 1.171/94; **3:** errado, há exceções previstas no Capítulo I, inciso VII, do Decreto 1.171/1994. **TC**
Gabarito 1E, 2C, 3E

(Escrivão de Polícia/DF – 2013 – CESPE) No que se refere à abordagem burocrática da administração, julgue o item abaixo.

(1) A burocracia é compreendida como uma maneira de organização humana baseada na racionalidade, isto é, na adequação dos meios aos objetivos pretendidos, a fim de garantir a máxima eficiência possível no alcance desses objetivos.

1: Certo, essa eficiência é uma forma específica de racionalidade, na qual a coerência dos meios em relação com os fins visados se traduz no emprego de um mínimo de esforços (meios) para a obtenção de um máximo de resultados (fins). **TC**
Gabarito 1C

(Escrivão de Polícia/DF – 2013 – CESPE) Julgue o item seguinte, relativo à evolução da administração pública no Brasil após 1930.

(1) Os governos militares, pós-1964, por meio da edição do Decreto-Lei 200/1967, reforçaram a centralização das atividades administrativas na administração direta.

1: incorreto, pelo contrário, o Decreto-Lei 200/1967 adotou políticas de descentralização das atividades da Administração, como se vê claramente no art. 10 de referido diploma. **TC**
Gabarito 1E

(Escrivão de Polícia/DF – 2013 – CESPE) Julgue o item que se segue, referente a planejamento, organização, direção e controle.

(1) Por ser uma variável independente dentro do modelo organizacional, a liderança está isenta de critérios de valor.

1: errado, a liderança não está isenta de critério de valor. Antes de se julgar a eficácia de um líder, deve-se avaliar o conteúdo moral de seus objetivos, bem como dos meios que ele utiliza para atingi-los. **TC**
Gabarito 1E

(Escrivão de Polícia/DF – 2013 – CESPE) No que concerne ao regime jurídico único dos servidores públicos federais e a ética no serviço público, julgue os próximos itens.

(1) Cabe ao servidor público justificar devidamente toda ausência de seu local de trabalho, a fim de evitar a desmoralização do serviço público.

(2) É concedida licença ao servidor por motivo de doença em pessoa da família, desde que precedida de exame dessa pessoa por médico ou junta médica oficial.

1: correta, tal afirmação pode ser extraída a partir do Decreto 1.171, ao estabelecer a partir das regras deontológicas, no Capítulo I, Seção I, XII que toda ausência injustificada do servidor de seu local de trabalho é fator de desmoralização do serviço público, que poderá inclusive, conduzir à desordem das relações humanas; **2:** correta, é o que dispõe o artigo 81, I e § 1º da Lei 8.112/1990. **TC**
Gabarito 1C, 2C

(Escrivão de Polícia/DF – 2013 – CESPE) Acerca de estrutura organizacional, comportamento organizacional e análise e melhoria de processos, julgue o item subsequente.

(1) A estrutura matricial facilita a comunicação e a coordenação de equipes por meio da unidade de comando, proporcionando equilíbrio de objetivos.

1: errado, a estrutura matriarcal, embora possua inúmeras vantagens, sente a falta de uma estrutura de controle que lidere os empregados diminuindo conflitos e ambiguidades, falta de uma definição clara da hierarquia das autoridades, causando conflito entre os times funcionais e de produto. **TC**
Gabarito 1E

(Escrivão de Polícia/DF – 2013 – CESPE) Com relação ao Modelo de Excelência em Gestão no Setor Público (GesPública), julgue o item subsecutivo.

(1) Criado a partir da premissa de que é preciso ser excelente sem deixar de ser público, o GesPública foi concebido para desenvolver ações que visam obter sinergia decorrente dos esforços da gestão e da desburocratização.

1: correta, O GesPública é uma política formulada a partir da premissa de que a gestão de órgãos e entidades públicos pode e deve ser excelente, pode e deve ser comparada com padrões internacionais de qualidade em gestão, mas não pode nem deve deixar de ser pública. A qualidade da gestão pública tem que ser orientada para o cidadão, e desenvolver-se dentro do espaço constitucional demarcado pelos princípios da impessoalidade, da legalidade, da moralidade, da publicidade e da eficiência. Atenção: o Programa Nacional de Gestão Pública e Desburocratização (Gespública) foi descontinuado pelo Decreto 9.904/2017, que revogou o Decreto 5.378/2005. **RB**
Gabarito 1C

12. LÍNGUA PORTUGUESA

Henrique Subi

1. INTERPRETAÇÃO DE TEXTOS E REDAÇÃO

AS MUDANÇAS CLIMÁTICAS JÁ AFETAM NOSSAS VIDAS

CIÊNCIA HOJE: Quais lugares do planeta estão sendo (e serão no futuro) mais afetados pelas mudanças climáticas? E em relação aos biomas brasileiros?

ARGEMIRO TEIXEIRA: Metade da população mundial já vive sob risco climático, e os impactos são mais graves entre populações urbanas marginalizadas, como os moradores de favelas. Em geral, as áreas de alto risco às mudanças climáticas são regiões caracterizadas por grande densidade populacional, altos índices de pobreza e dependência de condições climáticas para o cultivo agrícola. Além disso, é importante falar que as áreas próximas da linha do Equador correm mais riscos do que as áreas temperadas. Todos os modelos mostram que, no Brasil, aumentarão a frequência e intensidade de ondas de calor e, por sua vez, aumentará o número de mortes.

CH: Pode falar dos efeitos dessa crise climática na segurança alimentar e na saúde humana?

AT: Em todo o mundo, altas temperaturas e eventos climáticos extremos como secas, ondas de calor e enchentes já prejudicam a produção de alimentos. O fornecimento internacional de alimentos está sob ameaça. Os riscos de quebra generalizada nas colheitas devido a eventos extremos que atingem locais em todo o mundo aumentarão se as emissões não forem reduzidas rapidamente. Isto poderia levar à escassez global de alimentos e ao aumento de preços, o que prejudicará particularmente as pessoas mais pobres. O novo relatório do IPCC (Painel Intergovernamental sobre Mudanças Climáticas, na tradução em português) sugere que esses fatores prejudicarão especialmente a agricultura no Brasil se as temperaturas continuarem a subir. A produção de arroz poderia cair em 6% com altas emissões. A produção de trigo poderia cair 21%, e a de milho poderia cair em até 71% até o final do século no Cerrado. Além disso, a combinação do aumento continuado de emissões de gases de efeito estufa com o desmatamento local pode causar uma queda de 33% na produção de soja e nas pastagens na Amazônia. Os impactos das mudanças climáticas também prejudicarão a pesca e a aquicultura no Brasil. Se as emissões seguirem altas, a produção de peixes cairá em 36% no período 2050-2070 em comparação com 2030-2050. Além de tudo isso, estudos sugerem que as mudanças climáticas refletem em mudanças no ambiente como a alteração de ecossistemas e de ciclos biológicos, geográficos, e químicos, que podem aumentar a incidência de doenças infecciosas (malária, dengue etc.), mas também de doenças não-transmissíveis, que incluem a desnutrição e enfermidades mentais.

Adaptado de: https://cienciahoje.org.br/artigo/as-mudancas-climaticas-ja-afetam-nossas-vidas/. Acesso em: 7 set. 2022.

(Escrivão – PC/GO – AOCP – 2023) O texto é um exemplar de qual gênero textual?

(A) Entrevista.

(B) Artigo científico.

(C) Artigo de opinião.

(D) Diálogo.

(E) Notícia.

Trata-se de entrevista, caracterizada pelo discurso direto entre o entrevistador, que faz as perguntas, e o entrevistado, a pessoa que contribui para o texto com as informações de quem conhecimento. HS
Gabarito "A".

(Escrivão – PC/GO – AOCP – 2023) A partir da leitura do texto, é correto afirmar que

(A) todos os lugares do planeta serão prejudicados igualmente devido às mudanças climáticas.

(B) a crise climática global é causada pela grande densidade populacional e pelos altos índices de pobreza das regiões próximas da linha do Equador.

(C) a queda da produção de peixes será responsável diretamente pelo aumento da incidência de doenças infecciosas nas pessoas.

(D) a produção de arroz é a que poderia ser mais afetada pelas altas emissões de gases de efeito estufa.

(E) secas, ondas de calor e enchentes são exemplos de eventos climáticos extremos.

A: incorreta. O entrevistado destaca que existem áreas com maior risco ligado às mudanças climáticas: aquela de grande densidade populacional, altos índices de pobreza e dependência de condições climáticas para o cultivo agrícola, bem como as mais próximas à linha do Equador; **B:** incorreta. Esses são fatores de risco aos resultados da mudança climática, não as causas; **C:** incorreta. Tanto a queda da produção de peixes quanto o aumento de doenças infecciosas são consequências das mudanças climáticas, segundo o entrevistado; **D:** incorreta. O texto indica que a produção de milho e de trigo teriam prejuízos maiores; **E:** correta, conforme a parte inicial da segunda resposta do entrevistado. HS
Gabarito "E".

(Escrivão – PC/GO – AOCP – 2023) Assinale a alternativa que apresenta uma reescrita gramatical e semanticamente adequada para o excerto "Todos os modelos mostram que, no Brasil, aumentarão a frequência e intensidade de ondas de calor [...]".

(A) Todos os modelos apontam que a frequência e a intensidade de ondas de calor aumentarão no Brasil.

(B) No Brasil, os modelos todos demonstram que a frequência e a intensidade de ondas de calor será aumentada.

(C) Os modelos mostram que no Brasil aumentar-se-á a frequência e a força das ondas de calor.

(D) O aumento da frequência e da intensidade de ondas de calor é mostrada por todos os modelos brasileiros.

(E) Todos os modelos do Brasil mostram que, o aumento na frequência e na intensidade de ondas de calor, podem ocorrer.

A: correta. A redação proposta atende a todas as normas gramaticais; **B:** incorreta. A forma verbal deveria ir ao plural para concordar com "frequência e intensidade" – "serão aumentadas"; **C:** incorreta. O verbo também deveria estar no plural e o pronome "se" foi inserido sem qualquer função sintática; **D:** incorreta. Aqui houve erro de concordância de gênero. A forma verbal deveria estar no masculino, para concordar com "aumento" – "é mostrado"; **E:** incorreta. As vírgulas foram usadas incorretamente e o verbo "poder" deveria estar no singular para concordar com "aumento". HS

Gabarito "A".

Texto CG2A1-I

Direito e justiça são conceitos que se entrelaçam, a tal ponto de serem considerados uma só coisa pela consciência social. Fala-se no direito com o sentido de justiça, e vice-versa. Sabe-se, entretanto, que nem sempre eles andam juntos. Nem tudo o que é direito é justo e nem tudo o que é justo é direito. Isso acontece porque a ideia de justiça engloba valores inerentes ao ser humano, transcendentais, como a liberdade, a igualdade, a fraternidade, a dignidade, a equidade, a honestidade, a moralidade, a segurança, enfim, tudo aquilo que vem sendo chamado de direito natural desde a Antiguidade. O direito, por seu turno, é uma invenção humana, um fenômeno histórico e cultural concebido como técnica para a pacificação social e a realização da justiça.

Em suma, enquanto a justiça é um sistema aberto de valores, em constante mutação, o direito é um conjunto de princípios e regras destinado a realizá-la. E nem sempre o direito alcança esse desiderato, quer por não ter acompanhado as transformações sociais, quer pela incapacidade daqueles que o conceberam, quer, ainda, por falta de disposição política para implementá-lo, tornando-se, por isso, um direito injusto.

É possível dizer que a justiça está para o direito como o horizonte está para cada um de nós. Quanto mais caminhamos em direção ao horizonte — dez passos, cem passos, mil passos —, mais ele se afasta de nós, na mesma proporção. Nem por isso o horizonte deixa de ser importante, porque é ele que nos permite caminhar. De maneira análoga, o direito, na permanente busca da justiça, está sempre caminhando, em constante evolução.

Nesse compasso, a finalidade da justiça é a transformação social, a construção de uma sociedade justa, livre, solidária e fraterna, sem preconceitos, sem pobreza e sem desigualdades sociais. A criação de um direito justo, com efetivo poder transformador da sociedade, entretanto, não é obra apenas do legislador, mas também, e principalmente, de todos os operadores do direito, de sorte que, se ainda não temos uma sociedade justa, é porque temos falhado nessa sagrada missão de bem interpretar e aplicar o direito.

Sergio Cavalieri Filho. Direito, justiça e sociedade.

In: Revista da EMERJ, v. 5, n.º 8, 2002, p. 58-60 (com adaptações).

(Escrivão – PC/RO – CEBRASPE – 2022) De acordo com o texto CG2A1-I, é correto afirmar que

(A) a justiça visa à garantia da segurança da organização social.

(B) o direito, como princípio, sobrepõe-se à justiça.

(C) a finalidade do direito é a realização da justiça.

(D) o direito existe independentemente de haver justiça.

(E) a justiça confunde-se com os órgãos do Poder Judiciário.

A única alternativa que representa uma conclusão possível do texto é a letra "C", que deve ser assinalada. As demais, ainda que se possa discutir sobre sua veracidade, não decorrem do texto apresentado. HS

Gabarito "C".

(Escrivão – PC/RO – CEBRASPE – 2022) No texto CG2A1-I, a ideia de justiça relaciona-se

(A) às invenções humanas.

(B) à transformação social.

(C) à aplicação da lei conforme o delito cometido.

(D) a uma manifestação histórica e cultural.

(E) à distribuição de benefícios individuais.

Segundo o autor, a missão principal da justiça é a transformação social, enquanto que cabe ao direito operacionalizar essas mudanças. HS

Gabarito "B".

(Escrivão – PC/RO – CEBRASPE – 2022) No que se refere à tipologia, o texto CG2A1-I é predominantemente

(A) dissertativo-argumentativo.

(B) descritivo.

(C) dissertativo-expositivo.

(D) narrativo.

(E) injuntivo.

O texto é dissertativo, porque defende um ponto de vista, e expositivo, porque se limita a expor a visão do autor. Não se trata de texto argumentativo porque ele não expõe o debate com ideias diferentes sobre o mesmo assunto. HS

Gabarito "C".

(Escrivão – PC/RO – CEBRASPE – 2022) No terceiro período do primeiro parágrafo do texto CG2A1-I, o segmento "nem sempre eles andam juntos" expressa

(A) a busca pelo provimento do direito para obrigar o cidadão a cumprir seus deveres.

(B) a diferenciação entre o que é direito e o que é justo, e vice-versa.

(C) a indiferença do ordenamento jurídico aos valores da justiça.

(D) a imutabilidade do direito, que o afasta da aplicabilidade da justiça.

(E) o convívio social pacífico entre os indivíduos, que supõe a desnecessidade da justiça.

A expressão destacada resume a ideia central do texto, que é demonstrar que a justiça e o direito, apesar de intimamente relacionados, não são a mesma coisa. Há momentos em que se distanciam. HS

Gabarito "B".

(Escrivão – PC/RO – CEBRASPE – 2022) Depreende-se do terceiro parágrafo do texto CG2A1-I que a justiça é

(A) um mal irremediável.

12. LÍNGUA PORTUGUESA   335

(B) o embate entre duas forças contrárias, estando o direito no polo oposto.

(C) um objetivo humano inalcançável.

(D) algo distante do indivíduo, como é o horizonte.

(E) a determinação dos valores considerados justos.

Considerada correta a letra "E" pelo gabarito oficial, mas a questão merece críticas. "A determinação de valores considerados justos" é depreendida do primeiro parágrafo do texto, e não do terceiro. Nesse, encontramos a ideia de que a justiça é inalcançável, como o horizonte. **HS**
Gabarito "E".

(Escrivão – PC/RO – CEBRASPE – 2022) Depreende-se do último parágrafo do texto CG2A1-I que "A criação de um direito justo" deve considerar

(A) a elaboração de leis justas e a correta interpretação e aplicação do direito nelas contido.

(B) o engajamento dos indivíduos em ações de responsabilidade socioambiental.

(C) a parcialidade do julgador na tomada de decisão, sempre em prol dos menos privilegiados.

(D) o investimento em qualidade de vida para todos, por meio da geração de novas oportunidades de trabalho.

(E) a justiça e a pacificação social promovidas na sociedade por aqueles que detêm o controle do poder estatal.

A única alternativa que se depreende do texto é a letra "A", que deve ser assinalada. O autor entende que um direito justo não é obrigação apenas do legislador, mas de todos aqueles que trabalham com o direito, como o advogado, o juiz, o delegado etc. **HS**
Gabarito "A".

(Escrivão – PC/RO – CEBRASPE – 2022) No primeiro parágrafo do texto CG2A1-I, estariam mantidos os sentidos e a correção gramatical do texto caso se substituísse

(A) o termo "conceitos" (primeiro período) pelo vocábulo **o**.

(B) o termo "vice-versa" (segundo período) por **na justiça com o sentido de direito**.

(C) o segmento "a tal" (primeiro período) por **até certo**.

(D) o termo "considerados" (primeiro período) por **considerada**, dada a possibilidade de concordância com "uma só coisa" (primeiro período).

(E) a forma verbal "Fala-se" (segundo período) por **Falam-se**.

A: incorreta. Haveria prejuízo grave ao sentido do texto; **B:** correta. A expressão "vice-versa" é um elemento de coesão que visa a evitar a repetição dos termos, mas não causaria um erro gramatical; **C:** incorreta. A substituição causaria alteração no sentido da mensagem; **D:** incorreta. A norma gramatical exige a concordância com "conceitos"; **E:** incorreta. O verbo está no singular para representar o sujeito indeterminado. **HS**
Gabarito "B".

(Escrivão – PC/RO – CEBRASPE – 2022) No que se refere à correção gramatical e à preservação da coerência das ideias do texto CG2A1-I, julgue os próximos itens, que consistem em propostas de reescrita do primeiro período do segundo parágrafo do texto.

I. Em resumo, se a justiça é um sistema aberto de valores, constantes em mutação, o direito seria um conjunto de princípios e regras voltado a realizá-las.

II. Em síntese, a justiça é um sistema aberto de valores, em constante transformação, ao passo que o direito é um conjunto de regras e princípios destinado a realizá-la.

III. Por um lado que a justiça seja um sistema aberto de valores, em mudança constante, o direito é um conjunto de princípios e regras, o qual se destina a realizar-lhe.

IV. Em princípio, por ser a justiça um sistema aberto de valores constantes de mutação, seria o direito um conjunto de princípios e regras destinadas a realizar a justiça.

V. Ao passo que, em suma, o direito é um conjunto de princípios e regras destinado a realizar a justiça, esse seria um sistema aberto de valores em modificação permanente.

Assinale a opção correta.

(A) Nenhum item está certo.

(B) Apenas o item II está certo.

(C) Apenas o item III está certo.

(D) Apenas os itens I, IV e V estão certos.

(E) Todos os itens estão certos.

I: incorreta. Há erro na passagem "valores em constante mutação"; **II:** correta, pois atende a todas as normas gramaticais; **III:** incorreta. Há falha grave de coerência causada pela expressão "Por seu turno"; **IV:** incorreta. Novamente errada a expressão "em constante mutação". Há erro de concordância em "(...) princípios e regras destinado" e poderia ter sido evitada a repetição do termo em "realizá-la"; **V:** incorreta. Novamente falha grave de coerência pela expressão "Ao passo que" no início do período. **HS**
Gabarito "B".

Dicas de Segurança: Em casa

• Em sua residência, ao atender um chamado, certifique-se de quem se trata, antes mesmo de atendê-lo. Em caso de suspeita, chame a Polícia.

• À noite, ao chegar em casa, observe se há pessoas suspeitas próximas à residência. Caso haja suspeita, não estacione; ligue para a polícia e aguarde a sua chegada.

• Não mantenha muito dinheiro em casa e nem armas e joias de muito valor.

• Quando for tirar cópias de suas chaves, escolha chaveiros que trabalhem longe de sua casa. Dê preferência a profissionais estabelecidos e que tenham seus telefones no catálogo telefônico.

• Evite deixar seus filhos em casa de colegas e amigos sem a presença de um adulto responsável.

• Cuidado com pessoas estranhas que podem usar crianças e empregadas para obter informações sobre sua rotina diária.

• Cheque sempre as referências de empregados domésticos (saiba o endereço de sua residência).

• Utilize trancas e fechaduras de qualidade para evitar acesso inoportuno. O uso de fechaduras auxiliares dificulta o trabalho dos ladrões.

• Não deixe luzes acesas durante o dia. Isso significa que não há ninguém em casa.

• Quando possível, deixe alguma pessoa de sua confiança vigiando sua casa. Utilize, se necessário, seu vizinho, solicitando-lhe que recolha suas correspondências e receba seus jornais quando inevitável.

- Ao viajar, suspenda a entrega de jornais e revistas.
- Não coloque cadeados do lado de fora do portão. Isso costuma ser um sinal de que o morador está viajando.
- Cheque a identidade de entregadores, técnicos de telefone ou de aparelhos elétricos.
- Insista com seus filhos: eles devem informar sempre onde estarão, se vão se atrasar ou se forem para a casa de algum amigo. É muito importante dispor de todos os telefones onde é possível localizá-los.
- Verifique se as portas e janelas estão devidamente trancadas e jamais avise a estranhos que você não vai estar em casa.

Adaptado de https://sesp.es.gov.br/em-casa>.
Acesso em: 30/jan./2019.

(Perito – PC/ES – Instituto AOCP – 2019) O texto de apoio, por caracterizar-se como uma lista de instruções ao público-alvo, apresenta, predominantemente, o discurso

(A) argumentativo.

(B) narrativo.

(C) relatado.

(D) injuntivo.

(E) preditivo.

Texto injuntivo ou instrucional é aquele cuja finalidade principal é instruir, explicar como fazer algo. É comumente encontrado em receitas, manuais de instrução etc.
Gabarito "D".

Projetos e Ações: Papo de Resposta

O Programa Papo de Resposta foi criado por policiais civis do Rio de Janeiro. Em 2013, a Polícia Civil do Espírito Santo, por meio de policiais da Academia de Polícia (Acadepol) capixaba, conheceu o programa e, em parceria com a polícia carioca, trouxe para o Estado.

O 'Papo de Resposta' é um programa de educação não formal que – por meio da palavra e de atividades lúdicas – discute temas diversos como prevenção ao uso de drogas

e a crimes na internet, bullying, direitos humanos, cultura da paz e segurança pública, aproximando os policiais da comunidade e, principalmente, dos adolescentes. O projeto funciona em três etapas e as temáticas são repassadas pelo órgão que convida o Papo de Resposta, como escolas, igrejas e associações, dependendo da demanda da comunidade. No primeiro ciclo, denominado de "Papo é um Papo", a equipe introduz o tema e inicia o processo de aproximação com os alunos. Já na segunda etapa, os alunos são os protagonistas e produzem materiais, como músicas, poesias, vídeos e colagens de fotos, mostrando a percepção deles sobre a problemática abordada. No último processo, o "Papo no Chão", os alunos e os policiais civis formam uma roda de conversa no chão e trocam ideias relacionadas a frases, questões e músicas direcionadas sempre no tema proposto pela instituição. Por fim, acontece um bate-papo com familiares dos alunos, para que os policiais entendam a percepção deles e também como os adolescentes reagiram diante das novas informações.

Disponível em <https://pc.es.gov.br/projetos-e-acoes>.
Acesso em: 30/ jan./2019.

(Escrivão – PC/ES – Instituto AOCP – 2019) O nome escolhido para o projeto revela uma variante linguística escolhida com o objetivo comunicativo de

(A) disfarçar um preconceito linguístico.

(B) denotar expressividade, ao zombar, de maneira criativa, do modo como os jovens falam.

(C) aproximar-se do público-alvo, por meio da utilização de uma mesma variante linguística.

(D) atingir o público-alvo, marcando intimidade, por meio de uma linguagem formal.

(E) revelar a diferença estilística ocupacional, ao usar um jargão dos policiais.

A ideia de utilizar a gíria "responsa" no nome do projeto visa a aproximar a instituição de seu público, formado por adolescentes, de forma que eles se identifiquem com a proposta.
Gabarito "D".

12. LÍNGUA PORTUGUESA

Sustentabilidade no Brasil: questão ambiental ou econômica?

01 O Brasil é um dos países com maior interesse sustentável no mundo, alcançando o valor
02 de 99 pontos nos dados do Google Trends, que tem o valor máximo de 100. Sempre houve uma
03 grande pressão mundial sobre o Brasil. O país com a maior floresta e com a maior reserva de
04 água doce do mundo tem sido cobrado pela preservação disso tudo. Uma tarefa nada fácil para
05 o governo brasileiro, pois a nação precisa crescer e se desenvolver, algo que os grandes países
06 já fizeram sem se preocuparem com o futuro do planeta, agredindo sem escrúpulos o meio
07 ambiente.
08 Logo, a #Sustentabilidade ganha um enorme foco, causando grandes debates a respeito
09 de sua importância, e planejamentos complexos, para que, junto com ela, venha também o
10 desenvolvimento e não o retrocesso.
11 Segundo dados do Google Trends, o maior interesse a respeito do tema Sustentabilidade
12 se concentra na Região Norte e Nordeste.
13 Como pode-se observar, 5 dos 7 estados da Região Norte aparecem entre os mais citados,
14 curiosamente onde se concentra a maior parte das florestas do país, ao mesmo tempo, também
15 um baixo IDH (Índice de Desenvolvimento Humano).
16 Os estados com maiores interesses no tema são, na prática, os lugares onde mais se
17 precisa aplicar a sustentabilidade. Como é um assunto em foco, é por isso que as regiões mais
18 atrasadas estão tentando mudar a situação atual, com o governo criando leis e começando a
19 punir quem agride o meio ambiente.
20 Os dados do IBGE comprovam o interesse na situação atual.
21 Uma pesquisa revelou que 89,3% dos municípios do Nordeste e um total de 85,5% do
22 Norte destinam seus resíduos sólidos para lixões, onde não ocorre nenhum tipo de tratamento ou
23 reaproveitamento. Especificamente no Pará, isso ocorre em 94,4% das cidades.
24 Na prática, o dinheiro reflete muito na questão da sustentabilidade, em que estados mais
25 pobres não têm condição de arcar com essas mudanças. O interesse é enorme, mas o progresso
26 é lento.
27 O discurso do clima não é mais ambiental, é econômico.

(Fonte: https://br.blastingnews.com/sociedade-opiniao – Texto adaptado.)

(Delegado – PC/RS – FUNDATEC – 2018) Quais dos seguintes termos retomam a expressão **o Brasil** (l. 03) no parágrafo compreendido entre as linhas 03 e 07?

1. O país (l. 03).
2. do mundo (l. 04).
3. disso (l. 04).
4. o governo brasileiro (l. 05).
5. a nação (l. 05).
6. países (l. 05).

(A) 1 e 5.
(B) 2 e 4.
(C) 3 e 6.
(D) 1, 3 e 5.
(E) 2, 4 e 6.

1: correta; **2:** incorreta, pois não se trata de elemento de coesão, mas de adjunto adnominal (equivale ao adjetivo "mundial"); **3:** incorreta, o pronome retoma "maior floresta e maior reserva de água doce do mundo"; **4:** incorreta, pois não se trata de elemento de coesão, mas de complemento nominal; **5:** correta; **6:** incorreta. Não é possível que se refira a "o Brasil", pois o elemento de coesão deve concordar em número com aquele a que se refere. Gabarito "A".

1 Um estudante de 15 anos atirou em colegas em um colégio no Paraná, deixando dois feridos.
2 O adolescente e um outro aluno que lhe deu cobertura, ambos apreendidos pela polícia, cursam o primeiro
3 ano do Ensino Médio no Colégio Estadual João Manoel Mondrone, em Medianeira (oeste do estado).
4 Segundo a Polícia Civil, foi um atentado premeditado. Os adolescentes afirmaram que sofriam de bullying,
5 e o ataque seria uma forma de se vingarem dos colegas.
6 "Seus filhos me humilharam, me ameaçaram, me expuseram de uma maneira que não tem mais perdão",
7 afirma o estudante, em um vídeo divulgado pelo Paraná Portal e que teria sido gravado horas antes do
8 ataque.
9 Com uma respiração ofegante, ele se diz "muito ansioso" e pede "desculpas pelo incômodo que vai cau-
10 sar".

338 HENRIQUE SUBI

11 "Eu quero que o meu rosto seja mostrado na TV. Que os repórteres de redes de TV não falem merda.
12 Falem apenas a verdade. Não inventem história. Não é culpa de videogame, de livro, não é culpa de bosta
13 nenhuma. É apenas culpa desses filhos da puta", afirma o adolescente, citando os colegas.
14 Além da arma usada no ataque (um revólver calibre 22), foram apreendidas com os atiradores uma faca,
15 munição e duas bombas caseiras, que não chegaram a ser detonadas. Outras duas espingardas, não
16 usadas no ataque, foram recolhidas na casa de um dos adolescentes.
17 Eles ainda detonaram uma terceira bomba caseira e fizeram diversos disparos pela escola, gerando pânico
18 e correria. Por fim, chegaram a atirar contra policiais militares antes de se render.
19 Segundo a Secretaria da Educação, uma das vítimas levou um tiro nas costas, e outra, um de raspão no
20 joelho.
21 O atirador mirou a arma no primeiro estudante, de 15 anos, que foi atingido nas costas, e depois atirou a
22 esmo, acertando o outro colega.
23 As duas vítimas foram encaminhadas a um hospital e não correm risco de morte.
24 O primeiro deles, porém, corre o risco de ficar paraplégico, já que a bala se alojou na coluna. Ele deve
25 ser transferido a um hospital em Curitiba ainda nesta sexta, onde passará por uma cirurgia para retirar o
26 projétil.
27 Os atiradores foram apreendidos e encaminhados para a delegacia de Medianeira. Na mochila de um de-
28 les, os investigadores encontraram um bilhete, que foi encaminhado para perícia.
29 As aulas no colégio, que tem cerca de 1.300 alunos, foram suspensas até a segunda-feira (1). Por meio de
30 nota, a direção do Colégio João Manoel Mondrone informou que os alunos envolvidos no ataque não ha-
31 viam registrado nenhuma queixa de bullying até então e que tinham um desempenho escolar considerado
32 normal.
33 "Eles apresentam um desenvolvimento escolar regular com acompanhamento da família, sem registros de
34 indisciplina ou qualquer fato que desabone sua conduta", diz a nota. O colégio informou que irá intensificar
35 ações de respeito às diferenças entre os alunos.

(CARAZZAI, E. H. Aluno atira em colegas e fere dois em colégio no interior do Paraná. Folha de S. Paulo. 29 set. 2018, p.B2).

(Escrivão – PC/MG – FUMARC – 2018) Sobre o uso de termos para se referir a estudantes citados na notícia, considere as afirmativas a seguir.

I. O termo "estudante" (linha 1) e a expressão "primeiro estudante" (linha 21) não se referem à mesma pessoa.
II. As expressões "outro aluno" (linha 2) e "o outro colega" (linha 22) não se referem à mesma pessoa.
III. O termo "deles" (nas linhas 24 e 27) não se refere às mesmas pessoas.
IV. O termo "adolescentes" (nas linhas 4 e 16) não se refere às mesmas pessoas.
Assinale a alternativa correta.

(A) Somente as afirmativas I e II são corretas.
(B) Somente as afirmativas I e IV são corretas.
(C) Somente as afirmativas III e IV são corretas.
(D) Somente as afirmativas I, II e III são corretas.
(E) Somente as afirmativas II, III e IV são corretas.

I: correta. Na primeira passagem, refere-se ao autor dos tiros; na segunda, a uma das vítimas; II: correta. Na primeira passagem, refere-se a cúmplice do autor dos tiros; na segunda, a outra vítima; III: correta. Também aqui o primeiro resgata um dos autores do ato infracional o outro, uma das vítimas; IV: incorreta. Nesse caso, o termo se refere, nas duas passagens, aos autores do ato infracional. Gabarito "D".

(Escrivão – PC/MG – FUMARC – 2018) Sobre a locução "teria sido gravado" (linha 8), assinale a alternativa correta.

(A) É usada essa forma verbal porque o autor da gravação é o próprio estudante que cometeu o atentado, o que compromete a veracidade das falas e das imagens veiculadas no vídeo.

(B) Remete à voz passiva em construção frasal incomum, em que o agente da passiva – Paraná Portal – precede a forma verbal.

(C) O particípio é utilizado como estratégia para evitar o gerúndio, forma nominal tida como típica da oralidade e excessivamente informal para o registro escrito.

(D) Trata-se de forma que corresponde ao pretérito mais-que-perfeito composto e poderia ser substituída por "gravara", sem prejuízo do sentido original.

(E) Recorre-se a essa forma verbal – integrada pelo futuro do pretérito composto na voz passiva – para evitar o endosso da informação referente ao momento da gravação.

O uso da condicional é uma praxe dos textos jornalísticos para se referir a fatos que ainda pendem de confirmação (no caso, em que momento o vídeo foi gravado). Correta, portanto, a alternativa "E". Gabarito "E".

O Dia da Consciência Negra

[...]

O assunto é delicado; em questão de raça, deve-se tocar nela com dedos de veludo. Pode ser que eu esteja errada, mas parece que no tema de raça, racismo, negritude, branquitude, nós caímos em preconceito igual ao dos racistas. O europeu colonizador tem – ou tinha – uma lei: teve uma parte de sangue negro – é negro. Por pequena que seja a gota de sangue negro no indivíduo, polui-se a nobre linfa ariana, e o portador da mistura é "declarado negro". E os mestiços aceitam a definição e – meiões, quarteirões, octorões – se dizem altivamente "negros", quando isso não é verdade. Ao se afirmar "negro" o mestiço faz bonito, pois assume no total a cor que o

12. LÍNGUA PORTUGUESA 339

branco despreza. Mas ao mesmo tempo está assumindo também o preconceito do branco contra o mestiço. Vira racista, porque, dizendo-se negro, renega a sua condição de mulato, mestiço, half-breed, meia casta, marabá, desprezados pela branquidade. Aliás, é geral no mundo a noção exacerbada de raça, que não afeta só os brancos, mas os amarelos, vermelhos, negros; todos desprezam o meia casta, exemplo vivo da infração à lei tribal.

Eu acho que um povo mestiço, como nós, deveria assumir tranquilamente essa sua condição de mestiço; em vez de se dizer negro por bravata, por desafio – o que é bonito, sinal de orgulho, mas sinal de preconceito também. Os campeões nossos da negritude, todos eles, se dizem simplesmente negros. Acham feio, quem sabe até humilhante, se declararem mestiços, ou meio brancos, como na verdade o são. "Black is beautiful" eu também acho. Mas mulato é lindo também, seja qual for a dose da sua mistura de raça. Houve um tempo, antes de se desenvolver no mundo a reação antirracista, em que até se fazia aqui no Rio o concurso "rainha das mulatas". Mas a distinção só valia para a mulata jovem e bela. Preconceito também e dos péssimos, pois a mulata só era valorizada como objeto sexual, capaz de satisfazer a consciência dos homens.

A gente não pode se deixar cair nessa armadilha dos brancos. A gente tem de assumir a nossa mulataria. Qual brasileiro pode jurar que tem sangue "puro" nas veias, – branco, negro, árabe, japonês?

Vejam a lição de Gilberto Freyre, tão bonita. Nós todos somos mestiços, mulatos, morenos, em dosagens várias. Os casos de branco puro são exceção (como os de índios puros – tais os remanescentes de tribos que certos antropólogos querem manter isolados, geneticamente puros – fósseis vivos – para eles estudarem...). Não vale indagar se a nossa avó chegou aqui de caravela ou de navio negreiro, se nasceu em taba de índio ou na casa-grande. Todas elas somos nós, qualquer procedência Tudo é brasileiro. Quando uma amiga minha, doutora, participante ilustre de um congresso médico, me declarou orgulhosa "eu sou negra" – não resisti e perguntei: "Por que você tem vergonha de ser mulata?" Ela quase se zangou. Mas quem tinha razão era eu. Na paixão da luta contra a estupidez dos brancos, os mestiços caem justamente na posição que o branco prega: negro de um lado, branco do outro. Teve uma gota de sangue africano é negro – mas tendo uma gota de sangue branco será declarado branco? Não é.

Ah, meus irmãos, pensem bem. Mulata, mulato também são bonitos e quanto! E nós todos somos mesmo mestiços, com muita honra, ou morenos, como o queria o grande Freyre. Raça morena, estamos apurando. Daqui a 500 anos será reconhecida como "zootecnicamente pura" tal como se diz de bois e de cavalos. Se é assim que eles gostam!

QUEIROZ, Rachel. O Dia da Consciência Negra. O Estado de S. Paulo, São Paulo, 23 nov. 20Brasil, caderno 2, p. D16.

Vocabulário:

half-bread: mestiço.

marabá: mameluco.

meião, quarteirão e octorão: pessoas que têm, respectivamente, metade, um quarto e um oitavo de sangue negro.

"Black is beautiful": "O negro é bonito"

(Agente-Escrivão – Acre – IBADE – 2017) Sobre o texto leia as afirmativas a seguir.

I. A autora mostra sua opinião sobre uma questão de cidadania a fim de fazer com que o leitor pare para refletir e valorize o mestiço como raça, não como estereótipo de beleza ou de sexualidade.

II. A referência ao europeu colonizador norteia a discussão e aponta para a importância da data além de enfatizar o orgulho do negro.

III. A autora conta os acontecimentos, situando-os no tempo e no espaço, chamando atenção para uma verdade peculiar ao século passado.

Está correto o que se afirma em:

(A) I, II e III.

(B) II e III, apenas.

(C) I, apenas.

(D) I e III, apenas.

(E) I e II, apenas.

I: correta. Esta é a ideia central que permeia todo o texto; II: incorreta. A referência é utilizada somente como um exemplo de conduta racista incorporada em nosso meio social, mas que passa despercebida; III: incorreta. Não é dada importância aos acontecimentos passados. Mais uma vez, eles são usados apenas como referência de comparação. **HS** Gabarito "C."

(Agente-Escrivão – Acre – IBADE – 2017) A invenção da escrita tornou possível a um ser humano criar num dado tempo e lugar uma série de sinais, a que pode reagir outro ser humano, noutro tempo e lugar. Portanto, é verdadeiro afirmar que alguns textos literários promovem interação autor/leitor.

Aponte a alternativa que possui uma transcrição que comprova que o texto dialoga diretamente com o leitor.

(A) "O europeu colonizador 'tem – ou tinha – uma lei: teve uma parte de sangue negro – é negro."

(B) "Preconceito também e dos péssimos, pois a mulata só era valorizada como objeto sexual, capaz de satisfazer a consciência dos homens."

(C) "Ao se afirmar "negro" o mestiço faz bonito, pois assume no total a cor que o branco despreza."

(D) "Não vale indagar se a nossa avó chegou aqui de caravela ou de navio negreiro, se nasceu em taba de índio ou na casa-grande."

(E) "O assunto é delicado; em questão de raça deve-se tocar nela com dedos de veludo."

Chama-se função apelativa a função da linguagem que abre o canal de comunicação diretamente com o leitor, dialogando com ele. É o que se vê na alternativa "D", que deve ser assinalada. A autora questiona seu leitor sobre sua ascendência, avisando diretamente que não aceitará tais argumentos como resposta. **HS** Gabarito "D."

(Agente-Escrivão – Acre – IBADE – 2017) Considerando as posições expressas no texto em relação à valorização do mestiço, é correto afirmar que:

(A) o elogio ao mulato reside na valorização da negritude e da dose da sua mistura de raça.

(B) o verbo POLUI-se, em "polui-se a nobre linfa ariana" valoriza a negação do preconceito diante dos que são racistas.

(C) o articulador MAS em "Mas quem tinha razão era eu" introduz uma ideia que se contrapõe ao que foi dito anteriormente.

(D) entre os pares NEGRO/MESTIÇO e NEGRA/MULATA estabelece-se, no texto uma relação semântica de igualdade.

(E) o adjetivo PURO, no terceiro parágrafo, refere-se à importância da mulataria do povo brasileiro.

A: incorreta. O elogio ao mulato, segundo a autora, é merecido unicamente por sua condição de pessoa, igual a todas as outras – seja mulato, negro ou branco; **B:** incorreta. Ao contrário, o verbo foi usado para enfatizar o discurso racista de outrora; **C:** correta. A conjunção "mas" tem valor adversativo, anuncia algo contraposto ao que foi dito imediatamente antes; **D:** incorreta. O texto cuida justamente do tratamento social diferente que recebem os negros e os mulatos. Os termos, portanto, não podem ser tratados como sinônimos; **E:** incorreta. O adjetivo refere-se justamente à suposta ausência de mistura entre as raças. **HS**

Gabarito "C".

(Agente-Escrivão – Acre – IBADE – 2017) Rachel de Queiroz inicia o quarto parágrafo fazendo referência ao escritor Gilberto Freyre, recorrendo a um recurso comum a textos dissertativos argumentativos.

Esse recurso constitui um argumento de:

(A) contraposição.

(B) autoridade.

(C) causalidade.

(D) contestação.

(E) proporcionalidade.

É o chamado "argumento de autoridade", quando o autor do texto argumentativo traz a opinião de um especialista para demonstrar que não está sozinho no ponto de vista que defende. **HS**

Gabarito "B".

(Agente-Escrivão – Acre – IBADE – 2017) "(como os de índios puros – tais os remanescentes de tribos que certos antropólogos querem manter isolados, geneticamente puros – fósseis vivos – para eles estudarem...)". Em relação à "como os de índios puros", o trecho entre travessões tem o objetivo principal de apresentar uma:

(A) contradição.

(B) comparação.

(C) enumeração.

(D) especificação.

(E) ressalva.

Parece-nos que o trecho entre travessões expõe, na verdade, uma explicação do que seriam "índios puros" – essa, aliás, é a função do aposto no período. Na falta de tal alternativa, a única leitura possível é a que o entende como um elemento de comparação com "índios puros" – aqueles que se mantê isolados para estudos antropológicos. **HS**

Gabarito "B".

(Agente-Escrivão – Acre – IBADE – 2017) O trecho "Aliás, é geral no mundo a noção exacerbada de raça, que não afeta só os brancos, mas os amarelos, vermelhos, negros; todos desprezam o meia casta, exemplo vivo da infração à lei tribal" poderia ser reescrito, sem prejuízo de significado nem do uso adequado da norma-padrão, da seguinte forma:

(A) Na verdade, é geral no mundo a noção exacerbada de raça, a qual não afeta só os brancos, mas os amarelos, vermelhos, negros; todos desprezam o meia casta, exemplo vivo da infração à lei tribal.

(B) Embora seja geral no mundo, a noção exacerbada de raça, afeta tão somente os brancos, à medida que, amarelos, vermelhos, negros, todos desprezam o meia casta, exemplo vivo da infração à lei tribal.

(C) Porquanto, é geral no mundo, a noção exacerbada de raça, que não afeta só os brancos, mas também os amarelos, vermelhos, negros; todos desprezam o meia casta, exemplo vivo da infração à lei tribal.

(D) No entanto, no mundo geral, a noção exacerbada de raça, que não afeta só os brancos, mas, sobretudo, os amarelos, vermelhos, negros; todos desprezam o meia casta, exemplo vivo da infração à lei tribal.

(E) Aliás, é geral no mundo a noção exacerbada de raça, onde afeta não só os brancos, mas os amarelos, vermelhos, negros; todos desprezam o meia casta, exemplo vivo da infração à lei tribal.

A única alternativa que respeita integralmente a norma padrão e não altera o sentido é a letra "A", que deve ser assinalada. Nas demais, há erros de pontuação e a substituição de algumas palavras por outras que não são sinônimos acaba por alterar o sentido do trecho destacado no enunciado. **HS**

Gabarito "A".

Ficção universitária

Os dados do Ranking Universitário publicados em setembro de 2013 trazem elementos para que tentemos desfazer o mito, que consta da Constituição, de que pesquisa e ensino são indissociáveis.

É claro que universidades que fazem pesquisa tendem a reunir a nata dos especialistas, produzir mais inovação e atrair os alunos mais qualificados, tornando-se assim instituições que se destacam também no ensino. O Ranking Universitário mostra essa correlação de forma cristalina: das 20 universidades mais bem avaliadas em termos de ensino, 15 lideram no quesito pesquisa (e as demais estão relativamente bem posicionadas). Das 20 que saem à frente em inovação, 15 encabeçam também a pesquisa.

Daí não decorre que só quem pesquisa, atividade estupidamente cara, seja capaz de ensinar. O gasto médio anual por aluno numa das três universidades estaduais paulistas, aí embutidas todas as despesas que contribuem direta e indiretamente para a boa pesquisa, incluindo inativos e aportes de Fapesp, CNPq e Capes, é de R$ 46 mil (dados de 2008). Ora, um aluno do ProUni custa ao governo algo em torno de R$ 1.000 por ano em renúncias fiscais.

Não é preciso ser um gênio da aritmética para perceber que o país não dispõe de recursos para colocar os quase sete milhões de universitários em instituições com o padrão de investimento das estaduais paulistas.

E o Brasil precisa aumentar rapidamente sua população universitária. Nossa taxa bruta de escolarização no nível superior beira os 30%, contra 59% do Chile e 63% do Uruguai. Isso para não mencionar países desenvolvidos como EUA (89%) e Finlândia (92%).

Em vez de insistir na ficção constitucional de que todas as universidades do país precisam dedicar-se à pesquisa, faria mais sentido aceitar o mundo como ele é e distinguir entre instituições de elite voltadas para a produção de conhecimento e as que se destinam a difundi-lo. O Brasil tem necessidade de ambas.

(Hélio Schwartsman. Disponível em: http://www1.folha.uol.com.br, 10.09.20Adaptado)

(Escrivão – AESP/CE – VUNESP – 2017) Segundo a opinião do autor do texto,

(A) no Brasil, instituições voltadas para a produção de conhecimento devem ser distinguidas das destinadas a difundi-lo, e ambas são necessárias.
(B) o Brasil precisa deixar de investir na formação de pesquisadores, pois os custos para manter a excelência dos cursos são muito elevados.
(C) apesar do alto custo, apenas as universidades em que os alunos são também pesquisadores formam profissionais qualificados para ensinar.
(D) as universidades que fazem pesquisa perderam a capacidade de produzir inovação, e deixaram de atrair os alunos mais qualificados.
(E) os novos rumos do ensino demonstram a necessidade de se desfazer o mito de que pesquisa e ensino podem ser separados um do outro.

A: correta. Esta é a ideia exposta no último parágrafo do texto; **B:** incorreta. O autor usa os custos para demonstrar que não é possível colocar todos os alunos como pesquisadores; **C:** incorreta. O autor defende ponto de vista oposto, de que aqueles que estudam em universidades não voltadas para pesquisa também saem capacitados para aplicar o conhecimento; **D:** incorreta. O segundo parágrafo do texto afirma justamente o contrário; **E:** incorreta. O "mito", segundo o autor, é que pesquisa e ensino **não** podem ser separados. HS
Gabarito "A".

(Escrivão – AESP/CE – VUNESP – 2017) Releia os seguintes trechos do primeiro e do último parágrafos do texto.

Os dados do Ranking Universitário publicados em setembro de 2013 trazem elementos para que tentemos desfazer o mito, que consta da Constituição, de que pesquisa e ensino são indissociáveis.

Em vez de insistir na ficção constitucional de que todas as universidades do país precisam dedicar-se à pesquisa, faria mais sentido aceitar o mundo como ele é...

Os termos mito e ficção, em destaque nos trechos, foram utilizados pelo autor para enfatizar sua opinião, conforme argumentos apresentados no texto, de que o princípio constitucional que determina que todas as universidades brasileiras devem se dedicar à pesquisa:

(A) é razoável, no tocante à realidade das necessidades do Brasil.
(B) é pertinente, tendo em vista a realidade das necessidades do Brasil.
(C) não reflete a realidade das necessidades do Brasil.
(D) atende plenamente a realidade das necessidades do Brasil.
(E) não desconsidera a realidade das necessidades do Brasil.

O autor usa os termos para enfatizar sua visão de que a exigência constitucional **não é** razoável e não reflete as necessidades do país. Segundo ele, precisamos tanto de pesquisadores quanto de técnicos aplicadores do conhecimento, de forma que devemos ter instituições de ensino voltadas à preparação de ambos. HS
Gabarito "C".

Calvin e Haroldo

Bill Watterson

(http://blogdoxandro.blogspot.com.br. Acesso em 20.05.20Adaptado)

(Escrivão – AESP/CE – VUNESP – 2017) Considerando-se o sentido do termo egocêntricas, em destaque no primeiro quadrinho, é correto concluir, a partir da leitura da tira, que a indignação demonstrada pelo garoto

(A) não se justifica, pois é equivocado qualificar as pessoas como egocêntricas apenas pelo fato de elas pensarem essencialmente em si próprias.
(B) não se justifica, pois, ao defender que as pessoas deveriam ser mais centradas nele, ele adota precisamente a postura egocêntrica que critica.
(C) justifica-se, já que, ao defender que as pessoas deveriam pensar mais nele, dá um exemplo de postura que se opõe à das pessoas egocêntricas.
(D) justifica-se, pois de fato ele acerta ao caracterizar como egocêntricas as pessoas que se esquecem de si próprias para pensar essencialmente nos outros.
(E) não se justifica, pois ele erra generalizando as pessoas como egocêntricas, enquanto ele próprio, ao pretender que pensem mais nele, adota uma postura diferente.

O humor da tirinha reside justamente na surpresa ao se esclarecer o posicionamento de Calvin: ele critica as pessoas egocêntricas, mas ao final se mostra muito mais egocêntrico ao propor que todas as pessoas pensem nele. HS
Gabarito "B".

HENRIQUE SUBI

Texto CB1A1AAA

1 Na Idade Média, durante o período feudal, o príncipe
era detentor de um poder conhecido como jus politiae –

direito de polícia –, que designava tudo o que era necessário

4 à boa ordem da sociedade civil sob a autoridade do Estado, em
contraposição à boa ordem moral e religiosa, de competência

exclusiva da autoridade eclesiástica.

7 Atualmente, no Brasil, por meio da Constituição
Federal de 1988, das leis e de outros atos normativos,

é conferida aos cidadãos uma série de direitos, entre os quais

10 os direitos à liberdade e à propriedade, cujo exercício deve ser
compatível com o bem-estar social e com as normas de direito

público. Para tanto, essas normas especificam limitações

13 administrativas à liberdade e à propriedade, de modo que, a
cada restrição de direito individual – expressa ou implícita na

norma legal –, corresponde equivalente poder de polícia

16 administrativa à administração pública, para torná-la efetiva e
fazê-la obedecida por todos.

Internet: <www.ambito-juridico.com.br> (com adaptações).

(Agente-Escrivão – PC/GO – CESPE – 2016) De acordo com o texto CB1A1AAA,

(A) o poder de polícia refere-se à faculdade de que dispõe a administração pública para tornar efetiva e fazer obedecida cada restrição de direitos e liberdades individuais, em consonância com o bem-estar social.

(B) a autoridade administrativa, sob a invocação do poder de polícia, poderá anular as liberdades públicas ou aniquilar os direitos fundamentais do indivíduo previstos na Constituição Federal de 1986.

(C) o fato de a Constituição, as leis e outros atos normativos conferirem aos cidadãos os direitos à liberdade e à propriedade pressupõe a existência de direito público subjetivo absoluto no Estado moderno, desde que seja respeitada a boa ordem da sociedade civil.

(D) o mecanismo denominado como poder de polícia, usado pela administração pública para deter os abusos no exercício do direito individual, é restrito à atuação da administração no âmbito federal.

(E) o denominado *jus politiae* que o príncipe detinha na Idade Média equivale, nos dias atuais, ao poder de polícia conferido à administração pública.

A: correta. Esta é a ideia central exposta no segundo parágrafo do texto; B: incorreta. O poder de polícia é limitado pela Constituição; C: incorreta. O texto destaca que o exercício de direitos é limitado pelo próprio ordenamento jurídico; D: incorreta. O poder de polícia é distribuído entre os entes federados conforme as competências constitucionais de cada um; E: incorreta. O *jus politiae* medieval era atribuído ao príncipe e por ele executado segundo sua convicção íntima – o que ele mesmo acreditava ser certo ou errado. O poder de polícia atual decorre da Constituição e das leis vigentes, devendo observá-las estritamente. HS
Gabarito "A".

(Agente-Escrivão – PC/GO – CESPE – 2016) No que se refere aos aspectos linguísticos do texto CB1A1AAA, assinale a opção correta.

(A) A supressão da vírgula empregada logo após "normativos" (l. 8) manteria a coesão e a correção textual, uma vez que, no contexto dado, seu emprego é facultativo.

(B) A coesão textual seria mantida se a expressão "os quais" (l. 9) fosse substituída por **aqueles**.

(C) No primeiro parágrafo, a substituição do par de travessões por um par de parênteses preservaria a coesão textual.

(D) A substituição de "sob" (l. 4) por **pela** manteria a coesão textual.

(E) O elemento "à", nas linhas 4 e 5, introduz complementos da forma verbal "designava" (l. 3).

A: incorreta. A vírgula em questão isola o adjunto adverbial deslocado da ordem direta do período, portanto é obrigatório seu uso; B: incorreta. O pronome relativo "os quais" resgata o termo "direitos" como elemento de coesão. Substituí-lo por "aqueles" remeteria o leitor a "cidadãos", prejudicando a coerência e a coesão; C: correta. Quando utilizados para separar o aposto, os travessões podem ser substituídos por parênteses ou vírgulas sem qualquer prejuízo à coesão ou ao padrão culto da língua; D: incorreta. A alteração da preposição muda também o sentido da oração; E: incorreta. A aglutinação "à" é resultado da regência nominal do termo "necessário". HS
Gabarito "C".

(Agente-Escrivão – PC/GO – CESPE – 2016) Com referência aos mecanismos de coesão e aos tempos e modos verbais empregados no texto CB1A1AAA, assinale a opção correta.

(A) A substituição da forma verbal "designava" (R.3) por **chamava** manteria a coesão e o sentido original do texto.

(B) O antecedente do pronome "cujo" (l. 10) pode ser o vocábulo "direitos", do trecho "uma série de direitos" (l. 9), ou a expressão "os direitos à liberdade e à propriedade" (l. 10).

12. LÍNGUA PORTUGUESA 343

(C) A coesão textual seria mantida caso a expressão "Para tanto" (l. 12) fosse substituída pelo vocábulo **Porquanto**.

(D) Nas linhas 16 e 17, as formas pronominais em "torná-la" e "fazê-la" referem-se ao termo "administração pública".

(E) A substituição da forma verbal "era" (l. 2) pela forma verbal **foi** geraria problema no sequenciamento textual, uma vez que tais formas verbais de passado possuem funções diferentes.

A: incorreta. "Chamar" é verbo de múltiplos significados, de forma que seu uso no local proposto tornaria dúbio o texto; **B:** correta. Realmente o texto padece de pequena dubiedade nesse ponto; **C:** incorreta. "Para tanto" tem valor final, ou seja, transmite a ideia de finalidade, ao passo que "porquanto" tem valor explicativo; **D:** incorreta. Eles se referem ao termo 'restrição"; **E:** incorreta. Ainda que sejam representantes de tempos diferentes (pretérito imperfeito e pretérito perfeito, respectivamente), a alteração do verbo "ser" para o verbo "ir" não traria problemas de compreensão ao texto. HS

Gabarito "B".

Texto CB1A2AAA

1 Em linhas gerais, há na literatura econômica duas explicações para a educação ser tida como um fator de redução da criminalidade. A primeira é que a educação muda as

4 preferências intertemporais, levando o indivíduo a ter menos preferência pelo presente e a valorizar mais o futuro, isto é, a ter aversão a riscos e a ter mais paciência. A segunda

7 explicação é que a educação contribui para o combate à criminalidade porque ensina valores morais, tais como disciplina e cooperação, tornando o indivíduo menos suscetível

10 a praticar atos violentos e crimes. Há outras razões pelas quais se podem associar educação e redução da criminalidade. Quanto maior o nível de

13 escolaridade do indivíduo, maior será para ele o retorno do trabalho lícito (isto é, o salário), e isso eleva o custo de oportunidade de se cometer crime. Além disso, há uma questão

16 relacionada à possibilidade do estado de dependência do crime: a probabilidade de se cometerem crimes no presente está relacionada à quantidade de crimes que já se cometeram. Dessa

19 forma, manter as crianças na escola, ocupadas durante o dia, contribuiria a longo prazo para a redução da criminalidade. Acredita-se, por essa razão, que haja uma relação entre maior

22 nível de escolaridade e redução da criminalidade. A criminalidade é uma externalidade negativa com enormes custos sociais e, se a educação consegue diminuir a violência,

25 o retorno social pode ser ainda maior que o retorno privado.

R. A. Duenhas, F. O. Gonçalves e E. Gelinski Jr. **Educação, segurança pública e violência nos municípios brasileiros: uma análise de painel dinâmico de dados.** UEPG Ci. Soc. Apl., Ponta Grossa, 22 (2):179-91, jul.-dez./2014. Internet: <www.revistas2.uepg.br> (com adaptações).

(Agente-Escrivão – PC/GO – CESPE – 2016) Nas opções a seguir, constam propostas de reescrita do trecho "Há outras razões pelas quais se podem associar educação e redução da criminalidade" (l. 11 e 12). Assinale a opção em que a proposta apresentada mantém o sentido original, a formalidade e a correção gramatical do texto CB1A2AAA.

(A) Outras razões existem porque é plausível associar educação e redução da criminalidade.

(B) Existe outras razões em que é possível associar educação e redução da criminalidade.

(C) Há outras razões em quais pode se associar educação à redução da criminalidade.

(D) Existem outras razões por que é possível associar educação e redução da criminalidade.

(E) Tem outras razões que é possível associar educação e redução da criminalidade.

A: incorreta. A conjunção explicativa "porque" altera o sentido original do trecho; **B:** incorreta. O verbo "existir" deveria estar no plural e a conjunção deveria ser "pelas quais"; **C:** incorreta. Deve-se usar ou "em que" ou "nas quais"; **D:** correta. Todas as normas gramaticais foram respeitadas e manteve-se o sentido original do texto; **E:** incorreta. O verbo "ter" com sentido de "existir" é coloquial, de forma que seu uso não respeita a formalidade da norma padrão. HS

Gabarito "D".

Ao Senhor

Antônio Santos

Avenida Beira Mar, n° 5000

50.000-000 – Recife. PE

(A) Gentilmente,

(B) Respeitosamente,

(C) Cordialmente,

(D) Sinceramente,

(E) Atenciosamente,

(Agente-Escrivão – Pernambuco – CESPE – 2016) Considerando que, conforme o MRPR, a finalidade do fecho de comunicações oficiais é arrematar o texto e saudar o destinatário, assinale a opção que contém o fecho a ser empregado corretamente em correspondência oficial a ser subscrita por um delegado de polícia civil e remetida para o secretário de Defesa Social do Estado de Pernambuco.

Conforme o Manual de Redação da Presidência da República, se o remetente tiver cargo hierarquicamente inferior ao destinatário, o fecho deve ser "respeitosamente". Se os cargos forem equivalentes, "atenciosamente". É importante perceber que o critério não remete a uma hierarquia interna do órgão: o delegado de polícia é hierarquicamente inferior ao secretário estadual porque este é auxiliar direto do Governador, enquanto aquele integra um órgão executor de competências públicas. **HS**

Gabarito "B".

Texto CG1A01AAA

1   O crime organizado não é um fenômeno recente.
Encontramos indícios dele nos grandes grupos contrabandistas
do antigo regime na Europa, nas atividades dos piratas e

4   corsários e nas grandes redes de receptação da Inglaterra do
século XVIII. A diferença dos nossos dias é que as
organizações criminosas se tornaram mais precisas, mais

7   profissionais.
Um erro na análise do fenômeno é a suposição de que
tudo é crime organizado. Mesmo quando se trata de uma

10   pequena apreensão de crack em um local remoto, alguns
órgãos da imprensa falam em crime organizado. Em muitos
casos, o varejo do tráfico é um dos crimes mais desorganizados

13   que existe. É praticado por um usuário que compra de alguém
umas poucas pedras de crack e fuma a metade. Ele não tem
chefe, parceiros, nem capital de giro. Possui apenas a

16   necessidade de suprir o vício. No outro extremo, fica o grande
traficante, muitas vezes um indivíduo que nem mesmo vê a
droga. Só utiliza seu dinheiro para financiar o tráfico ou seus

19   contatos para facilitar as transações. A organização criminosa
envolvida com o tráfico de drogas fica, na maior parte das
vezes, entre esses dois extremos. É constituída de pequenos e

22   médios traficantes e uns poucos traficantes de grande porte.
Nas outras atividades criminosas, a situação é a
mesma. O crime pode ser praticado por um indivíduo, uma

25   quadrilha ou uma organização. Portanto, não é a modalidade do
crime que identifica a existência de crime organizado.

Guaracy Mingardi. Inteligência policial e crime organizado. *In*: Renato Sérgio de Lima e Liana de Paula (Orgs.). Segurança pública e violência: o Estado está cumprindo seu papel? São Paulo: Contexto, 2006, p. 42 (com adaptações).

(Agente-Escrivão – Pernambuco – CESPE – 2016) De acordo com o texto CG1A01AAA,

(A) poucas são as modalidades de crime que podem ser tipificadas como crime organizado.

(B) nem sempre o que o senso comum supõe ser crime organizado é de fato crime organizado.

(C) há registros da associação de pessoas para o cometimento de crimes desde a Antiguidade.

(D) as primeiras organizações criminosas estruturavam-se de modo totalmente impreciso e amador, em comparação com as organizações criminosas da atualidade.

(E) o conceito da expressão crime organizado foi distorcido porque a imprensa passou a empregá-la para tratar de qualquer crime que envolva entorpecentes.

A: incorreta. O texto afirma claramente que qualquer tipo de crime pode ser praticado de forma organizada; **B:** correta, O texto critica justamente essa postura, alimentada muitas vezes pela imprensa, de rotular tudo como crime organizado; **C:** incorreta. O texto fala do Antigo Regime, o sistema político europeu entre os séculos XVI e XVIII, que não se confunde com a Antiguidade (período civilizatório antes de Cristo); D: incorreta. O texto não afirma que elas eram amadoras,

apenas que as atuais são mais profissionais que antes; **E:** incorreta. Tal conclusão não pode ser inferida de qualquer passagem do texto. HS
Gabarito "B".

(**Agente-Escrivão – Pernambuco – CESPE – 2016**) Em cada uma das opções a seguir, é apresentado um trecho do texto **CG1A-01AAA**, seguido de uma proposta de reescritura. Assinale a opção em que a reescritura proposta mantém a correção gramatical do texto e o sentido original do trecho.

(**A**) "O crime pode ser praticado por um indivíduo, uma quadrilha ou uma organização" (l. 24 e 25): O crime ser praticado por um indivíduo, uma quadrilha ou uma organização é permitido.

(**B**) "Mesmo quando se trata de uma pequena apreensão de *crack* em um local remoto" (l. 9 e 10): Ainda que trata-se de uma pequena apreensão de *crack* em um local distante.

(**C**) "o varejo do tráfico é um dos crimes mais desorganizados que existe" (l. 12 e 13): o varejo do tráfico é um dos crimes mais desorganizados que existem.

(**D**) "muitas vezes um indivíduo que nem mesmo vê a droga" (l. 17 e 18): muitas vezes um indivíduo que se quer enxerga a droga.

(**E**) "Só utiliza seu dinheiro para financiar o tráfico ou seus contatos para facilitar as transações" (l. 18 e 19): Só utiliza seu dinheiro ou seus contatos para financiar o tráfico ou para facilitar as transações.

A: incorreta. Houve alteração de sentido com a nova proposta de redação. O texto fica dúbio, porque não se pode afirmar se o fato é criminoso ou permitido; **B:** incorreta. A conjunção "que" determina a próclise em "que se trate"; **C:** correta. A nova redação preserva a correção gramatical e o sentido original do texto; **D:** incorreta. O advérbio de negação é "sequer". Escrito separado ("se quer"), equivale a "caso queira"; **E:** incorreta. A colocação do termo "contatos" na nova redação alterou o sentido original. Na primeira passagem, os contatos são financiados; na segunda, são usados para financiar o tráfico. HS
Gabarito "C".

Texto CG1A01BBB

1 Não são muitas as experiências exitosas de políticas públicas de redução de homicídios no Brasil nos últimos vinte anos, e poucas são aquelas que tiveram continuidade. O Pacto

4 pela Vida, política de segurança pública implantada no estado de Pernambuco em 2007, é identificado como uma política pública exitosa.

7 O Pacto Pela Vida é um programa do governo do estado de Pernambuco que visa à redução da criminalidade e ao controle da violência. A decisão ou vontade política de

10 eleger a segurança pública como prioridade é o primeiro marco que se deve destacar quando se pensa em recuperar a memória dessa política, sobretudo quando se considera o fato de que o

13 tema da segurança pública, no Brasil, tem sido historicamente negligenciado. Muitas autoridades públicas não só evitam associar-se ao assunto como também o tratam de modo

16 simplista, como uma questão que diz respeito apenas à polícia. O Pacto pela Vida, entendido como um grande concerto de ações com o objetivo de reduzir a violência e, em

19 especial, os crimes contra a vida, foi apresentado à sociedade no início do mês de maio de 2007. Em seu bojo, foram estabelecidos os principais valores que orientaram a construção

22 da política de segurança, a prioridade do combate aos crimes violentos letais intencionais e a meta de reduzir em 12% ao ano, em Pernambuco, a taxa desses crimes.

25 Desse modo, definiu-se, no estado, um novo paradigma de segurança pública, que se baseou na consolidação dos valores descritos acima (que estavam em

28 disputa tanto do ponto de vista institucional quanto da sociedade), no estabelecimento de prioridades básicas (como o foco na redução dos crimes contra a vida) e no intenso debate

31 com a sociedade civil. A implementação do Pacto Pela Vida foi responsável pela diminuição de quase 40% dos homicídios no estado entre janeiro de 2007 e junho de 2013.

José Luiz Ratton *et al*. O Pacto Pela Vida e a redução de homicídios em Pernambuco. Rio de Janeiro: Instituto Igarapé, 2014.
Internet: <https://igarape.org.br> (com adaptações).

(Agente-Escrivão – Pernambuco – CESPE – 2016) O Pacto pela Vida é caracterizado no texto **CG1A01BBB** como uma política exitosa porque:

(A) teve como objetivos a redução da criminalidade e o controle da violência no estado de Pernambuco.

(B) tratou a questão da violência como um problema social complexo e inaugurou uma estratégia de contenção desse problema compatível com sua complexidade.

(C) definiu, no estado de Pernambuco, um novo paradigma de segurança pública, embasado em uma rede de ações de combate e de repressão à violência.

(D) foi fruto de um plano acertado que elegeu a área da segurança pública como prioridade.

(E) resultou em uma redução visível no número de crimes contra a vida no estado de Pernambuco.

O êxito de uma política pública se mede pelos seus resultados. Logo, o autor afirma que o Pacto pela Vida teve êxito porque cumpriu sua meta de reduzir o número de crimes violentos intencionais no Estado de Pernambuco. Correta, portanto, a alternativa "E". HS

Gabarito "E".

(Agente-Escrivão – Pernambuco – CESPE – 2016) De acordo com o **Manual de Redação da Presidência da República** (MRPR), o aviso e o ofício são:

(A) modalidades de comunicação entre unidades administrativas de um mesmo órgão.

(B) instrumentos de comunicação oficial entre os chefes dos poderes públicos.

(C) documentos que compartilham a mesma diagramação, uma vez que seguem o padrão ofício.

(D) expedientes utilizados para o tratamento de assuntos oficiais entre órgãos da administração pública e particulares.

(E) correspondências usualmente remetidas por particulares a órgãos do serviço público.

A: incorreta. Este é o conceito de memorando; **B:** incorreta. Este é o conceito de mensagem; **C:** correta, nos termos do item 3.3 do Manual; **D:** incorreta. Somente o ofício é destinado a particulares; **E:** incorreta. Aviso e ofício são atos de comunicação para tratamento de assuntos oficiais entre órgãos da administração pública e, no caso do ofício, também para particulares. HS

Gabarito "C".

(Agente-Escrivão – Pernambuco – CESPE – 2016) Considerando as disposições do MRPR, assinale a opção que apresenta o vocativo adequado para ser empregado em um expediente cujo destinatário seja um delegado de polícia civil.

(A) Magnífico Delegado,

(B) Digníssimo Delegado,

(C) Senhor Delegado,

(D) Excelentíssimo Senhor Delegado,

(E) Ilustríssimo Senhor Delegado,

A: incorreta. A expressão "magnífico" é destinada a reitores de universidades; **B:** incorreta. Não se usa o termo "digníssimo" em comunicações oficiais, porque a dignidade é pressuposto do exercício de qualquer função pública; **C:** correta, nos termos do item 2.1.3 do Manual; **D:** incorreta. O vocativo "excelentíssimo" é reservado aos chefes de poder; **E:** incorreta. Não se usa o termo "ilustríssimo" em comunicações oficiais, por ser absolutamente desnecessário. HS

Gabarito "C".

Dificilmente, em uma ciência-arte como a Psicologia-Psiquiatria, há algo que se possa asseverar com 100% de certeza. Isso porque há áreas bastante interpretativas, sujeitas a leituras diversas, a depender do observador e do observado. Porém, existe um fato na Psicologia-Psiquiatria forense que é 100% de certeza e não está sujeito a interpretação ou a dissimulação por parte de quem está a ser examinado. E revela, objetivamente, dados do psiquismo da pessoa ou, em outras palavras, mostra características comportamentais indissimuláveis, claras e objetivas. O que pode ser tão exato, em matéria de Psicologia-Psiquiatria, que não admite variáveis? Resposta: todos os crimes, sem exceção, são como fotografias exatas e em cores do comportamento do indivíduo. E como o psiquismo é responsável pelo modo de agir, por conseguinte, temos em todos os crimes, obrigatoriamente e sempre, elementos objetivos da mente de quem os praticou.

Por exemplo, o delito foi cometido com multiplicidade de golpes, com ferocidade na execução, não houve ocultação de cadáver, não se verifica cúmplice, premeditação etc. Registre-se que esses dados já aconteceram. Portanto, são insimuláveis, 100% objetivos. Basta juntar essas características comportamentais que teremos algo do psiquismo de quem o praticou. Nesse caso específico, infere-se que a pessoa é explosiva, impulsiva e sem freios, provável portadora de algum transtorno ligado à disritmia psicocerebral, algum estreitamento de consciência, no qual o sentimento invadiu o pensamento e determinou a conduta.

Em outro exemplo, temos homicídio praticado com um só golpe, premeditado, com ocultação de cadáver, concurso de cúmplice etc. Nesse caso, os dados apontam para o lado do criminoso comum, que entendia o que fazia.

Claro que não é possível, apenas pela morfologia do crime, saber-se tudo do diagnóstico do criminoso. Mas, por outro lado, é na maneira como o delito foi praticado que se encontram características 100% seguras da mente de quem o praticou, a evidenciar fatos, tal qual a imagem fotográfica revela-nos exatamente algo, seja muito ou pouco, do momento em que foi registrada. Em suma, a forma como as coisas foram feitas revela muito da pessoa que as fez.

PALOMBA, Guido Arturo. Rev. *Psique*: nº 100 (ed. comemorativa), p. 82.

(Investigador-Escrivão-Papiloscopista – Pará – Funcab – 2016) Para persuadir o ouvinte a chegar a determinada conclusão, em qualquer matéria polêmica, recorre o falante a estratégias argumentativas variadas, tais como:

1. deduções lógicas ou racionais

2. comparações esclarecedoras

3. ilustrações com passagens literárias

4. exemplificação com dados reais

No texto apresentado, vale-se o autor de:

(A) 1, 2, 3 e 4.

(B) apenas 3 e 4.

(C) apenas 1, 2 e 4.

(D) apenas 1 e 2.

(E) apenas 3.

As pessoas tendem a se convencer a partir de dados reais e daquilo que construíram com raciocínio lógico. Logo, todas as estratégias listadas

12. LÍNGUA PORTUGUESA 347

podem ser utilizadas, com exceção do número 3. Passagens literárias são romantizadas, ficcionais, e não se prestam a convencer o ouvinte sobre os argumentos utilizados. HS

Gabarito "C".

Quando, em 3 de outubro de 1897, as tropas federais entraram em Canudos para o ataque final, Antônio Conselheiro já não estava à frente de seus fiéis. Havia falecido em 22 de setembro. A causa da morte não foi bem esclarecida, mas bem pode ter sido aquilo que na região era conhecido como "caminheira", diarreia. Uma prosaica e deprimente condição que vitimava, e ainda vítima, milhares de brasileiros, e que está ligada à má higiene dos alimentos e à deficiente qualidade da água.

O cadáver foi desenterrado e decapitado, mas a cabeça não foi, como a de Tiradentes, exibida em público para escarmento da população. Não, esses tempos já haviam passado, mas foi enviada a um cientista, para ser estudada: era preciso descobrir o que havia ali, que poder misterioso – capaz de mobilizar multidões – residira naquele cérebro. Medir e estudar crânios era uma obsessão de uma época muito influenciada pela teoria do "criminoso nato", cujas características manifestar-se-iam no tipo da face e na conformação do crânio.

Moacyr Scliar. Saturno nos trópicos.
São Paulo: Companhia das Letras, 2003.

(Papiloscopista – PCDF – Universa – 2016) Conclui-se do texto que

(A) se acreditava que o poder de liderança de Antônio Conselheiro advinha de um poder sobrenatural, divino, que apenas um cientista poderia esclarecer.

(B) houve uma época em que se achava que apenas olhando para alguém, dadas as características de sua face, seria possível reconhecer se esse alguém era um criminoso.

(C) Antônio Conselheiro, antes de morrer, colocava-se à frente de seus fiéis, servindo-lhes como escudo humano, para protegê-los.

(D) a cabeça de Tiradentes foi exibida em público com o objetivo de servir de lição àqueles que porventura quisessem adotar suas ideias.

(E) a população de Canudos vivia em condições que propiciavam o aparecimento de doenças físicas e mentais, como a diarreia e a depressão.

A: incorreta. O poder de mobilizar multidões não é atribuído a algo divino no texto, apenas misterioso porque desconhecido, mas capaz de ser elucidado para ciência de então; **B:** dada como incorreta pelo gabarito oficial, mas isso pode ser inferido do último parágrafo do texto, dando-lhe uma interpretação mais ampla e menos literal; **C:** incorreta. "Estar à frente" é uma expressão idiomática, que significa "liderar"; **D:** correta. O dado foi posto no texto para comparar o tratamento dado ao líder da Inconfidência Mineira àquele dado ao líder de Canudos; **E:** incorreta. As doenças mentais não são incluídas como consequência das precárias condições de Canudos. HS

Gabarito "D".

(Papiloscopista – PCDF – Universa – 2016) Seja quanto ao tipo, seja quanto ao gênero, o texto apresentado tem caráter predominantemente

(A) descritivo.

(B) argumentativo.

(C) narrativo.

(D) instrucional.

(E) informativo.

O texto é predominantemente informativo, vez que pretende narrar fatos históricos que o autor quer transmitir aos seus leitores. HS

Gabarito "E".

(Papiloscopista – PCDF – Universa – 2016) Com base no disposto no Manual de Redação da Presidência da República, é correto afirmar que, em um memorando enviado por um papiloscopista policial ao diretor do Instituto de Identificação da Polícia Civil do Distrito Federal, deve-se empregar

(A) o local, por extenso, além da data, em formato numérico, como, por exemplo: Brasília, 30/4/2015.

(B) a expressão Ao Sr. Diretor do Instituto de Identificação, como destinatário.

(C) **Atenciosamente**, como fecho do documento.

(D) o vocativo **Excelentíssimo Senhor Diretor**.

(E) a expressão **Sua Excelência**, como forma de tratamento.

A: incorreta. O mês deve ser grafado por extenso; **B:** correta, conforme a utilização dos pronomes de tratamento preconizada pela norma padrão e adotada pelo Manual de Redação da Presidência da República; **C:** incorreta. Como as autoridades têm níveis hierárquicos diferentes, deve-se usar o fecho "Respeitosamente"; **D** e **E:** incorretas. O tratamento de Excelência é reservado a chefes de poder e a membros do Poder Judiciário. HS

Gabarito "B".

2. SEMÂNTICA / ORTOGRAFIA / ACENTUAÇÃO GRÁFICA

Texto CG2A1-I

Direito e justiça são conceitos que se entrelaçam, a tal ponto de serem considerados uma só coisa pela consciência social. Fala-se no direito com o sentido de justiça, e vice-versa. Sabe-se, entretanto, que nem sempre eles andam juntos. Nem tudo o que é direito é justo e nem tudo o que é justo é direito. Isso acontece porque a ideia de justiça engloba valores inerentes ao ser humano, transcendentais, como a liberdade, a igualdade, a fraternidade, a dignidade, a equidade, a honestidade, a moralidade, a segurança, enfim, tudo aquilo que vem sendo chamado de direito natural desde a Antiguidade. O direito, por seu turno, é uma invenção humana, um fenômeno histórico e cultural concebido como técnica para a pacificação social e a realização da justiça.

Em suma, enquanto a justiça é um sistema aberto de valores, em constante mutação, o direito é um conjunto de princípios e regras destinado a realizá-la. E nem sempre o direito alcança esse desiderato, quer por não ter acompanhado as transformações sociais, quer pela incapacidade daqueles que o conceberam, quer, ainda, por falta de disposição política para implementá-lo, tornando-se, por isso, um direito injusto.

É possível dizer que a justiça está para o direito como o horizonte está para cada um de nós. Quanto mais caminhamos em direção ao horizonte — dez passos, cem passos, mil passos —, mais ele se afasta de nós, na mesma proporção. Nem por isso o horizonte deixa de ser importante, porque é ele que nos permite caminhar.

De maneira análoga, o direito, na permanente busca da justiça, está sempre caminhando, em constante evolução.

Nesse compasso, a finalidade da justiça é a transformação social, a construção de uma sociedade justa, livre, solidária e fraterna, sem preconceitos, sem pobreza e sem desigualdades sociais. A criação de um direito justo, com efetivo poder transformador da sociedade, entretanto, não é obra apenas do legislador, mas também, e principalmente, de todos os operadores do direito, de sorte que, se ainda não temos uma sociedade justa, é porque temos falhado nessa sagrada missão de bem interpretar e aplicar o direito.

Sergio Cavalieri Filho. Direito, justiça e sociedade.

In: Revista da EMERJ, v. 5, n.º 8, 2002, p. 58-60 (com adaptações).

(Escrivão – PC/RO – CEBRASPE – 2022) Sem prejuízo da correção gramatical e dos sentidos do texto CG2A1-I, a expressão "por seu turno" (último período do primeiro parágrafo) poderia ser substituída por

(A) uma vez ou outra.

(B) às vezes.

(C) em vez.

(D) por sua vez.

(E) muitas vezes.

"Por seu turno" é sinônimo de "por sua vez", "por seu lado" **HS**
Gabarito "D".

(Escrivão – PC/RO – CEBRASPE – 2022) A palavra "desiderato", no segundo parágrafo do texto CG2A1-I, significa

(A) aspiração.

(B) consolo.

(C) socorro.

(D) desenvolvimento.

(E) igualdade.

"Desiderato" é o mesmo que "aspiração", "desejo", "objetivo". **HS**
Gabarito "A".

(Perito – PC/ES – Instituto AOCP – 2019) A acentuação é de suma importância ao entendimento do texto. Nesse sentido, assinale a alternativa em que a retirada dos acentos gráficos não configura erro isoladamente, mas pode gerar alterações no sentido ou na classe das palavras, quando em um texto.

(A) Polícia – cópias.

(B) Telefônico – está.

(C) Residência – dê.

(D) Domésticos – catálogo.

(E) Responsável – possível.

A: correta. Se retirarmos o acento das palavras, os substantivos passam a ser verbos ("ele policia" e "tu copias"). Ou seja, não haverá erro isolado, mas se alteram os sentidos das palavras; **B:** incorreta, pois não existe a palavra "telefonico"; **C:** incorreta. Não existe "residencia"; **D:** incorreta. As duas palavras ficariam erradas (não existe "domesticos" nem "catalogo"); **E:** incorreta. As duas palavras ficariam erradas (não existe "responsavel" nem "possivel").
Gabarito "A".

(Perito – PC/ES – Instituto AOCP – 2019) Assinale a alternativa em que as duas palavras são acentuadas de acordo com a mesma regra.

(A) Elétricos – possível.

(B) Convém – dê.

(C) Estará – técnicos.

(D) Residência – cópias.

(E) Polícia – localizá-los.

A: incorreta. "Elétricos" é acentuada por ser proparoxítona. "Possível" é acentuada por ser paroxítona terminada em "L"; **B:** incorreta. "Convém" é acentuada por ser oxítona terminada em "EM". "Dê" é acentuada por ser monossílabo tônico terminado em "E"; **C:** incorreta. "Estará" é acentuada por ser oxítona terminada em "A". "Técnicos" é acentuada por ser proparoxítona; **D:** correta. As duas palavras são acentuadas por serem paroxítonas terminadas em ditongo crescente; **E:** incorreta. "Polícia" é acentuada por ser paroxítona terminada em ditongo crescente. "Localizá-los" é acentuada por ser oxítona terminada em "A".
Gabarito "D".

Os pilares da sustentabilidade: os desafios ambientais do século XXI para a iniciativa privada

```
01   Entre os pilares para o desenvolvimento sustentável – aquele capaz de garantir as
02   necessidades da geração atual sem comprometer a futura – está a preservação e manutenção do
03   meio ambiente. Nos últimos tempos, tem sido uma das pautas mais discutidas por líderes políticos
04   e empresariais de todo o mundo, principalmente por conta dos impactos das mudanças climáticas.
05   Mesmo o Brasil, um país rico em recursos naturais, já sente as consequências dos eventos
06   extremos, como a seca que persiste no Nordeste e deixa muitas famílias sem acesso à água,
07   recurso essencial para a manutenção da vida. Por isso, pensar em formatos mais eficientes de
08    uso é uma atitude urgente e que deve permear as organizações, os governos e a própria
09   sociedade
10   Em 2015, o Brasil entrou para o grupo das 197 nações signatárias do Acordo de Paris, que
11   determinou metas para manter o aquecimento global bem abaixo de 2°C até 2030.
12   Ana Carolina Avzaradel Szklo, Gerente Sênior de Projetos e Assessora Técnica do CEBDS
13   (Conselho Empresarial Brasileiro para o Desenvolvimento Sustentável), acredita que esses
14   eventos climáticos extremos ____ contribuído para que as empresas incorporem a sustentabilidade
15   em suas agendas. As atitudes para reverter esse quadro preocupante devem ser trabalhadas em
16   conjunto, porque o setor privado apresenta um papel tão importante quanto o governo para a
17   efetivação das ações.
18   Neste contexto, é importante que a sustentabilidade faça parte da organização como um
```

12. LÍNGUA PORTUGUESA

19 todo, principalmente, da mais alta _____ decisória. Investimentos em inovação para tornar
20 processos mais eficientes podem contribuir com uma série de oportunidades para as
21 organizações.
22 Uma das tendências que estão sendo trabalhadas internacionalmente e sobre o que o
23 CEBDS ____ promovido debates com o setor privado é a precificação do carbono. A medida
24 defende a cobrança pela emissão do CO2, o que faz com que as empresas tenham um maior
25 controle sobre os seus processos. Além disso, impulsiona uma economia mais limpa e que
26 consequentemente pode frear o aquecimento global.
27 Para consolidar uma economia com baixa emissão de carbono, é necessário pensar em
28 toda a cadeia de produção da economia, desde a _____ da matéria-prima, o transporte, a
29 produção e até o descarte. Trabalhando com esses rejeitos, evita-se que os materiais acabem em
30 aterros e lixões – locais em que a decomposição emite gases responsáveis pelo efeito estufa,
31 como o metano e o gás carbônico. Com a reciclagem, os resíduos viram matéria-prima
32 novamente, o que evita a _____ e colabora para o uso racional de recursos naturais.
33 Com a ideia de eliminar o lixo, a empresa precisa investir bastante para reciclar materiais
34 não convencionais como esponjas de limpeza, cosméticos, tubos de pasta de dente, lápis e
35 canetas. Por não terem fluxos regulares de reciclagem, fazer o processo com esses rejeitos sai
36 bem mais caro. "Esses materiais são considerados 'não recicláveis', pois o custo para reciclá-los
37 é superior ao valor obtido com a matéria-prima resultante do processo. Percebemos, portanto,
38 que não existe efetivamente nada que não possa ser reciclado. O que existem são resíduos que
39 valem a pena do ponto de vista financeiro, e outros não, justamente por serem complexos",
40 explica Pirrongelli da TerraCycle.
41 O programa de coleta da TerraCycle engaja consumidores e produtores em seu processo.
42 Não são apenas os produtos de difícil reciclabilidade que preocupam ambientalistas, governos e
43 empresas ao redor do mundo. Mesmo materiais que já ___ processos consolidados, como o
44 plástico, acabam em lixões e aterros, onde demoram anos para se decompor.
45 Relatórios divulgados no início deste ano pela Ellen MacArthur Foundation mostram que cerca de
46 oito bilhões de toneladas de plástico são descartados nos mares por ano – quantidade equivalente
47 a um caminhão de lixo por minuto. A organização calculou que, se esse ritmo continuar, haverá
48 mais plástico do que peixe nos oceanos em 2050.
49 Por isso, a maior procura por produtos biodegradáveis sinaliza a crescente preocupação
50 do setor privado em relação ao meio ambiente. Nesse aspecto, a tecnologia é um aspecto
51 fundamental para a sustentabilidade.
52 Soluções como o plástico hidrossolúvel ___ sido cada vez mais procuradas como um meio
53 de evitar o problema do descarte irresponsável. O material é novidade no Brasil e na América
54 Latina e consiste em um plástico que se dissolve na água em apenas alguns segundos. Há
55 também, nesse mesmo viés, bobinas, saquinhos hidrossolúveis sob medida, entretelas, entre
56 outros. Essa solução, de acordo com um empresário do setor, _____ diversas vantagens ao
57 comprador, como: redução de custos em transporte e armazenagem, devido à concentração de
58 produto na embalagem hidrossolúvel; diminuição no uso e descarte do plástico convencional, que
59 pode gerar créditos de carbono e também _____ segurança na aplicação e no manuseio de
60 substâncias químicas que podem ser nocivas para o ser humano. As empresas podem contribuir
61 para um desenvolvimento sustentável valorizando produtos que ____ um apelo sustentável,
62 criando uma cultura organizacional voltada para essas questões e investindo em desenvolvimento
63 de novas alternativas. É importante também que a organização, além de realizar esses processos,
64 valorize que os mesmos sejam adotados por toda cadeia produtiva, envolvendo desde seus
65 fornecedores até seus clientes.

(Fonte: Amcham Brasil, 26 de maio 2017 – http://economia.estadao.com.br/blogs – Texto adaptado)

(Delegado – PC/RS – FUNDATEC – 2018) Avalie as afirmações que seguem quanto ao completamento de lacunas pontilhadas do texto no que tange à grafia de determinados vocábulos e considerando o contexto de ocorrência.

I. Na linha 19, a lacuna fica corretamente preenchida por **estância**.
II. Nas linhas 28 e 32, o vocábulo **extração** preenche adequada e corretamente as lacunas.
III. trás preenche corretamente as lacunas das linhas 56 e 59. Quais estão corretas?

(A) Apenas I.
(B) Apenas II.
(C) Apenas III.
(D) Apenas I e II.
(E) Apenas II e III.

I: incorreta. "Estância" é sinônimo de "fazenda", "propriedade". O correto nesse caso é "instância"; II: correta. "Extração" é sinônimo de "retirada"; III: incorreta. Ambas as lacunas exigem a forma "traz", do verbo "trazer". "Trás" é advérbio, antônimo de "frente".

Gabarito "B".

(Delegado – PC/RS – FUNDATEC – 2018) Em relação ao vocábulo **signatárias** (l. 10), é correto dizer que:

I. Poderia ser substituído, sem causar incorreção ao contexto, por **aqueles que subscrevem**.

II. Trata-se de um adjetivo flexionado no feminino plural em virtude do gênero e do número do substantivo que acompanha.

III. Não pode ser considerado cognato do vocábulo **significado**.

Quais estão INCORRETAS?

(A) Apenas I.
(B) Apenas II.
(C) Apenas III.
(D) Apenas I e II.
(E) Apenas II e III.

I: incorreta. Como "signatárias" está no feminino, deve ser substituída por "aquelas que subscrevem"; II: correta. O conceito reflete com precisão a classificação e as regras de concordância da palavra em destaque; III: correta. Cognatos são palavras que têm origem etimológica comum. "Signatário" é adaptação do francês "signataire" (aquele que assinou); "significado" tem origem no latim "significatus" ("mostrado", "entendido").
Gabarito "A".

(Delegado – PC/RS – FUNDATEC – 2018) Considerando-se o sentido que têm no texto, todos os vocábulos a seguir podem ser utilizados em lugar de **permear** (l. 08), EXCETO:

(A) Penetrar.
(B) Atravessar.
(C) Transpassar.
(D) Trespassar.
(E) Constituir.

Todas as palavras propostas são sinônimas de "permear", exceto "constituir" – que equivale a "criar", "realizar".
Gabarito "E".

(Delegado – PC/RS – FUNDATEC – 2018) Sobre acentuação gráfica de palavras retiradas do texto, afirma-se que:

I. **sustentável**, **climáticas** e **reciclá**-los são acentuados em virtude da mesma regra.

II. A regra que determina o acento gráfico em **país** e **contribuído** é diferente da que justifica o acento gráfico em **resíduos** e **início**.

III. O vocábulo **viés** é acentuado por ser um monossílabo tônico terminado em e – acrescido de s.

Quais estão corretas?

(A) Apenas I.
(B) Apenas II.
(C) Apenas III.
(D) Apenas I e II.
(E) Apenas II e III.

I: incorreta. "Sustentável" leva acento por ser paroxítona terminada em "L". "Climáticas", porque é proparoxítona. "Reciclá-los" é acentuada porque a palavra principal, "reciclá", é oxítona terminada em "A"; II: correta. "País" e "contribuído" são acentuadas porque leva o sinal gráfico o "I" no hiato, como regra. Já "resíduos" e "início" são proparoxítonas; III: incorreta. "Viés" é acentuada por ser oxítona terminada em "E", ainda que seguido de "S".
Gabarito "B".

(Delegado – PC/RS – FUNDATEC – 2018) A expressão **nesse mesmo viés** (l. 55), considerando o contexto de ocorrência, poderia ser substituída por:

I. **nessa mesma tendência**.
II. **nessa direção oblíqua**.
III. **no sentido diagonal do material**.
IV. **nesse recorte**.

Quais das propostas poderiam substituir adequadamente a referida expressão?

(A) Apenas I.
(B) Apenas II.
(C) Apenas I e II.
(D) Apenas I, II e III.
(E) Apenas II, III e IV.

Apenas a expressão "nessa mesma tendência" tem o mesmo sentido de "mesmo viés" conforme usado no texto. As demais representam outros sentidos da palavra "viés".
Gabarito "A".

Sustentabilidade no Brasil: questão ambiental ou econômica?

01 O Brasil é um dos países com maior interesse sustentável no mundo, alcançando o valor
02 de 99 pontos nos dados do Google Trends, que tem o valor máximo de 100. Sempre houve uma
03 grande pressão mundial sobre o Brasil. O país com a maior floresta e com a maior reserva de
04 água doce do mundo tem sido cobrado pela preservação disso tudo. Uma tarefa nada fácil para
05 o governo brasileiro, pois a nação precisa crescer e se desenvolver, algo que os grandes países
06 já fizeram sem se preocuparem com o futuro do planeta, agredindo sem escrúpulos o meio
07 ambiente.
08 Logo, a #Sustentabilidade ganha um enorme foco, causando grandes debates a respeito
09 de sua importância, e planejamentos complexos, para que, junto com ela, venha também o
10 desenvolvimento e não o retrocesso.
11 Segundo dados do Google Trends, o maior interesse a respeito do tema Sustentabilidade
12 se concentra na Região Norte e Nordeste.
13 Como pode-se observar, 5 dos 7 estados da Região Norte aparecem entre os mais citados,
14 curiosamente onde se concentra a maior parte das florestas do país, ao mesmo tempo, também
15 um baixo IDH (Índice de Desenvolvimento Humano).
16 Os estados com maiores interesses no tema são, na prática, os lugares onde mais se
17 precisa aplicar a sustentabilidade. Como é um assunto em foco, é por isso que as regiões mais

12. LÍNGUA PORTUGUESA 351

18 atrasadas estão tentando mudar a situação atual, com o governo criando leis e começando a
19 punir quem agride o meio ambiente.
20 Os dados do IBGE comprovam o interesse na situação atual.
21 Uma pesquisa revelou que 89,3% dos municípios do Nordeste e um total de 85,5% do
22 Norte destinam seus resíduos sólidos para lixões, onde não ocorre nenhum tipo de tratamento ou
23 reaproveitamento. Especificamente no Pará, isso ocorre em 94,4% das cidades.
24 Na prática, o dinheiro reflete muito na questão da sustentabilidade, em que estados mais
25 pobres não têm condição de arcar com essas mudanças. O interesse é enorme, mas o progresso
26 é lento.
27 O discurso do clima não é mais ambiental, é econômico.

(Fonte: https://br.blastingnews.com/sociedade-opiniao – Texto adaptado.)

(Delegado – PC/RS – FUNDATEC – 2018) Em relação ao significado da expressão **sem escrúpulos** (l. 06) analise as afirmações a seguir:

I. **Sem escrúpulos** está relacionado à hesitação ou dúvida de consciência; inquietação de consciência; remorso.
II. Falta de caráter e inexistência de senso moral são características inerentes a quem **tem escrúpulos**.
III. A expressão **sem escrúpulos** está relacionada a cuidado, zelo; meticulosidade.
Quais estão INCORRETAS?

(A) Apenas I.
(B) Apenas II.
(C) Apenas I e II.
(D) Apenas II e III.
(E) I, II e III.

I: incorreta. "Sem escrúpulos" significa "sem caráter", "sem sendo moral", "sem preocupação com o próximo"; II: incorreta, conforme comentário anterior; III: incorreta. É o exato oposto.
Gabarito "E".

Texto CB1A1AAA

1 Na Idade Média, durante o período feudal, o príncipe
era detentor de um poder conhecido como jus politiae –
direito de polícia –, que designava tudo o que era necessário
4 à boa ordem da sociedade civil sob a autoridade do Estado, em
contraposição à boa ordem moral e religiosa, de competência
exclusiva da autoridade eclesiástica.
7 Atualmente, no Brasil, por meio da Constituição
Federal de 1988, das leis e de outros atos normativos,
é conferida aos cidadãos uma série de direitos, entre os quais
10 os direitos à liberdade e à propriedade, cujo exercício deve ser
compatível com o bem-estar social e com as normas de direito
público. Para tanto, essas normas especificam limitações
13 administrativas à liberdade e à propriedade, de modo que, a
cada restrição de direito individual – expressa ou implícita na
norma legal –, corresponde equivalente poder de polícia
16 administrativa à administração pública, para torná-la efetiva e
fazê-la obedecida por todos.

Internet: <www.ambito-juridico.com.br> (com adaptações).

(Agente-Escrivão – PC/GO – CESPE – 2016) Quanto aos termos empregados no texto CB1A1AAA, às ideias nele contidas e à ortografia oficial da língua portuguesa, assinale a opção correta.

(A) O sentido original do texto seria preservado e as normas da ortografia oficial da língua portuguesa seriam respeitadas caso se substituísse o trecho "é conferida aos cidadãos uma série de direitos" (l. 9) por **aos cidadões confere-se muitos direitos**.

(B) O emprego do hífen no vocábulo "bem-estar" justifica-se pela mesma regra ortográfica que justifica a grafia do antônimo desse vocábulo: **mal-estar**.

(C) As formas verbais "torná-la" e "fazê-la" (l. 16 e 17) recebem acentuação gráfica porque se devem acentuar todas as formas verbais combinadas a pronome enclítico.

(D) A mesma regra de acentuação justifica o emprego de acento em "à" (l. 4) e "é" (l. 9).

(E) O vocábulo "período" é acentuado em razão da regra que determina que se acentuem palavras paroxítonas com vogal tônica **i** formadora de hiato.

A: incorreta. A construção correta seria: "aos cidadãos conferem-se muitos direitos"; **B:** correta. Segundo o Novo Acordo Ortográfico, usa-se hífen em palavras compostas com os advérbios "bem" e "mal" se o segundo elemento começar por "h" ou vogal; **C:** incorreta. Por razões fonéticas, o verbo com pronome enclítico pode sofrer alterações na grafia, como nos exemplos dados. Nesses casos, as normas de acentuação devem ser respeitadas conforme a grafia utilizada – aqui, porque ambas são palavras oxítonas terminadas em "a". Note que o verbo "segui-la", por exemplo, não leva acento porque não se acentuam as oxítonas terminadas em "I"; **D:** incorreta. O acento grave indicativo da crase no primeiro caso é resultado da aglutinação da preposição "a" com o artigo definido "a". A flexão verbal "é" leva acento agudo porque é monossílabo tônico terminado em "e"; **E:** incorreta. "Período" é acentuada porque é proparoxítona. **HS**

Gabarito "B".

Texto CB1A2AAA

1   Em linhas gerais, há na literatura econômica duas
      explicações para a educação ser tida como um fator de redução
      da criminalidade. A primeira é que a educação muda as

4   preferências intertemporais, levando o indivíduo a ter menos
      preferência pelo presente e a valorizar mais o futuro, isto é,
      a ter aversão a riscos e a ter mais paciência. A segunda

7   explicação é que a educação contribui para o combate à
      criminalidade porque ensina valores morais, tais como
      disciplina e cooperação, tornando o indivíduo menos suscetível

10   a praticar atos violentos e crimes.
      Há outras razões pelas quais se podem associar
      educação e redução da criminalidade. Quanto maior o nível de

13   escolaridade do indivíduo, maior será para ele o retorno do
      trabalho lícito (isto é, o salário), e isso eleva o custo de
      oportunidade de se cometer crime. Além disso, há uma questão

16   relacionada à possibilidade do estado de dependência do crime:
      a probabilidade de se cometerem crimes no presente está
      relacionada à quantidade de crimes que já se cometeram. Dessa

19   forma, manter as crianças na escola, ocupadas durante o dia,
      contribuiria a longo prazo para a redução da criminalidade.
      Acredita-se, por essa razão, que haja uma relação entre maior

22   nível de escolaridade e redução da criminalidade. A
      criminalidade é uma externalidade negativa com enormes
      custos sociais e, se a educação consegue diminuir a violência,

25   o retorno social pode ser ainda maior que o retorno privado.

R. A. Duenhas, F. O. Gonçalves e E. Gelinski Jr. **Educação, segurança pública e violência nos municípios brasileiros: uma análise de painel dinâmico de dados.** UEPG Ci. Soc. Apl., Ponta Grossa, 22 (2):179-91, jul.-dez./2014. Internet: <www.revistas2.uepg.br> (com adaptações).

(Agente-Escrivão – PC/GO – CESPE – 2016) No texto CB1A2AAA, a palavra "aversão" (l. 6) foi empregada no sentido de:

(A) pavor.

(B) repugnância.

(C) intolerância.

(D) indiferença.

(E) atração.

"Aversão" é sinônimo de "repugnância", "repulsa". **HS**

Gabarito "B".

12. LÍNGUA PORTUGUESA — 353

(Investigador-Escrivão-Papiloscopista – Pará – Funcab – 2016) Tal como ocorre com "interpretaÇÃO" e "dissimulaÇÃO", grafa-se com "ç" o sufixo de ambas as palavras arroladas em:

(A) submição à lei indução ao crime.
(B) interseção do juiz – contenção do distúrbio.
(C) presunção de culpa coerção penal.
(D) detenção do infrator ascenção ao posto.
(E) apreenção do menor – sanção legal.

A: incorreta. Grafa-se "submissão"; **B:** incorreta. As palavras estão corretamente grafadas, mas "interseção" não tem sufixo – nesse caso, "ção" faz parte do substantivo primitivo; **C:** correta. A ortografia foi respeitada e ambas as palavras possuem o sufixo "ção"; **D:** incorreta. Grafa-se "ascensão"; **E:** incorreta. Grafa-se "apreensão". HS

Gabarito "C".

1   A existência do poder executivo, legislativo e
    judiciário é uma ideia aparentemente bastante velha no
    direito constitucional. Na verdade, trata-se de uma ideia
4   recente que data mais ou menos de Montesquieu. Na alta
    Idade Média não havia poder judiciário. Não havia poder
    judiciário autônomo, nem mesmo poder judiciário nas mãos
7   de quem detinha o poder das armas, o poder político.
    A acumulação da riqueza e do poder e a constituição
    do poder judiciário nas mãos de alguns é um mesmo
10 processo que vigorou na alta Idade Média e alcançou seu
    amadurecimento no momento da formação da primeira
    grande monarquia medieval. Nesse momento, apareceram
13 coisas totalmente novas. Aparece uma justiça que não é
    mais contestação entre indivíduos e livre aceitação por esses
    indivíduos de um certo número de regras de liquidação, mas
16 que, ao contrário, vai-se impor do alto aos indivíduos, aos
    oponentes, aos partidos.
    Aparece, ainda, um personagem totalmente novo: o
19 procurador, que se vai apresentar como o representante do
    soberano, do rei ou do senhor, como representante de um
    poder lesado pelo único fato de ter havido um delito ou um
22 crime. O procurador vai dublar a vítima, vai estar por trás
    daquele que deveria dar a queixa, dizendo: "Se é verdade
    que este homem lesou um outro, eu, representante do
25 soberano, posso afirmar que o soberano, seu poder, a ordem
    que ele faz reinar, a lei que ele estabeleceu foram
    igualmente lesados por esse indivíduo. Assim, eu também
28 me coloco contra ele".
    Uma noção absolutamente nova aparece: a de
    infração. A infração não é um dano causado por um
31 indivíduo contra outro; é uma ofensa ou lesão de um
    indivíduo à ordem, ao Estado, à lei, à sociedade, à
    soberania, ao soberano. Há ainda uma última invenção tão
34 diabólica quanto a do procurador e a da infração: o Estado
    – ou melhor, o soberano – é não somente a parte lesada,
    mas também a que exige reparação. Quando um indivíduo
37 perde o processo, é declarado culpado e deve ainda
    reparação a sua vítima. Entretanto, vai-se exigir do culpado
    não só a reparação do dano feito, mas também a reparação
40 da ofensa que cometeu contra o soberano, o Estado, a lei.

Michel Foucault. **A verdade e as formas jurídicas.** 3ª ed. Rio de Janeiro: Nau Editora, 2002 (com adaptações).

(Papiloscopista – PCDF – Universa – 2016) No texto, o vocábulo

(A) "dublar" (linha 22) foi empregado em sentido conotativo.

(B) "perde" (linha 36) é sinônimo de **ficar sem a posse**.

(C) "constituição" (linha 8) foi empregado no sentido de **ordenação, estatuto, regra**.

(D) "personagem" (linha 18) é sinônimo de **protagonista**.

(E) "procurador" (linha 19) foi empregado no sentido de **aquele que procura algo**.

A: correta. Sentido conotativo é o sentido figurado, metafórico. Com efeito, o procurador não dubla realmente a vítima, ato que ocorreria se essa estivesse fisicamente no local com o outro emitindo as palavras em seu lugar; **B**: incorreta. "Perder o processo" remete à derrota em uma competição; **C**: incorreta. É sinônimo de "criação", "composição"; **D**: incorreta. Os termos não são sinônimos: "protagonista" é espécie do gênero "personagem"; **E**: incorreta. "Procurador", aqui, é sinônimo de "representante". HS

Gabarito "A".

3. MORFOLOGIA

(Perito – PC/ES – Instituto AOCP – 2019) Assinale a alternativa em que a palavra seja formada por prefixação.

(A) Entregadores.

(B) Estranhos.

(C) Fechaduras.

(D) Inoportuna.

(E) Chaveiro.

Chama-se "prefixação" a formação de palavra pela incorporação do prefixo à palavra originária. A única palavra formada dessa maneira é "inoportuna", formada pela inclusão do prefixo "in-", indicativo de negação, à palavra originária "oportuna".

Gabarito "D".

Projetos e Ações: Papo de Responsa

O Programa Papo de Responsa foi criado por policiais civis do Rio de Janeiro. Em 2013, a Polícia Civil do Espírito Santo, por meio de policiais da Academia de Polícia (Acadepol) capixaba, conheceu o programa e, em parceria com a polícia carioca, trouxe para o Estado.

O 'Papo de Responsa' é um programa de educação não formal que – por meio da palavra e de atividades lúdicas – discute temas diversos como prevenção ao uso de drogas e a crimes na internet, bullying, direitos humanos, cultura da paz e segurança pública, aproximando os policiais da comunidade e, principalmente, dos adolescentes. O projeto funciona em três etapas e as temáticas são repassadas pelo órgão que convida o Papo de Responsa, como escolas, igrejas e associações, dependendo da demanda da comunidade. No primeiro ciclo, denominado de "Papo é um Papo", a equipe introduz o tema e inicia o processo de aproximação com os alunos. Já na segunda etapa, os alunos são os protagonistas e produzem materiais, como músicas, poesias, vídeos e colagens de fotos, mostrando a percepção deles sobre a problemática abordada. No último processo, o "Papo no Chão", os alunos e os policiais civis formam uma roda de conversa no chão e trocam ideias relacionadas a frases, questões e músicas direcionadas sempre no tema proposto pela instituição. Por fim, acontece um bate-papo com familiares dos alunos, para que os policiais entendam a percepção deles e também como os adolescentes reagiram diante das novas informações.

Disponível em <https://pc.es.gov.br/projetos-e-acoes>. Acesso em: 30/ jan./2019. **(Escrivão – PC/ES – Instituto AOCP – 2019)** Dentre os processos existentes para formar novas palavras, verifica-se que o substantivo "responsa" é formado por

(A) derivação prefixal.

(B) derivação parassintética.

(C) redução.

(D) hibridismo.

(E) composição por aglutinação.

"Responsa" é uma gíria formada pela **redução** da palavra originária "responsabilidade".

Gabarito "C".

Sustentabilidade no Brasil: questão ambiental ou econômica?

01 O Brasil é um dos países com maior interesse sustentável no mundo, alcançando o valor
02 de 99 pontos nos dados do Google Trends, que tem o valor máximo de 100. Sempre houve uma
03 grande pressão mundial sobre o Brasil. O país com a maior floresta e com a maior reserva de
04 água doce do mundo tem sido cobrado pela preservação disso tudo. Uma tarefa nada fácil para
05 o governo brasileiro, pois a nação precisa crescer e se desenvolver, algo que os grandes países
06 já fizeram sem se preocuparem com o futuro do planeta, agredindo sem escrúpulos o meio
07 ambiente.
08 Logo, a #Sustentabilidade ganha um enorme foco, causando grandes debates a respeito
09 de sua importância, e planejamentos complexos, para que, junto com ela, venha também o
10 desenvolvimento e não o retrocesso.
11 Segundo dados do Google Trends, o maior interesse a respeito do tema Sustentabilidade
12 se concentra na Região Norte e Nordeste.
13 Como pode-se observar, 5 dos 7 estados da Região Norte aparecem entre os mais citados,
14 curiosamente onde se concentra a maior parte das florestas do país, ao mesmo tempo, também
15 um baixo IDH (Índice de Desenvolvimento Humano).
16 Os estados com maiores interesses no tema são, na prática, os lugares onde mais se
17 precisa aplicar a sustentabilidade. Como é um assunto em foco, é por isso que as regiões mais

12. LÍNGUA PORTUGUESA

18 atrasadas estão tentando mudar a situação atual, com o governo criando leis e começando a
19 punir quem agride o meio ambiente.
20 Os dados do IBGE comprovam o interesse na situação atual.
21 Uma pesquisa revelou que 89,3% dos municípios do Nordeste e um total de 85,5% do
22 Norte destinam seus resíduos sólidos para lixões, onde não ocorre nenhum tipo de tratamento ou
23 reaproveitamento. Especificamente no Pará, isso ocorre em 94,4% das cidades.
24 Na prática, o dinheiro reflete muito na questão da sustentabilidade, em que estados mais
25 pobres não têm condição de arcar com essas mudanças. O interesse é enorme, mas o progresso
26 é lento.
27 O discurso do clima não é mais ambiental, é econômico.

(Fonte: https://br.blastingnews.com/sociedade-opiniao – Texto adaptado.)

(Delegado – PC/RS – FUNDATEC – 2018) Em relação ao vocábulo **Segundo** (l. 11), afirma-se que:

I. Trata-se de um elemento sequenciador das ideias apresentadas no texto.
II. É um numeral, dito ordinal.
III. Trata-se de uma conjunção, que pode ser substituída por **Conforme**.

Quais estão corretas?

(A) Apenas I.
(B) Apenas II.
(C) Apenas III.
(D) Apenas I e II.
(E) Apenas II e III.

As afirmativas se excluem. É conjunção sinônima de "conforme", logo não é elemento sequenciador. Se fosse numeral, seria mesmo ordinal, mas não é, porque é conjunção, não elemento sequenciador. Gabarito "C".

O Dia da Consciência Negra

[...]

O assunto é delicado; em questão de raça, deve-se tocar nela com dedos de veludo. Pode ser que eu esteja errada, mas parece que no tema de raça, racismo, negritude, branquitude, nós caímos em preconceito igual ao dos racistas. O europeu colonizador tem – ou tinha – uma lei: teve uma parte de sangue negro – é negro. Por pequena que seja a gota de sangue negro no indivíduo, polui-se a nobre linfa ariana, e o portador da mistura é "declarado negro". E os mestiços aceitam a definição e – meiões, quarteirões, octorões – se dizem altivamente "negros", quando isso não é verdade. Ao se afirmar "negro" o mestiço faz bonito, pois assume no total a cor que o branco despreza. Mas ao mesmo tempo está assumindo também o preconceito do branco contra o mestiço. Vira racista, porque, dizendo-se negro, renega a sua condição de mulato, mestiço, half-breed, meia casta, marabá, desprezados pela branquidade. Aliás, é geral no mundo a noção exacerbada de raça, que não afeta só os brancos, mas os amarelos, vermelhos, negros; todos desprezam o meia casta, exemplo vivo da infração à lei tribal.

Eu acho que um povo mestiço, como nós, deveria assumir tranquilamente essa sua condição de mestiço; em vez de se dizer negro por bravata, por desafio – o que é bonito, sinal de orgulho, mas sinal de preconceito também. Os campeões nossos da negritude, todos eles, se dizem simplesmente negros. Acham feio, quem sabe até humilhante, se declararem mestiços, ou meio brancos, como na verdade o são. "Black is beautiful" eu também

acho. Mas mulato é lindo também, seja qual for a dose da sua mistura de raça. Houve um tempo, antes de se desenvolver no mundo a reação antirracista, em que até se fazia aqui no Rio o concurso "rainha das mulatas". Mas a distinção só valia para a mulata jovem e bela. Preconceito também e dos péssimos, pois a mulata só era valorizada como objeto sexual, capaz de satisfazer a consciência dos homens.

A gente não pode se deixar cair nessa armadilha dos brancos. A gente tem de assumir a nossa mulataria. Qual brasileiro pode jurar que tem sangue "puro" nas veias, – branco, negro, árabe, japonês?

Vejam a lição de Gilberto Freyre, tão bonita. Nós todos somos mestiços, mulatos, morenos, em dosagens várias. Os casos de branco puro são exceção (como os de índios puros – tais os remanescentes de tribos que certos antropólogos querem manter isolados, geneticamente puros – fósseis vivos – para eles estudarem...). Não vale indagar se a nossa avó chegou aqui de caravela ou de navio negreiro, se nasceu em taba de índio ou na casa-grande. Todas elas somos nós, qualquer procedência Tudo é brasileiro. Quando uma amiga minha, doutora, participante ilustre de um congresso médico, me declarou orgulhosa "eu sou negra" – não resisti e perguntei: "Por que você tem vergonha de ser mulata?" Ela quase se zangou. Mas quem tinha razão era eu. Na paixão da luta contra a estupidez dos brancos, os mestiços caem justamente na posição que o branco prega: negro de um lado, branco do outro. Teve uma gota de sangue africano é negro – mas tendo uma gota de sangue branco será declarado branco? Não é.

Ah, meus irmãos, pensem bem. Mulata, mulato também são bonitos e quanto! E nós todos somos mesmo mestiços, com muita honra, ou morenos, como o queria o grande Freyre. Raça morena, estamos apurando. Daqui a 500 anos será reconhecida como "zootecnicamente pura" tal como se diz de bois e de cavalos. Se é assim que eles gostam!

QUEIROZ, Rachel. O Dia da Consciência Negra. O Estado de S. Paulo, São Paulo, 23 nov. 20Brasil, caderno 2, p. D16.

(Agente-Escrivão – Acre – IBADE – 2017) As palavras destacadas em "se dizem ALTIVAMENTE 'negros', quando isso não é verdade" e "GENETICAMENTE puros – fósseis vivos – para eles estudarem...)", acrescentam um determinado valor aos elementos a que se referem.

Nos dois casos, esse valor pode ser classificado como:

(A) modo.

(B) intensidade.
(C) afirmação.
(D) tempo.
(E) instrumento.

Ambos são advérbios de modo, porque denotam uma forma de se fazer/entender alguma coisa: "de modo altivo", "de modo genético, do ponto de vista da genética". HS

Gabarito "A".

(http://blogdoxandro.blogspot.com.br. Acesso em 20.05.20Adaptado)

(Escrivão – AESP/CE – VUNESP – 2017) Considere as frases do texto.

As pessoas são tão egocêntricas.

O mundo seria bem melhor se elas parassem de pensar nelas mesmas...

É correto afirmar que os advérbios destacados nas frases expressam circunstância de:

(A) afirmação.
(B) dúvida.
(C) modo.
(D) intensidade.
(E) negação.

Ambos são advérbios de intensidade, porque alteram o sentido dos adjetivos ao dar mais destaque às qualidades que eles identificam. HS

Gabarito "D".

12. LÍNGUA PORTUGUESA   357

Texto CG1A01BBB

1   Não são muitas as experiências exitosas de políticas
    públicas de redução de homicídios no Brasil nos últimos vinte
    anos, e poucas são aquelas que tiveram continuidade. O Pacto
4   pela Vida, política de segurança pública implantada no estado
    de Pernambuco em 2007, é identificado como uma política
    pública exitosa.
7   O Pacto Pela Vida é um programa do governo do
    estado de Pernambuco que visa à redução da criminalidade e
    ao controle da violência. A decisão ou vontade política de
10 eleger a segurança pública como prioridade é o primeiro marco
    que se deve destacar quando se pensa em recuperar a memória
    dessa política, sobretudo quando se considera o fato de que o
13 tema da segurança pública, no Brasil, tem sido historicamente
    negligenciado. Muitas autoridades públicas não só evitam
    associar-se ao assunto como também o tratam de modo
16 simplista, como uma questão que diz respeito apenas à polícia.
    O Pacto pela Vida, entendido como um grande
    concerto de ações com o objetivo de reduzir a violência e, em
19 especial, os crimes contra a vida, foi apresentado à sociedade
    no início do mês de maio de 2007. Em seu bojo, foram
    estabelecidos os principais valores que orientaram a construção
22 da política de segurança, a prioridade do combate aos crimes
    violentos letais intencionais e a meta de reduzir em 12% ao
    ano, em Pernambuco, a taxa desses crimes.
25 Desse modo, definiu-se, no estado, um novo
    paradigma de segurança pública, que se baseou na
    consolidação dos valores descritos acima (que estavam em
28 disputa tanto do ponto de vista institucional quanto da
    sociedade), no estabelecimento de prioridades básicas (como
    o foco na redução dos crimes contra a vida) e no intenso debate
31 com a sociedade civil. A implementação do Pacto Pela Vida foi
    responsável pela diminuição de quase 40% dos homicídios no
    estado entre janeiro de 2007 e junho de 2013.

José Luiz Ratton *et al*. O Pacto Pela Vida e a redução de homicídios em Pernambuco.
Rio de Janeiro: Instituto Igarapé, 2014. Internet: <https://igarape.org.br> (com adaptações).

(Agente-Escrivão – Pernambuco – CESPE – 2016) Assinale a opção na qual a palavra apresentada no texto **CG1A01BBB** classifica-se, do ponto de vista morfossintático, como advérbio.

(A) "historicamente" (l. 13).
(B) "modo" (l. 15).
(C) "intenso" (l. 30).
(D) "muitas" (l. 1).
(E) "quando" (l. 11).

A: correta. "Historicamente" é advérbio de modo; **B:** incorreta. "Modo" é substantivo; **C:** incorreta. "Intenso" é adjetivo; **D:** incorreta. "Muitas" é predicativo do sujeito, tem valor de adjetivo; **E:** incorreta. "Quando" é pronome. HS

Gabarito: "A".

4. PRONOME E COLOCAÇÃO PRONOMINAL

Texto CG2A1-I

Direito e justiça são conceitos que se entrelaçam, a tal ponto de serem considerados uma só coisa pela consciência social. Fala-se no direito com o sentido de justiça, e vice-versa. Sabe-se, entretanto, que nem sempre eles andam juntos. Nem tudo o que é direito é justo e nem tudo o que é justo é direito. Isso acontece porque a ideia de justiça engloba valores inerentes ao ser humano, transcendentais, como a liberdade, a igualdade, a fraternidade, a dignidade, a equidade, a honestidade, a moralidade, para segurança, enfim, tudo aquilo que vem sendo chamado de direito natural desde a Antiguidade. O direito, por seu turno, é uma invenção humana, um fenômeno histórico e cultural concebido como técnica para a pacificação social e a realização da justiça.

Em suma, enquanto a justiça é um sistema aberto de valores, em constante mutação, o direito é um conjunto de princípios e regras destinado a realizá-la. E nem sempre o direito alcança esse desiderato, quer por não ter acompanhado as transformações sociais, quer pela incapacidade daqueles que o conceberam, quer, ainda, por falta de disposição política para implementá-lo, tornando-se, por isso, um direito injusto.

É possível dizer que a justiça está para o direito como o horizonte está para cada um de nós. Quanto mais caminhamos em direção ao horizonte — dez passos, cem passos, mil passos —, mais ele se afasta de nós, na mesma proporção. Nem por isso o horizonte deixa de ser importante, porque é ele que nos permite caminhar. De maneira análoga, o direito, na permanente busca da justiça, está sempre caminhando, em constante evolução.

Nesse compasso, a finalidade da justiça é a transformação social, a construção de uma sociedade justa, livre, solidária e fraterna, sem preconceitos, sem pobreza e sem desigualdades sociais. A criação de um direito justo, com efetivo poder transformador da sociedade, entretanto, não é obra apenas do legislador, mas também, e principalmente, de todos os operadores do direito, de sorte que, se ainda não temos uma sociedade justa, é porque temos falhado nessa sagrada missão de bem interpretar e aplicar o direito.

Sergio Cavalieri Filho. Direito, justiça e sociedade.

In: Revista da EMERJ, v. 5, n.º 8, 2002, p. 58-60 (com adaptações).

(Escrivão – PC/RO – CEBRASPE – 2022) No primeiro parágrafo do texto CG2A1-I, o vocábulo "Isso" (quinto período) é empregado em referência a

(A) "conceitos que se entrelaçam" (primeiro período).

(B) "consciência social" (primeiro período).

(C) "direito com o sentido de justiça" (segundo período).

(D) "valores inerentes ao ser humano" (quinto período).

(E) "Nem tudo o que é direito é justo e nem tudo o que é justo é direito" (quarto período).

O pronome demonstrativo "isso" resgata, em função coesiva anafórica, a expressão "nem tudo o que é direito é justo e nem tudo o que é justo é direito". HS

Gabarito "E".

(Escrivão – PC/RO – CEBRASPE – 2022) No segundo parágrafo do texto CG2A1-I, nos segmentos "o conceberam" e "implementá-lo", ambas as formas pronominais têm como referente o termo

(A) "injusto", em "um direito injusto".

(B) "sistema", em "um sistema aberto de valores".

(C) "conjunto", em "um conjunto de princípios e regras".

(D) "desiderato", em "esse desiderato".

(E) "direito", em "nem sempre o direito alcança".

Os pronomes foram utilizados como elementos de coesão, ou seja, evitam a repetição de outros termos que já aparecem no texto para incremento de sua qualidade. No caso "o" resgata "direito". HS

Gabarito "E".

Projetos e Ações: Papo de Resposta

O Programa Papo de Resposta foi criado por policiais civis do Rio de Janeiro. Em 2013, a Polícia Civil do Espírito Santo, por meio de policiais da Academia de Polícia (Acadepol) capixaba, conheceu o programa e, em parceria com a polícia carioca, trouxe para o Estado.

O 'Papo de Resposta' é um programa de educação não formal que – por meio da palavra e de atividades lúdicas – discute temas diversos como prevenção ao uso de drogas e a crimes na internet, bullying, direitos humanos, cultura da paz e segurança pública, aproximando os policiais da comunidade e, principalmente, dos adolescentes. O projeto funciona em três etapas e as temáticas são repassadas pelo órgão que convida o Papo de Resposta, como escolas, igrejas e associações, dependendo da demanda da comunidade. No primeiro ciclo, denominado de "Papo é um Papo", a equipe introduz o tema e inicia o processo de aproximação com os alunos. Já na segunda etapa, os alunos são os protagonistas e produzem materiais, como músicas, poesias, vídeos e colagens de fotos, mostrando a percepção deles sobre a problemática abordada. No último processo, o "Papo no Chão", os alunos e os policiais civis formam uma roda de conversa no chão e trocam ideias relacionadas a frases, questões e músicas direcionadas sempre no tema proposto pela instituição. Por fim, acontece um bate-papo com familiares dos alunos, para que os policiais entendam a percepção deles e também como os adolescentes reagiram diante das novas informações.

Disponível em <https://pc.es.gov.br/projetos-e-acoes>. Acesso em: 30/ jan./2019.

(Escrivão – PC/ES – Instituto AOCP – 2019) "Em 2013, a Polícia Civil do Espírito Santo, por meio de policiais da Academia de Polícia (Acadepol) capixaba, conheceu o programa e [...] trouxe para o Estado".

A expressão em destaque no excerto apresentado pode ser substituída adequadamente, considerando a escolha pronominal e sua colocação, por

(A) conheceu-o.

(B) os conheceu.

(C) conheceu-lhe.

(D) conheceu-no.

(E) lhe conheceu.

No trecho original, "o programa" é objeto direto masculino singular. Logo, o pronome oblíquo a ser utilizado para a mesma função é "o".

Gabarito "A".

12. LÍNGUA PORTUGUESA 359

Os pilares da sustentabilidade: os desafios ambientais do século XXI para a iniciativa privada

01 Entre os pilares para o desenvolvimento sustentável – aquele capaz de garantir as
02 necessidades da geração atual sem comprometer a futura – está a preservação e manutenção do
03 meio ambiente. Nos últimos tempos, tem sido uma das pautas mais discutidas por líderes políticos
04 e empresariais de todo o mundo, principalmente por conta dos impactos das mudanças climáticas.
05 Mesmo o Brasil, um país rico em recursos naturais, já sente as consequências dos eventos
06 extremos, como a seca que persiste no Nordeste e deixa muitas famílias sem acesso à água,
07 recurso essencial para a manutenção da vida. Por isso, pensar em formatos mais eficientes de
08 uso é uma atitude urgente e que deve permear as organizações, os governos e a própria
09 sociedade
10 Em 2015, o Brasil entrou para o grupo das 197 nações signatárias do Acordo de Paris, que
11 determinou metas para manter o aquecimento global bem abaixo de 2°C até 2030.
12 Ana Carolina Avzaradel Szklo, Gerente Sênior de Projetos e Assessora Técnica do CEBDS
13 (Conselho Empresarial Brasileiro para o Desenvolvimento Sustentável), acredita que esses
14 eventos climáticos extremos _____ contribuído para que as empresas incorporem a sustentabilidade
15 em suas agendas. As atitudes para reverter esse quadro preocupante devem ser trabalhadas em
16 conjunto, porque o setor privado apresenta um papel tão importante quanto o governo para a
17 efetivação das ações.
18 Neste contexto, é importante que a sustentabilidade faça parte da organização como um
19 todo, principalmente, da mais alta _____ decisória. Investimentos em inovação para tornar
20 processos mais eficientes podem contribuir com uma série de oportunidades para as
21 organizações.
22 Uma das tendências que estão sendo trabalhadas internacionalmente e sobre o que o
23 CEBDS _____ promovido debates com o setor privado é a precificação do carbono. A medida
24 defende a cobrança pela emissão do CO2, o que faz com que as empresas tenham um maior
25 controle sobre os seus processos. Além disso, impulsiona uma economia mais limpa e que
26 consequentemente pode frear o aquecimento global.
27 Para consolidar uma economia com baixa emissão de carbono, é necessário pensar em
28 toda a cadeia de produção da economia, desde a _____ da matéria-prima, o transporte, a
29 produção e até o descarte. Trabalhando com esses rejeitos, evita-se que os materiais acabem em
30 aterros e lixões – locais em que a decomposição emite gases responsáveis pelo efeito estufa,
31 como o metano e o gás carbônico. Com a reciclagem, os resíduos viram matéria-prima
32 novamente, o que evita a _____ e colabora para o uso racional de recursos naturais.
33 Com a ideia de eliminar o lixo, a empresa precisa investir bastante para reciclar materiais
34 não convencionais como esponjas de limpeza, cosméticos, tubos de pasta de dente, lápis e
35 canetas. Por não terem fluxos regulares de reciclagem, fazer o processo com esses rejeitos sai
36 bem mais caro. "Esses materiais são considerados 'não recicláveis', pois o custo para reciclá-los
37 é superior ao valor obtido com a matéria-prima resultante do processo. Percebemos, portanto,
38 que não existe efetivamente nada que não possa ser reciclado. O que existem são resíduos que
39 valem a pena do ponto de vista financeiro, e outros não, justamente por serem complexos",
40 explica Pirrongelli da TerraCycle.
41 O programa de coleta da TerraCycle engaja consumidores e produtores em seu processo.
42 Não são apenas os produtos de difícil reciclabilidade que preocupam ambientalistas, governos e
43 empresas ao redor do mundo. Mesmo materiais que já _____ processos consolidados, como o
44 plástico, acabam em lixões e aterros, onde demoram anos para se decompor.
45 Relatórios divulgados no início deste ano pela Ellen MacArthur Foundation mostram que cerca de
46 oito bilhões de toneladas de plástico são descartados nos mares por ano – quantidade equivalente
47 a um caminhão de lixo por minuto. A organização calculou que, se esse ritmo continuar, haverá
48 mais plástico do que peixe nos oceanos em 2050.
49 Por isso, a maior procura por produtos biodegradáveis sinaliza a crescente preocupação
50 do setor privado em relação ao meio ambiente. Nesse aspecto, a tecnologia é um aspecto
51 fundamental para a sustentabilidade.
52 Soluções como o plástico hidrossolúvel _____ sido cada vez mais procuradas como um meio
53 de evitar o problema do descarte irresponsável. O material é novidade no Brasil e na América
54 Latina e consiste em um plástico que se dissolve na água em apenas alguns segundos. Há
55 também, nesse mesmo viés, bobinas, saquinhos hidrossolúveis sob medida, entretelas, entre
56 outros. Essa solução, de acordo com um empresário do setor, _____ diversas vantagens ao
57 comprador, como: redução de custos em transporte e armazenagem, devido à concentração de
58 produto na embalagem hidrossolúvel; diminuição no uso e descarte do plástico convencional, que

59 pode gerar créditos de carbono e também _____ segurança na aplicação e no manuseio de
60 substâncias químicas que podem ser nocivas para o ser humano. As empresas podem contribuir
61 para um desenvolvimento sustentável valorizando produtos que _____ um apelo sustentável,
62 criando uma cultura organizacional voltada para essas questões e investindo em desenvolvimento
63 de novas alternativas. É importante também que a organização, além de realizar esses processos,
64 valorize que os mesmos sejam adotados por toda cadeia produtiva, envolvendo desde seus
65 fornecedores até seus clientes.

(Delegado – PC/RS – FUNDATEC – 2018) Na frase: "evita-se que os materiais acabem em aterros e lixões" (l. 29-30), o **se** funciona como:

(A) Pronome reflexivo.

(B) Partícula apassivadora.

(C) Índice de indeterminação do sujeito.

(D) Conjunção integrante.

(E) Conjunção adverbial condicional.

A oração está construída na voz passiva sintética, portanto o elemento "se" é pronome (ou partícula) apassivadora. Note que podemos transpor o trecho para a voz passiva analítica, provando não se tratar de sujeito indeterminado: "É evitado que os materiais acabem em aterros e lixões".
Gabarito "B".

(Delegado – PC/RS – FUNDATEC – 2018) Sobre o pronome relativo no trecho "que determinou metas para manter o aquecimento global bem abaixo de 2°C até 2030". (l. 10-11), considere as afirmativas a seguir:

I. O pronome retoma o antecedente "o Brasil" (l. 10).

II. O qual poderia substituí-lo corretamente, considerando que o núcleo do referente é um substantivo masculino singular.

III. O pronome poderia ser precedido de uma preposição devido à regência do verbo **determinou**.

Quais estão corretas?

(A) Apenas I.

(B) Apenas II.

(C) Apenas III.

(D) Apenas I e II.

(E) Apenas II e III.

I: incorreta. O pronome retoma "Acordo de Paris"; II: correta. As regras de regência e concordância seriam mantidas nesse caso, além de ambos serem pronomes relativos; III: incorreta. "Determinar" é verbo transitivo direto, ou seja, não rege preposição.
Gabarito "B".

(Delegado – PC/RS – FUNDATEC – 2018) Avalie as seguintes ocorrências da palavra **se** e as afirmações subsequentes:

1. para **se** decompor (l. 44).

2. que **se** dissolve na água (l. 54).

I. Em ambas, ocorre próclise.

II. A inserção do advérbio NÃO imediatamente após **para** e **que** manteria a estrutura dos dois fragmentos.

III. Em ambos os casos, a palavra **se** funciona como conjunção integrante.

Quais estão corretas?

(A) Apenas I.

(B) Apenas II.

(C) Apenas I e II.

(D) Apenas I e III.

(E) I, II e III.

I: correta. Chama-se próclise a colocação pronominal antes do verbo, exatamente como vemos nas passagens acima; **II:** correta. O advérbio de negação torna a próclise obrigatória, mas como ela já estava posta não haveria qualquer alteração; **III:** incorreta. Em ambas ela exerce a função de pronome reflexivo.
Gabarito "C".

Ficção universitária

Os dados do Ranking Universitário publicados em setembro de 2013 trazem elementos para que tentemos desfazer o mito, que consta da Constituição, de que pesquisa e ensino são indissociáveis.

É claro que universidades que fazem pesquisa tendem a reunir a nata dos especialistas, produzir mais inovação e atrair os alunos mais qualificados, tornando-se assim instituições que se destacam também no ensino. O Ranking Universitário mostra essa correlação de forma cristalina: das 20 universidades mais bem avaliadas em termos de ensino, 15 lideram no quesito pesquisa (e as demais estão relativamente bem posicionadas). Das 20 que saem à frente em inovação, 15 encabeçam também a pesquisa.

Daí não decorre que só quem pesquisa, atividade estupidamente cara, seja capaz de ensinar. O gasto médio anual por aluno numa das três universidades estaduais paulistas, aí embutidas todas as despesas que contribuem direta e indiretamente para a boa pesquisa, incluindo inativos e aportes de Fapesp, CNPq e Capes, é de R$ 46 mil (dados de 2008). Ora, um aluno do ProUni custa ao governo algo em torno de R$ 1.000 por ano em renúncias fiscais.

Não é preciso ser um gênio da aritmética para perceber que o país não dispõe de recursos para colocar os quase sete milhões de universitários em instituições com o padrão de investimento das estaduais paulistas.

E o Brasil precisa aumentar rapidamente sua população universitária. Nossa taxa bruta de escolarização no nível superior beira os 30%, contra 59% do Chile e 63% do Uruguai. Isso para não mencionar países desenvolvidos como EUA (89%) e Finlândia (92%).

Em vez de insistir na ficção constitucional de que todas as universidades do país precisam dedicar-se à pesquisa, faria mais sentido aceitar o mundo como ele é e distinguir entre instituições de elite voltadas para a produção de conhecimento e as que se destinam a difundi-lo. O Brasil tem necessidade de ambas.

(Hélio Schwartsman. Disponível em: http://www1.folha.uol.com.br, 10.09.20Adaptado)

(Escrivão – AESP/CE – VUNESP – 2017) Considere o seguinte trecho do texto.

Os dados do Ranking Universitário publicados em setembro de 2013 trazem elementos para que tentemos desfazer o mito...

Assinale a alternativa em que os pronomes que substituem as expressões em destaque estão corretamente empregados, de acordo com a norma-padrão da língua portuguesa.

(A) Os dados do Ranking Universitário publicados em setembro de 2013 trazem-lhes para que tentemos desfazê-lo...

(B) Os dados do Ranking Universitário publicados em setembro de 2013 trazem-nos para que tentemos desfazê-lo...

(C) Os dados do Ranking Universitário publicados em setembro de 2013 trazem-nos para que tentemos desfazer-lhe...

(D) Os dados do Ranking Universitário publicados em setembro de 2013 trazem-os para que tentemos desfazer-no...

(E) Os dados do Ranking Universitário publicados em setembro de 2013 trazem-lhes para que tentemos desfazer-lhe...

O termo "elementos" é objeto direto do verbo "trazer", de forma que deve ser substituído pelo pronome oblíquo "os". Como a conjugação do verbo termina em "m", por razões fonéticas o pronome vem antecedido de "n" – "nos". O mesmo ocorre com "mito", com a diferença de que a conjugação do verbo é reduzida, suprimindo-se o "r", acentuando-se a forma final e antecedendo o pronome com "l" – "lo". **HS**
Gabarito "B".

Dificilmente, em uma ciência-arte como a Psicologia-Psiquiatria, há algo que se possa asseverar com 100% de certeza. Isso porque há áreas bastante interpretativas, sujeitas a leituras diversas, a depender do observador e do observado. Porém, existe um fato na Psicologia-Psiquiatria forense que é 100% de certeza e não está sujeito a interpretação ou a dissimulação por parte de quem está a ser examinado. E revela, objetivamente, dados do psiquismo da pessoa ou, em outras palavras, mostra características comportamentais indissimuláveis, claras e objetivas. O que pode ser tão exato, em matéria de Psicologia-Psiquiatria, que não admite variáveis? Resposta: todos os crimes, sem exceção, são como fotografias exatas e em cores do comportamento do indivíduo. E como o psiquismo é responsável pelo modo de agir, por

conseguinte, temos em todos os crimes, obrigatoriamente e sempre, elementos objetivos da mente de quem os praticou.

Por exemplo, o delito foi cometido com multiplicidade de golpes, com ferocidade na execução, não houve ocultação de cadáver, não se verifica cúmplice, premeditação etc. Registre-se que esses dados já aconteceram. Portanto, são insimuláveis, 100% objetivos. Basta juntar essas características comportamentais que teremos algo do psiquismo de quem o praticou. Nesse caso específico, infere-se que a pessoa é explosiva, impulsiva e sem freios, provável portadora de algum transtorno ligado à disritmia psicocerebral, algum estreitamento de consciência, no qual o sentimento invadiu o pensamento e determinou a conduta.

Em outro exemplo, temos homicídio praticado com um só golpe, premeditado, com ocultação de cadáver, concurso de cúmplice etc. Nesse caso, os dados apontam para o lado do criminoso comum, que entendia o que fazia.

Claro que não é possível, apenas pela morfologia do crime, saber-se tudo do diagnóstico do criminoso. Mas, por outro lado, é na maneira como o delito foi praticado que se encontram características 100% seguras da mente de quem o praticou, a evidenciar fatos, tal qual a imagem fotográfica revela-nos exatamente algo, seja muito ou pouco, do momento em que foi registrada. Em suma, a forma como as coisas foram feitas revela muito da pessoa que as fez.

PALOMBA, Guido Arturo. Rev. *Psique*: nº 100 (ed. comemorativa), p. 82.

(Investigador-Escrivão-Papiloscopista – Pará – Funcab – 2016) O pronome (em destaque) empregado para fazer referência a elemento que se encontra, não no texto, mas fora dele é:

(A) entendia o QUE fazia.

(B) revela-NOS exatamente algo.

(C) de quem O praticou.

(D) ISSO porque há áreas.

(E) ESSES dados.

A: incorreta. O pronome se refere a "homicídio"; **B:** correta. O pronome oblíquo "nos" se refere ao autor e ao leitor, convidado a participar do raciocínio. São elementos externos ao texto; **C:** incorreta. O pronome se refere a "delito"; **D e E:** incorreta. Os pronomes se referem ao período anterior respectivo. **HS**
Gabarito "B".

HENRIQUE SUBI

1 A existência do poder executivo, legislativo e
judiciário é uma ideia aparentemente bastante velha no
direito constitucional. Na verdade, trata-se de uma ideia
4 recente que data mais ou menos de Montesquieu. Na alta
Idade Média não havia poder judiciário. Não havia poder
judiciário autônomo, nem mesmo poder judiciário nas mãos
7 de quem detinha o poder das armas, o poder político.
A acumulação da riqueza e do poder e a constituição
do poder judiciário nas mãos de alguns é um mesmo
10 processo que vigorou na alta Idade Média e alcançou seu
amadurecimento no momento da formação da primeira
grande monarquia medieval. Nesse momento, apareceram
13 coisas totalmente novas. Aparece uma justiça que não é
mais contestação entre indivíduos e livre aceitação por esses
indivíduos de um certo número de regras de liquidação, mas
16 que, ao contrário, vai-se impor do alto aos indivíduos, aos
oponentes, aos partidos.
Aparece, ainda, um personagem totalmente novo: o
19 procurador, que se vai apresentar como o representante do
soberano, do rei ou do senhor, como representante de um
poder lesado pelo único fato de ter havido um delito ou um
22 crime. O procurador vai dublar a vítima, vai estar por trás
daquele que deveria dar a queixa, dizendo: "Se é verdade
que este homem lesou um outro, eu, representante do
25 soberano, posso afirmar que o soberano, seu poder, a ordem
que ele faz reinar, a lei que ele estabeleceu foram
igualmente lesados por esse indivíduo. Assim, eu também
28 me coloco contra ele".
Uma noção absolutamente nova aparece: a de
infração. A infração não é um dano causado por um
31 indivíduo contra outro; é uma ofensa ou lesão de um
indivíduo à ordem, ao Estado, à lei, à sociedade, à
soberania, ao soberano. Há ainda uma última invenção tão
34 diabólica quanto a do procurador e a da infração: o Estado
– ou melhor, o soberano – é não somente a parte lesada,
mas também a que exige reparação. Quando um indivíduo
37 perde o processo, é declarado culpado e deve ainda
reparação a sua vítima. Entretanto, vai-se exigir do culpado
não só a reparação do dano feito, mas também a reparação
40 da ofensa que cometeu contra o soberano, o Estado, a lei.

Michel Foucault. **A verdade e as formas jurídicas.** 3ª ed. Rio de Janeiro: Nau Editora, 2002 (com adaptações).

(Papiloscopista – PCDF – Universa – 2016) No texto, o pronome

(A) "este", em "este homem" (linha 24), indica alguém presente no momento da fala do procurador.

(B) "sua" (linha 38) foi empregado no sentido de posse, significando que o indivíduo que perde o processo é dono da vítima.

(C) "se" (linha 19) exerce a função de complemento da forma verbal "vai" (linha 19).

(D) aquele, em "daquele" (linha 23), retoma "a vítima" (linha 22).

(E) "ele", em suas três ocorrências, às linhas 26 e 28, possui o mesmo referente.

A: correta. O pronome demonstrativo "este" pressupõe a proximidade do objeto do discurso com seu orador; **B:** incorreta. O pronome foi usado como elemento de coesão e retoma o termo "processo" – a vítima "pertence" ao processo; **C:** incorreta. O pronome está relacionado ao verbo "apresentar"; **D:** incorreta. Se retomasse "vítima", deveria estar no feminino. Retoma, na verdade, um elemento oculto não especificado, provavelmente "homem"; **E:** incorreta. O último "ele" se refere ao criminoso, ao passo que os outros dois se referem ao monarca. **HS**

Gabarito "A".

5. VERBO

Disponível em: <www.jopbj.blogspot.com/2016/01/calvin-e-manipulacao-da-midia.html>. Acesso em: 10/fev./2019.

(Perito – PC/ES – Instituto AOCP – 2019) Em "Esta tigela de tapioca morna representa meu cérebro.", ocorre voz ativa. Passando-se a oração para a voz passiva, tem-se

(A) "Representam meu cérebro em uma tigela de tapioca morna.".
(B) "Representa-se esta tigela de tapioca morna pelo meu cérebro.".
(C) "Nesta tigela de tapioca morna, meu cérebro é representado.".
(D) "No meu cérebro, representam-se tigelas de tapiocas mornas.".
(E) "Meu cérebro é representado por esta tigela de tapioca morna.".

Na transposição para a voz passiva, o sujeito vira agente da passiva e o objeto vira sujeito paciente. Assim, a forma correta é "Meu cérebro é representado". Atenção para a alternativa "C", na qual há erro no uso da preposição "em" ("nesta") em vez de "por".

Gabarito "E".

Projetos e Ações: Papo de Responsa

O Programa Papo de Responsa foi criado por policiais civis do Rio de Janeiro. Em 2013, a Polícia Civil do Espírito Santo, por meio de policiais da Academia de Polícia (Acadepol) capixaba, conheceu o programa e, em parceria com a polícia carioca, trouxe para o Estado.

O 'Papo de Responsa' é um programa de educação não formal que – por meio da palavra e de atividades lúdicas – discute temas diversos como prevenção ao uso de drogas e a crimes na internet, bullying, direitos humanos, cultura da paz e segurança pública, aproximando os policiais da comunidade e, principalmente, dos adolescentes. O projeto funciona em três etapas e as temáticas são repassadas pelo órgão que convida o Papo de Responsa, como escolas, igrejas e associações, dependendo da demanda da comunidade. No primeiro ciclo, denominado de "Papo é um Papo", a equipe introduz o tema e inicia o processo de aproximação com os alunos. Já na segunda etapa, os alunos são os protagonistas e produzem materiais, como músicas, poesias, vídeos e colagens de fotos, mostrando a percepção deles sobre a problemática abordada. No último processo, o "Papo no Chão", os alunos e os policiais civis formam uma roda de conversa no chão e trocam ideias relacionadas a frases, questões e músicas direcionadas sempre no tema proposto pela instituição. Por fim, acontece um bate-papo com familiares dos alunos, para que os policiais entendam a percepção deles e também como os adolescentes reagiram diante das novas informações.

Disponível em <https://pc.es.gov.br/projetos-e-acoes>. Acesso em: 30/ jan./2019.

(Escrivão – PC/ES – Instituto AOCP – 2019) Assinale a alternativa em que a conjugação e a grafia dos verbos completam adequadamente todas as lacunas da seguinte frase.
"Se algum órgão da comunidade _____ o programa "Papo de Responsa", os policiais _____ o local e _____ o projeto.

(A) convocam – visitarão – realizam
(B) convocasse – visitão – realizarão
(C) convocar – visitariam – realizão
(D) convocão – visitam – realizarão
(E) convoca – visitam – realizam

As regras formais de concordância e ortografia são respeitadas, respectivamente, nas formas: "algum órgão (...) convoca", "os policiais visitam" e "(os policiais) realizam".

Gabarito "E".

HENRIQUE SUBI

Os pilares da sustentabilidade: os desafios ambientais do século XXI para a iniciativa privada

01 Entre os pilares para o desenvolvimento sustentável – aquele capaz de garantir as
02 necessidades da geração atual sem comprometer a futura – está a preservação e manutenção do
03 meio ambiente. Nos últimos tempos, tem sido uma das pautas mais discutidas por líderes políticos
04 e empresariais de todo o mundo, principalmente por conta dos impactos das mudanças climáticas.
05 Mesmo o Brasil, um país rico em recursos naturais, já sente as consequências dos eventos
06 extremos, como a seca que persiste no Nordeste e deixa muitas famílias sem acesso à água,
07 recurso essencial para a manutenção da vida. Por isso, pensar em formatos mais eficientes de
08 uso é uma atitude urgente e que deve permear as organizações, os governos e a própria
09 sociedade
10 Em 2015, o Brasil entrou para o grupo das 197 nações signatárias do Acordo de Paris, que
11 determinou metas para manter o aquecimento global bem abaixo de 2°C até 2030.
12 Ana Carolina Avzaradel Szklo, Gerente Sênior de Projetos e Assessora Técnica do CEBDS
13 (Conselho Empresarial Brasileiro para o Desenvolvimento Sustentável), acredita que esses
14 eventos climáticos extremos _____ contribuído para que as empresas incorporem a sustentabilidade
15 em suas agendas. As atitudes para reverter esse quadro preocupante devem ser trabalhadas em
16 conjunto, porque o setor privado apresenta um papel tão importante quanto o governo para a
17 efetivação das ações.
18 Neste contexto, é importante que a sustentabilidade faça parte da organização como um
19 todo, principalmente, da mais alta _____ decisória. Investimentos em inovação para tornar
20 processos mais eficientes podem contribuir com uma série de oportunidades para as
21 organizações.
22 Uma das tendências que estão sendo trabalhadas internacionalmente e sobre o que o
23 CEBDS _____ promovido debates com o setor privado é a precificação do carbono. A medida
24 defende a cobrança pela emissão do CO2, o que faz com que as empresas tenham um maior
25 controle sobre os seus processos. Além disso, impulsiona uma economia mais limpa e que
26 consequentemente pode frear o aquecimento global.
27 Para consolidar uma economia com baixa emissão de carbono, é necessário pensar em
28 toda a cadeia de produção da economia, desde a _____ da matéria-prima, o transporte, a
29 produção e até o descarte. Trabalhando com esses rejeitos, evita-se que os materiais acabem em
30 aterros e lixões – locais em que a decomposição emite gases responsáveis pelo efeito estufa,
31 como o metano e o gás carbônico. Com a reciclagem, os resíduos viram matéria-prima
32 novamente, o que evita a _____ e colabora para o uso racional de recursos naturais.
33 Com a ideia de eliminar o lixo, a empresa precisa investir bastante para reciclar materiais
34 não convencionais como esponjas de limpeza, cosméticos, tubos de pasta de dente, lápis e
35 canetas. Por não terem fluxos regulares de reciclagem, fazer o processo com esses rejeitos sai
36 bem mais caro. "Esses materiais são considerados 'não recicláveis', pois o custo para reciclá-los
37 é superior ao valor obtido com a matéria-prima resultante do processo. Percebemos, portanto,
38 que não existe efetivamente nada que não possa ser reciclado. O que existem são resíduos que
39 valem a pena do ponto de vista financeiro, e outros não, justamente por serem complexos",
40 explica Pirrongelli da TerraCycle.
41 O programa de coleta da TerraCycle engaja consumidores e produtores em seu processo.
42 Não são apenas os produtos de difícil reciclabilidade que preocupam ambientalistas, governos e
43 empresas ao redor do mundo. Mesmo materiais que já ___ processos consolidados, como o
44 plástico, acabam em lixões e aterros, onde demoram anos para se decompor.
45 Relatórios divulgados no início deste ano pela Ellen MacArthur Foundation mostram que cerca de
46 oito bilhões de toneladas de plástico são descartados nos mares por ano – quantidade equivalente
47 a um caminhão de lixo por minuto. A organização calculou que, se esse ritmo continuar, haverá
48 mais plástico do que peixe nos oceanos em 2050.
49 Por isso, a maior procura por produtos biodegradáveis sinaliza a crescente preocupação
50 do setor privado em relação ao meio ambiente. Nesse aspecto, a tecnologia é um aspecto
51 fundamental para a sustentabilidade.
52 Soluções como o plástico hidrossolúvel ___ sido cada vez mais procuradas como um meio
53 de evitar o problema do descarte irresponsável. O material é novidade no Brasil e na América
54 Latina e consiste em um plástico que se dissolve na água em apenas alguns segundos. Há

12. LÍNGUA PORTUGUESA   365

55   também, nesse mesmo viés, bobinas, saquinhos hidrossolúveis sob medida, entretelas, entre
56   outros. Essa solução, de acordo com um empresário do setor, _____ diversas vantagens ao
57   comprador, como: redução de custos em transporte e armazenagem, devido à concentração de
58   produto na embalagem hidrossolúvel; diminuição no uso e descarte do plástico convencional, que
59   pode gerar créditos de carbono e também _____ segurança na aplicação e no manuseio de
60   substâncias químicas que podem ser nocivas para o ser humano. As empresas podem contribuir
61   para um desenvolvimento sustentável valorizando produtos que _____ um apelo sustentável,
62   criando uma cultura organizacional voltada para essas questões e investindo em desenvolvimento
63   de novas alternativas. É importante também que a organização, além de realizar esses processos,
64   valorize que os mesmos sejam adotados por toda cadeia produtiva, envolvendo desde seus
65   fornecedores até seus clientes.

(Fonte: Amcham Brasil, 26 de maio 2017 – http://economia.estadao.com.br/blogs – Texto adaptado)

(Delegado – PC/RS – FUNDATEC – 2018) As lacunas tracejadas das linhas 14, 23, 43, 52 e 61, quanto à flexão do verbo **ter**, ficam, correta e respectivamente, preenchidas por:

(A) têm – têm – têm – tem – tem
(B) tem – tem – tem – tem – têm
(C) têm – tem – tem – têm – tem
(D) têm – tem – têm – têm – têm
(E) tem – têm – têm – têm – têm

Respectivamente, "têm" (para concordar com "eventos"); "tem" (para concordar com "o CBDS"); "têm" (para concordar com "materiais"); "têm" (para concordar com "soluções"); e "têm" (para concordar com "produtos").

Gabarito "D".

Sustentabilidade no Brasil: questão ambiental ou econômica?

01   O Brasil é um dos países com maior interesse sustentável no mundo, alcançando o valor
02   de 99 pontos nos dados do Google Trends, que tem o valor máximo de 100. Sempre houve uma
03   grande pressão mundial sobre o Brasil. O país com a maior floresta e com a maior reserva de
04   água doce do mundo tem sido cobrado pela preservação disso tudo. Uma tarefa nada fácil para
05   o governo brasileiro, pois a nação precisa crescer e se desenvolver, algo que os grandes países
06   já fizeram sem se preocuparem com o futuro do planeta, agredindo sem escrúpulos o meio
07   ambiente.
08   Logo, a #Sustentabilidade ganha um enorme foco, causando grandes debates a respeito
09   de sua importância, e planejamentos complexos, para que, junto com ela, venha também o
10   desenvolvimento e não o retrocesso.
11   Segundo dados do Google Trends, o maior interesse a respeito do tema Sustentabilidade
12   se concentra na Região Norte e Nordeste.
13   Como pode-se observar, 5 dos 7 estados da Região Norte aparecem entre os mais citados,
14   curiosamente onde se concentra a maior parte das florestas do país, ao mesmo tempo, também
15   um baixo IDH (Índice de Desenvolvimento Humano).
16   Os estados com maiores interesses no tema são, na prática, os lugares onde mais se
17   precisa aplicar a sustentabilidade. Como é um assunto em foco, é por isso que as regiões mais
18   atrasadas estão tentando mudar a situação atual, com o governo criando leis e começando a
19   punir quem agride o meio ambiente.
20   Os dados do IBGE comprovam o interesse na situação atual.
21   Uma pesquisa revelou que 89,3% dos municípios do Nordeste e um total de 85,5% do
22   Norte destinam seus resíduos sólidos para lixões, onde não ocorre nenhum tipo de tratamento ou
23   reaproveitamento. Especificamente no Pará, isso ocorre em 94,4% das cidades.
24   Na prática, o dinheiro reflete muito na questão da sustentabilidade, em que estados mais
25   pobres não têm condição de arcar com essas mudanças. O interesse é enorme, mas o progresso
26   é lento.
27   O discurso do clima não é mais ambiental, é econômico.

(Fonte: https://br.blastingnews.com/sociedade-opiniao – Texto adaptado.)

366 HENRIQUE SUBI

(Delegado – PC/RS – FUNDATEC – 2018) Na linha 02, a forma verbal **houve**, visando à manutenção da correção gramatical do período e do sentido original, poderia ser corretamente substituída por:

(A) existirá.

(B) há de haver.

(C) existiu.

(D) tem havido.

(E) haverá de existir.

"Houve" é a conjugação do verbo "haver" na terceira pessoa do singular do pretérito perfeito do indicativo. Basta substituí-lo pela mesma conjugação do verbo "existir" = "existiu".
Gabarito "C".

(Delegado – PC/RS – FUNDATEC – 2018) A correta conversão da frase "Os dados do IBGE comprovam o interesse na situação atual.", retirada do texto, para a voz passiva é:

(A) Os dados do IBGE têm comprovado o interesse na situação atual.

(B) O interesse na situação atual comprova os dados do IBGE.

(C) O interesse na situação atual é comprovado pelos dados do IBGE.

(D) O interesse na situação atual será comprovado pelos dados do IBGE.

(E) Comprovado o interesse na situação, há dados do IBGE.

Na transposição da voz ativa para a voz passiva, o sujeito ativo vira agente da passiva ("dados do IBGE") e o complemento verbal se torna sujeito paciente ("interesse na situação atual"), mantendo-se o verbo "ser" no mesmo tempo e modo verbal do verbo principal: "O interesse na situação atual é comprovado pelos dados do IBGE".
Gabarito "C".

Dificilmente, em uma ciência-arte como a Psicologia-Psiquiatria, há algo que se possa asseverar com 100% de certeza. Isso porque há áreas bastante interpretativas, sujeitas a leituras diversas, a depender do observador e do observado. Porém, existe um fato na Psicologia-Psiquiatria forense que é 100% de certeza e não está sujeito a interpretação ou a dissimulação por parte de quem está a ser examinado. E revela, objetivamente, dados do psiquismo da pessoa ou, em outras palavras, mostra características comportamentais indissimuláveis, claras e objetivas. O que pode ser tão exato, em matéria de Psicologia-Psiquiatria, que não admite variáveis? Resposta: todos os crimes, sem exceção, são como fotografias exatas e em cores do comportamento do indivíduo. E como o psiquismo é responsável pelo modo de agir, por conseguinte, temos em todos os crimes, obrigatoriamente e sempre, elementos objetivos da mente de quem os praticou.

Por exemplo, o delito foi cometido com multiplicidade de golpes, com ferocidade na execução, não houve ocultação de cadáver, não se verifica cúmplice, premeditação etc. Registre-se que esses dados já aconteceram. Portanto, são insimuláveis, 100% objetivos. Basta juntar essas características comportamentais que teremos algo do psiquismo de quem o praticou. Nesse caso específico, infere-se que a pessoa é explosiva, impulsiva e sem freios, provável portadora de algum transtorno ligado à disritmia psicocerebral, algum estreitamento de consciência, no qual o sentimento invadiu o pensamento e determinou a conduta.

Em outro exemplo, temos homicídio praticado com um só golpe, premeditado, com ocultação de cadáver, concurso de cúmplice etc. Nesse caso, os dados apontam para o lado do criminoso comum, que entendia o que fazia.

Claro que não é possível, apenas pela morfologia do crime, saber-se tudo do diagnóstico do criminoso. Mas, por outro lado, é na maneira como o delito foi praticado que se encontram características 100% seguras da mente de quem o praticou, a evidenciar fatos, tal qual a imagem fotográfica revela-nos exatamente algo, seja muito ou pouco, do momento em que foi registrada. Em suma, a forma como as coisas foram feitas revela muito da pessoa que as fez.

PALOMBA, Guido Arturo. Rev. *Psique*: nº 100 (ed. comemorativa), p. 82.

(Investigador-Escrivão-Papiloscopista – Pará – Funcab – 2016) Considere-se o seguinte período:

Mas, por outro lado, é na maneira como o delito FOI PRATICADO que SE ENCONTRAM características 100% seguras da mente de quem o praticou, A EVIDENCIAR fatos, tal qual a imagem fotográfica REVELA-nos exatamente algo, seja muito ou pouco, do momento em que FOI REGISTRADA.

Feitos eventuais ajustes indispensáveis, a substituição da forma verbal (em destaque) que altera fundamentalmente o sentido do enunciado está registrada em:

(A) a evidenciar / evidenciando.

(B) foi praticado / praticou-se.

(C) revela / tem revelado.

(D) foi registrada / se registrou.

(E) se encontram / são encontradas.

A: incorreta. "A evidenciar" é a forma de se grafar o gerúndio no Português europeu; **B, D** e **E:** incorretas. A substituição apenas altera a voz passiva analítica para a voz passiva sintética; **C:** correta. A alteração atinge o sentido original do texto, vez que o verbo no presente do indicativo denota um fato que ocorreu no momento em que se fala, ao passo que a locução verbal "tem revelado" indica um fato que se iniciou no passado e continua a surtir efeitos. **HS**
Gabarito "C".

6. REGÊNCIA

(Escrivão – PC/ES – Instituto AOCP – 2019) Considere a regência dos verbos em destaque e assinale a alternativa correta.

(A) O projeto aspira a aproximação com a comunidade.

(B) O projeto visa à aproximação com a comunidade.

(C) Como os adolescentes preferem mais as atividades lúdicas, elas são a base da segunda etapa.

(D) Os policiais capixabas assistem à comunidade no que ela necessita.

(E) Os policiais capixabas visam na comunidade o que ela necessita.

A: incorreta. O verbo "aspirar", quando é sinônimo de "almejar", é transitivo indireto e rege a preposição "a". Por isso, ocorre crase em "aspira à aproximação". Sem a preposição, é sinônimo de "respirar", "cheirar"; **B:** correta. O padrão culto foi integralmente respeitado quanto à regência. O verbo "visar", como sinônimo de "almejar", é transitivo indireto e rege a preposição "a". Sem a preposição, é sinônimo de "vistar", "assinar", "rubricar"; **C:** incorreta. "Preferir mais" é pleonasmo. Se eles preferem, é porque gostam mais desta etapa do que das outras; **D:** incorreta. O verbo "assistir", como sinônimo de "ajudar", é transitivo direto, não rege preposição. Por isso, não ocorre crase na construção proposta. Com a preposição (e a crase, no caso), é sinônimo de "ver", "acompanhar"; **E:** incorreta, conforme comentário à letra "B".

Gabarito "B".

(Escrivão – PC/MG – FUMARC – 2018) Regência Nominal é a relação existente entre um nome (substantivo, adjetivo ou advérbio) e os termos regidos por esse nome.

INDIQUE a alternativa que apresenta Regência Nominal INCORRETA.

(A) Os arquivos do convênio não estão acessíveis à consulta.

(B) O interrogado mostrou-se insensível pelas perguntas feitas.

(C) O aluno é residente na Avenida Afonso Pena.

(D) Devo obediência aos meus pais.

Todas as alternativas obedecem à norma padrão de regência, com exceção da letra "B", que deve ser assinalada. O adjetivo "insensível" rege a preposição "a": "mostrou-se insensível às perguntas feitas".

Gabarito "B".

(Escrivão – AESP/CE – VUNESP – 2017) Leia o texto.

Mesmo estando apta _____ desenvolver atividades na área de ensino, a maioria dos profissionais que conclui o ensino superior sente-se impelida _____ buscar outras áreas _____ que possa trabalhar, geralmente atraída _____ salários mais expressivos e melhores condições de trabalho.

Considerando-se as regras de regência, verbal e nominal, de acordo com a norma-padrão da língua portuguesa, as lacunas do texto devem ser preenchidas, correta e respectivamente, com:

(A) por ... a ... em ... com

(B) a ... de ... de ... por

(C) a . com . por . com

(D) em ... por ... a ... de

(E) a ... a ... em ... por

"Apta" rege a preposição "a". "Impelir" também rege a preposição "a". A locução pronominal relativa que traduz ideia de lugar é "em que". O particípio "atraído" rege a preposição "por". HS

Gabarito "E".

7. OCORRÊNCIA DA CRASE

Dicas de Segurança: Em casa

• Em sua residência, ao atender um chamado, certifique-se de quem se trata, antes mesmo de atendê-lo. Em caso de suspeita, chame a Polícia.

• À noite, ao chegar em casa, observe se há pessoas suspeitas próximas à residência. Caso haja suspeita, não estacione; ligue para a polícia e aguarde a sua chegada.

• Não mantenha muito dinheiro em casa e nem armas e joias de muito valor.

• Quando for tirar cópias de suas chaves, escolha chaveiros que trabalhem longe de sua casa. Dê preferência

a profissionais estabelecidos e que tenham seus telefones no catálogo telefônico.

• Evite deixar seus filhos em casa de colegas e amigos sem a presença de um adulto responsável.

• Cuidado com pessoas estranhas que podem usar crianças e empregadas para obter informações sobre sua rotina diária.

• Cheque sempre as referências de empregados domésticos (saiba o endereço de sua residência).

• Utilize trancas e fechaduras de qualidade para evitar acesso inoportuno. O uso de fechaduras auxiliares dificulta o trabalho dos ladrões.

• Não deixe luzes acesas durante o dia. Isso significa que não há ninguém em casa.

• Quando possível, deixe alguma pessoa de sua confiança vigiando sua casa. Utilize, se necessário, seu vizinho, solicitando-lhe que recolha suas correspondências e receba seus jornais quando inevitável.

• Ao viajar, suspenda a entrega de jornais e revistas.

• Não coloque cadeados do lado de fora do portão. Isso costuma ser um sinal de que o morador está viajando.

• Cheque a identidade de entregadores, técnicos de telefone ou de aparelhos elétricos.

• Insista com seus filhos: eles devem informar sempre onde estarão, se vão se atrasar ou se forem para a casa de algum amigo. É muito importante dispor de todos os telefones onde é possível localizá-los.

• Verifique se as portas e janelas estão devidamente trancadas e jamais avise a estranhos que você não vai estar em casa.

Adaptado de https:///sesp.es.gov.br/em-casa>.
Acesso em: 30/jan./2019.

(Perito – PC/ES – Instituto AOCP – 2019) No excerto "[...] jamais avise a **estranhos** que você não estará em casa.", será obrigatório o uso do sinal indicativo da crase, no caso de o termo em destaque ser substituído por

(A) vizinhos da rua.

(B) vizinhança toda.

(C) entregadores.

(D) cobradores.

(E) quem quer que seja.

A crase somente ocorre antes de palavras femininas. Logo, somente se substituirmos "estranhos" por "vizinhança" deverá ser usado o acento grave.

Gabarito "B".

Dificilmente, em uma ciência-arte como a Psicologia-Psiquiatria, há algo que se possa asseverar com 100% de certeza. Isso porque há áreas bastante interpretativas, sujeitas a leituras diversas, a depender do observador e do observado. Porém, existe um fato na Psicologia-Psiquiatria forense que é 100% de certeza e não está sujeito a interpretação ou a dissimulação por parte de quem está a ser examinado. E revela, objetivamente, dados do psiquismo da pessoa ou, em outras palavras, mostra características comportamentais indissimuláveis, claras e objetivas. O que pode ser tão exato, em matéria de Psicologia-Psiquiatria, que não admite variáveis? Resposta: todos os crimes, sem exceção, são como fotografias exatas e em cores do comportamento do indivíduo. E como o psiquismo é responsável pelo modo de agir, por conseguinte, temos em todos os crimes, obrigatoriamente e sempre, elementos objetivos da mente de quem os praticou.

Por exemplo, o delito foi cometido com multiplicidade de golpes, com ferocidade na execução, não houve ocultação de cadáver, não se verifica cúmplice, premeditação etc. Registre-se que esses dados já aconteceram. Portanto, são insimuláveis, 100% objetivos. Basta juntar essas características comportamentais que teremos algo do psiquismo de quem o praticou. Nesse caso específico, infere-se que a pessoa é explosiva, impulsiva e sem freios, provável portadora de algum transtorno ligado à disritmia psicocerebral, algum estreitamento de consciência, no qual o sentimento invadiu o pensamento e determinou a conduta.

Em outro exemplo, temos homicídio praticado com um só golpe, premeditado, com ocultação de cadáver, concurso de cúmplice etc. Nesse caso, os dados apontam para o lado do criminoso comum, que entendia o que fazia.

Claro que não é possível, apenas pela morfologia do crime, saber-se tudo do diagnóstico do criminoso. Mas, por outro lado, é na maneira como o delito foi praticado que se encontram características 100% seguras da mente de quem o praticou, a evidenciar fatos, tal qual a imagem fotográfica revela-nos exatamente algo, seja muito ou pouco, do momento em que foi registrada. Em suma, a forma como as coisas foram feitas revela muito da pessoa que as fez.

PALOMBA, Guido Arturo. Rev. *Psique*: nº 100
(ed. comemorativa), p. 82.

(Investigador-Escrivão-Papiloscopista – Pará – Funcab – 2016) Mantém-se o acento grave no "a" que se lê em: "portadora de algum transtorno ligado à disritmia psicocerebral" com a substituição do complemento de "ligado" por:

(A) a possíveis disritmias psicocerebrais.

(B) a tal ou qual disritmia psicocerebral.

(C) a quaisquer disritmias psicocerebrais.

(D) a uma disritmia psicocerebral.

(E) a disritmia psicocerebral em pauta.

A: incorreta. Se o termo seguinte está no plural e não há o "s" indicativo da flexão de número junto à preposição "a", isso demonstra que ela é preposição "pura", sem artigo aglutinado, logo não ocorre crase; **B:** incorreta. Não ocorre crase antes da expressão "tal ou qual", "tal e qual"; **C e D:** incorretas. Não ocorre crase antes de pronome indefinido; **E:** correta. A especificação do termo, adicionando "em pauta" após ele, não desnatura a ocorrência da crase anterior. HS

Gabarito "E".

8. CONJUNÇÃO

AS MUDANÇAS CLIMÁTICAS JÁ AFETAM NOSSAS VIDAS

CIÊNCIA HOJE: Quais lugares do planeta estão sendo (e serão no futuro) mais afetados pelas mudanças climáticas? E em relação aos biomas brasileiros?

ARGEMIRO TEIXEIRA: Metade da população mundial já vive sob risco climático, e os impactos são mais graves entre populações urbanas marginalizadas, como os moradores de favelas. Em geral, as áreas de alto risco às mudanças climáticas são regiões caracterizadas por grande densidade populacional, altos índices de pobreza e dependência de condições climáticas para o cultivo agrícola. Além disso, é importante falar que as áreas próximas da linha do Equador correm mais riscos do que as áreas temperadas. Todos os modelos mostram que, no Brasil, aumentarão a frequência e intensidade de ondas de calor e, por sua vez, aumentará o número de mortes.

CH: Pode falar dos efeitos dessa crise climática na segurança alimentar e na saúde humana?

AT: Em todo o mundo, altas temperaturas e eventos climáticos extremos como secas, ondas de calor e enchentes já prejudicam a produção de alimentos. O fornecimento internacional de alimentos está sob ameaça. Os riscos de quebra generalizada nas colheitas devido a eventos extremos que atingem locais em todo o mundo aumentarão se as emissões não forem reduzidas rapidamente. Isto poderia levar à escassez global de alimentos e ao aumento de preços, o que prejudicará particularmente as pessoas mais pobres. O novo relatório do IPCC (Painel Intergovernamental sobre Mudanças Climáticas, na tradução em português) sugere que esses fatores prejudicarão especialmente a agricultura no Brasil se as temperaturas continuarem a subir. A produção de arroz poderia cair em 6% com altas emissões. A produção de trigo poderia cair 21%, e a de milho poderia cair em até 71% até o final do século no Cerrado. Além disso, a combinação do aumento continuado de emissões de gases de efeito estufa com o desmatamento local pode causar uma queda de 33% na produção de soja e na das pastagens na Amazônia. Os impactos das mudanças climáticas também prejudicarão a pesca e a aquicultura no Brasil. Se as emissões seguirem altas, a produção de peixes cairá em 36% no período 2050-2070 em comparação com 2030-2050. Além de tudo isso, estudos sugerem que as mudanças climáticas refletem em mudanças no ambiente como a alteração de ecossistemas e de ciclos biológicos, geográficos, e químicos, que podem aumentar a incidência de doenças infecciosas (malária, dengue etc.), mas também de doenças não-transmissíveis, que incluem a desnutrição e enfermidades mentais.

Adaptado de: https://cienciahoje.org.br/artigo/as-mudancas-climaticas-ja-afetam-nossas-vidas/. Acesso em: 7 set. 2022.

12. LÍNGUA PORTUGUESA

(Escrivão – PC/GO – AOCP – 2023) Em "[...] podem aumentar a incidência de doenças infecciosas (malária, dengue etc.), mas também de doenças não-transmissíveis [...]", a expressão destacada sinaliza, entre os termos da oração, uma relação de

(A) correção.

(B) explicação.

(C) concessão.

(D) adversidade.

(E) adição.

"Mas também", ainda que comece com "mas", uma famosa conjunção adversativa, na verdade é uma locução conjuntiva aditiva. É sinônimo de "e". Gabarito "E".

(Escrivão – PC/GO – AOCP – 2023) Assinale a alternativa em que a expressão destacada atua na coesão referencial do texto e pode ser substituída pelo termo "tais" sem que isso cause prejuízo sintático ou semântico ao excerto.

(A) "Além disso, é importante falar que as áreas próximas da linha do Equador [...]".

(B) "Além de tudo isso, estudos sugerem que as mudanças climáticas refletem em mudanças no ambiente [...]".

(C) "Pode falar dos efeitos dessa crise climática na segurança alimentar e na saúde humana?".

(D) "O novo relatório do IPCC [...] sugere que esses fatores prejudicarão especialmente a agricultura no Brasil [...]".

(E) "Além disso, a combinação do aumento continuado de emissões de gases de efeito estufa com o desmatamento local [...]".

"Tais", no caso, tem valor de pronome demonstrativo. Nas alternativas "A", "B" e "E" as expressões destacadas são conjunções, então a troca por um pronome levaria a incorreção gramatical. Na alternativa "C" temos o pronome no singular, e "tais" é plural. Logo, apenas na letra "D" a substituição é possível. Gabarito "D".

Projetos e Ações: Papo de Responsa

O Programa Papo de Responsa foi criado por policiais civis do Rio de Janeiro. Em 2013, a Polícia Civil do Espírito Santo, por meio de policiais da Academia de Polícia (Acadepol) capixaba, conheceu o programa e, em parceria com a polícia carioca, trouxe para o Estado.

O 'Papo de Responsa' é um programa de educação não formal que – por meio da palavra e de atividades lúdicas – discute temas diversos como prevenção ao uso de drogas e a crimes na internet, bullying, direitos humanos, cultura da paz e segurança pública, aproximando os policiais da comunidade e, principalmente, dos adolescentes. O projeto funciona em três etapas e as temáticas são repassadas pelo órgão que convida o Papo de Responsa, como escolas, igrejas e associações, dependendo da demanda da comunidade. No primeiro ciclo, denominado de "Papo é um Papo", a equipe introduz o tema e inicia o processo de aproximação com os alunos. Já na segunda etapa, os alunos são os protagonistas e produzem materiais, como músicas, poesias, vídeos e colagens de fotos, mostrando a percepção deles sobre a problemática abordada. No último processo, o "Papo no Chão", os alunos e os policiais civis formam uma roda de conversa no chão e trocam ideias relacionadas a frases, questões e músicas direcionadas sempre no tema proposto pela instituição. Por fim, acontece um bate-papo com familiares dos alunos, para que os policiais entendam a percepção deles e também como os adolescentes reagiram diante das novas informações.

Disponível em <https://pc.es.gov.br/projetos-e-acoes>. Acesso em: 30/ jan./2019.

(Escrivão – PC/ES – Instituto AOCP – 2019) Em "[...] acontece um bate-papo com familiares dos alunos, para que os policiais entendam a percepção deles [...]", a expressão em destaque pode ser substituída corretamente, sem que haja alteração semântica ou sintática, por

(A) a fim de que.

(B) afim de que.

(C) conquanto que.

(D) com quanto que.

(E) porquanto que.

"Para que" é locução conjuntiva com valor de finalidade, sinônima de "a fim de que", "com vistas a". Cuidado com a letra "B", que utiliza "afim" em vez de "a fim" e está errada. "Afim" é adjetivo, sinônimo de "parecido". Gabarito "A".

Os pilares da sustentabilidade: os desafios ambientais do século XXI para a iniciativa privada

01   Entre os pilares para o desenvolvimento sustentável – aquele capaz de garantir as
02   necessidades da geração atual sem comprometer a futura – está a preservação e manutenção do
03   meio ambiente. Nos últimos tempos, tem sido uma das pautas mais discutidas por líderes políticos
04   e empresariais de todo o mundo, principalmente por conta dos impactos das mudanças climáticas.
05   Mesmo o Brasil, um país rico em recursos naturais, já sente as consequências dos eventos
06   extremos, como a seca que persiste no Nordeste e deixa muitas famílias sem acesso à água,
07   recurso essencial para a manutenção da vida. Por isso, pensar em formatos mais eficientes de
08   uso é uma atitude urgente e que deve permear as organizações, os governos e a própria
09   sociedade
10   Em 2015, o Brasil entrou para o grupo das 197 nações signatárias do Acordo de Paris, que
11   determinou metas para manter o aquecimento global bem abaixo de 2°C até 2030.
12   Ana Carolina Avzaradel Szklo, Gerente Sênior de Projetos e Assessora Técnica do CEBDS
13   (Conselho Empresarial Brasileiro para o Desenvolvimento Sustentável), acredita que esses
14   eventos climáticos extremos ____ contribuído para que as empresas incorporem a sustentabilidade
15   em suas agendas. As atitudes para reverter esse quadro preocupante devem ser trabalhadas em
16   conjunto, porque o setor privado apresenta um papel tão importante quanto o governo para a
17   efetivação das ações.
18   Neste contexto, é importante que a sustentabilidade faça parte da organização como um
19   todo, principalmente, da mais alta _____ decisória. Investimentos em inovação para tornar
20   processos mais eficientes podem contribuir com uma série de oportunidades para as
21   organizações.
22   Uma das tendências que estão sendo trabalhadas internacionalmente e sobre o que o
23   CEBDS ____ promovido debates com o setor privado é a precificação do carbono. A medida
24   defende a cobrança pela emissão do CO2, o que faz com que as empresas tenham um maior
25   controle sobre os seus processos. Além disso, impulsiona uma economia mais limpa e que
26   consequentemente pode frear o aquecimento global.
27   Para consolidar uma economia com baixa emissão de carbono, é necessário pensar em
28   toda a cadeia de produção da economia, desde a _____ da matéria-prima, o transporte, a
29   produção e até o descarte. Trabalhando com esses rejeitos, evita-se que os materiais acabem em
30   aterros e lixões – locais em que a decomposição emite gases responsáveis pelo efeito estufa,
31   como o metano e o gás carbônico. Com a reciclagem, os resíduos viram matéria-prima
32   novamente, o que evita a _____ e colabora para o uso racional de recursos naturais.
33   Com a ideia de eliminar o lixo, a empresa precisa investir bastante para reciclar materiais
34   não convencionais como esponjas de limpeza, cosméticos, tubos de pasta de dente, lápis e
35   canetas. Por não terem fluxos regulares de reciclagem, fazer o processo com esses rejeitos sai
36   bem mais caro. "Esses materiais são considerados 'não recicláveis', pois o custo para reciclá-los
37   é superior ao valor obtido com a matéria-prima resultante do processo. Percebemos, portanto,
38   que não existe efetivamente nada que não possa ser reciclado. O que existem são resíduos que
39   valem a pena do ponto de vista financeiro, e outros não, justamente por serem complexos",
40   explica Pirrongelli da TerraCycle.
41   O programa de coleta da TerraCycle engaja consumidores e produtores em seu processo.
42   Não são apenas os produtos de difícil reciclabilidade que preocupam ambientalistas, governos e
43   empresas ao redor do mundo. Mesmo materiais que já ___ processos consolidados, como o
44   plástico, acabam em lixões e aterros, onde demoram anos para se decompor.
45   Relatórios divulgados no início deste ano pela Ellen MacArthur Foundation mostram que cerca de
46   oito bilhões de toneladas de plástico são descartados nos mares por ano – quantidade equivalente
47   a um caminhão de lixo por minuto. A organização calculou que, se esse ritmo continuar, haverá
48   mais plástico do que peixe nos oceanos em 2050.
49   Por isso, a maior procura por produtos biodegradáveis sinaliza a crescente preocupação
50   do setor privado em relação ao meio ambiente. Nesse aspecto, a tecnologia é um aspecto
51   fundamental para a sustentabilidade.
52   Soluções como o plástico hidrossolúvel ___ sido cada vez mais procuradas como um meio
53   de evitar o problema do descarte irresponsável. O material é novidade no Brasil e na América
54   Latina e consiste em um plástico que se dissolve na água em apenas alguns segundos. Há
55   também, nesse mesmo viés, bobinas, saquinhos hidrossolúveis sob medida, entretelas, entre
56   outros. Essa solução, de acordo com um empresário do setor, _____ diversas vantagens ao

12. LÍNGUA PORTUGUESA

57 comprador, como: redução de custos em transporte e armazenagem, devido à concentração de
58 produto na embalagem hidrossolúvel; diminuição no uso e descarte do plástico convencional, que
59 pode gerar créditos de carbono e também _____ segurança na aplicação e no manuseio de
60 substâncias químicas que podem ser nocivas para o ser humano. As empresas podem contribuir
61 para um desenvolvimento sustentável valorizando produtos que _____ um apelo sustentável,
62 criando uma cultura organizacional voltada para essas questões e investindo em desenvolvimento
63 de novas alternativas. É importante também que a organização, além de realizar esses processos,
64 valorize que os mesmos sejam adotados por toda cadeia produtiva, envolvendo desde seus
65 fornecedores até seus clientes.

(Fonte: Amcham Brasil, 26 de maio 2017 – http://economia.estadao.com.br/blogs – Texto adaptado)

(Delegado – PC/RS – FUNDATEC – 2018) Desconsiderando-se o uso de sinais de pontuação e de letras maiúsculas e minúsculas, e levando em conta o que é defendido pelo texto, o conectivo que pode reunir as duas orações abaixo em um único período, sem necessidade de ajuste, é:

· **A sustentabilidade é um desafio ambiental do século XXI**

• **A preservação e a manutenção do meio ambiente devem ser perseguidas pelo homem**

(A) por conseguinte
(B) todavia
(C) no entanto
(D) ainda que
(E) se bem que

O período exige uma conjunção consecutiva, ou seja, que expressa uma relação de consequência em relação ao que é dito anteriormente. Podemos usar "por conseguinte", "de maneira que", "de modo que". Gabarito "A".

(Delegado – PC/RS – FUNDATEC – 2018) Analise as seguintes afirmações a respeito da frase **'Além disso, impulsiona uma economia mais limpa e que consequentemente pode frear o aquecimento global.'** retirada do texto:

I. O vocábulo **também** poderia ser inserido imediatamente após **Além disso**, sem provocar alteração de sentido.

II. A expressão **Além disso** acrescenta uma informação àquilo que foi dito anteriormente no parágrafo.

III. ainda poderia ser inserido imediatamente após **Além disso**, sem provocar qualquer alteração ao sentido original.

Quais estão corretas?

(A) Apenas I.
(B) Apenas II.
(C) Apenas I e II.
(D) Apenas II e III.
(E) I, II e III.

I: correta. Realmente não haverá alteração de sentido, mas sua utilização não é recomendável em termos estilísticos, pois as duas palavras têm exatamente o mesmo sentido; **II:** correta. A expressão exerce a função de conjunção aditiva; **III:** correta. O termo "ainda" pode adquirir sentido aditivo, apesar de ser um uso pouco comum da palavra. Gabarito "E".

(Delegado – PC/RS – FUNDATEC – 2018) Em "porque o setor privado apresenta um papel tão importante quanto o governo para a efetivação das ações." (l. 16-17), **'porque'** e **'tão... quanto'** expressam, respectivamente:

(A) Causa – comparação.
(B) Finalidade – consequência.
(C) Explicação – consequência.
(D) Explicação – comparação.
(E) Causa – proporção.

"Porque" é conjunção explicativa e "tão... quanto" é conjunção comparativa. Gabarito "D".

[...] "A Lei Maria da Penha está em harmonia com a nossa Carta Magna, tendo em vista que foi criada a partir de uma conceituação de violência de gênero ratificada pela Organização Mundial das Nações Unidas. Ressalte-se que a igualdade existente no texto constitucional não é formal, mas substancial, ou seja, exige esse reconhecimento da perspectiva de gênero. Não se pode aceitar que a igualdade seja apenas formal, mas sim, efetiva e indispensável". [...]

Fonte: BRAGA, Sérgio Murilo. Maria da Penha: 12 anos da Lei. Viver Brasil, ed. 213, p. 26, set. 2018.

(Escrivão – PC/MG – FUMARC – 2018) Analise o período: *"Não se pode aceitar que a igualdade seja apenas formal, mas sim, efetiva e indispensável".*

Sobre o papel da conjunção "mas" no período acima, é CORRETO afirmar.

(A) Imprime uma relação de proporcionalidade ao início do texto.
(B) Conclui articulando causa e consequência.
(C) Compara a relação temporal da Lei Maria da Penha.
(D) Acrescenta uma argumentação contrária em relação à primeira oração.

A conjunção "mas" é adversativa, isto é, indica que a argumentação que virá a seguir traz uma visão contrária daquela exposta anteriormente. Gabarito "D".

HENRIQUE SUBI

1   Um estudante de 15 anos atirou em colegas em um colégio no Paraná, deixando dois feridos.
2   O adolescente e um outro aluno que lhe deu cobertura, ambos apreendidos pela polícia, cursam o primeiro
3   ano do Ensino Médio no Colégio Estadual João Manoel Mondrone, em Medianeira (oeste do estado).
4   Segundo a Polícia Civil, foi um atentado premeditado. Os adolescentes afirmaram que sofriam de bullying,
5   e o ataque seria uma forma de se vingarem dos colegas.
6   "Seus filhos me humilharam, me ameaçaram, me expuseram de uma maneira que não tem mais perdão",
7   afirma o estudante, em um vídeo divulgado pelo Paraná Portal e que teria sido gravado horas antes do
8   ataque.
9   Com uma respiração ofegante, ele se diz "muito ansioso" e pede "desculpas pelo incômodo que vai cau-
10 sar".
11 "Eu quero que o meu rosto seja mostrado na TV. Que os repórteres de redes de TV não falem merda.
12 Falem apenas a verdade. Não inventem história. Não é culpa de videogame, de livro, não é culpa de bosta
13 nenhuma. É apenas culpa desses filhos da puta", afirma o adolescente, citando os colegas.
14 Além da arma usada no ataque (um revólver calibre 22), foram apreendidas com os atiradores uma faca,
15 munição e duas bombas caseiras, que não chegaram a ser detonadas. Outras duas espingardas, não
16 usadas no ataque, foram recolhidas na casa de um dos adolescentes.
17 Eles ainda detonaram uma terceira bomba caseira e fizeram diversos disparos pela escola, gerando pânico
18 e correria. Por fim, chegaram a atirar contra policiais militares antes de se render.
19 Segundo a Secretaria da Educação, uma das vítimas levou um tiro nas costas, e outra, um de raspão no
20 joelho.
21 O atirador mirou a arma no primeiro estudante, de 15 anos, que foi atingido nas costas, e depois atirou a
22 esmo, acertando o outro colega.
23 As duas vítimas foram encaminhadas a um hospital e não correm risco de morte.
24 O primeiro deles, porém, corre o risco de ficar paraplégico, já que a bala se alojou na coluna. Ele deve
25 ser transferido a um hospital em Curitiba ainda nesta sexta, onde passará por uma cirurgia para retirar o
26 projétil.
27 Os atiradores foram apreendidos e encaminhados para a delegacia de Medianeira. Na mochila de um de-
28 les, os investigadores encontraram um bilhete, que foi encaminhado para perícia.
29 As aulas no colégio, que tem cerca de 1.300 alunos, foram suspensas até a segunda-feira (1). Por meio de
30 nota, a direção do Colégio João Manoel Mondrone informou que os alunos envolvidos no ataque não ha-
31 viam registrado nenhuma queixa de bullying até então e que tinham um desempenho escolar considerado
32 normal.
33 "Eles apresentam um desenvolvimento escolar regular com acompanhamento da família, sem registros de
34 indisciplina ou qualquer fato que desabone sua conduta", diz a nota. O colégio informou que irá intensificar
35 ações de respeito às diferenças entre os alunos.

    (CARAZZAI, E. H. Aluno atira em colegas e fere dois em colégio no interior do Paraná. Folha de S. Paulo. 29 set. 2018, p.B2).

(Escrivão – PC/MG – FUMARC – 2018) Quanto ao uso de "porém", em "O primeiro deles, porém, corre o risco de ficar paraplégico" (linha 25), considere as afirmativas a seguir.

I. O conectivo serve para pôr em oposição o risco de ficar paraplégico e a ausência de risco de morte.
II. A conjunção serve para estabelecer oposição entre os estados de saúde das duas vítimas.
III. A conjunção está interposta entre o sujeito "O primeiro deles" e o verbo, o que requer que ela esteja entre vírgulas.
IV. A conjunção pode ser deslocada para depois do termo "risco", no mesmo período, sem exigir vírgulas antes e
após seu uso.
Assinale a alternativa correta.

(A) Somente as afirmativas I e II são corretas.

(B) Somente as afirmativas I e IV são corretas.

(C) Somente as afirmativas III e IV são corretas.

(D) Somente as afirmativas I, II e III são corretas.

(E) Somente as afirmativas II, III e IV são corretas.

I: correta. "Porém" é conjunção adversativa que foi usada justamente para contrapor essas ideias; II: correta. A conjunção também passa essa
mensagem, na medida em que uma das vítimas corre risco de graves sequelas e a outra, não; III: correta. Trata-se de norma gramatical para o
uso da vírgula; IV: incorreta. Caso deslocada a conjunção, as vírgulas continuariam obrigatórias, conforme a regra enunciada na assertiva III.

Gabarito "D".

12. LÍNGUA PORTUGUESA

Texto CG1A01BBB

1 Não são muitas as experiências exitosas de políticas
públicas de redução de homicídios no Brasil nos últimos vinte
anos, e poucas são aquelas que tiveram continuidade. O Pacto
4 pela Vida, política de segurança pública implantada no estado
de Pernambuco em 2007, é identificado como uma política
pública exitosa.
7 O Pacto Pela Vida é um programa do governo do
estado de Pernambuco que visa à redução da criminalidade e
ao controle da violência. A decisão ou vontade política de
10 eleger a segurança pública como prioridade é o primeiro marco
que se deve destacar quando se pensa em recuperar a memória
dessa política, sobretudo quando se considera o fato de que o
13 tema da segurança pública, no Brasil, tem sido historicamente
negligenciado. Muitas autoridades públicas não só evitam
associar-se ao assunto como também o tratam de modo
16 simplista, como uma questão que diz respeito apenas à polícia.
O Pacto pela Vida, entendido como um grande
concerto de ações com o objetivo de reduzir a violência e, em
19 especial, os crimes contra a vida, foi apresentado à sociedade
no início do mês de maio de 2007. Em seu bojo, foram
estabelecidos os principais valores que orientaram a construção
22 da política de segurança, a prioridade do combate aos crimes
violentos letais intencionais e a meta de reduzir em 12% ao
ano, em Pernambuco, a taxa desses crimes.
25 Desse modo, definiu-se, no estado, um novo
paradigma de segurança pública, que se baseou na
consolidação dos valores descritos acima (que estavam em
28 disputa tanto do ponto de vista institucional quanto da
sociedade), no estabelecimento de prioridades básicas (como
o foco na redução dos crimes contra a vida) e no intenso debate
31 com a sociedade civil. A implementação do Pacto Pela Vida foi
responsável pela diminuição de quase 40% dos homicídios no
estado entre janeiro de 2007 e junho de 2013.

José Luiz Ratton et al. O Pacto Pela Vida e a redução de homicídios em Pernambuco. Rio de Janeiro: Instituto Igarapé, 2014. Internet: <https://igarape.org.br> (com adaptações).

(Agente-Escrivão – Pernambuco – CESPE – 2016) No trecho "Muitas autoridades públicas não só evitam associar-se ao assunto como também o tratam de modo simplista" (l. 14 a 16), do texto **CG1A01BBB**, o vocábulo "como" integra uma expressão que introduz no período uma ideia de:

(A) proporcionalidade.
(B) adição.
(C) comparação.
(D) explicação.
(E) oposição.

"Como também" é locução conjuntiva aditiva. Tem valor de adição e é sinônima de "e", "mais ainda", "mas também". HS
Gabarito "B".

(Escrivão – AESP/CE – VUNESP – 2017) Leia o texto para responder à questão.

Os amigos haviam nos alertado: "A gravidez dura nove meses mais um século" – só esqueceram de nos avisar

que esse século demorava tanto. A espera é angustiante, mas compreensível: produzir um ser humano inteirinho, do zero, com braços, pernas, neurônios, vesícula, cílios, um coração e, muito em breve, infinitas opiniões sobre o mundo, é um troço tão complexo que não seria despropositado se toda a existência do universo fosse consumida na formação de um único bebê.

(Antonio Prata. Sobe o pano. Disponível em: folha.uol.com.br.
07.07.20Adaptado)

Ao se substituir o termo em destaque na frase – A espera é angustiante, mas compreensível... –, sua reescrita estará correta, de acordo com a norma-padrão da língua portuguesa, e conservando o sentido inalterado, em:

(A) A espera é angustiante, entretanto compreensível...
(B) A espera é angustiante, por isso compreensível...
(C) A espera é angustiante, desde que compreensível...

(D) A espera é angustiante, por conseguinte compreensível...

(E) A espera é angustiante, logo compreensível...

"Mas" é conjunção adversativa, sinônimo de "entretanto", "porém", "contudo", "todavia". Todas as demais opções apresentadas têm valor diferente, de sorte que alteram o sentido original do trecho. **HS**
Gabarito "A".

Dificilmente, em uma ciência-arte como a Psicologia-Psiquiatria, há algo que se possa asseverar com 100% de certeza. Isso porque há áreas bastante interpretativas, sujeitas a leituras diversas, a depender do observador e do observado. Porém, existe um fato na Psicologia-Psiquiatria forense que é 100% de certeza e não está sujeito a interpretação ou a dissimulação por parte de quem está a ser examinado. E revela, objetivamente, dados do psiquismo da pessoa ou, em outras palavras, mostra características comportamentais indissimuláveis, claras e objetivas. O que pode ser tão exato, em matéria de Psicologia-Psiquiatria, que não admite variáveis? Resposta: todos os crimes, sem exceção, são como fotografias exatas e em cores do comportamento do indivíduo. E como o psiquismo é responsável pelo modo de agir, por conseguinte, temos em todos os crimes, obrigatoriamente e sempre, elementos objetivos da mente de quem os praticou.

Por exemplo, o delito foi cometido com multiplicidade de golpes, com ferocidade na execução, não houve ocultação de cadáver, não se verifica cúmplice, premeditação etc. Registre-se que esses dados já aconteceram. Portanto, são insimuláveis, 100% objetivos. Basta juntar essas características comportamentais que teremos algo do psiquismo de quem o praticou. Nesse caso específico, infere-se que a pessoa é explosiva, impulsiva e sem freios, provável portadora de algum transtorno ligado à disritmia psicocerebral, algum estreitamento de consciência, no qual o sentimento invadiu o pensamento e determinou a conduta.

Em outro exemplo, temos homicídio praticado com um só golpe, premeditado, com ocultação de cadáver, concurso de cúmplice etc. Nesse caso, os dados apontam para o lado do criminoso comum, que entendia o que fazia.

Claro que não é possível, apenas pela morfologia do crime, saber-se tudo do diagnóstico do criminoso. Mas, por outro lado, é na maneira como o delito foi praticado que se encontram características 100% seguras da mente de quem o praticou, a evidenciar fatos, tal qual a imagem fotográfica revela-nos exatamente algo, seja muito ou pouco, do momento em que foi registrada. Em suma, a forma como as coisas foram feitas revela muito da pessoa que as fez.

> PALOMBA, Guido Arturo. Rev. *Psique*: nº 100
> (ed. comemorativa), p. 82.

(Investigador-Escrivão-Papiloscopista – Pará – Funcab – 2016) Na argumentação desenvolvida, a expressão "Claro que..." (§ 4) tem como fim introduzir:

(A) argumento em favor da tese que está sendo defendida.

(B) concessão a ponto de vista divergente da tese defendida.

(C) ponto de vista alternativo orientado para a mesma conclusão do texto.

(D) justificativa ou explicação de ponto de vista anterior.

(E) conclusão relativa a argumentos apresentados anteriormente.

A expressão destacada tem valor concessivo, assim como "embora", "posto que", "conquanto". Ela anuncia algo que contrapõe o que foi dito antes, mas que pode ser superado. **HS**
Gabarito "B".

(Investigador-Escrivão-Papiloscopista – Pará – Funcab – 2016) No período: "E como o psiquismo é responsável pelo modo de agir, por conseguinte, temos em todos os crimes, obrigatoriamente e sempre, elementos objetivos da mente de quem os praticou", a conjunção "como" está empregada com o mesmo valor relacionai que em:

(A) Procedia sempre COMO manda a lei.

(B) Era m psiquiatra tão bom COMO o pai.

(C) COMO estava ferido, pediu socorro.

(D) COMO um cão, vivia farejando pistas.

(E) Eis o modo COMO o delito foi praticado.

No trecho destacado no enunciado, a conjunção "como" foi empregada com valor **causal**, ou seja, expõe a causa de um determinado fato que se enunciará na sequência. Em todas as alternativas, o conectivo tem valor comparativo – compara uma coisa com outra – com exceção da letra "C", que deve ser assinalada. Nela, "estar ferido" é a **causa** de ter pedido socorro (consequência). **HS**
Gabarito "C".

9. ORAÇÃO SUBORDINADA

(Inspetor de Polícia/RJ – 2008 – FGV) "Conduzo tua lisa mão / Por uma escada espiral / E no alto da torre exibo-te o varal / Onde balança ao léu minh'alma"

Tomando o trecho acima como um período composto, há:

(A) três orações, sendo duas subordinadas.

(B) três orações, sendo uma subordinada.

(C) quatro orações, sendo duas coordenadas.

(D) quatro orações, sendo uma coordenada.

(E) duas orações, sendo uma coordenada.

"Conduzo tua lisa mão por uma escada espiral" – oração coordenada inicial; "E no alto da torre exibo-te o varal" – oração coordenada aditiva sindética; "Onde balança ao léu minh'alma" – oração subordinada adverbial de lugar.
Gabarito "B".

10. CONCORDÂNCIA VERBAL E CONCORDÂNCIA NOMINAL

AS MUDANÇAS CLIMÁTICAS JÁ AFETAM NOSSAS VIDAS

CIÊNCIA HOJE: Quais lugares do planeta estão sendo (e serão no futuro) mais afetados pelas mudanças climáticas? E em relação aos biomas brasileiros?

ARGEMIRO TEIXEIRA: Metade da população mundial já vive sob risco climático, e os impactos são mais graves entre populações urbanas marginalizadas, como os moradores de favelas. Em geral, as áreas de alto risco às mudanças climáticas são regiões caracterizadas por

12. LÍNGUA PORTUGUESA

grande densidade populacional, altos índices de pobreza e dependência de condições climáticas para o cultivo agrícola. Além disso, é importante falar que as áreas próximas da linha do Equador correm mais riscos do que as áreas temperadas. Todos os modelos mostram que, no Brasil, aumentarão a frequência e intensidade de ondas de calor e, por sua vez, aumentará o número de mortes.

CH: Pode falar dos efeitos dessa crise climática na segurança alimentar e na saúde humana?

AT: Em todo o mundo, altas temperaturas e eventos climáticos extremos como secas, ondas de calor e enchentes já prejudicam a produção de alimentos. O fornecimento internacional de alimentos está sob ameaça. Os riscos de quebra generalizada nas colheitas devido a eventos extremos que atingem locais em todo o mundo aumentarão se as emissões não forem reduzidas rapidamente. Isto poderia levar à escassez global de alimentos e ao aumento de preços, o que prejudicará particularmente as pessoas mais pobres. O novo relatório do IPCC (Painel Intergovernamental sobre Mudanças Climáticas, na tradução em português) sugere que esses fatores prejudicarão especialmente a agricultura no Brasil se as temperaturas continuarem a subir. A produção de arroz poderia cair em 6% com altas emissões. A produção de trigo poderia cair 21%, e a de milho poderia cair em até 71% até o final do século no Cerrado. Além disso, a combinação do aumento continuado de emissões de gases de efeito estufa com o desmatamento local pode causar uma queda de 33% na produção de soja e na das pastagens na Amazônia. Os impactos das mudanças climáticas também prejudicarão a pesca e a aquicultura no Brasil. Se as emissões seguirem altas, a produção de peixes cairá em 36% no período 2050-2070 em comparação com 2030-2050. Além de tudo isso, estudos sugerem que as mudanças climáticas refletem em mudanças no ambiente como a alteração de ecossistemas e de ciclos biológicos, geográficos, e químicos, que podem aumentar a incidência de doenças infecciosas (malária, dengue etc.), mas também de doenças não-transmissíveis, que incluem a desnutrição e enfermidades mentais.

Adaptado de: https://cienciahoje.org.br/artigo/as-mudancas-climaticas-ja-afetam-nossas-vidas/. Acesso em: 7 set. 2022.

(Escrivão – PC/GO – AOCP – 2023) Assinale a alternativa em que a reescrita do trecho a seguir apresenta um desvio quanto às normas de concordância verbal: "Metade da população mundial já vive sob risco climático [...]".

(A) Metade dos habitantes do planeta já vive sob risco climático.

(B) Metade dos habitantes do planeta já vivem sob risco climático.

(C) 50% da população mundial já vive sob risco climático.

(D) 50% dos habitantes do planeta já vive sob risco climático.

(E) 50% dos habitantes do planeta já vivem sob risco climático.

Todas as alternativas estão conforme as normas de concordância verbal, exceto a letra "D", que deve ser assinalada. A expressão "50%" determina o verbo no plural "vivem". **HS**

Gabarito "D".

Projetos e Ações: Papo de Responsa

O Programa Papo de Responsa foi criado por policiais civis do Rio de Janeiro. Em 2013, a Polícia Civil do Espírito Santo, por meio de policiais da Academia de Polícia (Acadepol) capixaba, conheceu o programa e, em parceria com a polícia carioca, trouxe para o Estado.

O 'Papo de Responsa' é um programa de educação não formal que – por meio da palavra e de atividades lúdicas – discute temas diversos como prevenção ao uso de drogas e a crimes na internet, bullying, direitos humanos, cultura da paz e segurança pública, aproximando os policiais da comunidade e, principalmente, dos adolescentes. O projeto funciona em três etapas e as temáticas são repassadas pelo órgão que convida o Papo de Responsa, como escolas, igrejas e associações, dependendo da demanda da comunidade. No primeiro ciclo, denominado de "Papo é um Papo", a equipe introduz o tema e inicia o processo de aproximação com os alunos. Já na segunda etapa, os alunos são os protagonistas e produzem materiais, como músicas, poesias, vídeos e colagens de fotos, mostrando a percepção deles sobre a problemática abordada. No último processo, o "Papo no Chão", os alunos e os policiais civis formam uma roda de conversa no chão e trocam ideias relacionadas a frases, questões e músicas direcionadas sempre no tema proposto pela instituição. Por fim, acontece um bate-papo com familiares dos alunos, para que os policiais entendam a percepção deles e também como os adolescentes reagiram diante das novas informações.

Disponível em <https://pc.es.gov.br/projetos-e-acoes>. Acesso em: 30/ jan./2019.

(Escrivão – PC/ES – Instituto AOCP – 2019) Assinale a alternativa em que as alterações feitas no excerto do 2o parágrafo do texto mantenham a correção gramatical, quanto à concordância verbal, no trecho apresentado.

(A) É discutido temas diversos no programa.

(B) São trabalhadas palavras e atividades lúdicas.

(C) Temas como direitos humanos e a cultura da paz aproxima os policiais da comunidade.

(D) A educação não formal é trabalhado pelo projeto "Papo de responsa".

(E) Aproxima-se os policiais da comunidade e dos adolescentes.

A: incorreta. "São discutidos temas" – o verbo "ser" deve concordar com seu sujeito paciente "temas"; **B**: correta. A norma padrão de concordância verbal foi respeitada; **C**: incorreta. O sujeito composto "temas como direitos humano e a cultura da paz" determinam o verbo no plural – "aproximam"; **D**: incorreta. "A educação" determina que o particípio seja flexionado no feminino – "trabalhada"; **E**: incorreta. "Os policiais" é sujeito paciente na voz passiva sintética, logo o verbo "aproximar" deve ser flexionado no plural – "aproximam-se".

Gabarito "B".

HENRIQUE SUBI

Os pilares da sustentabilidade: os desafios ambientais do século XXI para a iniciativa privada

01 Entre os pilares para o desenvolvimento sustentável – aquele capaz de garantir as
02 necessidades da geração atual sem comprometer a futura – está a preservação e manutenção do
03 meio ambiente. Nos últimos tempos, tem sido uma das pautas mais discutidas por líderes políticos
04 e empresariais de todo o mundo, principalmente por conta dos impactos das mudanças climáticas.
05 Mesmo o Brasil, um país rico em recursos naturais, já sente as consequências dos eventos
06 extremos, como a seca que persiste no Nordeste e deixa muitas famílias sem acesso à água,
07 recurso essencial para a manutenção da vida. Por isso, pensar em formatos mais eficientes de
08 uso é uma atitude urgente e que deve permear as organizações, os governos e a própria
09 sociedade
10 Em 2015, o Brasil entrou para o grupo das 197 nações signatárias do Acordo de Paris, que
11 determinou metas para manter o aquecimento global bem abaixo de 2°C até 2030.
12 Ana Carolina Avzaradel Szklo, Gerente Sênior de Projetos e Assessora Técnica do CEBDS
13 (Conselho Empresarial Brasileiro para o Desenvolvimento Sustentável), acredita que esses
14 eventos climáticos extremos ____ contribuído para que as empresas incorporem a sustentabilidade
15 em suas agendas. As atitudes para reverter esse quadro preocupante devem ser trabalhadas em
16 conjunto, porque o setor privado apresenta um papel tão importante quanto o governo para a
17 efetivação das ações.
18 Neste contexto, é importante que a sustentabilidade faça parte da organização como um
19 todo, principalmente, da mais alta _____ decisória. Investimentos em inovação para tornar
20 processos mais eficientes podem contribuir com uma série de oportunidades para as
21 organizações.
22 Uma das tendências que estão sendo trabalhadas internacionalmente e sobre o que o
23 CEBDS ____ promovido debates com o setor privado é a precificação do carbono. A medida
24 defende a cobrança pela emissão do CO2, o que faz com que as empresas tenham um maior
25 controle sobre os seus processos. Além disso, impulsiona uma economia mais limpa e que
26 consequentemente pode frear o aquecimento global.
27 Para consolidar uma economia com baixa emissão de carbono, é necessário pensar em
28 toda a cadeia de produção da economia, desde a _____ da matéria-prima, o transporte, a
29 produção e até o descarte. Trabalhando com esses rejeitos, evita-se que os materiais acabem em
30 aterros e lixões – locais em que a decomposição emite gases responsáveis pelo efeito estufa,
31 como o metano e o gás carbônico. Com a reciclagem, os resíduos viram matéria-prima
32 novamente, o que evita a _____ e colabora para o uso racional de recursos naturais.
33 Com a ideia de eliminar o lixo, a empresa precisa investir bastante para reciclar materiais
34 não convencionais como esponjas de limpeza, cosméticos, tubos de pasta de dente, lápis e
35 canetas. Por não terem fluxos regulares de reciclagem, fazer o processo com esses rejeitos sai
36 bem mais caro. "Esses materiais são considerados 'não recicláveis', pois o custo para reciclá-los
37 é superior ao valor obtido com a matéria-prima resultante do processo. Percebemos, portanto,
38 que não existe efetivamente nada que não possa ser reciclado. O que existem são resíduos que
39 valem a pena do ponto de vista financeiro, e outros não, justamente por serem complexos",
40 explica Pirrongelli da TerraCycle.
41 O programa de coleta da TerraCycle engaja consumidores e produtores em seu processo.
42 Não são apenas os produtos de difícil reciclabilidade que preocupam ambientalistas, governos e
43 empresas ao redor do mundo. Mesmo materiais que já ___ processos consolidados, como o
44 plástico, acabam em lixões e aterros, onde demoram anos para se decompor.
45 Relatórios divulgados no início deste ano pela Ellen MacArthur Foundation mostram que cerca de
46 oito bilhões de toneladas de plástico são descartados nos mares por ano – quantidade equivalente
47 a um caminhão de lixo por minuto. A organização calculou que, se esse ritmo continuar, haverá
48 mais plástico do que peixe nos oceanos em 2050.
49 Por isso, a maior procura por produtos biodegradáveis sinaliza a crescente preocupação
50 do setor privado em relação ao meio ambiente. Nesse aspecto, a tecnologia é um aspecto
51 fundamental para a sustentabilidade.
52 Soluções como o plástico hidrossolúvel ___ sido cada vez mais procuradas como um meio
53 de evitar o problema do descarte irresponsável. O material é novidade no Brasil e na América
54 Latina e consiste em um plástico que se dissolve na água em apenas alguns segundos. Há
55 também, nesse mesmo viés, bobinas, saquinhos hidrossolúveis sob medida, entretelas, entre
56 outros. Essa solução, de acordo com um empresário do setor, _____ diversas vantagens ao
57 comprador, como: redução de custos em transporte e armazenagem, devido à concentração de
58 produto na embalagem hidrossolúvel; diminuição no uso e descarte do plástico convencional, que

12. LÍNGUA PORTUGUESA

59   pode gerar créditos de carbono e também _____ segurança na aplicação e no manuseio de
60   substâncias químicas que podem ser nocivas para o ser humano. As empresas podem contribuir
61   para um desenvolvimento sustentável valorizando produtos que _____ um apelo sustentável,
62   criando uma cultura organizacional voltada para essas questões e investindo em desenvolvimento
63   de novas alternativas. É importante também que a organização, além de realizar esses processos,
64   valorize que os mesmos sejam adotados por toda cadeia produtiva, envolvendo desde seus
65   fornecedores até seus clientes.

(Fonte: Amcham Brasil, 26 de maio 2017 – http://economia.estadao.com.br/blogs – Texto adaptado)

(Delegado – PC/RS – FUNDATEC – 2018) Analise as afirmações abaixo e, a seguir, assinale a alternativa que completa correta e respectivamente as lacunas.

(1) Caso na linha 19, o vocábulo **Investimentos** fosse passado para o singular, quantas outras palavras deveriam sofrer alteração para fins de concordância? _____, apenas.

(2) Se na linha 22 suprimíssemos o vocábulo **das** e o núcleo do sujeito assumisse a forma singular, outras _____ palavras deveriam sofrer alteração para fins de concordância.

(A) 1 – 4.

(B) 1 – 2.

(C) 1 – 3.

(D) 2 – 2.

(E) 2 – 3.

Primeira lacuna: apenas uma (o verbo "poder"); segunda lacuna: duas – os verbos "estar" e "trabalhar".

Gabarito "B".

O Dia da Consciência Negra

[...]

O assunto é delicado; em questão de raça, deve-se tocar nela com dedos de veludo. Pode ser que eu esteja errada, mas parece que no tema de raça, racismo, negritude, branquitude, nós caímos em preconceito igual ao dos racistas. O europeu colonizador tem – ou tinha – uma lei: teve uma parte de sangue negro – é negro. Por pequena que seja a gota de sangue negro no indivíduo, polui-se a nobre linfa ariana, e o portador da mistura é "declarado negro". E os mestiços aceitam a definição e – meiões, quarteirões, octorões – se dizem altivamente "negros", quando isso não é verdade. Ao se afirmar "negro" o mestiço faz bonito, pois assume no total a cor que o branco despreza. Mas ao mesmo tempo está assumindo também o preconceito do branco contra o mestiço. Vira racista, porque, dizendo-se negro, renega a sua condição de mulato, mestiço, half-breed, meia casta, marabá, desprezados pela branquidade. Aliás, é geral no mundo a noção exacerbada de raça, que não afeta só os brancos, mas os amarelos, vermelhos, negros; todos desprezam o meia casta, exemplo vivo da infração à lei tribal.

Eu acho que um povo mestiço, como nós, deveria assumir tranquilamente essa sua condição de mestiço; em vez de se dizer negro por bravata, por desafio – o que é bonito, sinal de orgulho, mas sinal de preconceito também. Os campeões nossos da negritude, todos eles, se dizem simplesmente negros. Acham feio, quem sabe até humilhante, se declararem mestiços, ou meio brancos, como na verdade o são. "Black is beautiful" eu também acho. Mas mulato é lindo também, seja qual for a dose

da sua mistura de raça. Houve um tempo, antes de se desenvolver no mundo a reação antirracista, em que até se fazia aqui no Rio o concurso "rainha das mulatas". Mas a distinção só valia para a mulata jovem e bela. Preconceito também e dos péssimos, pois a mulata só era valorizada como objeto sexual, capaz de satisfazer a consciência dos homens.

A gente não pode se deixar cair nessa armadilha dos brancos. A gente tem de assumir a nossa mulataria. Qual brasileiro pode jurar que tem sangue "puro" nas veias, – branco, negro, árabe, japonês?

Vejam a lição de Gilberto Freyre, tão bonita. Nós todos somos mestiços, mulatos, morenos, em dosagens várias. Os casos de branco puro são exceção (como os de índios puros – tais os remanescentes de tribos que certos antropólogos querem manter isolados, geneticamente puros – fósseis vivos – para eles estudarem...). Não vale indagar se a nossa avó chegou aqui de caravela ou de navio negreiro, se nasceu em taba de índio ou na casa-grande. Todas elas somos nós, qualquer procedência Tudo é brasileiro. Quando uma amiga minha, doutora, participante ilustre de um congresso médico, me declarou orgulhosa "eu sou negra" – não resisti e perguntei: "Por que você tem vergonha de ser mulata?" Ela quase se zangou. Mas quem tinha razão era eu. Na paixão da luta contra a estupidez dos brancos, os mestiços caem justamente na posição que o branco prega: negro de um lado, branco do outro. Teve uma gota de sangue africano é negro – mas tendo uma gota de sangue branco será declarado branco? Não é.

Ah, meus irmãos, pensem bem. Mulata, mulato também são bonitos e quanto! E nós todos somos mesmo mestiços, com muita honra, ou morenos, como o queria o grande Freyre. Raça morena, estamos apurando. Daqui a 500 anos será reconhecida como "zootecnicamente pura" tal como se diz de bois e de cavalos. Se é assim que eles gostam!

QUEIROZ, Rachel. O Dia da Consciência Negra. O Estado de S. Paulo, São Paulo, 23 nov. 20Brasil, caderno 2, p. D16.

(Agente-Escrivão – Acre – IBADE – 2017) Observe os verbos destacados nos fragmentos a seguir.

1. "HOUVE um tempo, antes de se desenvolver no mundo a reação antirracista, em que até se fazia aqui no Rio o concurso 'rainha das mulatas'"

2. "Por pequena que seja a gota de sangue negro no indivíduo, POLUI-SE a nobre linfa ariana, e o portador da mistura é 'declarado negro'".

Com base nas regras de concordância da norma-padrão, sobre os verbos destacados, é possível afirmar corretamente que:

(A) mesmo que o fragmento 1 fosse flexionado no plural, o verbo permaneceria no singular.

(B) a concordância, no fragmento 2, foi realizada à vista de A GOTA DE SANGUE NEGRO NO INDIVÍDUO.

(C) no fragmento 1, o verbo indica tempo transcorrido, por isso permanece no singular.

(D) em ambos fragmentos os verbos destacados, por serem defectivos devem permanecer no singular.

(E) no fragmento 2, o verbo não concorda com o sujeito ao qual se refere.

A: correta. O verbo "haver", como sinônimo de "existir", é impessoal, ou seja, não sofre flexão de número: "Houve uns tempos (...)"; **B:** incorreta. O verbo concorda com "a nobre linfa ariana", o sujeito paciente na voz passiva sintética; **C:** incorreta. O verbo "haver" é sempre impessoal quando é sinônimo de "existir"; **D:** incorreta. Apenas o verbo "poluir" é defectivo (não possui todas as conjugações). Estão no singular por conta das regras de concordância, até porque o fato do verbo ser defectivo não implica seu uso exclusivamente no singular; **E:** incorreta, pelas razões expostas no comentário à alternativa "B". **HS**

Gabarito "A".

Dificilmente, em uma ciência-arte como a Psicologia-Psiquiatria, há algo que se possa asseverar com 100% de certeza. Isso porque há áreas bastante interpretativas, sujeitas a leituras diversas, a depender do observador e do observado. Porém, existe um fato na Psicologia-Psiquiatria forense que é 100% de certeza e não está sujeito a interpretação ou a dissimulação por parte de quem está a ser examinado. E revela, objetivamente, dados do psiquismo da pessoa ou, em outras palavras, mostra características comportamentais indissimuláveis, claras e objetivas. O que pode ser tão exato, em matéria de Psicologia-Psiquiatria, que não admite variáveis? Resposta: todos os crimes, sem exceção, são como fotografias exatas e em cores do comportamento do indivíduo. E como o psiquismo é responsável pelo modo de agir, por conseguinte, temos em todos os crimes, obrigatoriamente e sempre, elementos objetivos da mente de quem os praticou.

Por exemplo, o delito foi cometido com multiplicidade de golpes, com ferocidade na execução, não houve ocultação de cadáver, não se verifica cúmplice, preme-

ditação etc. Registre-se que esses dados já aconteceram. Portanto, são insimuláveis, 100% objetivos. Basta juntar essas características comportamentais que teremos algo do psiquismo de quem o praticou. Nesse caso específico, infere-se que a pessoa é explosiva, impulsiva e sem freios, provável portadora de algum transtorno ligado à disritmia psicocerebral, algum estreitamento de consciência, no qual o sentimento invadiu o pensamento e determinou a conduta.

Em outro exemplo, temos homicídio praticado com um só golpe, premeditado, com ocultação de cadáver, concurso de cúmplice etc. Nesse caso, os dados apontam para o lado do criminoso comum, que entendia o que fazia.

Claro que não é possível, apenas pela morfologia do crime, saber-se tudo do diagnóstico do criminoso. Mas, por outro lado, é na maneira como o delito foi praticado que se encontram características 100% seguras da mente de quem o praticou, a evidenciar fatos, tal qual a imagem fotográfica revela-nos exatamente algo, seja muito ou pouco, do momento em que foi registrada. Em suma, a forma como as coisas foram feitas revela muito da pessoa que as fez.

PALOMBA, Guido Arturo. Rev. *Psique*: nº 100 (ed. comemorativa), p. 82.

(Investigador-Escrivão-Papiloscopista – Pará – Funcab – 2016) Ao substituir-se "um fato" por "fatos", em: "existe um fato na Psicologia-Psiquiatria forense que é 100% de certeza", preserva-se a norma de concordância verbal com a seguinte construção modalizadora:

(A) devem haver fatos.

(B) deve haver fatos.

(C) deve existir fatos.

(D) deve haverem fatos.

(E) devem existirem fatos.

O verbo "haver", como sinônimo de "existir", é impessoal, ou seja, não se flexiona em número. Logo, mesmo substituindo o termo destacado, ele permanece no singular, inclusive quando componente de locução verbal: "deve haver fatos". **HS**

Gabarito "B".

---

1   O respeito às diferentes manifestações culturais é fundamental, ainda mais em um país como o Brasil, que apresenta tradições e costumes muito variados em todo o seu

4   território. Essa diversidade é valorizada e preservada por ações da Secretaria da Identidade e da Diversidade Cultural (SID), criada em 2003 e ligada ao Ministério da Cultura.

7   Cidadãos de áreas rurais que estejam ligados a atividades culturais e estudantes universitários de todas as regiões do Brasil, por exemplo, são beneficiados por um dos

10   projetos da SID: as Redes Culturais. Essas redes abrangem associações e grupos culturais para divulgar e preservar suas manifestações de cunho artístico. O projeto é guiado por

13   parcerias entre órgãos representativos do Estado brasileiro e as entidades culturais.
       A Rede Cultural da Terra realiza oficinas de

16   capacitação, cultura digital e atividades ligadas às artes plásticas, cênicas e visuais, à literatura, à música e ao artesanato. Além disso, mapeia a memória cultural dos

19   trabalhadores do campo. A Rede Cultural dos Estudantes

12. LÍNGUA PORTUGUESA

promove eventos e mostras culturais e artísticas e apoia a
criação de Centros Universitários de Cultura e Arte.

22 Culturas populares e indígenas são outro foco de
atenção das políticas de diversidade, havendo editais públicos
de premiação de atividades realizadas ou em andamento, o que

25 democratiza o acesso a recursos públicos.
O papel da cultura na humanização do tratamento
psiquiátrico no Brasil é discutido em seminários da SID. Além

28 disso, iniciativas artísticas inovadoras nesse segmento são
premiadas com recursos do Edital Loucos pela Diversidade.
Tais ações contribuem para a inclusão e socializam o direito à

31 criação e à produção cultural.
A participação de toda a sociedade civil na discussão
de qualquer política cultural se dá em reuniões da SID com

34 grupos de trabalho e em seminários, oficinas e fóruns, nos
quais são apresentadas as demandas da população. Com base
nesses encontros é que podem ser planejadas e desenvolvidas

37 ações que permitam o acesso dos cidadãos à cultura e a
promoção de suas manifestações, independentemente de cor,
sexo, idade, etnia e orientação sexual.

Identidade e diversidade.
Internet: <www.brasil.gov.br/sobre/cultura/> (com adaptações).

(Escrivão de Polícia/BA – 2013 – CESPE) Considerando as ideias e aspectos linguísticos do texto apresentado, julgue o item a seguir.

(1) A correção gramatical do texto seria mantida caso as formas verbais "promove" e "apoia" (L.20) fossem flexionadas no plural, para concordar com o termo mais próximo, "dos Estudantes" (L.19).

1: incorreta. O verbo "promover" deve concordar com "Rede Cultural", singular, que é o núcleo do sujeito da oração.
Gabarito 1E

11. ANÁLISE SINTÁTICA

AS MUDANÇAS CLIMÁTICAS JÁ AFETAM NOSSAS VIDAS

CIÊNCIA HOJE: Quais lugares do planeta estão sendo (e serão no futuro) mais afetados pelas mudanças climáticas? E em relação aos biomas brasileiros?

ARGEMIRO TEIXEIRA: Metade da população mundial já vive sob risco climático, e os impactos são mais graves entre populações urbanas marginalizadas, como os moradores de favelas. Em geral, as áreas de alto risco às mudanças climáticas são regiões caracterizadas por grande densidade populacional, altos índices de pobreza e dependência de condições climáticas para o cultivo agrícola. Além disso, é importante falar que as áreas próximas da linha do Equador correm mais riscos do que as áreas temperadas. Todos os modelos mostram que, no Brasil, aumentarão a frequência e intensidade de ondas de calor e, por sua vez, aumentará o número de mortes.

CH: Pode falar dos efeitos dessa crise climática na segurança alimentar e na saúde humana?

AT: Em todo o mundo, altas temperaturas e eventos climáticos extremos como secas, ondas de calor e enchentes já prejudicam a produção de alimentos. O fornecimento internacional de alimentos está sob ameaça. Os riscos de quebra generalizada nas colheitas devido a eventos extremos que atingem locais em todo o mundo aumentarão se as emissões não forem reduzidas rapidamente. Isto poderia levar à escassez global de alimentos e ao aumento de preços, o que prejudicará particularmente as pessoas mais pobres. O novo relatório do IPCC (Painel Intergovernamental sobre Mudanças Climáticas, na tradução em português) sugere que esses fatores prejudicarão especialmente a agricultura no Brasil se as temperaturas continuarem a subir. A produção de arroz poderia cair em 6% com altas emissões. A produção de trigo poderia cair 21%, e a de milho poderia cair em até 71% até o final do século no Cerrado. Além disso, a combinação do aumento continuado de emissões de gases de efeito estufa com o desmatamento local pode causar uma queda de 33% na produção de soja e na das pastagens na Amazônia. Os impactos das mudanças climáticas também prejudicarão a pesca e a aquicultura no Brasil. Se as emissões seguirem altas, a produção de peixes cairá em 36% no período 2050-2070 em comparação com 2030-2050. Além de tudo isso, estudos sugerem que as mudanças climáticas refletem em mudanças no ambiente como a alteração de ecossistemas e de ciclos biológicos, geográficos, e químicos, que podem aumentar a incidência de doenças infecciosas (malária, dengue etc.), mas também de doenças não-transmissíveis, que incluem a desnutrição e enfermidades mentais.

Adaptado de: https://cienciahoje.org.br/artigo/as-mudancas-climaticas-ja-afetam-nossas-vidas/. Acesso em: 7 set. 2022.

(Escrivão – PC/GO – AOCP – 2023) Assinale a alternativa em que o verbo "poder" NÃO apresenta um sujeito simples.

(A) "A produção de arroz poderia cair em 6% com altas emissões.".

(B) "A produção de trigo poderia cair 21% [...]".

(C) "Pode falar dos efeitos dessa crise climática na segurança alimentar e na saúde humana?"

(D) "Além disso, a combinação do aumento continuado de emissões de gases de efeito estufa com o desmatamento local pode causar uma queda de 33% [...]".

(E) "Isto poderia levar à escassez global de alimentos [...]".

A única alternativa em que o verbo "poder" não apresenta um sujeito simples é a letra "C", que deve ser assinalada. Com efeito, estamos diante da forma sintática denominada "sujeito oculto".

Gabarito "C".

(Escrivão – PC/GO – AOCP – 2023) Sobre o termo destacado em "As mudanças climáticas **já** afetam nossas vidas", é correto afirmar que

(A) apresenta o mesmo sentido que em "Já que todos estão de acordo, podemos encerrar o debate".

(B) apresenta o mesmo sentido que em "Ele gosta de frutas, já sua irmã gosta de legumes".

(C) a sua omissão modificaria o sentido original do excerto.

(D) a sua omissão prejudicaria a sintaxe do excerto.

(E) apresenta o mesmo sentido que em "Tentamos novamente amanhã, já que hoje parece impossível".

A e E: incorretas. "Já que" é locução conjuntiva causal, expressa a causa de um evento. No enunciado "já" é adjunto adverbial de tempo; **B:** incorreta. Aqui, "já" tem valor de conjunção adversativa; **C:** correta. A supressão do adjunto adverbial muda o sentido da oração, vez que retira o senso de urgência que o texto quer transmitir; **D:** incorreta. Apesar de alterar o sentido, a supressão do adjunto adverbial não alteraria a correção sintática do período, vez que não é um elemento obrigatório.

Gabarito "C".

Texto CG2A1-I

Direito e justiça são conceitos que se entrelaçam, a tal ponto de serem considerados uma só coisa pela consciência social. Fala-se no direito com o sentido de justiça, e vice-versa. Sabe-se, entretanto, que nem sempre eles andam juntos. Nem tudo o que é direito é justo e nem tudo o que é justo é direito. Isso acontece porque a ideia de justiça engloba valores inerentes ao ser humano, transcendentais, como a liberdade, a igualdade, a fraternidade, a dignidade, a equidade, a honestidade, a moralidade, a segurança, enfim, tudo aquilo que vem sendo chamado de direito natural desde a Antiguidade. O direito, por seu turno, é uma invenção humana, um fenômeno histórico e cultural concebido como técnica para a pacificação social e a realização da justiça.

Em suma, enquanto a justiça é um sistema aberto de valores, em constante mutação, o direito é um conjunto de princípios e regras destinado a realizá-la. E nem sempre o direito alcança esse desiderato, quer por não ter acompanhado as transformações sociais, quer pela incapacidade daqueles que o conceberam, quer, ainda, por falta de disposição política para implementá-lo, tornando-se, por isso, um direito injusto.

É possível dizer que a justiça está para o direito como o horizonte está para cada um de nós. Quanto mais caminhamos em direção ao horizonte — dez passos, cem passos, mil passos —, mais ele se afasta de nós, na mesma proporção. Nem por isso o horizonte deixa de ser importante, porque é ele que nos permite caminhar.

De maneira análoga, o direito, na permanente busca da justiça, está sempre caminhando, em constante evolução.

Nesse compasso, a finalidade da justiça é a transformação social, a construção de uma sociedade justa, livre, solidária e fraterna, sem preconceitos, sem pobreza e sem desigualdades sociais. A criação de um direito justo, com efetivo poder transformador da sociedade, entretanto, não é obra apenas do legislador, mas também, e principalmente, de todos os operadores do direito, de sorte que, se ainda não temos uma sociedade justa, é porque temos falhado nessa sagrada missão de bem interpretar e aplicar o direito.

Sergio Cavalieri Filho. Direito, justiça e sociedade.
In: Revista da EMERJ, v. 5, n.º 8, 2002, p. 58-60 (com adaptações).

(Escrivão – PC/RO – CEBRASPE – 2022) Assinale a opção em que o segmento apresentado funciona como sujeito de uma oração no último parágrafo do texto CG2A1-I.

(A) "a finalidade da justiça"

(B) "obra apenas do legislador"

(C) "transformação social"

(D) "a construção de uma sociedade justa, livre, solidária e fraterna"

(E) "poder transformador da sociedade"

"A finalidade da justiça" é o sujeito da oração "A finalidade da justiça é a transformação social".

(Perito – PC/ES – Instituto AOCP – 2019)

Todas as frases que seguem apresentam oração subordinada temporal, EXCETO

(A) "Ao viajar, suspenda a entrega de jornais e revistas.".

(B) "Quando for tirar cópias de suas chaves, escolha chaveiros que trabalhem longe de sua casa.".

(C) "Em sua residência, ao atender um chamado, certifique-se de quem se trata.".

(D) "Caso haja suspeita, não estacione; ligue para a polícia e aguarde a sua chegada.".

(E) "À noite, ao chegar em casa, observe se há pessoas suspeitas próximas à residência.".

A única construção que não apresenta oração subordinada adverbial temporal é a letra "D", que deve ser assinalada. "Caso haja suspeita" é oração subordinada adverbial condicional.

Gabarito "D".

Projetos e Ações: Papo de Responsa

O Programa Papo de Responsa foi criado por policiais civis do Rio de Janeiro. Em 2013, a Polícia Civil do Espírito Santo, por meio de policiais da Academia de Polícia (Acadepol) capixaba, conheceu o programa e, em parceria com a polícia carioca, trouxe para o Estado.

O 'Papo de Responsa' é um programa de educação não formal que – por meio da palavra e de atividades lúdicas – discute temas diversos como prevenção ao uso de drogas e a crimes na internet, bullying, direitos humanos, cultura da paz e segurança pública, aproximando os policiais da comunidade e, principalmente, dos adolescentes. O

12. LÍNGUA PORTUGUESA

projeto funciona em três etapas e as temáticas são repassadas pelo órgão que convida o Papo de Responsa, como escolas, igrejas e associações, dependendo da demanda da comunidade. No primeiro ciclo, denominado de "Papo é um Papo", a equipe introduz o tema e inicia o processo de aproximação com os alunos. Já na segunda etapa, os alunos são os protagonistas e produzem materiais, como músicas, poesias, vídeos e colagens de fotos, mostrando a percepção deles sobre a problemática abordada. No último processo, o "Papo no Chão", os alunos e os policiais civis formam uma roda de conversa no chão e trocam ideias relacionadas a frases, questões e músicas direcionadas sempre no tema proposto pela instituição. Por fim, acontece um bate-papo com familiares dos alunos, para que os policiais entendam a percepção deles e também como os adolescentes reagiram diante das novas informações.

Disponível em <https://pc.es.gov.br/projetos-e-acoes>. Acesso em: 30/ jan./2019.

(Escrivão – PC/ES – Instituto AOCP – 2019) Assinale a alternativa que reescreve a seguinte oração em destaque, utilizando um conector adequado ao sentido que ela expressa.

"[…] os alunos são os protagonistas e produzem materiais [...], mostrando a percepção deles sobre a problemática abordada."

(A) "[...] desde que mostrem a percepção deles sobre a problemática abordada.".

(B) "[...] para mostrarem a percepção deles sobre a problemática abordada.".

(C) "[...] quando mostrarem a percepção deles sobre a problemática abordada.".

(D) "[...] embora mostrem a percepção deles sobre a problemática abordada.".

(E) "[...] apesar de mostrarem a percepção deles sobre a problemática abordada.".

A oração destacada é reduzida de gerúndio com valor adverbial de finalidade. A conjunção que expressa esse mesmo sentido é "para", de sorte que apenas a letra "B" está correta.
Gabarito "B"

Os pilares da sustentabilidade: os desafios ambientais do século XXI para a iniciativa privada

```
01  Entre os pilares para o desenvolvimento sustentável – aquele capaz de garantir as
02  necessidades da geração atual sem comprometer a futura – está a preservação e manutenção do
03  meio ambiente. Nos últimos tempos, tem sido uma das pautas mais discutidas por líderes políticos
04  e empresariais de todo o mundo, principalmente por conta dos impactos das mudanças climáticas.
05  Mesmo o Brasil, um país rico em recursos naturais, já sente as consequências dos eventos
06  extremos, como a seca que persiste no Nordeste e deixa muitas famílias sem acesso à água,
07  recurso essencial para a manutenção da vida. Por isso, pensar em formatos mais eficientes de
08   uso é uma atitude urgente e que deve permear as organizações, os governos e a própria
09  sociedade
10  Em 2015, o Brasil entrou para o grupo das 197 nações signatárias do Acordo de Paris, que
11  determinou metas para manter o aquecimento global bem abaixo de 2°C até 2030.
12  Ana Carolina Avzaradel Szklo, Gerente Sênior de Projetos e Assessora Técnica do CEBDS
13  (Conselho Empresarial Brasileiro para o Desenvolvimento Sustentável), acredita que esses
14  eventos climáticos extremos ____ contribuído para que as empresas incorporem a sustentabilidade
15  em suas agendas. As atitudes para reverter esse quadro preocupante devem ser trabalhadas em
16  conjunto, porque o setor privado apresenta um papel tão importante quanto o governo para a
17  efetivação das ações.
18  Neste contexto, é importante que a sustentabilidade faça parte da organização como um
19  todo, principalmente, da mais alta _____ decisória. Investimentos em inovação para tornar
20  processos mais eficientes podem contribuir com uma série de oportunidades para as
21  organizações.
22  Uma das tendências que estão sendo trabalhadas internacionalmente e sobre o que o
23  CEBDS ____ promovido debates com o setor privado é a precificação do carbono. A medida
24  defende a cobrança pela emissão do CO2, o que faz com que as empresas tenham um maior
25  controle sobre os seus processos. Além disso, impulsiona uma economia mais limpa e que
26  consequentemente pode frear o aquecimento global.
27  Para consolidar uma economia com baixa emissão de carbono, é necessário pensar em
28  toda a cadeia de produção da economia, desde a _____ da matéria-prima, o transporte, a
29  produção e até o descarte. Trabalhando com esses rejeitos, evita-se que os materiais acabem em
30  aterros e lixões – locais em que a decomposição emite gases responsáveis pelo efeito estufa,
31  como o metano e o gás carbônico. Com a reciclagem, os resíduos viram matéria-prima
32  novamente, o que evita a _____ e colabora para o uso racional de recursos naturais.
33  Com a ideia de eliminar o lixo, a empresa precisa investir bastante para reciclar materiais
34  não convencionais como esponjas de limpeza, cosméticos, tubos de pasta de dente, lápis e
35  canetas. Por não terem fluxos regulares de reciclagem, fazer o processo com esses rejeitos sai
36  bem mais caro. "Esses materiais são considerados 'não recicláveis', pois o custo para reciclá-los
```

HENRIQUE SUBI

37 é superior ao valor obtido com a matéria-prima resultante do processo. Percebemos, portanto,
38 que não existe efetivamente nada que não possa ser reciclado. O que existem são resíduos que
39 valem a pena do ponto de vista financeiro, e outros não, justamente por serem complexos",
40 explica Pirrongelli da TerraCycle.
41 O programa de coleta da TerraCycle engaja consumidores e produtores em seu processo.
42 Não são apenas os produtos de difícil reciclabilidade que preocupam ambientalistas, governos e
43 empresas ao redor do mundo. Mesmo materiais que já ___ processos consolidados, como o
44 plástico, acabam em lixões e aterros, onde demoram anos para se decompor.
45 Relatórios divulgados no início deste ano pela Ellen MacArthur Foundation mostram que cerca de
46 oito bilhões de toneladas de plástico são descartados nos mares por ano – quantidade equivalente
47 a um caminhão de lixo por minuto. A organização calculou que, se esse ritmo continuar, haverá
48 mais plástico do que peixe nos oceanos em 2050.
49 Por isso, a maior procura por produtos biodegradáveis sinaliza a crescente preocupação
50 do setor privado em relação ao meio ambiente. Nesse aspecto, a tecnologia é um aspecto
51 fundamental para a sustentabilidade.
52 Soluções como o plástico hidrossolúvel ___ sido cada vez mais procuradas como um meio
53 de evitar o problema do descarte irresponsável. O material é novidade no Brasil e na América
54 Latina e consiste em um plástico que se dissolve na água em apenas alguns segundos. Há
55 também, nesse mesmo viés, bobinas, saquinhos hidrossolúveis sob medida, entretelas, entre
56 outros. Essa solução, de acordo com um empresário do setor, _____ diversas vantagens ao
57 comprador, como: redução de custos em transporte e armazenagem, devido à concentração de
58 produto na embalagem hidrossolúvel; diminuição no uso e descarte do plástico convencional, que
59 pode gerar créditos de carbono e também _____ segurança na aplicação e no manuseio de
60 substâncias químicas que podem ser nocivas para o ser humano. As empresas podem contribuir
61 para um desenvolvimento sustentável valorizando produtos que ____ um apelo sustentável,
62 criando uma cultura organizacional voltada para essas questões e investindo em desenvolvimento
63 de novas alternativas. É importante também que a organização, além de realizar esses processos,
64 valorize que os mesmos sejam adotados por toda cadeia produtiva, envolvendo desde seus
65 fornecedores até seus clientes.

(Fonte: Amcham Brasil, 26 de maio 2017 – http://economia.estadao.com.br/blogs – Texto adaptado)

(Delegado – PC/RS – FUNDATEC – 2018) Sobre termos que constituem frases do texto, é correto dizer que:

(A) Na linha 05, **um país rico em recursos naturais** é um aposto.
(B) Na linha 06, **no Nordeste** funciona como objeto indireto.
(C) Na linha 10, **que** é uma conjunção integrante.
(D) Nas linhas 18 e 19, **que a sustentabilidade faça parte da organização como um todo** funciona como predicativo.
(E) Na linha 36, **mais** funciona como adjunto adnominal.

A: correta. Aposto é o elemento sintático que explica, dá maiores detalhes, sobre um outro elemento da oração – no caso, "Brasil"; **B:** incorreta. Trata-se de adjunto adverbial de lugar; **C:** incorreta. É pronome relativo (serve como elemento de coesão para evitar a repetição de "Acordo de Paris"); **D:** incorreta. É oração subordinada substantiva completiva nominal (completa o termo "importante"); **E:** incorreta. É adjunto adverbial de intensidade.

Gabarito: A.

Sustentabilidade no Brasil: questão ambiental ou econômica?

01 O Brasil é um dos países com maior interesse sustentável no mundo, alcançando o valor
02 de 99 pontos nos dados do Google Trends, que tem o valor máximo de 100. Sempre houve uma
03 grande pressão mundial sobre o Brasil. O país com a maior floresta e com a maior reserva de
04 água doce do mundo tem sido cobrado pela preservação disso tudo. Uma tarefa nada fácil para
05 o governo brasileiro, pois a nação precisa crescer e se desenvolver, algo que os grandes países
06 já fizeram sem se preocuparem com o futuro do planeta, agredindo sem escrúpulos o meio
07 ambiente.
08 Logo, a #Sustentabilidade ganha um enorme foco, causando grandes debates a respeito
09 de sua importância, e planejamentos complexos, para que, junto com ela, venha também o
10 desenvolvimento e não o retrocesso.
11 Segundo dados do Google Trends, o maior interesse a respeito do tema Sustentabilidade
12 se concentra na Região Norte e Nordeste.
13 Como pode-se observar, 5 dos 7 estados da Região Norte aparecem entre os mais citados,
14 curiosamente onde se concentra a maior parte das florestas do país, ao mesmo tempo, também
15 um baixo IDH (Índice de Desenvolvimento Humano).
16 Os estados com maiores interesses no tema são, na prática, os lugares onde mais se

12. LÍNGUA PORTUGUESA 383

17 precisa aplicar a sustentabilidade. Como é um assunto em foco, é por isso que as regiões mais
18 atrasadas estão tentando mudar a situação atual, com o governo criando leis e começando a
19 punir quem agride o meio ambiente.
20 Os dados do IBGE comprovam o interesse na situação atual.
21 Uma pesquisa revelou que 89,3% dos municípios do Nordeste e um total de 85,5% do
22 Norte destinam seus resíduos sólidos para lixões, onde não ocorre nenhum tipo de tratamento ou
23 reaproveitamento. Especificamente no Pará, isso ocorre em 94,4% das cidades.
24 Na prática, o dinheiro reflete muito na questão da sustentabilidade, em que estados mais
25 pobres não têm condição de arcar com essas mudanças. O interesse é enorme, mas o progresso
26 é lento.
27 O discurso do clima não é mais ambiental, é econômico.

(Fonte: https://br.blastingnews.com/sociedade-opiniao – Texto adaptado.)

(Delegado – PC/RS – FUNDATEC – 2018) Em relação ao período: "Logo, a #Sustentabilidade ganha um enorme foco, **causando** grandes debates a respeito de sua importância, e planejamentos complexos, para que, junto com ela, venha também o desenvolvimento e não o retrocesso", retirado do texto, afirma-se que:

I. Os termos sublinhados exercem a mesma função sintática.

II. A forma verbal '**causando**' introduz uma oração reduzida de gerúndio.

III. A última oração do período é classificada como adverbial final.

Quais estão corretas?

(A) Apenas I.

(B) Apenas II.

(C) Apenas I e II.

(D) Apenas II e III.

(E) I, II e III.

I: incorreta. O primeiro e o segundo são objetos diretos, mas o terceiro é adjunto adnominal; II: correta. Mais especificamente é uma oração coordenada aditiva assindética reduzida de gerúndio; III: correta. A oração exerce a função de advérbio de finalidade – a vinda do desenvolvimento é a finalidade dos debates e planejamentos.

Gabarito "D".

(Delegado – PC/RS – FUNDATEC – 2018) Observe a frase: "com o governo criando leis e começando a punir quem agride o meio ambiente", retirada do texto, e avalie as afirmações seguintes:

I. O sujeito das formas verbais **criando** e **começando** é o mesmo.

II. O sujeito de **punir** é inexistente.

III. O sujeito de **agride** é representado pelo pronome indefinido, portanto, classifica-se como indeterminado.

Quais estão corretas?

(A) Apenas I.

(B) Apenas II.

(C) Apenas III.

(D) Apenas I e II.

(E) Apenas II e III.

I: correta. É "governo" em ambos os casos; II: incorreta. É "governo", conforme comentário anterior; III: incorreta. O fato do sujeito ser um pronome indefinido ("quem") não o torna indeterminado. Ainda que não esteja claro quem é esse "quem", o sujeito, em termos sintáticos, está muito bem definido.

Gabarito "A".

O Dia da Consciência Negra

[...]

O assunto é delicado; em questão de raça, deve-se tocar nela com dedos de veludo. Pode ser que eu esteja errada, mas parece que no tema de raça, racismo, negritude, branquitude, nós caímos em preconceito igual ao dos racistas. O europeu colonizador tem – ou tinha – uma lei: teve uma parte de sangue negro – é negro. Por pequena que seja a gota de sangue negro no indivíduo, polui-se a nobre linfa ariana, e o portador da mistura é "declarado negro". E os mestiços aceitam a definição e – meiões, quarteirões, octorões – se dizem altivamente "negros", quando isso não é verdade. Ao se afirmar "negro" o mestiço faz bonito, pois assume no total a cor que o branco despreza. Mas ao mesmo tempo está assumindo também o preconceito do branco contra o mestiço. Vira racista, porque, dizendo-se negro, renega a sua condição de mulato, mestiço, half-breed, meia casta, marabá, desprezados pela branquidade. Aliás, é geral no mundo a noção exacerbada de raça, que não afeta só os brancos, mas os amarelos, vermelhos, negros; todos desprezam o meia casta, exemplo vivo da infração à lei tribal.

Eu acho que um povo mestiço, como nós, deveria assumir tranquilamente essa sua condição de mestiço; em vez de se dizer negro por bravata, por desafio – o que é bonito, sinal de orgulho, mas sinal de preconceito também. Os campeões nossos da negritude, todos eles, se dizem simplesmente negros. Acham feio, quem sabe até humilhante, se declararem mestiços, ou meio brancos, como na verdade o são. "Black is beautiful" eu também acho. Mas mulato é lindo também, seja qual for a dose da sua mistura de raça. Houve um tempo, antes de se desenvolver no mundo a reação antirracista, em que até se fazia aqui no Rio o concurso "rainha das mulatas". Mas a distinção só valia para a mulata jovem e bela. Preconceito também e dos péssimos, pois a mulata só era valorizada como objeto sexual, capaz de satisfazer a consciência dos homens.

A gente não pode se deixar cair nessa armadilha dos brancos. A gente tem de assumir a nossa mulataria. Qual brasileiro pode jurar que tem sangue "puro" nas veias, – branco, negro, árabe, japonês?

Vejam a lição de Gilberto Freyre, tão bonita. Nós todos somos mestiços, mulatos, morenos, em dosagens várias. Os casos de branco puro são exceção (como os de índios puros – tais os remanescentes de tribos que certos antropólogos querem manter isolados, geneticamente puros – fósseis vivos – para eles estudarem...). Não vale indagar se a nossa avó chegou aqui de caravela ou de navio negreiro, se nasceu em taba de índio ou na casa-grande. Todas elas somos nós, qualquer procedência Tudo é brasileiro. Quando uma amiga minha, doutora, participante ilustre de um congresso médico, me declarou orgulhosa "eu sou negra" – não resisti e perguntei: "Por que você tem vergonha de ser mulata?" Ela quase se zangou. Mas quem tinha razão era eu. Na paixão da luta contra a estupidez dos brancos, os mestiços caem justamente na posição que o branco prega: negro de um lado, branco do outro. Teve uma gota de sangue africano é negro – mas tendo uma gota de sangue branco será declarado branco? Não é.

Ah, meus irmãos, pensem bem. Mulata, mulato também são bonitos e quanto! E nós todos somos mesmo mestiços, com muita honra, ou morenos, como o queria o grande Freyre. Raça morena, estamos apurando. Daqui a 500 anos será reconhecida como "zootecnicamente pura" tal como se diz de bois e de cavalos. Se é assim que eles gostam!

QUEIROZ, Rachel. O Dia da Consciência Negra. O Estado de
S. Paulo, São Paulo, 23 nov. 20Brasil, caderno 2, p. D16.

(Agente-Escrivão – Acre – IBADE – 2017) Sobre o elemento destacado em "Não vale indagar SE a nossa avó chegou aqui de caravela ou de navio negreiro" é correto afirmar que:

(A) atribui ideia reflexiva a oração a que pertence.

(B) inicia uma oração cuja função sintática e objeto direto.

(C) é uma conjunção condicional que enuncia uma dúvida.

(D) é uma conjunção adverbial que introduz um adjunto adverbial.

(E) introduz uma oração que é complemento nominal da primeira oração.

O verbo "indagar" é transitivo direto (quem indaga, indaga alguma coisa). Logo, ele demanda um complemento que se chama objeto direto. Note que a oração "se a nossa avó chegou aqui (...)" faz justamente esse papel – complementa o verbo "indagar", representa aquilo que se está indagando. Por isso é classificada como oração subordinada substantiva objetiva direta. **HS**

Gabarito "B".

Texto CB1A2AAA

1   Em linhas gerais, há na literatura econômica duas
      explicações para a educação ser tida como um fator de redução
      da criminalidade. A primeira é que a educação muda as

4   preferências intertemporais, levando o indivíduo a ter menos
      preferência pelo presente e a valorizar mais o futuro, isto é,
      a ter aversão a riscos e a ter mais paciência. A segunda

7   explicação é que a educação contribui para o combate à
      criminalidade porque ensina valores morais, tais como
      disciplina e cooperação, tornando o indivíduo menos suscetível

10   a praticar atos violentos e crimes.
      Há outras razões pelas quais se podem associar
      educação e redução da criminalidade. Quanto maior o nível de

13   escolaridade do indivíduo, maior será para ele o retorno do
      trabalho lícito (isto é, o salário), e isso eleva o custo de
      oportunidade de se cometer crime. Além disso, há uma questão

16   relacionada à possibilidade do estado de dependência do crime:
      a probabilidade de se cometerem crimes no presente está
      relacionada à quantidade de crimes que já se cometeram. Dessa

19   forma, manter as crianças na escola, ocupadas durante o dia,
      contribuiria a longo prazo para a redução da criminalidade.
      Acredita-se, por essa razão, que haja uma relação entre maior

22   nível de escolaridade e redução da criminalidade. A
      criminalidade é uma externalidade negativa com enormes
      custos sociais e, se a educação consegue diminuir a violência,

25   o retorno social pode ser ainda maior que o retorno privado.

R. A. Duenhas, F. O. Gonçalves e E. Gelinski Jr. **Educação, segurança pública e violência nos municípios brasileiros: uma análise de painel dinâmico de dados.** UEPG Ci. Soc. Apl., Ponta Grossa, 22 (2):179-91, jul.-dez./2014. Internet: <www.revistas2.uepg.br> (com adaptações).

12. LÍNGUA PORTUGUESA 385

(Agente-Escrivão – PC/GO – CESPE – 2016) A oração "que já se cometeram" (l. 18):

(A) equivale, sintática e semanticamente, a que foi cometida.

(B) está coordenada à expressão "quantidade de crimes" (l. 18).

(C) explica o termo "crimes" (l. 18).

(D) complementa o substantivo "quantidade" (l. 18).

(E) restringe o sentido do termo "crimes" (l. 18).

A: incorreta. A substituição proposta alteraria o sentido original do texto; B: incorreta. É oração coordenada ao termo "crimes"; C: incorreta. Trata-se de oração subordinada adjetiva restritiva – ela não explica o que é crime, mas restringe seu alcance a apenas alguns crimes (apenas "aqueles que já se cometeram"); D: incorreta, conforme comentário anterior; E: correta, pelas razões expostas no comentário à alternativa "C". HS

Gabarito "E".

Texto CG1A01AAA

1   O crime organizado não é um fenômeno recente. Encontramos indícios dele nos grandes grupos contrabandistas do antigo regime na Europa, nas atividades dos piratas e

4   corsários e nas grandes redes de receptação da Inglaterra do século XVIII. A diferença dos nossos dias é que as organizações criminosas se tornaram mais precisas, mais

7   profissionais. Um erro na análise do fenômeno é a suposição de que tudo é crime organizado. Mesmo quando se trata de uma

10 pequena apreensão de crack em um local remoto, alguns órgãos da imprensa falam em crime organizado. Em muitos casos, o varejo do tráfico é um dos crimes mais desorganizados

13 que existe. É praticado por um usuário que compra de alguém umas poucas pedras de crack e fuma a metade. Ele não tem chefe, parceiros, nem capital de giro. Possui apenas a

16 necessidade de suprir o vício. No outro extremo, fica o grande traficante, muitas vezes um indivíduo que nem mesmo vê a droga. Só utiliza seu dinheiro para financiar o tráfico ou seus

19 contatos para facilitar as transações. A organização criminosa envolvida com o tráfico de drogas fica, na maior parte das vezes, entre esses dois extremos. É constituída de pequenos e

22 médios traficantes e uns poucos traficantes de grande porte. Nas outras atividades criminosas, a situação é a mesma. O crime pode ser praticado por um indivíduo, uma

25 quadrilha ou uma organização. Portanto, não é a modalidade do crime que identifica a existência de crime organizado.

Guaracy Mingardi. Inteligência policial e crime organizado. *In*: Renato Sérgio de Lima e Liana de Paula (Orgs.). Segurança pública e violência: o Estado está cumprindo seu papel? São Paulo: Contexto, 2006, p. 42 (com adaptações).

(Agente-Escrivão – Pernambuco – CESPE – 2016) No texto **CG1A01AAA**, funciona como complemento nominal a oração:

(A) "que identifica a existência de crime organizado" (R. 26).

(B) "que as organizações criminosas se tornaram mais precisas, mais profissionais" (l. 5 a 7).

(C) "de que tudo é crime organizado" (l. 8 e 9).

(D) "para facilitar as transações" (l. 19).

(E) "que compra de alguém umas poucas pedras de *crack*" (l. 13 e 14).

Complemento nominal é o elemento sintático cuja função é completar o sentido de outro termo com valor de nome (daí se diferencia do objeto indireto, porque este completa o sentido de um verbo). Uma dica para identificá-lo é que está **sempre** precedido de preposição. Logo, de pronto já eliminamos as alternativas "A", "B" e "E". A alternativa "C" é a correta, porque a oração complementa o sentido de "suposição". A letra "D" é oração subordinada adverbial final: ela não completa o sentido de "contatos" (porque a palavra já faz sentido sozinha), mas enuncia a finalidade dos contatos ("facilitar as transações"). HS

Gabarito "C".

HENRIQUE SUBI

Texto CG1A01BBB

1   Não são muitas as experiências exitosas de políticas
    públicas de redução de homicídios no Brasil nos últimos vinte
    anos, e poucas são aquelas que tiveram continuidade. O Pacto

4   pela Vida, política de segurança pública implantada no estado
    de Pernambuco em 2007, é identificado como uma política
    pública exitosa.

7   O Pacto Pela Vida é um programa do governo do
    estado de Pernambuco que visa à redução da criminalidade e
    ao controle da violência. A decisão ou vontade política de

10 eleger a segurança pública como prioridade é o primeiro marco
    que se deve destacar quando se pensa em recuperar a memória
    dessa política, sobretudo quando se considera o fato de que o

13 tema da segurança pública, no Brasil, tem sido historicamente
    negligenciado. Muitas autoridades públicas não só evitam
    associar-se ao assunto como também o tratam de modo

16 simplista, como uma questão que diz respeito apenas à polícia.
    O Pacto pela Vida, entendido como um grande
    concerto de ações com o objetivo de reduzir a violência e, em

19 especial, os crimes contra a vida, foi apresentado à sociedade
    no início do mês de maio de 2007. Em seu bojo, foram
    estabelecidos os principais valores que orientaram a construção

22 da política de segurança, a prioridade do combate aos crimes
    violentos letais intencionais e a meta de reduzir em 12% ao
    ano, em Pernambuco, a taxa desses crimes.

25 Desse modo, definiu-se, no estado, um novo
    paradigma de segurança pública, que se baseou na
    consolidação dos valores descritos acima (que estavam em

28 disputa tanto do ponto de vista institucional quanto da
    sociedade), no estabelecimento de prioridades básicas (como
    o foco na redução dos crimes contra a vida) e no intenso debate

31 com a sociedade civil. A implementação do Pacto Pela Vida foi
    responsável pela diminuição de quase 40% dos homicídios no
    estado entre janeiro de 2007 e junho de 2013.

José Luiz Ratton *et al.* O Pacto Pela Vida e a redução de homicídios em Pernambuco. Rio de Janeiro: Instituto Igarapé, 2014.
Internet: <https://igarape.org.br> (com adaptações).

(Agente-Escrivão – Pernambuco – CESPE – 2016) No texto **CG1A01BBB**, a partícula "se" foi empregada para indeterminar o sujeito em:

(A) "se pensa" (l. 11).

(B) "se considera" (l. 12).

(C) "associar-se" (l. 15).

(D) "definiu-se" (l. 25).

(E) "se deve destacar" (l. 11).

A: correta. O pronome "se" exerce função de índice de indeterminação do sujeito quando estiver associado a um verbo transitivo indireto ("pensar") conjugado na terceira pessoa do singular; **B, D e E:** incorretas. Quando o verbo é transitivo direto, o pronome "se" é classificado como pronome apassivador – a oração está na voz passiva sintética; **C:** incorreta. Aqui, o pronome "se" é classificado como pronome reflexivo. **HS**

Gabarito "A"

12. LÍNGUA PORTUGUESA   387

1   A existência do poder executivo, legislativo e
judiciário é uma ideia aparentemente bastante velha no
direito constitucional. Na verdade, trata-se de uma ideia
4   recente que data mais ou menos de Montesquieu. Na alta
Idade Média não havia poder judiciário. Não havia poder
judiciário autônomo, nem mesmo poder judiciário nas mãos
7   de quem detinha o poder das armas, o poder político.
A acumulação da riqueza e do poder e a constituição
do poder judiciário nas mãos de alguns é um mesmo
10   processo que vigorou na alta Idade Média e alcançou seu
amadurecimento no momento da formação da primeira
grande monarquia medieval. Nesse momento, apareceram
13   coisas totalmente novas. Aparece uma justiça que não é
mais contestação entre indivíduos e livre aceitação por esses
indivíduos de um certo número de regras de liquidação, mas
16   que, ao contrário, vai-se impor do alto aos indivíduos, aos
oponentes, aos partidos.
Aparece, ainda, um personagem totalmente novo: o
19   procurador, que se vai apresentar como o representante do
soberano, do rei ou do senhor, como representante de um
poder lesado pelo único fato de ter havido um delito ou um
22   crime. O procurador vai dublar a vítima, vai estar por trás
daquele que deveria dar a queixa, dizendo: "Se é verdade
que este homem lesou um outro, eu, representante do
25   soberano, posso afirmar que o soberano, seu poder, a ordem
que ele faz reinar, a lei que ele estabeleceu foram
igualmente lesados por esse indivíduo. Assim, eu também
28   me coloco contra ele".
Uma noção absolutamente nova aparece: a de
infração. A infração não é um dano causado por um
31   indivíduo contra outro; é uma ofensa ou lesão de um
indivíduo à ordem, ao Estado, à lei, à sociedade, à
soberania, ao soberano. Há ainda uma última invenção tão
34   diabólica quanto a do procurador e a da infração: o Estado
– ou melhor, o soberano – é não somente a parte lesada,
mas também a que exige reparação. Quando um indivíduo
37   perde o processo, é declarado culpado e deve ainda
reparação a sua vítima. Entretanto, vai-se exigir do culpado
não só a reparação do dano feito, mas também a reparação
40   da ofensa que cometeu contra o soberano, o Estado, a lei.

Michel Foucault. **A verdade e as formas jurídicas.** 3ª ed. Rio de Janeiro: Nau Editora, 2002 (com adaptações).

(Papiloscopista – PCDF – Universa – 2016) No que se refere à realização e à interpretação do sujeito das orações que compõem o texto, assinale a alternativa correta.

(A) Seria mantida a correção gramatical do período caso o pronome "eu", em ambas as ocorrências, às linhas 24 e 27, fosse suprimido.

(B) O sujeito da oração iniciada por "é declarado" (linha 37), que está elíptico, refere-se a "um indivíduo" (linha 36).

(C) O sujeito da oração que inicia o segundo período do primeiro parágrafo está elíptico e se refere à ideia expressa no período anterior.

(D) O referente do sujeito da oração iniciada por "alcançou" (linha 10) é "A acumulação da riqueza e do poder e a constituição do poder judiciário nas mãos de alguns" (linhas 8 e 9).

(E) A oração iniciada por "Se é verdade" (linha 23) não tem sujeito.

A: incorreta. Suprimir o primeiro "eu" alteraria o sentido, porque o "outro" passaria a ser o "representante do soberano"; **B:** correta. Sujeito elíptico é o mesmo que sujeito oculto; **C:** incorreta. A construção "trata-se de" indica sujeito indeterminado; **D:** incorreta. O referente é "um mesmo processo"; **E:** incorreta. O pronome "se" exerce a função de sujeito da oração. **HS**

Gabarito "B".

12. PONTUAÇÃO

AS MUDANÇAS CLIMÁTICAS JÁ AFETAM NOSSAS VIDAS

CIÊNCIA HOJE: Quais lugares do planeta estão sendo (e serão no futuro) mais afetados pelas mudanças climáticas? E em relação aos biomas brasileiros?

ARGEMIRO TEIXEIRA: Metade da população mundial já vive sob risco climático, e os impactos são mais graves entre populações urbanas marginalizadas, como os moradores de favelas. Em geral, as áreas de alto risco às mudanças climáticas são regiões caracterizadas por grande densidade populacional, altos índices de pobreza e dependência de condições climáticas para o cultivo agrícola. Além disso, é importante falar que as áreas próximas da linha do Equador correm mais riscos do que as áreas temperadas. Todos os modelos mostram que, no Brasil, aumentarão a frequência e intensidade de ondas de calor e, por sua vez, aumentará o número de mortes.

CH: Pode falar dos efeitos dessa crise climática na segurança alimentar e na saúde humana?

AT: Em todo o mundo, altas temperaturas e eventos climáticos extremos como secas, ondas de calor e enchentes já prejudicam a produção de alimentos. O fornecimento internacional de alimentos está sob ameaça. Os riscos de quebra generalizada nas colheitas devido a eventos extremos que atingem locais em todo o mundo aumentarão se as emissões não forem reduzidas rapidamente. Isto poderia levar à escassez global de alimentos e ao aumento de preços, o que prejudicará particularmente as pessoas mais pobres. O novo relatório do IPCC (Painel Intergovernamental sobre Mudanças Climáticas, na tradução em português) sugere que esses fatores prejudicarão especialmente a agricultura no Brasil se as temperaturas continuarem a subir. A produção de arroz poderia cair em 6% com altas emissões. A produção de trigo poderia cair 21%, e a de milho poderia cair em até 71% até o final do século no Cerrado. Além disso, a combinação do aumento continuado de emissões de gases de efeito estufa com o desmatamento local pode causar uma queda de 33% na produção de soja e na das pastagens na Amazônia. Os impactos das mudanças climáticas também prejudicarão a pesca e a aquicultura no Brasil. Se as emissões seguirem altas, a produção de peixes cairá em 36% no período 2050-2070 em comparação com 2030-2050. Além de tudo isso, estudos sugerem que as mudanças climáticas refletem em mudanças no ambiente como a alteração de ecossistemas e de ciclos biológicos, geográficos, e químicos, que podem aumentar a incidência de doenças infecciosas (malária, dengue etc.), mas também de doenças não-transmissíveis, que incluem a desnutrição e enfermidades mentais.

Adaptado de: https://cienciahoje.org.br/artigo/as-mudancas-climaticas-ja-afetam-nossas-vidas/. Acesso em: 7 set. 2022.

(**Escrivão – PC/GO – AOCP – 2023**) Sobre o emprego dos parênteses no texto, assinale a alternativa correta.

(A) Em "Quais lugares do planeta estão sendo (e serão no futuro) mais afetados [...]", a substituição dos parênteses por vírgulas causaria prejuízo semântico ao excerto.

(B) Em "Quais lugares do planeta estão sendo (e serão no futuro) mais afetados [...]", os parênteses podem ser omitidos sem que isso cause prejuízo sintático ao excerto.

(C) Em "O novo relatório do IPCC (Painel Intergovernamental sobre Mudanças Climáticas, na tradução em português) sugere que [...]", os parênteses podem ser omitidos sem que isso cause prejuízo sintático ao excerto.

(D) Em "[...] podem aumentar a incidência de doenças infecciosas (malária, dengue etc.) [...]", a substituição dos parênteses por travessões causaria prejuízo sintático ao excerto.

(E) Em "[...] podem aumentar a incidência de doenças infecciosas (malária, dengue etc.) [...]", os parênteses têm a função de destacar a informação mais importante do excerto.

A: incorreta. As vírgulas fariam exatamente a mesma função gramatical dos parênteses; **B:** correta. No caso, os parênteses foram inseridos para destacar a expressão, podendo ser suprimidos sem qualquer prejuízo ao sentido do trecho; **C:** incorreta. A mera supressão dos parênteses, nesse caso, causaria incorreção gramatical, pois a enunciação do significado da sigla precisa ser separada do restante do texto, seja por parênteses ou travessões; **D:** incorreta. Os parênteses podem ser substituídos por travessões para separar o aposto da oração; **E:** incorreta. No caso, os parênteses foram utilizados para enunciar meros exemplos, que podem inclusive ser retirados do texto sem qualquer prejuízo ao seu sentido. **HS**

Gabarito "B".

Dicas de Segurança: Em casa

• Em sua residência, ao atender um chamado, certifique-se de quem se trata, antes mesmo de atendê-lo. Em caso de suspeita, chame a Polícia.

• À noite, ao chegar em casa, observe se há pessoas suspeitas próximas à residência. Caso haja suspeita, não estacione; ligue para a polícia e aguarde a sua chegada.

• Não mantenha muito dinheiro em casa e nem armas e joias de muito valor.

• Quando for tirar cópias de suas chaves, escolha chaveiros que trabalhem longe de sua casa. Dê preferência a profissionais estabelecidos e que tenham seus telefones no catálogo telefônico.

• Evite deixar seus filhos em casa de colegas e amigos sem a presença de um adulto responsável.

• Cuidado com pessoas estranhas que podem usar crianças e empregadas para obter informações sobre sua rotina diária.

• Cheque sempre as referências de empregados domésticos (saiba o endereço de sua residência).

• Utilize trancas e fechaduras de qualidade para evitar acesso inoportuno. O uso de fechaduras auxiliares dificulta o trabalho dos ladrões.

• Não deixe luzes acesas durante o dia. Isso significa que não há ninguém em casa.

12. LÍNGUA PORTUGUESA — 389

- Quando possível, deixe alguma pessoa de sua confiança vigiando sua casa. Utilize, se necessário, seu vizinho, solicitando-lhe que recolha suas correspondências e receba seus jornais quando inevitável.

- Ao viajar, suspenda a entrega de jornais e revistas.

- Não coloque cadeados do lado de fora do portão. Isso costuma ser um sinal de que o morador está viajando.

- Cheque a identidade de entregadores, técnicos de telefone ou de aparelhos elétricos.

- Insista com seus filhos: eles devem informar sempre onde estarão, se vão se atrasar ou se forem para a casa de algum amigo. É muito importante dispor de todos os telefones onde é possível localizá-los.

- Verifique se as portas e janelas estão devidamente trancadas e jamais avise a estranhos que você não vai estar em casa.

Adaptado de https://sesp.es.gov.br/em-casa>. Acesso em: 30/jan./2019.

(Perito – PC/ES – Instituto AOCP – 2019) Considere o trecho "Caso haja suspeita, não estacione; ligue para a polícia e aguarde a sua chegada." e assinale a opção correta quanto ao uso de pontuações alternativas.

(A) Caso haja suspeita. Não estacione, ligue para a polícia e aguarde a sua chegada.

(B) Caso haja suspeita, não estacione; ligue para a polícia, e aguarde a sua chegada.

(C) Caso haja suspeita, não estacione. Ligue para a polícia e aguarde a sua chegada.

(D) Caso haja suspeita, não estacione, ligue para a polícia, e aguarde a sua chegada!

(E) Caso haja suspeita; não estacione. Ligue para a polícia! (e aguarde a sua chegada).

As duas pontuações alternativas que mantêm o sentido e a correção do trecho seriam: "Caso haja suspeita, não estacione, ligue para a polícia e aguarde a sua chegada" e "Caso haja suspeita, não estacione. Ligue para a polícia e aguarde sua chegada". Como a primeira opção não está listada, correta a alternativa "C".

Gabarito "C".

---

1 Um estudante de 15 anos atirou em colegas em um colégio no Paraná, deixando dois feridos.
2 O adolescente e um outro aluno que lhe deu cobertura, ambos apreendidos pela polícia, cursam o primeiro
3 ano do Ensino Médio no Colégio Estadual João Manoel Mondrone, em Medianeira (oeste do estado).
4 Segundo a Polícia Civil, foi um atentado premeditado. Os adolescentes afirmaram que sofriam de bullying,
5 e o ataque seria uma forma de se vingarem dos colegas.
6 "Seus filhos me humilharam, me ameaçaram, me expuseram de uma maneira que não tem mais perdão",
7 afirma o estudante, em um vídeo divulgado pelo Paraná Portal e que teria sido gravado horas antes do
8 ataque.
9 Com uma respiração ofegante, ele se diz "muito ansioso" e pede "desculpas pelo incômodo que vai cau-
10 sar".
11 "Eu quero que o meu rosto seja mostrado na TV. Que os repórteres de redes de TV não falem merda.
12 Falem apenas a verdade. Não inventem história. Não é culpa de videogame, de livro, não é culpa de bosta
13 nenhuma. É apenas culpa desses filhos da puta", afirma o adolescente, citando os colegas.
14 Além da arma usada no ataque (um revólver calibre 22), foram apreendidas com os atiradores uma faca,
15 munição e duas bombas caseiras, que não chegaram a ser detonadas. Outras duas espingardas, não
16 usadas no ataque, foram recolhidas na casa de um dos adolescentes.
17 Eles ainda detonaram uma terceira bomba caseira e fizeram diversos disparos pela escola, gerando pânico
18 e correria. Por fim, chegaram a atirar contra policiais militares antes de se render.
19 Segundo a Secretaria da Educação, uma das vítimas levou um tiro nas costas, e outra, um de raspão no
20 joelho.
21 O atirador mirou a arma no primeiro estudante, de 15 anos, que foi atingido nas costas, e depois atirou a
22 esmo, acertando o outro colega.
23 As duas vítimas foram encaminhadas a um hospital e não correm risco de morte.
24 O primeiro deles, porém, corre o risco de ficar paraplégico, já que a bala se alojou na coluna. Ele deve
25 ser transferido a um hospital em Curitiba ainda nesta sexta, onde passará por uma cirurgia para retirar o
26 projétil.
27 Os atiradores foram apreendidos e encaminhados para a delegacia de Medianeira. Na mochila de um de-
28 les, os investigadores encontraram um bilhete, que foi encaminhado para perícia.
29 As aulas no colégio, que tem cerca de 1.300 alunos, foram suspensas até a segunda-feira (1). Por meio de
30 nota, a direção do Colégio João Manoel Mondrone informou que os alunos envolvidos no ataque não ha-
31 viam registrado nenhuma queixa de bullying até então e que tinham um desempenho escolar considerado
32 normal.
33 "Eles apresentam um desenvolvimento escolar regular com acompanhamento da família, sem registros de
34 indisciplina ou qualquer fato que desabone sua conduta", diz a nota. O colégio informou que irá intensificar
35 ações de respeito às diferenças entre os alunos.

(CARAZZAI, E. H. Aluno atira em colegas e fere dois em colégio no interior do Paraná. Folha de S. Paulo. 29 set. 2018, p.B2).

(Escrivão – PC/MG – FUMARC – 2018) Quanto às vírgulas utilizadas imediatamente após "bullying" (linha 4) e "outra" (linha 19), considere as afirmativas a seguir.

I. A primeira vírgula sinaliza que há um sujeito, "adolescentes", antes da vírgula, e outro sujeito após a vírgula, cujo núcleo é "ataque".

II. A primeira vírgula serve para indicar que "o ataque" é um complemento de "sofriam", assim como "bullying", mas este é objeto indireto, enquanto aquele é objeto direto.

III. A segunda vírgula decorre da presença de dois sujeitos no mesmo período composto: "uma das vítimas" e "outra".

IV. A segunda vírgula marca a supressão da forma verbal "levou", já registrada antes no mesmo período, o que permite evitar a repetição.

Assinale a alternativa correta.

(A) Somente as afirmativas I e II são corretas.

(B) Somente as afirmativas I e IV são corretas.

(C) Somente as afirmativas III e IV são corretas.

(D) Somente as afirmativas I, II e III são corretas.

(E) Somente as afirmativas II, III e IV são corretas.

I: correta. É por essa razão (sujeitos diferentes) que se usa a vírgula antes da conjunção aditiva "e"; **II:** incorreta, conforme comentário anterior; **III:** incorreta. A vírgula marca a elipse do verbo "levar", para evitar a repetição do termo; **IV:** correta, conforme comentário anterior.

Gabarito "B".

Texto CB1A2AAA

1 Em linhas gerais, há na literatura econômica duas
explicações para a educação ser tida como um fator de redução
da criminalidade. A primeira é que a educação muda as

4 preferências intertemporais, levando o indivíduo a ter menos
preferência pelo presente e a valorizar mais o futuro, isto é,
a ter aversão a riscos e a ter mais paciência. A segunda

7 explicação é que a educação contribui para o combate à
criminalidade porque ensina valores morais, tais como
disciplina e cooperação, tornando o indivíduo menos suscetível

10 a praticar atos violentos e crimes.
Há outras razões pelas quais se podem associar
educação e redução da criminalidade. Quanto maior o nível de

13 escolaridade do indivíduo, maior será para ele o retorno do
trabalho lícito (isto é, o salário), e isso eleva o custo de
oportunidade de se cometer crime. Além disso, há uma questão

16 relacionada à possibilidade do estado de dependência do crime:
a probabilidade de se cometerem crimes no presente está
relacionada à quantidade de crimes que já se cometeram. Dessa

19 forma, manter as crianças na escola, ocupadas durante o dia,
contribuiria a longo prazo para a redução da criminalidade.
Acredita-se, por essa razão, que haja uma relação entre maior

22 nível de escolaridade e redução da criminalidade. A
criminalidade é uma externalidade negativa com enormes
custos sociais e, se a educação consegue diminuir a violência,

25 o retorno social pode ser ainda maior que o retorno privado.

R. A. Duenhas, F. O. Gonçalves e E. Gelinski Jr. **Educação, segurança pública e violência nos municípios brasileiros: uma análise de painel dinâmico de dados.** UEPG Ci. Soc. Apl., Ponta Grossa, 22 (2):179-91, jul.-dez./2014. Internet: <www.revistas2.uepg.br> (com adaptações).

12. LÍNGUA PORTUGUESA   391

(Agente-Escrivão – PC/GO – CESPE – 2016) As opções subsequentes apresentam propostas de reescrita do seguinte período do texto CB1A2AAA: "Acredita-se, por essa razão, que haja uma relação entre maior nível de escolaridade e redução da criminalidade" (l. 21 e 22). Assinale a opção que apresenta proposta de reescrita que preserva a correção gramatical e o sentido original do texto.

(A) Acredita-se que haja, por essa razão, uma relação, entre maior nível de escolaridade e redução da criminalidade.
(B) Acredita-se por essa razão, que haja uma relação entre maior nível de escolaridade e redução da criminalidade.
(C) Por essa razão, acredita-se, que haja uma relação entre maior nível de escolaridade e redução da criminalidade.
(D) Acredita-se que haja por essa razão, uma relação, entre maior nível de escolaridade e redução da criminalidade.
(E) Por essa razão, acredita-se que haja uma relação entre maior nível de escolaridade e redução da criminalidade.

A única alternativa que coloca as vírgulas nos lugares corretos conforme a norma padrão é a letra "E", que deve ser assinalada. O único sinal de pontuação necessário é aquele após "razão", para separar o adjunto adverbial deslocado da ordem direta da oração. HS
Gabarito "E".

Texto CG1A01AAA

1	O crime organizado não é um fenômeno recente.
	Encontramos indícios dele nos grandes grupos contrabandistas
	do antigo regime na Europa, nas atividades dos piratas e
4	corsários e nas grandes redes de receptação da Inglaterra do
	século XVIII. A diferença dos nossos dias é que as
	organizações criminosas se tornaram mais precisas, mais
7	profissionais.
	Um erro na análise do fenômeno é a suposição de que
	tudo é crime organizado. Mesmo quando se trata de uma
10	pequena apreensão de crack em um local remoto, alguns
	órgãos da imprensa falam em crime organizado. Em muitos
	casos, o varejo do tráfico é um dos crimes mais desorganizados
13	que existe. É praticado por um usuário que compra de alguém
	umas poucas pedras de crack e fuma a metade. Ele não tem
	chefe, parceiros, nem capital de giro. Possui apenas a
16	necessidade de suprir o vício. No outro extremo, fica o grande
	traficante, muitas vezes um indivíduo que nem mesmo vê a
	droga. Só utiliza seu dinheiro para financiar o tráfico ou seus
19	contatos para facilitar as transações. A organização criminosa
	envolvida com o tráfico de drogas fica, na maior parte das
	vezes, entre esses dois extremos. É constituída de pequenos e
22	médios traficantes e uns poucos traficantes de grande porte.
	Nas outras atividades criminosas, a situação é a
	mesma. O crime pode ser praticado por um indivíduo, uma
25	quadrilha ou uma organização. Portanto, não é a modalidade do
	crime que identifica a existência de crime organizado.

Guaracy Mingardi. Inteligência policial e crime organizado. *In*: Renato Sérgio de Lima e Liana de Paula (Orgs.). Segurança pública e violência: o Estado está cumprindo seu papel? São Paulo: Contexto, 2006, p. 42 (com adaptações).

(Agente-Escrivão – Pernambuco – CESPE – 2016) No texto **CG1A01AAA**, isola um trecho de natureza explicativa a vírgula empregada logo após

(A) "traficante" (l. 17).
(B) "vezes" (l. 21).
(C) "indivíduo" (l. 24).
(D) "remoto" (l. 10).
(E) "casos" (l. 12).

A: correta. A vírgula separa a oração subordinada adverbial explicativa; **B:** incorreta. "Na maior parte das vezes" é adjunto adverbial de tempo; **C:** incorreta. Esta vírgula apenas separa os termos de uma enumeração; **D:** incorreta. A oração adverbial separada pela vírgula tem natureza concessiva; **E:** incorreta. "Em muitos casos" é adjunto adverbial de intensidade. HS
Gabarito "A".

(Escrivão – AESP/CE – VUNESP – 2017) Assinale a alternativa correta quanto ao uso da vírgula, considerando-se a norma-padrão da língua portuguesa.

(A) Os amigos, apesar de terem esquecido, de nos avisar que demoraria tanto, informaram-nos de que a gravidez era algo demorado.

(B) Os amigos, apesar de, terem esquecido de nos avisar que demoraria tanto, informaram-nos de que a gravidez, era algo demorado.

(C) Os amigos, apesar de terem esquecido de nos avisar que demoraria tanto, informaram-nos de que a gravidez era algo demorado.

(D) Os amigos, apesar de terem esquecido de nos avisar, que demoraria tanto, informaram-nos de que a gravidez, era algo demorado.

(E) Os amigos apesar de terem esquecido de nos avisar que, demoraria tanto, informaram-nos, de que a gravidez era algo demorado.

O trecho "apesar de terem esquecido de nos avisar que demoraria tanto" deve estar entre vírgulas, por ser período que se liga à ideia principal por coordenação e está deslocado da ordem direta. No mais, nenhuma outra vírgula deve ser usada segundo as regras da língua padrão. **HS**

Gabarito "C".

1 A existência do poder executivo, legislativo e judiciário é uma ideia aparentemente bastante velha no direito constitucional. Na verdade, trata-se de uma ideia

4 recente que data mais ou menos de Montesquieu. Na alta Idade Média não havia poder judiciário. Não havia poder judiciário autônomo, nem mesmo poder judiciário nas mãos

7 de quem detinha o poder das armas, o poder político. A acumulação da riqueza e do poder e a constituição do poder judiciário nas mãos de alguns é um mesmo

10 processo que vigorou na alta Idade Média e alcançou seu amadurecimento no momento da formação da primeira grande monarquia medieval. Nesse momento, apareceram

13 coisas totalmente novas. Aparece uma justiça que não é mais contestação entre indivíduos e livre aceitação por esses indivíduos de um certo número de regras de liquidação, mas

16 que, ao contrário, vai-se impor do alto aos indivíduos, aos oponentes, aos partidos. Aparece, ainda, um personagem totalmente novo: o

19 procurador, que se vai apresentar como o representante do soberano, do rei ou do senhor, como representante de um poder lesado pelo único fato de ter havido um delito ou um

22 crime. O procurador vai dublar a vítima, vai estar por trás daquele que deveria dar a queixa, dizendo: "Se é verdade que este homem lesou um outro, eu, representante do

25 soberano, posso afirmar que o soberano, seu poder, a ordem que ele faz reinar, a lei que ele estabeleceu foram igualmente lesados por esse indivíduo. Assim, eu também

28 me coloco contra ele". Uma noção absolutamente nova aparece: a de infração. A infração não é um dano causado por um

31 indivíduo contra outro; é uma ofensa ou lesão de um indivíduo à ordem, ao Estado, à lei, à sociedade, à soberania, ao soberano. Há ainda uma última invenção tão

34 diabólica quanto a do procurador e a da infração: o Estado – ou melhor, o soberano – é não somente a parte lesada, mas também a que exige reparação. Quando um indivíduo

37 perde o processo, é declarado culpado e deve ainda reparação a sua vítima. Entretanto, vai-se exigir do culpado não só a reparação do dano feito, mas também a reparação

40 da ofensa que cometeu contra o soberano, o Estado, a lei.

Michel Foucault. **A verdade e as formas jurídicas.** 3ª ed. Rio de Janeiro: Nau Editora, 2002 (com adaptações).

(Papiloscopista – PCDF – Universa – 2016) Acerca dos sinais de pontuação empregados no texto, assinale a alternativa correta.

(A) As aspas foram empregadas para realçar a importância do trecho por elas isolado, dando-lhe destaque.
(B) Os dois pontos foram empregados no texto com a mesma função em todas as ocorrências, às linhas 18, 23, 29 e 34.
(C) A inserção de uma vírgula logo após "recente" (linha 4) prejudicaria a correção gramatical e a coerência do texto.
(D) A supressão da vírgula empregada logo após "queixa" (linha 23) alteraria o sentido original do texto, deixando-o, ainda, menos claro.
(E) As vírgulas, no trecho "o soberano, o Estado, a lei" (linha 40) foram empregadas para separar palavras sinônimas.

A: incorreta. Elas foram utilizadas para indicar que se trata da replicação de um discurso proferido por outra pessoa; **B:** incorreta. Os dois-pontos da linha 23 introduzem o discurso direto, ao passo que os demais inauguram o aposto dos períodos; **C:** incorreta. A separação da oração explicativa colocada na ordem direta (ao fim do período) é facultativa; **D:** correta. A vírgula separa a oração explicativa deslocada da ordem direta, de forma que é obrigatória; **E:** incorreta. As vírgulas separam os elementos de uma lista.

Gabarito "D".

13. LITERATURA E FIGURAS

Disponível em: <https://meumundocommafalda.wordpress.com/2013/03/09/tirinha-no-92/>. Acesso em 01/fev./2019.

(Escrivão – PC/ES – Instituto AOCP – 2019) Assinale a alternativa que indica a figura de linguagem presente no segundo quadrinho da tira.

(A) Pleonasmo.
(B) Metonímia.
(C) Antonomásia.
(D) Eufemismo.
(E) Hipérbole.

O exagero no discurso, desproporcional ao que ele representa, chama-se hipérbole.

Gabarito "E".

Ficção universitária

Os dados do Ranking Universitário publicados em setembro de 2013 trazem elementos para que tentemos desfazer o mito, que consta da Constituição, de que pesquisa e ensino são indissociáveis.

É claro que universidades que fazem pesquisa tendem a reunir a nata dos especialistas, produzir mais inovação e atrair os alunos mais qualificados, tornando-se assim instituições que se destacam também no ensino. O Ranking Universitário mostra essa correlação de forma cristalina: das 20 universidades mais bem avaliadas em termos de ensino, 15 lideram no quesito pesquisa (e as demais estão relativamente bem posicionadas). Das 20 que saem à frente em inovação, 15 encabeçam também a pesquisa.

Daí não decorre que só quem pesquisa, atividade estupidamente cara, seja capaz de ensinar. O gasto médio anual por aluno numa das três universidades estaduais paulistas, aí embutidas todas as despesas que contribuem direta e indiretamente para a boa pesquisa, incluindo inativos e aportes de Fapesp, CNPq e Capes, é de R$ 46 mil (dados de 2008). Ora, um aluno do ProUni custa ao governo algo em torno de R$ 1.000 por ano em renúncias fiscais.

Não é preciso ser um gênio da aritmética para perceber que o país não dispõe de recursos para colocar os quase sete milhões de universitários em instituições com o padrão de investimento das estaduais paulistas.

E o Brasil precisa aumentar rapidamente sua população universitária. Nossa taxa bruta de escolarização no nível superior beira os 30%, contra 59% do Chile e 63% do Uruguai. Isso para não mencionar países desenvolvidos como EUA (89%) e Finlândia (92%).

Em vez de insistir na ficção constitucional de que todas as universidades do país precisam dedicar-se à pesquisa, faria mais sentido aceitar o mundo como ele é e distinguir entre instituições de elite voltadas para a produção de conhecimento e as que se destinam a difundi-lo. O Brasil tem necessidade de ambas.

(Hélio Schwartsman. Disponível em: http://www1.folha.uol. com.br, 10.09.20Adaptado)

(Escrivão – AESP/CE – VUNESP – 2017) Assinale a alternativa em que a expressão destacada é empregada em sentido figurado.

(A) Não é preciso ser um gênio da aritmética para perceber que o país não dispõe de recursos...
(B) ... das 20 universidades mais bem avaliadas em termos de ensino...

(C) ... todas as despesas que contribuem direta e indiretamente para a boa pesquisa...

(D) ... universidades que fazem pesquisa tendem a reunir a nata dos especialistas...

(E) Os dados do Ranking Universitário publicados em setembro de 2013...

A: incorreta. Cuidado para não confundir uma palavra com sentido mitológico com sentido figurado. O gênio é justamente aquilo cujo sentido se emprega no texto: um ser de inteligência superior que atende a pedidos com facilidade. Logo, o termo foi usado em sentido próprio; **B**, **C** e **E**: incorretas. Todos os termos aparecem em sentido próprio; **D**: correta. "Nata" é derivado do leite. Ao dizermos "a nata dos especialistas" estamos criando uma metáfora: um grupo pequeno de especialistas, bastante seleto, porque assim é a nata do leite: com muito líquido, fazemos pouca nata. **HS**

Gabarito "D".

Leia o texto abaixo e responda às questões propostas.

Perícia de campo

Os novos Sherlock Holmes trocaram as lupas por luzes forenses. São lanternas portáteis ou lâmpadas de maior porte que emitem luzes de diferentes comprimentos de onda, ajudando a revelar coisas que normalmente passariam despercebidas. As fibras sintéticas ficam fluorescentes na maioria dos comprimentos de onda, especialmente nos 300 nanômetros da luz ultravioleta. Já materiais orgânicos, como fibras de algodão, saliva, urina, sêmen e ossos, ficam opacos e esbranquiçados sob a luz negra. "Investigando um caso de estupro, analisei o banco de um carro que não tinha sinais evidentes. Com a luz, pude ver e coletar uma amostra de sêmen e identificar o material genético que incriminou um suspeito", diz Rosângela Monteiro, da Polícia Científica de São Paulo.

Mas isso não é nada perto do que já é possível fazer com impressões digitais. Sim, porque a coleta dessas provas essenciais não é tão simples quanto parece. A maioria delas não é visível a olho nu e, dependendo do suporte, era impossível identificá-las.

Superfícies molhadas, por exemplo, sempre foram uma barreira para os peritos. Problema resolvido com o desenvolvimento de nanopartículas de óxidos de zinco, usadas em um pó que reage com a gordura deixada pelas digitais mesmo na presença de água. Depois, é só iluminar a região desejada com luz ultravioleta e a digital, brilhante, está pronta para ser registrada numa foto.

O próximo desafio é tirar impressões digitais de pele humana, tarefa que está sendo pesquisada por cientistas do Oak Ridge National Laboratory, nos EUA. Eles desenvolveram um equipamento portátil que realiza uma técnica conhecida por espectroscopia de superfície aumentada. O método já mostrou que funciona, mas o instrumento é feito com nanofios revestidos de prata que ainda não dão resultados muito nítidos. O grupo trabalha para melhorar esse revestimento e chegar a uma impressão digital mais evidente, que possa ser revelada com uma fotografia na própria cena do crime.

Mas é melhor apressarem os estudos. Se demorarem, os cientistas do Oak Ridge ficarão ultrapassados antes mesmo de concluírem sua obra-prima. É que, segundo a revista Science, impressões digitais em superfícies molhadas e em pele humana estão prestes a ser reveladas por um único equipamento, que vaporiza uma mistura de moléculas de metanol e água carregadas eletricamente sobre a área investigada. Em contato com a mistura, cada superfície emite íons específicos. Captados por um aparelho, esses sinais são transformados em unidades de imagem, como se fossem pixels. O resultado é uma versão digital da marca dos dedos, produzida em poucos segundos. E o mais incrível é que o aparelho também distingue substâncias em que o autor da marca tocou antes, como drogas, pólvora, metais e substâncias químicas em geral. O kit básico de trabalho de campo de trabalho de campo de um perito criminal ainda vai ganhar mais um forte aliado nos próximos anos, com a chegada ao mercado de um gravador portátil de imagens em 3 dimensões, apresentado em abril por cientistas do centro de pesquisas alemão Fraunhofer IOF. Com eles, os peritos não precisam mais esperar o gesso secar para conseguir um molde de uma pegada ou marca de pneu. Basta tirar uma foto com o equipamento e a imagem em 3D pode ser passada para um computador para comparações. O gravador também pode ser útil para filmar cenas de crime em locais públicos, onde não se tem chance de preservar a cena por muito tempo: bastará reconstruir o ambiente virtualmente e estudá-lo com mais calma no laboratório.

(Tarso Araújo, in Revista Superinteressante, outubro de 2008).

(Agente de Polícia Civil/RO – 2014 – FUNCAB) Assinale a opção em que se identifica a figura de linguagem conhecida como metonímia.

(A) "Com eles, os peritos não precisam mais esperar o gesso secar para conseguir um molde de uma pegada ou marca de pneu."

(B) "Os novos Sherlock Holmes trocaram as lupas por luzes forenses."

(C) "Eles desenvolveram um equipamento portátil que realiza uma técnica conhecida por espectroscopia de superfície aumentada."

(D) "O resultado é uma versão digital da marca dos dedos, produzida em poucos segundos."

(E) "Mas isso não é nada perto do que já é possível fazer com impressões digitais."

Chama-se metonímia a figura de linguagem na qual se utiliza um termo pelo outro. Dentre as alternativas, a única que apresenta metonímia (na verdade, a única que apresenta figura de linguagem), é a letra "B", que deve ser assinalada. O termo literário "Sherlock Holmes" foi utilizado no lugar de "peritos" ou "investigadores".

Gabarito "B".

14. QUESTÕES COMBINADAS E OUTROS TEMAS

AS MUDANÇAS CLIMÁTICAS JÁ AFETAM NOSSAS VIDAS

CIÊNCIA HOJE: Quais lugares do planeta estão sendo (e serão no futuro) mais afetados pelas mudanças climáticas? E em relação aos biomas brasileiros?

ARGEMIRO TEIXEIRA: Metade da população mundial já vive sob risco climático, e os impactos são mais graves entre populações urbanas marginalizadas, como os moradores de favelas. Em geral, as áreas de alto risco às mudanças climáticas são regiões caracterizadas por grande densidade populacional, altos índices de pobreza e dependência de condições climáticas para o cultivo agrícola. Além disso, é importante falar que as áreas próximas da linha do Equador correm mais riscos do que as áreas temperadas. Todos os modelos mostram que, no Brasil, aumentarão a frequência e intensidade de ondas de calor e, por sua vez, aumentará o número de mortes.

CH: Pode falar dos efeitos dessa crise climática na segurança alimentar e na saúde humana?

AT: Em todo o mundo, altas temperaturas e eventos climáticos extremos como secas, ondas de calor e enchentes já prejudicam a produção de alimentos. O fornecimento internacional de alimentos está sob ameaça. Os riscos de quebra generalizada nas colheitas devido a eventos extremos que atingem locais em todo o mundo aumentarão se as emissões não forem reduzidas rapidamente. Isto poderia levar à escassez global de alimentos e ao aumento de preços, o que prejudicará particularmente as pessoas mais pobres. O novo relatório do IPCC (Painel Intergovernamental sobre Mudanças Climáticas, na tradução em português) sugere que esses fatores prejudicarão especialmente a agricultura no Brasil se as temperaturas continuarem a subir. A produção de arroz poderia cair em 6% com altas emissões. A produção de trigo poderia cair 21%, e a de milho poderia cair em até 71% até o final do século no Cerrado. Além disso, a combinação do aumento continuado de emissões de gases de efeito estufa com o desmatamento local pode causar uma queda de 33% na produção de soja e na das pastagens na Amazônia. Os impactos das mudanças climáticas também prejudicarão a pesca e a aquicultura no Brasil. Se as emissões seguirem altas, a produção de peixes cairá em 36% no período 2050-2070 em comparação com 2030-2050. Além de tudo isso, estudos sugerem que as mudanças climáticas refletem em mudanças no ambiente como a alteração de ecossistemas e de ciclos biológicos, geográficos, e químicos, que podem aumentar a incidência de doenças infecciosas (malária, dengue etc.), mas também de doenças não-transmissíveis, que incluem a desnutrição e enfermidades mentais.

Adaptado de: https://cienciahoje.org.br/artigo/as-mudancas-

climaticas-ja-afetam-nossas-vidas/. Acesso em: 7 set. 2022.

(Escrivão – PC/GO – AOCP – 2023) Sobre o excerto "Isto poderia levar à escassez global de alimentos e ao aumento de preços [...]", assinale a alternativa correta.

(A) O pronome demonstrativo se refere a uma informação que será apresentada posteriormente no texto.

(B) Os termos "de alimentos" e "de preços" são complementos nominais cuja presença é sintaticamente obrigatória.

(C) O acento grave indica a junção da preposição "a" ao artigo "a", sendo aquela passível de substituição por "em" sem que isso cause prejuízo sintático ou semântico ao excerto.

(D) O verbo "levar" é transitivo indireto e tem o mesmo sentido que "transportar".

(E) O verbo "poderia" está conjugado no modo subjuntivo, veiculando a ideia de dúvida.

A: incorreta. A forma pronominal "isto" representa a anáfora, o instrumento de coesão textual que retoma uma expressão que já foi mencionada antes no texto; **B**: correta. "De alimentos" é complemento nominal de "escassez" e "de preços" complementa "aumento". O complemento nominal é sempre obrigatório na oração, sob pena de prejuízo ao sentido do texto; **C**: incorreta. Haveria incorreção quanto à regência do verbo "levar"; **D**: incorreta. Nesse caso, "levar" é sinônimo de "acarretar"; **E**: incorreta. "Poderia" é a conjugação da terceira pessoa do singular do futuro do pretérito do indicativo. **HS**
Gabarito "B".

Texto CG2A1-I

Direito e justiça são conceitos que se entrelaçam, a tal ponto de serem considerados uma só coisa pela consciência social. Fala-se no direito com o sentido de justiça, e vice-versa. Sabe-se, entretanto, que nem sempre eles andam juntos. Nem tudo o que é direito é justo e nem tudo o que é justo é direito. Isso acontece porque a ideia de justiça engloba valores inerentes ao ser humano, transcendentais, como a liberdade, a igualdade, a fraternidade, a dignidade, a equidade, a honestidade, a moralidade, a segurança, enfim, tudo aquilo que vem sendo chamado de direito natural desde a Antiguidade. O direito, por seu turno, é uma invenção humana, um fenômeno histórico e cultural concebido como técnica para a pacificação social e a realização da justiça.

Em suma, enquanto a justiça é um sistema aberto de valores, em constante mutação, o direito é um conjunto de princípios e regras destinado a realizá-la. E nem sempre o direito alcança esse desiderato, quer por não ter acompanhado as transformações sociais, quer pela incapacidade daqueles que o conceberam, quer, ainda, por falta de disposição política para implementá-lo, tornando-se, por isso, um direito injusto.

É possível dizer que a justiça está para o direito como o horizonte está para cada um de nós. Quanto mais caminhamos em direção ao horizonte — dez passos, cem passos, mil passos —, mais ele se afasta de nós, na mesma proporção. Nem por isso o horizonte deixa de ser importante, porque é ele que nos permite caminhar. De maneira análoga, o direito, na permanente busca da justiça, está sempre caminhando, em constante evolução.

Nesse compasso, a finalidade da justiça é a transformação social, a construção de uma sociedade justa, livre, solidária e fraterna, sem preconceitos, sem pobreza e sem desigualdades sociais. A criação de um direito justo, com efetivo poder transformador da sociedade, entretanto, não é obra apenas do legislador, mas também, e principalmente, de todos os operadores do direito, de sorte que, se ainda não temos uma sociedade justa, é porque temos falhado nessa sagrada missão de bem interpretar e aplicar o direito.

Sergio Cavalieri Filho. Direito, justiça e sociedade.

In: Revista da EMERJ, v. 5, n.º 8, 2002, p. 58-60 (com adaptações).

(Escrivão – PC/RO – CEBRASPE – 2022) Assinale a opção correta em relação a aspectos linguísticos do texto CG2A1-I.

(A) No primeiro parágrafo, o emprego da partícula "se", tanto em "que se entrelaçam" quanto em "Fala-se", indica que o sujeito dessas orações é indeterminado.

(B) No segmento "engloba valores inerentes ao ser humano" (primeiro parágrafo), o emprego da preposição a, em "ao", justifica-se pela regência do verbo **englobar**.

(C) Em "É possível" (terceiro parágrafo), a flexão tanto da forma verbal quanto do adjetivo no singular justifica-se pelo fato de o sujeito dessa oração ser a oração imediatamente subsequente.

(D) A substituição da expressão "desde a Antiguidade" (penúltimo período do primeiro parágrafo) por à começar da **Antiguidade** não prejudicaria a correção gramatical do texto.

(E) No segmento "mais ele se afasta de nós" (segundo período do terceiro parágrafo), o termo "mais" introduz uma oração coordenada de sentido adversativo.

A: incorreta. Na primeira passagem, "se" é pronome reflexivo recíproco; **B:** incorreta. Quem rege a preposição "a" é o termo "inerentes"; **C:** correta, conforme o padrão culto da linguagem; **D:** incorreta. Não ocorre crase antes de verbo; **E:** incorreta. "Mais" é adjunto adverbial. A conjunção adversativa se escreve "mas".

Gabarito "C".

Disponível em: <www.jopbj.blogspot.com/2016/01/calvin-e-manipulacao-da-midia.html>. Acesso em: 10/fev./2019.

(Perito – PC/ES – Instituto AOCP – 2019) Quanto às escolhas lexicais no texto, assinale a alternativa correta.

(A) O pronome demonstrativo "esta" está inadequado por ter função anafórica.

(B) No segundo quadrinho, "obrigado" deveria estar flexionado no feminino para concordar com "artificialidade das soluções rápidas".

(C) O termo "poderoso da mídia de massa" classifica-se como um aposto.

(D) Por se tratar de um gênero textual informal, a linguagem utilizada por Calvin é inadequada.

(E) O pronome demonstrativo "esta" é adequado por fazer referência espacial a um objeto próximo do falante.

A: incorreta. O pronome foi corretamente utilizado porque representa a posição do objeto em relação ao interlocutor (a tigela está mais próxima de Calvin do que da televisão); **B:** incorreta. "Obrigado" está corretamente no masculino porque concorda com o gênero de quem está agradecendo, no caso, Calvin; **C:** incorreta. O trecho tem função sintática de vocativo; **D:** incorreta. A despeito das tirinhas serem informais em relação à linguagem como regra, neste caso o personagem está representando de forma teatral um sacrifício, ritual que exige linguagem formal; **E:** correta, nos termos do comentário à alternativa "A".

Gabarito "E".

Projetos e Ações: Papo de Responsa

O Programa Papo de Responsa foi criado por policiais civis do Rio de Janeiro. Em 2013, a Polícia Civil do Espírito Santo, por meio de policiais da Academia de Polícia (Acadepol) capixaba, conheceu o programa e, em parceria com a polícia carioca, trouxe para o Estado.

O 'Papo de Responsa' é um programa de educação não formal que – por meio da palavra e de atividades lúdicas – discute temas diversos como prevenção ao uso de drogas e a crimes na internet, bullying, direitos humanos, cultura da paz e segurança pública, aproximando os policiais da comunidade e, principalmente, dos adolescentes. O projeto funciona em três etapas e as temáticas são repassadas pelo órgão que convida o Papo de Responsa, como escolas, igrejas e associações, dependendo da demanda da comunidade. No primeiro ciclo, denominado de "Papo é um Papo", a equipe introduz o tema e inicia o processo de aproximação com os alunos. Já na segunda etapa, os alunos são os protagonistas e produzem materiais, como músicas, poesias, vídeos e colagens de fotos, mostrando a percepção deles sobre a problemática abordada. No último processo, o "Papo no Chão", os alunos e os policiais civis formam uma roda de conversa no chão e trocam ideias relacionadas a frases, questões e músicas direcionadas sempre no tema proposto pela instituição. Por fim, acontece um bate-papo com familiares dos alunos, para que os policiais entendam a percepção deles e também como os adolescentes reagiram diante das novas informações.

Disponível em <https://pc.es.gov.br/projetos-e-acoes>. Acesso em: 30/ jan./2019.

(Escrivão – PC/ES – Instituto AOCP – 2019) De acordo com o Texto, assinale a alternativa correta.

(A) O programa é realizado em todo o país, mas apenas em 2013 foi levado ao Espírito Santo, por meio da polícia carioca.

(B) A família dos adolescentes deve acompanhar todas as etapas do projeto social.
(C) Os temas trabalhados são escolhidos a partir da necessidade da instituição solicitante.
(D) No projeto, busca-se conhecer a perspectiva dos adolescentes, para que, a partir disso, seja imposta uma forma de se comportar corretamente em sociedade.
(E) O projeto objetiva levar os adolescentes a seguirem a carreira policial.

A: incorreta. O programa era transmitido somente no Rio de Janeiro e foi levado também ao Espírito Santo por meio de parceria entre as polícias dos dois estados; **B:** incorreta. Os familiares participam apenas do último ciclo do programa; **C:** correta, conforme consta do segundo período do segundo parágrafo; **D:** incorreta. O projeto parte da exposição do problema pelos policiais e não pretende impor nenhum comportamento, mas auxiliar os adolescentes a construir uma percepção melhor da sociedade em que se inserem; **E:** incorreta. O objetivo é alertá-los e instruí-los sobre temas relevantes para a sociedade, como uso de drogas, bullying, direitos humanos, cultura de paz e segurança pública.
Gabarito "C".

(Escrivão – PC/ES – Instituto AOCP – 2019) Quando se redige um texto manuscrito, é necessário conhecer as regras de separação silábica. Considerando essa afirmação, assinale a alternativa em que os vocábulos apresentam separação silábica correta.
(A) Pri-me-i-ro / a-pro-xi-ma-çã-o.
(B) E-qui-pe / me-i-o.
(C) Intr-oduz / rea-gi-ram.
(D) I-ni-ci-a / a-ca-de-mi-a.
(E) Pro-ce-sso / in-sti-tu-i-ção.

A: incorreta. "Pri-mei-ro" – o encontro "ei" é ditongo, não se separa. O mesmo ocorre em "a-pro-xi-ma-ção"; **B:** incorreta. "Mei-o", novamente o ditongo; **C:** incorreta. A vogal "o" forma sílaba em "In-tro-duz". Já em "re-a-gi-ram", as vogais "e" e "a" formam hiato, quer dizer, cada uma forma sílaba autônoma; **D:** correta. A separação silábica atende ao padrão culto da língua; **E:** incorreta. O dígrafo "ss" é separado em cada sílaba: "Pro-ces-so". Já o "s" de "ins-ti-tu-i-ção" forma encontro consonantal com o "n", razão pela qual não se separam.
Gabarito "D".

Disponível em: <https://meumundocommafalda.wordpress.com/2013/03/09/tirinha-no-92/>. Acesso em 01/fev./2019.

(Escrivão – PC/ES – Instituto AOCP – 2019) De acordo com a tirinha da Mafalda, assinale a alternativa INCORRETA.
(A) As formigas são elementos que tematizam os pequenos problemas cotidianos.
(B) A atitude do pai da Mafalda e da Mafalda opõem-se.
(C) O texto suscita uma crítica a reações desproporcionais diante de situações corriqueiras.
(D) A menção à morte das duas pessoas indica que a guerra do Vietnã foi uma tragédia sem precedentes.
(E) O verbo no presente em "Não há desgraça pior do que as formigas!" visa indicar que o conteúdo dessa afirmação é um problema constante.

A única alternativa que não se depreende do texto é a letra "D". A menção às mortes serve para mostrar ao pai de Mafalda que formigas são problemas absolutamente pequenos frente às diversas desgraças do mundo.
Gabarito "D".

Os pilares da sustentabilidade: os desafios ambientais do século XXI para a iniciativa privada

01 Entre os pilares para o desenvolvimento sustentável – aquele capaz de garantir as
02 necessidades da geração atual sem comprometer a futura – está a preservação e manutenção do
03 meio ambiente. Nos últimos tempos, tem sido uma das pautas mais discutidas por líderes políticos
04 e empresariais de todo o mundo, principalmente por conta dos impactos das mudanças climáticas.
05 Mesmo o Brasil, um país rico em recursos naturais, já sente as consequências dos eventos
06 extremos, como a seca que persiste no Nordeste e deixa muitas famílias sem acesso à água,
07 recurso essencial para a manutenção da vida. Por isso, pensar em formatos mais eficientes de
08 uso é uma atitude urgente e que deve permear as organizações, os governos e a própria
09 sociedade
10 Em 2015, o Brasil entrou para o grupo das 197 nações signatárias do Acordo de Paris, que
11 determinou metas para manter o aquecimento global bem abaixo de 2°C até 2030.
12 Ana Carolina Avzaradel Szklo, Gerente Sênior de Projetos e Assessora Técnica do CEBDS
13 (Conselho Empresarial Brasileiro para o Desenvolvimento Sustentável), acredita que esses
14 eventos climáticos extremos _____ contribuído para que as empresas incorporem a sustentabilidade
15 em suas agendas. As atitudes para reverter esse quadro preocupante devem ser trabalhadas em
16 conjunto, porque o setor privado apresenta um papel tão importante quanto o governo para a
17 efetivação das ações.
18 Neste contexto, é importante que a sustentabilidade faça parte da organização como um
19 todo, principalmente, da mais alta _____ decisória. Investimentos em inovação para tornar
20 processos mais eficientes podem contribuir com uma série de oportunidades para as
21 organizações.
22 Uma das tendências que estão sendo trabalhadas internacionalmente e sobre o que o
23 CEBDS _____ promovido debates com o setor privado é a precificação do carbono. A medida
24 defende a cobrança pela emissão do CO2, o que faz com que as empresas tenham um maior
25 controle sobre os seus processos. Além disso, impulsiona uma economia mais limpa e que
26 consequentemente pode frear o aquecimento global.
27 Para consolidar uma economia com baixa emissão de carbono, é necessário pensar em
28 toda a cadeia de produção da economia, desde a _____ da matéria-prima, o transporte, a
29 produção e até o descarte. Trabalhando com esses rejeitos, evita-se que os materiais acabem em
30 aterros e lixões – locais em que a decomposição emite gases responsáveis pelo efeito estufa,
31 como o metano e o gás carbônico. Com a reciclagem, os resíduos viram matéria-prima
32 novamente, o que evita a _____ e colabora para o uso racional de recursos naturais.
33 Com a ideia de eliminar o lixo, a empresa precisa investir bastante para reciclar materiais
34 não convencionais como esponjas de limpeza, cosméticos, tubos de pasta de dente, lápis e
35 canetas. Por não terem fluxos regulares de reciclagem, fazer o processo com esses rejeitos sai
36 bem mais caro. "Esses materiais são considerados 'não recicláveis', pois o custo para reciclá-los
37 é superior ao valor obtido com a matéria-prima resultante do processo. Percebemos, portanto,
38 que não existe efetivamente nada que não possa ser reciclado. O que existem são resíduos que
39 valem a pena do ponto de vista financeiro, e outros não, justamente por serem complexos",
40 explica Pirrongelli da TerraCycle.
41 O programa de coleta da TerraCycle engaja consumidores e produtores em seu processo.
42 Não são apenas os produtos de difícil reciclabilidade que preocupam ambientalistas, governos e
43 empresas ao redor do mundo. Mesmo materiais que já _____ processos consolidados, como o
44 plástico, acabam em lixões e aterros, onde demoram anos para se decompor.
45 Relatórios divulgados no início deste ano pela Ellen MacArthur Foundation mostram que cerca de
46 oito bilhões de toneladas de plástico são descartados nos mares por ano – quantidade equivalente
47 a um caminhão de lixo por minuto. A organização calculou que, se esse ritmo continuar, haverá
48 mais plástico do que peixe nos oceanos em 2050.
49 Por isso, a maior procura por produtos biodegradáveis sinaliza a crescente preocupação
50 do setor privado em relação ao meio ambiente. Nesse aspecto, a tecnologia é um aspecto
51 fundamental para a sustentabilidade.
52 Soluções como o plástico hidrossolúvel _____ sido cada vez mais procuradas como um meio
53 de evitar o problema do descarte irresponsável. O material é novidade no Brasil e na América
54 Latina e consiste em um plástico que se dissolve na água em apenas alguns segundos. Há
55 também, nesse mesmo viés, bobinas, saquinhos hidrossolúveis sob medida, entretelas, entre
56 outros. Essa solução, de acordo com um empresário do setor, _____ diversas vantagens ao
57 comprador, como: redução de custos em transporte e armazenagem, devido à concentração de
58 produto na embalagem hidrossolúvel; diminuição no uso e descarte do plástico convencional, que
59 pode gerar créditos de carbono e também _____ segurança na aplicação e no manuseio de
60 substâncias químicas que podem ser nocivas para o ser humano. As empresas podem contribuir

12. LÍNGUA PORTUGUESA

61 para um desenvolvimento sustentável valorizando produtos que ____ um apelo sustentável,
62 criando uma cultura organizacional voltada para essas questões e investindo em desenvolvimento
63 de novas alternativas. É importante também que a organização, além de realizar esses processos,
64 valorize que os mesmos sejam adotados por toda cadeia produtiva, envolvendo desde seus
65 fornecedores até seus clientes.

(Fonte: Amcham Brasil, 26 de maio 2017 – http://economia.estadao.com.br/blogs – Texto adaptado)

(Delegado – PC/RS – FUNDATEC – 2018) Observe o período compreendido entre as linhas 36 e 40 e analise as afirmações que são feitas, assinalando V, se verdadeiro, ou F, se falso.

( ) As aspas são usadas para marcar uma citação textual, no caso, palavras de Pirrongelli.

( ) As aspas simples, linha 36, assinalam uma expressão utilizada em sentido conotativo.

( ) O uso do conector **portanto** (l. 37) introduz uma conclusão ao que estava sendo dito.

A ordem correta de preenchimento dos parênteses, de cima para baixo, é:

(A) V – V – V.
(B) V – F – F.
(C) F – F – V.
(D) F – V – F.
(E) V – F – V.

I: verdadeira. As aspas realmente exercem esta função; II: falsa. As aspas simples são utilizadas quanto precisamos usar aspas dentro de um período que já está entre aspas; III: verdadeira. Trata-se, efetivamente, de conjunção conclusiva.
Gabarito "E".

(Delegado – PC/RS – FUNDATEC – 2018) Avalie as assertivas a seguir, quanto a alterações no texto:

I. Na linha 30, a substituição de **em que** por **no qual** não feriria as regras de concordância e de regência.

II. A substituição de **consiste** (l. 54) por **tem a consistência** manteria o sentido, entretanto provocaria necessidade de alteração na estrutura do período.

III. A troca de **valorizando** (l. 61) por **dando valor** provocaria a necessidade de ajustes na estrutura do período.

Quais estão INCORRETAS?

(A) Apenas I.

(B) Apenas II.
(C) Apenas III.
(D) Apenas I e II.
(E) Apenas II e III.

I: incorreta. Como o pronome se refere a "locais", deveria ser substituído por "nos quais"; II: incorreta. "Consistir" é sinônimo de "compreender", "equivaler", ou seja, não tem o mesmo sentido que "tem a consistência"; III: correta. Seria necessário colocar a preposição "a", após "valor", para se adequar à regência nominal.
Gabarito "D".

(Delegado – PC/RS – FUNDATEC – 2018) Considere as seguintes propostas de supressão, inserção e troca de vocábulos no texto:

I. Supressão do advérbio **mais** (l. 03).

II. Inserção do pronome **eles** imediatamente antes de **serem** (l. 39).

III. Substituição de **hidrossolúvel** (l. 52) por **solúvel em hidrogênio**.

Quais NÃO provocam alteração nos respectivos contextos?

(A) Apenas I.

(B) Apenas II.

(C) Apenas III.

(D) Apenas I e II.

(E) Apenas II e III.

I: incorreta. Há alteração de sentido. Uma coisa é a pauta "ser discutida", outra é ser "uma das pautas mais discutidas"; II: correta. O pronome já estava elíptico, oculto, de forma que sua colocação não altera o sentido; III: incorreta. Há alteração de sentido, pois "hidrossolúvel" significa "solúvel em água".
Gabarito "B".

---

1 Um estudante de 15 anos atirou em colegas em um colégio no Paraná, deixando dois feridos.
2 O adolescente e um outro aluno que lhe deu cobertura, ambos apreendidos pela polícia, cursam o primeiro
3 ano do Ensino Médio no Colégio Estadual João Manoel Mondrone, em Medianeira (oeste do estado).
4 Segundo a Polícia Civil, foi um atentado premeditado. Os adolescentes afirmaram que sofriam de bullying,
5 e o ataque seria uma forma de se vingarem dos colegas.
6 "Seus filhos me humilharam, me ameaçaram, me expuseram de uma maneira que não tem mais perdão",
7 afirma o estudante, em um vídeo divulgado pelo Paraná Portal e que teria sido gravado horas antes do
8 ataque.
9 Com uma respiração ofegante, ele se diz "muito ansioso" e pede "desculpas pelo incômodo que vai cau-
10 sar".
11 "Eu quero que o meu rosto seja mostrado na TV. Que os repórteres de redes de TV não falem merda.
12 Falem apenas a verdade. Não inventem história. Não é culpa de videogame, de livro, não é culpa de bosta
13 nenhuma. É apenas culpa desses filhos da puta", afirma o adolescente, citando os colegas.
14 Além da arma usada no ataque (um revólver calibre 22), foram apreendidas com os atiradores uma faca,
15 munição e duas bombas caseiras, que não chegaram a ser detonadas. Outras duas espingardas, não
16 usadas no ataque, foram recolhidas na casa de um dos adolescentes.

17 Eles ainda detonaram uma terceira bomba caseira e fizeram diversos disparos pela escola, gerando pânico
18 e correria. Por fim, chegaram a atirar contra policiais militares antes de se render.
19 Segundo a Secretaria da Educação, uma das vítimas levou um tiro nas costas, e outra, um de raspão no
20 joelho.
21 O atirador mirou a arma no primeiro estudante, de 15 anos, que foi atingido nas costas, e depois atirou a
22 esmo, acertando o outro colega.
23 As duas vítimas foram encaminhadas a um hospital e não correm risco de morte.
24 O primeiro deles, porém, corre o risco de ficar paraplégico, já que a bala se alojou na coluna. Ele deve
25 ser transferido a um hospital em Curitiba ainda nesta sexta, onde passará por uma cirurgia para retirar o
26 projétil.
27 Os atiradores foram apreendidos e encaminhados para a delegacia de Medianeira. Na mochila de um de-
28 les, os investigadores encontraram um bilhete, que foi encaminhado para perícia.
29 As aulas no colégio, que tem cerca de 1.300 alunos, foram suspensas até a segunda-feira (1). Por meio de
30 nota, a direção do Colégio João Manoel Mondrone informou que os alunos envolvidos no ataque não ha-
31 viam registrado nenhuma queixa de bullying até então e que tinham um desempenho escolar considerado
32 normal.
33 "Eles apresentam um desenvolvimento escolar regular com acompanhamento da família, sem registros de
34 indisciplina ou qualquer fato que desabone sua conduta", diz a nota. O colégio informou que irá intensificar
35 ações de respeito às diferenças entre os alunos.

(CARAZZAI, E. H. Aluno atira em colegas e fere dois em colégio no interior do Paraná. Folha de S. Paulo. 29 set. 2018, p.B2).

(Escrivão – PC/MG – FUMARC – 2018) Sobre a última frase do texto, "O colégio informou que irá intensificar ações de respeito às diferenças entre os alunos.", considere as afirmativas a seguir.

I. A expressão "de respeito" pode ser substituída por "referentes", sem prejuízo do sentido original.

II. A frase permite inferir que práticas de combate ao bullying são prescindíveis naquele colégio.

III. Há crase em "respeito às diferenças", correspondendo à contração da preposição "a" com o artigo "as".

IV. O conteúdo da frase revela que ações de combate ao desrespeito já faziam parte daquele ambiente escolar.

Assinale a alternativa correta.

(A) Somente as afirmativas I e II são corretas.

(B) Somente as afirmativas I e IV são corretas.

(C) Somente as afirmativas III e IV são corretas.

D) Somente as afirmativas I, II e III são corretas.

(E) Somente as afirmativas II, III e IV são corretas.

I: incorreta. O vocábulo "respeito" é substantivo e integra a expressão "respeito às diferenças" – não pode, portanto, ser substituído por adjetivo; II: incorreta. "Prescindível" é sinônimo de "dispensável". As práticas são **imprescindíveis,** sinônimo de "indispensáveis"; III: correta. A crase ocorreu justamente pela aglutinação da preposição com o artigo; IV: correta, dado que foi usado o verbo "intensificar" – só se intensifica aquilo que já existe.
Gabarito "C".

O Dia da Consciência Negra

[...]

O assunto é delicado; em questão de raça, deve-se tocar nela com dedos de veludo. Pode ser que eu esteja errada, mas parece que no tema de raça, racismo, negritude, branquitude, nós caímos em preconceito igual ao dos racistas. O europeu colonizador tem – ou tinha – uma lei: teve uma parte de sangue negro – é negro. Por pequena que seja a gota de sangue negro no indivíduo, polui-se a nobre linfa ariana, e o portador da mistura é "declarado

negro". E os mestiços aceitam a definição e – meiões, quarteirões, octorões – se dizem altivamente "negros", quando isso não é verdade. Ao se afirmar "negro" o mestiço faz bonito, pois assume no total a cor que o branco despreza. Mas ao mesmo tempo está assumindo também o preconceito do branco contra o mestiço. Vira racista, porque, dizendo-se negro, renega a sua condição de mulato, mestiço, half-breed, meia casta, marabá, desprezados pela branquidade. Aliás, é geral no mundo a noção exacerbada de raça, que não afeta só os brancos, mas os amarelos, vermelhos, negros; todos desprezam o meia casta, exemplo vivo da infração à lei tribal.

Eu acho que um povo mestiço, como nós, deveria assumir tranquilamente essa sua condição de mestiço; em vez de se dizer negro por bravata, por desafio – o que é bonito, sinal de orgulho, mas sinal de preconceito também. Os campeões nossos da negritude, todos eles, se dizem simplesmente negros. Acham feio, quem sabe até humilhante, se declararem mestiços, ou meio brancos, como na verdade o são. "Black is beautiful" eu também acho. Mas mulato é lindo também, seja qual for a dose da sua mistura de raça. Houve um tempo, antes de se desenvolver no mundo a reação antirracista, em que até se fazia aqui no Rio o concurso "rainha das mulatas". Mas a distinção só valia para a mulata jovem e bela. Preconceito também e dos péssimos, pois a mulata só era valorizada como objeto sexual, capaz de satisfazer a consciência dos homens.

A gente não pode se deixar cair nessa armadilha dos brancos. A gente tem de assumir a nossa mulataria. Qual brasileiro pode jurar que tem sangue "puro" nas veias, – branco, negro, árabe, japonês?

Vejam a lição de Gilberto Freyre, tão bonita. Nós todos somos mestiços, mulatos, morenos, em dosagens várias. Os casos de branco puro são exceção (como os de índios puros – tais os remanescentes de tribos que certos antropólogos querem manter isolados, geneticamente puros – fósseis vivos – para eles estudarem...). Não vale

12. LÍNGUA PORTUGUESA

indagar se a nossa avó chegou aqui de caravela ou de navio negreiro, se nasceu em taba de índio ou na casa-grande. Todas elas somos nós, qualquer procedência Tudo é brasileiro. Quando uma amiga minha, doutora, participante ilustre de um congresso médico, me declarou orgulhosa "eu sou negra" – não resisti e perguntei: "Por que você tem vergonha de ser mulata?" Ela quase se zangou. Mas quem tinha razão era eu. Na paixão da luta contra a estupidez dos brancos, os mestiços caem justamente na posição que o branco prega: negro de um lado, branco do outro. Teve uma gota de sangue africano é negro – mas tendo uma gota de sangue branco será declarado branco? Não é.

Ah, meus irmãos, pensem bem. Mulata, mulato também são bonitos e quanto! E nós todos somos mesmo mestiços, com muita honra, ou morenos, como o queria o grande Freyre. Raça morena, estamos apurando. Daqui a 500 anos será reconhecida como "zootecnicamente pura" tal como se diz de bois e de cavalos. Se é assim que eles gostam!

QUEIROZ, Rachel. O Dia da Consciência Negra. O Estado de S. Paulo, São Paulo, 23 nov. 20Brasil, caderno 2, p. D16.

(Agente-Escrivão – Acre – IBADE – 2017) Considere as seguintes afirmações sobre aspectos da construção do texto:

I. Em "mas parece que no tema de raça, racismo, negritude, branquitude, nós CAÍMOS em preconceito... Por pequena que seja a gota de sangue negro do INDIVÍ-DUO", as palavras destacadas recebem acento pela mesma regra de acentuação.

II. Passando-se para o plural o trecho destacado em "todos desprezam o meia casta, EXEMPLO VIVO DA INFRAÇÃO À LEI TRIBAL", mantendo-se o A no singular, o sinal indicativo de crase, obrigatoriamente, não poderia ser usado.

III. Em "E os mestiços aceitam a definição e – meiões, quarteirões, octorões – se dizem altivamente 'negros', quando ISSO não é verdade", o elemento destacado se refere a uma ideia anteriormente expressa.

Está correto apenas o que se afirma em:

(A) I e II.

(B) II e III.

(C) I.

(D) I e III.

(E) II.

I: incorreta. "Caímos" – acentua-se e o "i" e o "u" que ficam sozinhos no hiato, com poucas exceções (como, por exemplo, se forem seguidos de "nh" – "rainha"). "Indivíduo" – acentuam-se as paroxítonas terminadas em ditongo crescente; II: correta, porque se não há o "s" indicativo do plural, significa que o "a" é preposição "pura", sem aglutinação – logo, não ocorreu crase; III: correta. É pronome com função catafórica, que se refere a algo anterior a ele no texto. Vale lembrar que os pronomes demonstrativos com função catafórica se escrevem com dois "s" (esse, essa, isso), enquanto os de função anafórica – que se referem a uma passagem futura do texto – grafam-se com "t" (este, esta, isto). HS

Gabarito "B".

---

1   A existência do poder executivo, legislativo e
      judiciário é uma ideia aparentemente bastante velha no
      direito constitucional. Na verdade, trata-se de uma ideia
4   recente que data mais ou menos de Montesquieu. Na alta
      Idade Média não havia poder judiciário. Não havia poder
      judiciário autônomo, nem mesmo poder judiciário nas mãos
7   de quem detinha o poder das armas, o poder político.
      A acumulação da riqueza e do poder e a constituição
      do poder judiciário nas mãos de alguns é um mesmo
10   processo que vigorou na alta Idade Média e alcançou seu
      amadurecimento no momento da formação da primeira
      grande monarquia medieval. Nesse momento, apareceram
13   coisas totalmente novas. Aparece uma justiça que não é
      mais contestação entre indivíduos e livre aceitação por esses
      indivíduos de um certo número de regras de liquidação, mas
16   que, ao contrário, vai-se impor do alto aos indivíduos, aos
      oponentes, aos partidos.
      Aparece, ainda, um personagem totalmente novo: o
19   procurador, que se vai apresentar como o representante do
      soberano, do rei ou do senhor, como representante de um
      poder lesado pelo único fato de ter havido um delito ou um
22   crime. O procurador vai dublar a vítima, vai estar por trás
      daquele que deveria dar a queixa, dizendo: "Se é verdade
      que este homem lesou um outro, eu, representante do
25   soberano, posso afirmar que o soberano, seu poder, a ordem
      que ele faz reinar, a lei que ele estabeleceu foram

HENRIQUE SUBI

igualmente lesados por esse indivíduo. Assim, eu também

28   me coloco contra ele".

Uma noção absolutamente nova aparece: a de

infração. A infração não é um dano causado por um

31   indivíduo contra outro; é uma ofensa ou lesão de um
indivíduo à ordem, ao Estado, à lei, à sociedade, à

soberania, ao soberano. Há ainda uma última invenção tão

34   diabólica quanto a do procurador e a da infração: o Estado
– ou melhor, o soberano – é não somente a parte lesada,

mas também a que exige reparação. Quando um indivíduo

37   perde o processo, é declarado culpado e deve ainda
reparação a sua vítima. Entretanto, vai-se exigir do culpado

não só a reparação do dano feito, mas também a reparação

40   da ofensa que cometeu contra o soberano, o Estado, a lei.

Michel Foucault. **A verdade e as formas jurídicas.** 3ª ed. Rio de Janeiro: Nau Editora, 2002 (com adaptações).

(Papiloscopista – PCDF – Universa – 2016) No que se refere aos sentidos e aos aspectos linguísticos do texto, assinale a alternativa correta.

(A) É facultativo o emprego do acento indicativo de crase em "a sua vítima" (linhas 37 e 38).

(B) O deslocamento da partícula "se", em "vai-se exigir" (linha 38), para imediatamente após "exigir" – escrevendo-se **vai exigir-se** – prejudicaria a correção gramatical do período.

(C) Em "A acumulação da riqueza e do poder e a constituição do poder judiciário nas mãos de alguns" (linhas 8 e 9), a conjunção "e" liga, em ambas as ocorrências, termos que exercem a função sintática de complemento nominal.

(D) Na linha 13, o vocábulo "justiça" constitui o núcleo do complemento da forma verbal "Apareceu".

(E) O vocábulo "culpado", pertence em ambas as ocorrências, à linha 37 e à linha 38, à mesma classe de palavras.

A: correta. Antes de pronomes possessivos, a crase é facultativa; **B:** incorreta. O pronome pode estar enclítico ao verbo auxiliar ou ao verbo principal. As duas formas são aceitas pela norma padrão; **C:** incorreta. Na segunda ocorrência, a conjunção "e" liga os núcleos do sujeito; **D:** incorreta. "Justiça" é o núcleo do sujeito do verbo "aparecer"; **E:** incorreta. Na primeira passagem, é adjetivo; na segunda, substantivo. **HS**

Gabarito "A".

13. MATEMÁTICA E RACIOCÍNIO LÓGICO

Enildo Garcia e Elson Garcia

(Escrivão – PC/GO – AOCP – 2023) Considere que uma das atribuições do Escrivão de Polícia da 3ª Classe é executar os trabalhos de datilografia/digitação necessários ao desempenho de suas funções e que João não é Escrivão de Polícia da 3ª Classe. Usando o raciocínio lógico, pode-se concluir que

(A) João não executa trabalhos de datilografia nem de digitação.
(B) se João executa trabalhos de datilografia/ digitação, então ele é Escrivão de Polícia da 3ª Classe.
(C) se João não é Escrivão de Polícia da 3ª Classe, então ele não executa trabalhos de datilografia/ digitação.
(D) caso João fosse Escrivão de Polícia da 3ª Classe, teria, entre suas atribuições, a execução dos trabalhos de datilografia/digitação.
(E) para que João execute trabalhos de datilografia/ digitação, é necessário que seja Escrivão de Polícia da 3ª Classe.

Resolução
Sejam as premissas
p: ser Escrivão de Polícia da 3ª Classe
q: executar os trabalhos de datilografia/digitação necessários ao desempenho de suas funções
e a condicional
p → q
Ao analisar as opções de resposta da questão, tem-se:
A: ~p → ~q está Errado porque a contrapositiva é ~q → ~p;
B: Errado pois o certo é p → q;
C: Errado pois nada impede que ele execute trabalhos de datilografia/digitação;
D: Correto pois se p implica q, ou p → q;
E: Não necessariamente porque pode fazer isso sem ser Escrivão de Polícia da 3ª Classe.

Gabarito "D".

(Escrivão – PC/GO – AOCP – 2023) Certo Escrivão de Polícia da 3ª Classe, enquanto catalogava os documentos relativos ao serviço, subdividiu seu trabalho de tal maneira que começasse por 92 documentos na primeira hora de trabalho, 90 na segunda hora, 88 na terceira hora, e assim sucessivamente (diminuindo dois documentos a cada nova hora) até que os documentos acabassem. Sabe-se que:
• não foram acrescentados quaisquer outros documentos até que esse serviço acabasse;
• esse Escrivão não teve ajuda de qualquer outro funcionário para executar essa tarefa;
• a execução desse trabalho deve acontecer obrigatoriamente em um dia útil (de segunda-feira a sexta-feira);
• a carga horária diária destinada para tal atividade é de apenas 3 horas.

Diante dessas informações, se o Escrivão começou suas atividades em uma quarta-feira, é previsto que encerre seu trabalho em uma

(A) segunda-feira.
(B) terça-feira.
(C) quarta-feira.
(D) quinta-feira.
(E) sexta-feira.

1ª solução (não aconselhável por ser extensa)
Tem-se
92 8680 74 68 62 56 50 44 38 32 26 20 14 0802
90 84 78 72 66 60 54 48 42 36 30 24 18 12 06**0**
88 82 76 70 64 58 52 46 40 34 28 22 16 10 04
qaqisxsg t qaqisxsg t qaqisxsg t **qa**

Logo, encerra seu trabalho em uma quarta-feira.

2ª solução
Há 16 conjuntos a partir de 92:

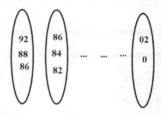

Então, 16 divididos por 5 dias úteis começando na quarta-feira, dá 5semanas + 1 dia.
Assim, se começou na quarta, termina na quarta-feira.

Gabarito "C".

(Escrivão – PC/GO – AOCP – 2023) Considere as letras da palavra ESCRIVAO e todos os "N" conjuntos formados por 4 dessas letras. Cada um desses "N" conjuntos é escrito em um pedaço de papel, de modo que cada conjunto esteja em um papel. Se esses "N" papéis forem colocados em uma urna e embaralhados, então a probabilidade de se sortear um papel cujo conjunto escrito só tem vogais é igual a

(A) 1/1680.
(B) 1/420.
(C) 1/300.
(D) 1/210.
(E) 1/70.

Resolução
Há 4 vogais na palavra ESCRIVAO: E, I, A, O.
A combinação de 8 letras da palavra, por 4 vogais, vale

C_8^4 = 8.7.6.5/4.3.2.1 = 70

Então a probabilidade de se sortear um papel cujo conjunto escrito só tem vogais é igual a
1/70.

Gabarito "E".

(Escrivão – PC/GO – AOCP – 2023) Se José for aprovado no concurso, será Escrivão de Polícia da 3ª Classe. Se ele for Escrivão de Polícia da 3ª Classe, deverá expedir intimações. Se ele expedir intimações, deverá acompanhar autoridades policiais em suas diligências. Do ponto de vista lógico, se José não acompanhou autoridades policiais em suas diligências, pode-se dizer que

(A) José foi aprovado no concurso.

(B) José é Escrivão de Polícia da 3ª Classe.

(C) José expediu intimações.

(D) José não expediu intimações ou José foi aprovado no concurso.

(E) José não é Escrivão de Polícia da 3ª Classe e José acompanhou autoridades policiais em suas diligências.

Resolução
Sejam as premissas
p: aprovado no concurso
q: ser Escrivão de Polícia da 3ª Classe
r: expedir intimações
s: acompanhar autoridades policiais em suas diligências
e as condicionais
$p \rightarrow q$
$q \rightarrow r$
$r \rightarrow s$
Houve ~s: José não acompanhou autoridades policiais em suas diligências.

Ao analisar as opções de resposta da questão, tem-se:

A: está Errado porque a contrapositiva é ~q → ~p;

B: Errado pois ~r → ~q;

C: Errado pois ~s → ~r;

D: Correto pois ~s →~r;

E: Errado pois José **não** acompanhou autoridades policiais em suas diligências.
Gabarito "D".

(Escrivão – PC/GO – AOCP – 2023) Afirma-se que "todo Escrivão de Polícia da 3ª Classe trabalha em Goiás". Se essa afirmação é falsa, pode-se concluir corretamente que

(A) algum Escrivão de Polícia da 3ª Classe não trabalha em Goiás.

(B) nenhum Escrivão de Polícia da 3ª Classe trabalha em Goiás.

(C) algum Escrivão de Polícia da 3ª Classe trabalha em Goiás.

(D) todo Escrivão de Polícia da 3ª Classe trabalha em outro estado da Federação.

(E) alguém que trabalha em Goiás é Escrivão de Polícia da 3ª Classe.

Resolução
Como que "todo Escrivão de Polícia da 3ª Classe trabalha em Goiás" é falsa, ao analisar as opções de resposta da questão, tem-se:
B: Errado pois existe pelo menos um que trabalha em Goiás.
C: Errado: não necessariamente.
D: Errado porque pode ter em Goiás.
E: Errado: não necessariamente.
Gabarito "A".

(Papiloscopista – PC/RR –VUNESP – 2022) Suponha que, no sistema prisional, entre os que cumprem pen-a, 60% estão em regime fechado e 40% em regime aberto. Entre os que estão em regime fechado, 75% são homens e 25% são mulheres. Já entre os que estão em regime aberto, 50% são homens e 50% são mulheres. Se uma pessoa que cumpre pena é mulher, qual a probabilidade que esteja em regime fechado?

(A) 1/4.

(B) 1/3.

(C) 3/7.

(D) 4/7.

(E) 1/2.

Resolução
Suponha que há 100 Homens e 100 Mulheres presos, num total de 200. Assim, existem
60% de 200 =120 no Regime Fechado (RF) e 40% = 80 no Regime Aberto (RA).
75% dos que estão no RF são Homens =75% de 120 = 90. E 25% de 120 = 30 são mulheres.
E, também, 50% do RA = 40 são Mulheres.
Logo, o total de Mulheres (n(M) é
A questão pede:
Se uma pessoa que cumpre pena é mulher, qual a probabilidade que esteja em regime fechado?
Ou seja, a probabilidade
n(M) = 30 + 40 = 70
condicional
P(RF| M).
Sabe-se que

$P(RF| M) = \dfrac{n(RF \cap M)}{n(M)}$, onde n(RF $\cap$ M) é o número de presos em RF e Mulheres.

Como
n (RF $\cap$ M) = 30, tem-se

$$P(RF| M) = \dfrac{n(RF \cap M)}{n(M)} = \dfrac{30}{70} = \dfrac{3}{7}$$
Gabarito "D".

(Papiloscopista – PC/RR – VUNESP – 2022) Em um estudo para avaliar a saúde dos detentos em um sistema prisional, foram escolhidos apenas 10 detentos ao acaso. A temperatura média dos selecionados foi de 36°C e o desvio padrão foi de 0,4°C. Em face do exposto, assinale a alternativa correta.

(A) O resultado é viesado porque a amostra é muito pequena.

(B) O desvio padrão da média amostral seria menor se a amostra fosse maior.

(C) O intervalo de 95% de confiança é [35,6°C; 36,4°C].

(D) O resultado é inconsistente.

(E) O tamanho da amostra não importa, pois os detentos foram escolhidos ao acaso.

Resolução
Tem-se
O IC(intervalo de confiança) = [, $\bar{x}$ - desvio padrão (σ); $\bar{x}$ + desvio padrão(σ)] =
[36°C – 0,4; 36 + 0,4] = [35,6°C; 36,4°C]
Gabarito "C".

13. MATEMÁTICA E RACIOCÍNIO LÓGICO

(**Papiloscopista – PC/RR – VUNESP – 2022**) Para fazer um estudo sobre o hábito de fumar em um presídio, será selecionada uma amostra de detentos. Como as celas são individuais e numeradas, os detentos selecionados serão os das celas 1, 11, 21, e assim sucessivamente. Esse tipo de amostragem é denominado de

(**A**) amostragem aleatória simples.

(**B**) amostragem por conglomerados.

(**C**) amostragem estratificada.

(**D**) amostragem sistemática.

(**E**) amostragem voluntária.

Resolução
Os detentos selecionados formam conglomerados.
Trata-se de
amostragem por conglomerados.
Gabarito "B".

(**Escrivão – PC/RO – CEBRASPE – 2022**) Considerando-se que, em determinado processo seletivo, a quantidade de candidatos homens é cinco vezes maior que a de candidatas mulheres, é correto afirmar que a porcentagem de candidatas mulheres, em relação ao total de candidatos, é

(**A**) inferior a 8%.

(**B**) superior ou igual a 18%.

(**C**) superior ou igual a 8% e inferior a 11%.

(**D**) superior ou igual a 11% e inferior a 15%.

(**E**) superior ou igual a 15% e inferior a 18%.

Resolução
Suponha que houve 100 candidatos.
Assim, tem-se
H + M = 100
Porém, H = 5M.
Então,
5M + M = 100
6M = 100
M = 50/3 $\cong$ 16,66
Logo,
A porcentagem de candidatas mulheres, em relação ao total de candidatos, é
superior ou igual a 15% e inferior a 18%.
Gabarito "E".

Texto CG2A2-I

Considere a seguinte proposição.

P: Como subestimou a inteligência dos adversários e não gostou do que viu, o candidato extravasou aflição e externou seu incômodo.

(**Escrivão – PC/RO – CEBRASPE – 2022**) O número de linhas da tabela-verdade associada à proposição P, mencionada no texto CG2A2-I, é

(**A**) 2.

(**B**) 4.

(**C**) 32.

(**D**) 8.

(**E**) 16.

Resolução
A proposição P é composta pelas premissas
p: subestimou a inteligência dos adversários
q: não gostou do que viu
r:,o candidato extravasou aflição
s: externou seu incômodo.
Logo,
Com 4 premissas, o número de linhas da tabela-verdade associada à proposição P, é de
2^4= 16.
Gabarito "E".

(**Escrivão – PC/RO – CEBRASPE – 2022**) Assinale a opção que apresenta a negação da proposição "o candidato subestimou a inteligência dos adversários e não gostou do que viu".

(**A**) O candidato não subestimou a inteligência dos adversários e gostou do que viu.

(**B**) O candidato superestimou a inteligência dos adversários ou gostou do que viu.

(**C**) O candidato não subestimou a inteligência dos adversários e não gostou do que viu.

(**D**) O candidato não subestimou a inteligência dos adversários ou gostou do que viu.

(**E**) O candidato não subestimou a inteligência dos adversários ou não gostou do que viu.

Resolução
A proposição P é composta pelas premissas
p: subestimou a inteligência dos adversários
q: não gostou do que viu
A negação de [p ^ (~q)] é
~p V q
Gabarito "D".

(**Escrivão – PC/RO – CEBRASPE – 2022**) Considerando-se que a proposição "o candidato subestimou a inteligência dos adversários e não gostou do que viu" seja verdadeira, assinale a opção que corresponde à proposição que também é verdadeira.

(**A**) Se o candidato gostou do que viu, então não subestimou a inteligência dos adversários.

(**B**) Se o candidato subestimou a inteligência dos adversários, então gostou do que viu.

(**C**) Se o candidato não gostou do que viu, então não subestimou a inteligência dos adversários.

(**D**) Ou o candidato subestimou a inteligência dos adversários, ou não gostou do que viu.

(**E**) O candidato subestimou a inteligência dos adversários se, e somente se, gostou do que viu.

Resolução
A proposição é equivalente a
p ->~q
por ter tabela-verdades idênticas:

p	q	~q	P -> ~q
V	V	F	F
V	F	V	V
F	V	F	F
F	F	V	V

Gabarito "A".

(Escrivão – PC/RO – CEBRASPE – 2022) Mantendo-se as posições dos conectivos lógicos como na proposição *P*, mencionada no texto CG2A2-I, mas alterando-se as posições de suas proposições simples constituintes, a quantidade de proposições que podem ser formadas é igual a

(A) 256.

(B) 4.

(C) 24.

(D) 16.

(E) 8.

1ª solução

Tem-se
p e □ q -> r □ s
p e □ q -> s □ r
p ...
p ...
p ...
p ...
Começando com p há 6 possibilidades,
Com q também 6
E assim por diante
Total de 24 proposições.
2ª solução
Com as 4 premissas pode-se formar
4! = 24 proposições.
Gabarito "C".

(Escrivão – PC/RO – CEBRASPE – 2022) Determinado presídio, que possui 500 celas, será objeto de um levantamento para se estimar a proporção de detentos que são portadores de certa doença. O levantamento seguirá o seguinte plano amostral: **(A)** 10 celas serão sorteadas aleatória simples; **(B)** todos os detentos encontrados nessas 10 celas sorteadas serão testados clinicamente para a contagem do número de portadores da doença em questão nesse levantamento. Considerando-se a situação hipotética apresentada, é correto afirmar que o plano amostral em tela para a estimação da proporção *p* representa uma

(A) amostragem por conglomerados.

(B) amostragem sistemática.

(C) amostragem estratificada com alocação proporcional.

(D) amostragem aleatória simples.

(E) amostragem estratificada com alocação ótima de Pearson.

Resolução
Os detentos selecionados formam conglomerados.
Trata-se de amostragem por conglomerados.
Gabarito "A".

---

ivão – PC/RO – CEBRASPE – 2022) Em certa pesquisa de opinião, o valor $X = -1$ foi atribuído para cada entrevistado que se declarou insatisfeito com determinado serviço, enquanto que o valor $X = 1$ foi atribuído para cada entrevistado que se declarou satisfeito com esse mesmo serviço.

Considerando-se a situação hipotética apresentada, é correto afirmar que, caso a média amostral dessa variável *X* seja igual a 0,5, então a mediana amostral de *X* será igual a

(A) 0.

(B) 0,25.

(C) 0,5.

(D) 0,75.

(E) 1.

Resolução
Média (x barra) = 0,5
Por exemplo, Tem-se 1
1
1
-1
Soma 3 – 1 = 2
Média = 2/4 = 0,5
E a Mediana = 1
Outro caso:
1 1 1 1 1 1 1 -1 -1
Soma= 6–2 = 4
Média = 4/8 = 0,5
Mediana = 1
Generalizando, para a média ser 0,5 deve-se ter,
para **a** 1's e **b**(-1)'s:
soma= a – b
média = 0,5
A média é igual à soma/(nº de entrevistados) = a – b/(a + b) = 0,5 =
= 0,5(a + b) = a – b
0,5a + 0,5b = a – b
1,5b = 0,5a
3b = a ou proporção a/b = 3
1 1 1 ... 1 -1 -1 ... -1
--a-------- ----b------
Gabarito "E".

(Perito – PC/ES – Instituto AOCP – 2019) Qual é a taxa de juros de um capital de R$ 10.000.000,00 que foi aplicado durante 7 meses e rendeu juros de R$ 140.000,00?

(A) 0,1% a.m.

(B) 1,4% a.m.

(C) 0,7% a.m.

(D) 2% a.m.

(E) 0,2% a.m.

Sabe-se que
J = Cit
140.000 = 10.000.000 x **i** x 7
140.000 = 70.000.000 **i**
140 = 70.000**i**
i = 2/1.000 = 0,002 = 0,02 % a.m.
Gabarito "E".

(Investigador – PC/ES – Instituto AOCP – 2019) Apresentadas as seguintes afirmações:

I. concurso público significa estabilidade;

II. estudar é fundamental para quem deseja passar em um concurso público;

III. se concurso público não significa estabilidade, então estudar não é fundamental para quem deseja passar em um concurso público;

é correto afirmar que a afirmação III será falsa, quando a(s) afirmação(ões)

(A) I e II forem falsas.

(B) I e II forem verdadeiras.

(C) I for falsa e a II for verdadeira.

(D) I for verdadeira e a II for falsa.

(E) I for falsa ou a II for falsa.

13. MATEMÁTICA E RACIOCÍNIO LÓGICO — 407

Seja a representação, em Lógica Matemática, das afirmações,
I. p: concurso público significa estabilidade
II. q: estudar é fundamental para quem deseja passar em um concurso público
III. ~p ~q
Pergunta-se quando III será falsa.
A condicional III é falsa quando o antecedente (~p) é Verdadeiro e o consequente(~q) é Falso, isto é,
p é Falso e q é Verdadeiro.
Logo,
I é Falsa e II é Verdadeira.
Gabarito "C".

(Investigador – PC/ES – Instituto AOCP – 2019) Considere verdadeiras as seguintes afirmações:

I. sou policial ou não sou Legista;
II. sou Médico ou sou Legista;
III. sou perito ou não sou Médico.
Se não sou policial, então,

(A) não sou perito e sou médico.
(B) sou perito e sou médico.
(C) sou legista e sou perito.
(D) não sou policial e não sou perito.
(E) sou legista e não sou perito.

Tem-se a tabela da disjunção lógica

p	q	p q
v	v	v
V	**F**	**V**
F	V	V
F	F	F

A disjunção I, para ser Verdadeira, deverá ter 'não sou Legista' Verdadeira, isto é, não sou Legista.
A afirmação II, para ver V, implica que 'sou médico' é Verdadeiro, pela segunda linha da tabela.
Portanto, como é verdadeiro que 'sou Médico', então é falso que 'não sou Médico'. Assim, na terceira afirmação tem-se, então, que 'sou perito', pela segunda linha da tabela.
Conclusão: sou médico e sou perito.
Gabarito "B".

(Investigador – PC/ES – Instituto AOCP – 2019) Dada a afirmação: "Todo político é corrupto.", assinale a alternativa que seja uma afirmação logicamente equivalente.

(A) "Todo corrupto é político.".
(B) "Quem não é político não é corrupto.".
(C) "Um homem é político ou é corrupto.".
(D) "Um homem não é corrupto ou não é político.".
(E) "Todos que não são corruptos não são políticos.".

1ª solução
A afirmação dada pode ser analisada como uma condicional
se é político, então é corrupto: p q.
Que tem como equivalente a sua proposição contrapositiva: ~p ~q.
A afirmação "todo político é corrupto" pode ser vista como o condicional lógico "se é político, então é corrupto". Uma proposição equivalente a um condicional pode ser sua contrapositiva, que é obtida negando-se tanto o antecedente quanto o consequente do condicional de origem e os invertendo de posição. Assim, obtemos como equivalente a "se é político, então é corrupto" a proposição "se não é corrupto, então não

é político", o que tem exatamente o mesmo significado da afirmação apresentada em "Todos que não são corruptos não são políticos".
2ª solução
Se todo político é corrupto estão o conjunto dos políticos é subconjunto dos corruptos, isto é, está contido nesse conjunto.
Assim, todos os que não são corruptos não são políticos.
Gabarito "E".

(Investigador – PC/ES – Instituto AOCP – 2019)14. Considerando p e q duas proposições quaisquer, assinale a alternativa que representa, logicamente, uma tautologia.

(A) $\sim p \wedge p$
(B) $\sim p \wedge \sim q$
(C) $(p \wedge q) \rightarrow (p \vee q)$
(D) $(p \vee q) \rightarrow (p \wedge q)$
(E) $p \vee q$

Ao analisar as opções de resposta tem-se
A)
Tem-se a tabela-verdade

p	~p	~p p
V	F	**F**
F	V	**F**

Observa-se que a última coluna figura somente F, não é tautologia. É uma contradição. => Errado

B)

p	q	~p	~q	~pq
V	V	F	F	F
V	V	F	F	F
F	F	V	V	V
F	F	V	V	F

Não é tautologia. Pois a última coluna não é só de V => Errado

C) Tem-se a tabela-verdade

p	q	p q	p q	(p q (pq)
V	V	V	V	**V**
V	F	F	V	**V**
F	V	F	V	**V**
F	F	F	F	**V**

Observa-se que a última coluna figura somente V.
Logo, essa condicional é tautológica. => Certo

D)

p	q	p q	p q	(p q (p q)
V	V	V	V	**V**
V	F	V	F	**F**
F	V	V	F	**F**
F	F	F	F	**V**

Não é tautologia. Pois a última coluna não é só de V => Errado

E)

p	q	p q
V	V	V
V	V	V
F	F	F
F	F	F

Não é tautologia. Pois a última coluna não é só de V. => Errado

Gabarito "C".

(Investigador – PC/ES – Instituto AOCP – 2019)Considere a proposição: "O contingente de policiais aumenta ou o índice de criminalidade irá aumentar.". Nesse caso, a quantidade de linhas da tabela verdade é igual a

(A) 2.

(B) 4.

(C) 8.

(D) 16.

(E) 32.

Uma vez que há 2 proposições simples na disjunção proposta, a tabela-verdade dessa proposição terá $2^2 = 4$ linhas.

Gabarito "B".

(Investigador – PC/ES – Instituto AOCP – 2019)Assinale a alternativa que apresenta um argumento lógico válido.

(A) Todos os mamutes estão extintos e não há elefantes extintos, logo nenhum elefante é um mamute.

(B) Todas as meninas jogam vôlei e Jonas não é uma menina, então Jonas não joga vôlei.

(C) Em São Paulo, moram muitos retirantes e João é um retirante, logo João mora em São Paulo.

(D) Não existem policiais corruptos e Paulo não é corrupto, então Paulo é policial.

(E) Todo bolo é de chocolate e Maria fez um bolo, logo Maria não fez um bolo de chocolate.

Ao analisar as opções de resposta tem-se

A) correta, pois, uma vez que todos os mamutes estão extintos e nenhum elefante está extinto, então nenhum elefante é um mamute porque, caso contrário, sendo mamute, estaria extinto.

B) incorreta, porque se uma pessoa é menina, então ela jogará vôlei mas Jonas não sendo menina, não se pode afirmar que ele joga vôlei ou não.

C) incorreta. Sabe-se que em São Paulo moram **muitos** retirantes mas não todos.

Assim, João pode ou não morar lá.

D) incorreta, pois como o conjunto dos policiais é disjunto do conjunto dos corruptos então Paulo não sendo corrupto pode ser ou não policial.

E) incorreta, pois se todo bolo é de chocolate e Maria fez um bolo, então o bolo que Maria fez **é** de chocolate.

Gabarito "A".

(Investigador – PC/ES – Instituto AOCP – 2019)Dada a proposição: "Se eu investigar, eu descubro o assassino.", é correto afirmar que ela pode ser reescrita, sem alterar o sentido lógico, igual a alternativa:

(A) "Se eu não investigar, eu não descubro o assassino.".

(B) "Se eu não descobri o assassino, eu não investiguei.".

(C) "Descobri o assassino e não investiguei.".

(D) "Investiguei e não descobri o assassino.".

(E) "Se eu descobri o assassino, eu não investiguei.".

Sejam as premissas

p: eu investigo

q: eu descubro o assassino

e a afirmação

P: eu investigar, eu descubro o assassino, ou seja

P: p q

Assim, uma afirmação equivalente a P é a sua contrapositiva:

~q ~p

Ou seja

Se eu não descobri o assassino, eu não investiguei.

Gabarito "B".

(Investigador – PC/ES – Instituto AOCP – 2019)Antônio, Bruno, Carlos, Davi e Elias foram selecionados para participar de um programa de televisão, onde eles deveriam ficar trancados em uma casa por 4 semanas. Sobre esses candidatos, sabemos que

- os 5 rapazes são de estados diferentes: RJ, SP, SC, ES e PR;

- Antônio e o rapaz que mora no RJ ficaram logo amigos;

- Antônio não é paulista e nem catarinense;

- Elias nasceu no estado do ES;

- Carlos torce para o mesmo time do rapaz que mora em SP, enquanto o rapaz carioca torce para o time arquirrival;

- o rapaz paulista e Davi jogaram damas.

Considerando as informações apresentadas, de qual estado é o rapaz chamado Davi?

(A) RJ.

(B) SP.

(C) SC.

(D) ES.

(E) PR.

Preenche-se a tabela com as informações.

i) Antônio e o rapaz que mora no RJ ficaram logo amigos => Antônio não mora no RJ;

Antônio não é paulista e nem catarinense => Antônio não mora no em SP nem em SC:

Elias nasceu no estado do ES;

rapaz\UF	RJ	SP	SC	ES	PR
Antônio	N	N	N	S	
Bruno					
Carlos					
Davi					
Elias					

Logo Antônio mora no PR.:

rapaz \ UF	RJ	SP	SC	ES	PR
Antônio	N	N	N	N	S
Bruno				N	
Carlos				N	
Davi				N	
Elias				S	

ii) Carlos torce para o mesmo time do rapaz que mora em SP, enquanto o rapaz carioca torce para o time arquirrival => Carlos não mora em SP nem no RJ=> mora no ES

O rapaz paulista e Davi jogaram damas. => Davi não é de SP:

rapaz \ UF	RJ	SP	SC	ES	PR
Antônio	N	N	N	N	S
Bruno				N	N
Carlos	N	N	S	N	N
Davi		N		N	N
Elias	N	N	N	S	N

iii) Assim,
Bruno é de SP:

rapaz \ UF	RJ	SP	SC	ES	PR
Antônio	N	N	N	N	S
Bruno	N	S	N	N	N
Carlos	N	N	S	N	N
Davi		N	N	N	N
Elias	N	N	N	S	N

Conclui-se, então que Davi é do RJ.
Gabarito "A".

(Investigador – PC/ES – Instituto AOCP – 2019) Três funcionários públicos, Antônio, Bruno e Carlos, foram contratados para 3 cargos distintos: perito, legista e médico. Esses funcionários possuem meios de locomoção diferentes: um tem carro, o outro uma moto e o outro uma bicicleta. Considere as seguintes afirmações:

- o médico possui o carro;
- Carlos têm uma bicicleta;
- Antônio é legista.

De acordo com essas afirmações, é correto afirmar que

(A) Antônio não tem uma moto.
(B) Carlos é Médico.
(C) Bruno é perito.
(D) Antônio tem um carro.
(E) Bruno tem um carro.

Preenche-se a tabela:
i)

funcionário	cargo	veículo
Antônio	legista	
	médico	carro
Carlos		bicicleta

ii) Nota-se que Carlos não é médico nem legista: é perito.
Antônio não tem carro nem bicicleta: tem, então, moto.
Com isso, sabe-se Bruno é médico e tem carro. => Letra E

funcionário	cargo	veículo
Antônio	legista	moto
Bruno	médico	carro
Carlos	perito	bicicleta

Gabarito "E".

(Investigador – PC/ES – Instituto AOCP – 2019) Dada a afirmação: "Ezequiel é perito criminal e Osmar é investigador da polícia.", assinale a alternativa que apresenta sua negação.

(A) "Ezequiel não é perito e Osmar não é investigador.".

(B) "Ezequiel não é perito ou Osmar é investigador.".
(C) "Ezequiel é perito ou Osmar não é investigador.".
(D) "Ezequiel não é perito ou Osmar não é investigador.".
(E) "Ezequiel é perito e Osmar é investigador.".

A negação de uma conjunção(**e**) de duas proposições é feita com a negação delas e a substituição pelo conectivo **ou**, ou seja,
Ezequiel não é perito **ou** Osmar não é investigador.
Gabarito "D".

(Escrivão – PC/MG – FUMARC – 2018) Leia a proposição a seguir.

Se a lua é feita de queijo, então existe um único dragão azul.

Considerando a proposição, assinale a alternativa correta.

(A) A lua ser feita de queijo é condição necessária para a existência de um único dragão azul.
(B) A lua ser feita de queijo é condição necessária e suficiente para a existência de um único dragão azul.
(C) A existência de um único dragão azul é condição necessária e suficiente para que a lua seja feita de queijo.
(D) A existência de um único dragão azul é condição necessária para que a lua seja feita de queijo.
(E) A existência de um único dragão azul é condição suficiente para que a lua seja feita de queijo.

Sabe-se que uma condição é **necessária** quando deve ser satisfeita antes que um evento possa ocorrer.
Gabarito "D".

(Escrivão – PC/MG – FUMARC – 2018) Uma empresa recebeu 600 candidatos a uma determinada vaga de emprego. Desses candidatos, 184 possuem Ensino Superior completo. Sabe-se que, do total de candidatos, 405 pessoas falam inglês. Além disso, consta que, do total dos candidatos, 116 não possuem Ensino Superior completo e não falam inglês. Considerando os dados apresentados, assinale a alternativa correta.

(A) A probabilidade de um candidato falar inglês e possuir Ensino Superior completo é de 6%.
(B) A probabilidade de um candidato não falar inglês e possuir Ensino Superior completo é de 25%.
(C) A probabilidade de um candidato falar inglês e não possuir Ensino Superior completo é de 50%.
(D) Entre os candidatos que possuem Ensino Superior completo, a probabilidade de um deles falar inglês é de 14%.
(E) Entre os candidatos que falam inglês, a probabilidade de um deles possuir Ensino Superior completo é de 22%.

Tem-se que (600 – 184) = 416 não têm curso superior.
Então, subtraindo-se os 116 que não possuem Ensino Superior completo e não falam inglês, há
416 – 116 = 300 não possuem Ensino Superior completo e falam inglês.
Gabarito "C".

(Escrivão – PC/MG – FUMARC – 2018) Leia o texto a seguir.

Se o sol se põe, então eu me sento no velho e arruinado cais do rio e sinto toda aquela terra crua e rude.

(Adaptado de: K. J. On the road – Pé na estrada. Tradução de Eduardo Bueno. Porto Alegre: L&PM, 2004.)

Considerando as ações da personagem implicadas pelo anoitecer, assinale a alternativa que apresenta, corretamente, uma equivalência lógica com o descrito pelo texto.

(A) Se o sol não se põe, então não me sento no velho e arruinado cais do rio e não sinto toda aquela terra crua e rude.

(B) Se o sol não se põe, então me sento no velho e arruinado cais do rio, mas não sinto toda aquela terra crua e rude.

(C) Se não me sento no velho e arruinado cais do rio, então não sinto toda aquela terra crua e rude e o sol não se põe.

(D) Se não me sento no velho e arruinado cais do rio e se não sinto toda aquela terra crua e rude, então o sol não se põe.

(E) Se não me sento no velho e arruinado cais do rio ou se não sinto toda aquela terra crua e rude, então o sol não se põe.

Sejam as afirmações
p: o sol se põe
q: eu me sento no velho e arruinado cais do rio
r: sinto toda aquela terra crua e rude
e a proposição condicional

P: p $\longrightarrow$ (q $\wedge$ r).

Uma equivalência lógica de P é a sua proposição contrapositiva

~(q $\wedge$ r) $\longrightarrow$ ~p

Pela regra de Morgan tem-se que

~(q $\wedge$ r) $\Longleftrightarrow$ (~q $\vee$ ~r)

Logo,

(~q $\vee$ ~r) $\longrightarrow$ ~p
Ou seja
Se não me sento no velho e arruinado cais do rio **ou** se não sinto toda aquela terra crua e rude, **então** o sol não se põe.
Gabarito "E".

(Escrivão – PC/MG – FUMARC – 2018) Pedro, Quitéria, Wellington, Tatiane e Vani serão homenageados por alunos de um pequeno colégio por benfeitorias realizadas na escola. As homenagens se constituem de abraços dados pelos alunos, que poderão abraçar quantos e quais homenageados desejarem. Passada a homenagem, o diretor observou que

1. se um aluno abraçou Quitéria, então abraçou Wellington.

2. se um aluno não abraçou Vani, então abraçou Wellington.

3. se um aluno não abraçou Pedro, então abraçou Quitéria.

4. os alunos que abraçaram Tatiane são aqueles, e exatamente aqueles, que abraçaram Pedro ou que abraçaram Vani.

Supondo corretas as observações realizadas pelo diretor, atribua V (verdadeiro) ou F (falso) às afirmativas a seguir.

( ) Se um aluno não abraçou Tatiane, então abraçou Quitéria e Wellington. ( ) Se um aluno não abraçou Wellington, então abraçou Tatiane.

( ) Se um aluno abraçou Vani e não abraçou Quitéria, então abraçou Tatiane. ( ) Existe um aluno que abraçou Quitéria e não abraçou Wellington.

( ) Existe um aluno que abraçou Pedro e não abraçou Tatiane.

Assinale a alternativa que contém, de cima para baixo, a sequência correta.

(A) V, V, V, F, F.

(B) V, F, F, V, V.

(C) F, V, V, F, F.

(D) F, F, V, F, V.

(E) F, F, F, V, V.

Resolução
Uma vez que há 5 alunos então têm-se **C**5,2 = 5x4/2x1 = 10 possíveis abraços entre 2 deles.
Representando-se por xy o abraço do aluno x ao aluno y, com x e y as iniciais dos alunos, tem-se, então, os abraços
PQ, PW, PT, PV, QW, QT, QV, WR, WV e TV.
Assim,
1. Quem abraçou Q (P, W, T e V) também abraçou W, ou seja, também houve PW, TW e VW;

2. Quem **não** abraçou V (P, Q. W e T) então abraçou W, ou seja, houve PW, QW e TW;

3. Quem **não** abraçou P (Q, W, T e V) então abraçou Q, ou seja, houve QW, QT e QV;

4.Quem abraçou T foram P, Q, W e V.

Logo,
( ) Se um aluno não abraçou Tatiane, então abraçou Quitéria e Wellington.

Correto pois, segundo 4, se um aluno não abraçou Tatiane, então não abraçou Pedro e, consequentemente, não abraçou Quitéria e então também não abraçou Wellington.
=> Verdadeiro
( ) Se um aluno não abraçou Wellington, então abraçou Tatiane.
Se não abraçou Wellington, por 2. , então abraçou Vani, e consequentemente, abraçou Tatiane.
=> Verdadeiro

( ) Se um aluno abraçou Vani e não abraçou Quitéria, então abraçou Tatiane.
Segundo 4., se um aluno abraçou Vani então abraçou Tatiane.

=> Verdadeiro

( ) Existe um aluno que abraçou Quitéria e não abraçou Wellington.
Errado pois segundo 1. se um aluno abraçou Quitéria, então abraçou Wellington.
=> Falso

( ) Existe um aluno que abraçou Pedro e não abraçou Tatiane.
Errado pois pela observação 4., os alunos que abraçaram Tatiane são aqueles, e exatamente aqueles, que abraçaram Pedro ou que abraçaram Vani.
=> Falso
Assim,
Resposta: Letra A.
Gabarito "A".

(Escrivão – PC/MG – FUMARC – 2018) Um estudante precisa criar uma senha para se cadastrar em uma rede social. De acordo com as regras do portal, cujo sistema de login diferencia maiúsculas de minúsculas, a senha deve ser composta de exatos 8 caracteres, os quais, obrigatoriamente, devem ser escolhidos apenas entre números ou letras do alfabeto, sejam maiúsculas ou minúsculas.

Considerando o Novo Acordo Ortográfico, que ampliou para 26 as letras do alfabeto, assinale a alternativa que apresenta, corretamente, a probabilidade de o estudante criar ao acaso uma senha – para essa rede social – que se inicie com uma letra maiúscula e que não contenha qualquer caractere numérico.

(A) $\dfrac{26 \times 52^6}{62^8}$

(B) $\dfrac{26 \times 52^7}{62^8}$

(C) $\dfrac{26 \times 52^7}{62^9}$

(D) $\dfrac{26^3 \times 52^4}{62^8}$

(E) $\dfrac{26^3 \times 52^4}{62^9}$

Tem-se,
i) para a 2ª posição e seguintes:
Com 26 letras maiúsculas + 26 minúsculas = 52 possibilidades para cada uma das 7 posições:
52^7;
ii) para a 1ª posição: 26 letras maiúsculas.
Assim, há
26×52^7 senhas a escolher em um total de 62^8 senhas possíveis, ou seja, probabilidade criar ao acaso uma senha é igual a
$\dfrac{26 \times 52^7}{62^8}$.
Gabarito "B".

(Policial Rodoviário Federal – CESPE – 2019) Uma unidade da PRF interceptou, durante vários meses, lotes de mercadorias vendidas por uma empresa com a emissão de notas fiscais falsas. A sequência dos números das notas fiscais apreendidas, ordenados pela data de interceptação, é a seguinte: 25, 75, 50, 150, 100, 300, 200, 600, 400, 1.200, 800, ...

Tendo como referência essa situação hipotética, julgue os itens seguintes, considerando que a sequência dos números das notas fiscais apreendidas segue o padrão apresentado.

1. O padrão apresentado pela referida sequência indica que os números podem corresponder, na ordem em que aparecem, a ordenadas de pontos do gráfico de uma função afim de inclinação positiva.

2. A partir do padrão da sequência, infere-se que o 12.º termo é o número 1.600.

3. Se an for o n-ésimo termo da sequência, em que n = 1, 2, 3, ..., então, para n ≥ 3, tem-se que an = 2 × an – 2.

1. Não se trata de uma função afim contínua e sim de uma sequência de números. => Errado
2. A partir do **padrão da sequência**, infere-se que o 12º termo é o número 2.400, que é o dobro do 10º termo. => Errado
3.
a1 = 25   a5 = 100   a9 = 400
a2 = 75   a6 = 300   a10 = 1.200
a3 = 50   a7 = 200   a11 = 800
a4 = 150   a8 = 600   a12
Nota-se que
a3 = 50 = 2xa1
a4 = 150 = 2xa2
E assim por diante.
Então, para n ≥ 3, tem-se que an = 2 × an-2. => Certo
Gabarito 1E, 2E, 3C

(Policial Rodoviário Federal – CESPE – 2019) As figuras seguintes ilustram a vista frontal e a vista da esquerda de um sólido que foi formado empilhando-se cubos de mesmo tamanho.

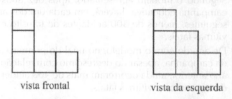

vista frontal   vista da esquerda

A partir das figuras precedentes, julgue os itens a seguir, com relação à possibilidade de a figura representar uma vista superior do referido sólido.

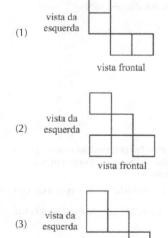

Ao analisar as figuras nota-se

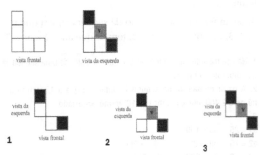

O cubo vermelho v deve constar da vista superior.
Sendo assim somente as figuras 2 e 3 estão corretas.
Gabarito 1E, 2C, 3C

(Policial Rodoviário Federal – CESPE – 2019) Para avaliar a resposta dos motoristas a uma campanha educativa promovida pela PRF, foi proposta a função f(x) = 350 + 150e⁻ˣ, que modela a quantidade de acidentes de trânsito com vítimas fatais ocorridos em cada ano. Nessa função, x ≥ 0 indica o número de anos decorridos após o início da campanha.

Com referência a essa situação hipotética, julgue os itens que se seguem.

(1) Segundo o modelo apresentado, após dez anos de campanha educativa, haverá, em cada um dos anos seguintes, menos de 300 acidentes de trânsito com vítimas fatais.
(2) De acordo com o modelo, no final do primeiro ano da campanha, apesar do decréscimo com relação ao ano anterior, ainda ocorreram mais de 400 acidentes de trânsito com vítimas fatais.

1. Após 10 aos
$f(10) = 350 + 150 \times e^{-10}$

$f(10) \approx 350 + \dfrac{150}{2{,}7^{10}}$

Observa-se que f(10) é maior que 350. => Errado
2. Primeiro ao
$f(1) = 350 + 150 \times e^{-1}$
$f(1) = 350 + 150 \times \dfrac{1}{e}$

$f(1) \approx 350 + \dfrac{150}{2{,}7}$

$f(1) \approx 405{,}5$. =>Certo

Gabarito 1E, 2C

(Papiloscopista – PF – CESPE – 2018) Em determinado município, o número diário X de registros de novos armamentos segue uma distribuição de Poisson,

cuja função de probabilidade é expressa por

$P(X=k) = \dfrac{e^{-M} M^k}{k!}$, em que k = 0, 1, 2,..., e M é um parâmetro.

	dia				
	1	2	3	4	5
realização da variável X	6	8	0	4	2

Considerando que a tabela precedente mostra as realizações da variável aleatória X em uma amostra aleatória simples constituída por cinco dias, julgue os itens que se seguem.

(1) A estimativa de máxima verossimilhança do desvio padrão da distribuição da variável X é igual a 2 registros por dia.
(2) Como a tabela não contempla uma realização do evento X = 7, é correto afirmar que P(X = 7) = 0.
(3) Com base no critério de mínimos quadrados ordinários, estima-se que o parâmetro M seja igual a 4 registros por dia.

Função de probabilidade: $P(X = k) = \dfrac{e^{-M} M^k}{k!}$.

1. desvio padrão da distribuição da variável X é igual a 2 registros por dia. A variância tem o valor de M, e o desvio padrão é igual à raiz positiva de variância, isto é, $\sqrt{M}$.

1ª solução
Sabe-se, ainda, que que o estimador de máxima verossimilhança de M é a média da amostra:

$\widehat{M} = \dfrac{6+8+0+4+2}{5}$

$\widehat{M} = \dfrac{20}{5}$

$\widehat{M} = 4$

Assim, o desvio padrão da variável X é igual a $\sqrt{4} = 2$ registros por dia. => Certo

2ª solução
A função L(M; X) de verossimilhança da amostra com 5 realizações é calculada pelo produto de X assumir os valores das realizações:

$\dfrac{e^{-M} M^6}{6!} \cdot \dfrac{e^{-M} M^8}{8!} \cdot \dfrac{e^{-M} M^0}{0!} \cdot \dfrac{e^{-M} M^4}{4!} \cdot \dfrac{e^{-M} M^2}{2!} =$

$L(M; X) = \dfrac{e^{-5M} M^{20}}{6!8!0!4!2!}$

Para se obter o estimador de máxima verossimilhança deriva-se L(M; X) em relação a M e iguala-se a zero:

$L'(M; X) = \dfrac{e^{-5M}(-5)M^{20} + e^{-5M} 20M^{19}}{6!8!4!2!} = 0$

$e^{-5M}(-5)M^{20} + e^{-5M} 20M^{19} = 0$

$-5M^{20} + 20M^{19} = 0$

$-5M^{20} + 20M^{19} = 0$

$-5M + 20 = 0$

5M = 20
M = 4
Então o desvio padrão da variável X é igual a $\sqrt{4} = 2$ registros por dia. => Certo

2. P(X = 7) = 0

Pela função de probabilidade: $P(X = k) = \dfrac{e^{-M} M^k}{k!}$. Tem-se, para X = 7,

13. MATEMÁTICA E RACIOCÍNIO LÓGICO   413

$P(X = 7) = \dfrac{e^{-M} M^7}{7!}$

Que, para M = 4, certamente não é zero. => Errado

3. O parâmetro M seja igual a 4 registros por dia.

Pelo critério de mínimos quadrados ordinários o estimador de M é a média amostral

$\widehat{M} = \dfrac{6+8+0+4+2}{5}$

$\widehat{M} = \dfrac{20}{5}$

$\widehat{M}$ = 4 => Certo

Gabarito 1C, 2E, 3C

(Papiloscopista – PF – CESPE – 2018) O intervalo de tempo entre a morte de uma vítima até que ela seja encontrada (y em horas) denomina-se intervalo post mortem. Um grupo de pesquisadores mostrou que esse tempo se relaciona com a concentração molar de potássio encontrada na vítima (x, em mmol/dm3). Esses pesquisadores consideraram um modelo de regressão linear simples na forma y = ax + b + ε, em que a representa o coeficiente angular, b denomina-se intercepto, e ε denota um erro aleatório que segue distribuição normal com média zero e desvio padrão igual a 4.

As estimativas dos coeficientes a e b, obtidas pelo método dos mínimos quadrados ordinários foram, respectivamente, iguais a 2,5 e 10. O tamanho da amostra para a obtenção desses resultados foi n = 101. A média amostral e o desvio padrão amostral da variável x foram, respectivamente, iguais a 9 mmol/dm3 e 1,6 mmol/dm3 e o desvio padrão da variável y foi igual a 5 horas.

A respeito dessa situação hipotética, julgue os itens a seguir.

(1) A média amostral da variável resposta y foi superior a 30 horas.

(2) O coeficiente de explicação do modelo (R2) foi superior a 0,70.

(3) O erro padrão associado à estimação do coeficiente angular foi superior a 0,30.

(4) De acordo com o modelo ajustado, caso a concentração molar de potássio encontrada em uma vítima seja igual a 2 mmol/dm3, o valor predito correspondente do intervalo post mortem será igual a 15 horas.

1. Para a média amostral de x igual a 9, tem-se a média amostral da variável resposta y

y = 2,5x + 10

y = 2,5x9 + 10

y = 22,5 + 10

y = 32,5 => Certo

2. Tem-se

$Var(y) = \dfrac{\sum (y_i - \bar{y})^2}{n-1} = 25$ (desvio padrão ao quadrado)

Daí,

$\sum (y_i - \bar{y})^2 = (101 - 1) \times 25$

$\sum (y_i - \bar{y})^2 = 100 \times 25 = 2.500$ que é o valor do **STQ** (Soma Total dos Quadrados)

Sabe-se que o coeficiente a é dado por

$a = 2,5 = \dfrac{\sum (x_i - \bar{x})\ (y_i - \bar{y})}{\sum (x_i - \bar{x})^2}$

Dividindo-se por 100 o denominador e o numerador, obtém-se

$2,5 = \dfrac{\sum (x_i - \bar{x})\ (y_i - \bar{y})/100}{\sum (x_i - \bar{x})^2\ /100}$

Note que $\sum (x_i - \bar{x})^2\ /100$ = Var(x) = 1,6² = 2,56 (desvio padrão ao quadrado)

$2,5 = \dfrac{\sum (x_i - \bar{x})\ (y_i - \bar{y})/100}{2,56}$

$\sum (x_i - \bar{x})\ (y_i - \bar{y}) = 2,5 \times 2,56 \times 100 = 640$

sabe-se que a **SQM** (soma de quadrados do modelo) vale

$a \times \sum (x_i - \bar{x})\ (y_i - \bar{y})$

Assim,

SQM = 2,5 x 640 = 1.600

Finalmente, tem-se o coeficiente de determinação (ou de explicação)

$r^2 = \dfrac{SQM}{STQ} = \dfrac{1.600}{1.600} = 0,64$ => Errado

3. Sabe-se que o erro padrão do estimador do parâmetro a vale

$\dfrac{\sigma}{\sqrt{\sum (x_i - \bar{x})^2}}$

Para se calcular $\sum (x_i - \bar{x})^2$ parte-se do cálculo da variância

$Var(x) = \dfrac{\sum (x_i - \bar{x})^2}{n-1} = 1,6^2 = 2,56$ (desvio padrão ao quadrado)

Logo

$\sum (x_i - \bar{x})^2 = 100 \times 2,56$

$\sum (x_i - \bar{x})^2 = 256$

Para $\sigma = 4$ (desvio padrão do erro aleatório), tem-se erro padrão $= \dfrac{4}{\sqrt{256}}$

Assim, erro padrão associado à estimação do coeficiente angular $= \dfrac{4}{16}$

$= \dfrac{1}{4} = 0,25$ => Errado

4. A equação da reta de regressão tem a expressão

y = 2,5x + 10

Quando x = 2 mmol/dm3, tem-se

y = 2,5x2 + 10

y = 15 horas => Certo

Gabarito 1C, 2E, 3E, 4C

(Papiloscopista – PF – CESPE – 2018) De acordo com uma agência internacional de combate ao tráfico de drogas, o volume diário de cocaína líquida (X, em litros) apreendida por seus agentes segue uma distribuição normal com média igual a 50 L e desvio padrão igual a 10 L.

A partir dessas informações e considerando que Z representa uma distribuição normal padrão, em que P(Z ≤ −2) = 0,025, julgue os itens subsecutivos.

(1) P(X > 70 litros) = 0,05.

(2) P(X < 60 litros) = P(X ≥ 40 litros).

(3) O valor mais provável para a realização da variável X é 50 litros, de modo que P(X = 50 litros) > P(X = 30 litros).

1. Para X = 70 tem-se, sabendo-se que, para a normal reduzida, tem-se $Z = \dfrac{X - \mu}{\sigma}$,

$Z = \dfrac{70-50}{10}$

$Z = 2$
Logo,
$P(X > 70) = P(Z > 2)$.
Uma vez que $P(Z < -2) = 2,5\%$, por simetria, $P(Z > 2)$ também tem o valor de 2,5%.
Portanto,
$P(X > 70) = 2,5\% = 0,025$. => Errado

2. A distribuição normal é simétrica em relação à média = 50.
Uma vez que os valores 40 e 60 distam 10 da média, delimitam áreas (probabilidades) iguais.

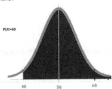

Assim,
$P(X < 60$ litros$) = P(X \geq 40$ litros$)$. => Certo

3. Sendo contínua a distribuição normal, as probabilidades de valores únicos são nulas, isto é,
$P(X = 50) = 0$ e $P(X = 30) = 0$.
Logo,
$P(X = 50) = P(X = 30)$. => Errado

Gabarito 1E, 2C, 3E

(Papiloscopista – PF – CESPE – 2018) Julgue os próximos itens, acerca da seguinte proposição:

P: "A nomeação do novo servidor público ocorre para reposição de vacância em área essencial, ou o candidato aprovado não será nomeado".

(1) Escolhendo aleatoriamente uma linha da tabela verdade da proposição P, a probabilidade de que todos os valores dessa linha sejam F é superior a 1/3.

(2) A proposição P é logicamente equivalente à proposição: "Não é verdade que o candidato aprovado será nomeado, a não ser que a nomeação do novo servidor público ocorra para reposição de vacância em área essencial".

(3) A negação da proposição P está corretamente expressa por: "Ou a nomeação do novo servidor público ocorre para reposição de vacância em áreas não essenciais, ou o candidato aprovado será nomeado".

(4) A proposição P é logicamente equivalente à proposição: "Se não for para reposição de vacância em área essencial, então o candidato aprovado não será nomeado".

Sejam as premissas
p: a nomeação do novo servidor público ocorre para reposição de vacância em área essencial
q: o candidato aprovado será nomeado
Assim, P representa-se, em Lógica Matemática, por
p $\lor$ ~q

1. A tabela-verdade da disjunção das duas proposições possui 4 linhas sendo uma delas com todos os valores F com probabilidade, então, de 1/4. => Errado

2. Tem-se a condicional que é equivalente à disjunção, ou seja, ~q → ~p que é equivalente a p $\lor$ ~q que é q proposição P.

3. Considerando a equivalência de P vista em 2 acima, tem-se a negação
~(~q → ~p) $\Longleftrightarrow$ (~q $\lor$ p)

ou seja, o candidato aprovado não será nomeado **e** a nomeação do novo servidor público ocorre para reposição de vacância em área essencial. => Errado

4. Tem-se a equivalência
(~p → ~q) $\Longleftrightarrow$ (p $\lor$ ~q) que é a proposição P. => Certo

Gabarito 1E, 2C, 3E, 4C

(Papiloscopista – PF – CESPE – 2018) O resultado de uma pesquisa acerca da satisfação de 200 papiloscopistas, no que diz respeito às tarefas por eles executadas de identificação de vítimas e de descobertas de crimes de falsificação, foi o seguinte:

* 30 papiloscopistas sentem-se igualmente satisfeitos ao executar qualquer uma dessas tarefas;

* 180 papiloscopistas sentem-se satisfeitos ao executar pelo menos uma dessas tarefas.

Considerando que todos os 200 papiloscopistas responderam à pesquisa, julgue os itens seguintes.

(1) Menos de 30 papiloscopistas não se sentem satisfeitos ao executar alguma das duas tarefas mencionadas.

(2) A quantidade de papiloscopistas que se sentem satisfeitos ao executar exatamente uma das referidas tarefas é superior a 100.

(3) Nessa situação, as informações dadas permitem inferir que exatamente 75 papiloscopistas sentem-se satisfeitos ao executarem a tarefa de identificação de vítimas.

(4) A probabilidade de que um papiloscopista, escolhido ao acaso, tenha se dito igualmente satisfeito ao executar qualquer uma entre as duas tarefas mencionadas, dado que se sente satisfeito ao executar pelo menos uma das duas tarefas, é inferior a 0,15.

Com
A: conjunto dos papiloscopistas que gostam da primeira tarefa
B: conjunto dos papiloscopistas que gostam da segunda tarefa
Tem-se
1. Se 180 gostam de pelo menos uma das tarefas, então os outros
200 – 180 = 20
não gostam de nenhuma. => Certo
2. 30 = #(A $\cap$ B) sentem-se igualmente satisfeitos ao executar qualquer uma dessas tarefas
180 = #(A $\cup$ B) sentem-se satisfeitos ao executar pelo menos uma dessas tarefas.
Logo,
180 – 30 = 150 papiloscopistas se sentem satisfeitos ao executar exatamente uma das referidas tarefas. => Certo
3. Os 150 papiloscopistas se sentem satisfeitos ao executar exatamente uma das referidas tarefas estão nos conjuntos A e B não necessariamente com 75 em um dos conjuntos. => Errado

4. Tem-se
30 = #(A $\cap$ B) sentem executar qualquer uma dessas tarefas
180 = #(A $\cup$ B) sentem-se satisfeitos ao executar pelo menos uma dessas tarefas

Logo, a probabilidade de que um papiloscopista, escolhido ao acaso, tenha se dito igualmente satisfeito ao executar qualquer uma entre as

13. MATEMÁTICA E RACIOCÍNIO LÓGICO 415

duas tarefas mencionadas, dado que se sente satisfeito ao executar pelo menos uma das duas tarefas é de

$$\frac{30}{180} = \frac{1}{6} = 0,1667 = 16,67\% \Rightarrow Errado$$

Gabarito 1C, 2C, 3E, 4E

(Papiloscopista – PF – CESPE – 2018) Em um processo de coleta de fragmentos papilares para posterior identificação de criminosos, uma equipe de 15 papiloscopistas deverá se revezar nos horários de 8 h às 9 h e de 9 h às 10 h.

Com relação a essa situação hipotética, julgue os itens a seguir.

(1) Se dois papiloscopistas forem escolhidos, um para atender no primeiro horário e outro no segundo horário, então a quantidade, distinta, de duplas que podem ser formadas para fazer esses atendimentos é superior a 300.

(2) Considere que uma dupla de papiloscopistas deve ser escolhida para atender no horário das 8 h. Nessa situação, a quantidade, distinta, de duplas que podem ser formadas para fazer esse atendimento é inferior a 110.

1. Tem-se 15 escolhas para o primeiro horário e 14 para o segundo pra não haver repetição de
papiloscopista.
Então, pelo princípio fundamental da contagem, haverá
15x14 = 210 duplas. => Errado
2. Tem-se combinação de 15 elementos dois a dois:

$$C_{15,2} = \frac{15x14}{2} = 105 \text{ duplas} \Rightarrow Certo$$

Gabarito 1E, 2C

(Escrivão – PF – CESPE – 2018) Uma pesquisa realizada com passageiros estrangeiros que se encontravam em determinado aeroporto durante um grande evento esportivo no país teve como finalidade investigar a sensação de segurança nos voos internacionais. Foram entrevistados 1.000 passageiros, alocando-se a amostra de acordo com o continente de origem de cada um — África, América do Norte (AN), América do Sul (AS), Ásia/Oceania (A/O) ou Europa. Na tabela seguinte, N é o tamanho populacional de passageiros em voos internacionais no período de interesse da pesquisa; n é o tamanho da amostra por origem; P é o percentual dos passageiros entrevistados que se manifestaram satisfeitos no que se refere à sensação de segurança.

origem	N	n	P
África	100.000	100	80
AN	300.000	300	70
AS	100.000	100	90
A/O	300.000	300	80
Europa	200.000	200	80
total	**1.000.000**	**1.000**	P_{pop}

Em cada grupo de origem, os passageiros entrevistados foram selecionados por amostragem aleatória simples. A última linha da tabela mostra o total populacional no período da pesquisa, o tamanho total da amostra e

P representa o percentual populacional de passageiros satisfeitos.

A partir dessas informações, julgue os próximos itens.

(1) Na situação apresentada, o desenho amostral é conhecido como amostragem aleatória por conglomerados, visto que a população de passageiros foi dividida por grupos de origem.

(2) Nessa pesquisa, cada grupo de origem representa uma unidade amostral, da qual foi retirada uma amostra aleatória simples.

(3) Considerando o referido desenho amostral, estima-se que o percentual populacional P seja inferior a 79%.

(4) A estimativa do percentual populacional de passageiros originários da África que se mostraram satisfeitos com a sensação de segurança nos voos internacionais foi igual a 80% e a estimativa do erro padrão associado a esse resultado foi inferior a 4%.

1.Na amostragem aleatória por conglomerados esses têm o mesmo número de elementos.
Errado
2.Cada grupo de origem representa uma amostra aleatória simples
Errado

3. Tem-se

n	P	nP
100	80%	80
300	70%	210
100	90%	90
300	80%	240
200	80%	160
1.000	<- total ->	780

O percentual populacional P é de $\frac{780}{1.000}$ = 78%. inferior a 79%. => Certo

4. Grupo África
N = 100.000
n = 100
p = 80%
Erro padrão da Proporção:

$$\sqrt{\frac{p(1-p)}{n}} = \sqrt{\frac{0,8x0,2}{100}} = \sqrt{\frac{0,16}{100}} = \frac{0,4}{10}$$

= 0,04 = 4% => Certo

Gabarito 1E, 2E, 3C, 4C

(Escrivão – PF – CESPE – 2018) Um estudo mostrou que a quantidade mensal Y (em quilogramas) de drogas ilícitas apreendidas em certo local segue uma distribuição exponencial e que a média da variável aleatória Y é igual a 10 kg.

Considerando que F(y) = P(Y $\leq$ y) represente a função de distribuição de Y, em que y é uma possível quantidade de interesse (em kg), e que 0,37 seja valor aproximado de e^{-1} , julgue os itens subsecutivos.

(1) O desvio padrão da variável aleatória Y é superior a 12 kg.

(2) P($\geq$ 10 kg) > P($\leq$10 kg).

(3) A quantidade 10 kg corresponde ao valor mais provável da distribuição Y de modo que P(Y = 10 kg) $ 0,50.

Tem-se, para a exponencial,

$P(Y \geq 0) = e^{-\lambda Y}$ e função de distribuição: $F(y) = 1 - e^{-\lambda y}$

Sendo $\lambda > 0$

1. Tem-se
Média = desvio padrão = $1/\lambda$ = **10** => Errado
2. Para Y = 10, tem-se

De $1/\lambda = 10$ obtém-se $\lambda = 1/10 = 0,1$

$P(Y = 10) = e^{-\lambda Y}$

$P(Y = 10) = e^{-0,1 \times 10}$

$P(Y = 10) = e^{-1}$

$P(Y = 10) = 0,37 = 37\%$

$F(10) = 1 - 0,37 = 0,63 = 63\%$

e $P(Y \leq 10) = 63\%$

Daí tem-se

$P(Y \geq 10) = 37\%$

Consequentemente,

e $P(Y \geq 10) < P(Y \leq 10)$ => Errado

3. $P(Y = 10) = e^{-0,1 \times 10}$

$P(Y = 10) = e^{-1}$

$P(Y = 10) = 0,37 = 37\%$ => Errado

Gabarito 1E, 2E, 3E

(Escrivão – PF – CESPE – 2018) O tempo gasto (em dias) na preparação para determinada operação policial é uma variável aleatória X que segue distribuição normal com média M, desconhecida, e desvio padrão igual a 3 dias. A observação de uma amostra aleatória de 100 outras operações policiais semelhantes a essa produziu uma média amostral igual a 10 dias.

Com referência a essas informações, julgue os itens que se seguem, sabendo que $P(Z > 2) = 0,025$, em que Z denota uma variável aleatória normal padrão.

(1) A expressão 10 dias ± 6 dias corresponde a um intervalo de 95% de confiança para a média populacional M.

(2) O erro padrão da média amostral foi inferior a 0,5 dias.

(3) Considerando-se o teste da hipótese nula H0: M $\leq$,5 dias contra a hipótese alternativa H_1: M > 9,5 dias, adotando-se o nível de significância igual a 1%, não haveria evidências estatísticas contra a hipótese H_0.

1. Intervalo de confiança de 95%
$x \pm z.\sigma/\sqrt{n}$
$10 \pm 2.3/\sqrt{100}$
$10 \pm 2.\,3/\sqrt{100}$
$10 \pm 0,6.$
Errado**2.** O erro padrão da média da amostra é dado por
$$\frac{\sigma}{\sqrt{n}}$$
Onde σ é o desvio padrão amostral =3 e o tamanho da amostra =100
Assim

Erro = $\frac{3}{\sqrt{100}} = \frac{3}{10} = 0,3$ dias => Certo

3. Tem-se
$z_{teste} = (10 - 9,5)/3 = 0,5/3 = 1,67$

Então, como $P(Z > 2) = 0,025$, o $z_{teste} = 1,67$ está fora da região de rejeição.
Assim, não haveria evidências estatísticas contra a hipótese H_0.

Certo

Gabarito 1E, 2C, 3C

(Escrivão – PF – CESPE – 2018) Julgue os próximos itens, considerando a proposição P a seguir.

P: "O bom jornalista não faz reportagem em benefício próprio nem deixa de fazer aquela que prejudique seus interesses".

(1) Escolhendo aleatoriamente uma linha da tabela verdade da proposição P, a probabilidade de que todos os valores dessa linha sejam V é superior a 1/3.

(2) A proposição P é logicamente equivalente à proposição: "Não é verdade que o bom jornalista faça reportagem em benefício próprio ou que deixe de fazer aquela que prejudique seus interesses".

(3) A negação da proposição P está corretamente expressa por: "O bom jornalista faz reportagem em benefício próprio e deixa de fazer aquela que não prejudique seus interesses".

(4) A negação da proposição P está corretamente expressa por: "Se o bom jornalista não faz reportagem em benefício próprio, então ele deixa de fazer aquela reportagem que prejudica seus interesses".

Sejam as proposições
p: o bom jornalista faz reportagem em benefício próprio
q: o bom jornalista deixa de fazer aquela reportagem que prejudique seus interesses
e, simbolicamente,
P: (~p ? q)

1.
Tem-se
i) tabela da conjunção lógica $\wedge$, p e q quaisquer

p	q	p $\wedge$ q)
V	V	V
V	F	F
F	V	F
F	F	F

ii) tabela da proposição P

~p	q	~ p $\wedge$ q)
F	V	F
F	F	F
V	**V**	**V**
	F	F

Assim,
A probabilidade de que todos os valores uma linha sejam V é igual a $1/4 = 0,25$ que é menor que $1/3$.

=> Errado

13. MATEMÁTICA E RACIOCÍNIO LÓGICO

2.
Equivalência de P
(~p ? q) <=>~(p ∨ q) (Regra de de Morgan)
=> Certo

3.
Negação de (~p ? q):
~(~p ? q) <=> (p ∨ ~q) pela Regra de de Morgan.
Ou seja,
O bom jornalista faz reportagem em benefício próprio e deixa de fazer aquela que **não** prejudique seus interesses.
=> Errado

4.
Negação de (~p ? q):
Uma vez que
~(~p ? q) <=> (p ∨ ~q) pela Regra de de Morgan (ver 3. acima), tem-se a equivalência da disjunção
p ∨ ~q) <=> -p ? q
=> Certo

Gabarito 1E, 2C, 3E, 4C

(Escrivão – PF – CESPE – 2018) Para cumprimento de um mandado de busca e apreensão serão designados um delegado, 3 agentes (para a segurança da equipe na operação) e um escrivão. O efetivo do órgão que fará a operação conta com 4 delegados, entre eles o delegado Fonseca; 12 agentes, entre eles o agente Paulo; e 6 escrivães, entre eles o escrivão Estêvão.

Em relação a essa situação hipotética, julgue os itens a seguir.

(1) A quantidade de maneiras distintas de se escolher os três agentes para a operação de forma que um deles seja o agente Paulo é inferior a 80.

(2) Considerando todo o efetivo do órgão responsável pela operação, há mais de 5.000 maneiras distintas de se formar uma equipe para dar cumprimento ao mandado.

(3) Se o delegado Fonseca e o escrivão Estêvão integrarem a equipe que dará cumprimento ao mandado, então essa equipe poderá ser formada de menos de 200 maneiras distintas.

(4) Há mais de 2.000 maneiras distintas de se formar uma equipe que tenha o delegado Fonseca ou o escrivão Estêvão, mas não ambos.

1. O agente Paulo estivera equipe, a escolha dos agentes é feita pela combinação entre os outros 11, 2 a 2:
$C_{11,2} = \frac{11 \times 10}{2 \times 1} = 55$ maneiras distintas, que é < 80. => Certo

2. Escolha dos agentes é feita pela combinação entre os 12, 3 a 3:
$C_{12,3} = \frac{12 \times 11 \times 10}{3 \times 2 \times 1} - = 220$
Uma vez que há 4 delegados e 6 escrivães tem-se, então,
4x220x6 = 5.280 maneiras distintas de se formar uma equipe. => Certo

3. Tem-se
Com o delegado e o escrivão uma vez escolhidos, restam escolher 3 dos 12 agentes para formar a equipe, ou seja, $C_{12,3} = 220$ maneiras.
=> Errado

4. Tem-se que
i) sem o delegado Fonseca há $C_{3,1} = 3$ escolhas para delegado e $C_{12,3} = 220$ escolhas para agentes em um total de 3x220 = 660 possibilidades de equipes;

ii) sem o escrivão Estêvão há $C_{5,1} = 5$ escolhas para escrivão e $C_{12,3} = 220$ escolhas para agentes em um total de 5x220 = 1.100 possibilidades de equipes.
Logo, há 660 + 1.100 = 1.760 maneiras distintas de se formar uma equipe que tenha o delegado Fonseca ou o escrivão Estêvão, mas não ambos.
=> Errado

Gabarito 1C, 2C, 3E, 4E

(Escrivão – PF – CESPE – 2018) Em uma operação de busca e apreensão na residência de um suspeito de tráfico de drogas, foram encontrados R$ 5.555 em notas de R$ 2, de R$ 5 e de R$ 20.

A respeito dessa situação, julgue os itens seguintes.

(1) É possível que mais de 2.760 notas tenham sido apreendidas na operação.

(2) A menor quantidade de notas em moeda corrente brasileira pelas quais o montante apreendido poderia ser trocado é superior a 60.

1. Retirando-se 1 nota de 5 e 1 nota de 20 haveria, então, só notas de 2 em um total de:
5.555 – 5 – 20 = 5.530 => 5.530/2 = 2.765 notas => Certo

2.
i) 5.555/100 = 55 notas de 100 sobram R$ 55;
ii) R$ 55 = 1 nota de 50 e 1 nota de 5;
Total de 55 + 2 = 57 notas. => Errado
Gabarito 1C, 2E

(Agente – PF – CESPE – 2018) Determinado órgão governamental estimou que a probabilidade p de um ex-condenado voltar a ser condenado por algum crime no prazo de 5 anos, contados a partir da data da libertação, seja igual a 0,25. Essa estimativa foi obtida com base em um levantamento por amostragem aleatória simples de 1.875 processos judiciais, aplicando-se o método da máxima verossimilhança a partir da distribuição de Bernoulli.

Sabendo que P(Z < 2) = 0,975, em que Z representa a distribuição normal padrão, julgue os itens que se seguem, em relação a essa situação hipotética.

(1) Em um grupo formado aleatoriamente por 4 ex--condenados libertos no mesmo dia, estima-se que a probabilidade de que apenas um deles volte a ser condenado por algum crime no prazo de 5 anos, contados a partir do dia em que eles foram libertados, seja superior a 0,4.

(2) O erro padrão da estimativa da probabilidade p foi igual a 0,01.

(3) A estimativa intervalar 0,25 ± 0,05 representa o intervalo de 95% de confiança do parâmetro populacional p.

(4) Se X seguir uma distribuição binomial com parâmetros n = 1.000 e probabilidade de sucesso p, a estimativa de máxima verossimilhança da média de X será superior a 300.

1. Sendo a probabilidade da binomial para 1 sucesso e para n = 4, p = 0,25 e q = (1 - p) = 0,75,
$= C_{n,s} \times p^s \times q^{1-s}$, ou
$= C_{n,s} \times p^{1} \times q^3$,

tem-se
$C_{4,1} \times 0,25^{1} \times 0,75^3 = 4 \times 0,25 \times 0,5625 = 0,422$. => Certo

2. Erro padrão da estimativa =

$$\sqrt{\frac{p(1-p)}{n}}$$

Daí,

$$Erro = \sqrt{\frac{0,25 \times 0,75}{1.875}}$$

$$= \sqrt{\frac{0,1875}{1.875}}$$

$$= \sqrt{0,0001}$$

$$= 0,01 => Certo$$

3.
Intervalo de confiança de 95% para o parâmetro p:

$$p \times z \times \sqrt{\frac{p(1-p)}{n}}$$

$$p \times z \times \sqrt{\frac{0,25 \times 0,75}{1.875}}$$

$$p \times z \times \sqrt{\frac{0,1875}{1.875}}$$

$$= p \times z \times \sqrt{0,0001}$$

p x z x 0,01 com z = 2
0,25 x 2 x 0,01
= 0,005
Daí,
Intervalo de confiança 0,25 $\pm$ 0,005 => Errado

4. Variável X é binomial, com parâmetros: n = 1.000 e p=0, 25.
Logo, a média da variável binomial = n.p = 1.000x0,25 = 250. => Errado

Gabarito 1C, 2C, 3E, 4E

(Agente – PF – CESPE – 2018) Um pesquisador estudou a relação entre a taxa de criminalidade (Y) e a taxa de desocupação da população economicamente ativa (X) em determinada região do país. Esse pesquisador aplicou um modelo de regressão linear simples na forma $Y = bX + a + \varepsilon$, em que b representa o coeficiente angular, a é o intercepto do modelo e ε denota o erro aleatório com média zero e variância $\sigma 2$. A tabela a seguir representa a análise de variância (ANOVA) proporcionada por esse modelo.

fonte de variação	graus de liberdade	soma de quadrados
modelo	1	225
erro	899	175
total	900	400

A respeito dessa situação hipotética, julgue os próximos itens, sabendo que b > 0 e que o desvio padrão amostral da variável X é igual a 2.

(1) A correlação linear de Pearson entre a variável resposta Y e a variável regressora X é igual a 0,75.
(2) A estimativa da variância $\sigma 2$ é superior a 0,5.
(3) A estimativa do coeficiente angular b, pelo método de mínimos quadrados ordinários, é igual a 0,25.

---

1. Sabe-se que na tabela tem -se
SQM(soma de quadrados do modelo) = 225
SQT = soma de quadrados total) = 400
Sabe-se que

$$r^2 = \frac{SQM}{STQ} = \frac{225}{400}$$

Assim,

$$r = \frac{15}{20} = \frac{3}{4}$$

r = 0,75 => Certo

2. A estimativa da variância é

$$\sigma^2 = \frac{SQT}{n-1} = \frac{400}{900} = \frac{4}{9} = 0,44 => Errado$$

3. Cálculo do coeficiente

I) pela tabela da ANOVA* tem-se que

$$SQM = b^2 \sum(x_i - \bar{x})^2 \quad 225 \text{ e}$$

ii) Var (x) = $\frac{\sum(x_i - \bar{x})^2}{900} = 2^2 = 4$ (desvio padrão ao quadrado)

$$\sum(x_i - \bar{x})^2 = 4 \times 900 = 3.600$$

Logo, em i), tem-se

$$b^2 \times 3.600 = 225$$

$$b^2 = \frac{225}{3.600}$$

$$b = \frac{15}{60} = \frac{1}{4}$$

b = 0,25 => Certo

* Modelo da tabela ANOVA

Fonte	Grau de liberdade	Soma dos quadrados
Modelo	1	$b^2 . \sum(xi - x)^2$
Erro	n-2	$\sum(yi - y)^2$
Total	n-1	$\sum(yi - y)^2$

Gabarito 1C, 2E, 3C

(Agente – PF – CESPE – 2018) O valor diário (em R$ mil) apreendido de contrabando em determinada região do país é uma variável aleatória W que segue distribuição normal com média igual a R$ 10 mil e desvio padrão igual a R$ 4 mil.

Nessa situação hipotética,

(1) se W_1 e W_2 forem duas cópias independentes e identicamente distribuídas como W, então a soma $W_1 + W_2$ seguirá distribuição normal com média igual a R$ 20 mil e desvio padrão igual a R$ 8 mil.
(2) P(W > R$ 10 mil) = 0,5.
(3) a razão $\frac{W-20}{\sqrt{4}}$ segue distribuição normal padrão.

---

1. Uma vez que a média da soma $W_1 + W_2$ se mantém o item 1 está errado. => Errado

2. Como a probabilidade P(W > R$ 10 mil) abrange a metade superior da área da normal possui então, o valor de 1/2 = 0.5. => Certo

3. Normal Padrão: W – 10.000 / 4.000
= W – 10/4 (em R$ 1000) Errado

Gabarito 1E, 2C, 3E

(Agente – PF – CESPE – 2018) As proposições P, Q e R a seguir referem-se a um ilícito penal envolvendo João, Carlos, Paulo e Maria:

P: "João e Carlos não são culpados".

Q: "Paulo não é mentiroso".

R: "Maria é inocente".

Considerando que ~X representa a negação da proposição X, julgue os itens a seguir.

(1) As proposições P, Q e R são proposições simples.

(2) A proposição "Se Paulo é mentiroso então Maria é culpada." pode ser representada simbolicamente por (~Q) ?(~R).

(3) Se ficar comprovado que apenas um dos quatro envolvidos no ilícito penal é culpado, então a proposição simbolizada por (~P)?(~Q) ? R será verdadeira.

(4) Independentemente de quem seja culpado, a proposição

{P? (~Q)} ?{Q ∨ [(~Q) ? R]} será sempre verdadeira, isto é, será uma tautologia.

(5) As proposições P ? (~Q) ? (~R) e R? [Q? (~P)] são equivalentes.

(6) Se as três proposições P, Q e R forem falsas, então pelo menos duas das pessoas envolvidas no ilícito penal serão culpadas.

---

1. Anulada

2. O símbolo utilizado corresponde ao conectivo "se e somente se" ao invés de ?. => Errado

3. P sendo falsa então João **ou** Carlos é culpado. => Certo

4. 1ª solução
Vamos provar que a proposição não pode ser falsa.
Essa proposição condicional é falsa se o antecedente $P \rightarrow$ ~Q, é Verdadeiro e

o consequente, $Q \vee \left[(\sim Q) ?\square R\right]$, é Falso.

Ou seja,

Q deve ser Falso e $Q \vee \left[(\sim Q) ?\square R\right]$ Falso.

Agora para a disjunção deve-se ter *Q Falso* e $Q \vee \left[(\sim Q) ?\square R\right]$ Falso.

Outra disjunção para ser Falsa, **-Q deve ser Falsa** e R Falsa.
Absurdo: Q e ~Q ambos Falsos.
Logo a proposição do enunciado não pode Falsa e é uma tautologia.
=> Certo

2ª solução
Constroem-se as tabelas-verdade da proposição
a tabela da disjunção lógica V

p	q	p ∨ q
V	V	V
V	**F**	**V**
F	V	V
F	F	F

p	q	p ∧ q	p ∨ q	(p ∧ q) ⟶ (p∨ q)
V	V	V	V	**V**
V	F	F	V	**V**
F	V	F	V	**V**
F	F	F	F	**V**

É tautologia. Pois a última coluna é só de V.
Certo

5. 1ª solução
As proposições serão equivalentes se suas tabelas-verdade forem idênticas.

P	~P	Q	~Q	R	~R	P ∧ (~Q)	P ? [(~Q) ? (~R)]
V	F	V	F	V	F	F	**F**
V	F	V	F	V	F	F	**F**
F	V	F	V	F	V	F	**V**
F	V	F	V	F	V	F	**V**

P	~P	Q	~Q	R	~R	[Q (~P)]	R? [Q ? (~P)]
V	F	V	F	V	F	F	**V**
V	F	V	F	V	F	F	**V**
F	V	F	V	F	V	F	**F**
F	V	F	V	F	V	F	**F**

As tabelas **não** são idênticas, ou seja, são **não** equivalentes.
=> Errado
2ª solução

Uma equivalência lógica da proposição P ? (~Q) ? (~R) é a sua proposição contrapositiva
~(~R) → ~[P ? (~Q)].
ou
R → ~[P ? (~Q)]
Pela regra de de Morgan, ~[P ? (~Q)] ⟺ ~P ∨ ~(~Q).
Logo,
R → ~P ∨ Q => Errado
Errado

6. P: João e Carlos não são culpados é equivalente a (João não é culpado e Carlos não é culpado).
E a negação de P é, pela regra de de Morgan,

-(p ∧ q) ⟺ (-p ∨ -q), isto é,

João é culpado ou Carlos é culpado.
Tem-se, então, que Maria é culpada (-R) e João é culpado ou Carlos é culpado.
Logo, pelo menos duas das pessoas envolvidas no ilícito penal serão culpadas. => Certo
Certo
Gabarito 1ANULADA, 2E, 3C, 4C, 5E, 6C

(Agente – PF – CESPE – 2018) Em um aeroporto, 30 passageiros que desembarcaram de determinado voo e que estiveram nos países A, B ou C, nos quais ocorre uma epidemia infecciosa, foram selecionados para ser examinados. Constatou-se que exatamente 25 dos passageiros selecionados estiveram em A ou em B, nenhum desses 25 passageiros esteve em C e 6 desses 25 passageiros estiveram em A e em B.

Com referência a essa situação hipotética, julgue os itens que se seguem.

(1) Se 11 passageiros estiveram em B, então mais de 15 estiveram em A.

(2) Se 2 dos 30 passageiros selecionados forem escolhidos ao acaso, então a probabilidade de esses 2 passageiros terem estado em 2 desses países é inferior a 1/30.

(3) A quantidade de maneiras distintas de se escolher 2 dos 30 passageiros selecionados de modo que pelo menos um deles tenha estado em C é superior a 100.

(4) Considere que, separando-se o grupo de passageiros selecionados que visitou o país A, o grupo que visitou o país B e o grupo que visitou o país C, seja verificado, em cada um desses grupos, que pelo menos a metade dos seus componentes era do sexo masculino. Nessa situação, conclui-se que o grupo de 30 passageiros selecionados tem, no máximo, 14 mulheres.

---

1. Sabe-se

$\#(A \cup B) = \#(A) + \#(B) - \#(A \cap B)$

$25 = \#(A) + 11 - 6$

$\#(A) = 20 \Rightarrow$ Certo

2. O úmero total de possibilidades é de $C_{30,2} = \dfrac{30 \times 29}{2 \times 1} = 435$.

Uma vez que 6 passageiros estiveram em 2 desses países, tem-se que a quantidade de maneiras possíveis para escolher 2 passageiros que já estiveram em 2 países é de

$C_{6,2} = \dfrac{6 \times 5}{2 \times 1} = 15$.

A probabilidade pedida tem o valor de $\dfrac{15}{435} = \dfrac{1}{29} =$ que é $> \dfrac{1}{30}$. $\Rightarrow$ Errado

3. Dos 30 passageiros 25 não estiveram em C. Portanto, $30 - 25 = 5$ estiveram em C.

A quantidade total de maneiras para selecionar 2 passageiros dentre os 30 é igual a

$C_{30,2} = \dfrac{30 \times 29}{2 \times 1} = 435$.

os 25 não estiveram em C formam

$C_{25,2} = \dfrac{25 \times 24}{2 \times 1} = 300$ duplas de passageiros, ou seja em pelo menos 300

uma delas tenha estado em C.

Assim, há

$435 - 300 = 135$ maneiras distintas de se escolher 2 dos 30 passageiros selecionados de modo que pelo menos um deles tenha estado em C. $\Rightarrow$ Certo

4. Total de homens = 10 (metade do grupo A) + 5 (metade de B) + 2 (metade do C) = 17.

Logo, o grupo de 30 passageiros selecionados tem, no máximo, 13 mulheres. $\Rightarrow$ Errado

Gabarito 1C, 2E, 3C, 4E

(Escrivão/SP – 2014 – VUNESP) Segundo a lógica aristotélica, as proposições têm como uma de suas propriedades básicas poderem ser **verdadeiras** ou **falsas**, isto é, terem um **valor de verdade**. Assim sendo, a oração "A Terra é um planeta do sistema solar", por exemplo, é uma proposição verdadeira e a oração "O Sol gira em torno da Terra", por sua vez, é uma proposição comprovadamente falsa. Mas nem todas as orações são proposições, pois algumas orações não podem ser consideradas nem verdadeiras e nem falsas, como é o caso da oração:

(A) O trigo é um cereal cultivável de cuja farinha se produz pão.

(B) Metais são elementos que não transmitem eletricidade.

(C) Rogai aos céus para que a humanidade seja mais compassiva.

(D) O continente euroasiático é o maior continente do planeta.

(E) Ursos polares são répteis ovíparos que vivem nos trópicos.

Não são proposições: as sentenças interrogativas, exclamativas, imperativas, afirmativas (sem verbo) e sentenças abertas (aquelas cujo resultado V ou F é desconhecido).

Portanto a proposição é: Rogai aos céus para que a humanidade seja mais compassiva (Imperativa)

Gabarito "C".

(Escrivão/SP – 2014 – VUNESP) Um dos princípios fundamentais da lógica é o da **não contradição.**

Segundo este princípio, nenhuma proposição pode ser simultaneamente verdadeira e falsa sob o mesmo aspecto. Uma das razões da importância desse princípio é que ele permite realizar inferências e confrontar descrições diferentes do mesmo acontecimento sem o risco de se chegar a conclusões contraditórias. Assim sendo, o princípio da não contradição

(A) fornece pouco auxílio lógico para investigar a legitimidade de descrições.

(B) permite conciliar descrições contraditórias entre si e relativizar conclusões.

(C) exibe propriedades lógicas inapropriadas para produzir inferências válidas.

(D) oferece suporte lógico para realizar inferências adequadas sobre descrições.

(E) propicia a produção de argumentos inválidos e mutuamente contraditórios.

Por exclusão de alternativas que contrariam o enunciado ou que contenham palavras-chaves:

(A) pouco auxílio

(B) descrições contraditórias

(C) propriedades lógicas inapropriadas

(E) produção de argumentos inválidos

Gabarito "D".

(Escrivão/SP – 2014 – VUNESP) Um argumento é considerado válido quando sua conclusão se segue logicamente das premissas. Mas um argumento pode ser logicamente **válido** e, mesmo assim, dar origem a uma **conclusão comprovadamente falsa**. Isso ocorre porque

(A) a conclusão do argumento não decorre das premissas.

(B) a premissa maior do argumento é sempre verdadeira.

(C) todas as premissas do argumento são verdadeiras.

(D) a premissa menor do argumento é sempre falsa.

(E) pelo menos uma premissa do argumento é falsa.

Quando a conclusão é completamente derivada das premissas, temos as seguintes possibilidades:

– Premissas verdadeiras e conclusão verdadeira;

– Algumas ou todas as premissas falsas e uma conclusão verdadeira;

– Algumas ou todas as premissas falsas e uma conclusão falsa.

Gabarito "E".

(Escrivão/SP – 2014 – VUNESP) As proposições que compõem as premissas e a conclusão dos silogismos podem ser (I) universais ou particulares e (II) afirmativas ou negativas. Considerando estas possibilidades, é correto afirmar que a proposição

(A) "Nenhum ser humano é imortal" é universal e negativa.

(B) "Todos os seres vivos não são organismos" é particular e negativa.
(C) "Algum ser vivo é mortal" é universal e afirmativa.
(D) "Sócrates é imortal" é universal e afirmativa.
(E) "Nenhum organismo é mortal" é particular e afirmativa.

Universal	Totalidade do conjunto
Particular	Parte do conjunto.

UNIVERSAL AFIRMATIVA	Todo S é P.
UNIVERSAL NEGATIVA	Nenhum S é P.
PARTICULAR AFIRMATIVA	Alguns S são P.
PARTICULAR NEGATIVA	Alguns S não são P.

(A) "Nenhum ser humano é imortal" é universal e negativa
(B) "Todos os seres vivos não são organismos" é universal e afirmativa.
(C) "Algum ser vivo é mortal" é particular e afirmativa.
(D) "Sócrates é imortal" é particular e afirmativa.
(E) "Nenhum organismo é mortal" é particular e negativa.
Gabarito "A".

(Escrivão/SP – 2014 – VUNESP) Os silogismos são formas lógicas compostas por premissas e uma conclusão que se segue delas. Um exemplo de silogismo válido é:
(A) Curitiba é capital de Estado. São Paulo é capital de Estado. Belém é capital de Estado.
(B) Alguns gatos não têm pelo. Todos os gatos são mamíferos. Alguns mamíferos não têm pelo.
(C) Todas as aves têm pernas. Os mamíferos têm pernas. Logo, todas as mesas têm pernas.
(D) Antes de ontem choveu. Ontem também choveu. Logo, amanhã certamente choverá.
(E) Todas as plantas são verdes. Todas as árvores são plantas. Todas as árvores são mortais.

Do item B:
Com base nas duas premissas, obtemos o seguinte diagrama:
– Todos os gatos são mamíferos.
– Alguns gatos não têm pelo

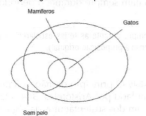

Sobre as demais alternativas:
(A) 3 premissas e nenhuma conclusão;
(C) Conclusão não deriva das premissas;
(D) Conclusão não deriva das premissas (Argumento Indutivo);
(E) Conclusão não deriva das premissas;
Gabarito "B".

(Escrivão/SP – 2014 – VUNESP) Considerando a premissa maior "Nenhum inseto tem coluna vertebral" e a premissa menor "Todas as moscas são insetos", a conclusão correta do silogismo válido é:

(A) "Nenhum inseto é mosca".
(B) "Alguns insetos não são moscas".
(C) "Nenhuma mosca tem coluna vertebral".
(D) "Alguns insetos têm coluna vertebral".
(E) "Algumas moscas são insetos".

Alternativa (C)
Sobre as demais alternativas:
(A) Algum inseto é mosca;
(B) Conclusão inválida, pois pelo 1º diagrama é possível que todos os insetos sejam moscas;
(D) Nenhum inseto tem coluna vertebral;
(E) Toda mosca é inseto.
Gabarito "C".

(Escrivão/SP – 2014 –VUNESP) Considere as seguintes premissas: "Todos os generais são oficiais do exército". "Todos os oficiais do exército são militares".
Para obter um silogismo válido, a conclusão que logicamente se segue de tais premissas é:
(A) "Alguns oficiais do exército são militares".
(B) "Nenhum general é oficial do exército".
(C) "Alguns militares não são oficiais do exército".
(D) "Todos os militares são oficiais do exército".
(E) "Todos os generais são militares".

A conclusão lógica que se segue as premissas é todos os generais são militares: Alternativa E.

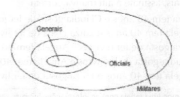

Para as demais alternativas, as conclusões corretas seriam:
(A) Todos os oficiais do exército são militares;
(B) Todos os generais são oficiais do exército;
(C) e (D) Conclusões inválidas.
Gabarito "E".

(Escrivão/SP – 2014 – VUNESP) A implicação é um tipo de relação condicional que pode ocorrer entre duas proposições e desempenha um importante papel nas inferências em geral. Esta relação é adequadamente descrita por meio da expressão
(A) "Isto ou aquilo".
(B) "Isto e aquilo".
(C) "Não isto ou não aquilo".
(D) "Se isto então aquilo".
(E) "Nem isto e nem aquilo".

A implicação se refere justamente à condicional e então "Se isto então aquilo".
Gabarito "D".

(Escrivão/SP – 2014 – VUNESP) Detectar narrativas mentirosas é uma tarefa cognitiva muito árdua que envolve o raciocínio lógico e informação sobre os acontecimentos em questão. Mas quando se tem informações limitadas sobre os acontecimentos, o raciocínio lógico desempenha um importante papel para a detecção de narrativas mentirosas. Isto ocorre porque

(A) os acontecimentos aparecem em sua sequência temporal ao observador atento.

(B) o uso do raciocínio lógico permite frequentemente detectar inconsistências.

(C) o raciocínio lógico em nada contribui para reconhecer narrativas mentirosas.

(D) a detecção de narrativas mentirosas é uma tarefa cognitiva muito fácil.

(E) a falsidade da narrativa é sempre evidente sem necessidade de raciocinar.

Por exclusão de alternativas que contrariam o enunciado ou que contenham palavras-chaves:
(A) "em sequência temporal" e "observador atento";
(C) "em nada contribui"
(D) "muito fácil"
(E) "sem necessidade"
Gabarito "B".

(Escrivão/SP – 2014 – VUNESP) Três amigas – Cláudia, Luiza e Ângela – gostam de ler livros, jornais e revistas, não necessariamente nessa ordem, e cada uma delas aprecia apenas um desses tipos de leitura.

Uma delas tem 20 anos, outra tem 30 e a outra tem 40. Sabendo que Cláudia tem 20 anos, que Ângela gosta de ler revistas e que Luiza não tem 30 anos e não gosta de ler jornais, assinale a alternativa correta.

(A) Luiza tem 40 anos e Cláudia gosta de ler jornais.

(B) Ângela tem 40 anos e Luiza gosta de ler livros.

(C) Luiza gosta de ler revistas e Ângela tem 30 anos.

(D) Cláudia gosta de ler livros e Ângela tem 40 anos.

(E) Ângela tem 40 anos e Luiza gosta de ler livros.

Construamos uma tabela com as informações iniciais:

Nome:	Leitura	Idade
Cláudia	Livro	20
Luiza	Jornal	30
Ângela	Revista	40

1) Cláudia tem 20 anos e Ângela gosta de revistas:

Nome:	Leitura	Idade
Cláudia		20
Luiza		
Ângela	Revistas	

2) Luiza não tem 30 anos e também não tem 20 anos que é a idade da Cláudia. Portanto Luíza tem 40 anos e Ângela tem 30 anos.

Nome:	Leitura	Idade
Cláudia		20
Luiza		40
Ângela	Revistas	30

3) Luiza não gosta de ler jornais. Como Ângela gosta de ler Revistas, Luiza gosta de Livros e Cláudia gosta de ler jornais.

Nome:	Leitura	Idade
Cláudia	Jornais	20
Luiza	Livros	40
Ângela	Revistas	30

A alternativa correta é a (A): Luiza tem 40 anos e Cláudia gosta de ler jornais.
Gabarito "A".

(Investigador/SP – 2014 – VUNESP) Um antropólogo estadunidense chega ao Brasil para aperfeiçoar seu conhecimento da língua portuguesa. Durante sua estadia em nosso país, ele fica muito intrigado com a frase "não vou fazer coisa nenhuma", bastante utilizada em nossa linguagem coloquial. A dúvida dele surge porque

(A) a conjunção presente na frase evidencia seu significado.

(B) o significado da frase não leva em conta a dupla negação.

(C) a implicação presente na frase altera seu significado.

(D) o significado da frase não leva em conta a disjunção.

(E) a negação presente na frase evidencia seu significado.

A negação de "Não" seguida da palavra "nenhuma" é equivalente a "Sim", ou seja "fazer alguma coisa": (N(~P) é equivalente a P)
Gabarito "B".

(Investigador/SP – 2014 – VUNESP) João e Maria são professores da rede pública de ensino e gostam muito de conhecer novos lugares. Considerando a proposição "João e Maria viajam sempre durante as férias escolares", assinale a negação dessa proposição.

(A) "João e Maria não viajam sempre durante as férias escolares".

(B) "João e Maria viajam sempre durante o período letivo".

(C) "João e Maria viajam algumas vezes durante as férias escolares".

(D) "João e Maria viajam algumas vezes durante o período letivo".

(E) "João e Maria não viajam sempre durante o período letivo".

"João e Maria não viajam sempre durante as férias escolares" (A) (apenas uma negação em relação à proposição original).
Gabarito "A".

(Investigador/SP – 2014 – VUNESP) O princípio da não contradição, inicialmente formulado por Aristóteles (384-322 a.C.), permanece como um dos sustentáculos da lógica clássica. Uma proposição composta é contraditória quando

(A) seu valor lógico é falso e todas as proposições simples que a constituem são falsas.

(B) uma ou mais das proposições que a constituem decorre/ decorrem de premissas sempre falsas.

(C) seu valor lógico é sempre falso, não importando o valor de suas proposições constituintes.

(D) suas proposições constituintes não permitem inferir uma conclusão sempre verdadeira.

13. MATEMÁTICA E RACIOCÍNIO LÓGICO · 423

(E) uma ou mais das proposições que a constituem possui/possuem valor lógico indeterminável.

Uma proposição é contraditória quando ela é sempre falsa. Letra C.
Gabarito "C."

Para a resolução das questões seguintes, considere a seguinte notação dos conectivos lógicos:

Λ para conjunção, v para disjunção e ¬ para negação.

(Investigador/SP – 2014 – VUNESP) Uma proposição composta é tautológica quando ela é verdadeira em todas as suas possíveis interpretações.

Considerando essa definição, assinale a alternativa que apresenta uma tautologia.

(A) p v ¬q
(B) p Λ ¬p
(C) ¬p Λ q
(D) p v ¬p
(E) p Λ ¬q

p v ¬p é tautologia (letra D)
Gabarito "D."

(Investigador/SP – 2014 – VUNESP) Considerando a proposição ¬(p v q), assinale a alternativa que apresenta uma proposição que lhe seja equivalente.

(A) ¬p Λ ¬q
(B) p v q
(C) ¬p v q
(D) ¬p
(E) ¬q

Para haver equivalência, as tabelas verdade devem ser iguais. Temos:

		A	B	C	D	E
p	q	¬(p v q)	(¬p e ¬q)	p v q	¬p v q	¬p	¬q
V	V	F	F	V	V	F	F
V	F	F	F	V	V	F	F
F	V	F	F	V	V	F	F
F	F	V	V	V	V	F	F

Portanto, a alternativa correta é o item "A"
Gabarito "A."

(Investigador/SP – 2014 – VUNESP) Argumentos são compostos por uma ou mais premissas e conclusões e podem ser classificados como categóricos ou hipotéticos.

Assinale a alternativa que apresenta um argumento hipotético bicondicional.

(A) Ninguém pode ser são-paulino e corintiano. Como João é corintiano, ele não é são-paulino.
(B) Todos os seres humanos são mortais. Sócrates é um ser humano, logo Sócrates é mortal.
(C) Jantarei hoje se, e somente se, for ainda cedo. Como são apenas 19h00, sairei para jantar.
(D) Uma pessoa é bondosa ou não é bondosa. Bruno é bondoso. Logo, Bruno não é malvado.
(E) Se hoje for quarta-feira, irei ao cinema com João. Como hoje é terça, então não poderei ir.

Conectivo se, e somente se (bicondicional)
Gabarito "C."

(Investigador/SP – 2014 – VUNESP) Um jovem casal está planejando a construção de sua casa.

Para isso, o casal precisa decidir se a casa terá 2 ou 3 dormitórios; se pedirão um empréstimo habitacional à Caixa Econômica, ao Banco do Brasil ou a um banco privado específico e, por fim, se construirão a casa no terreno que compraram a prazo ou se venderão esse terreno e comprarão outro.

Quantas possibilidades de escolha o casal tem no total?

(A) 12.
(B) 26.
(C) 7.
(D) 10.
(E) 20.

Temos 3 conjuntos: C1: Número de quartos da casa, com 2 opções, C2: Número de bancos que podem financiar a casa, com 3 opções, C3: Número de terrenos onde podem construir a casa, com 2 opções. Pelo princípio fundamental da contagem, o número de possibilidades de escolha que o casal tem é calculado multiplicando-se o número de elementos do primeiro conjunto pelo número de elementos do segundo do conjunto e pelo número de elementos do terceiro conjunto. Ou seja: (2)(3)(2) = 12.
Gabarito "A."

(Investigador/SP – 2014 – VUNESP) Para enfeitar uma parede de seu novo escritório de advocacia, Maria foi comprando quadros com diferentes cenários: uma praia catarinense, as luzes da Avenida Paulista, flores tropicais, crianças brincando num parque e uma cachoeira na montanha. Na hora de pendurar os quadros, porém, ficou em dúvida sobre a ordem em que os colocaria. De quantas maneiras diferentes os quadros podem ser pendurados sequencialmente na parede?

(A) 80.
(B) 120.
(C) 10.
(D) 140.
(E) 25.

Temos 5 tipos de quadros com cenários diferentes. As sequências que podemos formar com os quadros, tal que a diferença entre uma e outra seja dada apenas pela mudança de suas posições são calculadas por meio de permutação simples, cuja fórmula Pn = n!, ou seja, como n = 5: P5 = 5! = 5x4x3x2x1 = 120.
Gabarito "B."

(Investigador/SP – 2014 – VUNESP) Uma empresa de computadores tem, ao todo, 240 funcionários, estando assim distribuídos: 60 funcionários montam os aparelhos, 80 fazem a instalação dos programas, 45 se dedicam a tarefas de manutenção, 40 são vendedores e 15 são responsáveis pelo trabalho administrativo. Se escolhermos aleatoriamente um dos funcionários da empresa, qual será a probabilidade de ele dedicar-se à montagem dos aparelhos?

(A) 35%.

(B) 25%.

(C) 30%.

(D) 60%.

(E) 40%.

Dos 240 funcionários, 60 montam os aparelhos. Se escolhermos aleatoriamente um dos funcionários da empresa, a probabilidade de ele dedicar-se à montagem dos aparelhos será de $(60)(100)/(240) = 25\%$.

Gabarito "B".

Uma proposição é uma declaração que pode ser julgada como verdadeira — V —, ou falsa — F —, mas não como V e F simultaneamente. As proposições são, frequentemente, simbolizadas por letras maiúsculas: A, B, C, D etc.

As proposições compostas são expressões construídas a partir de outras proposições, usando-se símbolos lógicos, como nos casos a seguir.

$A \rightarrow B$, lida como "se A, então B", tem valor lógico F quando A for V e B for F; nos demais casos, será V;

$A \lor B$, lida como "A ou B", tem valor lógico F quando A e B forem F; nos demais casos, será V;

$A \land B$, lida como "A e B", tem valor lógico V quando A e B forem V; nos demais casos, será F;

$\neg A$ é a negação de A: tem valor lógico F quando A for V, e V, quando A for F.

Uma sequência de proposições A1, A2, ..., Ak, é uma dedução correta se a última proposição, Ak, denominada conclusão, é uma consequência das anteriores, consideradas V e denominadas premissas.

Duas proposições são equivalentes quando têm os mesmos valores lógicos para todos os possíveis valores lógicos das proposições que as compõem.

A regra da contradição estabelece que, se, ao supor verdadeira uma proposição P, for obtido que a proposição $P \lor (\neg P)$ é verdadeira, então P não pode ser verdadeira; P tem de ser falsa.

(Agente-Escrivão – Acre – IBADE – 2017) O agrônomo Pedro, muito cuidadoso com sua plantação de pimentas malaguetas, observa diariamente, junto com uma equipe de funcionários, o desenvolvimento dos frutos produzidos por suas pimenteiras. Em um determinado dia, verificou que uma praga havia destruído 1 de suas pimenteiras. No dia seguinte, mais 2 pimenteiras estavam totalmente destruídas. No terceiro dia, havia mais 4 pimenteiras destruídas pela praga. Pedro iniciou um processo de dedetização urgente, mas as pragas continuaram a destruir suas pimenteiras de acordo com a sequência até o décimo segundo dia, não destruindo mais nenhuma pimenteira do 13° dia em diante. Após a atuação desta forte praga, Pedro ficou com apenas 5 pimenteiras que não foram destruídas pela praga. Dessa forma, determine o número total de pimenteiras que Pedro tinha antes do aparecimento das pragas.

(A) 4096.

(B) 2048.

(C) 8196.

(D) 2053.

(E) 4100.

1ª Solução
Seja a sequência
Dia   pimenteiras destruídas
1   1
2          $1 + 2 = 3$
3          $3 + 4 = 7$
4          $7 + 8 = 15$
5          $15 + 16 = 31$
6          $31 + 32 = 63$
7          $63 + 64 = 127$ (observe que temos um número somado a um termo de
8          $127 + 128 = 255$ uma progressão geométrica de razão 2)
9          $255 + 256 = 511$
10        $511 + 512 = 1023$
11        $1023 + 1024 = 2047$
12        $2047 + 2048 = 4095$
Houve um total de 4.095 pimenteiras destruídas que, juntamente com as 5 não destruídas, perfazem o total de 4100 pimenteiras que Pedro tinha antes do aparecimento das pragas. => Letra E.

2ª Solução
Caso a sequência fosse mais extensa, achemos uma fórmula para o elemento geral
$a_n = 2n - 1$; $n > 0$ (progressão geométrica de razão $q = 2$) e termo inicial $a = 2$: $a_n = a_1.q^{n-1} \Rightarrow a_n = 2.2^{n-1} = 2^n$.
Então, para $n = 12$, $a_{12} = 2^{12} - 1 = 4096 - 1 = 2095$ pimenteiras destruídas. => Letra E ENG

Gabarito "E".

(Agente-Escrivão – Acre – IBADE – 2017) A Delegacia Especializada de Proteção à Criança e ao Adolescente (DEPCA) investiga 550 inquéritos de crimes cometidos contra crianças e adolescentes. Conforme a delegada de Polícia Civil, Elenice Frez Carvalho, as investigações são de crimes sexuais, homicídios, maus-tratos e abandono de capaz.

Disponível em: <https://goo.gl/MwtGl6>.
Acesso em: 24 mar. 2017

Supondo que nesta delegacia trabalham 11 agentes policiais, sendo 7 policiais do sexo masculino e 4 policiais do sexo feminino e ainda que a equipe de investigação que será montada, deverá ser composta por 6 agentes policiais, sendo pelo menos 2 destes agentes do sexo feminino, determine o número de possibilidades distintas que a delegada terá para montar a equipe de investigação.

(A) 468.

(B) 102.

(C) 371.

(D) 343.

(E) 434.

Há as seguintes possibilidades de montar a equipe com no mínimo dois agentes do sexo feminino:
1) Escolha de 2 mulheres e 4 homens
Mulheres: $C_{4,2} = 4 \times 3 2 \times 1 = 6$ maneiras de escolher.
Homens: $C_{7,4} = 7 \times 6 \times 5 \times 4 4 \times 3 \times 2 \times 1 = 35$ maneiras de escolher.
Então, pelo Princípio de Contagem, deve-se multiplicar as duas, e há $6 \times 35 = 210$ maneiras distintas de se escolher essas 2 mulheres e 4 homens;
ou
2) Escolha de 3 mulheres e 3 homens
Mulheres: $C_{4,3} = 4 \times 3 \times 1 3 \times 2 \times 1 = 4$ maneiras de escolher e
Homens: $C_{7,3} = 7 \times 6 \times 5 3 \times 2 \times 1 = 35$ maneiras de escolher.
Então, pelo Princípio de Contagem, deve-se multiplicar as duas, e

13. MATEMÁTICA E RACIOCÍNIO LÓGICO · 425

há 4x35= 140 maneiras distintas de se escolher essas 3 mulheres e 3 homens;
ou
3) Escolha de 4 mulheres e 2 homens
Mulheres: C4,4 = 1 maneira de escolher e
Homens: C7,2 = 7x62x1 = 21 maneiras de escolher.
Então, pelo Princípio de Contagem, deve-se multiplicar as duas, e há 1x21= 21 maneiras distintas de se escolher essas 4 mulheres e 2 homens
Agora, pelo Princípio de Contagem, deve-se somar as três:
Há 210 + 140 + 21 = 371 possibilidades distintas para a delegada montar a equipe de investigação. ENG
Gabarito "C".

(Agente-Escrivão – Acre – IBADE – 2017) Um sorteio será realizado para selecionar o vencedor de uma viagem de fim de ano. Este sorteio será realizado com o auxílio de um globo, que contém 9 bolas idênticas, mas numeradas de 1 a 9, cada uma contendo apenas um único algarismo. Se o sorteio será aleatório e sem reposição para o preenchimento de um número de 3 algarismos, qual a probabilidade de ser sorteado um número composto por três algarismos consecutivos e em ordem crescente?

(A) $\dfrac{392}{9^2}$

(B) $\dfrac{7}{3^6}$

(C) $\dfrac{1}{3^{18}}$

(D) $\dfrac{7}{9^9}$

(E) $\dfrac{1}{72}$

Há o total 9x8x7 = 504 possibilidades para os três números.
Os números consecutivos de três algarismos são
123
234
345
456
567
789
em um total de 7 números.
Daí, a probabilidade de ser sorteado um número composto por três algarismos consecutivos e em ordem crescente é de
7504 = 172 ENG
Gabarito "E".

(Agente-Escrivão – Acre – IBADE – 2017) Sabe-se que se Zeca comprou um apontador de lápis azul, então João gosta de suco de laranja. Se João gosta de suco de laranja, então Emílio vai ao cinema. Considerando que Emílio não foi ao cinema, pode-se afirmar que:

(A) Zeca não comprou um apontador de lápis azul.
(B) Emílio não comprou um apontador de lápis azul.
(C) Zeca não gosta de suco de laranja.
(D) João não comprou um apontador de lápis azul.
(E) Zeca não foi ao cinema.

Sejam as proposições
p: Zeca comprou um apontador de lápis azul
q: João gosta de suco de laranja
r: Emílio vai ao cinema
A condicional p →q e sua contrapositiva ~q →~p são equivalentes, ou seja
p →q⇔~q →~p.   (i)
Tem-se, igualmente,
q→r⇔~r →~q.   (ii)
O enunciado afirma que Emílio não foi ao cinema, isto é, houve ~r.
De (ii), sabe-se, então, que aconteceu ~q.
E, de (i), conclui-se ~p, ou seja, que Zeca não comprou um apontador de lápis azul. ENG
Gabarito "A".

(Agente-Escrivão – Acre – IBADE – 2017) Falar que é verdade que "para todo policial, se o policial é civil e se o policial é investigador, então o policial está em ação" é logicamente equivalente a falar que não é verdade que:

(A) alguém que não é um civil investigador está em ação.
(B) existe um civil investigador que não está em ação.
(C) alguns civis investigadores estão em ação.
(D) alguns civis que não são investigadores estão em ação.
(E) nenhum civil investigador não está em ação.

Tem-se a proposição conjunta
p: ∀(policialse o policial é civil ∧o policial é investigador→o policial está em ação.
A negação de p, ~p, é equivalente à afirmação de que, para pelo menos um policial, não é verdade que
se o policial é civil ∧o policial é investigador→o policial está em ação,
ou seja, a negação da condicional é false se o antecedente é verdadeiro e o consequente é falso, isto é,
Existe um policial não está em ação (consequente falso).
E esse policial é civil e é investigador (antecedente verdadeiro).
Logo, existe um civil investigador que não está em ação. ENG
Gabarito "B".

(Investigador-Escrivão-Papiloscopista – Pará – Funcab – 2016) Se Felipe é nadador, então Aline não é maratonista. Ou Aline é maratonista, ou Gustavo é tenista. Se Paulo não é jogador de futebol, então Felipe é nadador. Ora nem Gustavo é tenista nem Inácio é judoca. Logo:

(A) Se Aline e maratonista, Felipe e nadador.
(B) Paulo não é jogador de futebol e Aline é maratonista.
(C) Paulo é jogador de futebol e Aline é maratonista.
(D) Gustavo é tenista ou Felipe é nadador.
(E) Paulo é jogador de futebol e Felipe é nadador.

Sejam as proposições:
p: Felipe é nadador
q: Aline é maratonista
r: Gustavo é tenista
s: Paulo é jogador de futebol
t: Inácio é judoca
O enunciado afirma que
(i) p →~q
(ii) qr
(iii) ~s →p
(iv) nem Gustavo é tenista nem Inácio é judoca, ou seja, (~r ∧ ~t).
A conjunção (iv) é verdadeira quando ~r é verdadeiro e ~t é verdadeiro, ou seja, sabe-se ~r: Gustavo não é tenista.
Sendo verdadeira a disjunção (ii) – ver tabela abaixo –, nota-se, então,

que a afirmação q é verdade: Aline é maratonista.
Tabela-verdade:

q	r	q ∨ r
V	V	V
V	F	V
F	V	V
F	F	F

A proposição contrapositiva de (i) é
q →~p
e a contrapositiva de (iii) é
~p →s: Paulo é jogador de futebol.
Logo,
A resposta é a da letra C. ENG
Gabarito "C".

(Investigador-Escrivão-Papiloscopista – Pará – Funcab – 2016) Sabe-se que Juvenal estar de folga é condição necessária para Matheus trabalhar e condição suficiente para Danilo treinar com Carlos. Sabe-se, também, que Danilo treinar com Carlos é condição necessária e suficiente para Leonardo treinar com Leandro. Assim, quando Leonardo não treina com Leandro:

(A) Juvenal não está de folga, e Matheus trabalha, e Danilo treina com Carlos.

(B) Juvenal está de folga, e Matheus não trabalha, e Danilo treina com Carlos.

(C) Juvenal não está de folga, e Matheus trabalha, e Danilo não treina com Carlos.

(D) Juvenal está de folga, e Matheus trabalha, e Danilo não treina com Carlos.

(E) Juvenal não está de folga, e Matheus não trabalha, e Danilo não treina com Carlos.

Sejam as proposições:
p: Juvenal está de folga
q: Matheus trabalha
r: Danilo treina com Carlos
s: Leonardo treina com Leandro
Afirma-se que:
(i) p→ q (q é condição necessária para p)
(ii) q → r (q é condição suficiente para r)
(iii) r ⇔ s (condição necessária e suficiente)
A bicondicional (iii) é verdadeira somente quando também o são as duas condicionais: r → s e s → r.
E tem-se as respectivas contrapositivas
(iv) ~s → ~r e ~r → ~s.
Quando Leonardo não treina com Leandro, isto é, ~s, temos, da primeira proposição de iv,
~s → ~r : Danilo não treina com Carlos.
Daí e da proposição contrapositiva de (ii) , tem-se
(iv) ~r →~q : **Matheus não trabalha**.
Com esse resultado e a proposição contrapositiva de (i),
(iii) ~q →~p, observa-se que **Juvenal não está de folga**.
Logo, a resposta é a da letra E. ENG
Gabarito "E".

(Investigador-Escrivão-Papiloscopista – Pará – Funcab – 2016) A afirmação "não é verdade que, se Fátima é paraense, então Robson é carioca" é logicamente equivalente à afirmação:

(A) não é verdade que "Fátima é paraense ou Robson não é carioca".

(B) é verdade que "Fátima é paraense e Robson é carioca".

(C) não é verdade que "Fátima não é paraense ou Robson não é carioca".

(D) não é verdade que "Fátima não é paraense ou Robson é carioca".

(E) é verdade que "Fátima é paraense ou Robson é carioca".

Sejam as proposições:
p: Fátima é paraense
q: Robson é carioca
A negação da condicional é
~(p →q) ⇔ p ~q, ou seja, Fátima é paraense **e** Robson não é carioca.
Note que com isso já é possível responder à questão => Letra D
Monta-se a Tabela-verdade para encontrar a equivalência:

P	Q	P →Q	~(P →Q)	~P	~P ∨ Q	~(~P ∨ Q)
V	V	V	F	F	V	F
V	F	F	V	F	F	V
F	V	V	F	V	V	F
F	F	V	F	V	V	F

Observa-se que ~(p →q) é equivalente a ~(~p ∨ q), ou seja, não é verdade que não é paraense, ou Robson é carioca. ENG
Gabarito "D".

(Investigador-Escrivão-Papiloscopista – Pará – Funcab – 2016) Durante uma operação policial, 15 homens foram detidos e transportados para a delegacia em três transportes, o primeiro com seis lugares, o segundo com cinco lugares e o terceiro com quatro lugares.

O número de maneiras, que os detidos podem ser transportados para delegacia, é:

(A) C15,6 . C15,5 . C15,4

(B) P6 . P5 . P4

(C) A15,6 . A15,5 . A15,4

(D) (P15):(P6 + P5 + P4)

(E) C15,6 . C9,5 . C4,4

Para o primeiro transporte há C15,6 maneiras de transportar os detidos. Uma vez que 6 detidos já foram transportados, restam 9 para o segundo transporte, num total de C9,5 maneiras para esse transporte.
Subtraindo esses 5 detidos ficam 4 ainda para serem transportados. Para o terceiro transporte há, então, C4,4 maneiras de transportar os detidos. ENG
Gabarito "E".

(Investigador-Escrivão-Papiloscopista – Pará – Funcab – 2016) Uma investigadora e um escrivão às vezes viajam durante suas férias. Estando de férias, a probabilidade dela viajar para o Rio de Janeiro é de 0,54; de viajar para a Bahia é de 0,32; a probabilidade dela viajar para o Rio de Janeiro e para a Bahia é 0,18. Estando ele de férias, a probabilidade dele viajar para São Paulo é de 0,51; de viajar para Minas Gerais é de 0,38; a probabilidade de viajar para São Paulo e para Minas Gerais é de 0,16. Portanto, a probabilidade de, durante as férias deles, a investigadora não viajar (nem para o Rio de Janeiro e nem para a Bahia) e do escrivão viajar (para São Paulo ou viajar para Minas Gerais), é igual a:

(A) 85,32%.

(B) 49,64%.

(C) 34,68%.

(D) 23,36%.

(E) 80,85%.

Colocamos os dados em diagramas de Venn:
1) Ela

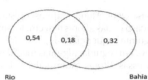

Sabe-se que
#(Q∪F) = #Q + #F - #(Q∩F)
Então,
P(ela viajar para o Rio ou Bahia) = 0,54 + 0,32 − 0,18 = 0,68 e
P(não viajar nem para o Rio de Janeiro e nem para a Bahia) = 1 − 0,68 = 0,32.
2) Ele
P(para São Paulo ou viajar para Minas Gerais) = 0,51 + 0,38 − 0,16 = 0,73.
Logo,

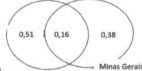

A probabilidade conjunta de ela não viajar nem para o Rio de Janeiro e nem para a Bahia **e** de ele viajar para São Paulo ou viajar para Minas Gerais é o produto das duas probabilidades obtidas:
0,32 x 0,73 = 0,2336 = 23,36% ENG
„Gabarito „D".

(Papiloscopista − PCDF − Universa − 2016) O triângulo ABC é retângulo isósceles, isto é, o ângulo no vértice A é reto e as medidas dos catetos AB e AC são iguais. Considerando que AB = AC = 16 cm, que nesse triângulo haja um quadrado inscrito e que a base desse quadrado esteja sobre a hipotenusa, a área desse quadrado, em cm², é:

(A) inferior a 46.
(B) superior a 49 e inferior 52.
(C) superior a 52 e inferior a 55.
(D) superior a 55 e inferior a 58.
(E) superior a 58.

Esboço do triângulo

Pelo Teorema de Pitágoras, a hipotenusa a vale
a2 = b2 + b2 = 2b2
a2 =2x162
a = 162
Daí,
3x = 162
x = 1623
Então, a área do quadrado vale
x 2 = 16232

x 2 = 256x29
x 2 = 5129
x 2 = 56,89 ENG
„Gabarito „D".

(Papiloscopista − PCDF − Universa − 2016) Em um semicírculo de raio igual a 15 cm inscreve-se um quadrado, com a base sobre o diâmetro. A área desse quadrado, em cm², é:

(A) superior a 195 e inferior a 205.
(B) superior a 205.
(C) inferior a 175.
(D) superior a 175 e inferior a 185.
(E) superior a 185 e inferior a 195.

Esboço da figura

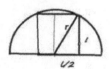

Temos, pelo teorema de Pitágoras,
r2 = l2 + (l2)2
r2 = l2 + l24
152 = 5l24
225 = 5l24
l2 = 180 ENG
„Gabarito „D".

(Papiloscopista − PCDF − Universa − 2016) Em um sistema de coordenadas cartesianas ortogonais xOy, a equação $x^2 + y^2 − 6x + 4y = 3$ representa:

(A) uma hipérbole simétrica em relação ao eixo Oy.
(B) o conjunto vazio.
(C) uma circunferência de raio igual a 4 e centro em algum ponto do 4º quadrante.
(D) uma elipse alongada em relação ao eixo Ox.
(E) uma parábola com concavidade voltada para baixo.

Comparando a equação com a forma geral da equação do segundo grau
Ax2 + Bxy + Cy2 +Dx + Ey + F = 0, temos:
A = C = 1; B = 0; D = -6; E = 4 e F = -3.
Como B2 − 4AC = − 4 < 0, trata-se de uma circunferência ou de uma elipse.
Para uma circunferência de raio r com centro em (xc, yc) tem-se a equação:
(x-xc)² + (y − yc)² = r²
No enunciado temos:
x2 + y2 − 6x + 4y = 3 que pode rearranjada
(x2 − 6x) + (y² + 4y) = 3
Completando-se os quadrados, obtém-se:
(x2 − 6x + 9) − 9 + (y² + 4y + 4) − 4 = 3
ou
(x − 3)² + (y + 2)² = 3 + 9 + 4
ou seja
(x − 3)² + [y − (−2)]² = 16 = 4²
Logo,
xc = 3
yc = -2
r = 4
Ou seja, uma circunferência de raio igual a 4 e centro no ponto (3, -2) do 4º quadrante. ENG
„Gabarito „C".

(Papiloscopista – PCDF – Universa – 2016) Em um cubo de aresta igual a 6 cm, há uma pirâmide cuja base coincide com uma base do cubo e cujo vértice coincide com um dos quatro vértices do cubo localizados na face oposta. Nesse caso, o volume da pirâmide, em cm³, e a área total da pirâmide, em cm², são respectivamente iguais a:

(A) 70 e 36($\sqrt{2}$ + 2).
(B) 70 e 37($\sqrt{2}$ + 2).
(C) 72 e 35($\sqrt{2}$ + 2).
(D) 72 e 36($\sqrt{2}$ + 2).
(E) 72 e 38($\sqrt{2}$ + 2).

Esboço da pirâmide inscrita

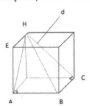

1) Volume
V = área da base x altura 3
V = 6x6 x 6 3
V = 72 cm3
2) Superfície S da pirâmide
Devemos calcular a área de cada face e somá-las.
S1 = S2 = 6x6 2 (triângulos HAD e HCD)
S1 = S2 = 18
d: diagonal da face
Pelo Teorema de Pitágoras:
d2 = 2.62
d = 62
S3 = S4 = 6x622 (triângulos HAB: S3 = HAxAB/2 e HBC: S4= HCxBC/2)
S3 = S4 = 182
S5 = 6x6 = 36 (área da base: quadrado de lado 6)
Logo,
S = S1 + S2 + S3 + S4 + S5
S = 18 + 18 + 182 + 182 + 36
S = 72 + 362
S = 36(2 + 2) ENG
Gabarito "D".

(Papiloscopista – PCDF – Universa – 2016) A distribuição normal é uma das mais importantes distribuições de probabilidade da estatística. Também conhecida como distribuição *gaussiana*, apresenta propriedades importantes para a realização de modelagens e inferências estatísticas sobre diversas variáveis estudadas. Em relação à distribuição normal e a suas propriedades, assinale a alternativa correta.

(A) A distribuição normal é específica para variáveis aleatórias quantitativas discretas.
(B) Para uma variável que possui distribuição normal, a média e a mediana são iguais, mas a moda é diferente.
(C) A média, a mediana e a moda para uma variável que possui esta distribuição são iguais.
(D) A distribuição normal é assimétrica à direita.
(E) A distribuição normal é assimétrica à esquerda.

A distribuição normal é simétrica, o que implica que a média, a moda e a mediana são coincidentes.
Resposta: letra C. ENG
Gabarito "C".

(Papiloscopista – PCDF – Universa – 2016) Alguns papiloscopistas foram selecionados ao acaso e suas alturas (em cm) foram anotadas, gerando a seguinte sequência: 153, 148, 170, 182, 165, 154, 176 e 190. Em seguida, algumas medidas estatísticas referentes a essas alturas foram calculadas, entre elas a mediana.

Considerando esse caso hipotético, assinale a alternativa que apresenta o valor da mediana a ser encontrado nesta amostra.

(A) 165 cm.
(B) 167,5 cm.
(C) 170 cm.
(D) 173,5 cm.
(E) 182 cm.

Para o cálculo da mediana, primeiramente, colocamos as alturas em ordem crescente:
148
153
154
165
170
176
182
190
Uma vez que há oito alturas – um número par –, a mediada está entre o 4º valor e o 5º valor.
E
Mediana = (165 + 170)/ 2
Mediana = 167,5 cm ENG
Gabarito "B".

(Papiloscopista – PCDF – Universa – 2016) A variância amostral é uma medida de dispersão que mostra o quão dispersos são os dados da amostra em relação à sua média. Com base nessa informação, a variância amostral para a amostra 3, 6, 8, 7, 6 e 12 é igual a:

(A) 10.
(B) 9,5.
(C) 8,8.
(D) 7,8.
(E) 7,3.

N = 6
Cálculo da média
x = 3 + 6 + 8 + 7 + 6 + 12 = 42/6
x = 7

xi	xi - x	(xi - x)²
3	-4	16
6	-1	1
8	1	1
7	0	0
6	-1	1
12	5	25
soma		4
		4

Cálculo da variância
s² = ((xi- x)2N-1

s² = 445
s² = 8,8 ENG
„Ɔ„ oʇᴉɹɐqɐ⅁

(Papiloscopista – PCDF – Universa – 2016) Considerando que X e Y sejam variáveis aleatórias contínuas, com variâncias iguais a 25 e 9, respectivamente, e que a covariância entre X e Y seja igual a 12, a correlação linear de Pearson entre X e Y é igual a:

(A) 1.
(B) 0,8.
(C) 0,5.
(D) 0,05.
(E) –0,2.

Tem-se:
cov(X,Y) = 12
sX2 = 25 => sX = 5
sY2 = 9 => sY = 3
Logo, a correlação linear de Pearson vale
r = cov(X,Y)sX.sY
Daí,
r = 125.3 = 1215
r = 0,8 ENG
„B„ oʇᴉɹɐqɐ⅁

(Papiloscopista – PCDF – Universa – 2016) Dos 200 papiloscopistas aprovados no concurso, 120 são homens e 80 são mulheres. Dos 200, sabe-se que 130 são bacharéis em química, 100 são bacharéis em física e 60 têm as duas formações. Das mulheres, 40 são bacharéis em química, 30 são bacharéis em física e 15 têm as duas formações. Nesse caso, é correto afirmar que a quantidade de papiloscopistas homens que não têm nenhuma dessas duas formações é igual a:

(A) 1.
(B) 2.
(C) 3.
(D) 4.
(E) 5.

Sejam os diagramas para o concurso:

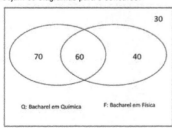

Cálculo:
Sendo # a cardinalidade de um conjunto, isto é, o número de seus elementos, temos
#(QU F) = #Q + #F - #(Q∩F)
200 = #Q + 100 - 60
Daí,
#Q = 200 – 160
#Q = 40, como está na figura.
Sabe-se, agora, que 200 – (70 + 60 + 40) = 30 é o total de papiloscopistas que não têm nenhuma dessas duas formações.
2) mulheres

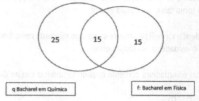

Tem-se:
#(qU f) = #q + #f - #(q∩f)
#(qU f) = 40 + 30 - 15
#(qU f) = 55
Então,
80 – 55 = 25 mulheres não têm nenhuma dessas duas formações.
Uma vez que há um total de 30 homens e mulheres que não têm nenhuma dessas duas formações, conclui-se que
30 – 23 = 5 homens não têm nenhuma dessas duas formações. ENG
„E„ oʇᴉɹɐqɐ⅁

(Papiloscopista – PCDF – Universa – 2016) Entre 15 papiloscopistas da Polícia Civil do Distrito Federal (PCDF) previamente selecionados, 8 homens e 7 mulheres, serão escolhidos 5, 3 homens e 2 mulheres, para proceder a estudo visando ao aprimoramento do sistema de identificação de pessoas. Nesse caso, a quantidade de maneiras distintas de se escolher esses 5 papiloscopistas é:

(A) inferior a 800.
(B) superior a 800 e inferior a 1.000.
(C) superior a 1.000 e inferior a 1.200.
(D) superior a 1.200 e inferior a 1.400.
(E) superior a 1.400.

Temos
C8,3 = 8x7x63x2x1 = 56 maneiras de escolher os homens e
C7,2 = 7x62x1 = 21 maneiras de escolher as mulheres.
Então, pelo Princípio de Contagem, deve-se multiplicar as duas, e há 56x21 = 1.176 maneiras distintas de se escolher esses 5 papiloscopistas. ENG
„Ɔ„ oʇᴉɹɐqɐ⅁

(Papiloscopista – PCDF – Universa – 2016) Considerando os conceitos básicos de lógica, assinale a alternativa correta.

(A) Se A e B forem proposições falsas, então A∨B↔(¬A)∧(-B) é verdadeira.
(B) Se R é o conjunto dos números reais, então a proposição (∀x)(x∈R)(∃y)(y∈R)(x + y = 0) é valorada como falsa.
(C) Se A, B, C e D forem proposições simples e distintas, então a tabela verdade da proposição (A∧ B)↔ (C∨D) é inferior a 15.
(D) A proposição "Se 3 + 2 = 6, então o mosquito da dengue é inofensivo" é valorada como verdadeira.
(E) Se A, B e C forem proposições valoradas como verdadeiras, então (¬A)→[(¬B)∨C] é falsa.

Analisando as opções:
A:
A bicondicional é verdadeira somente quando também o são as duas condicionais:
(i) A∨B → (¬A)∧(-B) e
(ii) (¬A)∧(-B) → A∨B.

No entanto, em (ii), se A e B são falsas, então a conjunção $(\neg A) \wedge (-B)$ é verdadeira e a disjunção $A \wedge B$ é falsa.

Daí, o antecedente da implicação (ii) é verdadeiro e o consequente, falso, o que a torna falsa. => Opção errada.

B:

y é o oposto de $x(\forall x)(x \in R)$ e sempre existe nos números reais. Logo, a proposição é verdadeira. => Opção errada.

C:

A bicondicional é verdadeira somente quando também o são as duas condicionais:

(i) $(A \wedge B) \rightarrow (C \vee D)$ e

(ii) $C \vee D) \rightarrow (A \wedge B)$

A implicação (i) vai gerar 2^4 linhas na tabela-verdade e a (ii), da mesma maneira, gera 2^4 linhas.

Teremos, portanto 2x24 linhas, ou seja, 16. => Opção incorreta

Ou

(i) ($A \wedge B$) $\rightarrow$ (C $\vee$ D) é equivalente a $(A \wedge B)$ ((C$\vee$D) v (~[(A$\wedge$ B)$\wedge$(~(C v D)] com 2^4 linhas.

O mesmo acontece para (ii): 8 linhas na tabela-verdade. Tem-se o total de 16 linhas.

D:

Sejam as proposições:

p: 3 + 2 = 6

q: o mosquito da dengue é inofensivo

Monta-se a Tabela-verdade da condicional:

p	q	p $\rightarrow$ q
V	V	V
V	F	F
F	V	V
F	F	V

As afirmações p e q são falsas mas a condicional é valorada como verdadeira. => Opção correta

E:

Temos que o antecedente $(\neg A)$ da condicional é falso e o consequente $(\neg B) \vee C]$ é verdadeiro, o que torna a condicional verdadeira, => Opção errada. ENG

Gabarito "D".

14. INFORMÁTICA

Helder Satin

1. APRESENTAÇÕES

(Escrivão – AESP/CE – VUNESP – 2017) Observe as figuras a seguir, que apresentam o mesmo slide em duas exibições distintas da área de trabalho do Apache OpenOffice Impress 4.0.1, em sua configuração padrão.

Considerando que a Exibição 1 do slide é a Normal, assinale a alternativa que contém o nome da Exibição 2.
(A) Folheto.
(B) Rascunhos.
(C) Notas.
(D) Estrutura de tópicos.
(E) Classificador de slides.

A: incorreta. O modo de exibição Folheto apenas permite determinar o número de slides em uma página impressa; B: incorreta. Rascunho não é um modo de exibição do Impress; C: correta. No modo de exibição Notas é possível adicionar notas em um slide e durante uma apresentação, o público não poderá ver tais notas; D: incorreta. O modo de exibição Estrutura de tópicos é um sumário da apresentação, exibindo os títulos e os textos principais de cada slide; E: incorreta. O modo de apresentação Classificador de Slides exibe miniaturas dos slides, permitido movê-los e organizar a sequência de apresentação. HS
Gabarito "C".

(Escrivão – PC/MG – FUMARC – 2018) Analise as seguintes afirmativas sobre as opções disponíveis nos grupos e guias do Microsoft PowerPoint, versão português Office 2013:
I. – Apagar, Dividir e Barras Aleatórias são opções de Transição de Slides.
II. – O atalho de teclado "Shift+F5" inicia a apresentação a partir do slide que estiver selecionado.
III. – Esmaecer, Surgir e Dividir são opções de Animação de elementos contidos em um Slide.
Está CORRETO o que se afirma em:

(A) I, apenas.
(B) I e II, apenas.
(C) I e III, apenas.
(D) I, II e III.

A, B, C e D: todas as afirmativas desta questão estão corretas. As transições de slides mencionadas, efeito aplicados durante a mudança de um slide para o outro, existem e podem ser acessadas pela guia Transições; o atalho F5 inicia a apresentação de slides e o atalho Shift + F5 faz com que a apresentação seja iniciada a partir do slide atual; as animações citadas, efeitos aplicados em elementos do slides ao surgirem na tela, existem e podem ser aplicadas pela guia Animações. Portanto a alternativa D está correta.
Gabarito "D".

(Escrivão – PC/MG – FUMARC – 2018) Sobre as opções de menu do LibreOffice Impress 5.4.7, versão português, é CORRETO afirmar que
(A) "Animação" está no menu "Formatar".
(B) "Girar" está no menu "Ferramentas".
(C) "Macros" está no menu "Inserir".
(D) "Transição de slides" está no menu "Apresentação de slides".

A: correta, a opção Animação é um dos itens do menu Formatar e permite acesso ao painel de Animação onde é possível adicionar, remover ou modificar animações em um slide; B: incorreta, o item Girar se encontra no menu Formatar e é usado para girar um elemento selecionado; C: incorreta, o item Macros se encontra no menu Ferramentas e permite gravar uma sequência de comandos ou teclas para serem usadas posteriormente; D: incorreta, o item Transição de slides se encontra no menu Slide e permite adicionar, remover ou modificar efeitos de transição entre os slides da apresentação.
Gabarito "A".

(Escrivão – PC/MG – FUMARC – 2018) A opção de menu do LibreOffice Impress 5.4.7, versão português, que permite acessar o slide mestre, onde é possível adicionar elementos que deverão aparecer em todos os slides da apresentação que utilizam o mesmo slide mestre é:
(A) Editar è Slide mestre.
(B) Exibir è Slide mestre.
(C) Ferramentas è Slide mestre.
(D) Formatar è Slide mestre.

A, B, C e D: No LibreOffice Impress 5.4.7, software de apresentação de slides do pacote LibreOffice, é possível acessar o slide mestre, elemento também presente no Microsoft PowerPoint e que tem por característica servir de modelo para a aplicação de estilos de formatação para outros slides, a partir do menu Exibir na opção Slide Mestre. Portanto apenas a alternativa B está correta.
Gabarito "B".

(Escrivão – PC/MG – FUMARC – 2018) Com base no aplicativo Impress, relacione os botões, na coluna da esquerda, com suas respectivas funções, na coluna da direita.

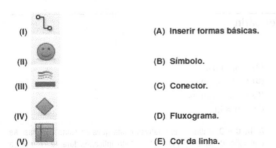

(I)   (A) Inserir formas básicas.
(II)   (B) Símbolo.
(III) (C) Conector.
(IV)   (D) Fluxograma.
(V)   (E) Cor da linha.

Assinale a alternativa que contém a associação correta.

(A) I-B, II-A, III-C, IV-D, V-E.
(B) I-B, II-E, III-A, IV-C, V-D.
(C) I-C, II-B, III-E, IV-A, V-D.
(D) I-D, II-A, III-C, IV-B, V-E.
(E) I-D, II-B, III-A, IV-E, V-C.

A, B, C, D e E: O botão I se refere à função Conector, que cria uma linha que associa objetos e permanece anexada quando os objetos são movidos. O botão II se refere à função Símbolo, que permite inserir símbolos e formas à apresentação. O botão III se refere à função Cor da linha. O botão IV se refere à função Inserir formas básicas que permite a inserção de formas geométricas. O botão V se refere à função Fluxograma que permite inserir elementos usados na criação de fluxogramas. Portanto apenas a alternativa C está correta.
Gabarito "C".

(Agente – PF – CESPE – 2018) Julgue o item que se segue, acerca da edição de textos, planilhas e apresentações nos ambientes Microsoft Office e BrOffice.

(1) Na versão 2013 do PowerPoint do Microsoft Office Professional, é possível abrir arquivos no formato .odp, do Impress do BrOffice; contudo, não é possível exportar ou salvar arquivos .pptx originais do PowerPoint como arquivos .odp.

1: errada, o PowerPoint 2013 permite abrir arquivos no formato .odp e também salvar apresentação ou arquivos em formato .ppt ou .pptx como um arquivo .odp, bastando clicar em Arquivo, Salvar Como e escolher o tipo de arquivo como Apresentação OpenDocument.
Gabarito: 1E.

(Papiloscopista – PC/RR – VUNESP – 2022) Em uma apresentação do Google Docs, em sua configuração padrão, um usuário preparou 6 slides contendo apenas textos simples e escolheu a opção "Pular slide" para o slide 2. Considerando que não foi colocado nenhum efeito de transição nos slides, e que o slide 2 está selecionado no momento que o usuário inicia a apresentação de slides por meio de Ctrl+F5, assinale a alternativa que indica corretamente o slide que será apresentado na tela após o usuário acionar a tecla Enter duas vezes.

(A) 2
(B) 3
(C) 4
(D) 5
(E) 6

No Google Docs, as apresentações de slides são controladas pela ferramenta Slides, que em sua configuração padrão, permite definir que um slide não seja exibido no modo apresentação através da opção "Pular slide", porém esta opção só tem efeito quando a apresentação está sendo passado de um slide para outro. Nesta questão o slide 2 era o slide selecionado quando o modo de apresentação foi iniciado com o atalho Ctrl + F5, que inicia a apresentação a partir do slide atual, neste caso ao pressionar a tecla Enter 2 vezes será apresentando o slide número 4, logo apenas a alternativa C está correta.
Gabarito "C".

2. BANCOS DE DADOS

(Papiloscopista – PF – CESPE – 2018) Julgue os itens seguintes, a respeito de *big data* e tecnologias relacionadas a esse conceito.

(1) MapReduce permite o processamento de dados massivos usando um algoritmo paralelo mas não distribuído.

(2) De maneira geral, big data não se refere apenas aos dados, mas também às soluções tecnológicas criadas para lidar com dados em volume, variedade e velocidade significativos.

(3) MapReduce oferece um modelo de programação com processamento por meio de uma combinação entre chaves e valores.

1: errada, O MapReduce, modelo de programação voltado para processamento de dados massivos, além de ser paralelo (permite a realização de processamento simultâneo) também é distribuído (sendo processado por várias fontes ao mesmo tempo, em geral um cluster de computadores); **2:** correta, o conceito de big data também abarca as ferramentas e técnicas utilizadas para tratar grande volume de dados que crescem de maneira extremamente rápida e de fontes variadas; **3:** correta, o MapReduce utiliza uma combinação de tuplas (pares de chaves e valores) para organizar as informações durante a execução da função.
Gabarito: 1E, 2C, 3C.

(Escrivão – PF – CESPE – 2018) Em um *big data*, alimentado com os dados de um sítio de comércio eletrônico, são armazenadas informações diversificadas, que consideram a navegação dos usuários, os produtos comprados e outras preferências que o usuário demonstre nos seus acessos.

Tendo como referência as informações apresentadas, julgue os itens seguintes.

(1) O *big data* consiste de um grande depósito de dados estruturados, ao passo que os dados não estruturados são considerados *data files*.

(2) Dados coletados de redes sociais podem ser armazenados, correlacionados e expostos com o uso de análises preditivas.

(3) Uma aplicação que reconheça o acesso de um usuário e forneça sugestões diferentes para cada tipo de usuário pode ser considerada uma aplicação que usa *machine learning*.

(4) Pelo monitoramento do tráfego de rede no acesso ao sítio em questão, uma aplicação que utiliza machine learning é capaz de identificar, por exemplo, que os acessos diminuíram 20% em relação ao padrão de acesso em horário específico do dia da semana.

1: errada, Big data é um termo que se refere a grandes volumes de dados gerados e armazenados além das técnicas utilizadas para sua interpretação e análise e não apenas as estruturas que armazenam esses dados; **2:** correta, técnicas de big data podem ser utilizadas para armazenar informações advindas de redes sociais e posteriormente passar por um processo de análise preditiva, que pode ser vista como uma junção de técnicas de machine learning, inteligência artificial e mineração de dados com grandes volumes de informação para prever cenários ou tendências futuras; **3:** correta, o conceito de machine learning envolve algoritmos que utilizam uma série de dados e informações para identificar padrões e realizar previsões para comportamentos futuros, portanto se uma aplicação reconhece um usuário e faz sugestões diferentes de acordo com o perfil analisado ela pode ser considerada uma aplicação que usa machine learning; **4:** correta, aplicações que utilizam machine learning conseguem identificar regras e padrões a partir da análise de dados e apontar comportamentos ou realizar previsões sobre estes.

Gabarito 1E, 2C, 3C, 4C

(Escrivão – PF – CESPE – 2018)

CPF
NOME
DATA DE NASCIMENTO
NOME DO PAI
NOME DA MAE
TELEFONE
CEP
NUMERO

As informações anteriormente apresentadas correspondem aos campos de uma tabela de um banco de dados, a qual é acessada por mais de um sistema de informação e também por outras tabelas. Esses dados são utilizados para simples cadastros, desde a consulta até sua alteração, e também para prevenção à fraude, por meio de verificação dos dados da tabela e de outros dados em diferentes bases de dados ou outros meios de informação.

Considerando essas informações, julgue os itens que se seguem.

(1) Os dados armazenados na referida tabela são considerados não estruturados.
(2) A referida tabela faz parte de um banco de dados relacional.

1: errada, por fazerem parte de uma tabela, com linhas e colunas definidas que organizam a informação de forma a facilitar sua recuperação ou processamento, eles devem ser considerados como estruturados; **2:** correta, como é informado que o banco de dados é acessado por outros sistemas e também por outras tabelas, podemos inferir que ele faz parte de um sistema relacional, onde as tabelas podem ser relacionadas entre si por meio de pares de chaves primárias e estrangeiras.

Gabarito 1E, 2C

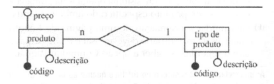

(Agente – PF – CESPE – 2018) Considerando o modelo entidade-relacionamento (ER) precedente, julgue os seguintes itens, relativos a banco de dados.

(1) Conforme o modelo ER em questão, um *tipo de produto* pode estar associado a somente 1 *produto* e cada *produto* possui um *preço* e uma *descrição*.

(2) Considerando-se apenas o diagrama apresentado, infere-se que, na aplicação das regras para a transformação do modelo ER em um modelo relacional, é necessário realizar a fusão das tabelas referentes às entidades envolvidas no relacionamento.

(3) Situação hipotética: Ao analisar o modelo ER em questão, Paulo verificou que há duas chaves identificadas com o mesmo nome: *código* — em *tipo de produto* e em *produto*. Paulo sabe que o conceito de chaves é básico para estabelecer relações entre linhas de tabelas de um banco de dados relacional e que as chaves primárias devem ser únicas. Assertiva: Nessa situação, Paulo deve invalidar o modelo ER em questão, pois ele está semanticamente errado, já que não pode haver chaves primárias com nomes iguais, ainda que em entidades distintas.

1: errada, a imagem indica uma relação 1:n (um para n ou um para muitos) entre tipo de produto e produto, ou seja, um tipo de projeto terá mais de um produto associado a ele; **2:** errada, em um modelo relacional cada entidade é representada por uma tabela própria, havendo a necessidade criação de tabelas extras para os relacionamentos n:n (n para n ou muitos para muitos) apenas quando estas não estão explicitadas no modelo; **3:** errada, não há restrições para que entidades possuam atributos com nomes exclusivos por todo o modelo, mesmo se tratando de chaves primárias, uma vez que quando esta se tornar uma chave estrangeira em outra entidade ela receberá outro nome na entidade relacionada, o que não pode ocorrer são atributos de mesmo nome na mesma entidade.

Gabarito 1E, 2E, 3E

(Agente – PF – CESPE – 2018) Julgue os itens que se seguem, relativos a noções de mineração de dados, big data e aprendizado de máquina.

(1) Situação hipotética: Na ação de obtenção de informações por meio de aprendizado de máquina, verificou-se que o processo que estava sendo realizado consistia em examinar as características de determinado objeto e atribuir-lhe uma ou mais classes; verificou-se também que os algoritmos utilizados eram embasados em algoritmos de aprendizagem supervisionados. Assertiva: Nessa situação, a ação em realização está relacionada ao processo de classificação.

(2) *Big data* refere-se a uma nova geração de tecnologias e arquiteturas projetadas para processar volumes muito grandes e com grande variedade de dados, permitindo alta velocidade de captura, descoberta e análise.

(3) Pode-se definir mineração de dados como o processo de identificar, em dados, padrões válidos, novos, potencialmente úteis e, ao final, compreensíveis.

1: correta, os processos de aprendizagem supervisionada são usados quando há um conjunto de dados que pode ser fornecido para treinar o programa a identificar padrões e uma destas técnicas é a de classificação, onde os dados são classificados com base em classes pré-definidas; **2:** correta, o conceito de Big data trata de tecnologias, ferramentas e estruturas usadas para processar e armazenar grandes volumes de dados, que crescem de forma rápida, de forma a possibilitar a análise cruzada destes dados; **3:** correta, o processo de mineração de dados permite análises mais profundas de um determinado conjunto, permitindo o surgimento de novas informações e previsões com base nos dados analisados.

Gabarito 1C, 2C, 3C

3. EDITORES DE TEXTO

(Agente-Escrivão – PC/GO – CESPE – 2016) Acerca da inserção de seções em planilhas e textos criados no Microsoft Office, assinale a opção correta.

(A) Em um documento Word, as seções podem ser utilizadas para que, em uma mesma página, parte do texto esteja em uma coluna e outra parte, em duas colunas.
(B) No Word, as seções são utilizadas como meio padrão para se inserir rodapé e cabeçalho no documento.
(C) No Excel, as seções são utilizadas para separar figuras de um texto que estejam em quadros.
(D) A inserção de índices analíticos no Word implica a inserção de seções entre as páginas, em todo o documento.
(E) No Excel, as seções são utilizadas para separar gráficos e valores em uma mesma planilha.

A, B, C, D e E: No Microsoft Office, as seções são utilizadas para permitir a aplicação de formatações diferentes em um determinado trecho do texto, mesmo que estes estejam em uma mesma página, portanto apenas a alternativa A está correta. **HS**
Gabarito "A".

(Agente-Escrivão – Pernambuco – CESPE – 2016) Assinale a opção que apresenta corretamente os passos que devem ser executados no BrOffice Writer para que os parágrafos de um texto selecionado sejam formatados com avanço de 2 cm na primeira linha e espaçamento 12 entre eles.

(A) Acessar o menu Editar, selecionar a opção Texto e inserir os valores desejados no campo Recuos e Espaçamento.
(B) Acessar o menu Formatar, selecionar a opção Parágrafo e inserir os valores desejados no campo Recuos e Espaçamento.
(C) Acessar o menu Formatar, selecionar a opção Texto e inserir os valores desejados no campo Espaçamento.
(D) Acessar o menu Editar, selecionar a opção Recuos e inserir os valores desejados no campo Recuos e Espaçamento.
(E) Pressionar, no início da primeira linha, a tecla Tab e, em seguida, a tecla Enter duas vezes após o primeiro parágrafo do texto selecionado. Assim, o Writer repetirá essa ação para os demais parágrafos selecionados.

A, B, C, D e E: Para alterar a configuração de avanço de parágrafo e espaçamento entre linhas deve-se utilizar o item "Recuos e Espaçamento" presente na opção "Parágrafo" localizada no menu "Formatar", que concentra as opções relativas à formatação do texto. Portanto, apenas a alternativa B está correta. **HS**
Gabarito "B".

(Escrivão – AESP/CE – VUNESP – 2017) Observe as figuras a seguir, extraídas da aba Recuos e Espaçamentos da caixa de diálogo Parágrafo, que pode ser acessada a partir do menu Formatar do Apache OpenOffice Writer 4.0.1, em sua configuração padrão. As figuras apresentam dois momentos (antes e depois) do recurso gráfico que permite visualizar as configurações aplicadas na aba.

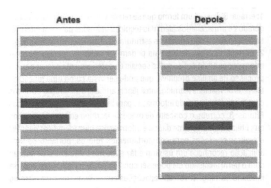

Assinale a alternativa que contém os nomes das opções de configuração aplicadas entre os dois momentos da figura.

(A) Recuo Depois do texto de 5,00 cm e Recuo Primeira linha de 5,00 cm.
(B) Recuo Primeira linha de 5,00 cm e Espaçamento de linhas de 1,5 linhas.
(C) Espaçamento de linhas de 1,5 linhas e Recuo Depois do texto de 5,00 cm.
(D) Espaçamento de linhas de 1,5 linhas e Recuo Antes do texto de 5,00 cm.
(E) Recuo Antes do texto de 5,00 cm e Recuo Primeira linha de 5,00 cm.

A, B, C, D e E: Nos trechos destacados em escuro na segundo imagem é possível identificar que o espaçamento entre as linhas está maior que na situação inicial e também foi adicionado um recuo antes do início do texto, fazendo com que haja maior espaço entre o texto e a margem à esquerda. Logo podemos concluir que foram alteradas as configurações de "Espaçamento de linhas" e "Recuo Antes do texto", portanto apenas a alternativa D está correta. **HS**
Gabarito "D".

(Papiloscopista – PCDF – Universa – 2016) Em relação ao editor de texto BrOffice Writer, assinale a alternativa correta.

(A) Em um documento, podem ser inseridos *links*, por meio de ícones, relacionados a diversos tipos de arquivos. Entretanto não é permitido inserir um ícone contendo um *link* para um arquivo de mídia.
(B) O Quadro Flutuante é um recurso de visualização, mas não de edição, de um documento dentro de outro documento por meio da inserção de uma "janela" no documento atual.
(C) É possível inserir uma figura como plano de fundo de um parágrafo específico de um determinado documento.
(D) Por ser incompatível com o ambiente Windows, não pode ser instalado neste sistema operacional, uma vez que ele é um produto específico do ambiente Linux.
(E) Para mudar a orientação de uma página de Retrato para Paisagem, o usuário deve acessar o *menu* Arquivo e, em seguida, escolher a opção Configurar Página.

A: incorreta. Não há restrição no BrOffice quanto ao tipo de arquivo que pode ser linkado em um texto; **B:** incorreta. Os Quadros Flutuantes são utilizados em documentos HTML para exibir conteúdo de outro arquivo; **C:** correta. É possível utilizar uma imagem como plano de fundo de um parágrafo específico por meio da guia Plano de Fundo do item Parágrafo do menu Formatar, após ter selecionado o parágrafo desejado; **D:** incorreta. As ferramentas do pacote BrOffice, também conhecido como LibreOffice, são compatíveis com ambiente Windows; **E:** incorreta. Para alterar a orientação de uma página deve-se fazer a alteração na seção "Formato do papel" da guia Página do item Página do menu Formatar. HS

Gabarito "C".

(Escrivão – PC/MG – FUMARC – 2018) Considere o objeto abaixo do Microsoft Word, versão português do Office 2013:

Texto

O efeito acima pode ser obtido utilizando a opção da guia "INSERIR":

(A) Formas.

(B) Símbolo.

(C) SmartArt.

(D) WordArt.

A: incorreta, a função Formas é usada para inserção de formas geométricas e outros símbolos; **B:** incorreta, a função Símbolo é usada para inserção de símbolos que não estão presentes no teclado como letras gregas e outros caracteres especiais; **C:** incorreta, o SmartArt é usado para inserção de elementos gráficos mais complexos como diagramas e organogramas; **D:** correta, a função do WordArt permite adicionar elementos de texto com um toque artístico, aplicando diversos tipos diferentes de efeitos visuais.

Gabarito "D".

(Escrivão – PC/MG – FUMARC – 2018) Em relação aos grupos de opções disponíveis nas guias do Microsoft Word, versão português do Office 2013, considerando a configuração de instalação padrão, correlacione as colunas a seguir:

Grupo	Guia
1. Estilo	( ) Inserir
2. Organizar	( ) Página Inicial
3. Tabelas	( ) Layout de Página
4. Formatação do Documento	( ) Design

A sequência CORRETA, de cima para baixo, é:

(A) 4, 1, 2, 3.

(B) 3, 2, 4, 1.

(C) 3, 1, 2, 4.

(D) 2, 1, 4, 3.

A, B, C e D: O grupo estilo está localizado na guia Página Inicial e permite aplicar diferentes formatações pré-definidas ao texto; o grupo Organizar se encontra na guia Layout, permitindo organizando elementos como imagens e caixas de texto; o grupo Tabelas se encontra na guia Inserir e é usado para criar uma tabela com linhas e colunas no documento em edição; o grupo Formatação do Documento se encontra na guia Design, permitindo acesso à funções de alterações do texto como Espaçamento entre Parágrafos, Cores do Tema e Fontes do Tema. Portanto a ordem correta de preenchimento é 3, 1, 2 e 4 e assim a apenas a alternativa C está correta.

Gabarito "C".

(Escrivão – PC/MG – FUMARC – 2018) Considere a formatação de fonte do texto abaixo do Microsoft Word, versão português do Office 2013:

ESSE TEXTO ESTÁ FORMATADO

Foram utilizadas as seguintes opções de formatação, considerando todo o texto ou apenas parte dele:

(A) Todas em Maiúsculas e Sobrescrito.

(B) Todas em Maiúsculas e Subscrito.

(C) Versalete e Sobrescrito.

(D) Versalete e Subscrito.

A, B, C e D: O texto apresentado contém uma formatação chamada de Versalete, onde caracteres em letras minúsculas apareçam como letras maiúsculas em um tamanho de fonte reduzido. Além disso a palavra Formatado está com o efeito sobrescrito, quando a palavra fica escrita em letras menores acima da linha das palavras. Portanto apenas a alternativa C está correta.

Gabarito "C".

(Escrivão – PF – CESPE – 2018) A respeito de sistemas operacionais e de aplicativos de edição de textos e planilhas, julgue os itens a seguir.

(1) Devido à capacidade ilimitada de linhas de suas planilhas, o aplicativo Excel pode ser utilizado como um banco de dados para tabelas com mais de um milhão de registros.

(2) Windows e Linux são exemplos de sistemas operacionais de núcleo monolítico, em que um único processo executa as principais funções.

(3) No Word, as macros são construídas com o uso da linguagem de programação VBO (Visual Basic for Office).

(4) A técnica de *swapping* consiste em transferir temporariamente um processo da memória para o disco do computador e depois carregá-lo novamente em memória.

1: errada, o Excel possui um limite de 1.048.576 linhas e 16.384 colunas a partir das versões 2007 e não deve ser utilizado como banco de dados para volumes grandes de informação; **2:** correta, nos sistemas de núcleo monolítico temos um kernel ou núcleo que possui os códigos necessários para a execução, modelo adotado por sistemas como Linux, Solaris, versões do Windows baseadas em MS-DOS. As versões posteriores da série Windows NT utilizam núcleo híbrido; **3:** errada, embora seja possível criar uma macro utilizando o Visual Basic for Applications (VBA), este não é obrigatório ou necessário para a criação de qualquer macro; **4:** correta, a técnica de swapping geralmente é utilizada quando a memória virtual está cheia, permitindo assim que o processamento seja concluído utilizando o disco físico para armazenamento de memória virtual, o que acaba prejudicando a velocidade pois o disco físico é mais lento que a memória virtual.

Gabarito 1E, 2C, 3E, 4C

(Escrivão – PC/RO – CEBRASPE – 2022) Assinale a opção que mostra o formato no qual, por padrão, o MS Word salva um novo arquivo.

(A) .xlsx

(B) .odf

(C) .docx

(D) .html

(E) .pdf

A: Errada, a extensão xlsx é usada por arquivos de planilha eletrônica do Microsoft Excel versão 2010 e posteriores. **B:** Errada, a extensão odf é usada por documentos do OpenOffice Math. **C:** Correta, a extensão docx é usada para documentos criados pelo Microsoft Office versão 2010 e posteriores. **D:** Errada, a extensão html é usada para designar documentos web, escritos para apresentar informações em um navegador. **E:** Errada, a extensão pdf é usada pelo Adobe Acrobat para exibir documentos em diversas plataformas.

Gabarito "C".

(Escrivão – PC/RO – CEBRASPE – 2022) Assinale a opção que apresenta a opção do LibreOffice Write que permite salvar um documento de texto em formato PDF.

(A) Salvar como PDF

(B) Exportar como PDF

(C) Salvar e Enviar

(D) Salvar

(E) Salvar como Imagem

Para transformar um documento em edição no LibreOffice Write em um arquivo do tipo PDF é necessário usar a função "Exportar como PDF" localizada no menu Arquivo, dentro da opção "Exportar como", portanto, apenas a alternativa B está correta.

Gabarito "B".

(Escrivão – PC/RO – CEBRASPE – 2022) No LibreOffice Write, a opção Arquivo – Assinaturas digitais – Assinar um documento

(A) permite desenhar uma assinatura com o *mouse*.

(B) inclui uma imagem com a assinatura do autor.

(C) inclui a assinatura de *email* no documento.

(D) inclui o nome do autor no rodapé do documento.

(E) adiciona uma chave pública ao documento.

A função de "Assinar um documento", presente no submenu "Assinaturas digitais", do menu "Arquivo", permite inserir uma assinatura digital de um documento através de um certificado digital. Este processo permite garantir que o documento não foi alterado desde que foi assinado e identificar quem assinou o documento através da chave pública associada ao certificado usado na assinatura. Este processo não inclui nenhum tipo de assinatura ou modificação visual no documento. Portanto, apenas a alternativa E está correta.

Gabarito "E".

(Escrivão – PC/RO – CEBRASPE – 2022) Ao se imprimir um texto no LibreOffice Write usando-se a opção Seleção, o *software* irá

(A) imprimir um dado intervalo de páginas do documento.

(B) imprimir apenas a última página alterada do documento.

(C) imprime todas as páginas do documento.

(D) imprimir as páginas informadas pelo usuário.

(E) imprimir uma parte do documento que estiver selecionada pelo cursor.

No LibreOffice, as opções de Impressão permitem selecionar, de diferentes formas, quais páginas serão impressas do documento, como todas as páginas, definir intervalos de páginas ou páginas específicas. Uma das opções disponíveis é o modo Seleção que imprimirá apenas o trecho do documento que estiver selecionado, portanto, apenas a alternativa E está correta.

Gabarito "E".

(Escrivão – PC/RO – CEBRASPE – 2022) No MS Word, ao se revisar um texto, a opção que deve ser habilitada na aba Revisão para que sejam realçadas as marcas de alteração no texto é

(A) Ortografia e Gramática.

(B) Contar Palavras.

(C) Novo Comentário.

(D) Controlar Alterações.

(E) Painel de Revisão.

A: Errada, a opção "Ortografia e Gramática" é usada para verificar erros gramaticais e ortográficos no documento em edição. **B:** Errada, a opção "Contar palavras" exibe a contagem de páginas, palavras, caracteres, parágrafos e linhas do documento. **C:** Errada, a opção "Novo Comentário" permite incluir um comentário no texto que pode ser visualizado por outros usuários durante a edição do documento. **D:** Correta, a opção "Controlar Alterações" habilita o realce de alterações do texto, destacando trechos removidos, alterados e inseridos no documento. **E:** Errada, o "Painel de Revisão" mostra uma lista com todas as alterações realizadas em um documento.

Gabarito "D".

(Escrivão – PC/RO – CEBRASPE – 2022) No MS Word, para editar as páginas separando-as, mas mantendo-se a mesma formatação em todo o documento, usa-se a opção

(A) Quebra de Seção.

(B) Quebra de Página.

(C) Quebra de Coluna.

(D) Quebra de Seção — Próxima Página.

(E) Quebra de Seção — Contínuo.

No MS Word, a Quebra de Seção permite definir partes do documento que podem ser comportar de maneira diferente das demais como possuir um layout diferente ou uma formatação específica. A Quebra de Coluna permite dividir o texto em duas ou mais colunas, semelhante ao que encontramos em jornais ou revistas. Já a Quebra de Página permite definir o ponto onde uma página termina e a próxima irá começar, sem aplicar alterações de formatação ao documento. Portanto apenas a alternativa B está correta.

Gabarito "B".

(Escrivão – PC/RO – CEBRASPE – 2022) No MS Word, a opção usada para alterar a forma como o Word corrige e formata o texto durante a digitação é

(A) Preferências de Idioma.

(B) Personalizar Faixa de Opções.

(C) Barra de Ferramentas de Acesso Rápido.

(D) Opções de Autocorreção.

(E) Opções de Edição.

No MS Word existe a opção de corrigir automaticamente o texto conforme ele é digitado pelo usuário. As configurações desta opção podem ser alteradas através do botão "Opções de Autocorreção" e pode ser encontrada no item "Revisão de Texto" do item "Opções" no menu "Arquivo". Portanto, apenas a alternativa D está correta.

Gabarito "D".

(Papiloscopista – PC/RR – VUNESP – 2022) Um usuário iniciou um documento vazio por meio do Google Docs, em configuração padrão, e deseja colocar, na mesma linha, a expressão "Documento Oficial" alinhada à esquerda e a expressão "Boa Vista – Roraima" alinhada à direita.

Assinale a alternativa que apresenta o procedimento correto para se obter o descrito no enunciado.

(A) Digitar as duas expressões, separadas por um Tab.
(B) Digitar a primeira expressão, escolher Alinhar à esquerda, digitar a segunda expressão e escolher Alinhar à direita.
(C) Digitar as duas expressões, separadas por um espaço em branco, selecionar a linha toda e escolher Alinhar no centro.
(D) Digitar a primeira expressão, selecioná-la e escolher Alinhar à esquerda. Em seguida, digitar a segunda expressão, selecioná-la e escolher Alinhar à direita.
(E) Inserir uma tabela de uma linha e duas colunas, digitar a primeira expressão na primeira coluna e a segunda expressão na segunda coluna. Em seguida, alinhar a primeira coluna à esquerda e a segunda coluna à direita. E, então, remover as bordas (as cores das bordas) da tabela, deixando-as invisíveis.

No Google Docs, ao selecionar qualquer uma das opções de alinhamento, toda a linha onde o cursor de texto se encontra ou onde o trecho de texto estiver selecionado terá seu alinhamento alterado. Neste cenário apenas a opção de criar uma tabela com uma linha e duas colunas e posteriormente remover as bordas permitiria obter o resultado desejado, pois cada célula em uma tabela pode ter seu alinhamento específico. Portanto, apenas a alternativa E está correta.
Gabarito "E".

4. FERRAMENTAS DE CORREIO ELETRÔNICO

(Escrivão – AESP/CE – VUNESP – 2017) A imagem a seguir foi extraída do Thunderbird 24.4.0 em sua configuração padrão. Ela apresenta os botões de ação do formulário de edição de uma mensagem. Parte dos nomes dos botões foi mascarada e marcada de 1 a 3.

Assinale a alternativa que contém o nome correto dos botões, na ordem de 1 a 3.
(A) Arquivar, Spam e Excluir.
(B) Lixeira, Spam e Excluir.
(C) Arquivar, Excluir e Spam.
(D) Spam, Excluir e Lixeira.
(E) Rascunho, Spam e Lixeira.

A, B, C, D e E: O ícone representa o botão Arquivar, que permite mover uma mensagem para outra pasta, facilitando a organização das mensagens do usuário; o ícone representa o botão Spam que permite marcar a mensagem selecionada como Spam; e o ícone representa o botão Excluir, que permite eliminar uma mensagem. Portanto apenas a alternativa A está correta.
Gabarito "A".

(Escrivão – PC/MG – FUMARC – 2018) A opção do grupo "Incluir" da guia "MENSAGEM" da janela de edição de uma nova mensagem no Microsoft Outlook, versão português do Office 2013, que permite, por exemplo, enviar um documento do Word como anexo em uma mensagem é:
(A) Anexar Arquivo.
(B) Anexar Documento.
(C) Anexar Item.
(D) Incluir Arquivo.

A, B, C e D: Para adicionar um documento como anexo em uma mensagem de correio eletrônico pelo Outlook deve-se utilizar a opção Anexar Documento do grupo Incluir da guia Mensagem, representada pelo ícone

. A função Anexar Item permite adicionar um cartão de visita, calendário ou outro item do Outlook. As opções anexar documento e incluir arquivo não existem. Portanto apenas a alternativa A está correta.
Gabarito "A".

(Papiloscopista – PC/RR – VUNESP – 2022) O usuário A envia uma mensagem para o usuário B, com cópia para os usuários C e D. Em seguida, o usuário B, ao receber a mensagem, escolhe responder para todos e acrescenta o usuário E em cópia na mensagem de resposta. O usuário C, por sua vez, escolhe responder para todos a partir da mensagem recebida do usuário B e envia sua resposta. Por fim, o usuário D escolhe responder para todos a partir da mensagem recebida do usuário A e envia sua resposta. Considere que todas as mensagens foram enviadas e recebidas com sucesso por meio do Gmail, em sua configuração padrão, e que não foi utilizado o recurso de cópia oculta em nenhuma mensagem.

Assinale a alternativa que correlaciona corretamente a quantidade de mensagens que cada usuário recebeu de acordo com o enunciado.
(A) A:2; B:2; C:3; D:3; E:1.
(B) A:3; B:3; C:3; D:3; E:1.
(C) A:2; B:2; C:3; D:4; E:1.
(D) A:3; B:3; C:3; D:3; E:2.
(E) A:3; B:3; C:2; D:2; E:2.

Conforme os passos informados, o usuário A recebeu a resposta de B, C e D. O usuário B recebeu o e-mail de A além das repostas de C e D. O usuário C recebeu a mensagem de A, além das respostas de B e D. O usuário D recebeu a mensagem de A além das respostas de B e C. O usuário E recebeu a resposta de B e C. Portanto apenas a alternativa D está correta.
Gabarito "D".

5. HARDWARE

(Agente de Polícia Federal – 2012 – CESPE) Para proferir uma palestra acerca de crime organizado, um agente conectou dispositivo USB do tipo *bluetooth* no computador que lhe estava disponível. A respeito desse cenário, julgue o item abaixo.

(1) O uso de dispositivos *bluetooth* em portas USB necessita de *driver* especial do sistema operacional. Em termos de funcionalidade, esse *driver* equivale ao de uma interface de rede sem fio (*wireless* LAN), pois ambas as tecnologias trabalham com o mesmo tipo de endereço físico.

1: Incorreta, muitas vezes podem ser usados drivers genéricos para utilização de dispositivos do tipo bluetooth e as redes de dispositivos desta tecnologia foram PANs (personal area network) e não LANs (local area network).
Gabarito 1E

Figura 1   Figura 2

(Agente de Polícia Federal – 2012 – CESPE) Com base nas figuras apresentadas acima, julgue o item.

(1) A figura 2 ilustra um conector do tipo S-Vídeo, utilizado para ligar dispositivos de vídeo em computadores ou em outros equipamentos de vídeo.

1: Correta, a figura 2 representa um conector do tipo S-Video utilizado para conectar um dispositivo de vídeo a um computador ou outro equipamento eletrônico, como TVs e videogames.
Gabarito 1C

(Escrivão de Polícia/MA – 2013 – FGV) Um usuário ligou para o suporte da empresa em que trabalha com a seguinte pergunta: — *Como posso saber se um CD que comprei é regravável?*

Assinale a alternativa que indica a resposta apropriada a essa pergunta.

(A) *"Procure no rótulo do CD pelas letras que vêm depois de CD. Se forem RW, então ele é regravável"*

(B) *"Grave alguma coisa qualquer nele e depois tente apagá-lo. Se você conseguir, o CD é regravável."*

(C) *"Procure no rótulo do CD pelas letras que vêm depois de CD. Se for apenas um R, então ele é regravável"*

(D) *"Todos os CDs são regraváveis"*

(E) *"Se a cor da mídia for azul, então ele é regravável"*

A: Correta, as letras RW após as letras CD no rótulo de uma mídia indicam que ele é rewriteable ou regravável. **B:** Incorreta, desta forma, caso ele não seja regravável, você perderá a mídia por não poder reutilizá--la. **C:** Incorreta, a letra R após as letras CD indicam que ele é apenas recordable ou gravável. **D:** Incorreta, apenas o CDs do tipo RW são regraváveis. **E:** Incorreta, a cor da mídia não indica sua característica.
Gabarito "A".

6. PLANILHAS ELETRÔNICAS

(Agente-Escrivão – Pernambuco – CESPE – 2016) Utilizando o Excel 2010, um analista desenvolveu e compartilhou com os demais servidores de sua seção de trabalho uma planilha eletrônica que pode ser editada por todos os servidores e que, ainda, permite a identificação do usuário responsável por realizar a última modificação. Para compartilhar suas atualizações individuais na planilha, o analista tem de selecionar a opção correspondente em Compartilhar Pasta de Trabalho, do menu Revisão, do Excel 2010.

Com relação a essa situação hipotética, assinale a opção correta.

(A) Caso dois servidores editem a mesma célula, será impossível resolver conflitos de edição.

(B) Dois ou mais servidores não poderão editar o mesmo arquivo simultaneamente.

(C) Se um servidor acessar a planilha para edição, este procedimento causará o bloqueio do arquivo, de modo que outro servidor não poderá abri-lo, ainda que seja somente para consulta.

(D) O Word é o único programa do Microsoft Office que permite que mais de um usuário edite, simultaneamente, arquivos de texto.

(E) A planilha poderá ser editada por mais de um servidor simultaneamente.

A, B, C, D e E: A função Compartilhar Pasta de Trabalho permite que mais de uma pessoa possa editar o mesmo arquivo de forma simultânea, sem que o acesso ao arquivo seja bloqueado, e por meio do controle de alterações é possível identificar quem foi o responsável por cada alteração bem como é possível resolver conflitos caso mais de uma pessoa edite a mesma parte da planilha. Esse tipo de funcionalidade existe tanto no MS Excel como no MS Word, na função de coautoria, portanto apenas a alternativa E está correta. **HS**
Gabarito "E".

(Agente-Escrivão – Acre – IBADE – 2017) No Microsoft Excel, qual dos operadores a seguir deve preceder a digitação de uma fórmula em uma célula?

(A) #

(B) @

(C) =

(D) +

(E) $

A, B, C, D e E: No Microsoft Excel, assim como em outros softwares de edição de planilhas eletrônicas como o BROffice, as fórmulas que podem ser inseridas em uma célula devem ser precedidas pelo símbolo de igual (=), portanto apenas a alternativa C está correta. **HS**
Gabarito "C".

(Investigador-Escrivão-Papiloscopista – Pará – Funcab – 2016) O valor 0,0019 foi inserido na célula E2 de uma planilha MS Excel 2010, em português. Parte dessa planilha é mostrada na figura a seguir.

Após a digitação do valor, a célula foi formatada com o código de formatação *#.###,##* . Esse código foi inserido na caixa de texto Tipo, da categoria Personalizado, presente no diálogo Formatar Células.

Qual figura exibe o conteúdo da célula E2 após essa formatação ter sido aplicada?

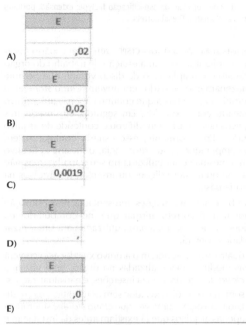

A, B, C, D e E: O formato escolhido (#.###,##) faz com que a célula exiba os números utilizando o ponto como separador da unidade de milhar e a vírgula como separador das casas decimais tendo apenas dois dígitos de precisão. Neste caso, como os primeiros dois dígitos das casas decimais são zero e o único número antes da vírgula também o zero, a célula irá apresentar apenas o símbolo da vírgula, logo apenas a alternativa D está correta.

Gabarito "D".

(Escrivão – PC/MG – FUMARC – 2018) Considere a planilha abaixo do Microsoft Excel, versão português do Office 2013:

	A	B	C	D
1				
2		Percentual	20%	
3				
4		Salário	% do salário	
5		R$ 1.000,00	R$ 200,00	
6		R$ 1.500,00		
7		R$ 2.000,00		
8		R$ 2.500,00		
9		R$ 3.000,00		
10				

Considerando que se deseja copiar (Ctrl+C) a célula C5 e colar (Ctrl+V) no intervalo de células C6:C9 para que cada célula deste intervalo tenha o seu valor multiplicado pelo valor da célula C2 corretamente, o conteúdo da célula C5 deveria ser:

(A) =B5*$C2.
(B) =B5*C$2.
(C) =B5*C2.
(D) =B5*VALOR(C2).

A, B, C e D: Ao copiar e colar uma fórmula de uma célula para outra o Excel irá ajustar as referências relativas para se adequar a diferença de linhas e colunas aplicada à fórmula, porém o mesmo não ocorre quando usamos uma referência absoluta, que é feita adicionando o símbolo de cifrão antes da coluna ou linha que se deseja fixar. Como neste caso a fórmula será colada na mesma coluna, porém em linhas diferentes, deve-se fixar apenas a linha, logo a fórmula correta é =B5*C$2 e assim apenas a alternativa B está correta.

Gabarito "B".

(Escrivão – PC/MG – FUMARC – 2018) A função do LibreOffice Calc 5.4.7, versão português, que verifica se dois textos são idênticos é:

(A) COMPARA.
(B) CORRESP.
(C) EXATO.
(D) IGUAL.

A: incorreta, no LibreOffice não existe uma função chamada COMPARA; B: incorreta, a função CORRESP devolve a posição relativa de um objeto em uma matriz de células; C: correta, a função EXATO compara dois textos e informa se eles são idênticos; D: incorreta, não existe função no LibreOffice chamada IGUAL.

Gabarito "C".

(Papiloscopista – PC/RR – VUNESP – 2022) Em uma planilha do Google Docs, em sua configuração padrão, para controlar prazos de processos, um usuário preenche a planilha conforme a descrição a seguir.

A1: Processo
B1: Vencimento
C1: Prazo
A2: Processo1
B2: 01-06-2022

Querendo que a planilha informe se o prazo já está "Vencido" ao abrir a planilha diariamente, o usuário adiciona, na célula C2, a seguinte fórmula:
=SE(B2>=_____;"Correto";"Vencido")

Dessa forma, considerando que a planilha foi aberta no dia 10-06-2022, a fórmula colocada exibiu o valor "Vencido".

Assinale a alternativa que preenche corretamente a lacuna, que atende ao desejado segundo o enunciado.

(A) AGORA()
(B) 0
(C) 1
(D) B2
(E) C2

Considerando que o usuário quer comparar a data de vencimento com a data atual, ele deve preencher a fórmula informado com a função AGORA(), que retorna data e hora do dia atual, fazendo com que a expressão compare a data de vencimento com a data atual e retornando "Correto" caso ainda não tenha atingido a data de vencimento ou "Vencido" caso a data atual seja maior que a data de vencimento. Portanto, apenas a alternativa A está correta.

Gabarito "A".

7. REDE E INTERNET

(Agente-Escrivão – Pernambuco – CESPE – 2016) Dois analistas, que compartilham a mesma estação de trabalho ao longo do dia – um no turno matutino e outro no turno vespertino –, utilizam a versão mais recente do Google Chrome e desejam que esse navegador memorize os dados de formulários dos sistemas *web* do órgão em que atuam, sem que as senhas desses formulários sejam memorizadas.

Considerando essa situação hipotética, assinale a opção correta.

(A) É possível configurar o *browser* para memorizar dados dos formulários, entretanto isso implica necessariamente o armazenamento das respectivas senhas, ainda que de modo independente para cada analista.

(B) Não é possível memorizar nomes de usuários e senhas para cada analista individualmente, visto que o navegador em questão armazena os dados de formulários no mesmo local, independentemente do perfil do usuário na estação de trabalho.

(C) Cada analista deve, ao fim de seu turno, limpar os dados de navegação e de privacidade para evitar sobreposição e compartilhamento de dados dos formulários no navegador, pois independentemente da configuração os dados do *browser* são únicos para todos os usuários que acessem a estação.

(D) Não é possível realizar quaisquer configurações adicionais no navegador, uma vez que este, necessariamente, armazena dados e senhas de formulários.

(E) É possível configurar o *browser* para memorizar dados dos formulários e não armazenar senhas de modo independente para cada analista.

A: incorreta. No Google Chrome há a possibilidade de salvar dados de formulários sem que senhas sejam necessariamente salvas; **B:** incorreta. O Google Chrome permite salvar os dados de cada usuário separadamente por meio da ligação da conta pessoal de cada um pela função Smart Lock; **C:** incorreta. No Google Chrome, quando se realiza o login com seu usuário pessoal, os dados de navegação não serão compartilhados com os outros usuários; **D:** incorreta. O navegador pode ou não armazenar os dados de usuário e senha em formulários, dependendo da configuração que o usuário desejar; **E:** correta, cada analista pode usar configurações diferentes, podendo o navegador armazenar ou não os dados de usuário e senha em formulários. **HS**
Gabarito "E".

(Agente-Escrivão – Pernambuco – CESPE – 2016) Assinale a opção que apresenta corretamente o texto que, ao ser digitado no sítio de buscas Google, permite localizar, na *web*, arquivos no formato pdf que contenham a frase "valorização do policial civil", mas não contenham o vocábulo "concurso".

(A) 'valorização do policial civil' without 'concurso' type(pdf).

(B) 'valorização do policial civil' no:concurso archive(pdf).

(C) "valorização do policial civil" not(concurso) in:pdf.

(D) "Valorização do Policial Civil." – concurso filetype:pdf.

(E) valorização and do and policial and civil exclude(concurso) in:pdf.

A, B, C, D e E: Em uma busca no Google é possível delimitar que os resultados contenham uma frase exatamente da forma como foi escrita colocando-a entre aspas. Também é possível excluir dos resultados determinado termo utilizando o sinal de menos antes do termo desejado. Por fim, é possível definir que a busca retorne apenas documentos de um certo tipo por meio da especificação filetype: extensão, portanto apenas a alternativa D está correta. **HS**
Gabarito "D".

(Agente-Escrivão – Pernambuco – CESPE – 2016) Um usuário instalou e configurou, em uma estação de trabalho do órgão onde atua, um aplicativo de disco virtual, que permite armazenamento de dados em nuvem (*Cloud storage*), e sincronizou uma pasta que continha apenas um arquivo nomeado como xyz.doc. Em seguida, ele inseriu três arquivos nessa pasta e modificou o conteúdo do arquivo xyz.doc. Posteriormente, esse usuário configurou, em um computador na sua residência, o mesmo aplicativo com a mesma conta utilizada no seu trabalho, mas não realizou quaisquer edições ou inserção de arquivos na referida pasta.

Com base nas informações apresentadas nessa situação hipotética, é correto afirmar que, no computador na residência do usuário, a pasta utilizada para sincronizar os dados conterá:

(A) quatro arquivos, porém o arquivo xyz.doc não conterá as modificações realizadas no órgão, uma vez que *cloud storage* sincroniza inserções, e não atualizações.

(B) somente o arquivo xyz.doc sem as modificações realizadas no órgão, uma vez que *cloud storage* sincroniza apenas arquivos que já existiam antes da instalação e da configuração do programa.

(C) somente o arquivo xyz.doc com as modificações realizadas no órgão, uma vez que *cloud storage* sincroniza apenas arquivos que já existiam antes da instalação e da configuração do programa com suas devidas atualizações.

(D) quatro arquivos, incluindo o arquivo xyz.doc com as modificações realizadas no órgão em que o usuário atua.

(E) três arquivos, uma vez que *cloud storage* sincroniza apenas arquivos inseridos após a instalação e a configuração do programa.

A, B, C, D e E: Serviços de armazenamento de arquivos em nuvem do tipo Cloud Storage funcionam como uma pasta que o usuário pode sincronizar por meio de vários computadores e dispositivos. Todo o conteúdo da pasta é sincronizado sempre que o dispositivo tem acesso à Internet e assim todas as modificações realizadas em seu conteúdo são atualizadas no dispositivo em questão, sejam elas adições, modificações ou exclusões. Portanto no computador da residência do usuário haverá quatro arquivos, sendo o arquivo xyz.doc com as alterações realizadas e também os outros arquivos adicionados posteriormente. Logo apenas a alternativa D está correta. **HS**
Gabarito "D".

(Agente-Escrivão – Acre – IBADE – 2017) Com relação à computação nas nuvens (cloud computing), analise as afirmativas a seguir.

I. Uma desvantagem é em relação ao custo.

II. Para sua utilização, é necessária uma conexão com a Internet.

III. A palavra "nuvem" se refere à Internet.

IV. Google, Amazon e Microsoft são exemplos de empresas líderes nesse serviço.

Estão corretas as afirmativas:

14. INFORMÁTICA **441**

(A) I, II e IV, apenas.

(B) I, III e IV, apenas.

(C) II, III e IV, apenas.

(D) I, II, III e IV.

(E) I, II e III, apenas.

A, B, C, D e E: O termo cloud computing, ou computação em nuvem, se refere ao uso de recursos disponibilizados como um serviço pela Internet, portanto nuvem é uma referência direta à Internet e seu uso depende de uma conexão a ela. Uma das vantagens é o baixo custo para uso de diversos serviços, como, por exemplo, o armazenamento de arquivos. Os principais líderes neste mercado hoje são Amazon, Microsoft, Google e IBM. Portanto, as afirmativas II, III e IV são verdadeiras, logo apenas a alternativa C está correta. HS

Gabarito "C".

(Escrivão – AESP/CE – VUNESP – 2017) A imagem a seguir, extraída do Google Chrome 37.0, em sua configuração padrão, apresenta o site da Fundação Vunesp com o cursor do mouse posicionado sobre um link, sem clicar.

Assinale a alternativa que descreve o que acontecerá quando o usuário clicar no referido link. Considere que o usuário tem permissão e todos os aplicativos necessários para executar a ação.

(A) A página inicial da Vunesp será aberta em nova guia.

(B) Um arquivo será aberto ou baixado pelo navegador.

(C) A mesma página será aberta em uma nova janela.

(D) A página será salva na barra de favoritos.

(E) Um formulário para inclusão de dados pessoais será aberto em uma nova guia.

A, B, C, D e E: Quando o mouse é parado sobre um link que pode ser clicado pelo usuário, a página ou recurso de destino pode ser visualizada no canto inferior esquerdo da tela. Neste caso, temos como destino o link www.vunesp.com.br/PCCE1201_306_019683.pdf que leva até um arquivo do tipo PDF. Neste caso, se o usuário clicar neste link o arquivo será aberto pelo navegador ou o arquivo será baixado para a pasta de Downloads do sistema, portanto apenas a alternativa B está correta. HS

Gabarito "B".

(Investigador-Escrivão-Papiloscopista – Pará – Funcab – 2016) O website dos Correios (www.correios.com.br) está instalado em uma máquina cujo endereço IP é 200.252.60.24 . Ele usa a porta padrão do protocolo http.

Qual URL permite acessar corretamente a página inicial desse website?

(A) http://200.252.60.24/80

(B) http://200.252.60.24:80

(C) http://200.252.60.24/10C

(D) http: 200.252.60.24 100.html

(E) http://200.252.60.24:100

A: incorreta. Desta forma o usuário irá acessar o diretório denominado 80 no IP de destino; **B:** correta. Utilizar o símbolo de dois pontos ao final do endereço indica a porta de comunicação a ser utilizada. Neste caso, o protocolo HTTP utiliza a porta 80 por padrão; **C:** incorreta. Desta forma o usuário irá acessar o diretório 10C no IP de destino; **D:** incorreta. Endereços de URL não podem possuir espaços em branco; **E:** incorreta. A porta padrão do protocolo HTTP é a porta 80 e não a porta 100. HS

Gabarito "B".

(Investigador-Escrivão-Papiloscopista – Pará – Funcab – 2016) Alguns bancos comerciais obrigam que se instale módulos de segurança nos navegadores Web visando proteger as operações bancárias que seus clientes realizam cotidianamente.

No navegador Firefox, o diálogo que permite ativar e desativar esses plug-ins pode ser alcançado com exatos três cliques do mouse. O primeiro clique deve ser feito sobre o menu Ferramentas, o terceiro clique sobre a opção Plugins e o segundo clique sobre o item de menu:

(A) informações da página.

(B) downloads.

(C) opções.

(D) complementos.

(E) configurar página.

A: incorreta. O item informações da página apenas exibe informações detalhadas sobre a página, certificado SSL, e informações sobre mídia; **B:** incorreta. O item downloads exibe apenas a lista dos últimos downloads realizados pelo navegador; **C:** incorreta. O item opções permite acessar as opções de configuração do navegador, como questões de privacidade, segurança e conteúdo; **D:** correta. Pelo item complementos é possível gerenciar os plug-ins, extensões, serviços e a aparência do navegador; **E:** incorreta. Não há um item chamado configurar página no menu Ferramentas do Firefox. HS

Gabarito "D".

(Papiloscopista – PCDF – Universa – 2016) Uma das características que podem ser observadas no programa de navegação Mozilla Firefox, em sua versão mais recente, é a navegação dentro de uma página sem a utilização do *mouse*. Esse recurso é conhecido como *Caret Browsing* (navegação por cursor) e utiliza as teclas de setas para percorrer a página e as demais teclas para selecionar um texto. Este recurso pode ser habilitado ou desabilitado utilizando a(s) tecla(s):

(A) Ctrl + D.

(B) Ctrl + T.

(C) Alt + D.

(D) F7.

(E) F-10.

A: incorreta. No Firefox, o atalho Ctrl + D permite adicionar o site em exibição aos Favoritos; **B:** incorreta. No Firefox, assim como em outros navegadores que trabalham com abas, o atalho Ctrl + T abre uma nova aba; **C:** incorreta. O atalho Alt + D posiciona o cursor de texto na barra de endereços do navegador; **D:** correta. O atalho F7 ativa e desativa o cursor de teclado, que possibilita selecionar texto ou navegar pela página utilizando as teclas direcionais; **E:** incorreta. O atalho F10 seleciona o menu "Arquivo". **HS**

Gabarito "D".

(Escrivão – PC/MG – FUMARC – 2018) Uma janela anônima no navegador Google Chrome 69.x, versão português, é um modo que abre uma nova janela onde é possível navegar na Internet em modo privado, sem que o Chrome salve os sites que o usuário visita. O atalho de teclado que abre uma nova janela anônima é:

(A) Ctrl+J.

(B) Ctrl+N.

(C) Ctrl+Shift+J.

(D) Ctrl+Shift+N.

A: incorreta, o atalho Ctrl + J abre a lista de downloads do navegador; **B:** incorreta, o atalho Ctrl + N abre uma nova janela do navegador; **C:** incorreta, o atalho Ctrl + Shift + J abre o console de depuração do navegador, ferramenta usada por desenvolvedores para analisar a execução de códigos do tipo Javascript em um site; D: correta, o atalho Ctrl + Shift + N abre uma nova janela em modo anônimo, que não registra histórico de navegação, dados digitados em formulários ou arquivos de cache.

Gabarito "D".

(Policial Rodoviário Federal – CESPE – 2019) Julgue o item subsequente, a respeito de conceitos e modos de utilização de tecnologias, ferramentas, aplicativos e procedimentos associados à Internet.

(1) As versões mais modernas dos navegadores Chrome, Firefox e Edge reconhecem e suportam, em instalação padrão, os protocolos de Internet FTP, SMTP e NNTP, os quais implementam, respectivamente, aplicações de transferência de arquivos, correio eletrônico e compartilhamento de notícias.

(2) Por meio de uma aplicação de acesso remoto, um computador é capaz de acessar e controlar outro computador, independentemente da distância física entre eles, desde que ambos os computadores estejam conectados à Internet.

1: errada, os navegadores têm por objetivo permitir a navegação em páginas na internet, não possuindo nenhuma implementação para utilização direta de protocolos como SMTP, usado para enviar mensagens de correio eletrônico e o NNTP, usado para grupos de discussão; **2:** correta, os softwares de acesso remoto permitem que um usuário controle outro computador por meio de uma rede, independentemente da distância física entre eles, desde que ambos estejam conectados à mesma rede, seja ela uma Intranet ou a Internet.

Gabarito 1E, 2C

(Policial Rodoviário Federal – CESPE – 2019) A respeito de computação em nuvem, julgue o próximo item.

(1) A computação em nuvem do tipo *software* as a *service* (SaaS) possibilita que o usuário acesse aplicativos e serviços de qualquer local usando um computador conectado à Internet.

1: correto, no conceito de Software as a service, ou Software como um serviço, o usuário pode utilizar programas e recursos através da internet pagando por um valor mensal, como, por exemplo, o Microsoft Office 365, que permite a utilização dos programas do pacote Office através de navegador.

Gabarito 1C

(Papiloscopista – PF – CESPE – 2018) Acerca de *Internet*, intranet e tecnologias e procedimentos a elas associados, julgue os itens a seguir.

(1) Nos softwares de *email*, a opção *Bcc* (blind carbon copy) tem como um de seus objetivos esconder os destinatários para evitar ações de *spam*.

(2) Os *browsers* para navegação na Internet suportam nativamente arquivos em Java e em Flash, sem necessidade de aplicações adicionais.

(3) Uma proteção nos navegadores de Internet é direcionada para combater vulnerabilidades do tipo XSS (*cross-site* scripting) e evitar ataques maliciosos.

(4) Disponível exclusivamente no Google Chrome, o modo de navegação anônima permite ao usuário navegar pela Internet sem registrar as páginas acessadas.

(5) O símbolo @ em endereços de email tem o sentido da preposição *no*, sendo utilizado para separar o nome do usuário do nome do provedor.

1: correta, na modalidade de Software as a Service, ou SaaS, o usuário pode utilizar recursos de software diretamente pela Internet por meio de um navegador web ou browser; **2:** errada, para suportar arquivos de Flash é necessário um plugin chamado Shockwave Flash e para rodar arquivos Java é necessário o plugin do Java chamado JRE (Java Runtime Enviroment); **3:** correta, os navegadores atuais implementam medidas de segurança para evitar casos de XSS, ou cross-site scripting, quando um usuário malicioso tenta inserir códigos de script cliente-side (geralmente javascript) para obter informações de outros usuários, capturando informações e enviando para outro destino; **4:** errada, o modo de navegação anônimo está disponível em todos os principais navegadores web do mercado; **5:** correta, o símbolo de arroba, que inglês se pronuncia "at", tem o sentido da preposição no, indicando que se está enviando uma mensagem para determinado usuário 'no' domínio indicado.

Gabarito 1C, 2E, 3C, 4E, 5C

(Papiloscopista – PF – CESPE – 2018) Julgue os próximos itens a respeito de redes de computadores e de *cloud computing*.

(1) As nuvens do tipo híbridas são implementadas por organizações que possuem interesses em comum, como na área de segurança, por exemplo.

(2) Entre os modelos de computação em nuvem, o PaaS (Plataforma como um serviço) é o mais indicado para o desenvolvimento de soluções informatizadas.

(3) Conceitualmente, a computação em nuvem pode ser implementada por meio da LAN (*local area network*) interna de uma organização.

(4) Uma das vantagens da rede de computadores com tipologia mesh é a varredura de diversas possibilidades de roteamento para identificar a mais eficiente.

(5) PAN (*personal area network*) são redes de computadores destinadas a ambientes com acesso restrito, seja por limitações físicas ou por definições de segurança.

1: errada, o conceito de nuvem híbrida envolve um ambiente que associe nuvens privadas e públicas de forma que dados e aplicativos possam

14. INFORMÁTICA — 443

ser acessados entre elas e são implementadas em ambientes onde há a necessidade de unir características de ambas, facilidade de acesso e baixo custo das nuvens públicas e maior segurança e privacidade das nuvens privadas; **2:** correta, o conceito de Platform as a Service, ou PaaS, inclui o fornecimento completo de serviços de hospedagem, implementações de hardware e software de forma a suportar aplicações SaaS ou outras necessidades de soluções informatizadas; **3:** errada, o conceito de nuvem inclui a distribuição de recursos pela Internet, permitindo o consumo destes recursos de forma remota; **4:** correta, em uma rede mesh cada nó de rede está ligado a vários outros nós, permitindo criar diferentes rotas entre os nós e assim encontrar a mais eficiente para a entrega de um pacote; **5:** errada, uma PAN é destinada para redes de curto alcance, como aquelas formadas por dispositivos Bluetooth. Gabarito 1E, 2C, 3E, 4C, 5E

(Papiloscopista – PF – CESPE – 2018) Julgue os próximos itens, no que se refere a redes de computadores, fundamentos relacionados à transmissão dos dados e códigos utilizados na transmissão.

(1) Em redes de comunicação de dados, existem três modos de transmissão: o *simplex*, em que os dados circulam em apenas um sentido; o *half-duplex*, em que os dados circulam nos dois sentidos ao mesmo tempo; e o *full-duplex*, também conhecido por ligação de alternância.

(2) Em uma conexão síncrona, o emissor e o receptor estão sincronizados pelo mesmo relógio (*clock*).

(3) A codificação NRZ-L (*Non Return to Zero – Level*) usa três níveis de sinal e o nível do sinal varia no intervalo de 1 bite.

1: errada, nas comunicações full-duplex, os dados circulam nos dois sentidos, diferente da half-duplex onde ele circula em um sentido por vez podendo haver comunicação nos dois sentidos o que a diferencia da simplex, onde os dados podem transitar apenas em um sentido; **2:** correta, na conexão síncrona tanto o receptor quanto o emissor devem estar sincronizados desde o início da comunicação até o seu final, sendo que cada bloco de informação deve ser enviado e recebido em um instante de tempo bem delimitado e conhecido por ambos, para isso utiliza-se o relógio (clock) para garantir tal sincronia; **3:** errada, a codificação binária NRZ-L utiliza dois níveis de sinal apenas, que geralmente utilizam uma voltagem negativa para representar o 0 e uma voltagem positiva para representar o 1. Gabarito 1E, 2C, 3E

(Papiloscopista – PF – CESPE – 2018) Acerca de TCP/IP e de modelo OSI, julgue os itens subsecutivos.

(1) No IPv4, um endereço IP é composto por 32 bites, enquanto no IPv6, um endereço IP tem 128 bites. Em comparação com o modelo de referência OSI, tanto o IPv4 quanto o IPv6 encontram-se na camada de rede.

(2) Localizado na camada de transporte do modelo TCP/IP, o protocolo UDP tem como características o controle de fluxo e a retransmissão dos dados.

(3) É característica do HTTP o envio e o recebimento de dados na camada de aplicação do modelo TCP/IP; as definições do HTTP trabalham com códigos de erro, tanto do lado cliente quanto do lado servidor.

1: correta, ambas as versões do protocolo IP funcionam na camada de rede, que controla a operação de sub rede, definindo o caminho físico para os dados seguirem baseado nas condições de rede e prioridade entre outros fatores e além disso o IPv6 é baseado em um número maior de bites permitindo a existência de uma quantidade maior de endereços de rede utilizáveis; **2:** errada, o protocolo UDP é um protocolo de transmissão de dados assíncrono, no qual não há a confirmação de recebimento dos pacotes e que atua na camada de transporte do modelo OSI; **3:** correta, o protocolo HTTP, utilizado na navegação em documentos web, atua na camada de aplicação, camada mais exterior do modelo OSI, onde ocorrem as interações entre usuário e máquina. Gabarito 1C, 2E, 3C

(Escrivão – PF – CESPE – 2018) Acerca das características de Internet, intranet e rede de computadores, julgue os próximos itens.

(1) URL (*uniform resource locator*) é um endereço virtual utilizado na Web que pode estar associado a um sítio, um computador ou um arquivo.

(2) A Internet pode ser dividida em *intranet*, restrita aos serviços disponibilizados na rede interna de uma organização, e *extranet*, com os demais serviços (exemplo: redes sociais e sítios de outras organizações).

(3) O modelo de referência de rede TCP/IP, se comparado ao modelo OSI, não contempla a implementação das camadas física, de sessão e de apresentação.

(4) A Internet e a *intranet*, devido às suas características específicas, operam com protocolos diferentes, adequados a cada situação.

(5) As informações do DNS (*domain name system*) estão distribuídas em várias máquinas e o tamanho de sua base de dados é ilimitado.

1: correta, o URL é a forma utilizada para se encontrar algum recurso, seja um documento ou arquivo, que se deseja acessar pela internet. Ele é composto de um protocolo, seguido por um subdomínio (que pode estar omitido), domínio e domínio de topo; **2:** errada, a Internet é uma rede pública de computadores que disponibiliza serviços e recursos para seus usuários. A Intranet é uma rede privada criada dentro de um ambiente controlado, geralmente uma empresa ou instituição de ensino, para disponibilizar certos recursos de forma controlada; **3:** correta, o modelo TCP/IP, em comparação com o modelo OSI, possui camadas equivalentes e outras que abarcam mais de uma do outro modelo, havendo uma camada de aplicação, que corresponde às camadas de aplicação, apresentação e sessão do modelo OSI, a camada de transporte similar à homônima do outro modelo, a camada de Internet que equivale à camada de Rede e por fim a camada de Acesso a Rede englobando as definições das camadas de enlace e física; **4:** errada, ambas as redes são similares e operam sobre os mesmos protocolos, o que diferencia uma da outra é a abrangência do acesso, sendo a Internet uma rede pública e a Intranet uma rede privada; **5:** correta, o DNS é um serviço provido por diversos servidores diferentes espalhados pelo mundo todo a fim de diminuir a latência nas consultas, distribuir a carga e melhorar a performance geral do serviço. Gabarito 1C, 2E, 3C, 4E, 5C

(Escrivão – PF – CESPE – 2018) Uma empresa tem unidades físicas localizadas em diferentes capitais do Brasil, cada uma delas com uma rede local, além de uma rede que integra a comunicação entre as unidades. Essa rede de integração facilita a centralização do serviço de email, que é compartilhado para todas as unidades da empresa e outros sistemas de informação.

Tendo como referência inicial as informações apresentadas, julgue os itens subsecutivos.

(1) SMTP é o protocolo utilizado para envio e recebimento de email e opera na camada de aplicação do modelo TCP/IP.

(2) Para viabilizar a comunicação de dados entre as unidades da empresa, podem ser utilizados serviços de interconexão com roteadores providos por operadoras de telecomunicação.

(3) O padrão IEEE 802.11g permite que as redes locais das unidades da empresa operem sem cabeamento estruturado nos ambientes físicos e com velocidade mínima de 200 Mbps.

(4) Se as redes locais das unidades da empresa estiverem interligadas por redes de operadoras de telecomunicação, então elas formarão a WAN (wide area network) da empresa.

(5) Definir os processos de acesso ao meio físico e fornecer endereçamento para a camada de aplicação são funções do controle de acesso ao meio físico (MAC).

(6) Em uma rede local que possui a topologia estrela, podem ser utilizados switches para integrar a comunicação entre os computadores.

1: correta, o protocolo SMTP é responsável pelo envio de mensagens de correio eletrônico que são recebidas por um servidor SMTP no destino e é um protocolo da camada de aplicação, camada onde os protocolos que servem de ponte para a interação humana atuam, como os protocolos SMTP, HTTP, FTP, por exemplo; **2:** correta, como as unidades estão localizadas em cidades diferentes, pode-se afirmar que serão usadas redes de operadoras de telecomunicação para interligar as redes internas, seja por intermédio da própria internet ou por meio de VPNs; **3:** errada, o padrão IEEE 802.11g é uma especificação de redes sem fio (wi-fi) e possui velocidade máxima de conexão de 54Mbps, para obter taxar maiores seria necessário utilizar o padrão IEEE 802.11n que chega a até 450Mbps; **4:** correta, enquanto uma LAN define uma rede de alcance local (em geral um edifício, casa ou escritório), uma WAN define uma rede de grande abrangência, que pode abarcar uma cidade, estado ou mesmo um país; **5:** errada, a subcamada MAC (Media Access Control) do protocolo TCP/IP fornece funções de controle para a camada de enlace e não para a camada de aplicação; **6:** correta, na topologia em estrela os nós da rede são interligados por um nó central, papel que pode ser desempenhando por um switch uma vez que este tem a capacidade de direcionar os pacotes de dados para seu destinatário definido.

Gabarito 1C, 2C, 3E, 4C, 5E, 6C

(Agente – PF – CESPE – 2018) Marta utiliza uma estação de trabalho que executa o sistema operacional Windows 10 e está conectada à rede local da empresa em que ela trabalha. Ela acessa usualmente os sítios da intranet da empresa e também sítios da Internet pública. Após navegar por vários sítios, Marta verificou o histórico de navegação e identificou que um dos sítios acessados com sucesso por meio do protocolo HTTP tinha o endereço 172.20.1.1.

Tendo como referência essa situação hipotética, julgue os itens a seguir.

(1) O endereço 172.20.1.1 identificado por Marta é o endereço IPv4 de um servidor *web* na Internet pública.

(2) Por meio do serviço de *proxy* para rede local, Marta poderá acessar, a partir da sua estação de trabalho, tanto os sítios da intranet quanto os sítios da Internet pública.

(3) O sistema operacional utilizado na estação de trabalho de Marta inclui nativamente a plataforma Windows Defender, composta por ferramentas antivírus e de *firewall* pessoal, entre outras.

(4) WHOIS é o serviço que permite a consulta direta dos endereços IPv4 dos sítios visitados por Marta, a partir das URLs contidas no seu histórico de navegação.

(5) A despeito das configurações dos ativos de segurança corporativos e do serviço de *firewall* instalado na estação de trabalho, Marta poderá acessar remotamente sua estação de trabalho usando a Conexão de Área de Trabalho Remota, a partir de outra estação conectada à Internet.

1: errada, as classes de IP do IPv4 nos intervalos de 10.0.0.0 até 10.255.255.255, de 172.16.0.0 até 172.31.255.255, de 192.168.0.0 até 192.168.255.255 e de 169.254.0.0 até 169.254.255.255 são classes de IP reservadas para uso em redes privadas; **2:** correta, o serviço de proxy funciona como um intermediário entre o computador e o servidor de saída, filtrando o que pode ser passado para este e controlando o que o usuário poderá acessar; **3:** correta, o Windows 10 possui em sua instalação padrão o aplicativo chamado Windows Defender que é composto de diversas ferramentas visando a aumentar a segurança do usuário tanto em uma rede quanto no fora dela, sendo algumas destas ferramentas um firewall, um antivírus e uma ferramenta de análise de integridade do dispositivo; **4:** errada, o WHOIS é um protocolo usado para obter informações de DNS e de contato de um domínio e não do endereço IP de um servidor web; **5:** errada, como há um firewall instalado e regras de segurança sendo aplicadas ela só poderia realizar tal acesso caso este esteja liberado nas políticas de firewall da empresa.

Gabarito 1E, 2C, 3C, 4E, 5E

(Agente – PF – CESPE – 2018) Os gestores de determinado órgão público decidiram adotar a computação em nuvem como solução para algumas dificuldades de gerenciamento dos recursos de tecnologia da informação. Assim, para cada contexto, análises devem ser realizadas a fim de compatibilizar os recursos de gerenciamento e segurança com os modelos técnicos de contratação.

Considerando essas informações, julgue os seguintes itens.

(1) Se, para enviar e receber *emails* sem precisar gerenciar recursos adicionais voltados ao *software* de *email* e sem precisar manter os servidores e sistemas operacionais nos quais o software de *email* estiver sendo executado, os gestores optarem por um serviço de *email* em nuvem embasado em webmail, eles deverão contratar, para esse serviço, um modelo de computação em nuvem do tipo plataforma como um serviço (PaaS).

(2) Para o armazenamento de dados de trabalho dos colaboradores desse órgão público, incluindo-se documentos, imagens e planilhas, e para o uso de recursos de rede compartilhados, como impressoras e computadores, seria adequado contratar o modelo de computação em nuvem denominado infraestrutura como um serviço (IaaS).

(3) Um estudo técnico de viabilidade e um projeto de *re-hosting* em computação em nuvem IaaS é indicado para as aplicações legadas do órgão que tenham sido originalmente desenvolvidas para *mainframe*.

1: errada, o modelo PaaS (Platform as a service ou Plataforma como um serviço) é um ambiente que dispõe de todos os requisitos para criar, gerir e hospedar um software próprio, o correto seria o modelo SaaS (Software as a service ou Software como serviço) onde uma aplicação, neste caso o serviço de e-mail com acesso via webmail, é provido por intermédio da nuvem; **2:** correta, na modalidade de Infraestrutura como um serviço (Infrastructure as a Service), toda a estrutura necessária para que outros serviços sejam providos é fornecida pela nuvem e acessada via rede, recursos estes como armazenamento, servidores, disponibilização de impressoras e compartilhamento de rede; **3:** correta, antes de migrar qualquer solução desenvolvida para um ambiente específico, deve-se realizar um estudo técnico de viabilidade desta migração e avaliar potências impactos como necessidade de alterações em software ou criação de regras adicionais de segurança, além disso um projeto de re-hosting é importante para garantir que o novo ambiente terá todos os requisitos necessários para a execução da solução e garantia de seu funcionamento a longo prazo.

Gabarito 1E, 2C, 3C

(Agente – PF – CESPE – 2018) A respeito da utilização de tecnologias, ferramentas, aplicativos e procedimentos associados a Internet/intranet, julgue os itens seguintes.

(1) Nas ferramentas de busca, o indexador é o programa que navega autonomamente pela Internet, localizando e varrendo os documentos em busca de palavras-chaves para compor a base de dados da pesquisa.

(2) Nas aplicações de transferência de arquivos por fluxo contínuo, os dados são transferidos como uma série de blocos precedidos por um cabeçalho especial de controle.

(3) Nas aplicações multimídia, os fluxos de dados podem conter áudio, vídeo e metadados que viabilizam a sincronização de áudio e vídeo. Cada um desses três fluxos pode ser manipulado por diferentes programas, processos ou hardwares, mas, para que os fluxos de dados de determinada aplicação multimídia sejam qualitativamente otimizados na transmissão ou no armazenamento, eles devem ser encapsulados juntos, em um formato de contêiner.

1: errada, a descrição fornecida se aplica ao web crawler ou spider, que vasculha todos os links que encontra atrás de conteúdo que poderá compor a base de pesquisa para que depois o indexador possa analisar e processar este conteúdo; **2:** errada, a descrição fornecida se aplica à transmissão de modo blocado, na transferência por fluxo contínuo os dados são transmitidos como um fluxo de caracteres contínuo, são exemplos desta modalidade a transmissão ao vivo de conteúdo multimídia; **3:** correta, em uma aplicação multimídia que trata dados de tipos diferentes (áudio, vídeo e metadados) para que as informações possam ser tratadas, cada uma por seu processo ou aplicação, de forma sincronizada e organizada, os dados devem ser entregues de forma conjunta e a melhor forma de fazer isso é encapsulando-a em um formato único, chamado de contêiner.

Gabarito 1E, 2E, 3C

(Agente – PF – CESPE – 2018) Acerca de redes de comunicação, julgue o item a seguir.

(1) A conexão de sistemas como TVs, laptops e telefones celulares à Internet, e também entre si, pode ser realizada com o uso de comutadores (*switches*) de pacotes, os quais têm como função encaminhar a um de seus enlaces de saída o pacote que está chegando a um de seus enlaces de entrada.

1: correta, o switch tem como principal característica a habilidade de direcionar pacotes diretamente para os destinatários determinados, diferente, por exemplo, dos hubs que repetiam o pacote recebido a todos os nós a ele conectados.

Gabarito 1C

(Agente – PF – CESPE – 2018) Julgue os itens subsequentes, relativos a redes de computadores.

(1) As redes de computadores podem ser classificadas, pela sua abrangência, em LAN (*local area network*),

MAN (*metropolitan area network*), e WAN (*wide area network*).

(2) Um protocolo da camada de transporte é implementado no sistema final e fornece comunicação lógica entre processos de aplicação que rodam em hospedeiros diferentes.

(3) DNS é um protocolo da camada de aplicação que usa o UDP — com o UDP há apresentação entre as entidades remetente e destinatária da camada de transporte antes do envio de um segmento.

1: correta, uma WAN define uma rede de longo alcance, abrangendo algo como um estado ou um país, já a MAN define uma rede de alcance um pouco menor, como uma região metropolitana ou uma cidade, uma LAN define uma rede local, de alcance limitado a um prédio, campus ou residência, além disso temos a PAN (Personal Area Network) que compreende uma rede de curto alcance, como uma formada entre dispositivos Bluetooth; **2:** correta, a camada de transporte é responsável pela transferência de informações entre dois hospedeiros (end-to-end) sem a ocorrência de intermediários; **3:** errada, na comunicação via protocolo UDP não há apresentação (handshake) entre o remetente e destinatário ou mesmo confirmação de que o pacote foi entregue, pois seu intuito é ser rápido e trabalhar com dados menos sensíveis, diferente do protocolo TCP que implementa uma série de funcionalidades para garantir a qualidade e confiabilidade da conexão e da transmissão dos pacotes.

Gabarito 1C, 2C, 3E

(Escrivão – PC/RO – CEBRASPE – 2022) No navegador MS Edge, a opção Bookmarks permite que sejam listadas as páginas

(A) marcadas como favoritas pelo usuário.

(B) armazenadas localmente para navegação *offline*.

(C) armazenadas no histórico de navegação.

(D) mais acessadas pelo usuário.

(E) abertas durante a navegação.

No MS Edge, navegador que sucedeu ao Internet Explorer, a opção de Bookmarks permite adicionar páginas em uma lista de favoritos para que possa ser acessada mais facilmente no futuro. Esta lista não salva os dados da página em formato offline ou o armazena localmente. Portanto, apenas a alternativa A está correta.

Gabarito "A".

(Papiloscopista – PC/RR – VUNESP – 2022) Um usuário, por meio do buscador google.com.br, deseja procurar pela palavra roraima, de modo que sejam apresentados apenas resultados contidos no seguinte site:

vunesp.com.br

Assinale a alternativa que contém a expressão de busca que deve ser usada na barra de buscas do Google.

(A) vunesp.com.br intitle:roraima

(B) vunesp.com.br site:roraima

(C) roraima url:vunesp.com.br

(D) roraima site:vunesp.com.br

(E) "vunesp.com.br" "roraima"

O serviço de buscas do Google permite utilizar certos modificadores para que a busca retorne dados mais precisos, um destes modificadores permite pesquisar um termo específico dentro das páginas de um determinado site, para isso é necessário utilizar a palavra-chave "site:endereço do site" e o termo a ser buscado, não necessariamente nesta ordem, portanto, para buscar a palavra roraima no site vunesp. com.br deve-se buscar conforme informado na alternativa D, que está correta.

Gabarito "D".

8. SISTEMAS OPERACIONAIS

(Agente-Escrivão – PC/GO – CESPE – 2016) Para o correto funcionamento de determinado ambiente computacional, é necessário que o programa xpto, gravado no diretório /home/fulano/, seja executado simultaneamente aos outros programas do sistema operacional Linux que estejam em execução.

A respeito dessa situação, é correto afirmar que a execução do programa xpto

(A) pode ser verificada por meio do comando ls xpto|/sys/proc.

(B) não ocorrerá, pois o programa se encontra no diretório /home, onde o Linux não permite gravação de arquivos binários.

(C) pode ser verificada por meio do comando ps –ef | grep xpto.

(D) pode ser verificada por meio do comando ls /home/fulano/xpto| proc.

(E) pode ser verificada por meio do comando ls process xpto| /sys/proc.

A, B, C, D e E: No sistema operacional Linux, para se consultar os processos em execução deve-se utilizar o comando "ps", que em conjunto com as opções –ef, exibe todos os processos em formato completo, e para filtrar o resultado do comando em busca de algo específico pode-se completar o comando grep seguido do termo buscado. O comando "ls" é usado para listar o conteúdo de um determinado diretório. Portanto, apenas a alternativa C está correta. HS
Gabarito "C".

(Agente-Escrivão – Pernambuco – CESPE – 2016) Considerando que diversos usuários compartilham uma estação de trabalho na qual está instalado o Windows 8.1 e que, para acessar a rede e o sistema, é necessário realizar a autenticação por meio de nome de usuário e senha, assinale a opção correta.

(A) Cada usuário pode utilizar seu nome de usuário e senha particular para acessar a rede, entretanto todos os usuários devem utilizar o mesmo nome de usuário e a mesma senha para acessar o sistema, uma vez que não é possível criar atalhos para o mesmo sistema em perfis distintos na estação.

(B) Cada usuário pode acessar a rede usando nome de usuário e senha distintos daqueles usados para acessar o sistema.

(C) Como não é possível criar perfis distintos para cada usuário, a estação de trabalho deve ser configurada para solicitar apenas senha no sistema, e não senha de rede.

(D) Para cada usuário, o nome da conta e a senha devem ser os mesmos para realizar a autenticação no sistema e na rede.

(E) Para que os usuários acessem o sistema instalado na estação de trabalho, deve haver usuário e senha únicos e iguais para todos.

A, B, C, D e E: No Microsoft Windows, na versão 98 e posteriores (incluindo, XP, 2000, ME, Vista, 7, 8, 8.1 e 10), é possível criar mais de um perfil de acesso ao sistema, com cada perfil possuindo usuário e senha distintos e podendo receber diversas configurações diferentes um do outro. O mesmo vale para o acesso aos ambientes de rede, sendo possível inclusive acessar o ambiente de rede com um perfil diferente do utilizado para acesso ao sistema. Portanto, apenas a alternativa B está correta. HS
Gabarito "B".

(Agente-Escrivão – Pernambuco – CESPE – 2016) Para aferir o uso da CPU e da memória de uma estação de trabalho instalada com Linux, deve(m) ser utilizado(s) o(s) comando(s):

(A) top.

(B) system.

(C) proc e mem.

(D) cpu e memory.

(E) fs e du.

A: correta. O comando "top" permite visualizar os dados de consumo de memória e uso de CPU de cada processo em execução no sistema; B: incorreta. O comando "system" executa um comando shell no sistema; C: incorreta. O "proc" é um pseudo sistema de arquivos que fornece uma interface para estruturas de informação do kernel e o mem é um arquivo que representa a memória principal do computador; D: incorreta. Não existe um comando chamado cpu no memory no Linux; E: incorreta. Não existe um comando chamado fs no Linux e o comando du é usado para estimar o uso de espaço por arquivos. HS
Gabarito "A".

(Agente-Escrivão – Pernambuco – CESPE – 2016) Um usuário deseja criar no Windows 10 as cinco pastas e subpastas, conforme apresentado a seguir.

C:\MeusDocumentos\Furto

C:\MeusDocumentos\BOs

C:\MeusDocumentos\BOs\Homicidios

C:\MeusDocumentos\BOs\Roubo

C:\MeusDocumentos\BOs\Furto

Considerando-se que todas as pastas sejam configuradas para guardar documentos e possuam permissão de escrita e leitura para todos os usuários da estação de trabalho, assinale a opção correta.

(A) A quinta estrutura apresentada não poderá ser criada, se as pastas forem criadas na ordem apresentada.

(B) A primeira estrutura apresentada será imune a pragas virtuais, devido ao fato de ser uma pasta-raiz.

(C) É possível criar todas as pastas e subpastas apresentadas, mas não será possível inserir nas pastas e nas subpastas arquivos do tipo imagem.

(D) É possível criar a estrutura apresentada, mas, caso não haja proteção adequada, os arquivos inseridos em todas pastas e subpastas estarão suscetíveis a infecção por pragas virtuais.

(E) Não é possível sincronizar essas pastas por meio de *cloud storage*, visto que armazenamentos na nuvem não suportam estrutura com subpastas.

A: incorreta. A ordem apresentada permite a criação da quinta pasta, uma vez que as pastas nas quais ela estaria contida já foram criadas nos passos anteriores; B: incorreta. O fato de ser uma pasta-raiz não torna um diretório imune a ameaças virtuais, sendo necessário para isso um software específico para este fim; C: incorreta. Uma pasta, seja ela um diretório-raiz ou uma subpasta, não possui restrição quanto ao tipo de arquivos que pode armazenar; D: correta. A estrutura apresentada é possível de ser criada na ordem em que se apresenta, sem um software do tipo antivírus que proteja as pastas do sistema, os arquivos estarão suscetíveis de serem infectados por alguma ameaça virtual; E: incorreta.

Os serviços de armazenamento em nuvem (Cloud Storage) têm total suporte para qualquer tipo de estrutura de pastas e subpastas. HS
Gabarito "D".

(Agente-Escrivão – Acre – IBADE – 2017) Suponha que se queira copiar as pastas "Documentos" e "Imagens" que estão no diretório raiz de um computador a fim de salvá-los em outro disco. Qual tecla deve ser usada juntamente com o mouse para selecionar apenas essas duas pastas?

(A) Tab.
(B) Fn.
(C) Shift.
(D) Alt.
(E) Ctrl.

A: incorreta. A tecla Tab não funciona como um modificar da ação de arrastar um arquivo ou pasta com o mouse; **B:** incorreta. A tecla Fn não funciona como modificador de ações de mouse, ela tem por função permitir acessar outra funcionalidade atrelada a uma determinada tecla, em geral encontrada em teclados de notebook; **C:** incorreta. A tecla Shift faz com o que arquivo seja movido para o destino; **D:** incorreta. A tecla Alt faz com que seja criado um atalho para o arquivo ou pasta no destino selecionado; **E:** correta. A tecla Ctrl faz com que o arquivo ou pasta selecionado seja copiado para o destino escolhido. HS
Gabarito "E".

(Agente-Escrivão – Acre – IBADE – 2017) Com relação aos sistemas operacionais, qual das afirmativas a seguir está correta?

(A) A função básica é proteger o computador contra o ataque de hackers.
(B) Windows XP é exemplo de um sistema operacional.
(C) Linux pertence e é vendido pela Microsoft.
(D) Windows é um software livre e de código aberto.
(E) São responsáveis apenas pelo gerenciamento da memória do computador.

A: incorreta. A função básica de um sistema operacional é de gerenciar recursos do sistema e fornecer uma interface entre o computador e o usuário; **B:** correta. O Windows XP é uma versão do sistema operacional Windows lançada em 2001 e cuja versão mais nova é denominada Windows 10; **C:** incorreta. O Linux é um sistema operacional baseado em UNIX de livre distribuição e não pertence à Microsoft; **D:** incorreta. O Windows é um sistema proprietário da empresa Microsoft e sua distribuição dependa da compra de licenças de uso; **E:** incorreta. O sistema operacional é responsável pelo gerenciamento de todos os recursos do computador. HS
Gabarito "B".

(Escrivão – AESP/CE – VUNESP – 2017) Assinale a alternativa que descreve a função da Área de Transferência do MS--Windows 7, em sua configuração padrão.

(A) Ser um local de armazenamento temporário de informações copiadas, que o usuário pode usar em algum outro lugar.
(B) Fornecer informações detalhadas em tempo real sobre os recursos do computador.
(C) Abrir um terminal que permite ao usuário escrever e executar comandos do computador.
(D) Fornecer ferramentas para configurar as opções de Rede do Windows e outros aplicativos.
(E) Permitir criar uma lista de tarefas, anotar um número de telefone ou outras atividades de anotação.

A, B, C, D e E: No Microsoft Windows 7 e em outras versões deste sistema operacional, a área de transferência é um local temporário de armazenamento de informações, sejam elas arquivos, trechos de texto ou pasta, que guardam os elementos copiados (Ctrl + C) ou recortados (Ctrl + X) até que estes sejam colados pelo usuário (Ctrl + V), portanto apenas a alternativa A está correta. HS
Gabarito "A".

(Escrivão – AESP/CE – VUNESP – 2017) Observe os ícones a seguir, extraídos da Área de Trabalho do MS-Windows 7. Os ícones foram marcados de 1 a 5.

Assinale a alternativa que contém o número do ícone do Painel de Controle, que fornece um conjunto de ferramentas que podem ser usadas para configurar o Windows.

(A) 3.
(B) 2.
(C) 5.
(D) 1.
(E) 4.

A: incorreta. O ícone 3 se refere à Rede local; **B:** correta. O item 2 se refere ao painel de controle do Windows; **C:** incorreta. O item 5 se refere a um atalho para uma pasta do computador; **D:** incorreta. O item 1 se refere a lixeira do computador; **E:** incorreta. O item 4 se refere ao item Meu Computador, que leva o usuário a uma tela com detalhes do computador. HS
Gabarito "B".

(Investigador-Escrivão-Papiloscopista – Pará – Funcab – 2016) A figura a seguir exibe duas pastas distintas de uma instalação padrão do Windows 7, em português. O caminho completo da pasta da parte superior da figura é c:\x, e o da pasta da parte inferior é c:\y.

Um usuário selecionou com o mouse o arquivo saldo. docx da pasta c:\x (pasta de origem) e o arrastou para a pasta c:\y (pasta de destino), com o objetivo de movê-lo da 1ª pasta para a 2ª.

Sabendo-se que a pasta c:\y já possui um arquivo chamado saldo.docx e que ele é de leitura somente, qual será o resultado da operação descrita acima?

(A) Será criada, na pasta de destino, uma cópia do arquivo movido, cujo nome será saldo(2).docx.

(B) Será exibida uma mensagem de erro informando que já existe um arquivo na pasta de destino com o mesmo nome do arquivo que se quer mover.

(C) Será exibida uma mensagem de erro informando que o arquivo da pasta de destino a ser substituído é de leitura somente.

(D) Será criada, na pasta de destino, uma cópia do arquivo movido, cujo nome será saldo – Cópia.docx.

(E) Será aberto um diálogo a partir do qual o usuário poderá substituir o arquivo da pasta de destino pelo arquivo da pasta de origem.

A, B, C, D e E: Ao mover ou copiar um arquivo para uma pasta, caso haja outro arquivo com o mesmo nome e a mesma extensão na pasta de destino, o Windows apresentará uma tela informando do ocorrido e onde o usuário poderá escolher cancelar a operação, sobrescrever o arquivo ou manter o arquivo existente e renomear o novo arquivo. O fato de um arquivo ser somente leitura apenas impede que este seja editado, o que não ocorre caso ele seja sobrescrito. Portanto, apenas a alternativa E está correta. HS
Gabarito "E".

(Papiloscopista – PCDF – Universa – 2016) Acerca das noções básicas dos *softwares* de edição de imagem Corel Draw e Adobe Photoshop, assinale a alternativa correta.

(A) Embora o Photoshop seja um *software* poderoso de edição de imagens, ele não salva as imagens no formato TIFF por considerar que este formato não atende aos padrões de resolução exigidos.

(B) No Photoshop, caso se deseje adicionar um efeito de *spray* a uma imagem, o usuário poderá fazer uso da ferramenta Aerógrafo.

(C) Uma foto criada no Corel Draw não pode ser editada no Adobe Photoshop, em função de o Adobe Photoshop não reconhecer imagens vetoriais.

(D) As dimensões máximas, por figura, permitidas no Photoshop são de 25.000 por 25.000 *pixels*.

(E) A opção retangular, da ferramenta Marca de Seleção do Photoshop, permite selecionar e cortar regiões da figura em formatos ovais, circulares e retangulares.

A: incorreta. O Photoshop suporta e permite salvar imagens no formato TIFF, que é o formato padrão para imagens de alta definição de cores e inclusive é mantido pela Adobe, empresa mantenedora do software; **B:** correta. A ferramenta Aerógrafo funciona de forma semelhante a um spray para coloração da imagem; **C:** incorreta. É possível abrir imagens vetoriais no Photoshop embora não seja possível salvar imagens vetoriais, pois o Photoshop é um software que trabalha com imagens raster; **D:** incorreta. O Photoshop suporta imagens com dimensões de até 30.000 por 30.000 pixels; **E:** incorreta. A opção retangular permite a seleção e cortes de regiões em formatos retangulares apenas. HS
Gabarito "B".

(Escrivão – PC/MG – FUMARC – 2018) São exemplos de atalhos padrão disponíveis na seção "Favoritos" do Windows Explorer do Microsoft Windows 7, versão português, EXCETO:

(A) Área de Trabalho.

(B) Documentos.

(C) Downloads.

(D) Locais.

A, B, C e D: A partir do Windows 7 o Windows Explorer trouxe a funcionalidade de Favoritos, renomeada para Acesso Rápido no Windows 8 e posterior, para facilitar o acesso a determinados diretórios. No Windows 7 na configuração padrão as pastas contidas nos Favoritos são Área de Trabalho, Downloads e Locais, portanto a alternativa B deve ser assinalada. No Windows 8 o item Locais foi renomeada para Locais Recentes.
Gabarito "B".

(Escrivão – PC/MG – FUMARC – 2018) Sobre o sistema operacional Linux e a Internet, considere as afirmativas a seguir.

I. O comando ping é utilizado para gerenciar as regras do firewall do sistema.

II. O protocolo ssh permite a conexão com outro computador que suporte tal recurso.

III. O apt-get permite instalar atualizações de pacotes no sistema através de um servidor.

IV. O comando scp transfere um arquivo de um computador para outro via Internet. Assinale a alternativa correta.

(A) Somente as afirmativas I e II são corretas.

(B) Somente as afirmativas I e IV são corretas.

(C) Somente as afirmativas III e IV são corretas.

(D) Somente as afirmativas I, II e III são corretas.

(E) Somente as afirmativas II, III e IV são corretas.

A, B, C, D e E: Apenas a afirmativa I está correta, o comando ping é usado para testar a disponibilidade e o tempo de resposta na comunicação entre dois computadores em uma rede, onde um pacote de dados é enviado para o IP de destino (ping) e mede-se o tempo até que um pacote seja recebido como resposta (pong). Portanto apenas a alternativa E está correta.
Gabarito "E".

(Escrivão – PC/MG – FUMARC – 2018) Assinale a alternativa que apresenta, corretamente, o comando do terminal utilizado para apagar um arquivo, no sistema operacional Linux.

(A) rm

(B) mv

(C) ln

(D) cp

(E) cd

A: correta, o comando rm permite remover uma pasta ou diretório; **B:** incorreta, o comando mv é usado para mover ou renomear arquivos ou pastas; **C:** incorreta, o comando ln é usado para criar um link para um arquivo ou pasta; **D:** incorreta, o comando cp é usado para copiar um arquivo ou pasta; **E:** incorreta, o comando cd é usado para alterar o diretório em que o usuário se encontra.
Gabarito "A".

(Escrivão – PC/RO – CEBRASPE – 2022) João, usuário do Windows 10, conectou uma impressora, já ligada, a seu computador via cabo USB. Em seguida, para adicionar a impressora, João acessou Configurações – Dispositivos – Impressoras e Scanners, contudo a impressora não apareceu na lista de dispositivos disponíveis.

Assinale a opção que indica uma possível causa que, existindo nessa situação hipotética, justificaria o fato de a impressora não ter sido encontrada na lista de dispositivos disponíveis.

(A) identificação da impressora pela rede sem fio

(B) existência de *bluetooth* na impressora

(C) falta de tinta na impressora

(D) modelo antigo da impressora

(E) ausência de endereço IP na impressora

A conexão entre os dispositivos via cabo USB permite a troca de informações entre eles de forma direta, não sendo afetada por conexões de rede, bluetooth e não há necessidade de endereço de IP para a impressora (uma impressora apenas possui um endereço IP caso seja conectada diretamente à rede). Neste cenário, modelos mais antigos de impressora podem não possuir o seu driver de comunicação pré-instalado ou algum outro tipo de driver compatível, nestes casos o usuário deve buscar o drive diretamente no site do fabricante. Portanto, apenas a alternativa D está correta.

Gabarito "D".

(Escrivão – PC/RO – CEBRASPE – 2022) No Windows Explorer, uma das formas de permitir acesso a um arquivo, para edição colaborativa ou simultânea, a um usuário da mesma rede Windows local, é por meio da opção

(A) Abrir com.

(B) Exibir online.

(C) Enviar para.

(D) Criar atalho.

(E) Conceder acesso a.

A: Errada, a opção "Abrir com" permite escolher com qual software o usuário deseja executar o arquivo selecionado. B: Errada, a opção "Exibir online" está disponível apenas para arquivos salvos dentro de uma pasta sincronizada do OneDrive e permite visualizar o conteúdo do arquivo no navegador do usuário. C: Errada, a opção "Enviar para" é usada para mover o arquivo para outro local ou dispositivo. D: Errada, a opção "Criar atalho" apenas cria um atalho para acesso ao arquivo original. E: Correta, a opção "Conceder acesso a" permite autorizar que outros usuários tenham acesso a um diretório e todos os seus arquivos e possam editá-lo ou apenas visualizá-lo, dependendo da permissão concedida. Portanto, apenas a alternativa E está correta.

Gabarito "E".

9. SEGURANÇA DA INFORMAÇÃO

(Agente-Escrivão – PC/GO – CESPE – 2016) Assinale a opção que apresenta procedimento correto para se fazer becape do conteúdo da pasta Meus Documentos, localizada em uma estação de trabalho que possui o Windows 10 instalado e que esteja devidamente conectada à Internet.

(A) Deve-se instalar e configurar um programa para sincronizar os arquivos da referida pasta, bem como seus subdiretórios, em uma *cloud storage*.

(B) Deve-se permitir acesso compartilhado externo à pasta e configurar o Thunderbird para sincronizar, por meio da sua função becape externo, os arquivos da referida pasta com a nuvem da Mozilla.

(C) Depois de permitir acesso compartilhado externo à pasta, deve-se configurar o Facebook para que tenha seus arquivos e subpastas sincronizados com a *cloud storage* privada que cada conta do Facebook possui.

(D) Os arquivos devem ser copiados para a área de trabalho, pois nessa área o sistema operacional, por padrão, faz becapes diários e os envia para o OneDrive.

(E) O Outlook Express deve ser configurado para anexar diariamente todos os arquivos da referida pasta por meio da função becape, que automaticamente compacta e anexa todos os arquivos e os envia para uma conta de *email* previamente configurada.

A: correta. É necessário utilizar um programa específico para a realização de backups e configurá-lo para sincronizar os arquivos e pastas desejados em um serviço de armazenamento em nuvem ou externo; B: incorreta. O Thunderbird é um software de gerenciamento de correio eletrônico e não possui funções para realização de backup dos arquivos pessoais do usuário; C: incorreta. O Facebook não é um serviço de armazenamento em nuvem e não disponibiliza cloud storage ou outras formas de armazenamento de arquivos com a finalidade de realizar cópias de segurança dos dados particulares dos usuários; D: incorreta. A área de trabalho não recebe ações de backup diário de forma padrão, ela é apenas um diretório comum que armazena os arquivos salvos pelo usuário e exibidos na tela da área de trabalho; E: incorreta. Não há função backup no Outlook Express, além do mais, o envio de grandes quantidades de dados por email não é uma forma eficiente de realizar cópias de segurança. HS

Gabarito "A".

(Agente-Escrivão – PC/GO – CESPE – 2016) Os mecanismos de proteção aos ambientes computacionais destinados a garantir a segurança da informação incluem:

(A) controle de acesso físico, *token* e *keyloggers*.

(B) assinatura digital, política de chaves e senhas, e *honeypots*.

(C) política de segurança, criptografia e *rootkit*.

(D) *firewall*, *spyware* e antivírus.

(E) *adware*, bloqueador de *pop-ups* e bloqueador de cookies.

A: incorreta, keylogger é um tipo de ameaça que registra todas as ações feitas no teclado do usuário; B: correta, o uso de assinatura digital ajuda a garantir a autenticidade de informações recebidas pela rede, políticas de chaves e senhas auxiliam na manutenção da segurança de credenciais de acesso e os honeypots são ferramentas que simulam falhas de segurança para coletar informações sobre possíveis invasores, funcionando como um tipo de armadilha; C: incorreta, o rootkit é um tipo de ameaça usado para esconder certos programas ou processos de programas de detecção como antivírus; D: incorreta, o spyware é um tipo de ameaça que colhe informações do usuário, como, por exemplo, seus hábitos na internet e as envia para outra pessoa pela internet; E: incorreta, o adware é um tipo de ameaça que tem por objetivo a exibição de propagandas indesejadas. HS

Gabarito "B".

(Agente-Escrivão – Acre – IBADE – 2017) Com relação ao firewall, é possível afirmar que:

(A) trata-se do processo em que dados e arquivos são armazenados virtualmente.

(B) não segue regras específicas.

(C) é um protocolo de transferência de arquivos sigilosos.

(D) pode ser tanto um dispositivo de hardware quanto um software.

(E) bloqueia spam ou e-mail não solicitado.

A, B, C, D e E: O firewall é o elemento responsável por monitorar as portas de conexão do computador e liberar para acesso apenas aquelas que são seguras ou necessárias para determinadas aplicações. Ele pode

HELDER SATIN

ser implementado em forma de hardware ou software e segue as regras definidas pelo administrador da rede, portanto apenas a alternativa D está correta. HS

Gabarito "D".

(Escrivão – PC/MG – FUMARC – 2018) O tipo de malware que modifica ou substitui um ou mais programas existentes para ocultar o fato de que um computador tenha sido comprometido, ocultando vestígios de ataque, é:

(A) Cavalos de Tróia.

(B) Rootkit.

(C) Spyware.

(D) Worm.

A: incorreta, o Cavalo de Tróia é um tipo de ameaça que se disfarça de um software legítimo e tem por finalidade manter uma portar de conexão aberta para que o usuário malicioso possa acessar novamente o computador infectado; **B:** correta, o Rootkit é um tipo de ameaça que visa a ocultar objetos ou ações realizadas no computador, dificultando a detecção de outras ameaças; **C:** incorreta, o Spyware é uma ameaça que colhe informações do usuário, como histórico de navegação, dados digitados e telas acessadas, para enviá-las a um usuário malicioso; **D:** incorreta, o Worm é um tipo de ameaça que se propaga automaticamente por uma rede, não necessitando que um software específico seja executado ou que ele esteja atrelado a outro software.

Gabarito "B".

(Escrivão – PC/MG – FUMARC – 2018) O tipo de ameaça à segurança de um computador que consiste em um programa completo que se replica de forma autônoma para se propagar para outros computadores é:

(A) Worm.

(B) Vírus.

(C) Spyware.

(D) Spam.

A: correta, o Worm é um tipo de ameaça que se propaga automaticamente por uma rede, não necessitando que um software específico seja executado ou que ele esteja atrelado a outro software; B: incorreta, vírus é a denominação genérica de ameaças virtuais que têm por objetivo expor o usuário a algum tipo de vulnerabilidade ou ameaça; C: incorreta, o Spyware é uma ameaça que colhe informações do usuário, como histórico de navegação, dados digitados e telas acessadas, para enviá-las a um usuário malicioso; D: incorreta, o Spam consiste no envio de mensagens indesejadas, geralmente via correio eletrônico.

Gabarito "A".

(Policial Rodoviário Federal – CESPE – 2019) Acerca de proteção e segurança da informação, julgue o seguinte item.

(1) No acesso a uma página *web* que contenha o código de um vírus de *script*, pode ocorrer a execução automática desse vírus, conforme as configurações do navegador.

1: correto, arquivos de script, cuja linguagem mais comumente utilizada é o javascript, podem ser executados automaticamente pelo navegador assim que este for carregado sem a necessidade de nenhuma interação do usuário.

Gabarito 1C

(Papiloscopista – PF – CESPE – 2018) No que se refere à segurança de computadores, julgue os itens subsecutivos.

(1) Cavalos de Troia são exemplos de vírus contidos em programas aparentemente inofensivos e sua ação

danosa é mascarada pelas funcionalidades do hospedeiro.

(2) Os *browsers* Internet Explorer, Firefox e Chrome permitem a instalação de plugins para implementar proteção antiphishing.

(3) Servidores *proxy* que atuam em nível de aplicação conseguem bloquear acesso a arquivos executáveis em conexões HTTP, o que não pode ser realizado com filtros de pacotes.

(4) Um dos objetivos do *firewall* é monitorar todo o tráfego de dados entrando e saindo de uma rede local e entrar em ação ao identificar um *sniffer* externo.

(5) Para a melhoria de desempenho, vários produtos de segurança (*firewall* e *antispyware*, por exemplo) podem ser substituídos por um sistema de gerenciamento unificado de ameaça (UTM – *unified threat management*).

1: correta, os Cavalos de Troia são ameaças que se disfarçam de um software legítimo para manter uma porta de conexão aberta para um usuário malicioso; **2:** errada, a proteção antiphising deve ser implementada por softwares gestores de correio eletrônico como o Mozilla Thunderbird e o Microsoft Outlook e não por navegadores de internet; **3:** correta, os servidores proxy filtram e direcionam a navegação do usuário e podem impedir o acesso a determinados tipos de programa; **4:** errada, o papel do firewall é monitorar o trafego de entrada e saída e garantia a execução das políticas de acesso definidas pelo administrador. **5:** correta, um UTM ou Gerenciamento unificado de ameaças, é um termo que se refere a uma solução de segurança único que provê múltiplas funções de segurança em um ponto de uma rede.

Gabarito 1C, 2E, 3C, 4E, 5C

(Escrivão – PF – CESPE – 2018) Acerca de redes de computadores e segurança, julgue os itens que se seguem.

(1) Uma das partes de um vírus de computador é o mecanismo de infecção, que determina quando a carga útil do vírus será ativada no dispositivo infectado.

(2) No processo conhecido como scanning, o worm, em sua fase de propagação, procura outros sistemas para infectar.

(3) Um *firewall* implementa uma política de controle de comportamento para determinar que tipos de serviços de Internet podem ser acessados na rede.

(4) Os aplicativos de antivírus com escaneamento de segunda geração utilizam técnicas heurísticas para identificar códigos maliciosos.

(5) Os *softwares* de *spyware* têm como principal objetivo adquirir informações confidenciais de empresas e são usados como uma forma de espionagem empresarial.

1: errada, o mecanismo de infecção é responsável pela forma como o vírus se propaga, quem define quando a carga útil do vírus será ativada é o mecanismo de ativação; **2:** correta, o worm é um tipo de vírus que tem por característica a capacidade de se autopropagar sem a necessidade de um hospedeiro e para tal tentar encontrar equipamentos na rede ou outros meios para os quais ele possa ser propagado; **3:** errada, o firewall tem por objetivo monitorar as portas de acesso e realizar o controle do fluxo de informações na rede. Para o monitoramento de serviços poderia ser utilizado um servidor proxy, que atua como intermediário na conexão do computador com a rede no qual ele se encontra; **4:** correta, na detecção por heurística o comportamento do software é monitorado para identificação de casos anômalos ou potencialmente maliciosos; **5:** errada, os spywares têm por funcionalidade obter dados do usuário monitorando o uso do equipamento, a navegação na internet e informações digitadas no computador, enviando-as para um usuário malicioso. Gabarito 1E, 2C, 3E, 4C, 5E

(Agente – PF – CESPE – 2018) Julgue os próximos itens, a respeito de proteção e segurança, e noções de vírus, *worms* e pragas virtuais.

(1) Um ataque de *ransomware* comumente ocorre por meio da exploração de vulnerabilidades de sistemas e protocolos; a forma mais eficaz de solucionar um ataque desse tipo e recuperar os dados "sequestrados" (criptografados) é a utilização de técnicas de quebra por força bruta da criptografia aplicada.

(2) A infecção de um sistema por códigos maliciosos pode ocorrer por meio da execução de arquivos infectados obtidos de anexos de mensagens eletrônicas, de mídias removíveis, de páginas *web* comprometidas, de redes sociais ou diretamente de outros equipamentos.

(3) Na autenticação em dois fatores, necessariamente, o primeiro fator de autenticação será algo que o usuário possui — por exemplo, um *token* gerador de senhas — e o segundo, alguma informação biométrica, como, por exemplo, impressão digital ou geometria da face reconhecida.

(4) A superexposição de dados pessoais nas redes sociais facilita o furto de identidade ou a criação de identidade falsa com dados da vítima, identidades essas que podem ser usadas para atividades maliciosas tais como a realização de transações financeiras fraudulentas, a disseminação de códigos maliciosos e o envio de mensagens eletrônicas falsas por email ou redes sociais.

1: errada, a forma mais eficaz de solucionar um ataque do tipo ransonware é primeiro isolar o computador afetado para evitar que a ameaça se espalhe e tomar as ações cabíveis para a remoção do vírus, e para a recuperação dos dados o ideal é possuir cópias de segurança destes em um ambiente separado e independente como um HD externo, pendrive ou mesmo outro computador, de forma que eles não sejam afetados caso um computador seja comprometido; **2:** correta, há várias formas de ser infectado por ameaças virtuais, como, por exemplo, a execução de um arquivo infectado recebido por e-mail, transferido pela internet, pela rede ou pelas mídias removíveis como pendrives, por este motivo deve-se ter muito cuidado ao executar programas recebidos de terceiros sem antes passá-lo por uma ferramenta antivírus; **3:** errada, na autenticação de dois fatores é utilizado como primeiro fator a senha do usuário e um segundo fator, em geral um token gerador de senhas ou um código enviado via mensagem para um número de celular; **4:** correta, muitas pessoas não têm o cuidado necessário com a privacidade das informações que expõem em redes sociais, o que acaba facilitando a obtenção de dados pessoais, nomes, endereços, lugares frequentados, fotos do rosto e tudo isso pode ser usado por alguém para se passar por outra pessoa, ações de roubo de identidade ou falsidade ideológica. Gabarito 1E, 2C, 3E, 4C

10. LINGUAGENS DE PROGRAMAÇÃO

(Papiloscopista – PF – CESPE – 2018) Em geral, APIs são definidas por um conjunto de requisitos que gerenciam a forma como uma aplicação pode conversar com outra aplicação. A esse respeito, julgue os itens subsequentes.

(1) Devido às características de uma API, a separação entre ela e sua implementação permite que programas escritos em uma linguagem usem bibliotecas escritas em outra linguagem.

(2) Para utilizar uma API que trabalhe com entrada/saída de arquivos, é necessário entender as operações do sistema de arquivo ao se utilizar a função copiar um arquivo de um dispositivo para outro.

(3) Uma API restringe a interface entre duas aplicações, nesse sentido, não é possível que uma API especifique uma interface entre uma aplicação e o sistema operacional, já que estão em camadas diferentes de programação.

1: correta, uma API funciona como uma interface para que programas escritos em diferentes linguagens e utilizando diferentes bibliotecas possam interagir, bastando que um lado tenha como acionar a API, enviado e/ou recebendo dados em um formato pré-definido; **2:** errada, as operações necessárias para a realização de uma tarefa precisam ser conhecidas apenas pela a API que executa tal ação, sendo que para utilizá-las é necessário apenas conhecer os parâmetros e condições requeridos por ela; **3:** errada, uma API atua justamente como interface entre duas aplicações, permitindo que elas possam ser integradas, recebam e enviem dados entre si além de permitir que serviços específicos disponibilizados por um sistema sejam consumidos por outro. Gabarito 1C, 2E, 3E

(Agente – PF – CESPE – 2018) Julgue os próximos itens, relativos a noções de programação Python e R.

1. Considere o programa a seguir, escrito em R.

```
x <- c (3, 5, 7)
y <- c (1, 9, 11)
print (x + y)
```

Após a execução do programa, será obtido o seguinte resultado.

```
[1]  36
```

2. Considere o programa a seguir, escrito em R.

```
x <- TRUE
y <- FALSE
print (xy)
```

Após a execução do programa, será obtido o seguinte resultado.

```
[1] FALSE
```

3. Considere o programa a seguir, na linguagem Python.

```
if 5 > 2
    {
        print("True!")
    }
```

A sintaxe do programa está correta e, quando executado, ele apresentará o seguinte resultado.

```
True!
```

4. Considere o programa a seguir, na linguagem Python.

```
letras == ["P", "F"]
for x in letras
    {
    print(x)
    }
```

A sintaxe do programa está correta e, quando executado, ele apresentará o seguinte resultado.

```
PF
```

1: errada, o código apresentado irá apenas retornar o valor da soma de cada coluna dos elementos das matrizes, sendo o retorno [1] 4 14 18; **2:** errada, a variável xy usada no comando print não foi definida no trecho apresentado; **3:** errada, após o comando if é usado o símbolo de dois pontos e não chaves; **4:** errada, em Python o símbolo == é usado para realizar comparações e não atribuições, além disso é necessário o símbolo de : (dois pontos) ao final da declaração do for (for x in letras:) e não chaves.
Gabarito 1E, 2E, 3E, 4E

(Papiloscopista – PC/RR – VUNESP – 2022) Dentre as alternativas a seguir, assinale aquela que mais se relaciona à proteção contra ataques DDoS.

(A) Antivírus.

(B) Firewall.

(C) Antispyware.

(D) Backup.

(E) Atualização de SO.

A: Errada, o antivírus tem por objetivo identificar, remover e auxiliar na prevenção de infecções de diversos tipos de vírus de computador, o que não se aplica ao DDoS, que é na verdade um ataque feito à uma rede ou serviço. **B:** Correta, o Firewall é usado para monitorar e controlar o acesso de portas de comunicação de rede, em um ataque DDoS diversas requisições são enviadas ao mesmo tempo na tentativa de esgotar os recursos de um serviço, o Firewall pode atuar para inibir essas requisições e garantir que os recursos estão disponíveis para usuários reais. **C:** Errada, o antispyware é usado para identificar, remover e prevenir a infecção de spywares, programas usados para monitorar e registrar as ações de um usuário. **D:** Errada, o backup é uma ação feita para copiar arquivos importantes para que possam ser recuperados em caso de perda dos arquivos originais. **E:** Errada, atualização de SO é a prática de manter um sistema operacional atualizado com as últimas alterações e melhorias.
Gabarito "B".

11. TEORIA GERAL DE SISTEMAS

(Papiloscopista – PF – CESPE – 2018) A respeito de sistema de informação, julgue os itens a seguir.

(1) Em uma organização, um sistema de informação só é eficiente se for parte de departamento isolado. Essa consideração reside no fato de os componentes do sistema, por razões de segurança, serem delimitados e restritos. Por eficiência computacional esse tipo de sistema é desconectado da Internet.

(2) Normalmente, os componentes de um sistema de informação incluem os dados, o sistema de processamento de dados e os canais de comunicação.

(3) Em um sistema de informação, *feedback* envolve a monitoração e a avaliação do controle, a fim de determinar se o sistema está se dirigindo para a realização de sua meta, ao passo que controle corresponde aos dados sobre o desempenho do sistema.

1: errada, os sistemas de informação devem compartilhar informações entre si de forma a garantir uma visão ampla e permitir que todas as informações necessárias estejam sempre disponíveis para que a tomada de decisão possa ser feita de maneira assertiva. A conectividade com a Internet é outro ponto importante para permitir o acesso à informação de forma rápida; **2:** correta, os três são componentes básicos de um sistema de informação. Primeiro temos os dados, que, por meio de um canal de entrada, serão usados pelo sistema. O processamento destes dados, para que seja gerado um resultado, poderá ser armazenado ou enviado a canais de comunicação para transferência do resultado produzido para seu destino final; **3:** errada, o feedback são dados sobre o desempenho de um sistema e controle a monitoração e avaliação do feedback, de forma que possa ser determinado se o sistema está se dirigindo para a realização de sua meta.
Gabarito 1E, 2C, 3E

(Papiloscopista – PF – CESPE – 2018) Acerca da definição de dados e informação e sua representação em sistemas de informação, julgue os itens que se seguem.

(1) Dados são fatos que descrevem os objetos de informação, por exemplo, eventos e entidades.

(2) Informação é constituída por um conjunto de dados com características específicas. O ponto de análise é que os dados devem ser irrelevantes para o sistema a que se destinam.

(3) Na representação da informação, os atributos permitem que entidades e eventos possam ser reconhecidos, referidos e descritos. Um atributo relacional permite relacionar eventos e entidades.

1: correta, dados são fatos, numéricos ou textuais, que podem ser usados para descrever algo e por si só não devem ser usados para tomada de decisão; **2:** errada, informação é o resultado do agrupamento de dados de forma a produzirem algum significado; **3:** correta, atributos permitem quem algo possa ser descrito, reconhecido ou referido, sendo que alguns destes permitem relacionar um objeto a outro objeto diferente, sendo denominados atributos relacionais.
Gabarito 1C, 2E, 3C

(Escrivão – PF – CESPE – 2018) Julgue os seguintes itens, a respeito da computação em nuvem e da teoria geral de sistemas (TGS).

(1) Um sistema com entropia interna não funciona corretamente.

(2) Em função da necessidade de acionamento de fornecedores, a computação em nuvem demora mais que a computação tradicional para colocar novas aplicações em execução.

(3) Na computação em nuvem, elasticidade é a capacidade de um sistema de se adaptar a uma variação na carga de trabalho quase instantaneamente e de forma automática.

(4) De acordo com a TGS, na realimentação de um sistema, a saída de um processo torna-se a entrada do processo seguinte.

1: correta, a teoria geral de sistemas o conceito de entropia aponta que todo sistema irá sofrer algum tipo de deterioração que irá prejudicar o funcionamento deste, o oposto é a sintropia que aponta para a necessidade da existência de resistências ou forças contrárias à entropia para que o sistema continue existindo; **2:** errada, uma das características da computação em nuvem é a rapidez e confiabilidade, e para tal os fornecedores de serviço em geral provêm uma interface onde o próprio usuário consiga fazer a o gerenciamento dos serviços contratados de forma rápida e fácil, na maioria das vezes permitindo o uso de recursos de forma imediata; **3:** correta, sendo um dos grandes diferenciais da computação em nuvem, a elasticidade define a capacidade de aumentar ou diminuir os recursos disponíveis de forma imediata de acordo com a necessidade apresentada por quem está consumindo tais recursos; **4:** errada, quando falamos de realimentação de um sistema temos uma interação do resultado de um processamento, ou saída, como entrada no mesmo processo e não em processo seguinte.

Gabarito 1C, 2E, 3C, 4E

(Escrivão – PF – CESPE – 2018) Julgue os itens a seguir, a respeito da teoria da informação e de metadados de arquivos.

(1) O conhecimento é embasado na inteligência das informações que são coletadas e analisadas para uma organização.

(2) Em arquivos no formato XML, as tags não são consideradas metadados.

(3) Na gestão de documentos digitalizados, os arquivos são criados em formato de imagens, e seus atributos são armazenados em metadados para facilitar a pesquisa e a localização desses arquivos.

1: errada, informações são conjuntos de dados com algum significado e por si só não possuem inteligência sobre algo, o conhecimento advém da interpretação de informações dentro de algum contexto; **2:** errada, nos arquivos XML, formato usado comumente para descrever informações de forma que possam ser facilmente compartilhadas entre sistemas, utiliza-se um sistema de tags de livre criação para descrever as características de uma informação e, portanto, também representam metadados; **3:** correta, os gestores de documentos digitalizados, em geral salvos em formato de imagem, permitem a criação de metadados sobre os documentos e as informações contidas nestes para permitir a indexação das informações e assim possibilitar o uso de pesquisas para encontrar determinado arquivo.

Gabarito 1E, 2E, 3C

(Agente – PF – CESPE – 2018) Acerca da teoria geral dos sistemas, julgue o item subsequente.

(1) Essa teoria contribui para a unidade da ciência, ao desenvolver princípios unificadores que atravessam verticalmente os universos particulares das diversas ciências envolvidas.

1: correta, a Teoria Geral dos Sistemas é um estudo interdisciplinar que busca descobrir e identificar pontos em comum entre diferentes dinâmicas de sistemas, definidos como organismos formados por partes interligadas e interdependentes. Assim permite aplicar estes conhecimentos em diversas áreas da ciência, facilitando a identificação de princípios e potenciais problemas.

Gabarito 1C

(Agente – PF – CESPE – 2018) Julgue os próximos itens, a respeito da teoria da informação e de sistemas de informação.

(1) O conceito de conhecimento é mais complexo que o de informação, pois conhecimento pressupõe um processo de compreensão e internalização das informações recebidas, possivelmente combinando-as.

(2) No desenvolvimento de um sistema de informação, a fase de levantamento de requisitos consiste em compreender o problema, dando aos desenvolvedores e usuários a mesma visão do que deve ser construído para resolvê-lo, e a fase de projeto consiste na realização da descrição computacional, incluindo a arquitetura do sistema, a linguagem de programação utilizada e o sistema gerenciador de banco de dados (SGBD) utilizado.

1: correta, o conceito de informação está ligado à junção de dados de forma que possuam significado, já o conceito de conhecimento supõe a interpretação de dados com base na experiência e no contexto apresentados; **2:** correta, a fase de levantamento de requisitos é de extrema importância para a equipe de desenvolvimento para que esta possa realizar um bom planejamento das funcionalidades e estruturas necessárias para a execução do projeto.

Gabarito 1C, 2C

15. ARQUIVOLOGIA

Elson Garcia

(Papiloscopista – PC/RR – VUNESP – 2022) No que se refere à Arquivística e aos documentos de arquivo, assinale a alternativa correta.

(A) Os documentos de arquivo mantêm uma relação contextual, orgânica e natural com sua entidade produtora e com os atos de sua produção, e são organizados como coleções artificiais arranjadas e descritas inicialmente por tema, local ou tempo.

(B) Os arquivistas podem preservar a natureza orgânica de arquivos, como prova de transações, aderindo ao princípio do respeito aos fundos, bem como àqueles relacionados à proveniência e à naturalidade.

(C) O caráter probatório dos documentos é indiscutível, uma vez que os suportes, materiais nos quais estão registradas as informações a eles relacionadas, inerentemente refletem as funções, programas e atividades da pessoa ou instituição que os produziu.

(D) A Arquivística possui, além de objetos físicos, um objeto intelectual que é o documento, independentemente de sua natureza, gênero, forma, formato ou suporte.

(E) O objetivo da Arquivística, em relação a todos os seus objetos físicos e intelectual, por meio de suas teorias, metodologias e aplicações práticas, é a preservação a longo prazo dos suportes documentais.

De acordo com o livro didático: Arquivos permanentes de Spudeit, Daniela Fernanda Assis -UNIASSELVI, 2021, o caráter probatório dos arquivos é indiscutível, uma vez que os documentos inerentemente refletem as funções, os programas e as atividades da pessoa ou da instituição que os produziu.
Gabarito "C."

(Papiloscopista – PC/RR – VUNESP – 2022) A classificação de documentos mais apropriada para os órgãos públicos do Poder Executivo, os quais sofrem frequentes alterações de acordo com as injunções políticas, é aquela que utiliza o método

(A) ideográfico.

(B) estrutural.

(C) decimal.

(D) funcional.

(E) misto.

A classificação funcional é a representação lógica das funções, subfunções e atividades do organismo produtor. Por isso, ela independe da estrutura e de suas mudanças no decorrer do tempo. A classificação funcional é a mais apropriada para órgãos públicos do Poder Executivo que sofrem frequentes alterações em sua estrutura, de acordo com as injunções políticas. Apesar de mais complexa, a classificação funcional é mais duradoura.
Considerando-se que as estruturas podem mudar com alguma frequência e que as funções e atividades, em geral, permanecem estáveis, o Plano de Classificação funcional permite atualizações periódicas sem

comprometer os códigos numéricos de classificação atribuídos aos tipos/séries documentais.
Gabarito "D."

(Papiloscopista – PC/RR – VUNESP – 2022) Do ponto de vista da forma, o microfilme negativo em sais de prata pode ser considerado exemplo de

(A) suporte.

(B) tipo.

(C) original.

(D) minuta.

(E) espécie.

Suporte é o material no qual as informações são registradas. São exemplos de suporte pendrive, DVD, CD, microfilmes, entre outros. O microfilme negativo em sais de prata é um exemplo de suporte.
Gabarito "A."

(Papiloscopista – PC/RR – VUNESP – 2022) No tocante aos sistemas informatizados de gestão arquivística de documentos, é correto afirmar que

(A) o programa de gestão arquivística de documentos implementado por qualquer organização deve ter como base a política nacional de arquivos definida pelo Arquivo Nacional, bem como o contexto jurídico-administrativa e a missão institucionais, devidamente ajustados à legislação vigente.

(B) o planejamento do programa de gestão arquivística de documentos envolve o levantamento e a análise da realidade institucional, o estabelecimento das diretrizes e dos procedimentos a serem cumpridos pelo órgão ou pela entidade, o desenho do sistema e a elaboração de instrumentos e manuais.

(C) os documentos de arquivo devem ser armazenados, preservados e mantidos em plataformas digitais que possibilitem o acesso à informação, qualquer que seja o sistema adotado pela organização.

(D) a implantação de um sistema de gestão de documentos só é necessária se a produção documental da organização for digital, uma vez que não é possível recuperar as informações contidas nesses documentos sem o mapeamento informatizado adequado.

(E) a criação de um grande repositório digital como ambiente de acesso à informação é desejável a todas as instituições, públicas ou privadas, que digitalizam e armazenam seus documentos de arquivo em HDs externos ou servidores internos.

De acordo com o documento elaborado pelo Conarq: "e-ARQ Brasil: Modelo de Requisitos para Sistemas Informatizados de Gestão Arquivística de Documentos/ Câmara Técnica de Documentos Eletrônicos – Rio de Janeiro: Arquivo Nacional, 2022", temos que:
O programa de gestão arquivística de documentos deve ter como base a política nacional de arquivos definida pelo Arquivo Nacional, além do

contexto jurídico-administrativo de forma que estejam de acordo com a missão institucional e a legislação vigente.

Gabarito "A".

(Papiloscopista – PF – CESPE – 2018) A respeito de arquivologia, julgue os itens seguintes.

(1) Os arquivos não são colecionados, mas sim agrupados por um processo natural.

(2) O protocolo é uma atividade que se inicia nos arquivos correntes e finaliza suas ações no arquivo permanente.

(3) A classificação estrutural, um dos tipos de classificação de documentos de arquivo, baseia-se na estrutura orgânica da entidade.

(4) Após o prazo de guarda no arquivo intermediário, a tabela de temporalidade define a destinação final, que é diferente para documentos tradicionais (em papel) e documentos digitais.

(5) A estabilidade química do material e sua resistência aos agentes de degradação são fundamentais para o acondicionamento dos documentos de arquivo.

(6) A preservação dos documentos de arquivo inicia-se quando o documento chega ao arquivo permanente.

1. O item está correto, pois conforme a autora Heloísa Liberalli Bellotto (2002): "os documentos não são colecionados e sim acumulados, naturalmente, no curso das ações, de maneira contínua e progressiva".
2. O item está incorreto, pois o protocolo é uma atividade que se inicia nos arquivos correntes, quando os documentos são criados ou recebidos e termina nos arquivos correntes, quando os documentos são arquivados.
3. O item está correto, pois a classificação pode ser feita pelos métodos: funcional, estrutural ou por assunto, sendo que o método de classificação estrutural é aquele que tem por eixo a estrutura administrativa do órgão produtor.
4. O item está incorreto, pois a destinação final é igual para documentos em papel e documentos digitais, ou seja, a eliminação ou a conservação de documentos arquivísticos segue o mesmo processo, sejam eles convencionais ou digitais.
5. O item está correto, pois o material utilizado deve ser escolhido de forma que sua estabilidade química (material com pH neutro ou alcalino são os mais indicados) e sua resistência favoreçam a conservação dos documentos.
6. O item está incorreto, pois as atividades de preservação dos documentos de arquivo iniciam desde a idade corrente, ou seja, desde o começo da vida do documento e não na idade permanente.

Gabarito 1C, 2E, 3C, 4E, 5C, 6E

(Escrivão – PF – CESPE – 2018) A respeito dos princípios e conceitos arquivísticos, julgue os itens a seguir.

(1) De acordo com o princípio de respeito aos fundos, o arquivo de uma pessoa jurídica ou física deve ser mantido separadamente de arquivos de outras pessoas jurídicas ou físicas.

(2) A aplicação do princípio da reversibilidade permite manter os documentos da forma como eles foram acumulados pela pessoa jurídica ou física que o tiver produzido.

(3) Com a mudança política ou administrativa em que ocorra a transferência de funções de uma entidade para outra, os documentos de arquivo importantes também devem ser transferidos para essa outra entidade a fim de assegurar a continuidade administrativa.

(4) Uma das características básicas do arquivo é que o significado do acervo documental não depende da relação que os documentos tenham entre si.

(5) Os objetivos primários do arquivo são jurídicos, funcionais e administrativos.

1. O item está correto, pois este conceito é básico da Arquivística e estabelece que o arquivo produzido por uma entidade coletiva, pessoa ou família não deve ser misturado ao de outras entidades produtoras. Ele foi elaborado pelo historiador francês Natalis de Wailly que na França foi chefe da Seção Administrativa dos Arquivos Departamentais do Ministério do Interior. Teve sua consagração definitiva somente em 1964, durante o V Congresso Internacional de Arquivos, realizado em Bruxelas.
2. O item está incorreto, pois o princípio da reversibilidade estabelece que todo procedimento ou tratamento empreendido em arquivos pode ser revertido se necessário.
3. O item está correto, pois conforme o princípio da proveniência funcional, a transferência de funções de uma autoridade para outra, como resultado de mudança política ou administrativa, os documentos relevantes ou cópias devem ser também transferidos para assegurar a continuidade administrativa.
4. O item está incorreto, pois no arquivo há uma significação orgânica entre os documentos. Na biblioteca é que o significado do acervo documental não depende da relação que os documentos tenham entre si.
5. O item está correto, pois os objetivos primários do arquivo são o atendimento dos fins funcionais, administrativos e jurídicos da instituição ao qual estão vinculados.

Gabarito 1C, 2E, 3C, 4E, 5C

(Escrivão – PF – CESPE – 2018) Acerca da gestão da informação e de documentos, julgue os itens que se seguem.

(1) A tramitação dos documentos, uma das atividades mais importantes durante a fase do seu uso administrativo, consiste na distribuição dos documentos aos destinatários.

(2) A classificação de documentos de arquivo é realizada com a aplicação do código de classificação, instrumento que é preparado a partir das funções e atividades que gerem os documentos.

(3) A sequência correta para a organização dos documentos é, inicialmente, o arquivamento; em seguida, a ordenação; e, por último, a classificação.

(4) A tabela de temporalidade é um trabalho multidisciplinar, pois envolve profissionais de várias áreas para definir os prazos de guarda e a destinação final dos documentos, que pode ser a eliminação ou guarda permanente.

1. O item está incorreto, pois a tramitação dos documentos, também chamado de movimentação ou trâmite é o curso do documento desde a sua produção ou recepção até o cumprimento de sua função administrativa.
2. O item está correto, pois realmente o código de classificação de documentos de arquivo é um instrumento de trabalho utilizado para classificar todo e qualquer documento produzido ou recebido por um órgão no exercício de suas funções e atividades.
3. O item está incorreto, pois a sequência para a organização de documentos de arquivo é a classificação, a ordenação e por último o arquivamento.
4. O item está correto, pois envolve grupos multidisciplinares, que definem sua preservação ou autorizam a sua eliminação. Também definem prazos de guarda e a destinação de cada um dos documentos a serem preservados.

Gabarito 1E, 2C, 3E, 4C

15. ARQUIVOLOGIA — 457

(Escrivão – PF – CESPE – 2018) Julgue os itens subsequentes, relativos à preservação dos documentos e às tipologias documentais.

(1) A promoção da preservação e da restauração dos documentos é realizada por meio de políticas de preservação.

(2) Entre os tipos documentais, inclui-se a portaria de instauração de inquérito.

(3) Os caracteres externos do tipo documental são o código da série, o destinatário e a tramitação.

---

1. O item está incorreto, pois o importante é a preservação do patrimônio documental, o que é realizado por políticas públicas de preservação documental, a serem observadas pelas instituições, sejam elas públicas ou privadas. Preservar para não restaurar!
2. O item está correto, pois o exemplo apresentado é composto pela espécie, portaria e a atividade ou função do documento, que é a instauração de inquérito.
3. O item está incorreto, pois os caracteres externos que fazem parte do tipo documental são o gênero, o suporte, o formato e a forma.
Gabarito 1E, 2C, 3E

(Escrivão de Polícia Federal – 2013 – CESPE) Acerca de arquivologia, julgue os itens abaixo.

(1) O princípio arquivístico fundamental para a organização dos documentos é o princípio temático, também conhecido como princípio da pertinência.

(2) O arquivo do Departamento de Polícia Federal é constituído de todos os documentos produzidos e(ou) recebidos, no cumprimento da missão institucional. O tratamento desse arquivo deve ser feito de acordo com as orientações do Conselho Nacional de Arquivos.

(3) A gestão de documentos, reconhecida inclusive na legislação arquivística brasileira, visa garantir que os arquivos sejam instrumentos de apoio à administração, à cultura, ao desenvolvimento científico e elementos de prova e informação.

(4) Em algumas situações, os documentos de arquivo precisam passar por vários setores da instituição, onde são tomadas decisões com relação ao tema do documento. A trajetória realizada pelo documento desde sua produção até o cumprimento de sua função administrativa é conhecida como tramitação. A trajetória realizada pelo documento deverá ser registrada para futuro conhecimento.

1: errado, pois o princípio fundamental para organização dos documentos é o da proveniência. De acordo com este princípio, o arquivo que é produzido por uma entidade não deve ser misturado aos de outras entidades produtoras; 2: correto, pois os arquivos da Polícia Federal, assim como os dos demais órgãos e entidades do governo federal, devem ser tratados de acordo com as Diretrizes do Conselho Nacional de Arquivos – Conarq. Este órgão é responsável pela definição da política nacional de arquivos públicos e privados e pela orientação normativa visando à gestão documental e à proteção especial aos documentos de arquivo; 3: correto, pois a gestão de documentos é o conjunto de procedimentos e operações técnicas referentes à sua produção, tramitação, uso, avaliação e arquivamento em fase corrente e intermediária, visando a sua eliminação ou recolhimento para guarda permanente. Esta gestão visa garantir o apoio à administração (finalidade primária) e à cultura e desenvolvimento científico (finalidades secundárias); 4: correto, pois a tramitação é a trajetória realizada pelo documento desde a sua produção ou recepção até o cumprimento de sua função

administrativa. Este percurso deve ser registrado para permitir o seu controle e possibilitar seu conhecimento futuro.
Gabarito 1E, 2C, 3C, 4C

(Escrivão de Polícia Federal – 2013 – CESPE) Julgue os itens seguintes, no que se refere à classificação e à tabela de temporalidade de documentos.

(1) A organização de documentos de arquivo envolve a classificação, a ordenação e o arquivamento. A classificação e a ordenação são operações intelectuais e o arquivamento, uma operação física.

(2) Definir a destinação final de determinado documento de arquivo é estabelecer o seu prazo de guarda nos arquivos corrente e intermediário.

(3) O Departamento de Polícia Federal deve utilizar a tabela de temporalidade de documentos de arquivo elaborada pelo Conselho Nacional de Arquivos, para avaliar os documentos de arquivo produzidos e(ou) recebidos pela sua atividade-meio.

(4) Os documentos de arquivo, após cumprirem o prazo de guarda nos arquivos correntes, devem ser transferidos para o arquivo permanente.

(5) O instrumento elaborado para a classificação dos documentos de arquivo é o plano de destinação de documentos.

1: correto, pois a classificação de um arquivo é uma atividade de análise do conteúdo de documentos. Portanto, ela é uma atividade intelectual. A ordenação é o ato de dispor documentos ou informações segundo um determinado método, portanto, também é uma atividade intelectual. Já, o arquivamento é uma operação física que visa à guarda ordenada dos documentos; 2: errado, pois definir a destinação final de determinado documento de arquivo é decidir a sua eliminação ou o seu recolhimento para a guarda permanente; 3: correto, pois a Polícia Federal assim como os dos demais órgãos e entidades do governo federal, devem adotar a tabela de temporalidade elaborada pelo Conarq, para avaliação dos documentos acumulados em suas atividades; 4: errado, pois não existe a obrigação de enviar, para a fase permanente, os documentos que cumpriram o prazo de guarda na fase corrente. Após o cumprimento de prazo de guarda nos arquivos correntes os documentos de arquivo podem ser eliminados, transferidos aos arquivos intermediários, ou recolhidos ao arquivo permanente; 5: errado, pois o instrumento utilizado para a classificação dos documentos de arquivo é denominado plano ou código de classificação.
Gabarito 1C, 2E, 3C, 4E, 5E

(Escrivão de Polícia Federal – 2013 – CESPE) Com relação à preservação e conservação de documentos de arquivo, julgue os itens que se seguem.

(1) A principal medida para preservar documentos em suporte papel é a encapsulação.

(2) Para preservar e conservar documentos de arquivo é necessário desenvolver ações nos momentos de produção, de tramitação, de acondicionamento e de armazenamento físico, independentemente do suporte documental utilizado.

(3) Deve ser previsto espaço para o armazenamento separado dos diversos suportes documentais nas áreas de depósito de documentos de arquivo.

1: errado, pois a principal medida para preservar documentos em suporte papel é a laminação. Este processo de restauração consiste no reforço de documentos deteriorados ou frágeis, colocando-os entre folhas de papel de baixa gramatura, fixadas por adesivo natural,

458 ELSON GARCIA

semissintético ou sintético, por meio de diferentes técnicas, manuais ou mecânicas; **2:** correto, pois a preservação e conservação dos documentos exige ações nas fases de produção, de tramitação, de acondicionamento e de armazenamento físico. Podem incluir o monitoramento e o controle ambiental, as restrições de acesso, os cuidados no manuseio direto e na obtenção de suportes e materiais mais duráveis; **3:** correto, pois suportes diferentes deverão ser armazenados em locais distintos, conforme suas características físicas, pois a temperatura e a umidade variarão de acordo com a necessidade do suporte dos documentos. Gabarito 1E, 2C, 3C.

(Escrivão de Polícia/DF – 2013 – CESPE) No que se refere à arquivologia, julgue os itens que se seguem.

(1) O protocolo visa, sobretudo, a identificação de metadados, com os quais são possíveis o controle e o acesso aos documentos de arquivo.

(2) A classificação de documentos de arquivo é realizada a partir de um instrumento específico para essa tarefa denominado tabela de temporalidade.

(3) De acordo com a legislação arquivística brasileira, o conceito das três idades documentais é um meio de dar sentido à massa documental acumulada pelas organizações.

(4) A gestão de documentos é uma condição necessária para a restauração de documentos de arquivo.

1: correto, pois os metadados são informações úteis para identificar, localizar, compreender e gerenciar os dados dos documentos. O protocolo visa, sobretudo, a identificação destes metadados, com os quais serão possíveis o controle e o acesso aos documentos de arquivo; **2:** errado, pois a tabela de temporalidade é um instrumento com o qual se determina o prazo de permanência de um documento em um arquivo e sua destinação após este prazo; **3:** Correto, pois o conceito das três idades documentais corresponde às sucessivas fases por que passam os documentos de um arquivo desde sua produção à guarda permanente ou eliminação. Os arquivos são considerados arquivos correntes, intermediários ou permanentes. Desta forma se dá um sentido à massa documental acumulada pelas organizações; **4:** Errado, pois o gestão de documentos corresponde a um conjunto de procedimentos e operações técnicas referentes à sua produção, tramitação, uso, avaliação e arquivamento em fase corrente e intermediária, visando a sua eliminação ou recolhimento para guarda permanente (art. 3º da Lei 8.159/1991). Gabarito 1C, 2E, 3C, 4E.

16. FÍSICA

Elson Garcia

(Policial Rodoviário Federal – CESPE – 2019) A figura seguinte ilustra uma prova de tiro ao alvo com arma de fogo: o alvo é um círculo de 20 cm de diâmetro e está localizado a 50 m da extremidade do cano da arma. O cano da arma e o centro do alvo estão à altura de 1,5 m do solo.

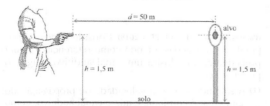

Nessa situação, um projétil de massa igual a 15 g sai do cano da arma paralelamente ao solo, com velocidade horizontal inicial de 720 km/h.

Tendo como referência a situação apresentada, julgue os itens a seguir, considerando que a aceleração da gravidade seja de 9,8 m/s2 e desprezando o atrito do ar sobre o projétil.

(1) O deslocamento do projétil na direção horizontal ocorre de acordo com uma função quadrática do tempo.
(2) Na situação em tela, o projétil atingirá o alvo circular.
(3) Se o alvo fosse retirado da direção do projétil, então o trabalho realizado pela força gravitacional para levar o projétil até o solo seria superior a 0,10 J.

1. O item está errado, pois na horizontal temos um movimento uniforme, portanto a função com o tempo, do deslocamento, é uma função linear do primeiro grau dada por x = v.t.

2. O item está errado, conforme cálculos e explicações a seguir.
A ação da gravidade faz com que o projétil seja deslocado para baixo descrevendo uma queda realizada em MRUV. Inicialmente iremos calcular o tempo para o projetil atingir o alvo:
Como o alcance (na horizontal) é de: $X – X_0 = 50m$. Usando as fórmulas: $X – X_0 = V_{ox}.t = 50m$ e $V_{ox} = V_0.\cos\theta$ e $\cos\theta = 1$. Como $V_0 = 720$ km/h = 200m/s teremos: $t = (X – X_0)/V_0$ e $t = (50m)/(200m/s)$ ou $t = 0,25s$.
Em seguida, calcularemos a queda do projétil $y – y_0$, na vertical. $y – y_0 = V_{0y}.t + (1/2)g.t^2$. Como $V_{0y} = V_0.\text{sen}\theta$ e $\text{sen}\theta = 0$ e $g = 9,8m/s^2$ teremos $y – y_0 = (1/2)g.t^2 = (1/2)(9,8).0,25^2 = 0,30625m$, ou 30,6cm.
Como o alvo circular tem um raio de 10cm, ou seja, menor do que a queda do projétil, ele não vai atingir o alvo, portanto o item 2 está errado.

3. O item está correto, pois se o alvo fosse retirado da direção do projétil, o trabalho realizado
pela força gravitacional para levar o projétil até o solo, seria de W = m.g.h =
(0,015kg)(9,8m/s²)(1,5m) = 0,2205J, ou seja, superior a 0,10J.

Gabarito 1E, 2E, 3C

(Policial Rodoviário Federal – CESPE – 2019) Um veículo de 1.000 kg de massa, que se desloca sobre uma pista plana, faz uma curva circular de 50 m de raio, com velocidade de 54 km/h. O coeficiente de atrito estático entre os pneus do veículo e a pista é igual a 0,60.

A partir dessa situação, julgue os itens que se seguem, considerando a aceleração da gravidade local igual a 9,8 m/s2.

(1) O veículo está sujeito a uma aceleração centrípeta superior à aceleração gravitacional.
(2) Se o veículo estivesse sujeito a uma aceleração centrípeta de 4,8 m/s2, então ele faria a curva em segurança, sem derrapar.
(3) Considere que esse veículo colida com outro veículo, mas o sistema permaneça isolado, ou seja, não haja troca de matéria com o meio externo nem existam forças externas agindo sobre ele. Nesse caso, segundo a lei de conservação da quantidade de movimento, a soma das quantidades de movimento dos dois veículos, antes e após a colisão, permanece constante.

1. O item está incorreto, pois a aceleração centrípeta quando calculada por meio da fórmula: $A_c = V^2/R$, será menor que a aceleração da gravidade.
Cálculos: V=54km/h, ou 15m/s e R = 50m, $A_c = 15^2/50 = 4,5m/s^2$ e $A_c < g$.

2. O item está correto, pois para o carro derrapar ele teria que apresentar uma aceleração superior a $F_{at} = \mu.g = 0,6.9,8 = 5,88m/s^2$. Com **4,8m/s², ele faria a curva em segurança, sem derrapar.**

3. O item está correto, pois a quantidade de movimento se conserva em todas as colisões.

Gabarito 1E, 2C, 3C

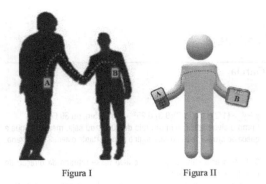

Figura I Figura II

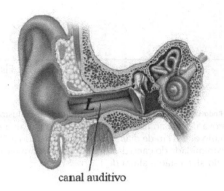

canal auditivo

(Papiloscopista – PF – CESPE – 2018) O uso de campos elétricos gerados no corpo humano tem sido objeto de estudo no que diz respeito ao desenvolvimento de redes de comunicação de dados. Aplicações projetadas para esse sistema de comunicação são ilimitadas e entre elas destaca-se o fato de indivíduos poderem, entre outras ações: trocar informações entre os seus aparelhos celulares A e B, usando apenas um aperto de mãos, como esboçado na figura I; transferir dados entre aparelhos eletrônicos A e B usando as duas mãos, como na figura II; imprimir dados apenas tocando na impressora; armas que funcionarão apenas com o seu proprietário; e eliminar a invasão por hackers. Nesse sistema de comunicação, o corpo humano funciona como um fio condutor ôhmico conectando equipamentos. Estudos recentes mostram que esse sistema de rede de comunicação entre aparelhos, denominado RedTacton (HAN), é mais eficiente e seguro que os sistemas tradicionais tais como wi-fi, LAN, WAN, infravermelho, bluetooth.

Considerando essas informações e que correntes elétricas iguais ou superiores a 100 mA causam fibrilação ventricular letal em humanos, que a resistência elétrica média da superfície externa de corpo humano molhado é de 300 Ω e do corpo seco é de 100 kΩ, julgue os itens a seguir.

(1) No RedTacton, para a segurança do indivíduo, a voltagem entre os aparelhos de comunicação A e B não pode exceder a 30 V.

(2) Na aplicação esboçada na figura II, elétrons fluirão pela superfície do corpo do indivíduo no sentido do maior para o menor potencial elétrico.

---

1. O item está correto, pois para 30V, teremos as seguintes correntes nos seres humanos:
Corpo molhado: i = V/R = 30/300 = 0,1A = 100mA, onde R = 300Ω.
Corpo seco: i = V/R = 30/100.000 = 0,0003 A = 0,03mA, onde R = 100kΩ, ou 100.000Ω.
Ou seja, na condição de corpo molhado, que não é usual para utilizar celulares, com 30V, ainda teríamos uma corrente de 100mA, que é o limite.
2. O item está incorreto, pois os elétrons fluirão do polo negativo para o positivo, ou seja, no sentido do menor para o maior potencial elétrico.
Gabarito 1C, 2E

(Papiloscopista – PF – CESPE – 2018) Considerando as propriedades das ondas e tendo como referência a figura precedente, que ilustra um canal auditivo, julgue o próximo item.

(1) Assumindo-se que a velocidade de propagação do som no ar é constante e que o canal auditivo, como o esboçado na figura, é um tubo de comprimento L com um dos extremos fechado, conclui-se que o ser humano pode ouvir apenas uma frequência fundamental e seus harmônicos ímpares.

---

1. O item está correto, pois:
Para os tubos abertos, os harmônicos aumentam conforme aumenta a frequência das ondas.
1º harmônico (fundamental): Quando há na corda dois nós e um ventre;
2º harmônico: Quando há na corda três nós e dois ventres;
3º harmônico: Quando há na corda quatro nós e três ventres.

Já os tubos fechados, onde uma das extremidades é fechada e a outra é aberta (ou semiaberta), só possuem **harmônicos ímpares.**

1º harmônico (fundamental): Quando há na onda um nó e um ventre;
3º harmônico: Quando há na onda dois nós e dois ventres;
5º harmônico: Quando há na onda três nós e três ventres.
Gabarito 1C

(Papiloscopista – PF – CESPE – 2018) A respeito de fenômenos ópticos e suas aplicações, julgue os seguintes itens.

(1) A figura a seguir, que mostra um lápis imerso parcialmente na água no interior de um copo, representa um fenômeno que pode ser explicado pela lei de Snell.

(2) Com base na Lei de Beer-Lambert, a absorvância de uma amostra cresce exponencialmente com a concentração molar da solução.

(3) Na fluorescência molecular, a radiação emitida por uma amostra exposta à radiação ultravioleta continua a ocorrer, mesmo após a remoção da fonte de radiação.

---

1. O item está correto, pois a lei de Snell é representada por uma expressão que dá o desvio angular sofrido por um raio de luz ao passar para um meio com <u>índice de refração</u> diferente do qual ele estava percorrendo.
2. O item está errado, pois de acordo com a Lei de Beer-Lambert, a absorvância de uma amostra cresce linearmente com a concentração molar da solução.
3. O item está errado, porque a permanência da emissão de luz, por algum período, após a remoção da fonte de reação, ocorre na fosforescência e não na fluorescência. A fonte emissora na fosforescência pode emitir por até cerca de 2 minutos, após a interrupção do fornecimento da radiação eletromagnética. Na fluorescência isso ocorre por 10^{-8} a 10^{-4}s, ou seja, num tempo desprezível.
Gabarito 1C, 2E, 3E

(Papiloscopista – PCDF – Universa – 2016) Um rapaz fixou uma corda de *nylon*, estreita e flexível, entre duas árvores. Ao andar sobre a corda esticada, ele se desequilibrou e pulou. Nesse momento, uma onda se propagou nessa corda com a seguinte equação:

$$y = 0,4\, sen\left(\frac{\pi}{3}x - 3\pi t\right).$$

Com base nesse caso hipotético e considerando que as constantes numéricas da equação acima estão no Sistema Internacional (SI) de medidas, assinale a alternativa correta.

(A) A relação entre o período e a frequência angular da onda é de $\frac{2}{3}$ s.
(B) A frequência da onda é de $\frac{2}{3}$ s^{-1}.
(C) A amplitude da onda é de 0,2 m.
(D) O comprimento de onda da onda é de $\frac{\pi}{3}$ m.
(E) A velocidade da onda é de 0,9 m/s.

Na equação acima, que é a da função da onda, os coeficientes de X e t são respectivamente:
X → b = 2π/λ e t → ω = 2 π/T, onde: λ é o comprimento de onda, ω é a frequência angular e T é o período da onda.
Então: 2ϖ/λ = ϖ/3 **(1)** e 2 ϖ/T = 3 ϖ **(2)**.
Com base em **(2)**: T = (2/3) segundos e f (frequência) = 1/T = 3/2 ciclos/s ou 3/2 Hz.
Como ω = 2ϖ.f = 2ϖ.(3/2) = 3ϖ **(3)**.
Analisando as alternativas, concluímos que todas estão erradas, pois:
A: A relação entre o período (T) e a frequência angular (ω) da onda é:
 (2/3)/(3 ϖ) = (2/3)(1/3ϖ) = (2/9)(ϖ) e não (2/3)(s).
B: A frequência de onda é 3/2 Hz e não 2/3 Hz.
C: A amplitude da onda é o fator multiplicativo da equação, ou seja, é igual a 0,4 e não 0,2 m.
D: O comprimento de onda (Λ) é calculado pela equação **(1)**: 2ϖ / λ = ϖ/3 ou λ = 6 m.
E: A velocidade da onda (V) é igual a λ.f = 6.3/2 = 9m/s.
Conclusão: A questão não tem alternativa correta e foi anulada. EG
Gabarito "ANULADA".

(Papiloscopista – PCDF – Universa – 2016) Para mostrar a função e a forma como resistores podem ser arranjados dentro de um circuito elétrico, um instrutor do laboratório de perícia papiloscópica montou o circuito ilustrado abaixo. Após uma análise desse circuito, o instrutor solicitou aos estudantes que determinassem a resistência equivalente da combinação mostrada.

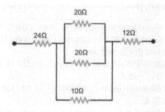

Com base nesse caso hipotético e no circuito ilustrado, assinale a alternativa que apresenta o valor da resistência equivalente.

(A) 41Ω
(B) 40Ω
(C) 36Ω
(D) 24Ω
(E) 18Ω

Vamos numerar as Resistências como R1 a R5:

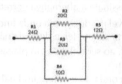

R2 e R3 estão em paralelo, portanto: 1/R23 = 1/R2 +1/R3 ou R23 = (R2xR3)/(R2 +R3) =(20x20)/(20 +20) = 10Ω
R23 e R4 estão em paralelo, portanto: 1/R234 = 1/R23 +1/R4 ou R234 = (R23xR4)/(R23 +R4) =(10x10)/(10 +10) = 5Ω
R1, R234 e R5 estão em série, portanto: R = R1 + R234 + R5 = 24 + 5 + 12 = 41 Ω. EG
Gabarito "A".

(Papiloscopista – PCDF – Universa – 2016) Em um apartamento de Brasília houve um princípio de incêndio que começou na cozinha. Os donos do imóvel relataram a um policial civil que ligaram muitos aparelhos elétricos ao mesmo tempo nas tomadas da cozinha. Os aparelhos eram uma cafeteira elétrica com 1.300 W de potência, um forno micro-ondas com 1.000 W de potência e uma fritadeira elétrica com 5.500 W de potência. O policial civil constatou que a cozinha tinha apenas um circuito elétrico e, portanto, apenas um fusível de 25 A.

Com base nesse caso hipotético, considerando que a tensão elétrica doméstica em Brasília é igual a 220 V e desprezando o fato de a tensão não pertencer a um sistema elétrico de correntes contínuas, assinale a alternativa correta.

(A) A soma das correntes elétricas de cada aparelho é menor que os 25 A do fusível.
(B) A soma das correntes elétricas de cada aparelho está acima dos 25 A do fusível, queimando esse fusível e sendo capaz de provocar o incêndio na cozinha.

(C) A corrente elétrica na cafeteira elétrica é maior que os 25 A do fusível.
(D) A corrente elétrica no forno micro-ondas é maior que os 25 A do fusível, podendo ser o aparelho responsável por um curto-circuito capaz de causar o incêndio.
(E) A corrente elétrica na fritadeira elétrica é maior que os 25 A do fusível, podendo ter causado um curto-circuito e, por consequência, o incêndio.

A potência P é igual ao produto da tensão elétrica U pela corrente i, ou seja, P = U.i . Como U = 220 V e chamando Cafeteira de (1), Micro-onda de (2) e Fritadeira de (3), teremos:
i1 = (1.300 W/ 220 V) = 5,9 A; i2 = (1.000 W/ 220 V) = 4,5A e i3 = (5.500 W/ 220 V) = 25 A.
Somando as correntes, teremos um total de 35,4 A, que é maior que a prevista de 25 A.
Portanto, a alternativa B está correta e isso pode ter provocado o incêndio.
As demais alternativas estão incorretas, pois:
A: a soma das correntes elétricas de cada aparelho é maior que os 25 A do fusível.
C: a corrente elétrica na cafeteira elétrica é menor que os 25 A do fusível.
D: a corrente elétrica no forno micro-ondas é menor que os 25 A do fusível.
E: a corrente elétrica na fritadeira elétrica é igual a 25 A do fusível. EG
Gabarito "B".

(Papiloscopista – PCDF – Universa – 2016) Com relação à polarização da luz, assinale a alternativa correta.

(A) Não é possível produzir uma onda linearmente polarizada a partir de um feixe de onda não polarizada.
(B) A luz do sol, ao ser refletida em placas de vidro, não é polarizada.
(C) A luz é uma onda do tipo longitudinal, por isso pode ser polarizada.
(D) Óculos de sol com lentes polaroides servem para eliminar a luz refletida de superfícies refletoras horizontais, tais como a superfície da água em um lago.
(E) Polarizar a luz significa conseguir obter orientações do vetor campo elétrico em duas ou mais direções.

As alternativas A, B, C e E estão incorretas, pois:
A: é possível, sim, produzir uma onda linearmente polarizada a partir de um feixe de onda não polarizada, desde que se use um polarizador.
B: se o ângulo de incidência da luz for o ângulo de polarização, ou ângulo de Brewster, a reflexão anulará completamente a componente paralela da onda em relação ao plano de incidência. Com isso, a onda refletida só terá uma componente, que é a perpendicular ao plano de incidência. Portanto, a luz do sol ao ser refletida em placas de vidro pode ser polarizada.
C: a luz não é uma onda do tipo longitudinal é sim é uma onda transversal, por isso pode ser polarizada.
E: polarizar a luz é orientá-la em um único plano, não tendo nada a ver com campo elétrico.
A alternativa D é correta, pois os polaroides têm a função de eliminar a luz refletida por uma superfície horizontal, como é a superfície da água em um lago. EG
Gabarito "D".

(Papiloscopista – PCDF – Universa – 2016) A figura abaixo mostra a oscilação ressonante de uma corda de 8,4 m fixa em duas extremidades. O módulo da velocidade das ondas é igual a 400 m/s.

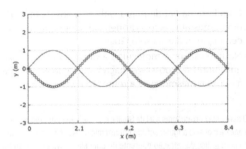

Com base na figura, assinale a alternativa que apresenta o valor da frequência (f) das ondas transversais e das oscilações dos elementos da corda.

(A) $f = \dfrac{2}{21} kHz$

(B) $f = \dfrac{10}{21} kHz$

(C) $f = \dfrac{21}{20} kHz$

(D) $f = \dfrac{42}{21} kHz$

(E) $f = \dfrac{21}{2} kHz$

Observando a figura, constamos que o comprimento de onda (Λ) é igual a 4,2 m. A frequência (f) pode ser calculada pela fórmula: f = V / λ, onde V é a velocidade das ondas, igual a 400 m/s. Portanto, f = (400/4,2) ciclos/s ou Hertz, cujo símbolo é Hz. Como queremos a resposta em kHz, f = (400)/(4,2x1.000) = 4/42 = 2/21 kHz. Letra A. EG
Gabarito "A".

(Papiloscopista – PCDF – Universa – 2016) A respeito do índice de refração, assinale a alternativa correta, considerando a velocidade da luz no vácuo igual a 3.10^8 m/s.

(A) O índice de refração do diamante é de 2,40. Nesse caso, a velocidade da luz no interior do diamante é de 8.10^9 m/s.
(B) Como a velocidade e o comprimento de onda da luz são diferentes em um determinado meio e no vácuo, a frequência da luz também será diferente no meio e no vácuo.
(C) O índice de refração, para um dado meio, pode ser definido como sendo a razão entre a velocidade da luz no meio e a velocidade da luz no vácuo.
(D) O índice de refração absoluto do ar, supondo a velocidade da luz no ar igual a $3,10^8$ m/s, é igual a 3,00.
(E) O índice de refração da luz em uma esmeralda é de 1,56, ou seja, a velocidade da luz no vácuo é 1,56 vezes mais rápida que a velocidade da luz na esmeralda.

O índice de refração (n) é a relação entre a velocidade da luz no vácuo (c) e a velocidade da luz em um determinado meio (v). A relação pode ser descrita pela fórmula: n = c / v, ou v = c / n e c = n.v . Como (n) é sempre maior que 1, (v) somente pode ser menor que c.
Analisando as alternativas:

A: incorreta, pois a velocidade da luz não pode ser maior que a 3.10^8 m/s.
B: incorreta, pois a frequência só depende da fonte geradora.
C: incorreta, pois o índice de refração para um dado meio é definido como sendo a razão entre a velocidade da luz no vácuo e a velocidade da luz no meio.
D: incorreta, pois o índice de refração absoluto do ar, supondo a velocidade da luz no ar igual a $3,10^8$ m/s, é igual a 1,00.
E: correta, pois se o índice de refração da esmeralda é 1,56, pela fórmula c = n.v, a velocidade da luz no vácuo é 1,56 vezes mais rápida que a velocidade da luz na esmeralda.

Gabarito "E".

(Polícia Rodoviária Federal – 2013 – CESPE) Considerando que um veículo com massa igual a 1.000 kg se mova em linha reta com velocidade constante e igual a 72 km/h, e considerando, ainda, que a aceleração da gravidade seja igual a 10 m/s², julgue os itens a seguir.

(1) Quando o freio for acionado, para que o veiculo pare, a sua energia cinética e o trabalho da força de atrito, em modulo, deverão ser iguais.

(2) Antes de iniciar o processo de frenagem, a energia mecânica do veiculo era igual a 200.000 J.

(1) O trabalho da força resultante que age sobre um objeto é igual a variação da energia cinética:
W = ΔEc = $Ecf - Eci$, onde W é o trabalho da força resultante e Ecf e Eci são as energias cinéticas inicial e final.
Quando o freio é acionado, a velocidade do veículo final é zero e a energia cinética final também é zero.
Assim: W = ΔEc = $Ecf - Eci$ = $0 - Eci$ e W = $- Eci$
Como a força normal e a força peso são perpendiculares à trajetória, o trabalho resultante é o próprio trabalho da força de atrito e concluímos que o trabalho da força de atrito e a energia cinética inicial são iguais em módulo.
(2) Antes de iniciar a frenagem a energia mecânica do veículo era Eci = $(1/2)(mv^2)$ onde m = 1.000 kg,
v = 72 km/h = 72.000 m/3.600 s = 20 m/s. Portanto Eci = $(1/2)(1.000)/(20^2)$ = 200.000 kg.m²/s² = 200.000 J.

Gabarito 1C, 2C

(Polícia Rodoviária Federal – 2013 – CESPE)

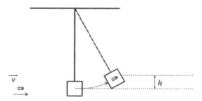

Uma bala de revolver de massa igual a 10 g foi disparada, com velocidade v, na direção de um bloco de massa igual a 4 kg, suspenso por um fio, conforme ilustrado na figura acima. A bala ficou encravada no bloco e o conjunto subiu ate uma altura h igual a 30 cm.

Considerando essas informações e assumindo que a aceleração da gravidade seja igual a 10 m/s², julgue o item abaixo.

(1) Se toda a energia cinética que o conjunto adquiriu imediatamente após a colisão fosse transformada em energia potencial, a velocidade do conjunto apos a colisão e a velocidade com que a bala foi disparada seriam, respectivamente, superiores a 2,0 m/s e a 960 m/s.

(1) Inicialmente, vamos calcular a relação entre a velocidade do conjunto bloco-bala após a colisão (Vf) e a velocidade da bala antes da colisão (Vi), utilizando o Princípio da Conservação da Quantidade de Movimento.
Qf = Qi   Qf = (massa bala + bloco)(Vf) e Qi = (massa bala)(Vi).
Como a massa da bala = 0,01 kg e massa do bloco = 4 kg , teremos:
(4,01)(Vf) = (0,01)(Vi) e Vi =(401)(Vf).
Em seguida, com base no Princípio da Conservação da Energia Mecânica, calcularemos a velocidade do conjunto Bloco + Bala após a colisão (Vf):
Em1 = Energia mecânica cinética após a colisão = (½)(massa bala + bloco)(Vf)² = (2,005)(Vf)²
Em2 = Energia mecânica potencial gravitacional no ponto de altura máxima: (massa bala + bloco)(g)(h)
onde g = 10 m/s² e h = 0,3 m. Portanto Em2 = (4,01)(10)(0,3) = 12,3 kg.m/s²
Como Em1 = Em2, (2,005)(Vf)² = 12,3 kg.m/s² e Vf ~ 2,45 m/s.
como: Vi =(401)(Vf), Vi =(401)(2,45) ~ 982 m/s e, portanto, a afirmativa está correta.

Gabarito 1C

(Polícia Rodoviária Federal – 2013 – CESPE) Considerando que um corpo de massa igual a 1,0 kg oscile em movimento harmônico simples de acordo com a equação
$x(t) = 6,0\cos\left[3\pi t + \dfrac{\pi}{3}\right]$, em que t e o tempo, em segundos, e x(t) e dada em metros, julgue os itens que se seguem.

(1) A forca resultante que atua no corpo e expressa por $F(t) = -(3\delta)2\ x(t)$.

(2) O período do movimento e igual a 0,5 s.

Inicialmente vamos analisar a função da elongação no Movimento Harmônico Simples:

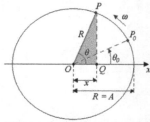

Projeção de um movimento harmônico simples circular uniforme

O movimento harmônico simples é um movimento oscilatório de grande importância na Física. É um movimento periódico em que ocorrem deslocamentos simétricos em torno de um ponto.
A fim de obter a função da elongação em relação ao tempo, utilizamos um artifício que consiste em analisar a projeção de um movimento circular uniforme sobre um dos seus diâmetros. O movimento dessa projeção é um MHS.
Vamos considerar o objeto móvel da figura acima descrevendo um MCU de período T, na circunferência de centro O e raio A. No instante inicial, t0, o móvel ocupa a posição P0 e sua posição angular inicial é è0. Em um instante posterior, t, o móvel passa a ocupar a posição P, associada à posição angular è.
Com base no estudo do MCU podemos dizer que: $\theta = \theta_0 + \omega.t$
Enquanto o móvel percorre a circunferência, sua projeção ortogonal Q, sobre o diâmetro orientado Ox, descreve um MHS de período T e amplitude A. No triângulo OPQ, destacado na figura acima, temos:

$\cos\theta = \dfrac{OQ}{OP} \Rightarrow \cos\theta = \dfrac{x}{R} \Rightarrow x = R.\cos\theta$

Como R = A e $\theta = \theta_0 + \omega.t$, então:

$$x(t) = A.\cos(\theta_0 + \omega.t)$$

(1) èo é denominado fase inicial do MHS e é medido em radianos. A grandeza ù é chamada de frequência angular do MHS e é expressa em radianos por segundo (rad/s). Observe que a frequência angular corresponde à velocidade angular do MCU e tem com o período a mesma relação já estudada no MCU:

$$\omega = \frac{2\pi}{T}$$

Vamos comparar a equação dada com a equação da elongação:
$x(t) = 6,0.\cos(3 \Rightarrow t + \Rightarrow/3)$ e $x(t) = A.\cos(\theta o + \Box t)$ ou $x(t) = A.\cos(\Box t + \theta o)$
Portanto: $A = 6,0$, ù $= 3 \Rightarrow$ e $\theta o = \Rightarrow/3$
Com esses dados já podemos calcular a aceleração do MHS.
$aMHS = -\Box^2.x = -(3 \Rightarrow)^2.x$
Como x é da do em função de t teremos: $aMHS = -(3 \Rightarrow)^2.x(t)$
Como a força sobre o corpo é dada $F = m.a$ e $m = 1 kg$ $F = 1.a = -(3 \Rightarrow)^2.x(t)$
Portanto o item (1) está correto.
(2) Como $\Rightarrow = 2 \Rightarrow/T$ e $\Rightarrow = 3 \Rightarrow$, $2 \Rightarrow = 3 \Rightarrow T$ Portanto: $T = 2/3$ e o item (2) está errado.
Gabarito 1C, 2E

(**Polícia Rodoviária Federal – 2013 – CESPE**) O fenômeno de redução na frequência do som emitido pela buzina de um veiculo em movimento, observado por um ouvinte, e denominado efeito Doppler. Essa diferença na frequência deve-se ao deslocamento no numero de oscilações por segundo que atinge o ouvido do ouvinte. Os instrumentos utilizados pela PRF para o controle de velocidade se baseiam nesse efeito. A respeito do efeito Doppler, julgue o item abaixo.

(1) Considere que um PRF, em uma viatura que se desloca com velocidade igual a 90 km/h, se aproxime do local de um acidente onde já se encontra uma ambulância parada, cuja sirene esteja emitindo som com frequência de 1.000 Hz. Nesse caso, se a velocidade do som no ar for igual a 340 m/s, a frequência do som da sirene ouvido pelo policial será superior a 1.025 Hz.

Podemos calcular a frequência aparente (*fap*) ouvida por um observador, a partir da frequência *f* emitida pela fonte, da velocidade *vo* do observador e da velocidade da fonte *vf* usando a expressão:
$fap = f.(v+/- vo)/(v +/- vf)$
Em que *v* é a velocidade da onda.
Para a correta manipulação da expressão, adotamos a convenção:
Se o observador se aproxima da fonte, *+vo* ; se ele se afasta da fonte, *-vo*
Se a fonte se afasta do observador, *+vf*; se a fonte se aproxima dele, *– vf*.
Neste caso, a ambulância está parada e o observador se aproxima com velocidade de 90/3,6= 25 m/s.
$fap = (f)(v+ vo)/(v) = (1.000)(340+25)/340 = 1.073 Hz$
Gabarito 1C

17. REGIMENTO INTERNO E LEGISLAÇÃO LOCAL

Leni Mouzinho Soares e Paula Morishita

1. POLÍCIA CIVIL DO ESPÍRITO SANTO

(Perito – PC/ES – Instituto AOCP – 2019) Tendo como base a Lei Complementar 46, de 31 de janeiro de 1994, do Estado do Espírito Santo, assinale a alternativa INCORRETA no que se refere aos direitos e vantagens do servidor do Estado do Espírito Santo.

(A) Os vencimentos dos servidores públicos dos Poderes Executivo, Legislativo e Judiciário são idênticos para cargo de atribuições iguais ou assemelhadas, observando-se, como parâmetro, aqueles atribuídos aos servidores do Poder Executivo.

(B) O menor vencimento atribuído aos cargos de carreira não poderá ser inferior a um trinta avos do maior vencimento.

(C) O serviço extraordinário será remunerado com acréscimo de cinquenta por cento em relação à hora normal de trabalho.

(D) Por ocasião das férias do servidor público, ser-lhe-á devido um adicional de um terço da remuneração percebida no mês em que se iniciar o período de fruição.

(E) Constituem indenizações ao servidor público a ajuda de custo, as diárias e o auxílio-transporte.

A: correta, de acordo com o art. 68 da Lei Complementar 46/1994, que institui o Regime Jurídico Único para os servidores públicos civis da administração direta, das autarquias e das fundações do Estado do Espírito Santo, de qualquer dos seus Poderes; B: correta. Art. 71, § 2º, da Lei Complementar 46/1994; C: correta. Art. 101 do Regimento Interno dos Servidores Públicos Civis da Administração Direta, das Autarquias e das Fundações do Espírito Santo; D: correta. Art. 107 da Lei Complementar 46/1994 do Estado do Espírito Santo; E: incorreta, portanto, alternativa a ser assinalada. Com base no art. 77 da referida Lei Complementar, constituem indenizações ao servidor público: ajuda de custo, diária e o transporte, mas não o auxílio-transporte. Deve-se deixar claro que a indenização de transporte é concedida ao servidor público que utilize meio próprio de locomoção para execução de serviços externos, mediante apresentação de relatório (art. 87), enquanto que o auxílio-transporte será devido ao servidor público ativo, na forma da lei, para pagamento das despesas com o seu deslocamento da residência para o trabalho e do trabalho para a residência, por um ou mais modos de transporte público coletivo, computados somente os dias trabalhados (art. 89). LM
Gabarito "E".

(Perito – PC/ES – Instituto AOCP – 2019) A Lei Complementar nº 46, de 31 de janeiro de 1994, do Estado do Espírito Santo, disciplina os casos em que se dará a VACÂNCIA, a qual ocorrerá EXCETO no caso de

(A) Ascensão.

(B) Exoneração.

(C) Destituição de Cargo em Comissão.

(D) Aposentadoria.

(E) Demissão.

As causas que provocam a vacância do cargo público estão elencadas no art. 60 da Lei Complementar 46/1994, não fazendo parte deste rol a ascensão, que é uma forma de desenvolvimento profissional (tendo o inciso que a incluía no rol sido declarado inconstitucional pelo STF na ADI nº 1345). Desse modo, a **alternativa** a ser assinalada é **A**.
Gabarito "A".

(Perito – PC/ES – Instituto AOCP – 2019) A respeito do ato de reintegração, é correto afirmar que

(A) a reintegração somente será possível por meio de determinação constante em sentença judicial.

(B) a reintegração é o reingresso do funcionário policial afastado do serviço público, com pleno ressarcimento dos vencimentos, direitos e vantagens ligados ao cargo.

(C) é dispensada a inspeção médica especializada no funcionário policial reintegrado.

(D) o funcionário policial que for considerado incapaz ou inválido será readaptado.

(E) não sendo possível a reintegração do funcionário policial, ele será aposentado, com a remuneração do cargo.

A: incorreta. A reintegração poderá ser determinada, inclusive, por meio de decisão administrativa (art. 48 da LC 3400/1981 – Estatuto dos Funcionários Policiais Civis do Estado do Espírito Santo); B: correta. A reintegração está definida no art. 48 do Estatuto dos Funcionários Policiais Civis do Estado do Espírito Santo, nos seguintes termos: "é o reingresso do funcionário policial afastado do serviço público, com pleno ressarcimento dos vencimentos, direitos e vantagens ligados ao cargo"; C: incorreta. O art. 49, § 2º, do referido Estatuto, estabelece que o funcionário policial reintegrado será submetido à inspeção médica; D: incorreta. Quando constatada a invalidez ou incapacidade, será o funcionário policial aposentado (art. 49, § 2º, *in fine*, do Estatuto); E: incorreta. Não sendo possível a reintegração, o funcionário policial será posto em disponibilidade, com a remuneração do cargo (art. 49, § 1º, do Estatuto dos Funcionários Policiais Civis do Estado Espírito Santo). LM
Gabarito "B".

(Perito – PC/ES – Instituto AOCP – 2019) São prerrogativas dos funcionários policiais, EXCETO

(A) portar armas, mediante autorização do órgão competente.

(B) o desempenho de cargos e funções compatíveis com a sua condição hierárquica.

(C) o uso de insígnia e identificação funcional, somente quando estiver em serviço.

(D) assistência jurídica prestada pelo Estado, quando submetido a processo em juízo em razão do exercício do cargo.

(E) assistência médico-hospitalar às expensas do Estado, quando ferido ou acidentado em serviço.

As prerrogativas dos policiais civis estão elencadas no art. 62 do Estatuto. São elas: o desempenho de cargos e funções compatíveis com a sua condição hierárquica; o uso de insígnia e identificação funcional; acesso a locais fiscalizados pela Polícia Civil vetado; assistência jurídica prestada pelo Estado, quando submetido a processo em juízo em razão do exercício do cargo; assistência médico-hospitalar às expensas do Estado, quando ferido ou acidentado em serviço; e portar armas, mediante autorização do órgão competente. Dessa forma, a exceção está no fato de não existir restrição expressa para o horário de uso de insígnia e identificação funcional, devendo, portanto, ser assinalada a alternativa **C**. **LM**

Gabarito "C".

(Perito – PC/ES – Instituto AOCP – 2019) A respeito dos vencimentos, remuneração e descontos dos funcionários policiais, assinale a alternativa correta.

(A) Remuneração é a retribuição pelo efetivo exercício do cargo, fixada em lei.

(B) Vencimento é a retribuição que representa a totalidade do ganho.

(C) O funcionário policial não perderá o vencimento ou a remuneração quando no exercício de mandato eletivo federal ou estadual.

(D) Serão descontadas dos vencimentos do funcionário policial as faltas destinadas ao seu casamento, ainda que limitadas a oito dias consecutivos.

(E) A exoneração e a demissão do funcionário policial em débito para com a Fazenda Pública implicarão na inscrição da quantia devida em dívida ativa.

A: incorreta. A remuneração, conforme previsão constante do art. 64 do Estatuto dos Funcionários Policiais Civis do Espírito Santo, "é a retribuição que representa a totalidade do ganho, compreendendo o vencimento mais as vantagens pecuniárias"; **B: incorreta.** O vencimento, por seu turno, é a retribuição pelo efetivo exercício do cargo, fixado em lei (art. 63); **C: incorreta.** O funcionário policial perderá o vencimento ou a remuneração do cargo efetivo quando exercer mandato eletivo federal ou estadual (art. 66, II); **D: incorreta.** Serão relevadas até 8 (oito) faltas consecutivas quando decorrentes de casamento do funcionário (art. 69, I); **E: correta.** Art. 68, § 2º, do referido Estatuto. **LM**

Gabarito "E".

(Perito – PC/ES – Instituto AOCP – 2019) Assinale a alternativa correta a respeito da ajuda de custo e das diárias do funcionário policial.

(A) É considerada falta grave conceder diárias com o objetivo de remunerar serviços ou encargos outros ou recebê-las com a violação das normas específicas constantes no Estatuto da categoria.

(B) Será concedida ajuda de custo ao funcionário policial que se deslocar da sede em objeto de serviço, para indenização de despesa de alimentação e pousada.

(C) Será concedida diária ao funcionário policial, ainda que o deslocamento constitua exigência permanente do cargo.

(D) Não é autorizada a cumulação da percepção de ajuda de custo e diárias.

(E) A ajuda de custo, em hipótese alguma, será paga antecipadamente.

A: correta. A afirmativa está de acordo com a previsão constante do art. 80 do Estatuto dos Funcionários Policiais Civis do Estado do Espírito Santo; **B: incorreta.** Na situação descrita será concedida ao policial civil diária e não ajuda de custo (art. 78), como mencionado na assertiva; **C:**

incorreta. Nesta hipótese, não será concedida diária, nos termos do art. 78, § 1º, do referido Estatuto; **D: incorreta.** Ao contrário, a percepção de ajuda de custo não impede o recebimento de diárias (art. 77); **E: incorreta.** A ajuda de custo será paga antecipadamente, por metade, sendo facultado ao funcionário optar pelo recebimento integral na nova repartição (art. 75, parágrafo único). **LM**

Gabarito "A".

(Perito – PC/ES – Instituto AOCP – 2019) A respeito das penas disciplinares, assinale a alternativa correta.

(A) Para aplicação da pena disciplinar, não serão considerados os danos ao serviço público decorrentes da transgressão.

(B) São penas disciplinares previstas no Estatuto dos Funcionários Policiais do Espírito Santo, dentre outras, a advertência, a suspensão, a demissão e a prisão administrativa por período não superior a 30 dias.

(C) A comprovação de motivo de força maior para prática da agressão é causa atenuante da pena.

(D) A aplicação das penas de suspensão até 60 dias, de destituição de função, de alteração compulsória de localização e de advertência será precedida de investigação sumária.

(E) O fato de o funcionário policial haver cometido a infração sob a influência de violenta emoção provocada por ato injusto de terceiros é causa de justificação da transgressão.

A: incorreta. Na aplicação de qualquer pena disciplinar serão previamente considerados os danos dela decorrentes para o serviço público (art. 195, II); **B: incorreta.** As penas disciplinares estão previstas no art. 194 do Estatuto. São elas: advertência, suspensão, destituição de função, alteração compulsória de localização, demissão e cassação de aposentadoria ou de disponibilidade, não fazendo parte deste rol a prisão administrativa; **C: incorreta.** São circunstâncias que atenuam a pena: haver sido mínima a cooperação do funcionário no cometimento da infração; ter o funcionário procurado espontaneamente e com eficiência, logo após o cometimento da infração, evitar-lhe ou minorar-lhe as consequências ou ter, antes do julgamento, reparado o dano civil; haver cometido a infração sob coação irresistível de superior hierárquico ou sob influência de violenta emoção provocada por ato injusto de terceiros; ter confessado espontaneamente a autoria da infração, ignorada ou imputada a outro; ter mais de 5 (cinco) anos de serviço, com bom comportamento, antes da infração (art. 195, § 1º e seus incisos); **D: correta**, de acordo com previsão constante do art. 197 do Estatuto; **E: incorreta.** A prática da infração disciplinar sob a influência de violenta emoção é causa de atenuação da pena, mas não de justificação da transgressão (art. 195, § 1º, b).

Gabarito "D".

(Escrivão – PC/ES – Instituto AOCP – 2019) A respeito das licenças permitidas ao funcionário policial, é correto afirmar que

(A) o funcionário policial não poderá ser licenciado para tratar de interesses particulares.

(B) a licença para tratamento de saúde somente poderá ser concedida a pedido do funcionário policial, não podendo ser concedida "ex-offício".

(C) o funcionário policial poderá, atendidos os requisitos legais, obter licença por motivo de doença nas pessoas dos pais, do cônjuge, dos filhos ou pessoas que vivam às suas expensas e que constem do seu assentamento individual.

(D) o funcionário policial acidentado no exercício de suas atribuições ou que tenha contraído doença

17. REGIMENTO INTERNO E LEGISLAÇÃO LOCAL

profissional terá direito à licença com vencimento ou remuneração proporcional ao tempo de serviço.

(E) ao funcionário policial que for convocado para o serviço militar e outros encargos da segurança nacional será concedida licença sem vencimento ou remuneração.

A: incorreta. É admitida a licença para tratar de interesses particulares (art. 109, VI, do Estatuto dos Funcionários Policiais Civis do Estado do Espírito Santo); **B:** incorreta. A licença para tratamento de saúde será a pedido ou "ex-officio" (art. 114); **C:** correta. O funcionário policial poderá obter licença por motivo de doença nas pessoas dos pais, do cônjuge, dos filhos ou pessoas que vivam às suas expensas e que constem do seu assentamento individual, desde que prove ser indispensável a sua assistência pessoal e esta não possa ser prestada simultaneamente com o exercício do cargo (art. 124); **D:** incorreta. O funcionário policial acidentado no exercício de suas atribuições ou que tenha contraído doença profissional terá direito a licença com vencimento ou remuneração integral (art. 121); **E:** incorreta. Nesta hipótese, será concedida licença com vencimento ou remuneração, nos termos do art. 126 do Estatuto. LM
Gabarito "C".

(Escrivão – PC/ES – Instituto AOCP – 2019) Assinale a alternativa correta a respeito da aposentadoria e proventos do funcionário policial.

(A) Os proventos da aposentadoria serão proporcionais ao tempo de serviço quando o funcionário policial invalidar-se por acidente ocorrido no exercício de suas atribuições ou pela constatação de doença profissional.

(B) Nenhuma aposentadoria terá seu provento inferior a 50% do vencimento do respectivo cargo.

(C) As gratificações de função policial civil e de risco de vida incorporam-se ao provento de aposentadoria, independentemente do tempo de percepção.

(D) A concessão da aposentadoria é de competência do Secretário de Estado da Administração e dos Recursos Humanos.

(E) Em nenhuma hipótese, os proventos da inatividade poderão exceder à remuneração percebida na atividade.

A: incorreta. Os proventos da aposentadoria serão integrais quando o funcionário policial invalidar-se por acidente no exercício de suas atribuições ou tenha contraído doença profissional (art. 151, b, do Estatuto); **B:** incorreta. Nenhuma aposentadoria terá seu provento inferior a 1/3 (um terço) do vencimento do respectivo cargo, respeitado ainda o valor do vencimento do padrão 1, do Quadro Permanente do Serviço Civil do Poder Executivo (art. 151, § 3º); **C:** incorreta. As gratificações de função policial civil e de risco de vida incorporam-se ao provento de aposentadoria, desde que percebidas, sem interrupção, nos últimos 5 (cinco) anos anteriores à inatividade (art. 154); **D:** correta. Art. 150 do Estatuto dos Funcionários Policiais Civis do Estado do Espírito Santo; **E:** incorreta. Os proventos da inatividade não poderão exceder à remuneração percebida na atividade (art. 151, § 2º). LM
Gabarito "D".

(Escrivão – PC/ES – Instituto AOCP – 2019) Recompensa é o reconhecimento por serviços prestados pelo funcionário policial. Sobre recompensa, assinale a alternativa correta.

(A) O elogio não é considerado uma recompensa pelo Estatuto do Funcionário Policial do Espírito Santo.

(B) A concessão de Medalhas a título de recompensas, nos termos da lei, se dará por meio de decreto do Poder Executivo.

(C) A Medalha do Serviço Policial destina-se a premiar o funcionário policial que praticar ato de bravura ou de excepcional relevância para a organização policial ou para a sociedade.

(D) A dispensa total do serviço até 30 dias é recompensa concedida pelo reconhecimento por serviços prestados pelo funcionário policial.

(E) A Medalha do Mérito Policial destina-se a premiar o funcionário policial pelos bons serviços prestado à causa da ordem pública, ao organismo policial e à coletividade policial.

A: incorreta. O elogio é uma espécie de recompensa, nos termos do art. 142, § 1º, I, do Estatuto dos Funcionários Policiais Civis do Estado do Espírito Santo; **B:** correta. As características heráldicas e forma de concessão das medalhas serão regulamentadas por decreto do Poder Executivo (art. 142, § 6º); **C:** incorreta. A Medalha do Serviço Policial tem por objetivo "premiar o funcionário policial, pelos bons serviços prestado à causa da ordem pública, ao organismo policial e à coletividade policial" (art. 142, § 5º); **D:** incorreta. Constitui uma espécie de recompensa a dispensa total do serviço até 10 (dez) dias corridos, que será concedida somente em circunstâncias excepcionais, quando se imponha ao funcionário policial um período de descanso necessário, após o desempenho de tarefas árduas, executadas independentemente de horário (art. 142, § 3º); **E:** incorreta. A Medalha do Mérito Policial destina-se a premiar o funcionário policial que praticar ato de bravura ou de excepcional relevância para a organização policial ou para a sociedade (art. 142, § 4º). LM
Gabarito "B".

(Escrivão – PC/ES – Instituto AOCP – 2019) O amparo assistencial e previdenciário do Estado ao funcionário policial e sua família compreenderá, EXCETO

(A) pensões especiais.

(B) frequência a cursos de aperfeiçoamento e especialização profissional.

(C) previdência e seguro social.

(D) assistência médica ambulatorial, dentária, hospitalar e creche.

(E) assistência judiciária, para processos judiciais decorrentes do exercício ou não do cargo.

Estão compreendidos no amparo assistencial e previdenciário: a assistência médica ambulatorial, dentária, hospitalar e creche; a previdência e seguro social; a assistência judiciária; a frequência a cursos de aperfeiçoamento e especialização profissional; a proteção à maternidade; e as pensões especiais (art. 157), não estando, portanto, compreendida a hipótese constante da **alternativa E**. LM
Gabarito "E".

(Escrivão – PC/ES – Instituto AOCP – 2019) No que ser refere à responsabilização do funcionário policial pelo exercício irregular de suas atribuições, é correto afirmar que

(A) a responsabilidade penal abrange os crimes e contravenções imputados ao funcionário policial nessa qualidade.

(B) a responsabilidade civil decorre unicamente de procedimento doloso; que importe em prejuízo da Fazenda Estadual ou terceiros.

(C) o agente executante, no cumprimento da ordem emanada de autoridade superior, fica exonerado da responsabilidade pelos excessos que cometer.

(D) o funcionário policial que deixar habitualmente de saldar dívidas legítimas não estará cometendo transgressão disciplinar.

(E) a indenização do prejuízo causado à Fazenda Estadual poderá ser liquidada mediante desconto em prestações mensais não excedentes da décima parte do vencimento do funcionário policial, desde que autorizado por escrito pelo funcionário.

A: correta, de acordo com previsão constante do art. 186 do Estatuto dos Funcionários Policiais do Estado do Espírito Santo; **B:** incorreta. A responsabilidade civil decorre tanto de procedimento doloso como culposo (art. 185); **C:** incorreta. No cumprimento da ordem emanada de autoridade superior, o agente executante não fica exonerado da responsabilidade pelos excessos que cometer (art. 190, parágrafo único); **D:** incorreta. Constitui uma transgressão disciplinar deixar habitualmente de saldar dívidas legítimas ou de pagar com regularidade pensões a que esteja obrigado em virtude de decisão judicial (art. 192, III); **E:** incorreta. Tanto a reposição como a indenização devida à Fazenda Estadual serão providas por meio de desconto em parcelas mensais, não excedentes à décima parte do vencimento (art. 68, II), não necessitando de autorização por escrito do funcionário. **LM**
Gabarito "A".

2. POLÍCIA CIVIL DE MINAS GERAIS

(Escrivão – PC/MG – FUMARC – 2018) Em 08 de novembro de 2013, entrou em vigor a Lei Orgânica da Polícia Civil. Esse diploma trouxe novas perspectivas a nossa Instituição, fixando suas competências e atribuições, bem como os seus princípios hierárquicos.

Face ao enunciado, a afirmativa que está em consonância com esse diploma é:

(A) São órgãos da administração superior da Polícia Civil de Minas Gerais: a Chefia da PCMG, o Gabinete da Chefia da PCMG, a Chefia Adjunta da PCMG e a Corregedoria Geral de Polícia Civil.

(B) São atividades exclusivas da PCMG a polícia técnico--científica, o processamento e o arquivo de identificação civil e criminal, bem como o registro e o licenciamento de veículos automotores e a habilitação de condutores.

(C) Compete aos policiais civis representar ao Poder Judiciário pela decretação de medidas cautelares pessoais e reais.

(D) A Polícia Civil é órgão permanente do poder público, dirigido por Delegado de Polícia de carreira e organizado de acordo com os princípios da hierarquia e da disciplina.

A: incorreta. Conforme previsão constante do art. 17, I, da Lei Orgânica da Polícia Civil do Estado de Minas Gerais, são órgãos da administração superior da PCMG: a Chefia da PCMG, a Chefia Adjunta da PCMG, o Conselho Superior da PCMG e a Corregedoria-Geral de Polícia Civil, aí não se incluindo o Gabinete da Chefia da PCMG; **B:** incorreta. São atividades privativas da PCMG a polícia técnico-científica, o processamento e arquivo de identificação civil e criminal, bem como o registro e licenciamento de veículo automotor e a habilitação de condutor. Atenção: o artigo trata de atividades privativas e a alternativa de exclusivas; **C:** incorreta. Compete à PCM, por meio do Delegado de Polícia, e não

a todos os policiais civis, representar ao Poder Judiciário pela decretação de medidas cautelares pessoais e reais, como prisão preventiva e temporária, busca e apreensão, quebra de sigilo e interceptação de dados e de telecomunicações, além de outras inerentes à investigação criminal e ao exercício da polícia judiciária, destinadas a colher e a resguardar provas da prática de infrações penais e de atos infracionais (art. 16, III); **D:** correta. Prevê o art. 14 da referida Lei que a PCMG é um órgão permanente do poder público, dirigido por Delegado de Polícia de carreira e organizado de acordo com os princípios da hierarquia e da disciplina, incumbindo a ela, ressalvada a competência da União, as funções de polícia judiciária e a apuração, no território do Estado, das infrações penais e dos atos infracionais, exceto os militares. **LM**
Gabarito "D".

3. POLÍCIA CIVIL DO PARANÁ

(Escrivão – PC – FUMARC – 2018) Assinale a alternativa que apresenta, corretamente, o tempo de custódia preventiva de qualquer policial civil do Estado do Paraná para assegurar as condições de sua não interferência na elucidação de fatos havidos como transgressões que lhe sejam imputados.

(A) Até 3 dias, a critério do Delegado Geral da Polícia Civil.

(B) Até 3 dias, elevado ao dobro, a critério do Delegado Geral da Polícia Civil.

(C) Até 5 dias, a critério da autoridade judicial.

(D) Até 6 dias, a critério da autoridade judicial.

(E) Até 15 dias, elevado ao dobro, a critério da autoridade judicial.

De acordo com previsão constante do art. 236 do Estatuto da Polícia Civil do Estado do Paraná, a custódia preventiva poderá ser determinada pela autoridade policial imediata, por até três dias, elevada ao dobro, a critério do Delegado-Geral da Polícia Civil. Cabe ressaltar que ela não constitui um ato de prisão, sendo, portanto, correta a alternativa B. **LM**
Gabarito "B".

(Escrivão – PC – FUMARC – 2018) Assinale a alternativa que apresenta, corretamente, o prazo para prescrição da transgressão, não prevista como crime, punível com a pena de advertência, repreensão ou suspensão.

(A) 2 anos.

(B) 3 anos.

(C) 4 anos.

(D) 5 anos.

(E) 10 anos.

Conforme previsão constante do art. 271, I, do Estatuto da Polícia Civil do Estado do Paraná, a transgressão punível com a pena de advertência, repreensão ou suspensão prescreverá em dois anos. A alternativa correta, portanto, é A. **LM**
Gabarito "A".

(Escrivão – PC – FUMARC – 2018) Assinale a alternativa que apresenta, corretamente, o tipo de responsabilidade do policial civil do Estado do Paraná, pelo exercício irregular de suas atribuições, decorrente de procedimento doloso ou culposo que importe em prejuízo da Fazenda Pública Estadual ou de terceiros, nos termos legais.

(A) Administrativa.

(B) Civil.

(C) Fazendária.

17. REGIMENTO INTERNO E LEGISLAÇÃO LOCAL 469

(D) Pecuniária.

(E) Penal.

B: correta. A responsabilidade civil decorre de procedimento doloso ou culposo que importe em prejuízo da Fazenda Pública Estadual ou de terceiros (art. 215 do Estatuto da Polícia Civil do Estado do Paraná). Gabarito "B".

(Escrivão – PC – FUMARC – 2018) Sobre as circunstâncias que agravam a pena do policial civil do Estado do Paraná, quando não constituem ou qualificam outra transgressão disciplinar, considere as afirmativas a seguir.

I. Impedir ou dificultar, de qualquer maneira, a apuração da falta funcional cometida.

II. Prática de transgressão disciplinar durante a execução de serviço policial.

III. Concurso de dois ou mais agentes na prática da transgressão.

IV. Deixar de servir como testemunha de transgressão da qual tenha conhecimento. Assinale a alternativa correta.

(A) Somente as afirmativas I e II são corretas.

(B) Somente as afirmativas I e IV são corretas.

(C) Somente as afirmativas III e IV são corretas.

(D) Somente as afirmativas I, II e III são corretas.

(E) Somente as afirmativas II, III e IV são corretas.

São circunstâncias que agravam a pena, quando não constituem ou qualificam outra transgressão disciplinar: a reincidência; a prática de transgressão disciplinar durante a execução de serviço policial; a coação, instigação ou determinação para que outro servidor policial civil, subordinado ou não, pratique a transgressão ou dela participe; impedir ou dificultar, de qualquer maneira, a apuração da falta funcional cometida; e o concurso de dois ou mais agentes na prática da transgressão. Como é de se notar, apenas a assertiva IV é falsa, devendo ser assinalada a **alternativa D.** LM
Gabarito "D".

(Escrivão – PC – FUMARC – 2018) Sobre a Polícia Civil no Estado do Paraná, bem como suas funções, considere as afirmativas a seguir.

I. Realiza apurações das infrações penais, civis e militares.

II. É dirigida por delegado de polícia, preferencialmente da classe mais elevada da carreira.

III. Exerce as funções de polícia judiciária.

IV. Sua função fundamenta-se na hierarquia e disciplina. Assinale a alternativa correta.

(A) Somente as afirmativas I e II são corretas.

(B) Somente as afirmativas I e IV são corretas.

(C) Somente as afirmativas III e IV são corretas.

(D) Somente as afirmativas I, II e III são corretas.

(E) Somente as afirmativas II, III e IV são corretas.

I: incorreta. À Polícia Civil incumbe a apuração das infrações penais, não as civis e administrativas (art. 2º); **II:** correta. Conforme dispõe o art. 295, o cargo de provimento em comissão de delegado geral da Polícia Civil, símbolo DAS-1, será exercido por delegado de polícia, preferencialmente da classe mais elevada da carreira; **III:** correta. É incumbência da Polícia Civil o exercício da Polícia Judiciária (art. 2º); **IV:** correta. A função policial, por suas características e finalidades, fundamenta-se nos princípios da hierarquia e da disciplina (art. 3º). Assim, estando as assertivas II, III e IV corretas, deve ser assinalada a alternativa E. LM
Gabarito "E".

(Escrivão – PC – FUMARC – 2018) Sobre a contratação por tempo determinado no Estado do Paraná, para atender à necessidade temporária de excepcional interesse público, assinale a alternativa que apresenta, corretamente, o prazo do contrato, conforme previsto constitucionalmente.

(A) Contrato com prazo mínimo de 1 ano.

(B) Contrato com prazo máximo de 2 anos.

(C) Contrato com prazo máximo de 3 anos.

(D) Contrato com prazo máximo de 4 anos.

(E) Contrato com prazo mínimo de 4 anos.

B: correta. Art. 27, IX, b, da Constituição do Estado do Paraná. LM
Gabarito "B".

(Escrivão – PC – FUMARC – 2018) Assinale a alternativa que apresenta, corretamente, o órgão do Estado do Paraná ao qual compete a representação judicial e extrajudicial do Estado do Paraná, o exercício das funções de consultoria jurídica da administração direta e indireta do Poder Executivo do Estado e para os Municípios do Estado e a cobrança judicial da dívida ativa do Estado.

(A) Procuradoria da Fazenda Estadual.

(B) Procuradoria Geral de Justiça do Estado.

(C) Procuradoria Geral do Estado.

(D) Assessoria Jurídica do Estado.

(E) Consultoria Jurídica do Estado.

Compete à Procuradoria-Geral a representação judicial e extrajudicial do Estado do Paraná, nos termos do art. 124, I, da Constituição Estadual. LM
Gabarito "C".

4. POLÍCIA CIVIL DO CEARÁ

(Escrivão – AESP/CE – VUNESP – 2017) Sendo aplicada pelo Delegado Geral da Polícia Civil do Estado do Ceará, a sanção de demissão a um Escrivão de Polícia, nos termos do Estatuto da Polícia Civil de Carreira do Estado do Ceará, pode-se afirmar que tal ato:

(A) é passível de revogação, por deixar de atender a oportunidade e conveniência.

(B) deixou de observar o requisito da competência, porém esta não pode ser entendida como um elemento do ato administrativo, que será convalidado pelo tempo.

(C) poderá, por meio da autotutela, ser anulado administrativamente pelo próprio Delegado Geral da Polícia Civil.

(D) deverá ser anulado, porém somente o Governador do Estado poderá decretar a anulação.

(E) é legal, atendendo ao requisito da competência, portanto não deverá ser anulado, sendo necessária, apenas, a sua homologação pelo Secretário de Segurança Pública e Defesa Social.

A: incorreta. Trata-se de ato não discricionário (é ato vinculado), razão por que não cabe a sua revogação. Caberia, no caso, a sua anulação por ter sido proferida por autoridade incompetente; **B:** incorreta. A incompetência da autoridade invalida o ato, não podendo ser convalidada com o tempo; **C:** correta. Ao verificar que atuou com ilegalidade, deverá, com base na autotutela, reconhecer o vício, anulando administrativamente o ato de demissão; **D:** incorreta. Vide comentário anterior; **E:** incorreta. A demissão somente pode ser aplicada pelo Governador do Estado (art. 111, I, do Estatuto da Polícia Civil de Carreira – Lei Estadual 12.124/1993). **LM**

Gabarito "C".

(Escrivão – AESP/CE – VUNESP – 2017) Nos termos do Estatuto dos Funcionários Civis do Estado do Ceará, no que concerne à estabilidade e vitaliciedade, é correto afirmar que:

(A) o funcionário nomeado, em virtude de concurso público, adquire estabilidade depois de decorrido um ano de efetivo exercício.

(B) a estabilidade funcional é compatível com o cargo em comissão.

(C) o funcionário perderá o cargo vitalício somente em virtude de sentença judicial.

(D) a estabilidade é o direito que adquire o funcionário efetivo de não ser exonerado ou demitido, senão somente em virtude de sentença judicial.

(E) o cargo de Escrivão de Polícia é vitalício.

A: incorreta. A estabilidade é adquirida após dois anos (art. 75); **B:** incorreta. A estabilidade é incompatível com cargo em comissão (art. 75, parágrafo único); **C:** correta. Art. 76 do Estatuto; **D:** incorreta. Estabilidade é o direito que adquire o funcionário efetivo de não ser exonerado ou demitido, senão em virtude de sentença judicial ou inquérito administrativo, em que se lhe tenha sido assegurada ampla defesa (art. 73); **E:** incorreta. A nomeação será vitalícia apenas nos cargos expressamente previstos pela Constituição Federal (art. 17, I, do Estatuto), não se enquadrando nesta categoria o cargo de Escrivão de Polícia. Exemplo de nomeação vitalícia é a dos Ministros do Superior Tribunal Militar (art. 123 da CF). **LM**

Gabarito "C".

(Escrivão – AESP/CE – VUNESP – 2017) Nos termos do Estatuto da Polícia Civil de Carreira do Estado do Ceará, o ato que defere a Licença Gestante à Policial Civil, a partir do oitavo mês de gestação, é um ato administrativo:

(A) discricionário, pois aquele que defere a licença poderá apreciar a situação conforme a conveniência e oportunidade da Administração.

(B) vinculado, pois a legislação determina o único comportamento possível do agente.

(C) vinculado, pois aquele que defere a licença deverá apreciar a situação conforme a conveniência e oportunidade da Administração.

(D) discricionário, pois a lei permite que o agente conceda período menor que 120 (cento e vinte) dias de licença.

(E) discricionário, pois a lei disciplina a necessidade de inspeção médica, que verificará a oportunidade e conveniência de autorizar a licença.

A: incorreta. O ato de deferimento da licença gestante a partir do oitavo mês à policial civil é um ato vinculado (art. 66, parágrafo único, do Estatuto – Lei Est. 12.124/1993), sendo inadmissível seu indeferimento a partir do alcance desta data; **B:** correta. É, de fato, um ato vinculado; **C:** incorreta. Ao contrário, tratando-se de um ato vinculado, não cabe discussão sobre conveniência e oportunidade; **D:** incorreta. Trata-se de ato vinculado, pois o período de licença é fixado em lei, não podendo ser reduzido por qualquer autoridade; **E:** incorreta. Como já dito, o ato é vinculado, não necessitando de inspeção médica para seu deferimento, bastando apenas a comprovação de que a policial se encontra no oitavo mês de gravidez. **LM**

Gabarito "B".

(Escrivão – AESP/CE – VUNESP – 2017) Nos termos do seu Estatuto, a Polícia Civil do Estado do Ceará tem, com exclusividade, a seguinte atribuição básica:

(A) O exercício das funções de polícia judiciária estadual e da apuração das infrações penais e de sua autoria.

(B) Administração do policiamento ostensivo, coordenando a atuação da Polícia Militar no atendimento de ocorrência.

(C) Colaborar com a Justiça Criminal, fornecendo as informações necessárias à instrução e ao julgamento dos processos criminais.

(D) O cumprimento de mandados de prisão.

(E) A identificação civil e criminal.

A: correta. Art. 4º, I, do Estatuto da Polícia Civil e Carreiras – Lei 12.124/1993; **B:** incorreta. A Polícia Militar atua de forma independente; **C, D** e **E:** incorreta. A mencionada colaboração, o cumprimento dos mandados de prisão e identificação civil e criminal não se dão de forma exclusiva. **LM**

Gabarito "A".

5. POLÍCIA CIVIL DE PERNAMBUCO

(Agente – Pernambuco – CESPE – 2016) Com base nas disposições do Estatuto da Polícia Civil do Estado de Pernambuco, assinale a opção correta a respeito das normas aplicáveis aos policiais civis ocupantes de cargos de atividade policial do quadro de pessoal policial da Secretaria de Segurança Pública do Estado de Pernambuco.

(A) A gratificação de função policial não poderá ser acumulada com outra gratificação referente a risco de vida.

(B) Os deveres do policial civil incluem dedicação e fidelidade à Pátria, cuja honra, segurança e integridade devem ser defendidas a todo o custo, desde que isso não implique em risco à sua própria vida.

(C) As penalidades disciplinares a que estão sujeitos os policiais civis incluem remoção de ofício, repreensão e suspensão.

(D) O ato de demissão de policial civil indicará apenas o fundamento legal da demissão: não mencionará a causa da penalidade.

(E) O policial civil que efetivamente exerça função policial poderá atuar em atividades de segurança privada, nos dias de folga, se expressamente autorizado pelo titular da respectiva delegacia.

A: correta. O art. 25, § 3º, do Estatuto veda a cumulação da gratificação da função policial com qualquer outra referente ao risco de vida; **B:** incorreta. O Estatuto estabelece que "a dedicação e a fidelidade à Pátria, cuja honra, segurança e integridade deve defender mesmo com sacrifício da própria vida" (art. 30, I); **C:** incorreta. Entre as penas disciplinares não está elencada a de remoção de ofício. São elas: repreensão, multa, suspensão, detenção disciplinar, destituição de função, demissão e cassação de aposentadoria ou disponibilidade (art. 34); **D:** incorreta. O ato de demissão mencionará sempre a causa da penalidade (art. 50); **E:** incorreta. A função policial é incompatível com o desempenho de qualquer outra atividade, pública ou privada, ressalvados o magistério eventual em estabelecimento de ensino e a acumulação legal de cargos ou quando a Segurança Nacional assim o exigir (art. 4º, "caput"). **LM**

Gabarito "A".

6. POLÍCIA CIVIL DE GOIÁS

(Escrivão – PC/GO – AOCP – 2023) De acordo com o processo administrativo previsto na Lei Estadual nº 13.800/2001, assinale a alternativa INCORRETA.

(A) A autoridade ou servidor que incorrer em impedimento deve comunicar o fato à autoridade competente, abstendo-se de atuar.

(B) Os atos do processo administrativo não dependem de forma determinada, senão quando a lei expressamente o exigir.

(C) O ato de delegação de competência é irrevogável pela autoridade delegante e serão respeitados os atos praticados na vigência da delegação, exceto nos casos de má-fé.

(D) O desatendimento da intimação não importa o reconhecimento da verdade dos fatos nem a renúncia a direito pelo administrado.

(E) A Administração tem o dever de explicitamente emitir decisão nos processos administrativos sobre solicitações ou reclamações, em matéria de sua competência.

A: correta, está de acordo com o art. 19 da Lei Estadual nº 13.800/01. **B:** correta, pois é o que prevê o art. 22 da Lei Estadual nº 13.800/01. **C:** incorreta, por isso deve ser assinalada, pois o ato de delegação de competência é revogável, conforme art. 14, § 2º, da Lei Estadual 13.800/01: "§ 2º O ato de delegação é **revogável** a qualquer tempo pela autoridade delegante, respeitados os atos praticados ou decisões proferidas na vigência da delegação, excetuados os casos de má-fé ou comprovadamente prejudiciais a quaisquer das partes envolvidas". **D:** correta, está de acordo com o art. 27 da Lei Estadual 13.800/01. **E:** correta, é o que prevê o art. 48 da Lei Estadual 13.800/01. Gabarito "C".

(Escrivão – PC/GO – AOCP – 2023) Considere a situação hipotética na qual o Delegado Titular de uma das delegacias da Polícia Civil de Goiás sairá de licença. Nesse caso, em relação à substituição do Delegado de Polícia e considerando o que dispõe a Lei Estadual nº 16.901/2010 – Lei Orgânica da Polícia Civil de Goiás –, assinale a alternativa correta.

(A) A acumulação de duas comarcas pelo Delegado substituto não tem caráter indenizável.

(B) A lei permite a acumulação de, no máximo, três comarcas ou delegacias de polícia além daquela em que o Delegado é Titular.

(C) A convocação para substituição do Titular deverá atender o critério de proximidade da comarca do Delegado substituto.

(D) O Delegado de Polícia designado fará jus à percepção de ajuda de custo no valor de trinta por cento do subsídio do cargo de Delegado de Polícia Substituto, por delegacia.

(E) O Delegado-Geral é o responsável por designar um Delegado de Polícia para substituir o Titular.

E: correta, está de acordo com a LOPCGO em seu art. 46, § 1º: "Art. 46. Cada Delegacia de Polícia terá 01 (um) Delegado Titular, designado pelo Delegado-Geral da Polícia Civil, escolhido dentre os servidores integrantes da carreira de Delegado de Polícia Civil do Estado de Goiás, nos termos do Regulamento. § 1º Nas licenças e nos afastamentos temporários da autoridade titular, bem como nos casos de unidades não providas, o Delegado-Geral designará um Delegado de Polícia para substituir o Titular ou para responder pela Delegacia de Polícia não provida, sendo a acumulação de caráter excepcional e indenizável, vedado o acúmulo de mais de duas comarcas ou delegacias de polícia, além daquela de que é Titular." Gabarito "E".

(Escrivão – PC/GO – AOCP – 2023) De acordo com o que dispõe a Lei Estadual nº 18.456/2014, informe se é verdadeiro (V) ou falso (F) o que se afirma a seguir e assinale a alternativa com a sequência correta.

( ) Todo ato resultante de assédio moral é nulo de pleno direito.

( ) Dentre as penalidades aplicáveis em razão de assédio moral, está a repreensão, que é aplicada verbalmente nos casos em que a conduta do agente for considerada leve.

( ) Durante a pena de suspensão, o agente público perderá todas as vantagens e direitos decorrentes do exercício do cargo.

( ) A pretensão punitiva administrativa em face do autor do assédio moral prescreve em três anos para a pena de demissão.

(A) V – F – V – F.

(B) F – F – V – V.

(C) V – V – F – F.

(D) F – V – F – V.

(E) V – F – V – V.

1: verdadeira, está de acordo com o art. 4º da Lei Estadual nº 18.456/14. **2:** falsa, a Lei Estadual nº 18.456/14, art. 5º, § 1º prevê que: "§ 1º A pena de repreensão será aplicada *por escrito* nos casos em que a conduta do agente ativo do assédio moral for considerada leve, devendo constar de seu assento funcional".**3:** verdadeira, está de acordo com o art. 5º, § 3º da Lei Estadual nº 18.456/14. **4:** falsa, a Lei Estadual nº 18.456/14 dispõe que: "Art. 8º A pretensão punitiva administrativa em face do autor do assédio moral prescreve nos seguintes prazos: I – 3 (três) anos, para as penas de repreensão, suspensão e multa; II – 6 (seis) anos, para a pena de demissão". Gabarito "A".

(Escrivão – PC/GO – AOCP – 2023) Miguel é servidor público da Polícia Civil de Goiás e cometeu transgressão disciplinar em razão de trabalho mal prestado. De acordo com a Lei Estadual nº 20.756/2020, assinale a alternativa que representa as penalidades previstas no referido texto legal para essa situação.

(A) Advertência ou suspensão de até 90 (noventa) dias.

(B) Advertência e suspensão de até 60 (sessenta) dias, se a conduta foi praticada culposamente, ou de 61 (sessenta e um) a 90 (noventa) dias, se a conduta foi praticada dolosamente.

(C) Advertência ou suspensão de até 30 (trinta) dias, se a conduta foi praticada culposamente, ou suspensão de 31 (trinta e um) a 60 (sessenta) dias, se a conduta foi praticada dolosamente.

(D) Suspensão de até 45 (quarenta e cinco) dias, se a conduta foi praticada culposamente, ou suspensão de 46 (quarenta e seis) a 60 (sessenta) dias, se a conduta foi praticada dolosamente.

(E) Advertência e suspensão de até 10 (dez) dias, se a conduta foi praticada culposamente, ou de 11 (onze) a 30 (trinta) dias, se a conduta foi praticada dolosamente.

C: correta, é o que dispõe o art. 202 da Lei Estadual 20.756/20: "Art. 202. Constitui transgressão disciplinar e ao servidor é proibido: XVII – trabalhar mal, culposa ou dolosamente: penalidade: advertência ou suspensão de até 30 (trinta) dias, se a conduta foi praticada culposamente, ou suspensão de 31 (trinta e um) a 60 (sessenta) dias, se a conduta foi praticada dolosamente. **PM**
Gabarito "C".

(Escrivão – PC/GO – AOCP – 2023) Acerca das indenizações previstas na Lei Estadual nº 20.756/2020, que dispõe sobre o Regime Jurídico dos Servidores Públicos Civis do Estado de Goiás, assinale a alternativa INCORRETA.

(A) Os créditos decorrentes de demissão, exoneração e aposentadoria relativos a férias ou adicional de férias têm caráter indenizatório.

(B) Não fará jus à diária o servidor que se deslocar dentro da mesma região metropolitana, aglomeração urbana ou microrregião, constituídas por municípios limítrofes e regularmente instituídas, mesmo quando houver pernoite fora da sede.

(C) Os valores das indenizações não podem ser computados na base de cálculo para fins de incidência da contribuição previdenciária e de quaisquer outros tributos.

(D) O servidor que receber diária ou passagem e, por qualquer motivo, não se afastar da sede, fica obrigado à restituição integral, no prazo de 15 (quinze) dias contados da data em que deveria ter viajado.

(E) O servidor ficará obrigado a restituir a ajuda de custo quando injustificadamente não se apresentar na nova sede no prazo legal.

B: incorreta e deverá ser assinalada, se houver pernoite fora da sede, o servidor fará jus à diária. Art. 104, § 2º da Lei Estadual nº 20.756/2020. **PM**
Gabarito "B".

(Agente-Escrivão – PC/GO – CESPE – 2016) O estágio probatório de servidor nomeado para cargo de provimento efetivo do governo do estado de Goiás tem o objetivo de apurar os requisitos necessários à sua confirmação no cargo para o qual foi nomeado. Os requisitos básicos a serem apurados no referido estágio probatório, previstos na LEG n.º 10.460/1988 e suas alterações, incluem:

(A) idoneidade moral.
(B) disciplina.
(C) iniciativa.
(D) vigor físico.
(E) aptidão.

C: correta. Os requisitos básicos apurados no estágio probatório são iniciativa, assiduidade e pontualidade, relacionamento interpessoal, eficiência e comprometimento com o trabalho (art. 39, § 1º). **LM**
Gabarito "C".

(Agente-Escrivão – PC/GO – CESPE – 2016) Juscelino, servidor público do estado de Goiás, praticou, no exercício da função, ato que resultará em sua responsabilização nas esferas civil, penal e administrativa. Entretanto, a sentença criminal o absolveu por falta de provas.

Nessa situação hipotética, de acordo com a LEG nº 10.460/1988 e suas alterações,

(A) a absolvição criminal afasta a responsabilidade administrativa, mas não a responsabilidade civil de Juscelino.

(B) as responsabilidades civil e administrativa não poderão acumular-se, pois são dependentes.

(C) seria necessário que o ato praticado por Juscelino tivesse sido doloso, para que ele fosse responsabilizado civilmente.

(D) a absolvição criminal não afasta as responsabilidades civil e administrativa de Juscelino.

(E) a absolvição criminal afasta a responsabilidade civil, mas não a responsabilidade administrativa de Juscelino.

A: incorreta. A absolvição criminal só afasta a responsabilidade civil ou administrativa se negar a existência do fato ou afastar do acusado a respectiva autoria (art. 310); **B:** incorreta. As sanções civis, penais e disciplinares poderão acumular-se, sendo umas e outras independentes entre si, bem assim as instâncias civil, penal e administrativa (art. 309); **C:** incorreta. A responsabilidade civil decorre de procedimento omissivo ou comissivo, doloso ou culposo, que importe em prejuízo para a Fazenda Pública Estadual ou de terceiros (art. 306); **D:** correta. Como já mencionado, a absolvição criminal pode afastar a responsabilidade civil ou administrativa quando julgar inexistente o fato imputado ou afastar a autoria do acusado (art. 310); **E:** incorreta. Vide comentários anteriores. **LM**
Gabarito "D".

(Agente-Escrivão – PC/GO – CESPE – 2016) Se os motivos determinantes da aposentadoria por invalidez de determinado funcionário do estado de Goiás forem considerados insubsistentes, o retorno desse funcionário às atividades no mesmo cargo será considerado, de acordo com a LEG nº 10.460/1988 e suas alterações,

(A) readaptação.
(B) reversão.
(C) aproveitamento.
(D) reintegração.
(E) recondução.

A: incorreta. Readaptação é a investidura do funcionário em outro cargo mais compatível com a sua capacidade física, intelectual ou quando, comprovadamente, revelar-se inapto para o exercício das atribuições, deveres e responsabilidades inerentes ao cargo que venha ocupando, sem causa que justifique a sua demissão ou exoneração, podendo efetivar-se de ofício ou a pedido (art. 129 da LEG 10.460/1988); **B:** correta. Reversão é o retorno à atividade do funcionário aposentado por invalidez, quando insubsistentes os motivos determinantes da aposentadoria, dependendo sempre da existência de vaga (art. 126 da LEG 10.460/1988); C: incorreta. Aproveitamento é o retorno ao serviço ativo do funcionário em disponibilidade (art. 120); **D:** incorreta. Reintegração é o reingresso, no serviço público, do funcionário demitido, com ressarcimento de vencimento e vantagens inerentes ao cargo, por força de decisão administrativa ou judiciária (art. 117); E: incorreta. Recondução é o retorno do servidor público estável ao cargo anteriormente ocupado (art. 67). **LM**
Gabarito "B".

(Agente-Escrivão – PC/GO – CESPE – 2016) De acordo com a LO-PC/GO, que dispõe sobre os princípios, a organização e o funcionamento da instituição bem como sobre as competências, as prerrogativas, as garantias e os deveres de seus servidores, assinale a opção correta.

(A) Não poderá concorrer a promoções o policial civil que, a juízo do Conselho Superior da Polícia Civil, estiver respondendo a processo administrativo disciplinar ou criminal.

17. REGIMENTO INTERNO E LEGISLAÇÃO LOCAL 473

(B) O quadro básico de pessoal efetivo da PC/GO é integrado pelos cargos de delegado de polícia, perito criminal, médico legista, escrivão de polícia, agente de polícia e papiloscopista policial.

(C) As remunerações dos servidores policiais civis do estado de Goiás compõem-se de uma parcela fixa e uma parte variável de acordo com os cargos da carreira e as condições especiais de prestação de serviço, compreendida por adicionais, gratificações e verbas indenizatórias.

(D) No conceito de atuação técnico-científica e imparcial na condução da atividade investigativa, está compreendido o exercício de perícia oficial como atribuição específica da PC/GO.

(E) O servidor policial civil, em qualquer situação, tem prioridade para requisitar e utilizar, quando necessário, serviços de transporte e comunicação públicos e privados, respeitadas as prerrogativas das demais carreiras.

A: correta. Art. 79, III, e § 1º, da Lei Estadual 16.901/2010 (LO-PC/GO); **B:** incorreta. O quadro básico de pessoal efetivo da Polícia Civil é integrado pelos seguintes cargos, como essenciais para o seu funcionamento: Delegado de Polícia; Escrivão de Polícia; Agente de Polícia e Papiloscopista Policial (art. 48 e seus incisos); **C:** incorreta. Os servidores policiais civis serão remunerados pelo regime de subsídio, fixado em parcela única, nos termos de lei específica (art. 68); **D:** incorreta. No conceito de atuação técnico-científica não se compreende o exercício de perícia oficial (art. 3º, parágrafo único); **E:** incorreta. A referida prioridade se dá nos casos em que o servidor policial civil estiver em missão de caráter urgente, conforme previsão constante do art. 61, II, da LO-PC. 🔲
Gabarito "A".

(Agente-Escrivão – PC/GO – CESPE – 2016) À luz da LO-PC/GO, assinale a opção correta no que diz respeito à estrutura, organização e competência da PC/GO.

(A) É atribuição exclusiva do secretário de segurança pública, mediante proposição do delegado-geral, autorizar o policial civil a afastar-se da respectiva unidade federativa, em serviço e dentro do país, bem como determinar a instauração de processo administrativo disciplinar e(ou) sindicância policial.

(B) A PC/GO é órgão autônomo dotado de autonomia financeira e administrativa, cabendo aos seus órgãos de instância superior o planejamento, a programação e a dotação de seus investimentos.

(C) Os policiais civis legalmente investidos nos cargos da carreira policial do estado de Goiás gozam de autonomia e independência funcional no exercício das suas respectivas atribuições.

(D) As unidades de Assessoramento Superior da PC/GO têm como atribuições a proposição, a deliberação e a definição das políticas de caráter institucional.

(E) As unidades de execução operativa da PC/GO, a exemplo das delegacias de polícia distritais e delegacias de polícia especializadas estaduais, têm por finalidade o exercício das funções de polícia judiciária e a investigação policial.

A: incorreta. A autorização para afastamento do policial civil da unidade federativa, em serviço e dentro do país, assim como a instauração de processo administrativo disciplinar e/ou sindicância policial são atribuições do Delegado-Geral da Polícia Civil; **B:** incorreta. A assistência administrativa e financeira, nos âmbitos estratégico, tático e operacional

---

é atribuída à Gerência de Administração e Finanças, unidade de Assessoramento Superior (art. 35); **C:** incorreta. De acordo com a LO-PC, apenas o Delegado de Polícia goza de autonomia e independência no exercício das atribuições de seu cargo, observado o disposto na Lei (art. 6º, § 2º); **D:** incorreta. As unidades de Assessoramento Superior têm por finalidade a assistência administrativa, financeira, técnico-científica, doutrinária, jurídico-policial e de planejamento, nos âmbitos estratégico, tático e operacional (art. 12, parágrafo único), enquanto que a proposição, a deliberação e a definição das políticas de caráter institucional são atribuídas às unidades de Direção Superior (art. 11, parágrafo único); **E:** correta. Art. 15, parágrafo único, da LO-PC/GO. 🔲
Gabarito "E".

(Agente-Escrivão – PC/GO – CESPE – 2016) Ainda à luz da LO-PC/GO, assinale a opção correta em relação ao quadro de pessoal, às atribuições dos cargos e às garantias do servidor policial civil de Goiás.

(A) Aplicam-se aos policiais civis do estado de Goiás as mesmas regras de promoção fixadas para os demais servidores públicos estaduais.

(B) Os cargos em comissão de gerente de administração e finanças e gerente da assessoria técnico-policial poderão ser ocupados por agentes ou escrivães da polícia.

(C) Para o cômputo de tempo de antiguidade na classe em que se encontra o servidor, não serão deduzidos o interregno ocorrido em razão do tempo de afastamento devido a licença por motivo de saúde.

(D) As chefias de cartório e de investigação de cada delegacia de polícia somente poderão ser ocupadas, respectivamente, por um agente de polícia e um escrivão de polícia de classe especial.

(E) São atribuições do chefe de cartório, entre outras, o gerenciamento do atendimento ao público e o registro de ocorrências criminais.

A: incorreta. A promoção dos policiais civis está regulada na Lei Orgânica da Polícia Civil, enquanto que a dos demais servidores públicos estaduais é regida pela Lei 10.460/1988; **B:** incorreta. O cargo de Gerente de Administração e Finanças somente poderá ser ocupado por delegados de polícia de carreira, que serão nomeados pelo Chefe do Poder Executivo, após indicação do Secretário da Segurança Pública (art. 53); **C:** correta. Art. 90, § 1º, I; **D:** incorreta. Cada Delegacia de Polícia terá 01 (um) Chefe de Cartório e 01 (um) Chefe de Investigação, indicados pela autoridade policial da referida delegacia, designados pelo Delegado Regional de Polícia, escolhidos entre os ocupantes dos cargos, respectivamente, de Escrivão de Polícia e de Agente de Polícia da Classe Especial. A incorreção da alternativa encontra-se na ordem dos cargos, pois a chefia de cartório caberá ao escrivão de polícia, enquanto que a chefia de investigação caberá a um agente. Além disso, no caso de inexistirem policiais de classe especial, a escolha será realizada pelo critério de antiguidade, sendo assim, a chefia poderá ser ocupada por policiais que não sejam de classe especial (art. 47); **E:** incorreta. Essas atribuições são do Chefe de Investigação (art. 47, §4º, III). 🔲
Gabarito "C".

---

7. POLÍCIA CIVIL DO DISTRITO FEDERAL

(Papiloscopista – PCDF – Universa – 2016) De acordo com a legislação vigente a respeito da PCDF, assinale a alternativa correta.

(A) Entre os cargos existentes na Polícia Civil do Distrito Federal, somente o de delegado de polícia é considerado típico de Estado.

(B) Assim como para o ingresso no cargo de papiloscopista policial, o ingresso no cargo de perito criminal exige diploma de curso superior completo em qualquer área do conhecimento humano.

(C) Papiloscopista policial, perito criminal, perito médico-legista, agente de polícia, escrivão de polícia, agente policial de custódia e delegado de polícia compõem a carreira de Polícia Civil do Distrito Federal.

(D) As classes do cargo de papiloscopista policial são três, quais sejam, a terceira, a segunda e a especial, sendo a terceira classe a de ingresso no cargo.

(E) O cargo de Diretor-Geral da Polícia Civil do Distrito Federal é privativamente ocupado por delegado de polícia do Distrito Federal integrante da classe especial.

A: incorreta. Tanto a carreira de Delegado de Polícia do Distrito Federal como as de Perito Criminal, Perito Médico-Legista, Agente de Polícia, Escrivão de Polícia, Papiloscopista Policial e Agente Policial de Custódia são consideradas como típicas de Estado (art. 12 da Lei 9.264/1996); **B:** incorreta. Para o ingresso no cargo de Perito Criminal será exigido diploma de Física, Química, Ciências Biológicas, Ciências Contábeis, Ciência da Computação, Informática, Geologia, Odontologia, Farmácia, Bioquímica, Mineralogia ou Engenharia (art. 5°, § 2°); **C:** incorreta. Na carreira de Polícia Civil do Distrito Federal não está incluída a de Delegado de Polícia, que tem categoria própria (art. 3°); **D:** incorreta. As atuais classes dos cargos de que trata esta Lei ficam transformadas nas seguintes: segunda classe, primeira classe e classe especial (art. 4°); **E:** correta. Art. 12-A da Lei 9.264/1996. LM

Gabarito "E."

(Papiloscopista – PCDF – Universa – 2016) Com base no disposto na Lei Orgânica do Distrito Federal, é correto afirmar que:

(A) é garantida a independência funcional aos integrantes das categorias de delegado de polícia, perito criminal e médico-legista.

(B) o Palácio do Buriti é a sede do governo do Distrito Federal.

(C) são símbolos do Distrito Federal a bandeira, o hino, o mascote e o brasão.

(D) os Institutos de Criminalística, de Medicina Legal e de Identificação compõem a estrutura administrativa da PCDF e seus dirigentes são escolhidos *ad nutum* pelo Diretor da PCDF.

(E) as atividades desenvolvidas nos Institutos de Criminalística, de Medicina Legal e de Identificação são consideradas de natureza onírica.

A: correta. Art. 119, §§ 4° e 9° da LO-DF; **B:** incorreta. Brasília, Capital da República Federativa do Brasil, é a sede do governo do Distrito Federal (art. 6°); **C:** incorreta. São símbolos do Distrito Federal a bandeira, o hino e o brasão (art. 7°); **D:** incorreta. Os Institutos de Criminalística, de Medicina Legal e de Identificação compõem a estrutura administrativa da Polícia Civil, devendo seus dirigentes ser escolhidos entre os integrantes do quadro funcional do respectivo instituto (art. 119, § 5°); **E:** incorreta. As atividades desenvolvidas nos Institutos de Criminalística, de Medicina Legal e de Identificação são consideradas de natureza técnico-científica (art. 119, § 8°). LM

Gabarito "A."

18. BIOLOGIA

Enildo Garcia

(Papiloscopista – PC/RR – VUNESP – 2022) Assinale a alternativa que apresenta o nome de um osso localizado na mão humana.
(A) Vômer.
(B) Tálus.
(C) Fíbula.
(D) Hioide.
(E) Lunato.

Resolução
Sabe-se que um osso localizado na mão humana é o Lunato.
Gabarito "E".

(1 – PF – CESPE – 2018) No que se refere a citoesqueleto, movimento celular e processos de obtenção de energia na célula, julgue o próximo item.

(1) Com a morte do indivíduo, os processos de geração de energia ficam comprometidos, a produção de ATP cessa e os estoques citoplasmáticos de ATP são consumidos, o que impede, por exemplo, a polimerização da actina e o deslizamento da miosina sobre o filamento de actina durante a contração muscular.

Errado, porque não impede o deslizamento da actina sobre a miosina, ao contrário do que diz o item.
Gabarito 1E

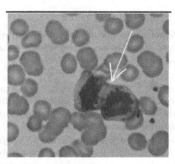

Internet: <https://laminoteca.wixsite.com>.

A imagem anterior foi obtida a partir de amostras de sangue coletadas em uma cena de crime para fins de isolamento de DNA. Várias células foram observadas, mas uma delas (indicada pela seta) apresentava um aspecto morfológico diferenciado. Com base nessa imagem, julgue o item seguinte.

(1) A célula indicada encontra-se em mitose na fase de prófase, que se caracteriza pelo desaparecimento da carioteca e espiralização do material genético.

A célula se encontra na fase de telófase em que a carioteca ou invólucro nuclear se reconstrói com a formação de duas célula diploides.
Gabarito 1E

(Papiloscopista – PF – CESPE – 2018) Em um bairro nobre de determinada cidade no Brasil, houve um assassinato na madrugada fria do mês agosto. A vítima, um homem de quarenta e dois anos de idade, foi encontrada morta com golpes de faca na região torácica. Sua residência tinha sido saqueada e exibia sinais de violação, como, por exemplo, uma janela quebrada que estava manchada de sangue. Como havia sinais de que a vítima pudesse ter resistido ao ataque e revidado até ser imobilizada e morta, amostras biológicas do corpo da vítima foram coletadas pelos investigadores e encaminhadas para análise, a fim de se obterem evidências que levassem à identificação do assassino. Uma das amostras de sangue recolhidas no local do crime promovia aglutinação de hemácias somente na presença de soro anti-B e de soro anti-Rh; outra amostra não apresentava aglutinação na presença de soros anti-A, anti-B e anti-Rh. Durante a investigação, descobriu-se, ainda, que a vítima sofria de hemofilia e que uma amostra de sangue de tipo sanguíneo diferente do da vítima apresentava mutação no alelo do fator VIII. Após vários meses de investigação, os investigadores chegaram a um suspeito, que era portador do tipo sanguíneo A negativo.

Considerando a situação hipotética apresentada e os múltiplos aspectos a ela relacionados, julgue os itens a seguir.

(1) Na ausência de outras evidências que o ligassem ao fato, o suspeito poderia ser liberado, pois seu tipo sanguíneo não é o mesmo dos tipos sanguíneos encontrados nas duas amostras mencionadas, que correspondem, na ordem em que aparecem no texto, aos tipos sanguíneos B positivo e O negativo.

(2) Como as hemácias possuem núcleos, amostras de DNA poderiam ser obtidas a partir do isolamento dos núcleos das hemácias presentes nas manchas de sangue nos destroços de vidro.

(3) Dada a possibilidade de se identificar uma pessoa com base no padrão de polimorfismos presentes no genoma de cada indivíduo, análises do perfil de DNA presente nos núcleos de células obtidas em amostras de manchas de sangue recuperadas no local do crime podem ser usadas para levar criminosos à condenação.

(4) A presença de mutação no alelo do fator VIII permite concluir que havia outro hemofílico na cena do crime, com o genótipo XYH, já que a hemofilia é uma doença genética recessiva ligada ao cromossomo Y.

1. certo. A aglutinação anti-B e anti-Rh indica tipo sanguíneo B positivo e a não aglutinação anti-A, anti-B e anti-Rh indica portador do tipo sanguíneo O negativo.
2. errado. As hemácias ou eritrócitos não possuem núcleo.
3. certo. A análise do perfil e DNA nos núcleos de células pode identificar um suspeito.
4. errado. A hemofilia é uma doença genética recessiva que está ligada ao cromossomo X.

Gabarito 1C, 2E, 3C, 4E

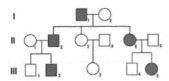

(Papiloscopista – PCDF – Universa – 2016) A figura acima ilustra um heredograma de uma família com indivíduos afetados (símbolos escuros) e não afetados (símbolos claros). O padrão de herança mendeliana apresentado nesse heredograma é característico de herança:

(A) autossômica recessiva.
(B) autossômica ligada ao y.
(C) dominante ligada ao x.
(D) autossômica dominante.
(E) recessiva ligada ao x.

1ª solução
Nota-se, no heredograma, que a herança mendeliana é dominante e não ligada ao sexo, ou seja, é autossômica.
Resposta correta na letra D.
2ª solução
Observa-se, no heredograma, que ambos os sexos são afetados (masculino: I-1, II-2 e II-3; feminino: II-5 e II-5). Logo as opções B, C e E estão erradas.
Trata-se de herança autossômica dominante pois se um cônjuge é afetado, um dos filhos também o será. ENG
Gabarito "D".

(Papiloscopista – PCDF – Universa – 2016) No que se refere aos componentes do citoesqueleto, uma complexa rede de proteínas que compõe o "esqueleto" celular, assinale a alternativa correta.

(A) Os microtúbulos encontram-se dispostos por todo o citoplasma, mas, em maior quantidade, na periferia da célula, especialmente na região apical.
(B) Os filamentos de miosina, presentes em células musculares, são denominados espessos, ao passo que os filamentos de actina são conhecidos como estruturas filamentosas finas.
(C) Os filamentos de actina são estruturas que permitem o transporte de vesículas na endocitose e na exocitose. Contudo, esses filamentos dificultam a fagocitose de algumas células do sistema imunológico, como os macrófagos.
(D) Os filamentos intermediários são formados pela polimerização da proteína actina G.
(E) Os filamentos de citoqueratina, presentes em todos os tipos celulares, são importantes para a migração da célula durante o desenvolvimento embrionário.

A: incorreta. Os microtúbulos não se encontram dispostos por todo o citoplasma; **B**: correta; **C**: incorreta. Não dificultam a fagocitose de algumas células do sistema imunológico; **D**: incorreta. Trata-se da queratina; **E**: incorreta. Os filamentos de citoqueratina, não estão presentes em todos os tipos celulares, porém prioritariamente nas células epiteliais. ENG
Gabarito "B".

(Papiloscopista – PCDF – Universa – 2016) Com relação aos compostos químicos e às biomoléculas que fazem parte da composição química da célula, assinale a alternativa correta.

(A) Os carboidratos são compostos químicos orgânicos que contêm uma molécula de carbono, uma de hidrogênio e uma de nitrogênio.
(B) O cloreto de sódio (NaCl), um composto químico orgânico formado por moléculas grandes, deve sempre apresentar carbono em sua composição.
(C) Os glicídios são moléculas orgânicas constituídas fundamentalmente por átomos de nitrogênio.
(D) Lipídios, sais minerais e proteínas são exemplos de compostos inorgânicos.
(E) Quantidades reduzidas de sais minerais, como as de íons de cálcio (Ca^{2+}), no organismo podem comprometer as reações de coagulação e a contração muscular.

A: incorreta. Os compostos orgânicos não têm, necessariamente, moléculas de nitrogênio e a expressão molécula de carbono é incorreta; **B**: incorreta. O cloreto de sódio (NaCl), o sal de cozinha, não é um composto químico orgânico: não tem carbono; **C**: incorreta, pois os glicídios, ou carboidratos, têm, em sua estrutura, só CHO; **D**: incorreta. Os lipídios, ou gorduras, e as proteínas são compostos orgânicos; E: correta. Os íons de cálcio (Ca2+), no organismo podem comprometer as reações de coagulação e a contração muscular. ENG
Gabarito "E".

(Papiloscopista – PCDF – Universa – 2016)

Tendo a figura acima, que ilustra os níveis de organização na estrutura das proteínas, como referência, assinale a alternativa correta.

(A) Interações hidrofóbicas e eletrostáticas, ligações covalentes, pontes de hidrogênio e forças de Van der Waals são exemplos de interações entre cadeias laterais que estabilizam proteínas que apresentem o tipo de estrutura ilustrado na letra C.
(B) Proteínas multiméricas, constituídas pela estrutura ilustrada na letra D, são formadas por multissubunidades que dificultam a abertura e o fechamento de cavidades na superfície da molécula proteica.
(C) Supondo que uma proteína seja constituída pela estrutura representada na letra A, é correto afirmar que o número de aminoácidos, pouco variável, deverá facilitar as trocas de um aminoácido por outro sem que a atividade proteica seja afetada.
(D) Uma proteína com a estrutura representada na letra B deverá ser constituída de ligações covalentes, que promovem a estabilização dessa proteína.
(E) Se a estrutura da proteína ilustrada na letra C for submetida à ação de um agente físico desnaturante, como calor, luz ou frio, haverá perda de aminoácidos

18. BIOLOGIA — 477

e, consequentemente, de toda a estrutura primária que estava presente.

A: correta; **B:** incorreta. As multisubunidades não estão em posições inflexíveis e/ou fixas; **C:** incorreta. A simples troca de um aminoácido pode alterar a atividade proteica; **D:** incorreta. A estabilização ocorre devido às interações intermoleculares, prioritariamente do tipo ponte de hidrogênio e não só elas; **E:** incorreta. Não há perda de aminoácidos. ENG

Gabarito "A".

(Papiloscopista – PCDF – Universa – 2016) As anomalias cromossômicas podem ser tanto numéricas quanto estruturais, afetando cromossomos sexuais, um ou mais autossomos ou, em alguns casos, os dois tipos de cromossomos. Acerca desse assunto, assinale a alternativa correta.

(A) No pseudo-hermafroditismo feminino, o cariótipo é 46, XY, enquanto, no pseudo-hermafroditismo masculino, a variante é 46, XX.

(B) A síndrome de Down é resultante da trissomia do cromossomo 18.

(C) A síndrome do Cri du Chat ou "miado de gato" é um exemplo de síndrome com deleção autossômica.

(D) Pessoas com síndrome de Klinefelter apresentam um único cariótipo, o 47, XXY.

(E) A constituição cromossômica mais frequente em homens com síndrome de Turner é 45, X.

A: incorreta, porque no pseudo-hermafroditismo masculino, o cariótipo é XY; **B:** incorreta, pois é trissomia do cromossomo 18; **C:** correta; **D:** incorreta, porque há outros cariótipos como como: 48 XXYY; 48,

XXXY etc.; **E:** incorreta, pois a Síndrome de Turner ocorre em também em mulheres. ENG

Gabarito "C".

(Papiloscopista – PCDF – Universa – 2016) Acerca das características que diferem células eucarióticas de células procarióticas, é correto afirmar que:

(A) fímbrias e flagelos são prolongamentos filamentosos que exercem a função de adesão e movimentação nas células eucarióticas.

(B) as moléculas de DNA lineares encontram-se, nas células eucarióticas, associadas a proteínas histônicas, que se condensam em cromossomos durante a divisão celular.

(C) as moléculas da cadeia respiratória, na célula eucariótica, estão localizadas na membrana interna da membrana plasmática, o que facilita a obtenção de energia por meio da respiração celular.

(D) a resistência de células eucarióticas às enzimas hidrolíticas decorre da grande quantidade de lipopolissacarídeos na membrana plasmática dessas células.

(E) a compartimentalização do citoplasma reduz a eficiência metabólica das células eucarióticas. Consequentemente, essas células não conseguem atingir maiores tamanhos em relação às células procarióticas.

(A questão foi anulada por não haver menção a células procarióticas no edital). ENG

Gabarito "ANULADA".

19. Química

Elson Garcia

(Papiloscopista – PC/RR – VUNESP – 2022) Assinale a alternativa que apresenta uma substância cuja abertura de seu frasco deve ser feita em câmara de exaustão (capela), por ser volátil e liberar vapores tóxicos.

(A) Ácido clorídrico concentrado.

(B) Ácido sulfúrico concentrado.

(C) Ácido fosfórico concentrado.

(D) Ácido oxálico concentrado.

(E) Ácido bórico concentrado.

Os ácidos mais voláteis são os hidrácidos: HF, HCl, HBr, HI etc. Em seguida são os oxiácidos: HNO_3, $HClO_3$, etc. Depois vêm os ácidos de alto pontos de ebulição (> 100° C): H_2SO_4 (337°C), H_3PO_4 (158°C) e H_3BO_3(300°C).

Portanto, dos itens da questão, o mais volátil é o ácido clorídrico. E o que mais libera vapores tóxicos é também o ácido clorídrico.

Gabarito "A".

(Papiloscopista – PC/RR – VUNESP – 2022) Uma solução aquosa de ácido sulfúrico foi preparada a 20°C, usando-se técnicas quantitativas. Foram adicionados 10,0 mL de ácido sulfúrico 98,0% (m/m), com densidade 1,84g/cm3 a 20°C, a um bequer contendo água destilada, e transferidos para um balão volumétrico com capacidade de 1 000 mL, completando-se o volume com água destilada até o traço de aferição.

A concentração, em mol/L, da solução preparada é

(A) 0,100.

(B) 0,184.

(C) 0,98.

(D) 1,00.

(E) 1,84.

Cálculo da massa de ácido sulfúrico adicionada, em g:
Como a densidade da solução inicial é 1,84 g/cm³ = 1,84 g/mL e d = m/v, m = d.v = 10.(1,84) = 18,4 g.
Como a solução inicial tem concentração 98% (m/m), a massa de H_2SO_4 inicialmente adicionada é:
(18,4) (98/100) = 18,032 g.
Cálculo da concentração da solução preparada em mol/L:
n =m/M, onde: n = número de mols de H_2SO_4, m = 18,032 g e M: Massa molar do H_2SO_4.

Com base na Tabela Periódica anexa à prova: M = 1,01x2 + 32,1 + 4x16 = 98,12 g e
n = 18,032/98,12 = 0,184 mols e a concentração em mols por litro é 0,184 mol/L.
A resposta correta é 0,184 mol/L.

Gabarito "B".

(Papiloscopista – PC/RR – VUNESP – 2022) Na tabela a seguir, são apresentados os dados de densidade, de ponto de fusão (PF) e de ponto de ebulição (PE) de quatro substâncias.

Substância	Densidade	PF	PE
I	1,25g/L a 0 °C	-205 °C	-191 °C
II	0,71g/cm³ a 20 °C	-116 °C	35 °C
III	5,9g/cm³ a 20 °C	29,7 °C	2403 °C
IV	13,6g/cm³ a 20 °C	38,8 °C	357 °C

Considere que amostras de 10 g de cada uma das quatro substâncias são armazenadas separadamente a 20°C e 1 atm em seus respectivos recipientes.

Nas condições de temperatura e pressão descritas, a amostra que ocupa o maior volume e a amostra que ocupa o menor volume são, correta e respectivamente, as substâncias

(A) I e II.

(B) I e III.

(C) I e IV.

(D) II e III.

(E) II e IV.

Examinando os estados das substâncias apresentadas, concluímos que I é gasoso, II é líquido e as demais substâncias são sólidas.

Substância	Densidade	PF	PE
I G	1,25g/L a 0 °C	-205 °C	-191 °C
II L	0,71g/cm³ a 20 °C	-116 °C	35 °C
III S	5,9g/cm³ a 20 °C	29,7 °C	2403 °C
IV S	13,6g/cm³ a 20 °C	38,8 °C	357 °C

Portanto, a de maior volume é a substância I, que é gasosa a 0°C e a 20° C. E a de menor volume é a que tem maior densidade, que é IV.

Gabarito "C".

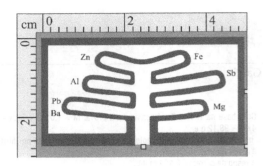

Kathryn R. Chabaud et al. Simultaneous colorimetric detection of metallic salts contained in low explosives residue using a microfluidic paper-based analytical device (μPAD). Forensic Chemistry 9, 2018, p. 35-41 (com adaptações).

reagente / metal	rodizonato de sódio	sulfeto de sódio	ditizona	aluminon	p-aminofenol	azul de xilidil
Pb	vermelho	cinza	rosa	incolor	incolor	incolor
Ba	laranja	incolor	incolor	incolor	incolor	incolor
Sb	incolor	ocre	incolor	incolor	incolor	incolor
Zn	incolor	incolor	magenta	incolor	incolor	rosa
Al	incolor	incolor	incolor	vermelho	incolor	incolor
Fe	roxo	preto	incolor	roxo	violeta	incolor
Mg	incolor	incolor	incolor	incolor	incolor	rosa

(Papiloscopista – PF – CESPE – 2018) Um dispositivo analítico, conforme ilustrado na figura precedente, baseado em papel microfluídico (μPAD), foi desenvolvido para a determinação in loco da presença de chumbo, bário, antimônio, ferro, alumínio, zinco e magnésio, em resíduos de explosivos pirotécnicos. Cada canal contém um conjunto específico de reagentes que produz uma mudança de cor após a interação com um sal de metal específico, conforme esquematizado na tabela anterior. Esse novo dispositivo deve ser útil na detecção in loco de resíduos pós-explosão de pirotecnia no campo, devido à sua portabilidade e facilidade de uso.

Tendo como referência a figura e os dados da tabela precedentes, julgue os itens a seguir.

(1) O sulfeto de sódio é um sólido molecular.
(2) O composto p-aminofenol é mais solúvel em água do que o composto 1-amino-4-metilbenzeno.
(3) Considere que na reação do bário com o rodizonato de sódio, mostrado na figura a seguir, haja apenas troca de cátions para gerar a coloração laranja. Nessa situação, para formar o composto rodizonato de bário, serão necessários mais de 1.000μg de rodizonato de sódio para reagir totalmente com 1.306,5μg de nitrato de bário.

(4) Considere que a reação entre antimônio e sulfeto produza o sal Sb2S3, pouco solúvel e de cor ocre que, em meio aquoso, dissocia-se parcialmente, de acordo com o equilíbrio $Sb_2S_3(s) \rightleftharpoons 2Sb3+(aq) + 3S^{2-}(aq)$. Nesse caso, a concentração de sulfeto necessária para iniciar a formação do sólido Sb_2S_3 em uma solução aquosa de Sb^{3+} de concentração x mol/L deverá ser maior que, $\sqrt[3]{\frac{K_{ps}}{x^2}}$, em que Kps é a constante de equilíbrio da reação precedente.

(5) Na queima do magnésio metálico em presença de oxigênio, ocorre a redução do magnésio com o consequente consumo de 1 mol de elétrons por mol de átomos de magnésio.

(6) Se, na queima de um artefato pirotécnico ocorrer a decomposição do carbonato de bário, de acordo com a reação química $BaCO_3(s) \rightarrow BaO(s) + CO_2(g)$, então a entalpia padrão dessa reação de decomposição (ΔH_x), calculada a partir dos dados listados na tabela seguinte, será $\Delta H_x = \Delta H_1 - \Delta H_2 + \Delta H_3$.

reação química	entalpia padrão de reação
$Ba(s) + C(grafite) + 3/2O_2(g) \rightarrow BaCO_3(s)$	ΔH_1
$Ba(s) + 1/2O_2(g) \rightarrow BaO(s)$	ΔH_2
$C(grafite) + O_2(g) \rightarrow CO_2(g)$	ΔH_3

1. O item está incorreto, pois um sólido molecular é aquele constituído por moléculas não polares. Por exemplo, os gases nobres, quando se solidificam, originam sólidos deste tipo. Como o sulfeto de sódio é polar, não é um sólido molecular.

2. O item está correto, pois o composto p-aminofenol – ver primeira ilustração abaixo – possui um grupo – OH (função fenol) e um grupo – NH2 (função amino), além da cadeia aromática. Estes dois grupos apresentam H ligado em elemento fortemente eletronegativo, caracterizando as pontes de hidrogênio.
O segundo composto, que é o 1-amino-4-metilbenzeno – ver segunda ilustração abaixo – possui apenas a função amina que também pode interagir por pontes de hidrogênio.
Concluímos que no p-aminofenol, teremos mais possibilidades de interações (devido ao fato de ter o grupo OH), o que faz que a solubilidade dele seja maior.

MM(g/mol): 214,04 + 261,337   305,387 + 169,990 (Soma: 475,377)
                X   ---------1.306,5μg

Portanto, pela regra de três: X = (214,04)(1.306,5)/(261,337) = 1.070,05μg.

4. O item está correto, pois, conforme os cálculos abaixo, para deslocar a reação para iniciar a formação do sólido Sb_2S_3, a concentração de sulfeto deverá ser maior que y, ou seja, maior que $\sqrt[3]{\frac{K_{ps}}{x^2}}$.

19. QUÍMICA   481

Considerando a reação em equilíbrio: $2Sb^{3+} + 3S^{2-}$ <---> Sb_2S_3 (s) e que a concentração de Sb^{3+} é x e denominando a concentração de S^{2-} como y, teremos:

$K_{ps} = [Sb^{3+}]^2[\ S^{2-}]^3 = [x]^2[y]^3$ ou $[y]^3 = [K_{ps}]/[x\ ]^2$ e portanto, y = $\sqrt[3]{\frac{K_{ps}}{x^3}}$.

5. O item está incorreto, pois na queima do magnésio metálico em presença de oxigênio, ocorre uma oxidação e não uma redução do magnésio. Ele tem NOX = 0 e passa, no óxido, a ter NOX = +2, com a consequente perda de 1 mol de elétrons por mol de átomos de magnésio.

6. O item está incorreto, pois, conforme os cálculos abaixo, a entalpia da reação é igual a $\Delta H_x = (\Delta H2 + \Delta H3) - \Delta H1$ e não $\Delta H_x = \Delta H_1 - \Delta H_2 + \Delta H_3$.
A reação $BaCO_3(s)$ → $BaO(s) + CO_2(g)$, é endotérmica, pois temos que introduzir calor, portanto ΔH é menor que zero.
Nos dados da tabela apresentada na questão as entalpias das reações são todas maiores que zero, pois são exotérmicas.
Seguindo a Lei de Hess e as três reações químicas apresentadas na questão:
Ba(s) + C(grafite) + 3/2 O2(g) → BaCO3(s)   + ΔH1
Ba(s) + 1/2 O2(g) → BaO(s)   + ΔH2
C(grafite) + O2(g) → CO2(g)   + ΔH3
Invertendo a primeira equação e mantendo as demais, teremos:
BaCO3(s) → Ba(s) + C(grafite) + 3/2 O2(g) − ΔH1,
Ba(s) + 1/2 O2(g) → BaO(s)   + ΔH2
C(grafite) + O2(g) → CO2(g)   + ΔH3
Nota: Ao inverter a primeira reação, sua entalpia passa a ser negativa.
Somando as 3 equações:
BaCO3(s) + Ba(s) + 1/2 O2(g) + C(grafite) + O2(g) → Ba(s) + C(grafite) + 3/2 O2(g) + BaO(s) + CO2(g) e (ΔH2 + ΔH3) − ΔH1.
Cortando os termos Ba(s), (1/2 + 1)O2 e C, dos dois lados da reação:
BaCO3(s) → BaO(s) + CO2(g) e a entalpia da reação ΔH_x = (ΔH2 + ΔH3) − ΔH1. **EG**

Gabarito 1E, 2C, 3C, 4C, 5E, 6E

(Papiloscopista – PCDF – Universa – 2016) Uma amostra de 1,0 g de benzeno cuja massa molecular é igual a 78 g.mol⁻¹ foi queimada completamente em um calorímetro. Sabendo-se que os produtos são apenas CO2 e H2O e que NA é igual a 6 x 10²³ mol⁻¹, foram consumidos nessa reação:

(A) 2 g de oxigênio.
(B) 3 g de oxigênio.
(C) 4 g de oxigênio.
(D) 5 g de oxigênio.
(E) 6 g de oxigênio.

Balanceamento da reação de queima do Benzeno:
aC6H6 + bO2 ----------◻ cCO2 + dH2O
C: 6a = c, H: 6a = 2d ou 3a = d; O: 2b = 2c + d , ou b = (2c + d)/2
Supondo a = 1, teremos: c = 6; d = 3 e b= (2x6 + 3)/2 = 7,5
Reação: C6H6 + 7,5O2   ----------◻ 6CO2 + 3H2O
Massa molar: 78   (7,5x32) = 240
Massa, g   1   x
x = 240/78 = 3,077 g de Oxigênio.
Nenhuma resposta é plenamente satisfatória. A que mais se aproxima é a letra B.
A questão é estranha, pois fala em coisas que não têm nada a ver com o assunto, como calorímetro e número de Avogadro. Provavelmente tudo isso contribuiu para a anulação da questão. **EG**

Gabarito "ANULADA".

(Papiloscopista – PCDF – Universa – 2016) Para o preparo de 1,0 L de uma solução de ácido nítrico 1,0 mol.L⁻¹ a partir de ácido nítrico concentrado com massa molecular igual a 63 g.mol⁻¹, a 65 % e com densidade igual a 1,4 g.mL⁻¹

são necessários, aproximadamente,
(A) 2 mL.
(B) 3 mL.
(C) 5 mL.
(D) 7 mL.
(E) 9 mL.

Pergunta-se a quantidade em mL de ácido impuro para se preparar um litro de uma solução com 1 mol por litro.
Uma solução com 1 mol/L de HNO3 contem 63 g.
Como o ácido tem 65% de pureza, precisaremos de uma quantidade maior, calculada por uma regra de três inversa:
63 g ---- 65%   Portanto x = (63)(100)/(65) = 96,92 g.
x   ---- 100%
Para se ter esta massa, vamos calcular qual o volume necessário de ácido impuro, calculado por uma regra de três direta:
1,4 g ------- 1,0 mL   Portanto y = (96,92)(1,0)/(1,4) = 69,23 mL.
96,92 g ------- y
Nenhuma resposta é satisfatória. Questão anulada. **EG**

Gabarito "ANULADA".

(Papiloscopista – PCDF – Universa – 2016) A cisplatina ($PtC\ell 2N2H6$) é um agente antineoplásico usado extensivamente no tratamento de diversos tipos de câncer. Em sua estrutura, os grupos cloreto e amino estão ligados diretamente à platina, pois:

(A) estabelecem uma ligação metálica.

(B) solvatam o metal em solução.

(C) estabelecem uma ligação covalente coordenada com o metal, visto que doam seus elétrons não ligados ao orbital d vazio do metal.

(D) estabelecem uma ligação iônica com o metal, uma vez que são mais eletronegativos e recebem elétrons do metal.

(E) estabelecem uma ligação covalente com o metal, visto que, assim como o metal, são deficientes em elétrons.

A Cisplatina (PtCl2N2H6) é um complexo metálico que possui a seguinte fórmula estrutural:

onde a Platina é um átomo metálico ou íon central rodeado por um conjunto de ligantes (íons). Um complexo é a combinação de um ácido de Lewis (o átomo metálico central) com várias bases de Lewis (os ligantes). Os átomos da base de Lewis que formam a ligação com o átomo central são chamados de átomos doadores, porque são eles que doam os elétrons usados para formar a ligação. O átomo ou íon metálico, o ácido de Lewis do complexo, é o átomo receptor. **EG**

Gabarito "C".

(Papiloscopista – PCDF – Universa – 2016) O plástico verde pode ser produzido com etileno obtido do álcool da cana-de-açúcar. Em particular, o etileno é obtido a partir do álcool via reação de:

(A) halogenação do álcool.

(B) oxidação do álcool.

(C) desidratação do álcool.

(D) hidrogenação do álcool.

(E) substituição do álcool.

Trata-se de uma reação de desidratação intramolecular do etanol, conforme abaixo, resultando na produção do eteno (ou etileno) e a liberação de água.

$$H-\underset{\underset{H}{|}}{\overset{\overset{H}{|}}{C}}-\underset{\underset{H}{|}}{\overset{\overset{OH}{|}}{C}}-H \xrightarrow[170^{\circ}C]{H_2SO_4} H-C=C-H + H_2O$$

Álcool → Alceno   Água

Etanol   Eteno

Portanto a resposta correta é a letra C. EG

Gabarito "C."

(Papiloscopista – PCDF – Universa – 2016) A fenolftaleína é um indicador de pH que pode ser usado no teste de Kastle-Meyer para detecção de vestígios de sangue. O teste só é possível, porque a fenolftaleína em contato com o sangue:

(A) torna-se incolor devido à natureza alcalina do sangue.

(B) torna-se azul devido à natureza ácida do sangue.

(C) propicia uma cor rosa devido à natureza levemente ácida do sangue.

(D) propicia uma cor rosa devido à natureza levemente alcalina do sangue.

(E) torna-se incolor devido à natureza ácida do sangue.

A faixa de pH do sangue humano está entre 7,36 a 7,42; portanto, levemente alcalino. A fenolftaleína apresenta coloração rósea neste pH. EG

Gabarito "D."

(Papiloscopista – PCDF – Universa – 2016) A espectroscopia de absorção UV-vis permite determinar a concentração de espécies que sofrem transições eletrônicas quando absorvem nessa faixa de energia. Com relação a esse assunto, assinale a alternativa correta.

(A) Uma amostra que seja azul absorve na região azul do espectro.

(B) Uma amostra que seja azul é transparente na região do vermelho.

(C) O decréscimo relativo de intensidade do feixe de luz é proporcional ao número de espécies absorventes na amostra.

(D) A cor de uma amostra dependerá do caminho óptico durante a medição.

(E) O acréscimo relativo de intensidade do feixe de luz é proporcional ao número de espécies absorventes na amostra.

Quanto maior a quantidade de moléculas que absorvem a luz do feixe, menor será a intensidade de luz a ser transmitida. EG

Gabarito "C."

20. História da PRF

André Nascimento

(Policial Rodoviário Federal – CESPE – 2019) Em relação à história da PRF, julgue os itens a seguir.

(1) Durante os grandes eventos esportivos sediados no Brasil nesta década, a PRF adotou como principal estratégia concentrar suas ações de policiamento nos locais de realização dos eventos, priorizando a segurança dos estrangeiros que ingressaram no país, especialmente de autoridades e delegações esportivas, com destaque para as atividades de escolta.

(2) No que se refere ao trânsito, a PRF exerce atividades como fiscalização de documentos e repressão a modalidades criminosas, além de atividades educativas para adultos e crianças, por meio de projetos que visem transmitir aspectos legais, éticos e de cidadania.

1: errada. Durante os grandes eventos esportivos no Brasil, a PRF atuou fazendo ações de policiamento utilizando a estratégia de gerar **cinturões de segurança** em todos os estados da federação onde ocorreram competições. Essas ações visavam a garantir a segurança de todos os envolvidos nos eventos: comissão organizadora, atleta e, sobretudo, torcedores; **2:** certa. Na atividade de fiscalização de trânsito, a PRF fiscaliza uma enorme variedade de elementos e documentos, coíbe a circulação de veículos irregulares, reprime as mais diversas modalidades criminosas e previne a ocorrência de acidentes. Além disso, a PRF mantém ações sistemáticas de educação para o trânsito, com projetos que buscam transmitir, além dos preceitos legais, aspectos éticos e de cidadania. Para mais informações sobre a história da PF, ver: https://www.prf.gov.br/agencia/policia-rodoviaria-federal-historia-em-detalhes/.

Gabarito 1E, 2C

21. GEOPOLÍTICA BRASILEIRA

André Nascimento

Mapa rodoviário 2016. Ministério dos Transportes.

O Brasil é o país com a maior concentração rodoviária de transporte de cargas e passageiros entre as principais economias mundiais. Segundo dados do Banco Mundial, referentes a 2013, 58% do transporte no país é feito por rodovias — contra 53% da Austrália, 50% da China, 43% da Rússia e 8% do Canadá.

Internet: <www.bbc.com> (com adaptações).

(Policial Rodoviário Federal – CESPE – 2019) Considerando o texto apresentado, que destaca o papel do modal rodoviário de cargas e passageiros no Brasil, e a figura precedente, que ilustra como a rede rodoviária integra as diversas regiões que compõem o território nacional, julgue os itens a seguir.

(1) O custo do frete e as grandes distâncias a serem percorridas entre as regiões produtoras e os centros urbanos consumidores e os portos de exportação são fatores que impactam diretamente no preço dos produtos agropecuários e industriais brasileiros e em sua competitividade nos mercados nacional e internacional.

(2) A rede de transporte rodoviário integra todo o território brasileiro, com rodovias conectando em rede todos os municípios das cinco macrorregiões do território nacional, e a predominância desse modal de transporte é fator de vulnerabilidade em relação aos países desenvolvidos, os quais também dependem desse modal de transporte.

1: certa, pois a má conservação da maioria das rodovias, o custo do frete (composto pelo custo de manutenção dos caminhões, combustível e pedágios) e as grandes distâncias a serem percorridas num país de dimensões continentais são fatores que impactam diretamente no preço dos produtos brasileiros e em sua competitividade nos mercados nacional e internacional; **2:** errada, pois a rede de transporte rodoviário **não** integra todo o território brasileiro nem conecta em rede todos os municípios, visto que as rodovias estão concentradas principalmente na região Centro-Sul do país, em especial no estado de São Paulo (vide mapa). Além disso, os países desenvolvidos têm menor dependência do modal de transporte rodoviário em comparação com o Brasil.

Gabarito 1C, 2E

(Policial Rodoviário Federal – CESPE – 2019) Como salienta Milton Santos (1994), a noção de território, na atualidade, transcende a ideia apenas geográfica de espaços contíguos vizinhos que caracterizam uma região, estendendo-se para a noção de rede, formada por pontos distantes uns dos outros, ligados por todas as formas e processos sociais; o espaço econômico, nesse sentido, é organizado hierarquicamente, como resultado da tendência à racionalização das atividades, e se faz sob um comando que tende a ser concentrado em cidades mundiais, em que a tecnologia da informação desempenha papel relevante; esse comando então passa a ser feito pelas empresas por meio de suas bases em territórios globais diversos.

Internet: <www.fgv.br> (com adaptações).

Tendo o texto precedente como referência inicial, julgue os próximos itens.

(1) O processo de globalização econômica e desenvolvimento tecnológico é marcado pela solidariedade organizacional entre empresas, sistema financeiro, tecnologia e lugares eleitos como regiões de investimento pela economia globalizada e, com o capital globalizado, busca-se desenvolver as regiões de modo a diminuir as desigualdades regionais e a oferecer uma economia justa e solidária.

(2) No Brasil, o setor de serviços ampliou a sua participação no PIB; o setor agropecuário, estratégico na economia brasileira, se tornou mais complexo, o que permitiu a ampliação de diversos serviços relacionados aos diferentes momentos do processo de produção/consumo, como os setores de tecnologia, transporte e finanças.

1: errada, pois o processo de globalização econômica e desenvolvimento tecnológico é marcado por novas formas de competição (e não pela solidariedade) entre empresas e sistemas econômicos. As empresas reestruturam-se geograficamente visando à competição em nível mundial e procurando as vantagens comparativas de cada país, o que aumenta as desigualdades regionais e sociais no mundo; **2:** certa, pois o setor de serviços ampliou a sua participação no PIB, atingindo 75,8% do PIB de 2018. O setor agropecuário se tornou mais complexo com o desenvolvimento do complexo agroindustrial, caracterizado pelas relações intersetoriais agricultura-indústria-comércio-serviços num padrão agrário moderno, no qual o setor agropecuário passa a ser visto de maneira integrada à indústria e aos serviços.

Gabarito 1E, 2C

22. Noções Administração

Filipe Venturini

(Escrivão – PC/RO – CEBRASPE – 2022) É característica da abordagem clássica da administração

(A) adotar o pensamento holístico.

(B) dar ênfase à eficiência.

(C) adotar visão do todo.

(D) ajustar as decisões ao ambiente externo.

(E) dar ênfase à organização informal.

Quando se fala em abordagem clássica da administração, é indissociável o desdobramento das duas principais correntes, em que podemos apontar como nascedouro da administração como uma ciência no início do século XX. Assim, temos a Escola da Administração pelo americano Taylor (Frederick Wislow Taylor), responsável pela corrente que difundiu a Administração Científica e o francês Fayol (Henry Fayol), responsável pela criação da corrente Teoria Clássica, cujo enfoque era o anatômico (estrutural). Segundo parte da doutrina, eram teorias opostas, porém, se completavam entre si para o desenvolvimento de uma abordagem coesa no processo de estudo da administração. Em suma, a Teoria Clássica de Taylor, que traduzia a Administração Científica, tinha como ponto principal o aumento da eficiência e produtividade das empresas em nível operacional, com foco na organização e aplicação prática dos princípios basais da administração científica. Dentro da abordagem, operacionalizava-se a divisão dos trabalhos, tarefas e separação de cargos. Aduzia-se que a operação partia de baixo para cima, ou seja, dos trabalhadores para o todo, alinhando a organização nos movimentos, tempo e especialização dos trabalhadores, de tal modo, eram estudados para melhor execução e resultado, criando-se um padrão comportamental que geraria mais eficiência. Assim, a Teoria da Administração Científica pautava-se na tarefa. De outro nodo, a Teoria Clássica de Fayol, tinha como forma estrutural o comando de cima para baixo, ou seja, da direção estratégica para a execução, abordando também uma visão do organizacional, que seriam os departamentos, correlacionando a relação entre todos. Por isso, fala-se em abordagem anatômica, visando a estrutura e o funcionamento da empresa. Desta forma, pode-se afirmar que a **alternativa correta é a B**, assim, a característica da abordagem clássica da administração é dar ênfase à eficiência.

Gabarito "B".

(Escrivão – PC/RO – CEBRASPE – 2022) A reforma administrativa conduzida em 1930, durante a era Vargas, foi caracterizada por promover

(A) autonomia gerencial para o gestor público.

(B) adoção de práticas gerencialistas típicas do setor privado.

(C) adoção de padrões explícitos de desempenho.

(D) ingresso no serviço público por mérito.

(E) controle de resultados em lugar de controle procedimental.

Ao aduzir a reforma administrativa na Era Vargas, apesar do governo provisório dissolver a Câmara e o Senado e suspender a Constituição Federal, para muitos historiadores, foi a partir da Revolução de 1930 que o Brasil entrou no século XX. Foi assim editada a Lei 284, de 28 de outubro de 1936, como marco fundamental da reforma do Estado que efetivamente estruturou um quadro e vencimentos de pessoal da Administração Pública, dividindo o funcionalismo em: funcionários públicos e extranumerários. Os funcionários públicos assumiam um quadro efetivo que compunha a carreira do serviço público, cabendo-lhes prestar concurso público para o ingresso e que lhes garantia direitos e deveres, enquanto os extranumerários, sem compor estruturalmente a carreira dos servidores públicos, tinham sua admissão baseadas em critérios políticos, muitas vezes de cunho pessoal, os quais deveriam ser admitidos com prazo determinado para a realização de serviços certos.[1] A reforma burocrática, ocorrida no Brasil em 1936, trouxe significativos benefícios para o País como a criação do Departamento Administrativo do Serviço Público (DASP), dentre os quais verifica-se, de acordo com a Beatriz Wahrlich: "*1. Melhoria da qualidade dos funcionários públicos, em consequência de: a) **um sistema de ingresso competitivo no serviço público, então aprovado e implementado**; b) promoção por merecimento (segundo um processo de avaliação em que o supervisor imediato tinha papel predominante); c) programas de treinamento de funcionários, abertos igualmente a candidatos a cargos públicos; d) legislação regulamentadora de licença, aposentadoria, pensões etc. Essa política de administração de pessoal foi consolidada no Estatuto dos Funcionários Públicos Civis da União. 2. Institucionalização da função orçamentária, que se transforma numa atividade formal e permanente, estreitamente associada ao planejamento e a estudos visando à consecução de melhor desempenho das operações governamentais. 3. Simplificação, padronização e aquisição racional do material destinado ao uso do governo foram procedimentos também institucionalizados.*[2] Podemos observar neste período uma clara implementação de uma política de busca de eficiência nas atividades governamentais, através da submissão do funcionalismo público, caracterizado como uma atividade essencialmente vinculada a uma eficiência regulamentar. Dessa forma, a **alternativa correta é a D**, pois, conclui-se que "a reforma administrativa conduzida em 1930, durante a era Vargas, foi caracterizada por promover ingresso no serviço público por mérito".

Gabarito "D".

(Escrivão – PC/RO – CEBRASPE – 2022) As funções administrativas que atuam sobre ideias e pessoas são, respectivamente,

(A) planejamento e organização.

(B) organização e direção.

(C) planejamento e direção.

(D) organização e controle.

(E) direção e organização.

As funções administrativas que atuam sobre ideias e pessoas são planejamento e direção, assim, a **alternativa correta é a C**. Neste sentido, importante aduzir que, sem síntese, o *planejamento* se traduz na ideia estabelecer as ideias, metas, estratégias e objetivos, construindo os caminhos que serão operacionalizados em busca dos resultados. A *direção* permeia o relacionamento interpessoal, a liderança, a solução de problemas, dentre outros, assim, devendo ser apontada como processo que direciona as ações e atividades daqueles que compõem a empresa, sendo observada nos níveis de organização institucional e na operação, com o fito de coordenar a operação de forma harmônica entre todos os envolvidos também na busca do melhor resultado.

Gabarito "C".

---

1. WAHRLICH, Beatriz. *A reforma administrativa na era de Vargas*. Rio de Janeiro, Fundação Getúlio Vargas, 1983.

2. Ibidem, p. 49-50.

(Escrivão – PC/RO – CEBRASPE – 2022) A função que envolve monitoramento de recursos humanos, financeiros, materiais e informacionais é a de

(A) direção.
(B) execução.
(C) controle.
(D) organização.
(E) planejamento.

A função que envolve monitoramento de recursos humanos, financeiros, materiais e informacionais é a de controle, o que aponta a **alternativa C como correta**. Pois é a partir dele que são estabelecidos padrões e avaliação de desempenho, sendo observado os resultados alcançados. O controle é aplicado em todos os processos da operação, e apontado como essencial em todos os níveis, ou seja, no estratégico, tático e operacional. Pode-se dizer que o sistema de controle possui como um dos principais elementos a organização e fornecimento de informações para avaliação de alinhamento da estratégia, visa trazer equilíbrio ao planejamento estabelecido, a fim de avaliar resultados, corrigir distorções etc., o controle é ferramenta indispensável para assegurar que as atividades desejadas sejam de fato consolidadas, e o desempenho organizacional esteja dentro da perspectiva estratégica. Os processos são importantes para estabelecer padrões organizacionais, monitoramento do desempenho, apontar medidas corretivas e comparar resultados. Por fim, deve-se ter em mente que o controle pode ser preventivo, simultâneo ou posterior as ações planejadas.
Gabarito "C".

(Escrivão – PC/RO – CEBRASPE – 2022) Em uma estrutura organizacional verticalizada, espera-se que haja

(A) muitos níveis hierárquicos e alta amplitude de controle.
(B) muitos níveis hierárquicos e baixa amplitude de controle.
(C) poucos níveis hierárquicos e alta amplitude de controle.
(D) poucos níveis hierárquicos e amplitude de controle nula.
(E) poucos níveis hierárquicos e baixa amplitude de controle.

A estrutura organizacional verticalizada é observada como a mais usual e tradicional dentro das organizações, assim, denota-se em suas características um comando bem estabelecido, com regras mais direcionais. As hierárquicas são bem definidas, com poder de decisão nas mãos daqueles que ocupam posições superiores, podendo ser melhor visualizada com a materialização de um organograma vertical. O processo de gestão vertical é composto por níveis, de acordo com a estrutura estabelecida para determinada organização, possuindo camadas estruturadas conforme as necessidades, mas, em regra, compostas por três (alto, médio e baixo). Segundo parte da doutrina e a prática observada, na estrutura vertical existe uma melhor organização dos processos, dentro da subdivisão de áreas, sendo acentuadas com maior precisão as atividades de cada grupo e responsabilidades de cada empregado, e assim, um melhoramento no processo de comunicação, que reflete na diminuição de erros. Em suma, na gestão vertical ou hierárquica, temos baixa amplitude do controle, pois, há um melhor domínio direcional no cotidiano, com uma prestação de contas das tarefas mais rotineira aos superiores, possuindo um alinhamento facilitado entre o líder e os liderados, que sustenta um processo organizacional bem definido, focado na máxima eficiência da organização. A **alternativa correta é a B**.
Gabarito "B".

(Escrivão – PC/RO – CEBRASPE – 2022) O estilo de liderança em que o líder fixa as diretrizes sem que haja participação do grupo é o

(A) democrático.
(B) centrado nas pessoas.
(C) *laissez-faire*.
(D) autocrático.
(E) liberal.

A **alternativa correta é D**, pois, como aduz a questão "o estilo de liderança em que o líder fixa as diretrizes sem que haja participação do grupo é o autocrático", sendo caraterísticas neste modelo um formato em que as tomadas de decisões são unilaterais, com o mínimo diálogo entre os liderados, com pouca ou nenhuma autonomia das equipes, com autoridade centralizada, ou seja, não há coparticipação nas tomadas de decisões, sendo concentrada apenas no líder, onde a comunicação é descendente, em regra, o uso do poder é coercitivo, com uma postura de segurança, muitas vezes, observa-se os liderados motivados pelo medo. Em suma, é um formato de liderança em que a confiança legítima para as decisões é centrada na figura do líder, não necessariamente opressora, mas, que possui (ou deduz-se que possui) assertividade nas decisões e comandos, devendo a execução seguir as suas ordens.
Gabarito "D".

(Escrivão – PC/RO – CEBRASPE – 2022) A tarefa de motivar pessoas deve considerar as necessidades humanas primárias e secundárias, categorias que incluem, respectivamente, as necessidades

(A) de segurança e fisiológicas.
(B) de estima e sociais.
(C) sociais e fisiológicas.
(D) fisiológicas e de segurança.
(E) de segurança e de estima.

Consideramos na questão as tarefas de motivar pessoas como importantes necessidades humanas primárias e secundárias, assim, nestas categorias, se incluem, respectivamente, as necessidades de *segurança* e de *estima*, o que aponta como **correta a alternativa E**. Neste entendimento, é importante observar a *Pirâmide de Maslow* ou *Hierarquia das Necessidades*, criada por *Abraham H. Maslow*, que aponta uma série de condições necessárias para que o ser humano alcance a sua satisfação pessoal e profissional, assim, de acordo com o psicólogo, os seres humanos vivem para satisfação de suas necessidades, num processo de conquista da autorrealização, e, dessa forma, a chamada *Pirâmide de Marlow*, trata da hierarquia nos processos de conquistas, progressões e necessidades ao longo da vida. Ele elenca em sua pirâmide cinco níveis hierárquicos, cada um formado por um conjunto de necessidades: a) Realização pessoal (autorrealização): criatividade, convivência social, moralidade, espontaneidade, solução de problemas e aceitação de acontecimentos, assim, busca um crescimento constante na satisfação das necessidade de autorrealização, englobando a vida pessoal, carreira, relacionamento amoroso, amizades, finanças, ou seja, todas aquelas sensações ou fatos que possam gerar certo conforto no que enxerga como satisfação das suas necessidades de autorrealização – necessidade secundária (estímulo interno); b) *Estima*: autoestima, confiança, conquista, respeito dos outros e aos outros, ou seja, é a necessidade de gostar de si enquanto ser humano, inclusive, buscando obter a aprovação dos demais seres humanos – *necessidade secundária* (estímulo interno); c) Relacionamento: família, amizade e intimidade sexual, dessa forma, sente-se seguro para buscar sua integração social, com valor de pertencimento a grupos – necessidade secundária (estímulo interno); d) *Segurança*: Segurança da moral, corpo, família, emprego, recursos financeiros, saúde, propriedade e outras que, assim, sejam determinadas pela busca de "abrigo" e sobrevivência, que tornam sua existência enquanto ser humano segura – *necessidade primária*

22. NOÇÕES ADMINISTRAÇÃO

(estímulo externo); e) Fisiologia: alimentação, água, respiração, sexo, sono, homeostase, excreção e afins, ou seja, estão relacionadas ao ser humano como ser biológico – necessidade primária (estímulo externo).
Gabarito "E".

(Escrivão – PC/RO – CEBRASPE – 2022) A gestão da qualidade envolve, por exemplo, comparar a qualidade planejada e a qualidade percebida na prestação do serviço público, o que se configura como

(A) qualidade de conformidade.

(B) qualidade de especificações.

(C) excelência.

(D) asseguramento.

(E) garantia de qualidade.

De acordo com o enunciado, a gestão de qualidade envolve fatores como comparar a qualidade planejada e a qualidade percebida na prestação do serviço público, assim, dentre as alternativas, **a correta está na** *qualidade de conformidade*, **assertiva A**, pois, esta se refere exatamente à comparação entre a qualidade planejada e a qualidade percebida na prestação final do serviço, assim, deve ser utilizada para verificar desvios do planejado originalmente, garantindo que o serviço atenda às expectativas dos usuários. É a garantia de um padrão para que o resultado seja aceito em conformidade com os preestabelecidos.
Gabarito "A".

(Escrivão – PC/RO – CEBRASPE – 2022) Em relação a sua natureza jurídica, as agências reguladoras classificam-se como

(A) órgãos da administração direta.

(B) fundações públicas.

(C) autarquias estaduais.

(D) fundações privadas.

(E) autarquias em regime especial.

As agências reguladoras possuem natureza jurídica de **autarquias em regime especial**, com maior autonomia frente ao ente instituidor. São reguladas pela Lei 9.986/2000, que sofreu alterações pela Lei 13.848/19. Como o próprio nome diz, realizam a regulação de determinadas atividades econômicas e serviços públicos, o que abarca fomento, atividade sancionatória, atividade normativa etc. Em razão disso, elas de fato terão maior autonomia frente ao ente instituidor, se comparadas com as demais autarquias. **Alternativa correta é a E.**
Gabarito "E".

(Escrivão – PC/RO – CEBRASPE – 2022) Em relação à gestão de processos no setor público, julgue os itens a seguir.

I. Em um órgão público, o atendimento aos cidadãos é considerado um processo central.

II. Quanto menor o número de processos, mais eficiente tende a ser a organização.

III. Processos de apoio são aqueles que sustentam os processos centrais.

Assinale a opção correta.

(A) Apenas o item II está certo.

(B) Apenas os itens I e III estão certos.

(C) Apenas os itens II e III estão certos.

(D) Apenas os itens I e II estão certos.

(E) Todos os itens estão certos.

I – Correta, quando se trata de atendimento ao cidadão, este deve ser considerado o processo central, pois, é ele o principal beneficiário das atividades da Administração Pública, assim, dentro do que se chama gestão de processos, o atendimento ao cidadão necessita ser prioritário, por se entender que este é essencial as atividades estatais, sendo um meio de interação entre os cidadãos e a Administração Pública, gerando eficiência e excelência na busca pelo interesse público; **II – Discutível**. **Segundo o gabarito CESPE, o item II é considerado correto**, no entanto, não entendemos que atrelar um menor número de processos seja condição de eficiência organizacional. Assim, independente do número de processos, a eficiência é princípio norteador da Administração Pública (art. 37, *caput*, da Constituição Federal), então, consideramos que o gerenciamento de processos deverá sempre possuir a celeridade e capacidade técnica adequada para o atendimento e bem-estar do cidadão, e isso é fator condicionante para qualificar como eficiente à Administração, e não um menor ou maior número de processos; **III – correta**, pois toda organização, inclusive à Administração Pública, deverá possuir processos de apoio que servem como instrumentos auxiliares aos processos centrais, assim, direta ou indiretamente, a gestão de processos se interliga para que o resultado final seja o mais eficiente.
Gabarito "E".

Anotações